Allgemeine
Gerichtsordnung

für die

Preussischen Staaten,

in Verbindung

mit den dieselbe ergänzenden, abändernden und erläuternden

Gesetzen, Königlichen Verordnungen und Justiz-Ministerial-Rescripten.

Unter Benutzung der Acten

und mit

Genehmigung Eines Hohen Justiz-Ministerii

herausgegeben

von

A. J. Mannkopff,

Königlich Preussischem Kammergerichts-Rath.

Erster Band.

Enthaltend: Theil I. Titel 1. bis 13.

Berlin, 1837.

Im Verlage von G. Reimer.

Seiner Excellenz

dem

wirklichen Geheimen Staats- und Justiz-Minister,
Ritter mehrerer hohen Orden

Herrn Dr. von Kamptz

ehrfurchtsvoll gewidmet.

Ew. Excellenz

haben die Gnade gehabt, Dero hohe Genehmigung und Beförderung mir für die Herausgabe eines Werkes zu verleihen, welches, in einer getreuen und möglichst übersichtlichen Zusammenstellung mit den Gesetzbüchern selbst, die gesammte vaterländische Gesetzgebung enthalten soll, und auf diese Weise bezweckt, sowohl die Kenntniss und praktische Anwendung der Gesetze zu erleichtern, als auch zur Benutzung für die unter Hochdero Leitung vorschreitende Gesetzrevision einen Ueberblick der jetzt bestehenden Rechtsvorschriften zu gewähren. Die mir hierdurch huldreichst erzeigte Vergünstigung bethätigt daher aufs Neue Ew. Excellenz allgemein verehrten regen Sinn und fortdauernde Sorgfalt für die Beförderung der Gesetzkunde und Rechtswissenschaft, und verpflichtet mich um so mehr zu dem lebhaftesten Danke.

In diesem Dankgefühl und in Verehrung Ew. Excellenz segensreichen Wirkens für die vaterländische Gesetzgebung und Rechtsverwaltung, wage Hochdenselben ich den vorliegenden, die Allgemeine Gerichtsordnung umfassenden, Theil meiner Arbeit ehrfurchtsvoll zu widmen. — Möge dieselbe auch in der Ausführung Ew. Excellenz gnädiger Beachtung und des mir geschenkten Wohlwollens und Vertrauens nicht ganz unwürdig sein.

Genehmigen Ew. Excellenz zugleich die mir erlaubte Zueignung, und wollen Hochdieselben darin nur den Ausdruck der tiefsten Verehrung erkennen, mit welcher ich lebenslang verharre, als

Ew. Excellenz

dankbar gehorsamster Diener

A. J. Mannkopff.

Berlin, den 12. Februar 1837.

Vorwort.

Die vielfachen Modificationen, welche die Allgemeine Gerichtsordnung seit ihrer Emanation, in einem Zeitraume von über vierzig Jahren, erhalten hat, haben für das Studium und ihre praktische Anwendung Hülfsbücher, welche die auf dieselbe sich beziehenden neueren gesetzlichen Vorschriften, und nicht minder die als Belehrungen und Erläuterungen wichtigen Ministerialrescripte möglichst übersichtlich nachweisen, fast unentbehrlich gemacht. In die Reihe solcher Hülfsbücher stellt sich auch das vorliegende Werk, unterscheidet sich jedoch von ähnlichen, schon vorhandenen, dadurch, dass es den vollständigen Text der Allgemeinen Gerichtsordnung selbst und in unmittelbarer Verbindung mit den betreffenden Stellen, die zu deren Ergänzung, Abänderung oder Erläuterung ergangenen Gesetze, Königlichen Verordnungen und Justiz-Ministerial-rescripte in extenso enthält, um auf diese Weise eine dem praktischen Bedürfnisse möglichst entsprechende Zusammenstellung und Uebersicht der sämmtlichen für das gerichtliche Verfahren gegebenen und jetzt zur Anwendung kommenden Vorschriften zu gewähren.

Indem mir von der Verlagshandlung, welche, als zeitige Verlagsberechtigte der Allgemeinen Gerichtsordnung, auf mehrseitige Anregung sich zu der Herausgabe einer solchen Zusammenstellung entschlossen, die ehrende Aufforderung zur Bearbeitung derselben geworden, und ich mich dieser Arbeit, sowie gleichzeitig einer Zusammenstellung des Allgemeinen Landrechts mit den auf dieses in Bezug stehenden Verordnungen, unterzogen habe, fand ich hierzu allerdings einige Aufmunterung in der günstigen Aufnahme, deren sich die von mir edirten „Ergänzungen und Abänderungen der Preussischen Gesetzbücher" erfreuet haben. Vorzüglich hat mich aber dazu ermuthiget, dass Ihre Exzellenzien, die Herren Geheimen Staats- und Justizminister von Kamptz und Mühler, das Unternehmen einer beifälligen Aufnahme und Ihrer hohen Beförderung gewürdigt haben. Hochdieselben haben nicht nur die Herausgabe mittelst hohen Rescripts vom 24. Oktober v. J. gnädigst dahin genehmigt:

„dass, wenn gleich der vollständige Abdruck der Ge-
„setzbücher mit erläuternden Noten und in Bezug ste-

„henden gesetzlichen Verordnungen nach dem A. L. R.
„Thl. I. Tit. 11. §. 1023. als Nachdruck bisher nicht
„gestattet worden, Hochdieselben doch, in der Voraus-
„setzung, dass die zeitigen Verleger des Allgemeinen
„Landrechts und der Allgemeinen Gerichtsordnung da-
„mit einverstanden seien, mir die Herausgabe des All-
„gemeinen Landrechts und der Allgemeinen Gerichts-
„ordnung mit allen ergänzenden, abändernden und er-
„läuternden Verfügungen gestatten wollen;"

sondern Hochdieselben haben auch die Gnade gehabt, mir bei der Bearbeitung die Einsicht und Benutzung Ihrer, die Erläuterung der Gesetze betreffenden Acten zu gewähren. Durch diese huldreiche, von mir dankbar benutzte Erlaubniss ist dem Werke der besondere Vorzug zu Theil geworden, dass dasselbe durch viele in den erwähnten Acten enthaltene, bisher nicht abgedruckte treffliche Erläuterungen der Gerichtsordnung hat bereichert werden können. Dagegen sind zur Ersparung des Raums solche Verordnungen, welche durch neuere Bestimmungen wiederum ganz aufgehoben oder als antiquirt anzusehen, entweder weggelassen, oder, sofern sie noch historisches Interesse haben möchten, doch nur kurz allegirt, und ebenso diejenigen Verordnungen, welche bereits in den Anhang zur Gerichtsordnung so vollständig aufgenommen, dass ihr Inhalt auch zur Interpretation der betreffenden §§. des letztern entbehrlich schien, nicht abgedruckt, jedoch überall nachgewiesen worden.

Dem ganzen Werke wird eine chronologische Nachweisung der darin enthaltenen Verordnungen, sowie ein, an das Register zur Allgemeinen Gerichtsordnung sich anschliessendes Sachregister beigegeben werden.

Berlin, den 12. Februar 1837.

Mannkopff.

Allgemeine Gerichtsordnung

für die

Preussischen Staaten,

nebst den dieselbe ergänzenden, abändernden und erläuternden Gesetzen, Königlichen Verordnungen und Ministerialrescripten.

Patent

zur Publication der revidirten Gerichts- und Prozessordnung.

Wir Friedrich Wilhelm, von Gottes Gnaden König von Preussen etc., thun kund und fügen hierdurch Jedermann zu wissen: Obgleich die Regeln und Grundsätze, worauf die in Unseren Staaten eingeführte gerichtliche Prozessordnung beruht, durch eine vieljährige Erfahrung dergestalt bewährt erfunden worden, dass nach selbiger der Zweck einer gründlichen und prompten Justizpflege vollständig erreicht werden kann: so hat dennoch Unsere fortwährende Aufmerksamkeit auf die möglichste Beförderung und Erleichterung dieses Zwecks verschiedene Deklarationen und Erläuterungen über einzelne Materien an die Hand gegeben; auch sind Uns von Unseren Landesjustizkollegiis einige Bemerkungen vorgelegt worden, welche die Hebung von Dunkelheiten oder Missverständnissen über gewisse Stellen der Prozessordnung, oder die Ergänzung der hie und da für besondere Fälle noch ermangelnden Vorschriften zur Absicht haben.

Wir haben daher für gut befunden, bei Gelegenheit einer ohnehin nöthig gewordenen neuen Auflage gedachter Prozessordnung, derselben die seit ihrer ersten Publikation ergangenen besonderen Deklarationen gehörigen Orts sofort einrücken, und die nach den Bemerkungen der Collegiorum für nöthig erachteten näheren Bestimmungen einzelner Vorschriften darin ergänzen zu lassen; mithin eine revidirte Ausgabe dieser Unserer Gerichts- und Prozessordnung zu veranstalten, deren Publikation Wir hiedurch verfügen, und sowohl Gerichte, als Parteien anweisen, sich nach dem Inhalte derselben, von Zeit der Publikation an, gebührend zu achten.

Urkundlich unter Unserer Höchsteigenhändigen Unterschrift und beigedrucktem Insiegel.

Gegeben Berlin, den 6. Juli 1793.

(L. S.) Friedrich Wilhelm.

Rescript vom 24. Decbr. 1794 an sämmtliche Landes-Justiz-Collegia über die Zufertigung der Allgemeinen Gerichtsordnung.

Da die revidirte Ausgabe der Prozeßordnung, als der erste Theil der Allgemeinen Gerichtsordnung für die Preußischen Staaten, nunmehro die Presse verlassen hat: so wird Euch hierneben ein Exemplar derselben zugefertigt, um so wohl Euch selbst nach den darin enthaltenen Vorschriften zu achten, als auch Eure Untergerichte darauf zu verweisen.

Die in dieser revidirten Ausgabe enthaltenen Verordnungen sind eigentlich keine neuen Gesetze, sondern es sind nur die im 1. 2. und 4 Theile des Corp Jur Frieder, sowie in den verschiedenen nachher ergangenen Circularien vorkommender Vorschriften mehr zusammengestellt, besser geordnet und nach verschiedenen, sowohl von den Landescollegiis, als sonst gemachten Bemerkungen hin und wieder ergänzt worden. Es hat also kein Bedenken, daß diese Vorschriften von dem Tage an, wo die revidirte Prozeßordnung einem jeden Gerichte publicirt wird, von demselben befolgt werden müssen. Insofern jedoch hier oder da, besonders in dem 50. Titel, eine oder die andere einzelne neue Bestimmung in materialibus mit vorkommt, versteht sich von selbst, daß wegen deren Anwendung ad casus praeteritos die Vorschriften der Einleitung zum Allgemeinen Landrecht §. 14—21 statt finden.

Aus den so eben angeführten Gründen ergiebt es sich ferner, daß es einer allgemeinen Publication dieser rividirten Prozeßordnung nicht bedürfe, sondern eine Zufertigung an die Gerichte hinreichend sei.

Der 2. Theil der A. G. O., welcher die Vorschriften über die Extrajudicialia und Actus voluntariae jurisdictionis enthalten soll, befindet sich ebenfalls schon unter der Presse, und es wird damit ein 3ter, von den Aemtern und Pflichten verschiedener Justizbedienten, so wie ein vollständiges Register verbunden werden. Bis dahin bleiben die in dem 3ten Theile des Corp. Jur. Frieder. enthaltenen Vorschriften in ihrer Wirksamkeit.

Ihr habt nunmehr wegen ungesäumter Publication der beiliegenden Patente das Erforderliche zu verfügen.

N. C. C. T. IX. S. 2459. Nr. 106. de 1794.

Wir Friedrich Wilhelm, von Gottes Gnaden König von Preussen etc., thun kund und fügen hierdurch Jedermann zu wissen: Die Wiedereinführung Unserer Gesetze in die von Unserer Monarchie getrennt gewesenen, mit derselben wieder vereinigten Provinzen hat nicht allein das Bedürfniss einer neuen Auflage der Allgemeinen Gerichtsordnung für die Preussischen Staaten herbeigeführt, sondern auch eine vollständige Publikation aller seit dem Jahre **1793** erfolgten Abänderungen, Ergänzungen und Erläuterungen der auf das Verfahren in Prozessen und bei den Handlungen der freiwilligen Gerichtsbarkeit, so wie auf die allgemeine Verfassung der gerichtlichen Behörden Bezug habenden Vorschriften nöthig gemacht. Wir haben daher die Veranstaltung treffen lassen, dass jene Abänderungen, Ergänzungen und Erläuterungen verkürzt gesammelt, der neuen Auflage der allgemeinen Gerichtsordnung, welche mit der frühern wörtlich übereinstimmt, gehörigen Orts eingeschaltet, und ausserdem unter dem Titel: Anhang zur allgemeinen Gerichtsordnung für die Preussischen Staaten, besonders gedruckt worden. Dieser neuen Auflage und dem angefertigten Anhange geben Wir hierdurch Unsere Allerhöchste Sanction, und wollen, dass die darin gesammelten neueren Vorschriften von Unseren sämmtlichen Gerichten, Behörden und Unterthanen auf das genaueste befolgt werden.

Urkundlich unter Unserer Höchsteigenhändigen Unterschrift und beigedrucktem Königlichen Insiegel.

Wien, den 4. Februar 1815.

(L. S.) Friedrich Wilhelm.

C. F. v. Hardenberg. Kircheisen. Bülow. Schuckmann. Boyen.

1) **Rescript** vom 1. März 1817, betreffend die Auslegung der Bestimmungen des Anhangs zur A. G. O.

Dem Königlichen Ober-Landesgerichte zu Stettin wird auf die Anfrage vom 10. v. M., ob, seitdem die neue Auflage der A. G. O. erschienen ist, die Bekanntmachung der Edictal-Citationen bei Todes-Erklärungen, in Concursen u. s. w. nothwendig auch durch die inländischen Zeitungen erfolgen müsse,

hiermit eröffnet, daß der Anhang zur G. O. nichts Neues hat einführen, auch keine bestehenden Gesetze hat aufheben sollen. Die Gerichte können daher, wenn sie über die Anwendung einer Stelle des Anhanges Zweifel haben, diese am sichersten aus dem Edicte, aus welchem die Stelle übernommen ist, lösen. In dem gegenwärtigen Falle wird die Entscheidung der Frage in der Verordnung vom 3 Mai 1804 gefunden, nach welcher die Bekanntmachung durch die Zeitungen im Allgemeinen abgeschafft ist. Hätte die Kraft dieser Verordnung aufhören, und das alte Gesetz wieder in Wirksamkeit treten sollen, so hätte dieses ausdrücklich bestimmt werden müssen (§. 59 der Einleitung zum A. L. R.) Ueberdies verweiset der Anhang zum §. 109 Tit. 50 Th. I. der A. G. O. auf den §. 59 des Anhanges, wo der ganze Inhalt des Edicts vom 3. Mai 1804 aufgenommen ist; und hierdurch schon hätte das Königliche Ober-Landesgericht sich von der Richtigkeit der Ansicht der Minorität überzeugen können.

K. J. B. G. S. 22.

2) **Patent** vom 24. März 1803, wegen Einführung der A. G. O. in das Fürstenthum Eichsfeld, die Städte Mühlhausen, Nordhausen und Erfurt und das Erfurter Gebiet.

Die Grundsätze, worauf die in Unsern übrigen Staaten angeordnete Gerichts-Verfassung beruht, sind durch eine vieljährige Erfahrung bewährt gefunden, um den Zweck einer gründlichen und möglichst schnellen Rechtspflege vollständig zu erreichen. Wir haben daher beschlossen, diese Gerichts-Verfassung ebenfalls in die Uns zugefallenen Entschädigungsländer einzuführen, und die Einwohner derselben die Vortheile davon genießen zu lassen. Daher setzen Wir hiermit das Nachfolgende fest:

Die A. G. O. soll vom 1. Junius 1803 an bei allen gerichtlichen Angelegenheiten zur Richtschnur genommen werden.

§. 1. Vom 1. Junius 1803 an soll die A. G. O. für die preußischen Staaten, mit Rücksicht auf die seit dem Jahre 1795 bis jetzt erfolgten Zusätze und Erläuterungen derselben, in Unserm Erbfürstenthume Eichsfeld, in den Städten Mühlhausen, Nordhausen und Erfurt und dem Erfurter Gebiet bei allen Ober- und Untergerichten, sowohl in den entstehenden Rechtsstreitigkeiten, als in allen übrigen gerichtlichen Angelegenheiten, zur Richtschnur des Verfahrens genommen, und es sollen dagegen von gedachtem Zeitpunkte an die bisherigen Vorschriften wegen des gerichtlichen Verfahrens als abgeschafft und aufgehoben betrachtet werden.

Zu Verwaltung der Justiz in bürgerlichen und peinlichen Sachen, zur Aufsicht über alle Untergerichte, so wie zur Besorgung der Vormundschaftssachen in Unserm Erbfürstenthume Eichsfeld, in den Städten Mühlhausen, Nordhausen und Erfurt und in dem Erfurter Gebiete, haben Wir mit Aufhebung der bisherigen obern Justizbehörden, deren Geschäfte vom 1 Junius 1803 an ganz aufhören, eine Regierung zu Heiligenstadt angeordnet, und derselben die nähere Einrichtung aller Untergerichte übertragen.

Wir befehlen dieser Unserer Regierung zu Heiligenstadt, vom 1. Junius 1803 an in allen Prozessen und andern gerichtlichen Angelegenheiten nach der A. G. O. sich genau zu achten, und auch dahin zu sehen, daß die Vorschriften derselben von allen Untergerichten und übrigen Justiz-Bedienten genau befolgt werden.

Verfahren bei den schon schwebenden Sachen.

§. 2. Es versteht sich von selbst, daß die Vorschriften der A. G. O. nur in solchen Prozessen und andern gerichtlichen Angelegenheiten, die am 1. Junius 1803 noch nicht anhängig sind, volle Anwendung finden können; damit jedoch bei den zur gedachten Zeit schon schwebenden Prozessen den verderblichen Weitläuftigkeiten des bisherigen Verfahrens so viel als möglich vorgebeugt werde, so soll es damit auf nachstehende Art gehalten werden.

Wenn die Einlassung des Verklagten noch nicht erfolgt ist.

1. Ist in einer Sache die Klage erst eingekommen, und die Einlassung des Verklagten, litis contestatio, noch nicht erfolgt, so muß das Verfahren ganz nach den Vorschriften der A G. O. eingeleitet werden. War die Klage durch einen Rechtsbeistand schriftlich eingereicht, so wird zuerst von dem Richter geprüft, ob dieser Rechtsbeistand nach den Vorschriften des ersten Theils, Tit. 5 der A. G. O. mit vollständiger Information versehen sei. Der hierbei sich findende Mangel wird gehörig ergänzt, und alsdann nach Verschiedenheit der Fälle entweder sofort der Instructions-Termin anberaumt, oder der Beantwortungs-Bericht des Verklagten eingefordert. Die fernere Instruction geschiehet nachher lediglich nach den Vorschriften der A. G. O.

Wenn die Einlassung des Verklagten schon erfolgt, aber noch nicht erkannt ist.

2. Ist die Einlassung des Verklagten schon erfolgt, in erster Instanz aber noch nicht erkannt, so wird das Verfahren nach den bisherigen Regeln bis zum Schlusse der Sache fortgesetzt, und alsdann die Vorlegung der Acten zum Spruche verfügt. Findet das Gericht, daß in der Sache definitive gesprochen werden kann, so muß es nach Vorschrift der A. G. O. Thl. I. Tit. 13. mit Abfassung und Publication des Erkenntnisses verfahren. In Ansehung der dagegen zulässigen Rechtsmittel finden die Vorschriften des Tit. 14, 15 und 16 der A. G. O. überall Anwendung.

Ist hingegen in facto die Sache noch nicht so klar auseinander gesetzt, das definitive erkannt werden kann, so wird kein Erkenntniß, sondern ein bloßes Resolutum abgefaßt, und darin festgesetzt, welche Thatsachen noch einer nähern Aufklärung bedürfen. Zugleich wird ein Termin zur Instruction der Sache anberaumt, und beiden Theilen aufgegeben, diesen Termin gehörig abzuwarten, auch die ihnen bekannten Beweismittel über die noch aufzuklärenden Thatsachen gehörig anzuzeigen. Das weitere Verfahren wird nachher ganz nach den Vorschriften der A. G. O. eingeleitet.

Wenn die Sache schon in der Beweis-Instanz schwebt.

3. Ist schon rechtskräftig auf Beweis erkannt, über den Beweis selbst aber noch nicht gesprochen, so wird das Beweisverfahren nach der bisherigen Prozeß-Form bis zum Schlusse fortgesetzt, und alsdann die Vorlegung der Acten verfügt. Findet sich bei dem Vortrage der Sache, daß die beigebrachten Beweismittel zur völligen Entwickelung des facti unzureichend sind, und es ist wahrscheinliche Aussicht vorhanden, daß nähere und bessere Beweismittel zu finden sein würden, wenn die Parteien nach den Vorschriften der A. G. O. gehörig vernommen würden, so wird mit Aussetzung des Erkenntnisses eben so, wie in dem Falle Nr. 2, ein Resolutum abgefaßt, und das weitere Verfahren eingeleitet.

Findet aber der Richter die Sache durch die aufgenommenen Beweise hinreichend auseinander gesetzt, oder ist zu einer bessern Entwickelung derselben keine gegründete Aussicht vorhanden, so wird das Erkenntniß abgefaßt und publicirt.

In beiden Fällen gelten wegen der Rechtsmittel gegen das Probatorial-Erkenntniß und deren Einleitung die Vorschriften der A. G. O.

Wenn die Sachen in weitern Instanzen schweben.

4. Schwebt die Sache nicht mehr in der ersten Instanz, so wird das Verfahren über das von dem einen oder andern Theile eingelegte Rechtsmittel nach der bisherigen Form bis zum Schlusse fortgesetzt, und es werden alsdann die Acten zum Spruche vorgelegt. Diese Vorlegung geschiehet, wenn das Rechtsmittel gegen ein Erkenntniß des Untergerichts eingeleitet

worden, bei der Regierung zu Heiligenstadt, in den übrigen Fällen aber bei der Regierung zu Magdeburg.

Der erkennende Richter muß alsdann prüfen, ob die Sache nach der Lage, worin sie sich befindet, definitive entschieden werden kann, oder ob nach den vorhin Nr. 3 angegebenen Bestimmungen noch eine nähere Instruction zu veranlassen sei. In dem letztern Falle wird diese Instruction durch ein Resolutum veranlaßt, bei dem weitern Verfahren die Vorschrift der A. G. O. beobachtet, und alsdann mit Abfassung und Publication des Erkenntnisses zweiter Instanz verfahren. Im ersten Falle aber wird sogleich das Erkenntniß abgefaßt und publicirt.

Gegen diese Erkenntnisse findet in beiden Fällen nur die dritte Instanz statt, so weit sie nach Vorschrift der A. G. O. Tit. 15 §. 2 überhaupt zulässig ist Das Verfahren wird nach dieser Vorschrift eingeleitet, und das Erkenntniß von dem geordneten Revisionsrichter, worüber Wir die nähere Bestimmung vorbehalten, abgefaßt, wogegen nur allein die Nullitäts- oder Restitutionsklage nach der A. G. O. Tit. 16 statt findet.

Wenn eine Sache aus mehreren Punkten besteht.

5. Besteht eine Sache aus mehreren Punkten, von welchen der Richter bei Abfassung des Erkenntnisses den einen oder andern so angethan findet, daß dabei noch eine nähere Erörterung erfolgen muß, so wird die Instruction nach der Vorschrift Nr. 3 verfügt, und das Erkenntniß wegen der übrigen Punkte so lange ausgesetzt. Schwebt in einem solchen Falle die Sache schon in den fernern Instanzen, so wird über die zur Instruction verwiesenen Punkte noch einmal von dem Richter erster Instanz erkannt, und, wenn dagegen appellirt wird, nach dem Schlusse des zweiten Appellatorii sowohl darüber, als über die ausgesetzt gebliebenen Punkte das Erkenntniß in zweiter Instanz abgefaßt. Wird aber wegen der verwiesenen Punkte von dem Urtel erster Instanz nicht appellirt, so müssen die Acten dem Appellationsrichter zum Erkenntniß wegen der ausgesetzten Punkte vorgelegt werden.

Von Incident-Punkten.

6. Ueber Incidentpunkte findet kein besonderes Verfahren und Erkenntniß weiter statt, sondern die Erörterung und Entscheidung derselben wird nach den Vorschriften der A. G. O. mit zur Hauptsache gezogen.

Von einigen besondern Prozeß-Arten.

7. In Ansehung der am 1. Junius 1803 schon schwebenden Bagatell-, Injurien-, Wechsel-, Arrest-, Spolien-, Concurs- und Liquidationsprozesse muß das Verfahren nach der bisherigen Form bis zum Erkenntnisse fortgesetzt werden; alsdann aber gelten wegen der etwa noch zu verfügenden Instruction die vorstehenden Anweisungen, so wie wegen der zulässigen Rechtsmittel und des Verfahrens dabei die Vorschriften der A. G. O.

8. Wegen der Gesetze, nach welchen die vor dem 1. Junius 1803 schon anhängig gewesenen Prozesse zu entscheiden sind, beziehen wir Uns auf das besondere Patent über die Einführung Unsers A. L. R. vom 24. März 1803. Darnach versteht sich auch von selbst, daß in allen vor dem 1. Junius 1804 anhängig gewordenen Concurs- und Liquidations-Prozessen die Rangordnung der Gläubiger nur nach den bisher als gültig anerkannten Gesetzen bestimmt werden muß, und daß überhaupt in allen Fällen, in welchen die A. G. O. auf die Vorschriften des A. L. R. Bezug nimmt, statt dieser Vorschriften bis zum 1. Juni 1804 die bisher geltend gewesenen Gesetze zur Richtschnur genommen werden. Dies gilt auch besonders von demjenigen, was im zweiten Theile der A. G. O. über das Verfahren in nicht streitigen Angelegenheiten geordnet ist, so weit die dabei vorausgesetzten Vorschriften des A. L. R. von den bisher geltend gewesenen Gesetzen abweichen.

Von den Gerichts-Gebühren.

§. 3. Bei der Regierung zu Heiligenstadt sollen vom 1. Junius 1803 die Räthe und übrigen Beamte an den Gerichtsgebühren weiter keinen Theil nehmen, noch dergleichen ohne schriftlichen Auftrag der Regierung erheben, sondern diese Gebühren für Rechnung des Staats zur Bestreitung des Unterhalts der Beamten und der übrigen mit Ausübung der Gerichtsbarkeit verbundenen Kosten eingehoben und berechnet, den Räthen und übrigen Beamten aber dagegen bestimmte Gehalte ausgesetzt werden.

Wegen Verwaltung dieser Salarien-Kasse wird die Regierung auf das Reglement vom 20. Novbr. 1782 verwiesen.

Bei den sämmtlichen Untergerichten soll vor der Hand die bisherige Verfassung, wonach die einkommenden Gebühren den Richtern und Subalternen statt des Gehaltes überlassen werden, beibehalten werden.

Damit jedoch bei Einhebung der Gerichts-Gebühren aller Druck Unserer getreuen Unterthanen vermieden, und in jedem einzelnen Falle ein richtiges Verhältniß beobachtet werde, haben Wir die Grundsätze, nach welchen die Gerichtsgebühren anzusetzen sind, durch die dem gegenwärtigen Patente beigefügten Sportul-Taxen genau bestimmt, von welchen die erste Unsrer Regierung zu Heiligenstadt, und die letzte sämmtlichen Untergerichten vom 1. Juni 1803 an zur genauen Norm dienen muß.

Deposital-Geschäfte.

§. 4. In Absicht der Deposital-Geschäfte wird auf die Vorschriften der Dep. O. vom 15. Dezember 1783 Bezug genommen, und deren genaue Befolgung sämmtlichen Ober- und Untergerichten zur Pflicht gemacht. Besonders ist jedes Gericht schuldig, zu Sicherstellung der seiner Verwahrung anvertrauten Sachen, sowohl gegen Feuersgefahr, als gegen äußere Gewalt und Veruntreuungen, die nöthigen Vorkehrungen zu treffen, und zu veranstalten, daß für die Deposita feuersichere, mit gehörig verwahrten Thüren und Fenstern versehene Zimmer oder Gewölbe eingerichtet werden. Zu den baaren Geldern, Urkunden, Juwelen und andern Kostbarkeiten, welche keinen großen Raum einnehmen, müssen eiserne, oder doch eichene, mit Eisen stark beschlagene Kasten, Schränke oder Spinden gebraucht, und mit mehr als einem Schlosse verwahrt werden. Wo dergleichen Behältnisse noch nicht vorhanden sind, sind die Gerichte schuldig, bei eigner Verhaftung dafür zu sorgen, daß sie zum 1. Junius 1803 gehörig eingerichtet, auch die zu vorschriftsmäßiger Führung der Rechnungen und Controllen erforderlichen Bücher und Journale angeschafft werden.

Stempelsachen.

§. 5. Ueber den Gebrauch des Stempelpapiers bei Prozessen und andern gerichtlichen Angelegenheiten enthält die Verordnung vom 17. September v. J. und die derselben beigefügte Anweisung ausführliche Vorschriften, nach welchen sämmtliche Ober- und Untergerichte sich zu achten haben.

Criminalsachen.

§. 6. Wegen des Verfahrens in Criminalsachen haben Wir durch eine neue Cr. O. für Unsere sämmtlichen Staaten, welche in kurzen durch den Druck bekannt gemacht werden soll, ausführliche Vorschriften ertheilt, worauf hiermit Bezug genommen wird, und nach welcher vom 1. Juni 1803 an zu verfahren ist.

Wir befehlen allen und jeden Unsrer nunmehrigen Unterthanen des Erbfürstenthums Eichsfeld, der Städte Mühlhausen, Nordhausen und Erfurt und des Erfurter Gebietes, besonders aber Unserer Regierung zu Heiligenstadt und allen derselben unterworfenen Gerichten, diese Unsere Verordnung in allen Punkten genau zu befolgen.

N. C. C. T. XI. S. 1787 Nr. 20 de 1803.

3) **Patent** vom 5. April 1803, wegen Einführung der A. G. O. in die Fürstenthümer Paderborn und Münster und in die Abteien Essen, Werden und Elten.

Die Grundsätze, worauf die in Unsern übrigen Staaten angeordnete Gerichtsverfassung beruht, sind durch eine vieljährige Erfahrung bewährt gefunden, um den Zweck einer gründlichen und möglichst schnellen Rechtspflege vollständig zu erreichen. Wir haben daher beschlossen, diese Gerichtsverfassung ebenfalls in die Uns zugefallenen Entschädigungsländer einzuführen, und die Einwohner derselben die Vortheile davon genießen zu lassen. Daher setzen Wir hiermit das Nachfolgende fest.

Die A. G. O. soll vom 1 Junius 1803 an bei allen gerichtlichen Angelegenheiten zur Richtschnur genommen werden.

§. 1. Vom 1. Junius 1803 an soll die A. G. O. für die Preußischen Staaten mit Rücksicht auf die seit dem Jahre 1795 bis jetzt erfolgten Zusätze und Erläuterungen derselben in Unsern Erbfürstenthümern Paderborn und Münster, ingleichen den Abteien Essen, Werden und Elten, bei allen Ober- und Untergerichten, sowohl in den entstehenden Rechtsstreitigkeiten, als in allen übrigen gerichtlichen Angelegenheiten, zur einzigen Richtschnur des Verfahrens genommen werden, und es sollen dagegen vom gedachten Zeitpunkte an, die bisherigen Vorschriften wegen des gerichtlichen Verfahrens als abgeschafft und aufgehoben betrachtet werden.

Zu Verwaltung der Justiz in bürgerlichen und peinlichen Sachen, zur Aufsicht über alle Untergerichte, so wie zu Besorgung der Vormundschafts-Sachen in Unsern Erbfürstenthümern Paderborn und Münster, ingleichen den Abteien Essen, Werden und Elten, werden Wir mit Aufhebung der bisherigen obern Justiz-Behörden, deren Geschäfte vom 1. Junius 1803 an ganz aufhören, eine oder mehrere obere Justiz-Stellen unter den Namen von Regierungen anordnen, und denselben die nähere Einrichtung aller Untergerichte übertragen, welche sich alsdann vom 1. Junius 1803 an in allen Prozessen und andern gerichtlichen Angelegenheiten nach der A. G. O. genau zu achten, auch dahin zu sehen haben, daß die Vorschriften derselben von allen Untergerichten und übrigen Justiz-Bedienten genau befolgt werden.

Verfahren bei den schon schwebenden Sachen.

§. 2. Es versteht sich von selbst, daß die Vorschriften der A. G. O. nur in solchen Prozessen und andern Angelegenheiten, die am 1. Junius 1803 noch nicht anhängig sind, volle Anwendung finden können; damit jedoch bei den zur gedachten Zeit schon schwebenden Prozessen den verderblichen Weitläuftigkeiten des bisherigen Verfahrens so viel als möglich vorgebeugt werde, so soll es damit auf nachstehende Art gehalten werden.

Wenn die Einlassung des Verklagten noch nicht erfolgt ist.

1. Ist in einer Sache die Klage erst eingekommen, und die Einlassung des Verklagten, litis contestatio, noch nicht erfolgt, so muß das Verfahren ganz nach den Vorschriften der A. G. O. eingeleitet werden. War die Klage durch einen Rechtsbeistand schriftlich eingereicht, so wird zuerst von dem Richter geprüft, ob dieser Rechtsbeistand nach den Vorschriften des ersten Theils, Tit. 5 der A. G. O. mit vollständiger Information versehen sei. Der hierbei sich findende Mangel wird gehörig ergänzt, und alsdann nach Verschiedenheit der Fälle entweder sofort der Instructions-Termin anberaumt, oder der Beantwortungs-Bericht des Verklagten eingefordert. Die fernere Instruction geschiehet nachher lediglich nach den Vorschriften der A. G. O.

Wenn die Einlassung des Verklagten schon erfolgt, aber noch nicht erkannt ist.

2. Ist die Einlassung des Verklagten schon erfolgt, in erster Instanz aber noch nicht erkannt, so wird das Verfahren nach den bisherigen Regeln bis zum Schlusse der Sache fortgesetzt, und alsdann die Vorlegung der Acten zum Spruche verfügt. Findet das Gericht, daß in der Sache definitive gesprochen werden kann, so muß es nach Vorschrift der A. G. O. Thl. I. Tit. 13 mit Abfassung und Publication des Erkenntnisses verfahren. In Ansehung der dagegen zulässigen Rechtsmittel finden die Vorschriften des Titel 14, 15 und 16 der A. G. O. überall Anwendung.

Ist hingegen in facto die Sache noch nicht so klar auseinandergesetzt, daß definitive erkannt werden kann, so wird kein Erkenntniß, sondern ein bloßes Resolutum abgefaßt, und darin festgesetzt, welche Thatsachen noch einer nähern Aufklärung bedürfen. Zugleich wird ein Termin zur Instruction der Sache anberaumt, und beiden Theilen aufgegeben, diesen Termin gehörig abzuwarten, auch die ihnen bekannten Beweismittel über die noch aufzuklärenden Thatsachen gehörig anzuzeigen. Das weitere Verfahren wird nachher ganz nach den Vorschriften der A. G. O. eingeleitet.

Wenn die Sache schon in der Beweis=Instanz schwebt.

3. Ist schon rechtskräftig auf Beweis erkannt, über den Beweis selbst aber noch nicht gesprochen, so wird das Beweisverfahren nach der bisherigen Prozeßform bis zum Schlusse fortgesetzt, und alsdann die Vorlegung der Acten verfügt. Findet sich bei dem Vortrage der Sache, daß die beigebrachten Beweismittel zur völligen Entwickelung des facti unzureichend sind, und es ist wahrscheinliche Aussicht vorhanden, daß nähere und bessere Beweismittel zu finden sein würden, wenn die Parteien nach den Vorschriften der A. G. O. gehörig vernommen würden, so wird mit Aussetzung des Erkenntnisses eben so, wie in dem Falle Nr. 2, ein Resolutum abgefaßt, und das weitere Verfahren eingeleitet.

Findet aber der Richter die Sache durch die aufgenommenen Beweise hinreichend auseinandergesetzt, oder ist zu einer besseren Entwickelung derselben keine gegründete Aussicht vorhanden, so wird das Erkenntniß abgefaßt und publicirt.

In beiden Fällen gelten wegen der Rechtsmittel gegen das Probatorial=Erkenntniß und deren Einleitung die Vorschriften der A. G. O.

Wenn die Sachen in weitern Instanzen schweben

4. Schwebt die Sache nicht mehr in der ersten Instanz, so wird das Verfahren über das von dem einen oder andern Theile eingelegte Rechtsmittel nach der bisherigen Form bis zum Schlusse fortgesetzt, und es werden alsdann die Acten zum Spruche vorgelegt; den Instanzenzug zu reguliren, behalten Wir Uns bis zur Einführung der Regierungen vor.

Der erkennende Richter muß alsdann prüfen, ob die Sache nach der Lage, worin sie sich befindet, definitive entschieden werden kann, oder ob nach den vorhin Nr. 3 angegebenen Bestimmungen noch eine nähere Instruction zu veranlassen sei. In dem letztern Falle wird diese Instruction durch ein Resolutum veranlaßt, bei dem weitern Verfahren die Vorschrift der A. G. O. beobachtet, und alsdann mit Abfassung und Publication des Erkenntnisses zweiter Instanz verfahren. Im ersten Falle aber wird sogleich das Erkenntniß abgefaßt und publicirt.

Gegen diese Erkenntnisse findet in beiden Fällen nur die 3. Instanz statt, so weit sie nach Vorschrift der A. G. O. Tit. 15. §. 2 überhaupt zulässig ist. Das Verfahren wird nach dieser Vorschrift eingeleitet, und das Erkenntniß von dem geordneten Revisions=Richter, worüber Wir die nähere Bestimmung vorbehalten, abgefaßt, wogegen nur allein die Nullitäts= oder Restitutions=Klage nach der A. G. O. Tit. 16 statt findet.

Wenn eine Sache aus mehreren Punkten besteht.

5. Besteht eine Sache aus mehreren Punkten, von welchen der Richter bei Abfassung des Erkenntnisses den einen oder andern so angethan findet, daß dabei noch eine nähere Erörterung erfolgen muß, so wird die Instruction nach der Vorschrift Nr. 3 verfügt, und das Erkenntniß wegen der übrigen Punkte so lange ausgesetzt. Schwebt in einem solchen Falle die Sache schon in den fernern Instanzen, so wird über die zur Instruction verwiesenen Punkte noch einmal von dem Richter erster Instanz erkannt, und, wenn dagegen appellirt wird, nach dem Schlusse des zweiten Appellatorii sowohl darüber, als über die ausgesetzt gebliebenen Punkte das Erkenntniß in zweiter Instanz abgefaßt. Wird aber wegen der verwiesenen Punkte von dem Urtel erster Instanz nicht appellirt, so müssen die Acten dem Appellationsrichter zum Erkenntniß wegen der ausgesetzten Punkte vorgelegt werden.

Von Incident-Punkten.

6. Ueber Incident-Punkte findet kein besonderes Verfahren und Erkenntniß weiter statt, sondern die Erörterung und Entscheidung derselben wird nach den Vorschriften der A. G. O. mit zur Hauptsache gezogen.

Von einigen besondern Prozeßarten.

7. In Ansehung der am 1. Junius 1803 schon schwebenden Bagatell-, Injurien-, Wechsel-, Arrest-, Spolien-, Concurs- und Liquidations-Prozesse muß das Verfahren nach der bisherigen Form bis zum Erkenntnisse fortgesetzt werden; alsdann gelten aber wegen der etwa noch zu verfügenden Instruction die vorstehenden Anweisungen, so wie wegen der zulässigen Rechtsmittel und des Verfahrens dabei die Vorschriften der A. G. O.

Von den Gesetzen, nach welchen entschieden wird.

8. Wegen der Gesetze, nach welchen sowohl die vor dem 1. Junius 1803 schon anhängig gewesenen Prozesse und andere Rechtsangelegenheiten, als auch diejenigen, welche bis zu der mit dem 1. Junius 1804 eintretenden Gesetzeskraft des A. L. R. noch anhängig gemacht werden, zu entscheiden sind, beziehen Wir Uns auf das besondere Patent über die Einführung Unsers A. L. R. vom 5. April d. J. Darnach versteht sich auch von selbst, daß in allen vor dem 1. Junius 1804 anhängig gewordenen Concurs- und Liquidations-Prozessen die Rangordnung der Gläubiger nur nach den bisher als gültig anerkannten Gesetzen bestimmt werden muß, und daß überhaupt in allen Fällen, in welchen die A. G. O. auf die Vorschriften des A. L. R. Bezug nimmt, statt dieser Vorschriften bis zum 1. Junius 1804 die bisher geltend gewesenen Gesetze zur Richtschnur genommen werden. Dies gilt auch besonders von demjenigen, was im 2. Theil der A. G. O. über das Verfahren in nicht streitigen Angelegenheiten angeordnet ist, so weit die dabei vorausgesetzten Vorschriften des A. L. R. von den bisher geltend gewesenen Gesetzen abweichen.

§. 3. Bei den Regierungen sollen vom 1. Junius 1803 an die Räthe und übrigen Beamte an den Gerichtsgebühren weiter keinen Theil nehmen, noch dergleichen ohne schriftlichen Auftrag der Regierungen erheben, sondern diese Gebühren für Rechnung des Staats zu Bestreitung des Unterhalts der Beamten und der übrigen mit Ausübung der Gerichtsbarkeit verbundenen Kosten eingehoben und berechnet, den Räthen und übrigen Beamten aber bestimmte Gehalte ausgesetzt werden.

Wegen Verwaltung dieser Salarienkasse werden die Regierungen auf das Reglement vom 20. November 1782 verwiesen.

Bei den sämmtlichen Untergerichten soll vor der Hand die bisherige Verfassung, wonach die einkommenden Gebühren den Richtern und Subalternen statt des Gehaltes überlassen worden, beibehalten werden.

Damit jedoch bei Einhebung der Gerichtsgebühren aller Druck Unsrer getreuen Unterthanen vermieden, und in jedem einzelnen Falle ein richtiges Verhältniß beobachtet werde, haben Wir die Grundsätze, nach welchen die Gerichtsgebühren anzusetzen sind, durch die dem gegenwärtigen Patente beigefügten Sportultaxen genau bestimmt, von welchen die erste Unsern Regierungen, die letzte aber sämmtlichen Untergerichten, vom 1. Junius 1803 an, zur genauen Norm dienen muß.

Deposital-Geschäfte.

§. 4. In Absicht der Deposital-Geschäfte wird auf die Vorschriften der Dep. O. vom 15. Decbr. 1783 Bezug genommen, und deren genaue Befolgung sämmtlichen Ober- und Untergerichten zur Pflicht gemacht. Besonders ist jedes Gericht schuldig, zu Sicherstellung der seiner Verwahrung anvertrauten Sachen, sowohl gegen Feuersgefahr, als gegen äußere Gewalt und Veruntreuungen, die nöthigen Vorkehrungen zu treffen und zu veranstalten, daß für die Deposita feuersichere, mit gehörig verwahrten Thüren und Fenstern versehene Zimmer oder Gewölbe eingerichtet werden. Zu den baaren Geldern, Urkunden, Juwelen und andern Kostbarkeiten, welche keinen großen Raum einnehmen, müssen eiserne, oder doch eichene, mit Eisen stark beschlagene Kasten, Schränke oder Spinden gebraucht, und mit mehr als einem Schlosse verwahrt werden. Wo dergleichen Behältnisse noch nicht vorhanden sind, sind die Gerichte schuldig, bei eigener Verhaftung dafür zu sorgen, daß sie zum 1. Junius 1803 gehörig eingerichtet, auch die zu vorschriftsmäßiger Führung der Rechnungen und Controllen erforderlichen Bücher und Journale angeschafft werden.

Stempelsachen.

§. 5. Ueber den Gebrauch des Stempelpapiers bei Prozessen und andern gerichtlichen Angelegenheiten enthält die Verordnung vom 17. Sptbr. vorigen Jahres und die derselben beigefügte Anweisung ausführliche Vorschriften, nach welchen sämmtliche Ober- und Untergerichte sich zu achten haben.

Criminalsachen.

§. 6. Wegen des Verfahrens in Criminalsachen haben Wir durch eine neue Cr. O. für Unsere sämmtlichen Staaten, welche in kurzen durch den Druck bekannt gemacht werden soll, ausführliche Vorschriften ertheilt, worauf hiermit Bezug genommen wird, und nach welcher vom 1. Juni 1803 an zu verfahren ist.

Wir befehlen allen und jeden Unserer nunmehrigen Unterthanen der Erbfürstenthümer Paderborn und Münster, imgleichen der Abteien Essen, Werden und Elten, besonders aber Unsern Ober- und Untergerichten, diese Unsere Verordnung in allen Punkten genau zu befolgen.

N. C. C. T. XI. S. 1687 Nr. 20 de 1803.

4) **Patent** vom 9. Septbr. 1814, wegen Einführung des A. L. R. und der A. G. O. in die von dem Preußischen Staat getrennt gewesenen, mit demselben wieder vereinigten Provinzen.

Seit der Wiedervereinigung der zu Unserer Monarchie gehörigen und von derselben getrennt gewesenen Provinzen mit Unseren übrigen Staaten sind Wir darauf bedacht gewesen, selbige an den Wohlthaten Unserer Gesetzgebung und Gerichtsverfassung von neuem Theil nehmen zu lassen, und obgleich die dazu nöthigen mannigfaltigen Vorbereitungen noch nicht haben beendigt werden können, so finden Wir Uns dennoch, durch die dringenden Wünsche der unter Unsern Scepter zurückgekehrten Unterthanen, bewogen, mit der Wiedereinführung Unserer Gesetze schon jetzt vorzugehen und dadurch das Band der Vereinigung mit Uns und dem gemeinsamen Vaterlande noch fester zu knüpfen.

Wir verordnen demnach Folgendes:

Das A. L. R. soll vom 1. Januar 1815 an gesetzliche Kraft haben.

§. 1. Vom 1. Januar 1815 an soll Unser A. L. R., nebst den dasselbe abändernden, ergänzenden und erläuternden Bestimmungen, in den mit den Preußischen Staaten wieder vereinigten Provinzen von neuem volle Kraft des Gesetzes haben und nach dem benannten Tage bei Vollziehung und Beurtheilung aller rechtlichen Handlungen und deren Folgen, so wie bei Entscheidung der entstehenden Rechtsstreitigkeiten, zum Grunde gelegt werden.

Provinzial-Gesetze und Gewohnheiten.

§. 2. Die in einzelnen Provinzen und Orten bestandenen besonderen Rechte und Gewohnheiten sollen, in sofern sie durch die unter den vorigen Regierungen eingeführten Gesetze aufgehoben und abgeschafft worden, auch fernerhin nicht mehr zur Anwendung kommen. An deren Stelle treten die Bestimmungen des A. L. R. Dahingegen hat es bei denjenigen Provinzialgesetzen und Gewohnheiten, welche deshalb, weil sich über den Gegenstand derselben in den bisherigen Gesetzen keine Vorschriften finden, als fortbestehend beibehalten worden, auch künftig noch sein Bewenden, wie denn auch die aufgehobenen Provinzialrechte wieder volle Wirksamkeit in allen den Fällen erhalten, in welchen das A. L. R. über den Gegenstand derselben keine Bestimmungen enthält.

Das A. L. R. soll auf die während der Gesetzeskraft der fremden Rechte vorgefallenen Handlungen und Begebenheiten nicht gezogen werden.

§. 3. Auf die vor dem 1. Januar 1815, während der Gesetzeskraft der fremden Rechte vorgefallenen, Handlungen und Begebenheiten soll das A. L. R. nicht angewendet werden; es finden vielmehr dabei die im **§. 14** bis 20 der Einleitung vorgeschriebenen Grundsätze statt. Auch soll ein jeder, welcher zur Zeit der wieder eingetretenen Gesetzeskraft des A. L. R. in einem nach bisherigen Rechten gültigen und zu Recht beständigen Besitze irgend einer Sache oder eines Rechts sich befindet, dabei gegen jeden privatrechtlichen Anspruch geschützt, und Niemand in dem Genusse seiner, in dem Verkehr mit anderen Privatpersonen wohlerworbenen, Gerechtsame unter irgend einem aus dem A. L. R. entlehnten Vorwande gestört oder beeinträchtiget werden.

Wenn die bisherigen Gesetze dunkel, oder zweifelhaft sind, so findet das A. L. R. Anwendung.

§. 4. Wenn jedoch aus einer ältern Handlung oder Begebenheit Prozesse entstehen, und die damals vorhandenen auf den vorliegenden Fall anzuwendenden Gesetze dunkel oder zweifelhaft sind: so ist derjenigen Meinung, welche mit den Vorschriften des A. L. R. übereinstimmt oder denselben am nächsten kommt, der Vorzug zu geben.

Von Verträgen.

§. 5. Alle Verträge, welche vor dem 1. Januar 1815 errichtet sind, müssen in Ansehung ihrer Form und ihres Inhalts, so wie auch der daraus entstehenden rechtlichen Folgen, nach den zur Zeit des geschlossenen Vertrags geltend gewesenen Gesetzen beurtheilt werden, wenn gleich erst später daraus auf Erfüllung, Aufhebung, oder Leistung des Interesse geklagt würde. Die Ausnahme wegen der vor den Notarien abgeschlossenen Verträge ist im 27. §. festgesetzt.

Von Testamenten.

§. 6. Alle Testamente und letztwilligen Verordnungen, welche vor dem 1. Januar 1815 errichtet worden, müssen in Rücksicht ihrer Form durchgehends nach den Vorschriften der älteren Gesetze beurtheilt werden, wenn gleich das Ableben des Erblassers erst später erfolgt sein sollte.

Gültigkeit der holographischen und vor Notarien errichteten Testamente.

§. 7. Es sollen aber die von den Erblassern eigenhändig ge- und unterschriebenen, ohne Beobachtung einer weiteren Form bisher gültig gewesenen Testamente, imgleichen diejenigen, welche vor Notarien aufgenommen worden, nur noch während eines Jahres, vom 1. Januar 1815 an gerechnet, als rechtsbeständig erachtet werden.

Nach Ablauf dieses Zeitraums tritt, in Ermangelung einer anderweitig gültig aufgenommenen Disposition, die gesetzliche Erbfolge ein, wofern nicht nachgewiesen werden kann, daß der Erblasser während des ganzen einjährigen Zeitraums von Errichtung eines Testaments nach den Vorschriften des A. L. R. verhindert gewesen ist. Uebrigens soll in allen Fällen, in welchen Personen, die vor Notarien ihr Testament errichtet haben, solches gerichtlich auf- oder annehmen lassen, die Gebührenfreiheit statt finden, so daß selbige nur die entstandenen baaren Auslagen zu entrichten verbunden sind.

Von der gesetzlichen Erbfolge.

§. 8. Die gesetzliche Erbfolge zwischen Eltern und Kindern, auch andern Familienmitgliedern, soweit dieselbe nicht auf rechtsgültigen Verträgen beruhet, ist in allen bis zum 1. Januar 1815 entstehenden Erbfällen nach den bisherigen Gesetzen, nachher aber, wenn der Erblasser keine rechtsgültige Abänderungen gemacht hat, nach den Vorschriften des A. L. R. zu beurtheilen und zu entscheiden.

Von dem Verhältnisse der Eheleute.

§. 9. Das rechtliche Verhältniß der Eheleute, die sich vor dem 1. Januar 1815 verheirathet haben, soll in Absicht der Rechte und Pflichten unter Lebendigen, so wie auch der Grundsätze wegen Auseinandersetzung bei Trennung der Ehe, nach den zur Zeit der geschlossenen Ehe bestandenen Gesetzen bestimmt werden. Die Gründe einer nach dem 1. Januar 1815 nachgesuchten Ehescheidung werden dagegen nach den Vorschriften des A. L. R. beurtheilt, und können nicht auf Thatsachen gegründet werden, welche sich früher ereigneten, und die das damals geltende Gesetz nicht für einen Ehescheidungsgrund geachtet hat. Bei der Erbfolge, wenn sie nicht durch rechtsgültige Verträge oder letztwillige Verordnungen bestimmt wird, sondern nach dem allgemeinen Recht anzuordnen ist, soll der überlebende Ehegatte die Wahl haben, ob er nach den zur Zeit der geschlossenen Ehe geltend gewesenen Gesetzen, oder nach den Vorschriften des A. L. R. erben wolle.

Vom väterlichen und mütterlichen Nießbrauch.

§. 10. Der dem Vater von dem Vermögen seiner Kinder nach den Vorschriften des A. L. R. zustehende Nießbrauch tritt mit dem 1. Januar 1815 wieder ein; wohingegen mit diesem Tage der Nießbrauch der Mutter von dem Vermögen der Kinder in Ermangelung rechtsgültiger darüber geschlossener Verträge aufhört, in sofern das A. L. R. diesen Nießbrauch der Mutter nicht beilegt.

Von den rechtlichen Folgen des unehelichen Beischlafs.

§. 11. Die vor dem 1. Januar 1815 geborenen unehelichen Kinder erhalten mit diesem Tage die im A. L. R. ihnen beigelegten Rechte, in sofern ihnen solche durch die bisherigen Gesetze entzogen waren. Dagegen finden, in Ermangelung eines gültigen Anerkenntnisses der Vaterschaft, weder Entschädigungsansprüche von Seiten der Geschwächten, noch Alimentenforderungen für die Zeit bis zum 1. Januar 1815 von Seiten des unehelichen Kindes statt. Ist die Niederkunft nach dem 1. Januar 1815 erfolgt, so werden die rechtlichen Folgen des unehelichen Beischlafs nach dem A. L. R. beurtheilt.

Von der Verjährung.

§. 12. Die Verjährung soll in denjenigen Fällen, bei welchen sie schon vor dem 1. Januar 1815 vollendet gewesen ist, lediglich nach den bisherigen Rechten beurtheilt werden, wenn gleich die daraus entstandenen Befugnisse, oder Einwendungen erst nachher geltend gemacht würden. In solchen Fällen aber, bei welchen die bisherige gesetzmäßige Frist zur Verjährung mit dem 1. Januar 1815 noch nicht abgelaufen ist, sollen die Vorschriften des A. L. R. zur Anwendung gebracht werden. Sollte jedoch zu Vollendung einer schon vor dem 1. Januar 1815 angefangenen Verjährung im A. L. R. eine kürzere Frist, als nach den aufgehobenen Gesetzen, vorgeschrieben sein: so kann derjenige, welcher in einer solchen kürzeren Verjährung sich gründen will, die Frist derselben nur von dem 1. Januar 1815 an berechnen.

Vom Zinsfuß.

§. 13. In Absicht der Höhe der erlaubten Zinsen treten nach dem 1. Januar 1815 die Bestimmungen des A. L. R. und der darauf Bezug habenden späteren Verordnungen dergestalt ein, daß, wenn in einem früheren Vertrage höhere Zinsen verabredet worden, als die Preußischen Gesetze verstatten, von dem Tage der Wirksamkeit der letzteren der Schuldner nur zur Zahlung der erlaubten niedrigen Zinsen verpflichtet ist.

Von der Volljährigkeit.

§. 14. Die Volljährigkeit tritt in Absicht aller derjenigen Personen, welche solche vor dem 1. Januar 1815 nach den bisherigen Gesetzen noch nicht erreicht haben, erst mit dem vollendeten vier und zwanzigsten Jahre ein.

Von der Klassifikation der Gläubiger.

§. 15. Wenn es auf eine Klassifikation der Forderungen mehrerer Gläubiger ankömmt, so sind in allen Fällen, in welchen der Streit zwischen mehreren Gläubigern über das Vorzugsrecht erst nach dem 1. Januar 1815 eintritt, die Vorschriften der Preußischen Gesetze, ohne Rücksicht auf die zur Zeit der Entstehung der Forderung geltend gewesenen Gesetze, zum Grunde der Entscheidung zu legen. Ist aber ein wirkliches Pfandrecht bestellt worden, so muß der Gläubiger bei demselben geschützt werden. Gleichergestalt verbleibt den aus Urtheilen eingetragenen, so wie den stillschweigenden und gesetzlichen Hypotheken ihr bisheriges Vorzugsrecht.

Von Strafsachen.

§. 16. Die im A. L. R. enthaltenen Strafgesetze können, in sofern sie unter der vorigen Regierung nicht beibehalten worden sind, bei den vor dem 1. Januar 1815 begangenen, noch nicht bestraften, Verbrechen nur alsdann angewendet werden, wenn die dadurch geordneten Strafen gelinder sind, als diejenigen, welche nach bisherigen Gesetzen auf das vorliegende Verbrechen statt gefunden hätten. Bei den Verbrechen aber, welche nach dem 1. Januar 1815 begangen worden, treten die Vorschriften des A. L. R. ohne Unterschied ein.

Die A. G. O. soll vom 1. Januar 1815 an gesetzliche Kraft haben.

§. 17. Vom 1. Januar 1815 an soll die A. G. O. für die Preußischen Staaten, mit Rücksicht auf die seit dem Jahre 1795 erfolgten Abänderungen, Zusätze und Erläuterungen derselben, in den §. 1 erwähnten Provinzen ebenfalls gesetzliche Kraft haben, so daß solche bei allen Ober- und Untergerichten, sowohl in den entstehenden Rechtsstreitigkeiten, als auch in allen übrigen gerichtlichen Angelegenheiten, zur einzigen Richtschnur des Verfahrens zu nehmen ist, und von dem gedachten Zeitpunkte an die bisherigen Vorschriften wegen des gerichtlichen Verfahrens, insbesondere auch wegen der Zulässigkeit der Beweismittel, als abgeschafft und aufgehoben zu betrachten sind.

Einrichtung der Landes-Justiz-Kollegien.

§. 18. Es sollen Landes-Justiz-Kollegien unter der Benennung

Ober-Landes-Gerichte

angeordnet werden, welche nicht allein in erster Instanz die Gerichtsbarkeit über die eximirten Personen und Grundstücke ausüben, sondern auch die Aufsicht über sämmtliche Untergerichte ihres Bezirks führen, und zugleich für die von den letztern gefällten Erkenntnisse in den gesetzlich zulässigen Fällen die Appellationsinstanz bilden.

Land- und Stadt-Gerichte.

§. 19. Die Gerichtsbarkeit in den Städten und auf dem platten Lande wird da, wo solche Uns als Landesherrn zustehet, durch

Land- und Stadt-Gerichte

ausgeübt.

Patrimonial-Gerichte.

§. 20. In denjenigen Provinzen, in welchen die Patrimonial-Gerichtsbarkeit, vor deren unter den vorigen Regierungen erfolgten Aufhebung, mit dem Besitz der Grundstücke verbunden gewesen ist, wird solche, die Kämmereigüter ausgenommen, mit Ausschluß der Kriminal-Jurisdiktion, den Grundbesitzern vom 1. Januar 1815 an wieder beigelegt. Es müssen jedoch dabei die Vorschriften des A. L. R. Theil 2. Tit. 17. §. 13 und ferner auf das Genaueste beobachtet werden, und den Jurisdiktions-Berechtigten ist nicht zu gestatten, andere als richterliche Personen zu ihren Justitiarien zu wählen. Es soll über die innere Einrichtung dieser Patrimonial-Gerichte, und daß solche in der Regel als Gesammt-Gerichte mehrerer Jurisdiktionen zu einem Kollegium organisirt werden sollen, — in sofern ein solches Kollegium nicht von einem Gerichtsherrn bestellt wird, — eine besondere Vorschrift erfolgen und zur Ausübung gebracht werden, wenn nicht die Gerichtsherren es vorziehen, sich schon an bestehende Untergerichte anzuschließen. Die Ober-Landes-Gerichte haben sich übrigens die Zusammenziehung mehrerer solcher Privat-Jurisdiktionen zu Kreis-Gerichten, oder deren Vereinigung mit den anzuordnenden Land- und Stadt-Gerichten möglichst angelegen sein zu lassen.

Wegen Herstellung der Gerichte wird der Justiz-Minister Verfügungen erlassen.

§. 21. Unser Justiz-Minister ist beauftraget, hiernach wegen Wiederherstellung der Gerichte die nöthigen Verfügungen mit Unserer Genehmigung zu erlassen, und dabei für die angemessene Wiederanstellung oder Versorgung aller vorgefundenen unbescholtenen Justiz-Bedienten zu sorgen.

Ueber das Verfahren in schwebenden Prozessen sollen Anweisuugen ertheilt werden.

§. 22. Ueber das Verfahren bei Anwendung der A. G. O. auf die schwebenden Prozesse werden besondere Anweisungen ertheilt werden.

Deposital-Geschäfte.

§. 23. In Absicht der Deposital-Geschäfte wird auf die Vorschriften der D. O. vom 15. Dezember 1783 Bezug genommen, und deren genaue Befolgung vom 1. Januar 1815 an sämmtlichen Ober- und Untergerichten zur Pflicht gemacht.

Hypotheken-Wesen.

§. 24. Das Hypothekenwesen soll wieder nach den Grundsätzen der H. O. vom 20. Dezember 1783 eingerichtet werden, und darüber besondere Verordnung ergehen.

Vormundschafts-Wesen.

§. 25. Das Vormundschafts-Wesen ist nach dem 1. Januar 1815 wieder ganz den Vorschriften Unserer Gesetze gemäß einzurichten.

Die Geschäfte der Civil-Standes-Beamten hören auf.

§. 26. Die Obliegenheiten und Verrichtungen der nach den vorigen Verfassungen angesetzten Civilstands-Beamten hören mit dem 1. Januar 1815 auf, und in Absicht der Beglaubigungen der Geburten, Verheirathungen und Sterbefälle treten die Vorschriften Unserer Gesetze ein.

Eingeschränkte Befugnisse der Notarien.

§. 27. Vom Tage der Bekanntmachung dieses Patents durch die Gouvernementsblätter oder Amtsblätter sollen sich die Notarien, um den bisherigen Mißbräuchen ungesäumt Einhalt zu thun, bei Vermeidung der Nichtigkeit aller Handlungen der freiwilligen Gerichtsbarkeit enthalten, welche nach den Preußischen Gesetzen den Gerichten beigelegt sind, und sich auf diejenigen Instrumente und Beglaubigungen einschränken, welche die A. G. O. den Notarien beilegt. Alle andere Actus der freiwilligen Gerichtsbarkeit gehen sogleich auf die Gerichtshöfe über.

Stempel-Wesen.

§. 28. Ueber den Gebrauch des Stempelpapiers enthalten das Stempelgesetz vom 20. November 1810, die Deklaration vom 27. Juni 1811, die Instruktion vom 5. September 1811 und die bisher durch die Amtsblätter bekannt gemachten Erläuterungen die nöthigen Vorschriften.

Von den Gerichts-Gebühren.

§. 29. Die Gerichtsgebühren sollen vom 1. Januar 1815 an bei den Oberlandesgerichten und größeren Untergerichten nach der durch das Edikt vom 11. August 1787 vorgeschriebenen Sportultaxe und bei den übrigen Untergerichten nach der für die Untergerichte in der Kurmark emanirten interimistischen Sporteltaxe angesetzt und entrichtet werden.

Vom Verfahren in Kriminal-Sachen.

§. 30. Das Verfahren in Kriminalsachen richtet sich nach den Vorschriften der Cr. O. vom 11. Dezember 1805 und den dieselbe abändernden, ergänzenden und erläuternden Bestimmungen. Zur Führung der Untersuchungen sollen

I n q u i s i t o r i a t e

errichtet werden, wohingegen die Civilgerichte alle diejenigen vorläufigen Verfügungen zu treffen verpflichtet sind, welche keinen Aufschub leiden und zur Erforschung der Wahrheit, Festmachung des Thäters und dazu dienen, damit der Thatbestand des Verbrechens nicht verändert werde. Bis zur Einrichtung der Inquisitoriate werden die Untersuchungen von den dazu ernannt gewesenen, oder noch zu ernennenden Richtern geführt.

Wir befehlen allen und jeden Unserer Unterthanen in den wiedervereinigten Provinzen, besonders aber den Ober- und Untergerichten und übrigen Beamten, sich nach den Bestimmungen dieses Patents in allen Punkten genau zu achten.

(G. S. S. 99.)

5) a. **Patent** vom 22. April 1816 wegen Einführung der A. G. O. in die mit den Preuß. Staate vereinigten ehemals sächsischen Provinzen.

Nachdem durch die Aufhebung des General-Gouvernements in Sachsen die Einführung der Allgemeinen Gerichts- und Criminalordnung in die mit Unsern Staaten vereinigten ehemals Sächsischen Provinzen und Districte, so wie die Umleitung der nach den Vorschriften der Sächsischen Prozeßordnung bereits anhängig gemachten Prozesse in die Form der A. G. O. ein dringendes Bedürfniß geworden ist, so verordnen Wir hiermit Folgendes:

Vom 1. Juni 1816 an erhält die A. G. O. gesetzliche Kraft.

§. 1. Vom 1. Juni 1816 an soll die A. G. O. für die Preußischen Staaten nebst dem Anhange zu selbiger in den ehemals Sächsischen Provinzen und Districten gesetzliche Kraft haben. Alle Rechtsstreitigkeiten, welche am 1. Juni dieses Jahres, oder später bei den Gerichten anhängig gemacht werden, sind sofort nach den Vorschriften der A. G. O. zu behandeln und einzuleiten.

Verfahren bei den Prozessen, welche vorher anhängig geworden sind.

§. 2. Was dagegen diejenigen Prozesse betrifft, welche bereits vor diesem Tage rechtshängig geworden sind, so muß das Gericht nach den weiter unten ertheilten Vorschriften für den Fortgang derselben von Amtswegen sorgen. Zu diesem Behufe hat sich das Gericht die in die Registratur desselben abgelieferten Acten vorlegen zu lassen, und das Nöthige darin zu verfügen.

Hauptgrundsatz bei Umleitung der Prozesse.

§. 3. Bei allen Prozessen ohne Unterschied gilt die Regel, daß jeder auf die möglichst kürzeste und leichteste Art in die Formen der Preußischen A. G. O. umgeleitet werden muß.

Verfügung. a) Wenn die Klage erst angebracht, oder noch keine Vorladung erlassen worden.

§. 4. Diesem gemäß soll, wenn die Klage zwar angebracht, darauf aber noch keine Vorladung erlassen ist, die Klage nach Anleitung der Allgemeinen Preußischen Gerichtsordnung Theil 1. Tit. 6 vom Richter mit Rücksicht auf die dann noch für den Gegenstand des Prozesses geltenden Rechte gehörig geprüft und, wenn sie unvollständig ist, nach Tit. 5. ib. vervollständigt werden, ehe ein Termin zur Beantwortung derselben, oder Instruction der Sache angesetzt werden kann. Das weitere Verfahren bis zur gänzlichen Beendigung der Sache richtet sich alsdann lediglich nach den Vorschriften der A. G. O.

b) Wenn diese zwar erlassen, aber die Beantwortung der Klage noch nicht erfolgt ist.

§. 5. Ist auf die angebrachte Klage bereits eine Vorladung an die Parteien erlassen, oder auch schon der Vergleichstermin abgehalten, der Einlassungssatz des Verklagten aber noch nicht übergeben worden, auch die in den bisherigen Gesetzen bestimmte Zeit zur Einlassung noch nicht abgelaufen, oder wenigstens der Verklagte wegen unterlassener Befolgung der Vorladung noch nicht auf eine zu Recht beständige Weise Ungehorsams beschuldigt worden, so muß der Richter den Termin zum weitern rechtlichen Verfahren durch eine an die Parteien kostenfrei zu erlassende Verordnung, oder — wenn die Zeit dazu zu kurz wäre — durch eine mündliche Eröffnung im Termin wieder aufheben, die im vorigen §. bemerkte Prüfung der Klage vornehmen, und alsdann nach Vorschrift der A. G. O. weiter verfahren.

§. 6. Ist der Einlassungssatz bereits übergeben, oder das Verfahren auch schon weiter, jedoch noch nicht bis zum Schluß des ersten Verfahrens vorgerückt, so muß der Richter einen Termin anberaumen, um, wenn beide Theile in facto einig sind, definitiv zu verfahren, oder, wenn dies der Fall nicht sein sollte,

1. die Parteien über die streitigen Umstände noch näher gegen einander zu vernehmen,
2. den Status causae et controversiae unter ihnen zu reguliren und
3. die gegenseitig angegebenen Beweismittel nach Vorschrift der A. G. O. aufzunehmen.

Urtel oder Resolut nach Beendigung des ersten Verfahrens.

§. 7. Ist das erste Verfahren bereits beendigt, so hat der Referent und das Gericht beim Vortrage der Sache zu prüfen, ob sofort definitiv erkannt werden kann, oder nicht.

Im ersteren Falle ist das Definitiv-Erkenntniß abzufassen und nach Vorschrift der A. G. O. zu publiciren, im zweiten Falle aber wird kein Erkenntniß abgefaßt, sondern durch ein bloßes Resolut, gegen welches kein Rechtsmittel statt findet, festgesetzt, welche Thatsachen noch einer nähern Aufklärung bedürfen.

Zugleich wird ein Termin zur Instruction der Sache anberaumt, und darin und nachher nach Anleitung der A. G. O. verfahren.

Verfahren, wenn die Sache aus mehreren Punkten besteht.

§. 8. Wenn eine Sache aus mehreren Punkten besteht, unter denen sich einige befinden, über welche definitiv, andere aber, über welche noch nicht definitiv erkannt werden kann, so kommt es darauf an:

a) In erster Instanz.

a. ob die spruchreifen und noch nicht spruchreifen Klagepunkte aus einem und demselben Hauptgeschäft,

oder

b. ob sie aus verschiedenen, von einander unabhängigen Geschäften und Factis entstanden sind.

In dem ersten Falle wird das Erkenntniß über die zu einer definitiven Entscheidung reif befundenen Punkte so lange ausgesetzt, bis auch die übrigen Punkte so weit aufgeklärt sind, daß gleichzeitig über sie mit ein Endurtel abgefaßt werden kann. In dem zweiten Falle aber wird über die spruchreifen Punkte definitiv erkannt, insofern die Fortsetzung der Instruction der nicht spruchreifen Punkte in besondern Acten erfolgen kann.

b) In zweiter Instanz.

§. 9. Schwebt ein solcher aus mehreren Punkten bestehender Prozeß bereits in der Appellationsinstanz, und ist in der ersten Instanz über einige derselben definitiv, über andere aber interlokutorisch erkannt worden, so richtet sich das Verfahren dabei nach den nämlichen Grundsätzen. Haben daher diejenigen Punkte, wegen welcher das Rechtsmittel der Appellation eingewandt ist, mit denen, über welche in erster Instanz interlokutorisch gesprochen worden, ein und dasselbe Hauptgeschäft zum Grunde: so wird das Verfahren in Appellatorio so lange sistirt, bis über die andern Punkte in erster Instanz definitiv erkannt, und das Erkenntniß entweder rechtskräftig geworden, oder dagegen appellirt ist. Alsdann erfolgt das Erkenntniß in der Appellationsinstanz über alle dahin gediehenen Punkte. Haben dagegen die in der Appellationsinstanz schwebenden Punkte mit denen, über welche interlokutorisch erkannt worden, verschiedene, von einander unabhängige Geschäfte und Thatsachen zum Grunde, so wird über die in die Appellationsinstanz gediehenen Punkte sogleich definitiv erkannt.

Vom fernern Verfahren in den Fällen, wenn bereits über das erste Ve- fahren ein Erkenntniß vorhanden ist. a) überhaupt.

§. 10. Ist zur Zeit der Einführung der A. G. O. bereits über das erste Verfahren erkannt, und

1. das Urtel ist rechtskräftig, so hat es dabei sein Bewenden, und ist in Gemäßheit desselben das fernere Verfahren zu veranlassen;

2. ist aber die zehntägige Frist von Publication des Urtels an noch nicht abgelaufen, mithin die Rechtskraft desselben noch nicht eingetreten, so kommt es darauf an:

a. ob das Urtel ein Interlokut, durch welches lediglich das fernere Verfahren in der Sache bestimmt wird, oder

b. ob es ein Definitiv-Erkenntniß ist.

Im erstern Falle wird ein solches interlokutorisches Erkenntniß als ein bloßes Resolut, gegen welches kein Rechtsmittel statt findet, betrachtet, in dem zweiten Falle aber sind die in den §§. 17 und 18 dieser Instruction enthaltenen Bestimmungen in Anwendung zu bringen.

3. Auch dann, wenn zur Zeit der Einführung der A. G. O. gegen ein solches unter Nr. 2. Lit. a. dieses §. erwähntes Interlokut bereits ein Rechtsmittel eingewandt worden ist, wird dasselbe dennoch als ein bloßes Resolut angesehen. Es kann daher ein solches Rechtsmittel nicht weiter fortgesetzt werden, sondern es müssen vielmehr die Acten, wenn sie bereits an die Appellationsinstanz eingesandt sein sollten, von dieser an den Richter erster Instanz zum weitern Verfahren in der Sache zurückgeschickt werden.

b) Wenn bereits eine Klage angebrachtermaßen abgewiesen worden ist.

§. 11. Ist bereits in einem Urtel die Klage angebrachtermaßen abgewiesen, und das Erkenntniß rechtskräftig geworden, so muß der Richter, wenn der Kläger seinen Anspruch an den Verklagten ferner geltend machen will, die zur Begründung der Klage noch erforderlichen Thatsachen nach Vorschrift der A. G. O. erörtern, sodann einen Status causae et controversiae sowohl wegen der neuen Instruction, als auch in Beziehung auf die bei dem frühern Sächsischen Verfahren vorgekommenen Umstände reguliren, die erforderlichen Beweismittel aufnehmen und sodann nach geschlossener Instruction nochmals in erster Instanz erkennen.

Sollte zur Zeit der Einführung der A. G. O. wider ein Erkenntniß, wodurch eine Klage angebrachtermaßen zurückgewiesen worden, bereits ein Rechtsmittel eingewandt sein, oder werden, so ist nach geschlossenem Verfahren in der Appellations-Instanz zu erkennen.

c) Wenn auf einen Haupt-Eid erkannt worden ist.

§. 12. Ist durch ein Erkenntniß auf einen Haupteid dergestalt gesprochen worden, daß zugleich die Folgen der Ableistung oder Nichtableistung desselben bestimmt worden, und ist oder wird dagegen ein Rechtsmittel eingewandt: so wird in der zweiten Instanz nach Vorschrift der A. G. O. mit Rücksicht auf die besondern Bestimmungen dieser Instruction verfahren.

Wenn dagegen durch ein interlokutorisches Urtel zwar auf einen Haupteid erkannt ist, die Folgen der Ableistung oder der Nichtableistung desselben sind aber darin nicht bestimmt, so muß das Gericht, wenn dieses Urtel bereits rechtskräftig ist, auf die bisherige Art einen Schwörungstermin anberaumen, und nach Abhaltung desselben durch ein Erkenntniß die Folge der im Termine geschehenen, oder nicht geschehenen Eidesleistung festsetzen.

Ist ein solches Urtel aber noch nicht rechtskräftig, so setzt der Richter erster Instanz, wenn der Eid die ganze Sache erschöpft, so, daß auf dessen Ableistung, oder Nichtableistung des Verklagten Verurtheilung, oder Lossprechung gegründet werden kann, die Folgen durch ein Supplement-Erkenntniß fest, wogegen die gewöhnlichen Rechtsmittel nach der A. G. O. statt finden. Ist bereits in dem zuletzt gegebenen Falle ein Rechtsmittel gegen das Erkenntniß eingewandt worden, so werden die Acten sofort zu gleichem Behufe an den Richter erster Instanz remittirt.

Wenn endlich durch ein Urtel auf einen Eid gesprochen worden, der die ganze Sache nicht dergestalt erschöpft, daß daraus eine sofortige Freisprechung, oder Verurtheilung des Verklagten begründet werden kann, so hat der Richter zu prüfen, ob der Eid auszusetzen, oder sofort abzunehmen sei. Im letztern Falle setzt er einen Termin zur Ableistung des Eides an, im ersten Falle aber wird die Ableistung ausgesetzt, die Beweisaufnahme wegen der übrigen nicht auf den Eid gestellten Thatsachen bewerkstelliget, und erst im Definitiv-Erkenntniß nach Bewandniß der Umstände auf den Eid erkannt, und dessen Folge Hinsichts der Ableistung oder Nichtableistung bestimmt.

d) **Wenn auf Beweis erkannt, das Interlokut aber noch nicht rechtskräftig ist.**

§. 13. Ist vor Eintritt der Gültigkeit der A. G. O. bereits ein Interlokut, welches dem einen oder dem andern Theile einen Beweis auferlegt, publicirt, dasselbe aber noch nicht rechtskräftig geworden, so wird dasselbe, wie §. 10 bemerkt, als bloße Resolution betrachtet, und zur nähern Uebersicht und Aufklärung der Sache ein Termin zur Regulirung des Status causae et controversiae anberaumt, und darin, so wie nachher, nach Vorschrift der A. G. O. verfahren.

e) **Wenn das Interlokut auf Beweis bereits die Rechtskraft erlangt hat.**

§. 14. In allen denjenigen Prozessen, in welchen am 1. Juni bereits rechtskräftig auf Beweis erkannt worden ist, wird mit der Instruction des Beweises und Gegenbeweises nach Vorschrift der A. G. O. verfahren.

Die Interlokute über die Zulässigkeit der Beweis- und Gegenbeweismittel und die bei der Fortsetzung des Beweises und Gegenbeweises vorkommenden Handlungen, Urtel über das Produktions- und Reproduktions-Verfahren sind, in sofern ihre Rechtskraft nicht bereits am 1. Juni eingetreten ist, als bloße Resolutionen anzusehen. In denjenigen Sachen, in welchen dergleichen Interlokute noch nicht abgefaßt sind, werden statt derselben bloße Dekrete ertheilt. Ist in einem solchen Interlokute auf Leistung eines angetragenen oder zurückgegebenen Eides erkannt, so sind die oben §. 12 gegebenen Vorschriften zu befolgen.

Folgen der am Tage der Einführung der A. G. O. bereits eingetretenen Versäumnisse der Fatalien.

§. 15. Da, wo bereits am Tage der Einführung der A. G. O. eine Partei sich an Sätzen, Ausflüchten, Handlungen, einzelnen Beweismitteln, oder am ganzen Beweise, oder Gegenbeweise, oder an Rechtsmitteln wider Urtel versäumt hat, kann dem Gegentheil das dadurch erworbene Recht, selbst in der Appellations-Instanz, nicht entzogen werden.

Verfahren bei Abfassung der Definitiv-Urtel.

§. 16. Steht lediglich noch die Abfassung des Definitiv-Urtels bevor, so sind bei Abfassung und Publication desselben die Vorschriften der A. G. O. zu beobachten.

Beurtheilung der Frage: ob gegen Definitiv-Erkenntnisse erster Instanz ein Rechts-Mittel a) überhaupt, und b) welches zulässig ist.

§. 17. Ist in einer Sache ein Definitiv-Erkenntniß erster Instanz abgefaßt und publicirt, so ist die Zulässigkeit des dagegen eingewandten, oder noch einzuwendenden Rechtsmittels nach den zur Zeit der Publication des Definitiv-Erkenntnisses geltenden Gesetzen zu beurtheilen.

§. 18. In allen Fällen, in welchen ein Rechtsmittel gegen ein Definitiv-Erkenntniß des Richters erster Instanz, sei es Leuteration, oder Ap- pellation, eingewandt ist, oder einzuwenden sein würde, ist dasselbe als Ap- pellation zu betrachten.

Verfahren in der Appellations-Instanz.

§. 19. Bei der Instruction desselben werden analogisch diejenigen Vor- schriften angewendet, welche die gegenwärtige Instruction rücksichtlich der Umleitung der in erster Instanz schwebenden Prozesse vorgeschrieben hat.

Von Abfassung der Erkenntnisse in der Appellations-Instanz.

§. 20. Das Appellations-Erkenntniß wird ohne Unterschied der Fälle von dem zweiten Senat des kompetenten Oberlandesgerichts abgefaßt, und werden dabei die für die Abfassung der Erkenntnisse erster Instanz durch diese Instruktionen gegebenen Vorschriften beobachtet.

Ueber die Zulässigkeit der Revision gegen die nach der Einführung der A. G. O. publizirten Appellations-Erkenntnisse.

§. 21. Gegen diese Erkenntnisse findet die Revision in den nach der A. G. O. zulässigen Fällen statt.

Zulässigkeit der Revision gegen die am Tage der Einführung der A. G. O. bereits publizirten Appellations-Erkenntnisse.

§. 22. Ist ein Appellations-Erkenntniß bereits vor Einführung der A. G. O. abgefaßt worden, und würde dagegen noch eine Leuterung, oder Ober-Leuterung, oder die Provokation auf die Entscheidung eines höhern Richters zulässig sein: so soll das eingewandte oder einzuwendende Rechts- mittel als Revision betrachtet, und diese ohne Unterschied des Objekts zuge- lassen werden. Es findet dabei der in der A. G. O. vorgeschriebene Schrift- wechsel statt, und die Entscheidung in Revisorio erfolgt bei Gegenständen unter 2000 Rthlr. von dem Plenum des kompetenten Oberlandesgerichts, bei höhern Objekten von dem Geheimen Ober-Tribunal zu Berlin.

Verfahren über Inzidentpunkte.

§. 23. Ueber Inzidentpunkte und solche Gegenstände, welche nach Vor- schrift der A. G. O. durch ein bloßes Dekret festgesetzt werden, und wor- über bisher besondere Interlokute abgefaßt wurden, findet kein besonderes Verfahren und Erkenntniß ferner statt. Es wird über selbige, mit Vorbe- halt der Entscheidung des erkennenden Richters, das Erforderliche durch ein Dekret vorläufig festgesetzt, bei welchem es bis zum Definitiv-Erkenntniß sein Bewenden hat.

Ist also gegen ein über einen Inzidentpunkt sprechendes Erkenntniß ein Rechtsmittel eingewandt, so findet die Verfolgung desselben nicht weiter statt. Die Akten werden dem nach Preußischer Verfassung kompetenten Gerichte zugestellt, und dieses setzt über den Inzidentpunkt, wie oben ver- ordnet worden, das Erforderliche durch ein Dekret vorläufig fest.

Von Ehescheidungs- und summarischen Prozessen.

§. 24. Die zur Zeit der Einführung der A. G. O. schon schwebenden Ehescheidungs-, Bagatell-, Injurien-, Exekutiv-, Wechsel-, Arrest-, Spolien- und Provokations-Prozesse sind nach Maßgabe der Lage derselben nach den oben angegebenen Anweisungen umzuleiten.

Von Ediktalprozessen.

§. 25. Bei Ediktalprozessen ist folgendermaßen zu verfahren:

a. wenn eine Ediktalzitation zwar bereits resolvirt, aber noch nicht erlas- sen und bekannt gemacht ist, so hat der Richter zuvörderst zu prüfen ob dieselbe nach den bisherigen Rechten begründet ist. Die Abfassung und Bekanntmachung der Ediktalzitationen ist sodann nach Vorschrift der A. G. O. einzurichten;

b. ist die Ediktalzitation bereits erlassen, so bleibt es bei dem angesetzten Termine, und nur bei Subhastationen leidet diese Regel eine Ausnahme (§. 28). Tritt dieser Termin vor dem 1. Juni d. J. ein, so werden bei dem Verfahren in demselben die Vorschriften des bisherigen sächsischen Prozesses beobachtet. Fällt der Tag des Termins gerade auf den 1. Juni d. J., oder in einen spätern Zeitraum, so richtet sich das fernere Verfahren nach der A. G. O.

c. bei allen Ediktalprozessen, in welchen der Termin vor dem 1. Juni eingetreten, mithin das Verfahren bereits angefangen, oder schon beendiget, jedoch darüber ein Erkenntniß noch nicht abgefaßt worden ist, sind die Vorschriften der A. G. O. in so weit in Anwendung zu bringen, daß da, wo mehrere Ansprüche vorkommen, z. B. wenn sich zu dem Nachlasse eines Verstorbenen mehrere Erben oder Gläubiger gemeldet haben, jedes einzelne Verfahren von dem Gerichte besonders geprüft werden muß, um zu bestimmen, welche Thatsachen noch einer weitern Erörterung bedürfen, und ob das Erkenntniß über diejenigen Ansprüche, welche zur definitiven Entscheidung reif sind, so lange, bis auch die übrigen Anforderungen zum Spruche instruirt sind, ausgesetzt bleibt.

Von Konkursprozessen.

§. 26. In Konkursprozessen finden die nämlichen Regeln Anwendung, welche im vorhergehenden §. rücksichtlich der Ediktalprozesse überhaupt gegeben worden sind. Das Prioritätserkenntniß ist dann erst abzufassen, wenn über sämmtliche Forderungen definitiv erkannt werden kann, doch findet hierbei auch die §. 138. Tit. 50. Th. 1. der A. G. O. aufgeführte Ausnahme von dieser Regel statt.

Von Vollstreckung der Exekution.

§. 27. Die Exekution rechtskräftiger Erkenntnisse geschiehet lediglich nach den Vorschriften der A. G. O.; die schon verfügten Exekutionen werden danach — wenn sie nicht vollstreckt sind — umgeleitet.

Vom Subhastationsverfahren.

§. 28. Das Verfahren bei Subhastationen wird, wenn der Lizitationstermin noch nicht öffentlich bekannt gemacht worden, sofort in die Formen der A. G. O. gebracht, und danach weiter verfügt.

Ist der Lizitationstermin bereits anberaumt und durch die öffentlichen Blätter bekannt gemacht, so ist zu prüfen, ob die bestimmte Frist geräumiger, gleich geräumig, oder kürzer ist, als sie nach den Preußischen Gesetzen sein muß. In den ersten beiden Fällen hat es dabei sein Bewenden, in dem dritten Falle aber muß das Gericht diese Frist bis auf die durch die Preußischen Gesetze bestimmte Dauer des letzten Termins verlängern und den solchergestalt verlängerten Termin auf die durch die A. G. O. vorgeschriebene Art zur öffentlichen Kenntniß bringen, und ist sowohl in dem Termine, als nachher lediglich nach der A. G. O. zu verfahren.

Ist im Lizitationstermine der Zuschlag bereits erfolgt, so findet innerhalb der Frist bis zum Adjudikationstermine die Appellation, weiter aber kein Rechtsmittel statt.

Von dem Verfahren in Sachen, welche bloß im Wege einer Imploration oder Beschwerde angebracht sind.

§. 29. Diejenigen am 1. Juni d. J. bereits anhängigen Sachen, welche in der Form einer bloßen Imploration oder im Wege einer Beschwerde angebracht worden sind, müssen, ohne die weitere Fortsetzung des Schriftwechsels zu gestatten, sofort in den ordentlichen Rechtsgang eingeleitet werden. Jedoch ist, wenn die Beschaffenheit des streitigen Gegenstandes ein Interimistikum nöthig macht, dieses festzusetzen, und dabei zugleich den Parteien die Anbringung einer ordentlichen Klage nachzulassen, oder demjenigen Theile, der nach der Lage der Sache die Stelle des Klägers übernehmen muß, aufzugeben.

Vom 1. Juni 1816 erhält die Cr. O. gesetzliche Kraft.

§. 30. Das Verfahren in Kriminalsachen, die Untersuchung mag bereits begonnen haben, oder nicht, richtet sich vom 1. Juni 1816 an lediglich nach den Vorschriften der Cr. O. vom 11. Dezember 1805 und den dieselben abändernden, ergänzenden und erläuternden Bestimmungen.
(G. S. S. 124.)

b) **Rescript** vom 5 November 1816, betreffend die Anwendbarkeit der A. G. O. in den ehemals sächsischen Landestheilen.

In Erwägung, daß die seit dem 1. Juni d. J. in den an Preußen übergegangenen, ehemals zu dem Königreiche Sachsen gehörig gewesenen, Landestheilen eingeführte Preußische Allgemeine Gerichtsordnung nicht allein in vielen Stellen auf das, in diesen Districten noch nicht eingeführte, A. L. R. der Preußischen Staaten sich beziehet, sondern auch hie und da materielle Bestimmungen enthält, welche von den in diesen Districten noch gültigen Sächsischen Rechten abweichen, wird hierdurch Folgendes festgesetzt, und sämmtlichen Ober- und Untergerichten zur Richtschnur vorgeschrieben.

1. Es sind die in der A. G. O. angezogenen Stellen des A. L. R., so wie dieses Gesetzbuch selbst, zur Zeit noch außer Gültigkeit.

2. Solche in der A. G. O. angezogene Stellen des A. L. R., welche, ohne materielle Rechte festzusetzen, lediglich für Proceß-Handlungen eine Form bestimmen, sind schon vom 1. Juni d. J. an für gültig zu achten, z. B. über den Gerichtsstand, Syndicate, Vollmachten, Verbindlichkeit zum Zeugniß, über zulässige Einreden im Wechsel-Processe.

3. Bei denjenigen in der A. G. O. angezogenen Stellen des A. L. R., welche nicht die Proceßform, sondern die Form der Rechtsgeschäfte selbst festsetzen, hängt es bis zur Einführung des A. L. R. von der Willkühr der Interessenten ab: ob sie dergleichen Handlungen nach Form der Preußischen, oder Sächsischen Gesetze vollziehen wollen, und die seit dem 1. Juni d. J. nach einer oder der andern Form bereits vollzogenen Rechtsgeschäfte bleiben auf jeden Fall gültig.

Können sich die Interessenten über die Wahl der Sächsischen oder Preußischen Form nicht vereinigen, so ist lediglich die in den Sächsischen Gesetzen vorgeschriebene Form zu beobachten.

4. Wo durch den Proceß selbst materielle Rechte begründet, oder modificirt werden, da treten die diesfälligen Bestimmungen der A. G. O. schon mit dem 1. Juni d. J. in Kraft,
z. B. die Wirkungen einer insinuirten Ladung in Hinsicht auf Unterbrechung der Verjährung, auf Verzugs-Zinsen.

5. Diejenigen materiellen Rechte, welche in der A. G. O. selbst, und zwar vollständig, festgesetzt sind, treten vom 1 Juni d. J. in Kraft,
z. B. die Bestimmungen über Moratorien, über das beneficium cessionis bonorum et competentiae, über die Beschränkung des Wechsel- und Executiv-Processes auf gewisse Arten von Urkunden.

Wo hingegen über ein materielles Recht die Bestimmung theilweise in der Allg. Gerichtsordnung und im Allg. Landrechte anzutreffen ist, und das eine Gesetz zur Ergänzung des andern dient, da bleiben beide außer Anwendung, und es haben lediglich die einschlagenden Sächsischen Rechte den Vorzug.

6. Ist für ein in den Sächsischen eben sowohl als in den Preußischen Gesetzen gegründetes Rechtsverhältniß in beiderlei Gesetzen eine besondere Proceßform vorgeschrieben, so gehet vom 1. Juni d. J. die Preußische Proceßform der Sächsischen vor. Treten jedoch dabei in dem materiellen Rechte Verschiedenheiten der Preußischen Gesetze ein, welche die Anwendung gewisser Theile der besondern Preuß. Procedur hindern, so sind in so weit nur die allgemeinen Regeln der allgemeinen Gerichtsordnung dabei zu beobachten, und dabei die aus der Natur des Rechtsverhältnisses sich von selbst ergebende besondere Verfahrungsart mit anzuwenden;
z. B. bei dem beneficio competentiae, so weit es nach Sächsischen Rechten gewissen Personen auf ein gesetzlich bestimmtes Quantum absolut gegen alle

Gläubiger zustehet, und der Antrag darauf noch vor dem 1. Juli 1816 begründet war, als in welchem Falle die im Tit. 49. §. 18. seq. der allgemeinen Gerichtsordnung vorgeschriebene Procedur nicht anwendbar ist.

(Gr. II. S. 1.)

c) **Verordnung** vom 20. März 1817, wegen Gültigkeit der in dem Zeitraume vom 5. Juni 1815 bis 1. Juni 1816 publicirten Entscheidungen der sächsischen Gerichte in den ehemals sächsischen Provinzen.

Um jede Ungewißheit über Handlungen der Rechtspflege in den mit Unserm Staate vereinigten ehemals Sächsischen Provinzen und Distrikten für den Zeitraum zu heben, in welchem daselbst Unsere A. G. O. noch nicht eingeführt gewesen, verordnen Wir hierdurch: daß auch alle nach dem 5. Juni 1815 von Gerichtshöfen und Spruchkollegien des Königreichs Sachsen in Sachen Unserer Unterthanen an sich nach der Sächsischen Verfassung zu Recht beständig ergangenen Erkenntnisse, ob sie gleich von Behörden herrühren, deren Kompetenz mit der Abtretung der obgedachten Provinzen aufgehört hatte, dennoch in so weit für gültig angesehen werden sollen, als sie vor dem 1. Juni 1816 zur Publikation im gesetzlichen Wege gekommen sind. Wir befehlen Unsern Gerichten, sich hiernach gebührend zu achten.

(G. S. S. 120.)

6) **Patent** vom 9. Novbr. 1816, wegen Wiedereinführung des A. L. R. und der A. G. O. in die mit der Provinz Westpreußen vereinigten Distrikte, den Kulm- und Michelauschen Kreis und die Stadt Thorn mit ihrem Gebiete.

Durch Unser Patent vom 15. Mai v. J., wegen der Besitznahme der zu Unseren Staaten zurückgefallenen Theile des ehemaligen Herzogthums Warschau, haben Wir den Kulm- und Michelauschen Kreis und die Stadt Thorn nebst ihrem alten und neuen Gebiete mit Unserer Provinz Westpreußen wieder vereiniget. Diesem gemäß wollen Wir Unsere Unterthanen in den bezeichneten Distrikten an den Wohlthaten Unserer Gesetzgebung und Gerichts-Verfassung von neuem Theil nehmen lassen und verordnen demnach Folgendes:

Das A. L. R. soll vom 1. Januar 1817 an gesetzliche Kraft haben.

§. 1. Vom 1. Januar 1817 an soll Unser A. L. R., nebst den dasselbe abändernden, ergänzenden und erläuternden Bestimmungen, in den mit der Provinz Westpreußen vereinigten Distrikten, dem Kulm- und Michelauschen Kreise und der Stadt Thorn, imgleichen deren altem und neuem Gebiete, wieder volle Kraft des Gesetzes haben, und, nach dem benannten Tage, bei Vollziehung und Beurtheilung aller rechtlichen Handlungen und deren Folgen, so wie bei Entscheidung der entstehenden Rechtsstreitigkeiten, zum Grunde gelegt werden.

Provinzial-Gesetze und Gewohnheiten.

§. 2. Die in den genannten Distrikten bestandenen besonderen Rechte und Gewohnheiten sollen, in sofern sie durch die unter der vorigen Regierung eingeführten Gesetze aufgehoben und abgeschafft worden, auch fernerhin nicht mehr zur Anwendung kommen.

An deren Stelle treten die Bestimmungen des A. L. R., und, wo diese fehlen sollten, die Analogie des Rechts nach Anleitung der in dem §. 49 der Einleitung zum A. L. R. gegebenen Vorschrift.

Das A. L. R. soll auf die während der Gesetzeskraft der fremden Rechte vorgefallenen Handlungen und Begebenheiten nicht gezogen werden.

§. 3. Auf die vor dem 1. Januar 1817 während der Gesetzeskraft der fremden Rechte vorgefallenen Handlungen und Begebenheiten soll das A. L. R. nicht angewendet werden; es finden vielmehr dabei die in den §§. 14 bis 20. der Einleitung zum A. L. R. vorgeschriebenen Grundsätze statt. Auch soll ein jeder, welcher zur Zeit der wieder eingetretenen Gesetzeskraft des

A. L. R. in einem nach bisherigen Rechten gültigen und zu Recht beständigen Besitze irgend einer Sache oder eines Rechts sich befindet, dabei gegen jeden privatrechtlichen Anspruch geschützt, und Niemand in dem Genusse seiner in dem Verkehr mit andern Privatpersonen wohl erworbenen Gerechtsame unter irgend einem aus dem A. L. R. entlehnten Vorwande gestört oder beeinträchtigt werden. Dieser Grundsatz ist jedoch mit Vorbehalt der noch zu erlassenden Bestimmung über die Gerechtsame derjenigen Unterthanen aus den alten Provinzen anzuwenden, welche früherhin, durch willkührliche Eingriffe der Behörden des vormaligen Herzogthums Warschau in die Jurisdiktionsrechte Unseres Staats, vor die Herzoglich-Warschauschen Gerichte vorgeladen und, trotz der diesseitigen Protestationen und Weigerung, die Vorladungen zu insinuiren, durch Kontumazial-Erkenntnisse verurtheilt worden sind.

Wenn die bisherigen Gesetze dunkel oder zweifelhaft sind, so findet das A. L. R. Anwendung.

§. 4. Wenn jedoch aus einer älteren Handlung oder Begebenheit Prozesse entstehen, und die damals vorhandenen, auf den vorliegenden Fall anzuwendenden Gesetze dunkel oder zweifelhaft sind, so ist derjenigen Meinung, welche mit den Vorschriften des A. L. R. übereinstimmt oder denselben am nächsten kommt, der Vorzug zu geben.

Wenn die Gültigkeit eines frühern Gesetzes zweifelhaft ist, so soll darüber der Justizminister entscheiden.

§. 5. Sollte ein Zweifel darüber entstehen, welches Gesetz in einer gewissen Zeitperiode bis zum 1. Januar 1817 gegolten hat, so ist deshalb die Entscheidung Unsers Justizministers einzuholen.

Wie es wegen der zur Zeit der Publikation noch schwebenden älteren Fälle und Rechtsangelegenheiten zu halten sei; besonders:

§. 6. In den Fällen, wo die Handlung oder Begebenheit, aus welcher streitige Rechte unter den Parteien entspringen, zwar schon vor der Einführung des A. L. R. sich ereignet haben, die rechtlichen Folgen derselben aber erst nachher eintreten, soll darauf Rücksicht genommen werden, ob es noch in der Gewalt desjenigen, von dessen Rechten oder Pflichten die Rede ist, gestanden, die rechtlichen Folgen der frühern Handlung oder Begebenheit zu bestimmen und auf andere Art, als in dem A. L. R. geschehen ist, festzusetzen; oder ob eine solche abändernde Bestimmung in der Gewalt und einseitigen Entschließung desjenigen, den die Handlung oder Begebenheit angeht, nicht mehr gestanden habe. Im letzten Falle sollen die auch später eintretenden rechtlichen Folgen dennoch nur nach den älteren Gesetzen, welche zur Zeit der vorgefallenen Handlung oder Begebenheit gültig gewesen sind, beurtheilt werden. Im ersten Falle hingegen soll, wenn auch die Handlung oder Begebenheit älter, aber keine solche abändernde Bestimmung vorhanden wäre, bei Beurtheilung der erst nach dem 1. Januar 1817 eintretenden rechtlichen Folgen dennoch nur die Vorschrift des A. L. R. Anwendung finden.

Von Verträgen.

§. 7. Es sind daher alle Verträge, welche vor dem 1. Januar 1817 errichtet worden, in Ansehung ihrer Form und ihres Inhalts, so wie auch der daraus entstehenden rechtlichen Folgen, nach den zur Zeit des geschlossenen Vertrages geltend gewesenen Gesetzen zu beurtheilen, wenn gleich erst später daraus auf Erfüllung, Aufhebung, oder Leistung des Interesse geklagt würde.

Von Testamenten.

§. 8. Alle Testamente und letztwillige Verordnungen, welche vor dem

1. Januar 1817 errichtet worden, sind in Rücksicht ihrer Form durchgehends nach den Vorschriften der älteren Gesetze zu beurtheilen. Auch der Inhalt dieser Testamente ist gültig, in sofern nicht Prohibitivgesetze zur Zeit des Erbanfalles ihm entgegen stehen. In letzterer Rücksicht ist insbesondere die Lehre von der Erbfähigkeit der instituirten Erben und vom Pflichttheil nach den zur Zeit des Erbanfalles geltenden Gesetzen zu beurtheilen.

Gültigkeit der holographischen und vor Notarien errichteten Testamente.

§. 9. Es sollen aber die von den Erblassern eigenhändig ge- und unterschriebenen, ohne Beachtung einer weitern Form bisher gültig gewesenen Testamente, imgleichen diejenigen, welche vor Notarien aufgenommen worden, nur noch während eines Jahres, vom 1. Januar 1817 an gerechnet, als rechtsbeständig erachtet werden.

Nach Ablauf dieses Zeitraums tritt, in Ermangelung einer anderweitig gültig aufgenommenen Disposition, die gesetzliche Erbfolge ein, wofern nicht nachgewiesen werden kann, daß der Erblasser während des ganzen einjährigen Zeitraums von Errichtung eines Testaments nach den Vorschriften des A. L. R. verhindert gewesen ist. Uebrigens soll in allen Fällen, in welchen Personen, die vor Notarien ihr Testament errichtet haben, solches gerichtlich auf- oder annehmen lassen, die Gebührenfreiheit statt finden, so daß solche nur die entstandenen baaren Auslagen zu entrichten verbunden sind.

Von der gesetzlichen Erbfolge.

§. 10. Die gesetzliche Erbfolge zwischen Eltern und Kindern, auch andern Familienmitgliedern, so weit dieselbe nicht durch rechtsgültige Verträge abgeändert ist, ist in allen bis zum 1. Januar 1817 entstehenden Erbfällen nach den bisherigen Gesetzen, nachher aber, wenn der Erblasser keine rechtsgültige Abänderungen gemacht hat, nach den Vorschriften des A. L. R. zu beurtheilen und zu entscheiden.

Von dem Verhältnisse der Eheleute.

§. 11. Das rechtliche Verhältniß der Eheleute, die sich vor dem 1. Januar 1817 verheirathet haben, soll in Absicht der Rechte und Pflichten unter Lebendigen, so wie auch der Grundsätze wegen Auseinandersetzung bei Trennung der Ehe, nach den zur Zeit der geschlossenen Ehe bestandenen Gesetzen bestimmt werden.

Die Gründe, aus welchen eine vor dem 1. Januar 1817 geschlossene Ehe von nun an für nichtig und ungültig zu erklären, oder auch zu scheiden, werden dagegen nach den Vorschriften des A. L. R. beurtheilt, in sofern sie nicht aus Thatsachen hergenommen worden, welche sich früher ereigneten, und die das damals geltende Gesetz für keinen hinreichenden Grund geachtet hat.

Eheliche Gütergemeinschaft und Erbfolge.

§. 12. Die Gemeinschaft der Güter unter Eheleuten bürgerlichen und bäuerlichen Standes wird beibehalten. Sie erstreckt sich auch auf Eximirte bürgerlichen Standes und auf solche Eheleute, von welchen die Ehefrau adelicher Geburt, oder der Ehemann erst während der Ehe in den Adelstand erhoben ist.

In Absicht aller vom 1. Januar 1817 an zu schließenden Ehen vorgedachter Art wird die Gemeinschaft der Güter lediglich nach den Vorschriften des A. L. R. Theil 2. Titel 1. §. 361 u. f. beurtheilt.

Bei der Erbfolge, wenn sie nicht durch rechtsgültige Verträge oder letztwillige Verordnungen bestimmt wird, sondern nach dem allgemeinen Recht anzuordnen ist, soll der überlebende Ehegatte die Wahl haben, ob er nach den zur Zeit der geschlossenen Ehe geltend gewesenen, oder nach den

Vorschriften des A. L. R. über die Erbfolge bei vorhandener ehelicher Gütergemeinschaft erben wolle.

Vom väterlichen und mütterlichen Nießbrauche.

§. 13. Der dem Vater von dem Vermögen seiner Kinder nach den Vorschriften des A. L. R. zustehende Nießbrauch tritt mit dem 1. Januar 1817 wieder ein; wohingegen mit diesem Tage der Nießbrauch der Mutter von dem Vermögen der Kinder, in Ermangelung rechtsgültiger darüber geschlossener Verträge, aufhört, in sofern das A. L. R. diesen Nießbrauch der Mutter nicht beilegt.

Von den gesetzlichen Folgen des unehelichen Beischlafs.

§. 14. Die vor dem 1. Januar 1817 gebornen unehelichen Kinder erhalten mit diesem Tage die in dem A. L. R. ihnen beigelegten Rechte, in sofern ihnen solche durch die bisherigen Gesetze entzogen waren. Dagegen finden, in Ermangelung eines gültigen Anerkenntnisses der Vaterschaft, weder Entschädigungsansprüche von Seiten der Geschwächten, noch Alimentenforderungen für die Zeit bis zum 1. Januar 1817 von Seiten des unehelichen Kindes statt. Ist die Niederkunft nach dem 1. Januar 1817 erfolgt, so werden die gesetzlichen Folgen des unehelichen Beischlafs nach dem A. L. R. beurtheilt.

Von dem Verhältnisse der bäuerlichen Unterthanen.

§. 15. Bei der bereits erfolgten Aufhebung der Unterthänigkeit soll es verbleiben, und dem gemäß das gegenwärtige Verhältniß zwischen den Gutsbesitzern und den auf ihren Gütern befindlichen nicht erblichen Bauern und Landleuten aufrecht erhalten werden, nach welchem diese Leute als völlig persönlich freie Menschen anzusehen sind, welche die ihnen vom Grundbesitzer überlassenen Grundstücke in Nutznießung haben und dafür eine bestimmte Prästation, gleichviel, ob in baarem Gelde, oder in natura, oder durch Dienste, abführen. Die Art und Weise, wie das Edikt wegen der gutsherrlichen und bäuerlichen Verhältnisse vom 14. September 1811 und dessen Deklaration vom 29 Mai d. J. in diesen Distrikten, mit Beachtung der Gerechtsame aller Betheiligten, in Anwendung zu bringen sei, bleibt der Bestimmung durch eine besondere Verordnung vorbehalten.

Von der Verjährung.

§. 16. Die Verjährung soll in denjenigen Fällen, bei welchen sie schon vor dem 1. Januar 1817 vollendet gewesen ist, lediglich nach den bisherigen Rechten beurtheilt werden, wenn gleich die daraus entstandenen Befugnisse oder Einwendungen erst nachher geltend gemacht würden.

In solchen Fällen aber, bei welchen die bisherige gesetzmäßige Frist zur Verjährung mit dem 1. Januar 1817 noch nicht abgelaufen ist, sollen die Vorschriften des A. L R. zur Anwendung gebracht werden. Sollte jedoch zur Vollendung einer vor dem 1. Januar 1817 angefangenen Verjährung im A. L. R. eine kürzere Frist, als nach den aufgehobenen Gesetzen, vorgeschrieben sein, so kann derjenige, welcher in einer solchen kürzeren Verjährung sich gründen will, die Frist derselben nur von dem 1. Januar 1817 an berechnen.

Vom Zinsfuße.

§. 17. In Absicht der Höhe der erlaubten Zinsen treten nach dem 1. Januar 1817 die Bestimmungen des A. L. R. dergestalt ein, daß in allen Fällen, wo das A. L. R. den Zinsfuß zu Fünf vom Hundert bestimmt, die Zinsen zu Sechs vom Hundert zulässig und landüblich sind, und daß, wenn in einem früheren Vertrage höhere Zinsen verabredet worden, als die Preußischen Gesetze verstatten, von dem Tage der Wirksamkeit der letzteren der Schuldner nur zur Zahlung der erlaubten niedrigen Zinsen verpflichtet ist.

Von der Volljährigkeit.

§. 18. Die Volljährigkeit tritt in Absicht aller derjenigen Personen, welche dieselbe vor dem 1. Januar 1817 nach den bisherigen Gesetzen noch nicht erreicht haben, erst mit dem vollendeten Vier und Zwanzigsten Jahre ein.

Von der Klassifikation der Gläubiger.

§. 19. Wenn es auf eine Klassifikation der Forderungen mehrerer Gläubiger ankommt, so sind in allen Fällen, in welchen der Streit zwischen mehreren Gläubigern über das Vorzugsrecht erst nach dem 1. Januar 1817 eintritt, die Vorschriften der Preußischen Gesetze, ohne Rücksicht auf die zur Zeit der Entstehung der Forderung geltend gewesenen Gesetze, zum Grunde der Entscheidung zu legen. Ist aber ein wirkliches Pfand- oder Hypothekenrecht bestellt oder erworben worden, so muß der Gläubiger bei demselben geschützt werden. Gleichergestalt verbleibt den gerichtlichen, so wie den stillschweigenden oder gesetzlichen Hypotheken ihr bisheriges Vorzugsrecht, so daß den Pfandrechten die zweite Klasse, den Hypotheken aber die dritte Klasse der in der A. G. O. vorgeschriebenen Konkursordnung, und in diesen Klassen der locus nach der Folge, welche den Vorschriften der bisherigen Gesetze gemäß ist, gebührt, bis das von neuem zu regulirende Hypothekenwesen (§. 28.) die Rangordnung der Hypothekengläubiger bestimmt haben wird.

Von Strafsachen.

§. 20. Die in dem A. L. R. enthaltenen Strafgesetze können, in sofern sie unter der vorigen Regierung nicht beibehalten worden sind, bei den vor dem 1. Januar 1817 begangenen, noch nicht bestraften Verbrechen nur alsdann angewendet werden, wenn die dadurch geordneten Strafen gelinder sind, als diejenigen, welche nach den bisherigen Gesetzen auf das vorliegende Verbrechen statt gefunden hätten. Bei den Verbrechen aber, welche nach dem 1. Januar 1817 begangen worden, treten die Vorschriften des A. L. R. ohne Unterschied ein.

Die A. G. O. soll vom 1. Januar 1817 an gesetzliche Kraft haben.

§. 21. Vom 1. Januar 1817 an soll die A. G. O. für die Preußischen Staaten, nebst dem Anhange zu selbiger und den nachher erfolgten Abänderungen, Zusätzen und Erläuterungen, in den §. 1. erwähnten Distrikten ebenfalls gesetzliche Kraft haben; so daß solche in allen entstehenden Rechtsstreitigkeiten und übrigen gerichtlichen Angelegenheiten zur einzigen Richtschnur des Verfahrens zu nehmen ist, sowohl in Hinsicht der Form, als der darin enthaltenen materiellen Bestimmungen, wohin unter andern die wegen der Zulässigkeit der Beweismittel gehören.

Landes-Justiz-Kollegium für die neuen Distrikte Westpreußens.

§. 22. Dem Oberlandesgerichte von Westpreußen wird die Gerichtsbarkeit über die eximirten Personen und Grundstücke, so wie die Aufsicht über sämmtliche Untergerichte in dem Kulmschen und Michelauschen Kreise, der Stadt Thorn und deren altem und neuem Gebiete übertragen.

Gedachtes Oberlandesgericht bildet zugleich die höhere Instanz für die von den Untergerichten in den genannten Distrikten gefällten Erkenntnisse, in sofern gegen solche Erkenntnisse nach den Gesetzen ein Rechtsmittel zulässig ist.

Land- und Stadtgerichte.

§. 23. Die Gerichtsbarkeit in den Städten und auf dem platten Lande wird durch Land- und Stadtgerichte ausgeübt.

Geistliche Gerichte.

§. 24. Für die Ehesachen katholischer Religionsverwandten, in sofern beide Theile katholisch sind, sollen geistliche Gerichte nach der in Westpreußen bestehenden Verfassung wieder hergestellt werden.

Wegen Einrichtung der Gerichte wird der Justizminister Verfügungen erlassen.

§. 25. Unser Justizminister ist beauftragt, hiernach wegen Wiederherstellung der Gerichte, und was die geistlichen Gerichte betrifft, unter Mitwirkung Unsers Ministers des Innern, die nöthigen Verfügungen mit Unserer Genehmigung zu erlassen, und dabei für die angemessene Wiederanstellung oder Versorgung aller vorgefundenen unbescholtenen Justizbedienten zu sorgen.

Ueber das Verfahren in schwebenden Prozessen sollen Anweisungen ertheilt werden.

§. 26. Ueber das Verfahren bei Anwendung der A. G. O. auf die schwebenden Prozesse werden vom Justizminister besondere Anweisungen ertheilt werden.

Deposital-Geschäfte.

§. 27. In Absicht der Depositalgeschäfte wird auf die Vorschriften der D. O. vom 15. Dezember 1783 Bezug genommen, und deren genaue Befolgung vom 1. Januar 1817 an sämmtlichen Gerichten zur Pflicht gemacht.

Hypotheken-Wesen.

§. 28. Das Hypothekenwesen soll wieder nach den Grundsätzen der H. O. vom 20. Dezember 1783 eingerichtet werden, und darüber besondere Verfügungen ergehen.

Vormundschafts-Wesen.

§. 29. Das Vormundschaftswesen ist nach dem 1. Januar 1817 wieder ganz den Vorschriften Unserer Gesetze gemäß einzurichten.

Die Geschäfte der Civilstands-Beamten hören auf.

§. 30. Die Obliegenheiten und Verrichtungen der nach der vorigen Verfassung angesetzten Civilstandsbeamten hören mit dem 1. Januar 1817 auf, und in Absicht der Beglaubigungen der Geburten, Verheirathungen und Sterbefälle treten die Vorschriften Unserer Gesetze ein.

Stempel-Wesen.

§. 31. Ueber den Gebrauch des Stempelpapiers enthalten das Stempelgesetz vom 20. November 1810, die Deklaration vom 27. Juni 1811, die Instruktion vom 5. September 1811 und die bisher durch die Amtsblätter bekannt gemachten Erläuterungen die nöthigen Vorschriften.

Sportul-Wesen.

§. 32. Die Gerichtsgebühren sollen vom 1. Januar 1817 an nach den durch das Patent vom 23. August v. J. eingeführten allgemeinen Gebührentaxen angesetzt und entrichtet werden.

Vom Verfahren in Kriminal-Sachen.

§. 33. Das Verfahren in Kriminalsachen richtet sich nach den Vorschriften der Cr. O. vom 11. Dezember 1805 und den dieselbe abändernden, ergänzenden und erläuternden Bestimmungen. Zur Führung der Untersuchungen soll ein I n q u i s i t o r i a t errichtet werden, wobei jedoch die Civilgerichte verpflichtet bleiben, alle diejenigen vorläufigen Verfügungen zu treffen, welche keinen Aufschub leiden und zur Erforschung der Wahrheit, Festmachung des Thäters und dazu dienen, damit der Thatbestand des Verbrechens nicht verändert werde. Bis zur Einführung des Inquisitoriats werden die Untersuchungen von den Land- und Stadtgerichten in ihren Bezirken geführt.

Wir befehlen allen und jeden Unserer Unterthanen in dem Kulmschen und Michelauschen Kreise und in der Stadt Thorn, so wie deren altem und neuem Gebiete, besonders aber Unserem Oberlandesgerichte von Westpreußen, den Land- und Stadtgerichten und Unseren übrigen Behörden und Beamten, sich nach den Bestimmungen dieses Patents in allen Punkten genau zu achten.

(G. S. S. 217.)

7) a. **Patent** vom 9. Novbr. 1816, wegen Wiedereinführung der Preußischen Gesetze in das Großherzogthum Posen. G. S. S. 225.

Wir haben bereits die Wiedereinführung des A. L. R. in Unser Großherzogthum Posen angeordnet, und im Allgemeinen die Grundsätze festgestellt, welche bei Organisation der Justizverfassung in demselben befolgt werden sollen.

Damit nun Unsere dortigen Unterthanen an den Wohlthaten Unserer Gesetzgebung baldmöglichst wieder Theil nehmen mögen, verordnen Wir hierdurch Folgendes:

Das A. L. R. soll vom 1. März 1817 an gesetzliche Kraft haben.

§. 1. Vom 1. März 1817 an soll Unser A. L. R., nebst den dasselbe abändernden, ergänzenden und erläuternden Bestimmungen, in dem Großherzogthum Posen von neuem volle Kraft des Gesetzes haben, und nach dem benannten Tage bei Vollziehung und Beurtheilung aller rechtlichen Handlungen und deren Folgen, so wie bei Entscheidung der entstehenden Rechtsstreitigkeiten, zum Grunde gelegt werden.

Provinzial-Gesetze und Gewohnheiten.

§. 2. Die in dem Großherzogthume Posen bestandenen besondern Rechte und Gewohnheiten sollen, in sofern sie unter der vorigen Regierung aufgehoben und abgeschafft worden, auch fernerhin nicht mehr zur Anwendung kommen. An deren Stelle treten die Bestimmungen des A. L. R. und, wo diese fehlen sollten, die Analogie des Rechts nach Anleitung der in dem §. 49 der Einleitung zum A. L. R. gegebenen Vorschrift.

Das A. L. R. soll auf die während der Gesetzeskraft der fremden Rechte vorgefallenen Handlungen und Begebenheiten nicht gezogen werden.

§. 3. Auf die vor dem 1. März 1817 während der Gesetzeskraft der fremden Rechte vorgefallenen Handlungen und Begebenheiten soll das A. L. R. nicht angewendet werden; es finden vielmehr dabei die in den §§. 14 bis 20 der Einleitung vorgeschriebenen Grundsätze statt. Auch soll ein jeder, welcher zur Zeit der wieder eingetretenen Gesetzeskraft des A. L. R. in einem nach bisherigen Rechten gültigen und zu Recht beständigen Besitze irgend einer Sache oder irgend eines Rechts sich befindet, dabei gegen jeden privatrechtlichen Anspruch geschützt, und Niemand in dem Genusse seiner in dem Verkehr mit andern Privatpersonen wohlerworbenen Gerechtsame unter irgend einem aus dem A. L. R. entlehnten Vorwande gestört oder beeinträchtigt werden. Dieser Grundsatz ist jedoch mit Vorbehalt der noch zu erlassenden Bestimmung über die Gerechtsame derjenigen Unterthanen aus den alten Provinzen anzuwenden, welche früherhin, durch willkührliche Eingriffe der Behörden des vormaligen Herzogthums Warschau in die Jurisdiktionsrechte Unseres Staats, vor die Herzoglich-Warschauschen Gerichte vorgeladen und, trotz der diesseitigen Protestationen und Weigerung, die Vorladungen zu insinuiren, durch Contumazial-Erkenntnisse verurtheilt worden.

Wenn die bisherigen Gesetze dunkel oder zweifelhaft sind, so findet das A. L. R. Anwendung.

§. 4. Wenn jedoch aus einer älteren Handlung oder Begebenheit Prozesse entstehen, und die damals vorhandenen, auf den vorliegenden Fall anzuwendenden Gesetze dunkel oder zweifelhaft sind, so ist derjenigen Meinung, welche mit den Vorschriften des A. L. R. übereinstimmt, oder denselben am nächsten kommt, der Vorzug zu geben.

Wenn die Gültigkeit eines früheren Gesetzes zweifelhaft ist, so soll darüber der Justizminister entscheiden.

§. 5. Sollte ein Zweifel darüber entstehen, welches Gesetz in einer gewissen Zeitperiode bis zum 1. März 1817 gegolten hat, so ist deshalb die Entscheidung Unseres Justizministers einzuholen.

Wie es wegen der zur Zeit der Publication noch schwebenden älteren Fälle und Rechtsangelegenheiten zu halten sei: besonders:

§. 6. In den Fällen, wo die Handlung oder Begebenheit, aus welcher streitige Rechte unter den Parteien entspringen, zwar schon vor der Einführung des A. L. R. sich ereignet haben, die rechtlichen Folgen derselben aber erst nachher eintreten, soll darauf Rücksicht genommen werden, ob es noch in der Gewalt desjenigen, von dessen Rechten oder Pflichten die Rede ist, gestanden, die rechtlichen Folgen der frühern Handlung oder Begebenheit zu bestimmen und auf andere Art, als in dem A. L. R. geschehen ist, festzusetzen; oder ob eine solche abändernde Bestimmung in der Gewalt und einseitigen Entschließung desjenigen, den die Handlung oder Begebenheit angeht, nicht mehr gestanden habe. In letztem Falle sollen die auch später eintretenden rechtlichen Folgen dennoch nur nach den älteren Gesetzen, welche zur Zeit der vorgefallenen Handlung oder Begebenheit gültig gewesen sind, beurtheilt werden. Im ersten Falle hingegen soll, wenn auch die Handlung oder Begebenheit älter, aber keine solche abändernde Bestimmung vorhanden wäre, bei Beurtheilung der erst nach dem 1. März 1817 eintretenden rechtlichen Folgen dennoch nur die Vorschrift des A. L. R. Anwendung finden.

Wegen der Verträge.

§. 7. Es sind daher alle Verträge, welche vor dem 1. März 1817 errichtet worden, sowohl in Ansehung ihrer Form und ihres Inhalts, so wie auch der daraus entstehenden rechtlichen Folgen, nach den zur Zeit des geschlossenen Vertrages bestandenen Gesetzen zu beurtheilen, wenn gleich erst später daraus auf Erfüllung, Aufhebung, oder Leistung des Interesse geklagt würde.

Wegen der Testamente.

§. 8. Alle Testamente und letztwilligen Verordnungen, welche vor dem 1. März 1817 errichtet worden, sind in Rücksicht ihrer Form durchgehends nach den Vorschriften der älteren Gesetze zu beurtheilen. Auch der Inhalt dieser Testamente ist gültig, in sofern nicht Prohibitiv=Gesetze zur Zeit des Erbanfalles ihm entgegenstehen. In letzterer Rücksicht ist insbesondere die Lehre von der Erbfähigkeit der instituirten Erben und vom Pflichttheil nach den zur Zeit des Erbanfalls geltenden Gesetzen zu beurtheilen.

Gültigkeit der holographischen und vor Notarien errichteten Testamente.

§. 9. Es sollen aber die von den Erblassern eigenhändig ge= und unterschriebenen, ohne Beobachtung einer weiteren Form, bisher gültig gewesenen Testamente, imgleichen diejenigen, welche vor Notarien aufgenommen worden, nur noch während eines Jahres, vom 1. März 1817 an gerechnet, als rechtsbeständig erachtet werden. Nach Ablauf dieses Zeitraums tritt in

Ermangelung einer anderweitig gültig aufgenommenen Disposition die gesetzliche Erbfolge ein, wofern nicht nachgewiesen werden kann, daß der Erblasser während des ganzen einjährigen Zeitraums von Errichtung eines Testaments nach den Vorschriften des A. L. R. verhindert gewesen ist.

Uebrigens soll in allen Fällen, in welchen Personen, die vor Notarien ihr Testament errichtet haben, solches gerichtlich auf- oder annehmen lassen, die Gebührenfreiheit statt finden, so daß selbige nur die baaren Auslagen zu entrichten verbunden sind.

Von der gesetzlichen Erbfolge.

§. 10. Die gesetzliche Erbfolge zwischen Eltern und Kindern, auch andern Familien-Mitgliedern, so weit dieselbe nicht durch rechtsgültige Verträge abgeändert ist, ist in allen bis zum 1. März 1817 entstehenden Erbfällen nach den bisherigen Gesetzen, nachher aber, wenn der Erblasser keine rechtsgültige Abänderungen gemacht hat, nach den Vorschriften des A. L. R. zu beurtheilen und zu entscheiden.

Von dem Verhältnisse der Eheleute.

§. 11. Das rechtliche Verhältniß der Eheleute, die sich vor dem 1. März 1817 verheirathet haben, soll in Absicht der Rechte und Pflichten unter Lebendigen, so wie auch der Grundsätze wegen Auseinandersetzung bei Trennung der Ehe, nach den zur Zeit der geschlossenen Ehe bestandenen Gesetzen bestimmt werden.

Die Gründe, aus welchen eine vor dem 1. März 1817 geschlossene Ehe von nun an für nichtig und ungültig zu erklären, oder auch zu scheiden, werden dagegen nach den Vorschriften des A. L. R. beurtheilt, in sofern sie nicht aus Thatsachen hergenommen werden, welche sich früher ereigneten, und die das damals geltende Gesetz für keinen hinreichenden Grund geachtet hat. Bei der Erbfolge, wenn sie nicht durch rechtsgültige Verträge, oder letztwillige Verordnungen bestimmt wird, sondern nach dem allgemeinen Recht anzuordnen ist, soll der überlebende Ehegatte die Wahl haben, ob er nach den zur Zeit der geschlossenen Ehe geltend gewesenen Gesetzen, oder nach den Vorschriften des A. L. R. über die Erbfolge bei vorhandener Gütergemeinschaft erben wolle.

Eheliche Gütergemeinschaft.

§. 12. Bei allen nach dem 1. März 1817 geschlossenen Ehen soll die eheliche Gütergemeinschaft, so wie sie in dem A. L. R. Thl. 2 Tit. I. §. 361 u. f. bestimmt ist, eintreten, in sofern selbige nicht durch Verträge ausdrücklich ausgeschlossen worden ist.

Vom väterlichen und mütterlichen Nießbrauch.

§. 13. Der dem Vater von dem Vermögen seiner Kinder nach den Vorschriften des A. L. R. zustehende Nießbrauch tritt mit dem 1. März 1817 wieder ein; wohingegen mit diesem Tage der Nießbrauch der Mutter von dem Vermögen der Kinder, in Ermangelung rechtsgültiger, darüber geschlossener Verträge, aufhört, in sofern das A. L. R. diesen Nießbrauch der Mutter nicht beilegt.

Von den rechtlichen Folgen des unehelichen Beischlafs.

§. 14. Die vor dem 1. März 1817 gebornen unehelichen Kinder erhalten mit diesem Tage die im A. L. R. ihnen beigelegten Rechte, in sofern ihnen solche durch die bisherigen Gesetze entzogen waren. Dagegen finden, in Ermangelung eines gültigen Anerkenntnisses der Vaterschaft, weder Entschädigungs-Ansprüche von Seiten der Geschwächten, noch Alimenten-Forderungen für die Zeit bis zum 1. März 1817 von Seiten des unehelichen Kindes statt. Ist die Niederkunft nach dem 1. März 1817 erfolgt, so werden die rechtlichen Folgen des unehelichen Beischlafs nach dem A. L. R. beurtheilt.

Von dem Verhältnisse der bäuerlichen Unterthanen.

§. 15. Bei der bereits erfolgten Aufhebung der Unterthänigkeit soll es verbleiben, und dem gemäß das gegenwärtige Verhältniß zwischen den Gutsbesitzern und den auf ihren Gütern befindlichen nicht erblichen Bauern und Landleuten aufrecht erhalten werden, nach welchem diese Leute als völlig persönlich freie Menschen anzusehen sind, welche die ihnen vom Grundbesitzer überlassenen Grundstücke in Nutznießung haben und dafür eine bestimmte Prästation, gleich viel, ob in baarem Gelde, oder in natura, oder durch Dienste, abführen. Die Art und Weise, wie das Edikt wegen der gutsherrlichen und bäuerlichen Verhältnisse vom 14. September 1811 und dessen Deklaration vom 29 Mai d. J. im Großherzogthum Posen mit Beachtung der Gerechtsame aller Betheiligten in Anwendung zu bringen sei, bleibt der Bestimmung durch eine besondere Verordnung vorbehalten.

Von der Verjährung.

§. 16. Die Verjährung soll in denjenigen Fällen, bei welchen sie schon vor dem 1. März 1817 vollendet gewesen ist, lediglich nach den bisherigen Rechten beurtheilt werden, wenn gleich die daraus entstandenen Befugnisse, oder Einwendungen erst nachher geltend gemacht würden. In solchen Fällen aber, bei welchen die bisherige gesetzmäßige Frist zur Verjährung mit dem 1. März 1817 noch nicht abgelaufen ist, sollen die Vorschriften des A. L. R. zur Anwendung gebracht werden. Sollte jedoch zur Vollendung einer schon vor dem 1. März 1817 angefangenen Verjährung im A. L. R. eine kürzere Frist, als nach den aufgehobenen Gesetzen, vorgeschrieben sein: so kann derjenige, welcher in einer solchen kürzeren Verjährung sich gründen will, die Frist derselben nur von dem 1. März 1817 an berechnen.

Vom Zinsfuße.

§. 17. In Absicht der Höhe der erlaubten Zinsen treten nach dem 1. März 1817 die Bestimmungen des A. L. R. und der darauf Bezug habenden späteren Verordnungen dergestalt ein, daß, wenn in einem früheren Vertrage höhere Zinsen verabredet worden, als die Preußischen Gesetze gestatten, von dem Tage der Wirksamkeit der letzteren der Schuldner nur zur Zahlung der erlaubten niedrigen Zinsen verpflichtet ist.

Von der Volljährigkeit.

§. 18. Die Volljährigkeit tritt in Absicht aller derjenigen Personen, welche solche vor dem 1. März 1817 nach den bisherigen Gesetzen noch nicht erreicht haben, erst mit dem vollendeten Vier und Zwanzigsten Jahre ein.

Von der Klassifikation der Gläubiger.

§. 19. Wenn es auf eine Klassifikation der Forderungen mehrerer Gläubiger ankommt, so sind in allen Fällen, in welchen der Streit zwischen mehreren Gläubigern über das Vorzugsrecht erst nach dem 1. März 1817 eintritt, die Vorschriften der Preußischen Gesetze, ohne Rücksicht auf die zur Zeit der Entstehung der Forderung geltend gewesenen Gesetze, zum Grunde der Entscheidung zu legen. Ist aber ein wirkliches Pfand- oder Hypothekenrecht bestellt oder erworben worden, so muß der Gläubiger bei demselben geschützt werden. Gleichergestalt verbleibt den gerichtlichen, so wie den stillschweigenden oder gesetzlichen Hypotheken, ihr bisheriges Vorzugsrecht; so, daß den Pfandrechten die zweite Klasse, den Hypotheken aber die dritte Klasse der in der A. G. O. vorgeschriebenen Konkursordnung, und in diesen Klassen der locus nach der Folge, welche den Vorschriften der bisherigen Gesetze gemäß ist, gebühret, bis das von neuem zu regulirende

Hypothekenwesen (§. 26) die Rangordnung der Hypothekengläubiger bestimmt haben wird.

Von Strafsachen.

§. 20. Die im A. L. R. enthaltenen Strafgesetze können, in sofern sie unter der vorigen Regierung nicht beibehalten worden sind, bei den vor dem 1. März 1817 begangenen, noch nicht bestraften Verbrechen nur alsdann angewendet werden, wenn die dadurch geordneten Strafen gelinder sind, als diejenigen, welche nach den bisherigen Gesetzen auf das vorlie- Verbrechen statt gefunden hätten. Bei den Verbrechen aber, welche nach dem 1. März 1817 begangen werden, treten die Vorschriften des A. L. R. ohne Unterschied ein.

Von der Gerichts-Ordnung.

§. 21. Ueber die Beibehaltung des mündlichen Verfahrens in Prozessen, so wie über die Abweichungen der gerichtlichen Prozedur von der Vorschrift der A. G. O. überhaupt, wird eine besondere Verordnung ergehen. Wo diese nichts abändert, tritt vom 1. März 1817 ab die A. G. O., nebst ihrem Anhange und ihren späteren Abänderungen, Zusätzen und Erläuterungen, als Richtschnur ein, sowohl in Hinsicht der Form, als der darin enthaltenen materiellen Bestimmungen, wohin unter andern die wegen der Zulässigkeit der Beweismittel gehören.

Einrichtung der Justizbehörden.

§. 22. Die Justiz wird vom 1. März 1817 an verwaltet:

1) von Friedensgerichten, welchen für gewisse Angelegenheiten die Ausübung streitiger Gerichtsbarkeit übertragen werden soll;

2) von den Landgerichten, statt der bisherigen Civiltribunäle und Kriminalgerichte, jedoch in Absicht der Kriminalsachen nur zur Abfassung der Erkenntnisse. Sie bilden wechselseitig die zweite Instanz;

3) von dem Oberappellationsgerichte in Posen, welches in Civilsachen in dritter Instanz, und in wichtigen Kriminalsachen auf die geführte weitere Vertheidigung erkennt, und

4) von Inquisitoriaten, als untersuchenden Behörden.

Die bisherige Verfassung, nach welcher keine Exemtion vom Gerichtsstande und keine Patrimonialgerichtsbarkeit statt findet, wird beibehalten.

Geistliche Gerichte.

§. 23. Die geistliche Gerichtsbarkeit soll vom 1. März 1817 in der Art wieder ausgeübt werden, wie solche vor der Abtretung der Provinz nach unsern frühern Verordnungen bestand.

Wegen Einrichtung der Gerichte wird der Justizminister Verfügungen erlassen.

§. 24. Unser Justizminister ist beauftragt, hiernach wegen Einrichtung der Justizbehörden die nöthigen Verfügungen mit Unserer Genehmigung zu erlassen, und dabei für die angemessene Wiederanstellung und Versorgung aller vorgefundenen unbescholtenen Justizbedienten zu sorgen.

Deposital-Wesen.

§. 25. In Absicht der Depositalgeschäfte sollen nach wie vor die Vorschriften der D. O. vom 15. Dezember 1783 zur Anwendung gebracht werden.

Hypotheken-Wesen.

§. 26. Das Hypothekenwesen soll wieder nach den Grundsätzen der H. O. vom 20. Dezember 1783 eingerichtet werden, und darüber besondere Verfügung ergehen.

Vormundschafts-Wesen.

§. 27. Das Vormundschaftswesen ist nach dem 1. März 1817 wieder ganz den Vorschriften Unserer Gesetze gemäß einzurichten.

Die Geschäfte der Civilstands-Beamten hören auf.

§. 28. Die Obliegenheiten und Verrichtungen der nach der vorigen Verfassung angestellten Civilstandsbeamten hören mit dem 1. März 1817 auf, und in Absicht der Beglaubigungen der Geburten, Verheirathungen und Sterbefälle treten die Vorschriften Unserer Gesetze ein.

Stempel-Wesen und Sportel-Wesen.

§. 29. Die Preußischen Stempelgesetze sind bereits eingeführt, und dabei hat es sein Bewenden.

Ueber die Anwendung der unterm 23. August vorigen Jahres publicirten allgemeinen Gebührentaxen auf die Gerichte, Justizkommissarien und Notarien des Großherzogthums Posen werden aber besondere Bestimmungen in der schon oben §. 21 vorbehaltenen besonderen Verordnung ergehen.

Vom Verfahren in Kriminal-Sachen.

§. 30. Das Verfahren in Kriminalsachen richtet sich nach den Vorschriften der Cr. O. vom 11. Dezember 1805 und den dieselbe abändernden, ergänzenden und erläuternden Bestimmungen, mit der Einschränkung, daß diejenigen Anordnungen nicht zur Anwendung kommen, welche durch die besondere Verfassung des Großherzogthums ausgeschlossen worden. Dahin gehören die Festsetzungen wegen des Gerichtsstandes bei Ober- und Untergerichten und die nicht statt findende subsidiarische Verpflichtung der Kämmereien und Gutsbesitzer zur Entrichtung unerlaßlicher Kriminalkosten.

Wir befehlen allen Unseren Unterthanen, Unsern Gerichten und übrigen Beamten im Großherzogthum Posen, sich nach den Bestimmungen dieses Patents in allen Punkten genau zu achten. (G. S. S. 225.)

b. (ad. §. 3 des Patents vom 9. Novbr. 1816). **Verordnung** vom 1. August 1817, betreffend die in dem vormaligen Herzogthum Warschau gegen Preußische Unterthanen ergangenen Contumacial-Erkenntnisse.

In den Patenten über die Wiedereinführung Unserer Gesetze in Unserm Großherzogthum Posen, dem Kulm- und Michelauschen Kreise und der Stadt Thorn vom 9. November v. J. haben Wir Uns in dem §. 3 vorbehalten, über die Gerechtsame derjenigen Unterthanen aus den alten Provinzen eine nähere Bestimmung zu erlassen, welche früherhin durch willkührliche Eingriffe der Behörden des vormaligen Herzogthums Warschau in die Jurisdiktions-Rechte Unsers Staates vor die Warschauischen Gerichte vorgeladen, und ungeachtet der diesseits dawider erhobenen Protestation durch Kontumazial-Erkenntnisse verurtheilt worden sind. Nach näherer Erwägung der Verhältnisse, besonders in Betracht der Ungewißheit der Parteien über ihr angemessenes Verhalten bei jenen Kompetenzstreitigkeiten, der Unterlassung jeder andern unmittelbaren Insinuation von Seiten der Warschauischen Gerichte, wenn dieselbe von den diesseitigen verweigert ward, und der Unsicherheit des Rechtsganges aus dem durch das Dekret vom 15. Januar 1813 für das vormalige Herzogthum Warschau angeordneten Justizium, verordnen Wir, nach eingeholtem Gutachten Unsers Staatsraths, wie folgt:

§. 1. Jedem Unserer Unterthanen aus den alten Provinzen, gegen welchen bei einem der ehemaligen Warschauischen Gerichte in den obgedachten Distrikten ein Kontumazial-Erkenntniß ergangen ist, obgleich von den hiesigen Behörden die Kompetenz bestritten, und die Insinuation der Vorladung verweigert worden ist, soll gegen ein solches Erkenntniß, der angenommenen Rechtskraft und vielleicht schon erfolgten Vollstreckung ungeachtet, noch das Rechtsmittel der Appellation verstattet werden.

§. 2. Das bei einem Warschauischen Gerichte ergangene Kontumazial-Erkenntniß wird als ein Erkenntniß erster Instanz betrachtet. Bei der etwa erfolgten Vollstreckung desselben hat es sein Bewenden, bis auf die eingewandte Appellation ein anderes rechtskräftig erkannt ist

§. 3. Die Appellation muß innerhalb Sechs Monaten, vom Tage der Publikation der gegenwärtigen Verordnung an gerechnet, angemeldet werden. Wird diese Frist versäumt, so erhält das Kontumazial-Erkenntniß unumstößliche Rechtskraft.

§. 4. Das Appellations-Erkenntniß wird von demjenigen Gerichte in den alten Provinzen abgefaßt, welches kompetent gewesen seyn würde, wenn der Prozeß in erster Instanz gleich vor demjenigen Gerichte verhandelt worden wäre, vor welchem derselbe nach Preußischen Gesetzen hätte verhandelt werden sollen. In Absicht der Anmeldung und Instruktion des Rechtsmittels finden die Vorschriften der A. G. O. Anwendung.

§. 5. Gegen das Appellations-Erkenntniß stehet den Parteien das Rechtsmittel der Revision zu, in soweit dasselbe nach dem Gegenstande des Rechtsstreits überhaupt zulässig ist.

§. 6. Ist der Gegenstand des Rechtsstreits von so geringer Bedeutung, daß nach der A. G. O. gar keine Appellation statt findet: so behält es bei dem Kontumazial-Erkenntnisse sein Bewenden.

§. 7. Haben die Parteien nach ergangenem Kontumazial-Erkenntnisse sich verglichen, so hat es dabei sein Verbleiben.

Wir befehlen Unsern sämmtlichen Gerichten, sich nach dieser Verordnung zu achten. (G. S. S. 203.)

c) **Verordnung** vom 9. Februar 1817, über die Justizverwaltung im Großherzogthum Posen.

In dem Publications-Patent vom 9. November vorigen Jahres haben Wir bereits bestimmt, daß die Justiz in Unserm Großherzogthum Posen durch Friedensgerichte, durch Landgerichte und durch ein in Posen einzurichtendes Ober-Appellations-Gericht verwaltet, und das mündliche Verfahren in den dazu geeigneten Fällen beibehalten werden soll. Ueber die hierdurch entstehenden Abweichungen des Geschäftsganges von der A. G. O. Unserer Staaten haben Wir Uns die näheren Bestimmungen vorbehalten, welche Wir in der gegenwärtigen Verordnung ertheilen wollen.

Wir verordnen demnach wie folgt:

Erster Abschnitt.

Von dem Verfahren bei den Landgerichten in Prozessen.

Allgemeine Vorschriften. In welchen Rechtssachen das mündliche Verfahren statt findet.

§. 1. In den Prozessen, die auf einfachen Thatsachen beruhen, soll das mündliche Verfahren beibehalten werden.

§. 2. Dahin gehören besonders folgende Rechtsangelegenheiten:

a. Wechsel-Exekutivprozesse und klare Schuldsachen,
b. Possessoriensachen,
c. Mieths- oder Pachträumungssachen,
d. Arrestsachen,
e. Alimentenprozesse,
f. Klagen aus einem Judikate,
g. Diffamations- und Provokationsprozesse,
h. Prioritätsstreitigkeiten außer dem Konkurse und Liquidationsprozesse, und
i. Streitigkeiten, welche bei Vollstreckung der Exekution entstehen.

§. 3. In den übrigen Prozessen, namentlich in den Konkurs- und Liquidationsprozessen, bleibt es dagegen bei der schriftlichen Verhandlung nach Anleitung der Vorschriften der A. G. O.

§. 4. Sobald eine Klage eingeht, prüft das Gericht nach dem Vorstehenden: ob sie zum mündlichen Vortrage geeignet ist, oder ob sie zur schriftlichen Verhandlung nach Vorschrift der A. G. O. verwiesen werden muß, und giebt der Sache hiernach die erforderliche Einleitung. Findet sich im Laufe des mündlichen Verfahrens, daß der Rechtsstreit zu weitläuftig oder zu verwickelt wird, um auf dem vorgeschriebenen Wege fortgesetzt zu werden: so verfügt das Gericht die Instruktion im schriftlichen Verfahren.

Oeffentlichkeit des mündlichen Verfahrens.

§. 5. Der mündliche Vortrag geschieht vor versammeltem Gerichte und öffentlich, so daß Jedermann als Zuhörer zugelassen werden muß. Ist indessen der Inhalt der Sache von der Art, daß Anstoß und öffentliches Aergerniß befürchtet werden kann, so bestimmt das Gericht, daß die Verhandlung bei verschlossenen Thüren erfolge, und Niemanden weiter, als den Parteien und ihren Bevollmächtigten, der Zutritt verstattet werde.

§. 6. Das Gericht ist vollständig besetzt, wenn, mit Einschluß des Dirigenten, drei Mitglieder anwesend sind.

Durch wen der Vortrag gehalten wird.

§. 7. Der mündliche Vortrag geschieht entweder von der Partei selbst, wenn sie sich fähig hält, ihre Rechte selbst wahrzunehmen, auszuführen und zu vertheidigen; oder von einem Stellvertreter derselben, welchen die Partei sich aus der Zahl der bei dem Landgericht angestellten Justizkommissarien oder Advokaten wählen muß. Im letzteren Falle darf sie sich nicht durch mehr als einen Bevollmächtigten bei dem mündlichen Vortrage vertreten lassen.

§. 8. Jeder Partei wird gestattet, dem mündlichen Vortrage ihrer Sache durch den von ihr gewählten Bevollmächtigten persönlich beizuwohnen.

§. 9. Denjenigen Parteien, die ihre Armuth vorschriftsmäßig nachweisen (A. G. O. Thl. I. Tit. 13. §. 30 seq.), ordnet das Gericht, wenn sie sich selbst nicht vertreten wollen oder können, aus der Zahl der Justizkommissarien, Advokaten, oder Referendarien einen Rechtsbeistand von Amtswegen zu.

Zu welcher Zeit?

§. 10. Zum mündlichen Vortrage werden in jeder Woche besondere Tage bestimmt, und jede Sache zu einem derselben ausdrücklich verwiesen, ohne daß es der Bezeichnung einer bestimmten Stunde bedarf.

§. 11. Die Sitzung beginnt um 8 Uhr Morgens, und währet so lange, bis die für den Tag bestimmten Sachen aufgerufen und verhandelt sind.

§. 12. Ist letzteres aus besondern Ursachen nicht möglich, so werden die ausfallenden Sachen, je nachdem sie besondere Beschleunigung erfordern, oder nicht, zum nächstfolgenden Tage, oder zum nächsten gewöhnlichen Gerichtstage verwiesen, und den Parteien oder den Mandatarien solches zum Protokoll bekannt gemacht, ohne daß es besonderer Vorladungen bedarf.

Betragen der Parteien, Mandatarien und Zuhörer beim mündlichen Vortrage.

§. 13. Wer beim öffentlichen Vortrage die Ruhe und Ordnung, sei es durch unzeitiges Lautsein, oder durch Aeußerungen von Beifall oder Mißbilligung, stört, und der Ermahnung sich ruhig zu verhalten kein Gehör giebt; wer die Ehrerbietung, welche er dem Orte und den Richtern schuldig ist, verletzt, und wer sich Beleidigung und Bedrohung der Gerichtspersonen erlaubt, der soll auf Anordnung des Dirigenten augenblicklich entfernt, und von dem versammelten Gericht mit einer sogleich zu vollziehenden Geld- oder Gefängnißstrafe, welche jedoch eine Geldbuße von zwanzig Thalern oder achttägigem Arrest nicht übersteigen darf, belegt, oder zum Zwecke der förmlich einzuleitenden Untersuchung verhaftet werden.

§. 14. Die Parteien und ihre Bevollmächtigten sollen sich, bei Vermeidung einer nach dem Maaßstabe des vorigen §. sofort zu vollziehenden Ordnungsstrafe, gegen einander anständig und gesittet betragen, sich aller persönlichen und leidenschaftlichen Aeußerungen enthalten, und den gegenseitigen Vortrag unter keinem Vorwande unterbrechen.

§. 15. Justizkommissarien und Advokaten, welche es sich zur Gewohnheit werden lassen, dieser Vorschrift entgegen zu handeln, sollen ferner zum mündlichen Vortrage nicht zugelassen werden.

§. 16. Eine Partei, welche dem Vortrage ihres Bevollmächtigten beiwohnt, hat die Befugniß, am Schlusse desselben ihren Anwalt darauf aufmerksam zu machen, was etwa in der Sache übergangen, oder derselben noch hinzuzufügen ist. Unterbricht sie ihn im Vortrage und giebt der erfolgenden Zurechtweisung des Dirigenten nicht augenblicklich Gehör, so soll sie aus dem Sitzungssaale entfernt werden.

Besondere Vorschriften. Anstellung der Klage.

§. 17. Die klagende Partei hat die Verpflichtung, eine nach den Vorschriften der A. G. O. vollständig entworfene Klage einzureichen. In den Sachen, in welchen der Sühneversuch beim Friedensgericht vorangehen muß, geht die Klage mit den Verhandlungen von dort ein. Wo dies nicht der Fall ist, muß die Partei eine Abschrift des Klageberichts und seiner Beilagen zur Mittheilung an den Gegner beifügen.

Tritt ein Bevollmächtigter auf, so kann ohne Beifügung einer förmlichen Vollmacht in der Regel die Klage nicht eingeleitet werden.

§. 18. Der Klagebericht wird von dem zu ernennenden Deputirten der Sache im Kollegio ordnungsmäßig vorgetragen.

Unzulässige Ansprüche werden ohne weiteres durch ein Dekret zurückgewiesen. Bei unvollständigen Klagen aber belehrt das Kollegium zuvörderst die Partei, was sie zur Substantiirung derselben noch beizubringen habe.

Ansetzung des Termins.

§. 19. Wird sie aber vollständig und substantiirt befunden, so wird zum gründlichen Vortrage ein Termin anberaumt.

§. 20. Die Bestimmung des Tages (§. 10) geschieht durch den Dirigenten des Kollegii, welcher den Termin in ein zu diesem Zweck angelegtes Buch (Terminkalender) einträgt, und die zu beschleunigenden Sachen besonders auszeichnet.

§. 21. Bei Ansetzung der Termine wird darauf geachtet, daß nicht mehr Termine auf einen Tag anberaumt werden, als in dem bestimmten Zeitraum mit Wahrscheinlichkeit werden abgehalten werden können.

Vorladung der Parteien.

§. 22. Zu dem Termine werden beide Theile, der Verklagte unter Mittheilung der vom Kläger eingereichten Abschrift der Klage und ihrer Beilagen, den Fall ausgenommen, wo diese Kommunikation durch das betreffende Friedensgericht schon geschehen ist, mit der Warnung des vorschriftsmäßigen Kontumazialverfahrens für die ausbleibende Partei, vorgeladen.

§. 23. Die Vorladungen werden förmlich ausgefertiget, wenn sie an die Partei unmittelbar gerichtet sind; an die Bevollmächtigten, wenn sie

Justizkommissarien oder Advokaten sind, ergehen sie dagegen durch Abschrift des Dekrets.

§. 24. Die Insinuation geschiehet nach den Vorschriften der A. G. O., und die etwanige Aussetzung eines Termins muß nach den ebendaselbst bei den einzelnen Prozeß-Arten gegebenen Bestimmungen beurtheilt werden.

Beantwortung der Klage.

§. 25. Nach erfolgter Insinuation der Klage muß der Verklagte in allen Fällen, Wechselsachen allein ausgenommen, besonders aber, wenn er eine Gegenforderung anzubringen, oder bei der Klagebeantwortung Thatsachen anzuführen, oder Beweismittel anzugeben hat, worüber die Erklärung des Gegners nöthig ist, die Rekonventionsschrift oder die Beantwortung der Klage mit der Abschrift, binnen einer gleich in der Vorladung zu dem Termin (§. 22) zu bestimmenden Frist, vor dem Termine dem Gerichte dergestalt einreichen, daß letzteres selbige frühzeitig genug dem Kläger oder dessen Bevollmächtigten mittheilen, und dieser gehörig vorbereitet erscheinen kann. Die Mittheilung erfolgt von Seiten des Gerichts augenblicklich durch eine Verfügung des Dirigenten. Läßt aber der Verklagte die obgedachte Frist verstreichen und wirkt auch nicht in Gemäßheit des §. 24 eine Prorogation des Termins aus, so kann in diesem über die Gegenforderung oder über Thatsachen und Beweismittel, welche zu spät zur Kenntniß des Gegentheils gelangt, bei dem Widerspruch des letztern, weder verhandelt, noch überhaupt für diese Instanz Rücksicht genommen werden.

Aufruf der Prozesse im Termin.

§. 26. Zu jedem Gerichtstage, und zwar 24 Stunden vor dem Eintritte desselben, wird ein Auszug aus dem Terminkalender (§. 20) gefertigt und an die Thür des Versammlungszimmers geheftet. Ein Exemplar desselben erhält der Gerichtsbote, um die Parteien aufzurufen.

§. 27. Der Aufruf geschieht in folgender Ordnung: Vor allen geben die Wechsel- und Arrestprozesse. Alsdann folgen die Sachen, welche schon in andern Terminen prorogirt worden, die Exekutivprozesse, die Miethsund Pachträumungssachen, die Possessorien- und Alimentenprozesse; die übrigen folgen sich nach der Präsentation der Klage. Von dieser Ordnung kann zwar der Dirigent in einzelnen Fällen, die wegen eigenthümlicher Verhältnisse eine besondere Beschleunigung fordern, abgehen; es muß jedoch jedesmal der Grund der Abweichung in dem Aushang des Termin-Kalenders bemerkt werden.

Verfahren in contumaciam.

§. 28. Wenn ein Prozeß aufgerufen wird, und die Parteien oder ihre Bevollmächtigten melden sich nicht, so wird gegen den Ausbleibenden sofort in contumaciam verfahren. Der Deputirte der Sache nimmt eine Verhandlung auf, und es erfolgt, je nachdem Kläger, oder Verklagter ausgeblieben ist, entweder die Weglegung der Akten, oder das Kontumazialerkenntniß, zu welchem Ende der Deputirte, nachdem die Parteien sich entfernt, die Sache dem Kollegio vorträgt, und das Erkenntniß sofort absetzt. Hat der ausbleibende Verklagte die Klage schriftlich beantwortet (§. 25), so muß sich der Kläger darauf auslassen, und das mündliche Verfahren wird in contumaciam fortgesetzt und geschlossen.

§. 29. Erscheint die verklagte Partei durch einen Bevollmächtigten, so muß dieser vor Eröffnung der Verhandlung Vollmacht überreichen, oder sich vorläufig über die Bevollmächtigung durch schriftlichen Auftrag ausweisen, weil er sonst nicht zugelassen werden kann. Ist die Partei selbst gegenwärtig, so genügt es, wenn sie zu Protokoll erklärt, daß der ebenfalls anwesende Anwalt ihr Mandatar sein solle.

Vortrag der Sache.

§. 30. Erscheinen beide Theile, so wird zum wechselseitigen mündlichen Vortrage geschritten. Dieser Vortrag, nämlich die Klage, Beantwortung und Replik, muß vorher ausgearbeitet sein und sich in den Manual-Acten befinden. Der Kläger beginnt ihn, und der Verklagte antwortet, beide unter Vorlegung der zur Sache gehörenden Originaldokumente.

Es ist nicht nöthig, die Klageschrift und ihre Beilagen vorzulesen, weil Richter und Partei von ihrem Inhalte schon unterrichtet sind; es genügt vielmehr eine kurze Darstellung des Gegenstandes der Sache und der Beweismittel.

Wenn hiernächst, in sofern es nöthig ist, worüber dem Dirigenten des Gerichts die Entscheidung zustehet, der Kläger wiederum geantwortet, und der Verklagte darauf erwiedert hat: so wird der Vortrag geschlossen, ohne schriftliche Rechtsausführungen zu gestatten.

Ungeachtet die Leitung des mündlichen Vortrages in der Regel zu dem Amte des Dirigenten gehört, und dieser dabei allenthalben auf bestimmte Einlassung und Erklärung der Parteien über die erheblichen Thatsachen zu sehen und ihnen die nöthigen Vorhaltungen zu machen hat, so kann doch auch der Dirigent, wenn es die Umstände erfordern, die specielle Leitung des mündlichen Vortrages in der einzelnen Sache dem Deputirten übertragen. Auf jeden Fall ist es die Pflicht des letzteren, über den mündlichen Vortrag eine Verhandlung aufzunehmen, welche das Erscheinen der Parteien, die Uebergabe der Vollmachten und den Hergang beim Vortrage im Allgemeinen zum Gegenstande hat. Kommen jedoch beim Vortrage Zugeständnisse, Entsagungen, oder andere wesentliche Erklärungen der Parteien vor, welche von dem Inhalte ihrer schriftlichen Auslassungen abweichen: so müssen auch diese zum Protokoll genommen werden. Nach beendigtem Vortrage versucht der Dirigent des Kollegii, oder der Deputirte, wenn diesem die Leitung des Vortrages übertragen gewesen, die Sühne. Kommt eine gütliche Einigung zu Stande, so wird der Vergleich vom Deputirten sofort aufgenommen und hiernächst in Ausfertigungen den Interessenten zugestellt.

§. 31. Mehrere Litiskonsorten, gleich viel, ob Kläger, oder Verklagte, oder accessorische Intervenienten, müssen sich vor dem Aufrufe der Sache vereinigen, wer von ihnen, oder wer von ihren Bevollmächtigten den Vortrag halten soll; wiedrigenfalls der Dirigent des Gerichts denjenigen bestimmt, welcher zum Vortrag gelassen werden soll. Hat indessen einer von ihnen besondere Gründe, oder Thatsachen anzuführen, welche seine Person allein betreffen: so muß auch er zum Vortrage verstattet werden.

§. 32. Bei Litisdenunziationen, Adzitationen und Nominationen erfolgt die mündliche Verhandlung gleichfalls nach vorstehenden Anordnungen.

§. 33. Der Klagegrund kann beim mündlichen Vortrage eben so wenig geändert werden, als der Klageantrag auf eine andere Leistung gerichtet werden kann, als diejenige ist, welche im Klagebericht gefordert worden.

Schluß des mündlichen Vortrags.

§. 34. Sobald der mündliche Vortrag geschlossen, und die Sache durch Vergleich nicht beigelegt ist, so überreichen die Parteien oder ihre Bevollmächtigten dem Gericht ihre Privat-Akten, welche nothwendig mit einem Inhaltsverzeichnisse versehen sein müssen, und werden sodann nebst den im Gerichtssaale befindlichen Zuhörern entlassen, wenn das Gericht es nicht vorzieht, sich in ein besonderes Deliberationszimmer zu begeben.

§. 35. Alsdann prüft das Gericht auf den Vortrag des Deputirten der Sache,

a. ob die Sache zur Definitiv-Entscheidung vorbereitet ist, oder ob sie

b. zur nochmaligen mündlichen Verhandlung, oder zur förmlichen Instruktion zu verweisen, oder

c. ob der Beweis durch Ableistung zugeschobener Eide, oder Vernehmung von Zeugen u. s. w. aufzunehmen ist.

Entscheidung der Sache.

§. 36. Im ersten Fall beschließt das Kollegium das Erkenntniß, der Deputirte entwirft die Erkenntnißformel, die Parteien oder ihre Bevollmächtigten werden herbeigerufen, und es wird ihnen das Urtel mit Belehrung des Rechtsmittels eröffnet. Dies geschieht durch den Deputirten der Sache, der in dem obengedachten Protokoll (§. 30) den Akt der Publikation nachträglich verzeichnet.

§. 37. Eben dieser Deputirte der Sache arbeitet in den nächsten vom Dirigenten sogleich zu bestimmenden Tagen das Erkenntniß mit den Gründen aus, und befördert es zur Unterschrift des Gerichts. Sodann wird es ausgefertigt und den Parteien unter Rückgabe ihrer Privat-Akten eingehändigt

§. 38. Ist nach der Ansicht des Kollegii eine Sache wegen verwickelter Thatsachen, oder wegen ihrer Wichtigkeit zur sofortigen Entscheidung nicht angethan, so wird der darüber zu fassende Beschluß den Parteien sofort bekannt gemacht, die Akten werden zum Spruch vorgelegt, und es wird ein anderes Mitglied des Gerichts, als der Deputirte ist, zum Referenten ernannt.

Verlangt es eine der Parteien, oder wird es wegen Wichtigkeit der Sache vom Dirigenten für nothwendig befunden, so muß der Referent einen vollständigen Vortrag über den Inhalt der Akten, und was jede Partei für sich angeführt hat, im Kollegio öffentlich halten, worauf es den anwesenden Mandatarien der Parteien freisteht, sofort mittelst kurzer Noten dem Kollegio anzuzeigen, wovon sie glauben, daß es beim Vortrage übersehen, oder anders in den Akten enthalten sei. Alsdann wird nach Entfernung der Parteien und Zuhörer, wenn auch das Votum des Referenten vorausgegangen, vom Kollegio gewöhnlichermaaßen deliberirt und beschlossen.

§. 39. Sobald hiernächst das Urtel abgefaßt ist, werden die Parteien oder ihre Bevollmächtigten zum Publikationstermin vor den Deputirten vorgeladen, und die Publikation erfolgt unter Aushändigung der Ausfertigungen des Erkenntnisses und unter Rückgabe der Manual-Akten.

Wenn die Erörterung der Sache mangelhaft befunden

§. 40. Wird die Sache wegen mangelhafter Erörterung noch nicht spruchreif gefunden (§. 35 lit. b.), so wird sie entweder zum fernern mündlichen Vortrage oder zur förmlichen Instruktion (§. 3) verwiesen. Im erstern Falle werden durch eine Verfügung die Gegenstände bezeichnet, auf deren Erörterung es noch ankommt, und es wird, wenn anders nicht durch die noch anwesenden Parteien das Fehlende ergänzt werden kann, ein neuer Termin anberaumt (§. 12); im letztern Falle wird dagegen ein anderweitiger Deputirter des Gerichts oder ein Kommissarius ernannt, und diesem die fernere Verhandlung nach der Anleitung der A. G. O. überlassen.

Wenn es auf Beweisaufnahme ankommt.

§. 41. Kommt es auf Beweisaufnahme (§. 35 lit. c.) an, so erhält dazu eine Gerichtsperson den Auftrag. Diese entwirft zur Leitung des Geschäfts einen Status Controversiae, ladet die Parteien oder ihre Bevollmächtigten zu einem Termin vor, und verhandelt überhaupt unter ihrer Zuziehung bis zum Schlusse der Sache. In denjenigen schleunigen Prozessen, in welchen die Beweismittel sofort zur Stelle gebracht werden müssen, erfolgt deren Aufnahme sofort, und in demselben Termin.

Auch müssen zugeschobene und angenommene Eide, deren Erheblichkeit außer Zweifel liegt, von der gegenwärtigen Partei sogleich im Termine des mündlichen Vortrags abgenommen werden.

§. 42. Sobald die Akten nach der Beweisaufnahme eingehen, wird auf den Vortrag des Dezernenten das Erkenntniß abgefaßt, und mit der Eröffnung des Urtels nach Anleitung des §. 39 verfahren.

§. 43. Ist eine förmliche Instruktion veranlaßt worden, so wird beim Eingange der geschlossenen Akten ein besonderer Referent ernannt. Was in Betreff des öffentlichen Vortrags oben (§. 38) bestimmt ist, bleibt auch hier zu beobachten.

Zulässigkeit der Litisdenunziationen.

§. 44. Litisdenunziationen, Adzitationen und Nominationen müssen, so weit sie überhaupt zulässig sind, vor dem ersten in der Hauptsache anstehenden Termine dergestalt frühzeitig angebracht werden, daß nicht nur überhaupt darauf eine Verfügung erfolgen, sondern noch eine Mittheilung und Vorladung des Litisdenunziaten, Adzitaten, oder Nominaten zu dem anstehenden Termine erfolgen kann.

Sonst gelten in Ansehung ihrer aller die Vorschriften, welche für Anbringung der Klage und deren Einleitung gegeben sind (§. 17 u. f.).

§. 45. Accessorische Interventionen können ebenfalls nur schriftlich angemeldet werden, und dies muß so frühzeitig geschehen, daß den beiden Hauptparteien vor dem in der Sache anstehenden Termine, es mag der erste, oder ein folgender sein, von der Intervention Nachricht gegeben werden kann. Ist dies nicht möglich, oder die Verhandlung ist in der Hauptsache schon geschlossen, so wird die Intervention zurückgewiesen.

§. 46. Die Interventio principalis wird als ein besonderer Prozeß verhandelt. Ihre Einleitung erfolgt daher wie bei jeder andern Klage.

Appellation

§. 47. Wegen Zulässigkeit des Rechtsmittels der Appellation, und wegen der Frist zur Einlegung desselben, werden die Vorschriften der A. G. O. und ihres Anhangs befolgt. In Ansehung des Objekts finden bei Landgerichten die Grundsätze statt, welche dort für die Untergerichte festgestellt sind.

Anmeldung und weiteres Verfahren.

§. 48. Die Anmeldung der Appellation geschieht bei dem Gerichte erster Instanz, und letzteres benachrichtigt den Gegner von dem eingewandten Rechtsmittel.

§. 49. Das Gericht leitet das Verfahren nach den Vorschriften der A. G. O., nur müssen die Parteien alle Anträge und Gesuche schriftlich einreichen, und zwar doppelt, um die Mittheilung an den Gegner zu befördern.

§. 50. Ist der Appellant mit dem Appellationsberichte präkludirt worden, oder ist die Sache, bei welcher keine neuen erheblichen Thatsachen, oder neue Beweismittel vorkommen, im Deduktionsverfahren geschlossen: so werden die gerichtlichen Verhandlungen mit den Manual-Akten der Parteien an das Gericht der zweiten Instanz befördert.

§. 51. Sind neue Thatsachen oder Beweismittel vorgetragen, so ist zu unterscheiden: ob in erster Instanz eine schriftliche Instruktion, oder nur mündliches Verfahren statt gefunden hat. Im ersten Falle wird die Instruktion des Appellatorii bei dem Richter erster Instanz, jedoch durch einen andern Deputirten geführt, und die geschlossenen Akten werden zum Appellationsrichter abgesandt. Im letzten Falle gehen die Akten gleich nach eingegangenem Appellationsberichte zur neuen mündlichen Verhandlung an den Appellationsrichter. Jedoch werden in diesem Fall die Manual-Akten nicht mit versandt.

Abfassung des Appellations-Erkenntnisses.

§. 52. Sobald nach dem Vorstehenden schon geschlossene Akten bei dem Gerichte der zweiten Instanz eingehen, werden sie zur Abfassung des Erkenntnisses vorgelegt; es wird ein Referent ernannt, und das demnächst abgefaßte Urtel, oder Resolut wird in einer Ausfertigung dem Gerichte erster Instanz, unter Rücksendung der Akten, zur Publikation mitgetheilt.

Kommt es dagegen noch auf ein neues mündliches Verfahren in zweiter Instanz an, so wird zu dem Ende vom Appellationsrichter das Erforderliche verfügt, und die Parteien müssen ihre Mandatarien aus den bei den Gerichten zweiter Instanz angestellten Justizkommissarien oder Advokaten wählen.

§. 53. Schriftliche Deduktionen finden auch bei dem mündlichen Appellationsverfahren nicht statt. Ueber die Abfassung und die Publikation des Erkenntnisses gelten die Vorschriften für die erste Instanz (§. 34—39). Hierbei hat das Kollegium die Vorschrift §. 38. besonders zu beachten, und wenn ihm eine Sache wegen verwickelter Thatsachen, Zweifelhaftigkeiten des Rechtspunkts, Wichtigkeit des Objekts, oder sonst irgend bedenklich scheint, sollen die Akten durch einen zu fassenden Beschluß, der den Parteien sofort bekannt zu machen, zum Spruch vorgelegt werden.

Revision.

§. 54. Die Zulässigkeit des Rechtsmittels der Revision, richtet sich nach den Vorschriften der A. G. O. Es wird bei dem Gerichte angebracht, wo die Publikation des zweiten Urtels erfolgt ist.

Anmeldung und weiteres Verfahren.

§. 55. Auch wegen Anmeldung der Revision, und bei Leitung des Verfahrens in dritter Instanz, bleiben die Vorschriften jenes Gesetzes unverändert.

§. 56. Es wird daher weder mündliche Verhandlung, noch förmliche Instruktion gestattet.

§. 57. Die Schriften müssen, um die Mittheilung an den Gegner zu erleichtern, doppelt eingereicht werden.

§. 58. Ist das Verfahren durch den Schriftwechsel geschlossen, oder sind die Parteien oder ihre Bevollmächtigten mit den Schriften präkludirt: so werden nach erfolgter Inrotulation der Akten die Verhandlungen zur Abfassung des dritten Erkenntnisses an das Ober-Appellationsgericht abgesandt.

Abfassung des Revisions-Urtels.

§. 59. Das von dieser Behörde abgefaßte Erkenntniß wird mit den Akten dem Gerichte, von welchem die Sache eingegangen ist, mitgetheilt.

§. 60. Ist es das Gericht der zweiten Instanz, so wird auch von diesem die Publikation besorgt, und die Manual-Akten werden der Partei ausgehändigt.

§. 61. Wenn dies geschehen ist, so verfügt das Gericht die Rücksendung der gerichtlichen Akten an den Richter der ersten Instanz, und legt Abschriften der in beiden Instanzen ergangenen Urtel bei.

Von dem Rechtsmittel gegen ein Kontumazial-Erkenntniß.

§. 62. Jedes Kontumazial-Erkenntniß wird dem anwesenden Kläger unmittelbar nach der Abfassung (§. 28) publizirt, und die Ausfertigungen desselben werden demnächst beiden Theilen ausgehändigt.

§. 63. Bei der Zufertigung an den Verklagten bedarf es keiner besondern Verfügung; sondern die Belehrung wegen des zustehenden Rechtsmittels wird dem Urtel am Schlusse beigefügt.

§. 64. Wegen Einwendung der Restitution und der Frist, binnen welcher sie zulässig ist, werden die Vorschriften der A. G. O. befolgt.

§. 65. Jedes Restitutionsgesuch muß mit seinen Beilagen doppelt eingereicht werden.

§. 66. Wird es nicht begründet befunden, so weiset das Gericht die Partei sofort zurück.

§. 67. Im entgegengesetzten Falle verfügt es die Vorladung beider Theile zum mündlichen Verfahren.

§. 68. Kommt es in dem in der A. G. O. (§. 125. des Anhanges) ausgedrückten Falle noch auf die Erklärung des Klägers an, ob er die Verhandlung der Sache in erster Instanz gestatten wolle, oder nicht: so muß dennoch die Vorladung zum Verfahren über das Restitutionsgesuch, und eventualiter zum Verfahren in Appellatorio, erfolgen.

§. 69. Fällt jene Erklärung verneinend aus, so wird durch eine bloße Resolution des Gerichts der Verklagte mit dem Restitutionsgesuche abgewiesen, und das Appellationsverfahren sofort eingeleitet.

§. 70. Erfolgt dagegen die Verhandlung in erster Instanz, so werden im Fortgang der Sache sämmtliche Vorschriften beobachtet, welche oben für diesen Gegenstand gegeben sind.

Zweiter Abschnitt.

Von den Friedensgerichten.

Zweck der Friedensgerichte.

§. 71. Die Friedensgerichte sind, außer der Kognition über die Streitsachen, von welchen weiter unten (§. 106 seq.) die Rede sein wird, dazu bestimmt, um in allen Rechtsangelegenheiten, welche zur Entscheidung des ordentlichen Richters gelangen sollen, vor Anstellung des förmlichen Prozesses, die gütliche Beilegung unter beiden Theilen zu versuchen.

Ihr Wirkungskreis.

§. 72. Jede Partei ist schuldig, vor prozessualischer Einleitung einer Rechtssache ihren Gegner zum Versuch der Sühne vor das Friedensgericht vorladen zu lassen.

Ausgenommen sind folgende Gegenstände:

a) Alle Angelegenheiten, welche ohnehin zur Kognition des Friedensgerichts gehören;

b) Wechsel-, Arrest-, Alimenten- und Exekutiv-Prozesse;

c) Klagen des Fisci und wider denselben;

d) Klagen der öffentlichen Anstalten und Gemeinden, und wider dieselben;

e) Streitigkeiten über die Räumung einer Pacht oder Miethe, wenn der jährliche Zins 50 Rthlr. übersteigt;

f) Konkurse, Liquidations-Prozesse, Generalmoratorien, Güterabtretungen und Behandlung der Gläubiger;

g) Syndikatsklagen;

h) Grenzstreitigkeiten;

i) Gegenforderungen, welche im Hauptprozesse erörtert werden;

k) Prozesse, bei welchen Personen konkurriren, die unter Vormundschaft oder Kuratel stehen;

l) Die vormundschaftlichen Prozesse, die Prodigalitäts- und Blödsinnigkeits-Erklärungen.

§. 73. Erscheinen Gerichtseingesessene vor dem Friedensrichter, um einen schon verabredeten Vergleich aufnehmen zu lassen, so ist er, auch wenn die Sache zu den im §. 72 bezeichneten gehört, verpflichtet, sich dem Geschäfte zu unterziehen.

Anstellung der Klage.

§. 74. Derjenige, welcher die Anstellung eines Prozesses beabsichtiget, reicht bei dem Friedensgerichte entweder eine vollständige Klage ein, oder läßt sich bei demselben mündlich zum Protokoll vernehmen.

§. 75. Das Friedensgericht kann keinen Antrag auf den Versuch der Sühne zurückweisen, wenn auch der angemeldete Anspruch gesetzlich unzulässig erscheint. Es muß vielmehr

Vorladung der Parteien

§. 76. beide Theile, den Verklagten unter Mittheilung der Klage und ihrer etwanigen Beilagen, zu einem für die Vergleichsunterhandlung bestimmten, aber möglichst nahen Termin durch eine Abschrift der Verfügung vorladen.

§. 77 Wenn der Kläger ausbleibt, so wird angenommen, daß er von seinem Antrage zurücktrete, und erscheint der Verklagte nicht, so wird vorausgesetzt, daß er zum Vergleiche nicht geneigt sei.

Beide Warnungen sind in die zu erlassenden und durch den Gerichtsboten zu insinuirenden Vorladungen aufzunehmen.

Wahrnehmung des Termins.

§. 78. Die Parteien sind verpflichtet, den Sühnetermin in der Regel persönlich wahrzunehmen.

§. 79. Die, welche am persönlichen Erscheinen verhindert sind, können sich durch Bevollmächtigte aus der Zahl der Justizkommissarien oder Advokaten, welche dem Gerichte zugewiesen sind, oder durch sonst gesetzlich zulässige Mandatarien (vergl. A. G. O. Thl. I. Tit. 3. §. 25. 26), oder von Assistenten, die das Gericht auf ihr Ansuchen ihnen zuordnet, vertreten lassen.

§. 80. Die Mandatarien müssen aber mit gerichtlicher Vollmacht zur Abschließung eines Vergleich versehen sein, oder, wenn sie mit außergerichtlichem Auftrage erscheinen, unter dem Versprechen, die fehlende gerichtliche Vollmacht nachzubringen, durch schriftliche Information des Machtgebers nachweisen, daß und wie sie zu gütlicher Unterhandlung autorisirt sind.

§. 81. Sind sie auf diese Weise nicht legitimirt, so wird es angesehen, als wäre die bevollmächtigende Partei ungehorsam ausgeblieben.

§. 82. In der Hoffnung der künftigen Genehmigung kann daher in der Regel kein Vergleich geschlossen werden. Treten indessen Umstände ein, welche es dem Gerichte wahrscheinlich machen, daß die Genehmigung erfolgen werde; oder ist der Fall vorhanden, daß es dem Bevollmächtigten nur in Nebenverabredungen an Autorisation mangelt; oder ist die Sache von solcher Bedeutung oder Weitläufigkeit, daß sie in einem Termine nicht abgeschlossen werden kann; oder sind endlich beide Theile über die Anberaumung eines folgenden Termins einverstanden: so hat es kein Bedenken, die Verhandlung an einem andern Tage fortzusetzen.

Prorogation.

§. 83. Auf den Antrag des Klägers hat die Aussetzung eines zum Sühneversuch anstehenden Termins keine Schwierigkeit. Wenn sie aber durch seine Schuld so spät erfolgt, daß dem Gegner davon vor dem Termin keine Nachricht gegeben werden kann, so muß ihm der Kläger die dadurch entstehenden Kosten ersetzen. Auf das Gesuch des Verklagten kann dagegen ein Termin nicht anders ausgesetzt werden, als wenn er die Genehmigung des Klägers beibringt, oder dringende Gründe anführt und bescheinigt, welche ihn verhindern, den Termin persönlich, oder durch einen Bevollmächtigten wahrzunehmen.

Nach abgelaufenem Termine kann der Verklagte die Anberaumung eines neuen nicht mehr nachsuchen.

Verhandlung im Termine.

§. 84. Erscheint einer von beiden Theilen nicht, oder bleiben beide aus: so wird darüber eine Verhandlung aufgenommen.

§. 85. Gestellen sich dagegen die beiderseitigen Interessenten, so wird über den Gegenstand des Streits, über die Erklärung des Verklagten in Rücksicht der Richtigkeit des Anspruchs, über die gegenseitigen Vergleichsanträge, und, wenn die Parteien nicht zu einigen sind, über die Vorschläge des Richters zur Beilegung der Sache vollständig zu Protokoll verhandelt.

§. 86. Die Vorschläge des Richters müssen durch Kenntniß der Sache und der Gesetze geleitet werden. Er muß sich dabei übereilter Einmischung in die Angelegenheiten der Parteien enthalten, und sich bemühen, durch unparteiische Theilnahme das Vertrauen der Interessenten zu gewinnen. Er darf keinen von ihnen übereilen, und seine Vorhaltungen müssen auch den Schein des Zwanges vermeiden.

§. 87. Aeußert der Verklagte, daß er die Forderung des Gegners gar nicht anerkenne: so wird diese Erklärung niedergeschrieben, und die Verhandlung geschlossen.

§. 88. Der Kläger kann im Termin seine Anträge ändern, und der Verklagte kann Gegenforderungen anbringen, nicht nur, um zu kompensiren, sondern auch, um seinen Anspruch überhaupt geltend zu machen, und die Sache zur prozessualischen Erörterung vorzubereiten.

§. 89. Litisdenunziationen, Interventionen, Adzitationen und Nominationen finden im Laufe des Sühneversuchs nicht statt.

Aufnahme des Vergleichs.

§. 90. Vereinigen sich die Parteien über den Gegenstand des Streites, so wird das Abkommen so vollständig niedergeschrieben, daß die Verhandlung als ein selbstständiges Dokument angesehen werden kann.

§. 91. Die Interessenten erhalten auf ihr Verlangen Ausfertigungen derselben.

§. 92. Soll ein Vergleich unter der Bedingung zu Stande kommen, daß ein Theil über irgend eine Thatsache noch einen Eid leiste, so muß mit Abnahme des Eides sofort verfahren werden. Mit Vorladung und Vernehmung vorgeschlagener Zeugen und Aufnahme anderer Beweismittel kann sich aber der Friedensrichter nicht befassen.

§. 93. Alle von dem Friedensgerichte aufgenommene Verhandlungen haben die Eigenschaft gerichtlicher Dokumente.

Wirkung des Vergleichs.

§. 94. Auf den Grund eines vor dem Friedensrichter geschlossenen Vergleichs (§. 90.) kann und soll von demselben die Exekution in allen Graden verfügt und vollstreckt werden.

Wenn kein Vergleich zu Stande kommt.

§. 95. Sind die Parteien nicht zu vereinigen, oder erscheint der Verklagte auf gehörig bescheinigte Vorladung nicht, so muß der Kläger darüber vernommen werden, ob er die Rechtssache sofort zur gerichtlichen Einleitung bringen will, oder nicht. Im ersten Falle sendet das Friedensgericht sämmtliche Verhandlungen an das betreffende Landgericht; im letztern dagegen werden die Akten bis auf fernern Antrag des Klägers weggelegt.

§. 96. Dieser Antrag ist an keine Frist gebunden. Treten indessen bis zu dem Zeitpunkte, wo er erfolgt, Veränderungen in der Person des Verklagten ein, oder wird ein und derselbe Anspruch aus einem andern Fundamente verfolgt, so muß der Sühneversuch wiederholt werden.

§. 97. Die Verjährung wird durch die dem Verklagten geschehene Behändigung der vom Friedensgerichte erlassenen Vorladung unterbrochen.

Kosten.

§. 98. Jeder Vergleich muß auch den Kostenpunkt zum Gegenstande haben.

§. 99. Kommt der Vergleich zwischen den Parteien in der Hauptsache zu Stande, ohne daß dieselben wegen der Kosten sich vereinigen können, so soll der Vergleich dennoch Bestand haben, und der Friedensrichter entscheidet durch eine bloße Verfügung den Kostenpunkt nach Analogie der Vorschriften der A. G. O. Th. I. Tit. 23. §. 2 bis 5. In der Regel sollen in diesem Falle die außergerichtlichen Kosten kompensirt, und die gerichtlichen von jedem Theile zur Hälfte getragen werden.

§. 100. Die Kosten der exekutivischen Vollstreckung eines Vergleiches, entrichtet der Schuldner unmittelbar an das Gericht.

§. 101. Kommt kein Vergleich zu Stande, oder der Verklagte erscheint im Sühnetermin nicht, so wird in dem demnächst anzustellenden Prozesse über die Verpflichtung zur Zahlung und zur Erstattung der durch die Verhandlung im Friedensgerichte entstandenen Kosten mit entschieden.

§. 102. Bis dahin kann weder der Kläger, noch der Verklagte den Ersatz der Kosten fordern, welche ihm durch die Verhandlung bei dem Friedensgericht verursacht sind.

§. 103. Verzögert indessen der Kläger den Antrag auf gerichtliche Einleitung der Sache (§. 95.) über drei Monate, vom Tage der abgebrochenen Vergleichs=Unterhandlung an gerechnet, so kann vom ihm die Erstattung der Kosten, welche er nicht selbst veranlaßt hat, vorläufig gefordert werden; das Friedensgericht muß sie festsetzen und die Einziehung veranlassen.

Stempel.

§. 104. Die Verfügungen und Verhandlungen der Friedensgerichte sind stempelfrei.

§. 105. Wird indessen ein Vergleich geschlossen, so wird die Hälfte des durch besondere Gesetze bei Prozessen vorgeschriebenen Werthstempels erlegt.

Sonstiger Wirkungskreis der Friedensgerichte.

§. 106. Zur Kognition der Friedensgerichte gehören:

a) Alle Prozesse, deren Gegenstand ohne Hinzuziehung der etwa rückständigen Zinsen die Summe von Funfzig Thalern in Kourant oder in Golde nicht übersteigt. Konkurs= und Liquidationssachen sind ausgenommen;

b) Alle Real= und Verbalinjuriensachen, in sofern sie nicht zur kriminellen oder fiskalischen Einleitung geeignet sind;

c) Alle Holzdefraudationen in Königlichen und Privatforsten;

d) Alle Pacht= und Miethssachen, bei welchen die jährliche Pacht oder Miethe die Summe von Funfzig Thalern in Kourant oder in Golde nicht übersteigt;

e) Mit gleicher Einschränkung die Gesindesachen;

f) Possessorienprozesse, welche städtische oder bäuerliche Grundstücke betreffen;

g) Kriminalsachen, jedoch nur in so weit, als es auf Feststellung des Thatbestandes und Verhaftung des Verbrechers ankommt.

§. 107. Zum Wirkungskreise der Friedensgerichte gehören auch Vormundschaftssachen und Erbregulirungen, wenn die Masse ohne Rücksicht auf die etwa vorhandenen Schulden nicht über Zweihundert Thaler beträgt.

§. 108. Desgleichen sind sie zur Ausübung der freiwilligen Gerichtsbarkeit bei Gegenständen, welche nicht über Zweihundert Thaler hinausgehen, befugt und verpflichtet. Letztwillige Verfügungen und einseitige Handlungen unter Lebendigen, als Vollmachten, Schuldverschreibungen und Quittungen, können dagegen von ihnen ohne Unterschied des Gegenstandes auf= und angenommen werden.

§. 109. Werden in Prozessen Rekonventionen angebracht, über welche im Hauptprozesse nach gesetzlicher Vorschrift mit verhandelt werden muß, so gehört die Erörterung und Entscheidung, sowohl der Konvention, als der Rekonvention, ohne Rücksicht auf die Höhe des Gegenstandes, vor das Friedensgericht.

§. 110. Requisitionen auswärtiger, jedoch inländischer Gerichte soll von den Friedensgerichten, das Objekt möge sein, welches es wolle, genügt werden.

§. 111. Ueberschreitet ein Friedensgericht die Grenzen der diesen Behörden verliehenen Gerichtsbarkeit, so sind zwar die Verhandlungen und Entscheidungen deshalb nicht ungültig; es sollen aber in Prozessen die Vorschriften zur Richtschnur dienen, welche die A. G. O. Th. I. Tit. 16. §. 7. enthält, und bei den Verhandlungen freiwilliger Gerichtsbarkeit die Vorschriften der A. G. O. Th. 2. Tit. 2. §. 10.

§. 112. Die Friedensgerichte sind verpflichtet, von den betreffenden Landgerichten Aufträge anzunehmen.

Verfahren in Prozeßsachen.

§. 113. Bei Einleitung und Behandlung der Prozeßsachen sollen im Allgemeinen die Vorschriften der A. G. O. und ihres Anhanges, besonders aber die Bestimmungen derselben Th. I. Tit. 25. §. 45. seq. und Tit. 26. Abschn. 2 befolgt werden. Es findet daher bei den Friedensgerichten kein öffentliches Verfahren statt.

Anbringung der Klagen.

§. 114. Klagen müssen entweder schriftlich substantiirt eingereicht, oder beim Gerichte zu Protokoll angebracht werden.

§. 115. Die für zulässig erachtete Klage wird dem Verklagten zugefertiget, und beide Theile werden zum Versuch der Sühne, für den Fall aber, daß sie nicht Statt haben sollte, zugleich zur Instruktion der Sache, unter gesetzlicher Warnung, durch eine schriftliche Vorladung, zu einem bestimmten Termin vorgeladen, den sie entweder in Person, oder durch einen gesetzlich zulässigen Mandatar wahrnehmen müssen.

Instruktion.

§. 116. Erscheinen beide Theile, so wird nach Anleitung der oben gegebenen Vorschriften die Sühne versucht, und, wenn diese nicht gelingt, zur Instruktion übergegangen.

Urtel.

§. 117. In allen zur Entscheidung vorbereiteten Sachen wird, ohne Zulassung schriftlicher Rechtsausführungen, das Erkenntniß im letzten Termine sogleich abgefaßt und den noch anwesenden Parteien eröffnet.

§. 118. Ist wegen anderer dringender Geschäfte, oder wegen Weitläuftigkeit oder Verwickelung der Sache die sofortige Abfassung des Urtels nicht möglich: so kann solche ausgesetzt, die Parteien müssen aber sogleich zu einem der nächsten Gerichtstage, oder, wenn in der A. G. O. bei einzelnen Prozeßarten ein kürzerer Termin bestimmt ist, zu einem andern nähern Tage zum Zweck der Publikation des Erkenntnisses vorgeladen werden.

§. 119. Wegen Abfassung der Kontumazial-Erkenntnisse und in Ansehung der gegen sie statt findenden Rechtsmittel hat es bei den Vorschriften der A. G. O. sein Bewenden.

Appellationsverfahren.

§. 120. Die Appellationsfrist wird von dem Tage an gerechnet, wo die Aushändigung des Erkenntnisses an die Parteien geschehen ist.

§. 121. In Ansehung des Gegenstandes, bei welchem das Rechtsmittel der Appellation nur zulässig ist, dienen die in der A. G. O. und deren Anhange enthaltenen, für die Untergerichte gegebenen Bestimmungen zur Richtschnur.

§. 122. Die zweite Instanz bildet das Landgericht, zu dessen Geschäftsbezirk der Kreis des betreffenden Friedensgerichts gehört.

§. 123. Die Appellationsbeschwerden können mündlich zu Protokoll, oder schriftlich angebracht werden.

§. 124. Sind keine neuen Thatsachen zu erörtern, oder neue Beweismittel aufzunehmen, oder sind die angegebenen von der Art, daß sie dem Richter sachdienlich nicht erscheinen, oder wird der Bevollmächtigte einer Partei mit dem Appellationsberichte präkludirt: so werden die Akten sofort an die zweite Instanz befördert, und der Gegenpartei wird, unter Mittheilung der eingegangenen Schriften oder der aufgenommenen Verhandlungen, hiervon Nachricht gegeben.

§. 125. Kommt es dagegen darauf an, eine neue Instruktion zu veranlassen, oder Beweis aufzunehmen: so geschieht dies ohne Ausnahme bei dem Friedensgerichte. In sofern es möglich ist, wird aber einer, von dem Deputirten erster Instanz verschiedenen Gerichtsperson die Verhandlung in Appellatorio aufgetragen.

§. 126. Ist dies Verfahren geschlossen, so werden, ohne Zulassung von Deduktionsschriften, die Akten zur Abfassung des zweiten Erkenntnisses abgesandt.

§. 127. Sobald von dem Landgerichte das Urtel zweiter Instanz eingehet, wird es den Parteien in einem anzuberaumenden Termine eröffnet.

Verfahren in der Revisions-Instanz.

§. 128. Von dem Tage des den Parteien behändigten zweiten Urtels läuft die Frist zur Einlegung des Rechtsmittels der dritten Instanz in den Fällen, wo sie nach Vorschrift der A. G. O. in Sachen, welche bei den Untergerichten schweben, mit Rücksicht auf die §. 106 näher bestimmte Kognition der Friedensgerichte, zulässig ist.

§. 129. Haben die Parteien Rechtsbeiständе, so wird der gewöhnliche Schriftwechsel eingeleitet.

§. 130. Tritt der entgegengesetzte Fall ein, so wird der Revident über seine Revisionsbeschwerden, und der Revise mit seiner Antwort darauf, vom Richter in einem und demselben Termine zu Protokoll vernommen.

§. 131. Ist die Sache in dritter Instanz geschlossen, und ist mit Zuziehung beider Theile die Inrotulation der Akten geschehen: so werden die Akten unmittelbar an das Ober-Appellationsgericht zu Posen zur letzten Entscheidung abgesandt.

§. 132. Das von dort eingehende Urtel wird den Parteien in einem besondern Termin eröffnet.

Depositalverwaltung.

§. 133. Die Depositalverwaltung geschieht bei den Friedensgerichten nach den Vorschriften der D. O. von 1783; sie beschränkt sich aber auf die ihnen verliehene Gerichtsbarkeit dergestalt, daß über die Grenzen derselben hinaus keine Gegenstände zur Deposition angenommen werden können.

§. 134. Ein General-Depositum soll bei den Friedensgerichten nicht konstituirt werden.

§. 135. Letztwillige Verordnungen werden unmittelbar nach ihrer Aufoder Annahme, mit den sie begleitenden Verhandlungen, zur Aufbewahrung an das vorgesetzte Landgericht eingesandt.

Sportelkasse.

§. 136. Jedes Friedensgericht zieht zu einer besondern Kasse die Gerichtskosten ein, welche von demselben deservirt werden.

Dritter Abschnitt.

Von dem Verfahren in Kriminal- und fiskalischen Sachen.

Wer die Untersuchungen führt.

§. 137. Die Inquisitoriate sind in allen Kriminal- und fiskalischen Sachen, jedes in dem ihm angewiesenen Geschäftskreise, diejenigen Behörden, welche die Untersuchungen führen.

Wo die Straferkenntnisse abgefaßt werden.

§. 138. Die Abfassung der Erkenntnisse gebührt den Landgerichten.

§. 139. Der Ort, wo ein Verbrechen begangen oder attentirt worden, oder in den Fällen, wo das Verbrechen im Auslande begangen ist, der Ort, wo der Thäter sich hat betreten lassen, entscheidet in jeder vorkommenden Sache darüber, welchem Landgerichte die Abfassung des Urtels erster Instanz gebührt.

§. 140. Bei eingewandtem Rechtsmittel der weiteren Vertheidigung wird der Instanzenzug beobachtet, welcher für die Civilsachen zwischen den Landgerichten regulirt ist.

§. 141. Nur in den Sachen, wo in erster Instanz auf eine zehn Jahre übersteigende Beraubung der Freiheit erkannt ist, gebührt dem Ober-Appellations-Gerichte des Großherzogthums die Entscheidung in zweiter Instanz.

§. 142. Im übrigen hat es bei den Vorschriften der Cr. O. und den spätern erläuternden Bestimmungen oder Ergänzungen sein Bewenden.

Vierter Abschnitt.

Von der Geschäftssprache in den Gerichten.

§. 143. Beide Sprachen, die deutsche und die polnische, sind nach dem Bedürfnisse der Parteien die Geschäftssprachen der Gerichte.

§. 144. Bei der Correspondenz mit öffentlichen Behörden, das Königreich Polen ausgenommen, und in ihren Berichten an die vorgesetzten Kollegia bedienen sie sich der deutschen Sprache ausschließlich.

Bei Prozessen.

§. 145. Sind in einem Prozesse beide Theile nur der polnischen Sprache mächtig, so erfolgt in derselben der öffentliche Vortrag, und die Aufnahme der Verhandlungen nebst der Entscheidung; doch kann der Vortrag durch die Sachwalter auch in deutscher Sprache geschehen, wenn die der polnischen Sprache nur kundigen Parteien nicht zugegen sind.

§. 146. Ist zwischen beiden Theilen eine Verschiedenheit in Ansehung der Sprache, so entscheidet die Sprache des Klägers, in welcher verhandelt und erkannt werden soll, in sofern er nur der deutschen, oder der polnischen mächtig ist. Ist er keiner gewachsen, so wird in deutscher Sprache verfahren.

§. 147. Der Aufnahme eines deutschen oder polnischen Nebenprotokolls bedarf es nicht.

§. 148. Bei Zeugen, Sachverständigen und andern dergleichen Personen werden die Protokolle in ihrer Sprache, wenn sie der deutschen oder polnischen kundig sind, sonst aber in deutscher Sprache ohne alle Einschränkung aufgenommen.

§. 149. Beim Schriftwechsel wird die Festsetzung des §. 146 ebenfalls beobachtet; es steht jedoch jeder Partei frei, ihre zur Mittheilung an den andern Theil geeigneten Eingaben und Schriften in beiden Sprachen einzureichen.

Geschieht dies, so werden sie dem Gegner in seiner, und, wenn er keine von beiden Sprachen versteht, in der deutschen mitgetheilt.

§. 150. Ist der Kläger der deutschen und polnischen Sprache gleich mächtig, so soll in der deutschen verfahren werden.

Bei Verhandlungen der freiwilligen Gerichtsbarkeit.

§. 151. Bei zweiseitigen Handlungen der freiwilligen Gerichtsbarkeit, bei Aufnahme von Vergleichen, bei Erbregulirungen und Auseinandersetzungen in Vormundschaftssachen werden, wenn Interessenten zum Theile der deutschen, und zum Theile nur der polnischen Sprache mächtig sind, die Verhandlungen in beiden Sprachen aufgenommen.

§. 152. Bei einseitigen Akten der freiwilligen Gerichtsbarkeit dient die Sprache der Erklärenden zur Richtschnur.

§. 153. Ist aber die Verhandlung zum Gebrauche beim Hypothekenbuche bestimmt, so muß sie, wenn der Aussteller ihrer auch nicht mächtig ist, dennoch in deutscher Sprache mit aufgenommen werden.

§. 154. Verlangt ein der polnischen oder deutschen Sprache nicht kundiger Interessent, daß ein Akt neben der seinigen auch in polnischer oder deutscher Sprache aufgenommen werde, so muß es geschehen.

Bei Notariatsverhandlungen.

§. 155. Notarien, Justizkommissarien und Advokaten haben bei Aufnahme von Dokumenten vorstehende Anordnungen ebenfalls zu befolgen.

In Kriminalsachen.

§. 156. In Kriminal- und fiskalischen Sachen werden zwar die Vorschriften des §. 58 u. f. der Cr. O. beobachtet; es sollen jedoch bei Angeschuldigten, welche der polnischen Sprache allein kundig sind, die Protokolle über ihre Vernehmung blos in ihrer Sprache aufgenommen werden, es sei denn, daß die künftige Entscheidung zur Bestätigung eingereicht werden müßte. Alsdann soll eine deutsche Nebenverhandlung beigefügt werden.

Die Abfassung der Erkenntnisse soll dagegen ohne Unterschied in deutscher Sprache erfolgen.

Fünfter Abschnitt.

Von der Aufsicht über die Gerichte.

§. 157. Dem Ober-Appellationsgericht zu Posen wird, unter den Befehlen des Chefs der Justiz, die obere Aufsicht über die Justizbehörden und die Justizoffizianten im Großherzogthum Posen in Ansehung ihrer Geschäftsführung und in allen Angelegenheiten der Disziplin übertragen, und in dem Kollegio durch eine darin zu formirende Sektion ausgeübt.

§. 158. Dem gemäß sind alle Justizbehörden des Landes und alle Beamten der Justiz zum Gehorsam und zur Subordination gegen das Ober-Appellationsgericht verpflichtet.

§. 159. Die Friedensgerichte sind den Landgerichten zunächst im Dienste untergeordnet.

§. 160. Zwischen den Landgerichten und Inquisitoriaten findet keine Subordinationsverbindung statt.

§. 161. Die Landgerichte und Inquisitoriate werden der unmittelbaren Leitung des Ober-Appellationsgerichts anvertraut.

§. 162. Das Ober-Appellationsgericht und die Landesgerichte üben die Dienstaufsicht nach den Vorschriften, welche die A. G. O. Th. 3. Tit. 1 und 8 enthält.

§. 163. Beschwerden über die Friedensgerichte gehören vor die Landgerichte, und die über die Landgerichte, so wie über die Inquisitoriate, vor das Ober-Appellationsgericht.

§. 164. Alle die Justizverwaltung betreffenden und von höherer Entscheidung abhängenden Angelegenheiten werden dem Chef der Justiz durch das Ober-Appellationsgericht vorgetragen.

Sechster Abschnitt.

Von Besetzung der Stellen im Justizdienste und Bildung der Beamten.

§. 165. Bei Besetzung der Aemter in der Justizverwaltung des Großherzogthums Posen soll künftig diejenige Qualifikation gefordert werden, welche die A. G. O. im dritten Theile vorschreibt.

§. 166. Die Mitglieder des Ober-Appellationsgerichts und der Landgerichte müssen dem gemäß in der Folge die angeordneten drei Prüfungen bestanden haben.

§. 167. Die Eingebornen des Großherzogthums, welche sich zum richterlichen Dienst bestimmen, sollen auf einer deutschen Universität die Rechte studiren.

§. 168. Ist diese Bestimmung erfüllt, so hängt es von ihrer Wahl ab, ob sie bei den Gerichten der ältern Königlichen Staaten, oder bei den Justizbehörden des Großherzogthums sich praktisch ausbilden wollen.

§. 169. Im letztern Falle können sie sich bei den Landgerichten, nach vorhergegangener Prüfung, anstellen lassen.

§. 170. Die Prüfung zum Amte eines Auskultators und Referendarii geschieht durch die Landgerichte.

§. 171. Die Ernennung zum Auskultator erfolgt durch das Ober-Appellationsgericht auf den Bericht des betreffenden Landgerichts, welchem die Verhandlung über das abgelegte Examen und das Gutachten der Examinatoren beigefügt sein muß.

§. 172. Die Referendarien bestellt der Chef der Justiz auf den Bericht des Ober-Appellationsgerichts. Diesem werden von dem betreffenden Landgerichte die Verhandlung über die bestandene mündliche Prüfung, das Gutachten der Prüfenden über den Ausfall des Examens, die Probe-Relation und die Zensur derselben eingereicht.

§. 173. Um den angehenden Geschäftsmännern diejenige Bildung zu geben, welche ihre Bestimmung erfordert, so sollen sie als Auskultatoren nicht allein mit Dekretiren, Instruiren und Referiren beschäftigt, sondern auch in mündlichen Vorträgen als Stellvertreter der Partei geübt werden, und verbunden sein, wenigstens vier Monate hindurch bei einem Inquisitoriate zu arbeiten.

§. 174. Die dritte Prüfung erfolgt bei der Immediat-Examinationskommission zu Berlin. Nur ausnahmsweise (A. G. O. Th. 3. Tit. 4. §. 34. Anh. §. 463.) kann diese Prüfung dem Ober-Appellationsgerichte vom Justizminister übertragen werden.

§. 175. Um diese Prüfung vorzubereiten, muß der Referendar nicht allein bei dem Landgerichte, bei welchem er zu seiner Ausbildung angestellt gewesen, zur Probe instruirt haben, und darüber, so wie über seine Qualifikation überhaupt, von dem Direktor des Landgerichts das vorschriftsmäßige Attest beibringen, sondern auch be' dem Ober-Appellationsgericht zu Posen sich eine Zeitlang im Referiren üben, wenn nicht die besondere Qualifikation des zu Prüfenden davon eine Ausnahme erlaubt. Auf jedem Fall wird von dem Präsidio der letztgedachten Behörde das Gesuch des Kandidaten, zur dritten Prüfung verstattet zu werden, mittelst Berichts an den Chef der Justiz begleitet.

Siebenter Abschnitt.

Von den Sporteltaxen.

Allgemeine Vorschriften.

§. 176. Die durch das Patent vom 23. August 1815 in den Preußischen Staaten eingeführten allgemeinen Gebührentaxen, sollen auch den Gerichten des Großherzogthums Posen, so wie den bei denselben angestellten Justizkommissarien, Advokaten und Notarien, zur Richtschnur dienen.

§. 177. Das Ober=Appellationsgericht erhebt die Gebühren nach der Taxe für die Landesjustizkollegia.

§. 178. Den Landgerichten dient die Gebührentaxe für die Stadtgerichte in den großen Städten zur Norm, und nach dieser achten sich auch die Friedensgerichte als solche, da sie den Vergleich nur in solchen Sachen versuchen, die der Entscheidung der Landgerichte unterworfen sind.

§. 179. In ihren übrigen Funktionen befolgen die Friedensgerichte die sämmtlichen Untergerichten, mit Ausnahme der Stadtgerichte in den großen Städten, vorgeschriebene Gebührentaxe.

§. 180. Ob die Verhandlungen in deutscher oder polnischer Sprache erfolgen, macht in der Regel keinen Unterschied, und es soll auch da, wo vorschriftsmäßig in beiden Sprachen verhandelt werden muß, für die Aufnahme und Ausfertigung keine Erhöhung der Gebühren statt finden.

Werden aber auf ausdrückliches Verlangen einer Partei, in Fällen, wo es nur in einer Sprache geschehen darf, Verhandlungen auch in der zweiten aufgenommen und ausgefertigt, so soll der Gebührensatz dafür um ein Drittheil erhöhet, und von der antragenden Partei eingezogen werden.

§. 181. Die Justizkommissarien und Advokaten bei den Landgerichten und bei den Friedensgerichten erhalten die Gebühren nach der für die Justizkommissarien bestimmten Taxe. Wird in dieser in Rücksicht der anzusetzenden Gebühren ein Unterschied gemacht, je nachdem die Verhandlung bei einem Obergerichte, oder bei Stadtgerichten in den großen Städten, oder bei andern Untergerichten erfolgt, so werden den Justizkommissarien und Advokaten für die Arbeiten bei dem Ober=Appellationsgericht in Rekurssachen die Gebühren wie für Verhandlungen bei den Obergerichten zugebilligt, wogegen sie solche für die Verhandlungen bei den Landgerichten nach der Gebührentaxe für die Land= und Stadtgerichte in großen Städten erhalten. Nach derselben liquidiren sie auch für Bemühungen bei den Friedensgerichten, wenn sie bei denselben, als eigentlich die Sühne versuchende Behörden, ihr Amt verwaltet haben. Bei den Friedensgerichten, als entscheidenden Behörden, können sie aber nur nach der Gebührentaxe für sämmtliche Untergerichte, mit Ausnahme der Stadtgerichte in den großen Städten, ihre Liquidation einrichten.

Besondere Vorschriften. 1) für die Landgerichte.

§. 182. Die Landgerichte sollen die Taxen für die Stadtgerichte in großen Städten in allen Prozessen, deren Einleitung und Instruktion nach Vorschrift der A. G. O. erfolgt, ohne Einschränkung zur Anwendung bringen.

§. 183. Wo das mündliche Verfahren statt findet, soll für die erste Vorladung der Parteien der Gebührensatz genommen werden, welcher für Vorladungen zum Beantwortungs= und Instruktionstermin angeordnet ist.

§. 184. Werden im Laufe eines solchen Prozesses Verfügungen und Entscheidungen erlassen, so tritt der gewöhnliche Gebührensatz nach der Taxe ein.

§. 185. Erfolgt auf den Grund des mündlichen Vortrags die Entscheidung der Hauptsache, so soll für das mündliche Verfahren der niedrigste Satz der Instruktionsgebühren nach den verschiedenen Kolonnen genommen werden.

§. 186. Dagegen sind in solchem Falle für das Erkenntniß die vollen Urtelsgebühren anzusetzen. Für die Publikation des Erkenntnisses werden aber nur dann die taxmäßigen Gebühren gestattet, wenn sie nicht gleich nach dem mündlichen Vortrage erfolgen kann, sondern ein besonderer Termin dazu angesetzt werden muß.

§. 187. Der Aufruf der Sachen zum mündlichen Vortrage geschieht kostenfrei.

§. 188. Die Bestimmungen des §. 182 bis 187. gelten auch von dem Verfahren in der Appellationsinstanz.

2) für die Friedensgerichte.

§. 189. Wenn das Friedensgericht einen Vergleich auf den Antrag der sich meldenden Gerichtseingesessenen, ohne vorhergegangene Vorladung, sogleich aufnimmt, so tritt der Gebührensatz unter 85. des fünften Abschnitts der Taxe für die Stadtgerichte in großen Städten ein.

§. 190. Läßt eine Partei den Antrag zur Veranlassung des Sühneversuchs zum Protokoll aufnehmen, so werden die Gebühren nach dem Satze für die Aufnahme einer Klageanmeldung liquidirt.

§. 191. Wird die vollständige Klage bei dem Friedensgerichte zum Protokoll aufgenommen, so treten die Sätze der Taxe für die Aufnahme der Klage ein.

§. 192. Die Gebühren für die Vorladung zum Sühnetermin werden nach den Sätzen der Taxe für die Vorladungen zum Instruktionstermine liquidirt.

§. 193. Wird die Sache vom Friedensgerichte verglichen, so sind die Gebühren nach der Bestimmung unter 41. des vierten Abschnitts der Taxe für die Stadtgerichte in großen Städten anzusetzen.

§. 194. Kommt der Vergleich nicht zu Stande, so wird, falls die Parteien erschienen sind, wie für einen einzelnen Termin in Prozeßangelegenheiten, falls aber ein Theil oder beide ausgeblieben sind, wie für einen Termin, welcher durch die Schuld der Parteien vereitelt worden, nach 40. Abschn. 4. der Taxe liquidirt.

§. 195. Erfolgt die gütliche Beilegung nicht sogleich im ersten Termine, sondern werden zwei oder mehrere Termine abgehalten, so finden, außer den §. 193. bezeichneten Vergleichsgebühren, die Sätze der Taxe für jeden einzelnen Termin ebenfalls statt, vorausgesetzt, daß ein oder beide Theile die Ansetzung des zweiten oder mehrere Termine veranlaßt haben.

§. 196 Für die durch Prorogationsgesuche der Parteien, oder sonst im Laufe der Sache durch sie veranlaßten Verfügungen werden die Gebühren so, wie für die im Laufe eines Prozesses ergehenden Verfügungen, angesetzt.

§. 197. Die allgemeine Festsetzung des §. 179. findet Rücksichts der nach §. 106. vor die Friedensgerichte gehörigen Prozesse auch in den Fällen statt, wo die Sache verglichen wird.

3) In Hinsicht auf die Justizkommissarien und Advokaten.

§. 198. In den Sachen, welche bei den Landgerichten mündlich vorgetragen werden, erhalten die Justizkommissarien und Advokaten die Gebühren wie in Prozessen, die schriftlich verhandelt werden, für die Einziehung der Information, für die Instruktion und pro cura instantiae.

§. 199. Die in der Gebührentaxe für die Justizkommissarien Abschnitt I. Nr. 22. Anmerkung 2. aufgenommene Ausnahme, nach welcher die Partei, welche sich ohne Nothwendigkeit in Sachen der ersten, zweiten oder dritten Kolonne der Taxe eines Justizkommissarii bedient hat, den Ersatz der Gebühren vom Gegentheil nicht fordern kann, soll Rücksichts der, bei den Landgerichten zum mündlichen Vortrage gebrachten Prozesse nicht statt finden.

§. 200. Für die bei den Friedensgerichten erfolgenden Sühneversuche und Vergleiche können die Justizkommissarien und Advokaten nur dann Gebühren von dem Gegentheil ersetzt fordern, wenn ihre Partei nach der diesfälligen Vorschrift persönlich zu erscheinen nicht verbunden war; sondern sich durch einen Sachwalter vertreten lassen konnte.

§. 201. Für die Einziehung der Information kann der Justizkommissarius auch bei dem Friedensgerichte die vollen Gebühren liquidiren, wogegen ihm für die Abwartung der Termine zum Sühneversuche nur die in der Taxe für einzelne Termine in Prozessen angesetzten Gebühren zugebilligt werden können.

§. 202. Bedient sich die Partei, wenn die Sache bei dem Friedensgerichte nicht verglichen wird, zur Fortsetzung derselben bei dem Landgericht des nämlichen Sachwalters: so kann er nicht von neuem für die Einziehung der Information liquidiren.

4) in Kriminaluntersuchungen.

§. 203. In Kriminal=Untersuchungen wird die Gebührentaxe in Anwendung gebracht, welche der Cr. O. angehängt ist.

Wir befehlen Unsern Gerichten im Großherzogthum Posen, dieses Gesetz zur Ausführung zu bringen, und allen Unsern Unterthanen, solches auf das genaueste zu befolgen.

(G. S. S. 37.)

d) **C. O.** vom 19. Juni 1824, betr. die Ausdehnung der Befugniß der Friedensgerichte im Großherzogthum Posen, Handlungen der freiwilligen Gerichtsbarkeit aufzunehmen. G. S. S. 136.

e) **C. O.** vom 8. Februar 1825, betr. die im Großherzogthum Posen aufgehobene Verpflichtung, bei Rechtsstreitigkeiten den Sühneversuch vor dem Friedensgericht vorangehen zu lassen. G. S. S. 14.

f) **C. O.** vom 4. Mai 1829, betr. den veränderten Instanzenzug im Großherzogthum Posen. G. S. S. 43.

(ad d. — f. antiquirt durch die nachfolgende Verordnung.)

g) **Verordnung** vom 16. Juni 1834, über die veränderte Einrichtung der Justizbehörden im Großherzogthum Posen.

Da die Ausführung Unserer Verordnung vom 14. Dezember v. J., das Rechtsmittel der Revision und der Nichtigkeitsbeschwerde betreffend, eine Abänderung der im Großherzogthume Posen nach dem Patent vom 9. Novbr. 1816 und den Verordnungen vom 9. Februar 1817 und vom 4. Mai 1829 bestehenden Gerichtsverfassung nothwendig macht, und es Unser Landesväterlicher Wille ist, den dortigen Justizbehörden eine Einrichtung zu geben, welche dem Zweck einer guten und prompten Rechtspflege möglichst entspricht, so haben wir Uns, mit Rücksicht auf die von Unsern Provinzialständen vorgelegten Anträge und nach Anhörung Unseres Staatsministeriums bewogen gefunden, über die Gerichts=Einrichtung im Großherzogthume Posen Folgendes zu bestimmen:

I. Die Justizverwaltung im Großherzogthume Posen soll künftig durch nachstehende Behörden besorgt werden:

1. zwei Ober=Landesgerichte, welche für die Regierungsbezirke Posen und Bromberg errichtet werden;
2. sechs und zwanzig Land= und Stadtgerichte, wovon jedes einen landräthlichen Kreis zugetheilt erhält;
3. die jetzt bestehenden Inquisitoriate;
4. ein Ober=Appellationsgericht für die ganze Provinz;
5. das geheime Ober=Tribunal zu Berlin für die Revisionssachen und Nichtigkeitsbeschwerden.

In der Einrichtung der geistlichen Gerichte wird nichts geändert.

II. Zum Ressort der Ober-Landesgerichte gehört:

1. die Hypothekenbuchführung über alle in ihrem Bezirke gelegenen Domainen und Rittergüter, so wie über alle zur Aufnahme von Pfandbriefen nach §. 12. und folgende der landschaftlichen Kreditordnung für das Großherzogthum Posen vom 15. Dezember 1821 geeigneten adeligen Güter.

Sie bilden

2. den dinglichen Gerichtsstand für diese Güter.

Es steht ihnen daher

a) die Instruktion und Entscheidung erster Instanz in allen Prozessen zu, in welchen dieser dingliche Gerichtsstand eintritt, mit der Befugniß jedoch, minder wichtige Sachen dem betreffenden Land- und Stadtgericht zur Instruktion und Entscheidung zu delegiren.

b) Die Bearbeitung aller Vormundschaftssachen, aller Nachlaß-Regulirungen und aller Konkurs-, Liquidations- und Güterabtretungs-Prozesse, wenn ein zum Hypothekenbuch des Ober-Landesgerichts gehöriges Gut einen Theil des Nachlasses oder der Masse ausmacht.

Außerdem gebührt ihnen

3. als persönlichem Gerichtsstande

a) die Instruktion und Entscheidung aller Prozesse in erster Instanz, welche sich, dem Objekte nach, zur V. Kolonne der allgemeinen Gebühren-Taxe eignen, also entweder nach Gelde geschätzt einen Werth von mehr als 500 Rth. Kourant, oder Regalien und wichtige Gerechtsame betreffen. Es kommt hierbei nur auf den ursprünglichen Klageantrag an.

Auf eine Veränderung desselben nach erfolgter Insinuation und auf den Gegenstand der vom Beklagten erhobenen Widerklage wird keine Rücksicht genommen. Eigentliche Widerklagen, welche Gegenstände der Real-Jurisdiktion betreffen, werden an den dinglichen Gerichtsstand verwiesen; und

b) die Bearbeitung aller Vormundschaftssachen und damit verbundenen Nachlaß-Regulirungen, wenn der Nachlaß 2500 Rthlr., und bei vorhandener Gütergemeinschaft das gemeinschaftliche Vermögen 5000 Rthlr. übersteigt. Es kommt hierbei auf den Betrag der Aktivmasse zur Zeit der Einleitung an, und die Berechnung des Werths erfolgt nach den Grundsätzen der §§. 107 und 108. Tit. 50. der Prozeßordnung.

Sie erkennen

4. in allen Strafsachen,

a) in erster Instanz, wenn ein Inquisitoriat die Untersuchung geführt hat,

b) in zweiter Instanz, wenn das Erkenntniß erster Instanz bei einem Land- und Stadtgerichte ergangen ist,

und sind endlich

5. die Aufsichtsbehörden über die Untergerichte und Inquisitoriate ihres Bezirkes, mit allen Befugnissen, welche die A. G. O. Th. III. Tit. I. den Landes-Justizkollegien beilegt.

III. Zum Ressort der Land- und Stadtgerichte gehören: alle Gegenstände der streitigen und nicht streitigen Civilgerichtsbarkeit, welche nicht vorstehend den Ober-Landesgerichten überwiesen sind,

und in Betreff der Strafgerichtsbarkeit:

1. alle polizeimäßig oder fiskalisch zu führende Untersuchungen,

2. alle Criminal-Untersuchungen wegen zweiten, oder dritten großen gemeinen, oder unter erschwerenden Umständen begangenen, oder ersten gewaltsamen Diebstahls, so wie wegen aller Vergehn, bei welchen die höchste gesetzliche Strafe des den Gegenstand der Untersuchung ausmachenden Verbrechens oder Vergehens eine Geldstrafe, oder, außer körperlicher Züchtigung und den eintretenden Ehrenstrafen, eine dreijährige Freiheitsstrafe nicht übersteigt. Sie führen diese Untersuchungen und erkennen darin, haben jedoch

Sicherheit der Aufbewahrung, als solche das Gefängniß des Ortes oder des Land- und Stadtgerichts gewährt, nothwendig macht, oder wenn es in diesen Gefängnissen an Raum gebricht, die Untersuchung an das Inquisitoriat abzugeben.

Den Ober-Landesgerichten steht auch frei, ihnen nach §. 94 der Cr. O. jede Untersuchung abzunehmen, und sie bei dem Inquisitoriate, oder durch ein Mitglied des Ober-Landesgerichts führen zu lassen.

IV. Die Inquisitoriate sind die Untersuchungs-Behörden für die wichtigern Kriminalsachen, welche von der Kompetenz der Land- und Stadtgerichte ausgenommen sind. Die Abfassung der Erkenntnisse in denselben gebührt den Ober-Landesgerichten.

V. Das Ober-Appellationsgericht bildet die zweite Instanz, und zwar

a. in Civilsachen ohne Ausnahme für die ganze Provinz;

b. in solchen Strafsachen, welche in erster Instanz von den Ober-Landesgerichten entschieden worden.

VI. Vor das Geheime Ober-Tribunal zu Berlin gehört die Entscheidung der Revisionssachen und Nichtigkeitsbeschwerden. (Verordnung vom 14. Dezember vorigen Jahres.)

Bis zur Auflösung des jetzt bestehenden zweiten Senats des Ober-Appellationsgerichts zu Posen hat derselbe auch in diesen Sachen zu erkennen; die bei seiner Auflösung nicht abgeurtelten Sachen werden an das Geheime Ober-Tribunal abgegeben.

VII. Das Verfahren in Civilprozessen richtet sich nach den Vorschriften des ersten Abschnitts der Verordnung, betreffend die Justizverwaltung im Großherzogthum Posen, vom 9. Februar 1817 (G. S. S. 37.), unter den Modifikationen, welche die Verordnung über das Rechtsmittel der Revision und Nichtigkeitsbeschwerde vom 14. Dezember 1833 (G. S. S. 302) enthält.

In allen Sachen aber, welche nach der Verordnung vom 1. Juni 1833 (G. S. S. 37) dem Mandats- und Bagatell-Prozeß unterliegen, kommen die Vorschriften dieser Verordnung (1. Tit. und 3. Tit.) zur Anwendung. Auch alle Injurien-Sachen, die nicht zur Kriminal- oder fiskalischen Untersuchung geeignet sind und bisher zur Kognition der Friedensgerichte gehörten, sollen nach den Bestimmungen dieser Verordnung und Meiner Order vom 17. Oktober v. J. behandelt werden.

VIII. Um den Gerichtseingesessenen eines Land- und Stadtgerichts in den größeren Kreisen die Rechtspflege noch mehr zu erleichtern, werden an den entfernten Orten des Kreises bestimmte Gerichtstage durch Kommissarien des Gerichts abgehalten. Welche Geschäfte diese Kommissarien an den Gerichtstagen vorzunehmen haben, wird von dem Justizminister durch besondere Instruktion bestimmt werden.

IX. Was den Gebrauch der polnischen Sprache betrifft, so enthält die Verordnung vom 9. Februar 1817, Abschnitt IV. §§. 143—156. (G. S. S. 51 und 52) die Bestimmung darüber.

Es tritt dabei nur die Abänderung ein:

daß, wenn irgend eine Verhandlung in polnischer Sprache aufgenommen, oder eine Verfügung in dieser Sprache erlassen worden, oder eine Vorstellung in derselben zu den Akten kommen soll, derselben allemal eine deutsche Uebersetzung zur Seite stehen muß, wofür jedoch keine besondere Kosten erhoben werden dürfen.

X. Die Mitglieder des Ober-Appellationsgerichts und der Ober-Landesgerichte müssen die angeordneten drei Prüfungen bestanden haben.

Für die Land- und Stadtgerichte und Inquisitoriate genügt dieselbe Qualifikation wie für andere Untergerichte.

Die Prüfung zum Amt eines Auskultators und Referendarius geschieht durch die Ober-Landesgerichte, welchen letzteren auch die Ernennung der Auskultatoren zusteht.

XI. Das Ober-Appellationsgericht und die Ober-Landesgerichte erheben die Gebühren nach der Taxe für die Landes-Justizkollegien; die Land-

und Stadtgerichte nach der Taxe für die Untergerichte, und in Posen nach der Taxe für die Gerichte der großen Städte.

In Mandats- und Bagatell-Prozessen kommen die Bestimmungen der Gebühren-Taxe vom 9. Oktober 1833 (G. S. S. 109) zur Anwendung.

XII. Wir autorisiren Unsere Justiz-Minister, mit Auflösung der bestehenden Land- und Friedensgerichte, und des zweiten Senats des Ober-Appellationsgerichts, die Justizbehörden im Großherzogthume Posen nach den Bestimmungen der gegenwärtigen Verordnung einzurichten, welche durch die G. S. zur öffentlichen Kenntniß gebracht werden soll.

(G. S. S. 75.)

b) **Rescript** vom 30. Juni 1835. betr. die Competenz der Gerichtsbehörden im Großherzogthum Posen.

Euer Hochwohlgeboren erwiedere ich Folgendes auf die mittelst Berichts vom 19. d. M. mir vorgelegten, die Kompetenz der Gerichtsbehörden im Großherzogthum Posen betreffenden Anfragen:

1) die Gerichts-Kommissionen sind allerdings befugt, auch in einem zum mündlichen Verfahren geeigneten, aber schriftlich verhandelten Prozesse, wenn der Gegenstand über 50 Rthlr. beträgt, sich auf den Antrag der Parteien der Entscheidung desselben zu unterziehen.
2) Vor die Gerichts-Kommissionen gehören alle aus der Gesindeordnung entspringenden Streitigkeiten zwischen Dienstboten und Herrschaft, sofern der Rechtsweg darin überhaupt statt findet.
3) Wenn mehrere aus verschiedenen Geschäften herrührende persönliche Ansprüche in einer Klage verfolgt werden, und der eine Anspruch dem Betrage nach vor das Obergericht, der andere aber vor das Land- und Stadtgericht gehören würde, so kommt es darauf an, ob die Kumulation der Klage-Punkte an sich zulässig ist (§. 24 Th. I. Tit. 5. der A. G. O.). Waltet hiergegen kein Bedenken ob, so zieht das höhere Forum das untere nach sich, und das Obergericht ist in beiden kompetent.
4) Uebersteigt erst durch die Zusammenrechnung der verschiedenen Streit-Gegenstände der Gesammtbetrag 500 Rthlr., so bleibt die Sache bei dem Untergericht.
5) Was die Ehescheidungssachen betrifft, so behält es bei der Bestimmung des Rescripts vom 27. April d. J. das Bewenden. Es ist nur zuläsig, die Sühneversuche, die Regulirung des Interimistikums und die Aufnahme der Beweismittel als einzelne Theile des Prozesses den Untergerichten zu übertragen. Eine Delegation für alle Fälle findet nicht statt. Wird ein Ehegatte durch Sävitien bedroht, so muß die Polizeibehörde einschreiten. Daß bei Eheleuten katholischen Glaubens die Regulirung des Interimistikums und das Aussprechen der bürgerlichen Folgen einer Ehescheidung dem O. L. Ger. zustehe, unterliegt keinem Bedenken.
6) In Beziehung auf die Kriminalsachen kommt es bei Bestimmung der Kompetenz in einer Untersuchung wegen ersten gewaltsamen Diebstahls nicht in Betracht, wenn auch der Inkulpat bereits früher wegen gewaltsamen Diebstahls außerordentlich bestraft worden ist.

Im Allgemeinen sind übrigens die Gerichte anzuweisen, Anträge, welche Parteien aus mangelhafter Kenntniß der Kompetenzverhältnisse bei ihnen anbringen, wenn sie sich für inkompetent halten, nicht erst zurückzuweisen, sondern mittelst Randbemerkung an die kompetente Behörde zu übersenden, oder in zweifelhaften Fällen dem O. L. Ger. die Bestimmung zu überlassen.

(v. K. Jahrb. B. 45. S. 428.)

8) **Verordnung** vom 25. Mai 1818 wegen Einführung des A. L. R. und der A. G. O. in die mit dem Preußischen Staate vereinigten, zwischen den ältern Provinzen belegenen Distrikte und Ortschaften.

In verschiedenen mit Unserm Staate neu vereinigten einzelnen Distrikten und Ortschaften, welche von größern Uns zugehörigen Landes-Theilen umschlossen sind (Enklaven), ist die Einführung Unserer Gesetze, obgleich die Publikations-Patente vom 9. September 1814, 22. April, 9. und 15. November 1816 auf selbige sich nicht beziehen, durch vorläufige Anordnungen bereits erfolgt; in andern sind die unter den vorigen Regierungen bestandenen Gesetze bisher noch gültig geblieben.

Zur völligen Bestimmung der neuen Rechtsverhältnisse in den vorgedachten Bezirken und Ortschaften verordnen Wir nach erfordertem Gutachten Unsers Staatsraths Folgendes:

§. 1. In denjenigen jener Distrikte und Ortschaften, welche im Jahre 1813 mit den mit Unserm Staate wiedervereinigten Provinzen zwischen der Elbe und dem Rhein zugleich, oder auch erst im Jahre 1814 in Besitz genommen, und darauf in Gemäßheit der Wiener Kongreßakte mit Unserm Staate vereinigt worden sind, namentlich:

dem Fürstenthum Corvey;

den Besitzungen der Fürsten von Salm = Salm, Salm = Kyrburg und Salm = Horstmar, wie auch des Herzogs von Croy;

dem Preußischen Antheile der Besitzungen des Herzogs von Looz=Corswaren;

den Grafschaften Rittberg, Steinfurt, Hohen = Limburg und Dortmund, Recklinghausen, Barby und Gommern nebst Elbenau;

den mit dem aufgelöseten Königreich Westphalen vereinigt gewesenen Theilen des vormals sächsischen Antheils der Grafschaft Mansfeld;

der vormaligen Reichs=Baronie Schauen;

den Herrschaften Rheda und Gütersloh, Anholt, Werth und Gehmen; den Aemtern Broich und Styrum; Treffurth und Dorla, sächsischen Antheils und so weiter,

hat es bei den Bestimmungen des Patents vom 9. September 1814, mit Rücksicht auf welche Unsere Gesetze nach Anleitung der Kabinetsorder vom 20. November 1814 bereits seit dem 1. Januar 1815 eingeführt sind, sein Bewenden.

Ein Gleiches findet in Absicht der Stadt Lippstadt zufolge der Vereinbarung mit der Fürstlich=Lippe=Detmoldschen Regierung Statt.

§. 2. In denjenigen später, in Gemäßheit der Wiener Kongreßakte und besonderer Staats=Verträge mit den Königreichen der Niederlande und Hannover, mit dem Großherzoge zu Sachsen=Weimar und dem Fürsten zu Schwarzburg, zu Unserm Staat gekommenen Ländertheilen und Ortschaften, welche nachstehend benannt sind, nämlich:

den vormals Hannöverschen Aemtern Reckenberg und Klötze, und den Dörfern Rüdigershagen und Gänseteich;

dem Amte Bodungen, den Gerichten Allersberg und Hainröden, und den Ortschaften Utterode und Bruchstädt, welche aus Schwarzburg = Sondershausenscher Landeshoheit an Unsern Staat übergegangen sind; den vormals zum Königreich Böhmen gehörigen, in den Preußischen Antheil der Oberlausitz eingeschlossenen Ortschaften Güntersdorf und Nieder = Gerlachsheim, mit deren Zubehör;

dem vormals Schwarzburg=Rudolstädtschen Dorfe Wohlkramshausen;

den Aemtern Heringen und Kelbra;

dem vormals Sachsen=Weimarschen Dorfe Ringleben, und den durch den Grenz=Rezeß vom 7. Oktober 1816 auf dem rechten Rheinufer von dem Königreiche der Niederlande zu Unserm Staate gekommenen Ortschaften,

sollen das A. L. R. und die A. G. O. nebst den nachher erfolgten abändernden, ergänzenden und erläuternden Bestimmungen vom 1. Oktober dieses Jahres an gesetzliche Kraft haben.

§. 3. Es finden dabei die Bestimmungen der Patente wegen Einführung Unserer Gesetze in den mit Unserm Staate vereinigten vormals sächsischen Provinzen vom 22. April und 15. November 1816 Anwendung, so weit sich selbige nicht auf den darin festgesetzten Termin der eintretenden Gesetzeskraft, so wie auf die eigenthümliche Verfassung der gedachten Provinzen beziehen. In Absicht der Niederländischen Abtretungen dient das Patent vom 9. September 1814 zur Richtschnur.

§. 4. In sämmtlichen, §§. 1 und 2 genannten Distrikten und Ortschaften sollen die Vorschriften des Hypotheken-Patents vom 22. Mai 1815, in sofern es noch nicht geschehen ist, ebenfalls zur Ausführung gebracht werden. Die in den §§. 2 und 3 dieses Patents bestimmte Frist zur Nachweisung des Besitztitels und zur Anmeldung der Real-Ansprüche wird bis zum 1. Mai 1819, und die im §. 7. nachgelassene Frist zur Provokation auf die Ausmittelung des Vorzugsrechts wird bis zum 1. November 1819 hinausgesetzt.

Wir befehlen allen und jeden Unserer Unterthanen in den §§. 1 und 2 genannten Distrikten und Ortschaften, besonders den Gerichten und Beamten, sich nach dieser Verordnuug genau zu achten.

(G. S. S. 45.)

9) **Verordnung** vom 20. Octbr. 1819, wegen Anwendung der Preußischen Gesetze in den Aemtern Heringen und Kelbra.

Zur Beseitigung aller Zweifel und Ungewißheiten, welche aus der bisher unterbliebenen Anwendung Unserer durch die Verordnung vom 25. Mai vorigen Jahres bereits eingeführten Gesetze in den vormals Schwarzburg-Rudolstädtschen Aemtern Heringen und Kelbra entstehen können, verordnen Wir, nach erfolgter Uebergabe dieser Aemter, hierdurch Folgendes:

§. 1. Der in der Verordnung vom 25. Mai vorigen Jahres §. 2 festgesetzte Termin zur Einführung des A. L. R. und der A. G. O. in den Aemtern Heringen und Kelbra wird bis auf den 1. März künftigen Jahres hinausgesetzt.

§. 2. Die Einrichtung des Hypothekenwesens soll in den gedachten Aemtern nach denjenigen Bestimmungen erfolgen, welche in der im §. 16 des Patents vom 15. November 1816 für die vormals Sächsischen Provinzen verheißenen Verordnung enthalten sein werden.

Wir befehlen Unsern Unterthanen in den Aemtern Heringen und Kelbra, ingleichen Unsern dortigen Behörden, wie auch Unserm Oberlandesgerichte zu Naumburg, sich nach dieser Verordnung genau zu achten.

(G. S. S. 246.)

10) **Patent** vom 21. Juni 1825, wegen Einführung des A. L. R. und der A. G. O. in das Herzogthum Westphalen, das Fürstenthum Siegen mit den Aemtern Burbach und Neuenkirchen und die Grafschaften Wittgenstein.

Um die mit Unserer Monarchie vereinigten Länder des Herzogthums Westphalen, das Fürstenthum Siegen mit den Aemtern Burbach und Neuenkirchen (Freien- und Hückenschen Grund) und die Grafschaften Wittgenstein-Wittgenstein und Wittgenstein-Berleburg, in die Gemeinschaft des durch Unsere Gesetzgebung begründeten gemeinen Rechts und gerichtlichen Verfahrens aufzunehmen und sie der aus dieser Gemeinschaft entspringenden Vortheile theilhaftig zu machen, verordnen Wir, nach erfordertem Gutachten Unsers Staatsraths, für die vorgenannten Landestheile hierdurch Folgendes:

Das A. L. R. soll vom 1. Dezember d. J. an gesetzliche Kraft haben.

§. 1. Vom 1. Dezember d. J. an soll das A. L. R., nebst den dasselbe abändernden, ergänzenden und erläuternden Bestimmungen in den obgenannten Landestheilen volle Kraft des Gesetzes haben und nach dem benannten Tage bei Vollziehung und Beurtheilung der rechtlichen Handlungen und deren Folgen, so wie bei Entscheidung der entstehenden Rechtsstreitigkeiten, unter folgendenden nähern Bestimmungen, zum Grunde gelegt werden.

§. 2. Das A. L. R., mit den darüber nachher erfolgten Bestimmungen, tritt an die Stelle der bisher geltend gewesenen gemeinen Rechte und derjenigen Landesgesetze, oder der in ihnen enthaltenen Vorschriften, worin gemeines Recht aufgenommen, erläutert, ergänzt oder abgeändert worden ist.

Provinzial-Gesetze und Gewohnheiten.

§. 3. Die in den einzelnen vorgedachten Landestheilen und Orten bestehenden besondern Rechte und Gewohnheiten, desgleichen diejenigen Landes-Ordnungen oder Bestimmungen derselben, welche sich auf Provinzialrechtsverhältnisse beziehen, behalten noch fernerhin ihre gesetzliche Kraft und Gültigkeit, dergestalt, daß die vorkommenden Rechtsangelegenheiten hauptsächlich nach diesen und erst in deren Ermangelung nach den Vorschriften des A. L. R. (§. 2) beurtheilt und entschieden werden sollen.

Damit aber jede Ungewißheit darüber beseitigt werde, welche Landes-Ordnungen oder welche Bestimmungen derselben, im Gegensatze der mit Einführung des A. L. R. außer Anwendung tretenden (§. 2), in Kraft bleiben: so behalten Wir Uns vor, ein vollständiges Verzeichniß derselben anlegen zu lassen und durch die Gesetzsammlung bekannt zu machen.

Ausnahmen.

§. 4. Folgende Theile des A. L. R. bleiben jedoch vor der Hand von der Anwendung ausgeschlossen:

1) Der vierte Abschnitt Titel 21 Theil 1:
   Von den zur Kultur ausgesetzten Gütern und Grundstücken.
2) Der 23ste Titel des 1sten Theils:
   Von Zwangs- und Banngerechtigkeiten.
3) Die vollständigen drei ersten Titel des 2ten Theils:
   Von der Ehe, von den wechselseitigen Rechten und Pflichten der Eltern und Kinder, von den Rechten und Pflichten der übrigen Mitglieder einer Familie.
4) Der 7te Titel des 2ten Theils:
   Vom Bauernstande.
5) Die sechs ersten Abschnitte des 8ten Titels des 2ten Theils:
   Vom Bürgerstande, mit Ausnahme der §§. 414—445 im 5ten Abschnitte;

nebst allen sich darauf beziehenden spätern Vorschriften.

In Absicht der vorstehend benannten Gegenstände bleiben die jetzt bestehenden gemeinen Rechte und die darauf sich beziehenden Landesordnungen (§. 2) noch vor der Hand gültig, bis neue gesetzliche Bestimmungen ergangen sein werden.

In Bezug auf die gutsherrlichen und bäuerlichen Verhältnisse in dem Herzogthum Westphalen hat es bei den deshalb ergangenen Anordnungen sein Bewenden.

Lehnrecht.

§. 5. Auf gleiche Weise soll es in Absicht der bestehenden Lehne bei den bisherigen Gesetzen und Verfassungen so lange verbleiben, bis Wir darüber nähere Vorschriften ertheilen werden. Wenn jedoch die bisher geltend gewesenen Lehngesetze dunkel, zweifelhaft, oder unvollständig sind, so müssen sie nach den Vorschriften des A. L. R. erklärt oder ergänzet werden.

Hypothekenwesen.

§. 6. Unsere auf das Hypothekenwesen sich beziehenden Gesetze sollen, bis zur erfolgten Revision der Hypothekenordnung, außer Anwendung bleiben, und dafür folgende Vorschriften eintreten.

§. 7. Kein Besitzer von Grundstücken soll von Amtswegen angehalten werden, sein Eigenthum nachzuweisen.

§. 8. Wer vom 1. Dezember d. J. an auf ein Grundstück irgend einen Titel zu einer Hypothek oder überhaupt zu einem Realrechte erwirbt, welches diese Eigenschaft nach den Vorschriften des A. L. R. nur durch das Mittel der Eintragung erlangen soll, hat denselben bei dem Gerichte, in dessen Gerichtssprengel das Grundstück gelegen ist, anzumelden und nachzuweisen.

§. 9. Das Gericht hat den angemeldeten Titel nicht bloß genau aufzuzeichnen, sondern auch die Gültigkeit und Rechtsbeständigkeit desselben, ohne daß jedoch der Nachweis des Eigenthums an dem Grundstück auf Seiten desjenigen, von welchem der Titel hergeleitet wird, amtlich zu erfordern ist (§. 7), zu prüfen und, wenn sich dabei nichts zu erinnern findet, demjenigen, von welchem die Anmeldung geschehen ist, eine Rekognition über die erfolgte Prüfung und befundene Rechtsbeständigkeit, imgleichen über die Zeit der Anmeldung, unter dem Original-Instrumente, worin die Hypothek oder das Realrecht bestellt worden, auszufertigen, sodann aber sämmtliche Urkunden und Beweismittel dem Anmelder zurückzugeben.

§. 10. Der Realberechtigte oder Gläubiger (§. 8) erwirbt durch diese Anmeldung und Bescheinigung das Recht:

a) seine Ansprüche gegen dritte Besitzer zu verfolgen;
b) bei einem ausbrechenden Konkurse auf Ansetzung in die dritte Klasse nach dem Zeitpunkte der geschehenen Anmeldung anzutragen.

§. 11. Jeder Realberechtigte oder Gläubiger (§. 8), welcher diese Rechte geltend machen will, muß erforderlichen Falls das Eigenthum desjenigen, von welchem er sein Realrecht, oder seine Hypothek herleitet, nachweisen und wird von diesem Beweise durch die in Gemäßheit des §. 9 ertheilte Rekognition nicht befreit.

§. 12. Verlangt ein Gläubiger, welchem auf dem Grund der vorstehenden Bestimmungen ein Hypothekenrecht zustehet, die Subhastation eines Grundstücks, so soll dabei nach den Vorschriften der A. G. O. Thl. 1 Tit. 51 §. 99 und folgenden verfahren werden.

§. 13. Alle Bestimmungen Unserer Gesetze, welche mit dem Inhalte der §§. 7—12 im Widerspruch stehen würden, oder das Dasein eingerichteter Hypothekenbücher voraussetzen, namentlich die §§. 6, 12 und 13 Thl. 1 Tit. 10, §§. 411 und 412 Thl. 1 Tit. 20 des A. L. R., so wie der §. 394 der A. G. O. Thl. 1 Tit. 50 bleiben vorläufig außer Anwendung.

Auf vergangene Fälle soll das A. L. R. nicht gezogen werden.

§. 14. Auf die vor dem 1. Dezember d. J. vorgefallenen Handlungen und Begebenheiten soll das A. L. R. nicht angewendet werden; es finden vielmehr die in den §§. 14 — 20 der Einleitung des A. L. R. vorgeschriebenen Grundsätze Statt. Auch soll ein Jeder, welcher zur Zeit der eingetretenen Gesetzeskraft des A. L. R. in einem nach bisherigen Rechten gültigen und zu Recht beständigen Besitze irgend einer Sache oder eines Rechts sich befindet, dabei gegen Jedermann geschützet, und Niemand in dem Genusse seiner in dem Verkehr mit andern Privatpersonen wohlerworbenen Gerechtsame unter irgend einem aus dem A. L. R. entlehnten Vorwande gestört oder beeinträchtigt werden.

§. 15. Wenn jedoch aus einer ältern Handlung oder Begebenheit Prozesse entstehen, und die damals vorhandenen, auf den vorliegenden Fall anzuwendenden Gesetze dunkel oder zweifelhaft sind, so ist derjenigen Meinung, welche mit den Vorschriften des A. L. R. übereinstimmt, oder denselben am nächsten kommt, der Vorzug zu geben.

Allgemeiner Grundsatz, wenn die Handlung oder Begebenheit vor der Einführung des A. L. R. sich zugetragen hat, die rechtlichen Folgen aber nach der Einführung desselben eintreten.

§. 16. In den Fällen, wo die Handlung oder Begebenheit, aus welcher streitige Rechte unter den Parteien entspringen, zwar schon vor Einführung des A. L. R. sich ereignet hat, die rechtlichen Folgen derselben aber erst nachher eintreten, soll darauf Rücksicht genommen werden, ob es noch in der Gewalt desjenigen, von dessen Rechten und Pflichten die Rede ist, gestanden, die rechtlichen Folgen der frühern Handlung oder Begebenheit zu bestimmen und auf andere Art, als in dem A. L. R. geschehen ist, festzusetzen, oder ob eine solche abändernde Bestimmung in der Gewalt und einseitigen Entschließung desjenigen, den die Handlung oder Begebenheit angeht, nicht mehr gestanden habe. Im letztern Falle sollen die auch später eintretenden rechtlichen Folgen dennoch nur nach den ältern Gesetzen, welche zur Zeit der vorgefallenen Handlung oder Begebenheit gültig gewesen sind, beurtheilt werden.

Im erstern Falle hingegen sollen, wenn auch die Handlung oder Begebenheit älter, aber keine solche abändernde Bestimmung vorhanden wäre, bei Beurtheilung der erst nach dem 1. Dezember d. J. eintretenden rechtlichen Folgen dennoch nur die Vorschriften des A. L. R. Anwendung finden.

Von Verträgen.

§. 17. Es müssen daher alle Verträge, welche vor dem 1. Dezember d. J. errichtet sind, in Ansehung ihrer Form und ihres Inhalts, so wie auch der daraus entstehenden rechtlichen Folgen, nach den zur Zeit des geschlossenen Vertrages geltend gewesenen Gesetzen beurtheilt werden, wenn gleich erst später daraus auf Erfüllung, Aufhebung, oder Leistung des Interesse geklagt worden.

Von Testamenten.

§. 18. In Ansehung der Testamente und letztwilligen Verordnungen, welche vor dem 1. Dezember d. J. errichtet worden, setzen Wir besonders fest: daß sie in Rücksicht ihrer Form durchgehends nach den Vorschriften der ältern Gesetze zu beurtheilen sind, wenn gleich das Ableben des Testirers erst später erfolgte; und soll bei dieser Art von Verfügung auf den Unterschied, ob eine solche Disposition in der Zwischenzeit und bis zum 1. Dezember d. J. hätte abgeändert werden können, oder nicht, zur Vermeidung der sonst zu besorgenden großen Weitläuftigkeiten und Kosten, keine Rücksicht genommen werden.

Auch der Inhalt dieser Testamente ist gültig, in sofern nicht Prohibitiv-Gesetze zur Zeit des Erbanfalles ihm entgegenstehen. In letzterer Rücksicht ist insbesondere die Lehre von der Erbfähigkeit der eingesetzten Erben und vom Pflichttheil nach den zur Zeit des Erbanfalls geltenden Gesetzen zu beurtheilen.

Von der Verjährung.

§. 19. Die Verjährung soll in denjenigen Fällen, bei welchen sie vor dem 1. Dezember d. J. vollendet gewesen ist, lediglich nach den bisherigen Rechten beurtheilt werden, wenn gleich die daraus entstehenden Befugnisse oder Einwendungen erst nachher geltend gemacht würden. In solchen Fällen aber, bei welchen die bisherige gesetzmäßige Frist zur Verjährung mit dem 1. Dezember d. J. noch nicht abgelaufen ist, sollen die Vorschriften des A. L. R. zur Anwendung gebracht werden.

Sollte jedoch zur Vollendung einer schon vor dem 1. Dezember d. J. angefangenen Verjährung im A. L. R. eine kürzere Frist, als nach den aufgehobenen Gesetzen, vorgeschrieben sein: so kann derjenige, welcher in einer solchen kürzeren Verjährung sich gründen will, die Frist derselben nur von dem 1. Dezember d. J. an berechnen.

Es sollen auch da, wo in dem A. L. R. für gewisse Handlungen, außer dem Prozeßverfahren, Fristen vorgeschrieben sind, bei deren Berechnung dieselben Grundsätze in Anwendung gebracht werden.

Vom Zinsfuß.

§. 20. In Absicht der Höhe der erlaubten Zinsen treten nach dem 1. Dezember d. J. die Bestimmungen des A. L. R. und der darauf Bezug habenden spätern Verordnungen dergestalt ein, daß, wenn in einem frühern Vertrage höhere Zinsen verabredet worden, als die Preußischen Gesetze gestatten, von dem Tage der Wirksamkeit der letztern der Schuldner nur zur Zahlung der erlaubten niedrigern Zinsen verpflichtet ist.

Von der Volljährigkeit.

§. 21. Die Volljährigkeit tritt in Absicht aller derjenigen Personen, welche dieselbe vor dem 1. Dezember d. J. nach den bisherigen Gesetzen noch nicht erreicht haben, erst mit dem vollendeten vier und zwanzigsten Jahre ein.

Klassifikation der Gläubiger in Konkursen.

§. 22. Wenn es auf die Klassifikation der Forderungen mehrerer Gläubiger ankommt, so sind in allen Fällen, in welchen nach dem 1. Dezember d. J. der Konkurs oder Liquidations-Prozeß eröffnet, oder das Kreditwesen eingeleitet worden, die Vorschriften der Preußischen Gesetze, ohne Rücksicht auf die zur Zeit der Entstehung der Forderung geltend gewesenen Gesetze, zum Grunde der Entscheidung zu legen.

Ist ein wirkliches Pfand- oder Hypothekenrecht, es mag dies ein ausdrückliches oder stillschweigendes sein, vor Einführung der A. G. O. bestellt worden: so muß der Gläubiger auch bei der nach den Vorschriften der A. G. O. Statt findenden Klassifikation als Pfand- oder Hypotheken-Gläubiger angesehen werden. Unter mehreren älteren Gläubigern wird die Priorität nach den bisherigen Gesetzen bestimmt. Der Anspruch auf die dritte Klasse kommt jedoch den ältern Hypothekengläubigern nur in sofern zu gut, als sie sich vor dem 1. September 1826 melden, in welchem Fall sie nach der Vorschrift des §. 9 zu behandeln sind, und dadurch die im §. 10 angegebenen Rechte erlangen, auch in Absicht der Bestimmung der Priorität die Zeit der Anmeldung nicht beachtet werden soll. Wer sich bis zu jenem Tage nicht gemeldet hat, verliert jeden Anspruch auf diese durch die ältern Gesetze begründete Priorität und ist lediglich nach Unsern gegenwärtig eingeführten Gesetzen zu beurtheilen.

Von Strafsachen.

§. 23. Die im A. L. R. enthaltenen, so wie die später ergangenen Strafgesetze dürfen bei den vor dem 1. Dezember d. J. begangenen, noch nicht bestraften Verbrechen nur alsdann angewendet werden, wenn die dadurch geordneten Strafen leichter sind, als diejenigen, welche nach bisherigen Gesetzen auf das vorliegende Verbrechen statt gefunden hätten. Bei den Verbrechen aber, welche nach dem 1. Dezember d. J. begangen worden, treten die Vorschriften des A. L. R. und der spätern Gesetze ohne Unterschied ein.

Die A. G. O. soll vom 1. Dezember d J. an gesetzliche Kraft haben.

§. 24. Vom 1. Dezember d. J. an soll die A. G. O. für die Preußischen Staaten, nebst dem Anhange zu selbiger und den nachher erfolgten Abänderungen, Zusätzen und Erläuterungen, in den oben genannten Landestheilen und Orten ebenfalls gesetzliche Kraft haben, so daß solche bei den Ober- und Untergerichten, sowohl in den entstehenden Rechtsstreitigkeiten, als auch in allen übrigen gerichtlichen Angelegenheiten zur einzigen Richtschnur des Verfahrens zu nehmen ist, und von dem gedachten Zeitpunkte an die bisherigen Vorschriften wegen des gerichtlichen Verfahrens, insbesondere auch wegen der Zulässigkeit der Beweismittel, als abgeschafft und aufgehoben zu betrachten sind.

Landes-Justiz-Kollegien.

§. 25. Die Gerichtsbarkeit über eximirte Personen und Grundstücke soll von dem betreffenden Oberlandesgerichte ausgeübt werden.

Dieses Landes-Justiz-Kollegium bildet zugleich in den dazu angethanen Fällen, nach der darüber zu ertheilenden besondern Anweisung, die Appellations-Instanz für die Untergerichte seines Bezirks, führt die Aufsicht über die letztern in allen ihren Amtsangelegenheiten und besorgt als Lehnskurie alle auf die Lehngüter Bezug habenden Geschäfte. Das Oberlandesgericht in Münster bildet aber die Appellations-Instanz in Prozessen, in welchen in erster Instanz von dem ersterwähnten Oberlandesgerichte erkannt worden, und die Revisions-Instanz für die Untergerichte, in sofern nach dem Gegenstande die Sache nicht vor das Geheime Obertribunal gehört. Das Oberlandesgericht zu Münster erkennet auch in denjenigen Untersuchungssachen in zweiter Instanz, in welchen in erster Instanz von dem betreffenden Oberlandesgerichte erkannt, oder ein von dem Untergericht abgefaßtes Erkenntniß bestätiget worden.

Untergerichte.

§. 26. Ueber die Einrichtung Unserer landesherrlichen Untergerichte wird eine besondere Instruction das Nöthige bestimmen.

Patrimonialgerichte.

§. 27. Die Patrimonialgerichtsbarkeit in Civilsachen wird, in sofern sie mit dem Besitze eines Grundstücks bisher verbunden gewesen und von Privatpersonen auf eine zu Recht beständige Weise ausgeübt worden, in ihrer bisherigen Verfassung, mit Vorbehalt der Anordnungen, welche der Zweck einer guten Justizpflege künftig nöthig machen sollte, hierdurch beibehalten. Es müssen jedoch bei Ausübung derselben die in dem A. L. R. und der A. G. O. enthaltenen Vorschriften genau beobachtet werden.

Standesherrliche Gerichtsbarkeit.

§. 28. Wegen der den Standesherren zustehenden Gerichtsbarkeit hat es bei den Bestimmungen der Instruction vom 30. Mai 1820 §§. 39—44 sein Bewenden.

Verfahren in schwebenden Prozessen.

§. 29. Das Verfahren in schwebenden Prozessen wird durch eine besondere Verfügung Unsers Justizministers bestimmt werden.

Deposital-Geschäfte.

§. 30. In Absicht der Depositalgeschäfte wird auf die Vorschriften der A. G. O. vom 15. Dezember 1783 Bezug genommen, und deren Befolgung vom 1. Dezember d. J. den Gerichten zur Pflicht gemacht.

Von den Justiz-Salarienkassen und den Gerichtsgebühren.

§. 31. Die Einrichtung und Verwaltung der Justiz-Salarienkassen soll in Gemäßheit des Reglements vom 20. November 1782, der Ansatz der Gerichtsgebühren aber, nach Verschiedenheit der Gerichtsbehörden, nach den durch das Patent vom 23. August 1815 bekannt gemachten allgemeinen Gebührentaxen erfolgen.

Die Justizkommissarien und Notarien haben sich nach der für sie bestimmten Gebührentaxe vom nämlichen Tage zu richten.

Vom Verfahren in Kriminalsachen.

§. 32. Das Verfahren in Kriminalsachen richtet sich nach den Vorschriften der Cr. O. vom 17. Dezember 1805 und den dieselbe abändernden, ergänzenden und erläuternden Bestimmungen.

Zur Führung der Untersuchungen, so weit selbige nicht vor die Civilgerichte nach der Verordnung vom 11. März 1818, vor die Militärgerichte, oder vor die standesherrlichen Gerichte gehören, sollen, mit Aufhebung jeder Exemtion und jeder Privat- oder Patrimonialgerichtsbarkeit, Inquisitoriate errichtet werden; wohingegen die Civilgerichte alle diejenigen vorläufigen Verfügungen zu treffen verpflichtet sind, welche keinen Aufschub leiden und zur Erforschung der Wahrheit, Festmachung des Thäters und dazu dienen, daß der Thatbestand des Verbrechens nicht verändert werde.

(G. S. S. 153.)

Einleitung

in die Prozessordnung.

Allgemeine Grundsätze.

§. 1. Alle Streitigkeiten über Sachen und Rechte, welche einen Gegenstand des Privateigenthums ausmachen, müssen, wenn kein gütliches Uebereinkommen Statt findet, durch richterlichen Ausspruch entschieden werden.

1) a. **C. O.** vom 30. Juni 1828, betreffend das Verfahren bei Kompetenz-Konflicten zwischen Gerichten und Verwaltungsbehörden.

Um die Kompetenz-Konflikte zwischen den Gerichten und den Verwaltungs-Behörden durch ein gesetzlich bestimmtes Verfahren gleichförmig zu beseitigen, setze Ich, auf den Bericht des Staatsministeriums vom 12ten d. M., hierdurch fest: daß jeder einzelne Fall eines Konflikts, der nicht durch eine Vereinigung zwischen dem Minister der Justiz und dem Minister der betreffenden Verwaltung zu erledigen ist, im gesammten Staatsministerium nach seinen faktischen und rechtlichen Verhältnissen vollständig erörtert und gründlich geprüft werde. Wenn hiedurch die Gewißheit erlangt ist, daß keine Momente übergangen sind, die ein richtiges Urtheil über die streitige Anwendung des Gesetzes auf den vorliegenden Fall begründen, hat das Staatsministerium in einem motivirten gutachtlichen Bericht auf Meine unmittelbare Bestimmung anzutragen, auch, wenn nach der Ansicht desselben der Kompetenzstreit aus einer zweifelhaften Fassung des Gesetzes entsprungen und durch eine deklaratorische Entscheidung, mithin im Wege der Gesetzgebung, zu berichtigen ist, den Entwurf der Deklaration zu Meiner weitern Verfügung Mir einzureichen. In sofern nur über die Anwendbarkeit eines für unzweifelhaft zu achtenden Gesetzes auf den einzelnen Fall zu urtheilen ist, mithin keine gesetzgebende, sondern eine richterliche Funktion eintritt, behalte Ich Mir nach Verschiedenheit der Fälle und mit Rücksicht auf die größere oder mindere Erheblichkeit des Gegenstandes vor, entweder unmittelbar, erforderlichen Falls nach zuvörderst erstattetem Gutachten des Staatsraths, zu entscheiden, oder die Entscheidung dem höchsten Gerichtshofe, mithin, nach Bewandniß des Ressorts, entweder dem Geheimen Ober-Tribunal, oder dem Rheinischen Revisionshofe, aufzutragen. Uebrigens muß, sobald der Fall eines Konflikts eintritt, das Rechtsverfahren in der Sache selbst von Seiten der gerichtlichen Behörde suspendirt, und die Entscheidung des Kompetenz-Konflikts erwartet werden.

Das Staatsministerium hat diese Bestimmungen zur öffentlichen Kenntniß zu bringen und in Gemäßheit derselben sowohl in den bereits vorliegenden, als in den sich künftig ereignenden Konfliktfällen zu verfahren.

(G. S. S. 86.)

2) **Rescript** vom 1. Juli 1835, über das Verfahren bei Kompetenz-Konflicten zwischen Gerichten und Verwaltungs-Behörden.

Da das durch die Allerhöchste C. O. vom 30. Juni 1828 (G. S. S. 86) bei Kompetenz-Konflikten zwischen den Gerichten und den Verwaltungs-Behörden angeordnete Verfahren nicht immer gehörig beobachtet wird, indem einerseits die Verwaltungs-Behörden keinen bestimmten, auf Einleitung des Konflikts-Verfahrens ausdrücklich gerichteten Antrag aufstellen, und denselben in der Regel nicht zeitig genug, oft erst in der letzten Instanz, anbringen, andrerseits auch die Gerichte die Entscheidung des Konflikts in der vorgeschriebenen Art nicht sofort einholen, so finden sich die unterzeichneten Ministerien zur Abhülfe der hierdurch herbeigeführten Uebelstände veranlaßt, Folgendes für diejenigen Landestheile zu verordnen, in welchen das A. L. R. und das gemeine Recht gelten.

§. 1. Die Gerichte sind schuldig, die bei Einleitung einer Klage über deren Statthaftigkeit vorzunehmende Prüfung zunächst darauf zu richten, ob die darin angeregte Streitsache zum Rechtswege geeignet, oder nach den gesetzlichen Vorschriften davon ausgeschlossen sei.

§. 2. Findet der Rechtsweg nicht Statt, so muß der Kläger zurückgewiesen und über die Gründe, welche der Einleitung des Prozesses entgegenstehen, beschieden werden. Hält das Gericht den Rechtsweg für zulässig, so muß der Betrieb des Prozesses so lange fortgesetzt werden, bis die Verwaltungs-Behörde den Konflikt (§§. 3 und 4) erhebt.

§. 3. Die Verwaltungs- oder fiskalische Behörde hat ihrerseits, sobald sie durch die Vorladung zur Beantwortung der Klage, durch Litisdenunciation, Adcitation, oder sonst Kenntniß von einem ihr Ressort betreffenden Prozeß erhält, ebenfalls zu prüfen, ob nach den bestehenden gesetzlichen Vorschriften der Rechtsweg zulässig, oder ausgeschlossen sei.

Im letzteren Falle hat sie ohne Verzug und wo möglich noch vor der nächsten Prozeßverhandlung den Konflikt zu erheben und hierüber einen motivirten Beschluß abzufassen.

§. 4. Die Erhebung des Konflikts erfolgt durch ein an den Prozeß-Richter zu richtendes Schreiben, welches enthalten muß:

1) die bestimmte Erklärung, daß in der vorliegenden Sache der Rechtsweg nicht Statt finde, und deshalb in Gemäßheit der Allerhöchsten C. O. vom 30. Juni 1828 der Konflikt erhoben werde,
2) den Antrag, das Rechtsverfahren bis zur Entscheidung des Konflikts einzustellen.

Diesem Schreiben wird der abgefaßte motivirte Beschluß in einer besondern Ausfertigung beigefügt.

§. 5. Sobald die Verwaltungs- oder fiskalische Behörde den Konflikt auf die in den §§. 3 und 4 bezeichnete Weise erhebt, darf sie bis zur Entscheidung desselben sich auch nicht eventuell auf die Klage einlassen.

§. 6. Wenn die bei dem Prozeß betheiligte Verwaltungs- oder fiskalische Stelle eine Unterbehörde ist, so hat dieselbe zuvor die Ermächtigung zur Erhebung des Konflikts bei der ihr vorgesetzten Behörde nachzusuchen.

§. 7. Sobald der Konflikt auf die vorbeschriebene Weise erhoben worden, stellt der Prozeßrichter das Rechtsverfahren einstweilen ein, benachrichtigt hiervon beide Theile und berichtet über den Konflikt an den Justizminister mit Einreichung der Akten.

§. 8. Schwebt der Prozeß bei einem Untergerichte, so erstattet dasselbe den Bericht an das vorgesetzte Landes-Justiz-Kollegium, welches ihn unter Beifügung seines Gutachtens dem Justizminister überreicht.

§. 9. Die Verwaltungs-Behörde erstattet, nachdem sie den Konflikt erhoben hat (§§. 4, 6, 7), ihrerseits Bericht an das vorgesetzte Verwaltungs-Ministerium mit Einreichung der Klage und ihrer Beilagen.

(v. K. Jhrb. B. 46. S. 106.)

Verordnungen,

betreffend die Ausschließung des gerichtlichen Verfahrens in gewissen Angelegenheiten und die Kompetenz der Verwaltungs-Behörden in solchen.

1) **C. O.** vom 4. Decbr. 1831 nebst Anlage, über die genauere Beobachtung der Grenzen zwischen landeshoheitlichen und fiscalischen Rechtsverhältnissen und Ausschließung des gerichtlichen Verfahrens in ersteren.

Da Ich die im Berichte des Staatsministeriums vom 16. v. M. für die Gerichte abgefaßte Belehrung, über den in vorgekommenen einzelnen Fällen nicht beobachteten Unterschied zwischen landeshoheitlichen und fiskalischen Rechtsverhältnissen, den Landesgesetzen und der Landesverfassung überall gemäß finde; so genehmige Ich dieselbe, und will, daß sie auf gesetzlichem Wege bekannt gemacht werde. Das Staatsministerium hat daher den zurückerfolgenden Bericht nebst Meinem gegenwärtigen Befehle durch die G. S. zur öffentlichen Kenntniß und zur Befolgung der Gerichte zu bringen.

Berlin, den 3. Dezember 1831.

Friedrich Wilhelm.

An das Staatsministerium.

* * *

Ew. Königlichen Majestät Allergnädigstem Befehle vom 9. Juni d. J. zufolge, sind wir über die Belehrung in Berathungen getreten, welche den Landesgerichten in Beziehung auf den Unterschied zwischen landeshoheitlichen und fiskalischen Rechtsverhältnissen, der in mehrern Fällen mißverstanden worden ist, auf den Grund der Gesetze und Verfassung des Landes, nach den Allerhöchsten Bestimmungen ertheilt werden soll, ohne die Berichtigung solcher Mißverständnisse von der Vollendung der Revision des A. L. R. abhängig zu machen.

Wir verfehlen nunmehr nicht, unsern Bericht hierüber erfurchtsvoll zu erstatten.

Was zu den Hoheitsrechten des Staats-Oberhaupts gehöre, und was unter dem Fiscus zu verstehen sei, ist in den Titeln 13 und 14 des 2ten Theils des A. L. R. genau bestimmt, und die Gerichte dürfen nur hierauf hingewiesen werden, um die hin und wieder vorgefallene Verwechselung des Landesherrn und des Fiscus zu vermeiden. Auch ist, nach den uns vorliegenden Verhandlungen, darüber kein Zweifel angeregt, daß ein privatrechtlich Widerspruch wider den Akt des Hoheitsrechts selbst nicht Statt finde, wohl aber ist behauptet worden, daß ein Anspruch aus den Folgen und Wirkungen dieses Akts nicht wider die Person des Landesherrn, sondern wider das Staatsvermögen, Behufs der Entschädigung, zulässig sei. Aus dieser irrthümlichen Ansicht ist, beispielsweise, das Verfahren der Gerichte hervorgegangen, die sich für kompetent hielten, eine Klage wider den Fiscus auf Ersatz erlittener Kriegsbeschädigungen anzunehmen und über den Anspruch zu entscheiden. Allein so wenig der Souverain, in Ausübung seiner Hoheitsrechte selbst, von der Einwirkung irgend einer Gerichtsbarkeit abhängt, so wenig hat derselbe die Folgen dieses Gebrauchs seiner Rechte in einem gerichtlichen Verfahren zu verantworten, und die Meinung, als ob in solchen Fällen der Anspruch nicht wider den Souverain, sondern wider den Fiscus gerichtet sei, beruhet auf einer gänzlichen Verwechselung der Rechtsverhältnisse; denn theils kann eine rechtliche Verbindlichkeit des durch die fiscalische Behörde vertretenen Staatsvermögens, die aus einem Akte des Souverains abgeleitet wird, nicht anders erörtert und entschieden werden, als daß das Recht des Souverains, diesen Akt vermöge seiner Landeshoheit auszuüben, der gerichtlichen Kognition unterworfen wird, welches als unstatthaft anerkannt ist, und bei der Unabhängigkeit des Souverains, der, als solcher, keinen Gerichtsstand vor den Landesgerichten hat, unausführbar sein würde, theils ist weder der Fiscus verpflichtet, weil er die Handlung des Souverains nicht zu verantworten hat, noch die fiskalische Behörde zur Einlassung auf den Prozeß legitimirt, weil sie nicht zur Vertretung der Hoheitsrechte des Souverains bestellt ist. Hiernach sind namentlich die wider den Fiscus, in vermeintlicher Vertretung einer einzelnen Provinzial-Verwaltungsbehörde, angestellten Klagen auf Ersatz eines Schadens aus den Zufällen des Krieges und aus dem Besteuerungsrechte, so wie solche Ansprüche an den Fiscus der Kompetenz der Gerichte gesetzlich entzogen worden, deren Verhandlung vor Gericht die Folge gehabt haben würde, über das Hoheitsrecht des Staats-Oberhaupts zum Abschlusse von Verträgen mit fremden Staaten und zu Bestimmungen über die Maaßgaben ihrer Erfüllung in privatrechtliche Erörterungen verfassungswidrig einzuschreiten. So viel wir übrigens aus den uns vorliegenden Verhandlungen ersehen, sind es einige Bestimmungen in der Einleitung zum A. L. R., die das Mißverständniß der Gerichte hauptsächlich veranlaßt haben. Wenn nämlich in den §§. 73—75 verfügt wird, daß das Privat-Interesse der Einzelnen dem Gemeinwohl aufgeopfert, der Einzelne dagegen für den erleidenden Verlust vom Staate entschädiget werden müsse, so hat man dieser Bestimmung hin und wieder den Sinn beigelegt, als ob der Landesherr sich verpflichtete, diejenigen zu entschädigen, deren Privat-Interesse durch die Ausübung seiner Hoheitsrechte gefährdet wird. Allein davon abgesehen, daß eine solche Auslegung des A. L. R., dessen Vorschriften auf privatrechtliche Verhältnisse beschränkt sind (§. 1 der Einleit.), über seine Grenzen hinaus zu einem unfruchtbaren und unausführbaren Resultate führen würde, wie sich namentlich bei Ausgleichung der Kriegsschäden und bei Vollziehung der Steuergesetze genügend ergiebt, darf man nur nicht außer Acht lassen, daß der Landesherr hier, als Gesetzgeber, zu seinen Unterthanen spricht, um in den erwähnten Bestimmungen den einfachen Grundsatz zu finden: daß, wenn das Interesse der Gesammtheit der Einwohner des Staats eine Einrichtung in der Verwaltung erfordert, die das Privat-Eigenthum des Einzelnen gefährdet, die Entschädigung des Einzelnen aus dem Gesammt-Vermögen zu leisten sei. Dieser allgemeine Grundsatz wird an mehreren Stellen des A. L. R. auf spezielle Rechtsverhältnisse angewendet, wie beispielsweise §§. 29—32 Tit. 8 Th. 1. §§. 4—11 Tit. XI. Th. 1. Jederzeit dagegen, wenn der Landesherr erforderlich gefunden hat, eine Maaßregel der innern Verwaltung unmittelbar durch einen Akt der Gesetzgebung anzuordnen, und wenn hierbei ein Bedürfniß vorhanden gewesen ist, dem Privat-Interesse vorzusehen, ist die Verpflichtung zum Schadenersatze aus dem Staatsvermögen besonders festgesetzt worden, wie z. B. im Zollgesetze vom 26. Mai 1818 §. 19. In allen dergleichen Fällen findet daher, entweder aus dem allgemeinen Grundsatze §. 75 der Einleitung zum A. L. R., oder aus speciellen Vorschriften des Gesetzgebers, ein Entschädigungsanspruch an das Staatsvermögen im fiscalischen Civilprozesse wider die betreffende Verwaltungsbehörde Statt.

Auch die Vorschrift im §. 80 der Einleitung zum A. L. R., nach welcher Rechtsstreitigkeiten zwischen dem Oberhaupte des Staats und seinen Unterthanen bei den ordentlichen Gerichten erörtert und entschieden werden sollen, ist mißverstanden worden. Im vorhergehenden §. 79 wird der Grundsatz aufgestellt: daß die Entscheidung vorfallender Streitigkeiten denjenigen Gerichten überlassen werden müsse, welche einem jeden Einwohner des Staats durch die Gesetze angewiesen sind. Im §. 80 wird dieser Grundsatz auf die privatrechtlichen Verhältnisse des Landesherrn angewendet, um auszudrücken, daß auch für diese kein spezieller und außerordentlicher Gerichtsstand Statt finden dürfe, daß also Prozesse des Landesherrn aus fiskalischen Rechten und Nutzungen (§. 11 u. f. Tit. 14 Th. II. A. L. R., §. 1 Tit. 35 Prozeß-Ordnung) und aus Privathandlungen (§. 18 Tit. 13 Th. II. A. L. R.) den ordentlichen Gerichten zu überweisen sind. Zwischen dem Oberhaupte des Staats, als solchem, und den Unterthanen giebt es weder Rechtsstreitigkeiten zu entscheiden, noch ein Landesgericht, welches darüber zu entscheiden hätte.

Ew. Königlichen Majestät unterwerfen wir allergehorsamst, nach diesem auf den Landesgesetzen und der Landesverfassung gegründeten Belehrungen die Landesgerichte ohne Ausnahme Allerhöchst anzuweisen, daß sie innerhalb der durch die Gesetze und die A. G. O. ihnen vorgezeichneten Grenzen das prozessualische Verfahren und die richterliche Entscheidung wider fiskalische Behörden in Vertretung der Staatsverwaltung auf Gegenstände des Privatrechts beschränken und sich enthalten, Gegenstände des Majestätsrechts auf das Gebiet privatrechtlicher Verfügungen zu ziehen.

Berlin, den 16. November 1831.

Das Staatsministerium.

Friedrich Wilhelm, Kronprinz.

Frh. v. Altenstein. v. Schuckmann. Gr. v. Lottum. Gr. v. Bernstorff. v. Hake. Maaßen. Frh. v. Brenn. Für den Justizminister: v. Kamptz.

An
Seine Majestät den König.
(G. S. S. 255.)

2) **Rescript** vom 20. Juli 1830, betreffend die Unzulässigkeit des Rechtsverfahrens über das Bestätigungsrecht des Consistorii bei Vocationen der von einem Patron gewählten Geistlichen.

Dem Magistrat wird auf die Beschwerde vom 8. d. M. gegen das Kammergericht wegen geschehener Zurückweisung der wider das Consistorium der Provinz Brandenburg angestellten Klage zur Resolution ertheilt, daß die Bestätigung der Vocationen der Prediger, man mag dieselbe als Ausfluß der Staatshoheit oder als Episcopal-Recht ansehen, nach den Grundsätzen sowohl der evangelischen Kirchenverfassung, als der Landesgesetze, überall nicht Gegenstand eines Rechtsstreits sein, und daß daher darüber, ob das Consistorium der Provinz Brandenburg das Recht hat, in einzelnen Fällen die Bestätigung ganz zu versagen, oder in der vorgelegten Form sie zu verwerfen und sie anders modificirt zu verlangen, der Weg Rechtens nicht zugelassen werden kann. Die Behauptung des Magistrats, daß das Consistorium seine Befugnisse überschritten habe, kann dem zufolge nur im Wege der Beschwerden bei den vorgesetzten Behörden erledigt werden, und ist dieser Weg bereits fruchtlos versucht worden, so steht den Beschwerdeführern der Weg zur Allerhöchsten Person Sr. Majestät des Königs offen. Mit Recht ist daher die Klage vom Kammergerichte durch die Dekrete vom 17. August v. und 29. März d. J. zurückgewiesen worden, und der Justiz-Minister kann mithin dem Antrage des Magistrats nicht willfahren.

(v. K. Jhrb. Bd. 36 S. 138.)

3) a. **Rescript** vom 12. Novbr. 1830, betreffend die Ausschließung des Rechtsverfahrens wegen Verkürzung von Diensteinkünften der Beamten.

Seine Majestät der König haben durch die an das Staats-Ministerium gerichtete Allerhöchste Cabinets-Ordre vom 7. Juli c. zur Erledigung der über die Frage:

ob und in welchem Falle ein Staatsbeamter, wegen ihm vermeintlich entzogener Diensteinkünfte, seinen Anspruch in gerichtlichem Wege verfolgen könne?

entstandenen Bedenken, nachstehende Vorschriften zu ertheilen geruhet.

Wenn ein Civilbeamter meint, daß ihm an seinen Diensteinkünften, es seien etatsmäßige Gehalte, oder an zugesicherten Emolumenten und Gebühren unrechtmäßig etwas entzogen, oder daß ihm an Diäten und Auslagen, die er in einer Amtsverwaltung liquidirt hat, ein unbegründeter Abzug gemacht werde, so hat er im ressortmäßigen Wege der Beschwerde zuvörderst die Remedur des vorgesetzten Ministeriums nachzusuchen. Bestätigt dasselbe die Festsetzung der untern Behörde, oder ist die Verfügung von dem Ministerium oder einer andern höhern Verwaltung selbst ausgegangen, so bleibt dem Beamten überlassen, seinen Anspruch der unmittelbaren Allerhöchsten Bestimmung Seiner Königlichen Majestät zu unterwerfen, oder bei der betreffenden höhern Behörde anzutragen, daß seine Beschwerde durch das Staats-Ministerium untersucht und entschieden werde. In diesem Falle, so wie wenn Seine Majestät selbst die an Allerhöchstdieselben gerichtete Beschwerde dem Staats-Ministerium zuzufertigen Sich veranlaßt sehen, soll dasselbe sich von den der Reklamation zum Grunde liegenden faktischen und rechtlichen Verhältnissen vergewissern, demnächst aber das Verfahren nach der Analogie desjenigen, welches für die unfreiwilligen Dienstentlassungen in der Allerhöchsten Cabinets-Ordre vom 21. Februar 1823 No 5 vorgeschrieben ist, Statt finden, und der Anspruch des Beamten durch den abzufassenden, nebst den Entscheidungsgründen ihm mitzutheilenden Beschluß in jedem Falle definitiv erledigt werden.

Dieser Allerhöchsten Bestimmung gemäß wird das Königl ꝛc. angewiesen, die Klagen, welche wegen Verkürzung von Diensteinkünften, oder ermäßigter Diäten- und Auslage-Liquidationen angestellt worden, oder angebracht werden, sofort zurück- und den klagenden Beamten in den oben verzeichneten Weg zu verweisen.
Zum Gebrauche im Collegio erfolgen Exemplare dieser Verfügung.
(v. K. Jhrb. Bd. 36 S. 294.)

b) **C. O.** vom 4. März 1833, betr. die Ausschließung des Rechtsverfahrens bei Gehaltsansprüchen der in feindliche Kriegsgefangenschaft gerathenen Militairpersonen.

Auf die Anfrage über die Kompetenz in feindliche Kriegsgefangenschaft gerathener Militairpersonen gebe Ich dem Kriegs-Ministerium zu erkennen, daß im Allgemeinen ein Anspruch auf Gehalt während der Kriegsgefangenschaft nicht anzuerkennen und im Voraus darüber gesetzlich zu bestimmen ist; jedoch will Ich Mir vorbehalten, den vorwurfsfrei befundenen kriegsgefangenen Officieren und Militairbeamten ein, nach den Umständen zu bestimmendes, Inactivitätsgehalt zu bewilligen, woraus erforderlichen Falls der Unterhalt ihrer zurückgebliebenen Angehörigen zu bestreiten und bei erfolgter Rückkehr nur dasjenige von dem verbliebenen Ueberrest in Abzug zu bringen ist, was die Gefangenen vom Feinde gezahlt erhalten haben. Zum etatsmäßigen Ansatz in dem Mobilmachungsplan ist eine Competenz dieser Art nicht geeignet, und eben so wenig kann der Anspruch darauf, in Gemäßheit Meiner Bestimmung vom 7. Juli 1830, zum Gegenstande richterlicher Entscheidung gemacht werden.
(v. K. Jahr. Bd. 41. S. 213.)

c) **Rescript** vom 17. Novbr. 1834, betr. das Verfahren bei Beschwerden über die Festsetzung von Gebühren und Auslagen der als Sachverständige zugezogenen Beamten.

Mit Bezugnahme auf das Cirkular-Rescript vom 12. Novbr. 1830 (Jahrb. B. 36. S. 294.) wird dem ꝛc. hierdurch bekannt gemacht, daß Sr. Majestät der König in einer unterm 18. v. M. erlassenen Allerhöchsten Ordre Sich dahin auszusprechen geruht haben,

daß die — das Verfahren bei Beschwerden über vermeintlich entzogene Diensteinkünfte betreffende — Allerhöchste C. O. vom 7. Juli 1830 in den Fällen keine Anwendung finde, in welchen ein Beamter als Sachverständiger, sei es von den Interessenten oder von einer Behörde, zugezogen worden und über die Festsetzung der Gebühren, Diäten oder Auslagen sich beschwert, da zwischen der festzusetzenden Behörde und den Beamten auch kein Prozeß statt finde, sondern gegen das Festsetzungsdekret nur der Rekurs an die vorgesetzte Behörde und die Bitte um Allerhöchste Entscheidung zulässig sei.

Hiernach hat daher das Kollegium sich in Zukunft zu achten.
(v. K. Jahrb. B. 44. S. 283.

d) **C. O.** vom 12. April 1835, betr. das Verfahren zur Beseitigung der Erinnerungen der Oberrechnungskammer in Beziehung auf Dienstemolumente der Beamten.

Ich bin mit dem Mir von dem Staatsministerium in dem Berichte vom 28. v. M. vorgeschlagenen Verfahren zur Beseitigung der Monita der Ober-Rechnungskammer in Beziehung auf streitig gewordene Dienst-Emolumente der Beamten aus den angeführten Gründen völlig einverstanden, und bestimme demgemäß, daß jeder Beamte, welcher sich durch eine Festsetzung der Oberrechnungskammer in seinem rechtmäßigen Diensteinkommen verkürzt glaubt, und dagegen nach Meiner Ordre vom 7. Juli 1830 die Entscheidung des Staatsministeriums in Anspruch nimmt, seine Reklamation innerhalb einer von der Ober-Rechnungskammer zu bestimmenden Frist bei der obersten Verwaltungsbehörde seiner Stelle einzureichen, und dieselbe hiernächst diese Angelegenheit zur Entscheidung des Staatsministeriums vorzubereiten hat. Sobald eine solche Reklamation bei der obersten Verwaltungsbehörde eingehet, hat diese zu prüfen, ob sie den Erinnerungen der

Ober-Rechnungskammer beitreten zu müssen glaubt, oder nicht. Im letztern Fall muß sie sich mit der Ober-Rechnungskammer in Kommunikation setzen, und wird dadurch die Differenz nicht erledigt, so ist darüber zu Meiner Entscheidung zu berichten. Tritt dagegen die verwaltende Behörde der Ansicht der Ober-Rechnungskammer bei, so muß wegen des Anspruchs des Beamten zum Protokoll verhandelt werden. Er hat seine Forderung und das Fundament derselben genau zu bezeichnen, und müssen ihm demnächst die Gründe vorgehalten werden, aus denen seine Ansprüche zu bestreiten sind, und er schließlich seine Gegenerklärung abgeben. Gehen die solchergestalt instruirten Verhandlungen nun bei dem Staatsministerium ein, so kann dasselbe sofort die Entscheidung darüber ertheilen, und alle Zwischenverfügungen, welche sonst erforderlich werden, um sich die Gewißheit zu verschaffen, daß alle Gründe und Gegengründe erschöpft worden, werden vermieden.

(v. K. Jahrb. Bd. 45. S. 469.)

4) confr. a. **Instruction** für die General-Commission zur Regulirung der Provinzial- und Communal-Kriegsschulden vom 9. Juli 1812. G. S. S. 130.

b) **Edict** vom 3. Juni 1814, wegen Vergütung der Kriegsleistungen an den Staat — G. S. S. 49 — und Verordnung vom 1. März 1815, denselben Gegenstand betr. G. S. S. 14.

c) **C. O.** vom 3. Januar 1816, wegen Behandlung der Provinzial- und Communal-Kriegsschulden.

Wir Friedrich Wilhelm, von Gottes Gnaden König von Preußen ꝛc. ꝛc. haben in der Instruktion für die General-Kommission zur Liquidirung, Ausgleichung und Regulirung des Provinzial- und Kommunal-Kriegs-Schulden-Wesens in Unsern Staaten vom 9. Juli 1812 §. 7. angeordnet, daß wegen der streitigen Ansprüche an eine Provinz, einen Kreis, oder eine Kommune kein förmlicher Rechtsgang zulässig, vielmehr die niedergesetzte Kommission über den Gegenstand mittelst einer Resolution, wider welche nur der Recurs an Unsern Staats-Kanzler statt findet, zu entscheiden befugt sein soll

Wir setzen hierdurch fest, daß dasjenige, was Wir in solcher Art wegen der Provinzial- und Kommunal-Kriegs-Schulden, deren Regulirung der gedachten General-Kommission übertragen worden, verordnet haben, auch auf diejenigen Provinzial- und Kommunal-Kriegs-Schulden, welche seitdem durch die Kriegs-Verhältnisse der Jahre 1812 bis 1815 verursacht sind, angewendet werden soll.

Da inzwischen die noch nicht vollendeten Geschäfte der General-Kommission an Unser Ministerium des Innern, zu dessen Behör das Provinzial- und Kommunal-Schulden-Wesen, gemäß der Kabinetsorder vom 3. Juni 1814, verwiesen worden, übergegangen sind: so bestimmen Wir zugleich, daß die Entscheidung über sämmtliche Kriegs-Schulden der Provinzen, Kreise und Kommunen, sie mögen aus den Kriegs-Jahren von $180\frac{6}{7}$ oder von $18\frac{12}{15}$ herrühren, nunmehr von Unserm Ministerium des Innern ausgehen soll.

Endlich setzen Wir fest, daß diese Verordnung das Kriegs-Schulden-Wesen aller Provinzen, mit Einschluß der mit der Monarchie wieder vereinigten und neuerworbenen Länder und Ortschaften, umfassen soll.

(G. S. S. 4.)

d) **C. O.** vom 27. Oktbr. 1820, betr. die Entscheidung streitiger, aus der Regulirung des Provinzial- und Kommunal-Kriegsschuldenwesens entspringender Gegenstände.

Mit Bezug auf die Instruktion für die Generalkommission zur Liquidirung, Ausgleichung und Regulirung des Provinzial- und Kommunal-Schuldenwesens vom 9. Juli 1812, nach welcher über bestrittene Ansprüche an eine Provinz, einen Kreis oder eine Kommune kein förmlicher Rechtsgang statt finden soll, finde Ich es auf Ihren Bericht vom 22. d. M. ganz angemessen, daß die Entscheidung der streitigen Gegenstände in erster Instanz den Regierungen überlassen bleibe, in zweiter und letzter Instanz aber solche einer aus fünf rechtskundigen Ministerialräthen zusammenzusetzenden Kommission übertragen, und von derselben dem Ministerio des Innern zur Ausfertigung und Publikation zugestellt werde. Zu dieser Kommission will Ich, Ihrem Vorschlage und der Vereinigung mit den betreffenden Ministerien gemäß, den wirklichen Geheimen Ober-Regierungsrath Köhler, den Geheimen Ober-Regierungsrath Kahle, den Geheimen Ober-Justizrath von Goßler und die Geheimen Ober-Finanzräthe Bierdemann und Ferber hiermit ernennen. (G. S. de 1821, S. 153.)

e) **C. O.** vom 20. Novbr. 1820, betr. das Forum für die Vollstreckung der rechtskräftigen Erkenntnisse in Provinzial- und Communal-Schuldklagen.

Auf Ihren Bericht vom 2. September d. J. bestimme Ich hierdurch: daß in den Angelegenheiten, welche vor Eröffnung der Kommission zur Regulirung des Provinzial- und Kommunal-Schuldenwesens zum gerichtlichen Verfahren bereits eingeleitet gewesen, und in diesem Wege von den Liquidanten verfolgt sind, den Gerichten nur die Feststellung des Rechtsanspruchs zustehen, die Vollstreckung der rechtskräftigen Erkenntnisse aber den zur Ausführung des Schuldentilgungs-Plans berufenen Behörden gebühren soll.

Ich überlasse Ihnen, in Beziehung auf die Instruktion der genannten Generalkommission vom 9. Juli 1812 hiernach das Weitere zu verfügen.

(G. S. S. 204.

f) cfr. **C. O.** vom 2. Septbr. 1821, betr. die Regulirung des Peräquations- und Central-Steuerkassen-Schuldenwesens im Herzogthum Sachsen — G. S. S. 185 — und **C. O.** vom 31. Januar 1822, wegen Bestimmung eines Präclusivtermins zur Anmeldung der Verwaltungs-Ansprüche, welche mit dem Herzogthum Sachsen auf Preußen übergegangen sind. G. S. S. 46.

g) cfr. **C. O.** vom 30. Juli 1822, betr. die Grundsätze, nach welchen die Verwaltungs-Ansprüche an den Staat in den neuen und wiedererworbenen Provinzen regulirt werden sollen. v. K. Jhrb. B. 23. S. 42.

h) **C. O.** vom 4. Febr. 1823, betr. die Unzulässigkeit des gerichtlichen Verfahrens bei Verwaltungsansprüchen an den Staat aus der Zeit der ehemaligen Fremdherrschaft in den neuen und wiedererworbenen Provinzen.

In Meiner, an das Staatsministerium erlassenen Order vom 30. Juli v. J. habe Ich die Grundsätze festgestellt, nach welchen die Verwaltungs-Ansprüche an den Staat, aus der Zeit vor dem Aufhören der ehemaligen Fremdherrschaft in den neu und wieder eroberten Provinzen, von dem Schatzministerio regulirt werden sollen. In Verfolg dessen, und in Uebereinstimmung mit den deßhalb ertheilten Bestimmungen, will Ich hiermit noch ausdrücklich erklären:

daß die Gerichte, hinsichtlich aller solcher, lediglich aus der Verwaltungszeit vor der diesseitigen Landes-Occupation zu begründenden Anforderungen sich durchaus jeder Einmischung im Wege eines von den Interessenten versuchten oder beabsichtigten Prozesses gänzlich zu enthalten haben.

Ich überlasse dem Staatsministerio, diese Bestimmung durch die Gesetzsammlung zur öffentlichen Kenntniß bringen zu lassen.

(G. S. S. 21.)

i) **Rescript** der Immediat-Commission für die abgesonderte Restverwaltung vom 14. Februar 1824, denselben Gegenstand betreffend.

Aus den von mehreren Regierungen erstatteten Berichten ergiebt es sich, daß ein zufälliger Umstand in die Anwendung der durch die Allerhöchste Cabinets-Ordre vom 4. Februar v. J. ertheilten gesetzlichen Vorschrift, wonach hinsichtlich aller aus der Verwaltungszeit vor der diesseitigen Landes-Occupation in den neu und wieder eroberten Provinzen vorkommenden Ansprüche an die Verwaltung ein gerichtliches Verfahren nicht statt finden soll, — Zweifel gebracht hat.

In der eben gedachten Königl. Cabinets-Ordre wird nämlich auf eine frühere, an das Königl. Staats-Ministerium erlassene Allerhöchste Cabinets-Ordre vom 30. Juli 1822 Bezug genommen, durch welche des Königs Majestät die Grundsätze festzustellen geruht haben, nach welchen die Verwaltungs-Ansprüche an den Staat aus der Zeit vor dem Aufhören der Fremdherrschaft in den neu und wiedereroberten Provinzen regulirt werden sollen.

Diese hauptsächlich zur Richtschnur der obern Verwaltungs-Behörden ertheilte Königl. Cabinets-Ordre ist nicht in die Gesetzsammlung aufgenommen worden, und es ist dagegen eine Allerhöchste Cabinets-Ordre vom 30. Juli 1822 in der Gesetzsammlung von 1822 unter Nr. 749. zur Publikation gekommen, welche die Festsetzung eines Präclusiv-Termins wegen Anmeldung etwaniger Ansprüche auf Gehalts-, Wartegeld- und Pensions-Entschädigung zum Gegenstand hat, und mit der Allerhöchsten Cabinets-Ordre vom 4. Februar v. J. in gar keiner Beziehung steht, also auch nicht, wie vermeint worden, in einer solchen, daß die Ausschließung des Prozeßganges sich nur auf Gegenstände der Gehalts-, Wartegeld- oder Pensions-Ansprüche bezöge.

Um allen ferneren Mißverständnissen der Verwaltungs-Behörden vorzubeugen, hat die unterzeichnete Immediat-Commission das Erforderliche an die, bei der abgesonderten Restverwaltung betheiligten Regierungen und Liquidations-Commissionen erlassen; und da aller Wahrscheinlichkeit nach auch bei manchen Gerichtsbehörden eine unrichtige Ansicht durch ein gleiches Mißverständniß veranlaßt werden dürfte (wie denn auch neuerlich die Regierung zu Trier einen solchen Zweifel vorgetragen hat, welcher in einem noch vor dem dortigen Landgericht eingeleiteten Prozeß des Gutsbesitzers Nell wider den Fiscus aufgestellt worden), so beehrt sich die unterzeichnete Immediat-Commission, ein Königl. Hochlöbliches Justiz-Ministerium um gefällige Belehrung der Gerichts-Behörden der Rheinprovinzen, der diesseitigen Landestheile des ehemaligen Großherzogthums Berg und Königreichs Westphalen, so wie des Großherzogthums Warschau, und um geneigte Nachricht von dem Verfügten, ganz ergebenst zu ersuchen.

(v. K. Jahrb. B. 23 S. 41.)

k) **Rescript** vom 4. Februar 1828, betr. die Ausschließung des Rechtsverfahrens über die Entschädigungen der vormals fremdherrlichen Beamten.

Seine Majestät der König haben mittelst Allerhöchster Cabinets-Ordre vom 10. November 1827 zu bestimmen geruhet:

> daß über die Auslegung der im Wege der Gnade erlassenen Allerhöchsten Ordre vom 1. August 1817 — die Feststellung der Entschädigungen vormals fremdherrlicher Beamten betreffend — ein Rechtsverfahren nicht zulässig sei, und etwanige Zweifel über einzelne Bestimmungen jener Ordre lediglich Seiner Majestät Allerhöchster Entscheidung unterworfen werden sollen.

Sämmtliche Königl. Ober-Justiz-Behörden werden daher hierdurch angewiesen, dergleichen etwa von Beamten gegen den Fiscus zu erhebende Klagen, auch wenn diesen Ansprüchen nicht schon die Präclusion aus der allerhöchsten Cabinets-Ordre vom 30. Juli 1822 entgegenstehen sollte, als zur richterlichen Entscheidung nicht geeignet, zurückzuweisen.

(v. K. Jahrb. Bd. 31. S. 155.)

l) **Rescript** vom 27. Juni 1834, nebst Schreiben vom 4. ejd., betr. die Incompetenz der Gerichte bei Ansprüchen auf Vergütung von Kriegsleistungen an den Staat.

Ew. Excellenz an mich, den unterzeichneten Minister des Innern und der Polizei, gerichtetes gefälliges Schreiben vom 10. März c., betreffend den in der Rechtssache der Stadtgemeinde zu Freiburg wider den Fiskus obwaltenden Kompetenz-Konflikt, habe ich mich veranlaßt gesehen, Einem Königl. Hochlöbl. Ministerio der Finanzen, dessen Ressort von der in Rede stehenden Angelegenheit betroffen wird, mitzutheilen, und wir, die unterzeichneten Minister der Finanzen so wie des Innern und der Polizei, beehren uns nunmehro, Ew. Excellenz Nachstehendes auf dasselbe zu erwiedern:

Durch die Allerhöchsten C. O. vom 3. Januar 1816 (G. S. für 1816. S. 4.) und vom 27. Oktbr. 1820 (G. S. für 1821. S. 153.) werden die Vorschriften der

Instruktion vom 9. Juli 1812 (G. S. für 1812. S. 130.) über die Behandlung des Provinzial- und Kommunal-Kriegs-Schuldenwesens nur in sofern auf spätere Kriegsschulden und auf die neuacquirirten und wiedererworbenen Landestheile ausgedehnt, als wegen streitiger Ansprüche an eine Provinz, einen Kreis oder eine Kommune kein förmlicher Rechtsgang stattfinden, sondern in erster Instanz von den Regierungen, in zweiter aber von einer aus fünf rechtskundigen Minister-Räthen zusammengesetzten Kommission entschieden werden soll.

Es beruhet sonach unsers Erachtens auf einem Irrthume, wenn in dem Inhalts der Akten des O. L. Ger. zu Naumburg angeregten und erneuerten Kompetenz-Konflikt für den vorliegenden Fall, in welchem es sich um die Forderung einer Kommune an den Staat handelt, auf jene Verordnungen Bezug genommen und auf die Entscheidung der eben bezeichneten Instanzen provozirt wird. In welcher Art Ansprüche auf Vergütung von Kriegs-Leistungen an den Staat behandelt werden sollen, bestimmen für die altpreußischen Landestheile das Edikt vom 3. Juni 1814 (G. S. p. 1814. S. 49.) und die Verordnung vom 1. März 1815 (G. S. p. 1815. S. 14.), beide aber finden auf neuacquirirte und wiedererworbene Provinzen keine Anwendung; vielmehr werden für diese die desfallsigen näheren Bestimmungen im Art. VII. der letztbezeichneten Verordnung vorbehalten. —

Diese näheren Bestimmungen sind aber für die vormals sächsischen Landestheile, in welchen die im gegenwärtigen Falle gegen den Fiskus klagende Kommune Freiburg liegt, durch die Allerhöchste C. O. vom 2. Septbr. 1821 (G. S. p. 1821. S. 185) und vom 31. Januar 1822 (G. S. p. 1822 S. 46.) ergangen, und nach diesen wird unsers Erachtens nicht allein später in der Sache selbst, sondern auch gegenwärtig der erhobene Kompetenz-Konflikt, wenigstens in Beziehung auf das prinzipale Klage-Petitum der Kommune, und die demselben entgegen zu stellende Präklusion zu entscheiden sein.

Die darin dem damaligen Chef-Präsidenten v. Schönberg zu Merseburg, als Liquidations-Kommissarius, ertheilten Befugnisse sind nun aber seitdem an das dermalige Regierungs-Präsidium daselbst übergegangen, in sofern demselben die Fortführung der auf die rechtzeitig und vor dem in den gedachten Verordnungen festgesetzten Präklusiv-Termine angemeldeten Forderungen bezüglichen Geschäfte obliegt; und an dieses dürfte daher auch, Falls Ew. Excellenz Sich mit unserer Ansicht einverstanden erklären sollten, die in Rede stehende Sache zur Entscheidung in erster Instanz abzugeben, der gegen seine Festsetzung zu ergreifende Rekurs aber nach §. 4. der C. O. vom 2. Septbr. 1821 bei uns, den unterzeichneten Ministern der Finanzen, so wie des Innern und der Polizei, einzulegen sein.

Nach der C. O. vom 2. Septbr. 1821 ist übrigens der Rechtsweg nur in soweit unzuläßig, als die Forderung aus der Zeit vor dem 5. Juni 1815 herrührt. In sofern daher Klägerin behauptet, daß nach diesem Zeitraume Fiscus dadurch, daß er sich in Besitz des Materials gesetzt oder solches durch sein Verschulden entwenden lassen, ihr Schuldner geworden sei, oder in sofern sie für den Gebrauch der Brücke, deren Unterhalt dem Fiskus obgelegen haben soll, vom 5. Juni 1815 ab Entschädigung fordern wollte, wäre die Statthaftigkeit eines Prozesses nicht zu bestreiten. Diese Behauptungen, welche Klägerin in dem Protokolle vom 8. Mai 1830 nur nebenher (und ohne dabei Hinsichts der Zeit vor oder nach dem 5. Juni 1815 zu unterscheiden) geltend gemacht hat, bilden aber ein vom Hauptanspruch ganz verschiedenes Klagefundament und mußten daher in einem Separatprozesse geltend gemacht werden, wie auch die früheren Richter angenommen haben.

Sollten Ew. Excellenz den vorstehend entwickelten Ansichten beitreten, so dürfte, wie wir glauben, die Klägerin durch das O. L. Ger. zu Naumburg von der Veränderung des Fori in Kenntniß zu setzen, das Regierungs-Präsidium in Merseburg aber unter Uebersendung der Akten mit der Entscheidung in erster Instanz zu beauftragen sein, und behalten wir uns vor, dann zugleich der Königl. Regierung zu Merseburg auf das von ihr in Beziehung auf die Erhebung des Kompetenz-Konflikts begangene, von Ew. Excellenz in dem Eingangs erwähnten Schreiben gerügte Versehen aufmerksam zu machen.

Berlin, den 4. Juni 1834.

Auf Veranlassung des unterm 18. Febr. d. J., in dem Prozesse der Stadtgemeinde zu Freiburg wider den Königl. Fiscus, von dem Königl. Ober-Landesgericht erstatteten Berichts habe ich mich in Betreff des in dieser Sache nach dem Resolute des Königl. Geheimen Ober-Tribunals vom 20. Januar d. J. noch zu beseitigenden Competenzconflicts, mit dem Königl. Ministerio des Innern und der Polizei in Correspondenz gesetzt. Das hierauf ergangene Schreiben des Herrn Finanzministers und des Herrn Ministers des Innern und der Polizei vom 4. Juni d. J. wird dem Königl. Ober-Landesgerichte mit dem Bemerken mitgetheilt, daß ich mich mit der darin geäußerten Ansicht vollkommen einverstanden erkläre.

Berlin, den 27. Juni 1834.

(v. K. Jahrb. Bd. 43. S. 470.)

5) cfr. **Gesetz** vom 7. Septbr. 1811, über die polizeilichen Verhältnisse der Gewerbe (§. 24. 34. 43. 44. 58 81 und 136, in Betreff der Ausschließung des gerichtlichen Verfahrens in Gewerbeangelegenheiten). G. S. S. 263.

6) a. cfr. **Edict** vom 28. Oktbr. 1810, wegen der Mühlengerechtigkeit und Aufhebung des Mahl- und Getränkezwangs (§ 8. in Betreff der Ausschließung des gerichtlichen Verfahrens gegen die Entscheidung der Landespolizeibehörde über die Zulässigkeit neuer Mühlenanlagen). (G. S. S. 95.)

b) **Verordnung** vom 15. Septbr. 1818, wegen der für Aufhebung des Mahl- und Getränkezwangs zu leistenden Entschädigung.

In Unserm Edikte vom 28. Oktbr. 1810 wegen der Mühlengerechtigkeit und Aufhebung des Mühlen-, Bier- und Branntweinzwangs ist bestimmt worden, daß denjenigen vormaligen Besitzern dieser Zwangs- und Bannrechte, welche durch derer Aufhebung erweislich Schaden erleiden möchten, dafür Entschädigung vom Staate gewährt werden soll.

Zur Erfüllung dieser Zusicherung verordnen Wir, nach erfordertem Gutachten Unsers Staatsraths, Folgendes:

§. 1. Die Voraussetzung in dem §. 2 des Edikts vom 28. Oktober 1810, daß die Aufhebung der Zwangs- und Bannrechte in der Regel keinesweges die Einnahme der früher Berechtigten vermindert habe, und die darauf gegründete Vorschrift des §. 3., daß nur besondere örtliche Verhältnisse einzelne Ausnahmen begründen können, wird hiermit ausdrücklich bestätigt. Jeder Entschädigungs-Anspruch muß also durch solche örtliche Verhältnisse begründet, und der behauptete Schaden als unmittelbare Folge der aufgehobenen Bannrechte vollständig nachgewiesen werden.

§. 2. Da in den Vorschriften über die Art dieser Beweisführung, welche der §. 3. des Edikts vom 28. Oktbr. 1810 enthält, einige nähere Bestimmungen nöthig geworden sind, so setzen Wir hierdurch fest, daß der Berechtigte nachweise:

a) den Debit, welcher in den zehn Jahren von 1796 bis 1805 einschließlich, so wie

b) den Debit, welcher in den vier Jahren 1811, 1816, 1817 und 1818 statt gefunden hat.

c) Findet sich bei der Vergleichung des Durchschnitts dieser vier Jahre mit dem Durchschnitt jener zehn Jahre ein Ausfall, so hat der Berechtigte ferner zu erweisen, daß dieser Ausfall ohne sein Verschulden und nicht durch Mangel an Thätigkeit, Industrie und Güte des Fabrikats Statt fand, sondern lediglich als unmittelbare Folge der aufgehobenen Bannrechte weniger Getreide vermahlen oder weniger Getränke abgesetzt worden ist, als im Durchschnitt der zehn früheren Jahre. Verringerung des Debits aus andern Gründen, z. B. wegen Abnahme der Menschenzahl, kann nicht zur Berechnung gezogen werden.

§. 3. Auch sind zur Nachweisung des Schadens in Fällen, wo der Ertrag nicht aus genau geführten Büchern erwiesen werden kann, andere gesetzliche Beweismittel, nur mit Ausnahme der Eidesdelation, zulässig.

§. 4. Der nach diesen Bestimmungen ausgemittelte und nach 30jährigen örtlichen Durchschnittspreisen zu Gelde berechnete Ausfall macht die Entschädigung der Berechtigten aus, und wird entweder als bleibende Rente, oder, mit fünf Prozent zu Kapital geschlagen, als Kapital vergütet.

§. 5. Jeder früher zum Mühlen oder Getränke-Zwange Berechtigte, welcher nach vorstehenden Bestimmungen einen durch die Aufhebung des

Zwangs-Rechts entstandenen Schaden nachzuweisen sich getraut, muß seinen Entschädigungs-Anspruch innerhalb sechs Monaten, von dem Tage der Verkündigung dieser Verordnung an, bei der Kreisbehörde anmelden. Nach dieser Zeit soll auf keine neue Ansprüche weiter Rücksicht genommen, und ein Jeder, der sich nicht gemeldet hat, so angesehen werden, als sei ihm die Aufhebung des Zwang- und Bannrechts nicht zum Nachtheil gewesen.

§. 6. Die Ausmittelung des Schadens liegt der Kreisbehörde unter Leitung der Regierung ob. Bevor die Kreisbehörde aber zur Beweisaufnahme schreitet, muß sie zuerst summarisch untersuchen: ob der Fall der Entschädigung durch besondere örtliche Verhältnisse als Ausnahme von der Regel, begründet sei? und darüber gutachtlich an die Regierung berichten, welche vorab darüber entscheidet: ob die Beweisaufnahme statt finden, oder der gemachte Anspruch sofort zurückgewiesen werden soll?

§. 7. Bei dem weiteren Verfahren kann die Kreisbehörde, wie sie es nöthig findet oder von der Regierung dazu angewiesen wird, einen Justiz-Bedienten aus dem Kreise zu den Beweisaufnahmen und anderen Verhandlungen zuziehen, und die Justiz-Bedienten sind verbunden, sich auf die Aufforderung der Kreisbehörde diesen Geschäften zu unterziehen.

Den Regierungen bleibt vorbehalten, in einzelnen Fällen, dem Befinden nach, die Ausmittelung des Schadens auch andern Kommissarien außer den Kreisbehörden zu übertragen.

§. 8. Bei der Ausmittelung des Schadens ist der Legitimationspunkt der zur Entschädigung Berechtigten nach den gesetzlichen Vorschriften zu berücksichtigen, so, daß bei getheilten Eigenthums- und Nutzungsrechten, nur mit Zuziehung aller Theilnehmer verhandelt werden kann. In Beziehung auf die vom Staate zu leistende Entschädigung, sind jedoch alle Theilnehmer nur als Eine Person zu betrachten, und es ist ihre eigene Sache, sich gütlich oder im Wege Rechtens auseinander zu setzen.

§. 9. Nach dem Abschlusse des Verfahrens reicht die Kreisbehörde die gesammten Verhandlungen der Regierung ein, welche jedoch in Fällen, wo von Entschädigung eines Domainen-Grundstücks oder eines Domainen-Pächters die Rede ist, nach vorheriger Anfrage bei dem Finanz-Ministerium, durch einen Beschluß in Pleno die Entschädigungs-Summe festsetzt.

§. 10. Der Rechtsweg findet gegen die Entscheidungen der Regierung (§. 6 und 9) nicht Statt. Dem Berechtigten stehet aber binnen zehn Tagen nach der förmlichen Bekanntmachung derselben der Rekurs dagegen an das Ministerium des Innern und das Ministerium für die Gewerbe und den Handel frei.

§. 11. Bei demjenigen, was von diesen Ministerien gemeinschaftlich auf den eingelegten Rekurs beschlossen wird, behält es unabänderlich sein Bewenden.

§. 12. Die gegenwärtige Verordnung findet übrigens nur auf diejenigen Provinzen und Theile Unserer Monarchie Anwendung, welche bei der Bekanntmachung des Edikts vom 28. Oktober 1810 mit derselben vereinigt waren.

Wir befehlen Unserm Staats-Ministerium, Unsern Regierungen und Kreisbehörden, diese Verordnung ihrem ganzen Inhalte nach zur Ausführung zu bringen.

(G. S. S. 178.)

c. cfr. **Gesetz** vom 13. Mai 1833, wegen Aufhebung der Zwangs- und Bannrechte in der Provinz Posen (§. 7. wonach die vorstehende Verordnung auch in der Provinz Posen zur Anwendung kommen soll). G. S. S. 59.

d. **Rescript** vom 12. und 26. August 1833, betr. die Competenz der Gerichte zur Entscheidung über Contraventionen gegen Zwangs- und Bannrechte.

A.

Auf Veranlassung einer Beschwerde der Mühlenbesitzer P. und S. hat über die bereits im Jahre 1825 zur Sprache gekommene Frage: inwiefern die Cognition über Contraventionen gegen Zwangs- und Bannrechte den Gerichten oder den Polizeibehörden zustehe, neuerlich eine Korrespondenz mit dem Ministerium des Innern für Handel und Gewerbe Statt gefunden, in Folge deren der Justizminister in Uebereinstimmung mit demselben der Ansicht beitritt:

daß die Competenz der Gerichte in solchen Fällen begründet ist.

Denn die Exclusivrechte sind für den, welcher sie besitzt, ein Gegenstand des Privateigenthums, und es ist lediglich Sache der Interessenten, die Maaßregeln in Antrag zu bringen, um in diesen Befugnissen geschützt zu werden. — Durch eine Störung derselben kommt die öffentliche Ruhe, Sicherheit und Ordnung nicht in Gefahr, und muß mithin nach §§. 10. 11 Tit. 17. Th. I. des A. L. R. die Einwirkung der Polizeibehörde ausgeschlossen bleiben. Die Ausschließung des gerichtlichen Verfahrens kann auch aus den §§. 229 u. f. Tit. 8. Th. II. des A. L. R. nicht gefolgert werden, da diese Vorschriften vom Zunftzwange handeln, und auf Zwangs- und Bannrechte um so weniger ausgedehnt werden können, als der Grund, weshalb bei jenen ein anderes Verfahren vorgeschrieben ist, darin liegt, daß bei Entscheidung der Vorfrage: ob eine Störung vorhanden ist, das Technische der einzelnen Gewerbe berücksichtigt werden muß, und dies ein Geschäft der Gewerbe-Polizei ist; ein Motiv, welches bei Beeinträchtigung der Zwangs- und Bannrechte nicht eintreten kann.

Das Königl Ober-Landesgericht hat daher für die Zukunft hiernach selbst zu Verfahren, und die Gerichte seines Departements mit der nöthigen Anweisung dieserhalb zu versehen.

B.

Die Deputirten der Brau-Kommune zu Neiße haben sich gegen das, von dem Königl. Ober-Landesgerichte abgefaßte, am 19. Juni d. J publicirte Appellations-Erkenntniß, in Sachen der Brau-Kommune wider die verwittwete Kretschmer J., geborne T, in der nebst Anlagen in Urschrift beigefügten Vorstellung vom 13. d. M. beschwert.

Wiewohl es nun bei der rechtskräftigen Entscheidung sein Bewenden behalten muß, so wird doch dem Kollegium für künftige Fälle Folgendes hierdurch eröffnet:

Die in den Gründen des Erkenntnisses ausgesprochene Ansicht, daß bei Entscheidungen über die Getränke-Contravention der Civil-Prozeß ausgeschlossen bleiben müsse, wird zwar durch die allegirten Verordnungen der Königl. Regierungen zu Breslau und Oppeln vom 24. Juli 1813 und 26. Novbr. 1816 bestätigt, und sie ist auch früher von dem Justiz-Ministerium als richtig anerkannt worden. In Folge einer neuen Correspondenz mit des Herrn Staatsministers von Schuckmann Excellenz ist aber, in Uebereinstimmung mit demselben, die Kompetenz der Gerichte in solchen Fällen aus folgenden Gründen für zulässig angenommen worden:

Die Exclusivrechte sind für diejenigen, welche sie besitzen, ein Gegenstand des Privateigenthums, und es ist daher lediglich Sache der Interessenten, die erforderlichen Maßregeln in Antrag zu bringen, um in diesen Befugnissen geschützt zu werden. Die öffentliche Ruhe, Sicherheit und Ordnung kommt durch eine solche Störung nicht in Gefahr, und es muß mithin die Einwirkung der Polizeibehörden nach §§. 10 und 11. Tit. 17. Th. II. des A. L. R. ausgeschlossen bleiben. Die Ausschließung des gerichtlichen Verfahrens kann auch aus dem §. 229 u. fgg. Tit. 8. Th. II. daselbst nicht gefolgert werden, weil diese Vorschriften vom Zunftzwange handeln und auf Zwangsrechte anderer Art nicht ausgedehnt werden können.

(v. K. Jahrb. Bd. 42. S. 127.)

7) a. **Gesetz** vom 15. Novbr. 1811, wegen des Wasserstauens bei Mühlen und Verschaffung der Vorfluth.

Die Nachtheile, welche durch das Anstauen des Wassers bei den Mühlen und das zeitige Verfahren bei Anordnung der Vorfluth für die Landschaft entstehen, veranlassen uns, folgende nähere Bestimmungen darüber zu erlassen.

§. 1. Bei den Mühlen, oder andern durch Wehre oder Schleusen veranlaßten Störungen, wo der Wasserstand noch nicht durch einen unter polizeilicher Aufsicht gesetzten Merkpfahl bestimmt ist, muß jeder Besitzer derselben sich die Setzung eines Merkpfahls auf Antrag und Kosten derer die dabei interessirt sind, gefallen lassen.

§. 2. Diese Setzung kann nur durch sachverständige Commissarien der Provinzialpolizeibehörden unter Zuziehung des Gerichts, welchem die Mühle unterworfen ist, vollzogen werden.

§. 3. An dem Merkpfahle muß sowohl der im Sommer, als der im Winter zulässige höchste Wasserstand ganz deutlich kennbar bezeichnet, auch die Höhe davon mit dem Fachbaum der Mahl- und Freischleuse, und mit einem nahe gelegenen unverrückbaren Gegenstande durch Nivellement verglichen und zu Protokoll verschrieben werden. Im umgekehrten Falle, wenn ein Müller die Verpflichtung hat, zur Erhaltung der Schiffbarkeit eines Gewässers, das Oberwasser seiner Mühle auf einer bestimmten Höhe zu erhalten, soll in Absicht der Setzung der Merkpfähle für den niedrigsten zulässigen Wasserstand auf eine ähnliche Weise verfahren werden.

§. 4. Ist die Höhe des Wasserstandes durch rechtskräftige Urtheile, oder nach dem Einverständnisse aller Interessenten auf eine andere Art deutlich bestimmt, so hat es dabei sein Bewenden, und müssen die Commissarien den Merkpfahl danach setzen.

§. 5. Sind aber die Interessenten darüber uneinig, ob die Höhe des Wasserstandes durch gültige Verträge, Verleihungen, oder rechtsverjährten Besitz bestimmt sei, so muß die Sache zur gerichtlichen Erörterung verwiesen, das Verfahren jedoch nach Anleitung der A. G. O. Th. I. Tit. 42. §. 35. rc. vorzüglich beschleunigt werden. Findet es sich hiebei, daß keine klare Bestimmungen des Wasserstandes vorgelegt werden können, so setzen die Commissarien denselben dergestalt fest, daß dabei das gegenseitige Interesse der Bodenkultur und des Müllers oder sonstigen Stauberechtigten möglichst vereinigt werde, und gegen eine Festsetzung auf diesem Grunde finden keine Beschwerden bei den Gerichten, sondern Recurs an die obern Polizeibehörden statt.

§. 6. Der Provinzial-Polizeibehörde bleibt jedoch unbenommen, während der Dauer der erwähnten gerichtlichen Erörterung interimistisch einen Wasserstand festsetzen zu lassen, welchen der Müller oder sonstige Stauberechtigte so lange halten muß, bis ein anderes durch die definitive Entscheidung festgesetzt ist.

§. 7. Von welchem Tage ab und bis zu welchem Tage hin bloß der niedrige Sommerwasserstand gehalten werden darf, bestimmen zunächst Verträge und rechtliche Erkenntnisse, wenn diese vorhanden sind, nächst diesen die Provinzialgesetze. Ist keine solche Bestimmung vorhanden, so liegt den Commissarien ob, von wann ab und bis wohin nur der Sommerwasserstand gehalten werden dürfe, nach den örtlichen Verhältnissen festzusetzen. Auf jeden Fall muß in dem über die Verhandlung aufzunehmenden Protokolle ausdrücklich vermerkt sein, von wann ab und bis wohin der Sommerwasserstand gehalten werden soll.

§. 8. Kein Besitzer von Mühlen oder andern Stauungsanlagen darf den Wasserstand über die durch den Merkpfahl festgesetzte Höhe aufstauen. Sobald das Wasser über diese Höhe wächst, muß er durch Oeffnung der Schleusen, Gerinne und Grundstöcke, Abnehmung der beweglichen Aufsätze auf den Fachbäumen oder Ueberfällen, überhaupt Wegräumung aller bloß zeitlichen Hindernisse den Abfluß desselben unentgeldlich sogleich und unausgesetzt so lange befördern, bis das Wasser wieder auf die durch den Merkpfahl bestimmte Höhe herabgefallen ist.

§. 9. Versäumt er dies, so ist nicht allein die örtliche Polizeibehörde verpflichtet, auf Antrag der Interessenten, die vorerwähnte Oeffnung, Abnehmung und Wegräumung auf Gefahr und Kosten des Mühlenbesitzers ohne Anstand vornehmen zu lassen, sondern er hat auch in jedem Falle, außer dem Ersatze alles durch die widerrechtliche Stauung verursachten Schadens, zwanzig bis funfzig Thaler Polizeistrafe verwirkt.

§. 10. Wem die Unterhaltung eines Grabens oder Wasserabzuges obliegt, der kann zu dessen Auskrautung oder Räumung polizeilich angehalten werden, sobald aus der Vernachläßigung derselben, oder aus Mangel an der erforderlichen Tiefe, Nachtheil für die Besitzer anderer Grundstücke oder nutzbarer Anlagen, oder auch für die Gesundheit der Anwohner entstehet. Die Bestimmung, wann und wie die Auskrautung oder Räumung bewirkt werden soll, gehört bloß zur Cognition der Polizeibehörden, und jeder Unterhaltungspflichtige muß sich derselben unbedingt unterwerfen.

§. 11. Die Mühlenbesitzer und alle, welche sonst den Abfluß eines Gewässers anzuhalten berechtigt sind, sollen verpflichtet sein, den freien Lauf desselben, nach Bestimmung der Provinzial-Polizeibehörde, ganz oder zum Theil wieder herzustellen, sobald daraus ein offenbar überwiegender Vortheil für die Bodenkultur oder Schifffahrt entsteht, und diejenigen, welche für ihre Kultur oder Schifffahrtsanlagen des Wasserabflusses bedürfen, ihnen eine vollständige Entschädigung herzugeben bereit und vermögend sind.

§. 12. Diese Verpflichtung kann selbst bis auf gänzliche Wegräumung von Wassermühlen ausgedehnt werden, sobald nach polizeilichem Ermessen der Zweck anders nicht zu erreichen ist, der Müller aber vollständig entschädigt, auch der Gegend Ersatz für ihr Interesse bei Erhaltung der Mühle geleistet werden kann.

§. 13. Auch da, wo keine künstliche Hindernisse des Abflusses vorhanden sind, kann jeder Grundbesitzer verlangen, daß ihm Abwässerungsgraben durch fremden Boden zu ziehen gestattet werde, sobald die vorerwähnten Bedingungen statt finden.

§. 14. Selbst zu Ablassung von Teichen und stehenden Seen kann unter gedachten Bedingungen (§. 11.) die Gestattung der Vorfluth erfordert werden, und wird in so weit eine Ausnahme von dem entgegenstehenden Gesetz, A. L. R. Th. I. Tit. 8. §. 117. nachgegeben.

§. 15 Besitzer von Grundstücken, welche sich des auf ihren Ländereien stehenden Wassers entledigen wollen, und deshalb nicht gütlich mit den zur Stauung Berechtigten oder andern Grundbesitzern einigen können, müssen von ihrem Vorhaben der Provinzial-Polizeibehörde Anzeige machen, nachweisen, welchen Vortheil sie von dem Ablassen des Wassers erwarten, und darthun, daß sie bereite Mittel haben, die wahrscheinliche Entschädigung ohne Verzug zu bezahlen.

§. 16. Auf diesen Antrag wird sogleich eine Localuntersuchung durch sachkundige Comissarien verfügt, welche ausmitteln:

a) wodurch der Zweck des Grundbesitzers am leichtesten erreicht werden könne?

b) ob durch die beabsichtigte Entwässerung nicht andere Grundbesitzer leiden, oder ein Nachtheil davon für die Schifffahrt oder öffentlichen Anlagen zu besorgen sei?

§. 17. Die letztere Untersuchung muß auch für den Fall Statt finden, wenn beide Theile über die Ablassung gütlich einverstanden sind.

§. 18. Auf den Grund dieser Untersuchung bestimmt die Provinzial-Polizeibehörde, ob die Ablassung des Wassers überhaupt Statt finden könne, und unter welchen Modalitäten sie ausgeführt werden müsse.

§. 19. Wollen die Interessenten sich dieser Bestimmung nicht unterwerfen, so findet dagegen keine gerichtliche Klage, sondern nur Berufung auf die höhere Polizeibehörde statt.

§. 20. Jedoch kann uber den Umfang der Rechte, welche jede Partei zur Ausgleichung bringt, durch diesen polizeilichen Entwässerungsplan niemals etwas bestimmt werden, sondern es muß, wenn der Wasserstand streitig ist, derselbe nach §§. 1—5 festgesetzt, jede andere streitige Befugniß aber zur richterlichen Entscheidung verwiesen werden.

§. 21. Wird die Ausführung des Entwässerungsplans genehmigt, so wird durch schiedsrichterliches Ermessen sowohl der Betrag der Entschädigung ausgemittelt, als auch die Entwässerung selbst nach dem genehmigten Plane zur Vollziehung gebracht.

§. 22. Zu dem Ende wählen die Stauungsberechtigten oder die Inhaber der Grundstücke, die Vorfluth gewähren sollen, einen Schiedsrichter, der, oder die Grundbesitzer, welche auf die Entwässerung antragen, auch einen, und die Provinzial-Polizeibehörden einen Obmann.

§. 23. Diese drei Personen werden von der Provinzial-Polizeibehörde autorisirt, auf den Grund der nach absoluter Stimmenmehrheit von ihnen gefaßten Beschlüsse sowohl die Entschädigung zu bestimmen, als auch die Vollziehung der Entwässerung selbst anzuordnen. Zugleich haben sie die künftige Unterhaltung der neu angelegten Abzugsgraben näher zu bestimmen, wobei der Grundsatz anzuwenden ist, daß der oder diejenigen, welche in einem bestimmten Verhältniß Vortheil von der neuen Anlage haben, auch in eben dem Verhältniß zur Unterhaltung derselben verpflichtet sind.

§. 24. Von ihrer Entscheidung findet keine Appellation statt.

§. 25. In sofern ihnen jedoch klar nachgewiesen werden kann, daß sie ihre Befugniß überschritten haben, ist die Provinzial-Polizei-Behörde befugt und verpflichtet, ihr Verfahren zu kassiren, den Parteien ihre Ansprüche auf Schadenersatz an sie vorzubehalten, und die Wahl von neuen Schiedsrichtern zu veranlassen.

§. 26. Eine solche Ueberschreitung der Befugnisse findet jedoch nur statt, wenn die Schiedsrichter entweder von dem durch die Regierungen genehmigten Entwässerungsplan abweichen, oder für solche Rechte, welche noch unter den Parteien streitig sind, Entschädigungen aussetzen.

§. 27. Will der Stauungsberechtigte sich nicht dazu verstehen, einen Schiedsrichter zu wählen, oder verzögert er die Wahl über vier Wochen, nachdem ihm die Aufforderung dazu insinuirt worden ist, so ernennt der Landrath oder sonstige Polizei-Dirigent des Kreises den Schiedsrichter statt seiner.

§. 28. Zu Schiedsrichtern können nur unbescholtene dispositionsfähige sachkundige Männer gewählt werden.

§. 29. Auch nur solche, die als Zeugen für und wider die Parteien und übrigen Schiedsrichter mit voller Kraft vor Gericht könnten zugelassen werden.

§. 30. Wer zum Schiedsrichter gewählt ist, darf die Wahl nicht ablehnen; es sei denn, daß er solche Entschuldigungsgründe für sich anführen könnte, welche ihn von der Uebernahme einer mit Administration verbundenen Vormundschaft nach A. L. R. Th. 2. Tit. 18. §. 208, 209, 212, 213 befreien würden.

§. 31. Findet außer dem Interesse der Stauungsberechtigten oder der Inhaber der Grundstücke, die Vorfluth gewähren sollen, noch ein besonderes Interesse, z. B. wegen Fischerei, Viehtränke &c., gegen die Entwässerung statt, so wählen diejenigen, welche ein besonderes Interesse haben, ebenfalls einen Schiedsrichter.

§. 32. Dieser verhandelt mit dem Schiedsrichter der Gegenpartei und dem Obmann besonders über das gedachte Interesse, und das Resultat ihrer Verhandlungen wird nachmals in den allgemeinen Rezeß über die ganze Verhandlung aufgenommen.

§. 33. Den Schiedsrichtern steht nicht nur die Vergütung ihrer baaren Auslagen, sondern auch ein Diätensatz zu, welchen die Provinzial-Polizei-Behörde den Umständen nach festsetzt.

§. 34. Sämmtliche Kosten tragen diejenigen, auf deren Antrag die Entwässerung erfolgt.

Wir befehlen Unsern Landes-Collegien, Polizei- und Justiz-Offizianten und sämmtlichen getreuen Unterthanen, sich nach dieser Vorschrift zu achten. (G. S. S. 352.)

b. **Rescript** vom 28. Juni und 15. Juli 1833, betr. die polizeiliche Einwirkung in Vorfluthsachen.

Der §. 10. des Gesetzes vom 15. November 1811 „wegen des Wasserstaues bei Mühlen und Verschaffung von Vorfluth" ist bisher in der Einschränkung angewendet worden, daß die polizeiliche Veranstaltung der Auskräutung oder Räumung bestehender Graben und Wasser-Abzüge nur in den Fällen statt finde, wenn entweder die Verpflichtung dazu feststeht, oder besondere Umstände obwalten, unter welchen die Bestimmungen des §. 38. der Verordnung vom 26. Dezember 1808 Anwendung finden. Seine Majestät der König haben jedoch in einem speciellen Falle zu entscheiden geruhet, daß dasjenige, was im §. 6. des erstgedachten Gesetzes speciell vom Wasserstau bei Mühlen gilt, überhaupt für die Bestimmungen wegen der Vorfluth Anwendung finde.

Im Einverständnisse mit dem Herrn Justizminister wird die Königl. Regierung angewiesen, sich hiernach für die Zukunft zu achten.

Berlin, den 28. Juni 1833.

Ministerium des Innern für Handel und Gewerbe.
v. Schuckmann.

An sämmtliche Königl. Regierungen,
excl. der Rheinischen.

Vorstehende, im Einverständniß mit dem Justizminister ergangene, Verfügung wird sämmtlichen Gerichts-Behörden zur Nachricht und Achtung mitgetheilt.

(v. K. Jahrb. Bd. 42. S. 83.)

c. **Rescript** vom 12. Mai 1834, betr, die richterliche Mitwirkung bei der Setzung eines Merkpfahls zur Feststellung des Wasserstandes bei Mühlen.

Die Ausführung der im Gesetze vom 15. November 1811 wegen des Wasserstandes bei Mühlen §. 2. ertheilten Vorschrift:

daß die von einem oder dem andern Interessenten zur Feststellung des Wasserstandes der Mühlen u. s. w. nachgesuchte Setzung eines Merkpfahls durch sachverständige Kommissarien der Provinzial-Polizeibehörden, unter Zuziehung des Gerichts, welchem die Mühle unterworfen ist, vollzogen werden soll,

hat hin und wieder zu irrigen Deutungen Anlaß gegeben.

Es ist nämlich angenommen worden, daß die Zuziehung des Gerichts bloß der Beglaubigung wegen erforderlich sei, und der gerichtliche Kommissarius also bloß dasjenige wahrzunehmen habe, was den Gerichten in Beziehung auf diesen Zweck obliege.

Eine so beschränkte Deutung jener Vorschrift ist aber weder in den Worten derselben gegründet, noch entspricht sie den allgemeinen Grundsätzen von der Konkurrenz der Beamten verschiedener Ressorts zu einem und demselbeu Geschäft, noch der Absicht des Gesetzes wegen einer solchen Regulirung.

Die letztere ist keine andere, als daß der von dem Stauberechtigten zu haltende Wasserstand durch diese Handlung außer Zweifel gesetzt werde, sei es, daß dies auf Grund des Einverständnisses der Interessenten, rechtskräftiger Entscheidungen u. s. w., oder auf Grund der nach §§. 5 u. 6. des Edikts den Landes-Polizeibehörden zuständigen Befugnisse für immer oder provisorisch geschehe.

Es kommt dabei eben so sehr auf Wahrnehmung der Rechtspunkte, als der administrativen Rücksichten an, auf erstere insbesondere Behufs Ermittelung derjenigen Interessenten, mit welchen über den Gegenstand zu verhandeln ist, dergestalt, daß unter denselben darüber mit Bestande abgeschlossen oder ein wirksames Anerkenntniß abgegeben werden kann, rücksichtlich der wohlerworbenen Rechte eines oder des andern Theils, und ob darnach die Höhe des Wasserstandes bereits fest und deutlich bestimmt ist, und, wenn dies nicht der Fall ist, ob die deshalb unter den Interessenten obwaltenden Streitigkeiten von der Art sind, daß sie in den ordentlichen Weg Rechtens verwiesen werden müssen, oder ob nach Lage der Sache die landespolizeiliche Festsetzung des Wasserstandes eintritt? nicht minder in dem Falle, wenn es sich von einer provisorischen Festsetzung handelt, wegen der hiebei auf die vorgeblichen mehr oder minder bescheinigten Rechtsansprüche eines oder des andern Theils zu nehmenden Rücksichten.

Endlich kommt es auch darauf an, daß die Resultate und die Wirkung des Regulativs in Beziehung auf alle Interessenten und alle dabei zu beobachtenden Fälle klar und bestimmt ausgedrückt und niedergeschrieben werden.

Hieraus ergiebt sich von selbst, von welcher Erheblichkeit die volle Theilnahme des gerichtlichen Kommissarius an dem Wesentlichen des Geschäfts, und die Aufrechthaltung des allgemeinen Grundsatzes von der Konkurrenz der Kommissarien verschiedener Behörden, für die zweckmäßige Ausführung desselben ist.

Beide, die von der Regierung und von dem Gerichte ernannten Kommissarien haben sich also als Conkommissarien zu betrachten, und die Angelegenheit im gegenseitigen Einverständnisse zu behandeln.

(v. K. Jahrb. Bd. 43. S. 483.)

8) a. **Geschäftsinstruktion** für die Regierungen vom 23. Oktober 1817. Absch. I. und II.

Wir Friedrich Wilhelm, von Gottes Gnaden König von Preußen rc. rc., haben durch das Gesetz vom 30. April 1815 wegen verbesserter Einrichtung der Provinzialbehörden nicht nur in der innern Einrichtung der Regierungen, sondern auch durch die darin verordnete Anstellung von Ober-Präsidenten und Errichtung von Provinzial-Konsistorien und Medizinal-Kollegien in der Stellung und in dem Wirkungskreise der Regierungen so wesentliche Abänderungen getroffen, daß Wir es nöthig gefunden haben, die bisherige Dienstinstruktion vom 26. Dezember 1808 einer genauen Durchsicht und Umarbeitung unterwerfen zu lassen, und ertheilen demnach, nach Vollendung derselben, den Regierungen, mit Hinweisung auf die heute von Uns vollzogenen Dienstinstruktionen für die Ober-Präsidenten, Konsistorien und Medizinal-Kollegien, für die Zukunft folgende Anweisung zum Dienst.

Abschnitt I.

Von dem Geschäftskreise der Regierungen und ihrer Abtheilungen.

Allgemeine Bestimmung.

§. 1. Der Geschäftskreis der Regierungen erstreckt sich auf alle Gegenstände der innern Landes-Verwaltung, welche von unserm Staatskanzler, den Ministern der auswärtigen Angelegenheiten, des Innern, der geistlichen Angelegenheiten und des öffentlichen Unterrichts, des Krieges, der Polizei, der Finanzen und des Handels abhängen, in soweit diese Gegenstände

a) überhaupt von einer Territorialbehörde verwaltet werden können, und

b) für selbige nicht besondere Verwaltungsbehörden angeordnet, oder sie andern Behörden ausdrücklich übertragen sind.

Ressort der ersten Abtheilung der Regierung.

§. 2. Von diesen Gegenständen gehören vor die erste Abtheilung der Regierung:

1) die innern Angelegenheiten der Landeshoheit, als: Verfassungs-, ständische-, Landesgrenz-, Huldigungs-, Abfahrts- und Abschoß-Sachen; Ertheilung von Pässen zu Reisen außerhalb Landes; Auslieferung fremder Unterthanen; ferner die Censursachen; die Publikation der Gesetze und Verordnungen durch das Amtsblatt;

2) die gesammte Sicherheits- und Ordnungspolizei, mithin Erhaltung der öffentlichen Ruhe, Sicherheit und Ordnung; Vorbeugung und Stillung von Aufläufen, Ausmittelung und Ergreifung von Verbrechern, General-Visitationen; Gefängnisse; Straf- und Korrektions-Anstalten; Vorbeugung von Feuersbrünsten und polizeiwidrigen Bauten; Wiederherstellung der abgebrannten Gebäude; Landarmen-Anstalten, Hospitäler und Armenwesen, und was sonst mit diesen Gegenständen zusammenhängt;

3) Medizinal- und Gesundheits-Angelegenheiten in polizeilicher Rücksicht, z. B. Verkehr mit Medikamenten; Verhütung von Kuren durch unbefugte Personen; Ausrottung von, der Gesundheit nachtheiligen, Vorurtheilen und Gewohnheiten; Vorkehrungen gegen ansteckende Krankheiten und Seuchen

unter Menschen oder Thieren; Kranken- und Irrenhäuser; Rettungsanstalten; Unverfälschtheit und Gesundheit der Lebensmittel u. s. w.

4) die landwirthschaftliche Polizei, folglich alle Landeskultur-Angelegenheiten; Gemeinheitstheilungen; Abbaue und Zerschlagung größerer Güter; Verwandlung von Diensten in Geldabgaben; Abfindung von Servituten; Vorfluth, Entwässerung und Landes-Meliorationen, in soweit diese Gegenstände nicht der zweiten Abtheilung der Regierung, oder besonderen Behörden beigelegt sind;

5) das gesammte Kommunalwesen, in soweit dem Staate eine Einmischung darüber vorbehalten worden; ferner die Aufsicht über alle Korporationen, Gesellschaften, Verbindungen, öffentliche Institute und Anstalten, sofern selbige nicht bloß einen gewerblichen Zweck haben; folglich auch über die Brand- und andere Versicherungs-Anstalten und Gesellschaften;

6) die geistlichen und Schulangelegenheiten, mithin auch die Aufsicht über die Kirchen, Schulen, Erziehungsanstalten und andere fromme und wohlthätige Stiftungen und Anstalten, und deren fundationsmäßige, innere sowohl als Vermögensverwaltung, ferner über literarische Gesellschaften, in soweit die Gegenstände der in Rede stehenden Kategorie nicht zu dem Ressort der Provinzial-Konsistorien gehören.

In Ansehung der geistlichen und Schulangelegenheiten bildet die erste Abtheilung, mit Inbegriff der bei ihr angestellten geistlichen und Schul-Räthe, die Kirchen- und Schulkommission der Regierung, deren Verhältniß in den §§. 18 und 31. näher bestimmt ist;

7) das Mennonisten- und Juden-Wesen, überhaupt die Angelegenheiten solcher Eingesessenen in ihrer bürgerlichen Beziehung, die wegen Verschiedenheit der Religionsmeinung nicht alle bürgerliche Rechte und Pflichten haben;

8) sämmtliche Militairsachen, bei welchen eine Einwirkung der Civilverwaltung statt findet, als: Rekrutirung, Verabschiedung, Mobilmachung, Verpflegung, Märsche, Einquartierung, Servis, Festungsbau, Invalidenwesen u. s. w.

9) Sammlung aller statistischen Nachrichten; ihr Ordnen und Zusammenstellen zu Generalwerken;

10) die Censur aller Schriften, so weit sie nicht von besondern Behörden abhängt;

11) die Aufsicht und Verwaltung über die Institutskasse bei der Regierung;

12) das Bauwesen, in soweit es bei den Gegenständen vom Ressort der ersten Abtheilung vorkommt.

Ressort der zweiten Abtheilung.

§. 3. Zu der zweiten Abtheilung der Regierung hingegen gehören:

1) sämmtliche Angelegenheiten, welche sich auf das Staatseinkommen und Steuerwesen beziehen, oder die Verwaltung der Domainen, Forsten und Regalien betreffen, in sofern für einzelne Zweige nicht besondere Verwaltungsbehörden ausdrücklich angestellt sind;

2) die gesammte Gewerbepolizei, folglich:

a. alle Gewerbe-, Fabriken-, Handels-, Schifffahrts-, Gewerks- und Innungs-Sachen; Ertheilung von Konzessionen, Dispensationen und Legitimationen in dieser Hinsicht; Freiheit des Marktverkehrs; Anstalten zu Bildung geschickter Gewerksleute und Künstler, so wie die Aufsicht über alle Korporationen, Gesellschaften und Anstalten, welche bloß einen gewerblichen Zweck haben;

b. die Münz-, Maaß- und Gewichts-Polizei; Brack- und Schau-Anstalten; Comtoirs zu Ajustirung der Maaße und Gewichte;

c. die öffentliche Communikation, Land und Wasserstraßen; Chaussee-Anlagen; Strom-, Deich- und Brücken-Bauten, Fähren, Hafen-Bauten, Lootsen und Seeleuchten;

3) die Forst- und Jagdpolizei;
4) das gesammte Bauwesen in vorstehender Beziehung;
5) die Aufsicht und Verwaltung der Regierungs-Hauptkasse;
6) das gesammte Etats-, Kassen- und Rechnungswesen über die landesherrlichen Intraden und Ausgaben, so weit deren Verwaltung der Regierung überwiesen ist.

Grundsatz in zweifelhaften Fällen.

§. 4. Wenn dessen ungeachtet Zweifel entstehen, ob eine Sache zur ersten, oder zweiten Abtheilung gehört, so entscheidet die vorgedachte Kabinetsorder vom 3. Juni 1814 dergestalt, daß, wenn die Sache von dem Finanzministerium ressortirt, sie zur zweiten Abtheilung, von den übrigen Ministerien aber jedesmal zur ersten Abtheilung der Regierung verwiesen werden soll.

Verhältniß der beiden Abtheilungen zu einander. Gemeinschaftliche Versammlung derselben. Ressort des Plenums.

§. 5. Diese Sonderung der Regierungen in zwei Abtheilungen ist von Uns bloß zur Vereinfachung, Abkürzung und Erleichterung der Geschäfte angeordnet worden. Jede Abtheilung verfügt zwar in dem ihr angewiesenen Geschäftskreise, sobald die Sache unbezweifelt ausschließlich dazu gehört, ohne Konkurrenz der andern; im Fall die Sache aber in das Ressort derselben ebenfalls eingreift, kann sie es nur mit ihrem Vorwissen und Einverständniß thun. Die Abtheilungen bilden daher auch keine abgesondert von einander für sich bestehende Behörden, sondern machen zusammen Ein gemeinschaftliches Kollegium aus. In ihrer gemeinschaftlichen Versammlung müssen folgende Gegenstände vorgetragen und berathen werden:

1) alle Gesetzentwürfe und allgemeine neue Einrichtungen, die in Vorschlag gebracht werden sollen;
2) die Aufstellung der Grundsätze, nach welchen allgemeine Auflagen und Landeskosten ausgeschrieben und aufgebracht werden sollen, sofern darüber nicht schon Vorschriften vorhanden sind;
3) alle Berichte an die Ministerien, durch welche allgemeine Verwaltungs-Grundsätze oder neue das Allgemeine angehende Einrichtungen in Vorschlag gebracht werden, so wie die darauf eingehenden Entscheidungen;
4) die zu treffenden Einleitungen und Maaßregeln wegen Ausführung neuer Gesetze, Verwaltungsgrundsätze und Normen, sobald sie nicht ganz ausschließlich den Wirkungskreis Einer Abtheilung angehen;
5) Abweichungen und Ausnahmen von bestimmten Vorschriften, wenn dazu wegen Gefahr im Verzuge nicht mehr höhere Genehmigung eingeholt werden kann; (s. §. 8.)
6) alle Suspensionen und unfreiwillige Entlassungen von öffentlichen Beamten;
7) alle Anstellungen und Beförderungen von den bei beiden Abtheilungen unmittelbar angestellten Unterbeamten;
8) alle Gegenstände, bei denen beide Abtheilungen interessirt sind, sofern sie sich darüber nicht haben vereinigen können;
9) alle Sachen, welche von dem Präsidenten oder einem der Direktoren zum Plenum geschrieben worden;
10) alle Verfügungen der Ober-Präsidenten, sofern sie die Verwaltung der Regierung oder die Dienstdisziplin im Allgemeinen angehen.

Alle diese Gegenstände gelangen, der Regel nach, jedoch erst dann in das Plenum, wenn sie zu einem Hauptbeschluß reif sind. Die Vorbereitung dazu, so wie die Aufsicht über die nachherige Ausführung, gehört derjenigen Abtheilung an, in deren Ressort die Sache hauptsächlich einschlägt.

Abschnitt II.

Von den Befugnissen und Obliegenheiten der Regierungen und ihrer Abtheilungen in dem ihnen angewiesenen Geschäftskreise.

A. Allgemein für beide Abtheilungen und deren Plenum geltend.

Verhältniß zu den Ober-, Provinzial- und Unter-Behörden.

§. 6. Das Dienstverhältniß der Regierungen zu den Ministerien, zu den Ober-Präsidenten, Konsistorien und Medizinal-Kollegien der Provinz ist durch das Gesetz vom 30. April 1815 und die heute den Ober-Präsidenten, den Provinzial-Konsistorien und Medizinal-Kollegien ertheilten Instruktionen bestimmt, nach denen sich die Regierungen überall gehörig zu achten haben.

Sie müssen den Verfügungen der ihnen vorgesetzten Ministerien und der in diesen angeordneten Abtheilungen und Generalverwaltungen prompte und gebührende Folge leisten, und bleiben für die Verzögerung der Ausführung derselben verantwortlich.

Den Regierungen sind wiederum die zu ihrem Ressort gehörigen Beamten und Behörden ihres Verwaltungsbezirks untergeordnet, und zwar jeder Abtheilung zunächst diejenigen, welche in ihrem besondern Geschäftskreise angestellt sind.

Allgemeine Vorschriften in Absicht der Amtsführung der Regierungen.

§. 7. Den Regierungen liegt die Verpflichtung ob, Unser landesherrliches Interesse, das Beste des Staats und das Gemeinwohl Unserer getreuen Unterthanen bei der ihnen übertragenen Verwaltung überall gehörig wahrzunehmen. Sie müssen eifrigst bedacht sein, nicht allein allem vorzubeugen und alles zu entfernen, was dem Staate und seinen Bürgern Gefahr oder Nachtheil bringen kann, sondern auch das Gemeinwohl derselben möglichst zu befördern und zu erhöhen. Sie müssen hiebei aber auch stets das Wohl des Einzelnen nach Recht und Billigkeit beachten.

Es muß daher bei allen ihren Ansichten, Vorschlägen und Maaßregeln der Grundsatz leitend sein, Niemanden in dem Genuß seines Eigenthums, seiner bürgerlichen Gerechtsame und Freiheit, so lange er in den gesetzlichen Grenzen bleibt, weiter einzuschränken, als es zur Beförderung des allgemeinen Wohls nöthig ist; einem jeden innerhalb der gesetzlichen Schranken die möglichst freie Entwickelung und Anwendung seiner Anlagen, Fähigkeiten und Kräfte in moralischer sowohl als physischer Hinsicht zu gestatten, und alle dagegen noch obwaltenden Hindernisse bald möglichst auf eine legale Weise hinwegzuräumen.

Fortsetzung.

§. 8. Bei den einzelnen Geschäften und Anordnungen müssen von den Regierungen überall die bestehenden Gesetze und Vorschriften strenge beobachtet und selbige nach ihrer Bekanntmachung, ohne daß es dazu einer besondern Anweisung bedarf, soweit sie ihren Geschäftskreis betreffen, von ihnen sofort zur Anwendung und Ausführung gebracht werden.

Es ist auch ihre Pflicht, darauf zu sehen und zu halten, daß den Gesetzen und Vorschriften überall gehörig nachgelebt werde.

In allen Fällen, wo klare und bestimmte Gesetze und Vorschriften vorhanden sind, können die Regierungen aus eigener Macht das Nöthige verfügen und ausführen, und es werden ihnen in dergleichen Fällen alle Anfragen sogar ausdrücklich untersagt.

In zweifelhaften Fällen, welche dringend sind, haben die Regierungen gleichfalls ohne Anstand, im Geiste und nach Analogie der Gesetze, der Verfassung und angenommenen Verwaltungsgrundsätze zu verfahren; darüber aber gleichzeitig höheren Orts zu berichten, und wenn die Sache nicht dringend ist, solches vorher zu thun, ehe sie handeln.

Dasselbe ist in Fällen zu beobachten, wo es an bestimmten Gesetzen und Vorschriften ermangelt.

Abweichungen und Ausnahmen von bestehenden Vorschriften dürfen sich die Regierungen nur aus höchst dringenden Veranlassungen, und wenn Gefahr im Verzuge vorhanden ist, erlauben; müssen aber gleichfalls sofort darüber berichten.

Niemals können sie etwas verfügen, was einem ausdrücklichen Gesetze entgegenläuft. Die Bestimmung dieser Instruktion §. 5. Nr. 5. versteht sich daher auch nur von solchen Vorschriften, welche nicht auf ausdrücklichen Landesgesetzen, sondern ministeriellen Verfügungen beruhen.

Eben so wenig dürfen die Regierungen neue allgemeine Einrichtungen, Anlagen und Verfassungen, oder Abänderungen der bestehenden, vornehmen, ohne daß sie vorher höhere Genehmigung dazu einholen.

Verhältniß der Regierungen zu auswärtigen Behörden.

§. 9. Die Regierungen sind ferner verpflichtet, auch gegen auswärtige Behörden und Unterthanen Unser landesherrliches Interesse gehörig wahrzunehmen, und Unsern Unterthanen in dieser Hinsicht den nöthigen Beistand zu leisten, in soweit der Gegenstand zu dem ihnen übertragenen Wirkungskreise gehört. Sie können in vorkommenden Fällen mit den auswärtigen Verwaltungsbehörden in Korrespondenz treten, ihnen die nöthigen Eröffnungen machen und sich bei ihnen verwenden. Im Fall dieses aber fruchtlos ist, haben sie die Sache dem Departement der auswärtigen Angelegenheiten anzuzeigen, damit sie auf diplomatischem Wege weiter verfolgt werden kann, nicht aber sich unmittelbar an die auswärtigen Ministerien zu wenden. Es versteht sich von selbst, daß die Regierungen keine Verträge mit auswärtigen Behörden ohne Autorisation des erwähnten Departements und dessen Genehmigung abschließen dürfen.

Provisorische Maaßregeln bei Berichtserstattungen.

§. 10. In allen Fällen, wo die Regierungen berichten müssen, die Sache mag einen Gegenstand der innern Verwaltung, oder ein Verhältniß mit auswärtigen Behörden betreffen, haben sie gleichwohl so weit die nöthigen provisorischen Maaßregeln zu nehmen, und zu verfügen, daß bis zu Eingang des Bescheides kein Nachtheil entstehe.

Exekutive Gewalt der Regierungen. Verhältniß zu den Gerichtsbehörden.

§. 11. Die Regierungen sind befugt, ihren Verfügungen nöthigenfalls durch gesetzliche Zwangs- und Strafmittel Nachdruck zu geben, und sie zur Ausführung zu bringen, ohne daß eine Exemtion darüber zulässig ist. Sie werden in dieser Hinsicht auf diejenigen Bestimmungen der Verordnung wegen verbesserter Einrichtung der Provinzial-, Polizei- und Finanz-Behörden vom 26. Dezember 1808 verwiesen, welche dieser Instruktion im Auszuge angehängt sind, nach welchen sie überhaupt auch in den übrigen vorkommenden Fällen, namentlich bei Polizei-, Finanz- und Dienstvergehungen zu verfahren haben; wobei jedoch diejenigen Regierungen, in deren Verwaltungsbezirk annoch die unter der vorigen Landesherrschaft statt gefundene Gerichts-Verfassung besteht, bis dahin, daß eine andere von Uns angeordnet sein wird, ausgenommen werden.

Allgemeine Verbote und Strafbestimmungen dürfen aber sämmtliche Regierungen nicht ohne höhere Genehmigung erlassen, es sei denn, daß das Verbot an sich schon durch ein Gesetz feststeht, in letzterm aber die Strafe nicht ausdrücklich bestimmt ist. In diesem Falle können sie innerhalb der

Grenzen des A. L. R. Th. II. Tit. 20. §. 33. 35 und 240. die Strafe bestimmen und bekannt machen.

Auch steht ihnen ohne Anfrage frei, schon bestehende Vorschriften von neuem in Erinnerung zu bringen und bekannt zu machen.

Verhältniß zu den Regierungs- und Bezirks-Beamten.

§. 12. Jede Abtheilung der Regierung hat, unter den §. 5. Nr. 6 und 7. festgesetzten Modifikationen, die Anstellung, Disziplin, Beförderung, Entlassung und Pensionirung von den zu ihrem Ressort gehörigen Staatsbeamten, nur unter nachfolgenden Beschränkungen:

1) die Anstellung steht der betreffenden Abtheilung in Ansehung aller übrigen Beamten ihres Ressorts zu, mit Ausnahme:

a) der Mitglieder des Kollegiums;

b) aller Stellen, mit welchen der Raths- oder ein ähnlicher oder höherer Karakter verbunden ist;

c) der Superintendenten und der damit in gleichem oder höherem Range sich befindenden reformirten und katholischen Geistlichen;

d) der Rektoren und Lehrer von Gymnasien, Lycäen und gelehrten Schulen, von welchen zur Universität entlassen wird;

e) der Stellen von öffentlichen Medizinal-Beamten, insofern deren Besetzung den Regierungen nicht besonders übertragen ist;

f) der Oberbürgermeister in den großen Städten;

g) der Rendanten bei den Hauptkassen der Regierungen;

h) der Oberförster;

i) der Bauinspektoren, Land- und Wasser-Baumeister;

k) der Fabrik-Kommissarien.

In diesen ausgenommenen Fällen muß jedesmal berichtet werden, und zwar, soviel die unter c. und d. gedachten Stellen betrifft, von dem Konsistorium der Provinz, in sofern demselben in seiner Dienst-Instruktion nicht ein Besetzungsrecht darüber beigelegt ist;

2) bei den ihnen nachgelassenen Anstellungen müssen die Regierungen stets mit strenger Prüfung und Unparteilichkeit zu Werke gehen, mehr auf Treue, Fleiß und Geschicklichkeit, als auf Dienstalter sehen, und nur bei gleicher Würdigkeit dem letztern den Vorzug geben.

Bei Besetzung von Forstbedienungen müssen sie auf Feldjäger, und bei den übrigen Stellen auf Invaliden, auf in Wartegeld stehende Beamte und Subjekte, welche den Krieg freiwillig mitgemacht haben, vorzüglich Rücksicht nehmen, so wie auf diejenigen Subjekte, welche ihnen von Uns, von Unserm Staatskanzler und von den Ministerien und Ober-Präsidenten in einzelnen Fällen empfohlen werden. Es versteht sich von selbst, daß sie überall hierbei auch die Vorschrift des Edikts vom 3. Septbr. 1814 wegen der Militairpflicht gehörig beobachten müssen.

Diejenigen Unterbediente, deren Dienst keine Ausbildung erfordert, sondern größtentheils nur mechanisch ist, sind, so viel möglich, auf Kündigung anzustellen.

Ende Juni und Dezember reichen die Abtheilungen der Regierung jedem Minister eine Nachweisung der in seinem Ressort von ihnen angestellten Beamten ein, für jede Abtheilung des Ministeriums besonders;

3) bei denjenigen Stellen, wo den Regierungen das Besetzungsrecht zusteht, können sie auch den Abschied ertheilen, wenn solcher ohne Pension nachgesucht wird; bei Pensionirungen müssen sie aber jedesmal berichten.

Unfreiwillige Entlassungen können eben so wenig ohne vorhergegangene Genehmigung der Minister statt finden, welche hiebei die bestehenden Vorschriften zu beachten haben.

4) Gratifikationen und außerordentliche Belohnungen können die Regierungen nur mit ausdrücklicher Genehmigung des Präsidenten, als welchem darüber die Entscheidung beigelegt wird, auch nur aus ersparten Gehältern

bis zur Höhe eines vierteljährigen Gehalts und aus dem §. 16. gedachten Sportelfonds ertheilen, so wie Gehalts-Erhöhungen bei den ihrer Besetzung überlassenen Stellen nur in so weit bewilligen, als dadurch der Etat nicht überschritten, auch derjenigen Dienst-Kategorie, zu welcher die Stelle, aus deren Gehalt die Erhöhung genommen werden soll, gehört, im Ganzen nichts entzogen wird.

5) Veränderungen mit den Dienststellen selbst dürfen die Regierungen nicht ohne höhere Genehmigung vornehmen, auch ohne selbige keine Hülfsarbeiter auf Diäten oder Gehalt anstellen, sofern die Diäten nicht aus vakanten Gehältern bestritten werden können.

6) Die Konduiten-Listen sind der höhern Behörde nur von denjenigen Beamten einzureichen, zu deren Anstellung ihre Genehmigung erforderlich ist.

Befugnisse und Obliegenheiten der Regierungen bei Eingehung und Erfüllung von Verträgen.

§. 13. In so weit die Regierungen nach der jetzigen Instruktion frei und selbstständig handeln können, in so weit sind sie auch berechtigt, ohne höhere Genehmigung Verbindlichkeiten im Namen des Fiskus und anderer unter ihrer Verwaltung stehenden moralischen Personen zu übernehmen, Gerechtsamen derselben zu entsagen, Vergleiche und andere Verträge einzugehen und zu bestätigen.

Bei Eingehung der Verträge muß mit aller Vorsicht und Ueberlegung zu Werke gegangen, aller unnütze und überflüssige Kostenaufwand vermieden, und, der Regel nach, alles, wo solches anwendbar ist, durch den Weg der Lizitation herbeigeschaft werden. Einmal eingegangene Verträge müssen die Regierungen aber strenge halten, und die Erfüllung derselben nicht aus Sophistereien oder kleinlichen, engherzigen Ausflüchten verzögern oder schmälern. Die Würde und Gerechtigkeit einer Landes-Behörde erfordert es ganz besonders, in Absicht auf Treue und Heiligkeit gültiger Verträge mit gutem Beispiel voranzugehen. Jeder Departements-Rath und nach ihm das Präsidium sind bei eigener Vertretung dafür zu sorgen verbunden, daß die in den Verträgen eingegangenen Verbindlichkeiten fiskalischer Seits vollständig und gehörig erfüllt, insonderheit die Zahlungstermine eingehalten und diejenigen Münz-Sorten gezahlt werden, welche versprochen sind. Nur wenn klare Gesetze solches begründen, kann von dem Vertrage abgegangen werden.

Desgleichen bei Prozessen.

§. 14. Alle in Rücksicht der Regierungs-Ressorts entstehende Prozesse können die Regierungen, ohne Anfrage, nach ihrer pflichtmäßigen Ueberzeugung anhängig machen, oder sich darauf einlassen und durch die gesetzlichen Instanzen fortführen. Sie reichen jedoch halbjährig mit dem ersten Juli und Januar eine spezielle Nachweisung über den Gegenstand, das Fundament und die Lage derselben dem Oberpräsidenten ein. Die von den Regierungen den fiskalischen Anwalden ertheilten Aufträge und Vollmachten sind hinreichend, um diese bei den Gerichten zu dem Prozeß zu legitimiren.

Es ist zwar Pflicht der Regierungen, dem landesherrlichen Interesse und den Gerechtsamen der ihrer Verwaltung anvertrauten Anstalten, Kassen und moralischen Personen nichts zu vergeben; sie müssen aber weder übereilte und ungegründete Klagen erheben, noch rechtmäßig wider sie angebrachte Klagen bestreiten, sondern lieber einen Anspruch aufgeben oder einräumen, oder sich darüber ohne Prozeß mit den Interessenten zu vergleichen suchen, sobald der Rechtspunkt dabei irgend erheblichem Bedenken unterworfen ist. Es findet hierüber gleichfalls dasjenige Anwendung, was im vorigen §. verordnet worden. Die Justitiarien sind dafür besonders verantwortlich.

Wegen der Gnadensachen.

§. 15. Ueber Gnadensachen muß von den Regierungen jedesmal berichtet werden. Dahin gehören z. B. Erlasse oder Milderung von rechtskräftigen Strafen; Niederschlagung von Untersuchungen, sofern wider ein ausdrückliches Strafgesetz gehandelt worden; Standeserhöhungen; Ertheilung von Titeln u. s. w.

Sporteltaxen und Sportelfonds.

§. 16. Es ist eine neue, dem jetzigen Ressort der Regierungen angemessene Sporteltaxe zu entwerfen. Die Sporteln sollen zu einem Prämien-Fonds gesammelt, und aus demselben ausgezeichneten Offizianten Gratifikationen und extraordinaire Belohnungen gegeben werden. Der Regierungs-Präsident ist berechtigt, dergleichen Belohnungen in einzelnen Fällen bis zur Summe von Funfzig Thalern zu bewilligen; über höhere Summen bedarf er aber der Genehmigung des Oberpräsidenten. Nach Ablauf des Jahres reicht der Regierungs-Präsident die Nachweisung des Bestandes von dem Prämien-Fonds, nebst seinen Vorschlägen zur Vertheilung desselben unter die würdigen Beamten, dem Oberpräsidenten zu gleichem Behuf ein.

Bis zur Bestätigung der neuen Sportelordnung behält es überall bei der bisherigen Verfassung in Ansehung derjenigen Fälle, wo Sporteln genommen werden können, und ihres Satzes, sein Bewenden.

B. Für die erste Abtheilung.

Allgemeine Vorschriften für dieselbe und besondere Fälle, wo sie zu berichten hat.

§. 17. In den vorstehenden §§. sind bereits die allgemeinen Vorschriften größtentheils enthalten, nach welchen sich die erste Abtheilung bei der ihr übertragenen Verwaltung zu richten hat, und wie weit sie darin selbstständig nach ihrer pflichtmäßigen Ueberzeugung, ohne höhere Genehmigung verfahren kann. Außer den daselbst bemerkten Fällen, ingleichen außer denjenigen, wo solches nachher oder durch besondere Gesetze und Verordnungen vorgeschrieben ist, hat dieselbe zu berichten und höhere Verhaltungsbefehle einzuholen:

1) bei Störungen und Beeinträchtigungen der Landesgrenze, überhaupt in allen erheblichen Verwaltungs-Beziehungen mit dem Auslande:

2) bei Auslieferungen fremder Unterthanen; bei Auswanderungen diesseitiger; ferner in Abfahrts- und Abschoßangelegenheiten, in sofern bei diesen Gegenständen die Sache nicht durch Gesetze, oder in der Gesetz- und Ediktensammlung bekannt gemachte Traktaten bereits feststeht;

3) bei außerordentlichen Vorfällen aller Art von Wichtigkeit, z. B. Seuchen, Feuersbrünsten, Wasserschäden, Tumulten, großen Widersetzlichkeiten ganzer Gemeinden, besondern Naturbegebenheiten u. s. w.

4) bei allen außerordentlichen Ereignissen mit angesehenen Fremden;

5) von den Resultaten der abgehaltenen Landes-Visitationen;

6) über Conzessionen zu Apotheken;

7) über die Gründung neuer, die Erweiterung, Umänderung, Einschränkung oder Aufhebung schon bestehender, gemeinnütziger Anstalten aller Art, im Fall es dabei auf eine Genehmigung von Seiten des Staats ankommt;

8) über Einrichtung neuer Gesellschaften, in sofern sie die Rechte ausdrücklich vom Staate genehmigter oder privilegirter Gesellschaften haben wollen;

9) über die Aufhebung von dergleichen bereits bestehenden Gesellschaften;

10) bei neuen allgemeinen Anlagen und Ausschreibungen in dem Regierungsbezirke oder einzelnen Theilen desselben, und daher auch bei Ausschreibung außerordentlicher Gemeindebeiträge und Lasten, in sofern darüber nicht bereits bestimmte Anweisungen gegeben sind;

11) bei Entstehung neuer Religions-Sekten, über ihre Duldung und die staatsrechtlichen Verhältnisse ihrer Mitglieder, überhaupt in der letztern Hinsicht wegen sämmtlicher Individuen und Gesellschaften, welche wegen ihres Glaubensbekenntnisses nicht die vollen staatsbürgerlichen Pflichten übernehmen, folglich auch bei Ertheilung des Staatsbürgerrechts an Juden;

12) bei allen polizeilichen Maaßregeln, wodurch wegen besonderer Umstände die Freiheit des Verkehrs im Innern sowohl als mit dem Auslande weiter beschränkt werden soll, als es durch allgemeine Gesetze und Vorschriften bestimmt ist;

13) bei erheblichen Märschen und Garnisonsveränderungen der Truppen.

Die Abtheilung reicht ferner zu der gehörigen Zeit den höhern Behörden ein;

14) die vorgeschriebenen tabellarischen Uebersichten und statistischen Tabellen;

15) die angeordneten Abschlüsse von der Institutskasse der Regierung.

Verhältniß der Kirchen- und Schulkommission.

§. 18. Die Kirchen- und Schulkommission (§. 2. Nr. 7.) ist als solche keine besondere Behörde, sondern ein integrirender Theil der ersten Abtheilung der Regierung. Alles, was für letztere und die Regierungen überhaupt in der gegenwärtigen Instruktion vorgeschrieben worden, findet daher auf sie ebenfalls Anwendung. Ihr gebührt die Verwaltung aller geistlichen und Schul-Angelegenheiten, welche nicht dem Konsistorium in der demselben heute ertheilten Instruktion ausdrücklich übertragen worden. Unter dieser Einschränkung gebührt ihr daher;

a) die Besetzung sämmtlicher, dem landesherrlichen Patronatrechte unterworfenen, geistlichen und Schullehrerstellen, so wie die Bestätigung der von Privatpatronen und Gemeinden dazu erwählten Subjekte, sofern sie nicht außerhalb Landes her vocirt werden; ingleichen die Prüfung und Einführung derselben, im Fall solche nicht dem Konsistorium übertragen ist;

b) die Aufsicht über deren Amts- und moralische Führung; die Urlaubs-Ertheilung für selbige;

c) die Aufrechthaltung der äußern Kirchenzucht und Ordnung;

d) die Direktion und Aufsicht über sämmtliche Kirchen, öffentliche und Privatschulen und Erziehungsanstalten, milde und fromme Stiftungen und Institute;

e) die Aufsicht und Verwaltung des gesammten Elementarschulwesens;

f) die Aufsicht und Verwaltung sämmtlicher äußern Kirchen- und Schulangelegenheiten, mithin auch die Regulirung des Stolwesens und Schulgeldes;

g) die gesammte Verwaltung des Kirchen-, Schul- und Stiftungsvermögens, im Fall selbige nicht verfassungsmäßig andern Behörden oder Gemeinden, Korporationen und Privaten gebührt, und, im letztern Fall, die landesherrliche Oberaufsicht über die Vermögensverwaltung. Ihr steht hiernach auch die Entwerfung, Prüfung und Bestätigung der hieher gehörigen Etats, so wie die Abnahme und Decharge der Kirchen-, Schul- und Institutsrechnungen zu. Sie hat ferner:

h) die Dispensation in den in der Konsistorialinstruktion ihr nachgelassenen Fällen, und

i) die polizeiliche Oberaufsicht über alle übrige literarische Institute, Gesellschaften und Unternehmungen, in so weit diese Aufsicht nicht schon andern Behörden übertragen ist. Auch steht ihr ohne höhere Genehmigung frei:

k) Schulsozietäten einzurichten und zu vertheilen, wo die Ortschaften es wünschen, oder Lokalumstände es nöthig machen; so wie

l) Parochien zusammenzuziehen und zu vertheilen, wenn die Gemeinden und Patrone darein willigen; ingleichen, unter dieser Bedingung, einzelne Dorfschaften umzupfarren.

In allen diesen Angelegenheiten kommt es, Behufs der Kompetenz der Kirchen- und Schulkommission, auf die Verschiedenheit der Religion und des Kultus nicht an. Sie wird indessen bei Ausübung ihrer Kompetenz den Einfluß stets gehörig berücksichtigen, welcher bei den römisch-katholischen Kirchen- und Schulsachen dem Bischofe gesetz- und verfassungsmäßig zusteht, und in zweifelhaften Fällen darüber von dem Oberpräsidenten Instruktion einholen. Ihr sind in obiger Beziehung sämmtliche Geistliche und Schullehrer, die Superintendenten und mit ihnen in gleicher Kategorie stehende höhere Geistliche anderer Konfessionen nicht ausgenommen, untergeordnet, und die Kommission kann wider sie nöthigenfalls die gesetzlichen Zwangs- und Strafverfügungen erlassen und zur Ausführung bringen. Wie es wegen ihrer Suspension und Entlassung vom Amte zu halten, ist in der Konsistorialinstruktion bestimmt.

In so weit dem Konsistorium eine Mitwirkung bei dem der Kirchen- und Schul-Kommission angewiesenen Geschäftskreise zusteht, berichtet letztere an jenes, es müßte denn bei der Sache außerdem noch die Genehmigung des vorgesetzten Ministeriums nöthig sein. In dem letztern Fall berichtet sie an dasselbe, schickt aber den Bericht, mittelst Umschlages, dem Konsistorium zu weiterer Beförderung zu. In so weit die Sache aber das Konsistorium nicht angeht, berichtet die Kirchen- und Schulkommission auf dem allgemein vorgeschriebenen Wege an das Ministerium.

In welchen Fällen sie, die Kommission, sofern ihr vorstehend nicht eine selbstständige Wirksamkeit beigelegt ist, die Genehmigung des vorgesetzten Ministerii nöthig hat, ist nach den allgemeinen Grundsätzen der gegenwärtigen Instruktion zu beurtheilen. Aus der Bestimmung des §. 8. folgt es also, daß sie bei Einführung neuer oder Veränderung bestehender Lehr- und Schul-Pläne berichten muß.

Um der allgemeinen Jugendbildung der Nation eine feste Richtschnur zu geben, beabsichtigen Wir, eine allgemeine Schulordnung entwerfen zu lassen, und auf den Grund derselben sollen demnächst besondere Schulordnungen für die einzelnen Provinzen entworfen und dabei die Eigenthümlichkeiten derselben möglichst berücksichtigt werden. Bis dahin, daß solches geschehen, hat die Kirchen- und Schulkommission sich in Ansehung des Schul- und Erziehungswesens nach den bisherigen Vorschriften zu achten.

Es gehört endlich auch zu den vorzüglichsten Pflichten der Kommission, für die Erhaltung, gehörige Benutzung und Sicherstellung des Kirchen-, Schul- und Instituts-Vermögens, so wie dafür zu sorgen, daß es nicht mit andern Fonds vermischt werde. Wie weit sie darüber und bei dem dasselbe betreffenden Etats- und Rechnungswesen, auf ihre Verantwortlichkeit, selbstständig handeln kann, ist in dem folgenden §. bestimmt.

Wegen des Kassen- und Rechnungswesens.

§. 19. Der Abtheilung steht die Prüfung und Bestätigung von dem gesammten Etats-, Kassen- und Rechnungswesen sämmtlicher Kommunalfonds und Privatstiftungen, ferner von allen polizeilichen, gemeinnützigen oder andern wohlthätigen und frommen Anstalten und Institutionen, welche auf Kommunalbeiträgen oder Fonds, oder auf Privatstiftungen beruhen, zu, in soweit bei diesen Gegenständen die Einwirkung der Landesbehörde überhaupt gesetz- und verfassungsmäßig zulässig ist, und die Anstalten und Stiftungen von der ersten Abtheilung ressortiren. Sie kann in dieser Hinsicht nach den bestehenden Gesetzen, Vorschriften und Stiftungsurkunden ohne Anfrage verfahren.

Ein Gleiches ist sie auch bei den auf Staatskosten gegründeten, gemeinnützigen Anstalten und Stiftungen zu thun berechtigt, sobald der jährliche Beitrag der Staatskosten die Summe von Fünfhundert Thalern nicht übersteigt. Ist letzteres der Fall, so muß zwar der Etat und die Rechnung zur Bestätigung und Abnahme höhern Orts eingereicht werden; innerhalb den Grenzen des bestätigten Etats ist aber auch alsdann die Abtheilung ohne Anfrage zu verfügen befugt. Nur

a) bei Etats-Ueberschreitungen,

b) bei Veränderungen in dem Zweck und in der bisherigen Verfassung von dergleichen Anstalten und Stiftungen

muß dieselbe berichten.

Es gehört zu den besondern Obliegenheiten der Abtheilung, dafür zu sorgen, daß die hieher gehörigen Fonds gehörig erhalten, sichergestellt, und die Einkünfte daraus bestimmungsmäßig verwendet werden.

Ihr steht auch frei, diejenigen Zahlungen, welche die Regierungs-Hauptkasse für das Ressort der ersten Abtheilung etatsmäßig zu leisten hat, in monatlichen Raten aus derselben zu entnehmen und an die Institutskasse zu ihrer weitern Bestimmung und Verwendung zahlen zu lassen. Es müssen jedoch die nöthigen Vorkehrungen getroffen werden, damit das Rechnungswesen der Regierungs-Hauptkasse nicht in Unordnung und Verwickelung gerathe, welches entweder dadurch geschehen kann, daß die Institutskasse nach Ablauf des Jahres über diese Zahlungen die nöthigen Stückrechnungen fertigt, die alsdann der Jahresrechnung der Regierungs-Hauptkasse beigefügt werden, oder aber, daß die erstere Kasse der letzteren die nöthigen Rechnungsbeläge sogleich unmittelbar, wenn sie eingehen, aushändigt. Die desfalls nöthigen Einleitungen werden dem Präsidium überlassen.

B. Für die zweite Abtheilung.

Allgemeine Vorschriften für dieselbe.

§. 20. Bei der ihr übertragenen Verwaltung der Staatseinkünfte hat die zweite Abtheilung nicht nur für deren Erhaltung, sondern auch für ihre Vermehrung zu sorgen. Letzteres muß indessen nicht in kleinliche rücksichtslose Berechnung ausarten, und das Wohl der Unterthanen niemals finanziellen Zwecken aufgeopfert werden.

Es ist die Pflicht der Abtheilung, über die gehörige Erhaltung, Bewirthschaftung und Verbesserung Unserer Domainen, Forsten und übrigen landesherrlichen Intraden, die zu ihrer Verwaltung gehören, und über die gehörige Behandlung der Domainen-Einsassen zu wachen.

Sie ist gehalten, alle sechs, mindestens alle zwölf Jahre eine Revision der baaren Gefälle und Naturalien, Renten und Prästationen aller Art vorzunehmen, und hiebei die Verwandlung der sehr verschiedenartigen und vielnamigen Gefälle in eine Rubrik von Domainenzins vorzüglich zu beachten; so wie für Anfertigung richtiger, vollständiger und übersichtlicher Lagerbücher und Urbarien von allen Domainenämtern und Renteien zu sorgen, welche das Vermögen derselben in allen seinen Theilen, alle Rechte, Verbindlichkeiten und Lasten, mit sämmtlichen Beweisthümern, Karten u. s. w. enthalten und nachweisen.

Die Abtheilung muß nicht minder dafür sorgen, daß sämmtliche Einnahmen und Steuern zur Verfallzeit richtig eingehen, keine Reste geduldet werden, die der Regel nach dem Zahlenden eben so nachtheilig zu werden pflegen, als der Staatskasse, daß die Etats überhaupt vollständig erfüllt, die außerordentlichen oder die Etats übersteigenden Einnahmen gleichfalls überall gehörig berechnet, und die etatsmäßigen und außerordentlichen Ueberschüsse zur bestimmten Zeit an die General-Staatskasse abtragen werden.

Innerhalb der Grenzen des bestätigten Etats kann die Abtheilung zwar über die etatsmäßigen Summen, ihrer Bestimmung gemäß, ohne weitere Anfrage verfügen; sie muß dabei aber haushälterisch zu Werke gehen, alle überflüssigen und unnöthigen Ausgaben vermeiden, und auf angemessene Ersparungen, besonders bei den öffentlichen Bauten und Anlagen, bedacht sein.

Niemals darf sie sich Etatsüberschreitungen oder Verwendungen etatsmäßiger Summen zu andern, als den im Etat ausgedrückten, Zwecken ohne höhere Genehmigungen erlauben.

Ihr liegt ferner ob, darauf zu sehen, daß die Unterthanen die ihnen gebührenden Unterstützungen, Vergütungen und Remissionen prompt und vorschriftsmäßig, spätestens vor Ablauf des Jahres ausgezahlt erhalten.

Die Departements- und Kassenräthe, ingleichen der Direktor der Abtheilung und der Präsident bleiben Uns für dies alles besonders verantwortlich, so wie überhaupt für die ordnungsmäßige und treue Verwaltung der Regierungs-Hauptkasse, welche regelmäßig alle Monat, und außerdem zuweilen noch besonders zu revidiren ist.

Ueberschüsse aus den Chaussee-Einnahmen oder Ersparungen von den zur Unterhaltung der Chausseen ausgesetzten Summen müssen allemal zum Besten des weitern Chausseebaues zurückgelegt werden.

In Ansehung der ihr übertragenen Gewerbepolizei hat die Abtheilung sich die möglichste Aufnahme und Beförderung der Gewerbe und des Verkehrs angelegen sein zu lassen, und die Hindernisse allmälig auf dem vorschriftsmäßigen Wege hinwegzuräumen sich zu bemühen, welche dagegen annoch obwalten.

Besondere Fälle, wo Berichtserstattung nöthig ist.

§. 21. Außer den im vorigen §. und in dem ersten Theil dieses Abschnitts, unter A. enthaltenen, ferner außer denjenigen, bei der ersten Abtheilung der Regierungen unter B. bestimmten Fällen, wo der Analogie nach auch bei dem Ressort der zweiten Abtheilung, eben so wie bei der ersten, Berichtserstattung nöthig ist, hat letztere annoch in folgenden Fällen vorher höhere Genehmigung einzuholen:

1) sobald es auf eine Endbestimmung über die Substanz von Domainen und Forstgrundstücken, Pertinenzien, Amtsinventarien, Regalien und Gerechtsamen, deren Verpfändung, Belastung, Veräußerung oder erbliche Austhuung ankommt, und über die Bedingungen und Anschläge, nach welchen solches ausgeführt werden soll;

2) über die Bedingungen bei Generalverpachtung vom Domainenämtern, oder bei Zeitverpachtung einzelner Domainenvorwerke und die darüber abzuschließenden Pachtverträge.

Letztere sind jedoch nur dann zur Revision und Bestätigung einzureichen, wenn die jährliche Pachtsumme 500 Rthlr. übersteigt, in so fern die Genehmigung zu der Verpachtung und ihren Bedingungen bereits ertheilt ist;

3) über die Zeitverpachtungen anderer Domainenpertinenzien und landesherrlicher Nutzungszweige ohne Unterschied, in sofern sie ohne Lizitation geschehen sollen, und im Fall der Lizitation, wenn dabei das vorherige Etats-Quantum nicht herausgekommen, oder von einer längern als sechsjährigen Pacht die Rede ist;

4) über die jährlichen Schonungs- und Forst-Verbesserungsanlagen, so wie die jährlichen Abholzungsetats von den Forsten;

5) über Holzverkäufe, welche die Summe von 1000 Rthlr. übersteigen, oder, in sofern sie mehr als 50 Rthlr. betragen, ohne Lizitation vorgenommen werden sollen.

Jedoch kann die Abtheilung solchen bäuerlichen Domainen-Einsassen, deren Gebäude abbrennen oder bei Ueberschwemmungen fortgerissen werden, und nicht so hoch versichert sind, daß die Einsassen mit dem Assekuranzquantum sich aus benachbarten Privatwaldungen das benöthigte Bauholz ankaufen können, selbiges ohne Lizitation aus Königlichen Forsten, für den bei der letzten vorherigen Bauholz-Lizitation in der nächsten Forst herausgekommenen Preis, ohne Anfrage überlassen;

6) über Abfindungen von Servituten, welche auf Forsten und andern Domainengrundstücken ruhen, sobald die Abfindungssumme 500 Rthlr.

übersteigt, desgleichen über Anerkenntnisse und Bewilligung von Freiholz und andern Servituten und nutzbaren Gerechtsamen auf Forsten und andern Domainengrundstücken, in sofern sie nicht schon feststehen;

7) über Freiholzbewilligungen, wozu die Berechtigungen schon feststehen, durch welche aber das jährliche Abschätzungs- und Durchschnittsquantum überschritten wird;

8) über Erlasse und Remissionen von Steuern, Domainen und andern öffentlichen Gefällen, wozu auch Pachtgelder gehören, ferner bei Erlassung oder Milderung von Strafen, bei Steuer- und Finanzvergehungen, wenn sie durch rechtskräftige Erkenntnisse festgesetzt sind, und in anderen Fällen, sobald die Sache bei diesen Gegenständen die Summe von 50 Thalern übersteigt;

9) bei Neubauen, welche die Summe von 500 Rthlr. und bei Reparaturbauen, welche die von 1000 Rthlr. übersteigen.

Zu Neubauen werden auch gerechnet:

a) Alle Landbaue, wodurch der Zweck einer schon vorhandenen Bau-Anlage wesentlich verändert wird;

b) bei Wasserbauen, jede Abänderung schon bestehender Werke, wodurch die Richtung des Stroms, der Zustand der Schiffahrt, oder die Sicherung, Bewässerung und Entwässerung angrenzender Ländereien in ein neues Verhältniß kommen.

In allen Baufällen, wo berichtet werden muß, sind auch die Bau-Anschläge der Ober-Bau-Deputation zur Revision einzureichen.

10) Bei Kassen-Defekten;

11) Bei Vorschüßen, welche den der Abtheilung von dem Finanz-Ministerio bei der General-Staats-Kasse eröffneten Kredit übersteigen.

Die Abtheilung muß aber für die baldige Wiedereinziehung oder Verrechnung der Vorschüsse sorgen.

12) Bei allen extraordinairen, nicht etatsmäßigen Zahlungen, bei allen Etats-Ueberschreitungen, bei allen Verwendungen zu andern Zwecken, als der Etat bestimmt hat, und bei den durch die jetzige Instruktion nicht ausdrücklich überlassenen Dispositionen über Ersparungen bei etatsmäßigen Ausgaben.

13) Bei wichtigen Fabrik-Anlagen, und bei allen Beschränkungen der Handels- und Gewerbe-Freiheit, sofern letztere in dem Regierungs-Bezirk bereits eingeführt ist.

In allen übrigen Fällen, wo die gegenwärtige Instruktion es nicht ausdrücklich verlangt, oder es nicht durch besondere Gesetze und Verordnungen außerdem vorgeschrieben worden, kann die Abtheilung nach ihrem pflichtmäßigen Ermessen ohne Anfrage verfügen und verfahren; jedoch behält es

14) wegen Einreichung der Etats und Rechnungen von den Staats-Kassen zur Prüfung, Bestätigung und Decharge, so wie ferner wegen Einreichung der geordneten Kassen-Extrakte und Abschlüsse und der Kassen-Revisions-Protokolle, bei den bisherigen Vorschriften auch weiterhin sein Bewenden.

b. **Auszug** aus der **Verordnung** wegen verbesserter Einrichtung der Provinzial-Polizei- und Finanz-Behörden vom 26. Decbr. 1808, als Beilage zu der Regierungs-Instruction vom 23. October 1817.

IV. Verhältniß der Regierungen in rechtlicher Beziehung.

1) Gerichtsstand und Instanzenzug bei fiskalischen Prozessen und Untersuchungen.

§. 34. Fiscus entsagt in Absicht der Civilprozesse gänzlich seinem bisherigen privilegirten Gerichtsstande, und ist daher bei demjenigen Gericht zu klagen oder sich einzulassen verbunden, vor welches die Sache gehören würde, wenn sie bloß zwischen Privatpersonen schwebte. Wird Fiscus als Beklagter in Anspruch genommen, so muß dies nur in dem Fall bei dem Obergericht geschehen, wenn der Gegenstand des Streits unter unmittelbarer Verwaltung der Regierung stehet. Dieses findet ebenfalls bei den moralischen Personen Statt, die mittelbar oder unmittelbar unter Verwaltung der Regierungen stehen. Vergehungen gegen Hoheitsrechte und Landespolizeiverordnungen, imgleichen Dienstvergehungen, gehören vor das kompetente Obergericht. Wegen der lokalpolizeilichen Kontraventionen behält es einstweilen bei der bisherigen Verfassung sein Bewenden. Ueber Defraudationen Landes- und grundherrlicher Nutzungen, überhaupt wegen Vergehungen gegen Finanzgesetze sind die Untergerichte zu erkennen berechtigt, im Fall die darauf gesetzte Strafe nicht Funfzig Thaler oder eine dieser gleichgestellte Gefängnißstrafe überschreitet. Eine jede Sache, in welcher die Regierung von der ihr §. 45 nachgelassenen Befugniß Gebrauch gemacht, und eine vorläufige Resolution abgefaßt hat, geht jedoch sogleich an das Obergericht über, wenn der Kontravenient auf förmliches rechtliches Gehör anträgt. Der weitere Instanzenzug bleibt überall der ordentliche, wie er bisher bei jedem Gericht Statt gefunden hat; die Sachen gehen daher nicht mehr an das Oberrevisionskollegium, die Oberrevisionsdeputation, und die übrigen für die zweite und dritte Instanz über Rechtsangelegenheiten von besondern Gegenständen angesetzte Spruchbehörden, als welche nach dem Publicando vom 16. d. M. bereits aufgehoben sind.

2) Wegen Zulässigkeit von Civilklagen über Angelegenheiten des Regierungsressorts. Im Allgemeinen.

§. 35. Ueber Gegenstände und Angelegenheiten indessen, welche nach den Gesetzen und allgemeinen Grundsätzen Unserer Staats- und Landesverfassung zur richterlichen Erörterung bisher schon nicht geeignet gewesen, kann auch fernerhin kein Prozeß zugelassen werden.

Besonders aber A) Rücksichts der Landeshoheitssachen und einiger Spezialfälle.

§. 36. Es findet derselbe daher weder über wirkliche Majestäts- und Hoheitsrechte, noch gegen allgemeine in Gegenständen der Regierungsverwaltungen ergangene Verordnungen, A. L. R. Einleitung §. 70 Thl. I. Tit. 11 §. 4—10, Thl. II. Tit. 13 §. 5—16 noch über die Verbindlichkeit zur Entrichtung allgemeiner Anlagen und Abgaben, denen sämmtliche Einwohner des Staats oder alle Mitglieder einer gewissen Klasse derselben nach der bestehenden Landesverfassung unterworfen sind, A. L. R. Thl. II. Tit. 14 §. 78 Statt, und eben so wenig in den besondern Fällen, wo die Gesetze ihn ausdrücklich ausgeschlossen haben, wie z. B. erster Anhang zum A. L. R. §. 61, A. G. O. Thl. I. Tit. 43 §. 6.

Modifikationen.

§. 37. Jedoch versteht sich dieses nur unter den im A. L. R. Einleitung §. 71 Thl. I. Tit. 11 §. 14 und Thl. II. Tit. 14 §. 79 festgesetzten Modifikationen; und in den dahin gehörigen Fällen soll der Weg Rechtens Niemandem versagt werden.

B) Wegen der Polizeisachen.

§. 38. Ueber polizeiliche Verfügungen der Regierungen, von welcher Gattung sie sein mögen, stehet gleichfalls der Weg Rechtens unbedingt, sowohl über die Verpflichtung, als den Schadenersatz, Jedem offen, sobald entweder die Verfügung einer ausdrücklichen Disposition der Gesetze direkte entgegen läuft, oder die Klage auf einen speziellen Rechtstitel gegründet wird, vermöge dessen der Kläger das der durch die Polizeiverfügung angeordneten Verbindlichkeit entgegen stehende Recht gültig erworben zu haben behauptet. In dem letztern Fall erstreckt sich die richterliche Beurtheilung jedoch nur über die Gültigkeit des speziellen Rechtstitels an sich, und die daraus entstehenden rechtlichen Folgen. In sofern aber der spezielle Rechtstitel unbegründet befunden wird, und es auf Prüfung der Nothwendigkeit und Zweckmäßigkeit der Polizeiverfügung ankommt, tritt die Bestimmung des §. 40 ein.

Modifikationen.

§. 39. Die Regierungen sind jedoch im zweiten Falle des vorigen §. gleichmäßig als nachstehend §. 42 festgesetzt worden, berechtigt, des Widerspruchs ungeachtet mit der Ausführung sofort vorzugehen, und die Exekution zu verfügen, wenn ihrem pflichtmäßigen Ermessen nach, damit ohne Nachtheil des Allgemeinen bis zur richterlichen Entscheidung nicht gewartet werden kann.

§. 40. Wird die Klage hingegen nicht speziell auf eines der vorerwähnten beiden Fundamente (§. 38), sondern nur auf die allgemeine bürgerliche Freiheit und die Prinzipien vom freien Genuß seines Eigenthums gegründet, so stehet den Gerichten keine Kognition über die Nothwendigkeit zum allgemeinen Besten, und die Zweckmäßigkeit der polizeilichen Anordnung zu; es wäre denn, daß eine richterliche Erörterung darüber in den Gesetzen, wie z. B. §. 8 Tit. 1 der Forstordnung für Westpreußen vom 8. Oktober 1805 ausdrücklich nachgelassen worden. Ist solches nicht geschehen, so kann in diesem Fall niemals über die Verpflichtung zur Befolgung der Polizeiverfügung, sondern nur darüber eine rechtliche Klage gestattet werden, ob und in wie weit sonsten, jedoch unter vorausgesetzter Nothwendigkeit und Zweckmäßigkeit der Verfügung, ein Entschädigungsanspruch wegen derselben dem Kläger nach den Gesetzen zustehe. Die richterliche Einwirkung tritt jedoch im vollen Umfange ein, wenn entweder von der höhern Polizeibehörde die Verfügung gemißbilligt worden, oder der letztern grobe Fahrlässigkeit, oder gar vorsätzliche Beeinträchtigung zum Grunde liegt. Auch ist dieser §. nur von Polizeiverfügungen für einzelne Fälle zu verstehen, nicht von solchen, durch welche etwas im Allgemeinen festgesetzt wird. Zu den letztern müssen die Regierungen jedesmal die Genehmigung der höhern Polizeibehörde haben. Ist diese aber erfolgt, so findet auch wider Polizeiverfügungen der letztern Gattung nur unter den vorher festgesetzten Modalitäten der Weg Rechtens Statt.

C) In Ansehung der Finanzangelegenheiten.

§. 41. Gegen Verfügungen der Regierungen, welche sie in ihrer Eigenschaft als Finanzbehörde erlassen (§. 4), sich mithin auf die Vermögensverwaltung des Fiscus beziehen, ist einem jeden, der seine Rechte dadurch gekränkt glaubt, der Weg Rechtens unbenommen, in sofern der Fall nicht zu den §§. 35 und 36 gemachten Ausnahmen gehört. Ein gleiches findet in Absicht der Vermögensverwaltung anderer den Regierungen untergeordneten moralischen Personen Statt; und eben so steht es unter den gedachten Modalitäten Jedem frei, sein Privatinteresse über Gegenstände der Post- und Bergwerksadministration (§. 7 und §. 11) bei dem kompetenten Gericht geltend zu machen.

Modifikationen.

§. 42. Damit indessen durch frivole Klagen keine Verwirrung und Stockung in die Finanzverwaltung gebracht werden kann, so authorisiren Wir hiermit die Regierungen, des gegen ihre Verfügung erhobenen Widerspruchs ungeachtet,

1) alle Landes- sowohl als grundherrliche Revenüen, Abgaben und Dienste, unbeschränkt zur Leistungszeit beizutreiben, oder durch die Domainenpächter, Administratoren, oder dazu angesetzte Offizianten beitreiben zu

lassen, jedoch mit Beobachtung der deshalb, A. L. R. Thl. II. Tit. 14 §. 80 und 83, festgesetzten Modifikationen;

2) in sofern von Erfüllung der vom Fiscus mit Privatpersonen eingegangenen Verträge die Erreichung bestätigter Etats abhängt (wie vorzüglich bei Pachtungen von Domainen und Regalien der Fall ist) und die Erfüllung der kontraktmäßigen Verbindlichkeit verweigert wird, nach vorheriger summarischer Vernehmung des Weigernden, ein vorläufiges Liquidum pflichtmäßig festzusetzen, und dasselbe vom Schuldner sogleich einziehen zu lassen;

3) die verpachteten, ihrer Administration unterworfenen Grundstücke und Gerechtsame unter Sequestration zu setzen, wenn die Pachtgelder rückständig bleiben, oder die Pächter schlecht wirthschaften;

4) die Verpflichtung der Pächter oder Nießbraucher von dergleichen Grundstücken oder Rechten, zur Räumung nach abgelaufener Pachtzeit und beendigtem Besitzrechte, auf den Grund einer summarischen Untersuchung, durch eine Resolution festzusetzen, und diese sogleich vollstrecken zu lassen. Vor beendigter Pacht- oder Besitzzeit kann aber die Exmission nicht anders als durch Urtheil und Recht festgesetzt werden und erfolgen;

5) wenn bei andern über Gegenstände des Regierungsressorts geschlossenen Verträgen, besonders bei Kriegslieferungen und wichtigen Entreprisen, die Erfüllung nach dem Verlangen der Regierung verweigert wird, und daraus ihrem Ermessen nach ein unwiederbringlicher Schaden sich besorgen läßt, für welchen der Weigernde dem Staate nicht würde gerecht werden können, denselben zu der von ihm verlangten Verbindlichkeit durch Zwangsmittel anzuhalten. In allen diesen Fällen sind die Regierungen berechtigt, die Sache, mit Vorbehalt des Rechts des Widersprechenden, zur Exekution bringen zu lassen. Auch wird die Bestimmung, ob solches nothwendig sei, lediglich ihrem pflichtmäßigen Ermessen überlassen. Die Gerichte sind verpflichtet, keine Hindernisse in den Weg zu legen. Es sind daher auch keine Possessorienklagen über dergleichen exekutivische Maaßregeln der Regierungen zulässig, weder gegen den Fiscus, noch gegen Korporationen oder Privatpersonen. Auch muß es bei denselben so lange verbleiben, bis die Sache im Petitorium völlig rechtskräftig entschieden ist, im Fall die betreffende Regierung nicht selbst deren Abänderung für zuträglich erachtet.

3) Konkurrenz der Regierungen bei den Civilprozessen.

§. 43. In allen fiskalischen Civilprozessen steht es den Regierungen frei:

1) nach der Analogie der A. G. O. Thl. I. Tit. 3 §. 21 ohne daß dadurch jedoch der Gang der Instruktion aufgehalten, oder der Gegenpartei Kosten verursacht werden muß, außer dem gewöhnlichen Stellvertreter des Fiscus, noch einen andern Deputirten abzuschicken, welcher der Instruktion beiwohne, und darauf sehe, daß die Thatsachen überall richtig, deutlich und vollständig auseinandergesetzt, nichts von Erheblichkeit übergangen, und bei Aufnehmung der Beweise mit genauer und gründlicher Sorgfalt verfahren werde; sich übrigens aber in die Leitung des Verfahrens nicht mischen, oder eine Direktion desselben sich anmaßen, sondern den eigentlichen Instruenten bloß kontrolliren, und sich überhaupt in den durch die A. G. O. Thl. I. Tit. 10 §. 198 vorgeschriebenen Grenzen halten muß;

2) vor Abfassung des Erkenntnisses ein schriftliches Gutachten zu den Akten zu geben, worauf, in sofern es auf besondere landespolizeiliche oder finanzielle Verhältnisse und Verfassungen, nicht aber auf bloße Rechtsfragen ankommt, von den Gerichten gebührende Rücksicht genommen, auch nach Befinden von ihnen die betreffende Regierung ersucht werden soll, einen Deputirten zu ernennen, der dem Vortrage der Sache bei dem Spruch beiwohne.

4) Desgleichen bei Privatprozessen.

§. 44. Wenn in Prozessen zwischen Privatpersonen Gegenstände und Rechtsfragen zur Sprache kommen, welche auf Prinzipien der Landesverfassung, Staatsverwaltung, Staatswirthschaft, Polizei- und Gewerbekunde Einfluß haben, und durch klare Gesetze nicht bestimmt sind, so sind die Gerichte verpflichtet, über dergleichen Rechtsfragen von den Regierungen ein Gutachten einzuholen, und sich darnach als einem konsultativen Votum gebührend zu achten.

5) Verfahren bei Polizei- und andern Kontraventionen.

§. 45. Bei Kontraventionen gegen Finanz- und Polizei- und andere zum Ressort der Regierungen gehörige Gesetze, imgleichen bei Defraudationen landesherrlicher den Regierungen zur Verwaltung übergebenen Gefälle, und nutzbaren Regalien, sind die Regierungen berechtigt, nach einer summarischen Untersuchung die Sache durch eine Resolution zu entscheiden, auch die festgesetzte Strafe vollstrecken zu lassen, wenn der Beschuldigte nicht, binnen 10 Tagen nach Empfang der Resolution, auf förmliches rechtliches Gehör und Erkenntniß bei dem kompetenten Obergericht anträgt. Zu dem Ende muß es in der Resolution ihm auch jedesmal bekannt gemacht werden, daß er diese Befugniß habe, ihrer aber verlustig gehe, wenn er binnen 10 Tagen vom Empfange keinen Gebrauch davon mache. Geschieht aber dieses, so geben die Regierungen sogleich die Akten an das Landesjustizkollegium zur weitern rechtlichen Einleitung ab, können jedoch die nöthigen Verfügungen wegen Sicherstellung der vorläufig festgesetzten Geldstrafe treffen, wenn sie solches für nöthig erachten. Wird die von den Regierungen festgesetzte Strafe hinterher im rechtskräftigen Erkenntniß bestätigt, oder gar geschärft, so muß der Denunziat jedesmal die Kosten der vorläufigen Untersuchung tragen. Wird sie hingegen gemildert, so bleibt er, im Fall er nicht von sämmtlichen Gerichtskosten entbunden wird, nur in sofern dazu verbindlich, als von der summarischen Untersuchung bei der rechtlichen Einleitung hat Gebrauch gemacht werden können, welches das Landeskollegium nach pflichtmäßigem Ermessen festsetzt. Auf die von den Regierungen mit höherer Genehmigung in Polizei- und Landesangelegenheiten erlassene Publikanda sind die Landesjustizkollegien bei ihren Entscheidungen in sofern Rücksicht zu nehmen verbunden, als darin keine härtere Strafe, wie in den Gesetzen, festgesetzt ist, in welchem Fall die Strafe nach diesen zu bestimmen ist.

6) Befugniß der Regierungen bei Dienstvergehungen der ihr subordinirten Offizianten. Disziplinarsachen.

§. 46. Die Dienstdisziplin, über sämmtliche Offizianten ihres Ressorts, verbleibt den Regierungen nach wie vor. Sie sind daher auch berechtigt, Ordnungsstrafen wider sie festzusetzen und zu vollstrecken, ohne daß die Landesjustizkollegien sich darin mischen dürfen.

Dienstsuspension. Dienstentlassungen.

Auch behalten die Regierungen die Befugniß, die ihnen untergeordneten Offizianten aus gesetzlichen Ursachen von ihrem Dienst zu suspendiren. In Ansehung ihrer Entlassung behält es aber bei den Vorschriften des A. L. R. Thl. II. Tit. 10 §. 98—101 sein Verbleiben.

7) Modalitäten bei Prozessen und Untersuchungen gegen Regierungs-Offizianten.

§. 47. Wenn gegen einen den Regierungen untergeordneten Offizianten Regreß- und Injurienklagen, aus Veranlassung seines Amts, angebracht, oder gegen Kassenbediente des Regierungs-Ressorts Geldforderungen eingeklagt werden, oder gegen Regierungsoffizianten eine fiskalische oder Kriminal-Untersuchung eingeleitet werden soll, so muß das Gericht solches sogleich von Amtswegen der betreffenden Regierung bekannt machen. Ein Gleiches muß geschehen, wenn ein Regierungsbedienter zum persönlichen Arrest gebracht werden soll; der Exekutor muß das Notifikatorium dem Amtsvorgesetzten einhändigen, zugleich aber den, welcher in Arrest gesetzt werden soll, so lange unter Observation nehmen, bis wegen Verwaltung seines Amts die nöthigen Vorkehrungen getroffen sind. Untersuchungen gegen Regierungsoffizianten über bloße Dienstvergehungen können die Gerichte nicht anders, als auf einen vorher ergangenen Antrag der betreffenden Regierung einleiten; es wäre denn mit dem Vergehen ein solcher Exzeß verbunden, der den Thäter, auch wenn er nicht Offiziant wäre, schon der Beahndung der Gesetze schuldig macht. Soll ein Regierungsbedienter als Zeuge, Sachverständiger, oder aus einem andern Grunde außerhalb seinem Wohnorte vor Gericht erscheinen, so muß davon bei der Vorladung die betreffende Regierung, oder unmittelbar vorgesetzte Behörde desselben gleichfalls benachrichtigt werden. Auch bei Versiegelung des Vermögens oder Nachlasses von Regierungsoffizianten, ist die betreffende Regierung zu benachrichtigen, und befugt, an denjenigen Zimmern und Behältnissen, worin Amtsakten zu vermuthen sind, ihre Siegel mit anlegen zu lassen. Bei der Entsiegelung müssen dergleichen Akten und Papiere, mit Zuziehung eines Abgeordneten der Regierung abgesondert, und den Abgeordneten ausgehändigt, auch zu dem Ende die Entsiegelung vorzüglich beschleunigt werden. Das Vorstehende ist gleichfalls zu beobachten, wenn der Offiziant zwar an sich ein Justizbedienter, aber in anderer Rücksicht einer Regierung zugleich untergeordnet ist, und Geschäfte in Händen hat, welche zu ihrem Ressort gehören. In allen vorbenannten Fällen sind endlich den Regierungen die ergangenen Erkenntnisse von Amtswegen mitzutheilen.

8) Modalitäten bei Ausübung der exekutiven Gewalt der Regierungen.

§. 48. Bei Ausübung der ihnen verliehenen exekutiven Gewalt müssen die Regierungen zwar die in den Gesetzen vorgeschriebenen Grade beobachten; inzwischen sind dieselben befugt:

1) in Fällen, wo die verlangte Verpflichtung auch durch einen dritten geleistet werden kann, solches, nach fruchtlos gebliebener Aufforderung des Verpflichteten, für dessen Rechnung bewirken, so wie ferner bei Lieferungen, wo es nicht gerade auf einzelne im Besitz des Verpflichteten sich befindende Stücke ankommt, die zu liefernde Gegenstände für dessen Rechnung ankaufen und in beiden Fällen den Kostenbetrag von ihm exekutivisch beitreiben zu lassen.

2) Strafbefehle können die Regierungen im Wege des exekutivischen Verfahrens bis zur Summe von 100 Thalern oder vierwöchentlichem Gefängniß, erlassen und vollstrecken.

3) Militairische Exekution findet nur bei hartnäckigem Ungehorsam, oder wirklicher Widersetzlichkeit, nach fruchtlos gebliebener Civilexekution, und vorheriger Androhung statt. Auch müssen die Regierungen vorher die Genehmigung der höhern Behörde nachsuchen, oder derselben wenigstens gleichzeitig Anzeige machen, wenn bei der Sache Gefahr im Verzuge ist.

4) Kommt es bei der Exekution auf den Verkauf eines Grundstücks an, so wird selbiger zwar von dem ordentlichen Gericht, unter welchem dasselbe belegen ist, im Wege der nothwendigen Subhastation bewirkt; die Subhastation kann aber von den Gerichten nicht verweigert werden, sobald die Verbindlichkeit des Schuldners außer Zweifel ist.

5) Der Verkauf abgepfändeter Effekten geschieht jedesmal mit Zuziehung eines Justizbedienten. Es versteht sich übrigens von selbst, daß die Regierungen die Befugniß haben, zur Sicherstellung des zu erstattenden Kostenbetrags oder der Geldstrafe die nöthigen Vorkehrungen zu treffen.

c. C. O. vom 31. Decbr. 1825, betreffend die Abänderung in der bisherigen Organisation der Provinzial-Verwaltungs-Behörden.

Nachdem Ich bereits die allgemeinen Grundsätze genehmigt habe, nach welchen in der bisherigen Organisation der Provinzial-Verwaltungs-Behörden für die Folge eine Abänderung eintreten soll; will Ich darüber Folgendes nunmehr näher festsetzen:

A. Für die Ober-Präsidenten habe Ich unterm heutigen Tage eine besondere Dienstinstruktion erlassen, wodurch deren Verhältniß zu den Ministerien und zu den Provinzial-Behörden näher bestimmt wird.

B. Für die Geschäftsführung der Konsistorien bleibt die Dienstinstruktion vom 23. Octbr. 1817 mit folgenden Abänderungen maaßgebend:

1) das Kollegium theilt sich in zwei Abtheilungen; die eine bearbeitet unter dem Namen: Konsistorium, die evangelischen geistlichen Sachen, und die andere unter dem Namen: Provinzial-Schul-Kollegium, die dem Kollegium durch jene Dienstinstruktion überwiesenen Unterrichts-Angelegenheiten; dem Oberpräsidenten wird überlassen, die Mitglieder, mit Berücksichtigung ihrer persönlichen Qualifikation, zu den Arbeiten der einen oder der andern, oder beider Abtheilungen zuzuziehen.

2) Den Konsistorien wird außer der Prüfung der evangelisch-geistlichen Kandidaten (§. 2 Abschnitt 3 der Instruktion) auch deren Ordination hiermit übertragen.

3) Die Vorschrift des §. 2 Abschnitt 4 wird aufgehoben. Jedoch dürfen die Regierungen von außerhalb Landes, Geistliche nur mit Genehmigung des Ministerii anstellen; wenn dagegen Privatpatrone von außerhalb Landes her Geistliche vociren, so müssen dieselben, ehe deren Bestätigung erfolgt, vom Konsistorio zur Verwaltung einer geistlichen Stelle im Staate für geeignet erachtet worden sein.

4) Bei Erledigung von Superintendenturen haben sich die Regierungen über deren Wiederbesetzung gutachtlich gegen das Konsistorium zu äußern, welchem der Vorschlag hierüber bei dem vorgesetzten Minister, so wie die Einführung der Superintendenten verbleibt.

5) Die Berichte der Regierungen über Veränderung der bestehenden, oder über die Einführung neuer Stolgebührentaxen an das vorgesetzte Ministerium, gehen durch die Konsistorien zur Beifügung ihres Gutachtens.

6) Die Zusammenziehung und Vertheilung von Parochien, so wie die Umpfarrung von Ortschaften, kann von den Regierungen nur unter Genehmigung des Konsistorii angeordnet werden.

7) Die Bestimmungen der §§. 3 und 4 der Dienstinstruktion über die Wahrnehmung des juris circa sacra der römisch-katholischen Kirche finden für die Konsistorien, als evangelisch-geistliche Behörden, weiter keine Anwendung.

8) Die Provinzial-Schul-Kollegien sollen künftig zwar nur zur Anstellung der Rektoren der gelehrten Schulen und der Direktoren der Schullehrer-Seminarien (§. 7 Abschnitt 10 der Dienstinstruktion) die Genehmigung des vorgesetzten Ministerii nachzusuchen haben, jedoch sind sie verpflichtet, in vorkommenden Fällen dessen Anweisungen Hinsichts der neuen Anstellung, der Beförderung oder Versetzung einzelner Individuen nachzukommen, derselben auch auf Erfordern von eintretenden Vakanzen vor der Wiederbesetzung der Stelle Anzeige zu machen.

9) Unter Aufhebung der betreffenden Vorschriften im §. 9 der erwähnten Instruktion, wird hiermit die gesammte Vermögens-Verwaltung und das Kassen- und Rechnungswesen der Gymnasien, der gelehrten Schulen und der Schullehrer-Seminarien, so wie der mit den vorgenannten Instituten in unmittelbarer Verbindung stehenden Erziehungs- und

Unterrichts-Anstalten, den Provinzial-Schulkollegien überwiesen; nicht weniger gehört zu deren Ressort die Verwaltung der bei diesen Instituten befindlichen Stipendienfonds und des Königlichen Kollaturrechts. Bei dem Etats-, Kassen- und Rechnungswesen, so wie bei der eigentlichen Vermögens-Verwaltung, haben die Provinzial-Schulkollegien diejenigen Bestimmungen analogisch zu befolgen, welche insbesondere der Regierungs-Abtheilung für das Kirchen- und Schulwesen, Hinsichts der von derselben ressortirenden Anstalten und Stiftungen, vorgeschrieben worden sind. — Dem Ober-Präsidenten wird überlassen, bei der Vermögens-Verwaltung solcher Anstalten, welche vom Provinzial-Schulkollegio ressortiren, in vorkommenden Fällen einen sachverständigen Rath der betreffenden Regierung zuzuziehen.

C. Die Medizinal-Kollegien haben sich nach der ihnen am 23. Oktober 1817 ertheilten Dienst-Instruktion, deren §. 7 hierdurch aufgehoben wird, zu richten; es verbleibt übrigens bei der bereits verfügten Aufhebung der Sanitäts-Kommissionen.

D. Hinsichts der Regierungen setze Ich Folgendes fest:

I. An der Spitze jeder Regierung steht ein Präsident, zu dessen Wirkungskreise im Allgemeinen alles das gehört, was in der Instruktion vom 23. Oktober 1817 §§. 39 und 40 für das Präsidium und den Chef-Präsidenten angeordnet ist.

II. Statt der bisherigen Geschäfts-Bearbeitung in zwei Regierungs-Abtheilungen können, zumal bei Regierungen von größerem Umfange, zur schnelleren Förderung der Geschäfte, diese mehr abgesondert bearbeitet und gebildet werden:

1) Eine Abtheilung des Innern.

Bei dieser sollen die Gegenstände bearbeitet werden, die nach der Instruktion von 1817 der ersten Regierungs-Abtheilung zugetheilt waren, in der Regel mit Ausnahme der geistlichen und Schul-Angelegenheiten; auch in Rücksicht der ständischen Angelegenheiten und der Zensur der Schriften, liegt derselben nur ob, die Aufträge des Ober-Präsidenten auszurichten.

Dieser Abtheilung werden nun beigelegt die gesammten Gewerbe- und baupolizeilichen Angelegenheiten, welche in der Instruktion von 1817 §. 3 No. 2 Litt. a. b. c. und No. 4 benannt sind, imgleichen die Verwaltung der Einkünfte von den Kunststraßen.

2) Eine Abtheilung für die Kirchenverwaltung und das Schulwesen.

Diese hat die §. 2 No. 6 und §. 18 der Instruktion von 1817 bezeichneten kirchlichen und Schul-Angelegenheiten zu bearbeiten, welche nicht dem Konsistorio und Provinzial-Schul-Kollegio durch die Dienst-Instruktion vom 23. Oktober 1817 und Unsere gegenwärtige Order vorbehalten sind.

3) Eine Abtheilung für die Verwaltung der direkten Steuern und der Domainen und Forsten.

Zu ihrem Geschäftskreise gehören sämmtliche Angelegenheiten, welche sich auf das Staats-Einkommen aus den Grund- und Personal-Steuern beziehen, oder auf die Verwaltung der Domainen- und Forsten und solcher Regalien, die bisher mit der Domainen- und Forst-Verwaltung verbunden waren, insbesondere auch die landesherrliche Jagd- und Forst-Polizei.

Da, wo ein Oberforstmeister anzustellen gut gefunden wird, gehört dieser neben dem Vorgesetzten der Abtheilung mit zu deren Vorstande. Der Oberforstmeister rangirt nach der Anciennität mit den Dirigenten der Abtheilungen, und hiernach bestimmt sich, wem von beiden Beamten bei der Unterschrift der Vorrang gebührt. Der Regierungsrath und Forstmeister im Kollegio rangirt nach der Anciennität mit den Regierungsräthen.

Für die direkten Steuersachen ist, wo der Vorgesetzte der Abtheilung sie nicht selbst bearbeitet, ein eigener Rath zu benennen.

4) Eine Abtheilung für die Verwaltung der indirekten Steuern, welche indessen nur Statt findet, wo nicht Steuer-Direktoren für eine ganze Provinz bestellt sind oder werden.

Dieser Abtheilung gebührt die Bearbeitung alles dessen, was sich auf die nach den Etats zu den indirekten Abgaben gerechneten Staats-Einkünfte bezieht, mit Inbegriff der Abgaben von den Kommunikations-Anstalten (außer den Chausseen), des Kalenderwesens, der Maaßregeln zum Schutz des Salzmonopol-Handels.

5) Die Kassen-, Etats- und Rechnungs-Angelegenheiten; so weit sie nach der Geschäfts-Anweisung dem Regierungs-Kassenrath zugewiesen sind, hat derselbe selbstständig unter dem Präsidenten zu bearbeiten, und ist in allen Abtheilungen, wo seine Mitwirkung erfordert wird, zuzuziehen.

III. Die einzelnen Abtheilungen erhalten mit Anwendung der Bestimmung des §. 41 der Instruktion vom 23. Oktober 1817 besondere Dirigenten mit dem Karakter „Ober-Regierungsrath."

IV. Da die Ober-Präsidenten in der Regel zugleich die Präsidenten bei der Regierung, welche sich an ihrem Wohnorte befindet, sein sollen; so wird bei diesen Regierungen ein Vice-Präsident bestellt, welcher den Ober-Präsidenten bei Abwesenheit, Krankheit und in sonst zu bestimmenden Fällen bei der Regierung zu vertreten, auch die Präsidial-Geschäfte der Regierung in sofern zu übernehmen hat, als es das Staatsministerium, wenn dazu ein Antrag vom Ober-Präsidenten gemacht wird, bestimmen wird. Bei den übrigen Regierungen wird der Regierungs-Präsident in Fällen der Abwesenheit oder anderer Behinderung durch einen für immer dazu ernannten Vorgesetzten einer Abtheilung vertreten.

V. Die Plenar-Versammlungen der Regierungen bestehen unter dem Vorsitz des Präsidenten, aus:

a) den Ober-Regierungsräthen mit Einschluß des Oberforstmeisters, als Mit-Dirigenten der Abtheilung für Domainen- und Forsten;
b) den Regierungsräthen;
c) den technischen Mitgliedern der Regierung, und
d) den Assessoren.

Die ad a und b gedachten Beamten haben dabei ein volles Votum; die technischen Mitglieder, nämlich die Geistlichen, Schul-, Medizinal- und Bau-Räthe, auch die technischen Forstbeamten, haben nur in den Angelegenheiten, welche zu ihrem Geschäftskreise gehören, ein volles Votum; und die Assessoren allein in den von ihnen selbst bearbeiteten Sachen.

Die Provinzial-Steuer-Direktoren sind befugt, den Plenarsitzungen der Regierungen in dem Bezirke ihrer Verwaltung beizuwohnen; auch können sie bei ihrer Anwesenheit in den verschiedenen Regierungs-Departements von dem Präsidenten zu einzelnen Sitzungen des Pleni, so wie der Abtheilungen, noch besonders eingeladen werden; sie haben alsdann ein Votum.

Eben so ist der Präsident berechtigt, einzelne Landräthe zu den Sitzungen der Regierung zuzulassen, in welchem Falle ihnen ein Votum gebührt.

Stimmenmehrheit entscheidet bei diesen Versammlungen; doch verbleibt dem Präsidenten das im §. 39 No. 3 der Instruktion von 1817 dem Präsidio beigelegte Recht, der Ausführung des Beschlusses, unter den dort näher bezeichneten Modifikationen, Anstand zu geben.

VI. In Ansehung der Gegenstände, welche in den Plenar-Versammlungen vorzutragen und zu berathen sind, verbleibt es zwar bei den Bestimmungen der Regierungs-Instruktion vom Jahre 1817 §. 5, jedoch mit dem Zusatze, daß auch bedeutendere Landes-Meliorationen den Gegenständen beizuzählen sind, welche hierher gehören, und mit der Abänderung, daß die Besetzung der Subalternstellen bei der Regierung vom Präsidenten allein abhängt, welcher auch bei solchen Stellen, wenn eine Entlassung statt findet, die Abschiede ertheilt.

VII. Die Beschlüsse erfolgen zwar auch in den Abtheilungen nach der Stimmenmehrheit der Mitglieder, mit Einschluß des Vorgesetzten der Abtheilung, dem aber nicht bloß im Falle der Stimmengleichheit die Entscheidung gebührt, sondern welcher auch berechtigt ist, den wider seine Ansicht gefaßten Beschluß der Majorität durch Provokation auf den Präsidenten zu suspendiren, von welchem es dann abhängt, durch seinen Beitritt zu bestimmen: ob nach der Ansicht des Vorgesetzten oder der Stimmenmehrheit der Mitglieder der Abtheilung verfahren, oder ob die Sache zur Entscheidung an das Plenum verwiesen werden soll.

VIII. Die Reinschriften der auf Plenar-Beschlüssen beruhenden Verfügungen und Ausfertigungen werden von dem Präsidenten allein, die der einzelnen Abtheilungen aber von dem Vorsitzenden derselben vollzogen.

Bei Verträgen und andern Urkunden, deren Ausfertigung bei einer Abtheilung erfolgt, ist nicht nur des Präsidenten, sondern auch eines Justitiarius Mitunterschrift, sowohl des Entwurfs, als der Ausfertigung erforderlich.

Sämmtliche Verträge, wozu die Regierungen höhere Genehmigung einholen müssen, und welche nach §. 5 No. 13 der Ober-Präsidial-Instruktion vom 23. Oktober 1817 von den Ober-Präsidenten bestätigt werden mußten, sind künftig von den Regierungen allein auszufertigen; jedoch muß in den Fällen, wo zur Regulirung des Geschäfts selbst Ministerial-Genehmigung nothwendig ist, diesen Verträgen die Genehmigungs-Verfügung wenigstens extraktweise in beglaubigter Abschrift beigefügt werden.

IX. Jeder Abtheilung wird ihr abgesondertes Subaltern-Personal überwiesen. Es dürfen aber diese Beamten, die Kassen-Beamten ausgenommen, sich fortan als nur zu einem speziellen Geschäftszweige ausschließlich bestimmt, nicht betrachten. Jeder ist schuldig, dasjenige zu verrichten, was der Präsident oder der vorgesetzte Rath ihm überweiset, und wozu er ihn am tauglichsten findet, es bestehe solches nun in Expeditions-, Kalkulatur-, Registratur- oder Journalisirungs-Geschäften. Bloß zum Mundiren sind besondere Beamten bestimmt. Die Subalternen werden daher:

a) in die der ersten Klasse, mit Bezeichnung „Regierungs-Sekretarien" und

b) in die der zweiten Klasse, mit Bezeichnung „Assistenten" abgetheilt.

Die nur zum Mundiren bestimmten sind ferner „Kanzlisten" zu nennen.

X. Zu den in der Instruktion vom Jahre 1817 §. 38 bemerkten Handlungen der Beamten, welche ohne Nachsicht gerügt werden sollen, gehören auch Verschwendung, leichtsinnige Verschuldung und verletzte Amts-Verschwiegenheit. Es darf kein Beamter über das, was amtlich zu seiner Kenntniß kommt, an dritte Personen Mittheilung, oder gar etwas öffentlich bekannt machen. Thut er dies, so begehet er eine Pflichtverletzung, die nach der Größe derselben mit verhältnißmäßiger Geldstrafe oder mit Entfernung aus dem Dienste im Disciplinarwege geahndet werden soll.

XI. Bäuerliche Regulirungen und Separationen in Domainen oder den unter unmittelbarer Verwaltung der Regierung oder der Provinzial-Schul-Kollegien stehenden Instituten, worüber die Regierung auf eigene Verhandlung Vergleiche schließt, bedürfen keiner Bestätigung der General-Kommission. In Ansehung der Regulirungs- und Auseinandersetzungs-Sachen, welche die General-Kommission leitet, wobei Gerechtsame der Domainen- und Forsten, oder der vorgenannten Institute wahrzunehmen sind, hat die General-Kommission nicht unmittelbar mit den Ministerien zu verhandeln, sondern an die Regierungs-Abtheilung zu schreiben, und diese die nöthigen Erklärungen entweder selbstständig abzugeben, oder die Ministerial-Genehmigung einzuholen.

Verträge und Urkunden über Gegenstände, deren Regulirung auf dem Wege der Provokation bei der General-Kommission und durch deren Entscheidung bewirkt worden ist, unterliegen der Bestätigung von Seiten der-

General-Kommission. Ist aber keine Entscheidung von Seiten der General-Kommission erfolgt, so sind dergleichen Urkunden, und selbst die von der General-Kommission geschlossenen Vergleiche, wenn sie bloß den Fiskus und dessen Hintersassen, oder die unter der unmittelbaren Verwaltung der Regierung oder der Provinzial-Schul-Kollegien stehenden Institute betreffen, nur von der betreffenden Abtheilung der Regierung, oder dem Provinzial-Schul-Kollegio zu genehmigen, und diese von denselben in der vorgeschriebenen Form ertheilte Genehmigung des Geschäfts hat alle rechtlichen Wirkungen und Folgen einer von der General-Kommission ertheilten Bestätigung.

Die im §. 65 der Verordnung, wegen Organisation der General-Kommissionen vom 20. Juni 1817 und in den §§. 25—28 des Gesetzes über die Ausführung der Gemeinheitstheilungs- und Ablösungs-Ordnungen vom 7. Juni 1821 vorgeschriebene Bestätigung der General-Kommission, ist daher in den obengedachten Fällen ferner nicht erforderlich, und wird die desfallsige Bestimmung in soweit hierdurch ausdrücklich aufgehoben.

Alle in vorbemerkten Fällen bei Publikation dieser Bestimmungen schon abgeschlossenen und von der General-Kommission noch nicht bestätigten Verträge (es mögen solche bei der General-Kommission bereits zur Prüfung vorliegen oder nicht), werden nicht von dieser bestätigt, sondern zur Ertheilung der vorgeschriebenen Genehmigung an die Regierung und Provinzial-Schul-Kollegien abgegeben.

XII. Da über einzelne Punkte des mit der Instruktion vom 23. Oktober 1817 publizirten Auszuges aus der Verordnung vom 26. Dezember 1808 Zweifel entstanden sind, so setze Ich in dieser Beziehung zugleich Folgendes fest:

a) ad §. 42. Was sub No. 2, 3 und 4 dieses §. von den Rechten des Fiskus aus Verträgen, mit seinen Pächtern geschlossen, gesagt ist, findet auch Anwendung auf Verträge, welche Namens der unter unmittelbarer Verwaltung der Regierungen oder der Provinzial-Schul-Kollegien stehenden Institute, mit Privatpersonen abgeschlossen sind, sofern letztere in den Kontrakten sich dieser Bestimmung ausdrücklich unterworfen haben;

b) ad §. 48 das den Regierungen zugestandene fiskalische Exekutionsrecht erstreckt sich auch bis zu der Person des Exequendi, und kann derselbe daher gefänglich eingesetzt werden. Wegen rückständiger direkter oder grundherrlicher Abgaben, zu deren Einziehung sich kein Objekt im Vermögen des Abgabepflichtigen vorfindet, soll dessen persönliche Verhaftung von den Regierungen aber nicht verfügt werden.

Den Regierungen steht es zu, vermöge der ihnen beigelegten allgemeinen Befugniß, in einzelnen Angelegenheiten ihres Ressorts, den Justiz-Unter-Behörden Aufträge zu machen, und sie zu deren Befolgung anzuhalten, vorausgesetzt, daß die Natur der den Gerichten zu machenden Aufträge von der Art ist, daß sie nicht mit solchen belastet werden, die ihrer Bestimmung fremd und resp. entgegengesetzt sind; in Civil-Prozessen, wo Fiskus Partei ist, findet nur die Requisition Statt. Bei fiskalischen Exekutionen sollen die Regierungen die Hülfe der Gerichte, als Ausnahme von der Regel, aber nur dann in Anspruch nehmen, wenn es ihnen selbst an eigenen Organen zur Exekutions-Vollstreckung, oder, im Falle der Verhaftung des Exequendi, an einem eigenen Lokale zur Aufnahme des Verhafteten fehlt.

Da übrigens die Verwaltungsbehörden das Recht und die Liquidität des beizutreibenden Objekts allein zu beurtheilen vermögen, und dafür verantwortlich sind, so kann die Berufung des Exequendi auf gerichtliches Gehör, über seine Verpflichtung zur Zahlung der Prästation, auch die Exekutions-Vollstreckung, selbst gegen die Person, nicht sistiren.

Wenn indeß in einem solchen Falle, wo die Verwaltungsbehörde nach den bestehenden gesetzlichen Bestimmungen, zur persönlichen Verhaftung des Schuldners schreitet, von Seiten desselben Einwendungen gegen die Forderung erhoben werden; so ist die Verwaltungsbehörde zwar berechtigt, den Schuldner, seines Widerspruchs unerachtet, zur Haft bringen zu lassen: es liegt ihr jedoch ob, die Sache sofort an die kompetente Gerichtsbehörde gelangen zu lassen, damit dieselbe über die Fortdauer oder Relaxation des Arrests, nach §. 70 seq. Tit. 29 der Prozeß-Ordnung, verfahre und erkenne.

Nach demselben §. 48 des Anhanges zur Regierungs-Instruktion vom 23. Oktober 1817, sind die Regierungen bei Anwendung des fiskalischen Exekutions-Rechts auf die Exekutions-Mittel verwiesen, welche die allgemeinen Gesetze anordnen. Als eines solchen erwähnt zwar die A. G. O. der Verpachtung ganzer Güter nicht. Da indeß die Erfahrung lehrt, daß der Modus executionis durch Sequestration selten zum Ziele führt, und keinen von beiden Theilen, wegen der damit verbundenen bedeutenden Kosten, Vortheile bringt, so bestimme Ich: daß die Verpachtung der Domainen, Erbpachtgüter, der bäuerlichen Besitzungen, und, unter Umständen nach dem Urtheil der Verwaltungs-Behörden, selbst die Wiederverpachtung bloß verzeitpachteter Domainen, im Wege der Exekution gestattet sein soll. Als Maximum der Zeit, auf welche eine solche Verpachtung öffentlich im Wege der Exekution geschehen kann, setze Ich drei Jahre fest; es müßte denn der Schuldner selbst in eine längere Pachtzeit einwilligen.

Ist nach Ablauf des Termins indeß der beabsichtigte Zweck nicht erreicht, dann ist eine Wiederverpachtung unter gleichen Modalitäten ebenfalls zulässig.

Haben die Regierungen im Wege einer von ihnen verhängten Exekution, Aktiv-Forderungen in Beschlag genommen, deren Einziehung sodann nach den Vorschriften des Gesetzes vom 4. Juli 1822 erfolgen soll; so wird die in den §§. 2 und 3 dieses Gesetzes gedachte Verfügung nicht von den Gerichten, sondern von den Regierungen selbst an die mit der Einziehung beauftragte fiskalische Behörde erlassen.

Die im Verfolge der neuen Organisation der Regierungen entworfene, (hier anliegende) Anweisung zur Geschäftsführung habe Ich genehmigt und vollzogen. Es sollen die Regierungen nach deren Inhalt pünktlich verfahren, und so weit die Bestimmungen der gegenwärtigen Order und dieser neuen Anweisung zur Geschäftsführung, der Regierungs-Instruktion vom 23. Oktober 1817 entgegen, etwas festsetzen, kommen deren Anordnungen nicht mehr zur Anwendung; sonst bleibt sie ferner zu befolgen.

Berlin, den 31. Dezember 1825. Friedrich Wilhelm.
(G. S. de 1826 S. 5.)

d. **C. O.** vom 6. Mai 1836, über die Wirkung der von den Regierungen innerhalb der Grenzen des ihnen verliehenen Exekutionsrechts angeordneten exekutiven Maaßregeln.

Auf Ihren Bericht vom 15. v. M. erkläre Ich Mich mit Ihrer Ansicht einverstanden, daß den exekutiven Maaßregeln, welche die Regierungen innerhalb der Grenzen des durch die Verordnung vom 26. Dezember 1808 und durch die Instruktionen vom 23. Oktober 1817 und 31. Dezember 1825 gesetzlich ihnen verliehenen Exekutionsrechts anordnen, dieselbe Wirkung beizulegen sei, die das Gesetz den gerichtlich verfügten Exekutionen beilegt. Da hierüber nach Ihrer Anzeige bei einer gerichtlichen Behörde ein nicht begründeter Zweifel entstanden ist, so beauftrage Ich Sie, die Gerichte deshalb zu belehren und diese Ordre durch die G. S. bekannt zu machen.

(G. S. S. 194.)

e. **Rescript** des Ministerii des Innern und der Polizei vom 24. September 1834, betreffend die Nichtbefugniß der Polizei-Behörde, den Uebertreter einer gesetzlichen Vorschrift zum Schadenersatze anzuhalten.

Die Anfrage des Magistrats in der Anzeige vom 13. d. M.,

ob die Polizei-Behörde bei Kontraventionen nicht berechtigt sei, den Uebertreter der gesetzlichen Vorschriften zum Schadenersatze anzuhalten?

kann nur verneinend beantwortet, und die von der Königlichen Regierung zu Liegnitz in dem Resolute auf das Rekursgesuch der Wittwe N. d. d. Liegnitz den 6. September aufgehobene Schadenersatzleistung nur gebilligt auch die demselben ertheilte Belehrung nur für angemessen erklärt werden, da die Polizei-Verwaltung mit der Entscheidung über streitige Privatrechte und Entschädigungsansprüche, sie mögen entstehen aus welchem Grunde sie wollen, nichts zu thun hat.

(Act. des Justizm. Gen. 62 Vol. II. S. 51. — Annalen der innern Staatsverw. Bd. IV. Heft 3 de 1834 S. 783.)

a. **Rescript** vom 16. Oktober 1817, betreffend die Ausschließung des gerichtlichen Verfahrens über die Verpflichtung der bäuerlichen Gemeinden zu Chaussee-Baufuhren.

Aus der urschriftlich nebst Anlagen beikommenden Vorstellung des Kossäthen N. und Consorten N. vom 12. v. M. in deren Rechtssache wider den Fiscum und die Gespann haltenden Gemeinde-Mitglieder zu N. hat der Justiz-Minister mißfällig ersehen, daß dieser Sache von allen Seiten eine ganz unrichtige Einleitung gegeben ist. Von Seiten des Königlichen Ober-Landesgerichts, indem es einen Gegenstand, der nach seiner actuellen Lage, und mit Hinsicht auf das Regierungs-Publicandum vom 4. Februar d. J. zur Zeit bloß zu einer Beschwerde bei den administrativen Behörden geeignet war, den Rechtsweg eröffnet, — von Seiten des Land- und Stadtgerichts zu Großen-Salze, indem es mit gänzlicher Beseitigung der in der A. G. O. Tit. II. §. 132 enthaltenen Vorschriften ein förmliches Kompetenz-Urtel darin ertheilt hat.

Die ganze gerichtliche Kontestation würde indeß vermieden sein, wofern der Anwalt der Kläger sich mit mehrerer Umsicht benommen hätte. Denn, nach dem, auf das Edikt vom 28. Oktober 1810 gegründeten Publicando vom 14. Februar d. J. leidet die Verpflichtung der Kläger zur Leistung der Chaussee-Baufuhren nicht den mindesten Zweifel; und es kommt darauf, ob sie zu ihren Grund- oder Pachtstücken, oder zu einem andern Zwecke, Zugvieh halten, nicht das mindeste an. Der dagegen angezogenen Stelle des A. L. R. Thl. II. Tit. 7 §. 326, ist in jener Beziehung theils durch das neuere Gesetz derogirt, theils redet sie nur von herrschaftlichen Spanndiensten, und beziehet sich in dieser Hinsicht lediglich auf das bäuerliche und gutsherrliche Verhältniß, keinesweges aber kann sie auf allgemeine Landespflichten ausgedehnt werden. Die Kläger scheinen dies auch selbst gefühlt zu haben, indem sie sich eventualiter nur durch die Repartition der qu. Fuhren gravirt geachtet, und die Mittheilung des Repartitions-Plans verlangt haben. Diese Beschwerde hätte aber zunächst bei dem Landrath, von welchem die Repartition verfassungsmäßig ausgehet, angebracht — und falls selbiger — wie Kläger behaupten — sich unwillfährig gezeigt, oder die Imploranten unbeschieden gelassen, bei der Königlichen Regierung, so wie nöthigenfalls hiernächst bei der, der letztern vorgesetzten Ministerial-Behörde, erhoben werden müssen, indem sie einen rein administrativen Gegenstand befaßt.

Den vorstehend entwickelten Grundsätzen gemäß hat das Königliche Ober-Landesgericht sowohl den Justiz-Kommissarius N. auf dessen für die Kläger ganz unbehörig und ungegründet eingereichte Beschwerde, bei Rückhändigung der Original-Beilagen derselben, zurecht zu weisen, als auch das Land- und Stadtgericht zu Großen-Salze darnach zu rectificiren, und sich selbst darnach zu achten.

(v. K. Jhrb. B. 10 S. 231.)

b. **Rescript** vom 1. April 1833, betreffend die Unstatthaftigkeit des gerichtlichen Verfahrens über Anordnungen der Verwaltungs-Behörde in Bezug auf die Erfüllung einer an sich feststehenden Verpflichtung, einen Graben zu räumen und zu erhalten,

Dem Königlichen Kammergerichte werden die mittelst Berichts vom 14. Februar c.

die Protestation der Königlichen Regierung zu Potsdam gegen Einleitung der von der Gemeinde zu K. wider den Fiskus angestellten Klage betreffend,

eingereichten Akten hierbei remittirt.

In Uebereinstimmung mit dem Herrn Minister des Innern für Handel und Gewerbe, muß der Justizminister die Ansicht der genannten Regierung für gerechtfertigt annehmen: daß, da die Gemeine zu K. verpflichtet ist, den sogenannten Bärengraben zu räumen und zu erhalten, die Verfügung wodurch die Gemeine, um diese Verpflichtung zu erfüllen, zur Errichtung von Flechtzäunen angehalten worden, möge sie, nun auf einer richtigen oder unrichtigen Interpretation des A. L. R. und der Grabenschau=Ordnung beruhen, wenigstens nicht der Disposition der Gesetze zuwiderläuft, mithin über die Verpflichtung selbst der Weg Rechtens unzulässig ist.

Das Königliche Kammergericht hat daher die Akten zu reponiren und die Interessenten davon in Kenntniß zu setzen.

(Gen. Act. des Justizm. Gen. 62 Vol. I. Fol. 127.)

c. **Rescript** vom 7. Juni und 12. Oktober 1833, betreffend die Unzulässigkeit des Rechtswegs, wenn Seitens der Verwaltungs=Behörde die Erhebung eines Brückengelds ohne einen vom Staate genehmigten Tarif untersagt worden.

Aus dem in Abschrift beiliegenden Schreiben der Herren Staats=Minister von Schuckmann und Maaßen vom 31. v. M., welches dem Königlichen Ober=Landesgerichte in Bezug auf dessen Bericht vom 26. Februar d. J. bei Rücksendung der Akten in Sachen des Wegegeld=Empfängers B. wider den Fiskus mitgetheilt wird, geht hervor, daß die Königliche Regierung zu Arnsberg dem Kläger B. die fernere Erhebung des Brückengeldes von den Salzfuhren hauptsächlich um deshalb bei Strafe untersagt hat, weil es demselben bisher noch überhaupt an einem vom Staate genehmigten Tarif fehlt, ohne welchen nach §. 93 Tit. 15 Th. II. des A. L. R. Niemand Wege= oder Brückengeld, auch wenn ihm wirklich sonst ein Recht darauf zusteht, erheben darf. Daß aber unter dieser Voraussetzung die Possessorien=Klage des rc. B. gegen eine, die Aufrechthaltung jenes ausdrücklichen Verbotgesetzes bezweckende polizeiliche Verfügung der genannten Regierung nicht statthaft ist, kann nach den Vorschriften der Regierungs=Instruktion vom 26. Dezember 1808 §. 38 keinem Bedenken unterliegen, und die Weigerung der Königlichen Regierung sich auf jene Klage vor Gericht einzulassen, ist daher gerechtfertigt.

Das Königliche Ober=Landesgericht hat dies dem rc. B. unter Mittheilung des abschriftlich anliegenden Schreibens zu eröffnen, und falls derselbe nicht binnen einer ihm zu bestimmenden Frist darzuthun vermag, daß er bereits bisher einen vom Staate genehmigten Tarif besessen hat, die Akten zurückzulegen.

Berlin, den 7. Juni 1833.

Es wird Ihnen auf die für den Wegegeld=Empfänger B. unterm 17. v. M. eingereichte Vorstellung eröffnet, daß der Justizminister Ihrem Antrage auf Zulassung der Fortsetzung des Rechtsstreits Ihres Mandanten wider den Fiskus nicht willfahren kann.

Aus der an das dortige Ober=Landesgericht unterm 7. Juni d. J. erlassenen Verfügung werden Sie bereits ersehen haben, daß die Königliche Regierung zu Arnsberg hauptsächlich in ihrer Eigenschaft als Landes=Polizei=Behörde dem rc. B. die fernere Erhebung des Brückengeldes von den Salzfuhren um deshalb untersagt hat, weil es demselben bisher noch an einem vom Staate genehmigten Tarif zur Erhebung des Brückengeldes überhaupt fehlt, ohne welchen nach §. 93 Tit. 15 Th. II. des A. L. R. Niemand eine Abgabe dieser Art einfordern kann, selbst wenn ihm sonst ein Recht darauf zusteht. Hieraus folgt von selbst, daß jenes Verbot der Königlichen Regierung, nicht durch den von dem B. jetzt beabsichtigten Nachweis beseitigt werden kann, daß seine Verpächter, die Besitzer des Gutes A., oder vielmehr deren Vorgänger sich bereits in dem Jahre 1740 im ruhigen Besitze der Brückengeld=Erhebung befunden haben, mithin nach §. 641 Tit. 9 Thl. I. des A. L. R. gegen die Ansprüche des Fiskus geschützt werden müssen. Denn nicht das Recht des rc. B. zur Brückengeld=Erhebung wird hier schon von der Polizei=Behörde bestritten; die Verfügung derselben ist vielmehr zunächst nur gegen die gesetzwidrige Art gerichtet, auf welche derselbe ohne einen obrigkeitlichen Tarif dieses angebliche Recht ausübt. Ihm liegt daher ob, zuvörderst die Festsetzung eines solchen Tarifs nachzusuchen, und erst bei dieser Gelegenheit wird sich dann zeigen, ob und in wie weit die genannte Behörde Veranlassung hat, von Ihrem Mandanten noch den näheren Nachweis seines Rechts und des Umfanges desselben zu fordern.

Das Ober=Landesgericht zu Hamm hat Sie daher durch die Verfügung vom 21. August d. J. ganz mit Recht mit dem erneuerten Antrage auf Zulassung der possessorischen Klage zurückgewiesen, und bei dieser Verfügung muß es auch verbleiben.

(Gen. Act. des Justizm. Gen. 62 Vol. I. Fol. 141 und 164.)

10) **Rescript** vom 12. November 1832, betreffend die Ausschließung der gerichtlichen Cognition in Fällen, wo es auf eine Expropriation des Gemeinwohls wegen ankommt.

Des Königs Majestät haben bei Gelegenheit der zu Allerhöchst Ihrer Kenntniß gekommenen Entscheidung in Sachen der Witwe B. wider die Gräfin v. H. auf den Bericht des Königlichen Staats-Ministeriums auszusprechen geruht, daß nach Vorschrift des § 36 der Verordnung vom 26 Dezember 1808 in den Fällen, wo es, wie in dem vorliegenden, auf eine Expropriation, des Gemeinwohls wegen, ankommt, den Gerichten eine Cognition nicht zustehe.

Auf Allerhöchsten Befehl wird das Königliche Geheime Ober-Tribunal und sämmtliche Ober-Landesgerichte hiervon in Kenntniß gesetzt.

(v. K. Jhrb. Bd. 40 S. 401.)

11) a. **Rescript** vom 15. Oktober 1819, betreffend die Unzulässigkeit gerichtlicher Exekutionen wegen rückständiger Kommunal-Lasten.

Das Königliche Kammergericht wird aus der beiliegenden Vorstellung des Kaufmanns N. zu N. vom 5. d. M. ersehen, daß derselbe bei der, von dem Königlichen Kammergericht unter dem 23. v. M. ihm ertheilten Bescheidung, betreffend die von dem Land- und Stadtgericht zu Wrietzen auf die Requisition des Magistrats zu Neustadt gegen ihn zu veranlassende Exekution sich nicht beruhigen will, und auf die Aufhebung der gegen ihn verhängten Exekution anträgt. Dieser Antrag ist auch für begründet anzunehmen. Die Gerichte sind keinesweges, wie das Königliche Kammergericht voraussetzt, verpflichtet, Requisitionen der Magisträte wegen der durch Exekution beizutreibenden Kommunal-Beiträge zu befolgen. Dergleichen Exekutionen liegen ganz außer dem Geschäftskreise der Gerichte, und sind mit den ihnen obliegenden Geschäften, und mit den Vorschriften, welche für das von ihnen zu beobachtende Verfahren gegeben sind, nicht zu vereinbaren. Es ist den Magisträten zu überlassen, die Exekutionen, die sie zu Beitreibung der Kommunal-Beiträge veranlassen können, selbst zu verfügen, und in Fällen, wie der vorliegende, in welchen unmittelbare Verfügungen gegen den Debenten nicht mehr anwendbar sind, wegen der zu verfügenden Exekution, bei der betreffenden Regierung Anträge zu machen. Das Land- und Stadtgericht zu Wrietzen hätte daher auf den Antrag des Magistrats zu Neustadt-Eberswalde gar nicht eingehen sollen; noch weniger hätte es aber darauf eingehen sollen, nachdem der Kaufmann N. die bereits erfolgte Berichtigung seines Beitrags zu den Landwehrgeldern behauptet, und seine Behauptung durch Vorlegung einer Quittung bescheinigt hatte. Denn wenn gleich nach der Angabe des Magistrats die Quittung auf einem Irrthume beruhen soll, und derselbe sich noch für berechtigt hält, die 24 Rthlr. Landwehrgelder zu fordern, so ist doch so viel klar, daß unter den vorliegenden Umständen wenigstens eine gerichtliche Exekution gegen den Kaufmann N. nur nach vorausgegangener Vertheilung im förmlichen Rechtswege statt finden kann.

Das Königliche Kammergericht hat hiernach das Land- und Stadtgericht zu Wrietzen unverzüglich mit angemessener Anweisung zu versehen, und auch für künftige Fälle sich selbst hiernach zu achten. (v. K. Jhrb. Bd. 14 S. 188.)

b. **Rescript** vom 31. März 1822, betreffend die Befugniß der Magisträte zur Einziehung rückständiger Kommunal-Beiträge.

Von dem Königlichen Ministerium des Innern ist dem Justiz-Minister die Verfügung mitgetheilt worden, durch welche das Königliche Kammergericht den Magistrat zu Brandenburg die Exekution in die städtischen Immobilien seiner Abgaben-Restanten untersagt hat, weil es den Grundsatz aufstellt, daß solche nur von den Gerichten veranlaßt und vollstreckt werden könne. Das Königliche Ministerium des Innern hat sich für die Aufhebung dieser Verfügung verwandt, und der Justiz-Minister kann auch nicht umhin, der Ansicht, desselben beizutreten, indem die Beschränkung, welche das Königliche Kammergericht aufgestellt, nicht zu rechtfertigen ist. Da, wo der Magistrat gegen seinen Schuldner wegen gewisser Abgaben das Recht zur Exekution überhaupt hat, muß solche ihm auch durch alle Grade gelassen werden, wo es nicht schlechterdings auf eine gerichtliche Procedur oder Erkenntniß ankommt. Letzteres ist bei der Exekution in die Immobilien, so lange von der Taxe und Subhastation nicht die Rede ist, nicht der Fall: und es ist nicht abzusehen, warum der Magistrat nicht auch eine Administration eines städtischen Grundstücks sollte führen können, sobald sich derselbe der Rechnungs-Führung und Legung unterziehen will.

Die in der Regel eintretende Konkurrenz der Hypotheken-Gläubiger macht die Zuziehung des Richters noch nicht erforderlich; auf jeden Fall müssen doch immer die Anträge dieser dritten Theilnehmer abgewartet werden, deren Sache es sein wird, die Nothwendigkeit der gerichtlichen Einmischung darzuthun. Wenn daher nicht andere Gründe vorhanden sind, welche die Verfügung des Königlichen Kammergerichts motiviren, so hat das Kollegium zugedachte Verfügung zurückzunehmen, im entgegengesetzten Falle zu berichten. (v. K. Jhrb. Bd. 19 S. 305.)

c. **Reseript** vom 9. Februar 1820, daß die exekutivische Beitreibung der Kommunal-Abgaben durch die Regierungen durch die Provokation auf rechtliches Gehör nicht aufgehalten wird.

Auf Veranlassung der, von dem Grafen N. zu N., so wie von mehreren in N. angestellt gewesenen, hiernächst versetzten Offizianten, gegen die exekutivische Beitreibung der auf sie repartirten Beiträge zur Kommunal-Deficit-Steuer, angestellten Possessorien-Klagen, worüber die Regierung zu Minden an das Königliche Ministerium des Innern berichtet hat, ist die Frage:

ob nach Maaßgabe der Verordnung vom 26. Dezember 1808 bei Einziehung von Kommunal-Abgaben die Provokation auf rechtliches Gehör einen Suspensiv-Effekt gegen die von der Regierung verhängte Exekution habe?

zwischen den beiderseitigen Ministerien zur anderweiten Diskussion gekommen, und einer genauern gesetzlichen Prüfung unterworfen worden, in Gefolge deren dem Königlichen Ober-Landesgerichte Nachstehendes zu seiner Direction eröffnet wird.

Die Verordnung vom 26. Dezember 1808 bezeichnet §§. 35 u. 36 diejenigen Angelegenheiten des Regierungs-Ressorts, welche zu einer richterlichen Einmischung überhaupt nicht geeignet sind. — Sie macht sodann diejenigen Gegenstände namhaft, hinsichtlich deren der Rechtsweg einem jeden, welcher sich durch die Verfügungen der Regierung gravirt hält, nachgelassen werden muß (cf. §§. 48 und 41). Sie bestimmt endlich die besonderen Fälle, in denen als Ausnahme von der Regel die Behörden mit Vorbehalt des Rechtsweges, jedoch ohne Zulassung von Possessorien-Klagen, ihre Verfügungen gegen die Reklamanten in Vollzug setzen können. §§. 39 und 42. Bleibt man bei dem buchstäblichen Inhalt jener Gesetzesstellen stehen, so erheben sich über die jetzt vorliegende Frage:

ob gegen die geforderte Entrichtung von Kommunal-Abgaben eine Possessorien-Klage zulässig sei, und die Provokation auf rechtliches Gehör einen Suspensiv-Effekt hinsichtlich der von der Regierung erlassenen Exekutiv-Verfügungen hervorbringen könne?

allerdings gegründete Zweifel, indem die abgemessenen Bestimmungen der Verordnung vom 29. Dezember 1808 nur

auf polizeiliche Anordnungen der Regierungen §. 38,

so wie

auf die ihnen anvertraute Vermögens-Verwaltung des Fiscus (§§. 41 u. 42.)

sich zu beschränken, mithin auf das Kommunalwesen keine Ausdehnung zuzulassen scheinen. Dringt man jedoch in den Geist des Gesetzes näher ein, setzt man damit die Geschäfts-Instruktion für die Regierungen, worauf an mehreren Stellen der Verordnung vom 26. Dezember 1808 Bezug genommen wird, in Verbindung, nimmt man endlich die Vorschriften der Städte-Ordnung analogisch zu Hülfe, so ist der Grundsatz:

daß zwar in dem beregten Falle der Weg Rechtens zulässig sei, aber der Suspensiv-Effekt der erlassenen exekutivischen Verfügung dadurch nicht herbeigeführt werden könne,

für gerechtfertigt anzunehmen. Denn

1. Das A. L. R. spricht Thl. II Tit. 14 den Grundsatz aus: daß über die Verbindlichkeit zur Entrichtung der allgemeinen Abgaben, denen sämmtliche Einwohner des Staats, oder alle Mitglieder einer gewissen Klasse derselben nach der bestehenden Landes-Verfassung unterworfen sind, nur in sofern ein Prozeß statt finden soll, als die Befreiung von einer solchen Abgabe aus besonderen Gründen in Anspruch genommen, oder eine ungebührliche Prägravation behauptet wird. Jedoch soll im letztern Falle, wofern nicht der Besitz der Freiheit während der letztern zwei Jahre nachgewiesen werden kann, die geforderte Abgabe mit Vorbehalt des Rechts durante processu entrichtet werden. §§. 78 — 80 l. a.

2. Wenn sich obiger Grundsatz gleich zunächst und hauptsächlich nur auf solche Abgaben beziehen mochte, deren Erhebung aus dem Besteurungsrechte, als einem Hoheitsrechte des Staats-Oberhaupts, entspringt, so ist doch in der Verordnung

vom 26. Dezember 1808 §. 41 nicht nur hierauf ausdrücklich Bezug genommen, sondern es wird auch zugleich bestimmt:

daß das, was von der Vermögens-Verwaltung des Fiskus gilt, in Absicht der Vermögens-Verwaltung anderer den Regierungen untergeordneten moralischen Personen gleichergestalt Statt finden soll.

3. In der Geschäfts-Instruktion für die Regierungen vom 26. Dezember 1808, womit die Verordnung von eben dem Tage in Verbindung steht, sind die Kommunal- und Kämmerei-Angelegenheiten (§. 2 Lit. K.) zum Ressort der Polizei-Deputation verwiesen. Nun soll zwar nach §. 38 der gedachten Verordnung über polizeiliche Verfügungen der Regierungen einem jeden der Weg Rechtens offen stehen, jedoch dem pflichtmäßigen Ermessen der Regierungen es überlassen bleiben, ob sie, des Widerspruchs ungeachtet, mit der Exekution vorschreiten wollen.

Daß die Verfügungen, welche die Einziehung der Kommunal-Abgaben zum Gegenstande haben, hiernach zu den polizeilichen zu rechnen sind, läßt sich nicht bestreiten, da sie von der Landes-Polizei-Behörde, so wie von der in ihrer Mitte konstituirten besondern Polizei-Deputation ausgehen. Auch drückt sich die Verordnung sehr deutlich darüber aus, indem sie §. 38 sagt:

polizeiliche Verfügungen, von welcher Gattung sie sein mögen.

4. Eben dieser Geist des Gesetzes spricht sich §. 42 der allegirten Verordnung aus. Die Regierungen sind — so heißt es daselbst — in allen dergleichen Fällen berechtigt, die Sache mit Vorbehalt des Rechts des Widersprechenden zur Exekution zu bringen. Auch wird die Bestimmung: ob solches nothwendig sei, lediglich ihrem pflichtmäßigen Ermessen überlassen. Die Gerichte sind verpflichtet, keine Hindernisse in den Weg zu legen. Es sind daher auch keine Possessorien-Klagen über dergleichen exekutivische Maaßregeln der Regierungen weder gegen den Fiskus, noch gegen Korporationen zuläßig. Auch muß es bei denselben so lange verbleiben, bis die Sache im Petitorium völlig rechtskräftig entschieden ist.

5. Völlig hiermit im Einklange stehet die Instruktion für die Regierungen vom 23. Oktober 1817. Sie legt ihnen sub titulo

„exekutivische Gewalt der Regierungen"

§. 17 die Befugniß bei, ihren Verfügungen nöthigenfalls durch gesetzliche Zwangsmittel Nachdruck zu geben, ohne daß eine Exekution darüber zulässig ist.

Hiernach hat das Gesetz die Pflichtmäßigkeit ihres Ermessens niemals der richterlichen Beurtheilung unterwerfen wollen, sondern die Vermuthung kategorisch begründet, daß die Provinzial-Verwaltungs-Behörde jede bei ihr gemachte Reclamation sorgfältig prüfen, und — soweit der Weg Rechtens dagegen offen stehet — niemals ohne zureichende Ursachen mit der Exekution verfahren wird.

6. Bei Vertheilung und Einziehung der Kommunal-Abgaben erscheint dieses Exekutiv-Verfahren um so gerechtfertigter, da hiervon die Erfüllung feststehender Etats abhängig ist. Auch wird der Reklamant dadurch in keiner Art gefährdet, indem ihm, obsiegenden Falls, für die indebite erhobenen Abgaben, die ganze Kommune verhaftet bleibt, anstatt, daß diese im umgekehrten Falle sehr leicht in Gefahr kommen könnte, ihren Regreß an ihn und sein wandelbares Vermögen zu verlieren.

7. Das A. L. R. — in sofern es in casu zur Anwendung kommen könnte, — schließt in dem Tit. 8 Thl. II.

„von Städten und Stadt-Gemeinen"

§§. 130 und 131 (des nachgelassenen Rechtsweges ungeachtet) die einstweilige Beitreibung der ausgeschriebenen Beiträge nicht aus, und die Städte-Ordnung vom 19. November 1808 legt, indem sie die gemeinsame Verpflichtung aller Bürger und Schutzverwandten zur Konkurrenz zu den städtischen Bedürfnissen (§. 26) feststellt, — den Stadtverordneten die Befugnisse der Vertheilung vermöge eines für jeden Einwohner verbindlichen Beschlusses der General-Versammlung bei, dessen Vollziehung sodann dem Magistrate überlassen bleibt. (§§. 126 127 u. 184.)

Das Königliche Ober-Landesgericht wird angewiesen, sich in den vorliegenden und ferner vorkommenden Fällen nach den vorstehenden Grundsätzen zu achten. Die mit dem Berichte vom 26. September v. J. eingesandten Akten des Land- und Stadtgerichts zu N., in Sachen des Grafen N. wider die Gemeinde zu N., erfolgen hierneben zurück. (v. K. Jhrb. Bd. 14 S. 183.)

12) a. **Rescript** vom 23. August 1814, betreffend die Befugniß der Regierungen wegen Beitreibung rückständiger Schulabgaben. v. K. Jhrb. Bd. 3 S. 258.

b. **Rescript** vom 5. Juli 1833, betreffend die Einziehung rückständiger Abgaben an Kirche und Geistlichkeit. v. K. Jhrb. Bd. 42 S. 115, erledigt durch:

c. **C. O.** vom 19. Juni 1836, betreffend die Einziehung der Kirchen-, Pfarr- und Schul-Abgaben, ingleichen der Forderungen der Medizinal-Personen.

Da bei Einforderung von Kirchen- und Pfarr-Abgaben sowohl über die Zulässigkeit der Exekution ohne vorgängigen Prozeß, als auch darüber, ob die Exekution von dem Richter oder von der betreffenden Regierung zu verfügen ist, Zweifel entstanden, auch gleichzeitig über die Einziehung der Forderungen der Medizinalpersonen nähere Bestimmungen in Antrag gebracht worden sind, so verordne Ich hierdurch, nach den Anträgen des Staats-Ministeriums, auf Ihren Bericht vom 2. d. M.:

1) Alle beständige dingliche oder persönliche Abgaben und Leistungen, welche an Kirchen und öffentliche Schulen, oder an deren Beamte, vermöge einer allgemeinen gesetzlichen, oder auf notorischer Orts- oder Bezirksverfassung beruhenden Verbindlichkeit zu entrichten sind, desgleichen die Forderungen öffentlicher Schul- und Erziehungsanstalten an Schul- und Pensionsgeld, unterliegen bei Säumigkeit der Debenten sowohl hinsichtlich der laufenden als der aus den letzten zwei Jahren rückständig verbleibenden Beträge der exekutivischen Beitreibung durch die betreffende Verwaltungs-Behörde.

2) Die exekutivische Beitreibung wird gehemmt, wenn der in Anspruch Genommene eine Exemtion behauptet und wenigstens seit zwei Jahren, vom letzten Verfall-Termine zurückgerechnet, im Besitze der Freiheit sich befindet.

3) Das rechtliche Gehör bleibt nach Vorschrift des §. 79 u. f. Tit. 14 Thl. II. des A. L. R., der Verordnung vom 26. Dezember 1808, §§. 41 und 42, einem Jeden verstattet, der aus besondern Gründen die Befreiung von einer solchen Abgabe oder Leistung geltend machen will, oder in der Bestimmung seines Antheils, über die Gebühr belastet zu sein, behauptet.

4) In Betreff der, aus besondern Kontrakten oder testamentarischen Dispositionen auf Grundstücken haftenden jährlichen Abgaben an Kirchen und Schulen (§. 430 Tit. 50 der Prozeßordnung) findet die Exekution nicht sofort statt, es muß vielmehr, wenn sie eingetragen sind, der Mandatsprozeß, und wenn sie nicht eingetragen sind, der Bagatell- oder summarische Prozeß, nach näherer Anleitung der desfallsigen gesetzlichen Bestimmungen, vorausgehen.

5) Wegen aller andern Forderungen der Kirchen- und Schulbedienten findet, wenn sie mit einem Festsetzungsdekrete versehen sind, der Mandatsprozeß, sonst der Bagatell- oder summarische Prozeß, nach Vorschrift der Verordnung vom 1. Juni 1833, statt.

6) Die Forderungen ordnungsmäßiger konzessionirter Privat-Schul- und Erziehungs-Anstalten an rückständigem durch ihren Einrichtungs-Plan festgesetzten Schul- oder Pensions-Gelde aus dem Zeitraume eines Jahres von Einreichung der Klage zurückgerechnet, dürfen im Wege des Mandats-Prozesses eingeklagt werden.

7) Mit gleicher Zeitbeschränkung soll dieses Vorrecht auch den Forderungen der Medizinalpersonen und Apotheker für ihre Besuche, Operationen und Arzneimittel zustehen. Die Liquidationen müssen jedoch von den ärztlichen Personen aller Klassen mit spezieller Angabe der Dienstleistungen und mit Berechnung einer jeden Dienstleistung nach den Bestimmungen der Medizinal-Taxe aufgestellt, so wie die Rechnungen der Apotheker mit den ärztlichen Rezepten und einem Festsetzungs-Dekrete belegt sein. (G. S. S. 198.)

d. **C. O.** vom 18. Februar 1805, betreffend die Feststellung und Einziehung der Beiträge zu den Kirchen- Pfarr- und Schulbauten in Gemäßheit §. 757 seqq. Tit. 11. Th. II. des A. L. R.

Es hat meine Approbation daß nach Eurem Bericht vom 12. d. M. über das hier wieder zurückgehende Gesuch des Predigers Neubauer zu

Binde der churmärk'schen Kammer aufgegeben worden ist, die Ausführung des Baues des Prediger=Hauses auf das Aeußerste beschleunigen zu lassen, so daß damit im bevorstehenden Frühjahre der Anfang gemacht werden kann, und habe Ich auch hiernach den Supplikanten zu seiner Beruhigung beschieden; da jedoch die Verzögerung dieses Baues durch die angezeigtermaßen nöthig gewesene Ausmittelung der behaupteten abweichenden Observanz, in Ansehung der zu leistenden Beiträge, und durch Einziehung dieser letztern selbst veranlaßt worden ist, so muß künftig wegen der Beiträge der Eingepfarrten und Compatronen der Kirchen= und Pfarr= auch Schul=Bau nicht aufgehalten, sondern vom Ober=Konsistorio, wenn Streit darüber entsteht, ein provisorischer Vertheilungsplan bestimmt und ohne gerichtliches Verfahren exequiret, denen aber, die damit nicht zufrieden sind, der Weg Rechtens dagegen nachgelassen werden, als wonach Ihr daher, vorkommenden Falls, zu verfahren habt. (N. C. C. T. XI. S. 2933.)

e. **Rescript** vom 8. Januar 1836, daß über die Zutheilung eines Guts zu einer bestimmten Schulsocietät der Weg Rechtens nicht stattfinde.

Auf die Vorstellung vom 19. Oktober v. J. wird Ihnen im Einverständniß mit dem Königlichen Ministerium für die geistlichen U. u. M. A. hierdurch bei Rücksendung der Originalanlage eröffnet, daß Ihrem Gesuche,

das dortige Königliche Ober=Landesgericht zur Einleitung der von Ihnen wider den Fiskus in Vertretung der Königlichen Regierung angestellten Klage anzuweisen,

nicht statt gegeben werden kann, da dem Antrage,

daß Fiskus verurtheilt werde= das Ihnen zugehörige Gut A., bei der Schul=Societät S., wozu es seit undenklichen Zeiten gehört, zu belassen

der §. 18 Litt. k. der Instruktion zur Geschäftsführung der Königlichen Regierungen vom 23. Oktober 1817 (G. S. S. 260) entgegen ist, wonach den Regierungen ohne höhere Genehmigung freisteht, Schul=Societäten einzurichten und zu vertheilen, wo die Ortschaften es wünschen oder Lokalumstände es nöthig machen.

Es bleibt Ihnen daher, wie auch in der Verfügung des dortigen Königlichen Ober=Landesgerichts vom 5. Juni d. J. Ihnen bereits zu erkennen gegeben worden, nur der Weg der Beschwerde bei dem, der Königlichen Regierung vorgesetzten Ministerium offen, sowie es sich von selbst versteht, daß Ihnen unbenommen ist, Ihre Rechte auf Befreiung von Beiträgen zu den Kosten des in Sa. zu errichtenden Schulgebäudes, in Gemäßheit des Rescripts des Generaldirektoriums vom 28. Februar 1805 (Ed. Samml. Thl. II S. 2897) und der §§. 240, 708, 709, 759 und 760 Tit. 11 Thl. II. des A. L. R. gegen die übrigen, bei dem fraglichen Schulbau betheiligten Interessenten geltend zu machen, wenn Sie sich damit durchzukommen getrauen.

(Act. des Justizm. Gen. 62 Vol. II. Fol. 59. — v. K. Jhrb. Bd. 47 S. 306.)

f. **Rescript** vom 1. Februar 1836, daß über die Vereinigung mehrerer Schulen zu einer Gesammtschule und über die allgemeine Verbindlichkeit zu Unterhaltung der Schulen beizutragen, der Weg Rechtens nicht stattfinde.

Dem Königlichen Ober=Landesgericht wird auf den Bericht

wegen des in der Prozeßsache mehrerer Bürger zu Iserlohn (Herrmann C. und Genossen) wider den dortigen Schulvorstand entstandenen Kompetenzkonfliktes

vom 9. Dezember v. J. bei Rücksendung der Anlagen und Akten hierdurch folgendes eröffnet:

Der erste, nach Blatt 10 Kehrseite der eingereichten Akten formirte Antrag

die Vereinigung vom Jahre 1817, wodurch sämmtliche Iserlöhner Stadtschulen zu einer Gesammtschule konstituirt, für nichtig zu erklären,

eignet sich offenbar nicht zum Rechtswege, indem die Einrichtung der Gesammtschulen nach §. 18 Litt. d und k der Regierungs=Instruktion vom 23. Oktober 1817 (G. S. S. 259, 260) lediglich zum Ressort der Verwaltungs=Behörde gehört.

Der zweite Antrag a. a. O.

Die Kläger gegen den verklagtischen Vorstand nur für verpflichtet zu erkennen, zur Unterhaltung des Schul=Lehrers ihrer Religionspartei beizutragen;

gründet sich zwar auf den §. 30 Tit. 12 Thl. II. des A. L. R.; die Bestimmung der Beiträge ist jedoch durch §. 31 an die Gerichtsbarkeit gewiesen, worunter im vorliegenden Falle die Verwaltungs=Behörde verstanden werden muß. Die Schul=

steuer gehört nämlich zu den allgemeinen Anlagen; über die Verbindlichkeit zu Entrichtung derselben findet daher nach §. 78. Tit. 14. Th. II. des A. L. R. kein Prozeß statt, es sei denn auf Grund eines speziellen Titels oder einer Prägravation §. 79. a. a. O.

die im Extrakt der Regierungs-Instruktion vom 23. Oktober 1817 beigefügte Verordnung vom 26. Dezember 1808 §§. 36. 37.

Auf einen speziellen Titel ist die Klage nicht gegründet worden.

Wegen Prägravation sind nach der authentischen Deklaration des §. 79., welche der Allerhöchsten Kab. Ordre vom 18. November 1828 — G. S. S. 16 — zum Grunde liegt, nie gegen den Fiskus oder dessen Vertreter, sondern bloß von den Kontribuenten unter sich, Klagen zuläßig. Der städtische Schulvorstand, welcher die von der Verwaltungsbehörde erhaltenen Anweisungen zu befolgen hat, ist nicht als ein Kontribuent anzusehen, gegen welchen eine etwanige Klage auf Prägravation geltend gemacht werden könnte, auch kann der zweite Klageantrag, wie er bis jetzt vorgebracht worden, noch nicht als ein Anspruch wegen Prägravation erachtet werden.

Das Königl. Ober-Landesgericht wird daher in Gemäßheit der Allerh. Kab. Ordre vom 30. Juni 1828 (Gesetzs. S. 86) und im Einverständnisse mit dem Herrn Minister der geistlichen U. u. M. Ang. Freiherrn von Altenstein Excellenz hierdurch veranlaßt, das Land- und Stadtgericht zu Lüderscheid zur Reposition der Akten anzuweisen.

Die Königl Regierung zu Arnsberg ist durch des Herrn Minister Freiherrn von Altenstein Excellenz hiervon in Kenntniß gesetzt worden.

(Act. des Justizm. Gen. 62. Vol. II. fol. 62.

13) **Rescript** vom 16. Septbr. 1835, betr. die Befugniß der Landarmendirektionen zur Einziehung von Detentionskosten.

Dem Königlichen Oberlandes-Gericht wird die Beschwerde der ständischen Landarmen-Direktion der Neumark zu Landsberg a. d. W vom 31. v. M. abschriftlich zugefertigt mit dem Eröffnen, daß der Justizminister die geschehene Verweisung derselben zum Rechtswege wegen ihrer Detentionskosten-Forderung an die unverehelichte J. nicht gerechtfertigt findet. Da die Verwaltungsbehörde die Detention selbst als eine polizeiliche Zwangsmaaßregel zu verfügen befugt war, so muß ihr auch nothwendig das Recht zustehen, die dadurch entstandenen Kosten aus dem Vermögen der Detinirten einzuziehen, ohne daß es einer richterlichen Entscheidung darüber bedarf. Die Festsetzung dieser Kosten ist darum auch nicht Sache des Richters, sondern der Armenanstalt selbst und der vorgesetzten Behörde.

Das Land- und Stadtgericht zu Landsberg a. d. W. hat hiernach die Requisition der wegen Auszahlung der Detentionskosten aus dem im Depositum befindlichen Vermögen der rc. J. zu genügen, und die letztere mit ihren Einwendungen auf den Weg der Beschwerde oder zur Separatklage, wenn sie eine solche aus einem besonderen Fundamente zu begründen vermag, zu verweisen.

Demgemäß ist das genannte Land- und Stadtgericht vom Kollegium zu bescheiden.

(v. K. Jahrb. B. 46. S. 108.)

14) a. cfr. **Gesindeordnung** vom 18. Novbr. 1810 (§. 10. 12. 13. 17. 20. 37. 51. 168. 173. 176. in Betreff der Kompetenz der Polizei-Behörden in Gesindesachen. G. S. S. 10.)

b. **Rescript** vom 17. April 1812. betr. die Kompetenz der Polizei-Behörden in Gesinde-Streitigkeiten.

Wir haben aus dem dortigen Provinzial-Amtsblatte Nr. 9. vom 10. Juli v. J. das Publikandum ersehen, welches die Königl. Regierung von Litthauen und das Königl. Ober-Landesgericht rücksichtlich des in Gesindesachen zu beobachtenden Ressorts erlassen haben.

Wir können Selbigen nicht bergen, daß Sie billig vor Erlassung dieser, allgemeine Gesetze ergänzenden und abändernden Verordnung darüber bei den konzernenten Departements des Ministerii hätten anfragen sollen.

Demnächst aber können wir auch in der Sache selbst Ihrem Sentiment nicht überall unsere Genehmigung ertheilen, vielmehr haben Sie vorläufig und bis zur Emanation des allgemeinen Polizei-Reglements, und in sofern nicht die besondern Polizei-Reglements den errichteten Polizei-Direktorien größere Befugnisse beilegen, in den von Ihnen angeregten Fällen folgende Grundsätze zu beobachten, und solche im Amtsblatte bekannt zu machen.

1) Wenn

a) von der verweigerten Annahme des Gesindes in den Dienst von Seiten der Herrschaft — s. §. 47. der Gesindeordnung —

b) von dem verweigerten Antreten in den Dienst von Seiten des Gesindes — §. 51. —
c) von dem verweigerten Behalten des Gesindes im Dienste, von Seiten der Herrschaft — §. 160. —
d) von dem verweigerten Bleiben des Gesindes im Dienste, von Seiten des Gesindes — §. 167. —
e) von dem verweigerten Abziehen und Entlassen

die Rede ist, so hat die Polizeibehörde die vorläufigen Bestimmungen zu erlassen, und sie zu exekutiren. Diejenigen Parteien, die sich bei dieser Bestimmung nicht beruhigen wollen, können zwar auf Urtel und Recht provoziren; sie sind aber verpflichtet, inzwischen und bis zur Entscheidung des Richters der Bestimmung der Polizei Folge zu leisten.

2) Gehört die Festsetzung der Strafen in den Fällen der §§. 12. 17. 20 und 31. der Gesindeordnung stets, selbst wenn solche über 5 Rthlr. betragen, vor die Polizeibehörden, so daß dagegen keine Provokation auf den Weg Rechtens, sondern nur der Rekurs dagegen an die Regierung Statt findet.

3) Die in den §§. 51 und 168. der Gesindeordnung festgesetzten Strafen sind gleichmäßig, ohne daß eine Provocation auf den Weg Rechtens Statt findet, von den Polizeibehörden festzusetzen und zu exekutiren.

4) Wenn von Erfüllung kontraktmäßiger Verbindlichkeiten der Herrschaft oder des Gesindes während des Dienstes die Rede ist, so müssen die Polizeibehörden sich der vorläufigen Entscheidung unterziehen und solche exekutiren, bis im Wege Rechtens eine andere Entscheidung extrahirt worden.

Beleidigungen des Gesindes gegen die Herrschaft können die Polizeibehörden bis zu 14 Tage Gefängniß- oder 5 Rthlr. Geldstrafe ahnden, ohne daß dagegen auf den Weg Rechtens provozirt werden kann.

5) Die in den §§. 37 und 38. der Gesindeordnung gedachten Entscheidungen wegen der Livreen und der Kost gebühren lediglich den Polizeibehörden, ohne daß darüber auf rechtliches Gehör angetragen werden kann.

Ebenmäßig stehet

6) in den Fällen der §§. 10. 13. 173 und 176. der Gesindeordnung den Polizeibehörden die Cognition ausschließlich zu. (v. K. Jahrb. Bd. 42. S. 112.)

(Durch das Rescr. v. 15. Jan. 1821 (v. K. J. B. 17. S. 259) ist nachstehendes Circularrescr. auch in den Provinzen jenseits der Elbe für anwendbar erklärt.)

c. **Rescript** vom 19. Septbr. 1833, denselben Gegenstand betreffend.

Die unterzeichneten Ministerien können sich mit den Ansichten über das Ressort-Verhältniß bei Gesinde-Streitigkeiten, welche die Königl. Regierung in ihrem Bericht vom 2. v. M. vorgetragen hat, nicht einverstanden erklären, sondern müssen die entgegenstehenden Grundsätze, welche das dortige Königl. Ober-Landesgericht vertheidigt hat, als richtig anerkennen.

Durch die Bestimmung des gemeinschaftlichen Rescripts vom 17. April 1812 a. c. (Anl. A.) sind nämlich die Polizeibehörden zwar zu vorläufigen Bestimmungen auch für den Fall, daß eine Herrschaft ihr Gesinde nicht im Dienst behalten will, autorisirt; es ist aber dabei nur auf den §. 160. und nicht zugleich auf die folgenden §§. der allgemeinen Gesinde-Ordnung vom 8. November 1810 Bezug genommen, und dadurch hinreichend zu erkennen gegeben, daß die Kompetenz der Polizeibehörden in Fällen dieser Art sich lediglich auf die Frage:

ob die Weigerung der Herrschaft, einen vor Ablauf der Dienstzeit entlassenen Dienstboten wieder anzunehmen, als begründet zu erachten sei, oder nicht?

beschränken, und keinesweges auch auf die aus der beharrlichen und unbegründeten Weigerung entspringenden, in den §§. 161 u. f. näher bestimmten Folgen, über welche nach allgemeinen Grundsätzen nur der Richter zu urtheilen hat, beziehen soll. Daß die vorläufige Entscheidung der Polizeibehörden über jene Frage nicht durch Zwangsmittel vollstreckt werden kann, ist zwar richtig; indeß hat die Königl. Regierung übersehen, daß wegen der Fortsetzung des Dienstverhältnisses gegen die Herrschaften überhaupt keine Zwangsmittel Statt finden, vielmehr die beharrliche Weigerung derselben nur die Verbindlichkeit nach sich zieht, das ohne gesetzmäßigen Grund entlassene Gesinde zu entschädigen. Auch ist deswegen das Einschreiten der Polizeibehörden nicht für unnütz zu erachten: denn theils sollen sie eine Vermittelung versuchen, theils aber wird nach §. 161. der Gesinde-Ordnung der Entschädigungs-Anspruch des Gesindes erst durch eine beharrliche Weigerung der Herrschaft begründet, und eine solche ist erst alsdann anzunehmen, wenn die Herrschaft von Seiten der Obrigkeit vergeblich zur Wiederaufnahme aufgefordert worden, woraus von selbst folgt, daß das Gesinde gar nicht eher eine Entschädigungsklage anstellen kann, als bis es sich wegen seiner Wiederaufnahme ohne Erfolg an die Polizeibehörde gewandt hat.

Was aber den Fall anbetrifft, wenn das Gesinde die Herrschaft vor Ablauf der Dienstzeit verlassen hat, so ist in dem Rescript vom 17. April 1812 sub d. nur auf den §. 167. Bezug genommen; und die Polizeibehörden sind daher nur alsdann zum Einschreiten befugt, wenn die Herrschaft das Gesinde zurück verlangt, dieses aber sich weigert, und es darauf ankommt, ob die Weigerung des Gesindes für gesetzmäßig zu erachten ist, oder nicht? keinesweges aber auch dann, wenn beide Theile darüber, daß das Dienstverhältniß selbst nicht länger fortdaure, einig sind, und der Streit nur den Einfluß der Aufhebung auf den Betrag des zu zahlenden Lohns u. s. w. betrifft. Hiernach hat in dem angezeigten Spezial-Fall die Polizeibehörde zu A. auf doppelte Weise die Grenzen ihrer Befugniß überschritten, nämlich zuerst dadurch, daß sie, als der Tischler seine Dienstmagd ohne zureichenden Grund entlassen, sich nicht darauf beschränkte, dies auszusprechen und den Tischler zur Wiedernahme der Magd für verbunden zu erklären, sondern auch über die eventuellen Folgen der etwanigen Weigerung entschied; sodann aber dadurch, daß sie späterhin, als die Magd selbst mit der Aufhebung des Dienstverhältnisses einverstanden war und es nur darauf ankam, ob sie dessen ungeachtet Lohn und Kostgeld fordern könne, sich überhaupt in die Sache einmischte, statt die Magd sogleich an die Gerichtsbehörde zu verweisen.

Wenn die Königl. Regierung zur Rechtfertigung der Polizeibehörde anführt, daß nach der Absicht des Rescripts vom 17. April 1812 der Polizeibehörde die definitive Beseitigung der entstehenden Streitigkeiten, wobei die Frage wegen des Lohns und Kostgeldes die Hauptsache sei, für den Fall habe übertragen werden sollen, daß die Partein den Rechtsweg nicht beschreiten wollten: so muß Ihr darauf bemerklich gemacht werden, daß eine solche Absicht weder ausgesprochen noch vorhanden gewesen ist, vielmehr den Polizeibehörden nur die vorläufige Entscheidung über die Frage:

ob das Dienstverhältniß selbst fortzusetzen sei, oder nicht?

hat eingeräumt werden sollen. Wenn Dieselbe sich ferner auf die Bestimmung des Rescripts vom 17. April 1812 sub 4. beruft und die Meinung äußert, daß der Dienstvertrag durch eigenmächtige Entfernung des Gesindes oder Verjagung desselben von Seiten der Herrschaft nicht aufgehoben, sondern nur faktisch gestört werde; so muß Ihr bemerklich gemacht werden, daß in dem gedachten Rescript ausdrücklich gesagt ist:

während des Dienstes,

und darunter nur der Fall verstanden werden kann, wenn wirklich faktisch ein Dienstverhältniß besteht. Ganz unerheblich ist endlich das, was die Königl. Regierung hinsichtlich der für das Gesinde aus der Verfolgung ihrer Entschädigungsforderungen bei den Gerichtsbehörden entstehenden Schwierigkeiten und Weiterungen, so wie der den Polizeibehörden obliegenden Sorge für das Unterkommen entlassener Dienstboten, anführt.

Denn die rechtliche Verfolgung der Lohn- u. a. Entschädigungs-Forderungen des Gesindes ist keinesweges mit bedeutenderen, vielmehr nach den gesetzlichen Vorschriften mit geringeren Schwierigkeiten verknüpft, wie die Verfolgung anderer nicht minder begründeter Ansprüche, und jene Fürsorge beruht auf einem ganz andern Fundament, beschränkt sich auch keinesweges auf Gesinde, welches widerrechtlich entlassen oder durch schlechte Behandlung von Seiten der Herrschaft bewogen worden, den Dienst zu verlassen. Auch ist die Königl. Regierung im Irrthum, wenn sie glaubt, daß dem Rescript vom 17. April 1812 von sämmtlichen Polizeibehörden dieselbe Deutung gegeben sei, wie von Ihr; wenigstens ist davon, daß die gedachten Behörden sich auch in andern Departements nach Aufhebung des Dienstverhältnisses eine Entscheidung über Lohn und Kostgeld angemaßt hätten, hier nichts bekannt geworden, indem sonst schon früher diese irrige Meinung berichtigt sein würde. Da indeß dieselbe nach der Aeußerung der Königl. Regierung bei den Ihr untergeordneten Behörden verbreitet ist, so hat Sie letztere nach Maaßgabe dieser Verfügung zu belehren. (v. K. Jahrb. Bd. 42. S. 110.)

d. C. O. vom 23. Novbr. 1831, betr. das Verhältniß des Schiffsvolks gegen die Schiffer.

Bei den in Ihrem Berichte vom 9. d. M. angezeigten Umständen, setze Ich nach Ihren Anträgen fest: daß, da das Schiffsvolk gegen den Schiffer gesetzlich in eben den Verhältnissen steht, wie das Gesinde gegen die Dienstherrschaft, die Vorschriften über Annahme und Verabschiedung

des Gesindes in den §§. 9—12. und 171—176. der Gesinde-Ordnung vom 8. Novbr. 1810 auch für die Schiffer und das Schiffsvolk aller in Preußischen Ostseehäfen ausgerüsteten See-Schiffe zur Anwendung kommen sollen, mit der Maaßgabe, daß Schiffer, welche Schiffsleute ohne Losschein heuern, oder unwahre Losscheine ausstellen, jederzeit mit dem höchsten Satze der in §§. 12 und 176. angedroheten Geldbußen zu bestrafen sind.
(G. S. S. 255.)

c. **C. O.** vom 23. Novbr. 1835, betr. das Rechtsverhältniß der Schiffer und Schiffsknechte auf Stromfahrzeugen.

Zur Beseitigung des Mangels gesetzlicher Bestimmungen über das Rechtsverhältniß der Eigenthümer von Stromfahrzeugen zu den Führern derselben, und der Schiffsführer zu den Schiffsknechten, will Ich, vorbehältlich der allgemeinen Gesetz-Revision, auf Ihren Bericht vom 14. v. M. bestimmen:

1) daß die Vorschriften der Gesindeordnung vom 8. Nov. 1810 auch auf das Verhältniß zwischen den Stromschiffern zu den Schiffsknechten angewendet werden, wie sie durch Meine Order vom 23. Novbr. 1831 schon auf die Seeschifffahrt für anwendbar erklärt worden sind;
2) daß die Vorschriften des A. L. R. über das Verhältniß der Schiffsrheder zu den Schiffern auch auf das Verhältniß der Eigenthümer der Stromfahrzeuge zu den Stromschiffern ausgedehnt werden;
3) daß das Verhältniß zwischen den Stromschiffern und den Befrachtern nach den Bestimmungen des A. L. R. Th. I. Tit. XI. §§. 869—920. zu beurtheilen, und
4) daß bei Streitigkeiten zwischen den Eigenthümern der Stromfahrzeuge und den Schiffern, so wie zwischen den Schiffern und dem Schiffsvolke, der Polizeibehörde des jedesmaligen Aufenthaltsortes der Interessenten die Entscheidung insoweit, als sie derselben in Gesindesachen verfassungsmäßig zusteht, mit Vorbehalt der an einzelnen Orten nothwendigen Reglementar-Bestimmungen zu übertragen ist. Sie haben diese Bestimmungen durch die G. S. zur öffentlichen Kenntniß zu bringen. (G. S. S. 222.)

15) **Rescript** vom 14. Novbr. 1816 und 4. Februar 1817, betr. das Verfahren bei Streitigkeiten der Reisenden mit Handwerkern.

Zur Abstellung der Beschwerden der Reisenden, über das Verfahren bei Streitigkeiten mit Handwerkern, über Uebersetzungen im Preise wegen unterweges nöthig gewordener Reparaturen, und überhaupt über unangemessene Behandlung, werden hiermit folgende Bestimmungen vorgeschrieben:

1) Bei Streitigkeiten zwischen Reisenden und Handwerkern über die Güte und den Preis der Arbeiten, soll, auf des einen oder des andern Theils Antrag, ein kurzes polizeiliches Verfahren dem gerichtlichen allemal voraufgehen.
2) Demnach soll die Polizeibehörde eines jeden Orts, dem Befinden nach, mit Zuziehung eines sachverständigen Gewerksgenossen, diese Streitigkeit polizeimäßig untersuchen, und allenfalls nach vorgängiger, den Umständen nach eidlicher, Taxation der Arbeit, die Sühne versuchen, und in deren Entstehung durch ein Resolut entscheiden.
3) Demjenigen, welcher sich bei diesem Resolut nicht beruhigt, steht die Berufung auf richterliche Entscheidung zwar frei, sie muß aber sogleich eingelegt werden, und ist der Handwerker schuldig, die Arbeit, wenn sie ein mit dem Eigenthum des Reisenden zusammenhängendes Werk ist, demselben gegen Auszahlung des polizeilich bestimmten Preises und Caution für die Mehrforderung, so wie Bestellung eines Bevollmächtigten, verabfolgen zu lassen.

Indem wir Ew. Excellenz und der Königl. Regierung dieses eröffnen, veranlassen wir Sie, solches zur Nachachtung bekannt zu machen.

Zugleich fordern wir Ew. Excellenz und die Königl. Regierung auf, die im §. 162. des Edikts vom 7. Septbr. 1811, wegen der Taxen der Gastwirthe enthaltene Vorschrift nicht allein zu erneuern, sondern auch auf deren genaue Befolgung und allgemeine Einführung mit Strenge und Nachdruck zu halten, und dieserhalb die Unterbehörden mit gemessener Vorschrift zu versehen, so wie auch bei darüber entstandenen Streitigkeiten, nach Maaßgabe der oben gedachten Grundsätze, zu verfahren, auch hiernach die Unterbehörden anzuweisen. Berlin, den 14. Nov. 1816.

Zu dem Rescript vom 14. Nov. v. J., das Verfahren bei Streitigkeiten zwischen Reisenden und Handwerkern wegen Uebersetzung im Preise betr., machen wir der Regierung nachträglich folgende nähere Bestimmungen bekannt:

ad 1. Damit nicht durch das Ausbleiben des in Anspruch genommenen Theils das polizeiliche Verfahren vereitelt werde, so ist eine Bekanntmachung an den Vorgeladenen dahin nöthig, daß bei seinem Ausbleiben nach Maaßgabe des petiti das Resolut werde abgefaßt und mit der Abschätzung des streitigen Gegenstandes in contumaciam vorgegangen werden.

ad 2. Wenn von keiner der Parteien die Provokation auf rechtliches Gehör angemeldet wird, so steht der Polizeibehörde das Recht und die Pflicht der Exekution ohne weitere Ankündigungsfrist zu.

ad 3. Die Bestimmung der Höhe der Cautions-Summe für die Mehrforderung hängt von dem Arbitrio der Polizeibehörde ab.

Es wird der Königl. Regierung überlassen, diese Bestimmungen durch die Amtsblätter zur Kenntniß der Unterbehörden und des Publikums zu bringen.

(v. K. Jahrb. Bd. 8. S. 251. B. 9. S. 10.)

16) a. In Betreff der Kompetenz der General-Kommissionen und resp. der Regierungen bei Regulirung der gutsherrlich-bäuerlichen Verhältnisse, Gemeinheitstheilungen und Ablösungen s. zu Tit. 43. der A. G. O.

b. **Rescript** vom 22. März 1824, betr. die Zulässigkeit des Rechtswegs bei der Ablösung des Jagdrechts.

Auf den Bericht des Königl. Kammergerichts vom 4. d. M. hat der Justiz-Minister nichts dagegen zu erinnern, daß der Amtmann N. wegen Ablösung des dem Fiscus auf seinem Rittergute N. zuständigen Jagdrechtes, von dem Collegio zunächst an die Kurmärk. Regierung verwiesen werde. Sollte aber eine gütliche Ausgleichung der Sache auf diesem Wege nicht zu Stande kommen, und z. B. darüber Streit entstehen, ob überhaupt die Verordnung vom 16. März 1811 hier anwendbar, von welchem Umfange das Jagdrecht, wie der Werth desselben zu berechnen und zu vergüten sei, dann muß die richterliche Erörterung und Entscheidung nothwendig ins Mittel treten, ohne welche das doch den Interessenten verliehene Provokations-Recht auf Ablösung nicht realisirt werden kann. Daß der Gesetzgeber den Rechtsweg nicht hat ausschließen wollen, ergeben schon die §§. 9. und 10. der der Verordnung beigefügten Instruktion für die Gerichtsbehörden, die Ablösung der auf Domainen-Grundstücken haftenden Lasten betreffend. Einer weitern Anweisung des Collegii über das zu beobachtende Verfahren wird es nicht bedürfen, indem es bei dem Mangel besonderer gesetzlichen Vorschriften nur die allgemeinen Regeln des Prozesses zu befolgen hat. (v. K. Jahrb. Bd. 22. S. 55.)

17) **Rescript** vom 29. Juni 1819, betr. die Zulässigkeit einer Entschädigungsklage gegen den Richter wegen angeblich widerrechtlich verhängten Kriminalarrests.

Der Justiz-Minister kann durch die in dem Berichte des Königl. Ober-Landesgerichts vom 17. v. M. vorgetragenen Gründe, das Verfahren des Collegii bei Zulassung der von dem Zuckerbäcker N. gegen das Land- und Stadtgericht zu N. erhobenen Entschädigungsklage, nicht für gerechtfertigt annehmen.

In soweit der ꝛc. N. diese Klage auf den, dem erwähnten Gerichte gemachten Vorwurf, eine widerrechtliche Kriminal-Untersuchung und Verhaftung wider ihn verhängt zu haben — gründet, brachten die Vorschriften der A. G. O. Th. III. Tit. 1. §§. 22. 23. und 28. Tit. 3. §. 49. und Tit. 8. §. 8. es mit sich, daß eine Beschwerde und ein Gesuch der Art, wo sich die Partei von einem Gerichte durch eine gesetzwidrige Kriminal-Untersuchung oder Verhaftung beeinträchtigt glaubt, und wider dasselbe Entschädigung liquidirt, jederzeit erst einer offiziellen Untersuchung der vorgesetzten Behörde unterworfen und nur von dem Resultate derselben sowohl die civil- als kriminalrechtlichen Folgen abhängig gemacht werden mußten. Daß die willkürliche Bezeichnung der Beschwerde und des Gesuchs des ꝛc. N. als Klage, den sonst vorgeschriebenen Gang der Sache nicht zu ändern vermag, leuchtet ein. Jener Obliegenheit hat das Kollegium kein Genüge geleistet, sondern in dieser Beziehung nur in seinem Berichte geäußert, daß es sich nicht veranlaßt finden könne, eine förmliche Untersuchung deshalb wider das Land- und Stadtgericht zu eröffnen. Nach den obigen Gesetzen bedarf es aber gerade nicht einer förmlichen Untersuchung, sondern die oberrichterliche Prüfung eines solchen Verfahrens im Disziplinar-Wege genügt schon, um gesetzlich zu der Festsetzung zu gelangen, ob überhaupt in casu der Unterrichter civiliter verantwortlich sei.

Es ist jedoch nicht anzunehmen, daß auch eine Prüfung der Art nur beim Collegio, so wie eine solche Festsetzung erfolgt wäre, weshalb das Erforderliche jetzt noch geschehen muß. Zwar hat der ꝛc. N., wie das Königl. Ober-Landesgericht richtig bemerkt, als einen zweiten Grund seiner Entschädigungsklage, die Behauptung geltend zu machen versucht, daß Seitens des Land- und Stadtgerichts widerrechtlicher Weise ein Arrestschlag auf seine Effekten und in Gefolge dessen der Verkauf von verschiedenen derselben verfügt sei; allein dieser Umstand ändert nichts in der Sache; denn wie der ꝛc. N. die Entschädigungsklage angebracht hat, ist die Frage, in wie weit der Arrestschlag für justifizirt zu achten, noch nicht einmal definitiv entschieden gewesen. Das Königl. Ober-Landesgericht selbst hat in seinem Appellations-Erkenntniß den Arrestschlag in tantum für gerechtfertigt erklärt und nur in den Gründen ausgeführt, daß das Land- und Stadtgericht wegen des, im Verhältniß zu den bescheinigten Forderungen, zu viel Verkümmerten verantwortlich bleibe. Indem das Königl. Ober-Landesgericht diesen zweiten Klagegrund in der angewendeten Art wider das Land- und Stadtgericht zugelassen, hat dasselbe anscheinend übersehen,

daß der ꝛc. N. seine desfallsige Entschädigungsforderung nur auf denjenigen Schaden richten durfte, den er speziell durch zu weite Ausdehnung des Arrestschlages erlitten zu haben, angeben und hiernächst nachweisen konnte.

Ganz unzulässig aber scheint es, wenn dem ꝛc. N. verstattet ist, den Arrestschlag als überall ungesetzlich anzufechten, und damit zugleich die ganz generellen Entschädigungs-Anträge auf Ersatz von resp. 500 Rthlr. und 200 Rthlr., als durch angeblichen Verlust seines Kredits erlittenen Schaden und resp. durch Entfernung von seinem Handelsgeschäfte entbehrten Gewinn, zu begründen, indem es wohl klar ist, daß der angebliche Verlust des Kredits, so weit er für die Folge dieses Arrestschlages ausgegeben wird, doch wohl nicht durch die, nur vom Land- und Stadtgerichte zu vertretende Ueberschreitung des gesetzlichen Maaßes allein würde zu Wege gebracht sein.

Der Chef der Justiz kann hiernach das Verfahren des Königl. Ober-Landesgerichts in Zulassung einer so mangelhaften Klage durchaus nicht billigen, und ertheilt dem Kollegio hiermit die Anweisung, den ꝛc N, mit seiner Entschädigungsklage wider das Land- und Stadtgericht zu N,

so weit solche auf den vermeintlich illegaliter wider ihn verhängten Kriminal-Arrest gegründet werden soll,

für jetzt und bis nach gänzlicher Erledigung der obigen Vorfrage im Disciplinar-Wege zurückzuweisen;

so weit aber dieselbe das Interesse der durch den Arrestschlag vorgeblich erlittenen Einbuße begreift,

den ꝛc. N. erst zur bessern und vollständigeren Substanziirung dieser Entschädigungs-Ansprüche zu veranlassen.

(v. K. Jahrb. Bd. 15. S. 261.)

§. 2. Die gerichtliche Verhandlung, durch welche der Richter in den Stand gesetzt werden soll, eine solche Streitigkeit nach den Gesetzen zu entscheiden, wird Prozess genannt.

§. 3. Jeder Rechtsstreit setzt eine Thatsache voraus, aus welcher die streitige Befugniss oder Obliegenheit entspringen, oder worauf sie sich gründen soll.

§. 4. Der Streit betrifft entweder die Richtigkeit der Thatsache, oder die Herleitung der daraus nach den Gesetzen fliessenden Folgen; oder beides zugleich.

§. 5. In jedem Prozesse muss also vor allen Dingen untersucht werden: was für Thatsachen dabei zum Grunde liegen, und wie sich dieselben nach der Wahrheit verhalten.

§. 6. Der vom Staat geordnete Richter, welcher den Streit durch richtige Anwendung des Gesetzes auf die dabei zum Grunde liegenden Thatsachen entscheiden soll, hat die nächste Pflicht, folglich auch das nächste Recht, sich von der wahren und eigentlichen Bewandniss dieser Thatsachen zu versichern.

§. 7. Der Richter ist also schuldig und befugt, den Grund oder Ungrund der in einem Prozesse vorkommenden Thatsachen selbst und unmittelbar zu untersuchen, und so weit es zur richtigen Anwendung der Gesetze auf den vorliegenden Fall erforderlich ist, ins Licht zu setzen.

§. 8. Die Aufnehmung und Untersuchung der in einem Prozesse vorkommenden und zu dessen Entscheidung gehörigen Thatsachen wird die Instruktion des Prozesses genannt.

§. 9. Das allgemeine Beste erfordert es, dass die Prozesse, so weit es ohne Nachtheil der Rechte der Parteien geschehen kann, abgekürzt, und die Kosten dabei möglichst gespart werden.

§. 10. Die Pflichten des Richters bei der Instruktion eines Prozesses beruhen also auf dem wesentlichen Grundsatze:

dass er sich bemühen müsse, die Wahrheit der dabei zum Grunde liegenden erheblichen Thatsachen auf dem sichersten und zugleich nächsten Wege zu erforschen und auszumitteln.

§. 11. Erheblich ist eine Thatsache, wenn der rechtliche Grund oder Ungrund des streitigen Anspruchs von ihrer Wahrheit oder Falschheit unmittel- oder mittelbar, ganz oder zum Theil, abhängt.

§. 12. Gewöhnlich sind die Parteien selbst am besten im Stande, dem Richter über ihre Angelegenheiten Auskunft zu ertheilen; sie sind also die Instruktion ihres Prozesses so viel als möglich in Person abzuwarten verbunden.

Anh. **§. 1.** ***Auf das Erscheinen der Parteien in Person ist nur alsdann zu dringen, wenn es zur Ausmittelung der Wahrheit durchaus erforderlich ist. Sobald dieser Hauptzweck nicht vereitelt wird, haben die Parteien die Befugniss, sich durch zulässige Bevollmächtigte vertreten zu lassen.***

Rescript vom 4. März 1799, betr. die Befugniß der Parteien, sich durch Bevollmächtigte vertreten zu lassen. Stengels Beitr. Bd. 7. S. 293. v. R. V. S. 348. (aufgenommen in §. 1. des Anhangs.)

§. 13. Durch unerlaubte Handlungen darf Niemand seinen Vortheil befördern. Die Parteien sind also schuldig, die zur Entscheidung ihres Prozesses gehörenden Thatsachen dem Richter, der Wahrheit und ihrer besten Wissenschaft gemäss, vorzutragen.

§. 14. Vorsätzliche Verstellung oder Verschweigung der Wahrheit wird von dem Gesetze mit nachdrücklichen Strafen geahndet. Beharrliche Weigerung, sich über die in dem Prozesse vorkommenden Thatsachen auf Erfordern des Richters zu erklären, hat die Folge, dass die Thatsache selbst ohne weitere Untersuchung für wahr oder nicht wahr angenommen wird, je nachdem es dem Ungehorsam am nachtheilichsten ist.

§. 15. Diese Strafe des Ungehorsams setzt jedoch die Gewissheit voraus: dass die Aufforderung des Richters, sich über diese oder jene Thatsache zu erklären, zur Kenntniss der Partei zeitig genug gelangt sei.

§. 16. Wenn eine erhebliche Thatsache geleugnet wird, so ist zwar vornehmlich derjenige Theil, welcher darauf sich gründet, schuldig, dem Richter die Mittel anzuzeigen, durch welche die Wahrheit derselben an den Tag gebracht werden könne.

§. 17. Der Richter ist jedoch an diese Angabe nicht gebunden, sondern er hat das Recht und die Pflicht, auch andere Mittel, die aus dem Vortrage der Parteien und aus dem Zusammenhange ihrer Verhandlungen sich ergeben, zur Erforschung der Wahrheit, selbst ohne das ausdrückliche Verlangen der Parteien, anzuwenden.

§. 18. Die allgemeine Bürgerpflicht verbindet einen jeden, wenn er auch nicht in den Prozess mit verwickelt ist, auf Erfordern des Richters, seine Wissenschaft von den darin streitig gewordenen Thatsachen getreulich anzugeben, und die in seiner Gewalt stehenden Mittel zur Aufklärung der Wahrheit vorzulegen.

§. 19. Doch müssen demjenigen, welcher diese Pflicht erfüllt, alle daraus erwachsende Schäden und Kosten vergütet werden.

§. 20. Der Richter muss die Instruktion des Prozesses so lange fortsetzen, bis der Grund oder Ungrund aller dabei vorkommenden erheblichen Thatsachen hinlänglich ins Licht gesetzt, oder doch alle dazu vorhandene Mittel erschöpft worden.

§. 21. Die Anwendung der Gesetze auf die ausgemittelten Thatsachen, und die Herleitung der daraus fliessenden rechtlichen Folgen, gehört zu dem Amte des erkennenden Richters.

§. 22. Auch bei der zweckmässigsten Behandlung bleiben Prozesse, wegen des nachtheiligen Einflusses, welchen sie nicht nur auf die Glücksumstände, sondern auch auf den sittlichen Charakter der Parteien haben können, stets ein in der bürgerlichen Gesellschaft möglichst zu vermeidendes Uebel. Der Richter muss sich daher bemühen, die entstehenden Prozesse durch gütliches Uebereinkommen beizulegen.

§. 23. Doch muss er nicht eher Vergleichsvorschläge machen, als bis er durch hinlängliche Vernehmung der Parteien sich in den Stand gesetzt hat, über das Gewicht der gegenseitigen Gründe, und über den vermuthlichen Erfolg des Prozesses, mit Wahrscheinlichkeit urtheilen zu können.

§. 24. Die Vorschläge selbst müssen so eingerichtet sein, dass dadurch keinem Theile die Aufopferung klarer und ihm unstreitig zukommender Rechte angemuthet werde.

II. Gang des Verfahrens.

25. Nach vorstehenden Grundsätzen muss der instruirende Richter in jedem Prozesse zuerst den Kläger über seinen Anspruch, über die Thatsachen, auf welche er dabei sich gründet, und über die Mittel, die Wahrheit dieser Thatsachen, wenn sie geleugnet würden, nachzuweisen, umständlich vernehmen.

26. Hiernächst muss er dafür sorgen, dass der Beklagte von dem Anspruche des Klägers und dessen Gründen hinlänglich unterrichtet, und zur Erklärung darüber gehörig aufgefordert werde.

27. Weigert sich der Beklagte, den Anspruch des Klägers einzuräumen, und denselben seinem Verlangen gemäss zu befriedigen, so muss er von dem Richter über dasjenige, was er an den Behauptungen des Klägers zugestehe oder leugne; über die Ein-

wendungen, welche er demselben entgegen zu setzen habe; über die Thatsachen, auf welchen diese Einwendungen beruhen; und über die Mittel, die Wahrheit dieser Thatsachen im Leugnungsfalle nachzuweisen, eben so genau und ausführlich wie der Kläger, vernommen werden.

28. Alsdann muss der Richter die Parteien zusammen bringen, und durch ihre Gegeneinanderstellung theils noch näher in den wahren Zusammenhang der Sache einzudringen, theils sie über die streitigen Thatsachen zu vereinigen bemüht sein.

§. 29. Wenn diess geschehen ist, so muss der Richter eine zusammenhängende Geschichtserzählung über die bei dem Prozesse zum Grunde liegenden Thatsachen, so weit die Parteien darüber einig sind, aufnehmen, die noch streitig gebliebenen Umstände besonders bemerken, und die erheblichen, welche durch Beweis noch näher auszumitteln sind, von den unerheblichen absondern.

§. 30. Wenn der instruirende Richter durch seine Verhandlung den Zusammenhang der Sache, und worauf es dabei eigentlich ankomme, näher zu übersehen in Stand gesetzt worden; so muss er vorzüglich alsdann den Streit durch Vergleich beizulegen suchen.

§. 31. Wenn diese Bemühung fruchtlos ist, so müssen die streitig gebliebenen erheblichen Thatsachen durch Aufnehmung der vorhandenen Beweismittel ins Licht gesetzt werden.

§. 32. Wenn dies hinreichend geschehen ist, oder doch alle vorhandene Mittel zur Erforschung der Wahrheit erschöpft sind; so muss der instruirende Richter die Instruktion schliessen, und alle bisherigen Verhandlungen müssen dem erkennenden Richter vollständig vorgelegt werden.

§. 33. Die Beurtheilung des instruirenden Richters, welche Thatsachen erheblich sind, und welche Mittel zu deren Aufklärung angewendet werden sollen, bestimmt nur den fernern Gang der von ihm zu führenden Instruktion. Der erkennende Richter ist daran nicht gebunden, sondern er muss, wenn erhebliche Thatsachen in der Instruktion als unerheblich bei Seite gesetzt, oder wirklich vorhandene Mittel zur Erforschung der Wahrheit von dem instruirenden Richter übersehen worden, die Ergänzung der mangelhaften Instruktion verfügen, und bis dahin sein Erkenntniss aussetzen.

§. 34. Alle übrige Vorschriften, welche das Verfahren des Richters bei der Instruktion näher bestimmen, und die Schritte, welche er dabei zu thun hat, bezeichnen, sind nur als Mittel zum Zweck anzusehen, und müssen diesem Zwecke einer gründlichen, vollständigen und möglichst schnellen Erforschung der Wahrheit stets untergeordnet bleiben; also, dass in jedem vorkommenden Falle diese Anweisungen nur so weit, als es nach den Umständen des Falles erforderlich und hinreichend ist, angewendet werden sollen.

§. 35. In besondern Arten des Prozesses, wo das Gesetz die Thatsache, auf die es bei einem solchen Prozesse nur ankommen soll, genau bestimmt hat, findet eine besondere oder abgekürzte Verfahrungsart Statt.

§. 36. Wenn über ein Vermögen oder einen Nachlass, die zur Befriedigung aller, welche daran sich halten wollen, unzureichend sind, ein Konkurs- oder Liquidations-Prozess entsteht, so wird derselbe, so weit es die Richtigkeit der einzelnen Forderungen betrifft, nach den allgemeinen Grundsätzen, so weit es aber dabei auf die Bestimmung des Vorzugsrechts unter diesen Forderungen, und auf die Ausmittelung und Vertheilung des vorhandenen Objekts der Befriedigung ankommt, nach besondern Vorschriften behandelt.

III. Maassregeln zur Sicherheit der Parteien gegen die Willkür des Richters.

§. 37. Die Gesetze des Staats sorgen dafür, dass der Richter die zur Erforschung der Wahrheit ihm anvertraute Macht nicht missbrauche, und dass die Rechte seiner Bürger weder durch blosse Willkür oder parteiische Einseitigkeit, noch durch Leichtsinn und Uebereilung des Richters, gefährdet werden.

§. 38. Die gerichtliche Verfahrungsart muss daher so eingerichtet sein, dass der Richter bei allen zur Instruktion gehörenden Verhandlungen unter beständiger Aufsicht und Beobachtung stehe, und keinen seiner Schritte einer nach den Vorschriften des Gesetzes anzustellenden Prüfung entziehen könne.

§. 39. Der instruirende Richter muss alle Verhandlungen bei der Instruktion in ein darüber zu haltendes Protokoll treulich und vollständig niederschreiben.

§. 40. Wenn der Gegenstand des Prozesses nicht ganz unbedeutend ist, so muss in allen von dem Gesetze nicht besonders ausgenommenen Fällen, ausser dem Richter, welcher die Instruktion führt, noch eine zweite vereidete Gerichtsperson zur Haltung des Protokolls zugezogen werden.

Anh. §. 2. ***Der Zuziehung einer zweiten vereideten Gerichtsperson zur Führung des Protokolls bedarf es zur Gültigkeit der Verhandlung nicht.***

1) **Circularverordnung** vom 30. Dezember 1798, wegen genauer Bestimmung verschiedener Vorschriften des A. L. R. und der A. G. O.

Erster Abschnitt.

Von Verhütung der Tumulte und Bestrafung der Theilnehmer.

Zweiter Abschnitt.

Von Eintragung der Grundgerechtigkeiten.

(Diese Abschnitte betreffen nur das A. L. R., und sind daher hier weggelassen.)

Dritter Abschnitt.

Von Wahrnehmung der Gerechtsame der Kinder bei Ehescheidungen.

§. 1. In Ehescheidungsprozessen soll es der Bevormundung der Kinder nur dann bedürfen, wenn es sich aus der erfolgenden Verhandlung ergiebt, oder dem Gericht bekannt ist, daß ein oder beide Ehegatten sich der Verschwendung des Vermögens oder der Vernachlässigung der Erziehung der Kinder verdächtig machen.

§. 2. Gleichmäßig soll auf einen den Kindern aus dem Vermögen schuldig befundener Ehegatten auszusetzenden Pflichttheil nur alsdann erkannt werden, wenn der unschuldige Theil, oder der den Kindern zu bestellende Vormund ausdrücklich darauf anträgt, und behauptet, auch im Leugnungsfall bescheinigt, daß der schuldige Ehegatte sich der Verschwendung des Vermögens verdächtig gemacht habe.

§. 3. Dieser Antrag kann auch nach rechtskräftig getrennter Ehe nachgeholt werden, wenn ein für den schuldigen Theil erklärter Ehegatte überführt wird, daß er sein Vermögen zu verschwenden anfange. Wird dieses erwiesen, so wird bei Berechnung des Pflichttheils sowohl in Ansehung des Betrags des Vermögens als in Ansehung der Zahl der Kinder auf den Zeitpunkt gesehen, wo die Verurtheilung des schuldigen Ehegatten zur Aussetzung des Pflichttheils der Kinder vom Richter, durch ein deshalb abzufassendes Erkenntniß, nachgeholt wird.

§. 4. Wenn nach diesen Vorschriften in Zukunft auf Aussetzung eines Pflichttheils erkannt wird, muß dessen Betrag eben so sicher gestellt werden, als wenn solcher den Kindern bereits durch Erbrecht anheim gefallen wäre; wohingegen dem Ehegatten, aus dessen Vermögen der Pflichttheil ausgesetzt worden, die Nutzungen ungekränkt verbleiben.

Vierter Abschnitt.

Vom Verfahren in Injuriensachen, und Bestimmung der Strafen.

§. 1. In Injuriensachen soll in Zukunft das Verfahren erster Instanz nicht nach den im 34. Titel der Prozeßordnung enthaltenen, nach Verschiedenheit des Standes der Parteien und der schwereren oder leichteren Beschaffenheit der Verbal- oder Real-Injurien bestimmten Vorschriften, eingeleitet, sondern jederzeit nach dem §. 4—7 des 26. Titels der Prozeßordnung verfahren werden, und davon nur dann Ausnahme statt finden, wenn eine Verwundung erfolgt, oder Personen, welche durch Geburt oder Rang eine vorzügliche Achtung zu fordern berechtigt sind, gröblich beleidigt worden, in welchen Fällen der zweite Abschnitt des 35. Titels der Prozeß-Ordnung zur Richtschnur dienen soll.

§. 2. Wider die in Injuriensachen ergehenden Urtel, worin entweder auf eine die Summe von 5 Rthlr. nicht übersteigende Geldstrafe erkannt, oder Jemand aus dem Bauer- oder gemeinen Bürgerstand zur Gefängnißstrafe von nicht mehr als 24 Stunden verurtheilt worden, soll kein ferneres Rechtsmittel statt finden, sondern das Erkenntniß nach dessen Publikation unverzüglich vollstreckt werden.

§. 3. Ist auf eine härtere jedoch nicht mehr als 50 Rthlr. betragende Geldbuße erkannt, so ist dem Bestraften zu gestatten, ein Milderungsgesuch einzureichen, und wird sodann das in §. 15. des 34. Titels der Prozeßordnung vorgeschriebene Verfahren beobachtet.

§. 4. Ein gleiches findet statt, wenn jemand aus dem Bauer- oder gemeinen Bürgerstande zu mehr als 24 stündigem Arrest, oder jemand aus den mittleren oder höheren Ständen überhaupt zu einer Gefängnißstrafe verurtheilt worden, welche in beiden Fällen den Zeitraum von 4 Wochen nicht übersteigt.

§. 5. Ist auf eine schärfere als 50 Rthlr. Geld- oder vierwöchentliche Gefängnißstrafe erkannt, so findet das Rechtsmittel der weitern Vertheidigung statt, und wird nach den Vorschriften des Titels 35. §. 88 seqq. verfahren.

§. 6. In jedem Falle, wo der Bestrafte ein Milderungsgesuch oder eine weitere Vertheidigung einreicht, muß die Eingabe oder das aufgenommene Protokoll dem Gegner mitgetheilt und ihm frei gestellt werden, binnen einer kurzen präklusivischen Frist eine Gegenausführung einzureichen, auf deren Inhalt bei Entscheidung der Sache Rücksicht zu nehmen ist.

§. 7. Wenn wegen harter Beschimpfungen oder Real-Injurien geklagt worden, oder der Kläger zu den mittlern oder höhern Ständen gehört, soll diesem in Zukunft frei stehen, darüber, daß der Beklagte freigesprochen oder vermeintlich zu gelinde bestraft worden, ein Rechtsmittel einzuwenden, dagegen aber die Zuziehung und Vernehmung eines fiskalischen Bedienten gänzlich wegfallen.

§. 8. Das vom Kläger in Injuriensachen einzuwendende Rechtsmittel muß, bei Verlust desselben, bei der Publikation angemeldet werden; geschiehet dieses, so wird dem Kläger eine kurze präklusivische Frist zur Einreichung einer Deduktion bestimmt, und wenn er diese Frist verabsäumt, wird mit Vorlegung der Akten bei dem in zweiter Instanz erkennenden Richter verfahren.

§. 9. Wird die Deduktion vom Kläger eingereicht, so ist solche dem Beklagten zuzufertigen, um binnen gleichmäßigem Zeitraum eine Gegendeduktion zu übergeben, und nach Ablauf sothaner Frist wird die Sache zum Spruch befördert.

§. 10. Bei diesem Schriftwechsel dürfen keine neuen Thatsachen eingemischt, oder mehrere Beweismittel beigebracht werden, sondern die Ausführung ist nur auf dasjenige zu richten, was in erster Instanz ausgemittelt worden.

§. 11. Wird der im Urtel erster Instanz freigesprochene Beklagte im Erkenntnisse zweiter Instanz gestraft, oder wird die in erster Instanz erkannte Strafe geschärft, so stehen dem Beklagten nach Verhältniß der Strafe eben die Rechtsmittel offen, welche ihm nach §. 3—5 freizulassen gewesen wären, wenn er mit einer in erster Instanz erfolgten Bestrafung verschont sein wollen.

§. 12. Hat der Kläger mit der Injurienklage zugleich den Anspruch auf Ersatz des ihm an seiner Gesundheit oder an seinem Vermögen zugefügten Schadens verbunden, so bestimmt der Betrag der geforderten Entschädigung die Zuläßigkeit der Appellations- und Revisions-Instanz nach den allgemeinen deshalb geltenden Vorschriften.

§. 13. Wenn in Injuriensachen der Kläger vor Publikation des ersten Urtels seinem Anspruche entsagt, oder wenn beide Theile sich vor diesem Zeitpunkt vergleichen, so nimmt das Gericht von dem Vorfall keine weitere Kenntniß, und es wird sogleich mit Reposition der Akten verfahren.

§. 14. Wegen der Einwendung des Beklagten, daß der dem Kläger gemachte schimpfliche Vorwurf in der Wahrheit gegründet sei, soll das Verfahren in der Injuriensache nie ausgesetzt, sondern nur dem Beklagten freigestellt werden, darüber Beweismittel beizubringen, daß er hinlängliche Veranlassung gehabt habe, den Vorwurf für wahr zu halten. Wird dieses vom Beklagten bewiesen, so muß ihm solches als Milderungsgrund zu statten kommen, und dem Ermessen des erkennenden Gerichts bleibt es überlassen, ob gegründete Veranlassung zu einer Kriminal-Untersuchung vorhanden sei.

§. 15. Die im A. L. R. Tit. 20. §. 607 seqq. in Injuriensachen bestimmten Strafen sind in der Anwendung theils zu strenge befunden, theils haben sie den beabsichtigten Endzweck nicht erfüllt. Es müssen daher die Gerichte in Zukunft die in folgenden §§. 16—21. vorgeschriebenen Grundsätze sich zur Richtschnur dienen lassen.

§. 16. Auf gelindere als die im A. L. R. bestimmten Strafen muß jederzeit erkannt werden, wenn der Kläger seine Behauptnng nicht vollständig erwiesen hat, wenn die Beleidigung nicht vorsätzlich erfolgt ist, wenn der Beklagte wegen Injurien noch nicht bestraft worden, oder wenn die Vollziehung der verwirkten Strafe auf des Beklagten und der Seinigen Wohlstand und Erwerb einen nachtheiligen Einfluß haben würde.

§. 17. Bei leichten Injurien unter Personen gleichen Standes ist auf zwei- bis sechsstündiges Gefängniß zu erkennen, und nach eben diesem Verhältnisse ist die Dauer der bestimmten Gefängnißstrafen abzukürzen.

§. 18. Wenn Gesinde ihre Herrschaft, Lehrlinge ihre Meister, Kinder ihre Eltern, oder gemeine Leute Personen aus den höheren Ständen beleidigt haben, soll der Richter befugt sein, auf körperliche Züchtigung zu erkennen, und muß bei Gefängnißstrafen mit festgesetzt werden, daß dem Bestraften nur Brod und Wasser zu gestatten, auch der Arrest so viel möglich durch Entziehung aller Bequemlichkeiten zu schärfen.

§. 19. Wenn nach richterlichem Ermessen eine Geldbuße dem Stande, dem Erwerbe, den Gesundheitsumständen oder sonstigen Verhältnissen des Beklagten angemessener als Gefängnißstrafe zu achten ist, so muß das Erkenntniß auf bestimmte Gefängniß- oder Geldstrafe gerichtet, und solchergestalt dem Beklagten die Wahl gelassen werden.

§. 20. Bei Bestimmung der Geldbußen ist jederzeit auf die Vermögensumstände des Beklagten dergestalt Rücksicht zu nehmen, daß der Zweck der Bestrafung nie verfehlt, vielmehr sorgfältig verhütet werde, daß nicht etwa übermüthige und leichtsinnige Personen, in der Hoffnung, durch eine ihnen nicht empfindliche Geldstrafe ihren Unfug zu büßen, sich die Beschimpfung anderer oder ähnliche Excesse erlauben, und mit der gesetzlichen Ahndung ein Gespötte treiben.

§. 21. Vorzüglich müssen die Gerichte gegen diejenigen, welche bereits in Injuriensachen gestraft worden, dennoch aber fortfahren, die Ruhe ihrer Nebenmenschen zu stören, und schimpfliche Behandlungen anderer sich mehrmals zu schulden kommen lassen, nach aller Strenge verfahren, und die sonst stattfindenden Strafen dergestalt erhöhen, daß der beabsichtigte Endzweck der Bestrafung erreicht werde. Dieses zu bewirken müssen in Fällen dieser Art die Gefängnißstrafen durch Entziehung der besseren Kost, auch aller Mittel sich im Arrest Annehmlichkeiten oder Bequemlichkeiten zu verschaffen, ernstlich geschärft werden.

Fünfter Abschnitt.

Von gerichtlichen Protokollen.

§. 1. Die Zuziehung eines Protokollführers soll in Zukunft nur in Criminalsachen in den durch die Cr. O. bestimmten Fällen und dann nöthig sein, wenn Testamente, letztwillige Dispositionen, Erbverträge oder solche Ehestiftungen errichtet werden, worin die künftige Erbfolge bestimmt wird. Bei allen andern gerichtlichen Verhandlungen sollen die von einer Gerichtsperson allein bereits aufgenommenen oder noch aufzunehmenden, von den Parteien oder ihren Stellvertretern mit unterschriebenen Protokolle, volle Glaubwürdigkeit haben, und unter dem Vorwande der unterlassenen Zuziehung eines Protokollführers nicht angefochten werden.

§. 2. In Ansehung der Mitunterschriften der Parteien ist es zwar hinreichend, wenn sie ihren Namen unter der Verhandlung verzeichnen, jedoch ist es rathsam, in wichtigen Sachen, besonders bei Aufnahme von Verträgen, Schuldverschreibungen, Vollmachten u. s. w. außer dieser Namens Unterschrift die Parteien noch eigenhändig niederschreiben zu lassen:

daß sie die Verhandlung durchgelesen, und mit dem Inhalt überall einverstanden sind.

§. 3. Personen, die nicht schreiben und Geschriebenes lesen können, müssen jemand mit zur Stelle bringen, der, es sei ein Justiz-Commissarius oder ein sonst glaubhafter Mann, in ihrem Namen die Unterschrift verrichtet. Diese Vorschrift muß der Richter solchen Parteien, deren Stand oder Ansehen es zweifelhaft macht, ob sie lesen oder schreiben können, gleich vor dem Anfang der Verhandlung bekannt machen, und auf deren Befolgung dringen. Ist diese Vorschrift nicht befolgt, so ist die Verhandlung für die Partei, welche nicht schreiben und Geschriebenes lesen kann, unverbindlich.

§. 4. Wenn unter mehrern gemeinschaftliche Sache machenden Personen auch nur einer schreiben und Geschriebenes lesen kann, so ist es hinreichend, wenn derselbe in Ansehung der Litisconsorten, welchen diese Fähigkeit mangelt, die Richtigkeit der von ihnen durch Kreuze bewirkten Unterzeichnung mittelst seiner Namens-Unterschrift bezeugt.

§. 5. Wegen der Tauben, Stummen, Taubstummen und Blinden verbleibt es zwar bei der Anweisung der A. G. O. Th. II. Tit. 3. §. 4—8., es bedarf jedoch auch bei diesen keiner Zuziehung eines Protokollführers.

§. 6. Wenn der Fall sich ereignet, daß eine Partei das von der Gerichtsperson aufgenommene Protokoll nicht unterschreiben will, so muß der Richter eine zweite Gerichtsperson oder einen Justiz-Commissarius, oder in deren Ermangelung einen sonst glaubhaften Mann als Zeugen zuziehen, und in dessen Gegenwart die weigernde Partei befragen:

> ob sie noch Zusätze, Widerrufe oder Modifikationen verlange, unter welchen sie die Unterschrift leisten wolle?

In diesem Falle sind solche dem Protokolle nachzutragen, und dann ist mit der Unterschrift zu verfahren. Im entgegengesetzten Fall muß unter dem Protokoll vermerkt werden:

> daß die Partei, nachdem sie vorher deshalb befragt worden, keine Gründe der Weigerung habe angeben können; daß ihr zwar die Bedeutung geschehen, das Protokoll werde, der verweigerten Unterschrift ungeachtet, wider sie beweisen, daß aber diese Bedeutung fruchtlos geblieben sei.

Wenn diese Vorschrift beobachtet worden, und die Verhandlung von dem obgedachtermaßen zugezogenen Zeugen mit unterzeichnet worden, behält sie die volle Glaubwürdigkeit eines gerichtlichen Protokolls, und wird durch die unterbliebene Unterschrift der Partei nicht geschwächt.

§. 7. Wenn künftig in Fällen, wo es nach diesen Festsetzungen der Zuziehung eines Protokollführers nicht bedarf, die Gerichtspersonen die erfolgenden Verhandlungen durch einen der Referendarien, Auskultatoren, Sekretarien oder Kanzellisten, zur Ausbildung der ersteren oder zur Erleichterung des Richters niederschreiben lassen, so dürfen um deswillen den Parteien keine besonderen Diäten oder Gebühren angesetzt werden.

Sechster Abschnitt.

Von Notariats-Instrumenten.

Die im §. 68. des 7. Titels des 3. Theils der A. G. O. enthaltene Vorschrift, nach welcher die von den Notarien aufgenommenen Instrumente dem Direktor des Notarien-Collegii zur Unterschrift und Siegelung überschickt werden sollen, wird zur Ersparung des Zeit- und Kostenaufwandes für die Zukunft nur auf den Fall eingeschränkt, wenn der Extrahent ausdrücklich verlangt, daß diese Formalität beobachtet werde.

Siebenter Abschnitt.

Vom executivischen Verfahren gegen verschuldete im wirklichen Königlichen Civildienst stehende Officianten.

§. 1. Die im §. 22 seqq. Tit. 29. der A. G. O. bis zur Hälfte nachgelassene Arrest-Anlegung auf die Besoldungen und Emolumente der im wirklichen Dienste stehenden Königlichen Civil-Bedienten sollen nur in soweit statt finden, daß einem jeden zu seinem nothdürftigen Auskommen jährlich 400 Rthlr. freigelassen werden. Es soll daher bei denjenigen, welche nur 400 Rthl. oder weniger Diensteinkünfte haben, kein Arrestbeschlag, bei den übrigen aber der Beschlag nur auf die Hälfte des nach Abrechnung von 400 Rthlr. verbleibenden Ueberschusses der Besoldung und Emolumente gestattet werden.

§. 2. Wenn wider einen im wirklichen Dienst stehenden Civil-Officianten zur Auspfändung geschritten wird, sollen demselben die zur Verwaltung dieses seines Dienstes erforderlichen Bücher, das unentbehrlichste Hausgeräthe, Betten, anständige Kleider und Wäsche nicht genommen, auch dessen Frau und unerzogenen Kindern nothdürftige Wäsche, Kleider und Betten gelassen werden.

§. 3. Sollte ein im wirklichen Dienst stehender Königlicher Civilbedienter sich in der Nothwendigkeit befinden, mittelst der Cessionis bonorum den Gläubigern sein gesammtes Vermögen abzutreten, so soll derselbe auf sein Ansuchen zu dieser Wohlthat, ohne vorherige Vernehmung der Gläubiger und weitläuftiges prozessualisches Verfahren gelassen, und auf diese Art gegen persönliche Verhaftnehmung gesichert auch ihm dadurch die Fortsetzung seines Dienstes möglich gemacht werden.

§. 4. Sollte ein solcher Officiant sich der Flucht verdächtig gemacht haben, oder sollten die Wechsel- oder andere Gläubiger bescheinigen können, daß er dieser Rechtswohlthat nach der Vorschrift der A. G. O. unwürdig sei, so ist die Verhaftnehmung nachzugeben. Wie es denn auch wegen derjenigen Officianten, welche neben ihrem Dienste kaufmännische Geschäfte treiben, bei der in der A. G. O. vorgeschriebenen Verfahrungsart, insbesondere in Ansehung der Befugnisse der Wechselgläubiger, zu belassen ist.

§. 5. Diese sämmtlichen Vorschriften sollen auch in Ansehung aller schon contrahirten bereits eingeklagten oder noch einzuklagenden Schuldforderungen Anwendung finden.

§. 6. Eine Ausnahme soll nur allein in Ansehung der vom General-Postamt ressortirenden Officianten statt finden, in Ansehung deren es auch für die Zukunft bei den bisherigen Gesetzen belassen wird. Wohingegen in Ansehung sämmtlicher bei der Accise- und Zoll-Administration, imgleichen bei der Seehandlungs-Gesellschaft angestellten Bedienten der bisherige Unterschied aufgehoben und sie den übrigen Königlichen Civil-Offizianten gleichgestellet worden, mithin nach den vorstehendermaßen bestimmten Grundsätzen zu behandeln sind.

Achter Abschnitt.

Von Beschlagnehmung der Gutseinkünfte zur Vermeidung der Subhastation.

Bei verschiedenen Collegiis sind wegen richtiger Anwendung der Vorschriften der A. G. O. Tit. 24. §. 110 seqq. und §. 141. Bedenken entstanden, welche folgende nähere Bestimmung nothwendig machen.

Bei jeder im Wege der Execution von einem Personal- oder Real-Gläubiger nachgesuchten Subhastation eines Grundstücks muß der Richter die im §. 112. vorgeschriebene Prüfung anstellen, ob die executivisch beizutreibende Forderung binnen Jahresfrist aus den Gutseinkünften berichtigt werden kann. Nur wenn dieses möglich ist, muß die Subhastation verweigert, und die Sequestration auf ein Jahr verfügt, im entgegengesetzten Fall aber die ungesäumte Subhastation gestattet werden.

Neunter Abschnitt.

Von Reisekosten, welche eine Partei der andern erstatten muß.

Im §. 6. des 3. Titels der A. G. O. ist bereits vorgeschrieben, daß, wenn der Wohnort einer Partei von dem Sitze des Gerichts weit entlegen ist, und die Kosten der Reise, des Aufenthalts und der Versäumniß in Verhältniß mit dem Gegenstande des Prozesses sehr beträchtlich sein würden, der Partei das persönliche Erscheinen nicht zugemuthet werden solle. Wir finden aber auch nöthig, diesem noch hinzuzufügen, daß, wenn eine Partei in dem angezeigten Falle dennoch kostspielige Reisen unternommen hat, welche durch Bestellung eines Bevollmächtigten hätten vermieden werden können, der Ersatz solcher Reise- und Versäumnißkosten vom Gegner nicht soll gefordert werden können.

Zehnter Abschnitt.

Von den Fristen zur Einreichung der Deductionen.

§. 1. In Ansehung der in zweiter Instanz nach geschlossener Instruktion einzureichenden Deductionen und Gegendeductionen, soll in Zukunft eben dasjenige statt finden, was in Ansehung der Schriften erster und dritter Instanz vorgeschrieben worden, so daß, wenn die bestimmten Fristen verstrichen sind, mit Vorlegung der Akten verfahren wird.

§. 2. Nur dann, wenn der Gegner ausdrücklich einwilligt, oder wenn in wichtigen und verwickelten Sachen der Richter sich überzeugt, daß die Beibringung der Schrift zur Aufklärung der Sache nöthig sei, soll eine verhältnißmäßige Verlängerung der anfänglich bestimmten Frist nachgegeben werden, und dieses von den Schriften aller Instanzen gelten.

§. 3. Wird nach bereits verfügter Vorlegung der Akten eine Schrift nachgebracht, so muß solche angenommen, und wenn es eine Schlußschrift ist, unverzüglich dem ernannten Referenten zugestellet, oder wenn die Akten versendet sind, nachgeschickt, und davon im Fall der noch nicht erfolgten Entscheidung Gebrauch gemacht werden.

§. 4. Ist die nachgebrachte Schrift eine Deduction zweiter oder dritter Instanz, so darf zwar um deswillen die Aburtelung der Sache nicht ausgesetzt werden, die Schrift wird aber dem Gegner mit der Anweisung zugefertiget, binnen der vorschriftsmäßig zu bestimmenden Frist die Gegendeduction einzureichen. Erst nach Ablauf dieser Frist erfolgt die Nachsendung zu den zum Spruch vorliegenden Akten. Ist alsdann die Entscheidung bereits erfolgt, so wird auf den Inhalt der nachgesendeten Schriften keine Rücksicht genommen, und diejenige Partei, welche ihre Deduction so spät eingereicht hat, muß jederzeit dem Gegner alle durch dieses nachgeholte Verfahren entstandenen Kosten erstatten, wenn sie gleich sonst nicht in die allgemeine Tragung der Kosten der Instanz verurtheilt wird.

Eilfter Abschnitt.

Vom Rechtsmittel wider Contumatial-Erkenntnisse.

§. 1. Das nur zur Verzögerung der Rechtspflege Anlaß gebende und vielfältig, besonders von bösen Schuldnern, gemißbrauchte Remedium restitutionis in integrum wider Contumatial-Erkenntnisse soll in Sachen, welche nach Publikation dieses Circulairs rechtshängig werden, nicht statt haben, und daher der 3. Abschnitt des 14. Titels der Prozeß-Ordnung nicht ferner Anwendung finden. Vielmehr muß künftig jeder Beklagte, wenn er sich bei einem wider ihn ergangenen Contumatial-Erkenntnisse nicht beruhigen will, dagegen das Rechtsmittel der Appellation einwenden, und dessen vorschriftsmäßige Instruktion gewärtigen.

§. 2. Damit aber in wichtigen und verwickelten Sachen dem Kläger nicht ohne sein Verschulden Zeit und Gelegenheit benommen werde, alles an- und auszuführen, was ihm zur vollständigen Erörterung der Sache dienlich scheint, so soll dem Kläger nach geschlossener Instruktion freistehen, darauf anzutragen, daß nach geendigtem Schriftwechsel die Akten zur Abfassung eines Erkenntnisses in erster Instanz vorgelegt werden. Zu einem solchen Antrage ist aber der Beklagte nicht berechtigt.

Zwölfter Abschnitt.

Von der den Parteien frei zulassenden Uebergehung der ersteren Instanzien.

§. 1. In Sachen, wo es auf Auslegung des undeutlichen oder zweideutigen Inhalts einer Urkunde, oder auf bloße Rechtsfragen ankommt, enthalten gewöhnlich die Verhandlungen zweiter und dritter Instanz nur Wiederholungen desjenigen, was schon in erster Instanz gesagt worden. In diesen, so wie auch in Fällen, wo die Bewandniß der Sache in erster Instanz vollständig aufgeklärt worden, und beiden Theilen an der baldigen rechtskräftigen Entscheidung gelegen ist, soll ihnen freistehen, wenn sie sich deshalb ausdrücklich einigen, darauf anzutragen, daß mit Uebergehung des Richters erster Instanz die spruchreifen Akten dem Appellationsrichter, oder mit Uebergehung beider dem Revisionsrichter zur Entscheidung vorgelegt werden.

§. 2. Auf gleiche Art soll auch nach geschlossenem Verfahren zweiter Instanz darauf angetragen werden können, daß die Sache dem Revisionsrichter zur Abfassung des Endurtels vorgelegt werde; wobei sich jedoch überall von selbst versteht, daß eine Nachholung der entsagten Instanzien unter keinerlei Vorwande statt findet.

Nach diesen hierdurch ertheilten Vorschriften haben sich Unsere gesammten getreuen Unterthanen, insbesondere Unsere sämmtlichen höheren und niederen Landes-Collegia und Gerichte, imgleichen die bei denselben angestellten Fiscale und Justiz-Commissarien auf das genaueste zu achten, auch dahin zu sehen, daß dieser Unserer Willensmeinung überall gebührende Folge geleistet, und des Endes gegenwärtige Verordnung vorschriftsmäßig bekannt gemacht werde.

N. C. C T. X. S. 1851. Nr. 95. de 1798.

2) **Verordnung** vom 1. Juni 1833, über den Mandats-, summarischen und Bagatellprozeß (§. 73. in Betreff der Nothwendigkeit der Zuziehung eines Protokollführers in Mandats-, summarischen und Bagatellprozessen. (s. zu I. 28. §. 1—15.

3) **Verordnung** vom 30. Novbr. 1833, wegen Anstellung der Kreis-Justizräthe (§. 6. in Betreff der Nothwendigkeit der Zuziehung eines zum Actuariat qualificirten Protokollführers oder zweier Beisitzer zu den Verhandlungen der Kreis-Justizräthe) s. zu I. 2. §. 130.

4) s. I. 10. §. 19. Anh. §. 66—75.

§. 41. Jede Partei hat das Recht, zu verlangen, dass der Richter ihre Angaben und Anführungen, auch wenn sie ihm entbehrlich zu sein, oder zur Sache nicht zu gehören scheinen, dennoch in das Protokoll aufnehme.

§. 42. Iede Partei muss durch Vorlesung des Protokolls, durch Vorlegung desselben zum eigenen Durchlesen oder auf andere hinreichende Art in den Stand gesetzt werden, sich zu überzeugen, dass darin die Verhandlungen bei der Instruktion, so wie sie in ihrer Gegenwart wirklich vorgefallen sind, niedergeschrieben worden; sie muss aber auch alsdann das Protokoll ohne Widerrede unterzeichnen.

§. 43. Jede Partei hat das Recht, bei der Instruktion ihres Prozesses eines rechtskundigen Beistandes sich zu bedienen.

§. 44. Einen solchen Beistand kann sie sich entweder unter den vom Staate zu diesem Geschäfte besonders bestellten und angewiesenen Rechtsgelehrten selbst wählen, oder die Zuordnung desselben bei dem Richter nachsuchen.

§. 45. Parteien, welche die persönliche Abwartung der Instruktion aus gesetzmässigen Gründen ablehnen, sind befugt, sich auf gleiche Art durch rechtskundige Bevollmächtigte vertreten zu lassen.

§. 46. Dergleichen Bevollmächtigte treten bei der ganzen Instruktion des Prozesses an die Stelle ihrer Machtgeber, und müssen nach eben den Gesetzen, an welche die Parteien selbst gebunden sind, sich achten.

§. 47. Sie müssen sich also der richterlichen Vernehmung über die vorkommenden Thatsachen, so wie die Parteien selbst, unterwerfen, und die dazu erforderlichen Nachrichten von ihrer Partei, gleich im ersten Anfange des Prozesses, mit gewissenhafter Sorgfalt einziehen.

§. 48. Vernachlässigung dieser Pflicht macht den Bevollmächtigten seines Amts unwürdig, und zieht die im Gesetz bestimmte Ahndung gegen ihn nach sich. Wenn aber der Bevollmächtigte die nöthigen Nachrichten durch die Schuld der Partei nicht erhalten kann, so trifft diese die Strafe des Ungehorsams. (§. 14.)

§. 49. Der instruirende Richter muss die von den Parteien gewählten, oder auf ihr Verlangen ihnen zugeordneten Beistände und Bevollmächtigten der Parteien, bei allen die Instruktion betreffenden Verhandlungen zuziehen.

§. 50. Diese müssen alle seine Schritte beobachten, und sind berechtigt, ihn zu erinnern und zu warnen, wenn er die Schranken der ihm anvertrauten Gewalt überschreiten, oder etwas, das zum Zwecke der Erforschung der Wahrheit gehört, vernachlässigen, oder sonst auf irgend eine Art die Rechte der Parteien gefährden wollte.

§. 51. Sobald die Parteien oder deren Beistände etwas dergleichen wahrzunehmen glauben, sind sie berechtigt, dem versammelten Gerichte, oder wenn dieses nur aus dem instruirenden Richter besteht, den ihm vorgesetzten Behörden davon Anzeige zu machen.

§. 52. Diese müssen dergleichen Anbringen sorgfältig prüfen, und wenn sie finden, dass es nicht ohne Grund sei, den instruirenden Richter zurecht weisen.

§. 53. Nach geschlossener Instruktion steht es den Parteien frei, rechtliche Ausführungen ihrer aus den erörterten Thatsachen entspringenden Ansprüche oder Einwendungen, durch sich selbst, durch die bei der Instruktion zugezogenen Beistände oder Bevollmächtigten, oder auch durch andere Rechtsgelehrte anfertigen zu lassen und zu den Akten zu geben.

§. 54. Diese Erlaubniss muss aber zu unnöthigen Verzögerungen der Sache nicht gemissbraucht, sondern die von dem Richter nach dem Gesetze dazu bestimmten Fristen müssen genau beobachtet werden.

55. Bei allen aus mehrern Personen zusammengesetzten Gerichten, vor welchen die wichtigern Prozesse verhandelt werden, muss der Vortrag aus den geschlossenen Akten, zur Abfassung eines Erkenntnisses darüber, von einem andern Mitgliede, als demjenigen, welches die Instruktion besorgt hat, geschehen.

§. 56. Damit das Schicksal eines Prozesses nicht von der Beurtheilung und Entscheidung eines einzigen, menschlichen Irrthümern und Fehlern unterworfenen, Gerichts abhängen möge, so steht den Parteien in allen nicht ganz unbedeutenden Sachen, gegen ein zu ihrem Nachtheil ausgefallenes Urtel, das Rechtsmittel der Appellation an einen zweiten Richter offen.

§. 57. Die Gesetze bestimmen aber zur Ergreifung dieses Rechtsmittels eine gewisse Frist, welche von dem Zeitpunkte an, da das nachtheilige Urtel zur Kenntniss der Partei gelangt ist, gerechnet wird.

§. 58. In der Appellationsinstanz kann die Partei alle ihre Beschwerden, welche sie gegen das Verfahren des vorigen Richters zu haben glaubt, anbringen; sie kann neue Thatsachen, die von ihr in der ersten Instanz vergessen, oder von dem vorigen Richter übersehen worden, anzeigen; sie kann neue Beweismittel über schon vorgekommene, aber noch nicht hinreichend aufgeklärte, Thatsachen vorschlagen.

§. 59. Mit der Untersuchung solcher neuer Thatsachen, und mit der Aufnehmung der angegebenen neuen Beweismittel, muss eben so, wie wegen der ersten Instanz vorgeschrieben ist, verfahren werden.

§. 60. Doch soll diejenige Partei, welche dergleichen neue Thatsachen oder Beweismittel in der ersten Instanz gehörig anzuzeigen vernachlässigt hat, zur Tragung der Kosten der neuen Untersuchung und zur Entschädigung des Gegentheils angehalten werden.

§. 61. Hat der erste Richter die Instruktion dergestalt ordnungswidrig geführt, dass dadurch in der zweiten Instanz neue Untersuchungen nothwendig werden, so muss er die daraus den Parteien erwachsenden mehrern Kosten aus eignen Mitteln ersetzen.

§. 62. Das Erkenntniss der zweiten Instanz muss allemal von andern Gerichtspersonen, als denen, welche in der ersten Instanz entschieden, und die Instruktion der zweiten Instanz geführt haben, gefasst werden.

§. 63. Auch gegen das Appellationsurtel steht in allen wichtigern Sachen der Partei, zu deren Nachtheil selbiges ausgefallen ist, die Revision an ein drittes, von den vorigen ganz verschiedenes, Gericht offen.

IV. Folgen und Wirksamkeit der richterlichen Entscheidung.

§. 64. Wenn ein Rechtsstreit, nach vorstehenden Grundsätzen, von dem gehörigen Richter untersucht, und durch die nach den Gesetzen zulässigen Instanzen entschieden worden, so muss der Richter dem obsiegenden Theile zu demjenigen, was ihm zuerkannt ist, nöthigen Falls durch den Zwang der Exekution, in der dazu vorgeschriebenen Ordnung verhelfen.

§. 65. Die Ruhe und Ordnung in der bürgerlichen Gesellschaft gestattet es nicht, dass die Prozesse verewigt, und die von dem Richter, nach gesetzmässiger Untersuchung, anerkannten und festgestellten Rechte der Parteien unter irgend einem Vorwande weiter angefochten werden.

§. 66. Ein unter den gesetzmässigen Erfordernissen gefälltes rechtskräftiges Urtel sichert also den, der es erstritten hat, für immer wider alle fernere Anfechtungen seines Gegners, und derjenigen, die an dessen Stelle treten.

§. 67. Nur in Fällen, da es an einem wesentlichen Erfordernisse der gesetzmässigen Untersuchung mangelt, kann ein solches Erkenntniss, als nichtig, nach näherer Bestimmung der Gesetze, angefochten werden.

Erster Titel.

Von den Personen, welche vor Gericht klagen oder belangt werden können.

§. 1. Jeder, welcher, den Gesetzen nach, sich und seinem eigenen Vermögen vorzustehen fähig ist, kann sein Recht durch Anstellung einer gerichtlichen Klage verfolgen.

§. 2. Jeder Unterthan und Einwohner des Staats, er sei wes Standes oder Würden er wolle, kann gerichtlich belangt werden; dergestalt, dass auch Vornehme gegen Niedrige und Geringe, Dienstherrschaften gegen ihr Gesinde, Obrigkeiten gegen ihre Unterthanen, und Eltern gegen ihre Kinder, wenn sie von denselben verklagt werden, sich bei den dazu verordneten Gerichten einzulassen, und daselbst Recht zu nehmen schuldig sind. Doch hat es in Ansehung der Injurienprozesse bei den Vorschriften des A. L. R. Thl. II. Tit. XX. §§. 537—560 sein Bewenden.

Von Wahn- und Blödsinnigen, Taubstummen und Kindern.

§. 3. Wahn- und Blödsinnige, Taubstumme, ingleichen Kinder und Unmündige, (A. L. R. Thl. I. Tit. 1 §. 25) werden vor Gerichten weder als Kläger, noch Beklagte zugelassen, sondern müssen durch ihre natürlichen oder gerichtlich bestellten Vormünder vertreten werden.

Von Minderjährigen und Verschwendern.

§. 4. Minderjährige und Verschwender können unter dem Beitritt ihrer Vormünder oder Kuratoren selbst vor Gericht erscheinen; doch ist ihre Gegenwart, Zuziehung oder Einstimmung zur Gültigkeit einer mit letztern gepflogenen gerichtlichen Verhandlung nicht nothwendig.

1) **Rescript** vom 28. August 1820, betreffend die Zuziehung des Vormunds in Injuriensachen der Minderjährigen.

Der von dem Königlichen Stadtgerichte mittelst Berichts vom 4. d. M. vorgetragene Zweifel:

> ob bei der Instruktion von Injurien-Sachen Minorenner überhaupt, insbesondere der Fremden, sie mögen Kläger oder Verklagte sein, die Zuziehung der Vormünder und die Konkurrenz des vormundschaftlichen Gerichts nothwendig sei?

ist schon einmal ein Gegenstand der Anfrage der Referenten gewesen, nämlich in dem Berichte vom 11. Oktober 1811, worauf die Entscheidung des Justiz-Ministers auch durch das Reskript vom 26. ejusd dahin erfolgte:

> daß die Zuziehung des Vormundes allerdings nöthig sei, indem die Allerhöchste Kabinets-Ordre vom 1. Februar 1811, welche die Privat-Genugthuung abgeschafft, in dem sonstigen prozessualischen Verfahren nichts geändert habe.

In Bezug auf Fremde kann davon auch keine Ausnahme gemacht, vielmehr muß der auswärtige Vormund zugezogen werden; wenn aber dieses der Entfernung oder sonstiger Ursachen wegen nicht thunlich ist, so muß dem Minorennen zu dieser Angelegenheit ein besonderer Kurator von dem Vormundschafts-Gericht bestellt, und mit dessen Zuziehung rechtlich weiter verfahren werden.
(v. K. Jhrb. Bd. 16 S. 61.)

2) C. O. vom 4. Juli 1832, wegen des Gerichtsstandes der Minderjährigen oder unter väterlicher Gewalt stehenden Dienstboten, Gesellen ꝛc. und deren Befugniß ihre Gerechtsame vor Gericht selbst wahrzunehmen.

3) C. O. vom 5. Dezember 1835, betreffend die Anwendung der vorgedachten C. O. auf Klagen der in letzterer gedachten Personen.
(s. zu I. 2. §. 17, 18.)

§. 5. Wenn Unterthanen fremder Staaten vor hiesigen Gerichten als Kläger oder Beklagte erscheinen, so ist die Fähigkeit derselben, in Rücksicht auf das Alter, nach den Gesetzen ihres Wohnorts zu beurtheilen.

§. 6. Hat jedoch ein solcher Fremder das fünf und zwanzigste Jahr zurückgelegt, so schadet es der Gültigkeit der vor hiesigen Gerichten mit ihm gepflogenen Verhandlungen nicht, wenn sich auch in der Folge finden sollte, dass die Gesetze seines Wohnorts, oder des Gerichtsstandes der Sache, oder auch besondere Willenserklärungen, welche dem hiesigen Richter nicht vorgelegt worden, einen spätern Termin zur Volljährigkeit bestimmen.

§. 7. Diejenigen, welche die Majorennitätserklärung erhalten zu haben behaupten, müssen das darüber ausgefertigte Patent vorlegen, und werden nach dem Inhalte desselben beurtheilt.

Von Verschollenen.

§. 8. Wenn ein Verschollener belangt werden soll, so ist die Klage gegen den ihm gerichtlich bestellten Vormund zu richten.

Allgemeine Regeln wegen vorstehend benannter Personen.

§. 9. Wenn eine der §. 3, 4 benannten Personen sich zum Klagen meldet, oder wenn dergleichen Personen, oder auch Verschollene (§. 8) gerichtlich belangt werden, und noch mit keinem natürlichen oder gerichtlichen Vormunde versehen sind; so muss das Gericht wegen dessen Bestellung das Erforderliche vor allen Dingen veranlassen.

§. 10. Wenn das Gericht, vor welchem die Sache verhandelt werden soll, nicht selbst dasjenige ist, dem die Bevormundung zukommt und obliegt, so muss dasselbe diesem Gericht, falls es ein inländisches ist, von dem Vorfalle zur weitern Verfügung Nachricht geben.

§. 11. Gebührt die Bevormundung einem ausländischen Gerichte, so bleibt der weitere Betrieb derselben den Interessenten überlassen.

§. 12. In beiden Fällen ruhet der Prozess so lange, bis die Bevormundung erfolgt ist.

Wenn jedoch Fälle vorkommen sollten, wo Gefahr im Verzuge obwaltete, dergestalt, dass ohne erheblichen Nachtheil für eine oder die andere der Parteien, die Regulirung der Vormundschaft bei dem auswärtigen, in- oder ausländischen, Gerichte nicht abgewartet werden könnte, so ist dasjenige Gericht, bei welchem der Prozess schwebt, berechtigt, der Partei, welche der Bevormundung bedarf, einen Interims-Kurator zum Betrieb der Sache zuzuordnen.

Von Personen, die noch unter väterlicher Gewalt sind.

§. 13. Volljährige, aber noch unter väterlicher Gewalt stehende Personen können, in Ansehung ihres nicht freien Vermögens, nur unter Beitritt ihres Vaters vor Gerichten erscheinen.

§. 14. Der Vater hingegen ist bei solchen Verhandlungen die grossjährigen Kinder nur alsdann zuzuziehen verbunden, wenn die Verhandlung unbewegliche Sachen, deren Pertinenzstücke, oder auch Gerechtigkeiten betrifft. (A. L. R. Thl. II. Tit. 2 §. 171) Sind Vater und Kind über den Betrieb und die Fortsetzung des Prozesses nicht einverstanden, so giebt die Meinung des grossjährigen Kindes, als Eigenthümers, den Ausschlag. Doch kann der Vater wegen seines eigenen dabei vorwaltenden Interesse, als Niessbraucher, den Prozess fortsetzen; und der Gegentheil ist sich in so weit mit ihm einzulassen verbunden. (A. L. R. Thl. I. Tit. XXI. §. 85.)

§. 15. In Ansehung des freien Vermögens sind Kinder, wenn sie auch übrigens noch unter väterlicher Gewalt stehen, sobald sie die Volljährigkeit erreicht haben, einem andern nicht unter väterlicher Gewalt stehenden Menschen, auch bei gerichtlichen Verhandlungen, gleich zu achten.

f. zu §. 4 h. t.

Von Ehefrauen.

§. 16. Ehefrauen können ohne Beitritt ihrer Männer vor Gericht nicht erscheinen; es wäre denn, dass der Gegenstand der Verhandlung zu ihrem durch Vertrag vorbehaltenen Vermögen gehörte; oder dass sie wider ihren Ehemann klagen, oder Verträge mit ihm schliessen wollten.

§. 17. In Fällen, wo die Frau zu dem Prozesse des Beitritts ihres Mannes bedarf, muss, wenn dieser selbst unter Vormundschaft stehet, der Kurator des Mannes zugezogen werden. Kann ihr dieser in einem oder dem andern Falle nicht assistiren, so ist zu einer solchen Sache ein besonderer Kurator anzuordnen.

§. 18. In Fällen hingegen, wo nach §. 16 der Beitritt des Mannes nicht statt findet, bedarf die Ehefrau auch keines andern Beistandes; selbst alsdann nicht, wenn sie mit dem Ehemann vor Gerichten handelt. Findet sich aber der Richter zu der Besorgniss veranlasst, dass die Frau bei einer solchen Verhandlung übereilt oder hintergangen werden möchte; so steht ihm frei, einer solchen Ehefrau einen Beistand von Amts wegen zuzuordnen.

Anh. §. 3. *Diese Vorschrift bezieht sich bloss auf prozessualische Verhandlungen und auf die bei dieser Gelegenheit zwischen dem Manne und der Frau geschlossenen Vergleiche. In Absicht der bei den übrigen Verträgen zwi-*

schen Eheleuten erforderlichen Zuziehung eines Beistandes der Frau, hat es bei der Verordnung des A. L. R. Th. II. Tit. I. §. 200, sein Bewenden.

§. 19. Bei gerichtlichen Verhandlungen, welche das gesetzlich vorbehaltene Vermögen der Frau, ingleichen die zur Substanz des Eingebrachten gehörigen Grundstücke und Gerechtigkeiten, oder solche eingebrachte Kapitalien betreffen, welche auf den Namen der Frau oder ihres Erblassers oder Geschenkgebers geschrieben sind, müssen beide Eheleute zugezogen werden; zumal in allen diesen Fällen der Mann die Prozesskosten aus seinem eigenen, oder aus dem Niessbrauche des eingebrachten Vermögens zu tragen, nach den Gesetzen verpflichtet ist. **(A. L. R. Thl. II. Tit. 1 §. 228—230.)**

§. 20. Wie es zu halten sei, wenn die Frau zu Prozessen, welche die Substanz des eingebrachten Vermögens betreffen, ihren Beitritt versagt, ist im A. L. R. bestimmt. (Thl. II. Tit. **1 §.** 239.)

§. 21. Versagt der Mann den Beitritt, so muss die Frau, wenn die Weigerung bescheinigt ist, auf ihre Kosten allein zugelassen werden. Kann oder will sie aber für diese Kosten eine von dem Niessbrauche des Mannes unabhängige Kaution nicht bestellen; so muss das Gericht den Mann über die Ursachen seiner Weigerung vernehmen, und wenn es dieselben nicht offenbar erheblich findet, denselben zum Beitritt und zur Beobachtung seiner Schuldigkeit, in Ausführung oder Vertheidigung der Gerechtsame seiner Ehefrau, anhalten.

§. 22. Ausser diesen Fällen (**§. 19**) können gerichtliche Verhandlungen, welche das Eingebrachte der Frau betreffen, auch ohne deren Zuziehung von dem Manne betrieben werden.

§. 23. Bei vorwaltender Gütergemeinschaft bedarf es zu Prozessen, welche das Eingebrachte der Frau betreffen, der Zuziehung der Frau nur alsdann, wenn der Gegenstand des Streits ein Grundstück, oder eine Gerechtigkeit, oder ein auf den Namen der Frau, ihres Erblassers oder Geschenkgebers, oder auf den Namen beider Eheleute geschriebenes Kapital betrifft. **(A. L. R. Thl. II. Tit. 1 §. 378, 379.)**

Rescript vom 6. November 1835, daß in die der ehelichen Gütergemeinschaft unterworfenen Grundstücke die Exekution aus den gegen den Ehemann allein ergangenen Erkenntnissen unstatthaft ist.

In der Vorstellung vom 16. v. M. beschweren Sie sich darüber,

daß das Land- und Stadtgericht zu Rawicz die im Wege der Exekution erfolgte Einleitung der Subhastation des dem Fleischermeister S. und seiner Ehefrau gehörigen Hauses, welches auf den Namen beider in ehelicher Gütergemeinschaft lebender Eheleute im Hypothekenbuche eingetragen steht, mittelst Resoluts aus dem Grunde unzulässig erklärt hat, weil das auf Exekution stehende Erkenntniß nicht gegen beide Eheleute sondern **nur gegen den Ehemann** ergangen ist.

Das Resolut des gedachten Gerichts ist indessen vollkommen gegründet. Der Ehemann, welcher mit seiner Ehefrau in Gütergemeinschaft lebt, ist über das gemeinschaftliche Vermögen, mit **Ausnahme der Grundstücke und Gerechtigkeiten, und der auf den Namen der Ehefrau ihres Erblassers oder Geschenkgebers geschriebenen Kapitalien**, unbeschränkt zu verfügen befugt.

§. 377—380 Thl. II. Tit. 1 A. L. R.

Hieraus und aus dem § 23 Thl. I. Tit. 1 der A. G. O. folgt:

1. daß aus den rechtskräftigen Erkenntnissen, welche lediglich gegen den Ehemann ergangen sind, auch die Exekution in das gemeinschaftliche Vermögen außer den Grundstücken, Gerechtigkeiten und den bezeichneten Kapitalien statt finden kann,
2. daß dagegen in die Grundstücke, Gerechtigkeiten und jene Kapitalien nur aus Erkenntnissen, welche gegen beide Ehegatten ergangen sind, die Exekution zulässig ist.

Die Vorschrift des §. 386 Thl. I. Tit. 1 A. L. R. steht dieser letzten Folgerung nicht entgegen. Durch dieselbe sind weder die Bestimmungen der §§. 378 und 379 a. a. O., noch diejenigen des §. 23 Tit. 1 der Prozeß-Ordnung aufgehoben oder modificirt. Diese Bestimmungen stehen vielmehr mit der Vorschrift des §. 386 in Uebereinstimmung, wenn man annimmt, daß zwar die Grundstücke und Gerechtigkeiten, welche die Frau in die Gemeinschaft gebracht hat, wegen einseitiger Schulden des Mannes bei Unzulänglichkeit des übrigen gemeinschaftlichen Vermögens angegriffen werden können, daß aber eben zu diesem Zwecke auf Grund dieser gesetzlichen Vorschrift zugleich gegen die Ehefrau ein Erkenntniß ergangen sein muß, welches um so mehr unerläßlich ist, als jene darüber gehört werden muß, ob nicht anderes Vermögen vorhanden ist, welches zur Bezahlung der einseitigen Schulden des Mannes hinreicht.

Ihre Beschwerde vom 16. v. Mts. ist hiernach unbegründet.

(v. K. Jhrb. Bd. 46 S. 483.)

§. 24. So lange in gewissen Provinzen die Geschlechtsvormundschaft annoch beibehalten wird, bedarf dennoch eine Ehefrau der Zuordnung eines Geschlechtsvormundes nur in denjenigen Fällen, in welchen sie ohne den Ehemann bei Gerichten zugelassen wird. (**§. 16.**)

Von unverheiratheten Frauenspersonen.

§. 25. Unverheirathete Frauenzimmer haben, in Ansehung der Befugniss, vor Gericht zu erscheinen, mit den Mannspersonen gleiche Rechte.

§. 26. In Provinzen aber, wo bisher die Geschlechtsvormundschaft statt gefunden hat, bleibt es vor der Hand, wegen der Zuziehung solcher erbetener oder gerichtlich bestellter Geschlechtsvormünder, bei den Vorschriften der Provinzialgesetze.

§. 27. Doch bedarf auch in solchen Provinzen eine zur Vormünderin bestellte Frau, zum Betrieb der gerichtlichen Angelegenheiten ihrer Pflegebefohlnen, keines Geschlechtsvormundes.

§. 28. Wenn an dem Wohnorte der Frauensperson, welche eine Vollmacht ausstellt, die Zuziehung eines Geschlechtsvormundes nicht erforderlich ist, so bedarf es deren auch alsdann nicht, wenn gleich die Rechte des Orts, wo der Prozess vor Gericht verhandelt wird, dergleichen Zuziehung verordnen. Doch kann das Gericht, bei welchem eine solche Vollmacht eingereicht wird, einen Nachweis darüber fordern, dass die Ausstellerin nach den Gesetzen ihres Wohnorts keines Geschlechtsvormundes bedürfe, in so fern dieses nicht etwa dem Gerichte ohnehin schon hinreichend bekannt ist.

§. 29. Ein Geschlechtsvormund, welcher die Rechte seiner Pflegebefohlenen ohne deren Beisein wahrnehmen will, muss ausser seinem Kuratorio noch besondere Vollmacht beibringen; doch bedarf die Pflegebefohlene zur Ausstellung dieser Vollmacht auf ihren eigenen Geschlechtsvormund keines besondern Kurators.

Von Theilnehmern bei getheiltem Eigenthum.

§. 30. Wo ein getheiltes Eigenthum vorhanden ist, da können Angelegenheiten, welche die Substanz, die unbeweglichen Pertinenzstücke, und die Gerechtigkeiten der Sache betreffen, sowohl von dem Ober- als von dem nutzbaren Eigenthümer verhandelt werden.

§. 31. Wie weit aber die Verhandlungen des einen für den andern verbindlich sind, ist nach den Vorschriften der Gesetze zu beurtheilen. (A. L. R. Thl. I. Tit. XVIII. §. 258 Thl. II. Tit. IV. §. 117 sq.)

§. 32 a. In wie fern Prozesse, die eine in Erbpacht, oder zum Niessbrauch eingeräumte Sache betreffen, von dem Eigenthümer, oder von dem Erbpächter oder Niessbraucher allein, oder von beiden gemeinschaftlich zu betreiben sind, ist ebenfalls in den Gesetzen bestimmt. (A. L. R. Thl. I. Tit. XXI. §. 82 seqq. §. 225, 226.)

§. 32 b. Mit wem Prozesse, die ein dingliches Recht auf fremdes Eigenthum zum Gegenstande haben, zu verhandeln sind, verordnet das A. L. R. Thl. I. Tit. XIX. §. 10.

Von moralischen Personen.

§. 33. Kirchen, Schulen, Hospitäler und andere Armenanstalten, und milde Stiftungen, ingleichen Stadt- und Dorfgemeinen, und überhaupt alle Korporationen und Gesellschaften, welche in den Rechten als Eine moralische Person betrachtet werden, können gleich einzelnen Personen klagen und belangt werden.

1) **Recsript** vom 10. Juli 1812, über die Zulässigkeit einer Klage gegen Stadtverordnete.

Aus dem, von dem Königlichen Kammergerichte unter dem 22. v. M. erstatteten Berichte ist ersehen worden, welche Verschiedenheit der Meinungen bei demselben über die Frage obwaltet:

ob eine Klage gegen Stadtverordnete überhaupt gerichtet werden könne, und nicht vielmehr immer nur der Magistrat in Anspruch zu nehmen sei?

und daß das Kollegium mit bestimmter Bescheidung versehen zu werden wünscht.

Bei der großen Verschiedenheit der möglichen Fälle, wird es wohl darauf ankommen, von was für einer Klage bei dem Rechtsstreite zwischen dem Bürgermeister N. in N. wider den dasigen Stadtverordneten, welcher zu diesem Berichte die Veranlassung gegeben hat, eigentlich die Rede ist. Wenn, wie es nach der Fassung des Berichts hier der Fall zu sein scheint, auf den Grund eines gegen die ganze Stadtgemeine erlangten Rechts geklagt, und mithin diese, als moralische Person, der wahre verklagte Theil ist, so verdient die Meinung derjenigen Mitglieder des Kollegii den Vorzug, welche dafür sich bestimmt haben, daß der Magistrat, als der in dem §. 47 der Städte-Ordnung benannte Vorsteher der Stadt, dessen Befehlen die Stadtgemeine unterworfen ist, in Anspruch zu nehmen sei. Denn nach dem §. 169 der Städte-Ordnung konzentrirt sich die ganze Geschäftsführung in allen, das Gemeinwesen betreffenden Angelegenheiten, in dem Magistrate, und nach dem §. 127 ist die Stadtverordneten-Versammlung zwar Beschlüsse in allgemeinen Angelegenheiten der Stadt zu fassen befugt, diese Beschlüsse aber mit öffentlicher Autorität auszuführen nicht berechtiget, vielmehr der Magistrat allein zur Ausführung authorisirt, und dafür, daß nichts gegen den Staat und die Gesetze ausgeführt werde, zu haften verbunden.

Besonders verordnet der §. 183 Litt. c. in Ansehung der Prozesse, daß nur die Erklärungen der Stadtverordneten zu erfordern, und die Einwendungen derselben, in sofern sie, wie es sich von selbst versteht, gesetzmäßig zu berücksichtigen sind. Die Wahrnehmung der Rechte der Stadt hingegen und deren Vertheidigung im Prozesse selbst, gebühret um so mehr dem Magistrate, da dieser nach dem §. 174 der Städteordnung alle speziellen Geschäfte abzumachen hat, wobei es hauptsächlich auf Gesetzes- und Verfassungskunde ankommt.

Damit stimmt auch die Vorschrift des A. L. R. Thl. II. Tit. 8 §. 134 überein, und wird es dem Königlichen Kammergerichte überlassen, hiernach mit Rücksicht auf die A. G. O. Thl. I. Tit. 7 §. 2 die weitere Einleitung der Sache N. zu N. wider die dasigen Stadtverordneten zu verfügen.

(v. K. Jhrb. Bd. 1 S. 232.)

2) **Rescript** vom 23. August 1822, wegen Vertretung der Pfarr- und Kirchengüter in Prozessen.

Ihre gegen das Ober-Landesgericht zu Magdeburg unterm 11. d. M. darüber erhobene Beschwerde, daß dieses Gericht nur die Pfarre zu N., nicht aber den Fiskus, zu der gegen den Major v. N. angestellten Klage zulassen wolle, kann für begründet nicht erachtet werden.

Nach dem Thl. II. Tit. 11 §. 778 des A. L. R. gebühret dem Pfarrer die Verwaltung und der Nießbrauch der Pfarrgüter; dieses Verhältniß bringt es aber mit sich, daß derselbe, unter Zuziehung des Proprietärs, auch solche Prozesse führe, welche die Erhaltung der nutzbaren Gerechtsame der Pfarre betreffen. Da die Pfarrgüter allerdings einen, wenn gleich abgesonderten Theil der Kirchengüter ausmachen, so verstehet es sich hiernach von selbst, daß nur die Kirche und deren Vertreter die Gerechtsame des Proprietärs wahrzunehmen haben, und daß der eventuelle Eintritt des Fiskus für selbige auf die Rechte und Pflichten des Pfarrers bei einem solchen Prozesse von keinem Einfluß sein kann.

Es muß daher bei der Verfügung des Ober-Landesgerichts vom 2. d. M. um so mehr verbleiben, als von einer Weigerung des Pfarrers, die Klage anzustellen, nichts konstirt.

Die Manual-Akten erfolgen zurück.

(v. K. Jhrb. Bd. 20 S. 35.)

3) **Rescript** vom 4. Juli 1828, betreffend die Legitimation der Militair-Intendanturen zu Prozessen.

Auf den Antrag Sr. Excellenz des Herrn Kriegs-Ministers und mit Beziehung auf das Publikandum desselben über den Wirkungskreis und die amtliche Stellung der Militair-Intendanturen vom 10. Februar 1828 werden die sämmtlichen Landes-Justiz-Kollegia darauf aufmerksam gemacht, wie es keinem Zweifel unterliegt, daß die Militair-Intendanturen alle, in Angelegenheiten ihres Ressorts entstehenden Prozesse, ohne Anfrage nach ihrer pflichtmäßigen Ueberzeugung anhängig machen, oder sich darauf einlassen, und durch die gesetzlichen Instanzen fortführen können: daß ferner die von den Militair-Intendanturen den fiskalischen Anwalten ertheilten Aufträge und Vollmachten hinreichend sind, um diese bei den Gerichten zu dem Prozeß zu legitimiren, in gleicher Art, wie diese Bestimmungen nach §. 14 der Instruktion vom 23. Oktober 1817 in Beziehung auf die Regierungen getroffen sind —

Hiernach haben sich die sämmtlichen Landes-Justiz-Kollegia zu achten, und die Untergerichte ihres Bezirks anzuweisen.

(v. K. Jhrb. Bd. 32 S. 99.)

4) **C. O.** vom 21. Oktober 1831, betreffend die Berichtigung des Legitimations-Punkts bei Prozessen wider Gewerkschaften.

Zur Beseitigung der Schwierigkeiten, welche bei Klagen wider Gewerkschaften, in Angelegenheiten, die nicht zur Geschäftsführung des Schichtmeisters gehören, durch die Insinuation der Vorladung an alle einzelne Gewerke und durch die Feststellung der Legitimation der Verklagten veranlaßt worden, bestimme Ich, auf Ihren gemeinschaftlichen Bericht vom 5. d. M., daß in den gedachten Prozessen der Lehnsträger der Repräsentant der Gewerkschaft und als solcher zu allen prozessualischen Verhandlungen, zu welchen nach den Gesetzen keine Spezial-Vollmacht erforderlich ist, legitimirt sein soll. (G. S. S. 226.)

§. 34. In wie fern aber zu den Prozessen und andern gerichtlichen Verhandlungen solcher moralischen Personen höhere Anordnung oder Genehmigung erforderlich sei, ist nach Verschiedenheit derselben, und der vorkommenden Angelegenheiten, nach ihren besondern Statuten und Verfassungen, oder, in deren Ermangelung, nach den Vorschriften des Landrechts zu beurtheilen.

Anh. §. 4. ***Zu Prozessen, welche Stadtgemeinen führen, bedarf es der Genehmigung der Regierung nicht.***

Bei Prozessen, woran Dorfgemeinen Theil nehmen, und welche die Substanz ihres Vermögens betreffen, muss die Genehmigung der Gutsherrschaft zur Anstellung der Klage und deren Beantwortung beigebracht werden, in so fern nicht die Gutsherrschaft selbst als Gegner der Gemeine dabei ein eigenes Interesse hat. Verweigert oder verzögert die Gutsherrschaft die nachgesuchte Genehmigung, und verlangt die Gemeine dagegen rechtliche Hulfe; so ist es hinreichend, dass die erstere zur Wahrnehmung ihrer Gerechtsame bei der von der letztern angestellten Klage adcitirt werde.

1) **Rescript** vom 27 Oktober 1809, daß zu Prozessen der Stadtgemeinen die Autorisation der Regierung nicht mehr erforderlich, dagegen zu Prozessen der Dorfgemeinen über die Substanz ihres Vermögens der Consens der Gutsherrschaft beizubringen.

Ueber die vermittelst Berichts vom 1. August d. J.
wegen der ferneren Anwendbarkeit der im §. 4 des Cirkulars vom 19. Dezember 1799 in Ansehung der von Stadt- und Dorfgemeinen zu führenden Prozesse ertheilten gesetzlichen Vorschrift,
von Euch gethane Anfrage ist der Chef der Justiz mit dem Ministerium des Innern in Kommunikation getreten, und es wird Euch darauf nunmehro hierdurch zur Resolution ertheilet,
daß es, nach dem Geiste der neuen Städte-Ordnung, nicht ferner der Approbations-Dekrete der Regierungen zu den Prozessen der Stadtgemeinen bedarf.

Dagegen aber muß es in Ansehung der von Dorfgemeinen über die Substanz ihres Vermögens zu führenden Prozesse bei der Festsetzung der oben angezogenen Cirkular-Verordnung sein Bewenden behalten, weil viele Dorfgemeinen aus Mitgliedern bestehen, die entweder gar kein oder doch kein volles Eigenthum besitzen, und es schwierig sein würde, in jedem einzelnen Falle das Verhältniß der Gemeineglieder zu ihrer Grundherrschaft auszumitteln, auch die von dem Grundeigenthume abhängigen Verhältnisse von der aufgehobenen Erbunterthänigkeit ganz verschieden sind.

In dem Falle aber, wo die Grundherrschaft den nachgesuchten Konsens verweigert oder verzögert, die Gemeine aber dagegen rechtliche Hülfe verlangt, ist es zur Vermeidung von Weitläuftigkeiten und Zeitverlust hinreichend, die erstere zur Wahrnehmung ihrer Gerechtsame bei der von der letztern angemeldeten Klage zu adcitiren.

Hiernach habt Ihr Euch in den vorkommenden Fällen zu achten, und Wir sind rc. Berlin, den 27. Oktober 1809.
(Mathis Bd. 8 S. 459. — v. K. X. S. 168.)

2) **Rescript** vom 18. Mai 1816, betreffend die noch erforderliche Beibringung des gutsherrlichen Konsenses zu Prozessen der Dorfgemeinen.

Der Chef der Justiz ist auf den Bericht der Königl. Ober-Landesgerichts-Kommission vom 30. v. M. mit deren Sentiment über die Anfragen des Land- und Stadtgerichts zu Wanzleben, wegen Anwendung der Vorschrift des Anhanges zur A. G. O. §. 4 bei Prozessen, woran Dorfgemeinen Theil nehmen, und welche die Substanz ihres Vermögens betreffen, in Hinsicht der beizubringenden Genehmigung der Gutsherrschaft, im Allgemeinen einverstanden, und genehmiget, daß das Land- und Stadtgericht nach der vorgetragenen Meinung des Kollegii beschieden werden kann. Hierbei versteht es sich bei der ad 1 des Berichts aufgestellten Frage von selbst, daß da,

wo durch Parcellirung das gutsherrliche Grundeigenthums-Verhältniß gänzlich und ohne Vorbehalt aufgehört hat,

von der Beibringung der qu. Approbation, nach dem Sinne des Gesetzes, nicht mehr die Rede sein kann.

(v. K. Jbrb. Bd. 8 S. 23.)

§. 35. Mehrere Personen, die weder als Korporationen und Gemeinen, noch sonst, z. B. als Erben, als Handlungsgenossen etc. nach den Rechten für Eine Person zu achten sind, können weder ihre Forderungen in einem Prozesse gegen eben denselben Schuldner einklagen, noch auch in Einer Klage zugleich belangt werden.

§. 36. Wenn jedoch mehrere Personen als Mitberechtigte oder Mitverpflichtete zu betrachten sind, die aus einerlei Geschäfte, Vertrage, oder unerlaubten Handlung, etwas fordern, oder in Anspruch genommen werden: so kann in Ansehung solcher Forderungen und Ansprüche ein gemeinschaftlicher Prozess statt finden.

§. 37. Es bleibt aber in diesem Falle (§. 36) richterlichem Ermessen anheim gestellt, so bald aus einer solchen gemeinschaftlichen Ausführung in der Sache selbst Verwirrungen zu besorgen sind, die Forderungen dieser mehreren Konsorten, oder die Ansprüche gegen sie, zu besonderen Prozessen zu verweisen.

§. 38. Welche Klagen auf die Erben übergehen oder nicht, und in wie fern mehrere Miterben, wegen Forderungen oder Schulden des gemeinschaftlichen Erblassers, zusammen oder einzeln klagen, oder belangt werden können, ist nach den Vorschriften des A. L. R. zu beurtheilen. (Thl. I. Tit. IX. §. 482 sq. Tit. XVII. Abschnitt II. Thl. II. Tit. I. §. 827 sq.; Tit. XX. §. 603 – 606 etc.)

Allgemeine Anweisungen für diejenigen, welche in Prozesse sich einlassen wollen.

§. 39. Wer sich entschliessen will, eine Klage anzustellen, muss weder seinen Leidenschaften oder seinem Eigendünkel, noch unverständigen oder gewinnsüchtigen Rathgebern blindlings folgen; vielmehr wohl erwägen, ob seine Forderungen in Rechten gegründet, und er solche zu beweisen im Stande sei.

Eben so muss auch der Beklagte sich nicht leichtsinniger oder unbedachtsamer Weise in den Prozess einlassen, sondern zuvor sowohl die Ansprüche des Klägers und deren Grund, als die dagegen zu machenden Einwendungen, und ob er sie werde darthun können, reiflich überlegen.

Denn ausserdem, dass aus unnützen Prozessen nicht allein Verdruss, Zeitverlust und Kosten entspringen, haben auch diejenigen, welche entweder ungegründete Ansprüche, aus Zanksucht, Chikane oder andern unerlaubten Absichten, gerichtlich rügen, oder rechtmässige Anforderungen wider besseres Wissen abläugnen; und überhaupt alle diejenigen, welche ihren Gegner ohne Grund in

Prozessen aufhalten und zu ermüden suchen, die strengste Ahndung der Gesetze, nach den folgenden näheren Bestimmungen, ohne alle Nachsicht, oder Ansehn der Person, ganz unfehlbar zu gewärtigen.

Zweiter Titel.

Vom Gerichtsstande.

Begriffe und Grundsätze.

§. 1. Eine jede Klage muss bei denjenigen Gerichten verhandelt werden, an welche sie entweder durch allgemeine Gesetze, oder durch besondere in einer Provinz oder an einem Orte bestehende Vorschriften gewiesen ist.

§. 2. Derjenige Gerichtsstand, welchem alle an einem Orte, in einem Distrikte, oder in einer Provinz befindliche Personen oder Sachen, oder alle daselbst vorkommende Geschäfte von einer gewissen Art, nach gesetzlichen Vorschriften unterworfen sind, wird der ordentliche Gerichtsstand derselben genannt. (§. 7.)

§. 3. Der persönliche Gerichtsstand eines Menschen wird entweder durch den Ort, wo jemand wohnt, oder durch gewisse persönliche Eigenschaften bestimmt, mit welchen die Gesetze die Unterordnung unter dieses oder jenes von denen im Lande bestellten Gerichten verbunden haben.

§. 4. Der dingliche Gerichtsstand wird durch den Ort bestimmt, wo eine Sache sich befindet.

§. 5. Der für einen Ort oder Bezirk unmittelbar und zunächst bestellte Richter hat die Vermuthung für sich, dass alle in diesem Orte oder Bezirke befindliche Sachen seiner dinglichen Gerichtsbarkeit unterworfen sind.

§. 6. Diejenigen Gerichte, welchen gewisse in einem Gerichtsbezirke vorfallende Rechtsangelegenheiten, ihrer besondern Beschaffenheit wegen, ohne Rücksicht auf den jetzigen persönlichen oder dinglichen Gerichtsstand, beigelegt worden, heissen Fora specialia causae.

§. 7. Ein ausserordentlicher Gerichtstand ist vorhanden:

1) wenn der Staat in einzelnen Fällen, zur Beförderung einer schleunigen und unparteiischen Rechtspflege, oder um die Vervielfältigung der Prozesse zu verhüten, eine Ausnahme von dem ordentlichen Gerichtsstande zu machen für gut findet;

2) wenn die Parteien mit Erlaubniss des Staats, einem andern, als dem ordentlichen Gerichtsstande, entweder durch ausdrückliche Erklärungen, oder durch vorhergehende Handlungen, woraus das Gesetz ihre Einwilligung folgert, sich unterwerfen.

A. Vom ordentlichen Gerichtsstande.

§. 8. In der Regel steht ein jeder unter demjenigen Gerichte, welches für den Ort oder Bezirk, in welchem er wohnt, zunächst und unmittelbar bestellt ist.

I. Von dem persönlichen, welcher 1. durch den Wohnsitz des Beklagten; —

§. 9. Dieser ordentliche persönliche Gerichtsstand wird jedoch noch nicht durch den blossen Aufenthalt, sondern nur dadurch begründet, dass jemand an einem Orte seinen beständigen Wohnsitz aufgeschlagen hat.

Rescript vom 11. Januar 1806, daß durch ein neben dem gewöhnlichen Wohnsitze abwechselnd von Zeit zu Zeit bewohntes Quartier kein **forum domicilii** begründet werde.

Wir haben Uns vortragen lassen, was Ihr in Betreff der, von der Salm-Salmschen Regierung den minderjährigen rc. Kindern angeordneten Vormundschaft und des Gesuchs der letztern um Ueberlassung der Administration der in dem Erbfürstenthum Münster belegenen beiden Güter, unterm 18. v. M. einberichtet habt, und wollen Euch darauf und auf die daraus hergenommene allgemeine Anfrage zur Resolution hierdurch nicht verhalten, daß die Euren diesfälligen Zweifel entscheidende Vorschrift im §. 56 Tit. 18 Thl. II. des A. L. R. sich befindet, wonach dem Richter, unter welchem der Vater seinen persönlichen Gerichtsstand entweder zur Zeit seines Ablebens gehabt, oder zur Zeit des eintretenden Falles wirklich hat, die Einleitung der Vormundschaft gebühret; denn da nach der Vorschrift der A. G. O. Thl. I. Tit. 2 §. 9 der persönliche Gerichtsstand durch den Ort des genommenen beständigen Wohnsitzes seine Bestimmung erhält, so folgt daraus ferner, daß, wenn das Hauptgut, auf welchem der Vater seinen beständigen Wohnsitz gehabt, in einem fremden territorio belegen ist, auch dem auswärtigen Richter die Einleitung der Vormundschaft gebühren müßte.

Diese Grundsätze auf den gegenwärtigen Fall angewendet, ist es gar keinem Zweifel unterworfen, daß sich die Salm-Salmsche Regierung derselben mit Recht unterzogen, da das Gut rc., auf welchem die Erblasser ihren beständigen Wohnsitz gehabt, im Salm-Salmschen Territorio belegen ist. Der Umstand, daß die Erblasser zugleich mehrere, unter hiesiger Landeshoheit belegene Güter besaßen, ändert darunter nichts, wie aus dem §. 84 des angeführten Titels klar erhellet, eben so wenig aber der Umstand, daß dieselben in Münster einen Wohnhof besessen, und sich von Zeit zu Zeit, besonders in den Wintermonaten, darin aufgehalten haben, indem durch ein solches gemiethetes oder nur abwechselnd von Zeit zu Zeit bewohntes Quartier, den obigen Voraussetzungen zufolge, keineswegs ein beständiger Wohnsitz und der davon abhängende persönliche Gerichtsstand begründet wird. Ihr habt Euch also in Zukunft hiernach zu achten und auf den erwähnten Antrag der Vormünder das Weitere zu verfügen.

(N. C. C. T. XII. S. 33.)

§. 10. Die Absicht, seinen beständigen Wohnsitz an einem Orte nehmen zu wollen, kann sowohl ausdrücklich, als durch Handlungen oder Thatsachen geäussert werden.

§. 11. Für eine solche stillschweigende Aeusserung ist es zu achten, wenn jemand an einem gewissen Orte ein Amt, welches seine beständige Gegenwart daselbst erfordert, übernimmt, Handel oder Gewerbe daselbst zu treiben anfängt, oder sich daselbst alles, was zu einer eingerichteten Wirthschaft gehört, anschafft.

Rescript vom 5. Oktober 1821, betreffend den Gerichtsstand der in Schlafstelle liegenden Individuen.

Die von dem Königlichen Stadtgerichte in dem Bericht vom 25. Dezember d. J. aufgestellte Frage, über den Gerichtsstand der hier bloß in Schlafstelle liegenden Individuen, kann nur aus den Gesetzen selbst beantwortet werden. Diese bestimmen im §. 9 und folg. Tit. 2 Thl. I. der A. G. O., wie der persönliche Gerichtsstand entsteht. Derselbe wird nach §. 9 dadurch begründet, daß jemand an einem Orte seinen beständigen Wohnsitz aufgeschlagen hat, und die Absicht, seinen beständigen Wohnsitz an einem Orte nehmen zu wollen, soll nach dem §. 10 l. c. auch aus stillschweigenden Aeußerungen durch Handlungen und Thatsachen hervorgehen können. Zu diesem wird nach §. 11 unter anderen gerechnet, wenn jemand an einem gewissen Orte ein Gewerbe zu treiben anfängt. Da nur Tagelöhner oder Arbeitsleute ein Gewerbe treiben: so ist es unbedenklich anzunehmen, daß sie da, wo sie dieses Gewerbe treiben, ihren Wohnsitz und mithin ihr forum domicilii haben: es sei denn, daß aus andern ausdrücklichen oder stillschweigenden Aeußerungen hervorginge, daß es ihre Absicht nicht sei, beständig oder doch auf lange Zeit an dem Orte, wo sie sich auf diese Weise ihren Unterhalt verdienen, bleiben zu wollen, wie dieses bei mehreren Arten von Gewerbsleuten, als: Maurern, Zimmerleuten, Pflasterern ꝛc. der Fall ist, welche ein anderes bestimmtes, durch ihre zurückgelassene Familien fortgesetztes domicilium haben, und nur zur Zeit des Sommers nach Berlin kommen, um hier eine Zeitlang zu arbeiten.

In diesen Fällen wird nicht das forum domicilii, sondern nur dasjenige eintreten, welches durch Kontrakt oder auf andere gesetzliche Weise begründet wird.

(Gen. Act. des Justizm. G. No. 48 Vol. I. Fol. 6.)

§. 12. Auch die Uebernehmung einer Pacht, verbunden mit dem persönlichen Aufenthalte auf dem gepachteten Gute, begründet den Wohnsitz des Pächters, in so fern nicht besondere Verabredungen wegen der Gerichtsbarkeit getroffen sind.

Anh. §. 5. *Ist in dem Pachtkontrakte verabredet, dass der für seine Person nicht schon aus andern Gründen unter dem Obergericht stehende Pächter von der Gerichtsbarkeit des Verpächters ausgenommen sein soll; so gilt diese Verabredung in Absicht aller Civilprozesse zwischen dem Verpächter und Pächter als ein Kompromiss, und das Obergericht muss solche zu seiner Kognition ziehen.*

Bei andern Klagen gegen den Pächter hängt es — einer Verabredung ungeachtet — von dem Gutbefinden des Obergerichts ab, ob es sich der Kognition unterziehen oder solche an dasjenige Gericht, vor welches die Sache sonst gehören würde, zurück weisen will.

Anh. §. 6. *In der Regel muss der Pächter auch nach seinem Abzuge bei Prozessen über die Rückgewähr bei denselben Gerichten Recht nehmen, welchen er während der Dauer der Pacht in den darüber entstandenen Prozessen unterworfen war.*

1) **Rescript** vom 15. Dezember 1800, betreffend die in einem Pachtkontrakte bestimmte Exemtion des Pachters von der Gerichtsbarkeit des Verpachters. v. R. VI. S. 379 (aufgenommen in §. 5 des Anhangs.)

2) **Rescript** vom 28. Januar 1799, betreffend das Forum der zur Pachtrückgewähr gehörigen streitigen Punkte. v. R. V. S. 305 (aufgenommen in §. 6 des Anhangs.)

§. 13. Das Gesinde ist in der Regel dem ordentlichen Gerichte seiner Herrschaft unterworfen. Doch werden dadurch bei Dienstboten, welche noch unter väterlicher Gewalt, unter Vormundschaft, oder unter einer Gutsherrschaft stehen, die auf ihre

Person sich beziehenden Rechte ihres Geburtsorts nicht verändert. (cf. §. 18 sq.)

1) s. ad. A. L. R. II. 17. §. 47.

2) **Rescript** vom 26. August 1822, betreffend das Forum der Injurienklagen gegen Minderjährige.

Der Magistrat hiesiger Residenz hat sich über die Verfügungen des Königlichen Kammergerichts und Stadtgerichts beschwert, nach welchen die Injurien-Sache des Riemermeisters N. gegen den aus N. gebürtigen Riemergesellen N. deshalb nach N. verwiesen worden ist, weil der noch minderjährige Verklagte nicht facultatem standi in judicio habe. —

Es treten jedoch für diesen Fall eben dieselben Gründe ein, welche den Justiz-Minister bewogen, auf den Bericht des Königlichen Ober-Landesgerichts in Stettin vom 1 Oktober 1804 per Rescriptum vom 13. ejusd. zu verfügen:

daß es aus den von der analogischen Anwendung des fori delicti commissi hergenommenen Gründen, keinem Zweifel unterworfen sei, daß gegen einen durchreisenden Fremden, welcher diesseitige Unterthanen beleidigt, von dem Beleidigten die Injurien-Klage in dem hiesigen foro angestellt werden könne, und alsdann das in Injurien-Sachen vorgeschriebene Verfahren eintrete.

(Neues Archiv, Bd. III. S. 395 sq §. 8 des Anhangs zur A. G O.)

Das Königliche Stadtgericht hat sich daher für die Zukunft der Kognition in den gedachten Injurien-Sachen zu unterziehen, und versteht es sich von selbst, daß diese Grundsätze nicht bloß auf Injurien-Klagen der Meister gegen ihre Gesellen zu beschränken, sondern auf alle Minderjährige oder noch unter väterlicher Gewalt stehende Verklagte auszudehnen sind, wenn sie wegen begangener Injurien in Anspruch genommen werden.

(v. K. Jhrb. Bd. 20 S. 40.)

3) **C. O.** vom 4. Juli 1832, wegen des Gerichtsstandes minderjähriger oder großjähriger noch unter väterlicher Gewalt stehender Personen, welche sich im Dienste anderer befinden, sowie dergleichen Lehrlinge, Gesellen, Handlungsdiener, Kunstgehülfen und Fabrikarbeiter.

Zur Beseitigung der Zweifel, wozu die §§. 13, 17 und 18, Tit. 2, Thl. I. der A. G. O. Veranlassung gegeben haben, verordne Ich hiermit auf Ihren Bericht vom 6. v. M. nach Ihren Anträgen:

1. Minderjährige, oder großjährige, noch unter väterlicher Gewalt stehende Personen, welche sich im Dienste Anderer befinden, so wie dergleichen Lehrlinge, Gesellen, Handlungsdiener, Kunstgehülfen, Hand- und Fabrikarbeiter, sollen in Injurien-, Alimenten- und Entschädigungs-Prozessen, so wie in allen Rechtsstreitigkeiten, welche aus ihren Dienst-, Erwerbs- und Kontraktsverhältnissen entspringen, dem persönlichen Gerichtsstande ihres Aufenthalts-Ortes unterworfen sein.

2. Die Großjährigen unter ihnen sind befugt und verpflichtet, ihre Gerechtsame selbst wahrzunehmen, ohne daß es der Zuziehung oder Benachrichtigung ihrer Väter bedarf.

3. Den Minderjährigen soll, wenn die Väter oder Vormünder nicht an demselben Orte wohnen, ein Rechtsbeistand als Litis-Kurator zugeordnet werden, dessen Pflicht es ist, den Vater oder Vormund von dem Gegenstande des Rechtsstreits in Kenntniß zu setzen. (G. S. S. 175.)

4) **C. O.** vom 5. Dezember 1835, über die Anwendung der vorstehenden **C. O.** auf die Klagen der in derselben gedachten Personen.

Aus den in Ihrem Berichte vom 14. v. M. angeführten Gründen und nach Ihrem gemeinschaftlichen Antrage will Ich hierdurch genehmigen, daß die in Meiner Order vom 4. Juli 1832 über den Gerichtsstand der darin bezeichneten Individuen zu 2 und 3 enthaltenen Bestimmungen auch dann zur Anwendung kommen sollen, wenn die minderjährigen oder großjährigen, noch unter väterlicher Gewalt stehenden Dienstboten, Lehrlinge, Gesellen, Handlungsdiener, Kunstgehülfen, Hand- und Fabrikarbeiter, in Injurien-, Alimenten- und Entschädigungsprozessen, so wie in solchen Rechtsstreitigkeiten, welche aus ihren Dienst-, Erwerbs- und Kontrakts-Verhältnissen entspringen, als Kläger auftreten.

(G. S. S. 294.)

5) **Rescript** vom 8. Mai 1835, daß großjährige Gesellen in der Regel an dem Orte, wo sie in Arbeit stehen, ihr Domicil und ihren persönlichen Gerichtsstand haben.

In dem unterm 23. v. M. in der Untersuchungssache wider den Glasergesellen K. auf die Beschwerde des dortigen Magistrats erstatteten Berichte hat der Kriminalsenat des Königlichen O. L. G angenommen, daß die durch die Untersuchung entstandenen baaren Auslagen der Kämmerei zur Last fallen müssen, weil der Vater des Inkulpaten bei seinem Ableben seinen ordentlichen Gerichtsstand in Stettin gehabt, und der Inkulpat selbst noch nicht volle drei Jahre außerhalb des letzten Wohnortes seines verstorbenen Vaters zugebracht, auch dadurch, daß er nach erlangter Großjährigkeit zuletzt an einem andern Orte, in Gollnow, als Geselle arbeitete, noch keinen festen Wohnsitz konstituirt hat.

Hiergegen ist indessen Folgendes zu bemerken.

Nach §. 11 Tit 2 Thl. I. der A. G. O. gilt es für eine stillschweigende Aeußerung der Absicht, seinen Wohnsitz für beständig an einem Orte nehmen zu wollen, wenn jemand an einem gewissen Orte Gewerbe zu treiben anfängt. Das hierunter nicht bloß das selbstständige Betreiben eines Gewerbes als Meister gehört, erhellt sowohl aus der im §. 78 a. a. O. enthaltenen allgemeinen Bezeichnung des Begriffs durch die Worte „Bürgerliches Gewerbe", als insbesondere daraus, daß Meister, Gesellen und Lehrlinge zu den Handwerkern oder Gewerbetreibenden gehören, und über alle drei im zweiten Abschnitt des Tit. 8 Thl. II. des A. L. R. unter der Ueberschrift: „von Handwerkern und Zünften" gehandelt wird. Namentlich bestimmt der §. 271 a. a. O.

„Wer nach erlerntem Handwerke in den Soldatenstand getreten ist, mag nach „erhaltenem ehrlichen Abschiede sich mit seinem Handwerke ferner nähren, ohne daß er das Meisterrecht zu erlangen schuldig ist."

und im §. 310 a. a. O. heißt es:

„Wenn der Lehrbursche ein anderes Gewerbe ergreifen will, so hat der Mei„ster nicht nur das Lehrgeld für die verflossenen Lehrjahre, sondern auch für „das ganze noch laufende zu fordern."

Wenn hiernach aber im Sinne des Gesetzes auch der Geselle, der in einem gewissen Handwerk arbeitet, ein Gewerbe treibt, so muß, wenn er großjährig ist, auch der Ort, wo er dies Gewerbe treibt, als sein beständiger Wohnsitz der Regel nach angesehen werden, und dieser Wohnsitz seinen persönlichen Gerichtsstand begründen. Dafür spricht das in Zunftangelegenheiten früher bestandene Unterworfensein der Gesellen unter die Ortsobrigkeit (§. 350 ff. a. a. O.); es spricht dafür die Bestimmung des Gesetzes, welches in Absicht auf kirchliche Angelegenheiten die Gesellen zur Parochie ihres Meisters rechnet (§. 276 Tit. 11 Thl. II. A. L. R.), indem nur derjenige, welcher innerhalb eines Kirchspiels seinen ordentlichen Wohnsitz aufgeschlagen hat, zu dieser Parochie gehört (§. 260 l. c.); endlich spricht dafür auch die Bestimmung des §. 354 Tit. 8 Thl. II. A. L. R., wonach kranke Gesellen, wie Ortsarme, aus der Armenkasse des Orts, wo sie in Arbeit stehen, und bei deren Unzulänglichkeit aus der Kämmereikasse zu verpflegen sind

Eine Ausnahme von dem Grundsatze, daß großjährige Gesellen da, wo sie ein Gewerbe treiben, ihren Wohnsitz und ihren persönlichen Gerichtsstand haben, kann daher nur alsdann eintreten, wenn aus andern ausdrücklichen oder stillschweigenden Aeußerungen hervorgeht, daß es ihre Absicht ist, sich nur vorübergehend an einem Orte aufzuhalten und, wie dies bei mehrern Arten von Gewerbsleuten, als Maurern, Zimmerleuten, Pflasterern u. s. w. der Fall ist, sie ein anderes bestimmtes Domicil haben, und nur zu Zeiten sich an einen Ort begeben, um hier eine Zeit lang zu arbeiten.

Ob dies bei dem Glasergesellen K. der Fall gewesen, läßt sich aus dem Berichte des Kriminalsenats des Königlichen Ober-Landesgerichts nicht ersehen. Das Kollegium hat daher in sofern solches nicht feststehen sollte, nach dem vorstehend entwickelten Grundsatze, daß großjährige Gesellen in der Regel an dem Orte, wo sie in Arbeit stehen, ihr Domicilium haben, den dortigen Magistrat von Tragung

der Kosten zu entbinden, da das forum originis des Inkulpaten nach §. 17 A. G. O. Thl. I. Tit. 2 mit dem Zeitpunkte, da er ein selbstständiges forum domicilii konstituirte, für die Untersuchungskosten nicht weiter verhaftet war.
(v. K. Jhrb. Bd. 45 S 540.)

§. 14. Ausserdem kann daraus, dass jemand, selbst eine geraume Zeit hindurch, wegen seiner Geschäfte oder Gesundheit, oder wegen Studirens, oder um einem drohenden Arrest, einer Kriegs- oder andern Gefahr zu entgehen, an einem andern Orte sich aufhält, die Aufschlagung eines beständigen Wohnsitzes daselbst noch nicht gefolgert werden.

Rescript vom 11. April 1823, betreffend den Gerichtsstand der Sträflinge.

Auf die Anfrage des Königlichen Ober-Landesgerichts vom 21. v. M. hinsichts der Gerichtsbarkeit über die in dem Zuchthause zu Lichtenburg befindlichen Sträflinge, wird dem Kollegio zur Resolution ertheilt:

daß die Züchtlinge ihren vorigen Gerichtsstand durch die Detention nicht verlieren.

(v. K. Jhrb. Bd. 21 S. 264.)

§. 15. Wer an zwei verschiedenen Orten völlig eingerichtete Wirthschaften hat, und abwechselnd bald an dem einen, bald an dem andern Orte sich aufhält, oder Gewerbe treibt, muss die Gerichte beider Orte als seinen persönlichen Gerichtsstand anerkennen; und es hängt von der Wahl des Klägers ab, wo ihn derselbe belangen will.

§. 16. Der durch den Wohnort begründete persönliche Gerichtsstand verändert sich, wenn jemand diesen Ort gänzlich verlässt, und auf die §. 10 sq. beschriebene Art seinen Wohnsitz anderswo aufschlägt.

2. Durch den Ort seiner Herkunft; —

§. 17. So lange, bis jemand obgedachtermassen einen eigenen Wohnsitz genommen hat, bleibt er unter dem Gerichtsstande seiner Eltern. (Forum originis.)

§. 18. Ist der Vater noch am Leben, so begründet der jedesmalige Wohnsitz desselben zugleich den ordentlichen Gerichtsstand des noch unter seiner Gewalt befindlichen Kindes; ohne Rücksicht auf den Ort, wo dasselbe geboren worden, oder wo das Kind sich nur auf eine Zeitlang aufhält. Doch müssen Kinder unterthäniger Landbewohner, ohne Rücksicht auf den Wohnsitz des Vaters, so lange sie der Unterthänigkeit für ihre Personen noch nicht entlassen worden, da, wo sie unterthänig sind, belangt werden.

Anh. §. 7. ***Auskultatoren und Referendarien stehen, wenn sie auch noch minderjährig oder der väterlichen Gewalt unterworfen sind, unter der Gerichtsbarkeit desjenigen Gerichts, von dem die Mitglieder der Behörde, bei welcher sie arbeiten, Recht zu nehmen haben. Die Väter und Vormünder müssen sich daher bei diesem Gerichte auf die aus Handlungen ihrer Söhne und Pflegebefohlenen wider sie angestellten Klagen einlassen. In der Leitung der Vormundschaft wird hierdurch nichts geändert.***

Gehören solche Auskultatoren und Referendarien wegen ihrer Geburt oder aus andern Gründen zu den Eximirten, so haben sie in allen Fallen ihren Gerichtsstand bei demjenigen Obergerichte, in dessen Bezirk sie angestellt sind.

1) s. die Verordnungen ad §. 13. h. t.

2) **Rescript** vom 24. Juli 1797, betreffend das forum der bei den Untergerichten stehenden Auskultatoren und Referendarien.

Es leidet keinen Zweifel, daß Auskultatores, und Referendarii bei Untergerichten unter eben dem foro stehen, welchem die andern Mitglieder und Subalternen des Gerichts unterworfen sind. Da nun dies, wie ex §pho 143 Tit. 2. part. I. der A. G. O. erhellet, in der Regel das Untergericht selbst ist: so müssen auch solche Auskultatores und Referendarii, die nicht etwa wegen ihrer Geburt, oder aus einem andern speziellen Fundamente eximirt sind, bei eben diesem Untergerichte in allen Causis personalibus Recht nehmen.

Das Bedenken, welches Ihr in Eurem Berichte vom 13. d. M. wegen der darunter noch befindlichen Minorennen Euch machet, erlediget sich bald daraus, daß ein Mensch dergleichen Officium doch nicht ohne Vorwissen und Consens seines Vaters oder Vormundes übernehmen, und es wohl nicht bezweifelt werden kann, daß auch ein Minorenner unter solcher Einwilligung sein forum zu mutiren fähig und berechtiget sei.

(NCC. T. X. S. 1319 No. 57 de 1797.)

§. 19. Ist der Vater mit Zurücklassung des Kindes aus dem Lande gegangen, so wird derjenige persönliche Gerichtsstand, welchem er zuletzt vor seinem Abgange unterworfen war, für den ordentlichen Gerichtsstand des Kindes, so lange dasselbe noch keinen eigenen Wohnsitz genommen hat, angesehen.

§. 20. Ist der Vater bereits verstorben, so verbleibt der Gerichtsstand, unter welchem derselbe zur Zeit seines Ablebens innerhalb Landes seinen Wohnsitz hatte, der ordentliche Gerichtsstand des Kindes, so lange dasselbe noch keinen eigenen Wohnsitz genommen hat.

§. 21. Ist der Vater unbekannt, oder das Kind nicht aus einer Ehe zur rechten Hand erzeugt, so richtet sich der Gerichtsstand eines solchen Kindes auf gleiche Art nach dem persönlichen Gerichtsstande der Mutter.

§. 22. Wenn ein Mensch seinen vorigen Wohnsitz aufgegeben hat, und, ohne anderswo eine feste Wohnung zu nehmen, im Lande herum irrt; so wird derselbe, im rechtlichen Sinne, als ein Vagabunde betrachtet.

§. 23. Eben dafür ist derjenige anzusehen, welcher, ohne irgendwo einen Wohnsitz genommen zu haben, den Gerichtsstand seiner Herkunft schon seit länger als drei Jahren verlassen hat, oder dessen Geburtsort unbekannt, oder ausserhalb der Königlichen Lande gelegen ist.

§. 24. Doch sind hievon solche Personen, die unter Eltern, Vormündern oder Gutsherrschaften stehen, und daher ihren ordentlichen Gerichtsstand eigenmächtig nicht verändern können, ingleichen das Gesinde nach **§. 13** auszunehmen.

§. 25. Ein Vagabunde (**§. 22, 23, 24**) kann vor jedem Gericht in Anspruch genommen werden, wo er angetroffen wird; oder es kann durch Arrestbeschlag bei jedem Gerichte wider ihn verfahren werden, unter welchem sich einige ihm gehörende Grundstücke, Effekten, Baarschaften oder Kapitalien befinden.

§. 26. Fremde, die in hiesigen Landen sich niederzulassen im Begriffe stehen, aber darin noch keinen bestimmten Wohnsitz genommen haben, können bei den ordentlichen Gerichten des Orts, wo sie sich aufhalten, belangt werden. Gehören sie aber, nach ihren persönlichen Eigenschaften, zu den Eximirten, so sind sie bei dem Obergerichte der Provinz, in welcher sie sich befinden, in Anspruch zu nehmen.

§. 27. Hat ein solcher Fremder sich über den Ort, wo er in hiesigen Landen seinen Wohnsitz nehmen will, schon deutlich geäussert, so kann er bei den ordentlichen Gerichten dieses Orts belangt werden, selbst wenn er auch erst auf der Reise dahin begriffen wäre.

§. 28. Durchreisende Fremde haben in hiesigen Landen keinen ordentlichen persönlichen Gerichtsstand; wie weit aber gegen sie der Gerichtsstand durch Arrestanlegung, oder durch Kontrakt, Verwaltung, nothwendige oder freiwillige Prorogation, oder durch Schadenszufügung begründet werden könne, ist nach den unten erfolgenden Vorschriften zu beurtheilen.

Anh. §. 8. ***Auch Injurien, die ein durchreisender Fremder begehet, begründen gegen ihn einen Gerichtstand in hiesigen Landen.***

Reseript vom 13. Oktober 1804, betreffend das Verfaheen in Injurien-Sachen gegen Ausländer.

Es ist aus den von Euch in Eurem Berichte vom 1. d. M. angeführten, von der analogischen Anwendung des Fori delicti commissi hergenommenen Gründen, keinem Zweifel unterworfen, daß gegen einen durchreisenden Fremden, welcher diesseitige Unterthanen beleidigt, von dem Beleidigten die Injurienklage in demjenigen hiesigen Foro angestellt werden kann, welchem Personen desselben Standes hier unterworfen sind, und alsdann das in Injuriensachen vorgeschriebene Verfahren eintritt. Es ist also auch in der Vorschrift des §. 28 Tit. 2 Thl. I. der A. G. O. die von Euch behauptete Anomalie nicht vorhanden, wenn Ihr damit die Bestimmungen des §. 177 des angeführten Titels in Verbindung stellet, und der Denunciat kann solchenfalls sich nicht entbrechen, eine der Sache und den Umständen angemessen zu bestimmende Kaution de judicato solvendo zu leisten.

Hiernach habt Ihr die dortigen Stadtgerichte im vorliegenden Falle mit weitern Verhaltungsbefehlen zu versehen, und versteht es sich von selbst, daß es übrigens bei der von Euch angeführten Deklaration vom 24 September 1789 und dem Reskripte vom 2. Juli 1801 vor wie nach sein unabänderliches Bewenden hat.

(Neues Archiv Bd. 3 S. 395.)

§. 29. In jedem Falle, wo ein hiesiger Gerichtsstand über einen durchreisenden Fremden auf solche Art begründet ist, muss derselbe bei demjenigen hiesigen Gerichte, welchem hiesige Einwohner von gleichem Stande und Range unterworfen sind, belangt werden.

5. Durch persönliche Eigenschaften, und zwar a. durch die Nation, von welcher jemand abstammt.

§. 30. Vermöge persönlicher Eigenschaften (§. 3) ist zuvörderst der Gerichtsstand der Mitglieder der Französischen und Pfälzer-Kolonie unter den für ihren Wohnort errichteten besonderer Koloniegerichten begründet.

Anh. §. 9. *Der den Mitgliedern der Französischen und Pfälzer-Kolonie bisher bewilligte besondere Gerichtsstand findet nicht ferner statt, vielmehr werden selbige hierunter den übrigen Staatsbürgern gleich geachtet.*

§. 31. Diesen Gerichten sind alle in ihrem Gerichtsbezirk wohnhafte Mitglieder der Kolonie, ohne Rücksicht auf ihren sonstigen Stand, bürgerliches Amt, oder Charakter unterworfen.

§. 32. Die Gerichtsbarkeit derselben erstreckt sich auf die Grundstücke der Koloniemitglieder, so lange sie sich in deren Besitze befinden, wenn sonst gleich diese Grundstücke an und für sich einem andern dinglichen Gerichtsstande unterworfen wären.

§. 33. Dagegen ist diese Gerichtsbarkeit nur auf die Oerter und Distrikte eingeschränkt, für welche ein jedes Koloniegericht ausdrücklich bestellt worden. Wenn daher Personen oder Familien, die an sich zur Kolonie gehören, an Oertern wohnen, wo keine Koloniegerichte angeordnet sind, so werden sie andern Landeseinwohnern gleich geachtet.

§. 34. Eben das gilt von Grundstücken, die ein Mitglied der Kolonie an einem Orte, oder in einem Bezirke besitzt, für welchen kein Koloniegericht mit Jurisdiktion versehen ist.

§. 35. Allen Fremden, die sich in den Königlichen Landen an einem Orte niederlassen, für welchen ein Französisches oder Pfälzer-Koloniegericht bestellt ist, steht es frei, binnen drei Monaten nach ihrer Ankunft sich schriftlich oder zum Protokoll zu erklären, dass sie sich einem dieser Gerichte unterwerfen wollen; ohne dass dabei auf die Nation, zu welcher sie gehören, oder auf die Religion, zu der sie sich bekennen, Rücksicht genommen wird. Doch muss das Koloniegericht, bei welchem die Erklärung abgegeben worden, demjenigen Gerichte, unter welches der eingewanderte Fremde, seinem Stande und Gewerbe nach, in der Regel gehören würde, davon Nachricht geben.

§. 36. Ist dergleichen Erklärung in der bestimmten Frist nicht abgegeben worden, so wird der eingewanderte Fremde, auch in Ansehung des Gerichtsstandes, nach eben den Grundsätzen, wie ein anderer Landeseinwohner beurtheilt.

§. 37. Wenn ein Mitglied der Pfälzer-Kolonie, er sei es durch Geburt, oder eine nach §. 35 angestellte Wahl, seinen Wohnsitz an einem Orte aufschlägt, für welchen zwar keine Pfälzer-, doch aber ein Französisches Koloniegericht angeordnet ist, so steht es demselben frei, sich binnen drei Monaten nach dieser Niederlassung zu erklären, dass er sich der Jurisdiktion der Französichen Gerichte unterwerfen wolle. Ist aber diese Erklärung in der bestimmten Frist nicht erfolgt, so muss ein solcher Ankömmling den ordentlichen deutschen Gerichtstand anerkennen.

C. O. vom 30. Oktober 1809, betreffend die künftige Verfassung der Französischen Kolonie. r. N. X. S. 169. (In Betreff der Aufhebung des besondern Kolonie-Gerichtsstandes, aufgenommen in §. 9 des Anhangs.)

§. 38. Wenn eine Handlungsgesellschaft aus Mitgliedern verschiedener Nationen besteht, so hat die Gesellschaft, wenn sie als solche unter der gemeinschaftlichen Firma belangt wird, ihren ordentlichen persönlichen Gerichtsstand da, wo derjenige Gesellschafter, nach welchem die Firma benannt ist, hingehört; und dieser Gerichtsstand bleibt ungeändert, so lange die Firma beibehalten wird, wenn gleich durch den Zutritt oder Abgang einzelner Mitglieder Veränderungen in den Personen entstehen.

Sind in der Firma zwei oder mehr Gesellschafter verschiedener Nationen genannt, so muss, wenn die ganze Societät belangt werden soll, die Klage in dem persönlichen Gerichtsstand dessen, welcher zuerst genannt ist, angestellt werden.

Die dingliche Gerichtsbarkeit über ein Grundstück wird nicht geändert, wenn auch der bisherige Besitzer einen andern von verschiedener Nation in das Miteigenthum desselben aufnimmt; oder wenn Zwei oder Mehrere von verschiedenen Nationen ein Grundstück als Miteigenthümer gemeinschaftlich an sich bringen; da auch in diesem letztern Falle das Grundstück unter derjenigen Gerichtsbarkeit verbleiben muss, unter welcher es vor dieser Erwerbung gestanden hat.

§. 39. Wenn Leute verschiedener Nationen ein Verbrechen gemeinschaftlich begehen, so sind dieselben bloss als Mitschuldige und Komplicen anzusehen; und finden also entweder die für gewisse Arten der Kontraventionen und Verbrechen angeordneten besonderen Gerichtsbarkeiten, oder die allgemeinen Vorschriften der Kriminalprozessordnung, wegen der Untersuchung gegen Komplicen aus verschiedenen von einander unabhängigen Gerichtsständen, Anwendung.

§. 40. Die Gerichtsbarkeit über die Juden ist nach Verschiedenheit der Oerter und Provinzen durch Statuten und Provinzialgesetze bestimmt. Wo es an ausdrücklichen Bestimmungen ermangelt, da gilt die Vermuthung, dass die Juden der ordentlichen Gerichtsobrigkeit, gleich andern nicht eximirten Landeseinwohnern, unterworfen sind.

1) **Edict** vom 11. März 1812, betreffend die bürgerlichen Verhältnisse der Juden. (§. 29 und 30 in Betreff des Gerichtsstandes.)

§. 29. In Absicht des Gerichtsstandes und der damit verbundenen vormundschaftlichen Verwaltung findet ebenfalls zwischen Juden und Christen kein Unterschied statt. Nur in Berlin bleibt es vorerst bei dem, den Juden angewiesenen besonderen Gerichtsstande.

§. 30. In keinem Falle dürfen sich Rabbiner und Judenältesten weder eine Gerichtsbarkeit noch eine vormundschaftliche Einleitung und Direktion anmaßen. (G. S. S. 17.)

2) **Rescript** vom 25. September 1816, wegen Aufhebung des eximirten Gerichtsstandes der Juden in Glogau.

Bei der Vergrößerung des Gerichtssprengels des Königlichen Ober-Landesgerichts, wird die am 8. Januar 1813 erlassene Bestimmung, daß dasselbe die Gerichtsbarkeit in Personalsachen der dortigen Juden, gegen die Festsetzung des §. 29 des Edikts wegen der bürgerlichen Verhältnisse der Juden, interimistisch ausüben solle, hierdurch aufgehoben

Es treten von der Zeit, wo diese Verfügung dort eintrifft, die Jurisdiktions-Bestimmungen des gedachten Edikts ein, und liegt dem Königlichen Ober-Landesgerichte ob, hiervon der Regierung zu Liegnitz und dem dortigen Land- und Stadtgerichte unmittelbar, den Gerichts-Eingesessenen aber durch das Amtsblatt, sogleich Nachricht zu geben. Die beim Königlichen Ober-Landesgerichte schwebenden Vormundschaftssachen über Juden, und die Akten in Prozeßsachen der Juden, sind daher gleich nach dem Eingange dieser Verfügung, an das Land- und Stadtgericht daselbst abzugeben. In Konkursen und anderen Sachen, wo ein Liquidations- oder anderer Termin durch Ediktalien bekannt gemacht ist, muß dieser Termin beim Königlichen Ober-Landesgerichte abgewartet werden, und ist bis dahin die Absendung der Akten zu suspendiren.

Auch können die Akten in verwickelten Kreditsachen, bis zum Abschluß des Verfahrens mit den Liquidanten zurückbehalten, und beim Königlichen Ober-Landesgerichte das Urtel abgefaßt werden; demnächst muß dieses aber mit den Akten an das Stadtgericht zur Publikation gehen.

(v. K. Jhrb. Bd. 8 S. 252.)

3) **C. O.** vom 17. April 1829, betreffend den Uebergang der Gerichtsbarkeit für die Juden in Berlin auf das dortige Stadtgericht

Auf Ihren gemeinschaftlichen Bericht vom 1. d. M. genehmige Ich, nach Ihrem Antrage, mit Aufhebung der im §. 29 des Gesetzes vom 11. März 1812, über die bürgerlichen Verhältnisse der Juden enthaltenen Bestimmung, daß die Gerichtsbarkeit über die Juden in Berlin auf das Stadtgericht übergehe, mit der Maaßgabe, daß die bereits rechtshängigen Angelegenheiten im bisherigen Gerichtsstande beendigt werden. Ich überlasse Ihnen, diesen Befehl durch die G. S. bekannt zu machen und die betreffenden Behörden demgemäß anzuweisen.

(G. S. S. 24.)

b. durch die Geburt.

§. 41. Durch die Geburt erhalten sämmtliche Prinzen und Prinzessinnen, welche zum Königlichen Hause gehören, ihren Gerichtsstand bei dem mit dem Kammergericht verbundenen geheimen Justiz-Rathe, in so fern nicht durch Hausverträge und Verfassungen, in Ansehung gewisser Fälle und Angelegenheiten, ein anderes bestimmt ist.

1) **Rescript** vom 13. Juni 1805, betr. das Forum der Prinzen des Königl. Hauses.

Wir machen Euch hierdurch zur Nachricht und Achtung bekannt, daß Wir, bei Gelegenheit der von dem Kaufmann Jänischen zu Magdeburg wider den Prinzen Louis Ferdinand Liebd. angestellten Klage, folgende Entscheidung in der Materie vom Gerichtsstande der Prinzen Unsers Königl. Hauses, mittelst Kabinets-Ordre vom 12. März c. zu treffen geruhet haben:

> daß nämlich Prinzen vom Hause, in so fern nicht die Hausverträge und Hausverfassungen in Ansehung gewisser Fälle und Angelegenheiten die von Unserer Königl. Person zu bestimmenden Haus-Austräge als ihr Forum festsetzen, wenn sie auch in der Armee dienen, dennoch in allen dinglichen und persönlichen mit dem Militair-Dienst in keiner Verbindung stehenden Klagen, ihr privilegirtes Forum vor dem mit dem Kammergericht verbundenen Geheimen Justiz-Rathe behalten sollen.

Hiernach entscheidet sich also auch die Sache des Kaufmanns Jänischen, und es wird in Gemäßheit dieser Unserer höchst immediaten Decision das Rescript vom 5. Januar c. hiermit aufgehoben. Nur bemerken Wir in causa Jänischen annoch ratione modi insinuationis, daß Ihr des Endes die Magdeburgische Regierung zu requiriren.

Was Eure Anfrage vom 21. April d. J., wegen des Fori der im Dienste der Prinzen vom Hause stehenden Domestiken anbetrifft, so erledigt sich nach obiger Bestimmung diese Anfrage von selbst.
(NCC. T. XI. S. 2949.)

2) **Rescript** vom 23. Juni 1806, betr. das Forum der Prinzen des Königl. Hauses bei Realklagen.

Wir haben auf Veranlassung der bei Euch angemeldeten Klage des Ober-Jägermeisters, Grafen N., wider des Prinzen N. Liebden, die Euch unter dem 13. Juni v. J. bekannt gemachten Festsetzungen in Ansehung des Fori der Prinzen Unsers Hauses durch die Kabinets-Ordre vom 17. dieses dahin näher zu bestimmen für gut gefunden: daß

1) Prinzen von Unserm Hause, wenn sie gleich in Kriegsdiensten stehen, in Gesinde-Sachen ihr privilegirtes Forum vor dem mit Eurem Kollegio verbundenen Geheimen Justiz-Rath nicht allein, wenn einer ihrer Domestiken selbst, oder ein Dritter, sie belangt, behalten, sondern dieses Forum auch alsdann, wenn ein Prinz von Unserm Hause seine Domestiquen belangt, eintreten, und daß hiernächst
2) in solchen Sachen, welche ein Immobile betreffen, die Prinzen vom Hause in Foro rei sitae Recht nehmen sollen, ausgenommen, wenn der Gegenstand nach den feststehenden Grundsätzen zu den von Uns Höchstselbst zu bestimmenden Hausausträgen geeignet ist.

Ihr habt Euch nach diesen Unsern Bestimmungen in vorkommenden Fällen genau zu achten.
(NCC. T. XII. S. 671.)

§. 42. Alle Personen, fürstlichen, gräflichen, freiherrlichen und adelichen Standes, stehen unter der Jurisdiktion der Obergerichte der Provinzen, in welchen sie wohnen.

Anh. **§. 10.** ***Regierende deutsche Fürsten, desgleichen abgetheilte Fürsten aus den Häusern der regierenden deutschen Fürsten, wenn sie ihren beständigen Aufenthalt in hiesigen Landen nehmen, müssen sowohl in Rücksicht ihrer persönlichen, als solcher dinglichen Rechtsverhältnisse, welche die in den preussischen Staaten belegenen Grundstücke und Sachen betreffen, die Gerichtsbarkeit der hiesigen Gerichtshöfe anerkennen.***

1) **Rescript** an das Kammergericht vom 13. März 1809, betr. das Forum der Domestiken fürstlicher Personen.

Auf Eure Anfrage vom 6. Febr. d. J. bescheiden Wir Euch hierdurch, daß die Domestiken solcher fürstlicher Personen aus deutschen Regentenhäusern, die ihren beständigen Aufenthalt zu Berlin genommen haben, nicht unter der Gerichtsbarkeit des dortigen Stadtgerichts, noch des Gesindeamts, sondern unter Eurer Gerichtsbarkeit stehen sollen.

Ihr habt demnach nicht nur selbst Euch hiernach zu achten, sondern auch diese Unsere Entscheidung dem dortigen Stadtgericht und dem Gesindeamt zu ihrer Achtung zu erkennen zu geben.

In Ansehung des Gerichtsstandes der Domestiken der Prinzen von Unserm Königlichen Hause seid Ihr bereits durch Unser Rescript vom 23. Juni 1806 beschieden.

Domestiken hingegen, welche in Diensten solcher fürstlichen Personen stehen, denen Wir, oder denen Unsere Vorfahren die fürstliche Würde verliehen haben, sind in Ansehung des Gerichtsstandes den Domestiken anderer Eximirten gleich zu stellen.

Königsberg, den 13. März 1809.
(Gen. Act. des Justizm. Hofsachen No. 19. fol. 38.)

2) **Instruction** vom 30. Mai 1820, betr. die Ausführung des Edicts vom 21. Juni 1815, über die Verhältnisse der Standesherren (§. 14 — 19 in Betreff des Gerichtsstandes).

Wir Friedrich Wilhelm, von Gottes Gnaden, König von Preußen rc. rc. haben durch Unsere Verordnung vom 21. Juni 1815 die Verhältnisse der,

Unserer Monarchie einverleibten, vormals unmittelbaren deutschen Reichsstände im Allgemeinen bestimmt.

Da jedoch die darin enthaltenen Grundsätze bei der Anwendung mancherlei Schwierigkeiten gefunden, so wollen Wir, zur näheren Entwickelung derselben und zur vollständigen Ausführung des, durch sie und durch den in Unsere Verordnung aufgenommenen 14. Artikel der deutschen Bundesakte begründeten Rechtszustandes jener vormals unmittelbaren deutschen Reichsstände, nachdem Wir auch zuvor deren Wünsche und Anträge in einer mit ihnen gepflogenen Verhandlung näher vernommen, Nachstehendes hierdurch festsetzen.

§. 1. Als vormals unmittelbare deutsche Reichsstände, auf welche Unsere Verordnung vom 21. Juni 1815 Anwendung findet, sind zu betrachten:

I. in der Provinz Westphalen:

1) der Herzog von Aremberg, wegen der Grafschaft Recklinghausen;
2) der Fürst von Bentheim=Steinfurth, wegen der Grafschaft Steinfurth;
3) der Fürst von Bentheim=Rheda, wegen der Herrschaft Rheda und der Grafschaft Hohen=Limburg;
4) der Freiherr von Boemmelberg, als Besitzer der Herrschaft Gehmen;
5) der Herzog von Croy, wegen der Herrschaft Dülmen;
6) der Fürst von Kaunitz=Rietberg, wegen der Grafschaft Rietberg;
7) der Herzog von Looz=Corswaren, wegen seines Unserer Monarchie einverleibten südlichen Antheils von Rheina=Wolbeck;
8) der Fürst, vormalige Rheingraf von Salm=Horstmar, wegen der Grafschaft Horstmar;
9) der Fürst von Salm=Kryburg, wegen seines Antheils an Ahaus und Bocholt;
10) der Fürst von Salm=Salm, wegen seines Antheils an Ahaus und Bocholt und wegen der Herrschaft Anholt;
11) der Fürst von Sayn=Wittgenstein=Berleburg, wegen seines Antheils an der Grafschaft Wittgenstein;
12) der Fürst von Sayn=Wittgenstein=Hohenstein, wegen seines Antheils an der Grafschaft Wittgenstein.

II. in der Provinz Niederrhein.

1) der Fürst von Solms=Braunfels, wegen der Aemter Braunfels und Greifenstein;
2) der Fürst von Solms=Lich und Hohen=Solms, wegen des Amts Hohen=Solms;
3) der Fürst von Wied=Neuwied, wegen der niedern Grafschaft Wied mit Ausnahme des Amts Grenzhausen;
4) der Fürst von Wied=Runkel, wegen der obern Grafschaft Wied mit Ausnahme des Amts Runkel, dann wegen der Aemter Alten=Wied und Neuerburg.

III. in der Provinz Kleve=Berg:

der Fürst von Sayn=Wittgenstein=Berleburg; wegen der Herrschaft Homburg an der Mark.

I. Rechtsverhältniß der Standesherren im Allgemeinen.

§. 2. Die vorgenannten, Unserer Hoheit (Souverainetät) als erste Standesherren unterworfenen, vormals unmittelbaren deutschen Reichsstände, genießen für ihre Personen und Familien, sofern sie zu den Fürstlichen und Gräflichen Häusern gehören und für ihre standesherrlichen Besitzungen diejenigen besondern Rechte und Vorzüge, welche ihnen durch Unsere Verordnung vom 21. Juni 1815 und durch den in selbige aufgenommenen Artikel 14. der deutschen Bundesakte zugesichert sind. Dagegen liegen ihnen auch die Pflichten ob, welche aus ihrer Unterwerfung unter Unsere Hoheit (Souverainetät) entspringen.

Huldigung.

§. 3. Die Häupter der standesherrlichen Familien haben nicht nur bei jeder Königlichen Regierungs-Veränderung, sondern auch bei ihrer Sukzession in die Standesherrschaft, Uns und Unsern Nachfolgern in der Regierung die Huldigung zu leisten. Wird diese von Uns und Unsern Nachfolgern unmittelbar eingenommen, so muß auch die Leistung von den Standesherren persönlich geschehen; außerdem können sie dieselbe mittelst Einsendung einer Urkunde nachstehenden Inhalts an die Behörde, welche mit Einnahme der Huldigung beauftragt wird, ablegen:

Ich, der unterzeichnete Königlich-Preußische-Standesherr, gelobe und verspreche hiermit für mich und alle meine Nachfolger, daß ich Seiner Königlichen Majestät ꝛc. ꝛc. und Allerhöchstdero Nachfolgern in der Regierung von wegen meiner Person und meiner inländischen standesherrlichen Besitzungen und Gerechtsame, als meinem rechtmäßigen Oberhaupte (Souverain) alle schuldige Treue, Ehrerbietung und Gehorsam unverbrüchlich leisten, auch nach meinen Kräften alles dasjenige thun oder lassen will, was zur Abwendung Allerhöchstdero Schadens, oder zur Beförderung Allerhöchstdero Nutzens dienen kann.

So wahr mir Gott helfe u. s. w.

Urkundlich meiner eigenhändigen Unterschrift und beigedruckten Siegels.

In vorstehender Art ist auch die Huldigung von denjenigen Standesherren nachzuholen, welche sie noch nicht geleistet haben.

Leistung der Lehnspflicht.

§. 4. Zu gehöriger Ablegung der Lehnspflicht in allen Veränderungsfällen, wo es sich gebührt, sind die Standesherren auch fortan in so weit verpflichtet, als sie noch zu Uns in Lehnsverhältnissen stehen.

Unterwerfung unter die Landesgesetze.

§. 5. Die Standesherren sind sowohl für sich und ihre Familien, als auch bei Ausübung aller ihnen zustehenden Gerechtsame den allgemeinen Landesgesetzen unterworfen.

Titel und Wappen.

§. 6. Die Standesherren und die ebenbürtigen Mitglieder ihrer Familien sind berechtigt, die vor Auflösung der deutschen Reichsverbindung innegehabten Titel und Wappen zu führen, jedoch mit Hinweglassung solcher Worte und Symbole, durch welche einzig ihr Verhältniß zu dem deutschen Reiche, oder ihre vormalige Eigenschaft reichsständischer oder reichsunmittelbarer regierender Landesherrn, bezeichnet ward.

Kanzleiceremoniel.

§. 7. In Absicht auf das Kanzleizeremoniel wird aus Unserm Kabinet den Standesherren von Fürstlichen und Gräflichen Häusern das Ehrenwort: Herr (Herzog, Fürst, Graf) oder Frau (Herzogin, Fürstin, Gräfin) gegeben, und von allen Landesbehörden ist sämmtlichen Standesherren und den Mitgliedern ihrer Familien in den an sie ergehenden amtlichen Ausfertigungen, die ihrer Geburt angemessene Kourtoisie (Durchlaucht, Hochgeboren) zu ertheilen.

Außerdem sollen denselben bei allen feierlichen Gelegenheiten diejenigen Vorzüge zu Theil werden, welche ihrem bevorrechteten Standesverhältnisse angemessen sind.

§. 8. Den, die Standesherrlichkeit ausübenden Häuptern standesherrlicher Familien von Fürstlichen oder Gräflichen Häusern, so auch den, die Standesherrlichkeit verwaltenden mütterlichen oder agnatischen Hauptvormündern oder Administratoren, bleibt unbenommen, in ihren Kanzleischreiben, Vollmachten und andern offenen Erklärungen, wenn solche nicht an Unsere Hofstaats- und Militairbehörden gerichtet sind, von sich in der mehrfachen Person durch Wir und Uns zu sprechen.

Kirchengebet.

§. 9. In den standesherrlichen Bezirken kann in dem Kirchengebet, nach Uns und den Mitgliedern Unsers Hauses, auch des Standesherrn und seiner Familie Erwähnung geschehen. Dem gemäß wird die Gebetsformel von Unserer geistlichen Oberbehörde bestimmt werden.

Oeffentliche Trauer.

§. 10. Auch kann daselbst öffentliche Trauer statt finden, nach dem Ableben des Standesherrn, seiner Gemahlin und seines vermuthlichen Nachfolgers, mittelst Trauergeläuts und Unterbleibung öffentlicher Lustbarkeiten.

Ehrenwache.

§. 11. Den Häuptern der standesherrlichen Familien steht frei, innerhalb ihres standesherrlichen Bezirks aus ihren Privateinkünften Ehrenwachen zu unterhalten, welche jedoch dadurch von der allgemeinen Militairpflicht nicht befreiet werden.

Freie Wahl des Aufenthalts.

§. 12. Die Standesherren und die Mitglieder ihrer Familien genießen die unbeschränkte Freiheit, ihren Aufenthalt in jedem zum deutschen Bunde gehörigen oder mit demselben in Frieden lebenden Staate zu nehmen.

Exemtionen der Standesherren und der Mitglieder ihrer Familien.

§. 13. Sie und die Mitglieder ihrer Familien haben die Befreiung

a) von aller Militairpflichtigkeit,

b) von ordentlichen Personalsteuern jeder Art, aber nicht

c) von indirekten Steuern, denen sie innerhalb und außerhalb ihrer standesherrlichen Bezirke unterworfen sind Von dem Erbschaftsstempel sind sie jedoch bei Sukzessionen in die Standesherrschaft, welche in der Familie Statt finden, unbedingt, bei andern Erbschaften oder Vermächtnissen aber nur in sofern befreit, als diese innerhalb der Standesherrschaft ihnen zufallen.

Gerichtsstand in Civilsachen.

§. 14. Für Civilstreitigkeiten haben die Standesherren und die Mitglieder ihrer Familien, einen privilegirten Gerichtsstand, dergestalt, daß in ihren persönlichen Rechtssachen, desgleichen in solchen, welche ihre standesherrlichen Besitzungen oder die diesen anklebenden Gerechtssame betreffen, dasjenige Oberlandesgericht kompetent ist, in dessen Gerichtssprengel sie in Hinsicht auf ihren Wohnort, oder nach den übrigen, bei der Sache eintretenden Verhältnissen, zufolge der Landesgesetze, gehören.

§. 15. Standesherren sind niemals aus dem Grunde allein, weil sie in Unserer Monarchie eine Standesherrschaft besitzen, von den hiesigen Gerichten in blos persönlichen Angelegenheiten Recht zu nehmen verbunden. Dagegen sind sie, im Falle sie in mehreren Bundesstaaten standesherrliche Besitzungen oder einen auf andere Art gesetzmäßig begründeten, mehrfachen Personal-Gerichtsstand haben, nach erlangter Volljährigkeit verpflichtet, vor dem Oberlandesgerichte, in dessen Bezirke die Standesherrschaft gelegen ist, zu erklären, welchen in- oder ausländischen Ort sie als ihren Wohnsitz betrachtet haben wollen.

§. 16. Gewillkürte und testamentliche, insonderheit Stamm- oder Familienausträge, sind in Civilstreitigkeiten der Mitglieder einer standesherrlichen Familie unter sich nur in sofern kompetent, als diejenigen Verfügungen, worin solche festgesetzt sind, Unsere Bestätigung erhalten haben.

Gerichtsstand in peinlichen Sachen: a) **der Häupter der Familien.**

§. 17. In peinlichen Sachen, mit Ausnahme der in Unserm Dienste begangenen Verbrechen, genießen die Häupter der standesherrlichen Familien, sofern sie nicht den Gerichtsstand eines Oberlandesgerichts vorziehen, einen privilegirten Gerichtsstand vor Austrägen und es findet dabei folgendes Verfahren statt:

a) die Untersuchung gebührt dem Oberlandesgerichte, welches nach den Landesgesetzen kompetent ist, und wird von einem durch das Präsidium zu ernennenden Mitgliede, unter Vorsitz des Präsidenten oder eines Direktors, geführt.

b) Die ordentlichen Kriminalgerichte und Polizeibehörden jeden Orts sind befugt und verpflichtet, wo nach den Gesetzen überhaupt ein hinreichender Grund dazu vorhanden ist, sich des Angeschuldigten auf eine dem Stande der Person angemessene Weise zu versichern. Sie müssen jedoch hiervon ohne Verzug dem Oberlandesgericht ihres Bezirks Anzeige machen, und dieses hat innerhalb dreimal vier und zwanzig Stunden nach erhaltener Anzeige über die Rechtmäßigkeit der Haft und über die Einleitung des peinlichen Verfahrens, einen Beschluß zu fassen.

c) von dem Augenblick an, wo die Verhaftnehmung für rechtmäßig erkannt ist, bis zur völligen Wiedereinsetzung des Angeschuldigten in seinen vorigen Stand oder bis zu seinem Ableben, gebührt die Ausübung der standesherrlichen Gerechtsame dem vermuthlichen Nachfolger, oder, wenn dieser hieran verhindert ist, dem nächsten Agnaten, in deren Ermangelung einem von Uns zu ernennenden Administrator. Die Vermögensverwaltung kommt in einem solchen Falle demjenigen zu, welchen die Familienstatute, wo aber diese nichts darüber enthalten, die Landesgesetze bestimmen.

d) Nach geschlossener Untersuchung werden die Akten an Unser Justizministerium gesendet. Dieses bringt zehn ebenbürtige Standesgenossen, oder in deren Ermangelung, Personen, die ihnen an Rang oder Geburt am nächsten stehen, dem Angeschuldigten in Vorschlag, von welchen dieser innerhalb vier und zwanzig Stunden nach gemachter Vorlegung, fünf auswählt. Die Ausgewählten werden von Uns mittelst Kabinetsbefehls zur Abhaltung des Austrägalgerichts nach Berlin berufen.

e) Unser Justizminister, welcher in dem Austrägalgericht den Vorsitz führen soll, versammelt die einberufenen Austrägalrichter, nimmt zuvörderst von ihnen auf Gewissen und Ehre das Versprechen zu sorgfältigster Erwägung der Sache und vollkommener Unparteilichkeit in der Abstimmung, läßt sodann durch zwei von ihm zu Referenten und Korreferenten ernannte, auf die Justiz verpflichtete Räthe, die Sache aktenmäßig und mit beigefügtem Rechtsgutachten vortragen, sammelt die Stimmen der Richter, zu welchen jedoch weder der Vorsitzende noch die beiden Referenten gezählt werden, nach ihrer durch das persönliche Lebensalter eines jeden bestimmten Sitzordnung und bildet hieraus nach der Stimmenmehrheit als Beschluß das Endurtel, welches von den Austrägalrichtern zu unterzeichnen und von dem Vorsitzenden zu beglaubigen ist.

f) Durch dieses Endurtel kann in keinem Falle eine Konfiskation der standesherrlichen Besitzungen des Angeschuldigten verfügt werden, sondern wo auch diese nach den bestehenden Gesetzen erkannt werden müßte, findet nur die Sequestration derselben auf seine Lebenszeit und zwar zum Vortheil derjenigen, welche derselbe zu ernähren verbunden ist und zur Tilgung seiner Schulden, statt.

Der Ueberschuß gehört zu seinem künftigen Nachlaß.

g) Vor der Publikation und Vollziehung, die vor das Oberlandesgericht gehören, welches die Untersuchung geführt hat, ist das Urtel jedesmal zu Unserer Bestätigung vorzulegen. Finden Wir Uns veranlaßt, die Strafe zu mildern oder den Angeschuldigten ganz zu begnadigen, so ist dies dem letztern gleichzeitig mit der Publikation des Urtels bekannt zu machen.

h) Gegen das publizirte Urtel des Austrägalgerichts findet keine weitere Instanz Statt. Hat jedoch der Angeschuldigte statt eines Austrägalgerichts den Gerichtsstand vor einem Oberlandesgericht gewählt, so wird in den gegen dessen Ausspruch gesetzlich zulässigen Rechtsmitteln nichts geändert.

b) der übrigen Mitglieder der standesherrlichen Familien.

§. 18. Was den Gerichtsstand der Mitglieder einer standesherrlichen Familie außer dem Familienhaupte in peinlichen Rechtssachen betrifft, so genießen diese, Militairverbrechen ausgenommen, denselben privilegirten Gerichtsstand vor dem Oberlandesgerichte, wie in bürgerlichen Rechtshändeln. In Hinsicht auf bloße Verhaftung gilt auch bei ihnen alles, was oben in Ansehung der Häupter standesherrlicher Familien festgesetzt ist.

Gerichtsbarkeit in nicht streitigen Sachen der Standesherren und der Mitglieder ihrer Familien.

§. 19. Anlangend die Gerichtsbarkeit in nicht streitigen Sachen der Standesherren und der Mitglieder ihrer Familien, so ist

a) die obervormundschaftliche Behörde für einen Standesherrn und die ebenbürtigen Mitglieder seiner Familie dasjenige Oberlandesgericht, in dessen Bezirke die Standesherrschaft gelegen ist, und wenn ein Standesherr mehrere inländische Standesherrschaften besitzt, dasjenige, in dessen Bezirke der verstorbene Vater des zu bevormundenden zugleich seinen Wohnsitz gewählt hatte (§. 15), ohne Rücksicht auf ausländischen Güterbesitz und etwanige Bevormundung.

Das vormundschaftliche Patent wird von dem Justizministerium ausgefertigt und von Uns vollzogen. Die Grundsätze der Bevormundung, der vormundschaftlichen Verwaltung und der Aufsicht über diese, sind zuvörderst aus den noch bestehenden oder künftig unter Unserer Genehmigung zu errichtenden Familienverträgen, auch aus dem nachzuweisenden Familienherkommen, in deren Ermangelung aber aus den Landesgesetzen zu schöpfen.

Wo von Obrigkeitswegen die Ernennung eines Vormunds geschehen muß, erfolgt dieselbe von Uns unmittelbar auf den Antrag des Justizministers.

b) In Fällen einer Erbvertheilung unter Mitgliedern der standesherrlichen Familie, bleibt die Auseinandersetzung, so lange deshalb kein Rechtsstreit entsteht, dem Haupt der Familie vorbehalten. Die Versiegelung, wo solche nöthig ist, geschieht in der Standesherrschaft von ihrer nächsten Gerichtsbehörde, außerhalb derselben von derjenigen des Orts, welche nach den Gesetzen dazu befugt ist. Die Entsiegelung und Inventur gehört überall vor diejenige Gerichtsbehörde, welche das Familienhaupt dazu erwählt.

c) In allen Gegenständen der freiwilligen Gerichtsbarkeit, in welchen die Landesgesetze die Wahl der gerichtlichen Behörde den Interessenten nicht überlassen, ist in Beziehung auf die Standesherren und deren Familien dasjenige Oberlandesgericht kompetent, vor welches die Sache nach den Landesgesetzen gehört.

d) Die standesherrlichen Besitzungen werden in das Hypothekenbuch des Oberlandesgerichts eingetragen, unter welchem sie gelegen sind.

Anmerk. Der übrige hier nicht in Beziehung stehende Theil der Instruktion ist zur Ersparung des Raums weggelassen, und findet sich die Instruktion vollständig abgedruckt in den Ergänzungen zum A. L. R. Thl. II. Tit. 9. §. 34 seqq.

c. durch Stand, Aemter und Würden.

§. 43. Zu denjenigen Personen, deren persönlichen Gerichtsstand die Gesetze nach dem Stande, dem Amte oder der Würde, welche sie bekleiden, bestimmt haben, gehören die Geistlichen, die Militär- und die Civilbeamten des Staats.

§. 44. Diese Personen sind von der Jurisdiktion des für ihren Wohnort zunächst und unmittelbar bestellten Gerichts ausgenommen, und werden daher Eximirte genannt.

1) **C. O.** vom 27. September 1815, betr. die Herstellung des eximirten Gerichtsstandes in der Stadt Frankfurt a. d. O.

Auf Ihren Bericht vom 14. d. M. will Ich das abweichende Verhältniß, nach welchem der Stadt Frankfurt a. d. O. die Gerichtsbarkeit über die in der Stadt wohnenden Eximirten zusteht, hiermit aufheben, und setze daher fest, daß dem Land- und Stadtgericht zu Frankfurt die Jurisdiktion über die Eximirten ohne Unterschied abgenommen, und solche dem Neumärkschen Ober-Landesgerichte mit voller Wirkung übertragen werden soll.
(v. K. Jahrb. Bd. 6. S. 185.)

2) **Rescript** vom 29. Juli und 30. Dezember 1817, betr. die Rechts- und Jurisdiktionsverhältnisse der Königl. Beamten in Cleve.

A.

Nachdem über die Anträge des Königl. Ober-Landesgerichts in dem Bericht vom 9. April d. J.,
betreffend die Rechts- und Jurisdiktions-Verhältnisse der Mitglieder des Collegii und der dortigen Regierung,
das Gutachten der Königl. Immediat-Justiz-Kommission erfordert, solches nunmehr erstattet und mit dem Herrn Fürsten Staatskanzler Rücksprache genommen worden, wird Folgendes festgesetzt:

1) Sämmtliche Mitglieder, Referendarien und Subalternen des Königl. Ober-Landesgerichts, die bei demselben angestellten Justiz-Kommissarien, die Ehefrauen und die in väterlicher Gewalt befindlichen Kinder aller dieser Beamten stehen in Civil- und Untersuchungssachen unter der Gerichtsbarkeit des Königl. Ober-Landesgerichts.
2) Es tritt in Civilprozessen, in Untersuchungs-, Nachlaß- und Vormundschaftssachen zwar das durch die Preußischen Gesetze vorgeschriebene Verfahren ein, bei Beurtheilung und Bestimmung der rechtlichen Folgen kommen jedoch diejenigen gesetzlichen Vorschriften zur Anwendung, welche in dem auf dem linken Rheinufer belegenen Theile des Herzogthums Cleve gültige Kraft haben, insofern nicht nach eben diesen Vorschriften die Gesetze eines andern Orts zur Richtschnur dienen müssen.
3) Nur die Bestrafung der Dienstvergehungen der zum Königl. Ober-Landesgericht gehörigen Beamten erfolgt nach Preußischen Gesetzen.
4) Nach dem Tode der Beamten kehren die Wittwen und die Kinder, und nach erfolgter Scheidung die Ehefrau, insofern diese Personen auf dem linken Rheinufer verbleiben, unter die gewöhnliche Gerichtsbarkeit zurück.

Diese Delegation der Gerichtsbarkeit wird durch die besonderen Verhältnisse des Collegii, nach welchen es in der Eigenschaft eines nach Preußischen Gesetzen organisirten und nur für den auf dem rechten Rheinufer belegenen Theil des Herzogthums Cleve bestimmten Justiz-Collegii, in Cleve fungirt, hinreichend gerechtfertigt.

Dagegen hat der Antrag, die in Cleve angestellten Beamten Preußischen Gesetzen zu unterwerfen, nur für diejenigen Fälle genehmigt werden können, in denen von Dienstvergehungen die Rede ist. In andern Fällen ist es bedenklich, für eine Klasse von Einwohnern ein anderes Recht, als das allgemein geltende, einzuführen und dadurch eine Verschiedenheit des Verfahrens zu veranlassen.

Das Königl. Ober-Landesgericht selbst will nach seinen Anträgen eine Ausnahme bei solchen Rechtsverhältnissen statt finden lassen, welche Beamte der Cleveschen Landes-Kollegien mit Einwohnern der dortigen Provinzen eingehen. Der Grund dieser Ausnahme, welcher kein anderer als der sein kann, daß die Bewohner des linken Rheinufers in allen ihren Verhältnissen zu dortigen Beamten nach den daselbst geltenden Gesetzen gerichtet werden, wird aber bei den meisten Arten civilrechtlicher Verhältnisse und nicht bloß bei Verträgen eintreten, und so führt also das von dem Königl. Ober-Landesgericht angenommene, unstreitig richtige Prinzip auf die in Betreff der anzuwendenden materiellen Gesetze sub Nr. 3. dieser Verfügung enthaltene Bestimmung.

In Absicht der zur dortigen Regierung gehörigen Beamten, deren Thätigkeit sich auch auf das linke Rheinufer erstreckt, treten diejenigen Gründe nicht ein, welche für das Verfahren in Betreff der Ober-Landesgerichts-Beamten besondere Bestimmungen nothwendig machen.

Diese Regierungs-Offizianten müssen nach denjenigen Bestimmungen beurtheilt werden, welche für die in den Rheinprovinzen bei den Preußisch organisirten Behörden fungirenden Beamten im Allgemeinen erfolgen werden.

Berlin, den 29. Juli 1817.

B.

Dem Königl. Ober-Landesgerichte wird auf den unterm 28. Oktbr. d. J. in Betreff der Jurisdiktions-Verhältnisse der bei dem Kollegio angestellten Beamten erstatteten Bericht, nach eingegangenem Gutachten der Königl. Immediat-Justiz-Commission zu Cöln, Folgendes eröffnet:

1) Das Bedenken über die Befugniß, Handlungen der freiwilligen Gerichtsbarkeit auszuüben, erledigt sich aus der Verfügung vom 29. Juli c., in welcher eine solche Befugniß dem Kollegio nicht eingeräumt worden, und nach der es mithin in Absicht der freiwilligen Gerichtsbarkeit bei der Regel verbleiben muß, nach welcher solche nur von denjenigen Gerichten ausgeübt werden kann, denen an dem Orte, wo die Handlung aufzunehmen, die Gerichtsbarkeit überhaupt zustehet. Die von dem Königlichen Ober-Landesgerichte für die gewünschte Ausdehnung seiner Befugnisse angeführten Gründe können auch nicht für so erheblich erachtet werden, um von dem einmal gefaßten Beschlusse abzugehen. Bei den Handlungen der freiwilligen Gerichtsbarkeit wird die Kompetenz des Gerichts mit weniger Ausnahme durch die Wahl der Parteien bestimmt, und der Grund, aus welchem die frühere Jurisdiktion des Collegii über seine Beamte in streitigen Sachen wieder hergestellt oder beibehalten worden, tritt bei weitem nicht in demselben Maaße bei den Handlungen der freiwilligen Gerichtsbarkeit ein. Die Voraussetzung, daß dergleichen von Beamten des Königl. Ober-Landesgerichts als Parteien vorzunehmende gerichtliche Geschäfte größtentheils Gegenstände betreffen werden, welche zu dem diesseits des Rheins gelegenen, nach Preußischen Gesetzen regierten Theile der Monarchie gehörten, würde, falls es auch damit seine völlige Richtigkeit hätte, nicht bloß auf die Anwendung der Preußischen Form, sondern auch auf die Anwendung der Preußischen materiellen Gesetze führen, womit die schon in der Verfügung vom 29. Juli c. bemerkten Schwierigkeiten verbunden sind.

2) Der Zweifel über die Befugniß des Königl. Ober-Landesgerichts, in Bezug auf die Einleitung von Vormundschaften, beruhet auf einem Mißverständnisse. Wenn in der Nr. 2. der gedachten Verfügung von Vormundschaften die Rede ist, so sind darunter nur solche verstanden, die bei dem Leben des Beamten eingeleitet werden müssen. Nur in solchen Fällen hat die Rücksicht auf das Verhältniß des Beamten, welche der ganzen Anordnung überhaupt zum Grunde liegt, eine Ausnahme von der Regel nöthig gemacht. Nach dem Tode des Beamten fällt jene Rücksicht weg, und deshalb ist in Nr. 4. festgestellt, daß die Wittwe und die Kinder unter die gewöhnliche Gerichtsbarkeit zurückkehren. Hierbei muß es denn auch sein Bewenden behalten, und es kann demnach von einem doppelten Gerichtsstande gar nicht die Rede sein.

3) Wären die Schwierigkeiten, welche das Königl. Ober-Landesgericht, bei Ausführung der Festsetzung, daß in Absicht der bei demselben angestellten Beamten zwar die Preußischen Prozeßvorschriften beobachtet, die daselbst eingegangenen Rechtsverhältnisse aber nach den dortigen Gesetzen beurtheilt werden müssen, anzutreffen glaubt, in der That so erheblich, als das Kollegium annimmt, so würde sich dadurch weit eher eine Zurückführung auf die Regel, nach welcher die Beamten des Kollegii auch den dortigen Gerichten und ihrer Prozeßform unterworfen sind, rechtfertigen lassen, als die Genehmigung des nach reiflicher Prüfung bereits verworfenen Antrages, daß die Beamten des Ober-Landesgerichts in Absicht ihrer in Cleve vorgenommenen Handlungen nur nach den Vorschriften des Allgemeinen Landrechts und der übrigen sich darauf beziehen-

den Gesetze beurtheilt werden. Bei näherer Erwägung der Sache wird das Kollegium selbst finden, daß der von demselben bei seinem Vorschlage gemachte Unterschied: ob ein rechtliches Geschäft mit einem Einwohner des linken Rheinufers eingegangen wird, oder ob dieser Fall nicht eintrete, auf keinem andern Prinzipe beruhen könne, als dem, daß die Bewohner des linken Rheinufers keine Veränderung in ihrem Rechtszustande erleiden sollen. Ist aber dieses, so wird der Zweck durch die vorgeschlagene Modifikation ganz verfehlt, indem das Eingehen eines Rechtsgeschäfts von Seiten eines Ober-Landesgerichts-Beamten mit einem Einwohner der Rheinprovinzen nicht die einzige Bedingung ist, an welche die Einwirkung eines Rechtsgeschäfts auf das Rechtsverhältniß der dortigen Einwohner geknüpft werden kann. Es giebt überhaupt kein einziges Rechtsgeschäft, welches ein Ober-Landesgerichts-Beamter selbst mit einem andern Beamten, oder mit einem Bewohner der alten Provinzen, zu Cleve abschließt, welches nicht in der Zukunft seine rechtlichen Folgen auf einen Einwohner der Rheinprovinzen äußern, und worüber nicht ein Prozeß zwischen dem Letztern und dem Beamten entstehen könnte. Solchergestalt würde die Genehmigung des gemachten Vorschlages der dabei zum Grunde liegenden Absicht nicht entsprechen. Uebrigens muß der Fall, daß, obgleich die Formen des Verfahrens nach den Altpreußischen Gesetzen angewendet werden, doch die materielle Entscheidung nach fremden Gesetzen erfolgt, bei allen Gerichten in den mit der Monarchie wieder vereinigten Provinzen jetzt sehr häufig eintreten. Der Bezug auf die Vorschriften des A. L. R. Th. II. Tit. 20. §. 105 bis 108. findet deßhalb nicht einmal eine analogische Anwendung, weil der nach der A. G. O. bestehende eximirte Gerichtsstand mit der diesen Gerichtsstand nicht kennenden jetzigen Gerichtsverfassung der Rheinprovinzen durchaus nichts gemein hat.

Aus allen diesen Gründen findet der Chef der Justiz keine Veranlassung, den frühern Antrag des Königl. Ober-Landesgerichts zu unterstützen.

Berlin, den 30. Dezember 1817.

(v. K. Jahrb. Bd. 10. S. 22. Bd. 11. S. 44.)

3) **Reskript** vom 26. Febr. 1819, betr. die Unzuläßigkeit von Strafverfügungen und Exekutionen der Untergerichte gegen Eximirte.

Dem Königl. Stadtgerichte allhier wird auf den unterm 5. d. M. erstatteten Bericht zu Bescheide eröffnet, daß der Justiz-Minister die, durch die Beschwerde des Bauraths N. über die von den Referenten in der Prozeßsache des Steinmetzmeisters N. wider den Kaufmann N. an ihn erlassene Verfügung, veranlaßte Vorbescheidung des Kammergerichts vom 11. Januar c. billigen muß, da ein Untergericht Strafverfügungen gegen einen Eximirten nicht erlassen, noch weniger Exekution gegen denselben verhängen kann, sondern solches durch das vorgesetzte Obergericht, als durch das forum ordinarium des Eximirten, geschehen muß.

In Hinsicht der Sachverständigen ist hierin keine Ausnahme gemacht, auch dazu kein dringender Grund vorhanden.

Die von dem Königl Stadtgerichte zur Unterstützung seiner Beschwerde allegirte Vorschrift der A. G. O. Tit. 23. §. 55. paßt nicht, da sie nur von den, den Parteien und deren Mandatarien zu diktirenden Ordnungsstrafen spricht.

(v. K. Jahrb. Bd. 13. S. 47.)

α. Geistliche.

§. 45. Bischöfe, Prälaten, Domherren, Vikarien, Offizialen, Aebte und Aebtissinnen, Prioren und Priorinnen, Pröbste, Superintendenten, Präpositi, Erzpriester, Kanonici, Konventualen beiderlei Geschlechts, Pfarrer und Prediger, ohne Unterschied der Religionspartei, ingleichen die Vorgesetzten und Lehrer akademischer und anderer Gymnasien und sogenannten gelehrten Schulen, sind in der Regel dem Landesjustizkollegio der Provinz unterworfen.

Anh. **§. 11.** ***Zu den Eximirten gehören auch alle Schullehrer, welche studirt haben, und nach vorhergegangener Prüfung der oberen Behörden zum wissenschaftlichen Unter-***

richt der Jugend bestellt worden sind. Jedoch bleibt es den Obergerichten überlassen, die Gerichtsbarkeit über solche Schulbediente nach Bewandniss der Umstände in einzelnen Fällen den Untergerichten zu übertragen.

Rescript vom 9. Novbr. 1801, betr. das Forum der Schullehrer, welche studirt haben. v. R. VI. S. 655. (aufgenommen in §. 11. des Anhangs.)

§. 46. An Orten, wo den Magisträten Konsistorialrechte verliehen sind, oder wo es durch besondere Privilegia, oder vermöge einer rechtsbeständigen Observanz wohl hergebracht ist, bleiben die von solchen Magisträten berufenen protestantischen Prediger und Schullehrer ihrer Gerichtsbarkeit unterworfen.

Rescript vom 26. April 1814, betr. das Forum der Geistlichen und Gymnasiallehrer in Breslau, desgleichen der Stadtgerichtsangehörigen und anderer niederer Staatsbeamten.

Dem Königl. Ober-Landesgerichte zu Breslau wird auf den, über die Anfrage des dortigen Stadtgerichts wegen des Fori der niedern Staatsbeamten unter dem 11. Febr. c. erstatteten Bericht hiermit zum Bescheide ertheilt, wie es unbedenklich ist, daß die protestantischen Geistlichen und Lehrer an den Gymnasien der Jurisdiction des Stadtgerichts unterworfen bleiben; wogegen in Ansehung der Doctorum medicinae es in Ermangelung eines hinlänglichen Grundes der Abweichung, bei der Vorschrift der A. G. O. Th. I. Tit. 2. §. 74, wonach diejenigen, welche akademische Würden nach vorhergegangener gesetzmäßiger Prüfung erlangt haben, unter dem Obergerichte der Provinz stehen, das Bewenden hat.

Daß die bei dem Stadtgerichte angestellten Räthe und Assessoren zur Jurisdiction des Ober-Landesgerichts gehören, leidet ebenfalls keinen Zweifel; dasselbe gilt aber auch von den übrigen bei dem Stadtgerichte angestellten Königl. Officianten.

Das Königl. Ober-Landesgericht ist jedoch durch das Cirkular-Rescript vom 11. August 1810 schon autorisirt, die Gerichtsbarkeit über die Subalternen vom Kanzellisten abwärts dem Stadtgerichte zu übertragen, wobei es das Bewenden hat.

Wegen der Accise-Beamten hat der Chef der Justiz mit dem Königl. Finanz-Ministerio kommunicirt, und ist mit demselben dahin einverstanden, daß die Gerichtsbarkeit über solche nur mit Ausnahme der Accise-Einnehmer, der Kassen-Controlleurs, der Provinzial-Inspectoren, und der Stadt-Inspektoren, den Untergerichten dergestalt deligirt werden kann, daß auch die in dem Rescripte vom 19 Nov. 1792 enthaltene Beschränkung auf Objekte unter 50 Rthlr. künftig wegfallen soll.

Betreffend endlich die Polizei-Beamten, so hat der Chef der Justiz mit dem Departement für die allgemeine Polizei sich geeiniget, daß die Jurisdiktion nur über die Polizeidiener und Polizei-Sergeanten den Untergerichten per modum delegationis zu übertragen sei.

Hiernach hat also das Königl. Ober-Landesgericht nicht nur selbst sich zu achten, sondern auch das dortige Stadtgericht und die übrigen Untergerichte anzuweisen.

(v. K. Jahrb. Bd. 3. S. 251.)

§. 47. Kantores, Organisten, Küster, Kirchenknechte, Todtengräber, und andere ihnen gleich zu achtende niedere Kirchenbediente, ingleichen die Schulmeister und Lehrer in den sogenannten gemeinen Schulen, sowohl in den Städten, als auf dem platten Lande, haben nicht die Rechte der Eximirten, sondern stehen unter den ordentlichen Gerichten ihres Wohnorts.

β. Militairpersonen.

§. 48. Die in wirklichen Militairdiensten stehenden Ober- und Unteroffiziere und Soldaten, ingleichen die zum Unterstabe gehörigen Personen, z. B. Regimentsquartiermeister, Prediger, Auditeurs, Feldscherer, Stallmeister oder Bereiter, Küster, Fahnenschmiede

u. s. w. haben ihren persönlichen Gerichtsstand unter den Regimentsgerichten.

Anh. §. 12. *Der Militairgerichtstand in allen Angelegenheiten der bürgerlichen Gerichtsbarkeit ist aufgehoben. Die Offiziere vom höchsten bis zum untersten Grade, ingleichen die Unterstabs-Bedienten und andere im Range ihnen gleich zu achtende Militairpersonen, ihre Frauen und Familien, haben ihren persönlichen Gerichtsstand bei dem Obergericht der Provinz.*

Anh. §. 13. *Feldwebel, Wachtmeister, Feuerwerker, Port-d'epee-Fähnriche, Unteroffiziere und Gemeine, Kompagnie-Chirurgen, Stallmeister, Küster, Fahnenschmiede u. s. w., sind in so fern sie nicht wegen ihres Standes einen andern Gerichtsstand haben, der Gerichtsbarkeit der Untergerichte der Garnisonstadt untergeordnet.*

Eine gleiche Bewandniss hat es mit den in der Garnisonstadt sich aufhaltenden Frauen und Familien solcher Militairpersonen. Wohnen die Frauen und Familien aber an einem andern Orte, so bleiben sie nach Vorschrift des Allgemeinen Landrechts Th. II. Tit. X. §. 43. *unter der Gerichtsbarkeit ihres Wohnorts.*

Anh. §. 14. *Die auf Urlaub befindlichen Soldaten behalten ihren Gerichtsstand vor dem Untergericht ihrer Garnisonstadt, in so fern sie nicht an dem Orte, wo sie sich zur Zeit des Urlaubs aufhalten, Gewerbe treiben, oder andere Gründe vorhanden sind, diesen Ort als ihren Wohnort zu betrachten, in welchem Falle sie dem Gerichte dieses ihres Wohnorts unterworfen sind.*

Anh. §. 15. *In allen Angelegenheiten, wobei es auf Untersuchung und Bestrafung ankommt, mit Einschluss der Injuriensachen, wird rücksichtlich der im Dienst befindlichen Offiziere, Unteroffiziere und Soldaten, desgleichen wirklicher Militairpersonen, die nicht Offiziere, Unteroffiziere und Soldaten sind, der Militairgerichtsstand beibehalten. Pensionirte Offiziere werden den im Dienst befindlichen gleich geachtet.*

Anh. §. 16. *In Ansehung der im Dienst befindlichen Offiziere macht es keinen Unterschied, ob sie wirklich in Dienstthätigkeit angestellt, mit Wartegeld oder halbem Solde versehen sind, oder nicht, indem nur die wirkliche ohne Pensionirung erfolgte Dienstentlassung den Militairgerichtsstand in Untersuchungs- und Injuriensachen aufheben kann. Alle andere Militairpersonen, die nicht Offiziere sind, haben den Militairgerichtsstand in Untersuchungs- und Injuriensachen nur dann, wenn sie im Dienst wirklich angestellt sind.*

Anh. §. 17. *Beurlaubte Unteroffiziere und Soldaten des effectiven Standes bleiben ohne Ausnahme in Untersuchungs- und Injuriensachen den Militairgerichten unterworfen, und der Civilrichter ist nur zu solchen Verfügungen befugt und verbunden, welche keinen Aufschub leiden.*

Auch muss der Civilrichter sich der Untersuchung unterziehen, wenn solche nach individueller Beschaffenheit des Vergehens nur an Ort und Stelle zu führen ist, oder wenn mehrere Personen des Civilstandes als Theilnehmer dabei konkurriren. Jedoch gebührt auch in diesem Falle das Erkenntniss über die beurlaubte Militairperson nach beendigter Untersuchung dem kompetenten Militairgericht.

Anh. §. 18. *Die inaktiven, den Regiments-Cantons zugetheilten Soldaten, oder die sogenannten mit Laufpässen versehenen Krümper, ingleichen die auf unbestimmte Zeit beurlaubten Unteroffiziere und Soldaten von der Landwehr, sind in Betreff der Untersuchung aller gemeinen, den Dienst nicht betreffenden Vergehungen, so wie in Injuriensachen, den Civilgerichten ihres Aufenthaltsorts unterworfen, in so fern die Gesetze nur eine Gefangnisstrafe bis zu* 14 *Tage, oder eine Geldstrafe bis zu* 10 *Thaler bestimmen. Die Civilgerichte erkennen in solchen Fällen gegen diese Soldaten und vollstrecken das Erkenntniss, sind aber hiernächst gehalten, dem Kommandeur des Regiments oder Bataillons davon Nachricht zu geben. Die Vollstreckung der erkannten Gefängnissstrafe darf in keinem bloss zur Aufbewahrung eigentlicher Verbrecher bestimmten oder der Gesundheit schädlichen Gefängnisse erfolgen.*

Auf körperliche Züchtigung oder sogenannte Ehrenstrafen können die Civilgerichte niemals erkennen.

Die Verfügung auf das gegen ein bei den Civilgerichten ergangenes Erkenntniss angebrachte Milderungsgesuch verbleibt dem Landesjustizkollegio der Provinz.

Anh. §. 19. *Die Ehefrauen, Familien, das Gesinde und die Angehörigen der Offiziere, Unteroffiziere, Soldaten und Militairpersonen stehen auch in Untersuchungs- und Injuriensachen unter den Civilgerichten.*

Anh. §. 20. *Die in Absicht des Gerichtsstandes der Militairpersonen ertheilten Vorschriften finden auch auf die Gensd'armerie Anwendung.*

1) (ad §. 12. 13. 15. 16 und 19 des Anh.) C. O. vom 19. Juli 1809, betr. den Militair-Gerichtsstand.

Nachdem nunmehr die dem Kanzler, Freiherrn von Schrötter und dem Generalauditeur von Könen zur näheren Prüfung hingegebene Frage:

ob es rathsam sei, die Militair-Jurisdiktion gänzlich aufzuheben und das Strafamt des Militairs bloß auf die Disziplinarsachen einzuschränken?

vollständig erwogen, und von den Beauftragten sowohl, als auch von Euch gutachtlich darüber berichtet worden, so setze ich hiemit Folgendes fest:

1. der Militair-Gerichtsstand in allen Angelegenheiten der bürgerlichen Gerichtsbarkeit wird aufgehoben;

2. dasselbe findet also auch in Ansehung der Ehescheidungs-, Sponsalien- und Alimentations-Prozesse unehelicher Kinder, welche bisher vor das Kriegs-Konsistorium gehörten, statt;

3. dagegen wird der Militair-Gerichtsstand in Angelegenheiten der Kriminal-Gerichtsbarkeit und in den Injuriensachen, rücksichtlich aller im Dienst befindlichen Offiziere, Unteroffiziere und Soldaten, desgleichen wirklicher Militairpersonen, die nicht Offiziere, Unteroffiziere und Soldaten sind, beibehalten.

a) Pensionirte Offiziere werden den im Dienst befindlichen gleich gesetzt;

b) in Ansehung der im Dienst befindlichen Offiziere macht es keinen Unterschied, ob sie wirklich in Dienstthätigkeit angestellt, mit Wartegeld oder halben Sold versehen sind, oder nicht, indem nur die wirkliche Dienstentlassung den Kriminal-Militair-Gerichtsstand aufheben kann;

c) alle andere Militairpersonen, die nicht Offiziere sind, haben den Militair-Gerichtsstand in Kriminal- und Injuriensachen nur dann, wenn sie im Dienst wirklich angestellt sind.

4. Die Ehefrauen, Familien, das Gesinde und die Angehörigen der Offiziere, Unteroffiziere, Soldaten und Militairpersonen, haben den Militair-Gerichtsstand auch in Kriminal- und Injuriensachen nicht.

5. Der Militair-Gerichtsstand der Offiziere, vom höchsten bis zum untersten Grade, imgleichen der Unterstaabs-Bedienten und anderer, im Range ihnen gleich zu achtender Militairpersonen, ihre Frauen und Familien, soweit derselbe nach obigen Bestimmungen aufgehoben ist, gehet auf die Landes-Justizkollegia der Provinz über.

Feldwebel, Wachtmeister, Feuerwerker, Portepee-Fähnriche, Unteroffiziere und Gemeine, Kompagnie-Chirurgen, Stallmeister, Küster, Fahnenschmiede u. s. w. werden, in sofern sie nicht wegen ihres Standes einen andern Gerichtsstand haben, der Gerichtsbarkeit der Untergerichte der Garnisonstadt untergeordnet. Eine gleiche Bewandniß hat es mit ihren Frauen und Familien, wenn selbige in der Garnisonstadt sich aufhalten; wohnen sie aber anderwärts, so bleiben sie nach Vorschrift des A. L. R. Th. II. Tit. 10. §. 43. unter der Gerichtsbarkeit ihres Wohnorts.

6. Die bisherige dingliche Gerichtsbarkeit, welche einigen Militairgerichten zustand, gehet auf die ordentliche Gerichtsbarkeit über, vor welche andere Grundstücke gleicher Art der Provinz oder des Orts gehören.

7. Alle bei den Militair-Gerichten schwebende gerichtliche Angelegenheiten des aufgehobenen Militair-Gerichtsstandes, werden an die gehörigen Civil-Gerichte abgegeben, neue, dieser Art aber, von den Militair-Gerichten nicht mehr angenommen.

Hiernach habt Ihr das Weitere gemeinschaftlich mit dem Chef des Allgemeinen Kriegsdepartements, an welchen Ich einen gleichlautenden Befehl erlasse, zu verfügen, und Ich verbleibe Euer wohlaffectionirter König.

(Edikt. Sammlung de 1806—1810. S. 847.)

2) **Rescript** vom 21. Juni 1819, daß Garnisonveränderungen in dem Foro der schwebenden Prozesse der Militairpersonen nichts andern.

Es beruhet auf einem Mißverständnisse, wenn das Königl. Ober-Landesgericht, zufolge des Berichts vom 8. d. M., bisher angenommen hat

daß bei Garnison-Veränderungen die schwebenden Prozesse gegen Militair-Personen an die Gerichte des neuen Garnison-Orts jederzeit abgegeben und von den letztern fortgesetzt werden müssen.

Die Circular-Verfügung vom 21. August 1809 sub Nr. 8. hat nur die Absicht gehabt, die Zweifel zu erledigen, welche durch die damals verfügte Abgabe der Militair-Gerichts-Akten an das Civil-Gericht im Falle eines vor dieser Abgabe erfolgten Garnison-Wechsels, über die Frage, welches Civil-Gericht alsdann für competent zu erachten, haben entstehen können; von einer zu machenden Ausnahme von der gesetzlichen Regel, durch welche dasjenige Gericht, bei welchem der Prozeß angefangen hat, zur Fortsetzung desselben verpflichtet wird, ist in der gedachten Verfügung nicht die Rede gewesen, und es findet dazu auch um so weniger Veranlassung, als der jetzt häufiger als sonst eintretende Garnison-Wechsel eine beiden Theilen gleich beschwerliche Veränderung des Gerichts, bei welchem der Prozeß festzusetzen, zur Folge haben würde.

Hiernach wird das, bei dem Kollegio in Bezug auf die anhängigen Prozesse derjenigen Militair-Personen, welche während des Laufs der Sache ihre Garnison in den Rheinprovinzen erhalten haben, entstandene Bedenken erledigt.

(v. K. Jahrb. Bd. 14. S. 18.)

3) **Rescript** vom 29. April 1831, betr. den Gerichtsstand der unter väterlicher Gewalt stehenden Offiziere.

Es kann, wie dem Königl. Ober-Landesgericht auf den Bericht vom 7. d. M. eröffnet wird, keinem Bedenken unterliegen, daß Offiziere, welche noch unter väterlicher Gewalt stehen, sie mögen großjährig oder minderjährig sein, in Civil-Sachen als Eximirte der Jurisdiktion desjenigen Obergerichts unterworfen sind, in dessen Bezirk sie sich in Garnison befinden. Dies folgt nicht bloß aus der Bestimmung des §. 12. des Anh. zur A. G. O., welcher zwischen Offizieren, die noch unter väterlicher Gewalt stehen, und solchen, die aus derselben herausgegangen sind, keinen Unterschied macht, sondern auch aus allgemeinen Grundsätzen, indem dadurch, daß jemand mit Einwilligung seines Vaters, unter dessen Gewalt er noch steht, an einem andern Orte ein Amt oder Offizium übernimmt, auch sein Gerichtsstand verändert wird.

(v. K. Jahrb. Bd. 37. S. 339.)

4) **Rescript** vom 7. Novbr. nebst **C. O.** vom 2. Novbr. 1833 und **Bericht** vom 31. August ejd., betr. den Gerichtsstand minderjähriger oder unter väterlicher Gewalt stehender Soldaten in Civilsachen.

Mit Bezug auf das Rescript vom 11. Mai d. J.,
betreffend die von dem Premier-Lieutenant S. zu C. nachgesuchte Bestimmung des Gerichtsstandes des auf der Festung Neiße befindlichen minorennen Militair-Sträflings B.,

wird dem Königl. Ober-Landesgerichte hierbei in Abschrift (A.) die, an den unterzeichneten Justizminister und an das Königl. Kriegs-Ministerium ergangene Allerhöchste Cab.-Ordre vom 2. d. M. zugefertigt, um daraus zu ersehen, daß die Bestimmung im §. 13. des Anhangs zur A. G. O. auch auf minderjährige, oder unter väterlicher Gewalt stehende Soldaten anzuwenden ist, und daß dieselben hiernach bei dem Gerichte der Garnisonstadt in allen Angelegenheiten der bürgerlichen Gerichtsbarkeit ihren ordentlichen persönlichen Gerichtsstand haben.

Die nöthige Belehrung wird das Königl. Ober-Landesgericht in dem abschriftlich anliegenden (B.), hierüber an Se. Königl. Majestät erstatteten Berichte finden.

A.

Auf Ihren Bericht vom 31. August d. J. erkläre Ich Mich mit Ihrer Meinung einverstanden, daß die Bestimmung im §. 13. des Anhanges zur A. G. O. auch auf minderjährige oder unter väterlicher Gewalt stehende Soldaten anzuwenden ist, und daß dieselben hiernach bei dem Gerichte der Garnisonstadt in allen Angelegenheiten der bürgerlichen Gerichtsbarkeit ihren ordentlichen persönlichen Gerichtsstand haben. Ich beauftrage Sie, den Justizminister Mühler, die über die Auslegung des Gesetzes zweifelhaften Gerichtshöfe diesem gemäß zu belehren.

B.

Durch eine Beschwerde in einer Prozeßsache ist die Frage zur Sprache gebracht worden:

ob auch minorenne, oder unter väterlicher Gewalt stehende Soldaten, in Civilsachen ihren ordentlichen persönlichen Gerichtsstand nach §. 13. des Anhangs zur A. G. O. Th. I. Tit. 2. bei dem Gerichte der Garnisonstadt,

oder

nach §. 17 u. f. der A. G. O. Th. I. Tit. 2. bei dem Gerichte des Ortes haben, wo ihre Väter wohnen, oder wo sie bevormundet sind?

Es kommt darauf an, die hierüber entstandenen Zweifel zu beseitigen, und die Behörden zur Vermeidung künftiger Jurisdiktionsstreitigkeiten mit einer Anweisung zu ersehen, weshalb wir unsere Ansicht hierüber Ew. Königl. Majestät zur Allerhöchsten Genehmigung ehrfurchtsvoll vorzutragen uns erlauben.

Der §. 13. des Anhangs zur A. G. O., welcher sich auf die Allerhöchste Cabinets-Ordre vom 19. Juli 1809 wegen Aufhebung des bisherigen Militairgerichtsstandes gründet, lautet wörtlich:

„Feldwebel, Wachtmeister, Feuerwerker, Portepee-Fähnriche, Unteroffiziere und Gemeine, Compagnie-Chirurgen, Stallmeister, Küster, Fahnenschmiede u. s. w. sind, insofern sie nicht wegen ihres Standes einen andern Gerichtsstand haben, der Gerichtsbarkeit der Untergerichte der Garnisonstadt untergeordnet.

Eine gleiche Bewandtniß hat es mit den in der Garnisonstadt sich aufhaltenden Frauen und Familien solcher Militairpersonen.

Wohnen die Frauen und Familien aber an einem andern Orte, so bleiben sie nach Vorschrift des A. L. R. Th II. Tit. 10. §. 43. unter der Gerichtsbarkeit ihres Wohnorts."

Die Zweifel, ob auch minorenne und unter väterlicher Gewalt stehende Soldaten hierunter begriffen sind, werden daraus hergenommen:

a) weil durch die §§. 17 u. f. Tit. 2. der Prozeßordnung, wovon §. 17. mit den Worten beginnt:

„So lange bis jemand einen eigenen Wohnsitz genommen hat, bleibt er unter dem Gerichtsstande seiner Eltern" (forum originis),

der allgemeine Grundsatz festgesetzt worden sei:

daß minorenne und unter väterlicher Gewalt stehende Personen überhaupt ihren ordentlichen Gerichtsstand am Wohnorte des Vaters haben, oder da, wo dieser bei Lebzeiten seinen persönlichen Gerichtsstand hatte, wo sie also in der Regel bevormundet sind, und

b) weil eine Ausnahme von der Regel durch den §. 7. des Anhangs zur A. G. O. Th. I. Tit. 2. §. 18. nur rücksichtlich minderjähriger Auscultatoren und Referendarien angeordnet sei

Diese Zweifel sind jedoch offenbar unerheblich und stehen mit der Rechtstheorie im Widerspruch, wie sich aus der nachstehenden Darstellung ergiebt:

Der ordentliche persönliche Gerichtsstand eines Menschen wird nach §. 3. der A. G. O. Th. I. Tit. 2.

entweder durch den Ort, wo jemand wohnt, oder durch gewisse persönliche Eigenschaften

bestimmt.

Der erstere hängt von der Aufschlagung eines eigenen beständigen Wohnsitzes ab, und ihm steht für Alle, die einen solchen noch nicht gewählt haben, oder nicht haben wählen können, das forum originis ergänzend zur Seite (§. 9. §. 17 u. f. ibid.)

Der andere, durch gewisse persönliche Eigenschaften begründet (§. 30. ibid.), ist vom foro domicilii und foro originis ganz unabhängig. Er schließt die beiden letzteren jederzeit aus. Die persönliche Eigenschaft entscheidet allein, ob er eintritt und wie lange er dauert; nicht das Alter, nicht die Fähigkeit, einen festen Wohnort zu wählen.

Durch solche persönliche Eigenschaften wird insbesondere

der Gerichtsstand der Civilbeamten, der Geistlichen, der Studenten bestimmt.

Hierher gehört auch der Gerichtsstand der Militairpersonen.

Früher, und nach den Bestimmungen der A. G. O., hatten sie denselben unter den Regimentsgerichten. Es bestand danach eine besondere Militair-Jurisdiction. Dieser Militairgerichtsstand ist für Civilsachen durch die Allerhöchste Ordre, woraus die §§. 12 und 13. des Anhangs zur A. G. O. entnommen sind, bestimmt, und wird unter Nr. 5. wörtlich folgendes angeführt:

„Der Militairgerichtsstand der Offiziere ꝛc., so weit derselbe aufgehoben ist, geht auf die Landes-Justiz-Collegien der Provinz über."

„Feldwebel, Unteroffiziere und Gemeine ꝛc. werden, insofern sie nicht wegen ihres Standes einen andern Gerichtsstand haben, der Gerichtsbarkeit der Untergerichte der Garnisonstadt untergeordnet."

Daß es die Absicht gewesen, den Gerichtsstand des Wohnorts hiervon zu unterscheiden, beweisen die obigen Bestimmungen, wegen der Frauen und Familien — §. 13. des Anhangs — und eben so die, wegen der auf Urlaub sich befindenden Soldaten — §. 14. des Anhangs. —

Die auf den Gerichtsstand des Wohnorts sich beziehende Vorschrift über das Forum der Minderjährigen kann also auf den auch jetzt noch bestehenden besondern Gerichtsstand der Militairpersonen keine Anwendung finden. Alle Soldaten, ohne Unterschied, ob majorenn oder minorenn, ob der väterlichen Gewalt unterworfen oder nicht, haben vielmehr, sofern nicht eine Ausnahme wegen des Standes oder Ranges eintritt, statt des frühern Militairgerichtsstandes unter den Regimentsgerichten, jetzt ihren persönlichen, durch ihre Eigenschaft als Militairpersonen gesetzlich begründeten Gerichtsstand unter dem Civilgerichte der Garnisonstadt.

Die Bestimmungen des Anhangs §. 7. über den Gerichtsstand minorenner und unter väterlicher Gewalt stehender Auskultatoren und Referendarien stehen mit dieser Ausführung in keinem Widerspruch, vielmehr mit der von uns aufgestellten Rechtsansicht in einem folgerichtigen Zusammenhange.

Der §. 7. lautet wörtlich:

„Auskultatoren und Referendarien stehen, wenn sie auch noch minderjährig oder der väterlichen Gewalt unterworfen sind, unter der Gerichtsbarkeit desjenigen Gerichts, vor dem die Mitglieder der Behörde, bei welcher sie arbeiten, Recht zu nehmen haben. Die Väter und Vormünder müssen sich daher bei diesem Gerichte auf die aus Handlungen ihrer Söhne und Pflegebefohlenen wider sie aufgestellten Klagen einlassen. In der Leitung der Vormundschaft wird hierin nichts geändert. Gehören solche Auskultatoren und Referendarien wegen ihrer Geburt oder aus andern Gründen zu den Eximirten, so haben sie in allen Fällen ihren Gerichtsstand bei demjenigen Obergerichte, in dessen Bezirk sie angestellt sind."

Es folgt daraus bloß, was wir vorausgeschickt haben, daß das forum originis im §. 18. im Allgemeinen durch den Gerichtsstand, welche gewisse persönliche Eigenschaften begründen, ausgeschlossen wird. Wenn auch die Materialien über die Redaktion des Anhangs zur A. G. O. keinen vollständigen Aufschluß über die Gründe ertheilen, weshalb jener §. 7. aufgenommen worden ist, so ergeben sie doch, daß demselben ein Rescript vom 24. Juli 1797 (Rabe, Samml. Bd. 4. S. 218.) zum Grunde gelegen hat.

Dieses Rescript bezeichnet aber die Entscheidung, welche es giebt, nicht als eine Ausnahme von der Regel des §. 17 u. f. Tit. 2. der Prozeßordnung, sondern als einen konsequenten Folgesatz der Lehre vom Gerichtsstande überhaupt.

Als Grund dafür, daß die Minorennität in dem Gerichtsstande der Auskultatoren und Referendarien nichts ändere, ist in jenem Rescripte insbesondere angeführt:

daß der Auskultator und Referendarius doch nicht ohne Vorwissen und Consens seines Vaters und Vormundes ein solches Amt übernehme, und wohl nicht bezweifelt werden könne, daß auch ein Minorenner unter solcher Einwilligung sein Forum zu ändern fähig und berechtigt sei,

und dieses Argument paßt eben so richtig auf minorenne Militairpersonen, bei welchen, wenn sie in den Dienst eintreten, die Genehmigung des Vaters oder Vormundes entweder stillschweigend vorauszusetzen ist, oder durch das Gesetz (conf. Allerhöchste Ordre vom 10. Februar 1823. — Gesetzsammlung S. 15. —) ergänzt wird.

Beabsichtigt ist endlich durch die Allerhöchste Bestimmung vom 19. Juli 1809 über den Militairgerichtsstand gewiß nicht, minorenne und unter väterlicher Gewalt stehende gemeine Soldaten von der Gerichtsbarkeit auszunehmen. Da sie von dem Orte ihrer Herkunft oft sehr weit entfernt stehen, so würden ihre Rechtsangelegenheiten sehr erschwert werden, wenn sie in der Regel an die Gerichte ihrer Herkunft verwiesen werden sollten.

Da nach dieser Ausführung der Fall nicht vorliegt, eine wirklich dunkle gesetzliche Bestimmung durch ein förmliches Gesetz zu declariren, so bitten Ew. Königl. Majestät wir alleruntertänigst, es Allerhöchst zu genehmigen:

daß die Vorschrift des §. 13. des Anhangs zur A. G. O. ferner der Deutung gemäß, wie sie ihr, unserer Meinung nach, gegeben werden muß, zur Anwendung gebracht werde, und daß der ehrfurchtsvoll unterzeichnete Justizminister demnach die Gerichtsbehörden mit Anweisung versehe.

(G. S. 290. v. K. Jahrb. Bd. 42. S. 299.)

5) **Rescript** vom 28. Septbr. 1835, betr. die Regulirung des Nachlasses und Ermittelung des Erbschaftsstempels bei Todesfällen der minderjährigen oder noch unter väterlicher Gewalt stehenden Soldaten.

Nach der Allerhöchsten C. O. vom 2. Novbr. 1833 (G. S. S. 290) haben auch minderjährige und unter väterlicher Gewalt stehende Soldaten in allen Angelegenheiten der bürgerlichen Gerichtsbarkeit ihren ordentlichen persönlichen Gerichtsstand bei dem Gerichte der Garnisonstadt. Dieser ordentliche Gerichtsstand ist nach §.

121. Tit. 2. Th. I. der A. G. O. demzufolge auch als ihr kompetentes Erbschafts- und Nachlaßforum anzusehen, und die Regulirung des Nachlasses, so wie die Ermittelung des Erbschaftsstempels, liegt demselben ob.

Es ist indeß zur Sprache gekommen, daß es in der Regel in denjenigen Fällen, wo die Erben eines minorennen oder unter väterlicher Gewalt stehenden Soldaten sich nicht am Garnisonorte des Verstorbenen befinden, zweckmäßiger sei, wenn das Gericht seiner Heimath, insofern solches ein inländisches Gericht ist, die Regulirung des Nachlasses und die Festsetzung und Erhebung des Erbschaftsstempels übernehme.

Demzufolge bestimmt der Justizminister:

1) Wenn die Gerichte, denen nach Inhalt der Allerhöchsten Ordre vom 2. November 1833 die Gerichtsbarkeit über minorenne oder unter väterlicher Gewalt stehende Soldaten gebührt, finden, daß die Regulirung des Nachlasses und die Ermittelung des Erbschaftsstempels mit weniger Schwierigkeiten bei den inländischen Gerichten der Heimath des Verstorbenen erfolgen könne, oder wenn sie von den nächsten Erben dazu aufgefordert werden, so steht ihnen frei, die aufgenommenen Verhandlungen über den in ihrer Jurisdiktion befindlichen Nachlaß den Gerichten der Heimath zu übersenden, mit der Aufforderung, sich der ferneren Regulirung des Nachlasses und der Berichtigung des Erbschaftsstempels zu unterziehen und den Erbfall in seine Erbschaftsstempeltabelle zu übernehmen.

2) Es sollen in diesem Falle die Gerichte der Heimath verbunden sein, der an sie ergangenen Aufforderung zu genügen und sich allen den Gerichten der Erbschaft obliegenden Verpflichtungen zu unterziehen.

Es versteht sich indeß von selbst, daß bei den nach dem ordentlichen persönlichen Gerichtsstande des Erblassers zu beurtheilenden Rechtsverhältnissen die am Garnisonorte geltenden Gesetze zur Richtschnur dienen müssen.

(v. K. Jahrb. Bd. 46. S. 145.)

6) (ad §. 14. des Anh.) a. **Rescript** vom 7. Febr. 1810, betr. den Gerichtsstand der auf Urlaub befindlichen Soldaten.

Ihr wünschet zufolge des, unter dem 14. Dezbr. v. J. von Euch erstatteten Berichts, darüber beschieden zu werden:

ob auf Urlaub befindliche Soldaten, ohne Rücksicht auf ihre Abwesenheit, der gewöhnlichen Jurisdiktion des Untergerichts der Garnisonstadt unterworfen bleiben, oder die Gerichtsbarkeit ihres temporellen Aufenthaltes anerkennen müssen?

Wir eröffnen Euch darauf hierdurch, daß, da jetzt der Militairstand die Civilgerichtsbarkeit nicht ändert, es hauptsächlich darauf ankommt, wo die Militairperson nach allgemeinen Grundsätzen ihr forum domicilii unter den eben vorwaltenden Umständen haben würde. Treibt der Soldat an dem Orte, wo er sich zur Zeit des Urlaubs aufhält, sein Gewerbe, oder sind sonst Gründe vorhanden, diesen Ort als seinen Wohnort zu betrachten, so kann der Ort der Garnison nicht als sein domicilium angesehen werden. Außer dem Falle aber, wo der Ort des Urlaubs den eigentlichen Wohnsitz des Soldaten ausmacht, hat der Soldat und Unteroffizier, nach dem Inhalte der Allerhöchsten Cabinets-Ordre vom 29. Juli 1809, seinen Gerichtsstand vor dem Untergerichte seiner Garnisonstadt.

Was die, in demselben Berichte von Euch in Anregung gebrachten, bei den Ediktalcitationen verschollener Soldaten und Soldatenfrauen, Behufs der Ehetrennung, zu beobachtenden Förmlichkeiten betrifft, so stehet der Chef der Justiz deshalb mit dem allgemeinen Kriegesdepartement in Korrespondenz, und werdet Ihr von dem Resultate derselben zu seiner Zeit benachrichtigt werden.

(v. R. X. S. 271.)

b. **Landwehrordnung** vom 21. Novbr. 1815, §. 74—77. s. weiter unten sub II.

c. **Rescript** vom 21. Januar 1833, betr. die Unstatthaftigkeit einer allgemeinen Delegation der Gerichtsbarkeit über die Landwehr-Offiziere an die Untergerichte.

Dem Königl Kammergerichte wird auf die Anfrage vom 10. d. M. wegen Ausführung des Rescripts vom 27. Dezbr. pr. die Delegation der Gerichtsbarkeit über die beurlaubten Landwehr-Offiziere betreffend, hiermit eröffnet, daß die von demselben angeführten Umstände dem Justizminister vor Erlassung der Verfügung vom 27. Dezember v. J. nicht unbekannt gewesen sind, nichts destoweniger aber die erfolgte allgemeine Delegation der Gerichtsbarkeit über die Landwehr-Offiziere an die Untergerichte sich nicht rechtfertigen läßt, da es an einer höhern Autorisation dazu mangelt. Wenn jedoch in einzelnen Fällen von Seiten des Beklagten die Delegation gewünscht wird, so stehet diesem Antrage nichts entgegen. Die Bekanntmachung durch die Amtsblätter kann für jetzt noch unterbleiben, da die gegenwärtige Verfügung durch die Jahrbücher bekannt gemacht werden wird.

(v. K. Jahrb. Bd. 41. S. 219.)

d. **Rescript** vom 2. Januar 1835, betr. das Forum der beurlaubten Landwehroffiziere.

Das Cirkular vom 25 Februar 1815 enthielt die Bestimmung, daß die Gerichtsbarkeit über die auf unbestimmten Urlaub entlassenen, nicht im aktiven Dienste befindlichen Landwehr-Offiziere, zur Vermeidung jeder Störung und Hemmung des bürgerlichen Verkehrs ein für allemal den gewöhnlichen Gerichten übertragen werden könne.

Diese provisorische Bestimmung ist durch die von des Königs Majestät vollzogene Landwehr-Ordnung vom 21. Novbr. 1815 aufgehoben worden, da dieselbe im §. 75. (G. S. 1816. S. 89.) verordnet:

„daß den Landwehr-Offizieren, wenn sie in ihrer Heimath sind, der Gerichtsstand der Eximirten zustehen solle."

Da bemerkt worden ist, daß mehrere Gerichte sich nach jenem Cirkular richten, so werden sämmtliche Gerichtsbehörden im Einverständniß mit des Herrn Kriegsministers Excellenz, hierdurch angewiesen, sich in Zukunft lediglich nach den Bestimmungen der Landwehr-Ordnung zu achten.

(v. K. Jahrb. Bd. 45. S. 187.)

7) (ad §. 15. des Anh.) a. **Rescript** vom 28. Jan. 1825, betr. die Grenzen des Militairgerichtsstandes in Injurien- und Untersuchungssachen.

Da hin und wieder über die Bestimmung der Allerhöchsten Cabinets-Ordre vom 19. Juli 1809, wegen Aufhebung der Militair-Jurisdiktion,

> wonach der Militair-Gerichtsstand in Angelegenheiten der Kriminal-Jurisdiktion und in Injurien-Sachen, rücksichtlich aller im Dienst befindlichen Offiziere, Unteroffiziere und Soldaten, desgleichen wirklicher Militair-Personen, die nicht Offiziere, Unteroffiziere und Soldaten sind, beibehalten werden soll,

Zweifel entstanden sind, so wird, nach vorgängiger Rücksprache mit dem Herrn Kriegs-Minister und dem Königlichen General-Auditoriat, dem Königl. ꝛc. eröffnet, daß, außer den Offizieren, Unteroffizieren und Soldaten, folgende Militair-Personen den Militair-Gerichtsstand in Kriminal- und Injurien-Sachen beibehalten haben:

1. die Militair-Aerzte, namentlich die General-Staabs-Aerzte,
   die Beamten des Medizinal-Staabes der Armee,
   die Gouvernements- und Garnison-Staabs-Aerzte,
   die Regiments- und Bataillons-Aerzte,
   die Escadrons- und Compagnie-Chirurgen,
   die Beamten und Zöglinge des medizinisch-chirurgischen Friedrich Wilhelms Instituts, und
   die Militair-Eleven der Thier-Arznei-Schule;
2. die noch vorhandenen Regiments-Quartier-Meister;
3. die Auditeure und die bei den Militair-Gerichten angestellten Actuarien;
4. die Militair-Prediger und die Militair-Küster;
5. die Mitglieder und Beamten der Militair-Intendanturen, die Militair-Oeconomie-Beamten in den Festungen, nämlich die in denselben befindlichen Beamten der Bekleidungs-Depots, der Proviant- und Fourage-Aemter, so wie die Garnison-Verwaltungs- und Lazareth-Offizianten in den Festungen. — In den offenen Städten aber haben alle diese eben genannten Beamten den Militair-Gerichtsstand nicht;
6. die zu den Militair-Anstalten in den Festungen gehörigen Beamten, als:
   die Fortifikations-Bau-Schreiber,
   die Materialien-Schreiber und
   die Ober- und Unter-Aufseher bei den Staats-, Stuben- und Baugefangenen.
   Die Beamten und Wächter der Militair-Strafanstalten in den offenen Städten aber stehen nur dann unter der Militair-Gerichtsbarkeit, wenn sie dazu kommandirte, wirkliche Militair-Personen sind;

7. die bei den Regimentern angestellten Stallmeister, Bereiter, Kurschmiede, Musik-Meister und Hautboisten;
8. die für das Militair arbeitenden Handwerker, als:
Büchsenmacher,
Büchsenschäfter,
Sattler,
Riemer,
in sofern sie bei einer Truppen-Abtheilung dergestalt ausschließlich angenommen worden, daß sie derselben sowohl ins Feld, als auch beim Garnison-Wechsel folgen müssen. Es sind also hiervon ausgeschlossen und stehen unter den Civil-Gerichten diejenigen Handwerker, welche Bürger der Garnison-Stadt sind, und die Arbeiten für das Militair nur als einen Theil ihres bürgerlichen Gewerbes übernommen haben.

Zur Zeit des Krieges stehen dagegen alle Personen, welche der Armee folgen müssen, und auch Weiber und Marketender, die sich im Gefolge der Armee befinden, unter dem Militair-Kriminal-Gerichtsstande, und es fängt dieser mit dem Zeitpunkte an, wenn der Truppentheil, zu welchem vorgedachte Personen gehören, auf den Kriegsfuß gesetzt ist.

Nach vorstehenden Bestimmungen hat sich das Königl. rc. in vorkommenden Fällen nicht allein selbst zu achten, sondern auch solche durch die Amtsblätter zur Kenntniß der Untergerichte, mit der Anweisung zu deren Befolgung, zu bringen.

(v. K. Jahrb. Bd. 24. S. 330.)

b. **Rescript** vom 14. März 1825, betr. den Kriminal-Gerichtsstand der Zeughaus-Beamten.

Zu denjenigen Militair-Personen, welche nach der Cirkular-Verfügung vom 28. Januar c. den Militairgerichtsstand in Criminal- und Injurien-Sachen beibehalten haben, gehören auch

Die Zeug-Schreiber, Zeug-Diener und Zeughaus-Büchsenmacher, sowohl in Festungen, als in offenen Städten;

Diese nachträgliche Bestimmung hat das Königl. Kammergericht in vorkommenden Fällen in Anwendung zu bringen.

(v. K. Jahrb. Bd. 25. S. 136.)

c. **Rescript** vom 23. Mai 1834 nebst Anlage, betreffend den Gerichtsstand der bei den Telegraphen angestellten Beamten.

Dem Königlichen Kammergerichte wird die von Seiten des Königlichen Kriegs-Ministeriums an das Königliche General-Auditoriat
in Bezug auf den Gerichtsstand und die Disziplinar-Verhältnisse der bei der Telegraphen-Linie angestellten Beamten
unterm 31. Januar 1823 erlassene Verfügung (Anl.) hierbei abschriftlich zur Nachricht mitgetheilt.

Berlin, den 23. Mai 1834.

In Folge des Schreibens des rc. vom 31. Dezember 1832 ist zwischen dem Kriegsministerium und dem Chef des General-Stabes der Armee in Erwägung gezogen worden, ob es für angemessen zu erachten, oder nicht mit mannigfachen Inkonvenienzen verbunden sein möchte, dem Telegraphen-Korps den Militairgerichtsstand beizulegen, da die Stationsbeamten nur auf 1 Jahr mit dreimonatlicher Kündigung angenommen werden.

Das Kriegs-Ministerium hat sich danach mit dem Chef des Generalstabes der Armee in der Ansicht vereinigt, daß durch die Anstellung bei der Telegraphen-Linie in Ansehung der Angestellten eine Aenderung ihres ordentlichen persönlichen Gerichtsstandes nicht eintreten dürfe.

Was aber die, bei dem anzustellenden Beamten-Personal zur Anwendung zu bringenden disziplinarischen Strafbestimmungen betrifft, so dürften solche vorzüglich nach den Dienstleistungen abzumessen sein, welche von demselben gefordert werden.

Es ist daher dem Ermessen des Chefs des Generalstabes der Armee überlassen worden, entweder diese disziplinarischen Strafbestimmungen in die allgemeine Dienst-Instruktion für das Beamten-Personal, welche jetzt ausgearbeitet wird, gleich mit aufzunehmen, oder die Abfassung eines die Disciplinarstrafen näher bestimmenden Reglements so lange auszusetzen, bis die allgemeine Dienst-Instruktion für das Beamten-Personal genehmigt sein wird.

Uebrigens haben auch die Sr. Majestät gemachten Vorschläge, über das Verfahren und die Förmlichkeit bei Entlassung der nur auf Kündigung anzustellenden Stationsbeamten, bereits im Allgemeinen die Allerhöchste Genehmigung erhalten.

Das ꝛc. wird davon auf das vorgedachte Schreiben benachrichtigt.

Berlin, den 31 Januar 1833.

(v. K. Jhrb. Bd. 42 S. 474.)

8) (ad. §. 15, des Anh.) **C. O.** vom 26. Oktober 1835, betreffend das Forum der Militairpersonen bei Verbrechen wider die Verfassung und die öffentliche Ordnung.

Auf den Bericht vom 3. August d. J. gebe Ich dem Militair=Justiz=Departement zu erkennen, daß durch Meine an die Minister der Justiz und dem Minister des Innern und der Polizei ergangene Ordre vom 25. April d. J. bei allen Verbrechen und Vergehungen wider die Verfassung und die öffentliche Ordnung auch der Militair=Gerichtsstand aktiver Militair=Personen ohne Unterschied aufgehoben und der Gerichtsstand des Angeklagten auf das Kammergericht übergegangen ist. In Ansehung der Unteroffiziere und Gemeinen hat es bei Meiner im Falle des Ersten erlassenen Ordre vom 8. November v. J. dahin sein Bewenden, daß selbige dem Kammergericht auf dessen Requisition sofort überwiesen und aus dem Soldatenstande entlassen werden. Was die Offiziere betrifft, so hat zwar die betreffende Militair=Behörde eines wegen eines solchen Verbrechens angeklagten Offiziers die Verhaftung sofort zu verfügen, wenn das Kammergericht darauf anträgt, die Ueberweisung desselben aber bis zu Meiner unmittelbaren Entscheidung über das speziell in Anwendung zu bringende Verfahren auszusetzen, und deshalb ohne Anstand zu veranlassen, daß darüber an Mich berichtet werde.

(v. K. Jhrb. Bd. 46 S. 577.)

9) (ad §. 16 des Anh.) a. **Rescript** vom 25. Oktober 1814, betreffend den Gerichtsstand entlassener und kassirter Militairpersonen und ihrer Wittwen.

Aus dem, von dem Fürstlich Kurländischen Freien Standesherrlichen Gerichte zu Wartenberg, wegen der, von demselben behaupteten, Gerichtsbarkeit über ehemalige Militair=Personen, unter dem 7. d. M. erstatteten anderweiten Berichte, ist ersehen worden, welche Zweifel dem Referenten die Bescheidung vom 20. September c. übrig gelassen hat. Diese Bescheidung ist aber ganz deutlich und erschöpfend darin,

daß dem Gerichte über entlassene Militair=Personen keine Jurisdiktion zustehet.

Solche entlassene Militair=Personen müssen dasjenige Forum behalten, welchem sie während ihres Dienstes unterworfen gewesen, und dieses ist, nachdem durch die Allerhöchste Cabinets=Ordre vom 19. Juli 1809 das Militair=Forum in allen Angelegenheiten der bürgerlichen Gerichtsbarkeit aufgehoben worden, bei Offizieren dasjenige Landes=Justiz=Kollegium, in dessen Bezirke sie ihren Wohnsitz haben.

Da nun nach dem, in dem vorliegenden Berichte selbst allegirten §. 92 Tit. 2 Thl. I. der A. G. O. die Wittwen entlassener Militair=Personen den Gerichtsstand ihrer Ehemänner beibehalten, und eben dieses in Absicht ihrer Kinder und der über selbige zu führenden Vormundschaft gilt; so folgt daraus, daß weder durch die Entlassung einer Militair=Person deren eigenes Forum, noch durch deren Tod das Forum ihrer Wittwen und Kinder verändert wird, sondern selbiges bei demjenigen Civil=Gerichte bleibt, welchem die Militair=Person während ihres Dienstes unterworfen gewesen ist.

Was die kassirten Militair-Personen betrifft, so findet auf sie die Vorschrift des §. 85 Tit. 2 Thl. I. der A. G. O. Anwendung.

(v. K. Jhrb. Bd. 4 S. 240.)

b. **Rescript** vom 3. November 1834, betreffend den Militairgerichtsstand der pensionirten Offiziere in Untersuchungssachen.

Des Königs Majestät haben, veranlaßt durch das Versehen eines Civil=Gerichts, welches einen pensionirten Offizier der Vorschrift im §. 15 des Anhanges zur A. G. O. zuwider zur Untersuchung gezogen und verurtheilt hat, mittelst Allerhöchster C. O. vom 28. v. M. dem Justiz-Minister zu beauftragen geruhet, den Civil-Gerichten die Wahrnehmung der gesetzlichen Vorschriften über den Militair-Gerichtsstand in Erinnerung zu bringen. Demgemäß werden sämmtliche Landes-Justiz-Kollegien und deren Untergerichte zur genauen Beachtung der über den Militairgerichtsstand ergangenen Vorschriften, insbesondere der §§. 16, 17, 20 des Anhangs zur A. G. O. und der Cirkular-Rescripte vom 28. Januar und 14. März 1825 (Jhrb. Bd. 24 S. 330 und Bd. 25 S. 136) hiermit angewiesen.

(v. K. Jhrb. Bd. 44 S. 433.)

c. **Rescript** vom 24. April 1835, betreffend den Gerichtsstand in Untersuchungssachen ehemaliger Offiziere welche mit Beibehaltung ihrer Pension definitiv im Civildienste angestellt sind.

Nach einer Mittheilung des Königlichen Kriegs-Ministers Herrn von Witzleben Excellenz haben des Königs Majestät in einem speziellen Falle, wo ein mit Beibehaltung seiner Militair-Pension definitiv im Civil angestellter ehemaliger Offizier in Untersuchung gerathen war, zu bestimmen geruhet, daß derselbe der Militairgerichtsbarkeit nicht mehr unterworfen sei.

Es wird solches sämmtlichen Obergerichten mit der Anweisung bekannt gemacht, sich hiernach in ähnlichen Fällen zu achten.

(v. K. Jhrb. Bd. 45 S. 539.)

10) ad §. 17 und 18 des Anhangs a. **Verordnung** vom 21. Februar 1811 über die Rechtspflege in Kriminal- und Injuriensachen gegen beurlaubte und inaktive Unteroffiziere und Soldaten.

Ich finde die in Ihrem Berichte vom 12. Februar d. J. enthaltenen Vorschläge in Betreff der Rechtspflege in Kriminal- und Injurien-Sachen gegen beurlaubte und inaktive Unteroffiziere und Soldaten völlig zweckmäßig und will denselben gemäß hierdurch Folgendes festsetzen:

1. Die beurlaubten Unteroffiziere und Soldaten des effektiven Standes bleiben ohne Ausnahme in Kriminal- und Injurien-Sachen den Militairgerichten unterworfen und der Civilrichter ist nur zu solchen Verfügungen befugt und verbunden, welche keinen Aufschub leiden: auch muß der Civilrichter der Untersuchung sich unterziehen, wenn solche nach individueller Beschaffenheit des Verbrechens nur an Ort und Stelle zu führen ist, oder wenn mehrere Personen des Civilstandes als Theilnehmer dabei konkurriren. Nach beendigter Untersuchung ist aber sodann über die beurlaubte Militairperson von dem kompetenten Militair-Gerichtsstand oder kriegsrechtlich zu erkennen.

2. Die inaktiven, den Regiments-Kantons zugetheilten Soldaten, oder die sogenannten, mit Laufpässen versehenen Krümper, sind in allen gemeinen, nicht den Dienst betreffenden Vergehungen, so wie in Injurien-Sachen, worauf die Gesetze eine Gefängnißstrafe bis zu 14 Tage, oder eine Geldstrafe bis zu 10 Thaler bestimmen, den Civilgerichten ihres Aufenthalts-Orts unterworfen. Selbige müssen jedoch die ihnen zuerkannte Gefängnißstrafe in keinem, bloß zur Aufbewahrung eigentlicher Verbrecher, als Diebe, Betrüger und dergleichen bestimmten, oder der Gesundheit schädlichen Gefängnisse erleiden. Fehlt es an dem Orte ihres Aufenthalts an einem solchen, so sind sie an das nächste städtische Gefängniß zur Erleidung der Strafe abzuliefern.

3. Die Civilgerichte erkennen in solchen Fällen gegen diese Soldaten und vollstrecken das Erkenntniß, sind aber hiernächst gehalten, dem Kommandeur des Regiments oder Bataillons davon Nachricht zu geben, damit dieser von der Führung des Soldaten Kenntniß erhält, um ihn, wenn er sich nicht bessert, bei wiederholten Vergehungen, zufolge der Bestimmung des 54sten Kriegsartikels und in Gemäßheit Meines Befehls vom 19. Februar 1810 von einem anzuordnenden Standrechte in die zweite der körperlichen Züchtigung unterworfene Klasse des Soldatenstandes versetzen zu lassen.

4. Die Verfügung auf das, gegen ein solches Erkenntniß angebrachte Milderungs-Gesuch verbleibt dem Landes-Justiz-Kollegio der Provinz.

5. Auf körperliche Züchtigung oder sogenannte Ehrenstrafen können die Civilgerichte niemals erkennen. Da auch die Erlegung einer Geldstrafe nach den Kriegsartikeln nicht statt findet; so ist, wenn die Gesetze eine Geldstrafe verordnen, solche in eine verhältnißmäßige Gefängnißstrafe zu verwandeln. Wenn jedoch beurlaubte Unteroffiziere und Soldaten, selbige mögen zum effektiven Stande gehören, oder Krümper sein, in Treibung eines bürgerlichen Nahrungsgewerbes oder sonst eine Polizei-Kontravention begehen, worauf die Polizei-Gesetze eine Geldstrafe verordnen, so ist von den Civilgerichten oder Polizeibehörden auf diese gesetzliche Strafe zu erkennen und solche zu vollstrecken.

6. Hat der Soldat ein Dienstvergehen, als Desertion u. s. w. oder einen Diebstahl oder ein sonstiges Verbrechen begangen, worauf die Gesetze körperliche Züchtigung, Festungs- oder Zuchthausstrafe oder eine Gefängnißstrafe von mehr als 14 Tagen, oder endlich eine über 10 Thaler betragende Geldstrafe bestimmen; so verbleibt die Untersuchung und Bestrafung des Angeschuldigten den kompetenten Militairgerichten und die Civilgerichte haben in diesen Fällen nach Vorschrift des §. 216 der Cr. O. zu verfahren.

7. Von den Civilgerichten dürfen bei Untersuchungen gegen Unteroffiziere und Soldaten, wohin auch die Injurien-Sachen gehören, wegen der ihnen nach der A. G. O. und der Verordnung vom 11. Dezember 1802 zustehenden Sportul-Freiheit, keine Kosten genommen werden.

Zur Bekanntmachung und Befolgung dieser Bestimmungen haben Sie, ein Jeder in seinem Ressort, das Erforderliche zu verfügen.

(G. S. S. 153.)

b. **C. O.** vom 9. Dezember 1834, betreffend den Gerichtsstand der auf unbestimmte Zeit beurlaubten Unteroffiziere und Soldaten in Kriminal- und Injuriensachen.

Zur Beseitigung von Zweifeln über den Gerichtsstand der beurlaubten Soldaten, bestimme Ich mit Bezug auf Meine Order vom 23. November 1833, daß alle vom stehenden Heere auf unbestimmte Zeit beurlaubten Unteroffiziere und Soldaten, während ihrer Beurlaubung, gleich der nicht im Dienste befindlichen Landwehr in Kriminal- und Injuriensachen der Civilgerichtsbarkeit unterworfen sein sollen. Hierbei soll es keinen Unterschied machen, ob die auf unbestimmte Zeit Beurlaubten noch zur Disposition ihrer Truppentheile verbleiben, auch soll bei Unteroffizieren und Soldaten, welche von den Garnison- und Invaliden-Kompagnieen auf unbestimmte Zeit Urlaub erhalten, diese, die Verordnung vom 21. Februar 1811 berichtigende Vorschrift gleichfalls zur Anwendung kommen. Wegen Festsetzung der Strafen und Mittheilung der Erkenntnisse an die betreffenden Militair-Behörden haben die Civilgerichte sich nach Meinen Verordnungen vom 22. Februar 1823 und vom 30. Juli 1832 zu richten, auch nach der analogen Bestimmung im §. 14 des Militair-Pensionsreglements vom 13. Juni 1825, wider die von den Invaliden-Kompagnieen Beurlaubten den Verlust des Gnadengehalts auszusprechen, wenn dieselben eines Verbrechens überführt sind, welches während ihres Militairdienstes die Ausstoßung aus dem Soldatenstande zur Folge gehabt haben würde. Diese Verordnung ist durch die G. S. zur öffentlichen Kenntniß zu bringen und nach deren Inhalt zu verfahren.

(G. S. S. 182.)

11) a. **Extract** aus der Landwehrordnung vom 21. November 1815.

§. 74. Die Landwehr steht, wenn sie versammelt ist, unter den Kriegsgesetzen. In ihrer Heimath steht sie unter den Ortsgerichten, welche in etwanigen Straferkenntnissen die Landwehrmänner indeß nur mit solchen Strafen belegen können, die in den Kriegsgesetzen vorgeschrieben sind. Werden härtere Strafen nothwendig, so zieht dies zugleich die Ausstoßung aus der Landwehr nach sich.

§. 75. Die Landwehroffiziere haben, wenn sie in ihrer Heimath sind, als Offiziere den Gerichtsstand der Eximirten.

§. 76. Bei bedeutenden oder wiederholten Dienstvergehen, die sich einzelne Offiziere wider Erwarten zu Schulden kommen lassen, muß kriegsrechtlich erkannt werden und können die Kriegesrechte auch auf Entlassung aus dem Dienst, welches allemal den Verlust der Offizier-Prärogativen nach sich zieht, erkennen.

§. 77. Bei den jährlichen Uebungen, die das 1te und 2te Aufgebot nach §. 55 zusammen hat, wird bei jedem der 2 Bataillone ein Ehrengericht von dem gesammten Offizier-Korps erwählt, welches aus einem Kapitain und zwei Lieutenants besteht. Der Zweck desselben ist, alle die im Laufe des Jahres vorgefallenen noch nicht ausgeglichenen Angelegenheiten des Offizier-Korps beizulegen, und die etwa vorfallenden Verstöße in der Führung einzelner Individuen zu rügen. Da wo ein ganzes Offizier-Korps auf die Entfernung einzelner Mitglieder antragen müßte, oder wo dies die Staabsoffiziere und das Ehrengericht für nöthig halten sollten, wird nach §. 76 über ein solches Individuum kriegsrechtlich erkannt.

(G. S. de 1816 S. 77.)

b. **Circularverordnung** vom 6. Mai 1817 über die Bestrafung der Vergehen der Landwehrmänner und Landwehroffiziere. v. K. Jhrb. Bd. 9 S. 243. (Antiquirt durch die nachfolgenden Verordnungen.)

c. **Verordnung** vom 22. Februar 1823, wegen Aufhebung der militairischen Strafverwandlung und über das künftige Strafverfahren gegen beurlaubte Landwehrmänner, Kriegsreservisten und Trainsoldaten.

Nachdem ich durch meinen Befehl vom 26. August 1819 bereits erklärt habe, daß die Civilgerichte bei Entscheidung über die, zu ihrer Kognition gehörenden Vergehen und Verbrechen beurlaubter Landwehrmänner und zur Kriegsreserve entlassener, imgleichen der Train-Soldaten, mit Rücksicht auf die, in den Kriegs-Artikeln bestimmten Arten der Strafen erkennen sollen, wonach kein Soldat, so lange er dem Soldatenstande angehört, mit Zuchthausstrafe oder Baugefangenschaft, kein Gemeiner ohne Versetzung in die zweite Klasse des Soldatenstandes mit körperlicher Züchtigung, ein Unteroffizier und Feldwebel aber überhaupt nicht mit körperlicher Züchtigung zu bestrafen ist; so hebe Ich nunmehr auch die, in der Instruktion für die Inspekteure und Kommandeure der Landwehr vom 10. Dezember 1816 §. 29 angeordnete Verwandlung der von den Civilgerichten nach den allgemeinen Landesgesetzen gegen beurlaubte Landwehrmänner u. s. w. zu erkennenden Strafen des Zuchthauses und der Festungsarbeit, in die militairischen Strafen des Arrestes und der Einstellung bei einer Straf-Sektion, durch Militairgerichte, hiermit auf, und verordne Folgendes:

§. 1. Die Civilgerichte erhalten die Befugniß, statt der, in den allgemeinen Landesgesetzen bestimmten zeitigen Zuchthaus-, Festungs- und Zwangsarbeit unmittelbar auf Einstellung in eine Strafabtheilung, statt der Peitschen- auf Stockhiebe, imgleichen auf Ausstoßung eines beurlaubten Landwehrmannes u. s. w. aus dem Soldatenstande, nach Maaßgabe der Kriegs-Artikel zu erkennen. Wenn die Ausstoßung aus dem Soldatenstande eintritt, so finden die, in den bürgerlichen Gesetzen angeordneten Arten der Strafe Anwendung.

§. 2. Außer den, in den Kriegs-Artikeln bestimmten Fällen, zieht die Strafe der schimpflichen Ausstellung, des Staupenschlages und der Brandmarkung, jedesmal die Ausstoßung des dazu verurtheilten Landwehrmannes u. s. w. aus dem Soldatenstande, mit den daran geknüpften Folgen, nach sich.

§. 3. Wenn nach den bürgerlichen Gesetzen auf lebenswierige Beraubung der Freiheit zu erkennen ist, so tritt ebenfalls die bürgerliche Strafe, auch in den Fällen ein, wo auf Ausstoßung aus dem Soldatenstande nicht erkannt werden kann, und es ist alsdann in dem Erkenntniß auszusprechen, daß der Verurtheilte aus dem Militairverhältniß zu entlassen sei.

§. 4. Ist gegen Militairpersonen vom Feldwebelsrange, auf geringere als sechsmonatliche, und gegen Militairpersonen vom Unteroffiziersrange auf geringere als dreimonatliche Festungs- oder Zuchthausstrafe nach den Civilgesetzen zu erkennen, so tritt an deren Stelle Gefängnißstrafe von gleicher Dauer ein; wenn aber mit dem Vergehen dieser Personen, die Versetzung in die zweite Klasse des Soldatenstandes nach den Kriegsartikeln verbunden, oder auf Festungsarbeit u. s. w. von sechs Monaten und darüber gegen Feldwebel, und von drei Monaten und darüber gegen Unteroffiziere zu erkennen ist, so muß zugleich auf Degradation zum Gemeinen erkannt, und solche nach dem Maaßstabe des 55sten Kriegsartikels auf die Strafe angerechnet werden.

§. 5. Untergerichte, die aus einzelnen richterlichen Beamten bestehen, und kein förmliches Kollegium bilden, sollen, sobald auf härtere als vierwöchentliche Gefängniß- oder 50 Thaler Geldstrafe oder eine leichte körperliche Züchtigung zu erkennen ist, die geschlossenen Akten allemal an das Ober-Landesgericht der Provinz zum Spruch einsenden.

§. 6. In Ansehung der Bestätigung der Kriminal-Erkenntnisse gegen beurlaubte Landwehrmänner u. s. w. treten die allgemeinen gesetzlichen Vorschriften ein; wenn aber auf Ausstoßung aus dem Soldatenstande oder auf Verlust des Porte d'Epée's und Degradation einer Militairperson von dem Range eines Feldwebels zum Gemeinen erkannt ist, so ist dazu Meine unmittelbare Bestätigung erforderlich und soll Mir dazu das Erkenntniß des erkennenden Gerichts, durch das General-Auditoriat, mit dessen Gutachten über das Verbleiben des Verurtheilten in seinem Standesverhältnisse vorgelegt werden.

§. 7. In allen Degradationsfällen der Militairpersonen, welche Feldwebels-Rang haben, wird die Abführung zur Festung bis zur erfolgten Bestätigung ausgesetzt.

§. 8. Auch in Ansehung des Rechtsmittels der weiteren Vertheidigung, der vorläufigen Ablieferung des Verurtheilten zur Festung und der definitiven Annahme desselben nach beschrittener Rechtskraft, sollen die allgemeinen gesetzlichen Vorschriften beobachtet werden, und die Kommandanturen der Festungen sind verbunden, den Requisitionen der Ober-Landesgerichte auf Einstellung der überwiesenen Verbrecher in die Strafabtheilungen der Garnisonkompagnien zu genügen.

§. 9. Von dem Tenor eines jeden Straf-Erkenntnisses gegen einen beurlaubten Landwehrmann oder zur Kriegsreserve gehörenden Soldaten ꝛc., wenn es nicht bloß eine Geldstrafe betrifft, soll gleich nach beschrittener Rechtskraft des Urtheils, oder bei vorläufiger Ablieferung des Sträflings zur Festung, imgleichen von der erfolgten Bestätigung, dem Brigade-Kommandeur der Provinzial-Landwehr, in dessen Bezirk der Verurtheilte domicilirt, nachrichtlich Abschrift mitgetheilt werden. Betrifft das Erkenntniß einen Beurlaubten der Garde-Landwehr oder Kriegesreserve des Gardekorps, so überreicht der Brigade-Kommandeur der Provinzial-Landwehr selbiges, begleitet mit einem vollständigen Nationale des Verurtheilten, dem General-Kommando der Garden, welches die Löschung des Verurtheilten in den dazu geeigneten Fällen, in den Listen der Garden besorget und dem General-Kommando des betreffenden Armee-Korps hiervon Nachricht giebt. Das General-Kommando der Garden hat Mir demnächst auch halbjährlich als Beilage zum sechsmonatlichen Berichte bei der Rubrik „Disziplin" ein Verzeichniß solcher gestrichener Mannschaft vorzulegen.

§. 10. Ich beauftrage Sie, die Ihnen untergeordneten Behörden mit diesen Bestimmungen bekannt zu machen. Insbesondere haben Sie, der Justiz-Minister, den Civil-Gerichtshöfen zur Pflicht zu machen, bei Erkenntnissen gegen beurlaubte Landwehrmänner u. s. w. das Militairverhältniß und die, in den Krieges-Gesetzen vorgeschriebenen Neben- und Ehrenstrafen sorgfältig zu berücksichtigen. Auch haben Sie den Justiz-Behörden in den Rheinprovinzen die Kriegs-Artikel mitzutheilen, um sie in Folge dieser Bestimmungen zu beachten. (G. S. S. 28.)

d. **Rescript** vom 1 September 1826, betreffend die Kompetenz der Untergerichte zur Abfassung der Erkenntnisse gegen beurlaubte Landwehrmänner.

Die Kompetenz der Untergerichte zur Abfassung der Erkenntnisse in Untersuchungs-Sachen wider beurlaubte Landwehrmänner rc., wird nur durch das Maaß derjenigen Strafen bestimmt, deren in dem §. 17 der Cr. O. und in Beziehung darauf der §. 5 der Verordnung vom 22. Februar 1823 Erwähnung geschiehet. Diese Kompetenz wird daher durch die hinzutretenden militairischen Nebenstrafen nicht aufgehoben.

Die Untergerichte müssen so gut wie die Obergerichte sich mit den deshalb bestehenden gesetzlichen Bestimmungen genau bekannt machen, und die von dem Kriminal-Senate des Königlichen Ober-Landesgerichts im Berichte vom 3. v. M. geäußerte Besorgniß, daß dagegen von einem oder dem andern Gerichte Verstöße möchten begangen und dadurch unangenehme Weiterungen veranlaßt werden, ist kein hinreichender Grund, um in der, auf Beschleunigung der weniger wichtigen Untersuchungs-Sachen abzweckenden, Vorschrift des §. 17 der Cr. O. etwas zu ändern.

Was die auf den Verlust der National-Kokarde Bezug habende Anfrage betrifft, so hat es kein Bedenken, daß die Untergerichte in solchen Fällen, in welchen sie nach den allgemeinen gesetzlichen Vorschriften zur Abfassung des Erkenntnisses kompetent sind, auch auf den Verlust der National-Kokarde zu erkennen, die Befugniß haben. (v. K. Jhrb. Bd. 28 S. 122.)

e. **Rescript** vom 12. Juli 1822, betreffend das Forum der noch nicht vereideten Kriegsreservisten.

Zufolge einer von des Königs Majestät getroffenen Anordnung, werden zur Ergänzung der Kriegs-Reserve der Infanterie, Rekruten ausgehoben, deren Vereidigung jedoch nicht eher, als bei ihrer wirklichen Einziehung erfolgt. Diese Rekruten, welche zum Unterschiede der übrigen Kriegs-Reserve-Mannschaften (die wirklich im stehenden Heere gedient haben, und sich in der Regel nur zwei Jahre in der Kriegs-Reserve befunden) nach ihrer bei den Landwehrstäben erfolgten Ausbildung die Benennung: „fünfjährige Kriegs-Reservisten", erhalten, bleiben als unbeeidigt in Beziehung auf die Kriminal-Gerichtsbarkeit, der sie unterworfen sind, in ihren bisherigen Verhältnissen, den Fall der Desertion ausgenommen, in welchem nach Thl. II. Tit 20 §. 468 des A. L. R. und Thl. I. Tit. 36 §. 46 der A. G. O., auch bei ihnen, wie bei den übrigen Soldaten, das Forum der Militair-Gerichte eintritt.

Damit jedoch von dem Vergehen eines solchen Rekruten derjenige Truppentheil, welchem er namentlich überwiesen worden, Kenntniß erhalte, werden, auf den Antrag des Königlichen Kriegs-Ministerii, die Civil-Gerichte angewiesen, von einem jeden, wider einen Rekruten dieser Art ergangenen rechtskräftig gewordenen Straf-Erkenntnisse, das betreffende Landwehr-Brigade-Kommando zu benachrichtigen.

Hiernach hat das Königliche Kammergericht die Untergerichte seines Bezirks durch die Amtsblätter mit der erforderlichen Anweisung zu versehen.

(v. K. Jhrb. Bd. 20 S. 41.)

f **Circular-Rescript** vom 2. August 1824, betreffend die Untersuchung und Bestrafung der Landwehrmänner und Kriegsreservisten.

Da seit der Cirkular-Verfügung vom 6. Mai 1817, wodurch in Gefolge der Allerhöchsten Instruktion für die Inspekteure und Kommandeure der Landwehr vom

10. Dezember 1816 das in Untersuchungssachen wider Individuen der Landwehr zu beobachtende Verfahren vorgeschrieben worden, mehrere ergänzende und erläuternde Bestimmungen ergangen sind, und da insbesondere durch die Verordnung vom 22. Febr. v. J. jenes Verfahren eine wesentliche Abänderung erhalten hat, so findet der Justiz-Minister sich veranlaßt, sämmtliche erläuternde und ergänzende Bestimmungen zur bessern Uebersicht zusammen zu stellen.

Im Allgemeinen wird bemerkt, daß die zu den besoldeten Stämmen der Landwehr gehörenden Individuen ohne Ausnahme in Kriminal- und Injurien-Sachen der Militair-Gerichtsbarkeit unterworfen bleiben. Ein Gleiches gilt von den zur Uebung oder zum Dienste einberufenen Offizieren und Landwehrmännern, jedoch nur während der Dauer dieser Einberufung. Die übrigen beurlaubten Offiziere und Landwehrmänner stehen dagegen unter den Civil-Gerichten.

I.

Die beurlaubten Landwehr-Offiziere haben:

1) den Gerichtsstand der Eximirten.

2) Von allen durch die Civil-Gerichte gegen Offiziere erkannten Strafen wird der betreffende Bataillons-Kommandeur, durch Mittheilung einer Abschrift des mit den Entscheidungsgründen versehenen Erkenntnisses, benachrichtiget.

3) Die gegen einen Offizier erkannte Geldstrafe wird ohne Weiteres vollzogen. Einen ihm zuerkannten Arrest erleidet derselbe in einem, seinem Verhältnisse und Gerichtsstande angemessenen Gefängnisse, oder, wenn ein solches nicht vorhanden ist, in dem nächsten Militair-Arrest. Ist auf Festungs-Arrest erkannt worden, so wird die Abführung nach einer Festung durch den Bataillons-Kommandeur veranstaltet.

4) In reinen Militair-Disziplinar-Angelegenheiten, wohin auch der Befehl des Militair-Vorgesetzen, bei den Uebungen zu erscheinen, zu rechnen ist, ist der Landwehr-Offizier allein der Militair-Gerichtsbarkeit unterworfen.

Bei Herausforderungen und Zweikämpfen sollen zwar die Untersuchungen von den kompetenten Civil-Gerichten eingeleitet und geführt, die zum Spruch reifen Akten aber dem Militair-Gerichte, Behufs des abzuhaltenden Kriegsgerichts, übersendet werden.

II.

Bei den beurlaubten Wehrmännern, zur Kriegs-Reserve gehörigen Soldaten, den nach erfolgter Aushebung und Vereidung sogleich bis zu ihrer wirklichen Einstellung mit Urlaubspässen in ihre Heimath beurlaubten Rekruten, und den Train-Soldaten tritt:

1) die Kompetenz der Civil-Gerichte bei allen Vergehungen ein, welche von vorgedachten Individuen in ihren bürgerlichen Verhältnissen und bei Ausübung der Gewerbe begangen werden.

2) Es sind mithin davon ausgeschlossen, und werden von den Militair-Gerichten untersucht und bestraft:

a. die während der Uebungszeit bei der versammelten Kompagnie oder Eskadron begangenen Vergehen;

b. alle militairische Dienstvergehen, die Landwehr möge zusammen gezogen sein oder nicht. Dahin gehören:

Desertion oder Entweichung aus der Heimath, um sich dem Militair-Dienst zu entziehen.

Die Nichtbefolgung des Befehls des Militair-Vorgesetzten, bei den Uebungen zu erscheinen;

ferner:

Insubordination gegen Militair-Vorgesetzte in Dienstangelegenheiten. Die Kognition der Militair-Gerichte wird aber nur alsdann begründet, wenn das Insubordinations-Vergehen durch eine Widersetzlichkeit gegen einen bestimmten, durch außerordentliche Verhältnisse nöthig gewordenen Dienstbefehl begangen worden.

Die bei Gelegenheit eines zufälligen Zusammentreffens in bürgerlichen Verhältnissen vorgefallenen Beleidigungen und Widersetzlichkeiten sind dagegen zu den militairischen Dienstvergehen nicht zu rechnen.

3) Wenn mehrere Vergehen begangen worden, von denen einige, z. B. die Desertion, als Militair-Vergehen von dem Militair-Gerichte, andere dagegen von

dem Civil-Gerichte untersucht werden müssen; so gehört die Untersuchung, sowohl der Militair-, als auch der Civil-Vergehen, vor die Militair-Gerichte.

4) Bei den durch die Civil-Gerichte zu führenden Untersuchungen finden die allgemeinen gesetzlichen Vorschriften, mit den in der Verordnung vom 22. Februar v. J. bestimmten Beschränkungen, statt.

In den Fällen, wo von den Civil-Gerichten auf Ausstoßung aus dem Soldatenstande, und zugleich auf Zuchthaus- oder Festungs-Arbeitsstrafe erkannt worden, unterbleibt die vorläufige Abführung des Verurtheilten zur Strafanstalt, und das Erkenntniß wird nicht eher vollstreckt, als bis dasselbe die Allerhöchste Bestätigung Sr. Majestät des Königs erhalten hat. Deshalb soll jedoch die Strafzeit nicht verlängert: sondern von der Zeit an berechnet werden, zu welcher der Verurtheilte zur Strafanstalt vorläufig abgeliefert sein würde, wenn nicht die Allerhöchste Königliche Bestätigung des ergangenen Erkenntnisses hätte abgewartet werden müssen.

5) In den Fällen, in welchen nach dem §. 6 der Verordnung vom 22. Februar v. J. die Bestätigung des ergangenen Erkenntnisses von Seiten Sr. Majestät des Königs erforderlich ist, müssen die Akten, nebst einer Ausfertigung der ergangenen Erkenntnisse, dem Königlichen General-Auditoriate übersendet werden.

6) Bei der Bestrafung, sowohl in Hinsicht auf die Strafbarkeit der zur Untersuchung gekommenen Handlung überhaupt, als auch in Hinsicht auf die Höhe der Strafe, kommen die allgemeinen Strafgesetze zur Anwendung, mit der Maaßgabe, daß nach der Verordnung vom 22. Februar v. J., statt der Peitschenhiebe, auf Stockhiebe, und in denjenigen Fällen, in welchen der Angeschuldigte nicht zugleich aus dem Soldatenstande ausgestoßen oder aus dem Militair-Verhältniß entlassen wird, statt der Zuchthaus- und Festungsarbeit, auf Einstellung bei einer Straf-Sektion zu erkennen ist.

7) Dieser veränderten Art der Strafvollstreckung ungeachtet, wird auf Detention bis zur Besserung, oder bis zum Nachweise des ehrlichen Erwerbes, in den dazu angethanen Fällen erkannt.

8) Die in den Gesetzen vorgeschriebene Gefängnißstrafe erleidet der Verurtheilte in einem jeden bürgerlichen Gefängnisse seiner Heimath, oder eines benachbarten Ortes, jedoch nicht in einem solchen, welches bloß zur Aufbewahrung eigentlicher Verbrecher, als Diebe, Betrüger und dergleichen, bestimmt ist.

9) Auf die militairischen Strafen des strengern und mittlern Arrestes sind die Civil-Gerichte zu erkennen nicht befugt.

10) Die Rücksicht, welche die Civil-Gerichte bei ihren Erkenntnissen auf die Kriegsartikel zu nehmen haben, bestehen darin:

a. Auf Versetzung in die zweite Klasse des Soldatenstandes muß in allen Fällen, in welchen die Kriegs-Artikel dies vorschreiben, erkannt werden; bei der Verurtheilung zu einer körperlichen Züchtigung, zum Verluste des National-Militair-Abzeichens oder des Landwehr-Kreuzes, ist diese Versetzung jederzeit im Erkenntnisse auszusprechen.

b. Auf den Verlust des National-Militair-Abzeichens ist bei den zum stehenden Heere gehörenden Individuen in den durch die Kriegs-Artikel und die Verordnung wegen der Militair-Strafen vom 3. August 1808 bezeichneten Fällen zu erkennen; statt dessen ist in eben diesen Fällen bei den zur Landwehr gehörigen Individuen das Erkenntniß auf den Verlust des Landwehr-Kreuzes zu richten.

c. Die Ausstoßung aus dem Soldatenstande geschiehet in den, in den Kriegs-Artikeln und in dem §. 2 der Verordnung vom 22. Februar v. J. bestimmten Fällen.

11) Der Verlust der Kriegs-Denkmünze muß zufolge der Allerhöchsten Kabinets-Ordre vom 30. Oktober 1814, in allen denen Fällen im Erkenntnisse festgesetzt werden, in welchen das Verbrechen Ausstoßung aus dem Soldatenstande, oder Verlust des National-Militair-Abzeichens, oder des Landwehr-Kreuzes zur Folge hat.

12) Entfernung aus der Landwehr ist keine Strafe, auf welche die Civil-Gerichte zu erkennen befugt sind; wohl aber tritt in den, im § 3 der Verordnung vom 22. Februar v. J. bezeichneten Fällen, die Entlassung aus dem Militair-Verhältnisse ein.

13) Die Vollstreckung einer körperlichen Züchtigung erfolgt, wenn zugleich auf Einstellung in eine Straf-Sektion erkannt worden, bei der letztern durch die Militair-Behörde; in allen übrigen Fällen wird diese Strafe von den Civil-Gerich-

ten, jedoch in Gegenwart eines dazu von der Militair-Behörde zu requirirenden Feldwebels oder Unter-Offiziers vollzogen.

14) Für den Transport des Verurtheilten zur militairischen Strafanstalt muß das Civil-Gericht sorgen.

15) Die Kosten der Aufbewahrung und des Unterhalts des Inkulpaten, während des Untersuchungs-Arrestes, imgleichen die Kosten des Transports zur Strafanstalt, so wie alle sonstige baare Auslagen, wohin auch die Kosten der Anschaffung der unter Nr. 17. bemerkten ersten Kleidungsstücke gehören, fallen, wenn der Verurtheilte unvermögend ist, oder wenn er gänzlich freigesprochen worden, demjenigen zur Last, welchem die subsidiarische Verpflichtung zur Uebernahme der unerläßlichen Untersuchungskosten überhaupt obliegt.

16) Die Kosten der Verpflegung des Verurtheilten, während der von der Militair-Behörde zu bewirkenden Vollstreckung der Strafe, wenn diese bei einer Straf-Sektion erfolgt, werden von der Militair-Behörde beschafft, in sofern der Verurtheilte selbst, oder dessen gesetzlich dazu verpflichtete Verwandte diese Kosten herzugeben nicht im Stande sind, worüber das Untersuchungsgericht ein Attest bei der Ablieferung an die Militair-Behörde zu ertheilen hat.

Können diese Kosten aus dem Vermögen des Verurtheilten, oder seiner gesetzlich dazu verpflichteten Verwandten, beigetrieben werden, so haben die Civil-Gerichte dafür zu sorgen, daß die erforderliche Summe an diejenige Militair-Behörde, welche die Strafe vollstreckt, auf die Dauer der Arrestzeit, und bei Strafen über drei Monate, alle Vierteljahr regelmäßig voraus bezahlt werde.

Der Betrag der Verpflegungskosten, während der Strafvollstreckung durch Einstellung bei der Straf-Sektion, beläuft sich auf 3 Rthlr. 7 Sgr. 6 Pf. für jeden Monat, und vom zweiten Strafjahre ab, außerdem noch alljährlich auf 5 Rthlr. 23 Sgr. 10 Pf. zur Anschaffung des Ersatzes der großen Montirungsstücke. Die Kosten der Vollstreckung einer Gefängnißstrafe oder eines Festungs-Arrestes fallen dagegen beim Unvermögen eines Verurtheilten und seiner Angehörigen, dem Militair-Fonds nicht zur Last, vielmehr hat es deshalb bei den bestehenden allgemeinen Vorschriften sein Bewenden.

17) Es ist jederzeit die Veranstaltung zu treffen, daß die Verurtheilten, bei ihrer Ablieferung zur Festung, mit folgenden Kleidungsstücken versehen sind:

a. drei noch guten Hemden,
b. einem Paar wollenen Strümpfen,
c. einem Paar Schuhen oder Stiefeln,
d einem Hute oder einer Mütze,
e. einem Paar Beinkleider,
f. einer Weste,
g. einem Rocke oder einer Jacke.

Die Militair-Behörde wird darüber, daß vorgenannte Kleidungsstücke abgeliefert worden, eine Bescheinigung ausstellen. Die Kosten dieser Bekleidung werden von dem subsidiarisch Verpflichteten getragen.

18) Die zur Kriegs-Resеve gehörigen Soldaten, die vereidigten, aber bis zu ihrer Einstellung in die Heimath beurlaubten Rekruten des stehenden Heeres, und die Train-Soldaten, sind als Truppentheile des stehenden Heeres von den Untersuchungskosten frei, und es kommen also in Betreff der Verbindlichkeit zur Tragung der baaren Auslagen sofort die §§. 604, 623 ff. der C. O. gegebenen Bestimmungen zur Anwendung. In Absicht der Kosten ihrer Verpflegung, sowohl während des Untersuchungs-Arrestes, als auch während der Strafzeit, treten jedoch die, wegen der Kosten der Verpflegung der beurlaubten Landwehrmänner gegebenen Bestimmungen ein.

19) Bei jedem sich im militairpflichtigen Alter befindenden Angeschuldigten ist das Militair-Verhältniß, insbesondere ob derselbe zur Kriegsreserve, Landwehr u. s. w. gehört, bei welchem Truppentheile er gedient hat, oder noch dient, sorgfältig zu ermitteln und zu den Akten zu verzeichnen, und die Mittheilung des Straferkenntnisses, an die Militair-Behörde, gemäß §. 9. der Verordnung vom 22. Februar v. J. nicht zu unterlassen.

Vorstehende Bestimmungen hat sich das Königliche 2c. nicht allein selbst zur Richtschnur dienen zu lassen, sondern auch selbige in den dem Kollegio untergeordneten Gerichten zur genauesten Befolgung, durch die Amtsblätter bekannt zu machen.

(v. K. Jhrb. Bd. 24 S. 159.)

g. **C. O.** vom 5. Mai 1826, betreffend den Gerichtsstand der nach zwei ein halb jähriger Dienstzeit entlassenen Soldaten.

Auf Ihren gemeinschaftlichen Bericht vom 30. v. M., genehmige Ich: daß die von den Linien-Infanterie-Regimentern im Herbst nach drittehalbjähriger Dienstzeit mit Urlaubspässen in die Heimath entlassenen, aber erst im Frühjahr zur Kriegsreserve übergehenden Mannschaften, gleich den bereits dazu übergetretenen, mit dem Augenblick ihrer Beurlaubung unter die Civilgerichtsbarkeit treten.

(G. S. S. 49.)

h. **Rescript** vom 12. November 1829, betreffend die Kompetenz der Civilgerichte bei den von Landwehrmännern während der Uebungszeit begangenen gemeinen Verbrechen.

In der Untersuchungssache wider die Tagearbeiter Friedrich R., August M., Gottlieb M., und Heinrich W., in welcher zwischen dem Kommando der 11. Division und dem Kriminal-Senat des Königlichen Ober-Landesgerichts in Bezug auf die Frage:

ob die Untersuchung wider den W. vor das Militairgericht oder Civilgericht gehöre?

eine Verschiedenheit der Ansichten statt findet, muß sich der Justizminister für das Forum des Civilgerichts erklären.

Wenn schon überhaupt die Vorschriften wegen des Militair-Fori der beurlaubten Landwehrmänner, eher einschränkend als ausdehnend zu erklären sind, so kann es keinem Bedenken unterworfen sein, daß nach der Instruktion vom 10. Dezember 1816 litt. a. und der Cirkularverfügung vom 2. August 1824 Nr. II. a. (Jhrb. Bd. 24 S. 159) die Untersuchung der von einem Landwehrmann während der Uebungszeit begangenen gemeinen Verbrechen nur in sofern vor die Militairgerichte gehört, als das Verbrechen während der Uebungszeit nicht bloß begangen, sondern auch entdeckt, und die Untersuchung deshalb gegen den Landwehrmann eingeleitet worden. Der W. ist nun zwar unmittelbar nach dem, an dem Hutmacher K. begangenen Raube, von dem Militairgericht eingezogen; zur Eröffnung einer Untersuchung ist aber der vorhandene Verdacht nicht hinreichend befunden worden, und es ist dessen Entlassung erfolgt. Jetzt, nachdem der einzige Grund, aus welchem die Untersuchung durch die gesetzlichen Bestimmungen an das Militairgericht verwiesen worden, nämlich: daß sich der Inkulpat im wirklichen Dienst befunden, aufgehört hat, tritt der Civilgerichtsstand als Regel wiederum ein. Aber auch, wenn angenommen werden könnte, daß früher die Untersuchung wider den W. von dem Militairgericht eingeleitet gewesen sei, und es nur auf deren Fortsetzung ankomme, würde der Militairbehörde die Befugniß zustehen, auf die Fortsetzung der Untersuchung wegen dieses gemeinen Vergehens Verzicht zu leisten und solche dem Civilgericht zu überlassen.

Der Kriminal-Senat des Königlichen Ober-Landesgerichts hat sich daher der Abfassung des Erkenntnisses wider den W. zu unterziehen.

(v. K. Jhrb. Bd. 45 S. 282.)

i. **C. O.** vom 30. Juli 1832, betreffend die Erkenntnisse der Civilgerichte auf Einstellung in eine Strafabtheilung

Um die Uebelstände zu vermindern, welche mit der Einstellung der, den Civil-Gerichten unterworfenen Verbrecher in die militairischen Strafabtheilungen und mit dem bisherigen Verfahren wegen Bestätigung der, die Ausstoßung beurlaubter Landwehrmänner und zur Kriegsreserve gehörigen Soldaten aussprechenden Erkenntnisse der Civilgerichte verbunden sind, bestimme Ich, unter Abänderung der diesfälligen Vorschriften der Verordnung vom 22. Februar 1823, Folgendes:

1) In Fällen, wo nach den Landesgesetzen zehn- oder mehrjährige Freiheitsstrafe verwirkt ist, oder wo die Dauer der letztern über das vollendete 39ste Lebensjahr des zu Bestrafenden hinausgeht, ist von den Civilgerichten nicht mehr auf Einstellung bei einer Festungs-Straf-Abtheilung, sondern auf die in den allgemeinen Landesgesetzen verordneten Straf-Arten zu erkennen und deren Vollstreckung zu verfügen.

2) In diesen Fällen haben die Civilgerichte, in sofern nach den Kriegs-Artikeln nicht auf Ausstoßung aus dem Soldatenstande erkannt werden muß, die Entlassung aus dem Militairverhältnisse auszusprechen und die betreffende Militair-Behörde durch Mittheilung des rechtskräftigen Urtheils hiervon in Kenntniß zu setzen.

Die auf Ausstoßung aus dem Soldatenstande lautenden Civil-Erkenntnisse bedürfen Meiner Bestätigung nur in dem Falle, wenn die zugleich erkannte Freiheitsstrafe entweder eine zehnjährige Dauer oder das vollendete 39ste Lebensjahr nicht erreicht.

(G. S. S. 205.)

k. C. O. vom 30. Juli 1832, betreffend die Aussetzung der Untersuchungen und Strafvollstreckungen gegen Landwehrmänner und Kriegsreservisten während ihrer Einberufung zum Dienst.

Auf die Mir vorgetragenen Bedenken gegen die Vorschläge, die zum Dienst einberufenen Individuen der Landwehr und Kriegsreserve zum Behuf der Vollziehung der vor der Einstellung gegen sie erkannten Strafen vom Dienst zu entlassen und den Civilgerichten zu überweisen, oder diese Strafen in militairische zu verwandeln, bestimme Ich: daß bei der Einberufung zum Kriege, zu einer außerordentlichen Zusammenziehung oder zur größern Uebung, die von den Civilgerichten gegen einberufene Landwehrmänner oder zur Kriegsreserve entlassene Soldaten einzuleitende oder bereits eingeleitete Untersuchung, so wie die Straf-Vollziehung, für die Dauer dieser ihrer militairischen Dienstleistung, in den Fällen suspendirt bleiben soll, wo nicht die Verhaftung entweder bereits erfolgt ist oder bei der Untersuchung gesetzlich eintreten muß.

(G. S. S. 206.)

l. C. O. vom 1. Juni 1834, wegen Bestrafung der von Landwehr-Offizieren in der Uniform gegen andere Militair-Personen begangenen Vergehen.

Ich bin auf den Bericht des Militair-Justiz-Departements vom 22. v. M. damit einverstanden, daß Vergehungen der Landwehr-Offiziere, welche dieselben zu einer Zeit, wo sie sich in Uniform befinden, gegen eine andere Militair-Person verüben, welche sich gleichfalls in Uniform befindet, nach den Militairgesetzen zu beurtheilen und von den Militairgerichten zur Untersuchung und Bestrafung gezogen werden.

(G. S. S. 74.)

m. Rescript vom 15. Dezember 1834 nebst Bericht, betreffend die Verwandlung der gegen einen Landwehrmann erkannten militairischen Strafe auf dessen Entlassung aus dem Militairdienste.

a.

Der Schuhmacher S., welcher gegenwärtig wegen anderer Verbrechen in der Strafanstalt zu Spandau detinirt wird, ist durch das rechtskräftige Erkenntniß des Königlichen Stadtgerichts zu Potsdam de publicato den 30. September d. J. wegen großen gemeinen Diebstahls zu neunmonatlicher Einstellung in die Straf-Sektion einer Festungs-Garnison-Kompagnie verurtheilt worden. Diese Strafe kann jedoch gegen den Inkulpaten nicht vollstreckt werden, da derselbe durch die Allerhöchste C. O. vom 25. Januar d. J. aus seinen Militair-Verhältnissen entlassen worden ist.

Ew. Excellenz bitten wir daher ganz gehorsamst:

die gegen den S. erkannte Militairstrafe in eine Zuchthausstrafe von gleicher Dauer hochgeneigtest verwandeln zu wollen.

b.

Das Königliche Kammergericht wird auf den in der Untersuchungssache wider den Schumacher S. et Cons. unterm 1. d. M. erstatteten Bericht angewiesen, in diesem, so wie in allen künftigen Fällen derselben Art die Akten anderweit

zum Spruch vorzulegen, und sich über die Umwandelung der Strafe, — mit Vorbehalt des Rechtsmittels — durch Erkenntniß auszusprechen.
(v. K. Jhrb. Bd. 44. S. 441.)

n. **C. O.** vom 20. August 1836, betreffend die Fortsetzung einer gegen einen Militairpflichtigen schwebenden Untersuchung nach dessen Einstellung im Militair.

Auf den Bericht des Staats-Ministeriums vom 25. v. M. und nach dessen Antrage bestimme Ich, daß die Civilgerichte, sobald sie die Einstellung eines in Untersuchung befindlichen Militairpflichtigen in Erfahrung bringen, und das Erkenntniß erster Instanz noch nicht publizirt ist, dieAkten an das Militairgericht abzugeben haben, damit dasselbe die Untersuchung abschließe und mit Berücksichtigung der Strafgesetze, welchen der Angeschuldigte zur Zeit der verübten That unterworfen war, unter Anwendung der militairischen Strafarten, das Urtheil abfasse. War dagegen das Erkenntniß erster Instanz bereits publizirt, so verbleibt die fernere Verhandlung und die Entscheidung in zweiter Instanz dem Civilgerichte, von welchem das Urtheil, sobald es die Rechtskraft erlangt hat, nach Vorschrift der Kriminal-Ordnung §. 575. dem Militairgerichte zur Umwandlung der erkannten Strafe in eine militairische und zur Vollstreckung zuzufertigen. Die Vorschrift des §. 30. der Ersatzausbebungs-Instruktion vom 13. April 1825, nach welcher ein in Untersuchung stehendes Individuum vor der Vollstreckung der Strafe nicht eingestellt werden darf, wird hierdurch nicht aufgehoben.
(G. S. S. 228.)

12) (ad §. 19 des Anh.) **Rescript** vom 20. August 1814, betreffend den Gerichtsstand über Ehefrauen der Militairpersonen.

Dem Kriminal-Senate des Königlichen Ober-Landesgerichts wird auf den Bericht vom 29. v. M. hierdurch eröffnet, daß die Vollstreckung einer Gefängnißstrafe gegen die Ehefrau einer Militair-Person, welche sich mit ihrem Ehemanne nicht an einem Orte aufhält, von den Civil-Gerichten unmittelbar verfügt werden kann, und es deshalb keiner Requisition der Militair-Behörde bedarf.
(v. K. Jhrb. Bd. 3 S. 257.)

13) (ad §. 20 des Anh.) a. **Verordnung** vom 30. Dezember 1820 über die Organisation der Gensd'armerie §. 11, betreffend den Gerichtsstand.

§. 11. Die Gensd'armerie hat den Gerichtsstand des stehenden Heeres. Das nächste Militairgericht ist verpflichtet, die Dienst- und gemeinen Vergehen der Gensd'armen auf Requisition ihrer Vorgesetzten zu untersuchen und darüber zu erkennen. Auch die dem Gensd'armen in seinen Dienstverrichtungen vorgesetzte Civil-Behörde, der Landrath oder die Polizei-Behörde der Stadt, worin er stationirt, ist befugt, ihn wegen eines Dienst- oder andern Vergehens zur vorläufigen Untersuchung zu ziehen, auch nach Befinden arretiren zu lassen, demnächst aber verbunden, die Akten dem vorgesetzten Gensd'armerie-Kommandeur, zum weitern Verfahren zu übersenden, und hat der Kommandeur den Ausfall der Untersuchung der vorgedachten Dienst-Behörde bekannt zu machen. In Ansehung der Jurisdiktion und Strafgewalt finden die Vorschriften für das stehende Heer auch auf die Gensd'armerie Anwendung. Dem Chef der Gensd'armerie soll dabei der Wirkungskreis eines Divisions-Kommandeurs, dem Brigadier der eines Regiments-Kommandeurs, und den Abtheilungs-Kommandeuren, der eines detachirten Bataillons-Kommandeurs zustehen. Für den Fall der Konkurrenz von Gensd'armen bei Vergehen anderer Militairpersonen, erfolgt die Bestätigung des Erkenntnisses ohne Unterschied durch das Kriegs-Ministerium.
(G. S. de 1821 S. 1.)

b. **Rescript** vom 22. Febr. 1822, betr. den Criminal-Gerichtsstand der Gensd'armen.

Nach der Verordnung über die anderweitige Organisation der Gensd'armerie vom 30. Dezember 1820 §. 11. ist zwar das nächste Militair-Gericht verpflichtet, die Dienst- und gemeinen Vergehen der Gensd'armen, auf Requisition ihrer Vorgesetzten, zu untersuchen. Da jedoch bei der jetzigen Militair-Justiz-Verfassung das nächste Militair-Gericht von dem Wohnorte der Gensd'armen weit entfernt, und die Ablieferung eines zur Untersuchung zu ziehenden Individuums an das Militair-Gericht mit Schwierigkeiten verbunden ist, so hat der Chef der Gensd'armerie in Verbindung mit dem Königl. Kriegs-Ministerium die fortgesetzte Hülfe der Civil-Gerichte in Anspruch genommen. Das Königl. Kammergericht hat daher die demselben untergeordneten Gerichte anzuweisen, daß sie sich, falls kein Militair-Gericht im Orte vorhanden ist, die Untersuchung wider Gensd'armen, auf Requisition ihrer Vorgesetzten, nach wie vor unterziehen.

(v. K. Jahrb. Bd. 19. S. 200.)

c. **Rescript** vom 14. Juni 1834, betr. die Führung der Untersuchungen gegen Gensd'armen durch die Civil-Gerichte.

Die Königl. Gerichts-Behörden sind bereits durch die Verfügung vom 22. Februar 1822 angewiesen worden, sich an Orten, wo keine Militair-Gerichte vorhanden sind, der Untersuchungen gegen Gensd'armen, auf Requisition ihrer Vorgesetzten, zu unterziehen. Bei dergleichen Untersuchungen ist zwar die Zuziehung eines dazu von der requirirenden Militair-Behörde kommandirten Offiziers in der Regel erforderlich; wo indessen nach den Aeußerungen dieser Behörde eine solche Zuziehung nicht ohne Schwierigkeiten und Kosten erfolgen kann, genügt es auch, wenn die Untersuchungen nur von einem, nach Vorschrift der Kriminal-Ordnung besetzten, Gerichte geführt werden. Aus dem Mangel reglementsmäßig zuzuziehender Militair-Kommissarien kann daher von Seiten der Gerichte niemals ein Grund hergenommen werden, die Untersuchung abzulehnen.

Hiernach haben sich sämmtliche Königl. Ober-Justiz-Behörden zu achten, auch die Untergerichte dazu anzuweisen.

(v. K. Jahrb. Bd. 23. S. 215.)

14) (ad §. 12—20. des Anh.) **C. O.** vom 22. Septbr. 1834, betr. den Gerichtsstand der Militairs in Neu-Vorpommern und Rügen.

Einverstanden mit Ihren im Berichte vom 2. v. M. auseinandergesetzten Ansichten, und mit Bezug auf Meine Erlasse vom 14. September 1820 und 8. September 1822 will Ich hierdurch bestimmen, daß der Gerichtsstand des Militairs in Neu-Vorpommern und Rügen nach denselben Grundsätzen wie in den Provinzen, wo die A. G. O. und die Cr. O. gelten, regulirt werden soll, daß mithin der Anhang zur A. G. O. §. 12 bis 20. incl., so wie die §§. 78. und 79. der Cr. O., und alle, diese Gesetze abändernden, erläuternden und ergänzenden Vorschriften in Neu-Vorpommern und Rügen gesetzliche Kraft haben, und die in den gedachten Gesetzen den Obergerichten beigelegten Befugnisse und Pflichten durch das Hofgericht zu Greifswald ausgeübt werden sollen. Sie haben diese Bestimmung durch die G. S. bekannt zu machen. (G. S. S. 163.)

15) (ad §. 12—20 des Anh.) **C. O.** vom 19. Juli 1834, betr. den Gerichtsstand der preußischen Militairpersonen und ihrer Angehörigen in den Bundesfestungen Mainz und Luxenburg.

Auf Ihren gemeinschaftlichen Bericht vom 30. Juni über den Gerichtsstand der zu den Garnisonen in den beiden Bundesfestungen Mainz und Luxemburg gehörigen diesseitigen Militairpersonen und Beamten und ihrer Angehörigen, so wie über die auf deren Rechts-Angelegenheiten zur Anwendung kommenden Gesetze, setze Ich, mit Bestätigung der sich hierauf beziehenden Verfügung des Militair-Justizdepartements vom 26. Juni und vom 25. September 1816, Folgendes fest:

1. Die zu den Garnisonen der Bundesfestungen Mainz und Luxemburg gehörigen diesseitigen Militairpersonen und Beamten, die sich daselbst mit Meiner Erlaubniß aufhaltenden, auf Inaktivitätsgehalt oder Pension ste-

henden Offiziere, Letztere so lange sie in Kriminal- oder Injuriensachen den Militairgerichtsstand behalten, deren Ehefrauen, Kinder, Angehörigen, welche als zu ihrem Hausstande gehörig zu betrachten, und Dienstboten mit ihren Ehefrauen und Kindern, insofern diese Angehörigen und Dienstboten Preußische Unterthanen sind, endlich die Wittwen und geschiedenen Ehefrauen, so lange sich dieselben nach dem Tode ihrer Ehegatten, oder nach rechtskräftig erfolgter Scheidung zum Zwecke der Regulirung ihrer Angelegenheiten und bis diese erfolgt ist, als worüber im Zweifel die Gouvernementsgerichte zu entscheiden haben, in den Bundesfestungen aufhalten; stehen in allen ihren civilrechtlichen Verhältnissen unter der Gerichtsbarkeit Meiner dortigen Gouvernementsgerichte, welchen in allen Angelegenheiten der streitigen und freiwilligen Gerichtsbarkeit die Jurisdiktion übertragen worden ist, und welche sich hierbei lediglich nach den Vorschriften des A. L. R. und der A. G. O. und den dazu ergangenen späteren gesetzlichen Bestimmungen zu achten haben. Ebenso wird in allen Angelegenheiten, wo es auf Untersuchung und Bestrafung ankommt, von den Gouvernements-Gerichten nicht nur die Untersuchung geführt, sondern auch nach dem §. 19. der Cr. O. und der Verordnung vom 11. März 1818 in allen Fällen, in welchen die Strafe nur 50 Rthlr. oder vierwöchentliches Gefängniß beträgt, gegen diejenigen Individuen, welche nicht schon nach allgemeinen gesetzlichen Bestimmungen in Untersuchungssachen der Militairgerichtsbarkeit unterworfen sind, erkannt.

2. Das Ober-Landesgericht in Hamm wird fortfahren, in denen hierdurch den Gouvernementsgerichten delegirten Sachen, die Aufsicht über die Gouvernementsgerichte zu führen und in den Prozessen, worin dieselben erkannt haben, sofern es die Gesetze überhaupt verstatten, in zweiter Instanz zu erkennen. Es ist berechtigt, wenn der Auditeur des Gouvernementsgerichts bei einer gerichtlichen Angelegenheit persönlich betheiligt ist, oder rekusirt wird, und wenn es sich von einem Gehalts-Abzugsverfahren, bei dem mehrere Gläubiger konkurriren, handelt, diese Sachen an sich zu ziehen und darin, so wie in dem am Schlusse der vorigen Paragraphen gedachten Falle in erster Instanz selbst zu erkennen. Von diesen Erkenntnissen erster Instanz ist der Instanzenzug derselbe, wie von allen übrigen Erkenntnissen erster Instanz des gedachten Ober-Landesgerichts.

3. Bei Aufnahme der gerichtlichen Erklärungen und Verträge soll in Mainz der bei der Inspektion der Besatzung angestellte Auditeur und in Luxemburg der Aktuar den Auditeur des Gouvernementsgerichts in Verhinderungs-Fällen vertreten; bei Testaments-Aufnahmen aber sollen im Nothfalle die §§. 194. und 200 des Tit. XII. Th. I. des A. L. R. zur Anwendung kommen. Diese Vorschrift findet auch auf frühere Handlungen Anwendung; es sollen dieselben gültig sein, wenn deren Aufnahme durch die hier benannten Personen und unter Beobachtung der in den bezogenen Gesetzstellen ertheilten Anweisungen erfolgt ist. — §. 17. der Einleitung zum A. L. R. Die Verhandlungen sind übrigens nach erfolgter Aufnahme an das Ober-Landesgericht zu Hamm zu senden, um dem Befunde nach die weitere gesetzliche Verfügung zu treffen.

4. Es wird nachgegeben, daß die im ersten Paragraphen genannten Personen mit den Einwohnern gedachter Städte und fremden Unterthanen, soweit es gültigerweise geschehen kann, mündlich unter Privat-Unterschrift, oder vor einem dortigen Notar, Verträge abschließen können, und wird in diesen Fällen die Gültigkeit derselben, hinsichtlich ihrer Form, in Gemäßheit des §. 111. Tit. V. Th. I. des A. L. R. auch von den diesseitigen Gerichten nach den dortigen Landesgesetzen beurtheilt.

5. Die Einwirkung der Gouvernementsgerichte auf die Nachlaß-Regulirungen und auf das Vormundschaftswesen beschränkt sich auf die zur Sicherstellung, Inventarisation und etwanigen Versilberung des Nachlasses und zum Besten der Pflegebefohlenen nothwendigen ersten Einleitungen,

worauf die Akten dem Ober-Landesgerichte zu Hamm einzureichen sind, um sie an das Gericht abzugeben, welches nach den Gesetzen kompetent ist, den Nachlaß zu reguliren und die obervormundschaftliche Aufsicht zu führen, oder wenn kein solches vorhanden ist, diese Geschäfte selbst zu übernehmen.

6. Das Ober-Landesgericht zu Hamm und die Gouvernementsgerichte verwalten die Justiz nach den Vorschriften der allgemeinen Preußischen Gesetzgebung, mit Berücksichtigung der Personal- und Realstatute nach §§. 23. und 32. der Einleitung zum A. L. R. Mit der zu 4. gedachten Ausnahme hinsichtlich der Form der Verträge mit Fremden, erkennen sie hinsichtlich ihrer Auslegung und rechtlichen Folgen nach den Grundsätzen des Preußischen Rechts, wenn diese Verträge auch mit Fremden nach den Formen ausländischer Gesetze geschlossen worden, und die aus den, nach den Preußischen oder fremden Formen während ihres Aufenthalts in den Bundesfestungen von den im ersten Paragraphen bezeichneten Personen geschlossenen Verträgen, erworbenen Rechte und übernommenen Verpflichtungen, erleiden durch die später erfolgte Versetzung derselben, oder durch ihren freiwilligen Umzug in das Preußische Staatsgebiet keine Veränderungen, sollten auch die Allgemeinen Preußischen Gesetze an dem Orte, wo sie ihr neues Domicil nehmen, noch nicht eingeführt sein.

Sie haben diese Bestimmungen durch die G. S. bekannt zu machen und die erforderlichen Anweisungen an die betreffenden Gerichte zu erlassen. (G. S. S. 132.)

§. 49. Eben diesen Gerichten sind Enrollirte, welche schon wirklich ausgehoben und zur Einrangirung beordert sind, wenn sie gleich noch nicht zur Fahne geschworen haben, ingleichen die niedern zum Kriegswesen verpflichteten Kriegsbeamten, so wie die Invaliden, in so fern sie ihren Regimentern oder Korps noch verpflichtet bleiben, unterworfen. (Allgemeines Landrecht Th. II. Tit. X. §. 56.)

§. 50. Die Generale und Kommandeurs der Regimenter, die zum Generalstabe gehörigen Personen, die bei der geheimen Kriegskanzlei angestellten. Bedienten, und überhaupt alle diejenigen, welche zum Militairetat, jedoch nicht zu einzelnen, mit besondern Gerichten versehenen Regimentern oder Korps gehören, müssen bei dem Generalauditoriat, oder bei den Gouvernementsgerichten belangt werden. (Allg. Landrecht a. a. O. §. 53. 54.)

§. 51. Die Mitglieder und Subalternen des Oberkriegskollegii stehen, in so fern sie nicht etwa ausserdem mit einem Militaircharakter als Offizier bei der Armee versehen sind, unter der Jurisdiktion des Kammergerichts.

Rescript vom 6. Dezember 1814, betr. den Gerichtsstand der Mitglieder des General-Auditoriats.

Ew. Hochwohlgeboren eröffnen wir auf den, wegen des Fori, welchem die Mitglieder des General-Auditoriats unterworfen sind, unter dem 30. Oktbr. c. erstatteten Bericht, hierdurch in Antwort, daß, in Gemäßheit der in der Allerhöchsten Cabinets-Ordre vom 19. Juli 1809 aufgestellten Grundsätze, die Mitglieder des General-Auditoriats auch in Kriminal- und Injurien-Sachen der Jurisdiktion des Kammergerichts unterworfen sind. Dagegen versteht es sich von selbst, und das Kammergericht ist noch besonders darauf aufmerksam gemacht worden, daß von jeder wider ein Mitglied des General-Auditoriats eröffneten Untersuchung Ew. Hochwohlgeboren Nachricht zu geben, auch Ihnen eine Abschrift des ergangenen Erkenntnisses mitzutheilen ist.

Sämmtliche Ober-Landesgerichte haben bei dieser Gelegenheit die Anweisung erhalten, von den wider Offizianten bei den Militair-Behörden eröffneten Untersuchungen, in sofern solche nach der obangezogenen Cabinets-Ordre vom 19. Juli 1809 vor die Civil-Gerichte gehören, den gedachten Militair-Behörden jedesmal Nachricht zu geben, sie auch mit dem Ausfalle des ergangenen Erkenntnisses bekannt zu machen.

Berlin, den 6. Dezember 1814.

Abschrift.

Nach der Allerhöchsten Cabinets-Ordre vom 19. Juli 1809, die Aufhebung der Militair-Gerichtsbarkeit in Civil-Sachen betreffend, sind diejenigen bei den Militair-Behörden angestellten Offizianten, welche nicht zu den wirklichen Militair-Personen gehören, auch in Kriminal- und Injurien-Sachen der Civil-Gerichtsbarkeit unterworfen. Da jedoch die Militair-Behörden bei einer wider einen ihrer Offizianten eröffneten Untersuchung ein wesentliches Interesse haben, so wird hierdurch festgesetzt, daß von einer jeden solchen Untersuchung der Behörde, unter welcher der Angeschuldigte in seinem Dienste stehet, Nachricht gegeben, dieselbe auch mit dem Ausfalle des ergangenen Erkenntnisses bekannt gemacht werden soll.

Berlin, den 6. Dezember 1814. (v. K. Jahrb. Bd. 4. S. 237.)

§. 52. In alle zur Militairgerichtsbarkeit gehörige Rechtsangelegenheiten dürfen die Civilgerichte sich nicht mischen. Doch sind dieselben schuldig und befugt, wenn ein ihrer Gerichtsbarkeit unterworfener Kläger, mit einer Beschwerde, wegen verweigerter oder verzögerter Rechtspflege von Seiten der Militairgerichte, bei ihnen sich meldet, sich desselben bei dem Oberkriegskollegio anzunehmen.

γ. Civilbediente.

§. 53. Sämmtliche zum Civilstande gehörige Königliche in wirklichen Diensten stehende, oder Titularräthe und Beamte sind als Eximirte zu betrachten, und gehören als solche unter das Obergericht der Provinz, ohne Rücksicht auf den ihnen sonst beigelegten höhern oder geringeren Rang, und ohne Unterschied: ob sie zum Hofstaat, oder einem der Landesdepartements gehören. Die Ausnahmen sind §. 78. u. f. enthalten.

Anh. §. 21. *Ein nach den Vorschriften des A. L. R. Th. II. Tit. XVII. §. 76. und folg. bestellter und in seinem Gerichtsbezirk auf dem platten Lande lebender Justitiarius, ist den unmittelbar in Diensten des Staates sich befindenden Beamten gleich zu achten.*

1) **Rescript** vom 5. August 1802, betr. den Gerichtsstand eines auf dem Lande wohnenden Justitiarii. v. R. VII. S. 195. (aufgenommen in §. 21. des Anh.)

2) s. Anh. §. 7.

3) **Rescript** vom 26. April 1814, betr. das Forum der Geistlichen, Lehrer, Stadtgerichtsangehörigen und anderer niederer Beamten. s. zu §. 46. h. t.

4) **Rescript** vom 18. Juni 1821, betr. den eximirten Gerichtsstand der Kreis-Chirurgen.

Dem Königl. Ober-Landesgericht wird auf den Bericht vom 17. April c. bekannt gemacht, daß nach der von dem Königl. Ministerio der Medicinal-Angelegenheiten eingegangenen Nachricht, die Kreis-Chirurgen durch eine besondere Bestallung ernannt werden, und mit einem festen Gehalt aus Staats-Kassen besoldete Medicinal-Polizei-Beamte sind, mithin als Eximirte angesehen werden müssen.

(v. K. Jahrb. Bd. 17. S. 270.)

5) **Rescript** vom 27. Januar 1823, betr. den Gerichtsstand der Diätarien.

Auf Veranlassung einer von dem Schuhmacher N. in seiner Sache wider den beim ersten Departement des Königl. Kriegs-Ministeriums beschäftigten Diätarius N. eingereichten Vorstellung, hat sich der Justiz-Minister die hierbei erfolgenden Akten des Hausvogtei-Gerichts vorlegen lassen. Aus denselben ergiebt sich, daß das Königl. Kammergericht den N. als einen wirklichen Königl. Beamten angesehen, und deshalb die Sache — welche früher bei dem hiesigen Stadtgerichte geschwebt — an das Hausvoigtei-Gericht verwiesen hat. Hiermit kann der Justiz-Minister nicht einverstanden sein. Bloße Diätarien, welche ohne weiteres Verfahren zu jeder Zeit wieder entlassen werden können, sind, selbst wenn sie zu ihren Geschäften verpflichtet worden, den wirklich angestellten und mit Bestallungen oder Anstellungs-Verfügungen versehenen Beamten nicht gleichzusetzen.

Nur Letztere haben auf das forum exemtum Anspruch, nicht aber Erstere. Der N. ist zur Zeit der Anstellung der Klage dem Foro des hiesigen Stadtgerichts um so mehr unterworfen gewesen, als derselbe nach dem abschriftlich anliegenden Schreiben des Königl. Kriegs-Ministeriums vom 16. d. M. zu dieser Zeit nicht einmal förmlich verpflichtet war. Die Sache des N. wider den N. muß daher fernerhin bei dem hiesigen Stadtgerichte verhandelt werden, zu welchem Ende das Königl. Kammergericht das Nöthige zu verfügen hat.

(v. K. Jahrb. Bd. 21. S. 281.)

6) **Rescript** vom 29. Oktbr. 1830, betr. die Gerichtsbarkeit der schlesischen Mediat-Regierungen über Justiz-Beamte und Aerzte.

Nach eingeforderten Berichten der Ober-Landesgerichte zu Breslau und Glogau nimmt der Justiz-Minister keinen Anstand, auf die Anfrage des Königl. Ober-Landesgerichts im Berichte vom 2. Juli c. zu bestimmen, daß dem Fürsten v. Lichtensteinschen Fürstenthumsgericht zu Leobschütz die prätendirte Jurisdiktion über die, in dessen Jurisdiktion wohnenden, nicht Königl. Justizbeamten und die dortigen Aerzte, insofern solche nicht entweder von dem Landesherrn mit einem Charakter bekleidet sind, oder zugleich eine Königl. Civilbedienung bekleiden, nicht streitig gemacht werden kann, und daß die Kompetenz des Gerichts auch auf die Justitiarien, welche auf den Gütern des Herrn Fürsten angestellt sind, insbesondere auf die Mitglieder des Fürst-Lichtensteinschen Stadtgerichts zu Leobschütz sich ausdehne.

In Rücksicht der Aerzte wird das Königl. Ober-Landesgericht besonders auf das Rescript vom 28. April 1800 an die damalige Oberamts-Regierung zu Brieg in Hinsicht des Fürstenthums Neiße und Grottkau verwiesen, wodurch schon bestimmt ist, daß allen Mediat-Regierungen in Schlesien die Jurisdiktion über die Doctores medicinae zustehe.

(v. K. Jahrb. Bd. 36. S. 308.)

7) **Rescript** vom 12. Dezember 1831, betreffend den eximirten Gerichtsstand der Kreis-Thier-Aerzte.

In dem bei dem Landgerichte zu N. N. schwebenden Prozesse des N. N. wider den dortigen Kreis-Thierarzt N. N. hat der Letztere gegen die Verfügung des Königlichen Ober-Landesgerichts vom 15. Juli c. deshalb Beschwerde geführt, weil in derselben dem Supplikanten in seiner Eigenschaft als Kreis-Thierarzt das eximirte Forum abgesprochen worden ist.

Nachdem über die amtliche Stellung der Kreis-Thierärzte mit dem Königl. Ministerium der Geistlichen, Unterrichts- und Medicinal-Angelegenheiten und des Innern für Handel und Gewerbe kommunicirt worden ist, so wird in Uebereinstimmung mit der Ansicht beider Ministerien dem Königl. Ober-Landesgerichte eröffnet, daß die Beschwerde des N. N. begründet ist, und den Kreis-Thierärzten, gleich den Kreis-Chirurgen, das eximirte Forum zusteht.

Hiernach hat sich das Kollegium in diesem wie in allen ähnlichen Fällen zu achten.

(v. K. Jhrb. Bd. 38, S. 312.)

8) **Rescript** vom 10. Januar 1832, betr. den eximirten Gerichtsstand der Regierungs-Condukteure.

Das Justiz-Ministerium hat über die Anfrage des Königl. Ober-Landesgerichts in dem Berichte vom 13. Mai v. J.,

„ob Regierungs-Conducteure die Exemtion genießen, und ob zwischen Regierungs- und Bau-Conducteuren hinsichtlich des eximirten Gerichtsstandes und der sonstigen Prärogative ein Unterschied, und welcher, Statt finde?“
mit dem Königl. Ministerium des Innern für Handel- und Gewerbe-Angelegenheiten communicirt, und wird dem Kollegium nunmehr unter abschriftlicher Mittheilung der von dem vorgedachten Ministerium unter dem 30. Oktober v. J. abgegebenen Erklärung eröffnet, daß den Conducteuren, welche bei den Regierungen förmlich verpflichtet sind, der eximirte Gerichtsstand nicht abgesprochen werden kann. Hinsichtlich der im Wege der Exekution oder des Arrestschlages zu regulirenden Verkümmerung ihres Einkommens können sie jedoch nach den in der Allerhöchsten Cabinets-Ordre vom 10. Oktbr. enthaltenen Bestimmungen auf die Prärogative der Beamten, soweit es sich von ihren Deserviten, Diäten und Gebühren handelt, keinen Anspruch machen.

(v. K. Jahrb. Bd. 39. S. 148.)

§. 54. Königliche Pächter können auf diese Exemtion nur alsdann Anspruch machen, wenn sie mit einem Charakter begnadigt worden, oder doch als Generalpächter den Namen Königlicher Beamten führen.

1) **Rescript** vom 21. Oktbr. 1817, betr. den Gerichtsstand prinzlicher mit dem Titel Ober-Amtmann versehener Pächter.

Dem Königl. Ober-Landesgericht zu Naumburg wird auf die in dem Berichte vom 23. v. M. gemachte Anfrage über den Gerichtsstand prinzlicher, mit dem Titel Ober-Amtmann versehener Pächter, eröffnet, daß, da nach einer bei dem Kammergerichte eingegangenen Anzeige des Ordens-Regierungs-Raths und prinzlichen Domainen-Kammer-Raths N., der zu der Zeit der Domainen-Kammer des Herrn Prinzen vorsteht, die Domainen-Kammer den prinzlichen Beamten oder Ober-Amtmännern nie die Exemtion zugestanden hat, selbst wenn sie wegen des Titels ein Patent erhalten haben, Pächter, der Regel nach, den Untergerichten unterworfen sind, und §. 54. Tit. 2. Th. I. der A. G. O. bestimmt ist, daß Königl. Pächter nur den eximirten Gerichtsstand in Anspruch nehmen können, wenn sie als General-Pächter den Namen Königliche Beamte führen, den prinzlichen Ober-Amtmännern oder deren Wittwen der eximirte Gerichtsstand nicht zugestanden werden kann.
Hiernach hat das Königl. Ober-Landesgericht das Weitere zu veranlassen.

(v. K. Jahrb. Bd. 10. S. 253.)

2) **Rescript** vom 9. Septbr. 1834, betr. den Gerichtsstand Königl. Pächter und titulirter Kommerzienräthe.

In Bezug auf die beigehende Vorstellung des Kommerzienraths H. zu S. vom 12. August d. J.
worin derselbe wegen des ihm verweigerten eximirten Gerichtsstandes in einer Prozeßsache des Königl. Domainen-Fiskus wider ihn, Beschwerde führt,
wird dem Königl. O. L. Ger. Folgendes hiermit eröffnet.

Als Pächter einer Königl. Fabrik kann der H. auf Exemtion keinen Anspruch machen, da die A. G. O. Th. I. Tit. 2. §. 54 solche nur den General-Pächtern bewilligt, hierunter aber nur General-Pächter der Domainen-Aemter verstanden sind, bei welchen jene Exemtion deshalb eintreten mußte, weil sie sonst unter der Jurisdiktion der Justizbeamten gestanden haben würden.

Dahingegen leidet es kein Bedenken, daß ihm als titulirter Kommerzienrath der eximirte Gerichtsstand gebührt, da nach Vorschrift der A. G. O. a. a. O. §. 53. titulirte Königl. Räthe den befreiten Gerichtsstand haben und hiervon nur die, aus dem von ihnen betriebenen bürgerlichen Gewerbe entspringenden, oder damit in Verbindung stehenden Streitigkeiten nach §. 78. l. c. ausgenommen sind, indem sie in deren Rücksicht der Gerichtsbarkeit des Untergerichts unterworfen sind.

Die Vorschrift des §. 80. ebendaselbst ändert jenen Grundsatz nur für den speziellen Fall,
wo der, welcher mit dem Titel eines Kommerzienraths begnadigt wird, bereits die Handlung treibt;
dieser Fall aber liegt hier nicht vor, indem der H. den qu. Titel bereits als Administrator und Vorstand der Königl. Fabrik erhalten und demgemäß, wie er behauptet, die Exemtion auch bisher gehabt hat. Diese kann ihm daher mit der obi-

gen Restriktion auch jetzt nicht entzogen werden, und wird dem zu Folge, da der vorgedachte Rechtsstreit des Königl. Domainen-Fiskus wider H., als Gewährsansprüche aus einem Gutskauf-Kontrakte betreffend, mit dem bürgerlichen Gewerbe des Verklagten in keinem Zusammenhange steht, das Königl. O. L. Ger. hierdurch angewiesen, diesen Prozeß zur Instruktion und Aburtelung vor sein Forum zu ziehen.

(v. K. Jahrb. Bd. 44. S. 81)

§. 55. Justizkommissarii und Notarii, die bei dem Landesjustizkollegio einer Provinz ordentlich recipirt und immatrikulirt worden, gehören zu den persönlich Eximirten. Wenn sie jedoch bei Untergerichten Rechtsangelegenheiten betreiben, so müssen sie in so weit die Jurisdiktion eines solchen Untergerichts anerkennen, und auch den Ordnungsstrafen desselben, so wie der Exekution zur Beitreibung solcher Strafen, sich unterwerfen.

§. 56. Blossè Notarii, die wegen einer andern persönlichen Qualität nicht eximirt sind, stehen unter den gewöhnlichen Gerichten ihres Wohnorts.

57. Die Subalternen der landschaftlichen Institute und Kreditsysteme sind für Eximirte zu achten, und also dem Obergerichte der Provinz unterworfen.

§. 58. In Ansehung der Königlichen Bedienten niedern Ranges, stehet es den Obergerichten, unter Genehmigung der vorgesetzten Behörde, frei, den gewöhnlichen Gerichten jeden Orts die Gerichtsbarkeit über sie, in allen ihren Dienst nicht betreffenden Rechtsangelegenheiten ein für allemal zu übertragen; in so fern dieses nicht durch allgemeine Verordnungen, wie z. B. in Ansehung der Postillons und geringern Forstbedienten, bereits geschehen ist.

1) s. Anh. §. 29.

2) **Circular-Rescript** vom 12. Januar 1776, betr. den Gerichtsstand der Forst-Bedienten.

Friedrich ꝛc. König von Preußen ꝛc. Unsern ꝛc. Da darüber noch nichts hinreichend Bestimmtes festgesetzt worden, unter welcher Gerichtsbarkeit Unsere Forstbediente stehen sollen, und solche bisher verschiedentlich sowohl von den Amtsgerichten als von den Landes-Justiz-Collegiis in der ersten Instanz exercirt worden: so setzen Wir, um hierin künftig allen Zweifeln und Irrungen abzuhelfen, hiermit allergnädigst fest, daß

1) alle Unterförster, welchen Namen auch ihre Funktion haben mag, und alle Forstbediente überhaupt, die nicht Rechnung führen und Membra eines Forstamts sind, gleich andern Amtseingesessenen und der Amtsgerichtsbarkeit unterworfenen, in der ersten Instanz bei den Amtsgerichten Recht nehmen müssen.

2) So viel hingegen die Forstbedienten betrifft, welche Rechnung führen und ein Forstamt als Membra desselben mit konstituiren: so sollen dieselben unter unsern Landes-Justiz-Collegiis sowohl in Actionibus personalibus als realibus, mixtis und possessoriis stehen, ein gleiches auch statt finden, wenn dieselben nur Litis-Konsorten, Intervenienten oder Litis-Denunciaten sind, oder mit mehreren Gegnern, es mögen dieselben Litis-Konsorten, Intervenienten oder Litis-Denunciaten sein, zu thun haben. Es höret aber

3) dieses ihr Forum privilegiatum mit ihrem Tode auf, folglich stehen alsdann sowohl ihre Verlassenschaft als ihre Wittwen und Kinder für ihre Personen, so lange sie ihre Wohnung und Condition nicht verändern, lediglich unter der Jurisdiktion der Amts-Gerichte, wie solches bereits durch das deshalb an die Pommerschen Pupillen-Collegia den 27. Novbr. 1753 erlassene Rescript verordnet wird.

4) Gleichergestalt gebühret also auch der Abschoß von der Verlassenschaft eines solchen Forstbedienten in allen Fällen, wo Fiskus solchen nehmen darf, den Amtsgerichten, und ist von denselben zu berechnen.
5) Stürbe jedoch die Ehefrau vor ihm, so bleibt die Bevormundung, Erbsonderung und was sonst dahin gehört, bei den Landes-Justiz- oder Landes-Obervormundschafts-Collegiis, unter welchen er selbst ressortirt.

(N. C. C. T. VI. S. 14.)

3) **Rescript** an das Kammergericht vom 19. Juni 1810 und an die Ober-Landesgerichte zu Soldin (jetzt Frankfurt), Königsberg, Insterburg, Marienwerder, Stettin, Cöslin, Breslau, Glogau und Brieg (jetzt Ratibor) vom 11. August 1810, und **Rescript** vom 9. Febr. 1811, betr. die Delegation der Gerichtsbarkeit über das Gesinde der Eximirten und über die Offizianten niederen Ranges an die Untergerichte.

Auf Euren Bericht vom 17. v. M. und den darin enthaltenen Antrag, genehmigen Wir hierdurch,

daß die Gerichtsbarkeit über das Gesinde und die Haus-Offizianten der Eximirten den Gerichten der Wohnörter der Herrschaften, und die Jurisdiktion über die Offizianten niederen Ranges der Gerichtsbarkeit ihres Aufenthaltsorts delegirt werde,

und autorisiren Euch, deshalb das Nöthige zu veranlassen.

Berlin, den 19. Juni 1810.

Auf Euren, wegen der Gerichtsbarkeit über das Gesinde und die Haus-Offizianten der Eximirten unter dem 31. v. M. erstatteten Bericht, authorisiren Wir Euch hierdurch, nach Anleitung der A. G. O. Th. I. Tit. 2. §. 58. und 101. die Gerichtsbarkeit über das Gesinde und die Hausoffizianten der Eximirten, desgleichen über die Offizianten niederen Ranges, wohin die Subalternen bei allen öffentlichen Behörden in den Provinzen, vom Kanzellisten abwärts, Accise-Aufseher, Thorschreiber, Landreiter u. s. w. zu rechnen sind, den Ortsgerichten zu übertragen.

Berlin, den 11. August 1810.

Dem Königl. Ober-Landesgericht zu Insterburg wird auf den Bericht vom 25. v. M. hierdurch eröffnet, daß, da das Rescript vom 11. Aug. 1810, die Gerichtsbarkeit über die Offizianten niederen Ranges betr., ganz allgemein ist, die Delegation der Gerichtsbarkeit über die Subalternen vom Kanzellisten abwärts, die Kanzellisten der Landeskollegien mit einbegreift.

Berlin, den 9. Februar 1811.

(Act. des Justizm. Gen. G. No. 27. fol. 4. 10 und 15.)

4) **Rescript** vom 26. April 1814, betr. den Gerichtsstand der Accise- und Polizeibedienten.

Auf Veranlassung eines von dem Ober-Landesgerichte zu Breslau erstatteten Berichts hat der Chef der Justiz wegen des Gerichtsstandes der Accise- und Polizei-Beamten mit den betreffenden Ministerien kommunizirt, und es ist demgemäß festgesetzt worden:

daß die Gerichtsbarkeit über die Accise-Offizianten nur mit Ausnahme der Accise-Einnehmer, der Kassen-Kontrolleurs, der Provinzial-Inspektoren, den Untergerichten dergestalt delegirt werden könne, daß auch die in dem Rescripte vom 19. November 1792 enthaltene Beschränkung auf Objekte unter 50 Rthlr. künftig wegfallen soll,

und

daß in Absicht der Polizei-Beamten die Jurisdiktion nur über die Polizeidiener und Polizei-Sergeanten den Untergerichten per modum delegationis zu übertragen sei.

Dem Königl. ꝛc. wird dieses zur Nachachtung und weiter erforderlichen Verfügung hierdurch bekannt gemacht.

(v. K. Jahrb. Bd. 3. S. 253.)

5) **Rescript** vom 8. Oktbr. 1819 nebst Anlage, betr. den Gerichtsstand der Zoll- und Steuer-Beamten niedern Ranges.

Bei Zurücksendung des von Euer Excellenz mir mittelst geehrten Schreibens vom 3. d. M. gefälligst mitgetheilten Original-Berichts des Ober-Landesgerichts zu

Naumburg vom 20. v. M. und der dazu gehörenden zwei Anlagen, betreffend den Gerichtsstand der Zoll- und Steuer-Beamten niedern Ranges, beehre ich mich Denenselben ganz ergebenst zu erwiedern, wie ich damit einverstanden bin, daß auch bei der gegenwärtig veränderten Steuer-Verfassung die Jurisdiktion über diese Beamten den Untergerichten delegirt werde; nur muß ich ersuchen, die Patrimonial-Gerichte aus den von der Regierung zu Erfurt in dem Antwortschreiben an das Ober-Landesgericht vom 9. v. M. aufgestellten Gründen davon auszuschließen.

Uebrigens finde ich gegen die Vorschläge dieser Regierung, „daß zu den, der Jurisdiktion der Untergerichte zu unterwerfenden Beamten zu rechnen sein werden:

1) sämmtliche Grenz- und Steuer-Aufseher,
2) die Nebenzöllner und Orts-Steuererheber, die zeitweise zur Gefälle-Erhebung gegen Prozente bestellt werden,
3) bei den Zoll-Aemtern und Steuer-Aemtern überhaupt: die Diener, Plombeurs und Gewichtsetzer,

so daß einen eximirten Gerichtsstand behalten:

die Ober-Zoll- oder Ober-Steuer-Inspektoren,
die Haupt-Zoll- oder Haupt-Steuer-Amts-Rendanten,
die Haupt-Zoll- oder Haupt-Steuer-Amts-Kontrolleure,
die Ober-Zoll- oder Ober-Steuer-Kontrolleure (Inspektoren),
die bei den Haupt-Zoll- und Haupt-Steuer-Aemtern bestallten Assistenten, Revisoren, Kassirer, Packhofs-Verwalter und Buchhalter,
die Zoll- und Steuer-Einnehmer, Kontrolleure und Assistenten der Neben- oder Unter-Aemter."

Euer Excellenz stelle ich daher ganz ergebenst anheim, hiernach eine allgemeine Anweisung gefälligst zu erlassen, und ich bin zur Mitvollziehung derselben bereit.

Berlin, den 17. September 1819.

Abschrift dieses Schreibens, womit sich der Chef der Justiz einverstanden erklärt, wird sämmtlichen Königl. Ober-Landesgerichten zur Nachricht, Achtung und gemessenen Instruirung der von ihnen ressortirenden Untergerichte hierdurch mitgetheilt.

Berlin, den 8. Oktober 1819.
(v. K. Jahrb. Bd. 15. S. 16.)

6) **Rescript** vom 21. März 1816, betr. das Forum der Berg- und Hütten-Beamten niedern Ranges.

Nach den Vorschriften der A. G. O. Th. I. Tit. 2. §. 53. stehet es fest, daß jeder in wirklichem Königl. Dienste befindliche Beamte auf den eximirten Gerichtsstand Anspruch machen kann. Indeß ist §. 58. I. a. den Obergerichten die Befugniß beigelegt, über die Königl. Bedienten niedern Ranges den gewöhnlichen Ortsgerichten, nach vorgängiger Genehmigung des Chefs der Justiz, die Gerichtsbarkeit ein für allemal zu übertragen. Da nun darüber, welche Klasse der Berg- und Hütten-Offizianten in die letztere Kategorie zu setzen sind, sich Zweifel erhoben haben, so ist der Chef der Justiz mit dem Königl. Finanz-Ministerio dahin übereingekommen, daß nachstehende Offizianten: nämlich:

Die Kanzellisten der Ober-Berg- und Berg-Aemter,
" Kanzellei-, Kalkulatur- und Kassen-Assistenten,
" Ober-Berg-, Berg-Amts- und Salz-Amts-Boten,
" Markscheider-Gehülfen,
" Gradir-Meister,
" Siede-Meister,
" Kohlen-Messer,
" Salz-Böttcherei-Aufseher,
" Magazin-Aufseher und Salz-Ausgeber,

in ihren Privatverhältnissen der Gerichtsbarkeit der Untergerichte per modum delegationis unterworfen werden können.

Dem Königl. Kammergerichte (dem Königl. Ober-Landesgerichte) 2c. wird solches hierdurch bekannt gemacht, um sich darnach genau zu achten, und die betreffenden Untergerichte danach zu instruiren.

(v. K. Jahrb. Bd. 7. S. 15.)

7) **Rescript** an die Ober-Landesgerichts-Kommission zu Naumburg vom 11. Februar 1817, betr. den Gerichtsstand der Beamten niedern Ranges und des Gesindes der Eximirten.

Die Königl. Ober-Landesgerichts-Kommission zu Naumburg wird auf den Bericht vom 31. v. M. wegen der Gerichtsbarkeit über die Königl. Bedienten niedern Ranges und die Subalternen aller öffentlichen Behörden, vom Kanzellisten abwärts, hierdurch authorisirt, nach Anleitung der A. G. O., Th. I. Tit. 2. §§. 58. und 101. die Gerichtsbarkeit über das Gesinde und die Haus-Offizianten der Eximirten, desgleichen über die Offizianten niedern Ranges, wohin die Subalternen bei allen öffentlichen Behörden in der Provinz, vom Kanzellisten abwärts, Accise-Aufseher, Thorschreiber, Landreiter u. s. w. zu rechnen sind, den Ortsgerichten zu übertragen.

Hiernach kann das Kollegium auch in dem in dem Berichte angeführten speciellen Falle die Gerichtsbarkeit über den zu N. wohnenden N. dem dortigen Gerichte übertragen.

(v. K. Jahrb. Bd. 9. S. 11.)

8) **Rescript** an das Hofgericht zu Arnsberg vom 21. Febr. 1831, betr. die Delegation der Gerichtsbarkeit über die niederen Offizianten und das Gesinde der Eximirten an die Untergerichte.

Die von dem Königl. Hofgerichte nach dem Berichte vom 23. Nov. v. J. beabsichtigte Delegation der Gerichtsbarkeit über die niederen Königl. Beamten, wie sie insbesondere in dem Bericht nambaft gemacht worden, so wie über die in Diensten eximirter Personen stehenden Haus-Offizianten, Livree-Bedienten und das Gesinde derselben an die Königl. Untergerichte, wird hiermit genehmigt.

(Act. des Justizm. Gen. G. No. 27. fol. 111.)

9) **Rescript** vom 18. Juli 1831 nebst **Anlagen**, betr. die Delegation der Gerichtsbarkeit über niedere Post-Bedienten.

A.

Dem Königl. Hofgericht wird auf den Bericht vom 22. April c., die Delegation der Gerichtsbarkeit über die niedern Postbeamten betreffend,

hierneben das Schreiben des Königl. General-Postmeisters Herrn v. Nagler, vom 24. v. M. nebst Anlagen abschriftlich mit dem Eröffnen zugefertigt, daß das Kollegium authorisirt wird, die Gerichtsbarkeit über die darin benannten Postbeamten den Königl. Untergerichten, nicht aber den Patrimonialgerichten, zu delegiren.

Berlin, den 18. Juli 1831.

B.

Vorstehende Verfügung, nebst Anlagen, wird sämmtlichen Landes-Justiz-Kollegien bekannt gemacht, um sich danach zu achten, und ebenmäßig wegen Uebertragung der Gerichtsbarkeit über die bezeichneten niedern Postbeamten in allen, ihren Dienst nicht betreffenden Rechtsangelegenheiten an die Königl. Untergerichte Verfügung zu treffen.

Berlin, den 18. Juli 1831.

C.

Ueber den Gerichtsstand der niederen Postbeamten, den Gegenstand des sehr geehrten Schreibens vom 9. d. M., hat theilweise schon früher zwischen Einem Königlichen Hochlöblichen Justiz-Ministerio und dem Post-Departement ein Schriftwechsel Statt gefunden. Indem ich auf das Schreiben des damaligen Herrn Justiz-Ministers vom 15. März 1817, und auf meine Zuschrift vom 23. April 1827 ganz ergebenst Bezug nehme, und von beiden Mittheilungen, der schnellern Uebersicht wegen, Abschrift beifüge, beehre ich mich, in Hinsicht der, von dem Königl. Hofgericht zu Arnsberg in Antrag gebrachten Delegation der Gerichtsbarkeit über untere Postbeamte, Folgendes ganz ergebenst zu bemerken:

Es kommen zuvörderst hier nicht in Betracht die Postmeister, Postverwalter (Vorsteher bedeutender Post-Expeditionen, welche direkte Chartenschlüsse mit Postämtern unterhalten und mit praktischen Postbeamten besetzt sind) und die Königl. Postsekretaire, indem diesen unbedingt ein eximirter Gerichtsstand vorbehalten bleiben muß. Die niederen Postbeamten dagegen theilen sich in solche, denen ihre Anstellung im Postdienst nur eine Nebenbeschäftigung gewährt, während sie noch ein anderes dienstliches Verhältniß haben, oder ein bürgerliches Gewerbe treiben; und in solche, die ausschließlich mit dem Postdienst beschäftigt sind.

Die zur ersten Klasse gehörigen Beamten: Post-Expediteurs (früher Postwärter), Briefsammler, Posthalter, so wie auch Beförderer von Fußboten-Posten, haben, als solche, zumal sie gegenwärtig nur auf Kündigung angenommen werden, oder in Zeit-Kontrakten stehen, sowohl in den Angelegenheiten, die aus ihren persönlichen Verhältnissen, als in denen, die aus dem Betriebe ihres Gewerbes entspringen, keinen Anspruch auf eximirtes Forum, daher es Hinsichts ihrer einer Delegation nicht bedürfen wird. Nur in rein-dienstlichen Angelegenheiten, namentlich in Untersuchungs-Sachen, die aus ihrer Verwaltung der Postgeschäfte entspringen, haben sie den Gerichtsstand Königl. Beamten.

Die zweite Klasse dagegen, welche bisher stets eines eximirten Forum sich zu erfreuen gehabt hat, begreift in sich: die Post-Landreiter und Lohnfuhr-Kontrolleurs, die Schirrmeister, Briefträger, Pack- und Wagenmeister, Büreau-Diener, Packboten und ähnliche niedere Offizianten. Von diesen handelt es sich eigentlich hauptsächlich, und in Hinsicht ihrer bin ich mit Einem Hochlöblichen Justiz-Ministerio dahin ganz einverstanden, daß es sehr zweckmäßig sein würde, nicht bloß im Departement des gedachten Königl. Hofgerichts, sondern in den Bezirken sämmtlicher Königl. Ober-Landesgerichte die Jurisdiktion über diese Unterbeamten, im Fall sie nicht durch ihre Geburt zu den Eximirten gehören, in Civil- und Kriminal-Sachen den Königl. Untergerichten zu delegiren, wie dies im §. 58. Tit. 2. Th. I. der A. G. O. bei den Postillionen schon bestimmt, auch bei den, in ähnlicher Kategorie stehenden Zoll- und Steuerbeamten, ingleichen bei den niederen Berg- und Hütten-Offizianten eingeführt ist.

(Jahrbücher Bd. XV. S. 16. VII. S. 15.)

Auch kann diese Delegation für die oben gedachte erste Klasse in den Fällen eintreten, wo die dazu gehörigen Beamten ihrer Dienststellung wegen bis jetzt als Eximirte zu betrachten waren. Es scheint mir jedoch angemessen, daß, wie es in ähnlicher Weise Hinsichts der Steuer-Offizianten Statt findet, nur Königl. Untergerichte eintreten, Patrimonialgerichte aber ausgeschlossen werden, indem bei letzteren, nach der Stellung der Jurisdiktionarien, und selbst der Gerichtshalter, manche Inconvenienzen zu befürchten sein dürften.

Dabei muß ich mir noch vorbehalten, bei gerichtlichen Untersuchungen wegen Dienstvergehen, die ohnehin nur auf den Antrag des General-Postamts eröffnet werden können, in einzelnen Fällen die Führung der Untersuchungen bei dem kompetenten Obergerichte zu extrahiren, oder wenigstens darauf anzutragen, daß bei diesem erkannt werde.

Außer den oben gedachten Beamten existirt noch eine sehr bedeutende Anzahl im Postwesen beschäftigter subalterner Personen, nämlich die Postschreiber. Es sind dieses Eleven, die sich erst zum Postdienst vorbereiten, und in der Regel auf den Antrag der Postvorstände angenommen werden, Hinsichts ihrer Subsistenz aber lediglich an diese verwiesen sind, und nur bei längerer Dienstzeit zuweilen Diäten aus Königl. Kasse erhalten. Ihre Zulassung erfolgt auf Probe, und sie können jederzeit ohne Weiteres wieder vom Dienst entfernt werden. Zwar findet eine Vereidigung bei ihnen Statt, da Niemand ohne solche zum Postdienst zugelassen werden kann, auch haben sie Kaution bestellt, die zwar eigentlich nur zur Sicherheit des Postmeisters dient, der sie angenommen hat, aber der bessern Ordnung und des häufigen Wechsels solcher Subjekte wegen von dem General-Postamte geprüft, und wenn Papiere au porteur eingesetzt sind, bei der General-Postkasse asservirt wird. Dessen ungeachtet können diese Post-Schreiber immer nur als im Privatdienst der Postamts-Vorsteher stehend, keinesweges aber als Königl. Diener betrachtet, und daher in keiner Weise zu den Eximirten gerechnet werden, wenn sie es anders nicht durch den Stand ihrer Väter sind. Hinsichts ihrer bedarf es daher einer Delegation ebenfalls nicht, und nur bei Dienstvergehen würde ich mir gleichfalls vorbehalten müssen, die Einwirkung der Obergerichte in oben erwähnter Art in Anspruch zu nehmen.

Einem Hochlöblichen Justiz-Ministerium stelle ich ganz ergebenst anheim, hiernach das Erforderliche zu verfügen, und von dem Geschehenen mich gefälligst in Kenntniß setzen zu wollen.

Berlin, den 24. Juni 1831.

An ein Königl. Hochlöbl. Justiz-Ministerium.

v. Nagler.

Abschrift.

Ew. Excellenz benachrichtige ich auf das geehrte Schreiben vom 7. d. M. ganz ergebenst, daß ich, mit dem darin enthaltenen Sentiment einverstanden, das Ober-Landesgericht zu Cöslin dahin beschieden habe, daß Postwärter, welche bürgerliche Nahrung als ihr Hauptgewerbe treiben, in allen den Postdienst nicht betreffenden Angelegenheiten der Gerichtsbarkeit des Untergerichts unterworfen sind.

Berlin, den 15. März 1817.

An des Königl. General-Postmeisters Hrn. v. Seegebarth Exc.

v. Kircheisen.

Abschrift.

Ew. Excellenz beehre ich mich, auf das geehrte Schreiben vom 2. d. M., in Betreff der dienstlichen Verhältnisse der Post-Expediteure im Allgemeinen, und besonders wegen des Post-Expediteurs N. zu N., Nachstehendes ganz ergebenst mitzutheilen:

Post-Expediteure — früherhin Postwärter — sind Vorsteher von Mediat-Post-Aemtern, Post-Expeditionen genannt. Jede Post-Expedition ist einem in der Nähe gelegenen Postamte dienstlich untergeordnet. Da die geringfügige Besoldung der Post-Expediteure ihnen ihren Unterhalt nicht gewährt und die Verwaltung der Post-Expeditionen, wegen des geringen Umfangs der bei letzteren vorkommenden Geschäfte, keine besonderen technischen Kenntnisse des Postdienstes erfordert, so werden in der Regel Personen, welche schon in Staats- oder Kommunal-Aemtern stehen, und auch andere achtbare, in den Geschäften des bürgerlichen Lebens erfahrene, kautionsfähige Orts-Einwohner zu Post-Expediteuren erwählt. Seit einiger Zeit werden dieselben auf Kündigung angenommen. Insofern dieses aber bei den älteren nicht geschehen ist, hat das General-Postamt auf Grund der Postordnung vom 26. Nov. 1782. Abschn. XV. § 1. 3 u. 6. und der G. O. Th. I. Tit 2. §. 78. Hinsichts derjenigen Post-Expediteure, die nicht schon aus andern Gründen ein forum exemtum haben, stets dafür gehalten, daß sie in allen Geschäften, mit Ausschluß derjenigen, welche auf ihr bürgerliches Gewerbe Bezug haben, von dem gewöhnlichen Gerichtsstande ausgeschlossen seien. Der schon seit dem Jahre 1820 als Post-Expediteur dienende Bürgermeister N. zu N. gehört zu den auf Lebenszeit und unwiderruflich angestellten Beamten, und wird daher zu den eximirten Personen gerechnet werden müssen.

Berlin, den 23. April 1827. v. Nagler.

(v. K. Jahrb. Bd. 38. S. 110.)

10) **Rescript** vom 24. November 1834 an das Ober-Landesgericht zu Breslau, betr. die Delegation der Gerichtsbarkeit über die niederen Postbeamten an standesherrliche Gerichte.

Auf den Bericht vom 4. d. M. genehmigt der Justizminister, daß das Königl. Ober-Landesgericht die durch das Rescript vom 18. Juli 1831 (Jahrb. Bd. 38. S. 111.) erlaubte Delegation der Jurisdiktion über die geringeren Postoffizianten an die Königl Untergerichte auch auf diejenigen Stadtgerichte ausdehne, welche zwar von den Standesherren besetzt, deren Kassenwesen aber von dem Kollegio kontrollirt wird.

(Act. des Justizm. Gen. G. No. 27. fol. 178.)

11) **Rescript** vom 27. August und 4. Oktober 1822, betr. den nichteximirten Gerichtsstand der Bürgermeister.

Dem Bürgermeister Herrn K. wird auf die unter dem 20. d. M. eingereichte Vorstellung hierdurch zur Resolution ertheilt, daß die über den Gerichtsstand der geringern Polizei-Offizianten gegebenen Vorschriften auf ihn nicht Anwendung finden, und ihm als Bürgermeister kein eximirter Gerichtsstand zusteht.

Berlin, den 27. August 1814.

Es wird Ihnen auf die Eingabe vom 14. v. M. eröffnet, daß Ihnen in Ihrer Eigenschaft als Stadt- und Polizei-Bürgermeister kein forum exemtum zusteht.

Berlin, den 4. Oktober 1822.

(Act. des Justizm. Gen. G. No. 27. fol. 41 und 66.)

12) **Rescript** vom 21. September 1829, betr. den nichteximirten Gerichtsstand der Lotterie-Kollekteurs.

Auf die Anfrage vom 8. d. M. wird dem Königl. Ober-Landesgericht eröffnet, daß Lotterie-Kollekteurs, da sie Gewerbesteuer bezahlen, für Königl. Beamte nicht geachtet werden können, und ihnen daher ein eximirter Gerichtsstand nicht beigelegt werden kann.

(Act. des Justizm. Gen. G. No. 27. fol. 91.)

§. 59. Königliche Titularbediente, welche einen auswärtigen Wohnsitz haben, und in den Königlichen Staaten nicht angesessen sind, können bei den hiesigen Gerichten nur alsdann belangt werden, wenn sie in den Königlichen Landen sich wirklich, wenn auch nur eine Zeit lang, aufhalten.

§. 60. Auswärtiger Staaten wirkliche oder Titularbediente, in so fern dieselben überhaupt in Königlichen Landen belangt werden können, sind als Eximirte zu betrachten, und gehören unter diejenigen Gerichte, welchen Königliche Bediente von gleichem Range unterworfen sind.

Anh. §. 22. *Fremde, durchreisende oder Zeitaufenthalt nehmende Militairpersonen, sie seien wirklich im Dienst, oder haben nur einen Titel, stehen auch in Untersuchungs- und Injuriensachen unter den Civilgerichten, und wenn sie Offiziere sind, unter den Obergerichten der Provinz.*

1) **C. O.** vom 14. April 1795, betr. den Gerichtsstand fremder durchreisender Militairpersonen. v. R. III. S. 50. (aufgenommen in §. 22. des Anh.)

2) **Rescript** vom 17. August 1830 nebst **Anlage**, betr. den Gerichtsstand der Preußischen Postbeamten im Herzogthum Anhalt-Köthen.

Dem Königl. Kammergerichte wird beiliegender Extrakt aus dem mit dem Herzoglich Anhalt-Köthenschen Gouvernement über die Ausübung des Postregals in den Herzogl. Landen am 11. Mai d. J. geschlossenen Postvertrage,
die Bestimmung wegen des Gerichtsstandes der Postbeamten im Herzogthum Köthen und deren Angehörigen betreffend,
zur Nachricht und Achtung mitgetheilt.

Berlin, den 17. August 1830.

A.

Extrakt aus dem Postvertrage zwischen Preußen und Anhalt-Köthen d. d. Berlin, den 11. Mai 1830.

§. 7.

Sämmtliche Postbeamte sind in allen Geschäften, welche auf das Königliche Postwesen Bezug haben, dem Königlichen General-Postamte untergeordnet. Wegen Dienstvergehen werden sie entweder von diesem, nach Inhalt der ihnen ertheilten Bestallungen und Amts-Instruktionen, disciplinarisch bestraft, oder wenn dieselben mit härteren als mit Ordnungsstrafen gesetzlich verpönt sind, auf Requisition des Königl. General-Postamts, von dem Königl. Kammergerichte oder von den sonstigen kompetenten Königl. Behörden zu Berlin, nach den in der Preußischen Dienstverfassung begründeten Formen, zur Untersuchung und Bestrafung gezogen. In allen übrigen Angelegenheiten, welche mit ihrem Amte in keiner Verbindung stehen, sind sie, gleich andern Einwohnern des Landes, dessen verschiedenen Behörden unterworfen.

Wenn irgend ein Postbeamter oder einer seiner Angehörigen aber ein Verbrechen begeht, welches den Postdienst betrifft, oder mit demselben in Verbindung steht, und welches nach den Königl. Preußischen Gesetzen durch eine förmliche Kriminal-Untersuchung erörtert werden muß; so soll, ohne Rücksicht auf das Geburts- oder Unterthans-Verhältniß desselben, die Auslieferung an die Königl. Preußische

Kriminal-Justizbehörde erfolgen. Die Auslieferung an diese Behörde soll auch geschehen, wenn ein Postbeamter, welcher Preußischer Unterthan ist, oder einer seiner Angehörigen ein Verbrechen begeht, welches den Postdienst nicht betrifft, oder mit demselben nicht in Berührung steht, wogegen der Herzogl. Köthenschen Landesbehörde die gesetzliche Untersuchung und Bestrafung eines, von einem auf Vorschlag des Herzogl. Köthenschen Gouvernements ernannten Postmeister begangenen Verbrechens letzterwähnter Art in dem Falle gebührt, daß gedachter Postmeister vor seiner Ernennung kein Preußischer Unterthan gewesen ist. Vergehungen, welche Herzogl. Köthensche Unterthanen fremder Staaten gegen Preuß. Postbeamte oder deren Angehörige verüben, werden den Herzogl. Köthenschen Kriminal-Justiz-Behörden zur Untersuchung und Bestrafung überlassen, vorausgesetzt, daß solche Verbrechen den Postdienst nicht angehen.

§. 8.

Die Postmeister, Post-Sekretaire und Unterbeamten, welche vor ihrer Anstellung im Herzogthume Köthen Preuß. Unterthanen waren, so wie ihre Ehegenossinnen und Kinder, ohne Unterschied, in welchem Lande sie geboren worden, auch die Kinder ohne Unterschied ihres Geschlechts, Alters und ihres Aufenthaltsorts, bleiben auch nach dem Tode ihrer Ehemänner und Väter Preußische Unterthanen, und behalten die Rechte und Verpflichtungen Preußischer Unterthanen. Dagegen hat ein Postmeister zu Köthen, welcher von dem Königl. Preuß. General-Post-Amte auf Vorschlag des Herzogl. Gouvernements entweder aus den dortigen Landes-Einwohnern oder aus andern nicht Preuß. Unterthanen zum Postmeister ernannt worden ist, durch seine Anstellung in Beziehung auf den Königl. Preuß. Staat nur diejenigen Berechtigungen und Pflichten, welche in seiner Dienst-Instruktion ausgedrückt sind. In seinen übrigen öffentlichen Verhältnissen tritt derselbe nicht in die Rechte Preuß. Staatsdiener.

Wenn dergleichen Postmeister, sei es aus welchem Grunde es wolle, ihr Amt freiwillig niederlegen, oder dasselbe unfreiwillig verlieren, so treten sie mit ihren Familien wieder in diejenigen bürgerlichen Verhältnisse zurück, in welchen sie vor ihrer Ernennung als Postmeister standen. Sie haben keine Ansprüche auf Pensionen, welche den Civildienern des Preuß. Staats zustehen. Preuß. Postbeamte, welche von Geburt Köthensche Unterthanen waren, werden durch den Eintritt in den Preuß. Postdienst als Post-Sekretaire wirkliche Postbeamte und Preußische Unterthanen.

§. 16.

Diese Konvention ist auf 10 Jahre, vom 1. Juli 1830 bis ult. Juni 1840, abgeschlossen worden. Sie muß Ein Jahr vor dem Ablauf gekündigt werden. Verstreicht dieser Termin unbenutzt, so ist sie auf andere 10 Jahre stillschweigend verlängert, und sofort von 10 zu 10 Jahren Sollte im Laufe der Post-Konvention die zwischen Preußen und Köthen bestehende Steuer-Konvention aufgehoben werden, so steht es beiden Theilen frei, alsdann wegen der eintretenden Aenderung der Verhältnisse im gegenseitigen Verkehr, auch die Post-Konvention, jedoch mit Aufrechthaltung obiger Kündigungsfrist, zu kündigen, oder mit gegenseitiger Zustimmung einzelne Bestimmungen, den veränderten Verhältnissen angemessen, abzuändern. Berlin, den 3. August 1830.

(v. K. Jahrb. Bd. 36. S. 159.)

§. 61. Diese Exemtion wird jedoch bei einem Landesunterthan nur alsdann begründet, wenn er Königlichen Konsens, in auswärtige Dienste zu treten, oder einen Charakter von einem fremden Hofe anzunehmen, erhalten hat.

§. 62. Die am hiesigen Hofe akkreditirten Gesandten, Chargés d'affaires und Residenten auswärtiger Mächte, sind der hiesigen Gerichtsbarkeit nicht unterworfen.

§. 63. Gegen Personen, die zu einer solchen Gesandtsshaft gehören, oder in deren Diensten stehen, kann bei den hiesigen Gerichten keine Klage angenommen, sondern der Kläger muss an den Gesandten gewiesen, oder dem Departement der auswärtigen Angelegenheiten davon Anzeige gemacht werden.

§. 64. Wird eine solche Person zum Zeugen vorgeschlagen, so kann sie der Richter nicht vorladen, sondern muss den Vorfall dem auswärtigen Departement anzeigen.

§. 65. Die Konsuls fremder Nationen sind zwar in ihren Privatrechtsangelegenheiten den Gerichten des Landes, und zwar denjenigen unterworfen, zu welchen sie durch ihre sonstigen persönlichen Eigenschaften gewiesen werden. So lange sie aber in wirklicher Funktion stehen, und keine kaufmännische Geschäfte in hiesigen Landen treiben, kann ohne Rückfrage an das auswärtige Departement kein Personalarrest wider sie Statt finden.

Rescript vom 18. März 1815, betr. den Gerichtsstand der Konsuln.

Nachdem über das dem Königl. Französischen Konsul N. zu Königsberg anzuweisende Forum zwischen dem Chef der Justiz und dem Ministerio der auswärtigen Angelegenheiten nähere Rücksprache gehalten worden, so wird nunmehr festgesetzt, daß der ꝛc. N. in allen Civilsachen, Dienstangelegenheiten ausgenommen, unter der diesseitigen Gerichtsbarkeit stehet, derselbe jedoch, so lange er nicht Handel noch andere bürgerliche Nahrung treibt, und nur als Miether, nicht aber als Grundeigenthümer, in Königsberg domicilirt, folglich bloß als Konsul anzusehen ist, den Gerichtsstand der Eximirten haben soll.

Ueber den in solchen Civil-Sachen etwa nachgesuchten, und nach den sonstigen gesetzlichen Vorschriften etwa Statt findenden Personal-Arrest muß jedoch bei dem Chef der Justiz, zum Zweck der mit dem Ministerio der auswärtigen Angelegenheiten gemeinschaftlich zu ertheilenden Bescheidung, angefragt werden. Dieses wird dem Königl. Ober-Landesgericht, im Verfolge der Verfügung vom 25. März c., zur Nachricht und Achtung, und um das dortige Stadtgericht darnach zu instruiren, bekannt gemacht.

(v. K. Jahrb. Bd. 5. S. 13.)

§. 66. Wenn jemand, der zu einer fremden Gesandtschaft gehört, in hiesigen Landen Immobilien besitzt, so gilt von ihm alles das, was von dem dinglichen Gerichtsstande unten verordnet wird (**§. 107. u. f.**) Doch muss, wenn nicht von eigentlichen Realklagen die Rede, und der Gesandte, Chargé d'affaires etc. oder dessen Ehefrau selbst der Besitzer ist, vor Erlassung der Citation erst bei dem auswärtigen Departement angefragt werden.

§. 67. Wenn hiesige Unterthanen bei fremden, allhier residirenden Gesandten, Chargés d'affaires etc. in Dienst treten, so werden sie, so lange der Dienst dauert, in ihren Prozesssachen von der Jurisdiktion der hiesigen Gerichte eximirt.

§. 68. Hiesige Unterthanen weiblichen Geschlechts, die unter dem erforderlichen Konsens an fremde Gesandten, Residenten etc. oder an Personen ihres Gefolges von höherem Range sich verheirathen, gehen dadurch, so wie in andern Fällen durch Heirath geschieht, in den Gerichtsstand ihrer Männer über. Bei den Ehefrauen der Domestiken und Bedienten eines Gesandten aber geschieht dieses nur alsdann, wenn entweder die Frau ebenfalls in den Diensten des Gesandten steht, oder wenn sie mit ihrem Manne zugleich in dem Hause des Gesandten wohnt.

Rescript vom 6. Novbr. 1801 nebst **Bericht**, betr. das Forum der Hausoffizianten eines fremden Gesandten.

Der Kammerdiener des —schen Gesandten W. stellte im vorigen Jahre eine Ehescheidungsklage an, und Ew. Königl. Majestät befahlen den hiesigen Stadtgerichten, auf deren vorher erstatteten Bericht, unterm 15. August v. J., die Ehefrau des W. als unter ihrer Gerichtsbarkeit stehend zu betrachten, und auf ihres Ehemannes Beschwerden wider sie das Rechtliche zu verfügen.

Die Akten wurden hiernächst zum fernern Verfahren an uns eingesandt, die Ehe ward unterm 30. Juli d. J. rechtskräftig getrennt, der Ehemann für den schuldigen Theil und für verbunden geachtet, seiner Ehefrau den vierten Theil seines Vermögens als Ehescheidungsstrafe zu entrichten.

Unterm 12. d. M. hat sich die separirte Ehefrau bei uns darüber beschwert: daß der W. verweigere, nach Maaßgabe des Erkenntnisses sich mit ihr auseinander zu setzen.

Da sie nunmehr als Klägerin anzusehen, der W. aber nach der P. O. Tit. 2. §. 63. von der hiesigen Gerichtsbarkeit eximirt ist, so verfehlen wir nicht, Ew. Königliche Majestät hievon Anzeige zu thun, und stellen rc. anheim:

ob nicht die Auseinandersetzung des Vermögens zwischen den separirten Eheleuten, als eine Folge des Ehescheidungsprozesses, von hiesigen Gerichten vorgenommen, und den Stadtgerichten, denen die Hausoffizianten anderer Eximirten in dieser Rücksicht unterworfen sind, aufzugeben sein dürfte?

Berlin, am 19. Oktbr. 1801.

Rescript.

Aus Euerm Bericht vom 19. Oktbr. d. J. haben wir ersehen, daß die separirte Ehefrau des Kammerdieners des hiesigen —schen Gesandten, Namens W., sich darüber bei Euch beschweret hat, daß letzterer verweigere, sich mit ihr nach Maaßgabe des Ehescheidungs-Erkenntnisses auseinander zu setzen.

Diese neue Sache kann aber nicht als zum hiesigen Foro gehörig betrachtet werden. Da nun die W. sich deshalb bei Euch gemeldet, so habt Ihr derselben zum Bescheid zu ertheilen, daß ihr separirter Ehemann weder unter Euerm, noch unter dem Foro des Stadtgerichts, überhaupt nicht unter hiesiger Gerichtsbarkeit stehe, und sie das Erforderliche bei dem —schen Gesandten anzubringen habe.

Berlin, am 6. November 1801.
(v. R. VI. S. 652.)

§. 69. Wenn eingeborne Vasallen und Unterthanen die Erlaubniss erhalten, ein Kreditiv von einem fremden Hofe anzunehmen, so wird ihr Gerichtsstand nach den bei Ertheilung dieser Erlaubniss ihnen gemachten Bedingungen beurtheilt.

f. ad A. L. R. Einleitung §. 37 und 38. Anh. §. 1.

§. 70. In so fern auswärtige Höfe wegen der hiesigen bei ihnen beglaubigten Gesandten verschiedene Grundsätze befolgen, bleibt dem hiesigen Staate ein gleiches zu thun vorbehalten.

§. 71. Die Königlichen an auswärtigen Höfen akkreditirten Gesandten, Residenten und Chargés d'affaires, so wie alle zur Gesandtschaft gehörende Personen, haben ihren persönlichen Gerichtsstand bei dem mit dem Kammergerichte verbundenen Geheimen Justizrathe.

§. 72. Doch werden dadurch, wenn sie, vor ihrer Verschickung auf Gesandtschaft, bereits einen ordentlichen persönlichen Gerichtsstand in hiesigen Landen gehabt haben, die übrigen davon abhangenden persönlichen Rechte nicht geändert. (A. L. R. Einleitung §. 42. 43.)

§. 73. Die Mitglieder und Officianten der Akademie der Wissenschaften und der Künste, die bei Ritterakademieen angestellten Stallmeister und Bereiter, ingleichen die zum Königlichen Theater oder zur Kapelle gehörenden Personen, so wie die Mitglieder des Berliner Nationaltheaters, sind als Eximirte zu betrachten.

Anh. §. 23. *Zu den Eximirten gehören auch die Inspektoren, Kommissarien und Kontroleurs in den Landarmen- und Invaliden-Häusern.*

Rescript vom 20 August 1798, betreffend den Gerichtsstand der Beamten in den Landarmen- und Invalidenhäusern. v. R. XIII. S. 359. (aufgen. in §. 23 des Anh.)

§. 74. Diejenigen, welche akademische Würden nach vorhergegangener gesetzmässiger Prüfung erlangt haben, Doktoren, Licentiaten, Magister etc., sind der Regel nach von den gewöhnlichen Gerichten ihres Wohnorts ausgenommen, und stehen, wenn sie sich auf Universität aufhalten, unter dem akademischen, sonst aber unter dem Obergerichte der Provinz.

1) **Rescript** vom 4. Juni 1814, betr. den Gerichtsstand der Doktoren der Medizin.

Dem Königlichen Stadtgerichte wird auf den, unterm 24. v. M. erstatteten Bericht, worin dasselbe darauf angetragen hat, ihm, der allgemeinen Verfügung vom 26. April d. J. entgegen, die bisher ausgeübten Jurisdiktions-Befugnisse über die Doctores medicinae zu belassen, hierdurch zum Bescheid ertheilt, daß diesem Antrage nicht zu willfahren ist, sondern es bei der oberwähnten allgemeinen Verfügung um so mehr das Verbleiben hat, da das, was der §. 5. des Reglements vom 28. Dezember 1810 in Absicht des Stadtgerichts zu N. verordnet, auf besonderen Einrichtungen beruhet, und auf andere Stadtgerichte nicht auszudehnen ist, das Justiz-Reglement vom 1. November 1787 aber die Doctores medicinae keinesweges der Stadtgerichts-Jurisdiktion unterwirft, und gegen die klare Vorschrift der A. G. O. Thl. I. Tit. 2. §. 74 so wenig, wie die angegebene Observanz, etwas entscheidet. Das Königliche Stadtgericht hat sich daher den wegen Regulirung des Gerichtsstandes getroffenen höhern Anordnungen zu fügen.
(v. K. Jhrb. Bd. 3 S. 253.)

2) **Rescript** vom 9. März 1821, betreffend den Gerichtsstand der Medizinalpersonen.

Dem Königlichen Ober-Landesgerichte wird auf dessen Bericht vom 23. v. M., den Gerichtsstand der Medizinal-Personen betreffend,
eröffnet, daß die Bestimmungen des Königlichen Ministerii der Geistlichen-, Unterrichts- und Medizinal-Angelegenheiten vom 4. März v. J. (in den Annalen der Preußischen Innern Staatsverwaltung Bd. I. Heft I. S. 105) mit den Bestimmungen der A. G. O. stimmen. Nach derselben Thl. I. Tit. 2. §. 74 haben nur diejenigen eine Exemtion, welche akademische Würden nach vorgängiger Prüfung bekleiden. Andern kann das Königliche Ober-Landesgericht keine Exemtion beilegen. Kreis-Chirurgen, welche als solche von der Königlichen Regierung mit Patent versehen sind, und Besoldung beziehen, sind als Beamte der Gerichtsbarkeit des Königlichen Ober-Landesgerichts unterworfen. Andere Chirurgen, namentlich alle Stadt-Chirurgen, stehen unter den Untergerichten.
(v. K. Jhrb. Bd. 17 S. 33.)

§. 75. Die Professoren sind als Königliche Bediente zu betrachten; bleiben aber, so lange sie in wirklichen Diensten stehen, dem akademischen Gerichte unterworfen.

§. 76. Studenten stehen, während ihres Aufenthalts auf Universitäten, unter dem akademischen Gerichte. Nach geendigten Studien können sie aber auf keine Exemtion Anspruch machen; sondern sie bleiben dem Gerichtsstande ihrer Herkunft oder ihres Wohnorts so lange unterworfen, bis eine Veränderung desselben durch die Geschäfte, denen sie sich widmen, veranlasst wird. Uebrigens wirkt ein solcher bloss temporeller Gerichtsstand keine

Veränderung in den Gesetzen, nach welchen die Person und der Nachlass eines solchen Studirenden zu beurtheilen sind. (§. 17—21.)

Anh. §. 24. *Den Gerichtsstand der zu den Universitäten gehörigen Personen bestimmt das Reglement wegen Einrichtung der akademischen Gerichtsbarkeit vom* 28. *Dezbr.* 1810.

1) **Reglement** vom 28. Dezember 1810, betreffend die Einrichtung der akademischen Gerichtsbarkeit auf den Universitäten.

Wir Friedrich Wilhelm, von Gottes Gnaden König von Preußen rc. rc. haben beschlossen, der akademischen Gerichts-Verfassung eine zweckmäßigere Einrichtung zu geben; dem gemäß verordnen wir Folgendes:

§. 1. Die bisher auf Unseren Universitäten ausgeübte Gerichtsbarkeit, sie sei in Gesetzen oder Privilegien gegründet, wird hiemit aufgehoben und alle das Verfahren in Rechtssachen der Studirenden bestimmende frühern Verordnungen, in wie fern sie dieser Vorschrift widerstreiten, treten hiemit außer Kraft.

§. 2. Die Rektoren, Professoren, Privat-Docenten, Syndici und Sekretairs der Universitäten haben den Gerichtsstand Königlicher Staats-Beamten.

§. 3. Alle andere Universitäts-Verwandte, selbst Hofmeister und Bediente der Studirende stehen unter denjenigen Gerichten, denen andere Bürger ihres Ranges oder Standes nach der Regel zugewiesen sind.

§. 4. Nur die Studirenden selbst genießen, ohne Unterschied ihrer Herkunft, eines besonderen Gerichtsstandes und zwar in der Regel des Gerichtsstandes der Exemten.

§. 5. Dem gemäß stehen sie, in allen durch die gegenwärtige Verordnung nicht ausgenommenen Fällen zu Berlin unter dem Kammergericht, zu Königsberg und Breslau unter dem Königlichen Ober-Landesgericht, zu Frankfurt an der Oder unter dem Stadtgericht, dem alle dasige Eximirte untergeordnet sind.

§ 6. Eltern und Vormünder der Studirenden, deren Zuziehung und Beitritt zur gerichtlichen Verhandlung nöthig ist, müssen gleichfalls so lange der Sohn oder Pflegebefohlene akademischer Bürger ist, vor diesen Gerichten Recht nehmen, sie seien in sonstiger Rücksicht denselben unterworfen oder nicht.

§. 7. Der akademischen Obrigkeit bleibt die ausgedehnte Disziplin und Polizei-Gewalt in allen rein akademischen und vermöge dieser Verordnung ihr vorbehaltenen Fällen und Geschäften.

§. 8. Kraft dessen kann sie auf Abbitte, Verweis, Unterschrift des Consilii abeundi, Exklusion, wirkliches Consilium und Relegation erkennen, auch mit Gefängniß bis zu 4 Wochen bestrafen.

§. 9. Außer den eigentlich akademischen Vergehen, die sich auf den Stand und Beruf des Studirenden und dessen Verhältniß gegen die Obern und Lehrer der Universität beziehen, stehen zur Kognition der akademischen Obrigkeit und werden disziplinarisch behandelt:

a) Injuriensachen der Studenten unter sich;
b) Duelle mit Studenten, in sofern dabei weder Tödtung noch Verstümmelung noch bedeutende Verletzung vorgefallen ist;
c) alle geringere Vergehen der Studenten überhaupt, d. h. solche, denen das Gesetz nur ein vierwöchentliches Gefängniß oder eine noch geringere Strafe androhet.

§. 10. Wenn jemand der nicht zur Universität gehört, gegen einen Studirenden auf Injurien klagen will, so muß er zuvor die akademische Obrigkeit angehen. Wenn vor dieser die Sache nicht verglichen, oder nicht zur Zufriedenheit des Klägers entschieden wird: so steht diesem frei, den ordentlichen Rechtsweg, vor den im §. 4. genannten Gerichten einzuschlagen, ohne daß er eine Instanz verloren hat, und die Entscheidung der Universitäts-Obrigkeit hat nur die Kraft eines einfachen Resoluts.

§. 11. Der Kläger muß jedoch seine Unzufriedenheit mit dem akademischen Spruche innerhalb acht Tagen nach dessen Publikatidn bei Verlust seines ferneren Klagerechts, dem Rektor schriftlich anzeigen.

§. 12. Uebrigens bleibt den Universitäten die Instruktion und der richterliche Ausspruch

a. wenn ein Student wegen gesetzmäßiger Schulden belangt, oder

b. bei Gelegenheit der im §. 9. gedachten geringen Vergehen auf Schadenersatz oder Erstattung fremden Eigenthums in Anspruch genommen wird.

§. 13. Die Appellation von den Entscheidungen der Universität in dergleichen Geldsachen gehet an die Obergerichte der Provinz, hingegen in den bloßen Disziplinarsachen hat gar keine Appellation statt, sondern nur der Weg einer simplen Beschwerde an die den Landes-Universitäten vorgesetzte Abtheilung Unsers Ministerii des Innern wenn auf Relegation oder Consilium abeundi erkannt ist.

§. 14. Zur Ausübung der den Universitäten vermöge dieser Verordnung zustehenden Macht und Befugnisse wird der akademischen Obrigkeit ein Syndikus zugeordnet, der ein Rechtsverständiger sein muß; übrigens kein akademischer Lehrer noch Privat-Docent sein darf.

§. 15. Die Ernennung desselben geschiehet von der Abtheilung im Ministerio des Innern für den öffentlichen Unterricht mit Zustimmung Unsers Justiz-Ministerii.

§. 16. In den §. 13. erwähnten Civilsachen erkennet dieser Syndikus für sich allein; hingegen an der Ausübung der Disziplin und Strafgewalt nimmt er mit dem Rektor und Senat denjenigen Antheil, den ihm seine von der Abtheilung für den öffentlichen Unterricht zu vollziehende Instruktion anweisen wird.

§. 17. Der ordentlichen Polizei sind Professoren und Studenten ganz in der Art wie andere Bürger unterworfen, in wiefern nicht diese Verordnung eine Ausnahme begründet. Alle Exemtionen, die dieser Bestimmung widerstreiten, sind hiemit aufgehoben und die Polizei übt auch wider Studirende das Recht des ersten Angriffs.

Nach dieser Verordnung, welche zu Jedermanns Wissenschaft öffentlich bekannt gemacht werden soll, haben alle die es angehet, besonders Unsere Universitäten und alle Staats-Behörden sich zu achten.

(G. S. S. 142.)

2) **Reglement** vom 18. November 1819, betreffend die künftige Verwaltung der Disziplin und Polizeigewalt auf den Universitäten.

Wir Friedrich Wilhelm, von Gottes Gnaden, König von Preußen 2c. 2c. haben Uns überzeugt, daß die bisher auf Unsern Universitäten Rücksichts der Verwaltung der akademischen Disziplin und Polizei-Gewalt bestandenen Einrichtungen nicht überall den gehofften Erfolg gehabt haben. Die Rektoren und Senatoren Unserer Universitäten, in deren Händen sich bisher die akademische Disziplin und Polizei-Gewalt konzentrirte, standen nicht in der nothwendigen Verbindung mit den Orts-Polizeibehörden und die jährlichen Veränderungen in dem mit jenen akademischen Würden bekleideten Personale verhinderten eine gleichförmige Ausübung der den Universitäten verliehenen Disziplinar-Gewalt. Wir haben daher beschlossen, bei jeder Unserer Universitäten statt des bisherigen Syndikus einen eigenen Universitätsrichter anzustellen, und diesem hauptsächlich die Verwaltung der akademischen Disziplin und Polizei-Verwaltung zu übertragen. Dem gemäß verordnen Wir, indem Wir alle dem gegenwärtigen Reglement widersprechende Bestimmungen Unsers Reglements vom 28. Dezember 1810, wegen Einrichtung der akademischen Gerichtsbarkeit bei den Universitäten, und der Unsern Universitäten bisher ertheilten Statuten hierdurch ausdrücklich abändern und aufheben, hiermit Folgendes:

§. 1. Die durch das Edikt vom 28. Dezember 1810 den Universitäten anvertraute Disziplin und Polizei-Gewalt wird, nach Verschiedenheit der Fälle, von dem Rektor oder dem Universitätsrichter oder dem akademischen Senat ausgeübt.

§. 2. Dem Rektor allein gebührt die Ausübung der Disziplin, so weit sie sich über die Sitten und den Fleiß der Studirenden erstreckt, und härtere Maaßregeln als Ermahnungen und Verweise nicht erfordert. Schriftliche Verhandlungen finden in diesen Fällen nicht statt, doch ist der Rektor verpflichtet, in einer kurzen Registratur die von ihm gewählte Maaßregel, die Veranlassung zu derselben, so wie den Vornamen, Namen, das Vaterland des dadurch Betroffenen und die Fakultät, zu welcher derselbe gehört, aufzuzeichnen, und diese Registratur dem Universitätsrichter und dem Dekan der Fakultät, zu welcher der Betroffene gehört, nachrichtlich vorlegen zu lassen.

§. 3. Wenn wegen Unfleißes oder unsittlichen Betragens, ungeachtet solches in einer Verletzung der allgemeinen Landesgesetze und Verordnungen noch nicht besteht, dennoch härtere als die im §. 2. bemerkten Strafen nothwendig werden, z. B. Beraubung der unter der Verwaltung des akademischen Senats stehenden Benefizien, Freitische und Stipendien, oder Verweisung von der Universität, so tritt das unter §. 10. sqq. bemerkte Verfahren ein.

§. 4. Streitigkeiten unter den Studirenden selbst, so lange sie nicht in Thätlichkeiten übergegangen, werden zunächst von dem Rektor allein erörtert; insofern ihm aber deren gütliche Beilegung nicht gelingen, oder, seiner Ansicht nach, einer der Theilnehmer eine härtere Strafe als einen bloßen Verweis verwirkt haben sollte, ist er verbunden, die weitere Verhandlung dem Universitätsrichter zu überlassen.

§. 5. Die Ernennung des Universitätsrichters geschieht von Unserm Ministerio der geistlichen, Unterrichts- und Medizinal-Angelegenheiten mit Zustimmung Unsers Justiz-Ministerii und Unsers Ministerii zur Revision der Gesetzgebung u. s. w. für die Universität Bonn. Der Universitätsrichter soll in der Regel dieselbe Qualifikation zur Verwaltung des Richteramts haben, welche Wir von den Mitgliedern Unserer Ober-Landesgerichte, nach näherer Anweisung der A. G. O., erfordern. Er darf weder akademischer Lehrer noch Privat-Docent sein, hat aber den Rang der ordentlichen Professoren. Er ist Mitglied des akademischen Senats und nimmt in demselben, so wie bei feierlichen Aufzügen, die Stelle zur Linken des jedesmaligen Rektors ein. Er ist befugt in Sachen seines Amtes dem Sekretair und den Unterbeamten der Universität Aufträge und Anweisungen zu ertheilen, und steht seinerseits zunächst unter dem Regierungs-Bevollmächtigten bei der Universität, welcher in allen Sachen, worin es auf Kenntniß der Gesetze und der Landesverfassung ankommt, ihm Gutachten abzufordern und Aufträge zu geben berechtigt ist.

§. 6. Der Universitätsrichter ist zugleich Rechtskonsulent der Universität, und als solcher dafür verantwortlich, daß die Beschlüsse und Verhandlungen des akademischen Senats, nach Inhalt und Form, den bestehenden Gesetzen und der Verfassung vollkommen gemäß sind. Er hat daher in allen hieher einschlagenden Gegenständen ein Votum decisivum gleich den andern Senatsmitgliedern. Es steht ihm auch frei, wenn er glaubt, daß der Beschluß der Pluralität des Senats sich nicht vertreten lasse, die obwaltende Differenz zur Entscheidung des Regierungs-Bevollmächtigten zu bringen.

In solchen Fällen findet nur eine mündliche Deliberation statt, bei welcher die Pluralität des Senats durch zwei von ihm erwählte Deputirte vertreten wird. Der Richter hält dem Regierungs-Bevollmächtigten dann Vortrag, der durch die Deputirten nöthigenfalls ergänzt wird, und nur der Beschluß des Regierungs-Bevollmächtigten wird, von ihm vollzogen, niedergeschrieben.

In den Rechtsangelegenheiten der Universität diese vor Gericht zu vertreten ist der Richter nicht verbunden, er ist vielmehr befugt, mit dem Rektor der Universität einen Bevollmächtigten zu bestellen, über dessen Auswahl er sich mit dem Senate vereinigen, und den er, nach vorgängiger Rücksprache mit demselb.n, mit der nöthigen Information versehen, und Hinsichts des Betriebes des Prozesses fortgesetzt kontrolliren muß.

§. 7. Wo der Universitätsrichter zugleich die Jurisdiktion auf den akademischen Gütern verwaltet, liegen ihm in dieser Hinsicht die durch die A. G. O. den Justitiarien vorgeschriebene Pflichten ob.

§. 8 Bei Verwaltung der eigentlichen akademischen Disziplin und Polizeigewalt verfährt der Universitätsrichter völlig selbstständig:

a) bei allen Civilklagen gegen Studirende, deren Gegenstand lediglich pekuniär ist,

b) bei allen leichtern Vergehen, deren Strafe nur in Verweis oder in Karzerstrafe bis zu vier Tagen besteht.

Es werden daher alle Civilklagen, so wie alle Anzeigen gegen Studirende wegen Verletzung der Polizeiverordnungen und Strafgesetze bei dem Universitätsrichter angebracht, an den auch der Rektor dieselben sofort abzugeben verbunden ist, falls sie zufällig in seine Hände gekommen sein sollten. Der Universitätsrichter ist verbunden, zunächst zu prüfen, ob der Gegenstand der Anzeige an die akademischen oder ordentlichen Gerichte gehört, und letzteren Falls verbunden, die Anzeige sofort dorthin abzugeben. Er behält jedoch entweder Abschrift derselben zurück, oder wenn die Sache hierzu zu weitläufig sein sollte, registrirt er aus den durch seine Hände gehenden Verhandlungen deren wesentlichen Inhalt, damit auf den Grund derselben in der nächsten Senatsitzung oder bei besonders wichtigen Fällen in einer von dem Rektor zu veranstaltenden außerordentlichen Versammlung geprüft werden könne, ob es etwa besonderer Disziplinarmaaßregeln bedürfe. Gehört die Sache aber vor das akademische Gericht, so ist der Universitätsrichter in den oben ad a und b angegebenen Fällen befugt, sie selbstständig zu untersuchen und zu entscheiden.

Es steht ihm aber frei, den Rektor, Dekan der betreffenden Fakultät, oder jedes andere Mitglied der Universität, dessen Anwesenheit bei der Untersuchung er aus besondern Umständen etwa für nützlich hält, um Beiwohnung der Termine zu ersuchen, und diesen Requisitionen muß von den Requirirten unweigerlich Folge geleistet werden.

Dagegen steht es auf der andern Seite jedem Mitgliede des Senats frei, in den Terminen gegenwärtig zu sein, und dem Universitätsrichter seine Bemerkungen, jedoch ohne alle weitere Einmischung, mitzutheilen.

§. 9. Ist der Universitätsrichter der Meinung, daß nach Lage der beendigten Ausmittelungen ein bloßer Verweis hinreiche, so giebt er die Verhandlungen dem Rektor zurück, dem, wenn er die Ansicht des Richters beitritt, die Ertheilung des Verweises überlassen bleibt. Weicht die Ansicht des Rektors von der des Richters ab, und findet keine Vereinigung zwischen beiden nach gegenseitiger Berathung statt, so trägt der Rektor die Sache dem versammelten Senate bei nächster Sitzung vor, und der Beschluß der Pluralität des Senats entscheidet in diesem Falle unbedingt.

§. 10. Bei allen größeren Vergehen, wo die vermuthliche Strafe viertägige Inkarzeration übersteigt, wird die Untersuchung zwar von dem Universitätsrichter gleichfalls selbstständig nach §. 8. geleitet, er ist jedoch verbunden, zu den Terminsverhandlungen den Rektor zuzuziehen, der sich in Verhinderungsfällen den Rektor des nächstvorigen Jahres oder; wenn auch dieser verhindert wird, den Dekan, oder, wenn auch dieser verhindert wird, einen Professor ordinarius der Fakultät, zu welcher der Angeschuldigte gehört, zu substituiren berechtigt ist.

§. 11. Als größere Vergehen, jedoch mit den Beschränkungen, welche das Edikt vom 28. Dezember 1810. §. 9. enthält, sollen ohne Ausnahme betrachtet werden:

Duelle unter Studenten bei denen keine erhebliche Verwundung oder Verstümmelung vorgefallen,
Realinjurien,
Störung der Ruhe an öffentlichen Orten,
Beleidigungen einer Obrigkeit,
Beleidigung eines Lehrers, Rücksichts nur ihrer disziplinellen Folgen.
Aufwiegelei,
Rottenstiftung unter Studenten.
Verrufserklärung, oder Ausführung einer Verrufserklärung,
Theilnahme an geheimen oder nicht authorisirten Verbindungen.

§. 12. Auch die Entscheidung erfolgt in den §§. 10. und 11. bestimmten Fällen, sobald sie nicht auf Ausschließung von der Universität ausfällt, selbstständig durch den Universitätsrichter, jedoch nach vorgängigem Vortrage im Senate. Sämmtlichen Mitgliedern des Senats steht bei diesem Vortrage eine berathende Stimme zu. Ist aber die Hälfte der Mitglieder des Senats der Meinung, daß die Entscheidung des Richters zu hart oder zu gelinde sei, und betrifft die Verschiedenheit in den Ansichten eine achttägige Inkarzeration oder eine noch härtere Strafe, so muß, wenn der Richter sich von den Gründen der übrigen Senatsmitglieder nicht überzeugen läßt, der Regierungs-Bevollmächtigte über die Differenz entscheiden. Dieser Rekurs auf den Regierungs-Bevollmächtigten findet, sobald der Rektor sich unter den Dissentirenden befindet, schon dann statt, wenn ein Drittheil sämmtlicher Stimmen des Senats sich gegen den Universitätsrichter erklärt.

§. 13. Sobald von dem Richter oder einem andern Senatsmitglied auf Ausschließung von der Universität, sei es nun durch Exclusion, Consilium abeundi oder Relegation, angetragen wird, haben sämmtliche Senatsmitglieder eine völlig entscheidende Stimme, und die einfache Pluralität der Stimmen giebt den Ausschlag; dem Richter steht jedoch frei, wenn er dem Beschlusse sich nicht fügen zu können glaubt, auf die Entscheidung des Regierungs-Bevollmächtigten, wie im Falle ad 12. zu provoziren.

§. 14. Alle Entscheidungen, über welche Vortrag im Senate gehalten worden, werden in dessen Namen abgefaßt und von dem Rektor und Richter unterschrieben.

Alle sonstige Ausfertigungen, und in den ad a. und b. des §. 8. bezeichneten Sachen, auch die Erkenntnisse werden von dem Universitätsrichter allein unterschrieben.

§ 15. Alle Ausfertigungen, an denen der Universitätsrichter Theil nimmt, werden von dem Sekretarius kontrasignirt; das Protokoll in den Terminsverhandlungen führt der Kanzellist und Registrator der Universität.

§. 16. Der im §. 13. des Reglements vom 28. Dezember 1810 gegen Entscheidung des Senats in Disziplinarsachen nachgelassene Rekurs muß, wenn auf Relegation erkannt ist, binnen vier Tagen, und gegen andere Disziplinarstrafen binnen 48 Stunden, bei Vermeidung der Präklusion, ergriffen werden. Im letztern Falle kann das Ministerium der geistlichen, Unterrichts- und Medizinal-Angelegenheiten der Strafe eine Verschärfung hinzufügen, wenn der Rekurs zur Ungebühr ergriffen ist. In Ansehung der durch das gedachte Gesetz nachgelassenen Appellationen in Civilsachen bleibt es bei den festgestellten Fristen.

§. 17. Der Rektor sowohl als der Universitätsrichter sind verpflichtet. in jeder Senats-Sitzung von allen Sachen Nachricht zu geben; welche von ihnen nach §§. 2, 4, 8, 9. seit der vorhergehenden Senats-Sitzung entschieden worden sind.

§. 18. Die Sorge für die Vollstreckung der Strafen liegt dem Richter ob, der in sofern von Inkarzeration die Rede ist das Gutachten des Dekans der Fakultät des zu Bestrafenden darüber hören muß, wie die Strafe ohne zu großen Nachtheil für das Studium des zu Bestrafenden zu vollstrecken sei. Dem Richter gebührt daher auch die Aufsicht über die zweckmäßige Einrichtung des Karzers und über Befolgung der Karzerordnung.

§. 19. Hält der Richter im Laufe der Untersuchung die Verhaftung eines Studirenden für nothwendig, so muß er darüber, wenn nicht Gefahr auf dem Verzuge haftet, mit dem Rektor und Dekan zuvörderst Rücksprache nehmen, weichen beide von seiner Ansicht ab, so entscheidet nach §. 6. der Regierungs-Bevollmächtigte, auf welchen ihrerseits Rektor und Dekan provoziren können, wenn der Richter die von ihnen behauptete Nothwendigkeit der Verhaftung nicht anerkennen will.

§. 20. In allen Angelegenheiten, wo außer dem pekuniären Interesse noch ein disziplinelles eintritt, ist nach §. 10. die Art des Verfahrens davon abhängig, ob Rücksichts des letztern eine härtere als viertägige Karzerstrafe zu erwarten ist; die Entscheidung über das pekuniäre Interesse gebührt auf jeden Fall dem Richter allein.

§. 21. Dem Universitätsrichter steht die Benutzung der untern Polizeibeamten des Orts für die von ihm zu führenden Untersuchungen, unter Rücksprache mit den Orts-Chefs derselben, frei. Zu Mittheilungen zwischen diesem und dem Universitätsrichter bedarf es keiner förmlichen Schreiben, die Verhandlungen werden vielmehr gegenseitig in originali brevi manu mitgetheilt, und mit den Originalvermerken, welche erbeten worden, zurückgegeben.

§. 22. Der Richter soll überhaupt das Organ sein, durch welches der Rektor und Senat mit den Orts-Polizeibehörden in Verbindung tritt, es muß daher in allen Angelegenheiten, bei welchen ein polizeiliches Interesse statt findet, insbesondere also über die Anträge der Studirenden auf Zulassung öffentlicher Aufzüge, der Veranstaltung von Bällen und Konzerten, zwischen dem Rektor und Richter und, wenn diese sich über die Zulassung vereinigt haben, zwischen dem Richter und dem Chef der Orts-Polizeibehörde berathen werden. Der Regierungs-Bevollmächtigte entscheidet, wenn bei den Berathungen keine Vereinigung statt findet.

§. 23. Der Richter muß wöchentlich dem Regierungs-Bevollmächtigten eine Uebersicht der eingegangenen und der beendigten Klagen und Anzeigen einreichen, in welche auch die nach §. 2. von dem Rektor aufgenommenen Registraturen aufzunehmen sind. Das Schema hierzu wird ihm der Regierungs-Bevollmächtigte mittheilen. Es ist damit eine Anzeige von der geschehenen Vollstreckung der Urtheile zu verbinden. Bei Vorfällen unter Studirenden die am Orte ein besonderes Aufsehen erregt haben, muß die Anzeige an den Regierungs-Bevollmächtigten sogleich erfolgen, mit bestimmter Bezeichnung des bereits Feststehenden und des zur Zeit noch unverbürgt bekannt Gewordenen.

§. 24. Der Universitätsrichter ist befugt und verpflichtet, gesetzlich zulässige Schuldkontrakte der Studirenden aufzunehmen, auch die studirenden Ausländern in ihren Privatangelegenheiten etwa nöthigen gerichtlichen Beglaubigungen zu ertheilen, und sollen diese Verhandlungen, für welche er aber in keinem Falle eine Taxe erheben darf, gerichtlichen Glauben haben. (G. S. S. 238.)

3) **C. O.** vom 15. März 1835, betreffend die Aufhebung der akademischen Gerichtsbarkeit auf der Universität zu Greifswald.

Auf Ihren, der Minister der Unterrichts-Angelegenheiten und der Justiz an Mich erstatteten, die akademische Gerichtsbarkeit und die akademische Polizei und Disziplin bei der Universität Greifswald betreffenden Bericht vom 5. v. M. setze Ich hierdurch Folgendes fest:

1) Die Verordnung wegen Einrichtung der akademischen Gerichtsbarkeit der Universitäten vom 28. Dezember 1810 erhält, mit Ausnahme der durch das Reglement für die Verwaltung der akademischen Disziplin und Polizeigewalt bei den Universitäten vom 18. November 1819 und durch Meine Order vom 21. Mai 1824 abgeänderten §§. 14, 15 u. 16, vom 1. Juli l. J. ab, auch für die Universität Greifswald Gesetzeskraft, und soll deshalb mit Beziehung auf gegenwärtigen Befehl durch das Amtsblatt der Regierung zu Stralsund publizirt werden. Demgemäß hört vom 1. Juli l. J. ab die bisher der Universität Greifswald verliehene Civil- und Kriminal-Gerichtsbarkeit über die Mitglieder und Angehörigen der Universität, die Studirenden eingeschlossen, so wie über das Gesinde aller dieser Personen auf, und geht dem §. 2. ff. der Verordnung vom 28. Dezember 1810 zufolge, die Gerichtsbarkeit über den Rektor, die Professoren und Privat-Docenten, den Universitätsrichter, Syndikus, Amtshauptmann, Forstmeister, Rendanten, Sekretair der Universität und die Studirenden, an das Hofgericht zu Greifswald, die Gerichtsbarkeit über alle andere Universitäts-Verwandten aber an das Stadtgericht daselbst über. Die der Universität dagegen in Gemäßheit der Verordnung vom 28. Dezember 1810 und des Verwaltungs-Reglements vom 18. November 1819 verbleibende Disziplinar- und Polizeigewalt wird vom 1. Juli laufenden Jahres ab nach näherer Bestimmung des Verwaltungs-Reglements und Meiner Order vom 21. Mai 1824 unter der durch die Instruktion vom 18. November 1819 bestimmten Einwirkung eines zu Greifswald selbst seinen ordentlichen Wohnsitz habenden außerordentlichen Regierungs-Bevollmächtigten, durch den jedesmaligen Rektor, den Universitätsrichter und einen akademischen Senat ausgeübt.

2) Da bei der Universität Greifswald ein Senat in der Art, wie solchen das Reglement vom 18. November 1819 für die Theilnahme an der Vollziehung der akademischen Disziplinar- und Polizeigewalt voraussetzt, nicht existirt, so bestimme Ich, daß aus dem Rektor, Prorektor, den Dekanen der vier Fakultäten und vier aus den ordentlichen Professoren vom Concil gewählten Mitgliedern ein akademischer Senat gebildet werden und mit dem 1. Juli l. J. in Thätigkeit treten soll.

3) An die Stelle der bisherigen Gesetze für die Studirenden zu Greifswald treten die für die übrigen Landes-Universitäten gültigen Gesetze, deren Publikation durch das Amtsblatt der Regierung zu Stralsund Sie, der Minister der geistlichen, Unterrichts- und Medizinal-Angelegenheiten, zu veranlassen haben.

4) An den im §. 2. geordneten Senat gehen auch die Freitisch- und Stipendiensachen über.

5) Außer diesem Senate wird bei der Universität Greifswald künftig nur noch das große Concil fortbestehen, dessen Wirkungskreis auf die Wahl des Rektors, der im §. 2. erwählten Senats-Beisitzer, die Beaufsichtigung des Lehrwesens mit Einschluß der Regulirung des Lektions-Katalogs, die Bibliothek-Angelegenheiten, die Annahme des akademischen Buchhändlers und Buchdruckers, und auf die Ausübung des über mehrere Kirchen und Schulen der Universität zustehenden Patronatrechts beschränkt bleibt.

6) Durch vorstehende Festsetzungen wird den Visitations-Bescheiden vom 11. Mai 1775 und 20. Dezember 1795 derogirt.
(G. S. S. 41.)

§. 77. Von allen vorstehend benannten Eximirten des Geistlichen und des Civilstandes gilt die Vermuthung, dass sie dem Obergerichte der Provinz, in welcher sie sich befinden, unterworfen sind. In wie fern hierunter, wegen der einigen Magisträten und Patrimonialgerichten verliehenen Privilegien, Ausnahmen statt finden, oder auch einige Klassen der Eximirten, wegen Entlegenheit von der Hauptstadt, oder aus andern Ursachen, bei Mediatregierungen oder besondern Gerichten, andere hingegen nur allein bei dem höchsten Landes-Justiz-Kollegio der Provinz belangt werden können, wird durch die besondern Provinzialverfassungen bestimmt.

Fälle, in welchen der eximirte Gerichtsstand nicht statt findet.

§. 78. Wenn ein Eximirter Handlung oder andere bürgerliche Gewerbe treibt, so kann er in allen daraus entspringenden, oder damit in Verbindung stehenden Streitigkeiten, von seiner Exemtion keinen Gebrauch machen.

§. 79. Adliche und Eximirte, die in Städten wohnen, sind den allgemeinen städtischen Polizeieinrichtungen, und den auf deren Uebertretung gesetzten Strafen der Regel nach unterworfen. (A. L. R. Thl. II. Tit. VIII. §. 59.)

§. 80. Der blosse Titel eines Kommerzien- oder Geheimen Kommerzienraths wirkt, so lange der damit Begnadigte die Handlung fortsetzt, keine Exemtion; wenn er aber dieselbe ganz niederlegt, so hat er mit andern Königlichen Titularbedienten gleiche Exemtionsrechte.

Reskript vom 9. September 1834, betreffend den Gerichtsstand der Kommerzienräthe. s. zu §. 54. h. t.

§. 81. Wie weit Militairpersonen, welche Grundstücke besitzen, der Civilgerichtsbarkeit unterworfen sind, ist im A. L. R. bestimmt. (Thl. II. Tit. X. §. 13.)

§. 82 a. Wegen der Militairpersonen, die ein bürgerliches Gewerbe treiben, hat es bei den Vorschriften des A. L. R. Thl. II. Tit. X. §. 25. sein Bewenden; und sind dieselben auch, wegen der ein solches Gewerbe betreffenden Rechtsangelegenheiten, dem Militairgerichtsstande, der Regel nach, unterworfen.

§. 82 b. Wenn sie jedoch mit Vorwissen und Genehmigung ihres Chefs in eine bürgerliche Zunft oder Innung aufgenommen werden, so sind sie in allen ihren persönlichen Rechtsangelegenheiten, die entweder ihrer Natur nach, oder vermöge ausdrücklichen Inhalts des errichteten Vertrages, auf ihr Gewerbe Bezug haben, dem ordentlichen Gerichtsstande des Orts unterworfen.

§. 82 c. Die Civilgerichte müssen aber von jeder gegen eine solche Militairperson bei ihnen angestellten Klage den Regimentsgerichten von Amts wegen Nachricht geben. Auch können Exekutionen gegen die Person und das bewegliche Vermögen solcher Militairpersonen nur durch Requisition der Regimentsgerichte vollstreckt werden.

f. zu §. 48, Anh. §. 12. bis 20. h. t.

Wie der eximirte Gerichtsstand aufhöre.

§. 83. Wenn ein Eximirter in Ansehung der Bedienung, wodurch er diese Qualität erlangt hat, auf sein Ansuchen, oder sonst in Gnaden, seine Dimission mit Beibehaltung seines Charakters erhält, so wird dadurch seine Exemtion nicht aufgehoben. Besonders stehen gewesene Referendarien bei Landeskollegiis, wenn ihnen dieser Charakter bei ihrer Entlassung nicht ausdrücklich vorbehalten worden, so lange sie aus keinem andern Grunde auf die Exemtion Anspruch machen können, unter den gewöhnlichen Gerichten ihres Wohnorts.

Rescript vom 27. Oktober 1834, betreffend das Forum verabschiedeter Beamten.

Die Bestimmungen des §. 83. Tit. 2. Thl. I. der A. G. O. sichern jedem Beamten, der auf sein Ansuchen und in Gnaden entlassen wird, den einmal erworbenen eximirten Gerichtsstand. Dieses Privilegium ist von der ausdrücklichen Zusicherung des Karakters der Regel nach unabhängig, weil der Karakter nur durch Straferkenntnisse verloren geht. Nur bei Referendarien ist bestimmt, daß der Karakter ausdrücklich vorbehalten werden muß. Durch diese im Gesetz gemachte Ausnahme wird aber die allgemeine Regel befestigt. Aus diesem Grunde, und mit Beziehung auf §. 85, Tit. 2, Thl. I. der A. G. O., ist auch schon im Rescripte vom 6. Januar 1832 (Jhrb. Bd. 39, S. 147) bestimmt, daß die nur durch einen Beschluß des Königlichen Staatsministeriums entlassenen Beamten ihren eximirten Gerichtsstand behalten. Der Justiz-Minister setzt daher auf den Bericht des Königlichen Ober-Landesgerichts vom 5. d. M. fest, daß die Regulirung des Nachlasses des verabschiedeten Aktuars, nachherigen Bürgermeisters W. zu L., dem Kollegium zustehe.

Sollten aber Gläubiger des rc. W. den eximirten Gerichtsstand desselben bestreiten, und daraus herleiten, daß die Wittwe in Gütergemeinschaft mit ihm gelebt, so muß diese Frage zur richterlichen Entscheidung eingeleitet werden.

(v. K. Jhrb. Bd. 44, S. 360.)

§. 84. Entlassene Militairpersonen fallen, nach näherer Bestimmung des Landrechts (Thl. II. Tit. X. §. 64—67), unter die Civilgerichtsbarkeit zurück. Ausländer, welche, nach erhaltener Dimission aus hiesigen Militairdiensten, die hiesigen Lande sogleich verlassen haben, ohne darin einen Wohnsitz zu nehmen, sind als Fremde anzusehen.

f. zu §. 48, Anh. §. 16. h. t.

§. 85. Durch erfolgte Kassation geht die in Rücksicht der vorigen Bedienung zugestandene Exemtion gänzlich verloren, und der kassirte Geistliche, Militair- oder Civilbediente wird den Untergerichten seines Wohnorts, oder denjenigen unterworfen, unter welchen er vor Erlangung der Exemtion gestanden hat.

1) **Rescript** vom 13. Mai 1817, betreffend den Gerichtsstand eines kassirten Beamten.

Der von dem Königlichen Kammergerichte, auf die Verfügung vom 12. April d. J. wegen des Gerichtsstandes kassirter Königlicher Beamten, deren Väter eximirt gewesen sind unter dem 24. deff. M. erstattete Bericht ist nicht befriedigend, und kann der Justiz-Minister der Erklärung, welche dasselbe dem §. 85, Tit. 2, Thl. I. der A. G. O. und den damit in Verbindung stehenden Gesetzstellen giebt, nicht beitreten. Es ist darin sehr bestimmt und deutlich verordnet, daß durch die Kassation zwar die dem Königlichen Bedienten in Rücksicht seines Amtes zugestandene Exemtion verloren gehe, daß derselbe aber nicht ohne Unterschied den Untergerichten des Wohnorts unterworfen werde, sondern nach den Umständen auch denjenigen Gerichten, welchem er vor Erlangung der Exemtion (durch das Amt) unterworfen gewesen. Letzterer Zusatz und der Eingang des Paragraphen, nach welchem durch die Kassation nur die Exemtion des Amts verloren geht, zeigen sehr deutlich, daß zur Auflösung der vorliegenden Streitfrage nur die Frage beantwortet werden darf, welches Forum der kassirte Königliche Beamte vor Erlangung des Amts gehabt. Hat derselbe vor diesem Zeitpunkte unter einem Untergerichte gestanden, so hat es kein Bedenken, daß er demselben wieder unterworfen wird. Hat er aber vorher einen eximirten Gerichtsstand gehabt, so kann kein anderes Forum als das der Geburt eintreten, weil dies dasjenige ist, welches der kassirte Offiziant unmittelbar vor Erlangung seines Amts gehabt hat. Das Königliche Kammergericht vermeint zwar, daß in der Stelle des §. 85 „oder denjenigen (Gerichten) unterworfen ꝛc." nur von solchem eximirten Gerichtsstande die Rede sei, welchen der Königliche Bediente aus eigenem Rechte vor Erlangung des Amtes gehabt; allein zu dieser einschränkenden Erklärung giebt das Gesetz keinen Grund, und es ist auch in der That nicht abzusehen, warum der Sohn eines eximirten bürgerlichen Vaters schlechter daran sein soll, als der Sohn eines Eximirten adeligen Standes. Die Inkonsequenz, die das Kollegium in der Meinung des Stadtgerichts bemerkt haben will, kann der Justiz-Minister nicht finden, vielmehr beantworten sich die aufgestellten beiden Fälle aus dem Obigen sehr leicht.

Was endlich die Besorgniß anbelangt, welche das Königliche Kammergericht am Schlusse seines Berichts äußert, so erledigt sich dieselbe schon durch die Vorschrift der A. G. O. Tit. 2, §. 78.

(Gen. Act. des Justizm. L. R. No. 3. Vol. IV. Fol. 496.)

2) **Rescript** vom 6. Januar 1832, betreffend die Fortdauer des eximirten Gerichtsstandes eines durch Staats-Ministerial-Beschluß entlassenen Beamten.

Der von dem Königlichen Kammergericht im Berichte vom 27. Dezember pr., betreffend die in Antrag gebrachte Einleitung einer fiskalischen Untersuchung wider den ehemaligen Regierungs-Wege-Baukondukteur N.
ausgesprochenen Ansicht,
daß nach den bestehenden Gesetzen ein, zufolge eines Beschlusses des Königlichen Saats-Ministeriums, entlassener Beamter den eximirten Gerichtsstand verloren habe,
kann das Justiz-Ministerium nicht beitreten Der §. 83, Tit. 2, Thl. I. der A. G. O. bezeichnet nur einige Fälle, in welchen die Exemtion eines Beamten aufgehoben wird, ohne andere Fälle ausdrücklich auszuschließen, oder für diese das Gegentheil zu bestimmen.

Zu diesen andern Fällen, in welchen die Exemtion nicht aufgehoben wird, muß nun auch der Fall einer im administrativen Wege erfolgten Dienstentlassung um so mehr gerechnet werden, als der §. 85. loc. cit. den Verlust der Exemtion in dem Falle der Kassation vorschreibt, und wenn es die Absicht gewesen wäre, die unfreiwillige Dienstentlassung in dieser Beziehung der Kassation gleich zu setzen, hier der Ort gewesen sein würde, solches zu bestimmen.

Das Königliche Kammergericht wird daher angewiesen, die Untersuchung wider den N., falls dabei materiell kein Bedenken ist, zu eröffnen.

(v. K. Jhrb. Bd. 39, S. 147.)

§. 86. Dass die §. 67. u. f. erwähnte Exemtion inländischer Unterthanen von der hiesigen Gerichsbarkeit aufhöre, sobald das Verhältniss, wodurch sie begründet worden, nicht mehr statt findet, versteht sich von selbst.

Gerichtsstand der Ehefrauen.

§. 87. Ehefrauen haben jederzeit mit ihren Männern einerlei Gerichtsstand, und wenn sie auch durch ihre Geburt zu einer

Exemtion berechtigt wären, so können sie doch darauf, nach erfolgter Verheirathung an einen Nichteximirten, ferner keinen Anspruch machen.

§. 88. Den Gerichtsstand von Ehefrauen von Unteroffizieren und gemeinen Soldaten, je nachdem dieselben ihren Männern in die Garnisonen gefolgt sind oder nicht, bestimmt das Landrecht (Thl. II. Tit. X. §. 42—46.). Doch stehen, wenn die Regimenter ins Feld gehen, die in den Garnisonen zurück bleibenden Frauen der Unteroffiziere und Soldaten, während solcher Zeit, unter den Civilgerichten des Orts.

§. 89. Die zurück gebliebenen Eheweiber der Deserteurs behalten zwar den eximirten Gerichtsstand des Mannes so lange, bis sie sich scheiden lassen, oder der Tod, oder die erfolgte Entlassung des Mannes nachgewiesen, oder der Name des desertirten Mannes, vermöge eines kriegsrechtlichen Urtels, an den Galgen geschlagen worden. Die nach den Gesetzen statt findende Verwaltung und Aufsicht über ihr Vermögen aber liegt, auf ergehende Requisition der Militairgerichte, den Civilgerichten des Standquartiers, oder des Orts ob, wo dieses Vermögen sich befindet. (Allg. Landrecht, Thl. II. Tit. XX. §. 483 sq.)

s. zu §. 48, Anh. §. 19. h. t.

Wittwen.

§. 90. Die Wittwen behalten den Gerichtsstand ihrer Ehemänner, so lange sie den Wittwenstuhl nicht verrücken.

§. 91. Die Wittwen der Oberförster und der mit selbigen gleichen Rang habenden Forstbedienten, ingleichen der niedrigern Subalternen bei den Königlichen Kollegiis, als da sind Kopisten, Landreiter, Kanzelleidiener, Boten, und die mit selbigen in eine Klasse gehören, fallen, wenn gleich die Männer während ihrer Lebenszeit die Exemtion genossen haben, an die Untergerichte ihres Wohnorts.

Anh. §. 25. *Die Wittwen der Kanzellisten behalten den Gerichtsstand ihrer Männer.*

Anh. §. 26. *Die Regulirung des Nachlasses derjenigen Civilbedienten, über welche schon bei deren Leben die Gerichtsbarkeit den Untergerichten übertragen gewesen, gebührt diesen Untergerichten. Auch die Verlassenschaften der eximirten Forstbedienten, deren Wittwen und Kinder nach dem Cirkular vom 12. Januar 1776 den Untergerichten zufallen, sind von diesen Untergerichten zu reguliren.*

1) s. zu §. 58. h. t.

2) (ad §. 25. des Anh.) **Rescript** vom 21. März 1796, daß die Wittwen der Kanzlisten den eximirten Gerichtsstand behalten.

Wir wollen Euch auf die in Eurem allerunterthänigsten Berichte vom 14. d. M. enthaltene Anfrage:

ob nach dem 2. Titel Unserer A. G. O. §. 91. auch die Kanzlisten zu derjenigen Klasse der Subalternen gehören, über deren Wittwen Euch die Jurisdiktion zustehet?

hierdurch nicht verhalten: daß, da das Gesetz die Kopisten ausdrücklich nennt, und der Kanzlisten nicht gedenket, dies genugsam zeige, daß dieselben unter der Vorschrift nicht mit begriffen sein sollen, wie denn auch in communi vita Kanzlisten unter die niedrigern Subalternen nicht mit gerechnet werden. Das von den Ober-Förstern und andern Forstbedienten gleiches Ranges herzunehmende Dubium relevirt um deswegen nichts, weil in Ansehung dieser Klasse von Offizianten das Gesetz auf ältere Verordnungen, worin dieselben ausdrücklich genannt sind, und diese hinwiederum auf die spezielle Konsideration der gewöhnlichen weiten Entlegenheit solcher Forstbedienten von dem Sitze des Landes-Kollegii sich gründen.
(NCC. T. X. S. 113.)

3) (ad §. 26. des Anh.) a. **Rescript** vom 19. März 1798, betreffend die Regulirung des Nachlasses der Eximirten.

Auf Euren Bericht vom 12. h. m., betreffend die Regulirung des Reichschen Nachlasses, wollen Wir Euch hiermit Folgendes zu erkennen geben: Es hat allerdings seine Richtigkeit, daß die allegirte Vorschrift der Gerichts-Ordnung in dem Reichschen Falle von Euch zu weit extendirt worden. Der Nachlaß repräsentirt den Defunctum, und es ist allgemeine Regel, daß derselbe in dem Foro personali des Erblassers berichtigt werden muß. Von dieser Regel macht das Gesetz in Ansehung der Militairpersonen, nicht aber in Ansehung der Personen vom Civilstande eine Ausnahme. Dergleichen Ausnahmen vom allgemeinen Gesetze können nie vermuthet, noch extensive erklärt werden, mithin ist auch von dem, was das Gesetz über das Forum der Wittwen niederer Offizianten verordnet, auf das Forum ihres Nachlasses keinesweges zu exemplificiren. Ihr werdet also generaliter dahin beschieden: daß die Verlassenschaften aller Eximirten ohne Unterschied bei dem Foro personali, welchem der Erblasser unterworfen gewesen, regulirt werden müssen, und davon nur in Ansehung der Militairpersonen ex §. 92. imgleichen wegen solcher Exemtorum, wo dem Untergericht schon bei ihrer Lebzeit ex §. 58. die Jurisdiktion allgemein delegirt gewesen, eine Ausnahme statt findet. Was die Kinder der Eximirten betrifft; so macht hier das Gesetz von der Regel des §. 20. keine andere Ausnahme, als abermals im §. 96. wegen der Militairpersonen. Inzwischen muß, wenn die Wittwe nach §. 91 unter das Forum des Untergerichts fällt, die Kinder aber noch minorenn sind, die persönliche Jurisdiktion über dieselben, so wie die Direktion der Vormundschaft allemal eben demselben Untergericht delegirt werden, sobald entweder dieses Untergericht oder die Mutter darauf anträgt.
(NCC. T. X. S. 1607.)

b. **Rescript** vom 12. Januar 1776, betreffend den Gerichtsstand der Forstbedienten. s. zu §. 58. h. t.

c. **Rescript** vom 12. Juli 1809, betreffend das Forum zur Regulirung des Nachlasses der Forstbedienten.

Die in Eurem Bericht vom 27. v. M. bei Gelegenheit der Erbschafts-Regulirung eines verstorbenen Oberförsters geäußerte Meinung:

daß das Circular vom 12. Januar 1776 durch die Verordnung der A. G. O. §. 121. und 95, Tit. 2, Part. I aufgehoben sei, und das Deklarations-Rescript vom 16. Mai 1786 sich nur auf die erste Ausgabe der Prozeß-Ordnung, nämlich das Corpus juris Fridericianum P. II. Tit. 2. §. 42. beziehe,

können Wir nicht billigen. Der §. 58, Tit. 2, Part. I der A. G. O. ist der bloß abgeschriebene §. 42, Tit. 2, Part. II. des Corp. jur. Frieder. und gedenkt, eben so wie dieser, der schon durch vorhergehende Verordnungen den Untergerichten übertragenen Gerichtsbarkeit der niedern Forstbedienten.

Wer nur ein niederer Forstbedienter sei, bestimmt sich durch das Cirkular-Reskript vom 12. Januar 1776, auch giebt die Beziehung auf die dieserhalb ergangenen Verordnungen zu erkennen, daß die Absicht gewesen ist, jenes Cirkulare zu bestätigen.

Dies ist nun in Ansehung der ersten Ausgabe der Prozeß-Ordnung durch das Deklarations-Reskript vom 16. Mai 1786 ausdrücklich erklärt worden, und paßt ganz genau auf den ohne Veränderung in die neue Ausgabe übergegangenen Paragraphen. Auch würdet Ihr bei Vergleichung des §. 91, Tit. 2, Part. I. der A. G. O. mit dem Cirkulare vom 12. Januar 1776 gefunden haben, daß das eben angeführte Gesetz überall die Grundsätze jenes Cirkular-Reskripts beobachtet. Wenn dagegen der §. 121, Tit. 2, Part. I. der A. G. O. den Grundsatz annimmt, daß der Gerichtsstand des Erblassers auch derjenige sei, welcher bei Regulirung seiner Erbschaft in Betrachtung kommt, so bezieht sich dieses auf die allgemeine Regel, nach welcher Wittwe und Kinder des Verstorbenen das privilegium Fori desselben fortsetzen, aber nicht auf den Fall, wo Wittwe und Kinder unter eine andere Gerichtsbarkeit fallen, denn nach Vorschrift des A. L. R. Thl. II. Tit. 18, §. 376. und 381. muß das vormundschaftliche Gericht, unter welches die Kinder gehören, auch das Inventarium aufnehmen, und es würde mancherlei Kollisionen veranlassen, wenn ein Gericht den Nachlaß reguliren sollte welches nicht zugleich das gehörige Gericht der Wittwe und Kinder ist.

Ueberhaupt ist nirgends ein Grund vorhanden, anzunehmen, daß das Cirkular-Reskript vom 12. Januar 1776 durch die neue Ausgabe der Prozeß-Ordnung aufgehoben worden.

Nach diesem habt Ihr daher Euch auch ferner zu richten.

(Mathis Monatsschr. B. 10, S. 104.)

§. 92. Wittwen der Militairpersonen stehen unter denjenigen Gerichten, welchen ihre Ehemänner, nach Anleitung §. 84, nach erhaltener Dimission würden unterworfen gewesen sein. Eben darnach wird auch bestimmt, bei welchen Gerichten die Regulirung des Nachlasses einer Militairperson erfolgen solle.

§. 93. Die Wittwen der Gesandten, Chargés d'affaires, und Residenten auswärtiger Höfe können, wenn sie entweder vor ihrer Verheirathung Landesunterthanen gewesen sind, oder nach dem Tode ihrer Männer in hiesigen Landen bleiben wollen, auf Befreiung von den hiesigen Gerichtsbarkeiten keinen Anspruch machen.

Geschiedene Frauen.

§. 94. Der Gerichtsstand geschiedener Ehefrauen ist nach der Vorschrift des A. L. R. (Thl. II. Tit. I. §. 738, 739, T. X. §. 47.) zu bestimmen.

Rescript vom 3. September 1798, betreffend den Gerichtsstand einer geschiedenen minorennen Ehefrau.

Auf Euren Bericht vom 22. v. M., in Untersuchungssachen der geschiedenen Ehefrau des Musketier Schwien, Anna Karolina, geb. Günther, wollen Wir Euch zu Euerer Vorbescheidung nicht verhalten:

daß der §. 47, Tit. 10, Thl. II. des A. L. R. auch hier Anwendung findet, und die fortdauernde natürliche Vormundschaft auf den Gerichtsstand keine Beziehung hat, indem nach §. 738, Tit. 1, Thl. II. des A. L. R. geschiedene Ehefrauen den bisherigen Gerichtsstand und Rang des Ehemannes behalten, auch eine minorenne geschiedene Ehefrau eines Eximirten, um deswillen, weil ihr Vater kein Eximirter ist, die Exemtion nicht verlieren kann.

(Mathis Monatsschr. Bd. 1, S. 311)

Kinder.

§. 95. Auch bei Kindern der Eximirten aus einer Ehe zur rechten Hand finden die Vorschriften des §. 18. u. f. Anwendung.

Anh. §. 27. *Die Ober-Vormundschaft über die Kinder der im §. 91. dieses Titels bezeichneten niedern Offizianten mit Ausschluss der Kanzellisten bei den Landes-Kollegien, ingleichen über die Kinder der Schullehrer mit Ausschluss der Rektoren, gebührt den Untergerichten des Wohnorts des Vaters. Dasselbe findet in Absicht der Ober-Vormundschaft über die Kinder derjenigen Personen statt, welche bei ihrem Leben vermöge einer besondern Uebertragung der Jurisdiktion den Untergerichten unterworfen gewesen sind.*

1) s. zu §. 58. und §. 91, Anh. §. 25. und 26. h. t.

2) **Rescript** vom 29. März 1796, betreffend das Forum der Vormundschaft über die Kinder niederer Offizianten. v. Rabe III. S. 315. (aufgen. in §. 27. des Anh.)

§. 96. Auch Kinder der Militairpersonen sind dem Militairgerichtsstande des Vaters unterworfen, und nach dessen Tode oder Entlassung werden sie nach der Vorschrift §. 84. und 92. beurtheilt.

§. 97. Sind jedoch Kinder von Unteroffizieren und Soldaten auf ein Handwerk, oder bei Civilpersonen in Dienste gegeben worden, so gehören dieselben unter den Gerichtsstand ihrer Meister oder Dienstherrschaften.

s. zu §. 48, Anh. §. 12—20. h. t.

§. 98. Die Exemtion der Kinder dauert überhaupt nur so lange, bis sie eine Bedienung erhalten, ein Gewerbe anfangen, oder durch Heirath oder sonst in einen andern Gerichtsstand übergehen.

Rescript vom 29. Oktober 1831 nebst Anlage, betreffend das Aufhören des eximirten Gerichtsstandes der nicht mehr unter väterlicher Gewalt stehenden Kinder der Eximirten bürgerlichen Standes.

Dem Königlichen Kammergericht wird in der abschriftlichen Anlage (A.) der Bericht des Stadtgerichts vom 30. August d. J. zugefertigt, aus welchem erhellt, daß das Kollegium den Grundsatz, daß das forum exemtum der Kinder Eximirter nicht adlichen Standes mit Aufhebung der väterlichen Gewalt aufhöre, angenommen habe. Das Justiz-Ministerium kann diese Ansicht nur vollkommen theilen und eröffnet dem Kollegium darüber Nachstehendes.

Das Justiz-Ministerium erforderte auf die Anfrage des Kurmärkschen Pupillen-Kollegiums vom 24. Oktober 1821 den gutachtlichen Bericht des Kollegii über die Frage:

> „ob und in wie weit das Kollegium bei Anwendung des §. 98, Tit. 2, Th. I. der A. G. O. die bei demselben zur Sprache gekommenen Fälle angenommen, daß der eigene Wohnsitz der Kinder der Eximirten bürgerlichen Standes das Uebergehen in einen andern Gerichtsstand bewirke, und was das Kollegium zum eigenen Wohnsitz erfordere."

Insbesondere wurde damals die Frage in Beziehung auf die Töchter zur Sprache gebracht und in Betrachtung gezogen; das Kollegium entwickelte in dem Berichte vom 3. Dezember desselben Jahres die Gründe für beide Meinungen

1) für diejenige, daß die Tochter eines nicht adlichen Eximirten durch Aufschlagung eines eignen Wohnsitzes nach dem Tode des Vaters das forum exemtum verliere;
2) für die entgegengesetzte Ansicht, daß die bloße Aufschlagung eines Wohnsitzes den Verlust des eximirten fori nicht bewirke, sofern sie dasselbe bis zum Tode ihres Vaters gehabt habe, und daß ein solcher Verlust nur durch Verheirathung mit einem Nichteximirten, durch Betreibung eines bürgerlichen Gewerbes rc., durch Uebernahme eines den Frauen zugänglichen öffentlichen Amts, mit welchem ein nicht eximirtes forum verbunden ist, durch Ankauf eines bürgerlichen Grundstücks und endlich durch Antretung einer eignen Pachtung bewirkt werde.

Die Majorität des Kollegii entschied sich damals für die zweite Meinung, und eben derselben ist auch der Justiz-Minister in den Verfügungen vom 24. Dezember ejd. an das Kurmärksche Pupillen-Kollegium und an das Kollegium beigetreten. Nach diesem Grundsatz ist zwar auch in der Folge in verschiedenen Fällen verfahren worden. Der Eingangs gedachte Bericht des Königlichen Stadtgerichts hierselbst hat aber das Justiz-Ministerium zu einer wiederholten reiflichen Erwägung dieses Gegenstands veranlaßt, in deren Folge das Ministerium die erstgedachte Meinung als die in den Gesetzen begründete anerkannt und angenommen hat, so wie auch vom Königlichen Kammergericht eben dieser Grundsatz in dem an das Stadtgericht unterm 11. August d. J. erlassene Reskript angenommen worden; denn

1) gehört nach dem A. L. R. Thl. II. Tit. 9, §. 34 der eximirte Gerichtsstand zu den Vorrechten des Adels, welche nach §. 32. eben dieses Titels, auch dem Personal-Adel zustehen, allein nach der ausdrücklichen Bestimmung des § 33. obgedachten Titels werden diese Vorrechte durch die Geburt nicht fortgepflanzt, und würden aufhören, Personalrechte zu sein, wenn sie, die mit einem Amte verbunden sind, ohne letzteres auf die Kinder übergingen.

2) So lange die Kinder unter der väterlichen Gewalt stehen, nehmen sie allerdings an dessen höherem Stande und insonderheit an seinem eximirten Gerichtsstande Theil, allein dies ist nur auf die Dauer dieser väterlichen Gewalt beschränkt, weil sie mit deren Aufhebung aus dem natürlichen unter einen eignen Gerichtsstand treten. Dies folgt aus der Natur der Verhältnisse und ist durch die ausdrückliche Vorschrift des A. L. R. Thl. II. Tit. 8, §. 70. anerkannt und begründet.

Eben so bestimmt ist dies

3) auch durch die Vorschriften des A. L. R. Thl. II. Tit. 2, §. 60. und der A. G. O. Thl. I. Tit. 2, §. 98. vorgeschrieben und dadurch die Richtigkeit der nunmehr angenommenen Meinung bestätigt.

Denn die Ausdrücke

„oder sonst“

im §. 95. l. c. und

„gesetzmäßige Art, den Gerichtsstand zu verändern“

im §. 60. l. c. beziehen sich offenbar auch auf die Gewinnung eines eignen Wohnsitzes, indem diese eine gesetzliche Art ist, den ordentlichen persönlichen Gerichtsstand zu begründen.

(A. G. O. Thl. I. Tit. 2, §. 8, 9); und weil auch bei den ehelichen Kindern der Eximirten §. 95. ibid. auf die Vorschriften des §. 18. sq. verwiesen ist, der §. 20. l. c. aber ausdrücklich bestimmt:

„Ist der Vater bereits verstorben, so verbleibt der Gerichtsstand, unter welchem derselbe zur Zeit seines Ablebens innerhalb Landes seinen Wohnsitz hatte, der ordentliche Gerichtsstand des Kindes, so lange dasselbe noch keinen eignen Wohnsitz genommen hat.

Es läßt sich dagegen nicht behaupten, daß der Grundsatz des §. 60, Tit. 2, Thl. II. des A. L. R. bei dieser Interpretation außer Anwendung bleibe, da er dennoch so lange zur Richtschnur dienen wird, als die Kinder minorenn sind und noch keinen eignen Wohnsitz aufschlagen können. Wenn aber der §. 60, Tit 2, Thl. II. des A. L. R. auch noch irgend ein Bedenken zuließe, so würde letzteres doch unerheblich sein, da der eigentliche Sitz der Materie, der zweite Titel des ersten Theils der A. G. O., welcher vom Gerichtsstand handelt, und die allgemeine Fassung des §. 60. den so bestimmten anderweitigen Vorschriften nicht entgegen gesetzt werden kann. Es ist auch schwerlich anzunehmen, daß der Gesetzgeber einen so anomalen, den Rechtsgang so erschwerenden, und die Gerichtsstände selbst so verwirrenden Grundsatz angenommen habe. Denn wenn der privilegirte Gerichtsstand auf die Descendenten auch nach deren Austritt aus der väterlichen Gewalt überginge; so würde die Ermittelung des fori, unter welchem der Vater gestanden, und die Bescheinigung, daß dies ein eximirtes gewesen, zur Anstellung einer jeden Klage vorgängig nothwendig sein; dies würde sich nicht auf die Descendenten des ersten, sondern auch auf die der spätern Grade beschränken, weil auch diese wiederum der Gerichtsstand ihres Vaters in Anspruch nehmen würde; es würde auch den unehelichen Kindern der Töchter eximirter Beamten gegen die Vorschrift des A. L. R. Thl. II. Tit. 18, §. 61. zustehen, und im Verlauf einiger Zeit eine unzählbare Menge von Eximirten entstehen.

Die Ansicht, daß die Kinder der Eximirten nicht adlichen Standes auch nach aufgehobener väterlicher Gewalt das forum exemtum ihres Vaters behalten, ist daher mit den Gesetzen nicht zu vereinbaren, und vielmehr denselben gemäß, daß dieser Gerichtsstand mit Auflösung der väterlichen Gewalt aufhört.

Das Justiz-Ministerium ist demnach hierüber mit dem Königlichen Kammergericht völlig einverstanden, und hat hiernach sowohl das hiesige Stadtgericht beschieden, und zugleich angewiesen, das Testament der unverehelichten N. N. anzunehmen, als auch das Kurmärksche Pupillen-Kollegium und das Ober-Landesgericht zu Stettin, welchen die frühere Ansicht des Ministerium mitgetheilt war, hiervon in Kenntniß gesetzt.

Berlin, den 29. Oktober 1831.

A.

Die unverehelichte N. N. eine Tochter des Kanzlei-Direktors N. bei der vormaligen Kurmärkischen Kriegs- und Domainen-Kammer, hat am 4. Juni d. J. bei dem Königlichen Hausvoigteigericht ihr Testament deponirt, welches am 17. ejd. publizirt und demnächst dem Königlichen Kammergericht zur weitern Verfügung übersendet ist. Das letztere theilte uns hierauf das Testament brevi manu mit:

da die Testatrix keinen eximirten Gerichtsstand mehr gehabt habe.

Da uns jedoch diese Ansicht nicht richtig zu sein schien, so remittirten wir das Testament mit dem gehorsamst abschriftlich beigefügten Bericht vom 8 v. M., erhielten es indessen mittelst Rescripts vom 11. d. M., welches wir eben so beifügen, zurück.

Wir müssen jedoch bei unserer Ansicht verbleiben, da die §§. 20 und 98, Tit. 2, Thl. I. der A. G. O. dafür sprechen und das Königliche Kammergericht diese gesetzlichen Vorschriften nicht widerlegt hat, der angeführte Umstand aber, daß die Testatrix bei dem Tode ihres Vaters bereits längst majorenn gewesen sei, nach unserm Dafürhalten in den gesetzlichen Vorschriften nichts ändern, und daraus nicht gefolgert werden kann, daß sie ihren eximirten Gerichtsstand verloren habe, welcher bei einer unverheirathet gebliebenen Tochter eines Eximirten wohl noch weniger zweifelhaft sein kann, als der bei einem Sohne.

Ew. Excellenz bitten wir ganz gehorsamst, uns hochgefälligst zu belehren,

ob unsere Meinung die richtige, und uns demgemäß mit einer hochgeneigten Bescheidung zu versehen, ob wir das in Rede stehende Testament annehmen, oder dem Königlichen Kammergericht remittiren sollen.

Berlin, den 30. August 1831.

(v. K. Jhrb. Bd. 38. S. 307)

§. 99. Kinder aus einer Ehe zur linken Hand, ingleichen uneheliche Kinder, folgen dem Gerichtsstande der Mutter.

Offizianten und Gesinde.

§. 100. Prinzliche Räthe, ingleichen der Prinzen und Prinzessinnen oder anderer Eximirten Hausoffizianten, Livreebedienten und Gesinde, stehen während ihres Dienstes unter eben den Gerichten, wie ihre Herrschaft; ohne Unterschied, ob selbige Militair- oder Civilgerichte sind.

Anh. §. 28. *Die auf dem Lande oder überhaupt in dem Patrimonial-Jurisdiktions-Bezirk einer Gutsherrschaft sich befindenden Hausofficianten und Wirthschaftsbediente derselben, ingleichen deren Gesinde, sind, wo nicht Provinzialgesetze oder besondere Verträge entgegen stehen, der Patrimonialgerichtsbarkeit unterworfen.*

§. 101. Es bleibt jedoch den Landesjustizkollegiis überlassen, auf die §. 58. bemerkte Art die Gerichtsbarkeit über die zu dieser Klasse gehörenden Personen des niedern Standes den Untergerichten ihres Wohnorts zu übertragen, in so fern dieses nicht bereits durch allgemeine Verordnungen, wie z. B. in Berlin, geschehen ist.

Anh. §. 29. *Die den Landesjustizkollegien ertheilte Befugniss, die Gerichtsbarkeit den Untergerichten zu übertragen, erstreckt sich nicht auf die Königliche Hofdienerschaft, mit Einschluss der Kammerdiener, Kastellane, Hofgärtner, Stallmeister u. s. w.*

1) s. zu §. 58. h. t.

2) **Rescript** vom 11. August 1810, betreffend die Unzulässigkeit der Delegation der Gerichtsbarkeit über die niedere Hofdienerschaft. v. R. X. S. 397. (aufgenommen im §. 29. des Anh.)

§. 102. Königliche und Prinzliche Livreebediente, ingleichen alle nicht charakterisirte Offizianten, kehren nach erhaltener Dimission unter ihre vorige Gerichtsbarkeit zurück, oder werden den Untergerichten des Orts, wo sie ihren Wohnsitz aufschlagen, unterworfen.

d) durch die Eigenschaft einer moralischen oder

§. 103. Zu den moralischen Personen, welchen die Gesetze einen besondern persönlichen Gerichtsstand beigelegt haben, gehören Domkapitel, Kollegiatstifter, Klöster, Magisträte und Gerichte der unmittelbaren Städte; ingleichen Stadtgemeinen in solchen Städten, welche der Regel nach nur bei dem Obergerichte der Provinz belangt werden können.

Anh. §. 30. *Diejenigen moralischen Personen, welche unter mittel- oder unter unmittelbarer Verwaltung der Regierungen stehen, können deshalb auf einen eximirten Gerichtsstand keinen Anspruch machen. Dagegen verbleibt es in Absicht der Magisträte und Stadtgemeinen in den unmittelbaren Städten bei der Vorschrift der A. G. O.*

1) **Verordnung** wegen verbesserter Einrichtung der Provinzial-Behörden vom 26. Dezember 1808. §. 34. s. zu Einl. §. 1.

2) **Rescript** vom 30. März 1818, betreffend den Gerichtsstand der Magisträte und Stadtgemeinden.

Dem Königlichen Ober-Landesgericht wird auf die Anfrage im Berichte vom 3. d. M.,

den privilegirten Gerichtsstand der Städte betreffend,

eröffnet, daß alle Magisträte und ganze Stadtgemeinden der dortigen Provinz ein forum exemtum haben, da der Unterschied zwischen mittel- und unmittelbaren Städten, wie ihn das A. L. R. Thl. I. Tit. 8, §. 166. bestimmt hat, auf die Städte in dortiger Provinz keine Anwendung leiden kann, indem die Patrimonial-Jurisdiktion über die Städte allgemein aufgehoben ist, also auch dort nicht wieder eingeführt werden kann.

(v. K. Jhrb. Bd. 11, S. 200.)

3) **Rescript** vom 4. Juni 1831, betreffend das Forum der Mediatstädte.

Dem Königlichen Ober-Landesgericht wird auf den wegen des Gerichtsstandes der Mediatstädte unter dem 25. April c. erstatteten Bericht eröffnet, daß das Justiz-Ministerium unter Bezugnahme auf das in den Jahrbüchern abgedruckte Reskript an das Kammergericht vom 26. Januar 1827 (Bd. 35 S. 257) der Meinung derjenigen Mitglieder des Kollegiums beipflichtet, welche dafür halten, daß in dem Gerichtsstande der Mediatstädte ꝛc. durch die Verordnung vom 26. Dezember und die Städteordnung vom 29 November 1808 nichts geändert ist, vielmehr solche Städte vor wie nach auf das forum exemtum keinen Anspruch machen können.

Hiernach hat sich das Königliche Ober-Landesgericht zu achten und an die betreffenden Gerichte seines Departements das Weitere demgemäß zu verfügen, auch den Magistrat zu Wangerin auf dessen Anfrage vom 31. März c. davon in Kenntniß zu setzen.

(v. K. Jhrb. Bd. 37. S. 338.)

4) **Rescript** vom 2. Mai und 17. März 1834, betreffend den Gerichtsstand der Königlichen Mediatstädte.

Nach nochmaliger, durch den Bericht des Königlichen Kammergerichts vom 21. v. M.

wegen der Jurisdiktion über die Mediatstadt Vierraden veranlaßten sorgfältigen Erwägung der Verhältnisse der sogenannten Königlichen Mediatstädte, kann der Justizminister sich nicht veranlaßt finden, von der in dem abschriftlich beiliegenden Rescripte vom 17. März d. J. (Anlage) dem Ober-Landesgericht zu Stettin eröffneten Ansicht:

daß den gedachten Königlichen Mediatstädten das forum exemtum zustehe,

abzugehen.

Die A. G. O. Thl. I. Tit. 2. §. 103. und der Anhang zu derselben §. 30. sprechen aus:

daß die unmittelbaren Städte — aber auch nur diese — das forum exemtum genießen.

Was unmittelbare Städte sind, ergiebt das A. L. R. Thl. II Tit. 8. §. 166, nämlich solche, auf welche außer dem Landesherrn nicht, wie bei mittelbaren Städten, noch eine andere Herrschaft herrschaftliche Rechte besitzt. Da nun bei solchen Mediatstädten, die keine Privatherrschaft gehabt, sondern bei welchen Seine Majestät der König selbst Grundherr ist, dieses Verhältniß ebenfalls eintritt; so ist unzweifelhaft, daß die Königlichen Mediatstädte, rücksichtlich der Jurisdiktion, zu den unmittelbaren zu rechnen sind, da sich zwischen ihnen und dem Landesherrn keine andere Herrschaft befindet, und daß ihnen deshalb das forum exemtum zustehet.

Die Anlagen des Berichts erfolgen hierbei zurück.

Berlin, den 2. Mai 1834.

Dem Königlichen Ober-Landesgericht wird auf den Bericht vom 3. d. M., betreffend den Gerichtsstand der Mediatstädte in Pommern, zum Bescheide ertheilt, daß

ad A. die sogenannten Königlichen Mediatstädte unbedingt zur Kategorie der unmittelbaren Städte zu rechnen (§. 166. Tit. 8. Thl. II. A. L. R.), und daher von der Gerichtsbarkeit der Untergerichte zu eximiren sind; was dagegen

ad B. die adligen Mediatstädte betrifft, so gehören dieselben zwar nach dem A. L. R. Thl. II Tit. 8. §. 166. und der A. G. O. Tit. 2. §. 103 und dem §. 30. des Anhangs hierzu, zu den mittelbaren Städten: da aber in den hier angegebenen Fällen es sich nur von der Kompetenz zwischen Königlichen Gerichten handelt, so ist der Justiz-Minister nicht abgeneigt, dieselbe ebenfalls dem Königlichen Ober-Landesgericht zu übertragen, vorausgesetzt, daß der Magistrat selbst hiermit einverstanden ist.

Das Kollegium hat daher die Magisträte der adligen Mediatstädte zu befragen, ob es ihrem Wunsche gemäß sei, daß sie von der Gerichtsbarkeit der Stadtgerichte eximirt würden, und sodann von dem Ausfall Bericht zu erstatten.

Berlin, den 17. März 1834.

(v. K. Jhrb. Bd. 43. S. 476.)

§. 104. Dies Privilegium erstreckt sich aber so wenig auf Zünfte, Gilden oder Gewerke, als auf einzelne Mitglieder der Magisträte oder Gerichte; vielmehr kommt es in Ansehung der letzteren darauf an: in wie fern sie wegen ihres Standes oder Karakters auf Exemtion Anspruch haben, oder weil sie in ihren eigenen Sachen nicht Richter sein können, in Ansehung ihrer ein ausserordentlicher Gerichtsstand nach der unten erfolgenden Vorschrift statt findet. (§. 146.)

Rescript vom 27. August 1814 und 4. Oktober 1822, betreffend den Gerichtsstand der Bürgermeister. zu §. 58. d. T. sub II.

§. 105. Dorfgemeinen müssen, wo nicht Provinzialgesetze ein anderes bestimmen, bei ihren Patrimonialgerichten belangt werden. Ist jedoch die Gutsherrschaft Kläger, so kann die Gemeine, oder auch nur die in Anspruch genommene einzelne Klasse derselben, die Einlassung vor dem Gerichtshalter ablehnen; und alsdann muss das Obergericht der Provinz sich der Instruktion und Entscheidung der Sache schon in erster Instanz unterziehen. (A. L. R. Thl. II. Tit. XVII. §. 41. 42. 43.)

Anh. §. 31. *Die hier gegebenen Vorschriften finden auch auf die Judengemeinden in den Mediatstädten Anwendung.*

Reskript vom 8. Juni 1835, betreffend den Gerichtsstand der Judengemeinden in den Mediatstädten. v. R. VIII. S. 301. (aufgen. in §. 31. des Anh.)

e) einer mitleidenswürdigen Person begründet wird.

§. 106. Das bisher üblich gewesene sogenannte *forum miserabilium personarum* fällt künftig weg; da die Untergerichte gegenwärtig besser bestellt und eingerichtet sind, und der Zutritt zu dem Oberrichter, auf dem Wege der Appellation oder des Rekurses, einer jeden Partei, auch der ärmsten, ohne Schwierigkeiten und Kosten offen steht.

II. Vom dinglichen Gerichtsstande.

§. 107. Der dingliche Gerichtsstand (§. 4. 5.) erstreckt sich auf alle unbewegliche Sachen ohne Ausnahme.

§. 108. Vermöge dieses dinglichen Gerichtsstandes sind der unmittelbaren Jurisdiktion der Landesjustizkollegien untergeordnet: sämmtliche geistliche, ritterfreie und zu adlichen Rechten verliehene Güter und Grundstücke der Universitäten und anderer gelehrten Schulen. Hingegen sind Grundstücke die zu einer gemeinen Schule gehören, von der ordentlichen Realjurisdiktion des Orts in der Regel nicht ausgenommen. (A. L. R. Thl. II. Tit. X. §. 20.)

1) a. **Reskript** vom 8. Mai 1812, betreffend die Realgerichtsbarkeit über Grundstücke in den Vorstädten.

Die Städte-Ordnung setzt in den §§. 3, 4. fest, daß zum Stadtbezirk sämmtliche Grundstücke der Städte und Vorstädte gehören. In Gemäßheit dessen hat das Ministerium des Innern unterm 15. August 1809 verfügt, daß auch die bisher zum platten Lande gehörig gewesenen Grundstücke, sobald sie von den Grundstücken der Stadt und Vorstädte eingeschlossen sind, oder mit denselben vermischt liegen, künftig dem städtischen Gemeindebezirk angehören und dem städtischen Kommunal-Verbande einverleibt werden sollen; und es ist mit der Ausführung dieser Bestimmung, nach der Aeußerung des Departements der allgemeinen Polizei im Ministerio des Innern, auch bereits an den meisten Orten vorgegangen worden, wo der in Rede stehende Fall vorhanden gewesen. Da es nun in mehreren Rücksichten unpassend sein würde, wenn dergleichen Grundstücke und ihre Bewohner nicht auch in Absicht der Justiz-, Hypotheken- und Vormundschafts-Verwaltung unter die städtischen Gerichte gestellt werden sollten, so sind der Chef der Justiz und des Allgemeinen Polizei-Departements übereingekommen, diese Vereinigung auch in Ansehung der ebengenannten Geschäftszweige eintreten zu lassen. Indem solches dem Königlichen rc. hierdurch bekannt gemacht wird, erhält dasselbe zugleich die Anweisung, die Stadtgerichte in den Städten des Departements zu instruiren, daß sie in Fällen, wo Grundstücke, welche von Grundstücken der Stadt und Vorstädte eingeschlossen werden, aber bisher zum platten Lande gehörig gewesen sind, dem städtischen Kommunal-Verbande inkorporirt werden, auch die Jurisdiktion über diese Grundstücke übernehmen.

(v. K. Jhrb. Bd. 1, S. 19.)

b. **Rescript** vom 24. Januar 1815, betreffend die Gerichtsbarkeit über Pertinentien adlicher Güter, welche innerhalb der städtischen Feldmark liegen.

Dem Königlichen Ober-Landesgerichte wird auf die unter dem 9. d. M. gethane Anfrage hiermit zum Bescheide ertheilt, daß allerdings das die Patrimonial-Gerichtsbarkeit in den Städten betreffende Rescript vom 8. Mai 1812 auf solche innerhalb der Städte oder deren Feldmarken gelegene Grundstücke, welche Pertinentien adlicher Güter sind, nicht Anwendung findet, und in der Real-Jurisdiktion dieser Grundstücke nichts geändert ist. Dagegen sind die Bewohner solcher Grundstücke, in sofern ihnen kein eximirtes Forum zustehet, persönlich der Gerichtsbarkeit der Stadtgerichte unterworfen. (v. K. Jhrb. Bd. 5. S. 11.)

2) **Rescript** vom 2. November 1830, betreffend die Gerichtsbarkeit der schlesischen standesherrlichen Gerichte über geistliche Grundstücke.

Der Justiz-Minister erwiedert dem Königlichen Ober-Landesgericht auf den Bericht vom 24. September d. J., daß nach Schlesischer Verfassung, dem Vorgang des übrigen Theils von Schlesien und nach den vorgetragenen Gründen, wie auch dem unzweifelhaften Besitzstande, dem standesherrlichen Gericht zu Beuthen die Jurisdiktion über die, in der Standesherrschaft Beuthen gelegenen geistlichen Güter überall nicht streitig gemacht werden kann, und hat das Königliche Ober-Landesgericht sich hiernach zu achten und das Weitere zu veranlassen.
(v. K. Jhrb. Bd. 36. S. 309.)

3) **Rescript** vom 19. Mai 1831, betreffend die Hypothekenbuchführung über die zu einem Rittergute gehörigen Rustikal-Grundstücke.

Auf die Beschwerde des Majors A. zu N. haben Se. Königliche Majestät durch die Allerhöchste Cabinets-Ordre vom 2. Februar c. zu bestimmen geruht, daß das Hypothekenbuch über die zu einem Rittergut gehörenden Rustikalgrundstücke, sie mögen vom Besitzer eigenthümlich oder in Erbpacht oder in Erbzins besessen werden, dem Patrimonialgericht zu überlassen sei. Die Verfügung vom 30. November 1827 (Jhrb. Bd. 30. S. 381.) so weit selbige die im Gerichtsbezirk des Patrimonial-Gerichts verbleibenden Rustikal-Grundstücke betrifft, soll daher aufgehoben werden, und wird demnach das Königliche Ober-Landesgericht auf den Bericht vom 28. v. M. hiermit angewiesen, die Beschwerde des rc. A. durch Zurückgabe der Hypothekenbuch-Führung über die von ihm verpachteten bäuerlichen Besitzungen an das Patrimonial-Gericht von B. zu erledigen. Nach gleichem Grundsatz hat das Kollegium sich in künftigen vorkommenden Fällen zu achten.
(v. K. Jhrb. Bd 37. S. 332.)

4) a. **Rescript** vom 15. März 1824, 30. November 1827 und 13. Mai 1831, betreffend die Realgerichtsbarkeit über die veräußerten Parzellen eines eximirten Grundstücks. v K. Jahrb. Bd. 23. S. 56; Bd. 30. S. 381; Bd. 37. S. 331. (antiquirt durch die nachfolgende Verordnung.)

b. **Gesetz** vom 25. April, betreffend die Real-Jurisdiktion über veräußerte Theile eines eximirten Landguts.

Wir Friedrich Wilhelm, von Gottes Gnaden, König von Preußen rc. verordnen zur Erledigung der Zweifel, welche in Beziehung auf die Realjurisdiktion über die von einem eximirten Landgut abgetrennten Theile obwalten, auf den Antrag Unsers Staats-Ministeriums und nach erfordertem Gutachten Unsers Staatsraths, wie folgt:

§. 1. Die Realjurisdiktion über die von dem Areal eines eximirten Landgutes durch Veräußerung zu vollem Eigenthum oder Erbzins- oder Erbpachtsrechten abgetrennten Bestandtheile stehet der Regel nach dem Orts-Patrimonial- oder Orts-Untergerichte zu.

§. 2. Ausnahmsweise sollen dergleichen Gutstheile dem eximirten Gerichtsstande unterworfen sein

1) wenn sie zu vollem Eigenthum veräußert werden und von einem solchen Umfange oder Werth sind, wie ihn Rittergüter nach den Gesetzen über die Standschaft der Provinz bei freiwilligen Parzellirungen zur Bewahrung ihrer Ritterguts-Eigenschaft mindestens behalten müssen;
2) wenn bei einem geringern Umfange oder Werth derselben der Erwerber in dem Erwerbungsvertrage die Absicht ausgesprochen hat, daraus

oder in Verbindung mit andern bereits erworbenen oder noch zu erwerbenden Grundstücken ein Rittergut zu bilden und Wir demnächst durch eine von Uns Allerhöchstselbst vollzogene Urkunde diesem Grundbesitze die Eigenschaft eines Ritterguts oder die Gerechtsamen beilegen, welche zur Theilnahme an dem Stande der Ritterschaft befähigen;

3) wenn sie mit Zustimmung des Veräußerers und des Jurisdiktionsberechtigten einem eximirten Landgute einverleibt und auf den Antrag des Erwerbers diesem Gute in dem Hypothekenbuche zugeschrieben werden.

§. 3. Wenn vor Publikation dieses Gesetzes einem veräußerten Gutstheile, welcher nach vorstehenden Bestimmungen der Realjurisdiktion des Orts-Untergerichts hätte anheim fallen sollen, ein eigenes Folium in dem Hypothekenbuche des Obergerichts, oder einer andern die Real-Gerichtsbarkeit über eximirte Güter verwaltenden Gerichtsbehörde bereits gegeben ist, so kann der Gerichtsherr des Orts-Untergerichts die Uebertragung dieses Grundstücks in das Hypothekenbuch seines Gerichts fordern, es sei denn, daß das Grundstück inzwischen mit Pfandbriefen oder andern Hypothekenschulden belastet worden wäre, in welchen Fällen dasselbe bei dem Widerspruche seines Eigenthümers der Realjurisdiktion des Orts-Untergerichts nicht eher überwiesen werden darf, als bis im gewöhnlichen Laufe des Verkehrs die Löschung der Pfandbriefe oder andern Schulden im Hypothekenbuche erfolgt.

§. 4. Die vorstehenden Bestimmungen finden auch auf das Verhältniß der standesherrlichen Gerichte zu den in ihren Sprengeln befindlichen Patrimonial-Gerichten Anwendung, sofern nicht spezielle Verleihungen hierüber etwas Anderes enthalten. Streitigkeiten darüber sind im Wege des Prozesses zu erledigen. (G. S. S. 51.)

Anh. §. 32. *Die dingliche Gerichtsbarkeit, welche einigen Militairgerichten sonst zustand, ist auf die ordentliche bürgerliche Gerichtsbarkeit, vor welche andere Grundstücke gleicher Art der Provinz oder des Orts gehören, übergegangen.*

C. O. vom 19. Juli 1809, betreffend den Militairgerichtsstand (sub 6.) s. zu §. 48. Anh. §. 12—20. h. t.

§. 109. Wenn der Eigenthümer eines der unmittelbaren Gerichtsbarkeit eines Obergerichts unterworfenen Grundstücks auf demselben wohnt, so hat er, selbst wenn er sonst nach seiner Geburt, seinem Stande, oder seinem Charakter unter dasselbe nicht gehören würde, dennoch bei diesem Obergerichte auch seinen persönlichen Gerichtsstand. Doch fällt dieser persönliche Gerichtstand weg, sobald der Eigenthümer seinen ordentlichen Wohnsitz unter einer andern Jurisdiktion aufschlägt, oder das Grundstück veräussert.

Anh. §. 33. *Ein Ehemann, welcher auf dem seiner Ehefrau zugehörigen Grundstücke wohnt, kann, wenn er sonst für seine Person nicht eximirt ist, auf den unmittelbaren Gerichtsstand unter dem Obergerichte keinen Anspruch machen.*

Die Besitzer der veräusserten Domainen-, Erbpacht- und Erbzins-Vorwerke, welche in das bei den Landeskollegien geführte Hypothekenbuch übernommen sind, haben ihren Gerichtsstand bei dem Obergerichte; die übrigen auf sol-

chen Vorwerken wohnenden Personen hingegen, welchen keine Exemtion zustehet, bleiben den Gerichten ihres Wohnorts unterworfen.

1) **Rescript** vom 14. Juli 1812, betreffend den Gerichtsstand des Ehemannes einer Gutsbesitzerin.

Dem Königlichen Ober-Landesgerichte zu Breslau wird auf die, unterm 23. v. M. gethane Anfrage:

ob Privatleute bürgerlichen Standes, so lange sie auf den ihren Ehefrauen gehörigen, der unmittelbaren Gerichtsbarkeit eines Ober-Landesgerichts unterworfenen, Grundstücken wohnen, nach Anleitung des §. 109. Tit. 2. Thl. I. der Gerichts-Ordnung nicht als Eximirte zu betrachten, und bei diesem Obergerichte Recht zu nehmen verbunden sind,

hierdurch zur Resolution ertheilt, daß der angeführte §. hier keine Anwendung findet, da in dieser Gesetzstelle von dem Eigenthümer eines, der unmittelbaren Gerichtsbarkeit eines Obergerichts unterworfenen Grundstücks die Rede, der Ehemann aber nicht Eigenthümer des seiner Ehefrau gehörigen Ritterguts ist. Hiernach ist auch das A. L. R. Thl. II. Tit. 8. §. 7. zu erklären; und wenn gleich dem Ehemann der Nießbrauch und die Verwaltung des erwähnten Ritterguts zustehen mag, so folgt doch nicht, daß ihm auch der, mit dem eigenthümlichen Besitz verbundene, Gerichtsstand zukommt. Vielmehr schließt das A. L. R. Thl. I. Tit. 21. §. 45. den Nießbraucher von den, auf einem Gute haftenden Ehrerechten der Regel nach aus. Wenn die A. G. O. Thl. I. Tit. 2. §. 87. disponirt, daß Ehefrauen jederzeit einerlei Gerichtsstand mit ihren Männern haben sollen, so hat das allerdings die Folge, daß die Ehefrauen die Exemtion, zu welcher sie nach ihrer Geburt berechtigt sind, ordentlicherweise verlieren, wenn gleich der dingliche Gerichtsstand, welchem sie vermöge ihres Besitzes liegender Güter unterworfen sind, dadurch nicht aufgehoben wird. Es läßt sich aber in keinem Falle der Schluß machen, daß der Ehemann der Exemtion, oder des sonstigen besondern Gerichtsstandes der Frau theilhaftig werden muß, damit sie die Exemtion nicht verliere. Das Königliche Ober-Landesgericht wird demnach hierdurch beschieden, daß Privatleute bürgerlichen Standes, welche auf den ihren Ehefrauen gehörigen, der unmittelbaren Gerichtsbarkeit eines Obergerichts unterworfenen, Grundstücken wohnen, nicht als Eximirte zu betrachten, und bei diesem Obergerichte Recht zu nehmen nicht verbunden sind, wenn nicht in besondern Fällen der außerordentliche Gerichtsstand eintritt. (v. K. Jahrb. Bd. I. S. 237.)

2) **Rescript** vom 14. Juli 1812, betreffend den Gerichtsstand der Besitzer von Domainen-, Erbpachts- und Erbzins-Vorwerken. v. K. Jhrb. Bd. 1. S. 239. (aufgen. in §. 33. des Anh.)

3) **Gesetz** vom 25. April 1835, betreffend die Realjurisdiktion über veräußerte Theile eximirter Grundstücke. s. zu §. 108. h. t.

4) **Rescript** vom 10. September 1830, betreffend den Gerichtsstand eines bürgerlichen Rittergutsbesitzers vor Berichtigung seines Besitztitels.

Dem Königlichen Ober-Landesgerichte wird in der abschriftlichen Anlage die Vorstellung des Patrimonial-Gerichts zu Poganitz vom 1. d. M.,

den Gerichtsstand des Gutsbesitzers Stahlberg betreffend,

mit dem Eröffnen zugefertigt, daß, da der §. 109. Tit. 2. Thl. I. der A. G. O. zu Begründung des Fori exemti eines bürgerlichen Rittergutsbesitzers nur dessen Eigenthum an dem Gute und den Wohnsitz auf demselben voraussetzt, ohne zu verlangen, daß das Eigenthum in das Hypothekenbuch eingetragen sei, das forum des Königlichen Ober-Landesgerichts ohne alle Rücksicht auf die erfolgte oder nicht erfolgte Eintragung in das Hypothekenbuch eintreten muß, wenn jenes Eigenthum nicht zu bezweifeln ist und der Wohnsitz des Stahlberg auf dem Gute hinzukommt.

Hiernach hat das Kollegium das Erforderliche zu verfügen.

(v. K. Jhrb. Bd. 36. S. 158.)

5) **Rescript** vom 16. September 1834, denselben Gegenstand betreffend.

Die von dem Königlichen Kammergericht im Berichte vom 25. v. M.

gegen das Gesuch des Gutsbesitzers W. um Anerkennung seines eximirten

Gerichtsstandes vor erfolgter Berichtigung des Besitztitels des ihm zugehörigen Ritterguts F.,

und gegen das hierüber erlassene Rescript vom 5. August d. J. erhobene Bedenken, kann der Justizminister nicht begründet finden.

Der aus den Bestimmungen des Publikandi vom 1. Oktbr. 1805 entnommene Einwand beseitigt sich schon dadurch, daß dieses Publikandum durch die Verordnung vom 30. August 1810 (G. S. von $1806/_{10}$ S. 729.) gänzlich aufgehoben ist; und was in den §§. 27—29. des A. L. R. Th. II. Tit. 17. über die Ausübung von Ehrenrechten gesagt ist, kann auf den Gerichtsstand, der kein Ehrenrecht ist, nicht von Einfluß sein, vielmehr entscheidet die klare Bestimmung des §. 109. der A. G. O. Th. I. Tit. 2. und §. 7. des A. L. R. Th. II. Tit. 8.

Hiernach muß es bei der Verfügung vom 5. August d. J. sein Bewenden behalten.

(v. K. Jahrb. Bd. 44. S. 82.)

§. 110. Wenn von den Regeln in Ansehung des dinglichen Gerichtsstandes (§. 5. 32. 107. 108.) eine Ausnahme behauptet wird, so muss dieselbe durch Statuten oder Provinzialgesetze, oder durch besondere Privilegia begründet werden.

§. 111. In dem Gerichtsstande der Sache können nur Klagen, bei welchen ein dingliches Recht auf die Sache zum Grunde liegt, nicht aber bloss persönliche angestellt werden.

§. 112. Eine Ausnahme von dieser Regel findet jedoch statt, wenn gegen die Besitzer unbeweglicher Güter eine solche persönliche Klage angestellt wird, welche aus dem Besitze des Grundstücks, oder aus Handlungen fliesst, die er in der Eigenschaft als Gutsbesitzer vorgenommen hat.

§. 113. Wenn daher ein solcher Gutsbesitzer

1) die mit seinem Pächter oder Verwalter eingegangenen Verbindlichkeiten zu erfüllen, oder
2) die zum Besten des Grundstücks geleisteten Vorschüsse oder gelieferten Materialien und Arbeiten zu vergüten sich weigert; oder
3) die Patrimonialgerichtsbarkeit oder den Dienstzwang missbraucht; oder
4) seinen Nachbar im Besitze stört; oder
5) sich eines auf das benachbarte Grundstück zustehenden Rechts berühmt oder
6) wenn er das Grundstück ganz oder zum Theil veräussert, und den Kontrakt nicht erfüllt, oder die schuldige Gewähr nicht leistet;

so muss derselbe in allen diesen Fällen bei dem Gerichtsstande der Sache Recht nehmen, wenn sein Gegner ihn in seinem persönlichen Gerichtsstande nicht belangen will.

Rescript vom 30. Juni 1800, betr. das Forum bei Realklagen gegen solche Besitzer, welche für ihre Person einer andern als der Realgerichtsbarkeit unterworfen sind.

Auf Euren Bericht vom 16. April d. J. über die Kompetenz des Fori bei Realklagen gegen solche Besitzer hiesiger Grundstücke, welche für ihre Person einer andern Gerichtsbarkeit als derjenigen untergeordnet sind, welche die Real-Jurisdiktion exercirt, wollen Wir Euch zu Eurer Vorbescheidung zu erkennen geben, daß, da in dem Vergleich vom 28. Juli 1787 die eigentlichen Actiones reales dem Foro rei sitae vorbehalten werden, Klagen gegen einen dritten nicht persönlich verhafteten Besitzer, und solche Klagen, wo ausdrücklich erklärt worden, daß man sich einzig und allein an das Grundstück halten wolle, nur in Foro reali verhandelt werden können, welchem gemäß Ihr künftig zu verfahren habt. (von R. VI. S. 169.)

§. 114. Wenn in Provinzen, wo der Landsassiat statt findet, ein Ausländer ein adeliches Gut besitzt, oder an einem hiesigen Lehngute in die gesammte Hand aufgenommen ist, so kann er von hiesigen Unterthanen bei demjenigen Gerichtsstande, welchem das ihm gehörende oder zur gesammten Hand verliehene Gut unterworfen ist, auch mit persönlichen Klagen belangt werden.

Anh. §. 34. *Jeder Ausländer, welcher in den Preussischen Staaten bewegliches oder unbewegliches Vermögen besitzt, kann von einem Preussischen Unterthan, bei demjenigen Gericht, unter welchem sich dieses Vermögen befindet, auch wegen persönlicher Forderungen zum Zweck der Befriedigung aus dem im Lande befindlichen Objekte in Anspruch genommen werden.*

1) **Rescript** vom 19. März 1809, betr. die Zuläßigkeit der Klagen gegen Ausländer, welche im Lande Vermögen besitzen. Mathis Monatsschr. Bd. 8. S. 22. v. R. X. S. 67. (aufgenommen in §. 34. des Anh.)

2) **Verordnung** vom 7. Juli 1819, wegen Aufhebung des §. 34. des Anh. in Ansehung der Staaten des deutschen Bundes.

In dem §. 34. des Anhanges zur A. G. O. ist verordnet, daß jeder Ausländer, welcher in den Preußischen Staaten bewegliches oder unbewegliches Vermögen besitzt, von einem preußischen Unterthan bei demjenigen Gerichte, unter welchem sich dieses Vermögen befindet, auch wegen persönlicher Forderungen zum Zweck der Befriedigung aus dem im Lande befindlichen Objekte, in Anspruch genommen werden kann.

In Erwägung, daß die gegenwärtigen Verhältnisse eine Beibehaltung dieser, aus Unserm Kabinets-Befehl vom 15. März 1809 hervorgegangenen Bestimmung, in Beziehung auf die Staaten des deutschen Bundes, nicht länger nöthig machen, verordnen Wir, nach erfordertem Gutachten des Staatsraths, wie folgt:

Der §. 34. des Anhanges zur A. G. O. soll künftig in denjenigen Theilen der Monarchie, wo er bis jetzt geltend ist, gegen die Einwohner der deutschen Bundesstaaten nicht weiter zur Anwendung gebracht werden: jedoch wird das Wiedervergeltungsrecht in den dazu geeigneten Fällen vorbehalten.

(G. S. S. 212.)

3) **Rescript** vom 23. Oktober 1826, betr. die Unzuläßigkeit persönlicher Klagen vor diesseitigen Gerichten gegen sächsische Unterthanen, welche im Inlande mit Hauseigenthum angesessen sind, und die Unstatthaftigkeit der freiwilligen Prorogation des Gerichtsstandes Seitens eines Ausländers.

Dem Königl. Oberlandesgerichte wird auf den Bericht vom 29. August c.
die Kompetenz desselben in Sachen der Erben des C. F. von H. wider die Erben des C. G. von H. betreffend.

nach genommener Rücksprache mit dem Königl. Minister der auswärtigen Angelegenheiten eröffnet: daß zwar nach der A. G. O. Th. I. Tit. 2. §. 112 und 113. ein persönlicher Anspruch, welcher aus dem Besitze eines Grundstücks fließt, im foro rei sitae angestellt werden kann, wenn das Grundstück veräußert und die schuldige Gewähr nicht geleistet wird; allein es ist in der zwischen Preußen und Sachsen abgeschlossenen Konvention zur Vollziehung des Wiener Friedens-Traktats vom 18. Mai 1815, d. d. den 28. August 1819, Art. III. Nr. 3. festgesetzt:

daß dergleichen aus dem Besitz eines Grundstücks fließende persönliche Klagen in foro domicilii angestellt werden müssen,

und von den im bezeichneten §. 113. der A. G. O. aufgeführten Fällen ist bloß als Ausnahme der aufgenommen, wenn der Anspruch die Pachtung des Guts betrifft.

Aus dem Reverse d. d. Dresden und Gotha den 26. Septbr. 1823, und Gotha den 17. Septbr. ejd., welcher der Klage beigefügt ist, kann ebenfalls die Kompetenz des fori des Königl. Oberlandesgerichts nicht gefolgert werden. Denn wenn auch eine freiwillige Prorogation nach §. 163. l. c. der A. G. O. daraus entnommen werden könnte, so ist es doch bedenklich, eine solche für zuläßig zu achten, wenn der Beklagte ein Ausländer ist, da die Unterwerfung eines Inländers unter ein auswärtiges Forum nach diesseitigen Gesetzen nicht stattbaft sein dürfte. Ausdrücklich ist dieß zwar nicht verordnet, es ergiebt sich aber analogisch aus dem §. 41. des Anh. zur A. G. O., wonach Personen, die im Auslande wohnen, nicht zu Schiedsrichtern erwählt werden können. Auch ist jener Grundsatz in einem Staatsvertrage, dem Abkommen zur Beförderung der Rechtspflege zwischen den Königl. Preuß. Staaten und dem Großherzogthum Sachsen-Weimar-Eisenach vom 25/7. Juni 1824, Art. 4. ausgesprochen.

Das Königl. Oberlandesgericht wird daher angewiesen, die Reposition der Akten zu verfügen.

(Gen. Act des Justizm. L. R. No. 2. Vol. I. fol. 318.)

4) **Rescript** vom 31. Oktbr. 1835, betr. die Zulässigkeit persönlicher Klagen vor diesseitigen Gerichten gegen Kurhessische Unterthanen, die mit Grundeigenthum in den diesseitigen Staaten angesessen sind.

Nach dem §. 34. des Anhanges zur A. G. O. kann jeder Ausländer, welcher in den Preußischen Staaten bewegliches oder unbewegliches Vermögen besitzt, von einem Preußischen Unterthanen bei demjenigen Gerichte, unter welchem sich dies Vermögen befindet, auch wegen persönlicher Forderungen zum Zweck der Befriedigung aus dem im Lande befindlichen Objekte in Anspruch genommen werden.

Diese Vorschrift ist durch die Allerhöchste Verordnung vom 7. Juli 1819 (G. S. S. 212.) im Verhältniß zu deutschen Bundesstaaten aufgehoben worden, indem daselbst bestimmt ist:

> der §. 34. der Anhangs zur A. G. O. soll künftig in denjenigen Theilen der Monarchie, wo er bis jetzt geltend ist, gegen die Einwohner der deutschen Bundesstaaten nicht weiter zur Anwendung gebracht werden, jedoch wird das Wiedervergeltungsrecht in den dazu geeigneten Fällen vorbehalten.

Zufolge des letzteren Zusatzes geht die Verordnung davon aus, daß

1. die übrigen deutschen Bundesstaaten gleiche Grundsätze, wie nach Aufhebung des §. 34. des Anhanges diesseits gegen die Unterthanen derselben würden in Anwendung kommen, auch gegen Preußische Unterthanen gelten lassen, mithin, daß sie Preußische Unterthanen wegen persönlicher Forderungen nicht vor ihr Forum ziehen;
2. daß sie, wenn sie solches gleich wohl thun, einem Prinzip der Gerechtigkeit, worauf die diesseitigen Vorschriften wegen Begründung des Gerichtsstandes beruhen, zuwider handeln, hierdurch aber
3. der diesseitigen Regierung das Recht geben, ein ähnliches Verfahren gegen sie zu beobachten, weshalb denn auch die Anwendung dieses Rechts durch die Verordnung in den dazu geeigneten Fällen ausdrücklich vorbehalten wird.

Den vorstehenden, der Allerhöchsten Verordnung vom 7. Juli 1819 zur Grundlage dienenden Grundsätzen zuwider ist in der Kurhessischen Verordnung vom 24. Juli 1825 bestimmt,

> daß Ausländer ohne Unterschied, also auch Preußische Unterthanen aus allen Theilen der Monarchie, die mit Grundeigenthum jeglicher Art im Kurhessischen angesessen sind, vor den dortigen Gerichten auch wegen aller persönlichen Forderungen des Kurhessischen Staates oder dessen Unterthanen in Anspruch genommen werden können.

Die sämmtlichen Gerichtsbehörden werden daher kraft des in der vorgedachten Allerhöchsten Verordnung gemachten ausdrücklichen Vorbehalts hierdurch angewiesen, das nach vorstehendem Gesetze in Kurhessen zu beobachtende Verfahren gegen diesen Staat ebenfalls geltend zu machen, und demzufolge Klagen diesseitiger Unterthanen gegen jeden Kurhessischen Unterthan, der mit Grundeigenthum irgend einer Art in Preußen angesessen ist, wegen persönlicher Forderungen bei den diesseitigen Gerichten eben so zuzulassen, als dies gegen Preußische Unterthanen vor Kurhessischen Gerichten geschieht.

(v. K. Jahrb. Bd. 46. S 486.)

5) Vergl. Tit. 29. §. 90. Anh. §. 101. seqq.

§. 115. Wenn einem Kläger in Ansehung desselben Anspruchs zugleich ein persönliches und ein dingliches Recht zusteht, so hat derselbe die Wahl: ob er seine Klage in dem persönlichen Gerichtsstande des Beklagten, oder bei dem Richter der Sache anstellen wolle. Hat er einmal gewählt, so muss er sich die daraus fliessenden Folgen in Ansehung der Art und Grade der Exekution gefallen lassen.

§. 116. Der dingliche Gerichtsstand in Ansehung beweglicher Sachen findet nur alsdann statt, wenn die Klage auf ein Eigenthums- oder Pfandrecht sich gründet, und der Besitzer oder Inhaber keinem ordentlichen 'persönlichen Gerichtsstande in hiesigen Landen unterworfen ist.

§. 117. Wie durch Arrestschlag auf eine bewegliche Sache der dingliche Gerichtsstand derselben an dem Orte, wo sie sich befindet, in so weit, als über die Zulässigkeit des Arrestes zu erkennen ist, begründet werde, wird in dem Titel von Arresten näher bestimmt.

§. 118. Ist der, gegen welchen der Arrest erkannt worden, ein hiesiger Unterthan, so muss die weitere Ausführung des Anspruchs, welcher durch den Arrestschlag sicher gestellt werden soll, an den ordentlichen Gerichtsstand verwiesen werden.

§. 119. Ein Ausländer hingegen, wider welchen ein Arrest in hiesigen Landen, es sei auf den Antrag eines Inländers oder eines andern Ausländers, verhängt ist, muss vor dem Gerichte, welches denselben angelegt hat, auch in der Hauptsache sich einlassen.

§. 120. a. Wo wegen der Arreste gegen Ausländer, besondere Verträge mit benachbarten Staaten, oder besondere Provinzialgesetze vorhanden sind, hat es dabei ferner sein Bewenden. Doch folgt aus der Unzulässigkeit eines Arrestes wegen Schulden noch nicht, dass auch die Befugniss, Eigenthums- oder Pfandrechte an jedem Orte, wo die Sache sich befindet, zu verfolgen (§. 116.), dadurch aufgehoben sei.

§. 120 b. Wie weit bei begangenen Defraudationen eines Privatzolles, ingleichen durch Pfändungen, ein Gerichtsstand begründet werden könne, ist im A. L. R. vorgeschrieben. (Th. I. Tit. XIV. §. 437. 455. Th. II. Tit. XV. §. 130. u. f.)

§. 121. Der Gerichtsstand einer Erbschaft, als eines Inbegriffs von Sachen und Rechten, ist da, wo der Erblasser, zur Zeit seines Ablebens, seinen ordentlichen persönlichen Gerichtsstand gehabt hat.

f. zu §. 91, Anh. §. 25 und 26 h. t.

§. 122. So lange der Erbe die Erbschaftsgläubiger und Legatarien noch nicht befriedigt hat, kann er von ihnen in dem Gerichtsstande der Erbschaft belangt werden.

§. 123. Will der Erbe unbekannte Erbschaftsgläubiger verpflichten, ihn nur in seinem gewöhnlichen Gerichtsstande in Anspruch zu nehmen, so muss er die Vorschriften des A. L. R. im ersten Theile Tit. XVII. §. 137. u. f. beobachten.

§. 124. Auch hat es bei eben diesen Vorschriften §. 121. u. f. für den Fall, wenn mehrere Miterben vor Berichtigung der Erbschaftsschulden und Legate in den Nachlass sich theilen, sein Bewenden.

§. 125. Ansprüche wegen eines Erbrechts können in dem Gerichtsstande der Erbschaft so lange angebracht werden, als daselbst noch ein Theil des Nachlasses, an welchen der Kläger sich halten kann, vorhanden ist.

III. Von dem ordentlichen Gerichtsstande gewisser Angelegenheiten und Geschäfte.

§. 126. Zu den Angelegenheiten und Geschäften, welchen wegen ihrer besondern Beschaffenheit ein eigener Gerichtsstand angewiesen ist (§. 6.), gehören zuvörderst alle Prozesse, in welchen der Fiskus als Kläger, Beklagter, Intervenient oder Litisdenunciat erscheint, und die insgesammt, sobald der Fiskus es verlangt, bei dem Landesjustizkollegio der Provinz verhandelt werden müssen.

Anh. §. 35. *Der privilegirte Gerichtsstand des Fiskus findet nicht ferner statt; vielmehr ist derselbe jederzeit bei demjenigen Gericht zu klagen und sich einzulassen verbunden, vor welches die Sache gehören würde, wenn von einem Streite zwischen Privatpersonen die Rede wäre.*

Nur wenn der Gegenstand des Streites unter unmittelbarer Verwaltung der Regierung steht, muss die Klage gegen den Fiskus bei dem Obergericht angestellt werden.

Anh. §. 36. *So lange die neue Einrichtung der Untergerichte und Polizeibehörden noch nicht vollendet ist, können besondere Fälle vorkommen, in welchen die Regierungen es fur nöthig achten, der Beihülfe der Justizbeamten zur Einziehung der Information und der Assistenz derselben bei Führung des Prozesses selbst sich zu bedienen. In diesen Fällen sind die Obergerichte authorisirt, auf den jedesmaligen Antrag der Regierung die Instruktion fiskalischer Civilprozesse in erster Instanz vor sich zu ziehen.*

1) **Verordnung** vom 26. Dezember 1808, wegen verbesserter Einrichtung der Provinzialbehörden (§. 34.) s. zur Einl. §. 1.

2) **Rescript** vom 30. Juni 1810, betr. die Befugniß der Obergerichte, in besondern Fällen die Instruktion und Entscheidung fiskalischer Prozesse vor sich zu ziehen. Mathis Monatsschriften Bd. 9. S. 227. (aufgen. in §. 36. des Anh.)

3) **Rescript** vom 21. Novbr. 1825, betr. den Gerichtsstand des Postfiskus vor dem Kammergericht.

Es ist in Vereinigung mit dem Königl. General-Postamt als ein, der bestehenden Postverwaltung gemäßer Grundsatz festgestellt worden, daß in allen an den Post-Fiskus zu machenden Ansprüchen, wenn dieselbe im Wege Rechtens geltend gemacht werden, das Königl. General-Postamt, als die den Post-Fiskus vertretende Behörde, als verklagter Theil anzusehen, und die Klagen daher bei dem Kammergericht anzustellen sind, auch wenn die Ansprüche aus Verträgen herrühren, die mit einzelnen Postanstalten oder Beamten geschlossen worden, da diese nur immer unter Autorisation und Genehmigung des Königl. General-Postamtes jene Verträge schließen können, wenn überhaupt der Post-Fiskus daraus verhaftet sein soll.

Hiernach sind also die, bei andern Gerichten als dem Kammergerichte etwa eingehenden Klagen dort ab-, und an das Kammergericht zu verweisen, die bereits in der Instruktion befindlichen Prozesse aber am Schlusse der Instanz eben dahin zur Abfassung des Erkenntnisses abzusenden.

(v. K. Jahrb. Bd. 26. S. 388.)

4) **Rescript** vom 28. Oktbr. 1833 und 10. März 1828, betr. den Gerichtsstand der Landschafts-Direktion zu Bromberg und Schneidemühl.

A.

Das Königl. Ober-Appellationsgericht erhält hierbei eine Abschrift des Schreibens der Provinzial-Landschafts-Direktion zu Schneidemühl vom 18. d. M., den Prozeß wider den Landrath v. K. betreffend, mit dem Eröffnen, daß das Justiz-Ministerium bereits unterm 10. März 1828 das Ober-Landesgericht zu Marienwerder als forum ordinarium in allen Sachen, wo die Landschafts-Direktion zu Bromberg und Schneidemühl als Stellvertreter der Landschaft von Westpreußen in Anspruch genommen werden, ernannt hat.

Wenn daher der genannte Rechtsstreit zu denjenigen gehört, in welchem das forum des Ober-Landesgerichts zu Marienwerder eintritt, so hat das Königl. Ober-Appellationsgericht dem Landgerichte zu Schneidemühl den Befehl zu ertheilen, die Akten mit Bezugnahme auf jene Verfügung an das Ober-Landesgericht in Marienwerder zu übersenden.

Die Landgerichte in Bromberg und Schneidemühl sind aber von den Bestimmungen des Rescripts vom 10. März 1828, welches in Abschrift (B.) hier beigefügt wird, in Kenntniß zu setzen, und außerdem ist dessen Bekanntmachung durch das Amtsblatt der Königl. Regierung in Bromberg zu verfügen.

Berlin, den 28. Oktbr. 1833.

B.

Dem Königl. Ober-Landesgericht wird bekannt gemacht, daß dasselbe nach dem Antrage des engern Ausschusses der Westpreußischen Landschaft in allen Fällen, in welchen die Landschafts-Direktionen zu Bromberg und Schneidemühl als Stellvertreter der Landschaft in rechtlichen Anspruch genommen werden könnten, zum foro bestimmt worden ist.

Berlin, den 10. März 1828.

(v. K. Jahrb. Bd. 42. S. 298.)

§. 127. Wenn hingegen der Fiskus nur einer oder der andern Partei beisteht, oder auf den Ausgang eines Prozesses Acht giebt, so wird dadurch der Gerichtsstand nicht verändert.

§. 128. Alle Sponsalien und Ehesachen gehören in der Regel, und wenn nicht etwa durch Provinzialgesetze Ausnahmen bestimmt, oder einem Magistrate oder andern Untergerichte Konsistorialrechte durch besondere Privilegia beigelegt sind, vor das Oberjustizkollegium der Provinz, in welcher der beklagte Theil, oder der Ehemann seinen Wohnsitz hat.

Anh. **§. 37.** ***Die Sponsalien und Ehesachen gehören jederzeit vor diejenigen Gerichte, welchen der Beklagte oder der Ehemann persönlich unterworfen ist.***

1) **Verordnung** vom 13. März 1803, wegen anderweitiger Bestimmung der zur Appellation und Revision geeigneten Rechtssachen, §. 7. wegen Aufhebung des privilegirten Gerichtsstandes in Sponsalien- und Ehescheidungssachen. NCC. T. XI. S. 1431. (aufgen. in §. 37. des Anh.)

2) **C. O.** vom 25. Februar 1833, wegen Unzulässigkeit der freiwilligen Prorogation des Gerichtsstandes in Ehescheidungssachen.

Die nach Ihrem Berichte vom 2. d. M. bei einigen Gerichten angenommene und praktisch durchgeführte Meinung, als ob in Ehescheidungsprozessen eine freiwillige Prorogation des Gerichtsstandes gesetzlich zulässig sei, ist mit der öffentlichen Ordnung und mit den Gesetzen, welche für die Erhaltung der Ehen aus religiösen und sittlichen Rücksichten ernstliche Vorsorge tragen, ganz unvereinbar. Auch würde eine solche Prorogation des Gerichtsstandes, über welche die Parteien übereinkommen, nichts anders sein, als ein Kompromiß der Eheleute, welches in dem von Ihnen angeführten §. 169. Tit. II. der Prozeßordnung, um des gemeinen Besten willen, ausdrücklich untersagt ist, und es läßt sich keinesweges anerkennen, daß die Bestimmungen der Prozeßordnung in den §§. 160. 161. Tit. II. hierüber irgend einen Zweifel veranlassen. Denn Ehescheidungsprozesse gehören nach §. 128. Zusatz 37. zu den Rechtsgeschäften, denen nach §. 126. wegen ihrer besondern Beschaffenheit ein eigener Gerichtsstand angewiesen ist; sie sollen jederzeit vor dem persönlichen Gerichtsstande des Ehemannes entschieden werden, wodurch ein spezieller Gerichtsstand der Sache begründet wird, der nach §. 161. die Zulässigkeit der freiwilligen Prorogation ausschließt, weil dem ungehörigen Richter die Befugniß nicht zusteht, über einen Gegenstand zu erkennen, dessen Entscheidung an das Spezialforum der Sache in Ehescheidungsprozessen, also an den persönlichen Gerichtsstand des Ehemanns, gewiesen ist. Ich genehmige nun zwar, daß nach Ihrem Antrage die auf den Grund freiwilliger Prorogationen von unbefugten Richtern rechtskräftig erkannten Ehescheidungen aufrecht erhalten werden, es bedarf jedoch keiner Deklaration der gesetzlichen Bestimmungen, sondern nur einer berichtigenden Belehrung der Gerichte, welche denselben mittelst Aufnahme dieses Befehls in die G. S. zu ertheilen ist.

(G. S. S. 24.)

§. 129. Wenn ein Ausländer, der auswärts keinen Wohnsitz hat, oder diesen seinen auswärtigen Wohnsitz verschweigt, während seines Aufenthalts in hiesigen Landen eine hiesige Unterthanin heirathet, ohne ihr bekannt zu machen, dass er in hiesigen Landen zu bleiben nicht gemeint sei; so kann, wenn er auch daselbst einen ordentlichen Wohnsitz nicht aufgeschlagen, und nach geschlossener Ehe sich wiederum entfernt hätte, dennoch bei dem Landesjustizkollegio der Provinz, in welcher die Ehe geschlossen worden, auf deren Trennung wider ihn geklagt werden.

Anh. §. 38. ***Ausser dem hier bezeichneten Falle ist die Ehescheidungsklage einer hiesigen Unterthanin gegen ihren ins Ausland zurückgegangenen Ehemann bei den diesseitigen Gerichten nicht zulassig. Diese Klage muss — selbst wenn auch die Klägerin aus andern Gründen nicht unbedingt schuldig sein sollte, ihrem Ehemanne ins Ausland zu folgen — in dem persönlichen Gerichtsstande des Letztern angebracht werden.***

1) **Rescript** vom 8. Febr. 1802 nebst **Bericht**, betr. das Forum der Ehescheidungsklagen gegen einen ins Ausland zurückgekehrten Ehemann.

Die aus B. gebürtige R. hat gegen ihren Ehemann, den ehemaligen hiesigen Lieutenant, nachherigen — rc. der französischen Republick F. auf die Trennung der Ehe ex capite malitiosae desertionis, und zu dem Ende auf die Ediktalcitation desselben bei dem Kammergericht angetragen.

Zur Begründung des hiesigen Fori hat die Klägerin angezeigt, daß ihr aus A. in Frankreich gebürtiger Ehemann im Jahre — nach B. gekommen, und Lieutenant bei — geworden sei. Im Jahre — habe sie sich mit ihm verheirathet, und ohne Kinder mit ihm zu zeugen, bis zum Jahre 1792 mit ihm zusammen gelebt. In dem eben gedachten Jahre 1792 sei er aber entlassen worden, in sein Vaterland zurückgegangen, und in dessen Diensten bis zum — avancirt.

In dieser Qualität sei er im Jahre — wieder zurückgekommen, um einige Schuldsachen abzumachen. Sie habe verlangt, daß er sie mitnehmen solle: er habe dies aber nicht gewollt, sondern sie nachkommen zu lassen versprochen. Das Versprechen sei bisher unerfüllt geblieben, und sie habe ungeachtet der Erkundigung bei dem —schen Gesandten von seinem Leben und Aufenthaltsort keine Nachricht erhalten können.

Die Klägerin hat sich zugleich auf die Vorschriften der A. G. O. Th. I. Tit. 2. §. 84. und 129. bezogen, deren Anwendung aber im vorliegenden Fall bedenklich ist. Denn wenn auch

1.

die Vorschrift §. 85. all. loco, wornach kassirte Militairbediente den Gerichten des Orts unterworfen werden, unter welchen sie vor der erlangten Exemtion gestanden haben, hier nicht Anwendung finden kann, da von einer Kassation des F. gar nichts konstirt; — — so würde die Klägerin zwar

2.

nach dem §. 129. alleg. loc. als eine hiesige Unterthanin berechtigt sein, hier auf Trennung der Ehe zu klagen,

weil ihr in Diensten gestandener Ehemann ihr bei der Heirath nicht bekannt gemacht, daß er in hiesigen Landen zu bleiben nicht gemeint sei;

conf. Concl. der Gesetzkommission vom 3. Mai 1785 in Kleins Annalen rc. 1. Bd. S. 181.

Allein da sie

3.

nach ihrer eigenen Eingabe, mit ihrem Ehemanne nach seiner Dimission im Jahre 1797, bei seiner hiesigen Anwesenheit als französischen —, ausdrücklich verabredet hat, ihm in sein Vaterland folgen zu wollen, so fällt der Grund des vorangezogenen §. 129. gänzlich weg, und es ist auch

4.

in dem mehr ähnlichen Falle der Ulrichschen Eheleute durch das Rescript vom 5. Septemper 1791 festgesetzt: daß der ausländische Ehemann gegen seine hier im Lande geheirathete Eingeborne, die er hier in das Ausland mitgenommen hatte, nach deren Rückkehr in die hiesigen Lande, dennoch — wenn auch die Frau sich darauf einlassen wolle — bei den hiesigen Gerichten auf Trennung der Ehe nicht klagen könne,

wenn er nicht die Erlaubniß seiner Gerichte zur Anstellung der Klage in den hiesigen Landen beibrächte.

Dieser Fall ist von dem vorliegenden nur darin verschieden, daß die einländische Ehefrau schon dem ausländischen Ehemanne wirklich in sein Vaterland gefolgt war, — in dem jetzigen Fall aber die Frau geständlich versprochen hat, ihrem Ehemanne zu folgen, wenn er sie forderte.

Beides ist in Absicht des bei der Disposition der A. G. O. § 129. angegebenen Grundes einerlei. In beiden Fällen kann die Frau einen bei Schließung der Ehe vorgefallenen Errorem nicht anführen, um die Weigerung, dem Ehemanne in das Ausland zu folgen, dadurch zu rechtfertigen.

Das Rescript vom 8. August 1786 verordnet, daß eine allhier an einen Ausländer verheirathete Ausländerin (welcher die Klägerin nach ihrem Vertrage mit dem Ehemanne schon gleichzuachten ist) zwar nicht indistincte ihrem Ehemanne in das Ausland zu folgen schuldig sei, die Ehescheidungsklage aber auf allen Fall in foro mariti anstellen müsse.

Der Umstand, daß der Ehemann noch nicht, seinem Versprechen gemäß, die Klägerin zu sich gefordert, und daß sie von ihm seit 1797 keine Nachrichten erhalten hat, kann übrigens in der Bestimmung des fori nichts ändern, zumal sich aus der Eigenschaft des Ehemannes, als eines Offiziers, bei dem während der Zeit immer fortgedauerten Kriege der französischen Republik, und bei der großen Zerstreuung ihrer Armeen in Spanien, Frankreich, Holland, Deutschland, der Schweiz, Italien und Egypten, Gründe genug denken lassen, aus welchen der Ehemann ohne seine Schuld behindert worden ist, von sich Nachrichten zu geben, noch mehr aber, die Klägerin zu sich kommen zu lassen.

Wir sind daher der 2c. rechtlichen Meinung:

daß die Klägerin ihre Ehescheidungsklage bei der kompetenten Behörde in Frankreich anbringen müsse;

haben aber doch, um in der Anwendung der A. G. O. a. a. O. nicht zu fehlen, Ew. Königl. Majestät diesen Fall 2c. anzeigen, und um nähere Belehrung bitten wollen.

Berlin, am 31. Dezember 1801.

Rescript.

Ueber den Inhalt Eures Berichts vom 31. Dezember v. J., wegen Zulassung der von der Ehefrau des französischen — F. angemeldeten Ehescheidungsklage, ist von dem Justizdepartement mit dem Departement der auswärtigen Geschäfte konferirt worden, und wollen Wir Euch der getroffenen Vereinigung gemäß hierdurch anweisen, die Kl. zu bescheiden, daß ihre Klage bei den hiesigen Gerichten nicht angenommen werden könne, sondern in dem gegenwärtigen persönlichen Gerichtsstande ihres Ehemannes angebracht werden müsse.

Das auswärtige Departement wird jedoch, wenn die Kl. bei demselben gebührend darum ansucht, nicht abgeneigt sein, sich wegen Ausmittelung des Obristen F. bei der französischen Regierung zu verwenden, und habt Ihr solches der Kl. zu ihrer Nachricht zu eröffnen.

Berlin, am 8. Februar 1802.

2) **Rescript** vom 13. August 1827, betr. die Zuläßigkeit einer Ehescheidungsklage gegen einen nach Frankreich zurückgekehrten Ehemann.

Das Königl. Oberlandesgericht erhält hierbei die Anlagen eines von dem Königlichen Stadtgericht zu Dramburg in der Ehescheidungssache der verehelichten H. wider ihren Ehemann unterm 22. Mai c. erstatteten Berichts mit der Anweisung, dem gedachten Stadtgericht bekannt zu machen, daß der bei dem Königl. Ministerium der auswärtigen Angelegenheiten formirte Antrag,

die Klage der verehelichten H. durch die preußische Gesandschaft an die kompetente Gerichtsbehörde in Frankreich gelangen zu lassen,

unzuläßig sei, indem die förmliche Auflösung des ehelichen Bandes, da Verklagter Katholik ist, nach den in Frankreich jetzt bestehenden gesetzlichen Bestimmungen nicht statt findet.

Es ist indessen der Gerichtsstand des Verklagten bei dem Stadtgericht zu Dramburg selbst begründet. Zuvörderst besagt der Trauschein vom 14. März 1823, daß der Verklagte in Dramburg Bürger und Tischlermeister gewesen ist. Ist dies der Fall, so kann er gar nicht als Ausländer angesehen werden, und sein Wohnsitz und Gerichtsstand ist in Dramburg begründet, wenn er sich auch entfernt und außerhalb Landes begeben hat

Sollte aber hierbei ein Irrthum des Geistlichen zum Grunde liegen, sich auch der Gerichtsstand nach §. 129. Tit. 2. Th. I. der A. G. O. in Dramburg nicht feststellen lassen, so wird derselbe doch nach §. 43. der Einleitung zum A. L. R. begründet. In Frankreich kann nämlich nach Art. 14. des Civilgesetzbuches jeder Fremde, auch wenn er keinen Wohnsitz im Lande hat, wegen aller mit einem Franzosen in Frankreich eingegangenen Verbindlichkeiten vor die französischen Gerichtshöfe geladen werden. Wegen dieser, zum Nachtheil der Fremden überhaupt, bestehenden beschwerenden Verordnung, findet das Wiedervergeltungsrecht statt, und in Uebereinstimmung mit dem Königl. Ministerium der auswärtigen Angelegenheiten wird das Königl. Oberlandesgericht authorisirt, auf den Grund desselben das Königl. Stadtgericht zu Dramburg anzuweisen:

den Prozeß vor sich zu ziehen und die Vorladung an den Verklagten zu erlassen.

(Gen. Act. des Justizm. L. R. No. 2. Vol. I. fol. 325.)

§. 130. Was ausserdem für Arten von Sachen oder Geschäften besondern Gerichten angewiesen sind, und wie weit die Jurisdiktion dieser Gerichte sich erstrecke, deshalb kann hier eine allgemeine Bestimmung nicht erfolgen; und hat es vielmehr bei den darüber vorhandenen besondern Reglements und Verordnungen, nach den verschiedenen Verfassungen der Provinzen und Departements, vor der Hand auch noch ferner sein Bewenden. Es können daher hier nur beispielsweise die Kammer-, Medizinal-, Kommerzien-, Fabriken-, Bau- und Gesindesachen, ingleichen die Vergehungen wider die Münz-, Post-, Accise-, Zoll- u. s. w. Reglements angeführt werden.

Anh. §. 39. *Die der Landespolizei und den Finanzbehörden sonst übertragen gewesene Rechtspflege ist an die gewöhnlichen Gerichte übergegangen.*

1) in Betreff der Ausschließung des gerichtlichen Verfahrens und der Kompetenz der Verwaltungs- und Polizei-Behörden überhaupt, und namentlich

a. in Provinzial- und Kommunal-Kriegsschuldenangelegenheiten,
b. in Gewerbesachen,
c. in Mahlzwangs-Entschädigungssachen,
d. in Vorfluthsachen,
e. in Gesindesachen,
f. bei Streitigkeiten zwischen Reisenden und Handwerkern,

s. zur Einleitung §. 1, sowie

in Betreff der Kompetenz der General-Kommissionen zur Regulirung der gutsherrlichen und bäuerlichen Verhältnisse, Gemeinheitstheilungen und Ablösungen s. zu Tit. 43. Th. I. der A. G. O.

2) in Betreff der Kompetenz der Regierungen und Polizeibehörden bei Kontraventionen gegen Finanz-, Steuer- und Polizeigesetze, und des General-Postamts in Postkontraventionssachen s. zu Th. I. Tit. 35. §. 34. Anh. §. 243—250.

3) **Rescript** vom 20. Novbr. 1809, betr. die Uebertragung der von dem General-Postamt ausgeübten Gerichtsbarkeit an die Gerichte. v. R. X. S. 188. (s. zu Tit. 35. §. 34. Anh. §. 243. seqq.)

4) **Verordnung** vom 28. Februar 1811, wegen Aufhebung der bisherigen Ausschließung der Untergerichte in Ost- und Westpreußen von der Bearbeitung der Wechsel- und Konkurs-Prozesse.

Wir Friedrich Wilhelm rc. haben auf den Vorschlag Unsers Ministerii des Innern und der Justiz beschlossen, die bisherige Verfassung, wonach in den Provinzen Ostpreußen, Litthauen und Westpreußen einige oder alle Untergerichte von der Instruktion und Entscheidung der Wechsel-Prozesse, und in Ostpreußen auch von der Bearbeitung der Konkurse, entweder bedingt oder unbedingt, ausgeschlossen gewesen sind, völlig aufzuheben.

Wir verordnen und wollen, daß der Gerichtsstand in Wechsel- und Konkurs-Sachen in diesen, wie in Unsern andern Provinzen, allein nach den Vorschriften Unserer A. G. O. bestimmt werden soll. Wir befehlen Unsern Ober-Landesgerichten in Ostpreußen, Litthauen und Westpreußen, die gegenwärtige Verordnung zur allgemeinen Kenntniß zu bringen, und die Untergerichte danach anzuweisen.

(G. S. S. 155.)

5) a. **Reglement** wegen künftiger Einrichtung des Justizwesens in Ost- und Westpreußen vom 3. Dezbr. 1781 (Abschn. II. vom Amt der Kreis-Justizräthe.) v. R. I. 6. S. 542.)

b. **Reglement** wegen künftiger Einrichtung des Justizwesens in der Kur- und Neumark vom 30. Novbr. 1782, Abschn. II. vom Amte der Kreis-Justizräthe. v. R. I. 7. §. 298.

c. **Verordnung** vom 30. Novbr. 1833, über die Anstellung der Kreis-Justizräthe im Bezirk des Ober-Landesgerichts zu Frankfurt.

Wir Friedrich Wilhelm, von Gottes Gnaden, König von Preußen rc. rc. haben Uns, auf den Antrag Unserer beiden Justizminister, bewogen gefunden, für den Bezirk des O. L. Ger. zu Frankfurt die Wiederanstellung von Kreis-Justizräthen, als beständiger Kommissarien des O. L. Ger., welche früher in Gemäßheit des Reglements vom 30. November 1782 angestellt würden, zu genehmigen, und über die amtlichen Verhältnisse derselben Folgendes zu bestimmen;

Anstellung von Kreis-Justizräthen.

§. 1. In jedem landräthlichen Kreise kann ein Kreis-Justizrath angestellt werden. Er wird aus den im Kreise wohnenden richterlichen Beamten erwählt, und es muß hierbei darauf gesehen werden, daß er sich während einer längern Dienstführung als ein geschickter, thätiger, in seinen amtlichen und Privatverhältnissen untadelhafter Beamter bewährt hat, und die Achtung und das Vertrauen der Gerichtseingesessenen besitzt.

Der Vorschlag hierzu erfolgt vom O. L. Ger., die Ernennung aber auf den Antrag Unserer Justizminister durch Uns unmittelbar.

Rang.

§. 2. Die Kreis-Justizräthe haben den Rang der Ober-Landesgerichts-Räthe, welche ihnen jedoch vorgehen, und die mit diesem Range verbundenen Rechte.

Einkommen.

§. 3. Sie erhalten keine Besoldung, erlangen in Hinsicht auf dieses Amt keinen Anspruch auf Pension, und eben so wenig ihre Hinterbliebenen einen Anspruch auf Gnadengehalt.

Dagegen beziehen sie und die von ihnen zugezogenen Gerichtspersonen die in sportelpflichtigen Parteisachen zulässigen Gebühren (§. 7. dieser Verordnung).

Geschäfts-Kreis.

§. 4. Zu dem Geschäftskreise der Kreis-Justizräthe gehören folgende Angelegenheiten:

1) Es wird ihnen die Befugniß zur Aufnahme und Ausfertigung solcher Verhandlungen der freiwilligen Gerichtsbarkeit beigelegt, welche von jedem Richter aufgenommen werden dürfen, in so fern der Erklärende, oder, bei zweiseitigen Geschäften, einer der Kontrahenten, zu den unmittelbaren Gerichts-Eingesessenen des O. L. Ger. gehört, oder das Geschäft ein eximirtes Grundstück betrifft.

   Die bei einzelnen Geschäften erforderliche Bestätigung, so weit sie durch das Gesetz vom 23. April 1821 nicht aufgehoben worden, bleibt dem O. L. Ger. vorbehalten, ohne daß es jedoch eines nochmaligen Anerkenntnisses oder Verlautbarung vor demselben bedarf.

   Testamente, Kodizille und Erbverträge eximirter Personen, haben die Kreis-Justizräthe mit der nächsten Post an das O. L. G. zur Annahme in das Depositum abzusenden.

2) Den Kreis-Justizräthen wird die Pflicht auferlegt:

   alle Todesfälle eximirter Personen, welche ihnen die Ortsgeistlichen anzuzeigen haben, so schleunig als möglich dem O. L. G., und wenn Pflegebefohlene unter den nächsten Verwandten sich befinden, zugleich dem Pupillenkollegium anzuzeigen;

   imgleichen

   Siegelungen des Nachlasses in allen Fällen vorzunehmen, wo das Gesetz es verlangt, oder einer der Interessenten dieselbe in Antrag bringt.

3) Die Kreis-Justizräthe sind verbunden, auf den Antrag der sich meldenden Kreis-Eingesessenen

   Klagen gegen eximirte Personen, Klagebeantwortungen der Letzteren, Appellations- und Revisions-Anmeldungen und deren Rechtfertigungen,

imgleichen
die Beantwortungen derselben, Exekutions-Anträge und andere Gesuche in prozessualischen und nicht prozessualischen Angelegenheiten zum Protokoll aufzunehmen und an das O. L. Ger. abzusenden.

4) Die Kreis-Justizräthe haben, wenn sich der Kläger an sie wendet, nachstehende, zum Geschäftsressort des O. L. G geeignete, Prozeß-Sachen vor sich zu ziehen:
a) alle zum Bagatellprozesse nach der Verordnung vom 1. Juni d. J. gehörige Sachen;
b) die Gesindesachen, insoweit die Gerichte nach dem Inhalte des Rescripts vom 17. April 1812 dabei konkurriren;
c) wenn die Räumung einer Wohnung und über die Befugniß zum Aufkündigen gestritten wird.

In diesen Sachen von a) bis c) steht den Kreis-Justizräthen nicht nur die Verhandlung, sondern auch das Erkenntniß zu.

d) Arrestsachen in schleunigen und dringenden Fällen;

wobei die Einwirkung der Kreis-Justizräthe auf die §§. 30—38. Tit. 29. der Prozeßordnung enthaltenen Bestimmungen beschränkt wird.

e) Streitigkeiten bei Besitzstörungen, Tit. 31. und Tit. 44. §§. 44. und 45. der Prozeßordnung;
f) wenn über die Zulässigkeit eines Baues und die Art denselben zu führen, §. 34. u. f. Tit. 42. der Prozeßordnung, gestritten wird.

Die zu d) nach §. 39. Tit. 29. der Prozeßordnung erforderliche Festsetzung so wie die Erkenntnisse in den zu e) und f) bezeichneten Sachen bleiben dem O. L. Ger. vorbehalten, insofern nicht beide Theile, oder deren Stellvertreter, darauf antragen, daß der Kreis-Justizrath sich der Entscheidung unterziehe.

Eben so haben sie

5) die Aufnahme des Beweises zum ewigen Gedächtnisse auf den Antrag eines Theils zu besorgen, wenn der Fall des §. 21. Tit. 33. der Prozeßordnung vorhanden ist.

6) Die Kreis-Justizräthe sind die Organe des O. L. Ger. bei der Aufsicht über die Justizverwaltung der Untergerichte. Sie sind nicht nur verpflichtet, die von ihnen selbst bemerkten Unregelmäßigkeiten und Pflicht-Verletzungen bei der Justizverwaltung der Untergerichte zur Kenntniß des O. L. Ger. zu bringen, sondern auch die sich bei ihnen meldenden Beschwerdeführer zum Protokoll zu vernehmen, hierauf und auf die schriftlich eingehenden Beschwerden sich die Akten des Untergerichts vorlegen zu lassen, und wenn die Beschwerde sich hieraus nicht sogleich erledigt, die Sache dem O. L. Ger. unter Beifügung der Akten anzuzeigen. Am Schlusse des Jahres haben sie Conduitenberichte über sämmtliche im Kreise wohnende Justizbeamte, Subalternen und Justizkommissarien an den Chef-Präsidenten des O. L. Ger. einzureichen.

7) Zur Bearbeitung durch die Kreis-Justizräthe, in Folge besonderer Aufträge, sind vorzugsweise die nachstehenden Geschäfte geeignet:
Wiederaufsiegelungen,
Inventuren,
Auktionen,
Aufnahme von Taxen,
Natural-Traditionen,
Wirthschafts-Revisionen,
Rechnungs-Abnahmen,
Verpflichtung von Vormündern,
Aufnahmen vormundschaftlicher Quittungen und Verzichte,
Instruktionen solcher Prozesse, wobei es auf eine örtliche Untersuchung ankömmt,

Zeugenvernehmungen,
Eides-Abnahmen,
Sühnsversuche in Ehescheidungen,
Exekutions-Vollstreckungen,
Abhaltung von Lizitations-Terminen in Subhastationsprozessen,
Führung von fiskalischen und Kriminal-Untersuchungen,
Justiz-Visitationen,
Kassen-Revisionen bei Untergerichten,
Geschäfts-Revisionen der Justizkommissarien und Notarien.

Es bleibt jedoch dem O. L. Ger. unbenommen, einzelne dieser Geschäfte durch andere Kommissarien besorgen zu lassen.

Rechtliche Wirkungen ihrer Verfügungen.

§. 5. In allen Angelegenheiten, welche die Kreis-Justizräthe vermöge allgemeinen Auftrags (§. 4. Nr. 1. bis 6.) oder vermöge besonderer Aufträge (§. 4. Nr. 7.) ausrichten, sind die dabei betheiligten Personen schuldig, den Verfügungen derselben, bei Vermeidung der gesetzlichen Zwangsmittel und Rechtsnachtheile, gebührende Folge zu leisten. Doch bleibt den Parteien der Rekurs gegen die Verfügungen der Kreis-Justizräthe an das O. L. Ger. frei.

Protokollführer, Beisitzer und Gerichts-Vollzieher.

§. 6. Die Kreis-Justizräthe haben zu allen ihren Verhandlungen einen Auskultator oder Referendarius, in dessen Ermangelung einen Subalternbeamten, der das Aktuariats-Examen gemacht hat, als Protokollführer, oder zwei glaubwürdige, in keinem Dienstverhältniß zu ihnen stehende Männer, als Beisitzer zuzuziehen.

Die Geschäfte eines Gerichtsboten oder Gerichtsvollziehers kann der Justizrath einem, bei einem Königlichen oder Privatgericht angestellten, vorschriftsmäßig vereideten Gerichtsdiener oder Exekutor übertragen. Macht es indeß der Geschäfts-Umfang an einzelnen Orten nothwendig, so ist ein besonderer Gerichts-Vollzieher zu ernennen und auf die eingehenden Gebühren oder eine ihm sonst von dem Kreis-Justizrath zu gewährende Remuneration anzuweisen.

Gebühren in sportelpflichtigen Sachen.

§. 7. Der Kreis-Justizrath ist berechtigt, dieselben Gebührensätze zu liquidiren, welche das O. L. Ger. für die einzelnen Verrichtungen angesetzt hätte, wenn die Angelegenheit vor ihm wäre verhandelt worden.

Wo es auf die Liquidirung von Kommissions-Gebühren, Diäten und Reisekosten ankommt, hat der Kreis-Justizrath seine Gebühren und Auslagen nach der Sporteltaxe vom 23. Aug. 1815 und deren Deklarationen anzusetzen, gleich einem Mitgliede des O. L. Ger. bei Geschäften außerhalb des Orts. Er muß jedoch seinen Protokollführer kostenfrei mit sich nehmen.

Der Satz, welcher außer dem, was ein Mitglied des O. L. Ger. zu erhalten hat, noch für die Salarien-Kasse besonders liquidirt wird, so wie der Ansatz einer Kassen-Quote fällt jedoch weg.

Die Auskultatoren, Referendarien oder Protokollführer, imgleichen die Gerichtsboten oder Gerichtsvollzieher, haben die ihnen nach der Ober-Landesgerichts-Sporteltaxe zustehenden Gebührensätze zu fordern.

Müssen zwei Beisitzer zugezogen werden, so theilen dieselben den für einen Referendarius zulässigen Satz.

Die Liquidationen der Kreis-Justizräthe bedürfen an sich keiner Festsetzung von Seiten des O. L. Ger., doch hat dasselbe darauf zu achten, daß die Kreis-Justizräthe die ihnen vorgeschriebenen Befugnisse nicht überschreiten. Aus diesem Grunde müssen die Letzteren die Kosten bei den Akten vollständig in Ansatz bringen.

Es bleibt ihnen überlassen, die Kosten von dem jedesmaligen Extrahenten einzufordern, auch in Prozessen, bei welchen die Akten an das O. L. Ger. zur Entscheidung eingesandt worden, ohne die Entscheidung abwarten zu dürfen. Nur bei fiskalischen und Kriminal-Untersuchungen bleibt die Einforderung der Kosten bis nach rechtskräftiger Entscheidung der Sache ausgesetzt.

Wird ihrer Aufforderung zur Zahlung vom Debenten nicht genügt, so haben sie sich wegen Festsetzung und Einziehung an das O. L. Ger. zu wenden.

Unentgeldlich zu verrichtende Geschäfte.

§. 8. Die Kreis-Justizräthe sind verpflichtet, alle ihnen hiernach obliegende, oder von dem O. L. Ger. aufgetragene Geschäfte, wenn auch dafür keine Gebühren liquidirt werden dürfen, zu übernehmen und auszurichten.

Ein jeder Kreis-Justizrath erhält jedoch jährlich ein Pausch-Quantum von Fünf und Zwanzig Thalern aus dem Fond: ad extraordinaria der Ober-Landesgerichts-Salarien-Kasse als eine Vergütung.

a) für Schreibmaterialien und alle Schreibereien in Armen- und Offizialsachen,

b) für einzelne Porto-Auslagen bis zu 10 Sgr., welche in Parteisachen entstanden und von den Parteien nicht wieder eingezogen werden können.

Höhere Porto-Auslagen, so wie die von Parteien nicht einzuziehenden Reisekosten und Diäten der Kreis-Justizräthe und ihrer Protokollführer, werden außer diesem Pausch-Quantum nach Vorschrift der Verordnung vom 28. Juni 1825 (G. S. S. 165.) aus der Salarien-Kasse des O. L. Ger. bezahlt. (G. S. S. 297.)

d) **C. O.** vom 18. Januar 1834, wegen Anwendung der vorstehenden Verordnung auf das Departement des Ober-Landesgerichts zu Marienwerder und deren Ausdehnung auf andere Departements.

Ich genehmige auf Ihren Bericht vom 19. v. M., daß die Verordnung vom 30. Novbr. v. J. über die Anstellung von Kreis-Justizräthen im Bezirke des O. L. Ger. zu Frankfurt, auch im Departement des O. L. Ger. zu Marienwerder für die betreffenden Kreise zur Ausführung gebracht werde, und ermächtige Sie zugleich, diese Einrichtung auch in andern Departements zu treffen, insofern sie den O. L. Ger. nothwendig erscheint oder von ihnen gewünscht wird, auch nicht zur Erschwerniß der Justizpflege für die Eingesessenen, es sei durch örtliche Entfernung oder durch sonstige Vermehrung der Kosten, gereicht, dagegen die in mehreren Provinzen bestehenden Kreis-Justiz-Kommissionen, bei denen die Beamten besoldet werden, bei geeigneter Gelegenheit aufzuheben und an deren Stelle die jetzt genehmigte Verordnung zur Anwendung zu bringen. Ich vertraue übrigens Ihrer Vorsorge, daß die Einrichtung von den einzelnen Kreis-Justizräthen nicht zu Sportel-Execessen gemißbraucht, und daß die Aufsicht der O. L. Ger. ganz besonders hierauf gerichtet werde.

(Anm. In Gemäßheit der vorstehenden Verordnung sind ferner Kreis-Justizräthe angestellt in den Departements der Ober-Landesgerichte zu Königsberg, Insterburg, Stettin, Cöslin, Halberstadt und Naumburg; in Schlesien besteht die frühere Einrichtung der Kreis-Justizräthe nach dem Regulativ vom 15. August 1750 noch fort.)

(v. K. Jahrb. Bd. 43. S. 140.)

e) **Rescript** vom 1. Septbr. 1834, betr. die Kompetenzbefugnisse der Kreis-Justizräthe, namentlich in Ansehung der Exekutions-Verfügung.

Auf die Anfrage des Königl. Oberlandesgerichts in dem Berichte vom 13. Juni d. J. wird demselben Folgendes eröffnet;

1) der Justizminister findet es der Verordnung vom 30. Novbr. v. J. und der ganzen Stellung der Kreis-Justizräthe nicht angemessen, ihnen die selbstständige Verfügung der Exekution in denjenigen Sachen, in welchen sie nach der Verordnung vom 30. Novbr. v. J. selbstständig erkannt haben, zu überlassen. Dergleichen Verfügungen stehen dem Oberlandesgericht zu, welches jedoch die Kreis-Justizräthe mit der Vollstreckung der Exekution zu beauftragen hat.

Es sind deshalb die Akten, in welchen die Kreis-Justizräthe selbstständig erkannt haben, sobald das Erkenntniß die Rechtskraft beschritten hat, an das Oberlandesgericht einzusenden; dasselbe gilt von den bei den Kreis-Justizräthen etwa eingehenden Exekutionsgesuchen.

Die eingesandten Akten bleiben bei dem Oberlandesgericht, und werden in die Repertorien der reponirten Prozesse eingetragen.

2) Die Kompetenz der Kreis-Justizräthe bei Prüfung von Beschwerden gegen Untergerichte des Kreises richtet sich nach dem Gerichtsorte selbst, nicht aber nach dem Wohnorte des Gerichtshalters.

Dagegen ist es angemessen, daß sich jeder Kreis-Justizrath in den einzureichenden Konduitenlisten nicht nur über die im Kreise wohnenden Justizbeamten, sondern auch über die ihm bekannt gewordene Amtsverwaltung der auswärts wohnenden Richter des Kreises äußert.

Es ist daher jedem Kreis-Justizrath ein Verzeichniß dieser außer dem Kreise wohnenden Richter des Kreises mitzutheilen und von den später vorkommenden Personal-Veränderungen jedesmal Nachricht zu geben.

3) Für die vom Kreis-Justizrath zugezogenen Boten und Exekutoren können nur dann Gebühren liquidirt werden, wenn dies nach den bestehenden Sporteltaxen zulässig ist, und die Gebühren von den kostenpflichtigen Parteien eingezogen werden können.

Doch ist es lediglich Sache des Kreis-Justizraths, sich einen qualifizirten Boten und Exekutor zu verschaffen, und sich mit demselben über seine Remuneration zu einigen, die von demselben verdienten Gebühren aber für sich selbst einzuziehen.

Die bei Königl. Gerichten angestellten Boten und Exekutoren können nicht gezwungen werden, den Unterbeamten-Dienst bei dem Kreis-Justizrath gegen den Genuß der Sporteln in zahlbaren Sachen zu versehen.

Hält sich der Kreis-Justizrath einen besondern qualifizirten Exekutor und Gerichtsdiener, so bleibt ihm überlassen, denselben mit einem vorschriftsmäßigen Brustschilde zu versehen.

Unbedenklich ist der Kreis-Justizrath berechtigt, sich zur Insinuation seiner Verfügungen und Vorladungen derjenigen Untergerichte zu bedienen, in deren Gerichtsbezirke die Partei wohnt, und sie hierzu zu requiriren, wenn er die unmittelbare Insinuation nicht angemessen findet.

4) In Prozessen, welche vom Kreis-Justizrath selbstständig geführt und entschieden werden, kann er außer dem Pauschquantum keine Schreibgebühren oder Meilengelder von den Parteien einziehen. Diese sind dagegen bei Aufträgen und Requisitionen der Kreis-Justizräthe in dem Abschn. III. Nr. 4. am Ende der Gebührentaxe vom 9. Oktbr. v. J. bezeichneten Falle zulässig; denn dann verfährt der Kreis-Justizrath nicht als selbstständiges Hauptgericht.

5) da den Kreis-Justizräthen ein Pauschquantum von 25 Rthlrn. jährlich für Schreibmaterialien und alle Schreibereien in Armen- und Offizialsachen ausgesetzt ist, so können sie auch vom Fiskus keine Kopialien fordern, wenn dieser als Partei auftritt und als Extrahent oder unterliegender Theil Kosten tragen sollte. Dahin gehören auch namentlich alle Kosteneinziehungen für Königl. Kassen. Alle fiskalische Arbeiten, d. h. für welche Fiskus Kosten zahlen müßte, sind Offizialarbeiten, für welche ein Pauschquantum bewilligt worden ist.

6) Die Liquidationen der Justiz-Kommissarien in den vom Kreis-Justizrath selbstständig entschiedenen Prozessen können von diesem so lange, als die Akten noch nicht an das Oberlandesgericht eingereicht sind (Nr. 1.) festgesetzt werden. Zur exekutivischen Einziehung der festgesetzten Deserviten und Auslagen von dem Mandanten gehört eine neue Mandatsklage, welche bei dem Kreis-Justizrath angebracht werden kann, wenn der Mandant im Kreise wohnt, und eximirten Standes ist.

Exekutionsverfügungen wegen Erstattung vorgeschossener Mandatariengebühren stehen, wie jede andere Exekutionsverfügung, nur dem Oberlandesgericht zu.

7) Die Vorschrift des §. 6. der Verordnung vom 30. Novbr. v. J. wegen Zuziehung der Protokollführer enthält eine wohlerwogene Abänderung der A. G. O.; es muß bei derselben verbleiben.
8) Die Kreis-Justizräthe haben sich eines selbst anzuschaffenden Amtssiegels zu bedienen. Dasselbe soll den Preußischen Adler mit der Umschrift: Königlich Preußischer Kreis-Justizrath des N. N Kreises, enthalten.
9) Die Inquisitoriate sind den Kreis-Justizräthen als Aufsichtsbehörden untergeordnet.

Hiernach hat das Königl. Oberlandesgericht den Kreis-Justizrath K. zu L. und die übrigen Kreis-Justizräthe seines Departements mit Anweisung zu versehen.

(v. K. Jahrb. Bd. 44. S. 111.)

f) **Rescript** 22. September 1836, daß die unterlassene Zuziehung eines Protokollführers bei den von den Kreis-Justizräthen aufgenommenen Verhandlungen die Ungültigkeit derselben nicht unbedingt zur Folge hat.

Dem Königlichen Oberlandesgericht wird auf die Anfrage vom 6. d. Mts. betreffend die Nothwendigkeit der Zuziehung eines Protokollführers bei den von den Kreis-Justizräthen aufgenommenen Verhandlungen, hierdurch Folgendes eröffnet:

Den Kreis-Justizräthen ist zwar durch den §. 6. der Verordnung vom 30. November 1833 die Zuziehung von Protokollführern oder Beisitzern zu allen ihren Verhandlungen zur Pflicht gemacht, da jedoch nicht ausdrücklich bestimmt worden ist, daß die Gültigkeit ihrer Verhandlungen von dieser Zuziehung abhängig sei, so kann die unterlassene Zuziehung der Protokollführer oder Beisitzer die Ungültigkeit der Verhandlungen nur in denjenigen Fällen nach sich ziehen, in welchen diese Zuziehung durch allgemeine gesetzliche Bestimmungen bei Strafe der Nichtigkeit angeordnet ist. Die Nichtbeachtung der Bestimmungen des §. 6 der Verordnung vom 30. November 1833 ist vielmehr nur in jedem Falle nach Befinden der Umstände durch Verweise, Ordnungsstrafen 2c. zu rügen.

(v. K. Jahrb. Bd. 48. S. 215.)

g. **Rescript** vom 23. August 1836 nebst Bericht, die Befugniß der Kreis-Justizräthe zur Aufnahme von Handlungen der freiwilligen Gerichtsbarkeit betreffend.

A.

Nach der Verordnung vom 30. November 1833. §. 4. Nr. 1. (Gesetz-Sammlung Seite 297.) sind Kreis-Justizräthe, ohne eines besondern Auftrages zu bedürfen, zur Aufnahme und Ausfertigung solcher Verhandlungen der freiwilligen Gerichtsbarkeit befugt, welche von jedem Richter aufgenommen werden dürfen,

insofern der Erklärende, oder bei zweiseitigen Geschäften einer der Kontrahenten, zu den unmittelbaren Gerichts-Eingesessenen des Oberlandesgerichts gehört, oder das Geschäft ein eximirtes Grundstück betrifft.

Diese Vorschrift hat dem Land- und Stadtgerichte zu Löbau Veranlassung gegeben, bei uns darüber anzufragen:

ob die vor dem Kreis-Justizrathe verhandelnden Personen, oder bei zweiseitigen Geschäften doch einer der Kontrahenten, nothwendig zu den Gerichts-Eingesessenen eximirten Standes gerade desjenigen Oberlandesgerichts, in dessen Departement der Kreis-Justizrath angestellt ist, gehören müssen, um die Kompetenz des letztern zur Aufnahme und Ausfertigung des Akts eintreten zu lassen, oder ob es genügt, daß der Erklärende und resp. einer der Kontrahenten nur überhaupt eximirten Standes ist?

Wir tragen Bedenken, das genannte Gericht, ohne Ew. Excellenz hohe Genehmigung eingeholt zu haben, auf diese Anfrage zu bescheiden. Bei der Beschränkung, welche der Ermächtigung der Kreis-Justizräthe zur Aufnahme solcher Handlungen der freiwilligen Gerichtsbarkeit, welche von jedem Richter aufgenommen werden dürfen, durch den Zusatz:

„insofern der Erklärende oder einer der Kontrahenten zu den unmittelbaren Gerichts-Eingesessenen des Oberlandesgerichts gehört u. s. w."

beigefügt ist, scheint zunächst nur beabsichtigt zu sein, von den Personen, von welchen der Kreis-Justizrath Handlungen der freiwilligen Gerichtsbarkeit aufnehmen kann, die Gerichts-Eingesessenen desjenigen Gerichts, bei welchem der Kreis-Justizrath als richterlicher Beamter angestellt ist, namentlich also auch solche Eximirte welche etwa der Jurisdiktion dieses Gerichts unterworfen sind, auszuschließen, damit der Kreis-Justizrath seine amtliche Stellung nicht dazu mißbrauche, lukrative Geschäfte, die diesem Gerichte zustehen würden, an sich zu ziehen. Der Ausdruck:

„unmittelbare Gerichts-Eingesessene des Oberlandesgerichts“

scheint daher mit dem hiernächst folgenden Ausdrucke:

„eximirte Personen“

gleichbedeutend gebraucht zu sein, jedoch mit der Einschränkung, daß zu den Personen, von denen der Kreis-Justizrath Handlungen der freiwilligen Gerichtsbarkeit nicht aufnehmen kann, auch solche Eximirte, welche der Jurisdiktion eines Untergerichts oder standesherrlichen Gerichts unterworfen sind, gehören.

Wir halten deshalb dafür, daß Kreis-Justizräthe, (versteht sich innerhalb des ihnen angewiesenen Kreises) auch von solchen Personen eximirten Standes, welche unmittelbar Gerichts-Eingesessene eines andern Oberlandesgerichts, als desjenigen, in dessen Departement der Kreis-Justizrath angestellt ist, sind, solche Handlungen der freiwilligen Gerichtsbarkeit, welche von jedem Richter aufgenommen werden dürfen, gültig aufnehmen können, und stellen Ew. Excellenz ganz gehorsamst anheim, uns zu autorisiren, dahin das Land- und Stadtgericht zu Löbau zu bescheiden.

Marienwerder, den 9. August 1836.

B.

Mit der, von dem Königlichen Oberlandesgericht in dem Berichte vom 9. d. Mts. geäußerten Ansicht ist der Justizminister dahin einverstanden:

daß Kreis-Justizräthe innerhalb des ihnen angewiesenen Kreises auch von solchen Personen eximirten Standes, deren ordentlicher Gerichtsstand ein anderes Gericht ist, als das Oberlandesgericht, in dessen Departement der Kreis-Justizrath angestellt worden, solche Handlungen der freiwilligen Gerichtsbarkeit gültig aufnehmen können, welche von jedem Gerichte aufgenommen werden dürfen,

und wird das Kollegium angewiesen, demgemäß das Land- und Stadtgericht zu Löbau auf seine Anfrage zu bescheiden.

Berlin, den 23. August 1836. (v. K. Jahrb. Bd. 48. S. 230.)

6) a. **Rescript** vom 29. März 1813, betr. den Umfang des Ressorts des Schifffahrts- und Handelsgerichts in Memel.

Nach Eingang der Berichte des Königl. Oberlandesgerichts von Litthauen vom 28. Juni und 11 August v. J., über die Differenz, welche zwischen der Schifffahrts- und Handlungs-Gerichts-Deputation zu Memel und dem dortigen Polizei-Direktorio in Ansehung der Ausfertigung der Musterrollen entstanden ist, ist mit den Departements im Ministerium des Innern für den Handel und die Gewerbe, und für die allgemeine Polizei kommunizirt worden. Es wird nunmehro dem Königlichen Oberlandesgerichte zu seiner Direktion eröffnet, daß der Chef der Justiz den von den genannten Departements aufgestellten Grundsatz angenommen hat:

daß alle polizeiliche Geschäfte außer den Grenzen des Ressorts des Schifffahrts- und Handlungs-Gerichts liegen,

daß also nur solche Schiffs-Dokumente, welche einer gerichtlichen Beglaubigung und Bestätigung bedürfen, mit Einschluß derjenigen, wo von den Seefahrern Eide abzuleisten sind, vor die Gerichte, alle andere dagegen, welche zu polizeilichen Zwecken ausgefertigt worden, vor die Polizei-Behörde gehören.

Bei Anwendung dieses Prinzips verbleiben der Schifffahrts- und Handlungs-Gerichts-Deputation des Land- und Stadtgerichts zu Memel die Ausfertigung der Musterrollen bei abgehenden Schiffen, als der Heuer-Kontrakte des Schiffsvolks, wogegen die Musterungs-Atteste eingehender Schiffe, und die denselben vorangehende Visitirung der Befrachtung und Bemannung des Schiffs, desgleichen die Ausfertigung der Seepässe aller Art, zum Ressort des Polizei-Direktorii zu Memel, dessen Offiziant der Wasser-Direktor Sperling ist, ohne daß er eine besondere Station bildet, gehören.

Der Wasserdiener N., der als Offiziant der Schifffahrts- und Handlungs-Gerichts-Deputation angestellt ist, bleibt bei diesem Kollegio, jedoch kann sich auch das Polizei-Direktorium seiner zur Ausrichtung derjenigen seiner Amtsgeschäfte bedienen, die polizeilicher Art sind.

Das Königl. Oberlandesgericht hat hiernach bei der nahen Eröffnung der Schifffahrt das Land- und Stadtgericht ungesäumt anzuweisen, wie denn auch eine

gleiche Anweisung von Seiten der Departements für die Gewerbe und den Handel und für die allgemeine Polizei an die Litthauische Regierung ergehen wird. Die mit dem Bericht vom 28. Juli v. J. eingereichten Akten erfolgen anbei zurück.
(v. K. Jahrb. Bd. 2. S. 7.)

b. **Verordnung** vom 4. Juni 1819, betr. das Naumburger Handelsgericht, das bei demselben zu beobachtende Verfahren, und das in Naumburg geltende Wechselrecht. G. S. S. 141. (s. zu Tit. 27. §. 1. seqq.)

c. cfr. **Verordnung** vom 30. Juni 1834, wegen Einrichtung der Rheinzollgerichte und des gerichtlichen Verfahrens in Rheinschifffahrtsangelegenheiten. G. S. S. 136.

7) a. **Reglement** für die Fabriken-Deputation des Stadtgerichts zu Berlin vom 4. April 1815.

Allgemeine Bestimmungen.

Die Fabrik-Prozeßsachen in Berlin sollen künftig von einer besondern Deputation des Stadtgerichts bearbeitet werden, um die Schnelligkeit und Regelmäßigkeit zu gewähren, welche diese Gerichtsbarkeit fordert. Demzufolge werden nachstehende Bestimmungen getroffen.

§. 1. Die Deputation besteht aus einem Mitgliede des Stadtgerichts, und einem technischen Mitarbeiter, welcher vom Finanz-Ministerio ernannt wird. Für jetzt sind dazu die beiden Fabriken-Kommissarien bestimmt. Diese sollen alternirend den wöchentlichen Sitzungen (§ 16.) beiwohnen, dem Deputirten des Stadtgerichts assistiren, und bei Abwesenheit oder sonstiger Verhinderung sich gegenseitig vertreten. Sind Beide verhindert, so soll aus den verpflichteten Sachverständigen (§. 4.) ein Stellvertreter von dem Deputirten des Stadtgerichts gewählt werden. Auskultatoren oder Referendarien werden nach dem Maaße der Geschäfte und mit Rücksicht auf ihre Zahl und Qualifikation überhaupt vom Stadtgerichte zur Hülfe gegeben.

§. 2. Der Richter leitet ausschließlich sämmtliche Geschäfte, erläßt alle Verfügungen, und entscheidet in den Fällen, wo ihm die Abfassung des Erkenntnisses zusteht. (§. 29) Ein untergeordnetes Verhältniß findet aber zwischen dem Richter und dem technischen Mitarbeiter nicht Statt.

§. 3. Die Subaltern-Geschäfte besorgt ein Registrator, Expedient und Kanzellist in einer Person, und das Amt des Boten und Exekutors wird ebenfalls vereinigt.

§. 4. Die in Prozessen zuzuziehenden Sachverständigen werden von dem Finanz-Ministerio ein für allemal bestellt, und im Pleno des Stadtgerichts mittelst Handschlages verpflichtet. Sie haben keinen Theil an der Leitung der Geschäfte, und werden nur da mit ihrem Gutachten gehört, wo der Richter sie dazu auffordert.

Nach Ablauf eines jeden Jahres werden auf ihr Verlangen die Sachverständigen gewechselt.

§. 5. Ihren Sitz erhält die Deputation im Geschäfts-Lokale des Stadtgerichts.

§. 6. Sie verfügt und verhandelt unter dem Siegel und dem Namen des Stadtgerichts. Die Ausfertigungen ihrer Verfügungen werden von dem deputirten Mitgliede des Stadtgerichts vollzogen.

§. 7. Die Besoldungen der Offizianten werden auf die Staats-Kasse angewiesen.

§. 8. Die Sportel-Einnahme fließt im ersten Jahre zur Salarien-Kasse des Stadtgerichts, und diese bestreitet dagegen die Kosten des Bedarfs an Schreibmaterialien, und sonstige zur Geschäftsführung nöthige Ausgaben. Nach Ablauf des ersten Jahres sollen über diesen Gegenstand fernere Bestimmungen ergehen.

§. 9. Die für Kontraventionen gegen Fabrikengesetze eingehenden Geldstrafen sollen für das erste Jahr zur Kämmerei-Kasse gezahlt werden. Für die folgende Zeit wird eine anderweitige Bestimmung vorbehalten. Der nach früherer Verfassung bestandene Denunzianten-Antheil wird aufgehoben.

Umfang der Gerichtsbarkeit.

§. 10. Alle in dem Umfange von Berlin befindliche Fabriken und Manufakturen, sie mögen dem Staate oder Privatpersonen gehören, sind in Fabriken-Rechts-Angelegenheiten der Deputation unterworfen.

§. 11. Fabrik oder Manufaktur ist jede Anstalt, in welcher unter Leitung und für Rechnung eines Unternehmers oder Verlegers Waaren für den Handel verfertigt werden.

§. 12. Auch die außerhalb der Stadt unter fremder Jurisdiktion wohnenden Fabrikanten und Arbeiter einer Berliner Fabrik müssen in Fabriken-Angelegenheiten vor der Deputation Recht nehmen.

§. 13. Persönliche Befreiung vom Gerichtsstande des Untergerichts ändert ebenfalls nichts in dieser Verpflichtung. Diese Vorschrift findet auch auf diejenigen Anwendung, welche nicht Fabrik-Unternehmer oder Arbeiter sind, in Fabrik-Sachen aber, sei es als Zeugen oder aus einem andern Grunde, vorgeladen werden.

Gegenstand derselben.

§. 14. Zur Kognition der Deputation gehören:

a. alle Streitigkeiten der Fabrik-Unternehmer und ihrer Arbeiter gegen einander über schlechte und kontraktwidrige Arbeit, über ihre Verzögerung und Verfälschung, über das Verderben der Geräthschaften und Materialien, und über die Entfernung und Abdankung der Arbeiter vor der Zeit, überhaupt alle Streitigkeiten, welche unmittelbar die Fabrikation und die deshalb übernommenen oder gesetzlich vorgeschriebenen Verpflichtungen und Befugnisse zum Gegenstande haben. Von den Arbeitern sind nur die eigentlichen Tagelöhner ausgenommen, denen es freisteht, ihre Verbindung mit einer Fabrik an jedem Tage aufzuheben;

b. die Streitigkeiten der Fabrik-Unternehmer unter sich, wegen Verführung und Abspenstigmachens der Arbeiter;

c. die Untersuchung der gegen Fabrik-Gesetze von den Unternehmern und den Arbeitern begangenen Kontraventionen.

§. 15. Injurien, welche zwischen Fabrik-Vorgesetzten und den Arbeitern, und zwischen den Arbeitern unter sich vorfallen, und Schuldsachen, so weit sie aus den Fabrik-Verbindungen entstehen, gehören ebenfalls zur Verhandlung vor dem Fabrik-Richter, nicht aber die Wechselsachen.

Dagegen ist er zu Handlungen der freiwilligen Gerichtsbarkeit, deren Gegenstand das Fabrik-Wesen betrifft, nur in sofern berechtigt und verpflichtet, als das Objekt keine stempelfähige Summe erreicht.

Geschäftsführung.

§. 16. Die Deputation versammelt sich an einem bestimmten Tage in der Woche von acht Uhr Morgens an, um die Parteien zu hören, welche sich uneingeladen einfinden, und die Termine abzuhalten, welche anberaumt sind.

§. 17. Das technische Mitglied muß in der Regel an diesem Tage gegenwärtig sein.

§. 18. Im Laufe der Instruktion oder Untersuchung muß der Richter jeden andern Tag zur Festsetzung der Sachen benutzen.

§. 19. Es ist nicht nothwendig, daß die verpflichteten Sachverständigen (§. 5.) sämmtlich an dem bestimmten Gerichtstage gegenwärtig sind; es hängt vielmehr von dem Richter ab, diejenigen von ihnen vorzuladen, auf deren Gutachten es in den Prozessen, zu welchen verhandelt werden soll, ankommen wird. Es soll indessen durch diese Bestimmung einer sachdienlichen Vereinigung zwischen dem Richter und den Sachverständigen nicht vorgegriffen werden. Auf jeden Fall muß der etwa nothwendige, aber abwesende, Sachverständige ohne Verzug herbeigeholt werden.

§. 20. Jedes Mitglied der Deputation ist schuldig, Gesuche, welche von Parteien bei ihm angebracht werden, aufzunehmen, und eine gleiche Verpflichtung hat der Offiziant der Registratur. Es versteht sich von selbst, daß Parteien ihre Gesuche auch in der Anmeldungsstube des Stadtgerichts können aufnehmen lassen.

§. 21. Alle Vorladungen in Prozessen, deren Gegenstand die Summe von 10 Thalern nicht übersteigt, geschehen durch den Boten mündlich. Er berichtet über die Behändigung unter der Verfügung, welche die Vorladung anordnet.

§. 22. Bei Gegenständen über 10 Thaler bis zu vollen Hundert Thalern ergehen die Verfügungen durch Abschrift derselben. Ein Gleiches geschieht in allen Untersuchungen ohne Unterschied.

§. 23. Die Registratur-, Expeditions- und Kanzellei-Geschäfte werden nach den schon bestehenden Vorschriften verwaltet, und die Prozeß-Liste wird jährlich der stadtgerichtlichen einverleibt.

§. 24. Der Richter befolgt bei Leitung der Prozesse und Untersuchungen die Vorschriften der Gerichtsordnung mit den Ausnahmen, die vorstehend angeordnet sind, und welche außerdem ein schleuniges Verfahren fordern. Daher können in vorzüglich dringenden Fällen die Bestimmungen des 30. Titels zur Anwendung gebracht werden.

§. 25. Ganz besonders muß er bemüht sein, die Parteien über ihre Streitigkeiten im Wege der Güte auszugleichen. Sobald er von den gegenseitigen Ansprüchen und Einwendungen im Allgemeinen unterrichtet ist, muß er mit Zuziehung des technischen Mitgliedes, oder der Sachverständigen, wenn es anders auf ihre Meinung ankommt, Vergleichsvorschläge entwerfen und den Interessenten zur Erklärung vorlegen.

§. 26. Wird auf diesem Wege die Sache nicht beigelegt, und sie ist von der Art, daß die Erhaltung und Fortsetzung einer Fabrik in Gefahr kommt, wenn die vielleicht nicht sogleich zu bewirkende Entscheidung abgewartet werden soll: so muß schleunig ein Interimistikum eingeleitet und zur Vollziehung gebracht werden.

§. 27. Wird aber in diesem Falle das Erkenntniß sogleich abgefaßt, so gilt solches im Laufe des etwa eingewandten Rechtsmittels als ein Interimistikum.

§. 28. Widerspenstige Arbeiter müssen während des Prozesses, wenn Gefahr im Verzuge ist, durch exekutivische Zwangsmittel, allenfalls durch Arrest, zur einstweiligen Erfüllung ihrer Obliegenheiten angehalten werden. Bei Lehrlingen aus der geringen Volksklasse wird in diesem Falle eine mäßige körperliche Züchtigung gestattet.

§. 29. Die Entscheidung in Bagatell- und Injuriensachen gebührt dem deputirten Richter; das Erkenntniß wird, sofern es nur möglich ist, am Tage des Abschlusses der Sache abgefaßt und den noch anwesenden Parteien eröffnet. Kann dies nicht geschehen, so müssen sie für diesen Zweck zum folgenden Tage bestellt werden.

§. 30. In allen andern Sachen gebührt dem Pleno des Stadtgerichts die Abfassung der Erkenntnisse; die Deputation giebt aber ein Gutachten zu den Akten.

§. 31. Sobald das Urtel abgefaßt ist, geht es an die Deputation zurück, um ausgefertigt und publicirt zu werden.

§. 32. Die Instruktion des Appellatorii geschieht ohne Rücksicht auf den Gegenstand des Streits bei der Deputation.

§. 33. Gebührt die Entscheidung in zweiter Instanz dem Ober-Appellations-Senate des Kammergerichts, so werden die Akten unmittelbar bei demselben eingereicht.

§. 34. Was die Kontraventionen gegen Fabrik-Gesetze betrifft, so wird dem Richter die Befugniß gegeben, auf den Grund der geführten Untersuchung eine Geldbuße bis zu 5 Thalern, oder eine Gefängnißstrafe bis zu acht Tagen incl., durch eine bloße Verfügung festzusetzen, gegen welche kein Rechtsmittel Statt findet. Bestimmt aber das Gesetz für den niedrigsten Grad eine höhere Strafe, so werden die geschlossenen Akten an die Kriminal-Deputation abgegeben. Diese faßt das Erkenntniß ab, und giebt es an den Fabrik-Richter zurück, um die Publikation und das Fernere zu verfügen, auch demnächst die rechtskräftig feststehende Strafe zu vollziehen.

§. 35. Die Vollstreckung der Gefängnißstrafen geschieht in der Stadtvoigtei; damit aber Fabrik-Arbeiter durch ihre ununterbrochene Vollziehung nicht außer Nahrungsstand gesetzt werden, so sollen dergleichen Strafen über 3 Tage hinaus, und wenn die Dauer derselben 4 Wochen nicht übersteigt, auf den Antrag der Denunciaten, nur an Sonn- und Festtagen vollzogen werden.

§. 36. Sobald der Richter bei Ausübung seines Amtes Bedenken findet, über die er selbst zu entscheiden Anstand nimmt, so kann er darüber in der Sitzung des Pleni oder der Civil-Deputation Vortrag halten.

§. 37. Bei Vollziehung exekutivischer Maaßregeln ist die Deputation, wenn es in besondern Fällen darauf ankommt, polizeiliche Hülfe nachzusuchen berechtigt. Die Polizei-Behörde wird im Allgemeinen angewiesen, solche zu leisten, sobald der Fabrik-Richter sie fordert.

§. 38. Die für verschiedene hiesige Fabriken gegebenen besonderen Reglements, welche die gegenseitigen Rechts-Verhältnisse der Unternehmer und Arbeiter bestimmen, dienen auch fernerhin bei Entscheidungen zur Richtschnur.

Prozeß-Kosten.

§. 39. Kosten werden nur genommen:

a. wenn ein Fabrik-Unternehmer mit dem andern streitet;

b. wenn der Prozeß zwar zwischen dem Unternehmer und seinen Arbeitern schwebt, der Gegenstand desselben aber 100 Rthlr. und mehr beträgt; es dürfen aber die gegenseitigen Forderungen in einem und demselben Rechtsstreite nicht zusammengerechnet werden.

c. Der Fabrik-Unternehmer entrichtet in allen Fällen die Kosten, wo er unterliegender Theil ist.

d. In Untersuchungs-Sachen wird auf die Vermögenheit der Angeschuldigten Rücksicht genommen, jedoch soll auch in diesem Falle mit Nachsicht verfahren werden.

§. 40. Die Sportel-Freiheit hat auf die Stempel-Verpflichtung keinen Einfluß, und der Stempel-Bedarf wird von dem Stempel-Rezeptor des Haupt-Kollegii des Stadtgerichts entnommen.

§. 41. Die Kanzellei-, Registratur-, Boten und Exekutions-Gebühren werden Subalternen (§. 3.) angewiesen. Die Registratur führt darüber, so wie über alle andern Kosten, den Einnahme-Belag, und die Einziehung geschieht durch die Haupt-Kasse des Stadtgerichts.

§. 42. Die Mitglieder der Deputation können in keinem Falle Diäten liquidiren; dagegen sollen ihnen unvermeidliche baare Auslagen, ohne Rücksicht, ob die Sache an sich sportelfähig ist, oder nicht, von den Parteien erstattet werden.

Geldstrafen.

§. 43. Die Einziehung der Geldstrafen für Kontraventionen geschieht durch die Deputation, und der Registrator nimmt sie in Empfang. Er führt über die festgesetzten oder rechtskräftig erkannten Strafen eine Liste, und bemerkt in einer besondern Kolonne den Eingang. Für seine Bemühung wird ihm der vierte Theil der Strafgelder zugebilligt.

Von diesem Verzeichnisse erhält der Magistrat im ersten Jahre halbjährig eine von der Deputation attestirte Abschrift mit dem Betrage der eingegangenen Strafen.

§ 44. Die Geldstrafen für Injurien gebühren wie immer der Kämmerei-Kasse; sie sollen daher, wenn auch besonders, doch nach Anleitung des §. 43. berechnet, und nach Abzug des dem Registrator gebührenden vierten Theiles gezahlt werden.

(v. K. Jahrb. Bd. 5. S. 16.)

b. **Rescript** vom 11. Mai 1818, über den Begriff einer Fabriken-Rechtssache nach vorstehendem Reglement.

Aus den anbei zurückgehenden Akten in Sachen des Kattundruckers N. wider den jüdischen Handelsmann und Kattun-Fabrikanten N., hat der Justiz-Minister ersehen, daß dieser bei der Fabriken-Deputation des hiesigen Stadtgerichts bereits anhängig gewesene Prozeß, auf den Antrag des Verklagten zur Kognition des Königlichen Kammergerichts gezogen ist. Dieses Verfahren stehet indeß mit der Tendenz, welche der Errichtung der gedachten Deputation zum Grunde gelegen hat, nicht im Einklage. Das Reglement vom 4. April 1815 unterwirft §. 10. alle in dem Umfange von Berlin befindlichen Fabriken und Manufakturen, sie mögen dem Staate oder Privat-Personen gehören, in Fabriken-Angelegenheiten ihrem Ressort.

Zur Kategorie solcher Rechtsangelegenheiten werden, nach der Bestimmung des §. 15., insbesondere auch die Schuldsachen, so weit sie aus der Fabrik-Verbindung entstehen, gerechnet.

Obige Criterien treffen bei dem vorliegenden Prozesse zusammen. Der N. ist Kattun-Fabrikant, und läßt die gefertigten Kattune, nach den von ihm gewählten Mustern, bei dem N. gegen einen bedingten Lohn drucken. — Die auf Bezahlung des rückständigen Druckerlohns gerichtete Klage befaßt unverkennbar eine Schuldsache, welche aus der Verbindung entspringt, worin die Kattun-Fabrik des N. mit der Druckerei des N. bisher fortlaufend gestanden hat. — Der Umstand, daß Letzterer nicht unmittelbar in Lohn und Brod bei dem Verklagten steht, sondern seine Druckerei auf eigene Rechnung betreibt, verändert den Gesichtspunkt nicht: die Sache behält darum nichts desto weniger die Natur einer Fabriken-Rechtsangelegenheit, und mehr erfordert das Reglement (§. 10.) nicht.

Wollte man der entgegengesetzten Meinung beipflichten, und den Grund dazu vielleicht aus der Definition herleiten, welche sich §. 2. I. a. über Fabriken und Manufakturen in technischer Hinsicht befindet, so würde man Gefahr laufen, bei jeder Veränderung, welche die Zeitumstände in dem Fabriken-Wesen, so wie in der innern Einrichtung der hiesigen Fabriken und Manufakturen theils schon hervorgebracht haben, theils noch künftig hervorbringen können, den Zweck des Reglements gänzlich zu verfehlen. Durch die geschehene Anordnung einer Deputation hat, bei dem großen Umfange der Residenz, den Fabrikanten die von ihnen erbetene Wohlthat einer nicht bloß technisch aufgeklärten, sondern auch vorzüglich schnellen Rechtspflege zu Theil werden sollen. Eben darum sind namentlich alle, aus der Fabrik-Verbindung entspringenden, Schuldsachen dahin verwiesen, und nur die Wechselprozesse, welche ihrer Natur nach ohnehin schon von allen Justiz-Behörden schleunig behandelt werden müssen, davon ausgenommen worden.

Es tritt noch dabei die sehr richtige Bemerkung hinzu, daß die in dergleichen Schuld-Prozessen zur Sprache kommenden Einwendungen nicht selten das Materielle der Fabrikation befassen, und daher eine sachkundige Erörterung erheischen, welche bei der Deputation durch augenblickliche Zuziehung der beigeordneten technischen Mitglieder, ohne Zeit- und Kostenaufwand, herbeigeführt werden kann.

Obiger Auseinandersetzung zu Folge, wird das Königliche Kammergericht angewiesen, sich der Kognition in der vorliegenden Sache zu enthalten, und die betreffenden Akten an die Deputation des Stadtgerichts zur ressortmäßigen weiteren Instruktion und Entscheidung abgeben zu lassen.

(v. K. Jahrb. Bd. 11. S. 200.)

c. **Reglement** für die Fabriken-Gerichts-Deputationen im Regierungsbezirk Arnsberg vom 26. Novbr. 1829.

Wir Friedrich Wilhelm, von Gottes Gnaden König von Preußen ꝛc., haben beschlossen, daß zur Beschleunigung der Prozesse, welche die in dem Regierungsbezirke Arnsberg befindlichen Fabriken betreffen, besondere Fabriken-Gerichtsdeputationen angeordnet werden, und Wir wollen hinsichtlich der Besetzung, des Wirkungskreises und Geschäftsganges dieser Deputationen Folgendes hierdurch festsstellen.

Sitz der Fabriken-Deputation.

§. 1. Die Fabriken-Gerichtsdeputationen erhalten ihren Sitz zu Iserlohn, Limburg, Altena, Plettenberg, Lüdenscheid, Hagen, Schwelm, Hattingen und Siegen.

§. 2. Die Kompetenz der Fabriken-Gerichtsdeputation zu Iserlohn wird sich zugleich über die Justizämter Balve und Menden im Herzogthum Westphalen, und der zu Siegen über den ganzen Kreis Siegen erstrecken.

Besetzung der Gerichtsdeputationen.

§. 3. Jede Deputation besteht aus einem Mitgliede des betreffenden Ortsgerichts, ingleichen aus einem technischen Mitarbeiter. Das erstere wird mit diesem Geschäfte bleibend beauftragt, und demselben für Verhinderungsfälle ein für allemal ein Substitut bestimmt. Zu letzterm werden zwei abwechselnd theilnehmende Fabrikinhaber am Gerichtsorte aus der Klasse der Gewerbetreibenden mit kaufmännischen Rechten durch die Gewerbesteuerpflichtigen des Gerichtsbezirks erwählt, welche zwei Jahre unentgeldlich fungiren, dann, durch neue Wahl ergänzt, erst nach Verlauf von zehn Jahren zur anderweitigen Uebernahme genöthigt werden können. Für einen Jeden wird gleichzeitig ein Stellvertreter erwählt.

Funktionen des deputirten Richters.

§. 4. Der deputirte Richter leitet ausschließlich sämmtliche Geschäfte, erläßt alle Verfügungen unter dem Siegel und Namen des Gerichts, und vollzieht die Ausfertigungen derselben. Ein untergeordnetes Verhältniß findet aber zwischen dem Richter und dem technischen Mitgliede nicht Statt.

Subalternen der Deputation

§. 5. Die Subaltern-Geschäfte werden von einem Registrator, Expedienten und Kanzlisten in einer Person nach den bestehenden Vorschriften besorgt, und das Amt des Boten und Exekutors in gleicher Art vereinigt; es sind hierzu besondere Subjekte aus dem Subaltern-Personal des Gerichts auszuwählen, auch die Registratur- und Expeditionsgeschäfte abgesondert zu verwalten, und die Prozeßlisten den gerichtlichen jährlich beizufügen.

Auswahl der adhibirenden Sachverständigen.

§. 6. Zu den in Streitfällen zuzuziehenden Sachverständigen werden gleichzeitig und in eben der Art, wie die technischen Mitglieder (§. 3.) aus den im Gerichtsbezirke vorherrschenden Gewerbszweigen, zwei Individuen auf eine Dauer von zehn Jahren gewählt, und im Pleno des Gerichts mittelst Handschlages verpflichtet. — Die bei Streitigkeiten, welche andere Gewerbszweige betreffen, erforderlichen Sachverständigen bestimmt für jeden speziellen Fall die Fabriken-Gerichtsdeputation.

Umfang der Gerichtsbarkeit.

§. 7. Alle im Umfange der obengenannten Gerichte befindlichen Fabriken und Fabrikarbeiter sind in Fabriken-Rechtsangelegenheiten den Fabriken-Gerichtsdeputationen unterworfen, mit alleiniger Ausnahme der Hüttenwerke, welche der Kompetenz der Berggerichte verbleiben (Edikt vom 21. Febr. 1816. §. 2., Gesetzsamml. Nr. 338.) Was unter Fabriken und Fabrikanten zu verstehen sei, bestimmen die Gesetze (A. L. R. Th. II. Tit. VIII. §. 407.)

§. 8. Auch außerhalb der Jurisdiktion der Fabriken-Gerichtsdeputationen wohnende Fabrikanten und Arbeiter, welche für Fabriken in den Fabriken-Gerichtsbezirken arbeiten, müssen in Fabrikangelegenheiten vor der Deputation Recht nehmen.

§. 9. Persönliche Befreiung vom Gerichtsstande des Untergerichts ändert ebenfalls nichts in dieser Verpflichtung. Diese Vorschrift findet auch auf diejenigen Anwendung, welche nicht Fabrikunternehmer oder Arbeiter sind, in Fabriksachen aber, sei es als Zeugen oder aus einem andern Grunde, vorgeladen werden.

Gegenstand der Kompetenz.

§. 10. Zur Kognition der Fabriken-Gerichtsdeputation gehören alle Streitigkeiten, welche aus dem Fabrikationsverhältnisse herrühren, namentlich:

a) über schlechte und kontraktwidrige Arbeit, über ihre Verzögerung und Verfälschung, über das Verderben der Geräthschaften und Materialien und über die Entfernung und Abdankung der Arbeiter vor der Zeit;
b) die Streitigkeiten der Fabrikunternehmer unter sich, wegen Verführung der Arbeiter, Nachschlagung von Fabrikzeichen u. s. w.
c) die Streitigkeiten aus Lieferungsverträgen über Fabrikenbedürfnisse;
d) die Untersuchung der gegen Fabrikgesetze von den Unternehmern und den Arbeitern begangenen Kontraventionen;
e) in connexen Sachen, wenn die Erfüllung eines zwischen einem Lieferungsberechtigten und Verpflichteten geschlossenen, vor der Fabriken-Gerichtsdeputation streitigen Lieferungskontrakt mit Verbindlichkeiten zusammenhängt, deren Erfüllung der Lieferungsverpflichtete gegen die ihm verpflichteten Arbeiter, Unterlieferanten 2c. vor dem gewöhnlichen Gerichte klagend verfolgt.

In Hinsicht der Wiederklagen verbleit es bei der Bestimmung der A. G. O. Th. I. Tit. XIX. §. 17. Nr. 2.

§. 11. Injurien, welche zwischen Fabrik-Vorgesetzten und den Arbeitern und zwischen den Arbeitern unter sich vorfallen, und Schuldsachen, so weit sie aus der Fabrikverbindung entstehen, werden, mit Ausnahme der Wechselsachen, ebenfalls der Kompetenz der Fabriken-Deputation überwiesen.

Geschäftsgang.

§. 12. Die Deputation versammelt sich im Geschäftslokale des Gerichts an einem bestimmten Tage in der Woche von 8 Uhr Morgens an, um die Parteien zu hören, welche sich uneingeladen einfinden, und um die Termine abzuhalten, welche anberaumt sind.

§. 13. Das technische Mitglied muß immer an diesem Tage gegenwärtig sein.

§. 14. Im Laufe der Instruktion oder Untersuchung muß der Richter jeden andern Tag zur Fortsetzung der Sachen benutzen, in welchen bei allen Punkten, worüber die Anwälte der Parteien nicht informirt sind, in contumaciam verfahren werden soll, sobald die Nothwendigkeit einer Information über die vorliegenden Thatsachen, und in welcher Art solche erfolgen müsse, erkennbar war.

§. 15. Wenn die Zuziehung von Sachverständigen sich vom Anfange an als nothwendig darstellt, so hat der Richter die zu erlassende Vorladung sofort mit auf dieselben auszudehnen.

§. 16. Jedes Mitglied der Deputation ist schuldig, Gesuche, welche von den Parteien bei ihm angebracht werden, aufzunehmen, und eine gleiche Verpflichtung hat der dabei angestellte Subalternoffiziant (§. 5.)

Es versteht sich von selbst, daß Parteien ihre Gesuche auch in der Anmeldungsstube des Gerichts können aufnehmen lassen.

§. 17. Alle Vorladungen in Prozessen, deren Gegenstand die Summe von 20 Rthlr. nicht übersteigt, geschehen durch den Boten mündlich. Er bescheinigt die Behändigung unter der Verfügung, welche die Vorladung anordnet.

§. 18. Bei Gegenständen über 20 Rthlr. bis zu vollen Hundert Thalern ergehen die Verfügungen durch Abschrift derselben. Ein Gleiches geschieht in allen Untersuchungen ohne Unterschied.

§. 19. Der Richter befolgt bei Leitung der Prozesse und Untersuchungen die Vorschriften der G. O. mit den Ausnahmen, die vorstehend angeordnet sind, und welche außerdem ein schleuniges Verfahren erfordern. Daher können in vorzüglich dringenden Fällen die Bestimmungen des 30. Titels §. 9. u. f. zur Anwendung gebracht werden.

§. 20. Sobald der Richter bei Ausübung seines Amtes Bedenken findet, über die er selbst zu entscheiden Anstand nimmt, so kann er darüber in der Sitzung des Pleni des Ortsgerichts in Gegenwart des technischen Mitgliedes Vortrag halten.

Sühneversuche.

§. 21. Ganz besonders muß er bemüht sein, die Parteien über ihre Streitigkeiten im Wege der Güte auszugleichen. Sobald er von den gegenseitigen Ansprüchen und Einwendungen im Allgemeinen unterrichtet ist, muß er, mit Zuziehung des technischen Mitgliedes oder der Sachverständigen, wenn es auf ihre Meinung ankommt, Vergleichsvorschläge entwerfen, und den Interessenten zur Erklärung vorlegen.

Regulirung des Interimistikums.

§. 22. Wird auf diesem Wege die Sache nicht beigelegt, und ist sie von der Art, daß die Erhaltung und Fortsetzung einer Fabrik in Gefahr kommt, wenn die vielleicht nicht sogleich zu bewirkende Entscheidung abgewartet werden soll: so muß schleunig ein Interimistikum nach den jedesmaligen Umständen und dem besten Ermessen der Gerichtsdeputation regulirt und zur Vollziehung gebracht werden. In allen, die Regulirung eines Interimistici betreffenden Fällen, in welchen eine Vereinigung des deputirten Richters mit dem technischen Mitgliede der Fabriken-Gerichts-Deputation nicht zu erreichen steht, die zu treffende Verfügung aber sich als so dringend darstellt, daß die desfallsige Entscheidung des Pleni des Ortsgerichts ohne Gefahr im Verzuge nicht zuvor eingeholt werden kann, soll von dem deputirten Richter noch ein Sachverständiger zugezogen, und sodann nach der Stimmenmehrheit das Interimistikum unverzüglich regulirt werden, jedoch der Partei, welche sich dadurch gravirt finden möchte, der Rekurs an das Plenum des Ortsgerichts vorbehalten bleiben, bei dessen Feststellung es sodann für die Instanz sein Bewenden behält.

§. 23. Wird aber in solchem Falle das Erkenntniß sogleich abgefaßt, so gilt solches im Laufe des etwa eingewandten Rechtsmittels als ein Interimistikum.

Verfahren gegen widerspenstige Arbeiter.

§. 34. Widerspenstige Arbeiter müssen während des Prozesses, wenn Gefahr im Verzuge ist, durch exekutorische Zwangsmittel, allenfalls durch Arrest, zur einstweiligen Obliegenheit angehalten werden. Bei Lehrlingen aus der geringen Volksklasse wird in diesem Falle eine mäßige körperliche Züchtigung, jedoch nur bei verschlossenen Thüren, gestattet.

Bagatellsachen.

§. 25. Die Entscheidung in Bagatell- und Injurien-Sachen gebührt dem deputirten Richter. Das Erkenntniß wird wo möglich am Tage des Abschlusses der Sache abgefaßt und den noch anwesenden Parteien eröffnet. Kann dies nicht geschehen, so müssen sie für diesen Zweck zum folgenden Tage bestellt werden.

§. 26. In allen andern Sachen gebührt dem Pleno des Gerichts die Abfassung der Erkenntnisse. Die Deputation giebt aber ein Gutachten zu den Akten, und die persönliche Gegenwart des technischen Mitgliedes, welchem ein konsultatives Votum bei der technischen Frage beigelegt wird, ist bei dem Vortrage und der Diskussion der Sache jederzeit erforderlich, deshalb das Konzept des Erkenntnisses von diesem mit zu unterzeichnen, ihm auch im Falle abweichender Ansicht frei zu stellen, sein Votum versiegelt zu den Akten zu geben. Letzteres findet auch bei den im §. 25. gedachten Entscheidungen Anwendung.

§. 27. Die vorhandenen Fabriken-Ordnungen und besondern Reglements, in deren Ermangelung die Lokal-Observanzen, welche die gegenseitigen Verhältnisse der Unternehmer und Arbeiter bestimmen, dienen auch fernerhin bei Entscheidungen zur Richtschnur.

Publikation der Urtel.

§. 28. Sobald das Urtheil abgefaßt ist, geht es an die Deputation zurück, um ausgefertigt und publizirt zu werden; die Publikation erfolgt in der Regel bloß durch Insinuation, unter Vermerk der Appellationsfrist bei Lesens- und Schreibens-Unerfahrnen, und wenn beide Theile am Orte sind, jedoch zum Protokoll.

Instruktion des Appellatorii.

§. 29. Die Instruktion des Appellatorii geschieht ohne Rücksicht auf den Gegenstand des Streites bei der Deputation.

Feststellung von Geld- und Gefängnißstrafen.

§. 30. Bei Kontraventionen gegen Fabrikgesetze wird dem Richter die Befugniß gegeben, auf den Grund der geführten Untersuchung eine Geldbuße bis zu Fünf Thalern oder eine Gefängnißstrafe bis zu acht Tagen incl. durch eine bloße Verfügung festzusetzen, gegen welche kein Rechtsmittel statt findet. Bestimmt aber das Gesetz eine höhere Strafe, so treten die allgemeinen Gesetze über die Kompetenz der Untergerichte und beziehungsweise der Obergerichte ein; die Erkenntnisse werden jedoch der Fabriken-Gerichtsdeputation zur Publikation, fernern Verfügung und Vollziehung der rechtskräftigen Strafen zugefertigt.

§. 31. Bei Vollziehung exekutivischer Maaßregeln ist die Deputation, wenn es in besondern Fällen darauf ankommt, polizeiliche Hülfe nachzusuchen berechtigt. Die Polizeibehörde wird im Allgemeinen angewiesen, solche zu leisten, sobald der Fabrikrichter sie fordert.

§. 32. Die Vollstreckung der Gefängnißstrafen darf nicht in demselben Lokale mit Kriminalgefangenen erfolgen.

Kosten.

§. 33. Kosten werden nur genommen:

a) wenn ein Fabrikunternehmer mit dem andern streitet;
b) wenn der Prozeß zwar zwischen dem Unternehmer und seinen Arbeitern schwebt, der Gegenstand desselben aber Einhundert Thaler und mehr beträgt; jedoch dürfen die gegenseitigen Forderungen in einem und demselben Rechtsstreite nicht zusammengerechnet werden;
c) der Fabrikunternehmer entrichtet in allen Fällen die Kosten, wo er unterliegender Theil ist;
d) in Untersuchungssachen wird auf die Vermögenheit der Angeschuldigten Rücksicht genommen; jedoch soll auch in diesem Falle mit Nachsicht verfahren werden.

§. 34. Die Sportelfreiheit hat auf die Stempelverpflichtung keinen Einfluß.

§. 35. Die Kanzlei-, Registratur-, Boten- und Exekutions-Gebühren werden den Subalternen (§. 5.) angewiesen. Die Registratur führt darüder, so wie über alle andere Kosten, Einnahmebelag, und die Einziehung geschieht durch die Kasse des Gerichts.

§. 36. Die Mitglieder der Deputation können nur bei Geschäften außer dem Orte Diäten liquidiren; dagegen sollen ihnen unvermeidliche baare Auslagen, ohne Rücksicht, ob die Sache an sich sportelfähig ist oder nicht, von den Parteien erstattet werden.

Einziehung und Verrechnung der Geldstrafen und Gerichtskosten.

§. 37. Die Einziehung der Geldstrafen für Kontraventionen geschieht durch die Deputation. Der Registrator nimmt sie in Empfang, führt über die festgesetzten und rechtskräftig erkannten Strafen eine Liste, und bemerkt in einer besondern Colonne den Eingang. Für seine Bemühung wird ihm der 4. Theil der Strafgelder zugebilligt.

§. 38. Die erkannten Geldstrafen fließen zum Fonds der Gewerbsschulen des Regierungsbezirks; sie sollen daher, wenn auch besonders, doch nach Anleitung des §. 37. berechnet, und, nach Abzug des dem Registrator gebührenden vierten Theils, dahin gezahlt werden.

Die Tax-, Instruktions- und Urtels-Gebühren werden zur Kasse des Gerichts berechnet.

Nach dieser Verordnung haben alle, die es angeht, besonders aber die betreffenden Gerichtsbehörden, sich zu achten.

(v. K. Jahrb. Bd. 38. S. 360.)

8) a. **Edikt** vom 21. Febr. 1816, wegen der den Berggerichten wiederum beizulegenden Gerichtsbarkeit.

Durch Unsere Verordnung vom 26. Dezember 1808, wegen verbesserter Einrichtung der Provinzial-, Polizei- und Finanzbehörden, ist zwar die diesen Behörden früherhin übertragen gewesene Rechtspflege (§. 14.) ohne Ausnahme aufgehoben und den kompetenten Gerichten übertragen worden.

Indessen hat der Erfolg davon Unsern Erwartungen, in Bezug auf die Jurisdiktion über die, den Bergbau und die Hüttenverwaltung betreffenden Gegenstände nicht entsprochen. Wir haben Uns vielmehr durch die Erfahrung überzeugt, daß die Instruktion und Entscheidung der dahin gehörigen Rechtsstreitigkeiten schneller und sicherer bewirkt wird, wenn sie sich in den Händen von Männern befindet, welche mit allgemeinen technischen Begriffen zugleich wissenschaftliche Kenntnisse in diesem Fache verbinden und mit der eigenthümlichen Terminologie desselben vertraut sind.

Wir finden Uns demnach bewogen, die vormals bestandene Verfassung unter bestimmten Modifikationen wieder herzustellen und Folgendes hierdurch zu verordnen:

Wiederherstellung der Berggerichte.

§. 1. Vom ersten April des Jahres 1816 an gerechnet, sollen den Bergämtern in Unsern gesammten Königlichen Staaten besondere Berggerichte beigelegt und solche mit den Bergämtern in Verbindung gesetzt werden.

Umfang ihrer Gerichtsbarkeit.

§. 2. Diese Berggerichte werden jedoch nur als fora specialia causae im Sinne der A. G. O. (Th. I. Tit. II. §. 6. und 126.) betrachtet; ihre Jurisdiktion erstreckt sich mithin nur auf reine Bergwerksstreitigkeiten, d. h. auf solche Gegenstände, welche:

den Betrieb des Berg- und Hüttenwesens,

die streitigen Bergverleihungen, deren Umfang und Grenzen, so wie die Dauer des Betriebes,

die Ausführung der, durch die Verwaltungsbehörden oder durch die Bergämter vorgeschriebenen Arbeiten, die ökonomischen, den Berg- und Hüttenbau unmittelbar angehenden Verhältnisse der Gewerkschaften,

die Amts- und Dienstverhältnisse der Offizianten, so weit es dabei auf rechtliches Erkenntniß ankommt,

betreffen.

Ausnahme davon und Ressort der ordentlichen Civil-Gerichte.

§. 3. In allen andern, sowohl dinglichen als persönlichen Sachen, welche die Privatangelegenheiten der Gewerkschaftsglieder, Berg- und Hüttenoffizianten und Leute angehen, müssen sich die Berggerichte aller und jeder Kognition enthalten, und solche lediglich den kompetenten Civilgerichten überlassen.

Eben dies tritt in Absicht der Handlungen der freiwilligen Gerichtsbarkeit ein, in sofern sie nicht die Veränderungen in dem Eigenthum der Kuxe oder Kuxenantheile, der Hüttenpochwerke, Wasserläufe oder anderer Berggebäude durch Kauf, Theilung, Schenkung, Uebertragung, Retardat und Caduzirung betreffen. In soweit es hierüber, so wie über die Bergverleihungen, imgleichen über die Erz-, Metall-Gruben und Hüttenmaterialien-Verkäufe, oder Arbeitsgedinge einer gerichtlichen Aufnahme und Bestätigung bedarf, verbleibt solche, nach näherer Vorschrift der A. G. O. Th. II. Tit. I. §. 3., den Berggerichten.

Vorschriften bei Vorladung der Berg-Bedienten vor die Civilgerichte.

§. 4. Die Civilgerichte, so wie alle und jede Gerichtsobrigkeiten, sind verbunden, in allen Fällen, wo sie einen Bergbedienten oder Bergmann zur persönlichen Erscheinung vorzuladen, oder Exekution wider ihn zu verhängen nöthig finden, der vorgesetzten Bergbehörde zeitig Nachricht davon zu geben, damit durch Unterbrechung seiner Arbeit der Bergbau nicht Schaden leide, sondern zur Fortsetzung desselben durch einen andern die nöthige Vorkehrung getroffen werden könne.

Verfahren bei Todesfällen.

§. 5. Bei eintretenden Todesfällen sind die Berggerichte die Versiegelung und Inventur zu verrichten, auch alles, was bei der Verlassenschaft des verstorbenen Bergbedienten oder Bergmannes ins Bergwesen einschlägt und darauf Bezug hat, zu reguliren und zu entscheiden befugt, die Erbsonderungen und Bevormundungen aber bleiben der ordentlichen Obrigkeit überlassen.

Kognition über gemeine Verbrechen.

§. 6. Wenn ein Bergbedienter oder Bergmann sich gemeiner Verbrechen schuldig macht, welche sein Amt oder das Bergwesen nicht betreffen, so stehet zwar den Berggerichten die gefängliche Einziehung und erste summarische Kognition zu; die weitere Untersuchung, Abfassung des Erkenntnisses und Exekution hingegen liegt, wie in andern Kriminalfällen, den ordentlichen Gerichten und Justizkollegien ob, an welche, zu dem Behuf, der Verbrecher ausgeliefert werden muß.

Von fiskalischen Bergprozessen.

§. 7. Zu denjenigen Rechtsstreitigkeiten, wo ein Bergamt wegen der, nach §. 2., zum berggerichtlichen Ressort gehörigen Gegenstände in Anspruch genommen wird, oder selbst als Partei auftritt, soll die Sache vor die Berggerichte des zunächst gelegenen Bergamts gebracht werden.

Instanzenzug.

§. 8. Die Berggerichte erkennen in erster Instanz. Der weitere Instanzenzug in den Fällen, wo solcher nach Beschaffenheit des Objekts überhaupt statt hat, richtet sich, gleich wie in allen übrigen Civilsachen, nach den in der A. G. O. Tit. XIV. und XV. enthaltenen Vorschriften, mit Rücksicht auf die für die einzelnen Provinzen diesfalls erlassenen und zu erlassenden besondern Verordnungen.

Prozeßualisches Verfahren.

§. 9. Bei der Instruktion und Entscheidung der Prozesse, Eröffnung der Erkenntnisse und Einleitung der Appellationen und Revisionen treten die allgemeinen Anweisungen der A. G. O. Tit. I. bis XV. und Tit. XXV. ein.

Konkurrenz der Bergwerksbehörden bei den fiskalischen und Privat-Prozessen, so wie hinsichtlich der Bergpolizei und Disciplin.

§. 10. Hinsichtlich der Konkurrenz der Bergwerksbehörden bei den fiskalischen Civil-, so wie bei den in den Bergbau einschlagenden Privat-Prozessen, nicht weniger in Betreff der Bergpolizei und Disziplin verbleibt es bei demjenigen, was hierüber in der Verordnung vom 26. Dezbr. 1808 (§. 43. 44. und 46.) im Allgemeinen festgesetzt ist, und steht es den Parteien frei, auf die Zuziehung eines Bergbaukundigen aus der Mitte der Bergwerksbehörden bei der Instruktion des Prozesses und der Abfassung des Urtels eben so anzutragen, wie solches im §. 43. der Verordnung vom 26. Dezember 1808 bei fiskalischen Civilprozessen freigestellt ist.

Personale der Berggerichte.

§. 11. Die Berggerichte bestehen aus einem Bergrichter, einem vereideten Protokollführer und einem Gerichtsboten.

Die Funktionen dieser letzteren beiden können in der Regel, und wo der größere Jurisdiktionsumfang nicht etwa eine Ausnahme erheischt, von den Subalternen der technischen Parthie bei den Bergämtern mit versehen werden.

Qualifikation des Bergrichters.

§. 12. Zu dem Amte eines Bergrichters ist Niemand zuzulassen, welcher nicht die in der A. G. O. Th. III. Tit. VIII. §. 4. vorgeschriebenen Eigenschaften besitzt und außerdem eine Zeitlang bei einem Bergamte gestanden und die erforderlichen wissenschaftlichen Kenntnisse erlangt hat.

Zuziehung des Bergrichters bei den Sitzungen des Bergamts und der Führung der fiskalischen Prozesse.

§. 13. Der Bergrichter wohnt den Sitzungen des Bergamts bei, um da, wo es auf Rechtskenntniß ankommt, sein Gutachten abgeben zu können. Ganz besonders liegt ihm die Bearbeitung der Berg- und Gruben-Polizeisachen ob.

Außerdem wacht er über die gründliche Führung der nach §. 7. etwa vorkommenden fiskalischen Prozesse, so wie solches in Hinsicht der Justitiarien bei den Regierungen durch Unsere Geschäftsinstruktion vom 26. Dezbr. 1808, §. 10. und 96. vorgeschrieben ist.

Präsentation der Berg-, Justiz- und Polizeisachen.

§. 14. Der Dirigent des Bergamts erbricht und präsentirt alle an das Bergamt in Justiz- und Polizeisachen gerichtete Eingaben, schreibt solche dem Bergrichter zum Vortrag zu und vollziehet in der gewöhnlichen Art die darauf zu erlassenden Verfügungen.

Die im Laufe eines Prozesses zu erlassenden, den gesetzlichen Gang der Instruktion betreffenden Verfügungen hingegen, so wie die Ausfertigungen der demnächstigen Erkenntnisse werden von dem Bergrichter allein vollzogen.

Von Führung der Bergbücher, imgleichen von Verkümmerung der Bergtheile.

§. 15. In Betreff der Führung der sogenannten Berg-, Berg-Gegen-, und Rezeß-Bücher, Gruben-Extrakte, Bergzettel, Ausbeute und Zubußbogen, so wie wegen Verkümmerung der Bergtheile, Zechen, Ausbeute und Vorräthe und des dieserhalb einzuleitenden Prioritätsverfahrens, hat es bei den diesfalsigen Bestimmungen der Provinzial-Bergordnungen, nach näherer Vorschrift des A. L. R. Th. II. Tit. XVI. §. 335. seqq. und der A. G. O. Tit. L. §. 672. seqq. sein Bewenden.

Inkompatibilität der Nebenämter:

§. 16. Den Bergrichtern ist es in der Regel nicht erlaubt, außer ihrem Richteramte noch andere Nebenämter zu übernehmen, es geschehe denn in besonderen Fällen, mit Bewilligung des Justiz- und Finanzministers; dahingegen soll für ihre angemessene auskömmliche Besoldung Sorge getragen werden.

Von Besetzung der Stellen bei den Berggerichten.

§. 17. Die Besetzung der Stellen bei den Berggerichten geschieht durch Unsern Justizminister, nach genommener Rücksprache mit Unserem Finanzminister.

Die ausgefertigten Patente oder Anstellungsrescripte werden von beiden Ministern vollzogen, auch da wo es Unserer Allerhöchsten Vollziehung bedarf, die Berichte an Uns gemeinschaftlich erstattet.

Aufsicht über die Berggerichte und deren Visitation.

§. 18. Die Aufsicht über die Berggerichte gebühret Unseren Oberlandesgerichten und wird, gleich wie über die übrigen Gerichtsstellen, in der durch die A. G. O. Th. III. Tit. II. §. 35, Tit. III. §. 47. und 59. und Tit. VIII. §. 15. seqq. vorgeschriebenen Art ausgeübt.

Die Oberbergämter sind indeß schuldig und befugt, die Berggerichte hinsichtlich des Berghypothekenwesens nnd der dahin einschlagenden, §. 3. und 15. näher bezeichneten Geschäfte ganz besonders zu kontrolliren; jedoch müssen sie ihre etwanigen materiellen Erinnerungen gegen die Legalität eines Rechtsakts in Hypothekensachen, dem kompetenten Oberlandesgericht zur Beurtheilung und Entscheidung mittheilen.

Besoldung der zu den Berggerichten gehörigen Personen.

§. 19. Die Besoldung des zu den Berggerichten gehörigen Personals erfolgt aus dem Unserem Finanzminister dazu angewiesenen Fonds.

(G. S. S. 104.)

b) **Rescript** vom 20. Dezbr. 1819, betr. das Forum der von einem Bergamt nomine fisci anzustellenden Klage.

Dem Königl. Berggerichte von Niederschlesien wird auf die auf Veranlassung der wider den Obrist N. auf N. anzustellenden Klage unterm 11. d. M. gemachte Anfrage zu seiner Direktion eröffnet, daß diejenigen Prozesse, welche ein Bergamt nomine fisci anstellt, nicht vor das Berggericht dieses Bergamts, sondern vor das Berggericht des zunächst gelegenen Bergamts, Behufs der Instruktion und Entscheidung, gehören. Ueber diesen, aus dem §. 7. des Edikts vom 21 Febr. 1816 entspringenden Grundsatz hat der Justizminister sich mit dem Königl. Ministerium des Innern im Gefolge einer ganz neuerlichen Korrespondenz bereits vereinigt.

(v. K. Jahrb. Bd. 14. S. 191.)

c) **Rescript** vom 14 Juni 1820, betr. den Umfang der Gerichtsbarkeit der Bergämter.

Der Chef der Justiz ist nach genauer Prüfung der Berichte und Gutachten, welche über die, zwischen dem Königlichen Ober-Landesgerichte und dem Ober-Bergamte zu Dortmund erhobenen Kontestation,

in Betreff des Umfanges der Jurisdiktion der Berg-Aemter,
eingegangen sind, mit dem Königlichen Ministerio des Innern darüber nunmehr vollkommen einverstanden, daß

1. die Prozesse, welche über die Gruben Anlagen, sie mögen schon vorhanden gewesen sein, oder erst gemacht werden sollen, entstehen, nach Vorschrift des A. L. R. Th. II Tit. 16. §§. 115. und 116., und der Deklaration vom 27. Oktober 1804. (Jur. Monatsschrift von Mathis, Bd. I. S. 51.),
2. sämmtliche Streitigkeiten und Verhandlungen, welche die Verpfändungen von den in den Hypotheken- und Berggegenbüchern eingetragenen Realitäten betreffen, nach Maaßgabe des A. L. R. Th. II. Tit. 16. §§. 335. 341 und der A. G. O. Th. I. Tit. 50. §. 672., so wie nach der hiermit konformen Provinzial-Bergordnung der Provinzen Magdeburg und Halberstadt,
3. die Subhastation der Bergwerke und Berg-Antheile, nach der A G. O. Th. I. Tit. 50. §. 678. und Tit. 52. §. 9. und dem A. L. R. Th. II. Tit. 16. §. 255. 256. und 542.,
4. die Erlassung von Ediktal-Citationen in Bergwerks- und Gruben-Angelegenheiten, nach der A. G. O. Th. I. Tit. 51. §. 99 seqq. und dem §. 410. Nr. 2. des Anh.

zur Kompetenz der durch das Edikt vom 21. Februar 1816 wieder hergestellten Berg-Gerichte gehören.

Das Königl. Ober-Landesgericht hat sich hiernach ohne allen weiteren Widerspruch zu achten. (v. K Jahrb. Bd. 15. S. 260.)

9) **Rescript** vom 28. Aug. 1836, nebst Anlagen, daß die Befugniß der Entscheidung der Streitfälle bei der Berlinischen Lebens-Versicherungs-Gesellschaft dem Oberappellations-Senate des Kammergerichts zusteht.

Nachdem Seine Majestät der König die anliegenden Verfassungsartikel und den Geschäftsplan der von Aktionairs hieselbst errichteten „Berlinischen Lebens-Versicherungs-Gesellschaft" mittelst der den Verfassungsartikeln vorgedruckten Allerhöchsten Ordre vom 11. Juni d. J. zu genehmigen, und darin in Ansehung der im 43. Verfassungsartikel und im § 32. des Geschäftsplans gedachten Streitfälle zu bestimmen geruht haben:

„daß die Entscheidung derselben dem Ober-Appellations-Senate des Königlichen Kammergerichts und zwar, wenn es eines schriftlichen Verfahrens bedarf, auf Grund der beim Instruktionssenat des gedachten Gerichtshofes zu führenden Instruktions-Verhandlungen, zuständig sein solle,"

so wird das Kollegium von diesem Allerhöchsten Befehle zur Nachachtung in vorkommenden Fällen hierdurch in Kenntniß gesetzt. Berlin, den 28. August 1836.

Verfassungsartikel.

Artikel 43.

Alle Streitigkeiten in den Angelegenheiten der Gesellschaft, sowohl zwischen den Aktionairs unter einander, als mit ihren Vertretern und Beamten, sollen, insofern nicht etwa besonders abgeschlossene Verträge ein Anderes bestimmen, oder die streitenden Theile nicht selbst besondere Schiedsrichter wählen, von demjenigen hiesigen Gerichtshofe, welcher als das ordentliche Forum der Gesellschaft Allerhöchst bestimmt wird, kompromissarisch dergestalt entschieden werden, daß gegen die Entscheidung keine Appellation stattfindet. Berlin, den 19. März 1836.

Geschäftsplan.

§. 32 Alle etwanige Streitigkeiten zwischen der Gesellschaft und einem Versicherten oder dessen Nachfolgern sollen, insofern nicht etwa die streitenden Theile selbst besondere Schiedsrichter wählen, von demjenigen hiesigen Gerichtshofe, welcher als das ordentliche Forum der Gesellschaft bestimmt wird, kompromissarisch dergestalt entschieden werden, daß gegen die Entscheidung keine Appellation stattfindet.

Berlin, den 19. März 1836. (v. K. Jahrb. Bd. 48. S. 216.)

B. Von dem ausserordentlichen Gerichtsstande, 1) wegen streitiger Jurisdiktion.

§. 131. Zu den einzelnen Fällen, in welchen, nach den Gesetzen, zur Beförderung einer promptern und unparteiischen Rechtspflege ein ausserordentlicher Gerichtsstand Statt findet (§. 7 n. 1.), gehört zuvörderst, wenn die Jurisdiktion zwischen zwei Gerichten streitig ist, da alsdann den Parteien nicht angemuthet werden kann, die Verfolgung ihres Rechts so lange, bis dieser Streit geendigt worden, zu verschieben.

§. 132. Wenn der Streit zwischen zwei Untergerichten derselben Provinz, oder einem Untergerichte und dem ihm vorgesetzten Obergerichte obwaltet, so muss die unterdessen zur Sprache gekommene Rechtsangelegenheit in beiden Fällen bei diesem Obergerichte, oder einem von demselben ernannten benachbarten Untergerichte, verhandelt werden.

§. 133. Wenn hingegen zwei Untergerichte verschiedener Provinzen, oder zwei Obergerichte streiten, so muss der Fall dem Justizdepartement angezeigt werden, welches sodann nach Beschaffenheit der Umstände bestimmen wird, bei welchem Gerichte die Sache, mit Vorbehalt beiderseitiger Rechte, vermöge besondern Auftrags erörtert und entschieden werden soll.

§. 134. Wenn Landesjustizkollegia und Kriegs- und Domainenkammern wegen der Gerichtsbarkeit in Streit gerathen, so entscheidet die Jurisdiktionskommission, und der Prozess unter den Privatparteien muss inzwischen ausgesetzt werden.

§. 135. Wird der Gerichtsstand erst nach der Zeit, da die Klage beantwortet worden, streitig, so muss, wenn nicht etwa die Versendung der Akten selbst zur Beurtheilung und Entscheidung des Jurisdiktionsstreits unumgänglich nothwendig ist, die Instruktion der Sache bei demjenigen Gerichte, wo sie ihren Anfang genommen hat, in der Instanz, in welcher der Streit entstanden ist, bis zur wirklichen Einlangung des Konklusi der Jurisdiktionskommission, oder, wenn dieses nicht früher eingeht, bis zum Schlusse fortgesetzt, und nur die Abfassung des Erkenntnisses bis nach entschiedenem Jurisdiktionsstreite verschoben werden.

Rescript vom 30. Juni 1828 und **Rescript** vom 1. Juli 1835, betr. das Verfahren bei Kompetenz-Konflikten zwischen Gerichten und Verwaltungsbehörden s. zur Einl. §. 1.

2) wegen zu verhütender Vervielfältigung der Prozesse.

§. 136. Wenn gegen mehrere Personen wegen derselben Anforderung Klage erhoben werden soll, und diese bei verschiedenen Untergerichten in Einer Provinz belangt werden müssten; so steht dem Kläger frei, bei dem Obergerichte der Provinz dahin anzutragen, dass dieses, um die sonst entsehende Vervielfältigung der Prozesse zu vermeiden, sich der Verhandlung der Sache selbst unterziehe, oder ein Untergericht dazu in Ansehung sämmtlicher Beklagten anweise.

§. 137. Ein Gleiches findet Statt, wenn in diesem Falle einige Beklagte dem Obergerichte, andere hingegen einem oder mehrern Untergerichten derselben Provinz unterworfen sind.

§. 138. Wenn hingegen die Beklagten bei verschiedenen Ober- oder privilegirten Gerichten, oder bei Untergerichten verschiedener Provinzen belangt werden müssten, so ist dem Justizdepartement davon Anzeige zu thun, welches bestimmen wird: ob und bei welchem Gerichte sämmtliche Beklagte Recht nehmen sollen, oder ob jeder in seinem besondern Gerichtsstande belangt werden müsse.

§. 139. Wenn die mehrern Beklagten theils unter Civil-, theils unter Militairgerichten stehen, so muss wegen Bestimmung des gemeinschaftlichen Gerichtsstandes mit dem Generalauditoriat Rücksprache genommen werden.

§. 140. Obige Vorschriften (**§. 136—139.**) finden besonders alsdann Statt, wenn gegen mehrere Erben, nach getheilter Erbschaft, aus einem Anspruche an den gemeinschaftlichen Erblasser geklagt werden soll, und der Gerichtsstand der liegenden Erbschaft nicht mehr Statt findet. (**§. 125.**)

§. 141. In wie fern durch die Eröffnung eines Konkurses die wider den Gemeinschuldner schwebenden Separatprozesse vor den Richter gezogen werden, bei welchem der Konkurs verhandelt wird, ist im Funfzigsten Titel bestimmt.

3) wegen verweigerter oder verzögerter Rechtspflege.

§. 142. Wenn das gehörige Gericht prompte und unparteiische Justiz zu pflegen verweigert, so steht dem Kläger frei, bei dessen vorgesetzter Instanz Hülfe zu suchen. Alsdann hängt es von dem Ermessen des Obergerichts ab, in wie fern das gehörige Gericht nur durch zweckmässige Zwangsmittel zu seiner Schuldigkeit anzuhalten, oder der Prozess von selbigem ganz ab-, und entweder vor das Obergericht selbst zu ziehen, oder einem andern benachbarten Gerichte zur Instruktion und Entscheidung zu übertragen sei.

4) wegen gegründeten Verdachts gegen den gehörigen Richter.

§. 143. Wenn der gehörige Richter bei dem Ausfalle des Prozesses ein nahes, oder auch nur entferntes Interesse hat.

Oder wenn derselbe mit einer Partei in auf- oder absteigender Linie, oder im vierten Grade der Seitenlinie verwandt oder verschwägert, oder mit einer Partei oder deren nahen Verwandten verlobt ist, oder in Heirathsunterhandlungen steht, oder sich von einer der streitenden Parteien als Konsulent hat gebrauchen lassen;

Oder mit einer Partei in offenbarer Feindschaft lebt; (**A. L. R. Th. II. Tit. XVIII. §. 145. 146.**)

Oder in der Sache zum Zeugen aufgestellt werden soll, so ist diejenige Partei, welche sich vor einem solchen Untergerichte einzulassen Bedenken trägt, auf die Verweisung der Sache an das Obergericht der Provinz anzutragen berechtigt.

Ist das Gericht, bei welchem ein solcher Anstand sich ereignet, selbst ein Obergericht, so muss die Sache dem Justizdepartement angezeigt werden, welches sodann, wenn die Anzeige richtig befunden ist, den erforderlichen Auftrag an ein anderes Obergericht veranlassen wird.

Dahingegen soll auf blosse Vermuthungen der Parteien, dass sie von dem Gerichte kein günstiges Urtel zu erwarten hätten, wenn sie auch dieses ihr Misstrauen eidlich erhärten wollten (Juramentum perhorrescentiae), keine Rücksicht genommen werden.

Anh. **§. 40.** ***Schwebt die Sache bei einem Untergerichte, und ist der Richter im fünften oder sechsten Grade der***

Seitenlinie mit einer Partei verwandt oder verschwägert; so wird er zwar dadurch zur Ausübung seines Amts nicht unfähig; es muss aber doch, wenn der Gegner ausdrücklich darauf anträgt, die Kognition der Sache einem andern Untergerichte übertragen werden. In weitern Graden der Verwandtschaft wird auf die Rekusation keine Rücksicht genommen.

1) s. zu A. G. O. III. 3. §. 13.

2) **Rescript** vom 18. Septbr. 1797, betr. die Perhorrescenz eines Richters wegen entfernter Verwandtschaft mit einer Partei. NCC. T. X. S. 1365. v. N. IV. S. 250. (aufgenommen in §. 40. des Anh.)

3) **Rescript** vom 22. Juli 1815, betr. den außerordentlichen Gerichtsstand bei Klagen gegen ein Mitglied der richterlichen Behörde.

Die Königl. Ober-Landesgerichts-Kommission zu Aurich wird auf ihren Bericht vom 10. d. M. hierdurch autorisirt, die Akten des N. wider die N., wegen des dabei habenden verwandtschaftlichen und sonstigen Interesses mehrerer Mitglieder des Collegii, an die Oberlandesgerichts-Kommission zu Münster, Behufs der Abfassung des Erkenntnisses in zweiter Instanz, unter Uebersendung des anliegenden Delegations-Rescripts abzugeben.

So viel die speziellen Anfragen betrifft, welche in jenem Bericht enthalten sind, so leidet

ad 1. die Anwendung der Vorschrift der A. G. O. Th. III. Tit. 3. §. 13. für den Fall, wenn Jemand als Offiziant einer Korporation verklagt wird, kein Bedenken, da ein solches Verhältniß gewöhnlich ein besonderes Interesse erzeugt, und daher die Unbefangenheit der Beurtheilung fesselt.

Es kann auch

ad 2. die Größe oder Geringfügigkeit des Objekts in den feststehenden gesetzlichen Grundsätzen nichts alteriren.

Die Erklärung des Gegentheils aber in dergleichen Fällen zu erfordern, und sein etwaniges Stillschweigen demnächst als eine Genehmigung zu betrachten, würde mit der Würde des Gerichts unverträglich sein, und beim nachtheiligen Ausfall des Erkenntnisses, den Vorwurf der Parteilichkeit nicht elidiren.

ad 3. Findet der Antrag: „die erforderliche Anzahl der Mitglieder aus dem andern Senate zu ergänzen," um deshalb nicht Statt, weil es dem letzteren, beim Fortgange des Instanzen-Zuges, sehr leicht an der nöthigen Zahl zulässiger Votanten gebrechen könnte, und die Versendung der Spruch-Akten solchergestalt nicht vermieden werden würde.

Die Ober-Landesgerichts-Kommission hat daher in einem dergleichen Falle jederzeit an den Justiz-Minister zu berichten, und auf Delegirung eines andern Gerichts anzutragen.

(v. K. Jahrb. Bd. 6. S. 18.)

§. 144. Besteht das Gericht aus mehrern zur Justiz verpflichteten Mitgliedern, so bewirken dergleichen Umstände (**§. 143.**) nur, dass dasjenige Mitglied, auf welches sie Anwendung finden, nicht nur von aller unmittelbaren Bearbeitung der Sache ausgeschlossen werden, sondern auch bei allen darin zu haltenden Vorträgen sich aus dem Sessionszimmer entfernen, und überhaupt sich seines Voti durchgehends enthalten muss. Besorgt eine Partei, dass ein solches Mitglied sich dieser seiner Pflicht nicht von selbst erinnern werde, so steht derselben frei, dem Präsidenten oder Dirigenten des Kollegii davon Anzeige zu thun, und seine Angabe nöthigen Falls zu bescheinigen.

§. 145. Wenn bei dem Präsidenten oder Dirigenten selbst einer der **§. 143.** bemerkten Umstände vorwaltet; so soll die Sache, auf Verlangen der, einen nachtheiligen Einfluss besorgenden Partei, bei der vorgesetzten Instanz, oder, in deren Ermangelung, bei dem mit dem Kammergericht verbundenen Geheimen Justizrathe verhandelt werden.

Rescript vom 6. Dezbr. 1830, daß die Vorschrift §. 145. h. t. auch auf fiskalische Untersuchungen Anwendung findet.

Dem Königl. Ober-Landesgerichte wird auf den Bericht vom 12. v. M. in der fiskalischen Untersuchungs-Sache wider den Schnallenmacher N. N., bei Rücksendung der eingereichten Akten, hierdurch eröffnet, daß die Vorschrift der A. G. O. Th. I. Tit. 2 §. 145. auch in fiskalischen Untersuchungs-Sachen Anwendung findet. Im vorliegenden Falle hat daher das Kollegium die geschlossenen Akten, auf den Grund und unter abschriftlicher Beifügung des gegenwärtigen Rescripts, an das Ober-Landesgericht in Münster zur Abfassung des Erkenntnisses zu schicken und den Denunciaten davon in Kenntniß zu setzen.

(v. K. Jahrb. Bd. 36. S. 320.)

§. 146. Wenn bei Untergerichten, welche gewöhnlich nur mit wenigen zur Justiz verpflichteten Mitgliedern besetzt sind, eines dieser Mitglieder als Kläger, Beklagter, Intervenient, oder Litisdenunciat in eine daselbst rechtshängige Sache verwickelt wird; so steht dessen Gegner frei, darauf zu dringen, dass die Instruktion und Entscheidung dem Obergerichte überlassen, oder von diesem einem benachbarten unparteiischen Gerichte aufgetragen werde.

§. 147. Eine gleiche Provokation steht auch den Präsidenten und Dirigenten der Kollegien, so wie den zur Justiz verpflichteten Mitgliedern frei, wenn sie dadurch ihrem Gegner den Verdacht einer obwaltenden Parteilichkeit zu benehmen nöthig finden.

5) wegen des unter einem Gerichtsstande geschlossenen Vertrags.

§. 148. Zu den Fällen, da wegen einer ausdrücklichen oder stillschweigenden Einwilligung des Beklagten ein ausserordentlicher Gerichtsstand Statt findet (§. 7. n. 2.) gehört es zuvörderst, wenn wegen eines Kontrakts bei den Gerichten des Orts, wo derselbe geschlossen worden, oder erfüllt werden soll, geklagt wird.

§. 149. Ist in dem Vertrage ein Ort bestimmt, wo die übernommene Verbindlichkeit erfüllt werden soll, so ist an diesem, sonst aber da, wo der Vertrag seine verbindliche Kraft erhalten hat, der Gerichtsstand des Kontrakts.

§. 150. Dieser Gerichtsstand des Vertrages ist jedoch nur alsdann begründet, wenn der zu belangende Kontrahent sich an dem Orte, wo der Kontrakt verbindliche Kraft erhalten hat, oder in Erfüllung gebracht werden soll, antreffen lässt.

Rescript vom 28. Septbr. 1819, betr. die Anwendung des §. 150. h. t. wenn ein rheinisches Handelsgericht das Forum des Kontrakts ist.

Nach der Civil-Prozeß-Ordnung, Fol. 420., hat der Kläger die Wahl, den Beklagten entweder vor das Handelsgericht dessen Wohnorts, oder vor dasjenige, in dessen Bezirk das Versprechen geschehen und die Waaren abgeliefert worden, oder vor dasjenige, in dessen Bezirk die Zahlung geschehen sollte, vorzuladen.

Man hat versucht, diese Bestimmung auch auf diejenigen Theile der Monarchie anzuwenden, wo die Rheinische Prozeß-Ordnung nicht eingeführt ist, sondern die A. G. O. gilt. Hierdurch sind mancherlei Collisionen unter den Gerichten entstanden: es sind Vorladungen geschehen, die ohne alle Rechtswirkung blieben, und nur zu gegenseitigen Remonstrationen Anlaß gaben. Da ein Theil der Unterthanen nicht nach den Gesetzen, die ihnen fremd sind, behandelt werden kann, so bin ich mit des Herrn Justiz-Ministers Excellenz darüber übereingekommen, daß der angeführte Artikel in Beziehung auf diejenigen Landestheile und Provinzen, wo die A. G. O. gesetzliche Kraft hat, nach Maaßgabe der letztern (Th. I. Tit. 2. §. 148. ff.) zu beschränken sei.

Es kann diesem nach in der Folge keine Vorladung abwesender (außerhalb der Provinzen des Rheinischen Rechts wohnender) Kontrahenden vor das Forum des Kontrakts geschehen, indem die Jurisdiktion der Handelsgerichte nur alsdann begründet sein würde, wenn der zu Belangende an dem Orte angetroffen wird, wo die übernommene Verbindlichkeit erfüllt werden soll, oder wenn hierüber nichts bestimmt wird, nur in sofern, als er sich an dem Orte befindet, wo der Vertrag verbindliche Kraft erhalten hat.

In denjenigen Landestheilen, wo der gemeine deutsche Prozeß noch beibehalten worden, ist die Sache auch nach diesem zu beurtheilen, welches in dem Hauptpunkte mit der A. G. O. übereinstimmt. Wo aber die Rheinische Prozeß-Ordnung gilt, kommt diese nach wie vor in Anwendung. Ich trage Ihnen demnach auf, Herr General-Advokat, den Rheinischen Appellationshof in Kenntniß zu setzen, und die übrigen Gerichte, insbesondere die Handelsgerichte, dieser Verfügung gemäß, mit Anweisung zu versehen.

(v. K. Jahrb. Bd. 14. S. 195.)

§. 151. In diesem Gerichtsstande kann sowohl die Erfüllung, als die Aufhebung des Kontrakts rechtlich gefordert werden.

§. 152. Es ist aber niemand schuldig, wider seinen Willen in dem Gerichtsstande des Kontrakts zu klagen; sondern es steht ihm frei, seine Klage in dem ordentlichen persönlichen oder dinglichen Gerichtsstande anzustellen.

§. 153. Wer eine persönliche Exemtion geniesst, muss, wenn er auch in dem Gerichtsstande des Kontrakts belangt werden soll, doch nur bei den Gerichten desselben Orts oder Distrikts, denen die daselbst wohnenden Eximirten unterworfen sind, in Anspruch genommen werden.

6) wegen der unter einem Gerichtsstande geführten Verwaltung.

§. 154. Bei dem Gerichtsstande, unter welchem jemand fremdes Gut oder Vermögen bewirthschaftet oder verwaltet hat, muss er auch auf die wegen solcher Administration angestellten Klagen sich einlassen.

§. 155. Dieser Gerichtsstand der Verwaltung hört aber auf, wenn die Administration völlig beendigt, und der Verwalter über die gelegte Rechnung quittirt ist. Wenn daher nur ein aus der quittirten Rechnung verbliebener Rückstand gefordert, oder eine ertheilte Quittung angefochten wird, so kann dieses nicht bei dem vormaligen Gerichtsstande der geführten Verwaltung geschehen.

§. 156. Wenn sich jemand einer solchen Administration weder aus eigener Bewegung, noch auf Ansuchen des Eigenthümers, sondern auf obrigkeitlichen Befehl unterzogen hat, so kann er deshalb nur bei derjenigen Behörde, von welcher die Administration veranlasst worden, in so fern dieselbe überhaupt mit Gerichtsbarkeit versehen ist, belangt werden.

§. 157. Vermeint der Eigenthümer, dass ihm durch die Anordnung der Administration, oder durch die Art derselben, zu nahe geschehe; so muss er bei der dieser Obrigkeit vorgesetzten Instanz rechtliche Hülfe nachsuchen.

§. 158. Auch wenn der Gerichtsstand der geführten Verwaltung an sich zulässig ist, kann dennoch der Kläger seinen Gegner, ausser dem Falle des §. 156., auch in desselben ordentlichem Gerichtsstande belangen.

7) wegen nothwendiger und

§. 159. Wie weit ein Kläger in eben dem Gerichtsstande, wo er die Klage angestellt hat, sich auch auf eine von dem Beklagten erhobene Wiederklage, es sei in eben demselben, oder in einem besondern Prozesse, einlassen müsse, wird unten im Neunzehnten Titel bestimmt.

8) wegen freiwilliger Prorogation.

§. 160. Wenn ein Beklagter sich auf die Vorladung des Gerichts, welches nicht das gehörige ist, gestellt, und ohne die Inkompetenz zu rügen, die Klage beantwortet hat, so muss er diesen Gerichtsstand auch im Fortgange des Prozesses anerkennen, und kann in der Folge nicht mehr verlangen, dass die Sache an das gehörige Gericht verwiesen werde.

§. 161. Hiervon findet jedoch eine Ausnahme Statt: 1) wenn dem Gerichte, dessen Gerichtsstand durch die Prorogation begründet werden soll, die Befugniss nicht zusteht, über solche Gegenstände und Geschäfte, als die im Streit befangenen sind, zu erkennen; 2) wenn die Landesgesetze, wie z. B. zwischen Französischen und Deutschen, zwischen Militair- und Civilgerichten, zwischen Justiz- und Kammerkollegiis, die Prorogation ausdrücklich untersagen.

C. O. vom 25. Febr. 1833, betr. die Unzulässigkeit der freiwilligen Prorogation des Gerichtsstandes in Ehescheidungssachen. s. zu §. 128. h. t.

§. 162. Ein jedes Gericht ist schuldig, sorgfältig zu prüfen: ob die angebrachte Klage vor seinen Gerichtsstánd gehöre; widrigenfalls es dieselbe sogleich an den kompetenten Richter verweisen muss, und nicht den Versuch machen darf: ob etwa seine Gerichtsbarkeit durch Prorogation begründet werden möchte.

§. 163. Dergleichen Prorogation kann daher eigentlich nur Platz greifen, wenn ein Gericht wahrscheinlichen Grund gehabt hat, sich für den gehörigen Richter in der Sache zu halten; oder wenn der Kläger, noch vor Erlassung der Citation, eine Erklärung des Beklagten, dass dieser die Prorogation sich gefallen lasse, beibringt.

§. 164. Fehlt es an diesen Erfordernissen, so entsteht zwar daraus, wenn sich nur der Beklagte in der Folge wirklich eingelassen hat, ausser den §. 161. bestimmten Fällen keine Nullität des Prozesses; doch muss ein solcher aus Vorsatz oder grobem Versehen begangener Eingriff in fremde Jurisdiktionen von den vorgesetzten Instanzen jederzeit bestraft, und dafür gesorgt werden, dass dem gehörigen Gerichte die entzogenen Gebühren von demjenigen erstattet werden, welches sich dieselben unrechtmässiger Weise zugeeignet hat.

§. 165. Wenn dagegen ein Verfahren oder Erkenntniss um deswillen aufgehoben werden muss, weil es in einem keine Prorogation gestattenden Falle von einem unbefugten Richter verhandelt oder gefällt worden (§. 161.); so muss Letzterer, wenn bei seiner Anmassung

Vorsatz oder grobes Versehen zum Grunde gelegen, von der vorgesetzten Behörde zu Erstattung sämmtlicher, den Parteien verursachter gerichtlicher und aussergerichtlicher Kosten angehalten werden. In wie fern übrigens auch in diesen Fällen gegen ein bei dem unbefugten Richter ergangenes und rechtskräftig gewordenes Urtel die Nullitätsklage Statt finde oder nicht, ist unten (Tit. XVI. §. 7.) verordnet.

Von der Prävention.

§. 166. Wenn eine Klage bei mehr als Einem Gerichte angestellt werden kann, so hängt es von der Wahl des Klägers ab, an welches derselben er sich wenden wolle, und es findet in jedem Falle unter diesen Gerichten die Prävention Statt. Die Prävention aber hat dasjenige Gericht, dessen Vorladung dem Beklagten zuerst zugestellt, oder wenn es eine Ediktalcitation ist, zuerst in den Intelligenzblättern bekannt gemacht worden ist.

Von Schiedsrichtern.

§. 167. Wenn den Parteien über einen streitigen Gegenstand die ganz freie und uneingeschränkte Disposition zusteht, so können sie die Entscheidung eines darüber unter ihnen obwaltenden Streits einem schiedsrichterlichen Ausspruche durch Kompromiss unterwerfen.

§. 168. Durch ein solches Kompromiss können aber weder das gemeine Beste, noch das Interesse des Landesherrn, noch die Gerechtsame der etwa dabei nicht zugezogenen Interessenten, auf irgend eine Weise geschmälert werden; und findet daher in Ehescheidungssachen, in Streitigkeiten wegen Landesherrlicher oder gemeiner Abgaben etc. eine Entscheidung durch Schiedsrichter mit Bestande Rechtens nicht Statt.

§. 169. Zu Schiedsrichtern können sowohl Personen, welche ein richterliches Amt bekleiden, als andere gewählt werden, welche die zur Entscheidung des obwaltenden Streits erforderlichen Kenntnisse besitzen.

Anh. §. 41. *Personen, die im Auslande wohnen, können nicht zu Schiedsrichtern gewählt werden.*

§. 170. Wenn die Schiedsrichter von beiden Theilen in gleicher Anzahl gewählt worden, und sich nicht vereinigen können, so müssen die Parteien, und wenn zwischen diesen kein Einverständniss Statt findet, die Schiedsrichter selbst, einen Obmann wählen.

§. 171. Die Schiedsrichter müssen sowohl bei der Erörterung, als bei der Entscheidung der Sache, die wesentlichen Vorschriften der Landesgesetze befolgen.

§. 172. Der Ausspruch der Schiedsrichter ist nichtig:

1) wenn die Parteien gar nicht gehört, oder offenbar erhebliche Thatsachen ganz unerörtert gelassen;

2) wenn gegen ein den vorliegenden Fall ganz klar entscheidendes Landesgesetz erkannt worden ist.

§. 173. Haben die Parteien sich in dem Kompromiss ausdrücklich verpflichtet, den Ausspruch der Schiedsrichter (Laudum) ohne Widerrede gelten zu lassen, so muss es bei diesem Vertrage lediglich sein Bewenden haben.

§. 174. Wenn aber eine Partei die Nichtigkeit des Ausspruchs nach **§. 172.** behauptet, oder wenn eine solche Verabredung (**§. 173.**) in dem Kompromiss nicht enthalten ist, so steht den Parteien frei, binnen zehn Tagen nach eröffnetem Ausspruche sich an den ordentlichen Richter zu wenden.

§. 175. Dieser muss alsdann, wenn die Provokation rechtlich begründet ist, die Hauptsache zur Verhandlung ziehen, und darüber, wenn der Ausspruch richtig befunden wird, in erster, sonst aber in zweiter Instanz ordentlich erkennen.

§. 176. Schiedsrichter können ihre Ansprüche niemals selbst vollstrecken, sondern der obsiegende Theil muss das geschlossene Kompromiss und den erfolgten Ausspruch bei dem gehörigen Richter einreichen und die Exekution nachsuchen.

1) **Rescript** vom 27. Juli 1832, betreffend die Uebertragung schon rechtskräftiger Prozesse zur Entscheidung an Schiedsrichter und Belohnung der letztern.

Dem Königlichen Oberlandesgericht wird in der Original-Anlage die Vorstellung der Herzoglich Ratiborschen Kammer vom 18. v. M.,

betreffend die Rechtssache des Pächters N. N., jetzt dessen Erben, wider die Gutsherrschaft zu Schloß Ratibor,

mit folgendem Bescheide zugefertiget.

Der Justizminister findet nichts dagegen zu erinnern, daß, wenn Parteien im Laufe eines Prozesses dem ordentlichen Prozeßrichter-Kompromiß vorlegen, worin sie

a) auf Reposition der Prozeß-Akten antragen,

b) die Ausantwortung der letztern an die erwählten Schiedsrichter verlangen,

und wenn

gegen das Kompromiß in formeller Hinsicht — §. 101. Tit. 13. Th. I. A. L. R. — nichts zu erinnern ist,

die Akten reponirt und den Schiedsrichtern, welche als eine vom Staate anerkannte und an die Stelle der gewöhnlichen Gerichte tretende richterliche Behörde zu betrachten sind, mit der Verpflichtung ausgeantwortet werden, solche nach gemachtem Gebrauche wieder zurückzugeben.

Sollte wegen Zahlung der gerichtlichen, bisher erwachsenen Kosten im Kompromiß nichts bestimmt sein, so müssen solche, wie bei der eingetretenen Kompensation, von den Extrahenten, die gemeinschaftlichen aber von jedem Theil zur Hälfte getragen werden. (§. 4. Tit. 23. Th. I. A. G. O.)

Das Königl. Oberlandesgericht hat hiernach auf die weitern Anträge der Parteien zu verfahren.

Berlin, den 27. Juli 1832.

B.

Die Ratiborsche Kammer erhält auf die Vorstellung vom 18. v. M.,

den Rechtsstreit zwischen dem Pächter N. N., jetzt dessen Erben, und dem Dominio Schloß Ratibor betreffend,

hierneben abschriftlich die an das Königl. Oberlandesgericht zu Ratibor heute ergangene Verfügung. Der Herzogl. Ratiborschen Kammer bleibt überlassen, nach derselben weitere, substantiirte Anträge bei dem Landes-Kollegio zu machen.

Hinsichts der Belohnungen der Schiedsrichter genehmiget der Justizminister auf den Grund der Bestimmungen des A. L. R. Th. I. Tit. 13. §. 74. 78. 79., daß denselben, wenn solche richterliche Aemter bekleiden und in dem Kompromiß über ihre Belohnung nichts bestimmt ist, für ihr Laudum die sonst für die richterliche Entscheidung zulässig gewesenen taxmäßigen Urtelsgebühren, und wenn eine weitere Instruktion nothwendig gewesen, auch die gesetzlich zulässigen Instruktions-Gebühren fordern können.

Berlin, den 27. Juli 1832.

(v. K. Jahrb. Bd. 40. S. 166.)

2) a. **Verordnung** vom 7. September 1827, wegen Anstellung von Schiedsmännern in der Provinz Preußen.

Nachdem Seine Majestät der König durch die, an das Königl. Staats-Ministerium erlassene Allerhöchste C. O. vom 13. Dezember v. J. bestimmt haben, daß mit der, von den Provinzialständen des Königreichs Preußen in Vorschlag gebrachten Einrichtung zur gütlichen Schlichtung streitiger Angelegenheiten ein Versuch gemacht werden soll, so wird, nach vorgängiger Berathung im Königlichen Staats-Ministerium, in Gemäßheit der den unterzeichneten Ministerien ertheilten Allerhöchsten Autorisation, Folgendes hierdurch verordnet:

Allgemeine Bestimmung.

§. 1. In den Städten soll für die, durch die Polizei-Behörden abzugrenzenden Bezirke von etwa 2000 Seelen, auf dem Lande aber für jedes Kirchspiel, und bei großen Kirchspielen über 2000 Seelen, für soviel je ein Schiedsmann bestellt werden.

§. 2. Der Beruf eines Schiedsmannes besteht darin: Parteien, welche sich freiwillig zur Schlichtung ihrer streitigen Rechte an ihn wenden, anzuhören, ihre gegenseitigen Ansprüche oder Einwendungen zu prüfen, die vorzulegenden schriftlichen Beweise nachzusehen, und sich zu bemühen, die Parteien über den Grund oder Ungrund ihrer Forderungen und Einwendungen zu belehren, und eine Vereinigung zwischen ihnen zu stiften, solche, wenn sie zu Stande kommt, schriftlich abzufassen, wenn sie aber nicht gelingt, den Parteien die Ausführung ihrer Rechte vor dem Richter zu überlassen.

Eigenschaften der Schiedsmänner.

§. 3. Der Schiedsmann soll, bei völliger Unbescholtenheit und zurückgelegtem 24sten Lebensjahre, ein selbstständiger, geachteter, und mit den Geschäften des bürgerlichen Lebens und der Fähigkeit, einen Aufsatz deutlich schriftlich abzufassen, vertrauter Einwohner des Bezirks sein, für welchen er als Schiedsmann gewählt werden soll. Der Besitz besonderer Rechtskenntnisse und die Ansässigkeit im Bezirk sind nicht unumgänglich nöthige Erfordernisse.

Wahl derselben.

§. 4. Die Landräthe und die städtischen Polizei-Behörden bringen diejenigen Personen, die sie im Bezirk zum Beruf eines Schiedsmannes geeignet halten, zu einer für jeden Bezirk (§. 1.) anzufertigenden Wahlliste.

§. 5. Zur Wahl werden auf dem Lande diejenigen Einwohner des Bezirks, welche Abgeordnete zum Landtage zu wählen berufen sind, an einem, von dem Landrathe oder der städtischen Polizei-Behörde zu bestimmenden Tage, mit Bemerkung des Gegenstandes ihrer Berathung, nach den Vorschriften über die Versammlungen der Gesellschaften berufen, und es wird die Wahl in dieser Versammlung durch die absolute Stimmenmehrheit der Erschienenen vollzogen. In den Städten erfolgt die Wahl durch die Stadtverordneten-Versammlungen.

§. 6. Der zum Schiedsmann Gewählte ist schuldig, die Wahl anzunehmen, wenn ihm nicht Entschuldigungsgründe zustehen, die gesetzlich von der Uebernahme des Amtes eines Vormundes befreien.

§. 7. Die Wahl erfolgt auf 3 Jahre, kann aber erneuert werden; doch ist der Schiedsmann nicht schuldig, die erneuerte Wahl anzunehmen.

§. 8. Das Ober-Landesgericht bestätigt den gewählten Schiedsmann, und befiehlt dessen Vereidigung.

§. 9. Das Amt wird unentgeldlich geführt; nur Kopialien und baare Auslagen werden von den Parteien auf der Stelle erstattet, und nur für das Gelaß zur Verwaltung, falls der Schiedsmann dafür eine Ausgabe zu machen genöthigt ist, Entschädigung aus der Kreis-Kommunalkasse gewährt.

Wirkungskreis.

§. 10. Es steht in dem freien Beschluß beider Theile, sich des Berufs des Schiedsmannes zu bedienen; sie können davon zu jeder Zeit, entweder ausdrücklich oder stillschweigend (durch Nichterscheinen im Termine), wieder abgehen.

§. 11. Derjenige Schiedsmann, in dessen Bezirk die in Anspruch genommene Partei wohnt, ist zur Anstellung des Vergleichsversuchs befugt und verpflichtet.

§. 12. Die Schiedsmänner haben darauf zu sehen, daß beide Theile großjährig, selbstständig und Eigenthümer der Sache oder des Rechts sind, welches sie verfolgen. Ist dieser Punkt nicht klar, wie z. B. bei Klagen ganzer Gemeinen, bei Erben 2c., so verweisen die Schiedsmänner die Ausführung der Sache vor den gewöhnlichen Richter.

§. 13. Ueberhaupt ist jeder Schiedsmann befugt, solche streitige Angelegenheiten, deren Untersuchung ihm zu weitläufig und schwierig wird, von sich abzulehnen und an den Richter zu verweisen.

§. 14. Konkurs-, Liquidations-, Subhastations-, Generalmoratorien-, Wechsel-, Arrest- und Ehren-Sachen, so wie Vormundschafts-, Prodigalitäts- und Blödsinnigkeits-Erklärungssachen, sind vom Berufe des Schiedsmannes ausgenommen. Ausgeschlossen bleiben auch Injuriensachen, sofern es auf Festsetzung einer Strafe ankommt.

§. 15. Die Klage, sowie die Entgegnung, kann gemeinschaftlich oder abgesondert, von den Theilen unterschrieben, dem Schiedsmann schriftlich eingereicht werden, worauf er beide Theile vor sich zur mündlichen Verhandlung bescheidet.

§. 16. Melden sich beide Theile persönlich, so vernimmt sie der Schiedsmann nur mündlich, prüft die zur Stelle gebrachten schriftlichen Beweise, spricht seine Bemerkung darüber aus, und macht den Theilen Vorschläge, wie ihr Streit durch einen Vergleich zu beendigen sein dürfte.

Die Vorschläge des Schiedsmannes müssen durch Kenntniß der Sache geleitet werden. Er muß sich dabei übereilter Einmischung in die Angelegenheiten der Parteien enthalten, und sich bemühen, durch unpartheiische Theilnahme das Vertrauen der Interessenten zu gwinnen. Er darf keinen von ihnen übereilen, auch müssen seine Vorhaltungen den Schein des Zwanges vermeiden.

§. 17. Bevollmächtigte werden bei diesem Verfahren nicht zugelassen, wohl aber Beistände.

§. 18. Kommt ein Vergleich zu Stande, so nimmt der Schiedsrichter darüber ein Protokoll auf, welches er in ein festgebundenes und paginirtes Buch einschreibt, den Parteien, falls sie des Lesens und Schreibens kundig sind, zum eigenen Durchlesen giebt, sonst ihnen langsam und deutlich vorlieset, und es darauf von ihnen unterschreiben, oder mit Handzeichen versehen, und letztere durch die Beistände, in sofern solche zugelassen worden, bescheinigen läßt.

§. 19. Dies Protokoll muß enthalten:

Ort und Datum;
Benennung der Theilnehmer und deren Legitimation;
den Gegenstand des Streits;
eine deutliche Auseinandersetzung, was ein Theil dem andern zu geben, zu leisten oder zu gestatten versprochen hat;
die Zeit der Erfüllung;
den Vermerk der Vorlesung und Unterschrift.

§. 20. Läßt sich die Angelegenheit in einem Tage nicht abmachen, oder findet der Schiedsmann nöthig, den Augenschein von der streitigen Sache einzuziehen, so bestellt er beide Theile auf einen andern Tag mündlich oder schriftlich.

§. 21 Die Vernehmung von Zeugen und Sachverständigen ist dem Schiedsmanne zwar nicht gestattet, er darf sich vielmehr bloß auf die Beweisführung durch Urkunden einlassen. Zu letzteren gehören aber auch schriftliche Zeugnisse, die dem Gegner zur Erklärung vorzuhalten sind.

§. 22. Auch Litisdenunciationen, Interventionen, Adcitationen und Nominationen finden nicht statt; der Schiedsmann muß vielmehr, sobald die Parteien Andere zum Streit zuziehen, oder sich ihre Rechte an diese sichern wollen, die Sache vor den Richter verweisen.

Prorogationen.

§. 23. Auf den Antrag des Klägers hat die Ansetzung des Termins keine Schwierigkeit. Wenn sie aber durch seine Schuld zu spät erfolgt, daß dem Gegner davon vor dem Termine nicht Nachricht gegeben werden kann, so muß ihm der Kläger die entstandenen Kosten ersetzen.

§. 24. Kommt kein Vergleich zu Stande, so ist der Beruf des Schiedsmannes geendigt, er vermerkt dies in dem §. 18. erwähnten Buche, und entläßt die Parteien.

§. 25. Eine Eidesleistung darf in diesem Vergleichs-Verfahren von keinem Theile verlangt werden.

§. 26. Die Interessenten erhalten auf Verlangen Ausfertigungen des Vergleichs-Protokolls, unter dem Siegel und der Unterschrift des Schiedsmannes. Das Siegel soll den Königlichen Adler, mit der Umschrift: „Amt des Schiedsmannes", führen.

§. 27. Auf den Grund eines, von dem Schiedsmann geschlossenen Vergleichs, soll von dem persönlichen Richter die Exekution in allen Graden verfügt und vollstreckt werden, sobald ein Theil darauf mit Ueberreichung der Ausfertigung des Vergleichs anträgt.

§. 28. Nur dann wird die Sache zum gerichtlichen Verfahren verwiesen, wenn der Vergleich dunkel oder unvollständig abgefaßt ist.

§. 29. Die Verjährung wird durch die, von dem Schiedsmann erfolgte Einlassung nicht unterbrochen.

Kosten.

§. 30. Jeder Vergleich muß auch den Kostenpunkt zum Gegenstande haben.

§. 31. Kommt der Vergleich in der Hauptsache zu Stande, ohne daß die Parteien sich wegen der Kosten einigen können, so soll der Vergleich dennoch Bestand haben, und die Entscheidung des Kostenpunkts dem gewöhnlichen Richter überlassen werden.

§. 32. Kommt der Vergleich nicht zu Stande, so trägt jeder Theil seine eigenen Kosten, und die Kosten des Schiedsmannes zur Hälfte.

§. 33. Die Verfügungen und Verhandlungen des Schiedsmannes sind stempelfrei.

§. 34. Wird indessen ein Vergleich geschlossen, so wird die Hälfte des (bei Prozessen durch besondere Gesetze) vorgeschriebenen Werthstempels erlegt. *)

§. 35. Ein jeder Schiedsmann soll am Schlusse des Jahres dem Landrathe oder der städtischen Polizei-Behörde summarisch nachweisen, wie viel Vergleiche er im Lauf des Jahres zu Stande gebracht hat. Die genannten Behörden übersenden diese Nachweisungen den Ober-Landesgerichten, welche daraus die Nützlichkeit dieser Einrichtung ermessen, darüber nach Befinden der Umstände in den Amtsblättern Mittheilung machen, und derjenigen Schiedsmänner, welche ihren Beruf mit besonderer Auszeichnung erfüllt haben, rühmlich erwähnen sollen.

---

*) Dieser §. ist aufgehoben, siehe §. 90. sub c. C. O. vom 14. August 1832.

§. 36. Die Schiedsmänner stehen, in Bezug auf die Ausführung ihres Berufs, unter der Aufsicht der Ober-Landesgerichte. Sie sollen bei Ausübung desselben gegen die Parteien und gegen Jedermann, durch die Polizei-Behörden jedes Orts kräftig geschützt werden, und darin alle erforderliche Unterstützung finden. Auch sollen ihre Bemühungen für den, mit dem Vertrauen ihrer Mitbürger ihnen beigelegten Beruf, jederzeit anerkannt werden.

Hiernach haben sich die Ober- und Untergerichte und Polizei-Behörden in Ostpreußen, Litthauen und Westpreußen gebührend zu achten.

(Amtsblatt der Regierung zu Königsberg de 1827.)

b. **Rescript** vom 26. März 1831, betreffend das Verfahren bei Entlassung der in Preußen angestellten Schiedsmänner.

Nachdem die Angelegenheit wegen des bei Entlassung der in Preußen angestellten Schiedsmänner zu beobachtenden Verfahrens in dem Königlichen Staats-Ministerium zur Berathung gekommen und darüber ein Beschluß gefaßt worden, wird in Gemäßheit dieses Beschlusses zur Ergänzung der Verordnung vom 27. September 1827 Folgendes bestimmt:

1.

Dem Königlichen Ober-Landesgericht bleibt jederzeit unbenommen, einen Schiedsmann wegen der in seinem Amte begangenen Pflichtwidrigkeiten zur gerichtlichen Untersuchung ziehen zu lassen.

2.

Kommt es bloß auf die Entfernung vom Amte an, und wird solche ohne vorausgegangene, förmliche Untersuchung und Entscheidung für zulässig gehalten; so sind die über die Erörterung der gegen den Angeschuldigten zur Sprache gekommenen Pflichtenvernachlässigungen oder Pflichtwidrigkeiten aufgenommenen Verhandlungen dem Landrath des Kreises zu dem Zweck mitzutheilen, damit sie der Kreisversammlung vorgelegt werden, und diese sich über die Beibehaltung oder Entlassung des Schiedsmanns erkläre.

3.

Stimmt die Kreisversammlung für die Entlassung, so erfolgt solche durch eine Resolution des Königlichen Ober-Landesgerichts, wogegen dem Schiedsmann kein Rechtsmittel zusteht.

4.

Erklärt sich dagegen die Kreisversammlung wider die Entlassung und für die Beibehaltung, so kann die erstere durch eine bloße Resolution nicht erfolgen. Es bleibt jedoch dem Königlichen Ober-Landesgericht in diesem Falle unbenommen, die gerichtliche Untersuchung wider den Schiedsmann zu eröffnen, insofern die Sache dazu angethan befunden wird.

Das Königliche Ober-Landesgericht hat sich hiernach in vorkommenden Fällen zu achten. Den Kreisversammlungen wird durch das Königliche Oberpräsidium dieserhalb das Nöthige eröffnet werden.

(v. K. Jhrb. Bd. 37. S. 340.)

c. **C. O.** vom 14. August 1832, nebst Ministerialverordnung vom 26. September ejd., betreffend die Anstellung von Schiedsmännern in den Provinzen Schlesien und Brandenburg.

Ich finde kein Bedenken, das Staats-Ministerium auf dessen Bericht vom 28. v. M. hierdurch zu autorisiren, die bereits mit Meiner Genehmigung in der Provinz Preußen seit dem Jahre 1827 bestehende Einrichtung zur gütlichen Schlichtung streitiger Angelegenheiten, auch in den Provinzen Schlesien und Brandenburg, in ihrer provinzialständischen Begränzung, mithin auch in der Altmark und den Kreisen Dramburg und Schiefelbein, nach dem Wunsche der dortigen Stände durch eine von den Ministern des Innern und der Justiz zu vollziehende Verordnung, welche nebst diesem Erlaß in die Amtsblätter der betreffenden Regierungen aufzunehmen ist, einzuführen. Zur bessern Einrichtung des dabei zum Grunde liegenden wohlthätigen Zwecks bewillige Ich nicht bloß für die Provinzen Schlesien und Brandenburg, sondern auch für die Provinz Preußen die von den Ständen nachgesuchte gänzliche Stempelfreiheit der aufgenommenen Vergleichs-Verhandlungen.

Berlin, des 14. August 1832. gez. Friedrich Wilhelm.

Nachdem Seine Majestät der König durch die an das Königliche Staatsministerium erlassene Allerhöchste C. O. vom 14. August 1832 die von den Ständen der Mark Brandenburg und dem Markgrafenthum Niederlausitz in Antrag gebrachte Einführung der bereits in Preußen bestehenden Einrichtung zur gütlichen Schlichtung streitiger Rechtsangelegenheiten, in die Provinz Brandenburg in ihrer provinzialständischen Begrenzung, mithin auch in der Altmark und den Kreisen Dramburg und Schiefelbein genehmigt haben; so wird nach vorgängiger Berathung im Königlichen Staatsministerium in Gemäßheit der den unterzeichneten Staatsministern ertheilten Allerhöchsten Autorisation Folgendes hierdurch verordnet.

Allgemeine Bestimmungen.

§. 1. Es sollen zur gütlichen Schlichtung streitiger Angelegenheiten Schiedsmänner bestellt werden.

§. 2. Sowohl in den Städten als auf dem platten Lande werden Bezirke von zweitausend Seelen abgegränzt, und für jeden solcher Bezirke wird ein Schiedsmann bestellt. Die Abgrenzung in den Städten geschieht durch die Magisträte, auf dem platten Lande durch die Landräthliche Behörde.

§. 3. Von dieser Regel kann, wenn es die Lokal-Verhältnisse erfordern, insbesondere bei einem nähern Zusammenwohnen der Einwohner dergestalt abgegangen werden, daß auch für eine geringere Einwohnerzahl als Zweitausend, jedoch für keine geringere als Fünfhundert, so wie für eine höhere Zahl, jedoch für keine höhere als Viertausend, ein Schiedsmann bestellt werde.

§. 4. Der Beruf eines Schiedsmanns besteht darin: Parteien welche sich freiwillig zur Schlichtung ihrer streitigen Rechtsangelegenheiten an ihn wenden, anzuhören, ihre gegenseitigen Ansprüche oder Einwendungen zu prüfen, die vorzulegenden schriftlichen Beweise nachzusehen, erforderlichen Falls den Augenschein an Ort und Stelle einzunehmen, und sich zu bemühen, die Parteien über den Grund oder Ungrund ihrer Forderungen und Einwendungen zu belehren, und eine Vereinigung zwischen ihnen zu stiften, solche, wenn sie zu Stande kommt, schriftlich abzufassen, wenn sie aber nicht gelingt, den Parteien die Ausführung ihrer Rechte vor dem Richter zu überlassen.

Eigenschaften der Schiedsmänner.

§. 5. Der Schiedsmann soll bei völliger Unbescholtenheit und zurückgelegtem 24sten Lebensjahr ein selbstständiger, geachteter und mit den Geschäften des bürgerlichen Lebens und der Fähigkeit, einen Aufsatz deutlich schriftlich abzufassen, vertrauter Einwohner des Bezirks sein, für welchen er als Schiedsmann gewählt werden soll; der Besitz besonderer Rechtskenntnisse und die Anfässigkeit im Bezirk sind nicht unumgänglich nöthige Erfordernisse.

§. 6. In den Städten werden in jedem für einen Schiedsmann bestimmten Bezirk von denjenigen Einwohnern dieses Bezirks, welche die Stadtverordneten zu wählen haben, drei Subjekte nach der Stimmenmehrheit gewählt und vorgeschlagen, unter welchen die Stadtverordneten den zu ernennenden Schiedsmann auswählen.

Auf dem Lande geschieht die Wahl von den Gutsbesitzern oder deren Stellvertretern, und außerdem von Wahlmännern aus den zum Bezirk gehörigen Kommunen. Diese Wahlmänner werden durch die Grundbesitzer in jeder Kommune nach Stimmenmehrheit erwählt. Es wählt hierbei jede Kommune von einer bis zu 200 Seelen gehenden Bevölkerung einen Wahlmann und bei einer Einwohnerzahl, von mehr als 200 und bis zu 400 Seelen zwei Wahlmänner, so daß in einem Bezirk von 2000 Seelen außer den Gutsbesitzern oder deren Stellvertretern mindestens 10 Wahlmänner zusammen treten.

Diese werden an einem, von dem Landrathe zu bestimmenden Tage mit Benennung des Gegenstandes ihrer Berathung nach den Vorschriften über die Versammlungen der Gesellschaften berufen und es wird die Wahl in dieser Versammlung durch die Stimmenmehrheit der Erschienenen vollzogen.

§. 7. Der zum Schiedsmann Gewählte ist schuldig, die Wahl anzunehmen, wenn er nicht Entschuldigungsgründe anzuführen hat, die gesetzlich von der Uebernahme des Amts eines Vormunds befreien, oder anderweitige persönliche Verhältnisse vorliegen, welche die Ablehnung des Amtes nach dem billigen Ermessen der Wähler hinlänglich motiviren.

§. 8. Die Wahl erfolgt auf drei Jahre. Sie kann zwar erneuert werden, jedoch ist der Schiedsmann nicht schuldig, die erneuerte Wahl anzunehmen.

§. 9. Das Landes-Justiz-Kollegium bestätigt den gewählten Schiedsmann und verfügt dessen Vereidigung.

Der Eid wird dahin geleistet:

Ich ꝛc. schwöre zu Gott dem Allmächtigen und Allwissenden einen leiblichen Eid, daß, nachdem ich zum Schiedsmann gewählt und bestellt worden, ich das mir übertragene Amt nach meinem besten Wissen und Gewissen ausüben, und die gegebenen Vorschriften genau beobachten will.

So wahr ꝛc.

Weder durch die Bestätigung noch durch die Vereidigung des Schiedsmannes können Kosten veranlaßt werden.

§. 10. Das Amt wird unentgeldlich geführt, nur Kopialien und baare Auslagen werden von den Parteien auf der Stelle erstattet, und nur für das Gelaß zur Verwaltung, falls der Schiedsmann eine Ausgabe dafür zu machen genöthigt ist, wird eine Entschädigung von den Bewohnern desjenigen Bezirks gewährt, für welchen der Schiedsmann bestellt worden.

Wirkungskreis.

§. 11. Es steht in dem freien Beschluß beider Theile, sich des Berufs des Schiedsmannes zu bedienen, sie können jedoch zu jeder Zeit entweder ausdrücklich oder stillschweigend (durch Nichterscheinen im Termin) davon wieder abgehen. Auch sind die Parteien bei diesem Vergleichsversuch nicht auf den Schiedsmann des Bezirks, in welchem sie wohnen, beschränkt; sie können sich vielmehr an jeden beliebigen Schiedsmann mit ihrem Anliegen wenden; doch ist der fremde Schiedsmann seiner Seits befugt, einen solchen Antrag abzulehnen.

§. 12 Die Schiedsmänner haben darauf zu sehen, daß beide Theile großjährig und befugt sind, über die Sache oder das Recht, worüber ein Vergleich versucht werden soll, frei zu disponiren. Ist dieser Punkt nicht klar, z. B. bei Klagen ganzer Gemeinen, bei Erben ꝛc., so verweisen die Schiedsmänner die Ausführung der Sache vor den gewöhnlichen Richter.

§. 13. Ueberhaupt ist jeder Schiedsmann befugt, solche streitige Angelegenheiten, deren Untersuchung ihm zu weitläuftig und schwierig wird, von sich abzulehnen und an den Richter zu verweisen.

§. 14. Konkurs-, Liquidations-, Behandlungs-, Subhastations-, General-Moratorien-, Wechsel-, Arrest-, so wie Vormundschafts-, Prodigalitäts- und Blödsinnigkeits-Erklärungs-Sachen sind von dem Berufe des Schiedsmannes ausgenommen.

Kommt es in Ehesachen auf einen Sühneversuch Behufs der Fortsetzung der Ehe an, so kann dieser von dem Schiedsmann angestellt werden.

Ausgeschlossen bleiben auch Injuriensachen, insofern es auf die Festsetzung einer Strafe ankommt, dagegen wird die Abschließung eines Vergleichs, durch welchen die Zahlung einer Geldsumme zu einem milden Zwecke, das heißt an die Armen- oder Schulkasse, oder an das Kirchen-Aerarium bestimmt werden soll, dem Schiedsmann gestattet.

§. 15. Die Klage so wie die Entgegnung kann mündlich oder schriftlich, gemeinschaftlich oder abgesondert bei dem Schiedsmann vorgebracht werden. Wird eine Schrift eingereicht, so muß dieselbe gehörig unterschrieben sein. Beide Theile werden alsdann zur mündlichen Verhandlung beschieden.

§. 16. Melden sich beide Theile persönlich, so vernimmt sie der Schiedsmann nur mündlich, prüft die zur Stelle gebrachten schriftlichen Beweise, spricht seine Meinung darüber aus, und macht den Parteien Vorschläge, wie ihr Streit durch einen Vergleich zu beendigen sein dürfte.

Die Vorschläge des Schiedsmanns müssen durch Kenntniß der Sache geleitet werden. Er muß sich dabei übereilter Einmischungen in die Angelegenheiten der Parteien enthalten, und sich bemühen, durch unpartheische Theilnahme das Vertrauen der Interessenten zu gewinnen. Er darf keinen von ihnen übereilen, und muß bei seinen Vorhaltungen und Vorschlägen selbst den Schein des Zwanges vermeiden.

§. 17. Bevollmächtigte werden bei diesem Verfahren nicht zugelassen, auch Beistände nur alsdann, wenn sie zum Stande derjenigen Partei gehören, welche sie mitbringen will, und nur insofern, als der Schiedsmann solche Beistände für nothwendig und zulässig erachtet.

§. 18. Kömmt ein Vergleich zu Stande, so nimmt der Schiedsmann darüber ein Protokoll auf, welches er in ein eingebundenes und paginirtes Buch einschreibt, den Parteien, falls sie des Lesens und Schreibens kundig sind, zum eignen Durchlesen giebt, sonst ihnen langsam und deutlich vorliest, und es darauf von ihnen unterschreiben, oder mit Handzeichen versehen, und letztere durch die Beistände, in deren Ermangelung aber durch glaubhafte Personen bescheinigen läßt.

§. 19. Das Protokoll muß enthalten:

den Ort und das Datum;

die Benennung der Theilnehmer und deren Legitimation;

den Gegenstand des Streites;

eine deutliche Auseinandersetzung, was ein Theil dem andern zu geben, zu leisten oder zu gestatten versprochen hat;

die Zeit der Erfüllung;

den Vermerk der geschehenen Vorlesung, Genehmigung und Unterzeichnung.

§. 20. Läßt sich die Angelegenheit in einem Tage nicht abmachen, oder findet der Schiedsmann nöthig, den Augenschein von der streitigen Sache einzunehmen, so bestellt er beide Theile auf einen andern Tag mündlich oder schriftlich.

§. 21. Die Vernehmung von Zeugen und Sachverständigen ist dem Schiedsmanne zwar nicht gestattet, er darf sich vielmehr bloß auf die Beweisführung durch Urkunden einlassen. Zu den letztern gehören aber auch schriftliche Zeugnisse, wenn sie von den Ausstellern eigenhändig niedergeschrieben und persönlich übergeben werden. Dergleichen Zeugnisse müssen wie die Urkunden dem Gegner zur Erklärung vorgehalten werden.

§. 22. Litis-Denunziationen, Interventionen, Adcitationen und Nominationen finden nicht statt; der Schiedsmann muß vielmehr, sobald die Parteien andere zum Streite zuziehen, oder sich ihre Rechte an diese sichern wollen, die Sache an den Richter verweisen.

§. 23. Auch Eidesleistungen können in diesem Vergleichs-Verfahren von keinem Theile gefordert werden und statt finden.

§. 24. Auf den Antrag des Klägers hat die Aussetzung des Termins keine Schwierigkeit. Wenn diese Aussetzung aber durch die Schuld des Klägers so spät erfolgt, daß dem Gegner davon vor dem Termine nicht Nachricht gegeben werden kann, so muß ihm der Kläger die entstandenen Kosten ersetzen.

§. 25. Kommt kein Vergleich zu Stande, so ist der Beruf des Schiedsmannes geendigt, er vermerkt dieses in dem §. 18. erwähnten Buche und entläßt die Parteien.

§. 26. Die Interessenten erhalten auf Verlangen Ausfertigungen des Vergleichs-Protokolls unter dem Siegel und der Unterschrift des Schiedsmannes.

§. 27. Auf den Grund eines von dem Schiedsmanne geschlossenen Vergleichs, soll von dem persönlichen Richter die Exekution in allen Graden verfügt und vollstreckt werden, sobald ein Theil darauf mit Ueberreichung der Ausfertigung des Vergleichs anträgt.

§. 28. Nur dann wird die Sache zum gerichtlichen Verfahren verwiesen, wenn der Vergleich dunkel oder unverständlich abgefaßt ist.

§. 29. Die Verjährung wird durch die vor dem Schiedsmanne erfolgte Einleitung nicht unterbrochen.

§. 30. Jeder Vergleich muß auch den Kostenpunkt zum Gegenstande haben.

§. 31. Kommt jedoch der Vergleich in der Hauptsache zu Stande, ohne daß die Parteien wegen der Kosten sich geeinigt haben, oder sich haben einigen können, so soll der Vergleich dennoch Bestand haben, und die Sache dennoch so angesehen werden, als hätte jeder Theil die Hälfte der Kosten übernommen.

§. 32. Haben beide streitende Theile das Amt des Schiedsmannes angerufen, oder sich im Termin auf den Vergleichsversuch eingelassen, so trägt, wenn ein Vergleich dennoch nicht zu Stande kömmt, jeder Theil die von ihm selbst aufgewendeten Kosten und die Auslagen des Schiedsmannes zur Hälfte.

§. 33. Weder zu den Verfügungen und Verhandlungen des Schiedsmannes noch zu dem abgeschlossenen Vergleiche wird ein Stempel genommen.

§. 34. Ein jeder Schiedsmann soll am Schlusse des Jahres dem Landrath und in den Städten der städtischen Polizei-Behörde summarisch nachweisen, wie viel Vergleiche er im Laufe des Jahres zu Stande gebracht hat. Die genannten Behörden übersenden diese Nachweisungen dem betreffenden Landes-Justiz-Kollegium, welches daraus die Nützlichkeit dieser Einrichtung ermessen, darüber nach Befinden der Umstände in den Amtsblättern Mittheilung machen, und denjenigen Schiedsmänner, welche ihren Beruf mit besonderer Auszeichnung erfüllt haben, rühmlich erwähnen sollen.

§. 35. Die Schiedsmänner stehen in Bezug auf die Ausführung ihres Berufs unter der Aufsicht der Ober-Landesgerichte. Sie sollen bei Ausübung desselben gegen die Parteien und gegen Jedermann durch die Polizei-Obrigkeiten jedes Orts kräftig geschützt werden, und darin alle erforderliche Unterstützung finden, so wie überhaupt ihre Bemühungen für den mit dem Vertrauen ihrer Mitbürger ihnen beigelegten Beruf jederzeit anerkannt werden. Zu ihren Amtshandlungen erhalten sie ein Amtssiegel, welches aus dem Königlichen Adler mit der Umschrift: Siegel des Schiedsmannes, besteht.

§. 36. Hält das Ober-Landesgericht die Entfernung eines Schiedsmannes vom Amte für nothwendig, so sind die über die Erörterung der gegen den Angeschuldigten zur Sprache gekommenen Pflichtvernachlässigungen oder Pflichtwidrigkeiten aufgenommenen Verhandlungen, wenn ein Schiedsmann auf dem Lande zu entlassen ist, dem Landrath des Kreises zu dem Zwecke mitzutheilen, damit sie der Kreis-Versammlung vorgelegt werden, und diese sich über die Beibehaltung oder Entlassung des Schiedsmannes erkläre.

§. 37. Stimmt die Kreis-Versammlung für die Entlassung, so erfolgt solche durch eine Resolution des Ober-Landesgerichts, wogegen dem Schiedsmanne kein Rechtsmittel zusteht.

§. 38. Erklärt sich dagegen die Kreis-Versammlung wider die Entlassung und für die Beibehaltung, so kann die erstere, durch eine bloße Resolution nicht erfolgen. Es bleibt jedoch dem Ober-Landesgericht in diesem Falle unbenommen, die gerichtliche Untersuchung wider den Schiedsmann zu erneuern, insofern die Sache dazu angethan befunden wird.

Nach den vorstehenden Bestimmungen haben sich die Ober- und Untergerichte, die übrigen Behörden und die Schiedsmänner zu achten.

(Potsdamer Amtsblatt de 1833. S. 69.)

d. **C. O.** vom 7. Juni 1834 nebst Ministerial-Verordnung vom 13. ejd. betreffend die Anstellung von Schiedsmännern in Pommern und Rügen.

Auf den Bericht des Staats-Ministeriums vom 22. v. M. ermächtige Ich dasselbe hierdurch, das in einigen Provinzen zur gütlichen Schlichtung streitiger Angelegenheiten bereits bestehende Institut der Schiedsmänner, auch in die zum ständischen Verbande des Herzogthums Pommern und Fürstenthums Rügen gehörigen Landestheile, dem Wunsche der dortigen Stände gemäß, durch eine von dem Justiz-Minister Mühler und dem Minister des Innern und der Polizei zu vollziehende Verordnung, welche im Wesentlichen nach der Verordnung für die Provinz Brandenburg vom 26. September 1832 abzufassen, und nebst dieser Meiner Order in die Amtsblätter der betreffenden Regierungen aufzunehmen ist, einzuführen. Zugleich bewillige Ich hiermit die Stempelfreiheit für alle von den Schiedsmännern aufzunehmende Verhandlungen und abgeschlossene Vergleiche. Das Staats-Ministerium hat hiernach das Weitere zu veranlassen.

(Stettiner Amtsblatt de 1834. S. 187.)

(Die hier folgende Verordnung vom 13. Juni 1834 stimmt mit der Verordnung vom 26. September 1832 für Brandenburg mit der Maaßgabe überein, daß nach §. 6. die Wahl der Schiedsmänner in Stralsund, Wolgast und Greifswald von denjenigen Bezirkseinwohnern erfolgt, welchen die Wahl der bürgerlichen Repräsentanten zusteht.)

e. **Rescript** vom 23. August 1834 nebst Anlagen, betreffend die baaren Auslagen der Schiedsmänner und die Portofreiheit ihrer amtlichen Korrespondenz.

Auf die im Berichte vom 7. d. M. gemachte Anfrage, über die den Schiedsmännern zu erstattenden Auslagen, wird dem Königlichen Ober-Landesgericht eröffnet: daß zunächst der Partei, welche die Entscheidung der Schiedsmänner in Anspruch nimmt, die Verpflichtung obliegt, für ihre Beförderung an den Streitort zu sorgen. Wenn sie den Anforderungen des Schiedsmannes nicht genügt, so ist anzunehmen, daß sie auf seine Entscheidung verzichtet.

Hat sich der Schiedsmann des Geschäfts an Ort und Stelle, und der Reise dahin nach dem Wunsche der Parteien unterzogen, so kann er an Reisekosten von denselben eben so viel fordern, als eine Partei seines Ranges und Standes nach der Allgemeinen Gebühren-Taxe vom 23. August 1815 an Reise- und Zehrungs-Kosten liquidiren darf.

Hinsichts der Porto-Auslagen der Schiedsmänner ist der Justiz-Minister zwar damit einverstanden, daß dergleichen Auslagen in bestimmten zur Entscheidung der Schiedsmänner gediehenen Fällen, von den Parteien erstattet werden müssen. Dagegen hält derselbe die Schiedsmänner nicht verpflichtet, das Porto für offizielle Anfragen und Berichte der Schiedsmänner an die vorgesetzten Behörden, namentlich für die jährlichen Berichtserstattungen an den Landrath, selbst zu tragen.

Der Justiz-Minister hat daher den Herrn General-Postmeister ersucht, dergleichen Anfragen und Berichte, wenn sie unter einem bezeichnenden Rubrum ergeben und mit dem Amtssiegel des Schiedsmannes versehen sind, die Portofreiheit zu gestatten, und hiernach die Postanstalten anzuweisen.

Nach erfolgter Aeußerung des General-Postmeisters werden die weitern Bestimmungen erfolgen.

Berlin, den 23. August 1834.

Euer Excellenz beehre ich mich, auf das geehrte Schreiben vom 23. August c. ganz ergebenst zu benachrichtigen, daß ich die gewünschte Portofreiheit auf die offiziellen Anfragen und Berichte der Schiedsmänner an deren vorgesetzte Behörden, namentlich auf die jährlichen Berichtserstattungen an die Landräthe, gern ertheilt, und die Post-Anstalten demgemäß mit Instruktion versehen habe, von welcher letztern ich eine Abschrift (Anl. a.) ganz ergebenst beifüge.

Frankfurt a. M., den 16. September 1834.

Cirkulare an sämmtliche inländische Post-Anstalten.

Den offiziellen Anfragen und Berichten der Schiedsmänner an deren vorgesetzte Behörden, namentlich den jährlichen Berichtserstattungen derselben an die Landräthe ist, wenn diese Korrespondenz mit dem geeigneten herrschaftlichen Rubrum und dem Amtssiegel der Schiedsrichter versehen ist, die Portofreiheit bewilligt worden.

Die Post-Anstalten haben sich hiernach zu achten.

Frankfurt a. M., den 16. September 1834.

Der General-Postmeister. v. Nagler.

(v. K. Jhrb. Bd. 44. S. 126.)

f. **Rescript** vom 27. Januar 1835, betreffend das Verfahren bei Bestätigung und Vereidigung der Schiedsmänner.

Auf die Anfrage vom 18. d. M.

über das Verfahren bei Bestätigung und Vereidigung der Schiedsmänner

wird dem Königlichen Ober-Landesgericht eröffnet, daß,

da die Wahlen der Schiedsmänner von den administrativen Behörden unter Aufsicht der kompetenten Königlichen Regierung geleitet, und die Wahlverhandlungen von letzterer geprüft, auch nur dann, wenn sich dagegen nichts zu erinnern gefunden hat, zur Bestätigung und Vereidigung der Schiedsmänner an die Ober-Landesgerichte, abgegeben werden sollen,

diesen letzteren

ad 1. der Anfrage, weder in Beziehung auf die Form der Wahlen, noch

ad 2. in Betreff der zu dem Amt eines Schiedsmanns erforderlichen Eigenschaften eine nochmalige Erörterung obliegt. Vielmehr ist die Bestätigung, wenn nicht wesentliche Mängel hervortreten, zu verfügen, und nur in dem Falle, wenn dem Kollegium ein solches wesentliches Hinderniß bekannt ist, deshalb mit der Königlichen Regierung Rücksprache zu nehmen.

Wenn ferner

ad 3. ein gewählter Schiedsmann das Amt zu übernehmen sich weigert, so ist die Königliche Regierung davon in Kenntniß zu setzen und dieser die weitere Verfügung und nach Befinden die weitere Erörterung zu überlassen, indem ein förmlicher Prozeß dagegen nicht statthaft ist.

Endlich:

ad 4. genügt es, wenn von der erfolgten Bestätigung und Vereidigung der Schiedsmänner der Königlichen Regierung zur öffentlichen Bekanntmachung durch das Amtsblatt Nachricht ertheilt wird. Verlangt indeß der Schiedsmann eine ausdrückliche Urkunde, so ist ihm in derselben Weise, wie es bei Vormundschafts-Bestätigungen geschieht, eine Bestallung kostenfrei auszufertigen.

(v. K. Jhrb. Bd. 45. S. 230.)

g. **Rescript** vom 16. Mai 1836, das Institut der Schiedsmänner betreffend.

Das Königliche Ober-Landesgericht erhielt auf seinen Bericht vom 29. März c.

die Wirksamkeit der Schiedsmänner im Jahre 1835 betreffend

Folgendes zum Bescheid:

1. Tritt der Fall einer Weigerung ein, das Amt eines Schiedsmannes zu übernehmen, so gehört das Verfahren über die Zulässigkeit der Ablehnung zum Ressort der Regierung. Die letztere hat die Wahl der Schiedsmänner zu leiten, und die Erklärungen über die Annahme entgegen zu nehmen; es steht ihr mithin auch allein die Beurtheilung der Exkusationsgründe zu. Die Regierung präsentirt dem-

nächst erst dem Ober-Landesgericht die Schiedsmänner zur Bestätigung und Verpflichtung; erst mit diesem Augenblick geht das Recht der Oberaufsicht auf die Gerichts-Behörden über. Hiernach wird die Regierung von dem Königlichen Ministerio des Innern und der Polizei beschieden werden.

2. Dem Antrage, die Kosten des Instruktions-Termines dem Verklagten zur Last zu legen, kann nicht stattgegeben werden. Nach der wesentlichen Bestimmung der Verordnung vom 26. September 1832 steht vielmehr dem Verklagten frei, auch durch Nichterscheinen den Vergleich abzulehnen. Es kann daher in keiner Art ein Zwang gegen ihn statt finden, also auch nicht die Verpflichtung zu seiner Anzeige des Nichterscheinens obliegen.

Uebrigens bleibt es

3. dem Kollegium lediglich überlassen, die belobende Bekanntmachung derjenigen Schiedsmänner, welche sich ausgezeichnet haben, durch das Regierungs-Amtsblatt zu veranlassen.

(v. K. Jhrb. Bd. 47. S. 575.)

Vom Kriminalgerichtsstande.

§. 177. Von den in peinlichen Fällen statt findenden Gerichtsständen soll in der Kriminalordnung das Nähere bestimmt werden, und hat es bis dahin bei den Vorschriften des Edikts vom 21. Juli 1787 sein Bewenden.

Anh. §. 42. *Die Kriminalordnung vom* 11. *Dezember* 1805 *tritt an die Stelle des Edikts vom* 21. *Juli* 1787.

§. 178. So weit die Schadloshaltung des Beschädigten mit der Untersuchung des Verbrechens zugleich erörtert werden kann, gehören beide vor das kompetente Kriminalgericht. Wenn aber die Entschädigung durch eine besondere Klage gesucht wird, so muss diese in dem ordentlichen persönlichen Gerichtsstande des **Beschädigers angestellt werden.**

Dritter Titel.

Von der Pflicht der Parteien, die Instruction der Prozesse persönlich abzuwarten, und in wie fern sie sich dabei rechtlicher Beistände oder Bevollmächtigter bedienen können.

Pflicht der Parteien, die Instruktion ihrer Prozesse persönlich abzuwarten.

§. 1. Da die Erfahrung lehrt, dass Prozesse, welche durch Bevollmächtigte und Sachwalter betrieben werden, hauptsächlich wegen der denselben in den meisten Fällen ermangelnden hinlänglichen Information von dem Zusammenhange der bei dem Rechtsstreite zum Grunde liegenden Thatsachen, den meisten Zögerungen, und der Gefahr, in Verwirrung zu gerathen, ausgesetzt sind; so wird hiermit verordnet, dass die Parteien, besonders in den zur Aufnehmung der Klage und ihrer Beantwortung, zur Einleitung der Instruktion selbst, und zur Festsetzung der Streitpunkte anberaumten Terminen, so viel als möglich ist, in Person erscheinen, und sich der richterlichen Vernehmung unterwerfen, auch alle zur Aufklärung der Thatsachen dienende Nachrichten und Urkunden mit zur Stelle bringen sollen.

Anh. §. 43. *Wegen der Nothwendigkeit des persönlichen Erscheinens der Parteien vor Gericht wird auf* §. 1. *des Anhangs* (§. 12. *der Einleitung*) *Bezug genommen.*

Rescript vom 4. März 1799 und **Circular-Rescript** vom 19. Dezember ejd. sub Nr. 5. betreffend die Befugniß der Parteien sich durch Bevollmächtigte vertreten zu lassen, s. §. 1. des Anh.

§. 2. Es wird daher auch sämmtlichen Ober- und Untergerichten hiermit zur besonderen Pflicht gemacht, sowohl den Kläger bei Anmeldung der Klage, als den Beklagten bei dessen Vorladung, hierüber zu bedeuten, und ihnen, wo es nöthig ist, mit näherer Anweisung an die Hand zu gehen.

§. 3. Auch eine unter den Parteien herrschende Verbitterung, welche bei denselben gegen jede persönliche Zusammentretung Widerwillen und Abneigung erzeugt, ist an sich noch nicht hinreichend, das persönliche Erscheinen vor dem Gerichte abzulehnen; da in einem solchen Falle, wenn der Richter dergleichen Gemüthsstimmung unter den streitenden Parteien wirklich bemerkt, die erforderlichen Veranstaltungen, jede derselben, abgesondert von der andern, in verschiedenen Zimmern zu vernehmen, getroffen werden können und müssen.

Von dieser Pflicht können einige Parteien dispensirt werden: 1) wegen gewisser persönlicher Verhältnisse.

§. 4. Krankheit, hohes Alter, Amts- oder Berufsgeschäfte, welche der Partei eine Entfernung von dem Orte, wo sie ihr Amt oder ihr Gewerbe betreibt, nicht gestatten, können zwar eine Dispensation von der persönlichen Abwartung der Prozessinstruktion bewirken; sie heben aber die Regel nur in dem Falle auf, wenn das Hinderniss durch Verlegung des Termins, durch Hülfe benachbarter Gerichtspersonen, oder auf andere Art nicht völlig gehoben werden kann.

§. 5. Eine Partei, welche aus dieser oder einer andern gleich erheblichen Ursache sich von der persönlichen Abwartung der Instruktion entschuldigen zu können vermeint, muss dieselbe gebührend und in Zeiten anzeigen, und wenn sie nicht etwa als notorisch angesehen werden kann, durch glaubwürdige Atteste bescheinigen.

§. 6. Wenn der Wohnort einer Partei von dem Sitze des Gerichts so weit entlegen ist, dass die Kosten der Reise, des Aufenthalts und der Versäumniſs in der Wirthschaft, oder dem sonstigen Gewerbe, mit dem Gegenstande des Prozesses, und den von der persönlichen Abwartung der Instruktion zu hoffenden Vortheilen in keinem Verhältnisse stehen, so soll einer solchen Partei das persönliche Erscheinen an ordentlicher Gerichtsstelle nicht zugemuthet werden.

Anh. §. 44. *Wenn eine Partei, ohne dazu verbunden zu sein, zum Behufe ihres persönlichen Erscheinens im Termine kostspielige Reisen unternimmt, welche durch Bestellung eines Bevollmächtigten hätten vermieden werden können; so ist der Gegner zum Ersatz der Reise- und Versäumnisskosten nicht schuldig.*

1) **Circular-Verordnung** vom 30. Dezember 1798 wegen genauerer Bestimmung verschiedener Vorschriften des A. L. R. und der A. G. O. Abschn. IX. s. zur Einl. §. 40. Anh. §. 2.

2) **Rescript** vom 15. Mai 1820, betreffend die Verbindlichkeit einer Partei, der andern Reisekosten zu erstatten.

Nach der Lage der Sache, die sich aus dem Bericht des Königlichen Ober-Landesgerichts von Litthauen vom 15. Januar c.,

die Beschwerden des Malers N. zu N in Sachen wider die verwittwete Kriegsräthin von N. betreffend,

und aus den in der Anlage zurückerfolgenden Akten ergiebt, und mit Rücksicht auf die Bestimmung des Anhanges zur A. G. O. § 44., kann der Maler N. zwar nicht für berechtigt angenommen werden, auf den Ersatz der Reisekosten für sämmtliche persönlich von ihm abgewartete Termine Anspruch zu machen. Es folgt aber hieraus noch nicht, daß derselbe sich lediglich mit Erstattung dessen, was die Bestallung eines Mandatars an Kosten veranlaßt haben würde, begnügen muß, und daß er gar keine Reisekosten und Diäten verlangen kann. Es ist nicht vorauszusehen gewesen, daß in dieser Sache die Abwartung so vieler Termine viel mehr Kosten veranlassen müsse, als die Bestallung eines Mandatars, und es kann mit dieser Rücksicht dem Supplikanten wohl ein Anspruch auf Erstattung eines Quantums, das den Auslagen der für ein bis zwei von ihm unternommenen Reisen ungefähr gleich kommt, zuerkannt werden. Bei Bestimmung des Quantums der Kosten, die durch Bestallung eines Mandatars erwachsen sein würden, ist kein hinlänglicher Grund vorhanden, dasselbe lediglich nach der Summe der von dem Kriminalrath N. liquidirten Gebühren festzusetzen, da durch mehrere baare Auslagen und verschiedene Umstände die Liquidation eines Mandatars des Supplikanten wohl beträchtlicher hätte ausfallen können. Es muß bei Anwendung der erwähnten Bestimmung des Anhangs überhaupt ein billiges Ermessen des Gerichts statt finden, und dieses im vorliegenden Falle vorzüglich eintreten, da der Bittsteller dazu, daß die Sache so weitläuftig geworden, keine Veranlassung gegeben, dieses vielmehr dem Gegentheil zur Last zu legen ist, dem rc. N. in den Vorladungen immer die Wahl gelassen worden, persönlich oder durch einen Bevollmächtigten zu erscheinen gegen sein persönliches Erscheinen nichts erinnert worden, nicht einmal bei der Bescheidung auf die Vorstellung vom 21. November 1818 auf die gesetzlichen Vorschriften Rücksicht genommen, sondern dem Supplikanten überlassen worden ist, die Reisekosten nach Beendigung des Prozesses zu liquidiren. Aus allem diesen wird sich das Königliche Ober-Landesgericht selbst leicht überzeugen, daß die Beschwerde des N. nicht ganz verworfen werden kann, und daß, anstatt der zum Ersatz für die Reisekosten und Diäten nur verwilligten 12 Rthlr. 15 Sgr., wohl die Summe von 30. Rthlr. bewilligt werden kann und muß.

Das Kollegium hat also hiernach eine weitere Festsetzung der Kosten vorzunehmen und die Beschwerde des N. zu erledigen. Da dieser Fall beweiset wie nothwendig und nützlich es ist, bei der ersten Einleitung der Prozesse und während der Instruktion auf die erwähnte Vorschrift des Anhangs Rücksicht zu nehmen und die Parteien auf dieselbe zu verweisen, so wird dies dem Königlichen Ober-Landesgericht für alle künftige Fälle zur besondern Pflicht gemacht.

Die an den Bittsteller ergangene Bescheidung wird dem Kollegio hierüber zur Nachricht abschriftlich mitgetheilt. (v. K. Jhrb. Bd. 15. S 277.)

3) **Rescript** vom 11. September 1720. betreffend die Verpflichtung und Befugniß entfernt wohnender Parteien, der Instruktion persönlich beizuwohnen.

Dem Königlichen Ober-Landesgerichte wird auf den über die Beschwerde des Steuer-Aufsehers N. in seiner Rechtssache wider den Schlosser N. zu N., unterm 10. v M. erstatteten Bericht eröffnet, daß der Justiz-Minister durch die darin vorgetragenen Gründe die Verfügungen des Kollegii vom 24. Februar und 6. April d. J. noch nicht gerechtfertigt findet. Denn eine Entfernung von fünf Meilen, als so viel der damalige Wohnort des Bittstellers N. von Stettin entlegen ist, und welche der Bittsteller bei seinem dreimaligen persönlichen Erscheinen am letztern Orte zurückzulegen gehabt hat, kann im Sinne des Gesetzes des §. 44 des Anhanges zur A. G. O., für so beträchtlich nicht angesehen werden, daß deshalb hier die Ausnahme von der sonstigen gesetzlichen Regel, wegen Verpflichtung der Parteien zum persönlichen Erscheinen eintreten sollte, und der N. daher zu den Terminen nicht selbst, sondern durch einen am Orte des Gerichts zu bestellenden Anwalt hätte kommen dürfen. Der Geist der A. G. O. bringt es fortwährend mit sich, daß die Parteien den Verhandlungen der Instruktion in Person, so weit es immer möglich ist, beiwohnen: und es hieße den Willen des Gesetzgebers zu sehr beengen, wenn eine Entlegenheit des Wohnorts der Parteien von dem Ort des Gerichts, welche hier, wie gesagt nicht mehr als 5 Meilen beträgt, schon im Allgemeinen für einen Grund, dieselbe von der Reise abzuhalten, gelten müßte. Nur da, wo entweder bei der Unbedeutenheit des Klage-Gegenstandes, oder der Beträchtlichkeit der Entfernung der Partei, durch deren Reisen nach dem Gerichtsorte ein unverhältnißmäßiger Kostenaufwand verursacht werden müßte, will das Gesetz zur Ersparung der letztern für den Gegentheil und zur Verhütung einer Chikane, daß die Partei durch einen Anwalt erscheine

Daß der Gegenstand des Streites so unbedeutend in zweiter Instanz gewesen sei, wird nicht behauptet. Das Königliche Ober-Landesgericht wird hiernach angewiesen,

> die Reisekosten des N. gesetzlich festzusetzen, und demselben dazu respektive wider den Gegentheil und dessen Mandatarius, in soweit Letzterer die Prorogation des zweiten Termins zu spät nachgesucht hat, zu verhelfen, um so mehr, als allerdings auch zugleich die Billigkeit für den Bittsteller spricht, der durch seine Reisen dem Gegentheile den Kosten-Ansatz für den Mandatarius offenbar erspart hat. (v. K. Jhrb. Bd. 17. S. 261.)

Wie in einem solchen Falle zu verfahren sei,

§. 7. Wenn aber auch aus einer oder der andern solchen Ursache die Parteien von der persönlichen Erscheinung an der gewöhnlichen Gerichtstelle dispensirt werden müssen, so folgt doch daraus noch nicht, dass an ihrer Stelle ein blosser Bevollmächtigter zuzulassen sei; vielmehr muss alsdann der Richter sorgfältig prüfen: ob es nach der Beschaffenheit der Umstände thunlich oder rathsam sei, die persönliche Vernehmung derselben oder auch die ganze Instruktion der Sache, an ihrem Wohn- oder auch an einem dritten Orte, durch einen Kommissarius zu bewirken. So ist z. B. eine Sache zu einer solchen auswärtigen Instruktion vorzüglich geeignet, wenn es dabei auf einen Gegenstand ankommt, dessen Lage, Beschaffenheit und besondere Verhältnisse, zur Aufklärung der Thatsachen, von wesentlichem Einflusse sind, oder wenn die Parteien ohne erheblichen Zeit- und Kostenaufwand nicht an der gewöhnlichen Gerichtsstelle, wohl aber an einem dritten Orte, zusammen gebracht werden können; oder wenn alle zur Aufklärung der streitigen Thatsachen gehörige Beweismittel an einem solchen dritten Orte bei einander zu finden sind. Zuweilen kann es auch zur Erreichung des Endzwecks einer vollständigen und gründlichen Instruktion vieles beitragen, wenn auch nur der eine Theil, z. B. der abwesende Beklagte, durch einen auswärtigen Kommissarius vernommen, und die Information für denjenigen, der ihn bei der Instruktion vertreten soll, solchergestalt eingezogen wird.

Alle dergleichen Umstände muss der Richter reiflich erwägen, und vernünftig beurtheilen: wie in jedem vorkommenden Falle, wenn die Parteien an gewöhnlicher Gerichtsstelle nicht persönlich zusammen gebracht werden können, nach der besondern Beschaffenheit eines solchen Falles, der Zweck einer vollständigen Auseinandersetzung und Ausmittelung der obwaltenden Thatsachen am kürzesten, zuverlässigsten, und mit einem möglichst geringen Kostenaufwande erreicht werden könne.

2) Wegen Beschaffenheit der Sache.

§. 8. In klaren Schuld- und anderen dergleichen Sachen, bei welchen sich gleich vom Anfang an voraussehen lässt, dass es dabei entweder gar keiner, oder doch nur einer sehr einfachen und nicht verwickelten Instruktion in Ansehung der Thatsachen bedürfen werde, kann der Richter die Parteien von dem persönlichen Erscheinen auf eine blosse Anzeige dispensiren. Eben das gilt bei Prozessen, die nur auf einer Rechtsfrage beruhen; ingleichen im Wechsel- und exekutivischen Prozesse, unter den Titel XXVII. XXVIII. vorkommenden nähern Bestimmungen.

§. 9. Ist aber auch in einer Sache das persönliche Erscheinen vom Anfang nicht erfordert worden, so ist der Richter dennoch befugt wenn bei Fortsetzung der Instruktion sich findet, dass die Sache, wegen neuer zum Vorschein gekommener Umstände, Einwendungen oder Gegenforderungen, einer weitläuftigern Untersuchung, als sich zuerst voraussehen liess, bedürfe; oder dass aus andern Ursachen, z. B. wegen eines Vergleichs, wegen der zur Ausmittelung der Wahrheit unumgänglich nothwendigen Gegeneinanderstellung der Parteien etc., die persönliche Gegenwart derselben erforderlich sei, die im Anfang ertheilte Dispensation zurück zu nehmen, und die Parteien zur Fortsetzung der Instruktion in Person vorzufordern.

§. 10. Für Kirchen, Klöster, Schulen, Hospitäler und andere Armenanstalten und milde Stiftungen, müssen die Vorsteher und Verwalter derselben die Instruktionen unter vorstehenden Maassgaben persönlich abwarten. Sind deren mehrere, so ist es hinreichend, wenn Zwei derselben, oder auch nur Einer, erscheinen.

§. 11. Von Stadt- und Dorfgemeinen und andern Kollegiis und Korporationen, welche aus mehr als drei Mitgliedern bestehen, sollen nur zwei oder höchstens drei Deputirte zur Abwartung der Instruktion bestellt werden. Doch steht auch in diesem Falle dem Kollegio oder der Gemeine frei, die Instruktion nur durch einen Deputirten, wenn sie es für hinreichend hält, abzuwarten.

Rechtliche Folgen einer ungegründeten Verweigerung des persönlichen Erscheinens.

§. 12. Wenn in Fällen, wo eine Partei persönlich hätte erscheinen sollen, dieselbe ausbleibt, jedoch einen Bevollmächtigten absendet, der ihre Abwesenheit aus nicht unerheblich scheinenden, wenn gleich noch nicht beglaubigten Ursachen entschuldigt, so muss zwar der Deputirte des Gerichts einen Versuch machen: wie weit er es in der Aufklärung der Sache mit diesem Bevollmächtigten bringen könne; sobald aber der Instruent wahrnimmt, dass es dem Bevollmächtigten an der nöthigen Information ermangele, und also die Verhandlung mit ihm nicht zweckmässig fortgesetzt werden könne, muss er dieselbe sofort abbrechen, und dem Gerichte Anzeige machen.

§. 13. Dieses muss sodann nicht nur die ausgebliebene Partei in alle Kosten, welche durch den vereitelten Termin, sowohl an Gerichtsgebühren, als etwanigen Auslagen, Reise- und andern Kosten des Gegentheils verursacht worden, durch ein Dekret sofort verurtheilen; sondern auch in der Hauptsache einen neuen Termin anberaumen, und die Partei zur persönlichen Abwartung desselben unter der ausdrücklichen Warnung vorladen, dass, bei fernerem Ausbleiben auf die Verhandlungen im ersten Termine, ohne weitere Rücksicht, in der Hauptsache wider sie, nach Vorschrift des achten Titels in contumaciam werde verfahren werden. Diese Kommination wird also auch, wenn die Partei in dem neuen Termine abermals ungehorsam ausbleibt, ohne fernere Nachsicht wirklich in Ausübung gebracht.

Befugniss der Parteien, sich rechtliche Beistände zu wählen, oder deren Zuordnung bei dem Richter zu suchen.

§. 14. Jede Partei, welche die Instruktion ihrer Rechtssache in Person abwartet, ist befugt, sich einen Assistenten aus der Zahl der bei dem Gericht zur Prozesspraxis zugelassenen Justizkommissarien selbst zu wählen; oder die Zuordnung eines solchen Rechtsbeistandes bei dem Richter nachzusuchen. Geschieht Letzteres, so muss nach Beschaffenheit der Umstände und Wichtigkeit der Sache, entweder ein Beisitzer des Gerichts, oder ein schon hinlänglich geübter Referendarius, oder auch ein Justizkommissarius, einer solchen Partei zum Assistenten zugeordnet werden. Wenn aber eine Partei keinen Assistenten verlangt, so kann ihr derselbe wider ihren Willen niemals aufgedrungen werden.

Pflichten solcher Assistenten.

§. 15. Der von einer Partei gewählte oder ihr zugeordnete Assistent muss seine Aufmerksamkeit hauptsächlich darauf richten, dass die Partei gehörig examinirt, nicht übereilt, noch in Furcht gesetzt; nichts, was zur Aufklärung der Sache von ihrer Seite und zu ihrer Vertheidigung gehört, übergangen oder vernachlässigt; vielmehr Alles deutlich, richtig, dem wahren Sinne der Partei gemäss, niedergeschrieben werde.

§. 16. Der Assistent muss dem Deputirten des Gerichts bei der Erforschung des wahren Zusammenhangs der Thatsachen auf keine Weise hinderlich fallen, die Partei in ihren Erzählungen nicht unterbrechen, noch derselben zur Zurückhaltung oder Verstellung der Wahrheit Rath oder Anlass geben; vielmehr, so viel an ihm ist, dazu mitwirken, dass die vorkommenden Thatsachen bald und vollständig in ihr wahres Licht gesetzt werden.

§. 17. Wenn aber der Assistent wahrzunehmen glaubt, dass der Deputirte des Gerichts die Sache von der unrechten Seite ansehe; dass er erhebliche Umstände übergehe, zu leicht und flüchtig verfahre; nicht tief genug in den eigentlichen Zusammenhang der Sache eindringe; oder dass die Fassung des Protokolls dem wahren Sinne der Partei nicht gemäss sei; so ist es seine Pflicht, dergleichen Fehler auf geziemende Art zu bemerken, und falls seinen Erinnerungen kein Gehör gegeben würde, davon entweder bei der Unterschrift des Protokolls, oder durch ein besonderes Promemoria, dem Gerichte Anzeige zu machen.

§. 18. Dergleichen Assistenten müssen überall bei allen gerichtlichen Verhandlungen unter den Parteien, und auch bei den Zeugenabhörungen, zugelassen werden.

§. 19. Nach geschlossener Instruktion steht es den Parteien frei, sich ihrer Assistenten auch bei Anfertigung der rechtlichen Deduktionen zu bedienen.

§. 20. In so fern die Assistenten zugleich solche zum Betrieb des Prozesses gehörende Angelegenheiten und Geschäfte, welche ausser und zwischen den Terminen vorfallen, besorgen sollen, sind sie als Bevollmächtigte anzusehen; und müssen sich also durch eine ordentliche Vollmacht dazu legitimiren. Eine jede Partei, welche nicht am Orte des Gerichts ihren beständigen Aufenthalt hat, ist schuldig, wenn sie auch die Instruktionstermine persönlich abwartet, dennoch einen solchen Bevollmächtigten zum Betrieb der Sache zwischen den Terminen zu bestellen.

1) **Rescript** vom 5. Juni 1835, nebst **C. O.** vom 29. Mai ejd., daß die in Prozessen durch das Gericht den Parteien zugeordneten Stellvertreter keiner Vollmacht bedürfen.

Zur Beseitigung der bei der Anwendung des §. 20. Tit. 3. Thl. I. und des §. 21. Tit. 3. Thl. III. der A. G. O. entstandenen Zweifel haben des Königs Majestät mittelst abschriftlich beiliegender Allerhöchster C. O. vom 29. v. M. zu erklären geruht,

daß in Prozessen nur die von den Parteien selbst gewählten, nicht aber die auf ihren Antrag oder von Amts wegen durch das Gericht ihnen zugeordneten Stellvertreter, wenn sie auch zur Zahl der Justizkommissarien gehören, sich durch eine besondere Vollmacht zu legitimiren haben.

Das (Tit.) hat sich nach dieser Allerhöchsten Bestimmung zu achten und dieselbe durch die Amtsblätter zur öffentlichen Kenntniß zu bringen.

Berlin, den 5. Juni 1835.

Zur Beseitigung der bei der Anwendung des §. 20. Tit. 3. Thl. I. und des §. 21. Tit. 3. Thl. III. der A. G. O. entstandenen Zweifel, erkläre Ich auf Ihren Bericht vom 16. d. M. nach Ihrem gemeinschaftlichen Antrage, daß in Prozessen nur die von den Parteien selbst gewählten, nicht aber die auf ihren Antrag oder von Amts wegen durch das Gericht ihnen zugeordneten Stellvertreter, wenn sie auch zur Zahl der Justizkommissarien gehören, sich durch eine besondere Vollmacht zu legitimiren haben. Ich beauftrage Sie, die Gerichte hiernach durch angemessene Mittheilung Meines gegenwärtigen Erlasses zu belehren.

Berlin, den 29. Mai 1835.

(v. K. Jhrb. Bd. 45. S. 430.)

2) **Rescript** vom 24. Februar 1836, betreffend die Anwendung der Allerhöchsten C. O. vom 29. Mai 1835, auf summarische und Bagatell-Prozesse.

Dem Königlichen Ober-Landesgericht wird auf die Anfrage vom 16. d. M. wegen Anwendung der Allerhöchsten C. O. vom 29. Mai und des Rescripts vom 5. Juni 1835 auf summarische und Bagatell-Prozesse,

hierdurch eröffnet, wie der Justiz-Minister der Ansicht derjenigen Mitglieder des Kollegiums beitritt, welche annehmen,

daß auch in summarischen und Bagatell-Prozessen den abwesenden Parteien auf ihren Antrag oder von Amts wegen durch das Gericht Stellvertreter zugeordnet werden dürfen, und daß diese sich durch eine besondere Vollmacht nicht zu legitimiren haben.

Dies folgt nicht nur aus der Allerhöchsten C. O. vom 29. Mai v. J. (Jahrb. Bd. 45. S. 430.), welche ohne Unterschied von den Stellvertretern der Parteien in Prozessen spricht, sondern ergiebt sich auch daraus, daß die Befugniß des vom Gerichte bestellten Assistenten, die Gerechtsame der Partei wahrzunehmen, aus der richterlichen Zuordnung entspringt, welche jederzeit aus einer schriftlichen Verfügung hervorgeht, die entweder in den betreffenden Prozeßakten urschriftlich befindlich ist, oder doch in Dekretsabschrift beigebracht werden kann, und somit jeder Zweifel über die Legitimation beseitigt.

(Gen. Act. des Justizm. V. No. 17. Vol. II. Fol. 97.)

Von andern Beiständen.

§. 21. Ausserdem steht es auch einer jeden Partei frei, neben diesem ihren Rechtsbeistande, auch andere Personen, in welche sie ein besonderes Vertrauen hat, und von welchen sie, entweder wegen der ihnen beiwohnenden genauern Bekanntschaft mit den in dem Prozesse vorkommenden Thatsachen, oder in Fällen, wo es auf eine gewisse Sach- oder Kunstkenntniss ankommt, wegen solcher bei ihnen anzutreffenden Kenntnisse, einen vorzüglichen Beistand erwartet, mit zu den Terminen zu bringen. Dergleichen Beistände muss der Deputirte des Gerichts unbedenklich zulassen; er muss aber auch dahin sehen, dass sie sich in ihren Schranken halten, und der Aufklärung der Sache auf keine Weise hinderlich fallen. Uebrigens ist es lediglich die Sache der Partei, ob und zu welchen Terminen sie einen solchen Beistand mitbringen will; und die Instruktion kann durch die Abwesenheit und das Ausbleiben desselben niemals aufgehalten werden.

1) **Rescript** vom 19. März 1832, betreffend die Beschränkung der Befugniß, Parteien in gerichtlichen Terminen zu assistiren.

Der Justiz-Minister eröffnet Ihnen auf Ihre Vorstellung vom 13. d. M., daß, wenn das Ober-Landesgericht zu Frankfurt Ihnen das Assistiren der Parteien in Terminen untersagt, demselben die Vorschriften der A. G. O. Thl. I. Tit. 3. §. 14. u. f. zur Seite stehen. Rechtsbeistände müssen aus der Zahl der Justizkommissarien gewählt, oder vom Richter ausdrücklich beigeordnet werden. Außer diesen Personen ist niemand als Rechtsbeistand zuzulassen. Die §. 21. des gedachten Titels der A. G. O. erwähnten Beistände können nur aus Sach- oder Kunstverständigen oder solchen Personen gewählt werden, denen eine besondere Kenntniß von den Thatsachen des streitigen Gegenstandes beiwohnt.

Wenn Sie nicht zu diesen Personen gehören, so müssen Sie sich der Einmischung in Prozeß- und andern Rechtssachen enthalten. Treten Sie auf den Grund einer gesetzlich vermutheten Vollmacht auf, so wird Ihnen das Ober-Landesgericht den Zutritt nicht verweigern. Wenn Sie aber General-Bevollmächtigter sind, so müssen Sie zu Prozeß-Verhandlungen bei Gericht einen Justiz-Kommissarius substituiren. Auch verbietet das Ober-Landesgericht mit Recht die Zulassung von Rechtsschriften, welche Sie verfertiget haben. In Prozeß- und andern Rechtssachen müssen sich die Parteien der Justiz-Kommissarien zur Abfassung ihrer Rechtsschriften bedienen.

Nur Beschwerden, welche bei des Königs Majestät anzubringen sind, können Sie für Andere, unter Beobachtung der gesetzlichen Vorschriften anfertigen.

Auf dergleichen Immediat-Gesuche beschränkt sich die Bestimmung des §. 440. des Anhangs zur A. G. O. und das Rescript vom 14. April v. J.

(v. K. Jhrb. Bd. 39. S. 150.)

2) **Rescript** vom 17. Juli nebst **C. O.** vom 9. April 1835, betreffend die Qualifikation der Beistände der bei gutsherrlich bäuerlichen Regulirungen und Gemeinheitstheilungen betheiligten Parteien. v. K. Jhrb. Bd. 46. S. 109. (s. ad Tit. 43. §. 1. seqq.)

Von Bevollmächtigten.

§. 22. Wenn eine Partei die Instruktion ihres Prozesses nicht persönlich abwarten kann, oder sonst nach den obigen Vorschriften davon dispensirt ist, so muss sie aus den bei dem Gerichte zur Prozesspraxis bestellten Justizkommissarien einen Bevollmächtigten wählen, und denselben mit vollständiger Information und gehöriger Vollmacht versehen. Auditeurs können zwar unter Genehmigung ihres Vorgesetzten, als Rechtsbeistände solcher Parteien, welche die Instruktion persönlich abwarten, zugelassen, niemals aber zu Bevollmächtigten abwesender Parteien gewählt werden.

Anh. §. 45. *Eine Gerichtsperson, die an Abfassung eines Urtels Theil genommen hat, kann in den folgenden Instanzen nicht der Assistent einer Partei sein, wenn auch die letztere die Bestätigung des Urtels verlangt.*

1) **Rescript** vom 16. September 1798, betreffend die Unzulässigkeit der Wahrnehmung der Gerechtsame einer Partei in den höheren Instanzen durch Jemand, der an der Abfassung des ersten Erkenntnisses Theil genommen hat. v. R. V. S. 206. (aufgen. im §. 45. des Anh.)

2) **Rescript** vom 9. Oktober 1820 und 18. Mai 1821, betreffend die Verstattung der Unterrichter zur Praxis als Justiz-Kommissarien. v. K. Jhrb. Bd. 17. S. 275. und

3) **Rescript** vom 16. Dezember 1822, betreffend die Justiz-Kommissariats-Praxis der Justitiarien. v. K. Jhrb. Bd. 20. S. 273. (antiquirt durch die nachfolgende Verordnung.)

4) **Rescript** vom 30. Oktober 1827, betreffend die Unzulässigkeit von Justiz-Kommissariats-Geschäften der richterlichen Beamten.

Durch die Verordnung vom 9. Oktober 1820 und vom 18. Mai 1821 war es in den Gegenden, wo es an Justiz-Kommissarien mangelte, den Parteien gestattet worden, sich durch Justiz-Beamte in den Fällen in ihren Prozeß-Angelegenheiten vertreten zu lassen, wo ausnahmsweise auf das persönliche Erscheinen der Parteien nicht gedrungen werden konnte.

Von dieser Erlaubniß ist ein ausgedehnterer Gebrauch gemacht worden, als beabsichtigt war. Es sollte nur einem dringenden Bedürfniß abgeholfen werden, und es ward in der letztgedachten Verordnung ausdrücklich erwähnt, daß die gedachte Gestattung zu jeder Zeit widerruflich sei, und kein Recht auf eine Entschädigung oder Beibehaltung darauf gegründet werden könne.

Der Justiz-Minister hält die Vereinigung des Amtes eines Richters mit dem Betriebe von Justiz-Kommissariats-Geschäften für durchaus unverträglich, aller dabei statt findenden Modifikationen ungeachtet, und weiset hiermit das Königliche Ober-Landesgericht an, für die Zukunft keine neuen Verbindungen dieser Art zu gestatten. Für die jetzt noch bestehenden wird der 1. April des künftigen Jahres als letzter Termin festgesetzt, bis zu welchem den Richtern, welche die Erlaubniß erhalten haben, sich als Bevollmächtigte der Parteien gebrauchen zu lassen, verstattet wird, Geschäfte der letztgedachten Art zu betreiben, da durch die Aufhebung sofort den Parteien, welche verhindert werden könnten, sogleich einen andern Bevollmächtigten zu ernennen, leicht, ohne ihr Verschulden, Nachtheile entstehen könnten, welche durch den bewilligten längern Zeitraum vermieden werden.

Das Königliche Ober-Landesgericht hat die gedachten Richter von dieser Verfügung in Kenntniß zu setzen, damit ihre Mandanten hiervon zeitig benachrichtigt werden, und durch zweckmäßige Vorschläge gegen Anstellungen von Justiz-Kommissarien in den Theilen des Departements, wo es daran fehlen sollte, dafür zu sorgen, daß dem Bedürfniß der Parteien entsprochen werde, welchem die jetzt aufgehobene Verfügung vom 9. Oktober 1820 ihr Entstehen zu verdanken hatte.

(v. K. Jhrb. Bd. 30. S. 363.)

5) **Rescript** vom 4. Juni 1834, daß Auditeure als Bevollmächtigte für Offiziere nicht zugelassen werden sollen.

Ihre Anträge in der Vorstellung vom 12. v. M. kann der Justiz-Minister nicht berücksichtigen, und insbesondere das dortige Königliche Ober-Landesgericht nicht zur Festsetzung der von Ihnen in der Prozeßsache des Magistrats wider die Königliche Kommandantur daselbst liquidirten Mandatarien-Gebühren anweisen.

Die Frage:

ob Auditeure auf den Grund der Verordnung vom 11. Dezember 1802 noch jetzt berechtigt sind, als Bevollmächtigte für Offiziere in deren Rechtsangelegenheiten aufzutreten,

ist bereits früher bei einer andern Gelegenheit zur Berathung des Königlichen Kriegs- und des Justiz-Ministeriums gekommen, und auf den Grund eines gutachtlichen Berichts des Königlichen General-Auditoriats dahin entschieden worden, daß, abgesehen davon, daß die Vorschrift des §. 9. der Verordnung vom 11. Dezember 1802, in Verbindung mit dem §. 22. Tit. 1. Thl. I. der A. G. O., nur von der Wahl eines Auditeurs zum Rechtsbeistande, und nicht zu einem Bevollmächtigten zu handeln scheinen, die Uebernahme solcher Aufträge mit der veränderten Militair-Gerichtsverfassung und mit der jetzigen Stellung der Auditeure für nicht vereinbar, und daher die gedachte Vorschrift für nicht mehr anwendbar zu erachten sei.

Hierbei muß es auch in dem vorliegenden Falle verbleiben, indem der Umstand, daß das dortige Königliche Ober-Landesgericht Sie als Mandatar des General-Majors v. B. zugelassen hat, Sie noch nicht berechtigt, die Gebühren eines solchen zu liquidiren und von ihrem Machtgeber oder vom Gegentheil einzuziehen. (A. L. R. Thl. I. Tit. 13. §§. 74. und 75.)

(v. K. Jhrb. Bd. 43. S. 477.)

§. 23. Kann oder will eine Partei, aus Mangel an Bekanntschaft oder andern Ursachen, eine solche Wahl nicht selbst anstellen; so muss sie sich bei dem Gericht allenfalls schriftlich melden, welches ihr entweder aus der Zahl der Justizkommissarien, oder auch, nach Bewandniss der Umstände und Beschaffenheit der Sache, aus seinen Beisitzern oder Referendarien einen solchen Bevollmächtigten anweisen muss.

§. 24. Diesem Bevollmächtigten kann die Partei zwar auch andere Personen zuordnen, welche wegen der genauern ihnen beiwohnenden Kenntniss von dem Hergang der Sache und den dabei vorkommenden Umständen, dem Bevollmächtigten die nöthige Information ertheilen, oder auch mit ihm zugleich in den Terminen erscheinen, und die Instruktion abwarten. Doch liegt der Betrieb der Sache dem eigentlichen Bevollmächtigten hauptsächlich ob, und er ist dem Gerichte dafür verantwortlich. Es bedarf also auch für die ihm zugeordneten Personen keiner besondern Vollmacht.

§. 25. Diejenigen Personen, welche nach Vorschrift der Gesetze (Thl. I. Tit. XIII. §. 119. u. f.) in den Angelegenheiten gewisser anderer Personen die Vermuthung einer Vollmacht für sich haben, müssen auch in Prozessen als Bevollmächtigte solcher Personen zugelassen werden. Ist Gefahr im Verzuge vorhanden, so muss der Richter auf ihre rechtlichen Anträge verfügen, wenn sie auch noch keine Vollmacht vorlegen können; in so fern sie nur zu deren Nachbringung oder zur Herbeischaffung der Genehmigung sich erbieten.

1) **Rescript** vom 6. November 1832, betreffend die Zulässigkeit der Hausoffizianten als Bevollmächtigte ihres Dienstherrn.

Der Justiz-Minister findet in Ihrer Vorstellung vom 21. v. M. keine Veranlassung, die zurück erfolgende Verfügung des Ober-Landesgerichts zu Marienwerder, nach welcher der B. als Hausoffiziant des Grafen v. B. zu dessen Vertretung vor Gericht in den Prozessen desselben zuzulassen ist, einer Abänderung zu unterwerfen. Dem Grafen v. B. steht die Befugniß zu, einem seiner Hausoffizianten die Betreibung seiner Rechtsangelegenheiten aufzutragen. In dieser Eigenschaft muß der letztere nach §. 25. Tit. 3. Thl. I. der A. G. O. als Bevollmächtigter seines Dienstherrn bei allen Gerichten zugelassen werden, indem sein persönliches Verhältniß zu dem Grafen v. B. eine Ausnahme von der Regel begründet, daß nur Justiz-Kommissarien die Vertretung der Parteien vor Gericht übernehmen dürfen. Deshalb kommt es auch auf das Rescript vom 2. Februar 1818 gar nicht an, indem ein General-Mandatar noch keinesweges in einem persönlichen Dienstverhältniß zu dem Machtgeber steht, wie dies zwischen Hausoffizianten und Dienstherren der Fall ist.

(v. K. Jhrb. Bd. 40. S. 425.)

2) **Rescript** vom 10. Mai 1834, daß Hausoffizianten nur dann als Bevollmächtigte in Prozessen auftreten dürfen, wenn ihnen der Betrieb der Rechtsangelegenheiten des Dienstherrn übertragen worden, oder der Prozeß ein ihnen anvertrautes Geschäft betrifft.

In Ihrer Vorstellung vom 23. v. M. beschweren Sie sich darüber, daß das Königliche Kammergericht Sie mit der angetragenen Restitution gegen das Kontumazial-Erkenntniß zurückgewiesen hat, welches in dem Prozesse mit dem Güterbestätiger H. wider Sie ergangen ist.

Die eingesehenen Akten ergeben, daß Ihre Krankheit, worauf Sie das Restitutionsgesuch zunächst gestützt haben, nicht dergestalt bescheinigt worden ist, um Ihr persönliches Ausbleiben in dem, nach mehrmaliger Verlegung auf den 18. Januar d. J. anberaumt gewesenen Instruktionstermin zu rechtfertigen.

Ihre Vertretung durch den für Sie erschienenen Meier P. hat nicht gestattet werden können, weil

a) nur solche Hausoffizianten, welchen der Betrieb der Rechtsangelegenheiten ihres Dienstherrn als ein Theil ihrer Dienstgeschäfte ein für allemal übertragen worden; dessen Prozesse zu führen berechtigt sind.

Von diesem Falle handelt das Rescript vom 6. November 1832, indem der Graf v. B. seinem der Rechte kundigen Privatsekretair den Betrieb aller seiner Rechtsangelegenheiten übertragen hatte. (Jhrb. Bd. 40. S. 425.)

b) Jeder andere Hausoffiziant darf sich der Führung eines Prozesses nur alsdann unterziehen, wenn derselbe ein ihm in jener Eigenschaft anvertrautes Geschäft betrifft. (A. L. R. Thl. I. Tit. 13. §. 122.).

So und nicht anders muß die Disposition der A. G. O. Thl. I. Tit. 3. §. 25. in Vergleichung mit der darin allegirten Stelle des A. L. R. a. a. O. ausgelegt und angewendet werden.

Das Verfahren des Königlichen Kammergerichts erscheint hiernach vollkommen gerechtfertigt, und es bleibt Ihnen nur überlassen, in der Ihnen bereits eröffneten Appellations-Instanz Ihr Recht zu verfolgen.

(v. K. Jhrb. Bd. 43. S 479.)

3) **Rescript** vom 23. Januar 1835, daß in summarischen und Bagatellprozessen auch Personen, welche die Vermuthung der Vollmacht für sich haben, sich sofort durch Vollmacht oder Schreiben legitimiren müssen. v. K. Jhrb. Bd. 45, S. 199. (s. zu I. 28. §. 1—15.)

§. 26. Andere Personen, welche mit der Partei, die sie vertreten wollen, in keinem solchen Verhältnisse stehen, sind nur alsdann zuzulassen, wenn eine Gefahr im Verzuge klar erhellet, und von ihnen für die nachzubringende Genehmigung der Hauptpartei eine von dem Richter nach Beschaffenheit der Umstände festzusetzende Kaution sofort bestellt wird.

§. 27. Wenn solche Personen (§. 25. 26.) den Prozess eines Abwesenden als dessen Bevollmächtigte persönlich abwarten, so finden wegen der von ihnen zu erwählenden oder zu erbittenden Assistenten die Vorschriften §. 14—21. Anwendung.

§. 28. Einem solchen Bevollmächtigten (§. 25. 26.), inngleichen den Justizkommissarien, welche sich zum Betrieb eines Prozesses ohne Vollmacht, jedoch unter dem Angelöbniss, dieselbe nachzubringen, melden, muss der Richter zu dieser Nachbringung eine nach der Nähe oder Entfernung des Aufenthalts der Partei abzumessende Frist bestimmen.

§. 29. Kann die Vollmacht nicht beigebracht, und die Genehmigung des Abwesenden für nachgewiesen nicht angenommen werden (A. L. R. Thl. I. Tit. XIII. §. 125—128.), so ist die erfolgte Verhandlung für nicht geschehen zu achten; und der angebliche Bevollmächtigte muss sowohl dem Richter, als dem Gegentheile, für alle daher entstehende Schäden und Kosten vollständigen Ersatz leisten. (Tit. XVI. §. 2. n. 5.)

1) **Rescript** vom 3. Februar 1816, betreffend die Beibringung der Vollmachten der Justiz-Kommissarien.

Der von der Königlichen Ober-Landesgerichts-Kommission über die Beschwerde des Stadt- und Landgerichts zu Dortmund, unterm 9. Januar c. erstatte Bericht ist vorgetragen worden. Der Justiz-Minister kann aber mit der darin angenommenen Meinung:

> daß die Vorschrift der Prozeß-Ordnung Thl. I. Tit. 3. §. 29. nur auf den Fall passe, wenn eine Vollmacht zur Anstellung einer Klage nicht beigebracht werden könne, — keineswegs aber auf den, in Sachen des Kolonisten N. wider den Kolonisten N. eingetretenen Fall Anwendung leide, wo der Anwalt des Klägers den wegen Beibringung der Vollmacht mehrmals erhaltenen Verfügungen keine Folge geleistet hat,

sich nicht einverstanden erklären.

Die Disposition der A G. O. Thl. III. Tit 7. §. 42., womit das Kollegium jene Ansicht zu rechtfertigen vermeint, ist rein disziplinarisch, und befasset die wichtige Materie von der Bevollmächtigung der Anwälte in keiner Art; für die letztere bleibet die allegirte Vorschrift der Prozeß-Ordnung der eigentliche Sitz der Materie, und die Gerichte sind — streng genommen — davon abzuweichen nicht befugt. — Ein entgegengesetztes Verfahren würde nicht nur der Nachlässigkeit der Anwälte, sondern auch den Chikanen der Parteien sehr häufig einen weiten Spielraum eröffnen, und die Beschleunigung der Prozesse einer öftern bedeutenden Verzögerung aussetzen, welches mit dem Geiste der Prozeß-Ordnung gänzlich im Widerspruch stehet.

Das Land- und Stadtgericht hat daher durch Androhung und Vollziehung des loco allegato festgestellten Präjudizes, dem Gesetze vollkommen gemäß gehandelt, und die Königliche Oberlandesgerichts-Kommission wird angewiesen, mittelst Wiederaufhebung ihrer dagegen erlassenen Verfügung, jenes Verfahren aufrecht zu erhalten, auch sich in allen vorkommenden Fällen nach den in dem gegenwärtigen Rescripte entwickelten Grundsätzen zu achten.

(v. K. Jhrb. Bd. 7. S. 17.)

2) **Rescript** vom 6 Januar 1821, daß auf Beibringung der Vollmachten der Justiz-Kommissarien gehalten werden soll.

Es ist von dem Chef der Justiz wahrgenommen worden, daß die Königlichen Justiz-Behörden die Aufsicht über die Bevollmächtigung der Justiz-Kommissarien in Rechts-Angelegenheiten oftmals außer Acht lassen, wodurch der Betrieb der Sachen aufgehalten und sogar zu Nullitäten Veranlassung gegeben wird —

Sämmtliche Gerichtsbehörden werden daher angewiesen, die Vorschriften der A. G. O. Thl. I. Tit. 3. §. 22. seq pflichtmäßig zu befolgen und in deren Gemäßheit die Eingabe eines nicht mit gehöriger Vollmacht versehenen Justiz-Kommissarius mit Ausnahme der §§. 25. und 26. l. a. bezeichneten dringenden Fälle — zurückzugeben, auch die wegen Beibringung der Vollmachten erlassenen Auflagen ohne Nachsicht zu realisiren. (v. K. Jhrb. Bd. 17. S. 261.)

3) **Rescript** vom 19. November 1821, betreffend die Zurückgabe der Eingaben nicht gehörig bevollmächtigter Justiz-Kommissarien.

Aus dem Berichte des Königlichen Ober-Landesgerichts vom 26. v. M. ist ersehen worden, welche Verschiedenheit der Meinungen hinsichtlich der Deutung des Rescripts vom 6. Januar c., wegen Zurückgabe der Eingabe eines nicht mit gehöriger Vollmacht versehenen Justiz-Kommissarii ꝛc.,

bei dem Kollegio obwaltet.

Das erwähnte Rescript hat nichts anders festzustellen beabsichtiget, als was bereits durch die bisherigen Gesetze angeordnet ist. In diesen Gesetzen findet sich, — bei sorgfältiger Zusammenstellung, — die von der Minorität des Kollegii angenommene Meinung vollkommen begründet.

Die A. G. O. macht es Thl. I. Tit. 3. §. 22. den Parteien, welche die Instruktion ihrer Prozesse nicht persönlich abwarten können, oder sonst davon dispensirt sind, zur Pflicht, aus der Zahl der Justiz-Kommissarien einen Bevollmächtigten zu wählen, und ihn zu dem Ende mit gehöriger Vollmacht zu versehen. Eine Ausnahme hiervon greift nur dann Platz, wenn Personen, welche nach Vorschrift des A. L. R. Thl. I. Tit. 13. §. 119. seq. die Vermuthung einer Vollmacht für sich haben, für eine Partei auftreten. Allein selbst diese Personen sind durch Vorlegung einer Vollmacht sich sofort zu legitimiren verbunden, und es darf ohne eine solche Vollmacht auf ihre Anträge nur bei einer etwa eintretenden Gefahr im Verzuge verfügt werden. (§. 25. l. c.). Andere sich statt der Partei meldende Personen ist der Richter zuzulassen, und auf deren Anträge — sogar, wenn eine Gefahr im Verzuge klar erhellt — zu berücksichtigen, nicht ermächtiget, wofern für die nachzubringende Genehmigung nicht eine angemessene Kaution bestellt wird (§. 26.). Hieraus geht recht deutlich hervor, wie sehr die A. G. O. darauf Bedacht genommen hat, den Verwickelungen, Verantwortlichkeiten und Nullitäten zu begegnen, welche daraus unvermeidlich entspringen müssen, wenn die Anträge und Erklärungen der sich als Bevollmächtigte gerirenden Personen hiernächst von den Parteien nicht genehmigt werden.

Die Vorschrift des §. 28. enthält nichts, was jene Absicht zweifelhaft machen, oder die allgemeine Verpflichtung der Bevollmächtigten,

sich durch sofortige Vorlegung einer Vollmacht zu legitimiren,

zu Gunsten der Justiz-Kommissarien modificiren könnte. Sie sind mit den §. 25. benannten Personen vielmehr in eine Kategorie gesetzt, indem ihr öffentliches Amt zwar wohl die Vermuthung einer Bevollmächtigung für sie erweckt, keinesweges aber hinsichtlich der vorzulegenden Vollmacht eine stärkere Begünstigung, als für die oben bezeichneten Personen begründet. Ueberhaupt aber liegt in der Disposition des §. 28. keine andere Tendenz, als die: dem Richter in der Bestimmung der dem admittirten Bevollmächtigten zur Nachbringung der reservirten Vollmacht in dringenden Fällen nach §§. 25. oder 26. zu bewilligenden Frist, keinen zu willkührlichen Spielraum zu lassen, und die Vollstreckung des Präjudizes zu begrenzen, welches, ohne Ansehen der Person, in dem §. 29. l. c. ausgesprochen ist. Das Kollegium hat sich nach den vorstehend entwickelten Grundsätzen überall zu achten, und darauf, daß solches von den ressortirenden Untergerichten geschiehet, sorgfältig zu wachen.

(v. K. Jhrb. Bd. 18. S. 283.)

4) **Rescript** vom 5. Juni und **C. O.** vom 29. Mai 1835, daß die vom Gericht in Prozessen zugeordneten Stellvertreter der Parteien keiner Vollmacht bedürfen. s. zu §. 20. h. t.

Wie die Prozessvollmachten beschaffen sein müssen.

§. 30. Eine jede zur Betreibung streitiger Rechtsangelegenheiten ausgestellte Vollmacht muss enthalten:

1) den Namen, Stand und Karakter des Bevollmächtigten;
2) den Namen, Stand und Karakter des Gegentheils;
3) den Gegenstand des Rechtsstreites;
4) den Auftrag, alles dasjenige vorzunehmen, was die Gerichte von einem im Namen einer abwesenden Partei erscheinenden Bevollmächtigten zu fordern berechtigt sind;
5) das Datum;
6) die Unterschrift des Vor- und Zunamens des Ausstellers, mit Beifügung seines Karakters. Dagegen ist die Beidruckung des Petschafts zur Gültigkeit der Vollmacht nicht nothwendig.

§. 31. Durch eine solche Vollmacht erhält der Bevollmächtigte die Befugniss und Verbindlichkeit, die Stelle der Partei vor

Gericht zu vertreten, und sich im Fortgange des Prozesses allen vorkommenden Geschäften zu unterziehen, bei welchen nicht etwa nach Vorschrift der Gesetze eine Specialvollmacht erfordert wird. (A. L. R. Thl. I. Tit. XIII. §. 99—109.)

Rescript vom 25. April 1834, daß der Mandatar des Klägers zu dem Antrage auf Subhastation des dem Verklagten gehörigen Grundstücks eine besondere Vollmacht beibringen muß.

Das Königliche Landgericht zu Cottbus hat in Folge der von dem Königlichen O. L. G. auf die Beschwerde des Justiz-Kommissarius B. zu Hoyerswerda in der Rechtssache des Invaliden H. wider den Schumachermeister S. unter dem 12. November v. J. erlassenen Verfügung, darüber um Belehrung gebeten:

ob der Anwalt der klagenden Partei zu dem, im Laufe der Exekution formirten, Antrage auf Subhastation eines Grundstücks des Verklagten einer besondern Vollmacht bedürfe?

wovon das Königliche Ober-Landesgericht mit dem Eröffnen benachrichtigt wird, daß der Justiz-Minister der Ansicht des Kollegiums, welches sich für die Negative entschieden, nicht beitreten kann.

Der Subhastations-Prozeß ist ein ganz neuer Prozeß, bei welchem außer dem Extrahenten und dem Schuldner auch noch andere Personen konkurriren. Mit diesen sich in einen Prozeß einzulassen, gegen den Schuldner einen ganz neuen Prozeß anzufangen, welcher ganz andere Gegenstände und Rechte umfaßt, als der Vorprozeß: dazu ist der Mandatar durch die erste Vollmacht nicht legitimirt, da derselbe durch diese nicht einmal zur Verhandlung über die Widerklage legitimirt ist, wenn die letzte mit der Klage nicht in einem Prozesse verhandelt werden darf, cf. §. 34. Tit. 3. der Prozeß-Ordnung; dies muß noch vielmehr jetzt gelten, da nach der Verordnung vom 4. März d. J. mit dem Subhastations-Prozesse zugleich das Verfahren über die Kaufgelder verbunden ist.

Das Königliche Ober-Landesgericht hat darauf zu halten, daß — wenn die Prozeß-Vollmacht nicht schon ausdrücklich die Befugniß enthält, die Subhastation zu extrahiren, und in dem Subhastations-Prozesse die Rechte des Klägers wahrzunehmen — der Mandatar sich zur Ausbringung der Subhastation durch eine neue hierauf gerichtete Vollmacht legitimiren muß, ehe auf seinen Antrag eingegangen wird.

(v. K. Jhrb. Bd. 43. S. 480.)

2) **Rescript** vom 9. Oktober 1835, betreffend die Befugniß des Prozeß-Bevollmächtigten zu Exekutions-Anträgen.

Dem Königlichen Land- und Stadtgericht wird auf den Bericht vom 10. v. M. hierdurch eröffnet, daß der Justiz-Minister der Ansicht des Ober-Landesgerichts zu Posen,

wonach der zum Betrieb eines Prozesses mit einer gewöhnlichen Prozeß-Vollmacht versehene Justiz-Kommissarius auf Grund dieser Vollmacht Exekutionen in das Mobiliare in Antrag zu bringen befugt ist,

nicht nur vollkommen beipflichtet, sondern auch den, durch Prozeß-Vollmacht legitimirten Mandatarius zu allen übrigen Exekutions-Anträgen mit Ausschluß

a. des Antrags auf Subhastation eines Grundstücks

und b. derjenigen Exekutions-Anträge, welche, weil sie

— wie z. B. derjenige auf Uebereigenung eines Aktivums an Zahlungsstatt — eine Verzichtleistung enthalten, nach § 103. Tit. 13. Thl. I. des A. L. R. oder aus anderen Gründen eine Spezial-Vollmacht erfordern,

für befugt erachtet.

Denn wenn auch, wie das Königliche Land- und Stadtgericht annimmt, jeder Rechtsstreit als solcher mit der erfolgten rechtskräftigen Entscheidung für beendigt anzusehen ist: so läßt sich doch nicht in Abrede stellen, daß das Exekutionsverfahren zu denjenigen Geschäften gehört, welche im Fortgange des Prozesses vorkommen. Hierbei ist aber der Mandatar auf Grund der Prozeß-Vollmacht nach §. 31. Tit. 3. Thl. I. der A. G. O. die Stelle der Partei überall zu vertreten befugt, in sofern nicht bei einzelnen Geschäften nach Vorschrift der Gesetze eine Spezial-Vollmacht erfordert wird, was bei Exekutions-Anträgen im Allgemeinen nicht der Fall ist. (Gen. Act. des Justizm. V. No. 17. Vol. II. fol. 87.)

3) **Rescript** vom 17. Oktober 1835, betreffend die Frage: ob eine Prozeß-Vollmacht zur Zurücknahme eines Liquidats im Konkurse ermächtige.

Das dortige Stadtgericht hat auf Veranlassung der an dasselbe in der Kaufmann J.schen Konkurssache unterm 12. August c. von dem Königlichen Ober-Landesgericht erlassenen Verfügung, die Frage:

ob ein Justiz-Kommissarius im Konkurse, für den Fall, wenn während der Instruktion eines Liquidats, liti aber nicht causae entsagt wird, einer, auf diese Entsagung gerichteteten Spezial-Vollmacht bedürfe?

zur diesseitigen Entscheidung gestellt.

Der Justiz-Minister ist der Meinung, daß ein Justiz-Kommissarius zur Zurücknahme der Liquidation eines Postens der Spezial-Vollmacht allerdings bedarf. Letzte ist nach den Vorschriften des A. L. R. Thl. I. Tit. 13 §. 103. alsdann erforderlich, wenn ein Recht des Machtgebers einem Dritten abgetreten oder Verzicht darauf geleistet werden soll. Da aber die Gläubiger mit der Eröffnung des Konkurses ein Pfandrecht an dem gesammten Vermögen des Gemeinschuldners, und vor den sich nicht meldenden Gläubigern ein Vorzugsrecht auf Befriedigung aus der Konkursmasse gesetzlich erlangen, so enthält die Zurücknahme eines Liquidats allerdings eine Verzichtleistung auf dies Pfand- und übrige aus der Theilnahme an der Kreditmasse fließende Recht, aus dem vorhandenen Vermögen des Schuldners befriedigt zu werden, und verweiset die Befriedigung auf den seltenen und ungewissen Fall, daß der Gemeinschuldner zu besseren Vermögensumständen gelangen werde. Es ergiebt sich hieraus von selbst, daß die Analogie der Verzichtleistung auf die Klage in einem Singular-Prozesse hier nicht anwendbar ist, indem bei derselben keine Verzichtleistung auf die Befriedigung aus dem vorhandenen Vermögen des Verklagten eintritt, auch die Klage von dem Kläger zu jeder Zeit wieder von Neuem angestellt werden kann, beides aber bei der Zurücknahme eines Liquidats im Konkurs-Verfahren sich anders verhält.

(Gen. Act. des Justizm. V. No. 17. Vol. I. Fol. 62.)

Von Generalbevollmächtigten.

§. 32. Wenn jemand zur Betreibung aller seiner Rechtsangelegenheiten einen Generalbevollmächtigten bestellt hat, und dieser von einer solchen Generalvollmacht in mehreren Sachen Gebrauch machen will, so muss er in jeder derselben eine beglaubte Abschrift zu den Akten einreichen. Soll aber ein solcher Generalbevollmächtigter auch zu Handlungen, bei welchen die Gesetze eine Specialvollmacht erfordern, berechtigt sein, so muss die Generalvollmacht den Auftrag zu dergleichen Handlungen ausdrücklich enthalten.

1) **Rescript** vom 14. März 1812, betreffend die Befugniß eines General-Bevollmächtigten zur Prozeßführung.

Das Königliche Stadtgericht empfängt in der Anlage eine Abschrift des, auf dessen Beschwerden vom 3. v. M. von dem Kammergerichte unterm 20 ejd. erstatteten Berichts. Hiernach ist die erste Beschwerde, welche die Zulassung der bei dem Kammergerichte angestellten Justiz-Kommissarien zur Prozeßführung bei dem Stadtgerichte betrifft, für erledigt zu halten, da durch die Verfügung, nach welcher die General-Mandate mit der Substitutions-Klausel versehen sein müssen, aller Störung der Geschäfte vorgebeugt, und den Justiz-Kommissarien die Gelegenheit zu Verzögerungen und andern Mißbräuchen benommen ist.

(v. K. Jhrb. Bd. 1. S. 44.)

2) **Rescript** vom 2. Februar 1818, denselben Gegenstand betreffend.

Die Ertheilung einer General-Vollmacht, über deren Wirkung Ew. Hochwohlgeboren in Ihrer Eingabe vom 20. v. M. belehrt zu werden wünschen, kann den General-Bevollmächtigten zur Führung von Prozessen für seinen Machtgeber keinesweges qualificirt machen, in sofern derselbe nicht zur Zahl der bei dem Gericht rezipirten Justiz-Kommissarien gehört. Die A. G. O. spricht sich Thl. I. Tit. 3. §. 22. hierüber deutlich aus, und sie ist durch die von Ihnen allegirte Stelle des

Anhangs §. 465., welche letztere sich nur auf die Celebrirung von Handlungen der freiwilligen Gerichtsbarkeit beziehet, in keiner Art abgeändert.
(v. K. Jhrb. Bd. 11. S. 14.)

§. 33. Wer in einem Konkursprozesse zur Wahrnehmung der Gerechtsame eines Machtgebers überhaupt bevollmächtigt ist, der wird dadurch sowohl gegen den Kurator der Masse, als gegen einen Mitgläubiger, hinreichend legitimirt.

§. 34. Wer zur Verhandlung im Prozess über die Klage bevollmächtigt ist, der bedarf keiner neuen Vollmacht zur Verhandlung über die Wiederklage, in so fern letztere, nach der unten erfolgenden Vorschrift, in Einem Prozesse mit der Konvention erörtert und entschieden wird.

§. 35. Dagegen kann von einer zur Verhandlung in Possessorio summarissimo ertheilten Vollmacht in dem nachfolgenden Prozesse über die Hauptsache kein Gebrauch gemacht werden.

Form der Vollmachten.

§. 36. Was die Form der in gerichtlichen Angelegenheiten auszustellenden Vollmachten betrifft, so müssen dieselben allemal schriftlich ertheilt, und dabei sowohl die Vorschriften der Gesetze von der Form der Verträge überhaupt (A. L. R. Thl. I. Tit. V. §. 109. u. f.), und von der Form der Specialvollmachten insonderheit (Thl. I. Tit. XIII. §. 110. u. f.), als wegen der von Blinden, oder des Lesens und Schreibens Unerfahrenen, die besondern Verordnungen Tit. V. §. 171. u. f. beobachtet werden.

Anh. §. 46. *In allen Fällen, wo die Bevollmächtigten der Stadtverordneten nach den Gesetzen einer Specialvollmacht von der Versammlung der Stadtverordneten bedürfen, soll ein von dem Vorsteher und sechs Mitgliedern vollzogenes und vom Magistrate des Orts bestätigtes Zeugniss:*
„dass durch einen gesetzlich abgefassten Beschluss der „Stadtverordneten-Versammlung die Bevollmächtigten bevollmächtigt seien"
die Stelle der Vollmacht vertreten.

1) **Städteordnung** vom 19. November 1808. §. 133, wörtlich aufgenommen in §. 46. des Anh.

2) cfr. revidirte **Städteordnung** vom 17. März 1831, §. 127. (G. S. S. 10.)

3) **Rescript** vom 17. Oktober 1835, daß die Vollmachten zur Führung der Prozesse der Stadtgemeinden allein von den Magistraten ausgestellt werden. s. zu §. 40. Anh. §. 47. h. t.

§. 37. Ausserdem müssen aber auch die Parteien zu den für gerichtliche Verhandlungen bestimmten Vollmachten der unter unter öffentlicher Genehmigung gedruckten Formulare sich bedienen, und dieselben gehörig ausfüllen. Sollten dergleichen Vollmachtsbogen an dem Orte, wo die Ausstellung geschehen soll, nicht zu haben sein, so muss zwar ein mit den wesentlichen Erfordernissen einer Vollmacht versehenes Blanket angenommen; doch soll demselben jedesmal, auf Kosten des Ausstellers, der gedruckte Vollmachtsbogen umgeschlagen, und darauf gehörig bemerkt werden, zu welcher Sache derselbe gebraucht worden. Uebrigens müssen zu solchen gedruckten Vollmachten die vorgeschriebenen Stempelsätze bei Vermeidung der gesetzlichen Strafe (A. L. R. Thl. II. Tit. XX. §. 274.) gebraucht werden; und Justizkommissarien, welche Vollmachten, die mit einem minderen, als dem im Stempeledikte vorgeschriebenen Satze versehen sind, zu den Akten bringen, haben die ediktmässige Strafe von zehn Thalern verwirkt.

§. 38. Wegen der die blosse Namensunterschrift enthaltenden Blankets hat es, auch in Prozessangelegenheiten, bei der Vorschrift des A. L. R. Thl. I. Tit. XIII. §. 112. 113. sein Bewenden.

Von Vollmachten der Korporationen und Gemeinen,

§. 39. Korporationen und Gemeinen aller Art können zwar bei Instruktionen in ihren Rechtsangelegenheiten durch ihren Syndikus vertreten werden; doch muss auch dieser zur Anstellung einer Klage in ihrem Namen, oder zur Einlassung darüber, durch einen besondern Auftrag legitimirt sein. (A. L. R. Thl. II. Tit. VI. §. 136. 152.)

Reseript vom 6. Juni 1831, betreffend die Frage: in wiefern Ressourcen zu Societäten gehören und zur Anstellung von Klagen berechtigt sind.

In Veranlassung einer Beschwerde der Schlesischen Provinzial-Ressource zu Breslau, die Prozeßangelegenheit derselben mit dem General, Grafen v. L. betreffend, wird dem Königlichen Ober-Landesgericht eröffnet: daß das Justiz-Ministerium mit den Gründen der Verfügung vom 21. April d. J., welche die Akten-Reposition zur Folge gehabt hat, nicht einverstanden ist, und vielmehr dafür hält, daß es auf eine von sämmtlichen Ressourcen-Mitgliedern auszustellende Vollmacht zur Begründung der Legitimation der Kläger nicht ankommen wird. Nach dem §. 6. der gedruckten Gesetze dieser Gesellschaft scheint das Recht der Repräsentanten zur Einklagung der rückständigen Beiträge nicht bezweifelt werden zu können. Ist nun auch diese Gesellschaft nicht als Korporation anzusehen, so hat dies doch nur auf die äußern Rechte, nicht aber auf die innern Einfluß, da sie zu den erlaubten gehört. Nach §. 13. und 14. Tit. 6. Thl. II. des A. L. R., und auch nach §. 210. Tit. 17. Thl. I. ibid. hat es keinen Zweifel, daß einem der Gesellschafter, mithin auch mehreren, der Betrieb aller oder einer gewissen Art der Societäts-Geschäfte übertragen werden kann, und daß darin zugleich ein unbeschränkter Vollmachts-Auftrag liegt.

Es wird daher im vorliegenden Falle nur darauf ankommen, sich durch Einsicht der Dokumente und Beschlüsse der Gesellschaft die Ueberzeugung zu verschaffen, daß die jetzt klagende Direktion die Repräsentanten der Gesellschaft seien, um der Klage weitern Fortgang zu schaffen, und sollte hierbei noch ein Zweifel entstehen, so ist dieser dem Erkenntnisse vorzubehalten.

(v. K. Jhrb. Bd. 37. S. 324.)

2) **Reseript** vom 8 Mai 1835, betreffend die Ausstellung der Vollmachten von einer Handlungsgesellschaft.

Auf die in der Prozeßsache der Handlung T. Erben zu S. wider den hiesigen Leinenfabrikanten St. unterm 27 März d. J. erhobene Anfrage, wird dem Königlichen Stadtgericht eröffnet, daß der Justiz-Minister der von dem Königlichen Kammergericht in der Verfügung vom 12. März c. ausgesprochenen Ansicht dahin beipflichtet,

daß sowohl eine Handlungsgesellschaft als solche unter ihrer Firma klagend auftreten kann, als auch zur Legitimation ihres Mandatars es genügt, wenn dessen Prozeß Vollmacht nur mit der Handlungsfirma, und nicht außerdem noch mit dem Namen desjenigen Handlungsgesellschafters unterschrieben ist, welcher die Firma unterzeichnet hat.

Zu den richtigen Gründen nämlich, welche das Kammergericht für seine Meinung anführt, tritt noch hinzu, daß der §. 38. Tit. 2. Thl. I. der A. G. O. es als unzweifelhaft voraussetzt, daß eine Handlungsgesellschaft unter der gemeinschaftlichen Firma belangt werden kann und nicht abzusehen ist, warum eine solche Societät nicht auf der andern Seite auch in eben dieser Weise als Klägerin sollte auftreten können. Dagegen ist der §. 30. Tit. 3. der Prozeß-Ordnung keinesweges geeignet, zur Widerlegung jener Ansicht zu dienen. Denn unter dem No. 6. daselbst erwähnten „Aussteller" ist ganz allgemein diejenige Partei zu verstehen, welche auf den Grund der Vollmacht vertreten werden soll, mithin, wenn eine Handlungs-Gesellschaft als Klägerin oder Verklagte auftritt, diese. Da nun der §. 649. Thl. II. Tit. 8. des A. L. R. bei der Bestimmung über die Art und Weise, wie eine solche Gesellschaft ihre Verträge — also auch ihre Mandats-Kontrakte — einzugeben hat, der Abschließung derselben unter der Societäts-Firma als zulässig gedenkt; so muß es zur Legitimation des Bevollmächtigten für genügend erachtet werden, wenn anstatt der in dem citirten §. 30. unter No. 6. verlangten Unterschrift des Vor- und Zunamens und des Karakters eines einzelnen Machtgebers, die von einer Handlungsgesellschaft ertheilte Vollmacht mit deren Firma unterzeichnet ist. (Gen. Act. des Justizm. V. No. 17. Vol. II. Fol. 37.)

insonderheit der Stadt- und Dorfgemeinen;

§. 40. Alle Vollmachten der Stadt- und Dorfgemeinen müssen gerichtlich ausgestellt, und in dem dabei aufzunehmenden Protokoll muss bemerkt werden:

1) aus wie vielen Mitgliedern, der sorgfältig geschehenen Nachfrage zufolge, die Gemeine bestehe;
2) wie viel von diesen Mitgliedern erschienen sind, und wie dieselben mit Vor- und Zunamen heissen, auch ob es Bauern oder Kossaten etc. sind;
3) welche Mitglieder ausgeblieben sind, und was die Komparenten für Ursachen des Aussenbleibens eines jeden angeführt haben;
4) ob sämmtliche Komparenten darunter einig sind, dass und auf wen die Vollmacht ausgestellt werden solle. Ergiebt es sich, dass die Stimmen der Gemeine getheilt sind, so müssen die Dissentienten, wenn deren Vor- und Zunamen im Protokoll verzeichnet worden, über die Gründe ihres Widerspruchs vernommen, und ihre Erklärungen ausführlich zum Protokoll niedergeschrieben werden.

Sind in Ansehung des Aussenbleibens einiger Mitglieder keine erheblichen Gründe angeführt, und es entsteht ein Verdacht, dass die Erschienenen vielleicht die Absicht haben könnten, die ausgeschlossenen Mitglieder zu entfernen; so ist darauf zu dringen, dass auch diese Mitglieder herbei gerufen werden, um ihre Erklärung abzugeben.

Anh. §. 47. *Die Stadtgemeinen werden durch die Magisträte vertreten, und von diesen die Vollmacht unter Beobachtung der im* §. 44. *dieses Titels ertheilten Vorschrift ausgestellt.*

Der Beschluss einer Dorfgemeine zur Ausstellung der Vollmacht muss in Ansehung derjenigen Mitglieder, welche in dem zur Aufnahme der Vollmacht angestandenen Termine erschienen sind, nach den Grundsätzen des A. L. R. Thl. II. Tit. VI. §. 51. *u. f. gefasst und beurtheilt werden.*

1) a. **Reskript** vom 10. Juli 1812, betreffend die Zulässigkeit einer Klage gegen Stadtverordnete und die Vertretung der Stadtgemeinden in Prozessen, s. zu Thl. I. Tit. 1. §. 33.

b. **Reskript** vom 17. Oktober 1835, daß die Vollmachten zur Führung der Prozesse der Stadtgemeinden allein von den Magisträten auszustellen sind.

Der dortige Magistrat hat sich in der beigehenden Vorstellung vom 12. Dezember pr. darüber beschwert:

daß das Königliche Ober-Landesgericht in der Prozeßsache der Wilhelmine Z. wider den genannten Magistrat die Förmlichkeiten erst dann für beobachtet annehmen will, wenn zuvor die von dem Magistrat auf den Stadtrath C. ausgestellte Prozeß-Vollmacht auch von den Stadtverordneten vollzogen sein wird.

Diese Beschwerde erachtet der Justiz-Minister aus nachstehenden Gründen für gerechtfertigt.

Die Städte-Ordnung vom 19. November 1808 verlangt im §. 183. sub. c. ganz allgemein:

daß über anzustellende Prozesse künftig jederzeit die Stadtverordneten sich zuvor erklären, und deren Erinnerungen (von dem Magistrat) genau berücksichtigt werden sollten.

In der revidirten Städte-Ordnung vom 17. März 1831 ist dagegen im §. 114. sub 5. bestimmt:

„daß die Beschlußnahme der Stadtverordneten-Versammlung von dem Magistrat veranlaßt werden müsse

bei Anstellung von Prozessen über Gerechtsame der Stadt und über die Substanz des Gemeinde-Vermögens."

Daß bei dieser letzteren Vorschrift von dem Gesetzgeber eine Einschränkung der früheren Bestimmung beabsichtigt worden, ergeben die von dem Justiz-Minister eingesehenen legislatorischen Verhandlungen über den Entwurf der neuen Städte-Ordnung, und zwar ist es nach dem Inhalt dieser Verhandlungen unzweifelhaft:

daß nach der letztgedachten Städte-Ordnung der Beschluß der Stadtverordneten-Versammlung

nur bei Prozessen, welche die Gerechtsame der Stadt und die Substanz des Kommunal-Vermögens betreffen,

erforderlich, dagegen bei Prozessen,

welche nur die laufende Verwaltung angehen,

der Magistrat ohne Hinzutreten der Stadtverordneten zu verfahren befugt sein soll.

Hiernach kommt es bei der Entscheidung über die Konkurrenz der Stadtverordneten in Prozessen der Kommunen darauf an:

in wiefern in jedem einzelnen Falle das Streitobjekt seiner Natur nach in die eine oder andere der eben angegebenen beiden Kategorien gehört.

In dem vorliegenden Prozesse der ꝛc. Z. wider den dortigen Magistrat handelt es sich, nach Inhalt des eingereichten Appellations-Erkenntnisses,

1) in der Konvention um den Ersatz des durch die Anlage eines zur städtischen Wasserleitung gehörigen, bei dem Hause der Klägerin befindlichen, Kunstpfahls, für die letztere bisher angeblich entstandenen Schadens von 375 Rthlr. 19 Sgr. 8 Pf.;

2) in der Rekonvention um die Erstattung von 93 Rthlr. 12 Sgr. 6 Pf. Kosten, welche der Magistrat nur für den Fall zu tragen haben würde, daß die Konvention gegründet wäre. Sie bestehen theils in denen einer in einem Vorprozesse stattgefundenen Litisdenunciation, theils in den durch eine polizeiliche Untersuchung herbei geführten Kosten.

Beide Ansprüche aber können ihrem Wesen nach nur als Gegenstände der laufenden Verwaltung, nicht aber als zu den Gerechtsamen der Stadt, noch — was der Magistrat rücksichtlich der Rekonventions-Forderung zur Widerlegung der Verfügung des Königlichen Ober-Landesgerichts vom 2. Dezember vorigen Jahres richtig ausgeführt hat — zur Substanz des städtischen Vermögens gehörig angesehen werden.

Schon hiernach erscheint daher eine Konkurrenz der Stadtverordneten bei dem fraglichen Prozesse in keiner Beziehung erforderlich. Es ist indeß die von dem Kollegium dem Magistrate gestellte Bedingung der Beibringung einer von den Stadtverordneten vollzogenen Prozeß-Vollmacht auch noch aus einem andern durchgreifenden Grunde zu verwerfen.

Aus dem §. 47. des Anhangs zur A. G. O. ist zu entnehmen:

daß die Stadtgemeinen in Prozessen durch den Magistrat allein vertreten werden, und sonach dessen Vollmacht dem prozeßleitenden Gerichte jedenfalls genügen muß

Nach dem §. 189. der Städte-Ordnung vom 19. November 1808 gehörte nämlich die Berathung über alle anzustellende Prozesse zum Ressort der Stadtverordneten. Diese Bestimmung betraf jedoch bloß die innern Angelegenheiten der Stadt, die Stellung des Magistrats zu der Stadtverordneten-Versammlung! Die Wahrnehmung der Rechte der Stadt hingegen gebührte nach den §§. 47. 127. 140. 169. 174. 183. und 189. der alten Städte-Ordnung lediglich dem Magistrat, wie dies im Rescript des Justiz-Ministeriums vom 10. Juli 1812 (Jhrb. Bd. 1. S. 232.) überzeugend ausgeführt ist. Jene Paragraphen der Städte-Ordnung und dieses Rescript liegen aber dem ersten Theile des §. 47. des Anhangs zur A. G. O. zum Grunde, welcher verordnet:

„die Stadtgemeinen werden durch die Magisträte vertreten, und von diesen die Vollmacht unter Beobachtung der im §. 44. des 3. Titels des I. Theils der A. G. O. ertheilten Vorschrift, ausgestellt."

Nach Inhalt des allegirten §. 44. muß die Vollmacht eines Magistrats von dem Dirigenten oder dem den Vorsitz habenden Mitgliede, nebst einem oder zwei andern Mitgliedern unterschrieben, und mit des Kollegii oder Magistrats-Insiegel bedruckt werden.

Die Bestimmung des §. 47. des Anhangs, daß die Stadtgemeinen in Prozessen lediglich durch die Magisträte vertreten werden, ist durch die neue Städte-Ordnung nicht ausdrücklich abgeändert worden. Auch kann nicht behauptet werden, daß jene Bestimmung mit den Vorschriften der revidirten Städte-Ordnung nicht mehr vereinbar sei. Der §. 107. derselben disponirt ebenfalls, wie der §. 174. der Städte-Ordnung vom Jahre 1808, daß der Magistrat die ausführende Behörde sei. Im §. 107. heißt es sogar:

„der Magistrat ist die einzige ausführende Behörde."

Ferner ergiebt auch der Schluß des §. 114. der revidirten Städte-Ordnung, daß die Beschlußnahme der Stadtverordneten über die Anstellung der Prozesse nur das innere Verhältniß des Magistrats zur Stadtverordneten-Versammlung, gleichsam des Bevollmächtigten zum Machtgeber, betrifft. In Bezug auf den Dritten und den Richter ist der Magistrat nach wie vor zur Führung aller Prozesse berechtigt. Für diese Ansicht spricht auch der §. 127. loco citato, welcher bestimmt:

daß Urkunden, welche die Stadtgemeinen verbinden sollen, vom Magistrate ausgestellt, und vom Bürgermeister oder Oberbürgermeister unterschrieben, und nur, wenn sie den Stadthaushalt betreffen, oder über Veräußerungen ausgestellt werden, nach Verschiedenheit der Fälle der Genehmigungs-Beschluß der Stadtverordneten-Versammlung, oder die andern im §. näher bezeichneten Dokumente beigefügt werden müssen.

Da nun eine gewöhnliche Prozeß-Vollmacht weder als eine verpflichtende Urkunde in Betreff des Stadthaushalts gelten kann, noch eine Veräußerung- oder Anleihe-Urkunde ist, und mithin keine der im §. 127. erwähnten, die Konkurrenz der Stadtverordneten erfordernden, Ausnahmen vorhanden ist; so folgt hieraus ebenfalls, daß Vollmachten zur Führung der Prozesse der Stadtgemeinden bloß durch den Magistrat auszustellen sind, und daß weder die Gegenpartei, noch der Richter befugt ist, den Nachweis zu verlangen, daß der Prozeß mit Genehmigung der Stadtverordneten-Versammlung geführt werde.

Nur darin haben der §. 47. des Anhangs zur A. G. O. und der darin allegirte §. 44. des 3. Titels des I. Theils der A. G. O. eine Abänderung erlitten, daß es zur Vollmacht des Magistrats nicht mehr außer der Unterschrift des Dirigenten, oder des vorsitzenden Mitgliedes, noch der Unterschrift eines oder zweier Mitglieder bedarf, sondern in Gemäßheit des §. 127. der veränderten Städte-Ordnung es genügt, wenn solche vom Bürgermeister oder Oberbürgermeister allein unterschrieben ist.

Diese Ausführung liefert nun zugleich eine Grundlage für die Würdigung des von dem Magdeburger Magistrat in Hinsicht auf die Konvention für seine Meinung ferner beigebrachten Arguments:

daß das Gesetz nur zur Anstellung von Prozessen der Magisträte, nicht aber zur Einlassung auf Klagen gegen Kommunen, die Genehmigung der Stadtverordneten verlange.

Ist nämlich auch eine beabsichtigte völlige Ausschließung der Konkurrenz der Stadtverordneten bei den Klagen gegen Kommunen deshalb nicht anzunehmen, weil:

a. diese Klagen auf das städtische Vermögen leicht von eben so großem Einfluß sein können, als Prozesse, in welchen die Stadt-Kommunen als Kläger auftreten, und weil

b. gegen jene Annahme die Analogie des §. 505. Thl. II. Tit. 18. des A. L. R. streitet,

wonach Vormünder auch bei Prozessen gegen ihre Kuranden diese Anweisung des vormundschaftlichen Gerichts einholen müssen,

so darf doch die hiernach nothwendige Mitwirkung der Stadtverordneten eben nur auf deren innere Stellung zum Magistrat bezogen, nicht aber daraus das Erforderniß einer Genehmigung der von dem Magistrate ausgestellten Prozeß-Vollmachten durch die Stadtverordneten-Versammlung hergeleitet werden, da, wie oben dargethan worden, in Kommunal-Prozessen Niemand die Beibringung einer solchen Genehmigung von den Magisträten zu verlangen berechtigt ist.

Demgemäß hat das Kollegium in dem Prozeß der rc. Z. wider den dortigen Magistrat auf die Erledigung des in dem Erkenntnisse rücksichtlich der Vollmacht des Stadtraths C. gemachten Vorbehalts nicht weiter zu bestehen, und in allen künftigen Prozessen der Stadt-Kommunen sich mit einer von dem Magistrat allein vorschriftsmäßig ausgestellten Vollmacht zu begnügen.

Dem dortigen Magistrat ist Abschrift dieser Verfügung nachrichtlich mitgetheilt worden.

(v. K. Jhrb. Bd. 46. S. 501.)

2) **C. O.** vom 24. Juli 1832, betreffend die Vertretung der Gemeinden des Herzogthums Westphalen vor Gericht.

Aus den in Ihrem Berichte vom 24. v. M. angeführten Gründen, setze Ich, nach Ihrem Antrage, fest: daß im Herzogthume Westphalen, so lange daselbst nach der Großherzoglich-Hessischen Kommunal-Ordnung verfahren wird, die Vorschriften derselben auch in Hinsicht aller Angelegenheiten, welche sich auf die Vertretung der Stadt- und Landgemeinden vor Gericht und auf die Ausstellung ihrer Vollmachten beziehen, Anwendung finden, und die abweichenden Bestimmungen der A. G. O., insonderheit die §§. 4. und 47. des Anhanges und die §§. 40. und 44. Tit. 3. Thl. I., suspendirt bleiben sollen.

(G. S. S. 199.)

3) **Rescript** vom 29. Juni 1801, betreffend das Verfahren bei Aufnahme der Vollmachten von Gemeinden.

Die Bedenken, welche Ihr in Ansehung des gesetzlichen Verfahrens bei Aufnahme einer Vollmacht von Stadt- und Dorfgemeinden in Absicht der in dem dazu angestandenen Termin nicht erscheinenden Mitgliedern heget, und Uns mittelst Berichts vom 18. d. M. vorgetragen habt, sind von der Art, daß sie sich bei gehöriger Verbindung der hierher gehörigen gesetzlichen Stelle leicht erledigen.

Die von Euch allegirte §§. 40. u. f. des I. Theils Tit. 3. der A. G. O. bestimmen nur das Verfahren, welches bei Aufnahme einer solchen Vollmacht beobachtet werden soll; die gesetzlichen Grundsätze hingegen, nach welchen der Beschluß einer Gemeinde zur Ausstellung einer Vollmacht gefaßt werden muß, sind in dem A. L. R. enthalten. Hiernach gehört, in Gefolge des §. 136. Thl. II. Tit. 6, die Ausstellung einer Vollmacht zu denjenigen Angelegenheiten, welche in außerordentlichen Versammlungen, nach vorhergegangener Einladung sämmtlicher Mitglieder, verhandelt, und nach der Mehrheit der Stimmen berichtigt werden müssen. Sobald die Einladung sämmtlicher Mitglieder erfolgt ist, und dabei zugleich der Gegenstand der Berathschlagung bekannt gemacht worden, kann nach Vorschrift des §. 54. am angeführten Orte und des §. 41. Tit. 3. der A. G. O. die Vollmacht nach der Mehrheit der Stimmen der Erschienenen abgefaßt werden, ohne daß es auf eine Erklärung der Ausbleibenden weiter ankommt. Wenn aber bei der Einladung der Gemeindeglieder der Gegenstand der Berathschlagung nicht zugleich bekannt gemacht worden, so müssen, in Gemäßheit des §. 55 Tit. 6. Thl. II. des A. L. R., wenigstens zwei Drittheile der Mitglieder der Gemeinde anwesend sein, um einen Beschluß über die zu ertheilende Vollmacht abzufassen, und wenn es an dieser Zahl fehlt, muß die Einladung der ausgebliebenen Mitglieder unter Bekanntmachung des Gegenstandes der Verhandlung wiederholt werden.

Hiernach habt Ihr Euch also in vorkommenden Fällen zu achten, und versteht es sich übrigens von selbst, daß, sobald nach den vorstehenden Grundsätzen ein Beschluß der Gemeinde rechtsgültig zu Stande gebracht worden, auch diejenigen Mitglieder sich demselben unterwerfen müssen: welche nicht mitgestimmt, oder auch den Stimmen der Mehrheit widersprochen haben.

(v. R. VI. S. 538.)

4) **Rescript** vom 26. Februar 1836, betreffend die Form der von Dorfgemeinden auszustellenden Vollmachten.

Auf Ihre Anfrage vom 16. d. M. wird Ihnen hierdurch eröffnet, daß die Vorschrift des §. 40. Tit. 3. Thl. I. der A. G. O. und §. 15. Tit 3. Thl. II. ausdrücklich auch auf nicht prozessualische Angelegenheiten anwendbar erklärt werden.

Hiernach müssen auch die Vollmachten der Dorfgemeinden in gerichtlichen nicht prozessualischen Angelegenheiten gerichtlich aufgenommen werden.

(Gen. Act. des Justizm. V. No. 17. Vol. II. Fol. 104.)

§. 41. Wenn solchergestalt das Protokoll aufgenommen worden, so muss die Vollmacht nach dem, was durch Mehrheit der Stimmen beschlossen worden, ausgefüllt, den Komparenten vorgelesen, und von sämmtlichen oder den einwilligenden Mitgliedern vollzogen werden, welche jederzeit den grössten Theil der Gemeine ausmachen müssen.

§. 42. In dem unter der Vollmacht zu verzeichnenden Atteste muss auf das besonders abgehaltene Protokoll Bezug genommen, und daraus bemerkt werden: aus wie viel Mitgliedern die Gemeine bestehe, wie viele derselben erschienen sind, auch ob und wie viele unter denselben die Vollmacht zu vollziehen Bedenken getragen haben.

Hat sich dieser letzte Fall ereignet, so muss von der attestirenden Gerichtsperson jederzeit eine vidimirte Abschrift des aufgenommenen Protokolls von Amts wegen an das Gericht eingeschickt werden, bei welchem von der Vollmacht Gebrauch gemacht werden soll. Ein solchergestalt eingesandtes Protokoll ist in den Manual-Akten des Rechtsbeistandes oder Bevollmächtigten der Gemeine aufzubewahren, um von dessen Inhalte bei der Instruktion der Sache nöthigen Falls Gebrauch zu machen.

§. 43. Wenn in grossen Städten besondere Repräsentanten der Bürgerschaft vorhanden sind, so ist nur deren Vernehmung erforderlich; jedoch müssen sie solchen Falls bei Vollziehung der Vollmacht jederzeit nachweisen, dass sie dazu, nach der bestehenden Verfassung des Orts, von ihren Kommittenten autorisirt worden sind.

eines Magistrats oder andern Kollegii;

§. 44. Wenn von einem Kollegio oder einem Magistrate eine Vollmacht ausgestellt werden soll, so muss dieselbe von dem Dirigenten, oder dem den Vorsitz habenden Mitgliede, nebst einem oder zwei andern Mitgliedern unterschrieben, und mit des Kollegii oder Magistrats-Insiegel bedruckt werden.

Sollte es bei Regressklagen, oder sonst, auf das Privatinteresse der einzelnen Mitglieder ankommen, so muss die Vollmacht auch von ihnen sämmtlich ausgestellt werden.

In Ansehung auswärtiger Kollegien und Magisträte ist auf den Gerichtsgebrauch jedes Orts Rücksicht zu nehmen.

f. zu §. 36. Anh. §. 46. und zu §. 40. Anh. §. 47.

einer geistlichen Gesellschaft;

§. 45. Bei Domkapiteln und Kollegiatstiftern müssen die Vollmachten von dem Dechanten, oder in dessen Abwesenheit von dem Senior, bei Klöstern hingegen von dem Prälaten, Abt, Probst, Prior, Guardian, oder von der Aebtissin, Priorin etc. nebst zwei Konventualen unterschrieben, und jederzeit des Domkapitels, Stifts oder Klosters gewöhnlicher Insiegel beigedruckt werden.

§. 46. Sollten besondere Statuten eines oder des andern Kapitels, Stifts etc. zur Gültigkeit der Vollmachten ein Mehreres erfordern, so muss diesem pünktlich nachgelebt werden. Zieht jedoch die unterlassene Beobachtung dieser besondern Form eine Nichtigkeit der Verhandlungen nach sich, so müssen die Aussteller der mangelhaften Form für allen daraus entstandenen Schaden und vergeblichen Kostenaufwand aus eigenen Mitteln einstehen.

einer Kirche, Schule oder milden Stiftung;

§. 47. Wenn für Kirchen Schulen, Hospitäler, Waisen- und Wittwenanstalten, oder andere Pia corpora Vollmachten ausgestellt werden sollen, so müssen selbige von den Vorstehern oder Administratoren unterschrieben, und mit dem ihnen anvertrauten Siegel bedruckt werden.

§. 48. In welchen Fällen die Vorsteher zu Prozessen eine besondere Genehmigung der der Stiftung oder Anstalt vorgesetzten obern Behörde beibringen müssen, ist in den Gesetzen bestimmt. (A. L. R. Thl. II. Tit. XI. **§. 652.** u. f.) Doch vertritt es die Stelle dieser besondern Genehmigung, wenn unter der Vollmacht von der obern Behörde attestirt wird, dass die Unterschriebene zur Ausstellung derselben berechtigt gewesen sei.

der Gilden und Gewerke;

§. 49. Vollmachten, welche von Gilden oder Gewerken ausgestellt werden sollen, müssen von den Altmeistern unterschrieben, und mit dem Gilde- oder Gewerkssiegel bedruckt sein. Wenn dieses geschehen ist, muss von dem Beisitzer der Gilde oder des Gewerks, oder in dessen Ermangelung von einer Gerichtsperson des Orts, unter der Vollmacht attestirt werden, dass die Unterschriebenen wirklich diejenigen sind, wofür sie sich ausgegeben haben.

Fiskäle;

§. 50. Fiskäle, welche die Landesherrlichen Gerechtsame vertheidigen, oder Kontraventionen nach Art eines Civilprozesses rügen, müssen sich dazu durch den Auftrag der vorgesetzten Behörde, nach den unten im fünf und dreissigsten Titel vorkommenden nähern Bestimmungen, gehörig legitimiren.

der Vormünder.

§. 51. Wenn Vormünder oder Kuratoren Vollmachten ausstellen, so müssen sie jederzeit beglaubte Abschriften ihrer Bestallung beifügen. Die Mitunterschrift des Pflegebefohlenen ist, wenn er auch der Grossjährigkeit nahe sein sollte, nicht nothwendig.

§. 52. Sind mehrere Vormünder bestellt, so muss deren Bestallung entscheiden, in wie fern sie in jedem Falle insgesammt, oder einzeln, einen Bevollmächtigten ernennen können.

§. 53. Erscheinen Vormünder oder Kuratoren selbst, oder durch Bevollmächtigte, als Kläger vor Gericht, so müssen sie die Genehmigung des ihnen vorgesetzten vormundschaftlichen Gerichts sogleich beibringen, oder wenn Gefahr bei dem Verzuge ist, sich zu deren Nachbringung anheischig machen, und von dem Gerichte, diesem Versprechen nachzukommen, angehalten werden. Dieser Genehmigung bedarf es jedoch nicht, wenn Väter oder solche Vormünder klagen, welche von obervormundschaftlicher Aufsicht dispensirt sind.

Wie bei mangelhaften Vollmachten zu verfahren.

§. 54. Wenn eine Vollmacht eingereicht wird, bei welcher im Aeusserlichen eines der vorstehend festgesetzten Erfordernisse nicht gehörig beobachtet worden ist; so muss das Gericht den Bevollmächtigten anweisen, binnen einer, nach den Umständen zu bestimmenden kurzen Frist, eine vorschriftmässig eingerichtete Vollmacht nachzubringen. Inzwischen muss jedoch der Bevollmächtigte zugelassen werden; es wäre denn, dass in Fällen, wo die Gesetze eine gerichtliche Vollmacht erfordern, eine blosse Privatvollmacht beigebracht; oder in Fällen, wo sie eine ausdrückliche Spezialvollmacht erheischen, dieselbe auf die vorzunehmende Handlung nicht gerichtet; oder überhaupt die Vollmacht dergestalt abgefasst wäre, dass daraus nicht ersehen werden könnte, wer sie ausgestellt habe, oder auf wen sie gerichtet sei; oder zu welcher Sache dieselbe gebraucht werden solle. In allen diesen Fällen muss der Richter so verfahren, als wenn der angebliche Bevollmächtigte gar keine Vollmacht beigebracht hätte.

Von Substitutionen.

§. 55. Ein zum Prozess bevollmächtigter Justizkommissarius kann sich einen andern substituiren, und durch diesen alle Geschäfte, welche den Betrieb der Sache zwischen den Terminen und die sogenannte Prokuratur betreffen, wahrnehmen lassen. Zu eigentlichen Instruktions-Verhandlungen hingegen findet eine solche Substitution nur alsdann statt, wenn der Prinzipal-Bevollmächtigte durch Krankheit, Abwesenheit, oder andere erhebliche Ehehaften, einen solchen Termin selbst abzuwarten verhindert wird.

§. 56. Hat aber der Machtgeber einen Substituten selbst ernannt, oder dem Prinzipal-Bevollmächtigten die Auswahl eines Substituten zu allen und jeden in dem Prozesse vorkommenden Verhandlungen ausdrücklich gestattet; so muss ein solcher Substitut auch bei Instruktions-Verhandlungen zugelassen werden.

Rescript vom 14. Juli 1820, betreffend die Substitutions-Befugniß eines Bevollmächtigten.

Die in dem Berichte vom 16. Juni c., betreffend die Beschwerde des Justiz-Raths und Justiz-Kommissarii N., von dem Königlichen Ober-Landesgerichte angezeigten Gründe können die Weigerung des Kollegii, den N. als substituirten Bevollmächtigten anzunehmen, nicht rechtfertigen. Denn da der N. die von dem Freiherrn von N. ihm ertheilte Vollmacht nicht cedirt, sondern den Justiz-Rath N. nur der Vollmacht gemäß, substituirt hat, und nicht davon die Rede ist, dieser Substitution die Wirkung einer Cession beizulegen, so steht dem Antrage des Justiz-Raths N. nicht entgegen, was das Königliche Ober-Landesgericht gegen die Zulässigkeit der Cession der Vollmacht ausführt.

Die einem General-Bevollmächtigten ertheilte Vollmacht begreift wirklich nur einen Auftrag in sich, wenn gleich sie der Wirkung nach mehreren ertheilten Aufträgen gleichkommt.

Die wörtliche Bestimmung des Gesetzes steht also der von dem N. ertheilten Substitution nicht entgegen. Ueberdies ist kein Grund vorhanden, ohne ausdrückliche gesetzliche Bestimmung die Substitution für unzulässig anzunehmen, die von der im Gesetz für zulässig erklärten Substitution nur darin abweicht, daß sie mehrere derselben in sich begreift. Die Meinung, daß der N. nicht mehr als Bevollmächtigter des v. N. angesehen werden könne, seitdem er nicht mehr Justiz-Kommissarius sei, würde nur dann für richtig angenommen werden können, wenn in der Vollmacht selbst der ertheilte Auftrag von der Eigenschaft des Bevollmächtigten als Justiz-Kommissarius abhängig gemacht worden wäre, welches aber nicht der Fall ist.

Das Königliche Ober-Landesgericht hat also den Justiz-Rath N. nach nochmaliger Einreichung der Vollmacht mit der Substitution, als substituirten Bevollmächtigten anzunehmen.

(v. K. Jhrb. Bd. 16. S. 46.)

Wenn Vollmachten erlöschen durch den Tod des Bevollmächtigten, oder;

§. 57. Eine jede Vollmacht verliert durch den Tod des Bevollmächtigten ihre verbindliche Kraft; und wenn dessen Erben die von dem Erblasser angefangenen Geschäfte beendigen will, so muss er eine neue auf ihn selbst gerichtete Vollmacht beibringen.

§. 58. So bald der Tod des Bevollmächtigten dem Gerichte bekannt wird, muss dasselbe den Machtgeber von Amts wegen benachrichtigen, und ihn zur Bestellung eines andern Bevollmächtigten auffordern. Ist ein Substitut vorhanden, welcher nach §. 56. als von der Partei selbst bestellt angesehen werden kann, so wird mit diesem die Instruktion ununterbrochen fortgesetzt. Ist aber der Substitut nur von dem verstorbenen Bevollmächtigten allein bestellt, so muss der Partei, bei der erfolgenden Benachrichtigung und Aufforderung, zugleich eine verhältnissmässige Frist bestimmt werden, binnen welcher sie diesen Substituten oder einen Andern mit Vollmacht legitimiren müsse. Während dieser Frist besorgt der Substitut nur solche Instruktions-Verhandlungen, bei welchen Gefahr im Verzuge vorwaltet. Ist aber die Frist verlaufen, ohne dass die Partei sich erklärt hat, so wird die ganze Instruktion mit dem Substituten fortgesetzt, und die Partei muss die mit selbigem geschehenen Verhandlungen eben so anerkennen, als wenn der Substitut von ihr wirklich bevollmächtigt gewesen wäre.

des Machtgebers.

§. 59. Durch den Tod des Machtgebers hingegen wird die Vollmacht nicht aufgehoben. Der Bevollmächtigte ist jedoch schuldig, das Absterben seines Machtgebers, sobald selbiges zu seiner Wissenschaft gelangt, nebst Allem, was ihm von dem Namen und Aufenthalte der Erben bekannt ist, dem Gerichte anzuzeigen; auch den Erben von seinem Auftrage und der Lage der Sache Nachricht zu geben, und ihnen zu überlassen: ob sie den fernern Betrieb der Sache selbst besorgen, oder dieselbe einem andern Bevollmächtigten auftragen wollen. Inzwischen muss er die Sache fortsetzen, so lange noch nicht ein anderer Bevollmächtigter von den Erben ernannt ist.

§. 60. Ist der Gegenstand des Streites so beschaffen, dass nicht die Erben, sondern Successores singulares in die Stelle des Verstorbenen treten, so kann der bisherige Bevollmächtigte ohne neue Vollmacht nicht zugelassen werden; sondern der Richter muss auch in diesem Falle die Vorschrift des §. 58. beobachten. Doch kann er unter den daselbst bestimmten Umständen die Fortsetzung der Sache dem bisherigen Bevollmächtigten von Amts wegen übertragen.

§. 61. Die in den Fällen des §. 39—53. ausgestellten Vollmachten bedürfen keiner Erneuerung, wenn sich auch mit den Personen, welche sie als Mitglieder einer Korporation, oder vermöge ihres Amts ausgestellt haben, eine Veränderung ereignet.

Durch Widerruf,

§. 62. Der Machtgeber kann seine Vollmacht zu allen Zeiten widerrufen; doch hat dieser Widerruf nur von dem Zeitpunkte an rechtliche Wirkung, da derselbe dem Gerichte, bei welchem die Vollmacht übergeben worden, von dem Machtgeber angezeigt, oder sonst glaubhaft bekannt wird. Was der Bevollmächtigte vor diesem Zeitpunkte, obgleich nach schon erklärtem Widerrufe, verhandelt hat, wird durch letztern nicht entkräftet. (A. L. R. Thl. I. Tit. XIII. §. 162. 168. 169.)

durch Aufkündigung.

§. 63. Auch der Bevollmächtigte in einem Prozesse kann seinem Auftrage, selbst ohne Anführung und Bescheinigung besonderer Gründe, entsagen; doch darf die Aufkündigung nicht zur Unzeit erfolgen.

§. 64. Für unzeitig aber ist eine solche Aufkündigung alsdann allemal zu achten, wenn sie während des Laufes einer Instanz erfolgt. Kündigt also ein Justizkommissarius seine Prozess-Vollmacht auf, so ist dieses zwar der Partei bekannt zu machen, und ihr die Bestellung eines andern Bevollmächtigten aufzugeben; auch sie dazu, wenn besonders erhebliche Ursachen der Aufkündigung angeführt und bescheinigt werden, allenfalls durch Strafbefehle anzuhalten. So lange aber die Partei dieser Auflage nicht genügt hat, muss der bisherige Bevollmächtigte die Sache bis zum Schlusse der Instanz fortsetzen; oder es muss, wenn ihm dieses nicht möglich ist, der Substitut wie in dem Falle §. 58., zugezogen: oder, wenn kein Substitut vorhanden wäre, einer solchen Partei ein Assistent von Amts wegen zugeordnet werden.

§. 65. Wenn aber der Machtgeber nicht nur die zur Herstellung eines andern Bevollmächtigten ihm gesetzte Frist verabsäumt, sondern auch damit so lange zögert, bis die Instruktion in der laufenden Instanz völlig geschlossen, und darin erkannt worden; so ist der bisherige Bevollmächtigte nicht schuldig, sich der Sache im geringsten weiter anzunehmen; und auch der Richter hat keine Verbindlichkeit für deren fernern Betrieb von Amts wegen zu sorgen; vielmehr muss eine solche beharrlich nachlässige Partei sich lediglich selbst beimessen, wenn die Sache liegen bleibt, oder auf den Antrag des Gegentheils das Weitere darin in contumaciam verfügt wird.

§. 66. Eben diese Vorschrift findet auch in dem Falle statt, wenn der Machtgeber die Vollmacht widerruft, und weder sogleich, noch vor dem Ablaufe der von dem Richter dazu bestimmten Frist, für die Bestellung eines andern Bevollmächtigten gehörig sorgt.

§. 67. Uebrigens sind in allen hier nicht besonders bestimmten Fällen die Verhältnisse, Rechte und Pflichten zwischen einem Machtgeber und Bevollmächtigten, auch in Prozessen, nach den allgemeinen Vorschriften des Landrechts von Vollmachtsaufträgen zu beurtheilen.

Von falschen Vollmachten.

§. 68. Wenn jemand eine falsche Vollmacht dem Gerichte übergeben hat, so ist nicht allein die Partei, in deren Namen er aufgetreten, nach der im sechzehnten Titel erfolgenden Bestimmung, auf Annullirung des Verfahrens und der darauf sich gründenden Erkenntnisse zu dringen berechtigt; sondern ein falscher Bevollmächtigter muss, in so fern der vorgebliche Mandant seine Handlungen in der Folge nicht genehmigt, auch dem Gegner alle verursachten Schäden und Kosten erstatten.

§. 69. Wegen des verübten Falsi, wodurch der Richter hintergangen und die ihm schuldige Achtung verletzt worden, muss der falsche Bevollmächtigte in allen Fällen zur gebührenden Verantwortung und Strafe nach Vorschrift des Kriminalrechts, gezogen werden.

§. 70. Einer jeden Partei steht zwar frei, darauf anzutragen, dass die von dem abwesenden Gegentheil ausgestellte Vollmacht dem Aussteller persönlich, jedoch auf ihre Kosten, zur Anerkennung vorgelegt werde. Inzwischen muss sie dennoch mit dem sie angebenden Bevollmächtigten die Sache vor der Hand fortsetzen, und die Instruktion kann bis zur erfolgten Berichtigung des Rekognitionspunktes nur alsdann ausgesetzt werden, wenn eine solche Partei erhebliche Gründe zur Besorgniss einer Unrichtigkeit angegeben, und einigermaassen bescheinigt hat.

Pflichten und Verhältnisse der Bevollmächtigten in Prozessen.

§. 71. Die Zulassung von Bevollmächtigten an die Stelle der Parteien selbst ändert nichts in der Art der Instruktion. Diese muss schlechterdings auch alsdann von dem Richter selbst, dirigirt und betrieben, und den Bevollmächtigten muss dabei kein Schriftstellen, Diktiren oder Rezessiren zum Protokoll gestattet werden.

Vielmehr muss der Richter sie eben so, wie in Ansehung der Parteien selbst in der Folge verordnet wird, vernehmen und befragen, und sie müssen demselben über alle und jede zur Sache gehörige Umstände eben so die nöthigen Antworten und Auskünfte ertheilen, als wenn die Partei in Person gegenwärtig wäre.

§. 72. Ein solcher Bevollmächtigter muss daher, besonders wenn er ein Justizkommissarius ist, für die Herbeischaffung einer hinreichenden und vollständigen Information sorgen, und dabei Alles beobachten, was im folgenden fünften und neunten Titel dem Richter bei der Aufnehmung der Information von den Parteien selbst, vorgeschrieben wird.

§. 73. Er muss nicht anders als vollkommen vorbereitet in den Terminen erscheinen, und kann sich dabei mit dem Mangel der Information nicht entschuldigen, da er die Vorschriften der Gesetze genau inne zu haben verpflichtet ist, und also wissen kann und muss, was zu einer vollständigen Auseinandersetzung eines Rechtsstreites in Ansehung der Thatsachen gehöre, worauf er sich vorzubereiten, und worüber er von der Partei Auskünfte und Nachrichten einzuziehen habe.

§. 74. Kann ein Justizkommissarius dergleichen deutlich und bestimmt erforderte Nachrichten von der Partei gar nicht, oder nicht zu rechter Zeit erhalten, so muss er davon dem Gerichte, noch vor dem Termine, unter Beilegung seiner Manual-Akten Anzeige machen. Wie alsdann von Seiten des Gerichts weiter zu verfahren sei, wird nach Unterschied der Fälle in den folgenden Titeln bestimmt.

§. 65. Wegen Zuziehung der zu Bevollmächtigten bestellten Justizkommissarien bei allen Instruktionsverhandlungen, und also auch bei den Zeugenverhören, wegen ihrer dabei zu beobachtenden Pflichten, und wegen der durch sie nach geschlossener Instruktion zu den Akten zu bringenden rechtlichen Ausführungen, finden die in Ansehung der Rechtsbeistände **§. 15—19.** ertheilten Vorschriften ebenfalls Anwendung.

§. 76. Obgleich nach Vorschrift **§. 16.** und **71.** den Justizkommissarien bei den Prozessinstruktionen, sie mögen als Beistände oder Bevollmächtigte zugezogen werden, keine Direktion des Prozesses und kein Diktiren oder Rezessiren gestattet werden muss; so steht ihnen, so wie den Parteien selbst, dennoch frei, wenn sie am Schluss des Protokolls und bei dessen Vorlesung finden, dass irgend etwas von ihren Angaben oder Anträgen in demselben von dem Deputirten nicht vollständig genug, oder nicht ihrer eigentlichen Meinung und Absicht gemäss verzeichnet worden, dergleichen Nachträge dem Protokollführer zu diktiren, und der Deputirte kann sich nicht entbrechen, dieselben mit den eigenen Worten der Partei, oder des Justizkommissarii niederschreiben zu lassen. Es versteht sich von selbst, dass in solche Nachträge keine dahin nicht gehörigen Rechtsdeduktionen, und noch weniger künstliche Wendungen oder Verdrehungen der die Thatsachen betreffenden Angaben der Partei, oder des Gegentheils, eingemischt werden müssen.

§. 77. Die Justizkommissarii, sie mögen Bevollmächtigte oder auch nur Assistenten sein, ingleichen alle übrige einer Partei von dem Richter zugeordnete Bevollmächtigte oder Rechtsbeistände, müssen ordentliche und vollständige Manualakten halten, und diese müssen bei allen in gegenwärtiger Ordnung bestimmten Fällen dem Richter mit vorgelegt werden.

Rescript vom 21. Oktober 1831, betreffend die Verpflichtung des Mandatars zur Vorlegung der Manual-Akten, in welchen beleidigende Aeußerungen enthalten sind.

Der über Ihre Beschwerde vom 26. August c. vom Ober-Landesgericht zu N. N. erforderte Bericht vom 30. v. M. wird Ihnen hierneben in der abschriftlichen Anlage mit dem Eröffnen zugefertiget, daß Sie aus dem ebenfalls in Abschrift beiliegenden Rescript vom 4. Juli c. ersehen werden, wie das Ober-Landesgericht angewiesen worden ist, Ihre Manual-Akten in der Prozeß-Sache N. N. wider N. N. einzufordern, um falls sich hieraus ergeben sollte, daß der beleidigende Ausdruck, weshalb der Letztere bestraft worden, in einer lediglich für seinen Mandatar bestimmt gewesenen schriftlichen Information enthalten gewesen, diesen wegen seiner Unvorsichtigkeit zu rectificiren, indem Sie in diesem Falle allerdings ohne hinreichende Ueberlegung und unrecht gehandelt haben. Aus dem Bericht des Ober-Landesgerichts werden Sie nun entnehmen, daß Ihr Verfahren nicht gerechtfertigt ist, und Sie, indem Sie die Ihnen von Ihrem Mandanten ertheilte Information ohne nähere Prüfung des Inhalts derselben und der daraus für Ihren Mandanten zu besorgenden Nachtheile originaliter zu den Akten übergeben, ohne Anwendung der Ihrem Mandanten schuldigen Aufmerksamkeit, und ohne die Ihnen obliegende Umsicht gehandelt, und die Pflichten, welche Ihnen als rechtsverständiger Beistand Ihres Mandanten obgelegen, keinesweges erfüllt haben. Der vom Königlichen Ober-Landesgerichte zu N. Ihnen über diese Sorglosigkeit ertheilte Verweis ist daher nicht allein vollkommen gegründet, sondern auch eine so höchst gelinde Ahndung Ihres Versehens, daß das Justiz-Ministerium auch Seiner Seits Ihnen sowohl über jene Unüberlegung, als über die wegen des wohlbegründeten Verweises erhobene Beschwerde, sein besonderes Mißfallen hierüber zu erkennen giebt, und Sie ernstlichst auffordert, künftig in Vermeidung der Nachtheile für Ihre Parteien sorgsamer zu sein. Sie werden sich von selbst bescheiden, daß Sie die, durch die an Sie erlassenen Verfügungen erwachsenen Kosten tragen müssen.

(v. K. Jhrb. Bd. 38. S. 314.)

Vierter Titel.

Von der Anmeldung der Klage und was dabei zu beobachten sei.

Die Klage wird angemeldet;

§. 1. Die Anmeldung der Klage kann von dem Kläger selbst oder durch einen Bevollmächtigten, und in beiden Fällen entweder mündlich oder schriftlich erfolgen;

1) von dem Kläger in Person;

§. 2. Jede Klageanmeldung muss enthalten:

1) den Namen, Stand und Charakter des Klägers;
2) den Ort, wo er wohnhaft oder anzutreffen ist;

3) den Namen, Stand und Charakter des Beklagten, und überhaupt solche Kennzeichen, woran derselbe von ändern gleiches Namens hinlänglich unterschieden werden kann;
4) den Wohn- oder Aufenthaltsort des Beklagten, oder Statt dessen die Anzeige, dass er ein Vagabund, oder sein dermaliger Aufenthalt völlig unbekannt sei;
5) den Gruud und Gegenstand der Klage, wenigstens im Allgemeinen, damit der Richter vorläufig beurtheilen könne, ob die Sache zu seiner oder einer andern Gerichtsbarkeit gehöre;
6) die Erklärung des Klägers: ob er die Instrüktion des Prozesses persönlich abwarten werde, oder aus welchen Gründen er davon dispensirt zu sein verlange;
7) die Anzeige: ob und wen er sich zum Rechtsbeistande oder Bevollmächtigten gewählt habe; oder ob er die Zuordnung eines solchen Assistenten oder Bevollmächtigten von dem Richter begehre.

s. zu Einl. §. 12. Anh. §. 1.

§. 3. Wer seine Klage persönlich anmelden will, muss sich zur gewöhnlichen Gerichtsstelle verfügen, wo an allen Orten die nöthigen Veranstaltungen getroffen sein müssen, dass die sich meldenden Parteien an jedem Vormittage, auch ausser der gewöhnlichen Sessionszeit, Sonn- und Festtage allein ausgenommen, eine Gerichtsperson finden, welche dergleichen Klageanmeldungen, so wie ähnliche Gesuche und Beschwerden der in Person sich meldenden Parteien, zum Protokoll nehme. Uebrigens ist zur Aufnahme eines blossen Anmeldungsprotokolls die Zuziehung einer zweiten Gerichtsperson nicht nothwendig.

§. 4. Das aufgenommene Anmeldungsprotokoll muss, wenn der Kläger nicht an dem Orte wohnt, wo das Gericht seinen Sitz hat, unverzüglich dem Präsidenten oder sonstigen Vorgesetzten des Gerichts zur Verfügung vorgelegt werden.

§. 5. Findet dieser, dass die Sache offenbar nicht zu demjenigen Gerichte, bei welchem die Klage angemeldet worden, gehöre, so muss er dieses auf dem Protokoll bemerken, und den auf Resolution wartenden Kläger durch die protokollirende Gerichtsperson darnach bedeuten, und an die gehörige Instanz verweisen lassen. Von dem Protokoll sowohl, als der darauf vermerkten Bedeutung, muss dem Kläger auf sein Verlangen Abschrift ertheilt werden.

§. 6. Ist aber eine solche klare Unstatthaftigkeit des Gerichtsstandes nicht vorhanden, so muss in dem Falle, wenn ein Kläger, welcher nicht an dem Orte wohnt, wo das Gericht seinen Sitz hat, zur Anmeldung der Klage in Person erschienen ist, der Präsident oder Vorgesetzte des Kollegii, ohne erst eine Versammlung des Gerichts abzuwarten, einen Deputirten zur Aufnehmung der Klage ernennen, diesem das Protokoll zuschicken, und den Kläger mündlich an ihn verweisen. Auch muss, wenn der Kläger um die Zuordnung eines Rechtsassistenten gebeten hat, derselbe sogleich ernannt, und von der geschehenen Ernennung sowohl dem Assistenten selbst, als dem Kläger, und dem bestellten Deputirten, Nachricht gegeben werden.

§. 7. Der Deputirte muss entweder noch an demselben Tage, oder doch in einem andern mit dem Kläger zu verabredenden nahen Termine, die Klage selbst nach Vorschrift des folgenden Titels, unter Zuziehung des von dem Kläger gewählten oder ihm zugeordneten Assistenten, gehörig aufnehmen.

§. 8. Wohnt aber der Kläger an eben dem Orte, wo das Gericht seinen Sitz hat, so wird mit dem Anmeldungsprotokoll nach Vorschrift §. 12. verfahren.

2) durch einen Bevollmächtigten;

§. 9. Wird die Anmeldung zur Klage durch einen Bevollmächtigten angebracht, so muss dieser entweder sofort seine Vollmacht zu den Akten geben; oder wenn ihm selbige noch ermangelt, den ihm ertheilten Auftrag auf andere Art nothdürftig bescheinigen.

§. 10. Ein solcher Bevollmächtigter muss, ausser den §. 2. bestimmten Punkten, noch darüber vernommen werden:

8) ob er bloss zur Anmeldung der Klage, oder auch zur wirklichen Anbringung derselben, und zum fernern Betrieb der Sache bevollmächtiget, und zu der letztern mit der nöthigen Information versehen sei.

§. 11. Ist der Bevollmächtigte ein Auswärtiger, der nicht an dem Sitze des Gerichts wohnt, und zeigt er an, dass er zur Aufnehmung der Klage selbst mit Vollmacht und Information versehen sei; so muss mit dem aufgenommenen Anmeldungsprotokolle eben so, wie wegen des in Person sich meldenden Klägers §. 4—7. vorgeschrieben ist, verfahren werden.

§. 12. Ist aber dem Bevollmächtigten blos die Anmeldung der Klage aufgetragen, oder hält sich derselbe an eben dem Orte, wo das Gericht seinen Sitz hat, gewöhnlich auf, oder ist er ein bei dem Gerichte stehender Justizkommissarius; so wird von dem Vorgesetzten des Kollegii auf das Anmeldungsprotokoll ein Decernent ernannt, und von diesem die Sache in der nächsten Session des Kollegii, wenn nicht besondere Umstände eine schleunigere Verfügung erfordern, ordentlich vorgetragen.

3) schriftlich;

§. 13. Eben so müssen die von dem Kläger selbst, oder dessen Bevollmächtigten schriftlich einkommenden Klageanmeldungen dem versammelten Gerichte durch den dazu ernannten Decernenten vorgetragen werden.

§. 14. Bei diesem Vortrage muss der Decernent hauptsächlich darauf Rücksicht nehmen: ob die Anmeldung mit den hier vorgeschriebenen Erfordernissen versehen sei, und ob die Sache vor das Gericht, bei welchem sie angebracht worden, wirklich gehöre.

§. 15. Findet sich, dass der Gerichtsstand nicht gegründet sei, so muss der Kläger durch eine schriftliche Resolution dessen bedeutet, und an den gehörigen Richter verwiesen werden.

§. 16. Ist die Anmeldung unvollständig, so wird dem Kläger die Ergänzung der bemerkten Mängel ebenfalls schriftlich aufgegeben.

§. 17. Ist aber bei der Anmeldung nichts zu erinnern, so wird die Aufnehmung der Klage verfügt.

§. 18. Ob diese von dem Kläger selbst, oder von einem Bevollmächtigten desselben, und ob sie an gewöhnlicher Gerichtsstelle durch einen Deputirten des Gerichts, oder an einem andern Orte durch einen auswärtigen Kommissarius geschehen solle, muss das Gericht nach Unterschied der Fälle, und nach den im dritten Titel vorgeschriebenen Grundsätzen, vernünftig beurtheilen und gehörig bestimmen.

§. 19. Soll die Aufnehmung der Klage an dem Orte des Gerichts erfolgen, so muss ein Termin dazu anberaumt, der Kläger schriftlich vorgeladen, und, wenn er die Zuordnung eines Assistenten verlangt hat, ihm zugleich bekannt gemacht werden, an wen dazu der Auftrag geschehen sei.

§. 20. Wenn in dem zur Aufnehmung der Klage anberaumten Termine der Kläger ausbleibt, so ist der Richter weder schuldig noch befugt, die Sache von Amts wegen zu betreiben; sondern er muss das Anmeldungsprotokoll reponiren, und abwarten: ob und wenn der Kläger für gut finden werde, seine Klage weiter fortzusetzen.

§. 21. In wie fern bei gewissen Arten der Prozesse auf die angemeldete Klage sofort ein Termin zur Instruktion der Sache mit Vorladung beider Theile anzuberaumen sei, gehört zu der unten vorkommenden nähern Verhandlung dieser besondern Prozessarten.

§. 22. Ueberhaupt aber ist in allen Fällen die Aufnehmung eines besondern von der Klage verschiedenen Anmeldungsprotokolls zur Form des Prozesses nicht wesentlich erforderlich, sondern es kann in jedem Falle, wenn sogleich in dem Anmeldungsprotokolle die Klage vollständig begründet befunden wird, auf dies Protokoll eben so, wie auf ein solchergestalt abgefasstes eigentliches Klageprotokoll verfügt werden.

Wenn die Klage selbst mit der schriftlichen Anmeldung verbunden werden könne.

§. 23. Wenn der Kläger den Betrieb des Prozesses einem Justizkommissarius aufgetragen, und dieser sich dazu mit vollständiger Information nach Vorschrift des folgenden Titels versehen hat, so steht ihm frei, mit der schriftlichen Anmeldung die Klage selbst zu verbinden; worauf sodann nach Vorschrift des Sechsten Titels verfahren wird.

§. 24. Doch muss in diesem Falle die Vollständigkeit der Klage und der eingezogenen Information, nach den am angeführten Orte ertheilten näheren Vorschriften, mit vorzüglicher Sorgfalt geprüft werden, damit nicht aus einem gleich bei der ersten Einleitung untergelaufenen Versehen oder unbemerkt gebliebenen Mangel in dem Vortrage der Thatsachen, Aufenthalt oder Verwirrung in dem Fortgange der Instruktion entstehen mögen.

Fünfter Titel.

Von Aufnehmung und Instruktion der Klage selbst, und was dabei zu beobachten.

Informations - Einziehung.

§. 1. In allen Fällen, die Aufnahme der Klage mag von dem Kläger selbst, oder von einem Bevollmächtigten desselben, durch einen Deputirten des Gerichts, oder durch einen auswärtigen Kommissarius, oder durch einen Justizkommissarius, welchem der Kläger in den zugelassenen Fällen den Betrieb des Prozesses aufgetragen hat, geschehen, muss für die Herbeischaffung einer vollständigen Information gesorgt werden.

§. 2. Auch in Fällen, wo die persönliche Zusammenbringung des Klägers mit demjenigen, welcher die Klage von ihm aufnehmen soll, mit zu vielen Schwierigkeiten verbunden ist, und also die Information schriftlich eingezogen werden muss, ist auf die möglichste Vollständigkeit derselben alle Aufmerksamkeit zu wenden.

§. 3. Wenn der, welchem die Einziehung der Information zur Klage obliegt, findet, dass der abwesende Kläger aus Mangel an Kenntnissen und Einsichten, oder an der Gabe, sich bestimmt und deutlich auszudrücken, ihm die nöthige Information schriftlich nicht ertheilen könne; so muss er dem Gerichte davon Anzeige machen, damit die Aufnehmung der Information durch Auftrag oder Requisition an ein anderes Gericht, vor welchem der Kläger sich persönlich stellen kann, bewirkt werden möge.

1) über das Forum;

§. 4. Zu einer vollständigen Information über die aufzunehmende Klage wird Folgendes erfordert:

Zuvörderst muss noch genauer, als bei der ersten Anmeldung hat geschehen können, untersucht werden: ob der Beklagte nach seiner Person und seinem Stande, oder die Sache nach ihrer Beschaffenheit, vor das Gericht, wo die Klage angemeldet worden, wirklich gehöre; oder ob etwa der Beklagte aus einem besondern Privilegio nur vor einer gewissen andern Instanz Recht zu nehmen schuldig sei. Findet sich dabei noch einiger Anstand, so muss derselbe vor allen Dingen näher ins Licht gesetzt, und der Kläger allenfalls, die nöthigen Erkundigungen deshalb einzuziehen, bestimmt angewiesen werden.

2) über eine etwanige Litispendenz;

Ferner ist der Kläger zu befragen: ob über die Sache, weshalb er klagen will, etwa schon bei einem andern Gerichte ein Prozess anhängig, und darin bereits eine Citation ergangen sei; auch warum er, wenn dieses wäre, die Sache daselbst nicht fortsetzen wolle. Aeussert sich dabei etwas, wodurch es zweifelhaft wird, ob der Richter, welcher die Prävention ausgeübt hat, dazu wirklich berechtigt sei, so muss davon dem Kollegio zur weitern Verfügung sofort Anzeige geschehen,

3) über das Objekt der Klage;

Drittens muss der Kläger das Objekt der Klage, besonders wenn es dabei auf körperliche Dinge ankommt, nach der Lage, den Grenzen, der äusserlichen Form und Gestalt, Maas, Gewicht und übrigen Umständen, wodurch die Sache von andern ähnlichen sich unterscheidet, genau und deutlich bestimmen: um in der Folge allem Missverständnisse, Irrthume und Zweideutigkeit vorzubeugen.

4) über das dabei zum Grunde liegende Faktum;

Viertens muss von dem Kläger eine ausführliche Erzählung der Thatsache, des Handels, oder Vorgangs, worauf derselbe seinen Anspruch gründen will, nach allen Haupt- und zur Erläuterung dienenden Nebenumständen gefordert; er über alles und jedes, was zur zuverlässigen und vollständigen Aufklärung des ganzen Zusammenhangs der Sache gehört, genau examinirt; insbesondere aber gemeinen und einfältigen Leuten, denen es an Licht und Ordnung der Begriffe, und an der Fähigkeit, das Nothdürftige kurz und zusammenhängend vorzutragen, fehlet, diese Nachricht mit aller Sorgfalt und Geduld abgefragt, und mit einem Worte, die Species facti so klar und bestimmt auseinander gesetzt werden, dass sogleich übersehen werden könne, wovon eigentlich die Rede sei, und wie durch das vorgetragene Faktum der Anspruch des Klägers begründet werden solle.

5) über das Petitum;

Worauf Fünftens dieser Anspruch eigentlich gehe, und wie weit er sich erstrecke; ob z. B. der Kläger nur Kapital, oder auch Zinsen, und aus was für Gründen er diese letzteren fordere, darüber muss der Kläger ebenfalls ausdrücklich vernommen werden.

6) über den Legitimationspunkt;

Sechstens ist auf die Berichtigung des Legitimationspunktes Bedacht zu nehmen. Wenn sich also ergiebt, dass jemand als Vormund oder Kurator klagen wolle, so muss derselbe zur Herbeischaffung seines Tutorii oder Curatorii, auch, wo es erforderlich, des obrigkeitlichen Approbationsdekrets; der Cessionarius zum Ausweis der Cession; der Erbe zur Bescheinigung seines Erbrechts, wenn selbiges nicht etwa notorisch ist; der Bevollmächtigte zur Beibringung der nöthigen Vollmacht u. s. w., angehalten werden.

besonders bei Erben;

Setzt jemand seine Legitimation darin, dass der eingeklagte Anspruch durch Erbgangsrecht auf ihn gediehen sei, und gründet er dies sein Erbrecht auf eine letztwillige Disposition, oder auf einen Erbvertrag; so muss er die darüber vorhandene Urkunde im Original oder in beglaubter Abschrift beibringen, und letztern Falls anzeigen, wo das Original befindlich sei. Auch muss, wenn der

Kläger sich als Testamentserbe angiebt, ein Attest des Gerichts über die gehörig erfolgte Publikation der Verordnung beigebracht, und, wenn er Vertragserbe zu sein behauptet, das erfolgte Ableben des angeblichen Erblassers, sobald es nicht etwa notorisch ist, bescheinigt werden. Gründet sich der Kläger in einem gesetzlichen Erbrechte, und ist dieses bei dem Gerichte, wo die Klage angestellt wird, nicht etwa schon bekannt, oder bei andern Gelegenheiten bereits nachgewiesen worden; so muss er von dem Gerichte, unter welchem ihm die Erbschaft angefallen ist, ein seine Legitimation nachweisendes Attest beibringen. In diesem muss der Grad der Verwandtschaft des Erben mit dem Erblasser angezeigt, und zugleich attestirt werden, dass dem Gerichte kein näherer oder gleich naher Erbe bekannt sei. Ist über den Nachlass, auf Instanz des Klägers, eine Präklusoria ergangen, so ist es genug, wenn nur diese in beglaubigter Form vorgelegt, oder in dem gerichtlichen Atteste darauf Bezug genommen wird. Wenn erhellet, dass der Kläger nur zu einem gewissen Theile Miterbe sei, so muss auf die Vorschrift des Landrechts Th. I. Tit. XVII. §. 151. u. f. die erforderliche Rücksicht genommen werden. Uebrigens ist bei dieser vorläufigen Erörterung des Legitimationspunktes, welche der Richter von Amts wegen besorgen muss, eine ganz vollständige und bis zur vollkommen rechtlichen Gewissheit gebrachte Nachweisung desselben nicht durchaus nothwendig, sondern hinreichend, wenn nur der Kläger den Grund seiner Legitimation bestimmt angegeben, die darüber in seinen Händen befindlichen schriftlichen Beweismittel vorgelegt, und in Ansehung derjenigen, die er nicht sogleich vorlegen kann, ebenfalls bestimmt angezeigt hat, worin dieselben bestehen, und wie sie erforderlichen Falls herbei zu schaffen sein werden.

Rescript vom 10. Dezember 1814, betr. den Mangel der Legitimation zur Sache in Prozessen.

Der Justiz-Kommissarius N. hat sich für die Weinhändler Nschen Erben, über die in Sachen derselben wider die Nschen Erben verfügte Reposition der Akten beschwert. Der Justiz-Minister hat die Akten br. m. abfordern lassen, welche hierbei zurückerfolgen, und hat die Beschwerde bei näherer Prüfung nicht ungegründet gefunden.

Es hat zwar kein Bedenken, daß, wie das Königl. Kammergericht in seiner Verfügung vom 10. Nov. c. anführt, Kläger, die ihre Legitimation ad causam nicht führen, dazu unter der Verwarnung der Akten-Reposition angewiesen werden müssen; allein, wenn die Sache, der ermangelnden oder nicht vollständig geführten Legitimation ungeachtet, einmal zur Instruktion geleitet ist, dann kann die nachzuholende Aktiv-Legitimation des Klägers nicht mehr sub praejudicio repositionis actorum gefordert werden, sondern sie ist so gut wie jede andere Thatsache ein Gegenstand der Kontumazial-Instruktion und des demnächst abzufassenden Erkenntnisses.

Hiernach hätte die Verfügung vom 4. April c. nicht die Verwarnung der Reposition enthalten, und späterhin solche nicht realisirt werden sollen.

Gesetzt aber auch, daß diese Verwarnung richtig gewesen wäre, so rechtfertiget sich hieraus noch immer nicht die durch das Dekret vom 10. Nov. zurückgewiesene Reassumtion des Prozesses. Denn die Vorschrift der A G. O. Th. I. Tit. 20 §§. 19—20. setzt voraus, daß man vom Kläger annehmen könne, er wolle die Sache nicht fortsetzen, wenn er sie, wenigstens durch einen Zeitraum von 4 Wochen seit der Reposition, liegen lassen. Im vorliegenden Falle hat aber Kläger gegen das erste Repositions-Dekret vom 26. Mai c. unterm 31. ejd., und gegen das zweite Repositions-Dekret vom 21. Juli c. unterm 12. August remonstrirt, und indem er um neue Fristen gebeten, zeitig zu erkennen gegeben daß er die Sache keinesweges liegen lassen, sondern sie vielmehr fortsetzen wolle.

Endlich wird auch die abweisende Verfügung vom 10. Nov. durch das Allegat am Schlusse derselben, daß die Person des Verklagten sich nach dem Ableben des N. geändert, und daß Kläger die eigentlichen Verklagten genau angeben und in Anspruch nehmen müsse, nicht gerechtfertigt, weil die Nschen fideikommissarischen Erben schon längst angegeben sind, und mit ihnen die Instruktion schon im Gange ist, wie solches aus dem Protokolle vom 29. Nov. pr. Fol. 39. hervorgeht. Dieser Theil der mehrgedachten Verfügung scheint daher auf einem bloßen Irrthume zu beruhen.

Nach allem diesen läßt sich die Verfügung qu. nicht aufrecht erhalten. Das Königliche Kammergericht hat daher das Repositions-Dekret wieder aufzuheben und einen neuen Termin zur Fortsetzung und zum Abschluß der Instruktion zu präfigiren.

(v. K. Jahrb. Bd. 4. S. 207.)

7) über die etwa vorhandenen mehrern Theilnehmer von Seiten des Klägers, oder

Wenn sich, Siebentens, aus dem Vortrage des Klägers ergiebt, dass von seiner Seite mehrere Interessenten vorhanden, und die Sache theilbar ist, so muss er angehalten werden, entweder sich zu erklären, dass er nur auf seinen Antheil klagen wolle; oder von seinen Mitinteressenten eine Vollmacht zur Einklagung des Ganzen beizubringen; oder die ihm von selbigen geschehene Abtretung des Ganzen auszuweisen.

Ist aber die Sache ihrer Natur nach untheilbar, so darf nur diese ihre Qualität im Protokoll gehörig bemerkt werden. Alsdann muss der Richter, je nachdem die zu einem solchen untheilbaren Objekte gehörenden mehreren Interessenten entweder Mitglieder einer Korporation oder Gemeine sind, oder ihr Miteigenthum aus einem Vertrage, oder unmittelbar aus dem Gesetze entsteht, ferner beurtheilen: in wie fern der zur Klage sich anmeldende Theilnehmer für sich allein zum Prozesse verstattet, oder bis zur erfolgenden Bestimmung der übrigen Theilnehmer zurück gewiesen werden müsse.

8) des Beklagten.

Eben so muss, Achtens, Erkundigung eingezogen werden, ob etwa von Seiten des Beklagten mehrere Theilnehmer vorhanden sind, und ob der Kläger sie insgesammt, oder nur einen, oder etliche in Anspruch nehmen wolle.

Ist die Sache, worüber gestritten wird, theilbar, und der Kläger will den einen Mitinteressenten nur auf seinen Antheil belangen, so hat es dabei sein Bewenden. Fordert er aber das Ganze, oder ist die Sache ihrer Natur nach untheilbar; so muss er entweder besondere Gründe, warum der in Anspruch genommene Interessent für das Ganze zu haften schuldig sei, anführen; oder er muss bedeutet werden, seine Klage gegen die sämmtlichen Interessenten zu richten.

Es ist aber eine Sache in gegenwärtiger Beziehung für untheilbar zu achten, wenn sie einem von mehreren Interessenten nicht zu Statten kommen kann, ohne zugleich den übrigen gewährt zu werden, oder von sämmtlichen Interessenten geleistet werden muss, wenn sie dem Gegentheile zu Statten kommen soll, wie z. B. Grundgerechtigkeiten etc.

9) wegen eines etwa vorhandenen Auctoris;

Neuntens muss nachgesucht werden, ob vielleicht jemand sei, von welchem die streitige Sache oder Forderung an den Kläger gediehen ist; und ob es nothwendig und rathsam sei, oder von dem Kläger ausdrücklich verlangt werde, diesen Auctorem zur fernern Verhandlung und Untersuchung mit zuzuziehen.

10) über die etwanige Exceptionem plus petitionis tempore; oder

Gleichergestalt muss, Zehntens, untersucht werden, ob etwa die Klage zu früh angestellt sei, und Kläger damit noch erst eine gewisse Zeit oder Begebenheit abwarten müsse. Findet sich dieses, so muss er bedeutet werden, sich bis nach Ablauf dieser Zeit, oder bis zur Existenz dieser Begebenheit zu gedulden, oder besondere Gründe, warum er dazu nicht schuldig sei, anzugeben.

11) excussionis et ordinis;

Eben so ist es, Eilftens, zu halten, wenn sich ergiebt, dass der Beklagte dem Kläger erst in subsidium verhaftet, und also den Rechten nach zuvörderst der Prinzipalschuldner in Anspruch zu nehmen sei. Alsdann ist der Kläger an diesen zu verweisen, in so fern er nicht besondere Ursachen angeben kann, weswegen er, mit Uebergehung des Hauptschuldners, sich sogleich an den Nebenschuldner oder Bürgen zu halten berechtigt sei.

12) wegen Kautionsbestellung.

Ferner und Zwölftens, muss Erkundigung eingezogen werden, ob der Kläger sich etwa in dem Falle befinde, wo eine Kautionsleistung von ihm nach den Vorschriften des Ein und zwanzigsten Titels gefordert werden kann, und wie er allenfalls diese Kaution zu bestellen gedenke.

§. 5. Wenn nun solchergestalt wegen der vorläufigen Ausflüchte, unter deren Schutze der Beklagte die Einlassung auf die Klage von sich ablehnen könnte, das Nöthige erinnert, auch die Species facti selbst gehörig auseinander gesetzt ist; so muss

13) über die Beweismittel;

Dreizehntens, derjenige, welchem die Einziehung der Information obliegt, die Species facti mit dem Kläger Punkt für Punkt durchgehen, ihn bei jedem nur irgend erheblich scheinenden Umstande, wie er die Richtigkeit desselben im Läugnungsfalle darthun wolle, befragen; wenn der Kläger sich auf Zeugen beruft, deren Namen, Stand und Aufenthalt, auch von welchem Umstande eigentlich jeder derselben, Falls mehrere benannt worden, Wissenschaft haben solle, vermerken; wenn der Kläger sich auf Dokumente beruft, selbige beibringen lassen, und entweder die Originale, oder getreue Abschriften davon, dem Protokolle beiheften; wenn diese Dokumente sich auf andere beziehen, den Kläger zur Herbeischaffung dieser letzteren, in so fern, als sie zur vollständigen Uebersehung des Fakti nöthig sind, anweisen; wenn der Kläger selbst dergleichen Urkunde entweder gar nicht, oder doch nicht das Original davon in Händen hat, sich im erstern Falle wenigstens die Art des Dokuments, ob es ein Kontrakt, ein Brief, ein Testament, ein Protokoll etc. sey, und was daraus, in Beziehung auf das vorliegende Faktum, entnommen werden solle, so genau und bestimmt, als es dem Kläger möglich ist, angeben lassen; in beiden Fällen aber nachfragen: ob das Original in den Händen des Beklagten oder eines Dritten sich befinde, und woher der Kläger wisse oder vermuthe, dass der angegebene Besitzer das Dokument wirklich hinter sich habe; wenn der Kläger sich auf des Beklagten eigenes Geständniss beruft, die Zeit und Umstände, wann und unter welchen es abgegeben worden; ob es schriftlich oder mündlich geschehen; was für Personen dabei zugegen gewesen oder sonst Wissenschaft davon haben können, genau zu erforschen bemüht sein; wenn der Kläger seinen Vortrag durch andere Beweismittel nicht unterstützen kann, ihn befragen, ob er sich dazu des Eides bedienen wolle; zugleich aber auch ihm die Folgen dieser Art des Beweises bekannt machen. Ueberhaupt muss hiebei die ganze künftige Untersuchung des Fakti dergestalt vorbereitet werden, dass bei deren fernerem Fortgange weder wegen der Angabe, noch wegen der Beschaffenheit der Beweismittel, von Seiten des Klägers ein weiterer Aufenthalt entstehen möge.

14) wegen vermuthlicher Einwendungen;

§. 6. Hiernächst und Vierzehntes, muss der Kläger auch darüber examinirt werden, ob ihm nicht etwa schon aus vorläufigen Besprechungen mit dem Beklagten oder aus der mit selbigem geführten Korrespondenz bekannt oder daraus zu vermuthen sei, was etwa der Beklagte gegen seinen Anspruch einzuwenden habe; was Kläger an diesen Einwendungen, in so fern dieselben auf Thatsachen beruhen, zugestehe oder läugne; was für andere Thatsachen er denselben etwa entgegen zu setzen, und wie er diese seine Behauptungen darzuthun gedenke.

Eben so muss auch derjenige, welcher die Information einzieht, seine eigenen Vermuthungen, worin die Ausflüchte des Beklagten nach der Natur des Geschäfts, und der dabei gewöhnlich vorkommenden oder von dem Kläger selbst vorgetragenen Umstände vielleicht bestehen könnten, dem Kläger eröffnen, und seine Erklärung darüber abfordern: wie er solchen Ausflüchten, im Fall sie wirklich eingewendet würden, zu begegnen vermeine.

Insonderheit muss der Kläger darüber vernommen werden: ob etwa die eingeklagte Forderung durch Zahlung, Vergleich, Abrechnung u. s. w. getilgt, oder durch ein darüber ergangenes rechtskräftiges Urtel abgethan sei; ob etwa dem Beklagten eine Gegenforderung, wodurch die seinige aufgehoben werden könnte, zustehe; ob Beklagter sich vielleicht mit der Verjährung schützen möchte; und was allen diesen Einwendungen, wenn sie wirklich gemacht werden sollten, entgegen zu setzen wäre.

15) Vorhaltungen, welche dem Kläger zu machen sind.

§. 7. Am Schlusse des Informationsprotokolls muss derjenige, welcher die Information aufnimmt, Funfzehntens, dem Kläger nochmals ernstlich zu Gemüthe führen, ob die Sache vorgetragener und niedergeschriebener Maassen sich wirklich verhalte; ihn anmahnen, der Wahrheit die Ehre zu geben, und sich nicht durch unvollständige oder gar falsche Erzählungen, deren Ungrund sich in der Folge nothwendig veroffenbaren müsse, unnütze Kosten und gesetzliche Strafen zuzuziehen: ihm diese Strafen, so wie sie unten im drei und zwanzigsten Titel näher bestimmt werden, ausdrücklich bekannt machen; ihm die bei seiner Geschichtserzählung etwa vorkommenden Unwahrscheinlichkeiten, die bei der Qualität seiner Zeugen oder der Glaubwürdigkeit und Richtigkeit seiner Urkunden etwa erscheinende Bedenken nicht verhehlen; die Vorschriften der Gesetze, die seinem Gesuche entgegen zu stehen scheinen, ihm eröffnen, und wenn überhaupt aus den entwickelten Faktis mit Gewissheit oder doch mit überwiegender Wahrscheinlichkeit sich ergiebt, dass er mit der Klage nicht fortkommen dürfte, ihm die nachtheiligen Folgen des muthwilligen Prozessirens vorstellen; und zuletzt des Klägers positive Erklärung: ob er dessen ungeachtet den Prozess anstellen, oder davon abstehen wolle, dem Informationsprotokolle oder den Manualakten beifügen.

Nothwendigkeit einer solchen vollständigen Informationseinziehung.

§. 8. Obige Vorschriften §. 4—7. muss ein jeder, der von einem Kläger Information einzuziehen hat, er sei ein Mitglied des Gerichts, oder ein von demselben bestellter Kommissarius, oder auch ein Justizkommissarius, welchem der Kläger den Betrieb der Sache als seinem Bevollmächtigten aufgetragen hat, unablässig vor Augen halten; und ob sich gleich von selbst versteht, dass nicht bei allen Prozessen sämmtliche nach diesen Vorschriften der Partei vorzulegende Fragen nöthig sein werden: so müssen dennoch sothane Vorschriften dem Deputirten oder Justizkommissarius zum Probiersteine dienen, nach welchem er die Vollständigkeit der aufgenommenen Information zu prüfen hat, und nach welchem auch in der Folge, wenn bei der Instruktion selbst ein Aufenthalt aus Mangel hinlänglicher Nachrichten sich findet, beurtheilt werden muss: in wie fern demjenigen, dem die Einziehung der Information obgelegen hat, ein gegründeter Vorwurf von Leichtsinn, Fahrlässigkeit, Flüchtigkeit oder Uebereilung, deren nachtheilige Folgen für ihn gehörigen Orts bestimmt werden sollen, zur Last bleibe.

Einziehung der Information durch Korrespondenz.

§. 9. Hat der von dem abwesenden Kläger bestellte Justizkommissarius, oder der von dem Gerichte ihm zugeordnete Bevollmächtigte, die Information durch schriftliche Korrespondenz einziehen müssen; so muss er dennoch aus den gewechselten Briefen ein ordentliches Informationsprotokoll formiren, und selbiges seinen Manualakten beifügen.

Anh. §. 48. *Ist die ertheilte Information vollständig, so bedarf es eines besondern darüber aufzunehmenden Protokolls nicht.*

Die Klage soll erst nach eingezogener vollständigen Information aufgenommen werden.

§. 10. Ehe diese Information, welche von Seiten des Klägers die Grundlage des ganzen Prozesses ausmacht, zu der vorgeschriebenen Präcision und Vollständigkeit gelangt ist, kann die Klage weder aufgenommen, noch eingereicht, noch etwas darauf verfügt werden. Es wird also des Klägers Sache, die nöthigen Nachrichten dazu, nach den ihm bestimmt und allenfalls schriftlich zu ertheilenden Anweisungen, wenn ihm an der Beschleunigung der Sache gelegen ist, in Zeiten herbei zu schaffen.

Hebung der vorläufigen Anstände.

§. 11. Wenn aus der eingezogenen Information sich ergiebt, dass, ehe die Klage selbst aufgenommen und eingereicht werden kann, zuvor noch etwas in Richtigkeit zu setzen sei, was von dem Kläger allein nicht abhängt, oder wobei er den ihm ertheilten Anweisungen nicht Folge leisten will; besonders aber wenn

a) über die Kompetenz des Gerichtsstandes, wo geklagt worden;
b) über die von einem andern Richter sich angemaasste Prävention, oder
c) über die Legitimation des Klägers zur Sache noch ein Bedenken obwaltet; oder
d) wenn sich findet, dass eine vollständige Information nicht erlangt werden könne, wenn nicht zugleich der Autor des Klägers, von welchem die streitige Sache oder Befugniss an ihn gediehen ist, mit vorgeladen und vernommen wird; oder
e) wenn der Kläger sich in der Hauptsache auf ein Dokument bezieht, wovon er weder Original, noch Abschrift in Händen hat, und dessen Herausgabe von dem Beklagten oder einem Dritten fordert;

so muss derjenige, welcher die Klage aufzunehmen hat, von diesen und dergleichen vorläufigen Anständen dem Gerichte besonders Anzeige machen; was zu deren Behebung den Rechten nach erforderlich ist, antragen, und weitere Verfügung darüber erwarten.

Zurückweisung offenbar unstatthafter Klagen.

§. 12. Ergiebt sich aus der eingezogenen Information, dass die Forderung des Klägers sich zur rechtlichen Erörterung gar nicht qualificire, sondern derselbe, entweder, weil durch das vorgetragene Faktum sein Anspruch nach den Gesetzen gar nicht begründet wird; oder, weil ein ihm entgegen stehender Einwand, dessen Richtigkeit er nicht läugnen kann, sein ganzes Recht aufhebt; oder weil die Sache nicht vor dieses, sondern ein anderes Gericht gehört; oder weil ein anderer Richter eine rechtmässige Prävention bereits ausgeübt hat; oder weil die Klage zu früh angestellt worden etc., ohne weiteres Gehör und Untersuchung aus dem Gerichte zu weisen sei: so muss derjenige, welchem die Aufnehmung der Klage obliegt, den Kläger darüber zuvörderst selbst zu bedeuten suchen; wenn aber dieser gleichwohl auf der wirklichen Anstellung der Klage besteht, dieses sein Bedenken, mit Einreichung seiner Informationsakten, dem Kollegio pflichtmässig anzeigen, und abwarten, ob dasselbe den Kläger durch ein Dekret abweisen, oder die Fortsetzung der Sache verordnen werde.

In Betreff derjenigen Gegenstände, welche von der gerichtlichen Kognition ausgeschlossen sind s. zur Einl. §. 1.

Aufnehmung der Klage selbst.

§. 13. Ist hingegen die Information hinreichend, und weiter nichts dabei zu erinnern, so muss die Klage selbst unverzüglich aufgenommen und dem Gerichte übergeben werden.

a) Wenn das Informationsprotokoll zugleich die Stelle der Klage vertritt.

§. 14. In gewöhnlichen Fällen kann das Informationsprotokoll die Klage selbst vertreten; nur muss alsdann der Instruent die nach §. 6. dem Kläger wegen vermuthlicher Exceptionen zu machenden Vorhaltungen, und die nach §. 7. ihm über den anscheinenden Ungrund seines Anspruchs geschehenen Remonstrationen entweder in einem Separatprotokolle bemerken, oder ihm in Form einer Resolution und Anweisung das Nöthige darüber eröffnen; und das Separatprotokoll sowohl, als das Konzept der Resolution müssen nicht zu den gerichtlichen Akten kommen, sondern in den Manualakten des klägerischen Assistenten oder Bevollmächtigten aufbewahrt werden.

b) wenn eine besondere Klage aufzunehmen ist.

§. 15. Hat aber in wichtigen und weitläufigen Sachen, weil der Kläger selbst nicht sogleich mit vollständigen und zusammenhängenden Nachrichten versehen gewesen, und die Information von ihm nur nach und nach, und gleichsam stückweise eingezogen werden müssen, das Informationsprotokoll nicht gleich von Anfang an so ordentlich, deutlich und zusammenhängend, als es nach Vorschrift §. 14. erforderlich ist, aufgenommen werden können; so muss aus dem Informationsprotokoll ein besonderes Klageprotokoll gezogen werden. Diess geschieht in der Regel durch den Deputirten selbst, welcher die Information aufgenommen hat. Doch steht es dem Kläger frei, darauf anzutragen, dass die Anfertigung der Klage auf den Grund des Informationsprotokolls seinem Assistenten oder Bevollmächtigten überlassen werde. In beiden Fällen, das Klageprotokoll mag von dem Deputirten des Gerichts, oder von dem Rechtsbeistande des Klägers aus der eingezogenen Information angefertigt werden, wird dasselbe, mit Beilegung des versiegelten Informationsprotokolls, in die Registratur des Gerichts abgegeben, und das Informationsprotokoll wird, wenn der Decernent davon, nach Vorschrift des folgenden Titels, den erforderlichen Gebrauch gemacht hat, dem Assistenten oder Bevollmächtigten des Klägers, ebenfalls versiegelt, zu seinen Manualakten zurück gestellt.

Von schriftlichen Klagen.

§. 16. In den Fällen, wo der abwesende Kläger den ganzen Betrieb der Sache, unter Zulassung der Gesetze, einem Justizkommissarius als seinem Bevollmächtigten übertragen hat, steht diesem frei, aus der von dem Kläger eingezogenen Information eine schriftliche

Klage anzufertigen und einzureichen. Es müssen aber dieser Klage die Manualakten, in welchen die Information befindlich ist, jedesmal beigelegt werden.

Inhalt der Klage.

§. 17. Eine jede Klage, sie mag von dem Richter unmittelbar aufgenommen, oder durch einen Justizkommissarius angefertigt sein, muss enthalten:

1) eine deutliche, vollständige und zusammenhängende Erzählung des Fakti, in welchem der Kläger seinen Anspruch gründet;
2) eine vollständige und bestimmte Anzeige der zum Beweise dieses Fakti vorhandenen Mittel, welche, wenn es Urkunden sind, im Original oder in getreuer und vollständiger Abschrift (worunter jedoch eben keine förmliche vidimirte Ausfertigungen zu verstehen sind) beizulegen; wenn die Originalien dieser Abschriften hinter dem Beklagten oder einem Dritten befindlich, das Nöthige wegen deren Edition anzuführen; wenn es aber Zeugen wären, dieselben nach ihrem Namen, Stande, Charakter und Aufenthalte genau zu bezeichnen sind;
3) muss ein der Sache und der Intention des Klägers gemässer, deutlicher und bestimmter Antrag hinzugefügt werden, aus welchem mit hinlänglicher Gewissheit entnommen werden könne, was eigentlich der Kläger von dem Beklagten fordere.

Was bei der Erzählung des Fakti zu beobachten.

§. 18. Bei der Erzählung des Fakti muss die erforderliche Vollständigkeit mit einer bündigen Kürze verbunden sein, und Umstände, welche nicht zur Sache gehören, oder zur Aufklärung ihres Zusammenhanges nichts beitragen, müssen, wenn sie auch im Informationsprotokolle mit aufgenommen wären, in der Klage selbst wegbleiben. Auch weitläufige juristische Ausführungen gehören nicht in die Klage, und noch weniger die dem Kläger über den scheinbaren Ungrund seines Anspruchs nach **§. 7.** etwa gemachten Remonstrationen, oder die von selbigem über die vermuthlichen Einwendungen des Beklagten nach **§. 6.** eingezogenen Nachrichten. Ob also gleich solche Thatsachen und Umstände, welche in den vollständigeu Zusammenhang der Geschichtserzählung von dem der Klage zum Grunde liegenden Geschäfte gehören, allerdings in die Klage mit aufzunehmen sind, selbst wenn daraus ein Einwand, oder eine Gegenforderung des Beklagten zu folgern sein möchte; so müssen doch dagegen solche Thatsachen, welche auf ein ganz anderes und verschiedenes, mit dem Fakto der Klage in gar keiner Verbindung stehendes Geschäft sich beziehen, aus der Klage wegbleiben, wenn auch deren in dem Informationsprotokolle, bei Gelegenheit der nach **§. 6.** von dem Kläger eingezogenen Erkundigungen, gedacht worden wäre.

Wegen Formirung des Petiti.

§. 19. Wenn der Kläger aus dem vorgetragenen Fakto etwas anderes oder mehreres herleiten will, als daraus nach der Meinung dessen, der die Klage aufnimmt, vermöge der gesetzlichen Vorschriften gefolgert werden kann; so muss dennoch, wenn der Kläger sich nicht bedeuten lassen will, der Antrag in der Klage selbst nach dem Verlangen desselben abgefasst werden.

Wegen der verschiedenen Arten der Klage.

§. 20. Sowohl bei der Einziehung der Information und Aufnehmung der Klage, als in dem ganzen Verfolge der Instruktion, müssen zwar alle diejenigen, welche dabei, es sei als richterliche Personen, oder als Vertreter und Beistände der Parteien, mit zu wirken haben, auf die gesetzlichen Vorschriften so weit Rücksicht nehmen, dass sie darnach bei einer jeden vorkommenden Thatsache beurtheilen: in wie fern daraus ein rechtlicher Anspruch oder Einwand entstehen könne; damit die Instruktion durch die Aufnehmung und Erörterung unbedeutender und unerheblicher Nebenumstände nicht überladen und ohne Noth aufgehalten werde. Sie müssen sich aber auch dabei an die aus dem ehemaligen römischen Rechte hergeleiteten und von den Lehrern desselben gebildeten sogenannten Genera et Formulas actionum nicht ängstlich binden; folglich auch keine angegebene Thatsache bloss um desswillen verwerfen, oder unerörtert lassen, weil dieselbe auf diese oder jene Gattung von Klagen nicht zu passen scheint.

Während der Instruktion kann das Petitum,

§. 21. Wenn daher auch das Geschäft oder die Thatsache, welche bei dem Prozesse zum Grunde liegen, sich im Verfolge der Instruktion dergestalt entwickeln, dass daraus zwar nicht dasjenige, was der Kläger in der Klage gefordert hat, wohl aber irgend ein anderer rechtmässiger Anspruch desselben zu folgen scheint; so muss in Fortsetzung der Instruktion dieser Entwickelung nachgegangen, und die Sache mit Rücksicht auf diesen veränderten Gesichtspunkt, in Facto dergestalt erörtert werden, dass der Richter nicht nur über den in der Klage formirten, sondern auch über den während des Laufes der Instruktion zum Vorschein gekommenen anderweitigen Anspruch des Klägers ein Endurtel abfassen könne.

§. 22. Inzwischen ist eine solche Aenderung des Antrags der Klage nur bis zum Schlusse der Sache in erster Instanz zulässig. Wenn daher der veränderte Gesichtspunkt sich erst durch die neue Instruktion in der zweiten Instanz entwickelt hat, so kann der Appellationsrichter in dem gegenwärtigen Prozesse darauf keine Rücksicht mehr nehmen; sondern er muss den Kläger damit zur ersten Instanz verweisen, wobei derselbe von den in dem vorigen Prozesse bewirkten Entwickelungen des wahren Zusammenhangs der Thatsachen rechtlichen Gebrauch machen kann.

nicht aber der Grund der Klage geändert werden.

§. 23. Dass überhaupt diese Erlaubniss, die Klage zu ändern, auf ganz neue Geschäfte, die von denen, welche in der Klage angegeben worden, ganz verschieden sind und eine andere Art von Klage begründen sollen, nicht ausgedehnt werden könne, wird unten vorordnet. (Tit. X. §. 5. a.)

Von Kumulation der Klagen.

§. 24. Einem Kläger ist erlaubt, wenn er entweder aus einerlei Hauptgeschäfte, oder auch aus verschiedenen Geschäften oder Faktis, mehrere Forderungen an den Beklagten zu machen hat, dieselben in so fern, als sie an sich für einerlei Gerichtsstand und einerlei Art des Prozesses gehören, in Eine Klage zusammen zu fassen; und müssen sodann diese mehreren Forderungen zugleich und in Einem Prozesse instruirt und zum Erkenntnisse befördert werden.

§. 25. Doch ist in solchem Falle, um Verwirrungen in den Akten zu vermeiden, jeder Punkt, oder jede Forderung, so viel ohne Nachtheil des Zusammenhanges und der Verbindung, worin sie mit einander stehen, sich thun lässt, von Anfang an in besondern Protokollen zu verhandeln; auch jedem Protokolle dasjenige, was den speciellen Gegenstand desselben angeht, z. B. die dazu gehörigen Urkunden, Zeugenaussagen u. s. w. unmittelbar beizufügen.

§. 26. Auch muss der Instruent diese mehrere Klagepunkte, entweder sogleich bei der Aufnehmung der Klage, oder wenn es dort noch nicht hat geschehen können, wenigstens bei der Regulirung des Status causae et controversiae, dergestalt ordnen, dass diejenigen, von deren Entscheidung die Aburtelung anderer abhängt, zuerst, und diejenigen, welche in näherer Verbindung zusammen stehen, unmittelbar nach einander vermerkt werden.

Vom Possessorio und Petitorio.

§. 27. Ausser dem Possessorio summariissimo, von welchem unten besonders gehandelt wird, soll in Ansehung der Instruktion des Prozesses kein Unterschied weiter zwischen dem Petitorio und Possessorio Statt finden; sondern alle Thatsachen, welche zur Entscheidung der Frage des Besitzers und der Frage des wirklichen Rechts gehören, sollen zugleich und in Einem Prozesse aufgenommen und untersucht, also auch in dem über das Recht abzufassenden Haupturtel, zugleich über die etwanigen Folgen des Besitzes, nach der verschiedenen Qualität desselben, erkannt werden.

§. 28. Nur bei Erbschaften, wenn die Gesetze einem Testaments- oder Intestaterben besondere Rechtsmittel, sich vorläufig den Besitz eines liegenden und in Niemandes Besitz befindlichen Nachlasses zu verschaffen, an die Hand geben, können dergleichen Klagen besonders angestellt und von dem Prozesse über das Erbrecht selbst getrennt werden.

Von Präjudicialpunkten.

§. 29. Wenn bei einer Sache Präjudicialfragen vorkommen, welche die persönliche Qualität oder das Verhältniss einer Partei gegen die andere, wovon ihre Rechte und Obliegenheiten abhängig sind, betreffen, und die erst erörtert sein müssen, ehe die Entscheidung der Hauptsache erfolgen kann, z. B. wenn jemand als Erbe eine Forderung des Erblassers einklagt, und ihm die Qualität eines Erben bestritten wird u. s. w.; so müssen zwar von dem Kläger, gleich bei Aufnehmung des Informationsprotokolls, sämmtliche Fakta, welche auf die Präjudicialfrage sowohl, als auf die Hauptsache Beziehung haben, vollständig vorgetragen, die Beweismittel dafür angegeben, und so viel als ohne besondern Zeitverlust oder Aufenthalt des Präjudicialpunktes möglich ist, herbei geschafft werden. Alsdann aber muss der Richter, mit Rücksicht auf die solchergestalt auseinander gesetzten Umstände, und je nachdem die Erörterung der Präjudicialfrage oder der Hauptsache mehr oder weniger weitläufig und verwickelt zu sein das Ansehen hat, in vernünftige Erwägung ziehen: ob beide Gegenstände zugleich und in einerlei Prozesse zur Untersuchung und Entscheidung einzuleiten, oder ob der Kläger anzuweisen sei: dass er zuvörderst die Präjudicialfrage mit dem Beklagten ausmachen, und erst alsdann, wenn diese zu seinem Vortheil entschieden worden, weitere Untersuchung und Erkenntniss in der Hauptsache erwarten solle.

§. 30. Die wirkliche Bestimmung hierüber wird also in jedem einzelnen vorkommenden Falle, nach den besondern Umständen desselben, dem vernünftigen und pflichtmässigen Befunde der Gerichte anheim gestellt.

Sechster Titel.

Von der Verordnung auf die Klage.

Obliegenheiten der Registratur.

§. 1. Die aufgenommene Klage nebst dem Informationsprotokoll muss in der Registratur des Gerichts abgegeben, und von dieser dem auf die Anmeldung bereits ernannten Decernenten zum Vortrage im versammelten Kollegio zugestellt werden.

Obliegenheit des Decernenten.

§. 2. Der Decernent muss die Klage mit der Information und den Manualakten, so wie beide mit den Verordnungen des vorhergehenden Titels aufmerksam vergleichen, und sorgfältig prüfen: ob dabei in Ansehung der Deutlichkeit, Bestimmtheit, Ordnung oder Vollständigkeit irgend etwas zu erinnern sei, dem zuvor abgeholfen werden muss, ehe auf die Klage zweckmässig verfügt werden kann.

Verordnung auf die Klage. a) Wenn noch vorläufige Anstände zu heben sind.

§. 3. Dergleichen Ausstellungeu betreffen entweder Umstände, von denen mit Grunde zu besorgen ist, dass, wenn sie nicht noch vor Mittheilung der Klage an den Beklagten ergänzt oder verbessert werden, dadurch im Fortgange der Instruktion ein Verzug und Anstand erwachsen möchte; oder sie betreffen bloss Nebenumstände, denen noch vor dem Eintritt des anzuberaumenden Termins abgeholfen werden kann, ohne dass daraus in der Instruktion selbst ein erheblicher Aufenthalt zu befürchten wäre.

§. 4. Letztern Falls muss zwar auf die Klage verordnet, zugleich aber wegen Abhelfung solcher Mängel das Nöthige verfügt werden.

§. 5. Sind hingegen Umstände vorhanden, welchen nach der pflichtmässigen Beurtheilung des Gerichts noch erst abgeholfen werden muss, ehe auf die Klage zweckmässige Vorladung ergehen kann, und die Abhelfung des Mangels hängt bloss von demjenigen, der die Klage aufgenommen hat, oder von dem Assistenten oder Bevollmächtigten des Klägers ab; so muss diesem dazu, mit deutlicher Bemerkung des Fehlers selbst, allenfalls auch mit Zurückgabe der Klage und des Informationsprotokolls, eine nach den Umständen abgemessene Frist bestimmt, und den Bevollmächtigten oder Assistenten erforderlichen Falls eine verhältnissmässige Strafe, wenn die Frist nicht inne gehalten würde, gedroht werden.

§. 6. Ist aber der bemerkte Mangel von der Art, dass demselben nicht ohne eigenes Zuthun der Partei abgeholfen werden kann; so ist diese darüber schriftlich zu bedeuten, und deutlich anzuweisen: was noch erst geschehen, angezeigt oder beigebracht werden müsse, ehe die Information für hinreichend angenommen und auf die Klage verfügt werden könne. Wie bald der Kläger diese Anweisung befolgen wolle, hängt von ihm allein ab, und er hat die Folgen eines dabei vorfallenden Verzugs lediglich sich selbst beizumessen.

Rescript vom 10. Dezbr. 1814, betr. den Mangel der Legitimation zur Sache nachdem der Prozeß eingeleitet worden, s. zu Tit. 5. §. 4. Nr. 6.

b) Wenn die Klage unstatthaft ist.

§. 7. Ist aus den im vorigen Titel **§. 12.** angegebenen oder andern dergleichen rechtlichen Gründen die Klage offenbar unzulässig, so muss der Kläger, unter Anführung dieser Gründe, durch eine schriftliche Resolution abgewiesen werden; wogegen demselben nur der Weg der Beschwerde an die dem abweisenden Richter unmittelbar vorgesetzte Behörde offen steht.

Rescript vom 25. Juni 1821, daß auf Beurtheilung der Zuläßigkeit eines Rechtsverfahrens auf die etwanigen Anträge der Gegenpartei keine Rücksicht zu nehmen sei. v. K. Jahrb. Bd. 17. S. 258. s. zu Tit. 45. §. 5.

c) Wenn vorläufige Verfügungen an den Beklagten oder einen Dritten erforderlich sind.

§. 8. Ist aus den **§. 11.** des vorigen Titels angeführten oder andern ähnlichen Gründen noch erst eine vorläufige Verfügung an den Beklagten oder an einen Dritten nöthig, ehe und bevor auf die Klage selbst die Vorladung ergehen kann; so muss diese Verfügung fördersamst getroffen und dem Kläger davon Nachricht ertheilt, von dem Richter aber für die Erledigung solcher vorläufigen Umstände eben so, wie es ihm bei der Instruktion der Hauptsache obliegt, gesorgt werden.

Anh. **§. 49.** *Wenn gegen einen der Regierung untergeordneten Offizianten Regress- und Injurienklagen aus Veran-*

lassung seines Amts angebracht oder gegen Kassenbediente des Regierungsressorts Geldforderungen eingeklagt werden; so muss das Gericht davon der betreffenden Regierung sogleich Nachricht geben.

Klagen, welche gegen Personen der Königlichen Schauspiele und Kapelle einkommen, müssen jederzeit der Generaldirektion der Königlichen Schauspiele mitgetheilt werden.

1) **Rescript** vom 28. Juli 1805, betr. die Schuldklagen gegen Personen der Königl. Schauspiele und Kapelle. v. R. VIII. S. 341. (aufgen. in §. 49. in fine des Anh.)

2) **Verordnung** vom 26. Dezbr. 1808, wegen verbesserter Einrichtung der Provinzial-Behörden. §. 47. s. zur Einl. §. 1.

3) **Rescript** vom 5. Mai 1828, betr. die Benachrichtigung der Militair-Intendanturen von Prozessen gegen militairische Kassen- und Magazin-Beamte.

Im §. 49. des Anhangs zur A. G. O. ist festgesetzt worden,

daß, wenn gegen Kassenbediente des Regierungs-Ressorts Geldforderungen eingeklagt werden, das Gericht davon der betreffenden Regierung sogleich Nachricht geben solle.

Zur Sicherstellung des Königlichen Kassen-Interesses soll nach dem Verlangen des Herrn Kriegs-Ministers ein Gleiches in Absicht auf die Beamten dieser Kategorie aus dem Ressort der Königlichen Militair-Oekonomie-Administration geschehen. Jedes Gericht, bei welchem dergleichen Klagen gegen Magazin- und Kassen-Beamte der Militair-Verwaltung angestellt werden, hat sofort die nöthige Nachricht an die Königlichen Militair-Intendanturen gelangen zu lassen. In den Rheinprovinzen soll in Gemäßheit des §. 38. des Rheinischen Ressort-Regulativs vom 20. Juli 1818 die Benachrichtigung durch das öffentliche Ministerium geschehen, sobald die Sache auf die Rolle kommt.

(v. K. Jahrb. Bd. 31. S. 273.)

4) **Rescript** vom 17. Septbr. 1835, daß in Prozessen gegen Kirchen und andere denselben gleichstehende Institute der betreffenden Regierung Abschrift der Klage und des Erkenntnisses mitgetheilt werden soll.

Es ist der Fall vorgekommen, daß in Prozessen gegen Kirchen der Patron und die Vorsteher die ihnen im §. 654. Tit. 11. Th. II. des A. L. R. zur Pflicht gemachte Anzeige an die geistlichen Obern verabsäumt haben, und dadurch für das Vermögen und die Gerechtsame der Kirchen Nachtheile hervorgegangen sind. Zur Beseitigung dieses Uebelstandes werden, auf den Antrag des Herrn Ministers der geistlichen-, Unterrichts- und Medizinal-Angelegenheiten, sämmtliche Gerichtsbehörden hierdurch angewiesen, in allen Prozessen, in welchen Kirchen oder andere hinsichtlich ihrer Vermögens-Beaufsichtigung den Kirchen gleichstehende Stiftungen und Institute als Kläger oder Verklagte auftreten, der betreffenden Königl. Regierung

1) den Klagebeantwortungs-Termin, unter Mittheilung einer Abschrift der Klage, bekannt zu machen, und
2) bei der Mittheilung des Erkenntnisses an die Parteien zugleich eine vollständige Abschrift des Erkenntnisses zur Nachricht zu übersenden.

Für diese Bekanntmachungen können nur Kopialien für Rechnung der Kirche rc. angesetzt werden, wenn derselben nicht die Sportelfreiheit zusteht.

Das Königl. rc. hat hiernach nicht nur selbst zu verfahren, sondern auch die Untergerichte seines Departements mit Anweisung zu versehen.

(v. K. Jahrb. Bd. 46. S. 110.)

§. 9. Auf die Vorschriften des fünften Titels **§. 4. 5. 6. 7. 8.** muss der Decernent Rücksicht nehmen, wenn auch derjenige, welcher die Klage aufgenommen hat, keinen besondern Antrag darüber formirt hätte.

b) Wenn die Klage völlig substantiirt ist.

§. 10. Finden sich aber keine vorläufig zu hebenden Anstände, oder ist selbigen hinreichend abgeholfen; so muss ferner genau erwogen werden:

1) ob die Sache zu einer der besondern Prozessarten, über welche in den folgenden Titeln nähere Vorschriften ertheilt werden, gehöre; oder
2) ob nach Beschaffenheit der Sache oder nach den persönlichen Verhältnissen der Parteien, die Instruktion des Prozesses nach Maassgabe §. 7. Tit. III. einem auswärtigen Kommissarius zu übertragen sei; oder
3) ob die weitere Verhandlung bei dem Gerichte selbst erfolgen solle.

§. 11. In diesem letztern Falle muss der Decernent wiederum sorgfältig prüfen:

1) ob auf die Klage sogleich ein Termin zur Instruktion in der Sache, mit Vorladung beider Theile, angesetzt werden könne: oder
2) ob zuvörderst ein besonderer Termin zur Beantwortung der Klage, mit Vorladung des Beklagten allein, anzuberaumen sei.

In welchen Fällen der Termin sogleich zur Instruktion der ganzen Sache, oder erst zur Beantwortung der Klage anberaumt werde.

§. 12. In gewöhnlichen Fällen, wo bei der Klage keine weitläufigen und verwickelten Thatsachen zum Grunde liegen, muss der Richter sogleich auf die Klage einen Termin zur Instruktion der Sache nach näherer Bestimmung des neunten Titels §. 25. ansetzen. Wenn sich aber aus der Beschaffenheit der Umstände, oder aus dem Inhalte der Klage und des Informationsprotokolls, ergiebt: dass die Sache einer vorzüglich weitläufigen Erörterung bedürfen werde, indem entweder der Grund der Klage auf mannigfaltigen, zusammen gesetzten und verwickelten Thatsachen beruhet, zu deren Aufklärung eine umständliche Auseinandersetzung und förmliche Beweisesaufnehmung erforderlich sein dürfte; oder dass der Beklagte wahrscheinlich dergleichen weit aussehende Einwendungen dem Anspruche des Klägers entgegen setzen werde; so steht dem Richter frei, vorerst nur einen Termin zur Beantwortung der Klage anzusetzen, und dazu nur den Beklagten allein vorzuladen. Eben so, wenn der Richter zwar anfänglich, in der Voraussetzung, dass die Sache keiner weitläufigen Erörterung bedürfen werde, dieselbe sofort auf einen Termin zur Instruktion gerichtet hat; in der Folge aber aus vorläufigen Anzeigen des Beklagten, oder sonst, sich hervor thut, dass die dem erstern Ansehn nach einfache und wenig verwickelte Sache durch weit aussehende Einwendungen, durch Litisdenunciationen, durch verwickelte, aus eben dem Geschäfte, wie die Klage, herrührende Gegenforderungen u. s. w., eine weitläufigere Erörterung, als die Klage vermuthen liess, nothwendig mache: so kann der Richter den anfänglich zur Instruktion überhaupt angesetzten Termin nunmehr bloss auf die Beantwortung der Klage richten; er muss aber zugleich dem Kläger davon in Zeiten Nachricht geben, damit diesem durch das Zureisen zu dem Termine, bei welchem, unter solchen veränderten Umständen, seine Gegenwart nicht mehr von Nutzen sein kann, oder sonst, keine unnöthigen Kosten verursacht werden.

§. 13. Die Erwägung dieser Umstände, und ob nach selbigen der Termin auf die Klage nur zur Beantwortung derselben, oder sogleich zur Instruktion der ganzen Sache anzuberaumen sei, erfordert die vorzüglichste Aufmerksamkeit und reiflichste Prüfung von Seiten des Decernenten: indem davon auf der einen Seite die Beschleunigung, so wie auf der andern die Gründlichkeit und Vollständigkeit der Instruktion besonders mit abhängen.

Wie die Verfügung abzufassen. I. Wenn der Termin bloss zur Beantwortung der Klage bestimmt wird.

§. 14. I. In Fällen nun, wo auf die Klage nur erst ein Termin zur Beantwortung derselben anzuberaumen ist, muss dem Beklagten mit vollständiger Zufertigung der Klage und ihrer Beilagen schriftlich anbefohlen werden:

1) den Kläger fördersamst seinem Antrage gemäss zu befriedigen und klaglos zu stellen; oder wenn er sich dazu nicht verpflichtet halte, dem Gerichte innerhalb einer zu bestimmenden Frist davon Anzeige zu machen, und in einem am Ende dieser Frist anzusetzenden Termine vor dem zu benennenden Deputirten des Gerichts zu erscheinen; sich von demselben über den Inhalt der Klage und die darin angegebenen Thatsachen näher vernehmen zu lassen, und alle zur vollständigen Erörterung der Sache gehörige Nachrichten, nach seiner besten Wissenschaft, der Wahrheit gemäss, mitzutheilen; auch alle etwa in seinen Händen befindliche Urkunden und andere Schriften, die zur Aufklärung der Sache etwas beitragen könnten, mit zur Stelle zu bringen.

2) Der Beklagte muss der Regel nach, und wenn nicht eine von den im dritten Titel §. 4—8. angeführten Dispensationsursachen bei ihm ganz notorisch vorhanden ist, zur persönlichen Erscheinung vorgeladen und ihm angedeutet werden, dass, wenn er aus einer oder der andern dieser gesetzmässigen Ursachen den Termin nicht in Person abwarten könne oder wolle, er sothane Ursachen dem Gerichte durch glaubwürdige Atteste bescheinigen, auch zugleich denjenigen Justizkommissarius benennen müsse, welchen er zu seinem Bevollmächtigten in der Sache ausersehen habe.

Anh. §. 50. *Die Vorladung zum persönlichen Erscheinen unter Beifügung der hier vorgeschriebenen Warnung, findet nur dann Statt, wenn der Richter die Gegenwart der Partei zur Ausmittelung der Wahrheit für unumgänglich nothwendig achtet.* (§. 1. des Anhangs.)

3) Muss dem Beklagten bekannt gemacht werden: dass ihm frei stehe, sich einen Rechtsbeistand entweder aus den bei dem Gerichte aufgenommenen Justizkommissarien selbst zu wählen, oder die Zuordnung eines Assistenten bei dem Gerichte zeitig vor dem Termine nachzusuchen.

4) Wenn aus der Klage oder dem darüber aufgenommenen Informationsprotokolle sich ergiebt, dass der Beklagte sich wahrscheinlich in dem Falle befinden werde, die Herausgebung eines Dokuments von dem Kläger oder einem Dritten zu verlangen; oder eine Litisdenunciation anzubringen; oder sonst auf die Zuziehung oder Vorladung eines Dritten anzutragen: so muss demselben in eben dieser Verordnung angedeutet werden, dass er das Erforderliche deshalb zeitig vor dem Termine bei dem Gerichte nachsuchen müsse. Endlich

5) muss diesem Befehle die Warnung beigefügt werden: dass: wenn der Beklagte sich innerhalb der bestimmten Frist nicht melden, und auch in dem anberaumten Termine ungehorsam aussen bleiben würde, ihm nicht nur sämmtliche Kosten zur Last fallen, sondern auch die in der Klage vorgetragenen Thatsachen für richtig angenommen, und darauf dasjenige, was nach diesen Thatsachen und den Vorschriften der Gesetze Rechtens sei, wider ihn festgesetzt, auch auf ferneres Anrufen des Klägers mit der Exekution verfahren werden solle.

§. 15. Von dieser Verordnung wird dem Kläger oder dessen Bevollmächtigten eine blosse Abschrift zu seiner Nachricht zugestellt.

II. Wenn sogleich der Instruktionstermin anberaumt wird.

§. 16. II. In Fällen, wenn nach §. 12. der Termin auf die Klage sogleich zur Instruktion der ganzen Sache anberaumt wird, muss die Verordnung an den Beklagten auf gleiche Art abgefasst, derselbe jedoch darin nicht bloss zur Beantwortung der Klage, sondern auch zur weitern rechtlichen Verhandlung darüber mit dem Kläger ausdrücklich vorgeladen werden.

§. 17. Der Kläger hingegen muss in diesen Fällen zu eben demselben Termine gleichfalls schriftlich vorgeladen und ihm aufgegeben werden, alle etwa noch hinter sich habende oder in der Zwischenzeit ihm noch bekannt werdende Nachrichten und Urkunden, welche zur Aufklärung der Sache etwas beitragen könnten, mit zur Stelle zu bringen. Auch gehören in diese Verordnung die nach §. 4. wegen Abhelfung etwaniger Mängel bei der Klage, die jedoch die Fortsetzung der Sache nicht aufhalten, zu treffenden Verfügungen.

§. 18. Dieser Verordnung an den Kläger ist die Warnung beizufügen: dass, wenn derselbe in dem anberaumten Termine ungehorsam aussen bleibe, ihm alle bis dahin aufgelaufenen, ingleichen die durch sein Aussenbleiben dem Beklagten verursachten Kosten zur Last gesetzt und mit Reponirung der Akten verfahren werden solle.

Siebenter Titel.

Von Abfassung und Insinuation gerichtlicher Verordnungen.

Allgemeine Vorschrift, wegen Abfassung gerichtlicher Verordnungen.

§. 1. Die Verordnungen auf die Klage, so wie alle gerichtliche Verordnungen überhaupt, müssen in einer deutlichen, ungekünstelten und allgemein verständlichen Schreibart abgefasst sein; die Person und der Aufenthalt des Beklagten müssen darin so genau bestimmt werden, dass bei der Insinuation derselben kein Irrthum oder Missverständniss vorfallen könne: dasjenige, was der Beklagte thun oder leisten soll, muss deutlich und positiv ausgedrückt; der Zeitraum, innerhalb dessen, ingleichen der Termin, bis zu welchem der Verordnung nachzukommen sei, muss genau bestimmt, und die Warnung wegen des Nachtheils, welchen der Vorgeladene aus der unterlassenen Befolgung dieses Befehls zu gewarten hat, muss mit klaren und deutlichen Worten beigefügt werden.

Anh. **§. 51.** ***Alle Vorladungen und Verfügungen der Gerichte, auch wenn sie an Parteien im Auslande erlassen werden, sind in deutscher Sprache abzufassen.***

1) **Auszug** aus der **Verordnung** über die veränderte Verfassung der obersten Staatsbehörden vom 27. Oktober 1810.

Wir wollen, daß der bisher noch immer beibehaltene Curialstyl, welcher nichts Anderes ist, als der Styl des gemeinen Lebens längst verflossener Zeiten, in allen seinen Abstufungen von Rescripten, Dekreten und dergleichen, wie Wir es längst beabsichtigt haben, durchgängig abgeschafft und von jeder Behörde, im gegenwärtigen Styl des gemeinen Lebens, sowohl an Obere als an die auf gleicher Stufe stehende, oder untergebene Behörden und Personen geschrieben und verfügt werde, wie es in den mehrsten andern Staaten geschieht, ohne der Autorität das Mindeste zu vergeben. Unser Name soll nur Gesetzen, Verordnungen und Ausfertigungen vorgesetzt werden, die Wir Selbst vollziehen. Folgsamkeit und Achtung müssen sich die verwaltenden und urtheilenden Behörden durch den bei ihnen herrschenden Geist, durch ihre Handlungsweise, und, wenn es nöthig ist, durch die ihnen zu Gebot stehenden Mittel zu verschaffen wissen, nicht durch veraltete leere Formen. Der Name, welchen Wir einer jeden beilegen, reicht hin, Gehorsam und Ehrfurcht zu gebieten. Es versteht sich hiernach von selbst, daß der Königl. Titel auch nur in Eingaben an Uns selbst statt finden dürfe. ꝛc.

(G. S. S. 3.)

2) a. **Rescript** vom 1. April 1815, betr. die Beilegung des Prädikats „Herr" in den Verfügungen an Personen, denen dasselbe im gewöhnlichen Leben gegeben wird.

Der Königl. Oberlandesgerichts-Kommission wird auf den, auf Veranlassung einer Beschwerde des Grafen N. zu N. unter dem 9. Februar c. erstatteten Bericht, den Geschäftsstyl betreffend, eröffnet: daß nach der Verordnung vom 27. Oktober 1810 die Staatsbehörden sich in ihren Verfügungen des gegenwärtigen Styls des gemeinen Lebens bedienen sollen. Hiernach ist also in den Verfügungen des Kolle-

gii, das Prädikat „Herr" allerdings zu gebrauchen, mit Ausnahme der Verfügungen an Personen der niedern Stände, welchen solches auch im gemeinen Leben nicht gegeben wird.
(v. K. Jahrb. Bd. 5. S. 12.)

b. **Rescript** vom 1. Juni 1816 und 26. Juli 1826 nebst Bericht, betr. den Geschäftsstyl der Gerichte.

Der Chef der Justiz findet sich veranlaßt, dem Königl. Oberlandesgerichte von Oberschlesien nochmals aufzugeben, seine Verfügungen im gegenwärtigen Styl des gemeinen Lebens mit Beachtung der konventionellen Formen der Höflichkeit zu erlassen, und in den Verfügungen die den Empfängern im gemeinen Leben zu gebenden Zeichen des Standes, Amts und der Würde, wohin das Prädikat „Herr" und die Prädikate vor Auszeichnungen, namentlich das Prädikat „Excellenz" gehören, nicht wegzulassen.
Berlin, den 1. Juni 1816.

Nach dem urschriftlich anliegenden Schreiben vom 5. v. M. fordert der Obrist-Lieutenant Graf von K., Besitzer der Kschen Güter, daß ihm in denen von dem hiesigen Oberlandesgerichte und von den Untergerichten an ihn zu erlassenden Verfügungen das Prädikat „Hochgeboren" beigelegt werde.
Die Verordnung über die veränderte Verfassung aller obersten Staatsbehörden der Monarchie, verordnet

Gesetzsammlung des Jahres 1810, Seite 9. 10.

daß der bisher noch beibehaltene Kurialstyl durchgängig abgeschafft und von jeder Behörde im gegenwärtigen Styl des gemeinen Lebens sowohl an Obere, als an die auf gleicher Stufe stehende, oder untergebene Behörden und Personen geschrieben und verfügt werden, und der Allerhöchste Name Sr. Majestät des Königs, nur Gesetzen, Verordnungen und Ausfertigungen, welche Allerhöchst vollzogen sind, vorgesetzt werden soll.

Die hiesigen Akten ergeben nicht, daß wegen Anwendung dieser Bestimmung von Seiten des Chefs der Justiz oder des hiesigen Kollegii Verfügungen erlassen worden sind; seit ihrer Anwendung ist indessen in den Verfügungen des hiesigen Oberlandesgerichts und des Pupillen-Kollegii nur das von Sr. Königl. Majestät beigelegte Prädikat: „Excellenz," aber kein anderes gebraucht, vielmehr derjenige, an den eine solche Verfügung erlassen wurde — in sofern ihm nicht das Prädikat Excellenz gebührte — ohne Unterschied des Ranges oder des Standes, in der dritten Person: Sie, Ihnen, oder der Herr ꝛc. angeredet; in den Requisitionen dagegen der schon vor jener Verordnung beobachtete Geschäftsstyl und daher auch das nach diesem gebrauchte Prädikat: Hochgeboren, Hochwohlgeboren, Wohlgeboren, beibehalten werden.
Ebenso wird es bei den Oberlandesgerichten zu Insterburg und Marienwerder, auch wie wir nicht anders wissen, bei anderen Landes-Justiz-Kollegien gehalten.
Wir finden keine Veranlassung, eine Aenderung hierin zu treffen oder in Antrag zu bringen; aber wir sind auch nicht im Stande die Forderung des Grafen von K. durch eine bestehende Vorschrift zu erledigen und würden, wenn wir sie ohne eine solche zurückwiesen, eine Beschwerde veranlassen. Euer Excellenz bitten wir daher uns hochgeneigtest zu bescheiden, ob der bisher beobachtete Geschäftsstyl beibehalten, oder ob künftig in den Verfügungen des Oberlandesgerichts und des Pupillen-Kollegii, denen an welche sie erlassen werden das Prädikat: Hochgeboren, Hochwohlgeboren, Wohlgeboren und Hochedelgeboren nach Verschiedenheit des Standes und Ranges beigelegt werden soll.
Königsberg, den 10. Juli 1826.

Das Präsidium des Oberlandesgerichts von Ostpreußen.

Dem Präsidio des Königl. Oberlandesgerichts wird auf die Anfrage vom 10. d. M. bei Remission der Beilagen eröffnet, daß durch die Allerhöchste Verordnung vom 27. Oktober 1810 über die veränderte Verfassung der obersten Staatsbehörden zwar allerdings bestimmt ist, daß jede Behörde auch an untergebene Personen im Styl des gemeinen Lebens schreiben und verfügen solle. Da aber bis dahin die Landes-Kollegia im Namen Sr. Majestät des Königs verfügt gehabt haben, so hat bis dahin der Styl des gemeinen Lebens, in welchem Landes-Kollegia an die ihnen untergebenen Personen zu schreiben und zu verfügen pflegen, noch nicht festgestellt sein können. Seit der gedachten Allerhöchsten Verordnung hat sich jener

Styl erst gebildet, und ist von allen Landes-Justiz-Kollegien so angenommen worden, als das Präsidium ihn bezeichnet. Der Justizminister findet sich veranlaßt, es hierbei um so mehr zu belassen, als sich dieser Styl durch Kürze empfiehlt.

(Act. des Justizm. Gen. Nr. 25. Vol. I. fol. 183 und 307.)

3) **Rescript** vom 20. Dezember 1830, betr. die Vorsicht der Gerichte bei Ertheilung adlicher Prädikate.

Die Beilegung des adlichen Prädikats in öffentlichen Ausfertigungen und amtlichen Bescheiden ist verschiedentlich dazu benutzt worden, an sich nicht begründete Ansprüche auf den Adelstand zu unterstützen. Des Königs Majestät haben daher mittelst Allerhöchster Kabinets-Ordre vom 12. Septbr. d. J. zu befehlen geruhet, daß bei Ertheilung des adlichen Prädikats mit Vorsicht verfahren, und in Fällen, wo der Adel nicht notorisch ist, die Ansprüche auf denselben, vor der Beilegung des Prädikats in den Ausfertigungen sorgfältig geprüft werden sollen.

Hierzu werden daher sämmtliche Königl. Gerichtsbehörden angewiesen.

(v. K. Jahrb. Bd. 36. S. 293.)

4) **Instruktion** vom 30. Mai 1820, betr. die Verhältnisse der Standesherren, §. 7. in Betreff des Kanzleiceremoniels; s. zu Th. I. tit. 2. §. 42. Anh. §. 10.

5) **C. O.** vom 21. Febr. 1832, wegen Bekanntmachung der Beschlüsse der deutschen Bundesversammlung über die den vormals reichsständischen Fürsten und gräflichen Häusern beizulegenden Titel, nebst Bekanntmachung und Verzeichnissen.

Auf den Bericht des Staatsministerii vom 31. v. M. genehmige Ich die zurückerfolgende Bekanntmachung der von der deutschen Bundes-Versammlung am 18. August 1825 und am 13. Februar 1829, wegen der, den vormals reichsständischen Häusern beizulegenden Titel, gefaßten Beschlüsse, und bestimme zugleich, daß das Prädikat Durchlaucht nur den Häuptern der Fürstlichen Familien ertheilt werde. Ich authorisire das Staatsministerium, diese Maaßgabe in die Bekanntmachung aufzunehmen, welche demnächst durch die G. S. zu promulgiren ist.

Berlin, den 21. Februar 1832.

Friedrich Wilhelm.

An das Staatsministerium.

Bekanntmachung.

Die deutsche Bundes-Versammlung hat sich in ihren Sitzungen vom 18. August 1825 und vom 13. Februar 1829, wegen der, den vormals reichsständischen Häusern beizulegenden Titel, dahin vereinigt, daß den Fürsten das Prädikat: Durchlaucht, und den Häuptern der gräflichen Häuser das Prädikat: Erlaucht, ertheilt werde. Indem zufolge des Allerhöchsten Befehls vom 21. Februar d. J. diese Beschlußnahme der Bundes-Versammlung mit der Maaßgabe, daß das Prädikat Durchlaucht nur den Häuptern der Fürstlichen Familien ertheilt werden soll, zur allgemeinen Kenntniß und Achtung gebracht wird, hat das Staatsministerium zugleich das Verzeichniß beifügen lassen, aus welchem sowohl die in den diesseitigen Staaten angesessenen Fürstlichen und Gräflichen Häuser, auf welche jene Bundesbeschlüsse Anwendung finden, als auch diejenigen zu ersehen sind, welche die übrigen Regierungen des deutschen Bundes als solche in ihren Landesgebieten begüterte Häuser namhaft gemacht haben, auf welche jene Beschlüsse der Bundes-Versammlung anwendbar, denen also auch von den diesseitigen Behörden und Unterthanen die ihnen zugestandenen Prädikate zu ertheilen sind.

Berlin, den 28. April 1832.

Das Staats-Ministerium.

Friedrich Wilhelm, Kronprinz.

Frh. v. Altenstein. v. Schuckmann. Graf v. Lottum. Graf v. Bernstorff. v. Hake. Maaßen. Frh. v. Brenn. v. Kamptz. Mühler.

Verzeichniss

der in den Preußischen Staaten angesessenen Fürstlichen und Gräflichen Familien, auf welche die Bundesbeschlüsse vom 18. August 1825 und 13. Februar 1829 Anwendung finden.

I. Fürstliche Häuser:

Herzog von Arenberg,
Fürst zu Bentheim-Steinfurt,
" " " Tecklenburg-Rheda,
Herzog von Croy,
Fürst von Kaunitz-Rietberg,
Herzog von Looz-Corswarem,
Fürst zu Salm-Salm,
" " " Kyrburg,
" " " Horstmar,
" " Sayn-Wittgenstein-Berleburg,
" " " " Hohenstein,
" " Solms-Braunfels,
" " " Lych und Hohen-Solms,
" " Wied.

II. Gräfliche Häuser:

Graf von Stolberg-Wernigerode,
" " " Stolberg,
" " " Rosla.

Verzeichniss

der Fürstlichen und Gräflichen Familien in den übrigen deutschen Bundes-Staaten, welche von den letztern als solche namhaft gemacht sind, auf welche die Bundesbeschlüsse vom 18. August 1825 und 13. Februar 1829 Anwendung finden.

Oesterreich.

I. Fürsten:

Fürst von Auersperg,
" " Colloredo-Mansfeld,
" " Dietrichstein,
" Esterhazy,
" von Kaunitz-Rietberg,
" " Khevenhüller,
" " Lobkewitz,
" " Metternich,
" " Rosenberg,
" " Salm-Reifferscheid-Krautheim-Raiz,
" " Schönburg-Waldenburg,
" " " Hartenstein,
" " Schwarzenberg,
" " Stahremberg,
" " Trautmannsdorff,
" " Windischgrätz.

II. Gräfliche Häuser:

Graf von Harrach,
" " Kuefstein,
" " Schönborn-Buchheim,
" " Stadion,
" " Sternberg-Manderscheid,
" " Wurmbrand.

Baiern.

I. Fürsten:

A. die in Baiern domizilirt und mit ehemals reichsständischen Besitzungen begütert sind:

Fürst Fugger von Babenhausen,
= von Hohenlohe=Schillingsfürst,
= = Leiningen,
= = Löwenstein=Wertheim=Freudenberg,
= = = = Rosenberg,
= = Oettingen=Spielberg,
= = = Wallerstein,
= = Thurn und Taxis;

B. Fürsten, die zwar außer Baiern domizilirt, jedoch mit vormals reichsständischen Besitzungen daselbst begütert sind:

Fürst Esterhazy,
= von Schwarzenberg,
= = Waldburg=Wurzach,
= = = Zeil=Trauchburg.

II. Grafen:

A. die in Baiern domizilirt und mit ehemals reichsständischen Besitzungen begütert sind:

Graf von Castell,
= Fugger von Gloett,
= = = Kirchheim,
= = = Nordendorf,
= von Giech,
= = Ortenburg,
= = Rechtern=Limpurg,
= = Schönborn,
= = Waldbott=Baßenheim;

B. Grafen, die zwar außer Baiern domizilirt, jedoch mit ehemals reichsständischen Besitzungen daselbst begütert sind:

Graf von Erbach=Wartemberg=Roth,
= = Stadion.

Sachsen.

Das Fürstliche und Gräfliche Haus der Herren von Schönburg.

Hannover.

I. Fürstliche Häuser:

Herzog von Arenberg,
= = Looz und Corswarem,
Fürst zu Bentheim.

II. Grafen:

Graf von Stolberg=Stolberg,
= = = Wernigerode,
= = Platen=Hallermund.

Würtemberg.

I. Fürstliche Häuser:

Fürst von Colloredo=Mannsfeld,
= = Dietrichstein,

Fürst von Fürstenberg,
= = Hohenlohe=Kirchberg,
= = = Langenburg,
= = = Oehringen,
= = = Waldenburg=Bartenstein,
= = = = Jaxtberg,
= = = = Waldenburg,
= = Löwenstein=Wertheim=Freudenberg,
= = = = Rosenberg,
= = Oettingen=Spielberg,
= = = Wallerstein,
= = Solms=Braunfels,
= = Schwarzenberg,
= = Thurn und Taxis,
= = Waldburg=Wolfegg=Waldsee,
= = = Zeil=Trauchburg,
= = = = Wurzach,
= = Windischgräz,
= = Sayn=Wittgenstein=Hohenstein.

II. Gräfliche Häuser:

Graf von Erbach=Wartemberg=Roth.
= = Fugger=Kirchberg=Weissenhorn,
= = = Nordendorf,
= = Königsegg=Aulendorf,
= = Neipperg,
= = Plettenberg=Mietingen,
= = Pückler=Limburg,
= = Quad=Isny,
= = Rechberg,
= = Schäsberg=Tannheim,
= = Stadion=Stadion=Tannhausen,
= = Sternberg=Manderscheid,
= = Törring=Guttenzell,
= = Waldbott=Bassenheim,
= = Waldeck und Pyrmont,
= = Isenburg=Büdingen=Meerholz.

Baden.

I. Fürsten;

Fürst von Fürstenberg,
= = Leiningen,
= = Salm=Reifferscheid=Krautheim,
= = der Leyen,
= = Löwenstein=Wertheim.

II. Grafen:

Graf von Leiningen=Neudenau,
= = = Billingheim.

Kurhessen.

I. Fürst von Isenburg=Birstein.

II. Grafen:

Graf von Isenburg=Meerholz,
= = = Wächtersbach,
= = Solms=Rödelheim.

Großherzogthum Hessen.

I. Fürsten:

Fürst von Isenburg-Birstein,
" " Leiningen,
" " Löwenstein-Wertheim-Freudenberg,
" " " " Rosenberg,
" " Solms-Braunfels,
" " " Lych.

II. Grafen:

Graf von Erbach-Erbach,
" " " Fürstenau,
" " " Schönberg,
" " Isenburg-Büdingen,
" " " Meerholz,
" " " Philippseich,
" " " Wächtersbach,
" " Leiningen-Westerburg,
" " Schlitz, genannt Görtz,
" " Solms-Laubach,
" " " Rödelheim,
" " " Wildenfels,
" " Stolberg-Gedern,
" " " Ortenberg.

Nassau.

I. Fürsten:

Fürst von Wied.

II. Grafen:

Graf von Neuleiningen und Westerburg,
" " Waldbott-Bassenheim.
(G. S. S. 129.)

6) C. O. vom 8. März 1833, wonach allen, den Fürstentitel führenden Mitgliedern der in der Instruktion vom 30. Mai 1820 benannten Fürstlichen Familien das Prädikat „Durchlaucht" beigelegt werden soll.

Auf den Bericht des Staatsministeriums vom 25. v. M., gebe Ich demselben zu erkennen, daß es, indem Ich durch Meinen Erlaß vom 21. Februar 1832 die Bekanntmachung der Beschlüsse der deutschen Bundesversammlung über die den vormals reichsständischen Häusern beizulegenden Titel vom 18. August 1825 und 13. Februar 1829, genehmigt habe, in Rücksicht auf Meine Staaten und abgesehen von den Verhältnissen gegen die Staaten des Deutschen Bundes, nicht Mein Wille gewesen ist, die Rechte und Ansprüche zu beschränken, welche die Mitglieder der vormals reichsständischen, in Meiner Monarchie angesessenen Fürstlichen Familien theils durch besondere von Mir ertheilte Diplome, theils durch Meine Bestimmung im §. 7. der Instruktion vom 30. Mai 1820 bereits wohl erworben hatten. Ich erkläre und bestimme daher, daß allen, den Fürstentitel führenden Mitgliedern der in der gedachten Instruktion, §. 1., und in dem der Bekanntmachung des Staatsministeriums vom 28. April 1832 beigefügten Verzeichnisse unter I., benannten Fürstlichen Familien im ganzen Umfange Meiner Monarchie von den Landesbehörden und Unterthanen das Prädikat „Durchlaucht" ertheilt werden soll. Das Staatsministerium hat diesen Befehl durch die G. S. zur öffentlichen Kenntniß zu bringen.
(G. S. S. 29.)

7) C. O. vom 26. Oktober 1831, betr. die fürstlichen und bischöflichen Kuralien, nebst Titulaturbuch.

Titulatur-Buch.

Zweite Abtheilung.

Von den Titulaturen, welche die Behörden anwenden sollen.

(Diese Abtheilung enthält nur diejenigen Fürsten, an welche die Behörden amtlich zu schreiben in den Fall kommen.)

A.

Fürsten, welche aus deutschen souverainen Häusern stammen und in der Preußischen Monarchie Grundeigenthum besitzen.

Anhalt.

Rubrik und Adresse: 1) An des souverainen regierenden Herrn Herzogs zu Anhalt-Dessau, Durchlaucht;
Durchlauchtigster Herzog,
Gnädigster Herzog und Herr!
im Context: Ew. Durchlaucht ꝛc.
Eben so
2) An des souverainen regierenden Herrn Herzogs zu Anhalt-Bernburg, Durchlaucht.
3) An des souverainen regierenden Herrn Herzogs zu Anhalt-Köthen, Durchlaucht.
Rubrik und Adresse: 4) An des Herrn Herzogs zu Anhalt-Köthen und Fürsten von Pleß, Durchlaucht;
Durchlauchtigster Herzog und Fürst,
Gnädigster Herzog und Herr!
im Context: Ew. Durchlaucht u. s. w.

Braunschweig.

Rubrik und Adresse: An des Herrn Herzogs zu Braunschweig und Fürsten von Oels und Bernstadt, Durchlaucht;
Durchlauchtigster Herzog,
Gnädigster Herzog, Fürst und Herr!
im Context: Ew. Durchlaucht u. s. w.

Hessen-Homburg.

Rubrik und Adresse: An des souverainen regierenden Herrn Landgrafen zu Hessen-Homburg, Durchlaucht;
Durchlauchtigster Landgraf,
Gnädigster Landgraf und Herr!
(Anm. Dieser Fürst besitzt Oebisfelde, unweit Magdeburg.)

Hessen-Rothenburg.

Rubrik und Adresse: An des Herrn Landgrafen zu Hessen-Rothenburg von Ratibor, auch Fürsten von Corvey, Durchlaucht, zu Rothenburg;
Durchlauchtigster Landgraf, Herzog und Fürst,
Gnädigster Herr!
im Context: Ew. Durchlaucht u. s. w.

Liechtenstein.

Rubrik und Adresse: An des souverainen regierenden Herrn Fürsten zu Liechtenstein auch Fürsten von Troppau und Jägerndorf, Durchlaucht;

Durchlauchtigster Fürst,
Gnädiger Fürst und Herr!
im Context: Ew. Durchlaucht u. s. w.

B.

Mediatisirte, in der Preußischen Monarchie angesessene, vormals unmittelbare deutsche Fürsten.

In der Instruktion d. d. 30 Mai 1820 wegen Ausführung des Edikts vom 21. Juni 1815, die Verhältnisse der vormals unmittelbaren deutschen Reichsstände in der Preußischen Monarchie betreffend, sind als vormals unmittelbar bezeichnet:

I. In der Provinz Westphalen.

1) Der Herzog von Aremberg, wegen der Grafschaft Recklinghausen.
2) Der Fürst von Bentheim=Steinfurth, wegen der Grafschaft Steinfurth.
3) Der Fürst von Bentheim=Rheda, wegen der Herrschaft Rheda und der Grafschaft Hohen=Limburg.
4) Der Herzog von Croy, wegen der Herrschaft Dülmen.
5) Der Fürst von Kaunitz=Rietberg, wegen der Grafschaft Rietberg.
6) Der Herzog von Looz=Corswaren, wegen seines der Preußischen Monarchie einverleibten südlichen Antheils von Rheina=Wolbeck.
7) Der Fürst von Salm=Horstmar, wegen der Grafschaft Horstmar.
8) Der Fürst von Salm=Kyrburg, wegen seines Antheils an Ahaus und Bocholt.
9) Der Fürst von Salm=Salm, wegen seines Antheils an Ahaus und Bocholt und wegen der Herrschaft Anholt.
10) Der Fürst von Sayn=Wittgenstein=Berleburg, wegen seines Antheils an der Grafschaft Wittgenstein.
11) Der Fürst von Sayn=Wittgenstein=Hohenstein, wegen seines Antheils an der Grafschaft Wittgenstein.

II. In der Provinz Niederrhein.

1) Der Fürst von Solms=Braunfels, wegen der Aemter Braunfels und Greifenstein.
2) Der Fürst von Solms=Lich und Hohen=Solms, wegen des Amtes Hohen=Solms.
3) Der Fürst von Wied=Neuwied, wegen der niedern Grafschaft Wied, mit Ausnahme des Amtes Grenzhausen.
4) Der Fürst von Wied=Runkel, wegen der obern Grafschaft Wied, mit Ausnahme des Amtes Runkel, dann wegen der Aemter Alten=Wied und Neuerburg.

III. In der Provinz Cleve=Berg.

Der Fürst von Sayn=Wittgenstein=Berleburg, wegen der Herrschaft Homburg an der Mark.

Von den Behörden wird an die jedesmaligen Chefs der vorbenannten Fürstlichen Familien geschrieben: (Wohlzubemerken) An Aremberg, Croy und Looz=Corswaren: „Herzog," an alle andere obengenannte: „Fürst."

Durchlauchtigster (Herzog) (Fürst),
Gnädiger (Herzog) (Fürst) und Herr!
Ew. Durchlaucht u. s. w.

Ew. Durchlaucht
u. s. w.

Rubrik und Adresse: An des Herrn Herzogs von Aremberg Durchlaucht.
u. s. w.

Auch dem nachstehenden Fürsten ist, zufolge des ihm von Sr. Majestät dem Könige Allerhöchst ertheilten Fürsten-Diploms, zu geben:

Durchlauchtigster Fürst,
Gnädiger Fürst und Herr!

Ew. Durchlaucht ꝛc.

Ew. Durchlaucht
u. s. w.

Rubrik und Adresse: An des Herrn Fürsten von Salm-Reifferscheid-Dyk, Durchlaucht.

C.

Fürsten, denen Se. Majestät der König das Prädikat Durchlaucht in der Art verliehen hat, daß ihnen dasselbe von Behörden und von Privatpersonen gegeben werden muß:

1) Putbus,
2) Sulkowski.

An diese muß von den Behörden geschrieben werden, wie an den Fürsten von Salm-Reifferscheid-Dyk. vid. B.

D.

Von Sr. Majestät in den Fürstenstand erhobene Fürsten:

Rubrik: 1) An des Herrn Fürsten von Carolath, Fürstliche Gnaden,
Hochgeborner Fürst!

Die u. s. w.

Eurer Fürstlichen Gnaden
u. s. w.

Adresse: An des Herrn Fürsten v. Carolath, Fürstl. Gnaden.

In gleicher Art:

2) An des Herrn Fürsten von Lichnowsky.
3) An des Herrn Fürsten von Hatzfeld und Trachenberg.
4) An des Herrn Fürsten von Pückler-Muskau.

E.

Erzbischöfe und Bischöfe in der Preußischen Monarchie.

1) Erzbischof von Cöln:
Hochwürdigster, Hochgeborner Erzbischof,
Gnädiger Herr!
Ew. Erzbischöfliche Gnaden.

2) Erzbischof von Gnesen und Posen: (jetzt vacat)
Hochwürdigster Erzbischof,
Gnädiger Herr!
Ew. Erzbischöfliche Gnaden.

3) Fürstbischof von Breslau:
Hochwürdigster Fürstbischof,
Gnädiger Herr!
Ew. Fürstliche Gnaden.

4) Fürstbischof von Ermeland:
Hochwürdigster, Durchlauchtigster Fürstbischof,
Gnädigster Herr!
Ew. Durchlaucht.
Aufschrift: An des Herrn Fürstbischofs von Ermeland, Fürsten zu Hohenzollern, Durchlaucht.

5) Bischof von Trier,
" " Münster,
" " Paderborn,
" " Culm:
Hochwürdigster Bischof!
Ew. Bischöfliche Hochwürden.

6) An einen Weihbischof:
Hochwürdigster Bischof!
Ew. Bischöfliche Hochwürden.
7) An einen Bischof der evangelischen Kirche in Königl. Preußischen Landen:
Hochwürdigster Bischof!
Ew. Bischöfliche Hochwürden.
8) An einen Erzbischof der evangelischen Kirche:
Hochwürdigster Erzbischof!
Ew. Erzbischöfliche Hochwürden. (v. K. J.Bd. 39. S. 412.)

Fürstliche und Bischöfliche Curialien.

Auf den beigehenden Bericht des Ministers der auswärtigen Angelegenheiten vom 5. d. M. erkläre ich mich damit einverstanden, daß das Staats-Ministerium in seinen Erlassen an die in der zweiten Abtheilung des Titularbuchs unter B. bis E. verzeichneten Fürstlichen Personen sich der bisher üblichen Courtoisie bediene, und eben dieses auch in den Erlassen der einzelnen Ministerien beobachtet werde, die im Titularbuche vorgeschriebene Anrede also weder bei dem gesammten Staats-Ministerio, noch bei den einzelnen Ministerien in Anwendung komme. Die für die evangelischen und katholischen Bischöfe, so wie für den evangelischen Erzbischof vorgeschlagene Courtoisie: „Bischöfliche (Erzbischöfliche) Hochwürden" will ich genehmigen, zugleich aber in Beziehung auf die letzteren bestimmen, daß sie auch den katholischen Erzbischöfen beigelegt werden soll. Hievon ist jedoch der Erzbischof von Cöln, Graf von Spiegel, für seine Person ausgenommen, da Ich demselben das Prädikat: Ew. Bischöfliche Gnaden, verliehen habe.

Uebrigens bringe Ich dem Staats-Ministerium die baldigste Erledigung Meiner Ordre vom 27. Juni v. J., wodurch Ich dasselbe zur Abfassung eines Regulativs über die von den unteren Landesbehörden zu brauchenden Curialien angewiesen habe, in Erinnerung.

(v. K. Jahrb. Bd. 40. S. 463.)

8) **Rescript** vom 22. Februar 1834, nebst **C. O.** vom 2. März 1829, betr. den Titel des Herrn Herzogs von Braunschweig-Oels.

Sämmtlichen Königl. Gerichtsbehörden wird die Allerhöchste C. O. vom 2. März 1829. (Anl. a.)

wegen des Titels des Herrn Herzogs von Braunschweig-Oels Durchlaucht, mit der Anweisung mitgetheilt, sich nach dieser Allerhöchsten Bestimmung und nicht nach der, in den Jahrb. Bd. 39. S. 412. vorgeschriebenen Titulatur, zu achten.

Berlin, den 22. Februar 1834.

Unter Zufertigung der beigehenden Eingabe des Herzogs von Braunschweig-Oels vom 24. v. M. weise Ich das Staatsministerium an, die Verfügung zu treffen, daß demselben in allen an ihn selbst zu erlassenden Schreiben, und den an seine Behörden und Beamten ergehenden Verfügungen der Titel eines Herzogs von Braunschweig-Oels beigelegt werde. Was die in der Ausfertigung öffentlicher Urkunden zu beobachtende Form betrifft, so muß es hierin eben so gehalten werden, wie es zur Zeit des Besitzes seines Groß-Oheims, des Herzogs Friedrich August von Braunschweig-Oels, gehalten worden ist, so daß sämmtliche Ministerial- und Provinzial-Behörden sowohl in Beziehung auf die Person des Herzogs selbst, als rücksichtlich des Fürstenthums Oels und der Verwaltungsbehörden, keine andere Titulaturen gebrauchen sollen, als damals üblich gewesen sind. Das Staatsministerium hat in Gemäßheit dessen die Provinzialbehörden mit Anweisung zu versehen.

Berlin, den 2. März 1829.

Friedrich Wilhelm.

An
das Staatsministerium.

Anh. §. 52. *Wenn ein Regierungsbedienter oder ein der Regierung untergeordneter Offiziant ausserhalb seines Wohnorts vor Gericht geladen wird, so muss davon bei der Vorladung die betreffende Regierung oder unmittelbar vorgesetzte Behörde des Vorgeladenen benachrichtigt werden.*

1) **Verordnung** vom 26. Dezbr. 1808, betr. die verbesserte Einrichtung der Provinzialbehörden, §. 47. s. zur Einl. §. 1.

2) **Reskript** vom 30 Januar 1797, betr. die Vorladung der Accise- und Zollbeamten.

Da die Vorschrift des Accise- und Zoll-Justiz-Reglements vom 11. Juni 1772. Cap. II. §. 7. litt. g. wegen der bei persönlichen Vorladungen der Accise- und Zollbedienten zu erlassenden Notifikationen in die A. G. O. nicht mit aufgenommen worden, und daher Zweifel entstanden sind, in wie fern nach diesen Vorschriften noch jetzt zu verfahren; so finden Wir für gut, darüber Folgendes hiermit festzusetzen:

1) daß es besonderer Notifikationen nicht bedürfe, wenn ein Accise- und Zoll-Bedienter bloß zur persönlichen Komparition vorgeladen wird, und er, um dieser Verordnung Folge zu leisten, nicht nöthig hat, seinen gewöhnlichen Wohnort zu verlassen, vielmehr es in diesem Falle die Sache des Citati sei, sich bei seinen Vorgesetzten zu melden, und den etwa nöthigen Urlaub nachzusuchen;
2) daß aber in einem solchen Falle die Verlegung des Termins auf Anregung des Citati oder seiner Amts-Vorgesetzten nicht versagt werden könne, wenn derselbe auf einen Tag, oder in eine Zeit fällt, wo der Offiziant von seinem Posten, wie z. E. an Markttagen, nicht füglich abkommen kann, und daß daher, um dergleichen Prorogations-Gesuche zu vermeiden, schon bei Anberaumung der Termine auf dergleichen Umstände gehörige Rücksicht genommen werden müsse;
3) daß die Notifikation nothwendig sei, wenn der vorgeladene Offiziant extra locum domicilii sich sistiren soll;
4) daß jedoch diese Notifikation nicht präcise an die Provinzial-Direktion, sondern nur an den nächsten Amtsvorgesetzten des Citati, und also z. E. bei mindern Subalternen nur an das Accise-Amt des Orts geschehen dürfe;
5) daß die Notifikation dergestalt tempestive geschehen müsse, daß von der Zeit der Insinuation bis zum Termine wenigstens noch 4 Tage zu Treffung der nöthigen Arrangements übrig bleiben; und
6) daß in Ansehung der Personal-Arreste es bei der mit dem Reglement übereinstimmenden Vorschrift der A. G. O. Th. I. Tit. 24. §. 145. und Tit. 29. §. 75. sein Bewenden habe.

Ihr habt Euch Vorstehendes nicht allein zu Eurer eigenen Direktion dienen zu lassen, sondern auch die unter Euch stehenden Untergerichte darnach zu instruiren.

(N. C. C. T. X. S. 925.)

Wie Citationen moralischer oder

§. 2. Wenn an einen Magistrat, an ein Kollegium, Stift, Kapitel, an eine Gemeine, oder andere moralische Personen, etwas schriftlich verfügt werden soll, so ist die Verordnung nur nomine collectivo an den Magistrat, das Kollegium, die Gemeine u. s. w. zu richten.

unter Vormundschaft stehender Personen zu adressiren.

§. 3. Ist ein Rasender, Blödsinniger, Tauber und Stummer, ein gerichtlich erklärter Verschwender, oder eine wegen minderjährigen Alters oder sonst unter Vormundschaft stehende Person belangt; so wird die Verordnung nur an den Vormund allein, und wenn der Beklagte sowohl nach seiner Person, als in Ansehung der streitigen Sache, unter väterlicher Gewalt steht, nur an den Vater allein gerichtet. In Provinzen, wo die Geschlechtsvormundschaft noch statt findet, ist dennoch die Vorladung nur an die beklagte Frauensperson allein zu richten, und sie bedarf zur Ausstellung des Empfangsscheins keines Kurators.

Rescript vom 16. Juni 1834, daß wenn Behufs der Verwaltung eines Mündelguts eine besondere Kuratel angeordnet ist, eine gegen den Pupillen in foro rei sitae angestellte Klage nicht dem Hauptvormunde, sondern dem Kurator des Guts zu insinuiren ist.

Auf Ihre Vorstellung vom 25. v. M. wird Ihnen eröffnet, daß der Justiz-Minister das Königliche Ober-Landesgericht zu Köslin nicht mit der Anweisung versehen kann, die von demselben für unzulässig erachtete Nullitätsklage zur Aufhebung der rechtskräftigen Erkenntnisse, in Sachen des Pächters L. gegen Ihre Kinder einzuleiten. Sie behaupten, daß diese Entscheidungen nach §. 2. No. 4. Tit. 16. der Prozeß-Ordnung nichtig seien, weil die Klage des Pächters L. nur dem Kurator zur Verwaltung des Gutes M., welches nach §. 82. Tit. 18. Thl. II. des A. L. R. der unmittelbaren Oberaufsicht des Pupillen-Kollegiums zu Köslin unterworfen gewesen, und nicht dem Haupt-Vormunde und dem Pupillen-Kollegium zu Stettin, welches die Direktion der Vormundschaft über das ganze Vermögen gehabt, mitgetheilt, also gegen die Vorschriften des §. 33. b. Tit. 7. der Prozeß-Ordnung und §. 306. Tit. 18. Thl. II. des A. L. R. gefehlt worden sei.

Diese Gesetze können aber nicht als verletzt betrachtet werden.

Dieselben bestimmen nicht, daß im Falle einer nach §. 82. Tit. 18. Thl. II. des A. L. R. angeordneten Spezial-Kuratel — die wegen dieses Guts im Gerichtsstand der gelegenen Sache gegen den Kurator des Eigenthümers angestellte Klage dem Vormunde, welchen das Gericht, dem die Vormundschaft über das ganze Vermögen zusteht — das forum originis — bestellt hat, und diesem vormundschaftlichen Gerichte mitgetheilt werde.

Das A. L. R. setzt im Gegentheil im §. 119. Tit. 18. Thl. II. fest, daß — wenn mehrere Vormünder bestellt worden, — jeder nur die ihm angewiesenen Geschäfte zu betreiben habe.

Im vorliegenden Falle, wo der §. 82. am angeführten Orte eine Spezial-Kuratel für das Gut M. nöthig gemacht, ist den gedachten Gesetzen dadurch vollständig genügt, daß die Klage dem für die Gutsverwaltung bestimmten Kurator mitgetheilt worden, und zu den Vormundschafts-Akten des Gerichts, welches diesen Kurator zu dirigiren gehabt, vorgelegt gewesen ist.

Es würde auch nicht zweckmäßig sein, im Falle des §. 82. a. a. O. die Real-Klagen dem Vormunde im forum originis und dem vormundschaftlichen Gerichte in diesem mitzutheilen, da dieselben von der Einwirkung auf die Verwaltung des Guts außerhalb dieses Forums ausgeschlossen sind, also immer solche Klagen an den Kurator des Guts und dessen obervormundschaftliche Behörde abgegeben werden müssen.

Aus den angeführten Gründen findet daher die Nullitäts-Klage nicht statt.
(v. K. Jhrb. Bd. 43. S. 481.)

Von Vorladungen durch Requisition.

§. 4. Wenn jemand, der sonst einen andern ordentlichen Gerichtsstand in- oder ausserhalb des Landes hat, dennoch in der streitigen Sache bei dem Gerichte, wo geklagt worden, Recht zu nehmen schuldig ist; so muss ein Requisitionsschreiben an des Beklagten ordentliche Obrigkeit erlassen, und dieselbe darin, unter dem Versprechen bereitwilliger Erwiederung in ähnlichen Fällen, ersucht werden, dem Beklagten die mitfolgenden Citationen nebst Beilagen zeitig insinuiren zu lassen, ihn wegen deren Befolgung zu bedeuten, und eine Bescheinigung der geschehenen Insinuation bald möglichst einzusenden.

§. 5. Die Uebermachung dieses Requisitionsschreibens muss der Kläger besorgen, auch allenfalls bei dem fremden Gerichte jemanden bestellen, der die Kosten daselbst vorschiesse und das Nöthige nach dem dort etwa üblichen Gebrauche betreibe.

§. 6. Dem Requisitionsschreiben wird die Verordnung entweder offen, oder zugleich eine Abschrift davon, zur Ersehung und Ueberzeugung des fremden Gerichts, dass in seine Jurisdiktion dadurch kein Eingriff geschehe, beigefügt.

1) a. **Rescript** vom 4. Juni 1824, betreffend die Requisitionen an die Gerichte in den Rheinprovinzen. v. K. Jhrb. Bd. 23. S. 192. (aufgenommen in die nachfolgende Verordnung.)

b. **Rescript** vom 31. Oktober 1832, denselben Gegenstand betreffend.

Durch die Verfügung des Justiz-Ministers v. Kircheisen vom 4. Juni 1824 (Jhrb. B. 23. S. 191.) ist bestimmt worden, daß

a) alle von den diesseitigen Justizstellen an die Justizbehörden der auf dem linken Rheinufer belegenen Landestheile, so wie derjenigen auf dem rechten Rheinufer belegenen, die zum Regierungsbezirk Düsseldorf gehören, wo das A. L. R. und die A. G. O. noch nicht gelten, zu erlassenden Requisitionen und zu machenden Mittheilungen, sei es in offiziellen oder auch in Partei-Angelegenheiten, an die bei den Rheinischen Landgerichten angestellten Oberprokuratoren zu Köln, Düsseldorf, Cleve, Koblenz, Trier und Aachen, oder auch bei Angelegenheiten, welche sämmtliche Rheinische Landgerichte betreffen, an den General-Prokurator des Rheinischen Appellations-Gerichtshofes zu Köln, und zwar

b) frankirt oder unter portofreier Rubrik erlassen werden sollen.

Gegen diese Bestimmungen ist jedoch oft gefehlt worden.

Es findet sich daher der Justiz-Minister veranlaßt, die sämmtlichen diesseitigen Justiz-Behörden auf jene Bestimmungen aufmerksam zu machen, und deren genaue Befolgung zu empfehlen.

Entstehen durch Nichtbeachtung dieser Bestimmungen, und insbesondere durch Rücksendung unfrankirter Requisitionsschreiben Portoauslagen bei den diesseitigen Gerichtsbehörden, so fallen solche denjenigen Beamten zur Last, welche das Versehen begangen haben.

Die Landes-Justizkollegien haben demgemäß die Untergerichte ihres Departements von dieser Verfügung durch deren Abdruck in den Amtsblättern in Kenntniß zu setzen.

(v. K. Jhrb. Bd. 40. S. 424.)

2) **Ministerial-Instruction** vom 27. März 1833, betreffend die Kosteneinziehung in Requisitions- und Auftragssachen.

Es tritt öfter der Fall ein, daß bei Prozeß- und andern Rechtsangelegenheiten, in welchen die erwachsenen Gerichtskosten wegen Armuth der kostenpflichtigen Partei oder aus andern Gründen niedergeschlagen werden müssen, eine Wiedererstattung der von andern Gerichtsbehörden oder einzelnen Beamten für die in Folge ergangener Requisitionen oder Aufträge vorgekommenen Geschäfte liquidirten und von dem requirirenden oder auftragenden Gericht bereits vorschußweise bezahlten Gerichtskosten nöthig wird.

Da hierbei nicht überall nach gleichen Grundsätzen verfahren wird, so findet sich der Justiz-Minister veranlaßt, folgende Bestimmungen zu treffen:

I. Bei allen Aufträgen und Requisitionen an andere Gerichte ist in dem betreffenden Schreiben bestimmt anzugeben:

1) ob für das Geschäft überhaupt Gerichtsgebühren liquidirt werden können;
2) nach welcher Kolonne der Gebührentaxe die zulässigen Gebühren anzusetzen sind, und
3) ob solche bloß zu liquidiren, oder von einer Partei unmittelbar einzuziehen, oder von dem requirirenden Gericht mittelst Postvorschuß zu erheben sind,

damit das beauftragte oder requirirte Gericht sich hiernach achten kann.

Dasselbe gilt bei Requisitionen oder Aufträgen an einzelne auswärtige Justiz-Beamte.

Zugleich muß bei kostenfreien Sachen von der auftragenden oder requirirenden Behörde eine portofreie Rubrik gebraucht werden, damit keine unnöthigen Porto-Auslagen erwachsen und das Rückschreiben unter derselben Rubrik erfolge.

II. Zur Erleichterung und Vereinfachung des Dienstes wird es besonders führen, wenn die Obergerichte die Untergerichte ihres Departements im Allgemeinen anweisen:

1) bei den ihnen aufgetragenen Insinuationen in Sachen, wo an sich Kosten liquidirt werden können, die erwachsenen Kosten, — welche jedoch nur
in Kopialien,
in Gebühren für die Insinuation selbst,
in Meilengeldern,
in Kassenquote — wo diese zulässig ist —
bestehen können, — zu specificiren und bei Rücksendung des Behändigungs-Scheins durch Post-Vorschuß zu erheben;
2) bei andern Aufträgen aber die Kosten in den zulässigen Fällen bloß zu liquidiren, und abzuwarten, ob solche bezahlt werden können.

III. Das Einziehen der Kosten durch Post-Vorschuß ist einem requirirten Gericht nur dann, wenn in der Requisition wegen Einziehung der Kosten keine anderweite Bestimmung enthalten ist, und überhaupt nur bei geringen Kostenbeträgen, welche die Summe von Fünf Thalern nicht übersteigen, gestattet, damit durch das Einziehen höherer Beträge den Parteien keine mehrere Ausgaben erwachsen, als wenn die Kosten von der requirirenden Behörde durch die Post wirklich übersendet worden wären.

IV. Sind die Parteien zur Zahlung der Kosten an sich verpflichtet und fähig, so kann das beauftragte oder requirirte Gericht die Bezahlung der bei ihm erwachsenen Kosten von der auftragenden Behörde, in sofern diese angemessene Vorschüsse eingezogen hat, oder doch eine Einziehung der Kosten von der zu ihrem Vorschuß verpflichteten Partei verlangen, und hat nicht nöthig, damit bis zur Abfassung des Erkenntnisses oder Anlegung der Schlußrechnung zu warten, Rescript vom 17. Mai 1832 (Jhrb. Bd 39. S 443). Ist aber die Einziehung der Kosten nicht sofort zu bewirken, so kann das beauftragte Gericht von dem auftragenden oder requirirenden nur die vorschußweise Zahlung der wirklichen baaren Auslagen verlangen und muß mit den übrigen Kosten so lange warten, bis sich die Einziehung derselben von der verpflichteten Partei bewirken läßt.

V. Ist aus der Kasse des auftragenden oder requirirenden Gerichts mehr als die wirklichen baaren Auslagen vorschußweise gezahlt worden, und findet sich später, daß die Gerichtskosten überhaupt oder doch bis auf die baaren Auslagen niedergeschlagen werden müssen; so ist jede Gerichtsbehörde und jeder Justizbeamte verpflichtet, diejenigen erhobenen Kosten, welche nicht zu den baaren Auslagen gehören, an die zahlende Kasse auf Erfordern sofort zu erstatten.

Dahin gehören unbedenklich:
1) alle Gerichtsgebühren und Taxen nebst Siegelgeldern;
2) alle Kommissionsgebühren für Geschäfte am Orte des Gerichts;
3) die Kassenquote;
4) eben so die Schreibgebühren, Meilengelder, Insinuations-, Exekutions-, Abtrags- und Aufwarte-Gebühren, Kalkulatur-, Registratur-, Dolmetscher- und andere bei der gerichtlichen Geschäftsverwaltung vorkommende Gebühren, Emballagekosten u. s. w., in sofern der Antrag oder die Requisition an ein Gericht ergangen ist. Denn jeder Gerichtsherr ist verpflichtet, für die Verwaltung seiner Gerichtsbarkeit solche Einrichtungen zu treffen, daß alle dabei vorkommende Geschäfte, und zwar auch dann, wenn die Kosten von den Parteien nicht erhoben werden können, besorgt werden. Es macht daher keinen Unterschied, ob einzelne Beamte des beauftragten Gerichts auf den Genuß von Gebühren angewiesen worden sind, indem dieser Genuß sich eines Theils nur auf diejenigen Gebühren erstrecken kann, welche die Parteien zahlen, mithin die Beamten, wenn dies nicht der Fall ist, die vorkommenden Geschäfte unentgeldlich verrichten müssen, anderntheils aber aus diesem zwischen dem Gerichtsherrn und seinen Beamten getroffenen Abkommen keine Verpflichtung für andere Behörden erwächst, die Kosten der Gerichtsverwaltung statt des Gerichtsherrn zu tragen. Wenn dagegen der Auftrag oder die Requisition an einen einzelnen Justizbeamten erfolgt ist, diesem keine zur unentgeldlichen Bearbeitung dergleichen Aufträge verpflichtete Subalternenbeamte zugeordnet sind, und derselbe sich daher der Hülfe anderer Beamten bedient hat, so kann er die zulässigen Meilengelder, Schreib-, Kalkulatur-, Dollmetscher- und Exekutionsgebühren, so wie Emballagekosten, als baare Auslagen liquidiren und bei der Erstattung der übrigen Kosten in Abzug bringen.

Hat aber der Justizbeamte die Subalternengeschäfte, wofür diese Auslagen liquidirt werden, selbst besorgt, z. B. die Reinschrift der Verfügungen, die Kalkulaturgeschäfte rc., so kann er dafür keine Kosten ansetzen, da der Begriff der baaren Auslagen völlig wegfällt.

Dagegen sind

5) die Reisekosten und Diäten der Kommissarien bei Ausrichtung des Geschäfts nach den Bestimmungen des Regulativs vom 28. Juni 1825, ferner die Reise- und Zehrungskosten der Sachverständigen, die Gebühren der Schwur-Zeugen, und andere bei der gerichtlichen Geschäftsverwaltung vorkommende unvermeidliche Ausgaben stets zu den wirklichen baaren Auslagen zu rechnen; eben so

6) die Portoauslagen, in sofern nicht beide Gerichte aus Staatsfonds unterhalten werden, indem in diesem Falle die wechselseitige Erstattung der Portoauslagen nach der Verfügung vom 14. Januar 1830 wegfällt;

7) die verbrauchten Stempel endlich können nur bei den einzelnen Justiz-Beamten als baare Auslage angesehen werden.

Wenn dagegen bei einem beauftragten oder requirirten Gericht bei Ausrichtung des Geschäfts Stempel verbraucht worden sind, deren Niederschlagung mit den übrigen Kosten später erfolgt, so hat dies Gericht die Wiedererstattung des Stempelbetrages bei der Steuerbehörde zu betreiben, den vom requirirenden Gericht aber vorgeschossenen Betrag demselben zu erstatten.

VI. Die wirklichen baaren Auslagen fallen, in sofern sie nicht wieder eingezogen werden können, der Sporteltaxe des auftragenden oder requirirenden Gerichts zur Last.

Das Königliche Ober-Landesgericht hat diese Bestimmungen nicht nur selbst zu befolgen, sondern auch den sämmtlichen Untergerichten seines Departements zur Nachachtung bekannt zu machen, und darauf zu halten, daß solche genau befolgt werden.

(v. K. Jhrb. Bd. 41. S. 242.)

§. 7. Wenn an einen auch fremden Kläger, der sich einmal zur Anstellung der Klage bei dem Gerichte gemeldet hat, etwas schriftlich zu erlassen ist; so bedarf es dazu keiner Requisition seiner ordentlichen Obrigkeit, sondern die Absendung solcher Verordnungen an ihn kann, wenn er am Orte noch keinen Bevollmächtigten bestellt hat, auf dem gewöhnlichen Wege der Post geschehen.

§. 8. Die Landes-Justizkollegia können und müssen in allen Sachen, welche bei ihnen in erster oder auch in zweiter Instanz zu verhandeln sind, die dabei interessirenden Personen, wenn selbige auch bei einem Untergerichte ihres Departements ihr gewöhnliches Forum haben, dennoch unmittelbar vorladen.

§. 9. Wenn ein in gehöriger Art requirirtes einländisches Gericht die übersandte Citation zu insinuiren verweigert; so muss davon, wenn es ein Untergericht wäre, dessen oberer Instanz, zur Zurechtweisung und Bestrafung, Anzeige gemacht werden. Will aber der Oberrichter ein ihm subordinirtes Untergericht zur Insinuation nicht anhalten, oder ist er es selbst, der dieselbe verweigert; so muss nach Hofe berichtet werden.

§. 10. In allen Fällen muss das einheimische Gericht, welches die Insinuation zur Ungebühr und ohne scheinbaren Grund versagt hat, sämmtliche verursachte Kosten erstatten; dem Kläger oder Extrahenten wegen des aus der Versäumniss ihm erwachsenen Schadens gerecht, auch ausserdem noch, bewandten Umständen nach, mit einer verhältnissmässigen Strafe belegt werden.

§. 11. Wenn ein ausländisches Gericht die Insinuation verweigert, oder auf wiederholte Schreiben deshalb nicht antwortet, so muss dem Departement der auswärtigen Geschäfte darüber berichtet werden, damit dieses die vorgesetzte Behörde des weigernden Gerichts durch diensame Vorstellungen zur Hebung des Anstandes vermöge.

1) a. **Rescript** vom 31. Dezember 1830, betreffend die Vorladungen an Ausländer.

Sämmtliche Königliche Gerichtsbehörden werden angewiesen,

1) die Termine in den Vorladungen oder sonstigen Verfügungen an Ausländer mit gehöriger Berücksichtigung der Entfernung des Bestimmungsortes und der zur Beförderung solcher Sachen durch gesandtschaftliche Vermittelung erforderlichen längeren Zeit, geräumig genug anzuberaumen;
2) zur Vermeidung der Portoausgaben dergleichen Vorladungen und Verfügungen nebst Anlagen, so weit es thunlich, auf Briefpapier und mit möglichster Raumersparung schreiben zu lassen.

(v. K. Jhrb. Bd. 36. S. 310.)

b. **Rescript** vom 16. Dezember 1825, betreffend die unmittelbare Kommunikation der Obergerichte mit dem Ministerio der auswärtigen Angelegenheiten.

Zur Vereinfachung und Beschleunigung des Geschäftsganges ist zwischen den Königlichen Ministerien der Justiz und der auswärtigen Angelegenheiten die Uebereinkunft getroffen:

fortan die auf Insinuationen, Requisitionen, Legalisationen von Attesten rc. sowie auf alle, das höhere Aufsichts- oder das allgemeine Justiz-Interesse nicht berührende Gegenstände sich beziehende Korrespondenz, zur unmittelbaren Austauschung zwischen dem Königlichen Ministerio der auswärtigen Angelegenheiten und den betreffenden Obergerichtsbehörden zu verweisen.

Diese unmittelbare Korrespondenz soll auch dann eintreten, wenn das Königliche Ministerium der auswärtigen Angelegenheiten auf die von einer auswärtigen Regierung erhaltene Veranlassung über die Lage eines Prozesses Auskunft zu erhalten wünscht.

Nach erfolgter Verwirklichung wird es sich übrigens im Fortlaufe des getroffenen Arrangements noch näher ausweisen, ob und auf welche Gegenstände solches in noch ausgedehnterer Art angewendet werden möchte.

Dem Königlichen Ober-Landesgerichte wird solches zur Nachricht hierdurch bekannt gemacht, mit dem Befehl, sich in den bezeichneten Fällen künftig nicht nur unmittelbar mit seinen Anträgen an das Königliche Ministerium der auswärtigen Angelegenheiten zu wenden, sondern auch gegenseitig den Aufforderungen derselben unverzüglich zu genügen. Wo sich dabei besondere Bedenken zeigen, oder die fernere Einwirkung des Chefs der Justiz nöthig sein sollte, wird darüber Bericht gewärtiget

Da übrigens jene Kommunikation nach der oben gemachten Andeutung nur mit den Obergerichtsbehörden statt findet, so versteht es sich von selbst, daß die von demselben ressortirenden untergeordneten Stellen sich vor wie nach jederzeit zunächst an das Königliche Ober-Landesgericht mit ihren Anträgen wenden müssen.

Bei der etwa eintretenden Nothwendigkeit unerledigte Anträge in Anregung zu bringen, ist mit Hinsicht auf die entfernte Stellung der dabei konkurrirenden Gesandtschaften jederzeit eine Frist von 4 Monaten zu beobachten.

(Act. des Justizm. Requis. N. 48. Fol. 8.)

c. **Rescript** vom 10. September 1830, betreffend die Kommunikation der Gerichtsbehörden mit dem Ministerio der auswärtigen Angelegenheiten bei Insinuationen an auswärtige Behörden.

Bei der durch die Verfügung vom 16. Dezember 1825 angeordneten unmittelbaren Kommunikation der Gerichtsbehörden mit dem Königlichen Ministerio der auswärtigen Angelegenheiten, zur Bewirkung von Insinuationen und Beförderung von Schreiben an ausländische Behörden, wird von den Gerichten darin ein verschiedenes Verfahren beobachtet, daß einige die zu befördernden Verfügungen und Anschreiben offen, andere dieselben zwar verschlossen, aber unter Beifügung einer Abschrift, noch andere aber verschlossen ohne Beifügung der Abschrift, dem gedachten Königlichen Ministerio einreichen. Da es indessen erforderlich ist, daß Letzteres, bevor es seine Mitwirkung in jedem einzelnen Falle eintreten läßt, von der Angelegenheit, in welcher dieselbe verlangt wird, Kenntniß erhält; so wird das Königl. Ober-Landesgericht angewiesen, die Schreiben und Verfügungen, um deren Beförderung das Kollegium das Königliche Ministerium der auswärtigen Angelegenheiten ersucht, entweder offen, (in welchem Falle das Siegel des Gerichts der Unterschrift beizufügen), oder zwar verschlossen, jedoch mit einer vollständigen Abschrift des Inhalts des verschlossenen Schreibens, dem gedachten Königlichen

Ministerio einzureichen. Hiernach sind auch die Unterbehörden des Kollegii mit Anweisung zu versehen. (v. K. Jhrb. Bd. 36. S. 150.)

d. **C. O.** vom 4. Juni 1828, betreffend die Empfangsbescheinigung bei Insinuationen gerichtlicher Verfügungen im Auslande.

Auf Ihren gemeinschaftlichen Antrag im Berichte vom 9. v. M., wegen der Empfangbescheinigungen bei Insinuation diesseitiger gerichtlicher Verfügungen im Auslande, genehmige Ich die vom Justiz-Ministerium unter dem 22. August 1823 an die Gerichts-Behörden erlassene Cirkular-Verfügung dahin:

I. daß bei den in Frankreich zu bewirkenden Insinuationen von Vorladungen und sonstigen Verfügungen zwar wie bisher geschehen, Empfangsbescheinigungen zu verlangen, daß aber, wenn diese binnen einer angemessenen Frist nicht eingehen, die Anzeige der jedesmaligen diesseitigen Gesandtschaft: das Insinuandum dem dortigen Ministerium der auswärtigen Angelegenheiten zugestellt zu haben, für hinreichend zu achten, um die Insinuation als vollständig anzunehmen und die rechtlichen Folgen derselben eintreten zu lassen;

II. daß bei den in Groß-Britannien zu bewirkenden Insinuationen, im Falle jemand die Ausstellung des Empfangscheins über die geschehene Insinuation verweigern sollte, die Bescheinigung der diesseitigen Gesandtschaft oder des diesseitigen Konsulats über die Insinuation oder über die Absendung einer solchen Urkunde durch die Post an den Betheiligten, als gültig und genügend anzunehmen.

Ich bestimme zugleich

III. daß die Verfügung unter I. auf das gesammte Ausland, wo die nämlichen Schwierigkeiten eintreten können, ausgedehnt und nur hinsichtlich der Bundes-Staaten es bis zur erfolgten Revision der Prozeß-Ordnung bei den Vorschriften derselben im §. 11. Tit. 7. belassen werden soll.

Sie haben die Bekanntmachung dieser Vorschriften im gesetzlichen Wege zu verfügen.

(G. S. S. 85.)

e. **C. O.** vom 21. Juni 1836, betreffend die Modifikation der vorstehenden C. O. vom 4. Juni 1828.

Auf Ihre Anträge vom 29. v. M. genehmige Ich, daß bei den Insinuationen diesseitiger gerichtlicher Verfügungen im Auslande überall, wo die Landes-Behörden die Annahme und Beförderung solcher Verfügungen an die Interessenten ablehnen, nach der Bestimmung Meines gesetzlichen Erlasses vom 4. Juni 1828 unter II. verfahren, und Falls Jemand die Annahme der an ihn gerichteteten Verfügung oder die Ausstellung des Empfangscheins verweigert, die Bescheinigung der diesseitigen Mission oder des diesseitigen Konsulats über die Insinuation oder über die Absendung der Verfügung durch die Post als gültig und genügend angesehen werde. In Beziehung auf die Deutschen Bundes-Staaten hat es bei der Bestimmung Meines Erlasses vom 4. Juni 1828 unter III. sein Verbleiben; in Ansehung des gesammten übrigen Auslandes, in sofern daselbst die nämlichen Schwierigkeiten bei den Insinuationen eintreten, ist die Bestimmung unter III. durch Meine gegenwärtige Order, deren Aufnahme in die G. S. Sie zu verfügen haben, hierdurch modifizirt.

(G. S. S. 202.)

2) a. **Reseript** vom 17. August 1818, betreffend die Requisitionen auswärtiger Gerichte in Steuer-Strafsachen.

Auf die Anfrage im Berichte vom 28. v. M., wegen des Verhaltens diesseitiger Gerichte, bei Requisitionen auswärtiger Gerichte, in Steuer-Strafsachen, wird dem Königlichen Ober-Landesgericht eröffnet, daß die förmliche Insinuation auswärtiger Vorladungen, welche die Gestellung des Vorgeladenen, Behufs der Einleitung einer Untersuchung zum Zweck haben, der bestehenden Verfassung entgegen ist, die Gerichte solche daher jederzeit ablehnen, und sich lediglich darauf beschränken müssen, die diesseitigen Unterthanen davon im Allgemeinen zu benachrichtigen, um nöthigenfalls ihre Gerechtsame wahrnehmen, und jedes etwanige Präjudiz von sich abwenden zu können.

(v. K. Jhrb. Bd. 12. S. 42.)

b. **Rescript** vom 23. Juni 1821, betreffend die Insinuation diesseitiger Vorladungen an Zoll- und Steuer-Kontravenienten im Auslande.

Da sich oft Fälle ereignen, wo Insinuationen diesseitiger Vorladungen an Steuer- und Zoll-Kontravenienten, welche sich im Auslande aufhalten, von den fremden Regierungen verweigert werden, obgleich für die, die Denunciaten treffende Strafe eine eventuelle Kaution von den Letztern gestellt worden ist; so wird — damit einerseits die diesfalsigen Vorschriften der A. G. O. Thl. I. Tit. 7. §. 11. rc. beobachtet, andererseits aber Kollisionen mit dem Auslande möglichst vermieden werden — Folgendes im Einverständniß mit dem Königlichen Ministerium der auswärtigen Angelegenheiten verordnet.

1.

Wenn diesseitige Gerichte fremde Gerichts-Obrigkeiten um Insinuation einer Vorladung an einen im Auslande sich aufhaltenden Steuer- und Zoll-Kontravenienten requiriren, so muß stets dieser Requisition zugefügt werden:

daß die Vollstreckung der Strafe durch Beschlagnahme eines Objekts sicher gestellt sei, und daher die Vorladung allein im Interesse des Denunciaten geschehe, damit er nicht ungehört bleibe und in contumaciam wider ihn erkannt werde. Deshalb ersuche man das N. Gericht um seine Mitwirkung, daß die Vorladung ihm gehörig insinuirt, und er so von der wider ihn schwebenden Untersuchung unterrichtet werde.

2.

Verweigert das requirirte Gericht die Insinuation, oder giebt es gar keine Antwort, so ist nach Verlauf einer zu bestimmenden Frist eine unmittelbare Citation durch die Post an den Denunciaten zu wiederholen, und die bloße Bescheinigung der richtigen Abgabe auf der hiesigen Post, ohne ein Recipisse von dem Denunciaten, weder zu fordern, noch zu erwarten, zu veranlassen. Zugleich ist dem Denunciaten in der wiederholten Citation zu eröffnen:

Es sei bereits seine ordentliche gerichtliche Behörde ersucht, ihm die Citation zu insinuiren; da dieselbe es aber verweigert habe, und er, um sich nicht einem Kontumazial-Urtheil auszusetzen, wünschen möchte, vollständig gehört zu werden, so wolle man ihm hierzu noch Gelegenheit geben.

3.

Wenn der Denunciat sich dennoch hiernächst nicht meldet, so ist alsdann die im §. 11. Thl. I. Tit. 7 der A. G. O. im vierten Absatz vorgeschriebene Citation durch die öffentliche Blätter zu erlassen, ohne erst auf die Notarien, oder auf die Postämter an den Orten, wo die Denunciaten wohnen, zu rekurriren, indem eine Insinuation, die nach den Grundsätzen einer ausländischen Regierung überhaupt verweigert wird, weder den Notarien, noch den Postämtern, welche als öffentliche Behörden von ihr abhängen, und in ihrem Sinne handeln müssen, angemuthet werden kann.

Hiernach haben sich sämmtliche Gerichtsbehörden zu achten.

(v. K. Jhrb. Bd. 17. S. 262.)

3) **Rescript** vom 12. November 1802, betreffend die Requisitionen an Schwedische Behörden.

Wir lassen Euch die von Seiten der hiesigen Königlichen Schwedischen Gesandtschaft uns übergebene Verzichtleistung des K. auf eine demselben allhier zugefallene Erbschaft unter Ertheilung der allgemeinen Vorschrift zugehen, daß Ihr Euch künftig an kein Schwedisches Gericht noch an eine andere Schwedische Behörde in Angelegenheiten, wo denselben etwas zu eröffnen, oder von Ihnen etwas zu begehren ist, wendet, sondern mittelst Bericht an unser Kabinets-Ministerium

die Sache einleitet, da Letzteres sodann das Erforderliche an die hiesige Schwedische Gesandtschaft oder Unsern Gesandten zu Stockholm ergehen lassen wird.
(Stenzels Beiträge Bd. 17. S. 299.)

4) a. **Instruction** vom 26. Juli 1819, betreffend die an Polnische Gerichte und von denselben ergehenden Requisitionen.

Der Weg, welchen diesseitige nach Polen bestimmte gerichtliche Requisitionen um Ladungen, Insinuationen, Zeugenvernehmungen u. s. w. bisher in der Art gemacht haben, daß die Königlichen Ober-Landesgerichte hierber an das Königliche Ministerium der Justiz berichteten, und das Königliche Ministerium der Justiz hierüber dem Königlichen Ministerio der auswärtigen Angelegenheiten Mittheilung machte, Letzteres den erforderlichen Auftrag an den Königlichen Geschäftsträger in Warschau ergehen ließ, und die Antworten und Rücksendungen denselben Weg zu machen hatten, soll von nun an aufgegeben werden, und dafür eine unmittelbare Kommunikation zwischen den Königlichen Ober-Landesgerichten und dem Geschäftsträger in Warschau in folgender Art eintreten:

A. Die nach Polen bestimmten diesseitigen Sachen.

Die Ober-Landesgerichte (Sachen, die von Untergerichten ausgehen, werden durch die Ober-Landesgerichte befördert) setzen den Geschäftsträger in Warschau von den Anträgen, welche bei dem Polnischen Ministerio zu machen sind, in vollständige Kenntniß, und das auch dann, wenn sie in gewissen Fällen an das ihnen schon bekannte Polnische Gericht unmittelbare Requisitions-Schreiben erlassen, und es sich bloß um die richtige Beförderung derselben handelt. Der Geschäftsträger in Warschau wendet sich sogleich mit diesen Anträgen an das Polnische Ministerium, und die darauf erfolgende Antwort theilt er dem requirirenden Ober-Landesgerichte mit.

Sind Kosten für die Befolgung der Requisition in Polen erwachsen, so hat der Geschäftsträger selbige bei der Remission dem Ober-Landesgerichte anzuzeigen, und das Ober-Landesgericht wird ihm darauf den Betrag zur weitern Beförderung zusenden.

Um die Berechnung des Porto zu vereinfachen, werden die Ober-Landesgerichte alle ihre Briefe bis Warschau frankiren, und der Geschäftsträger in Warschau wird seine Rücksendungen unfrankirt machen. Dies gilt auch in Ansehung des Polnischen Porto, was von Armen-, Königlichen Dienstsachen 2c. zu entrichten ist; Preußisches Porto kommt hierbei nicht vor, wenn sich die Ober-Landesgerichte der Rubrik: „Herrschaftliche gerichtliche Insinuations-Sachen", bedienen, in welchen auch der Geschäftsträger zu Warschau seine Rücksendungen mit derselben Rubrik zu versehen hat.

B. Die aus Polen an diesseitige Gerichte ergehenden Requisitionen.

Das Polnische Ministerium pflegt die nach Preußen zu besorgenden gerichtlichen Kommunikatorien an den diesseitigen Geschäftsträger in Warschau abzugeben, und durch diesen die Remissorialien zu erhalten. Obwohl es dem Polnischen Ministerio überlassen bleiben könnte, selbst eine Veranstaltung zu treffen, um die Polnischen Sachen an ihre diesseitige Bestimmung gelangen zu lassen, so soll doch von obiger, dem Polnischen Ministerio bewiesenen Bereitwilligkeit nicht abgegangen werden. Der Königliche Geschäftsträger in Warschau wird vielmehr nach wie vor solche Sachen zur weitern Beförderung annehmen, die ihm von dem Polnischen Ministerio zugehen; dagegen wird er sie, statt hieher, an das Ministerium der auswärtigen Angelegenheiten, nunmehr sogleich den Königlichen Ober-Landesgerichten zukommen lassen.

Sobald dem Geschäftsträger in Warschau nur die geographische Lage des Orts, wohin das Requisitoriale gerichtet ist, genau bezeichnet worden ist, worüber er sich allemal, wenn er im Zweifel geblieben, von dem Polnischen Ministerio Aufklärung verschaffen muß, wird er aus dem Anhange zum Handbuche über den Preußischen Hof und Staat das Ober-Landesgericht ermitteln können, an welches das Requisitoriale abzusenden ist; und ist es der Fall, daß nicht das Ober-Landesgericht, dem die Zusendung geschehen, sondern ein anderes dasjenige ist, vor das die Sache gehört, so wird ersteres für die schleunige Abgabe an letzteres sorgen.

Die an Untergerichte gerichteten Requisitorialien werden nur den ihnen vorgesetzten Ober-Landesgerichten zugesendet.

C. Kosten und Porto.

Sind Kosten bei den Preußischen Gerichten erwachsen, so wird der Geschäftsträger in Warschau sogleich mit dem Remissoriale von dem Betrage derselben in Kenntniß gesetzt werden. Nachdem er hierzu das Porto gerechnet

a. was er bei dem Eingange der Sache, in dem Falle das Ober-Landesgericht nicht frankirt hat, verausgabt hat,

und

b. das Porto, was für die Absendung der Kosten von Warschau bis an den Ort ihrer Bestimmung erwächst,

macht er bei dem Polnischen Ministerio seine Anträge wegen Berichtigung dieser Kosten, und sendet sie, sobald sie ihm zugestellt worden sind, an das Ober-Landesgericht.

Sind keine Kosten aufgelaufen, wie bisher bei allen einfachen Insinuations- und mehrern anderen Sachen der Fall gewesen ist, und ist mithin bloß Porto erwachsen, so soll dieses Porto zwar von dem Geschäftsträger in Warschau nach wie vor, gleich als geschähen diese Sendungen über Berlin, erlegt, aber vorläufig und bis auf weitere Bestimmung von dem Polnischen Ministerio nicht zurück gefordert werden.

Es ist nämlich hier bemerkt worden, daß auch von dem Polnischen Ministerio ähnliches Porto nicht in Anrechnung gekommen ist. Außerdem kann die jährliche Summe desselben nicht bedeutend sein, und um dieserhalb einen weitern Beschluß fassen zu können, ist es erforderlich, daß der Geschäftsträger in Warschau über einen gewissen Zeitraum von etwa sechs Monaten eine spezielle Berechnung über selbiges führe, und solche alsdann hier einreiche, unter Begleitung seiner gutachtlichen Aeußerung darüber: ob und wie dieses Porto von Polen zu fordern, oder sonst dieser Gegenstand auf einen den diesseitigen Nachtheil durch einen von Polen darzubietenden Vortheil auszugleichen sein dürfte.

Nach vorstehender, von dem Königlichen Ministerium der auswärtigen Angelegenheiten in Antrag gebrachten Instruktion, haben sich sämmtliche Königlichen Ober-Landesgerichte gemessenst zu achten, insbesondere aber auch bei Bestimmung von Fristen und Terminen die oft große Entfernung der Oerter und die nicht selten eintretende Langsamkeit des auswärtigen Geschäftsganges gehörig zu berücksichtigen. Wofern eine Requisition unerledigt bleiben, oder das Remissoriale zu irgend einer Beschwerde Veranlassung geben sollte, so findet diesfalls keine Kommunikation von Gericht zu Gericht, noch eine diesfalsige Erörterung mit dem General-Konsul statt, sondern es ist jederzeit darüber an den Chef der Justiz zu berichten.

(v. K. Jhrb. Bd. 14. S. 19.)

b. **Rescript** vom 2. Februar 1824, betreffend die Addressen der Polnischen Behörden bei Requisitionen.

Es ist bemerkt worden, daß bei diesseitigen amtlichen Ausfertigungen an Königl. Polnische Beamten oder Behörden, oft das Polnische Dienstverhältniß ganz übersehen und jene Beamten und Behörden als Kaiserlich Russische bezeichnet werden.

Der Justiz-Minister sieht sich hierdurch veranlaßt, das Königliche Ober-Landesgericht anzuweisen, dafür zu sorgen, daß die betheiligten Justiz-Behörden bei dem amtlichen Schriftwechsel, zu dem sie mit Polnischen Behörden und Beamten veranlaßt sind, diese immer ausdrücklich als Königlich Polnische bezeichnen und benennen.

(v. K. Jhrb. Bd. 23. S. 73.)

5) a. **Rescript** vom 12. August 1818, betreffend die Requisitionen nach Rußland.

Die Erfahrung, daß so viele an Russische Magisträte und andere Behörden gerichtete Schreiben und Gesuche diesseitiger Behörden und Unterthanen uneröffnet zurückkommen oder unbeantwortet bleiben, hat das Königliche Ministerium der auswärtigen Angelegenheiten veranlaßt, den Ursachen dieses Verfahrens nachzuforschen. Es hat sich ergeben, daß in Rußland bei jedem Antrage ein Vorschuß zu Bestreitung der Gebühren mit abgegeben werden muß, da nach der dortigen Post-Verfassung die Einziehung der Gebühren und baaren Auslagen an Stempeln, Porto und dergleichen durch Postvorschuß nicht möglich ist. Eine Abänderung läßt sich diesseits nicht bewirken, und es bleibt daher nichts übrig, als daß das Königliche Ministerium der auswärtigen Angelegenheiten es übernimmt, alle Schreiben diesseitiger Behörden an Russische Behörden durch die Königliche Gesandtschaft zu Petersburg, und die diesseitigen, im Russischen Reiche angestellten Konsuln, zu befördern, wogegen es den Privatpersonen, welche bei Russischen Gerichten oder andern Behörden etwas zu suchen haben, überlassen bleiben muß, sich an bekannte Handlungshäuser oder an sonst zuverlässige Leute, wegen Beförderung ihrer Gesuche, zu wenden, indem das gedachte Ministerium, wenn es diesen Personen gänzlich an Bekanntschaft ermangelte, sich immer nur darauf beschränkt sehen würde, ihnen bekannte Sachwalter namhaft zu machen. In Fällen erweislicher Armuth ist jedoch das Königliche Ministerium der auswärtigen Angelegenheiten bereit, sich selbst der Beförderung solcher Gesuche von Privatpersonen zu unterziehen. Die diesseitigen Gerichte müssen aber solche Bittsteller bei Abfassung ihrer Gesuche, wenn sie zu ihrer Kenntniß kommen, unterstützen.

Den Inhalt des gegenwärtigen Rescripts hat das Königliche rc. nicht allein sich selbst zur Direktion dienen zu lassen, sondern auch dasselbe vermittelst eines angemessenen Publikandums zur Belehrung des Publikums durch die Amtsblätter zur öffentlichen Kenntniß zu bringen.

(v. K. Jhrb. Bd. 12. S. 16.)

b. **Rescript** vom 28. Juli 1819 nebst Anlage, betreffend die Requisitionen nach Rußland.

A.

Der Königliche Gesandte, Herr General-Lieutenant von Schöler zu Petersburg, welchem die Ew. Excellenz geehrtem Schreiben vom 7. November v. J. beigelegt gewesenen, in der Todeserklärungssache des Unteroffiziers N. an den Magistrat zu Riga erlassenen Requisitorialien des Stadtgerichts zu N. zur weitern Beförderung zugefertigt worden, hat sich, da der Termin in der, in die Rigaischen Zeitungen aufzunehmenden öffentlichen Vorladung, bereits auf den 19. März d. J. anberaumt gewesen, veranlaßt gesehen, zur Zeitgewinnung unmittelbar bei dem Stadtgericht zu N. auf Ansetzung eines neuen Termins anzutragen.

Bei Gelegenheit der hiervon anhero gemachten Anzeige, äußert der Herr Gesandte den Wunsch, daß die Königlichen Gerichts-Behörden bei Bestimmung von Fristen oder Terminen in den ins Russische Reich zu besorgenden Verfügungen, um so mehr zur Berücksichtigung der großen Entfernung der Orte und der einmal üblichen Langsamkeit des dortigen Geschäftsganges angewiesen werden möchten, als selbst bei Verfügungen, welche von den Russischen Behörden in öffentlichen Blättern erschienen, der Termin niemals unter sechs Monate hinausgestellt zu sein pflegt.

Indem ich Ew. Excellenz die dieserhalb zu treffende Veranlassung ganz ergebenst anheimstelle, habe ich Sie noch von einem andern Vorschlage des gedachten Gesandten in Kenntniß zu setzen. Es ist nämlich der Gesandte der Meinung, daß zur Vermeidung der Weitläufigkeit einer Korrespondenz von Königsberg über Berlin und Petersburg nach Riga, und auf demselben Wege zurück, eine direkte Kommunikation zwischen dem Ober-Landesgerichte oder dem Stadtgerichte zu Königsberg und dem diesseitigen Konsul zu Riga zweckmäßig sein würde. Da hier fast derselbe Fall obwaltet, wie bei den nach Polen zu befördernden Kommunikatorien, so erlaube ich mir, wegen Einrichtung einer solchen unmittelbaren Korrespondenz auf das an Ew. Excellenz heut abgehende Schreiben, was die künftig zwischen den Königlichen Ober-Landesgerichten und dem General-Konsul Schmidt statt habende unmittelbare Kommunikation zum Gegenstande hat, ergebenst Bezug zu nehmen.

Bin ich gleich nicht dafür, daß noch anderen Konsuln in ähnlichen großen Städten Rußlands eine solche Kommunikation aufgetragen würde, so scheint mir doch die Lage der beiden Städte Königsberg und Riga, und der lebhafte Handelsverkehr, in welchem sie mit einander stehen, eine Ausnahme zu gestatten, und ich ersuche Ew. Excellenz ganz ergebenst, mir Ihre erleuchtete Meinung hierüber gefälligst eröffnen zu wollen.

Berlin, den 7. Juli 1819. v. Bernstorff.

An den Königl. Geh. Staats- und Justiz-.
Minister Herrn v. Kircheisen Exc.

B.

Dem Königlichen Ober-Landesgerichte wird aus der abschriftlichen Anlage zu ersehen gegeben, in welcher Art der Herr Kabinets-Minister Graf v. Bernstorff, bei Gelegenheit der Todes-Erklärungssache des Unteroffiziers N. und der von dem dortigen Stadtgerichte deshalb an den Magistrat zu Riga erlassenen Requisition, in Rücksicht der, in den in das Russische Reich zu befördernden gerichtlichen Verfügungen, zu bestimmenden geräumigern Termine und Fristen, sich geäußert hat, und welche Erleichterung gedachter Herr Minister in Absicht des gerichtlichen Geschäftsverkehrs zwischen Königsberg und Riga eintreten zu lassen, beabsichtiget.

Das Königliche Ober-Landesgericht hat nicht nur selbst sich darnach zu achten, und dabei nach Anleitung der unterm 26. d. M. ergangenen Instruktion zu verfahren, sondern auch das dortige Stadtgericht, in Gemäßheit des Obstehenden, zu instruiren.

Berlin, den 28. Juli 1819.
(v. K. Jbrb. Bd. 14. S. 25.)

c. **Rescript** vom 10. Juli 1826, betreffend die Vorladung Russischer Unterthanen in Steuer-Defraudationssachen.

Dem Kriminal-Senat des Königlichen Ober-Landesgerichts wird das bei dem Königlichen Ministerium der auswärtigen Angelegenheiten, mittelst Berichts vom 19. Mai c. eingereichte, von dem Land- und Stadtgerichte zu Memel,

in der Untersuchungssache wider den jüdischen Kaufmann und Hausbesitzer N. in N.

an den Magistrat der Kaiserlich Russischen Stadt N. erlassene Requisitionsschreiben und die demselben beigefügte Vorladung an den N. nebst Empfangschein, hierbei mit dem Eröffnen remittirt: daß die Beförderung der Requisition durch Mitwirkung des gedachten Königlichen Ministeriums nicht statt findet, indem keiner auswärtigen Regierung die persönliche Gestellung ihrer Unterthanen vor ein fremdes Gericht in fiskalischen Untersuchungssachen, wie im vorliegenden Steuer-Defraudations-Falle, zugemuthet werden kann. Der Sendung der Requisition mit der Post, von Seiten des Gerichts in Memel, nach N., steht der in der Circular-Verfügung vom 12. August 1818,

die unmittelbare Korrespondenz diesseitiger Behörden mit den Russischen Behörden betreffend,

erwähnte Umstand entgegen, daß in Rußland alle, an Behörden gerichtete Schreiben zurückgewiesen oder doch nicht beantwortet werden, wenn nicht ein Kosten-Vorschuß sogleich beigefügt wird.

Es bleibt daher in Beachtung der Circular-Verfügung vom 23. Juni 1821,

wegen der Insinuation diesseitiger gerichtlicher Vorladungen an Steuer- und Zoll-Kontravenienten im Auslande,

hier nur übrig, dem Denunciaten mit der Post die Vorladung, zur Sicherung seiner Rechte, zugehen zu lassen, und im Falle keine Antwort von ihm darauf erfolgt, zur gesetzlich vorgeschriebenen Citation durch die öffentlichen Blätter zu schreiten.

Der Kriminal-Senat des Königlichen Ober-Landesgerichts hat hiernach das Land- und Stadtgericht zu Memel anzuweisen.

(v. K. Jbrb. Bd. 27. S. 284.)

6) **Ministerial-Erklärung** betreffend das Uebereinkommen mit dem Freistaat Krakau wegen gegenseitiger kostenfreier Erledigung gerichtlicher Requisitionen, vom 10. Januar 1834.

Nachdem die Königlich Preußische Regierung mit der Regierung des Freistaats Krakau dahin übereingekommen ist, die gegenseitige Kostenvergütigung in Kriminal- Civil- und Vormundschafts-Sachen, rücksichtlich der dabei betheiligten unvermögenden Personen, aufzuheben, erklärt das Königlich Preußische Ministerium der auswärtigen Angelegenheiten hiermit Folgendes:

I. In allen Fällen, wo in Untersuchungs-, Civil- und insonderheit in Vormundschafts-Sachen, Requisitionen von einer Königlich Preußischen Gerichts- oder vormundschaftlichen Behörde an eine derartige Behörde des Freistaats Krakau, oder von dieser an jene erlassen werden, sowie, wenn Delinquenten von einem Gericht an das andere ausgeliefert werden, sind nicht allein alle baare Auslagen, sondern auch die sämmtlichen, nach der bei dem requirirten Gerichte üblichen Taxe zu liquidirenden Gebühren dem letztern aus dem Vermögen der betreffenden Person, wenn solches hinreicht, zu entrichten. — Hat selbige aber kein Vermögen, so fallen die Gebühren für die Arbeiten der requirirten Behörde, mithin auch alle Vergütigung oder Taxe für Zeugenvernehmungen und für Abhaltung der Termine, für den Erlaß oder die Expedition der Verfügungen, desgleichen die Insinuations- und sogenannten Siegelgebühren durchgehends weg, und das requirirende Gericht bezahlt alsdann dem erstern nur die unvermeidlichen baaren Auslagen für Atzung, Transport, Porto, Kopialien, Reise- und Zehrungskosten der Richter und Zeugen, nach den, bei den requirirten Gerichten üblichen Taxsätzen.

II. Zur Entscheidung der Frage: ob der Delinquent oder die sonst betheiligte Person hinlängliches Vermögen zur Berichtigung der Gerichtsgebühren besitze oder nicht? soll in dem beiderseitigen Gebiete nichts weiter, als das Zeugniß derjenigen obrigkeitlichen Stelle erfordert werden, unter welcher die betheiligten Personen ihre wesentliche Wohnung haben. — Sollte ein Delinquent solche in einem dritten Lande gehabt haben, und die Einziehung der Kosten dort mit Schwierigkeit verknüpft sein, so wird angenommen, daß er kein hinlängliches Vermögen besitzt.

III. Den in allen Untersuchungs-, Civil- und Vormundschafts-Sachen zu sistirenden Zeugen und jeder abzuhörenden Person überhaupt, sollen die Reise- und Zehrungskosten, nebst der, wegen ihrer Versäumniß ihnen gebührenden Vergütigung, nach deren vom requirirten Gericht geschehenen Verzeichnung bei erfolgter wirklicher Sistirung, sei es von dem requirirten oder von dem requirirenden Gericht, unverzüglich verabreicht werden. In sofern sie dazu eines Vorschusses bedürfen, wird das requirirte Gericht zwar die erforderliche Auslage übernehmen: es soll selbige jedoch von dem requirirenden Gericht, auf die erhaltene Benachrichtigung, dem requirirten Gericht erstattet werden.

IV. Gegenwärtige Erklärung soll, nachdem sie gegen eine übereinstimmende der Regierung des Freistaats Krakau ausgewechselt worden, Kraft und Wirksamkeit in den beiderseitigen Gebieten haben und öffentlich bekannt gemacht werden.

Berlin, den 10. Januar 1834.

Königlich Preußisches Ministerium der auswärtigen Angelegenheiten.

(G. S. S. 17.)

7) a. **Rescript** vom 22. August 1823, betreffend das Verfahren bei Insinuationen gerichtlicher Verfügungen in Frankreich und Großbritannien.

Die verschiedene Verfassung auswärtiger Staaten macht es nothwendig, in Beziehung auf die Insinuation diesseitiger gerichtlicher Verfügungen im Auslande, Folgendes festzusetzen:

1 Bei den in Frankreich zu bewirkenden Insinuationen von Vorladungen und sonstigen Verfügungen sind, wie bisher geschehen, Empfangsbescheinigungen zu verlangen: wenn diese aber binnen einer angemessenen Frist nicht eingehen, ist schon die Anzeige der jedesmaligen Königlich Preußischen Gesandtschaft, daß das Insinuandum dem dortigen Ministerium der auswärtigen Angelegenheiten zugestellt worden, für hinreichend zu achten, um die Insinuation als vollständig anzunehmen und die rechtlichen Folgen derselben eintreten zu lassen.

2. Bei den in Groß-Britannien zu bewirkenden Insinuationen ist, im Falle sich dort Jemand der Ausstellung der Quittung über die geschehene Insinuation weigern sollte, die Bescheinigung der diesseitigen Königlichen Gesandtschaft oder des diesseitigen Konsulats über die Insinuation oder über die Absendung einer solchen Urkunde durch die Post an den Betheiligten als gültig und genügend anzunehmen.

Hiernach haben die sämmtlichen Königlichen Ober- und Untergerichte sich zu achten.

(v. K. Jhrb. Bd. 22. S. 79.)

b. **Rescript** vom 5. Mai 1826 nebst Anlage, betreffend die Requisitionen der Französischen Behörden.

Auf Veranlassung eines Antrages des General-Prokurators Ruppenthal zu Köln hatte das unterzeichnete Ministerium den Königlichen Gesandten zu Paris beauftragt, sich bei dem Königlichen Französischen Ministerio für die baldige Genügung einer von dem Instruktions-Richter zu Saarbrücken an den Königlichen Französischen Prokurator zu Pontoise erlassenen Requisition wegen Vernehmung eines gewissen Jean Basile Quatremains zu St Brice zu verwenden.

Dem diesfälligen Antrage gemäß, sind dem Königlichen Gesandten die gewünschten Vernehmungsprotokolle zwar inzwischen von dem Königlichen Französischen Ministerio der auswärtigen Angelegenheiten zugegangen, und von ihm an den General-Prokurator Ruppenthal befördert worden.

Das gedachte Ministerium hat dabei jedoch zugleich bemerkt, daß der Königl. Französische Justiz-Minister die Genügung der unmittelbaren Requisition des Instruktions-Richters zu Saarbrücken nur ausnahmsweise zugegeben habe, indem dergleichen Anträge fremder Behörden durch die Königliche Gesandtschaft bei dem dortigen Ministerio der auswärtigen Angelegenheiten angebracht werden müssen.

Indem das unterzeichnete Ministerium Ew. Excellenz hiervon ganz ergebenst Mittheilung macht, stellt es denenselben anheim, auch die diesseitigen Justiz-Behörden geneigtest anzuweisen, die direkte bei ihnen eingehenden Requisitionen der Französischen Justiz-Behörden jedesmal auf den verfassungsmäßigen Weg zu verweisen, ohne jedoch in solchen Fällen, wo es auf etwanige Verhaftung eines Verbrechers ankommt, die zur Sicherstellung der Person des Verfolgten nöthigen Maaßregeln außer Acht zu lassen.

Berlin, den 30. April 1826.

Ministerium der auswärtigen Angelegenheiten.

v. Schönberg.

An des Königlichen geheimen Staats- und Justiz-Ministers, Hrn. Grafen v. Dankelmann, Excellenz.

Sämmtlichen Gerichts-Behörden wird dieses Schreiben zur Nachricht und Achtung mitgetheilt.

Berlin, den 5. Mai 1826. (v. K. Jhrb. Bd. 27. S. 285.)

c. **Rescript** vom 23. Mai 1827, betreffend die Kostenfreiheit der Requisitionen Französischer Gerichte.

Da von den Gerichts-Behörden in Frankreich für die, auf diesseitige Requisition bewirkten, gerichtlichen Insinuationen, niemals eine Kostenzahlung gefordert wird, so werden sämmtliche Königliche Justiz-Behörden zur Beobachtung eines gleichen Verfahrens, bei den von den Französischen Gerichten eingehenden Requisitionen wegen Insinuationen, hierdurch angewiesen.

(v. K. Jhrb. Bd. 29. S. 204.)

d. **Rescript** vom 26. November 1827, betreffend das Verfahren bei Requisitionen nach Frankreich.

Das Königliche Französische Justiz-Ministerium weigert sich seit einiger Zeit, den diesseitigen, durch die Königliche Gesandtschaft in Paris gemachten Anträgen, auf Vernehmung von Zeugen, Genüge zu leisten, wenn nicht von dem Gerichte, auf dessen Instanz ein Zeuge vernommen werden soll, eine Requisition (Commission rogatoire) an das Gericht, welches dieses bewerkstelligen soll, direkt erlassen wird.

Sämmtlichen Königlichen Obergerichts-Behörden wird solches zur Nachachtung und mit dem Bemerken bekannt gemacht, daß die Beförderung dieser Requisitions-Schreiben nach wie vor durch das Königliche Ministerium der auswärtigen Angelegenheiten geschehen muß.

In Fällen, wo das requirirende Gericht die zu requirirende Behörde nicht genau zu bezeichnen im Stande sein sollte, kann der Name der letzteren im Requisitions-Schreiben offen gelassen, und von dem Königlichen Gesandten in Paris nach eingezogenen Erkundigungen ausgefüllt werden.

(v. K. Jhrb. Bd. 30. S. 382.)

e. **Rescript** vom 13. August 1835, betreffend das Verfahren bei Requisitionen an Französische Behörden.

Zu Folge einer Aeußerung des Französischen Ministers der auswärtigen Angelegenheiten müssen die einem requisitorischen Antrage beigefügten Anlagen nach dortiger Verfassung jederzeit bei den Akten desjenigen Französischen Gerichts verbleiben, welches demselben Folge gegeben hat.

Es werden daher sämmtliche Gerichtsbehörden hierdurch angewiesen, in Zukunft die zu den Requisitionen an Französische Gerichtsbehörden gehörigen Beilagen, in sofern diesseits noch ein Gebrauch davon zu machen stehet, nicht im Original, sondern in beglaubigter Abschrift beizufügen.

(v. K. Jhrb. Bd. 46. S. 111.)

f. **Rescript** vom 13. Juni 1836, betreffend die kostenfreie Behandlung der Requisitionen aus und nach Frankreich.

Mit Hinsicht auf die von der Königlichen Französischen Regierung gezeigte Bereitwilligkeit zur kostenfreien Genügung diesseitiger gerichtlicher Requisitionen und in der Voraussetzung fernerer Bethätigung derselben, werden sämmtliche Königliche Justizbehörden angewiesen, ein gleiches Verfahren in allen Fällen zu beobachten, wo von Französischen Gerichten Requisitionen um Aufnahme gerichtlicher Verhandlungen eingehen, und demgemäß die Ausfertigung derselben ohne Unterschied kostenfrei zu bewirken. (v. K. Jhrb. Bd. 47. S. 577.)

8) a. **Rescript** vom 8. Februar 1830, betreffend das Requisitions-Verfahren mit den Niederländischen Gerichtsbehörden.

In Veranlassung einer desfalsigen Benachrichtigung des Königlichen Ministerii der auswärtigen Angelegenheiten, wird sämmtlichen Königlichen Gerichtsbehörden hiermit zur Nachricht und Achtung bekannt gemacht, daß die Königlich Niederländischen Gerichte von Seiten ihrer Regierung angewiesen worden sind, den Requisitionen auswärtiger Behörden nur dann Folge zu leisten, wenn dieselben nicht unmittelbar, sondern auf diplomatischem Wege an sie gelangen.

(v. K. Jhrb. Bd. 35. S. 127.)

b. **Rescript** vom 23. Juni 1836, betreffend die Requisitionen wegen Zeugenverhöre und Eidesabnahmen nach dem Königreich der Niederlande.

Aus der in neuerer Zeit einigemal vorgekommenen Weigerung der Königlichen Niederländischen Gerichte, den an sie von diesseitigen Gerichten erlassenen Requisitionen wegen Eidesabnahmen und Zeugenverhören zu genügen, hat das Königliche Ministerium der auswärtigen Angelegenheiten Veranlassung genommen, durch die diesseitige Königliche Gesandtschaft im Haag darüber Nachricht einzuziehen:

> welche unter den im Königreiche der Niederlande funktionirenden Advokat-Anwälten den diesseitigen bei dergleichen Eidesabnahmen und Zeugenvernehmungen betheiligten Parteien als solche zu empfehlen sein möchten, denen sie wegen diesfälliger Wahrnehmung ihrer Interessen mit Vertrauen die nöthigen Aufträge ertheilen könnten?

und es sind ihm darauf als solche die Advokaten Noiret, de Bruin und L. Asser benannt worden.

Hiervon wird das Königliche ꝛc. mit dem Bemerken in Kenntniß gesetzt, daß den eingezogenen Erkundigungen nach die Kosten, welche für die Parteien dadurch werden herbeigeführt werden, sich nicht genau bestimmen lassen, und von der Beschaffenheit jedes speziellen Requisitionsfalles abhängig bleiben.

(v. K. Jhrb. Bd. 47. S. 535.)

c. **Rescript** vom 4. März 1835 nebst Anlage, betreffend das Requisitions-Verfahren mit dem Königreich Belgien.

Den sämmtlichen Königlichen Gerichtsbehörden wird anbei Abschrift (Anl. a.) des Schreibens des Königlichen Ministeriums der auswärtigen Angelegenheiten vom 26. v. M., die von der Belgischen Regierung bewilligte Portofreiheit der gerichtlichen Korrespondenz in Insinuations-Sachen betreffend, zur Nachricht und Achtung mitgetheilt.

Berlin, den 4. März 1835.

Nach der erfolgten Trennung Belgiens von dem Königreich der Niederlande haben die diesseitigen Gerichtsbehörden der Rheinprovinz Anfangs diejenigen gerichtlichen Verfügungen, welche in Belgien insinuirt werden sollten, den Belgischen Behörden direkt zugesendet, später aber dieselben, wie es zur Zeit der Königl. Niederländischen Regierung geschehen war, wieder der Königl. Gesandtschaft zu Brüssel zur weitern Beförderung übermacht. Bei den bedeutenden Portokosten, welche hierdurch der letztern verursacht worden, hat das unterzeichnete Ministerium sich veranlaßt gesehen, bei der Belgischen Regierung darauf anzutragen, daß die Portofreiheit, welche in Folge eines im Jahre 1819 getroffenen Uebereinkommens zwischen der diesseitigen und der Königl. Niederländischen Regierung von dieser für die Korrespondenz der Königl. Gesandtschaft mit den Gerichtshöfen der Rheinprovinz in Betreff solcher Insinuationen zugestanden worden war, auch Belgischer Seits für dergleichen Sendungen anerkannt würde. Die diesfälligen Schritte der Königlichen Gesandtschaft in Brüssel haben gegenwärtig zu dem gewünschten Resultat geführt, und die Belgischen Postbehörden sind von ihrer Regierung angewiesen worden, die Korrespondenz zwischen der gedachten Königl. Gesandtschaft und den Ober-Prokuratoren der Rheinischen Gerichtshöfe in Betreff gerichtlicher Insinuationen in so fern portofrei passiren zu lassen, als

dergleichen Sendungen ausdrücklich mit der Bezeichnung „Insinuations judiciaires“ und der Signatur derjenigen Behörde versehen sind, von welcher die Ausfertigung ausgeht.

Da auch bei den Gerichten der übrigen Provinzen der Monarchie Fälle vorkommen dürften, wo es sich um die Bewirkung von Insinuationen in Belgien handelt, so hat das unterzeichnete Ministerium nicht ermangeln wollen, Ew. Excellenz von der diesfälligen mit der Belgischen Regierung getroffenen Einrichtung hierdurch in Kenntniß zu setzen und Denenselben ganz ergebenst anheim zu stellen, die betreffenden Königl. O. L. Ger. zur genauen Beachtung der Belgischer Seits gestellten Bedingung für die Portofreiheit der gerichtlichen Korrespondenz in Insinuationssachen, bei dergleichen Sendungen an die Königl. Gesandtschaft in Brüssel, mit der erforderlichen Anweisung geneigt versehen zu wollen.

Berlin, den 26. Februar 1835.

(v. K. Jahrb. Bd. 45. S. 256.)

9) a. **Rescript** vom 17. Jauuar 1820 nebst Anlagen, betr. das Requisitionsverfahren mit den Baierschen, Badenschen und Großherzoglich Hessischen Behörden.

Aus den abschriftlichen Anlagen wird dem Königlichen Kammergericht und den Königlichen Oberlandesgerichten zu ersehen gegeben, welche Uebereinkunft

mit der Königl. Baierschen, mit der Großherzoglich Hessischen, ingleichen mit der Großherzoglich Badenschen Regierung

wegen des gerichtlichen Verkehrs zwischen den beiderseitigen Staaten getroffen worden ist.

Wenn solche gleich zunächst nur für die Rheinprovinzen berechnet worden, so findet sie dennoch ihrem Inhalte und ihrer allgemeinen Tendenz nach auf die übrigen Königlich Preußischen Provinzen ebenfalls Anwendung. So wie daher die gedachten Regierungen hiernach das Recht haben, sich mit ihren Insinuations-Sachen, welche außerhalb der Rheinprovinzen nach den übrigen Preußischen Staaten bestimmt sind, an den General-Prokurator des Appellations-Hofes zu Cöln zu wenden: so stehet eine gleiche Befugniß auch den diesseitigen Gerichten zu. Das Königliche Kammergericht und die Königl. Oberlandesgerichte werden daher angewiesen, in vorkommenden Fällen die Insinuations-Sachen, welche für die Gerichtsbezirke der obengenannten Regierungen bestimmt sind, an den gedachten General-Prokurator zu adressiren.

Wofern es jedoch in einzelnen Fällen zur Abkürzung der Kommunikationen von demselben dienlicher gefunden werden sollte, sich unmittelbar mit ihren Requisitionen an die ihnen bekannten ausländischen Gerichte in den gedachten Staaten zu wenden, so soll ihnen zwar solches, da bei dem ganzen Abkommen hauptsächlich eine möglichste Abkürzung des Kommunikations-Verfahrens bezweckt wird, unbenommen bleiben; jedoch haben die diesseitigen Gerichte sodann auf die in den Konventionen enthaltenen Bestimmungen, wegen der Kosten- und Porto-Freiheit, gehörige Rücksicht zu nehmen.

Der General-Advokat des Appellations-Hofes zu Cöln ist von dieser Verfügung in Kenntniß gesetzt worden.

Berlin, den 17. Januar 1820.

A.

Die Großherzoglich Hessische Regierung und die Königl. Preuß. Regierung sind übereingekommen, den bisher Statt gehabten Weg der gesandtschaftlichen Vermittelung bei Beförderung gerichtlicher Requisitionen um Ladungen und Insinuationen, die aus dem einen der beiderseitigen Lande in das andere ergehen, aufzuheben und eine unmittelbare Kommunikation gewisser Gerichtsbehörden herzustellen. Beide Regierungen haben sich daher über folgende Bestimmungen vereinigt:

1. Die unmittelbare Kommunikation findet Statt zwischen der Preußischen Immediat-Justiz-Kommission zu Cöln, und nach deren Auflösung zwischen dem General-Prokurator des Königl. Appellations-Hofes zu Cöln einerseits, und den folgenden Großherzoglich Hessischen Gerichten andererseits

dem Hofgerichte zu Darmstadt, dem Hofgerichte zu Gießen und dem Kreisgerichte zu Mainz,

dergestalt, daß alle von Preuß. Gerichten ausgehende, Großherzoglich Hessischen Unterthanen einzuhändigende Verhandlungen von der Königlichen Immediat-Justiz-Kommission, und nach ihrer Auflösung von dem General-Prokurator des Königl. Appellations-Hofes zu Cöln an die vorgenannten Großherzoglich Hessischen Gerichte, alle aus dem Großherzogthum Hessen an Preußische Unterthanen gerichtete und diesen einzuhändigende Verhandlungen aber von den genannten Großherzoglich Hessischen Gerichten an die Immediat-Justiz-Kommission zu Cöln, und nach deren Auflösung an den General-Prokurator des Königl. Appellations-Hofes daselbst zu senden sind.

2. Die Königl. Preußische Justiz-Immediat-Kommission oder der General-Prokurator des Appellations-Hofes zu Cöln sowohl, als die Großherzoglich Hessischen Gerichte sorgen für die Weiterbeförderung und für die Einsendung der Empfangsbescheinigungen.

3. Die Großherzogl. Hessischen Gerichte sind dergestalt beauftragt, daß sie auch dann, wenn ein Requisitoriale nicht den Bezirk des angesprochenen Gerichts angehen sollte, verbunden sind, für die schleunige Beförderung desselben zu sorgen; Preußischer Seits wird dagegen, sobald sich in der Folge wegen eines lebhaften gerichtlichen Verkehrs zwischen den Großherzogl. Hess. Landen und den Preußischen Provinzen diesseits der Weser, die Bestellung einer Behörde in diesen Provinzen zu Veranlassung der Insinuation, der mehreren Beschleunigung wegen, wünschenswerth zeigen sollte, diese angeordnet werden.

4. Für die Besorgung der Insinuation, so wie für die ganze jetzt angeordnete Kommunikation, sollen gegenseitig keine Kosten und kein Postporto berechnet werden; sondern es soll jedem der beiderseitigen Staaten überlassen bleiben, ob und welche Kosten er dafür von seinen Unterthanen einziehen will.

Zur Ausführung dieses Punkts werden die Großherzogl. Hess. Gerichte ihre nach Cöln bestimmten Briefe mit der besondern Bemerkung:

„herrschaftliche gerichtliche Insinuations-Sachen"

versehen, und die von Cöln nach dem Großherzogthume Hessen abgehenden Briefe werden dieselbe Bezeichnung führen, um sie von allem Preußischen Porto frei zu machen.

Gegenwärtige Erklärung soll, nachdem sie in gleichlautenden Exemplaren von dem Großherzogl. Hess. Ministerium und dem Königl. Preuß. Ministerium vollzogen und ausgewechselt worden, durch öffentliche Bekanntmachung in den beiderseitigen Landen Kraft und Wirksamkeit erhalten.

Darmstadt, den 24. Juni 1819.

(L. S)

Großherzogl. Hess. geh. Staats-Ministerium der auswärtigen Angelegenheiten.

Freiherr von Lichtenberg.

B.

Die Königl. Baierische Regierung und die Königlich Preußische Regierung sind übereingekommen, den bisher Statt gehabten Weg der gesandtschaftlichen Vermittelung bei Beförderung gerichtlicher Requisitionen um Ladungen und Insinuationen, die aus einer der beiderseitigen Rheinprovinzen in die andere ergehen, aufzuheben, und eine unmittelbare Kommunikation gewisser Gerichtsbehörden herzustellen.

Beide Regierungen haben sich daher über folgende Bestimmungen vereinigt:

1. Die unmittelbare Kommunikation findet Statt zwischen dem Königl. Baierischen General-Advokaten zu Zweibrücken einerseits, und dem General-Prokurator des Königl. Preuß. Appellations-Hofes zu Cöln andererseits, dergestalt, daß alle aus Rheinbaiern nach der Preuß. Rheinprovinz gerichtete Verhandlungen von dem General-Advokaten zu Zweibrücken an den General-Prokurator zu Cöln, alle von Rheinpreußischen Gerichten ausgehende, Rheinbaierischen Unterthanen einzuhändigende Verhandlungen von dem General-Prokurator zu Cöln an den General-Advokaten zu Zweibrücken zu senden sind.

2. Der General-Advokat zu Zweibrücken sowohl, wie der General-Prokurator zu Cöln, sorgt für die Weiterbeförderung und für die Einsendung der Empfangs-Bescheinigungen.

3. Für die Besorgung der Insinuation, so wie für die ganze jetzt angeordnete unmittelbare Kommunikation, sollen gegenseitig keine Kosten und kein Porto berechnet werden, sondern es soll jedem der beiderseitigen Staaten überlassen bleiben, ob und welche Kosten er von seinen Unterthanen dafür einziehen will.

Zur Ausführung dieses Punktes werden sich der General-Advokat zu Zweibrücken und der General-Prokurator zu Cöln auf ihren gegenseitigen Briefen der Bezeichnung:

„herrschaftliche gerichtliche Insinuations-Sachen"

bedienen.

Gegenwärtige Erklärung soll, nachdem sie in gleichlautenden Exemplaren von dem Königl. Baierischen Ministerium und von dem Königl. Preußischen Ministerium vollzogen und ausgewechselt worden, durch öffentliche Bekanntmachung in den beiderseitigen Landen Kraft und Wirksamkeit erhalten.

München, den 4. Oktober 1819.

(L. S.)

Graf v. Rechberg.

C.

Die Großherzogl. Badische Regierung ist mit der Königl. Preußischen Regierung übereingekommen, den bisher Statt gehabten Weg der gesandtschaftlichen Vermittelung bei Beförderung gerichtlicher Requisitionen um Ladungen und Insinuationen, die aus dem einen der beiderseitigen Lande in das andere ergehen, aufzuheben und eine unmittelbare Kommunikation gewisser Gerichtsbehörden herzustellen.

Beide Regierungen haben sich daher über folgende Bestimmungen vereinigt:

1. Die unmittelbare Kommunikation findet Statt zwischen folgenden Großherzogl. Badischen Gerichten einerseits,

1) dem Hofgerichte zu Marsburg für den See- und Donau-Kreis,
2) dem Hofgerichte in Freiburg für den Dreisam-Kreis,
3) dem Hofgerichte in Rastadt für den Kinzig-, Murg-, Pfing- und den Enz-Kreis,
4) dem Hofgerichte in Mannheim für den Neckar-, Main- und Tauber-Kreis,

und der Königl. Preußischen Immediat-Justiz-Kommission zu Cöln andererseits, oder, nach deren Auflösung, dem General-Prokurator des Königl. Preußischen Appellations-Hofes zu Cöln, dergestalt, daß alle von Preußischen Gerichten ausgehende, Badischen Unterthanen einzuhändigende Verhandlungen von der Königl. Immediat-Justiz-Kommission, und nach ihrer Auflösung von dem General-Prokurator des Königl. Appellations-Hofes zu Cöln, an die vorgenannten Badischen Gerichte; alle aus Baden an Preußische Unterthanen gerichtete, und diesen einzuhändigende Verhandlungen aber von den genannten Badischen Gerichten an die Immediat-Justiz-Commission zu Cöln, und nach deren Auflösung an den General-Prokurator des Königl. Appellations-Hofes zu Cöln zu senden sind.

2. Die Großherzogl. Badischen Gerichte sowohl, als die Königl. Preußische Immediat-Justiz-Kommission oder der General-Prokurator des Appellations-Hofes zu Cöln sorgen für die Weiterbeförderung und Einsendung der Empfangsbescheinigungen.

3. Die Großherzogl. Badischen Gerichte sind dergestalt beauftragt, daß sie auch dann, wenn ein Requisitoriale nicht den Bezirk des angesprochenen Gerichts angehen sollte, verbunden sind, für die schleunige Beförderung desselben zu sorgen, und Preußischer Seits wird, sobald sich in der Folge wegen eines lebhaften gerichtlichen Verkehrs zwischen den Großherzogl. Landen und den Preuß. Provinzen diesseits der Weser die Bestellung einer Behörde in diesen Provinzen zur Veranlassung der Insinuationen, der mehreren Beschleunigung wegen, wünschenswerth zeigen sollte, diese angeordnet werden.

4. Für die Besorgung der Insinuation, so wie für die ganze jetzt angeordnete Kommunikation, sollen gegenseitig keine Kosten und kein Porto berechnet werden, sondern es soll jedem der beiderseitigen Staaten überlassen bleiben, ob und welche Kosten er von seinen Unterthanen dafür einziehen will.

Zur Ausführung dieses Punktes werden die Badischen Gerichte ihre nach Cöln bestimmten Briefe mit der besondern Bemerkung:

„Herrschaftliche gerichtliche Insinuations-Sachen"

versehen, und die von Cöln nach Baden abgehenden Briefe werden dieselbe Bezeichnung führen, um sie von allem Preußischen Porto frei zu machen.

Gegenwärtige Erklärung soll, nachdem sie in gleichlautenden Exemplaren von der Großherzogl. Badischen Regierung und von der Königl. Preußischen Regierung vollzogen und ausgewechselt worden, durch öffentliche Bekanntmachung in den beiderseitigen Landen Kraft und Wirksamkeit erhalten.

So geschehen Berlin, den 27. Oktober 1819.

Im Namen der Großherzogl. Badischen Regierung durch angebogene Vollmacht speciell bevollmächtigt.

Der Großherzogl. Badische außerordentliche Gesandte und bevollmächtigte Minister am Königl. Preuß. Hofe.

Freiherr v. Stockhorn.

(v. K. Jahrb. Bd. 14. S. 197.)

b. **Ministerialerklärung** vom 17. Mai 1834, betr. das Abkommen zwischen der Preußischen und Baierischen Regierung in Ansehung der Korrespondenz der beiderseitigen Gerichtsbehörden.

Nachdem die Königl. Preußische Regierung mit der Königl. Baierischen Regierung übereingekommen ist, zur Erleichterung und Sicherung der Rechtspflege das Verfahren bei Korrespondenz der beiderseitigen Gerichtsbehörden zweckmäßig festzustellen; erklärt das Königl. Preuß. Ministerium der auswärtigen Angelegenheiten hiermit Folgendes:

Artikel 1. Was die Beförderungsmittel der beiderseitigen gerichtlichen Korrespondenz anbelangt, so verbleibt es für die Rheinprovinzen beider Staaten vor der Hand bei den betreffenden Bestimmungen der in dieser Beziehung unterm $\frac{4}{20}$. Oktober 1819 getroffenen Uebereinkunft.

Für die übrigen Provinzen ist bei jeder Korrespondenz eine gegenseitig unmittelbare Kommunikation der beiderseitigen Gerichtsbehörden zulässig.

Art. 2. Bei allen Requisitionen, welche bloß die Insinuation von Ladungen und Verfügungen betreffen, sollen gegenseitig keine baaren Auslagen und sonstige Kosten berechnet, Requisitionen dieser Art vielmehr unbedingt kostenfrei befördert und erledigt werden. Es bleibt jedem Staate überlassen, ob und welche Kosten er von seinen Unterthanen für Bewirkung der Insinuation einziehen will.

Art. 3. Bei anderen Requisitionen findet gegenseitig Einziehung sämmtlicher erwachsenen Kosten statt, wenn und inwiefern

a. in Untersuchungssachen der Angeschuldigte zur Zahlung von Kosten rechtskräftig verurtheilt werden und vermögend ist;

b. in den übrigen gerichtlichen Angelegenheiten der Extrahent der Requisition zur Zahlung von Kosten vermögend und gesetzlich verpflichtet ist.

Art. 4. Für unvermögend zur Bezahlung von Kosten ist derjenige zu erachten, welcher durch ein Zeugniß seiner betreffenden Domizils-Behörde darzuthun vermag, daß er durch Entrichtung von Kosten außer Stande gesetzt werden würde, sich und die Seinigen nothdürftig zu ernähren.

Es ist hierbei kein hinlängliches Vermögen für vorhanden anzunehmen, wenn der Wohnsitz des fraglichen Individuums in einem dritten Staate belegen, und die Einziehung der Kosten dorther mit Schwierigkeiten verknüpft ist.

Art. 5. Für den Fall, daß nach Maaßgabe der Artikel 3. und 4. von den Parteien die Kosten nicht eingezogen werden können, sind die unvermeidlich gewesenen baaren Auslagen, aber keine andern Kosten, gegenseitig zu erstatten.

Zu den jedenfalls zu erstattenden baaren Auslagen sind zu rechnen Atzung, Transport, Copialien, Reise- und Zehrungskosten der Gerichtsbeamten und Zeugen, Botenlohn (Meilengelder), Dolmetschergebühren u. s. w., nicht aber Stempel und das Porto von Schreiben und Paketen.

Art. 6. An Reise- und Zehrungskosten können die Gerichtsbeamten nur diejenigen Sätze fordern, welche ihnen im Inlande als Auslagen aus Staatskassen vergütigt werden. Den Zeugen gebühren dergleichen Kosten nach den bei dem requirirten Gericht üblichen Taxsätzen; doch haben dieselben, wenn sie im Auslande vernommen werden, die Wahl zwischen den Taxsätzen ihres und denen des auswärtigen Staates. Uebrigens ist den Zeugen ihre Vergütung unverzüglich, sei es von dem requirirten Gerichte, sei es von dem requirirenden nach der vom requirirten Gerichte übergebenen Liquidation, zu verabreichen, und hierbei erforderlichen Falls von dem requirirten Gerichte die nöthige Auslage vorschußweise zu übernehmen, solche jedoch von dem requirirenden Gerichte sofort auf erhaltene Benachrichtigung zu erstatten.

Art. 7. Sowohl die gegenseitig freie als die gegenseitig zahlbare Gerichts-Korrespondenz ist als solche durch „frei G. S." (freie Gerichts-Sache) oder durch „zahlb. G. S." (zahlbare Gerichts-Sache) unter Angabe der aufgebenden Gerichtsstelle auf dem Couverte zu bezeichnen, und mit dem Amtssiegel der letzteren zu verschließen. Außerdem ist der Gegenstand der portofreien Korrespondenz (Gerichtliche Insinuations-, Vorladungs-, Armen-, Fiskal-Sache) genau und deutlich auf dem Couverte zu vermerken.

Art. 8. In Betreff der gegenseitig frei zu befördernden Gerichts-Korrespondenz werden zur Beförderung mit den Reitposten nur Briefe bis zum Gewichte von 2 Loth als geeignet erachtet. Alle schwereren Schriften und Aktenpackete sind mit den Fahrposten zu befördern. Bei Mittheilung von Kriminalakten können Corpora delicti nur insofern übersendet werden, als solches überhaupt nach den gegenseitig bestehenden gesetzlichen Vorschriften nothwendig, auch der Gegenstand zur Beförderung mit den Posten nach den allgemeinen Verordnungen angethan ist. In Sachen, wo die Partei zur Zahlung von Kosten gesetzlich verpflichtet, oder rechtskräftig verurtheilt und dazu vermögend ist, hat die betreffende Gerichtsbehörde dieser Partei für Entrichtung des Postporto, sowohl wegen der abzusendenden Briefe und Packete, als wegen der zu empfangenden, Sorge zu tragen; bei der Aufgabe wird nicht nur das inländische Postporto bis zur Grenze, sondern auch das ausländische bis zum Bestimmungsorte, letzteres als Weiter-Franko, erhoben, und bei dem Empfange wird von der ausländischen Aufgabs-Postbehörde das Porto bis zur Grenze als Zutaxe zugerechnet, und von der anderseitigen Postanstalt vergütet.

Art. 9. Nach den in vorstehenden Artikeln 2—8 enthaltenen Bestimmungen modifizirt und erweitert sich die Anordnung sub No. 3. der oben angeführten Uebereinkunft vom $\frac{4}{10}$ Oktober 1819.

Art. 10. Gegenwärtige Erklärung soll, nachdem sie gegen eine übereinstimmende Erklärung des Königlich Baierischen Ministerii der auswärtigen Angelegenheiten ausgewechselt worden, Kraft und Wirksamkeit in den beiderseitigen Landen haben und öffentlich bekannt gemacht werden.

Berlin, den 17. Mai 1834.

Königl. Preuß. Ministerium der auswärtigen Angelegenheiten.

(G. S. S. 71)

c) **Rescript** vom 18. August 1826 nebst Anlagen, betreffend das Abkommen mit der Würtembergischen Regierung wegen der Kostenfreiheit bei gerichtlichen Requisitionen.

A.

Das von der Königl. Würtembergischen Regierung gewünschte Abkommen mit der diesseitigen Regierung wegen gegenseitiger Kostenfreiheit bei gerichtlichen Requisitionen und Insinuationen in Konkurs- und Civil-Sachen, ist in der gewöhnlichen Art durch Auswechselung gleichlautender Ministerial-Erklärungen zu Stande gekommen, und Ew. Excellenz beehrt sich das unterzeichnete Ministerium beglaubte Abschrift der diesseitigen Erklärung anbei ergebenst zu übersenden, indem es die geneigte Veranlassung wegen öffentlicher Bekanntmachung derselben ganz ergebenst anheimstellt.

Berlin, den 12. August 1826.

Ministerium der auswärtigen Angelegenheiten.

v. Schönberg.

An des Königl. Geh. Staats- und Justiz-Ministers,
Herrn Grafen v. Dankelmann, Excellenz.

B.

Erklärung.

Nachdem der früher zwischen den Königl. Preuß. und Königl. Würtembergischen Gerichten zur Beförderung der Insinuationen benutzte diplomatische Weg verlassen und eine unmittelbare Kommunikation der beiderseitigen Gerichte hergestellt worden ist, hat sich die Königl Preuß. Regierung mit der Königl. Würtembergischen darüber vereinigt: daß für die Besorgung der Insinuationen und Requisitionen gegenseitig keine Kosten und baare Auslagen, jedoch ausschließlich des Postporto's, berechnet werden, sondern jedem der beiderseitigen Staaten überlassen bleiben soll, ob und welche Kosten er von seinen Unterthanen dafür einziehen will.

Gegenwärtige Erklärung soll, nachdem dies von dem Königl. Preuß. Ministerio vollzogene Exemplar mit dem von Königlich Würtembergischer Seits vollzogenen ausgewechselt worden ist, durch öffentliche Bekanntmachung in den beiderseitigen Landen Kraft und Wirksamkeit erhalten.

So geschehen Berlin, den 1. August 1826.

Königl. Preuß. Ministerium der auswärtigen Angelegenheiten.

(L. S.) v. Schönberg.

Mit dem Original gleichlautend.

Berlin, den 12. August 1826.

de Boisdeslandes,
Hofrath und Geh. Kanzlei-Direktor
im Minist. der ausw. Angel.

Von dem getroffenen Abkommen wird sämmtlichen Gerichts-Behörden hiermit Kenntniß gegeben, um sich darnach zu achten.

Berlin, den 18. August 1826.

(v. K. Jahrb. Bd. 28. S. 114.)

d) **Rescript** vom 7. Juli 1820 nebst Anlage, betr. die Uebereinkunft mit der Sachsen-Koburgschen Regierung wegen der gerichtlichen Requisitionen.

Die Königl. Preuß. Regierung ist mit der Herzoglich Sächsischen Koburgschen Regierung übereingekommen, den bisher Statt gehabten Weg der gesandtschaftlichen Vermittelung bei Beförderung gerichtlicher Requisitionen um Ladungen und Insinuationen, die aus einem der beiderseitigen am Rhein gelegenen Landestheile in den andern ergehen, aufzuheben, und eine unmittelbare Kommunikation gewisser Gerichtsbehörden herzustellen. Beide Regierungen haben sich daher über folgende Bestimmungen vereinigt:

1. Die unmittelbare Kommunikation findet Statt zwischen dem Königl Preuß. General-Prokurator des Appellations-Hofes zu Cöln einerseits, und dem Herzoglich Sächsischen Staats-Prokurator am Landesgericht zu St. Wendel andererseits, dergestalt, daß alle aus der Preuß. Rheinprovinz nach dem Fürstenthum Lichtenberg gerichtete Verhandlungen von dem General-Prokurator zu Cöln an den Staats-Prokurator zu St. Wendel; alle von Lichtenbergschen Gerichten ausgehende, Rheinpreußischen Unterthanen einzuhändigende Verhandlungen von dem Staats-Prokurator zu St. Wendel an den General-Prokurator zu Cöln zu senden sind.
2. Der General-Prokurator zu Cöln sowohl, als der Staats-Prokurator zu St. Wendel sorgen für die weitere Beförderung und für die Einsendung der Empfangsbescheinigungen.
3. Für die Besorgung der Insinuation, so wie für die ganze, jetzt angeordnete, unmittelbare Kommunikation, sollen gegenseitig keine Kosten und kein Porto berechnet werden; sondern es soll jeder der beiderseitigen Regierungen überlassen bleiben: ob und welche Kosten sie von ihren Unterthanen dafür einziehen will. Zur Ausführung dieses Punktes werden sich der General-Prokurator zu Cöln und der Staats-Prokurator zu Wendel auf ihren gegenseitigen Briefen der Bezeichnung:

„Herrschaftliche gerichtliche Insinuations-Sachen“

bedienen.

Gegenwärtige Erklärung soll, nachdem sie in gleichlautenden Exemplaren von dem Königl. Preuß. und von dem Herzoglich Sächsischen Ministerium vollzogen und ausgewechselt worden, durch öffentliche Bekanntmachung in den beiderseitigen Landen Kraft und Wirksamkeit erhalten.

Berlin, den 12. Juni 1820.

Fürst v. Hardenberg.

Sie erhalten, Herr General-Advokat, die Abschrift eines mit der Herzoglichen Sachsen-Koburgschen Regierung abgeschlossenen Vertrages wegen der künftigen Beförderung der gerichtlichen Insinuations-Sachen durch Austausch von Ministerial-

Erklärungen, um Kenntniß davon zu nehmen und das weitere Erforderliche hiernach zu verfügen.

Berlin, den 7. Juli 1820.

(v. K. Jahrb. Bd. 15. S. 264.)

e) cfr. Uebereinkunft mit der Sachsen-Koburg-Gothaischen Regierung, die gegenseitigen Gerichtsbarkeitsverhältnisse betr., vom 23. Dezbr. 1833. G. S. de 1834, S. 9.

f) cfr. Uebereinkunft mit der Fürstlich Reuß-Plauenschen (jüngerer Linie) Regierung wegen gegenseitiger Beförderung der Rechtspflege, vom 5. Juli 1834. G. S. S. 124.

g) **Reseript** vom 19. Juni 1820 nebst Anlage, betr. die Uebereinkunft mit der Herzoglich Nassauischen Regierung wegen der gerichtlichen Requisitionen.

Dem Königl Kammergericht wird aus der abschriftlichen Anlage zu ersehen gegeben, daß mit der Herzogl. Nassauschen Regierung ein Abkommen, wegen der künftigen Beförderung der gerichtlichen Insinuations-Sachen, durch Austausch von Ministerial-Erklärungen getroffen worden ist, und hat das Kollegium hiernach in vorkommenden Fällen die Vorladungen dem Königl. ersten General-Prokurator bei dem Appellations Hofe zu Cöln — dessen Geschäfte jetzt von dem ersten General-Advokaten Herrn Geheimen Ober-Revisionsrath Bölling daselbst versehen werden — zur weitern Beförderung zu übersenden.

Berlin, den 19. Juni 1820.

Nach vorstehender Verfügung haben sich sämmtliche übrige Gerichte ebenfalls zu achten.

Berlin, den 19. Juni 1820.

Die Königl. Preußische Regierung nnd die Herzogl. Nassausche Regierung sind übereingekommen, den bisher Statt gehabten Weg der gesandtschaftlichen Vermittelung bei Beförderung gerichtlicher Requisitionen um Ladungen und Insinuationen, die aus dem einen der beiderseitigen Lande in das andere ergehen, aufzuheben, und eine unmittelbare Kommunikation gewisser, namentlich bezeichneter Gerichtsbehörden, herzustellen. Beide Regierungen haben sich daher über folgende Punkte vereinigt:

1. die unmittelbare Kommunikation findet Statt zwischen dem General-Prokurator des Königlichen Appellations-Hofes zu Cöln einerseits, und dem Herzogl. Nassauschen Hofgerichte zu Dillenburg andererseits, dergestalt, daß alle von Königl. Preuß. Gerichten ausgehende, Herzogl. Nassauschen Unterthanen einzuhändigende Verhandlungen, von dem General-Prokurator zu Cöln an das vorgenannte Herzogl. Hofgericht zu Dillenburg, alle aus dem Herzogthum Nassau an Preuß. Unterthanen gerichtete und diesen einzuhändigende Verhandlungen aber, von dem genannten Herzogl. Nassauschen Hofgericht an den General-Prokurator des Appellations-Hofes zu Cöln zu senden sind.
2. Der General-Prokurator zu Cöln sowohl, als das Hofgericht zu Dillenburg, sorgen für die Weiterbeförderung und für die Einsendung der Empfangsbescheinigungen.
3. Königl. Preuß. Seits wird, sobald sich in der Folge wegen eines lebhaften gerichtlichen Verkehrs zwischen den Herzogl. Nassauschen Landen und den Königl. Preuß. Provinzen diesseits der Weser, die Bestellung einer Behörde in diesen Provinzen zur Veranlassung der Insinuationen, der mehreren Beschleunigung wegen, wünschenswerth zeigen sollte, diese angeordnet werden.
4. Für die Besorgung der Insinuation, so wie für die ganze jetzt angeordnete Kommunikation, sollen gegenseitig keine Kosten und kein Postporto berechnet werden, sondern es soll jedem der beiderseitigen Staaten überlassen bleiben ob und welche Kosten er von seinen Unterthanen dafür einziehen will.

Zur Ausführung dieser Punkte wird das Herzogl. Nassausche Hofgericht seine nach Cöln bestimmten Briefe mit der besonderen Bemerkung: „Herrschaftliche gerichtliche Insinuations-Sachen" versehen, und die von Cöln an das Hofgericht zu Dillenburg abgehenden Briefe werden dieselbe Bezeichnung führen. Gegenwärtige Erklärung soll, nachdem sie in gleichlautenden Exemplaren von dem Königl. Preuß. Ministerio und von dem Herzogl. Nassauschen Ministerio vollzogen worden, durch öffentliche Bekanntmachung in den beiderseitigen Landen Kraft und Wirksamkeit erhalten. Berlin, den 25. März 1820.

(v. K. Jahrb. Bd. 15. S. 266.) Fürst v. Hardenberg.

h) **Rescript** vom 31. Januar 1821 nebst Anlage, betr. das Requisitionsverfahren mit Hessen-Homburg und Frankfurt a. M.

Bei den Unterhandlungen mit der Hessen-Homburgschen Regierung und dem Senate der Stadt Frankfurt a. M., um mit ihnen ein gleiches Abkommen wegen der Beförderung der gerichtlichen Insinuations-Sachen zu Stande zu bringen, wie bereits mit Baiern, Baden, Hessen-Darmstadt, Oldenburg und Koburg getroffen worden ist, haben sich einige Schwierigkeiten gezeigt. Der Senat zu Frankfurt ist zwar in Ansehung des gerichtlichen Verkehrs mit den Preußischen Rheinprovinzen darauf eingegangen, daß derselbe zwischen dem Königl. General-Prokurator des Appellations-Hofes zu Cöln und dem Appellations-Hofe in Frankfurt, welcher dazu Auftrag erhalten hat, Statt haben solle, und in Ansehung aller übrigen Preuß. Provinzen wünscht derselbe, daß die beiderseitigen Gerichte, ihrer Requisitionen wegen, sich unmittelbar nach wie vor ansprechen mögen. Allein was die Porto- und Kosten-Freiheit bei dem gesammten Verkehr betrifft, so hat der erwähnte Senat, wegen besonderer nicht gut zu beseitigender Verhältnisse, den Antrag abgelehnt.

In fast gleicher Art ist die Erklärung der Hessen-Homburgschen Regierung erfolgt, indem sie für die Beförderung der Rheinischen Insinuations-Sachen das Landgräfliche Amt Meißenheim, und für die übrigen diesseitigen Insinuations-Sachen das Justizamt zu Homburg von der Höhe, und für wichtigere Requisitions-Fälle die Landes-Regierung zu Homburg in Vorschlag gebracht, aber gleichfalls die Porto- und Kosten-Freiheit abgelehnt hat. Meines Erachtens wird man es hierbei auch bewenden lassen können. Der Zweck, den Ministerien das Geschäft der Beförderung der Insinuations-Sachen abzunehmen, und einen kürzern und doch sichern Weg dafür zu finden, ist damit erreicht; und wenn ausnahmsweise bei Hessen-Homburg und der Stadt Frankfurt die Kosten und das Porto berechnet und erstattet werden müssen, so wird bei den doch nicht sehr oft vorkommenden Insinuations-Fällen dadurch das Geschäft für den General-Prokurator in Cöln nicht besonders erschwert werden.

Wenn Ew. Excellenz hiermit geneigt einverstanden sind, so bitte ich ganz ergebenst, darnach den gedachten General-Prokurator und die übrigen Gerichtsbehörden mit Anweisung versehen, mich aber vom Verfügten in Kenntniß setzen zu wollen.

Berlin, den 12. Januar 1821.

Ministerium der auswärtigen Angelegenheiten.
In Abwesenheit des Herrn Chefs Excellenz.
Hoffmann.

Verfügung.

Abschrift dieses Schreibens, mit dessen Inhalt sich der Justiz-Minister einverstanden erklärt, wird den sämmtlichen Königl. Ober-Landesgerichten zur Nachricht und Achtung, und um die von ihnen ressortirenden Gerichtsbehörden davon in Kenntniß zu setzen, mitgetheilt.

Berlin, den 31. Januar 1821.
(v. K. Jahrb. Bd. 17. S. 34.)

i) **Rescript** vom 15. Februar 1821 nebst Anlage, betr. das Requisitionsverfahren mit Hessen-Homburg.

A.

Nach einer so eben an das Ministerium der auswärtigen Angelegenheiten gelangten Erklärung, ist die Hessen-Homburgsche Regierung nunmehr ganz dem diesseitigen Vorschlag, wegen der Beförderung der gerichtlichen Insinuations-Sachen, eingegangen, und es ändert sich daher in dieser Beziehung die Ew. Excellenz in meinem Schreiben vom 12. v. M. gemachte Mittheilung dahin ab:

daß die diesseitigen Insinuations-Sachen durch den Königl. General-Prokurator des Appellations-Hofes, zu Cöln, je nachdem sie nach den jenseits oder diesseits Rheinischen Gebietstheilen von Hessen-Homburg bestimmt sind, an das Landgräfliche Oberamt zu Meißenheim oder an die Landgräfliche Regierung zu Homburg, die aus Hessen-Homburg nach den Preußischen Staaten bestimmten Insinuanda aber von den erwähnten beiden Hessischen Gerichten an den General-Prokurator zu Cöln gelangen, daß bei dieser ganzen Kommunikation weder Porto noch andere Kosten berechnet und erstattet, und die beiderseitigen Briefe mit der Bezeichnung:

„Herrschaftliche gerichtliche Insinuations-Sachen,"
versehen werden sollen.

Die Hessen-Homburgsche Regierung hat gleich bei Abgabe dieser Erklärung den Wunsch ausgedrückt, daß darnach alsbald verfahren werden möchte. Meines Erachtens wird dies ohne alles Bedenken geschehen, und überhaupt durch eine diesseitige schließliche gesandtschaftliche Erklärung die Sache für abgemacht angenommen werden, ohne erst bei der Unbedeutsamkeit des Gegenstandes besondere Ministerial-Erklärungen, wie bei den andern Deutschen Staaten, mit welchen über diesen Gegenstand verhandelt worden ist, auszutauschen.

Ew. Excellenz ersuche ich daher, im Fall des gehofften Einverständnisses, ganz ergebenst: von der mit Hessen-Homburg getroffenen Vereinbarung, den General-Prokurator in Cöln und die übrigen Gerichtsbehörden in Kenntniß setzen und mich davon geneigtest benachrichtigen zu wollen.

Berlin, den 9. Februar 1821.

Ministerium der auswärtigen Angelegenheiten.
In Abwesenheit des Hrn. Chefs Excellenz.
Hoffmann.

B.

In der Anlage erhalten Sie, Herr General-Advokat, Abschrift eines Schreibens des Königl. Ministerii der auswärtigen Angelegenheiten vom 9. d. M.
die nähere mit Hessen-Homburg getroffene Vereinbarung wegen der gerichtlichen Insinuationen aus oder nach dem Homburgschen betreffend,
in Verfolg der Ihnen unter dem 31 v. M. gemachten Mittheilung über den nämlichen Gegenstand, zur Nachricht und Achtung.

Berlin, den 15. Febr. 1821. (v. K. Jahrb. Bd. 17. S. 36.)

k) **Rescript** vom 14. Juli 1828, betr. die Kommunikation mit den Meklenburg-Schwerinschen Behörden.

Die Großherzogl. Meklenburgisch-Schwerinschen Justizbehörden verweigern die Annahme der bei ihnen aus dem Auslande eingehenden Schreiben, wenn Auslagen damit verbunden sind, und der Grund zur Bezahlung derselben aus der Aufschrift nicht hervorgeht. Sämmtliche Königl. Gerichts-Behörden werden daher angewiesen, nach gleichem Grundsatze zu verfahren, und die an dieselben eingehenden unfrankirten Schreiben der Meklenburg-Schwerinschen Behörden uneröffnet zurückgeben zu lassen.

(v. K. Jahrb. Bd. 32. S. 101.)

l) **Rescript** vom 10. Februar 1834 nebst Anlage, betreffend die Uebereinkunft mit der Meklenburg-Schwerinschen Regierung wegen gegenseitiger Portofreiheit der dienstlichen Korrespondenz der Behörden.

Euer Excellenz beehre ich mich ganz ergebenst zu benachrichtigen, daß ich mit der Großherzoglich Meklenburg-Schwerinschen Kammer wegen portofreier Beförderung der dienstlichen Korrespondenz zwischen den Behörden der beiderseitigen Staaten ein vom 1. d. M. an, vorläufig auf fünf Jahre gültiges Uebereinkommen unter nachstehenden Feststellungen getroffen habe:

a) die Portofreiheit findet nur für Korrespondenz statt. Geld- und Päckerei-Sendungen sind davon ganz ausgeschlossen.
b) zur Erlangung der Portofreiheit muß die Korrespondenz mit einem öffentlichen Siegel verschlossen, und von einer Preußischen Landesbehörde an eine Meklenburg-Schwerinsche Behörde, oder an einen Meklenburg-Schwerinschen Staatsbeamten, oder umgekehrt von einer Meklenburg-Schwerinschen Landesbehörde an eine Preußische Behörde, oder an einen Preußischen Staatsbeamten, gerichtet sein

Preußischer Seits findet die Portofreiheit für folgende Behörden Anwendung:
1) die Königl. Staatsministerien und obern Verwaltungsbehörden;
2) die Königl. Regierungen;
3) die landräthlichen Behörden;
4) die städtischen Polizeibehörden;
5) die sämmtlichen Justizbehörden.

Meklenburg-Schwerinscher Seits dagegen für nachstehende Behörden:
1) das Geheime Staatsministerium;
2) die Regierung und Lehnkammer;

3) das Kammer- und Forst-Kollegium und die Reluitions-Kommission;
4) die sämmtlichen Justizbehörden;
5) das Hofmarschallamt;
6) das Kriminal-Kollegium zu Bützow;
7) das Land-Arbeitshaus zu Güstrow;
8) den Gendarmerie-Chef;
9) den Zuchthaus oder Festungs-Kommandant zu Dömitz;
10) die Domainal-Amtsbehörden;
11) die städtischen Polizeibehörden.

c) Die allgemeine Bezeichnung „Herrschaftliche Dienstsache" ist zur Begründung der Portofreiheit nicht ausreichend, vielmehr muß die Korrespondenz mit einer genauen Rubrizirung des Inhalts auf der Adresse versehen sein.

d) Die Gesandtschafts-Depeschen unterliegen der Portozahlung.

Frankfurt a. M., den 28. Januar 1834.

v Nagler.

Vorstehendes Schreiben wird sämmtlichen Gerichtsbehörden zur Nachricht und Achtung mitgetheilt.

Berlin, den 10. Februar 1834.

(v. K. Jahrb. Bd. 43. S 198.)

m) **Rescript** vom 12. März (18. Juni) 1830 nebst Anlage, betr. die Vereinbarung mit der Meklenburg-Strelitzschen Regierung wegen Aufhebung der Kostenvergütung in Requisitions-Sachen.

Nachdem die Königl. Preußische Regierung mit der Großherzogl. Meklenburg-Strelitzschen Regierung dahin übereingekommen ist, die gegenseitige Kostenvergütung in Kriminal-, Civil- und Vormundschaftssachen rücksichtlich der dabei betheiligten unvermögenden Personen aufzuheben, erklärt das Königl. Preuß. Ministerium der auswärtigen Angelegenheiten hiermit Folgendes:

1. In allen Untersuchungs-, Civil- und insonderheit Vormundschaftsfällen, wo Requisitionen von einer Königl. Preuß. Gerichts- oder vormundschaftlichen Behörde an eine Großherzogl. Mecklenburg-Strelitzsche derartige Behörde, oder von dieser an jene erlassen worden, so wie wenn Delinquenten von einem Gerichte an das andere ausgeliefert worden, sind nicht allein alle baaren Auslagen, sondern auch die sämmtlichen, nach der, bei dem requirirten Gerichte üblichen Taxe, zu liquidirenden Gebühren dem letztern aus dem Vermögen der betreffenden Person, wenn solches hinreicht, zu entrichten Hat selbige aber kein hinlängliches Vermögen, so fallen die Gebühren für die Arbeiten der requirirten Behörde, mithin auch alle Vergütung, oder Taxe für Zeugenvernehmungen und für Abhaltung der Termine, für den Erlaß oder die Expedition der Verfügungen, desgleichen die Insinuations- und sogenannten Siegelgebühren, durchgehends weg, und das requirirende Gericht bezahlt alsdann dem ersteren nur die unvermeidlichen baaren Auslagen für Atzung, Transport, Porto, Copialien, Reise- und Zehrungskosten der Richter und Zeugen, nach den bei den requirirten Gerichten üblichen Taxsätzen.

2. Zur Entscheidung der Frage: ob der Delinquent oder die betheiligte Person hinlängliches Vermögen zur Berichtigung der Gerichts-Gebühren besitze oder nicht? soll in den beiderseitigen Landen nichts weiter, als das Zeugniß derjenigen obrigkeitlichen Stelle erfordert werden, unter welcher die betheiligten Personen ihre wesentliche Wohnung haben. Sollte ein Delinquent solche in einem dritten Lande gehabt haben, und die Einziehung der Kosten dort mit Schwierigkeit verknüpft sein, so wird angenommen, daß er kein hinlängliches Vermögen besitze.

3. Den, in allen Untersuchungs-, Civil- und Vormundschaftssachen zu sistirenden Zeugen, und jeder abzuhörenden Person überhaupt, sollen die Reise- und Zehrungskosten nebst der, wegen ihrer Versäumniß ihnen gebührenden Vergütigung, nach deren, vom requirirten Gerichte geschehenen Verzeichnung, bei erfolgter wirklicher Sistirung, sei es von dem requirirten, oder von dem requirirenden Gerichte, unverzüglich verabreicht werden. Insofern sie dazu eines Vorschusses bedürfen, wird das requirirte Gericht zwar die erforderliche Auslage übernehmen; es soll selbige jedoch vom requirirenden Gerichte auf die erhaltene Benachrichtigung dem requirirten Gerichte wieder erstattet werden.

4. Gegenwärtige Erklärung soll, nachdem sie gegen eine übereinstimmende Erklärung des Großherzl. Meklenburg-Strelitzschen Staats-Ministerii ausgewechselt

worden, Kraft und Wirksamkeit in den beiderseitigen Landen haben und öffentlich bekannt gemacht werden.

Berlin, den 10. Febr. 1830. (und Berlin, den 18. Mai 1830.)

Königl. Preuß. Ministerium der auswärtigen Angelegenheiten.
v. Schönberg.

Erklärung

wegen der zwischen der Königlich Preußischen und der Großherzogl. Meklenburg-Strelitzschen Regierung getroffenen Uebereinkommen, rücksichtlich der gegenwärtigen kostenfreien Genügung gerichtlicher Requisitionen in Armen-Sachen. Mit dem Original gleichlautend.

Berlin, den 19. Mai 1830.

(L. S.) de Boisdeslandes,
Hofrath und Geh. Kanzleidirektor im Minist. der auswärtigen Angelegenheiten.

Von dem getroffenen Abkommen wird sämmtlichen Gerichtsbehörden zur Nachachtung hierdurch Kenntniß gegeben.

Berlin, den 12. März 1830. (und Berlin, den 18. Juni 1830.)

(v. K. Jahrb. Bd. 35. S. 131 u. 277.)

n) **Rescript** vom 22. November 1834, betr. das Requisitionsverfahren mit den Gerichtsbehörden in den deutschen Bundesstaaten.

Durch die zwischen Preußen und mehreren deutschen Bundesstaaten in den Jahren 1819 und 1820 hinsichts der gegenseitigen Beförderung gerichtlicher Requisitionen und Insinuationen getroffenen und durch die Jahrbücher für die Preußische Gesetzgebung zur öffentlichen Kenntniß gebrachten Vereinbarungen*), ist besonders bestimmt worden, daß die Beförderung der Requisitionen und Insinuationen hauptsächlich durch den Preußischen General-Prokurator zu Cöln als Centralbehörde bewirkt, und dadurch der unmittelbare Verkehr der gerichtlichen Behörden in den betreffenden Bundesstaaten vermieden werden solle.

Diese Vereinbarungen sind jedoch im Laufe dieses Jahres auf diplomatischem Wege dahin modifizirt worden, daß

1) in Bezug auf die Preuß. Rheinprovinzen die bisherige Stellung des General-Prokurators zu Cöln als Vermittelungsbehörde für die gerichtlichen Requisitionen und Insinuationen ganz wegfällt, und die Korrespondenz unmittelbar von und mit den Ober-Prokuratoren jedes Rheinischen Landgerichts, dem Justizsenat zu Koblenz, und resp. dem General-Prokurator für die den Appellationshof zu Cöln betreffenden Sachen, zu führen ist, daß ferner
2) in Ansehung der übrigen Preuß. Provinzen die gerichtlichen Requisitionen und Insinuationen auswärtiger Staaten durch jedes Obergericht für seinen Bezirk befördert und besorgt werden sollen, und daß dagegen auch
3) die diesseitigen Requisitionen an Gerichtsbehörden in den deutschen Bundesstaaten durch unmittelbare Korrespondenz mit den auswärtigen Gerichtsbehörden zu befördern sind.

Findet sich bei auswärtigen Requisitionen, daß die Beförderung derselben durch ein anderes, als das requirirte Obergericht erfolgen muß, so ist die Requisition nicht zurückzusenden, sondern an das betreffende Obergericht mittelst Marginalverfügung schleunigst abzugeben.

Bei jeder dergleichen Korrespondenz mit auswärtigen Behörden sind übrigens die, hinsichts der Kosten- und Portofreiheit der gerichtlichen Insinuationen in den zwischen Preußen und den betreffenden Staaten abgeschlossenen Abkommen, enthaltenen Bestimmungen genau zu berücksichtigen.

Das Königl. ꝛc. hat sich hiernach zu achten, und zugleich die Untergerichte seines Departements mit den nöthigen Anweisungen zu versehen.

(v. K. Jahrb. Bd. 44. S. 358)

---

*) mit Baiern, Hessen-Darmstadt und Baden. Rescript vom 17 Januar 1820. (Jhrb. B. 14. S. 197.), mit Sachsen-Koburg. Rescript vom 7. Juli 1820. (Jahrb. B. 15. S. 264), mit Nassau. Rescript vom 25. März 1820. (Jhrb. B. 15. S. 266.), mit Hessen-Homburg und Frankfurt a. M. Rescript vom 31. Jan. und 15. Febr. 1821. (Jhrb. B. 17. S. 34. 36.)

o) **Rescript** vom 21. März 1835, betr. die Befugniß der Untergerichte, den an sie ergehenden Requisitionen auswärtiger Behörden unmittelbar zu genügen.

Dem Königl. Oberlandesgericht wird auf den Bericht vom 13. d. M.,

über das Verfahren bei gegenseitiger Beförderung gerichtlicher Requisitionen und Insinuationen zwischen Preußen und den deutschen Bundesstaaten,

eröffnet, daß die nach dem Cirkular-Rescript vom 22. Novbr. v. J. getroffene Vereinbarung zwischen Preußen und mehreren deutschen Bundesstaaten,

wonach die aus diesen Staaten an diesseitige Justizbehörden gerichteten Requisitionen durch die betreffenden Obergerichte weiter befördert werden sollen,

hauptsächlich nur eine Erleichterung der auswärtigen Behörden bezweckt. Wenn daher diese es vorziehen, ihre Requisitionen, besonders in schleunigen Sachen, unmittelbar an das betreffende diesseitige Untergericht zu richten, und letzteres kein Bedenken findet, der Requisition zu genügen, so bedarf es deren Einsendung an das Obergericht nicht.

Hiernach hat das Königl. Oberlandesgericht das Land- und Stadtgericht zu Nordhausen und die übrigen Untergerichte des Departements mit Anweisung zu versehen.

(Act. des Justizm. Requis. No. 49. fol. 117.)

p) **Rescript** vom 5. Febr. 1836, betr. die Insinuationen gerichtlicher Verfügungen von und nach den Oesterreichischen Staaten.

Nach einer Vereinigung mit der Kaiserlich Oesterreichischen Regierung erfolgt die Insinuation diesseitiger gerichtlicher Vorladungen, Requisitionen und anderer Verfügungen in den Kaiserlich Oesterreichischen Staaten und dem Königreich Ungarn durch gesandtschaftliche Vermittelung, ohne daß dafür Gebühren oder sonstige Kosten gefordert werden.

Die Königl. Landes-Justizkollegien werden hiervon in Kenntniß gesetzt, mit der Anweisung, gegenseitig in dergleichen Fällen auch keine Kosten zum Ansatz zu bringen.

(v. K. Jahrb. Bd. 47. S. 348.)

10) **Schreiben** des Justizministers vom 16. September 1835, betr. die Verpflichtung Preußischer Unterthanen, sich auf Vorladungen auswärtiger Behörden, namentlich zur Vernehmung als Zeugen, zu gestellen.

Ein K. H. Ministerium wünscht nach dem geehrtesten Schreiben vom 7. d. M., Behufs der Beantwortung der von der Fürstlich Waldeckschen Regierung gemachten Anfrage eine vollständige Auskunft von mir darüber zu erhalten:

ob Preußische Unterthanen nach diesseitiger Gesetzgebung überhaupt nicht angehalten werden können, sei es als Zeugen oder Parteien, vor ausländischen Gerichten sich zu gestellen, oder ob eine solche Bestimmung nur für den Fall vorhanden ist, daß diesseitige Unterthanen als Parteien vor einem fremdländischen Gericht zu erscheinen aufgefordert würden.

Hierauf ermangele ich nicht, Folgendes ganz ergebenst zu erwiedern:

Soviel das Verhältniß des Vorgeladenen als Partei anbetrifft, so kann von einem zwangsweisen Anhalten zum Erscheinen vor Gericht niemals die Rede sein. Die Befugniß des requirirten Richters beschränkt sich — wofern hinsichtlich der Kompetenz des requirirenden Gerichts kein Bedenken obwaltet, der Requisition daher verfassungsmäßig überhaupt gewillfahrt werden darf — lediglich auf dasjenige Verfahren, welches die A. G. O. Th. I. Tit. 7. §. 4. vorschreibt. Hiernach bleibt es dem Gutbefinden des Vorgeladenen allein überlassen, ob er sich, der ihm geschehenen Bedeutung gemäß den civilrechtlichen Folgen seines Ausbleibens aussetzen will.

Anlangend das Verhältniß des Vorgeladenen als Zeuge, so sind die Vorschriften der A. G. O. gleichwie der Krim. Ord. nur auf den Fall anwendbar, wo es auf Gestellung vor ein diesseitiges Gericht ankommt.

A. G. O. Th. I Tit. 10. §§. 179. 183. ff. und 221. Krim. Ord. §§. 311. ff.

So wie nun bei Vernehmung solcher Zeugen, welche sich nicht am Orte des instruirenden Gerichts befinden, die Regel feststeht, daß solche durch Auftrag oder Requisition geschehen muß,

vergl. §§. 217. und 223. der A. G. O. a. a. O.

so ist auch ein gleiches Verfahren vorgeschrieben, wenn auswärtige Gerichte die Abhörung eines diesseitigen Unterthanen nöthig erachten.

Vergl. §. 225 b. a. a. O.

Ausnahmen von jener Regel können im letzteren Falle nur da statt haben, wo sie durch Konventionen nachgelassen, oder durch besondere Staatsrücksichten nach Bewandniß des konkreten Falles geboten werden, und es versteht sich von selbst, daß jeder Unterthan sodann der ihm von seiner Gerichtsobrigkeit geschehenen Auflage zur persönlichen Gestellung um somehr Folge leisten muß, als er für die dadurch entstehende Versäumniß, sowie für den sonstigen Kostenaufwand, eine angemessene Entschädigung erhält.

A. G. O. §. 187. a. a. O. — Krim. Ordn. §. 316.

In Kriminalfällen, und besonders bei nothwendig befundenen Konfrontationen mit anderen Zeugen oder Komkulpaten, ist dies schon verschiedentlich, jedoch gewöhnlich nur unter Begleitung einer diesseitigen Gerichtsperson, nachgegeben worden.

Einem K. H. Ministerio stelle ich ergebenst anheim, der Fürstlich Waldeckschen Regierung, obigen Grundsätzen gemäß die nöthige Eröffnung machen zu wollen.

(Act. des Justizm. Requis. No. 48. fol. 136.

Von Ediktalcitationen.

§. 12. Ausser demjenigen, was bei Konkurs- und Liquidationsprozessen, Aufbietung unbeweglicher Güter, und in Ansehung anderer besonderer Prozessarten, unten in den gehörigen Titeln verordnet werden wird, finden Ediktalcitationen in Civilprozessen nur alsdann Statt, wenn ein Vagabund, dessen Aufenthalt unbekannt ist, der sich nirgends im Lande betreffen lässt, und der auch kein Vermögen im Lande besitzt, dennoch bei einem hiesigen Gerichte belangt und von selbigem vorgeladen werden soll.

Anh. §. 53. ***Bei Injurienklagen oder Denunciationen wegen Injurien wider Fremde, welchen die Vorladung nicht insinuirt werden kann, findet, in so fern der Beklagte nicht als ein Durchreisender, sondern nach Tit. II. §. 23. als Vagabund anzusehen ist, ebenfalls die Ediktalcitation Statt.***

Rescript vom 30. Juni 1800, betr. die Ediktalvorladung der Fremden in Injuriensachen und die hierdurch entstehenden Kosten.

Ihr habt in Eurem Berichte vom 12. Mai d. J. angefragt:

ob ein Fremder, der in hiesigen Landen kein Domicilium hat, und dem die Vorladung auf eine Injurienklage oder Denunciation wegen Injurien nicht behändigt werden kann, zur öffentlichen Vorladung qualificirt sei, und wer die Kosten derselben tragen müsse?

Wir ertheilen Euch darauf hierdurch zur Resolution, wie es nicht das mindeste Bedenken leidet, daß ein Fremder, welcher nach der Vorschrift der A. G. O. Th. I. Tit. 2. §. 23. für einen Vagabunden, und nach §. 28. nicht als ein bloßer Durchreisender anzusehen ist, im Fall einer gegen denselben angestellten Injurienklage, bei der überall das Verfahren in einem Civil-Prozesse eintritt, nach §. 12. seq. des 7. Titels, und wenn ein fiskalischer Prozeß eingeleitet worden, nach dem §. 56. des 35. Titels 1. Theils der A. G. O. edictaliter vorgeladen werden kann. Eben so unbedenklich ist es, daß im erstern Falle der Extrahent wie in einem gewöhnlichen Civil-Prozesse die Kosten vorschießen, und im letztern Falle, der eine gehörig substantiirte Denunciation voraussetzt, die Kosten wie in einem Kriminal-Prozesse gestundet, und wenn sie nicht nach dem §. 83. des 35. Titels dem Denunciaten zur Last fallen, vielmehr der Denunciat in der Hauptsache verurtheilt wird, und kein Vermögen im Lande hat, aus den Fonds übertragen werden müssen, die zur Bestreitung der Kriminalkosten bestimmt sind.

(NCC. T. X. S. 2977. Nr. 38.)

§. 13. Wird der Vagabund in hiesigen Landen betroffen, so hat es bei der Vorschrift des Zweiten Titels §. 25. sein Bewenden, und es bedarf keiner Ediktalcitation. Besitzt er bewegliches oder unbewegliches Vermögen in hiesigen Landen, so muss ihm, als einem Abwesenden, nach Vorschrift des A. L. R. Th. II. Tit. XVIII. §. 19. u. f. ein Vormund bestellt werden, von dessen pflichtmässigem Befinden und Antrage es alsdann abhängt, in wie fern es zum Behuf des Prozesses einer Ediktalcitation des Abwesenden bedürfe. Wenn aber keiner dieser Fälle obwaltet, so kann die Ediktalcitation eines solchen Vagabunden in demjenigen Gerichtsstande, wo er vor Ergreifung der herumschweifenden Lebensart seinen letzten bekannten Wohnsitz gehabt, oder wenn dieser nicht bekannt, oder nicht in hiesigen Landen ist, an seinem Geburtsorte nachgesucht werden.

§. 14. Wer die Ediktalcitation eines Vagabunden verlangt, muss nachweisen, dass der Aufenthalt desselben unbekannt sei, und er sich um dessen Ausforschung vergeblich bemüht habe. Der Richter muss nach Beschaffenheit eines jeden Falles reiflich erwägen, und vernünftig ermessen: ob unter den Umständen, unter welchen der Beklagte seinen Geburts- oder bisherigen Wohnort verlassen hat, und nach Verhältniss des seitdem verlaufenen Zeitraums wirklich Gründe vorhanden sind, denselben in gesetzlichem Sinne als einen Vagabunden anzusehen; und ob die Mühe, welche der Kläger zur Erforschung seines Aufenthalts angewendet zu haben anzeigt, für zweckmässig und hinreichend zu achten sei.

§. 15. Wenn nach dieser Prüfung die Ediktalcitation zulässig befunden wird, so wird darin die Person des Klägers benannt, der Gegenstand und Grund der Klage kürzlich angegeben und der Beklagte zu einem gewissen Termine, unter Androhung des weitern Verfahrens in contumaciam, vorgeladen. Dieser Termin wird in der Regel auf drei Monate, vom Tage des erfolgenden Anhangs an gerechnet, hinaus gesetzt. Ist aber der letzte bekannte Aufenthalt des Beklagten über 50 Meilen von dem Orte, wo das citirende Gericht seinen Sitz hat, entlegen, so ist der Termin auf sechs Monate zu bestimmen.

§. 16. Wenn der Beklagte weder vor, noch in diesem Termine sich meldet, so muss alsdann der Kläger eidlich erhärten:

dass er die von ihm angezeigten Bemühungen, um den Aufenthalt des Beklagten zu entdecken, wirklich angewendet; dennoch aber, weder vor, noch nach erlassener Citation davon Nachricht erhalten habe.

Nach geschehener Ableistung des Eides wird alsdann das Weitere, der Vorschrift des folgenden Titels gemäss, in contumaciam festgesetzt, und das Kontumacialerkenntniss, Statt der Zufertigung an den Beklagten, vier Wochen hindurch an gewöhnlicher Gerichtsstelle ausgehängt.

Reseript vom 10. Dezmbr. 1816. betr. die Aushängung der Präklusions- und Contumazialerkenntnisse.

Auf den Bericht des Königl. Oberlandesgerichts zu Breslau vom 22. v. M., dessen Anfrage wegen Aushängung der Präklusions-Erkenntnisse an der Gerichtsstelle betreffend, wird demselben eröffnet, daß nicht angenommen werden kann, es sei die Absicht der G. O., in allen Sachen, wo ein Erkenntniß nach vorgängiger Ediktal-Citation erfolgt, die Aushängung desselben zur gehörigen Publikation zu erfordern, wenn eine Verurtheilung in contumaciam ausgesprochen ist. Wäre es Absicht gewesen, dies festzustellen, so würden nicht die einzelnen Fälle, wo diese Art der Publikation eintreten soll, besonders ausgehoben sein. Die Bestimmung §. 37. Tit. 36. Th. I. der G. O., woselbst das Verfahren bei der Publikation eines im Confiskations-Prozesse ergangenen Erkenntnisses genau vorgeschrieben, die Aushängung des Kontumazial-Erkenntnisses aber nicht verordnet ist, beweiset deutlich, daß das Gesetz nicht überall diese Publikation für nothwendig geachtet hat. Die Vorschrift im §. 328. des Anhanges zur G. O. ist aus einer an das Kammergericht ergangenen Vorbescheidung aufgenommen worden, und berührt nur das Verfahren in Konkurs-Sachen, weil nur dies der Gegenstand der Anfrage gewesen ist. Dieses Gesetz beweiset daher nichts für die Regel, welche das Königliche Oberlandesgericht aus der Vorschrift §. 16. Tit. 7. Th. I. der G. O. herleitet. Die Aushängung der Kontumazial- und Präklusions-Erkenntnisse, welche auf ergangene Ediktal-Vorladungen abgefaßt werden, deren Nutzlosigkeit die Erfahrung aller Gerichtshöfe bewährt, ist daher nur da nothwendig, wo, wie §. 16. Tit. 7., §. 62. Tit. 40., und §. 129. Tit. 11. der G. O., dieselbe ausdrücklich vorgeschrieben ist.

(v. K. Jhrb. Bd. 8. S. 255.)

§. 17. Wird vor Abfassung des Kontumazialerkenntnisses der eigentliche Aufenthalt des Beklagten dergestalt mit Zuverlässigkeit bekannt, dass ihm eine gewöhnliche Vorladung daselbst insinuirt werden kann, so ist die Ediktalcitation zurück zu nehmen. So lange es hingegen noch zweifelhaft bleibt: ob eine dergleichen gewöhnliche Insinuation werde erfolgen können, muss zwar damit der Versuch gemacht, die Ediktalcitation aber nicht zurückgenommen werden: damit, wenn die gewöhnliche Insinuation nicht Statt findet, auf den Grund der Ediktalcitation weiter verfahren werden könne.

Von Realcitationen.

§. 18. Die Realcitation, wenn nämlich der Vorgeladene durch einen Gerichtsbedienten abgeholt und allenfalls mit Gewalt vor den Richter gestellt wird, findet in bürgerlichen Sachen (causis civilibus) nur alsdann Statt, wenn die Gegenwart einer solchen zur Eruirung der Wahrheit vorgeladenen Person, welche auf die ergangene gewöhnliche Citation ungehorsam ausbleibt, dergestalt nothwendig ist, dass ohne dieselbe mit Verhandlung und Instruktion der Sache, selbst in contumaciam, nicht weiter verfahren werden kann.

Von Insinuationen; durch wen?

§. 19. Citationen und andere Verordnungen müssen, der Regel nach, durch einen dazu bestellten und vereideten Gerichtsbedienten insinuirt werden; es wäre denn, dass der Extrahent ausdrücklich verlangte, ihm die Insinuation selbst zu überlassen; in welchem Falle er jedoch auch für die Herbeischaffung einer vollkommen glaubwürdigen Bescheinigung darüber sorgen muss.

Anh. §. 54. *Die von den Civilgerichten erlassenen Vorladungen der Unteroffiziere und gemeinen Soldaten werden nicht dem Vorzuladenden selbst, sondern dem Chef der Kompagnie oder Eskadron, und wenn solcher abwesend ist, dem Kommandeur derselben zur weitern Bestellung an den Vorzuladenden eingehändigt. Von dem vorgesetzten Offizier wird auf der bei der Vorladung jedesmal befindlichen Abschrift der richtige Empfang mit dem Versprechen vermerkt, dass die Vorladung dem Vorgeladenen zu gehöriger Zeit bekannt gemacht werden soll.*

Anh. §. 55. *Bei Insinuationen der Vorladungen der aktiven, bei Regimentern oder Bataillons angestellten Offiziere wird, so bald der Vorzuladende selbst erscheinen muss, der Kommandeur oder sonstige unmittelbare Vorgesetzte zugleich ersucht, denselben zur Abwartung des Termins von etwanigen Dienstgeschäften, in so fern solche es gestatten, zu entbinden. Ist die Anwesenheit des Offiziers nicht durchaus nöthig, so fällt diese Benachrichtigung weg, und der Vorzuladende muss, wenn er persönlich erscheinen will und durch Dienstgeschäfte verhindert wird, entweder die Verlegung des Termins bei dem Gerichte, oder die Befreiung von den Dienstgeschäften für die Zeit des Termins bei seinen Vorgesetzten, nachsuchen.*

Kann auch die Vernehmung des Offiziers, als Partei oder Zeuge, bei dem Militairgerichte leichter als bei dem kompetenten Civilgericht bewirkt werden; so wird ersteres deshalb von dem letztern requirirt.

1) **C. O.** vom 15. März 1810, betr. die Insinuation der Vorladungen an Unteroffiziere und Soldaten. Mathis Monatsschr. B. 9. S. 39. v. R. B. X. S. 308. aufgen. in §. 54. des Anh.)

2) **C. O.** vom 22. März 1827, betr. die Anwendung des §. 54. des Anh. zur A. G. O. im ganzen Umfange der Monarchie.

Da die Vorschrift des §. 54. des Anhanges zur A. G. O., welche bestimmt:

„die von den Civilgerichten erlassenen Vorladungen der Unteroffiziere und gemeinen Soldaten werden nicht dem Vorzuladenden selbst, sondern dem Chef der Kompagnie oder Eskadron, und wenn solcher abwesend ist, dem Kommandeur derselben zur weiteren Bestellung an den Vorzuladenden eingehändigt. Von dem vorgesetzten Offizier wird auf der bei der Vorladung jedesmal befindlichen Abschrift der richtige Empfang mit dem Versprechen vermerkt, daß die Vorladung dem Vorgeladenen zur gehörigen Zeit bekannt gemacht werden soll."

sich auf das militairische Subordinations-Verhältniß gründet, und mithin in allen Landestheilen, wo Militair stationirt ist, zur Anwendung kommen muß; so verordne Ich hierdurch, daß darnach bei Vorladung der gedachten Militair-Personen auch in denjenigen Landestheilen, worin zur Zeit die A. G. O. noch nicht Gesetzes-Kraft erhalten hat, überall verfahren werde, und beauftrage Sie, diese Bestimmung durch die Gesetzsammlung zur allgemeinen Kenntniß und Nachachtung zu bringen.

(G. S. S. 31.)

3) **Rescript** vom 3. Okt. 1810, betr. die Insinuation der Vorladungen an aktive Offiziere. Mathis Bd. 9. S. 417. v. R. B. X. S. 424, aufg. in §. 55. des Anh.

4) **Rescript** vom 8. Febr. 1822, betr. die Vorladung der Militairpersonen.

Auf den Antrag des Königl. General-Kommando des zweiten Armee-Corps, und nachdem darüber der gutachtliche Bericht des Hofgerichts zu Greifswald erstattet worden, wird hierdurch festgesetzt:

1) daß in allen Fällen, wo eine Militair-Person als Zeuge oder als Partei zu vernehmen ist, diese Vernehmung durch Requisition des an dem Orte, wo sich der zu Vernehmende aufhält, befindlichen Militair- oder Civil-Gerichts bewirkt werden muß:

2) daß die von den Civil-Gerichten erlassenen Vorladungen der Unteroffiziere und gemeinen Soldaten nicht den Vorzuladenden selbst, sondern dem Chef der

Kompagnie oder Eskadron, und wenn solcher abwesend ist, dem Kommandeur derselben, zur weitern Bestellung an den Vorzuladenden einzuhändigen ist. Von dem vorgesetzten Offizier wird auf der, der Vorladung jedesmal beizufügenden Abschrift, der richtige Empfang mit dem Versprechen bemerkt, daß die Vorladung dem Vorgeladenen zu gehöriger Zeit bekannt gemacht werden solle.

3) Bei Insinuation der Vorladungen der aktiven, bei Regimentern oder Bataillons angestellten Offiziere ist, sobald der Vorzuladende selbst erscheinen muß, der Kommandeur oder sonstige unmittelbare Vorgesetzte zugleich zu ersuchen, den Vorgeladenen zur Abwartung des Termins von etwanigen Dienstgeschäften, in sofern solche es gestatten, zu entbinden. Ist die Anwesenheit des Offiziers nicht durchaus nöthig, so fällt diese Benachrichtigung weg, und der Vorgeladene muß, wenn er persönlich erscheinen will, und durch Dienstgeschäfte verhindert wird, entweder die Verlegung des Termins bei dem Gerichte, oder die Befreiung von den Dienstgeschäften für die Zeit des Termins, bei seinen Vorgesetzten nachsuchen.

Hiernach hat das Königliche Ober-Appellations-Gericht das Erforderliche an die Gerichte des dortigen Departements zu erlassen, mit Ausnahme des erwähnten Hofgerichts, welches von dieser Verfügung unmittelbar benachrichtiget worden ist.

(v. K. Jhrb. Bd. 20. S. 36.)

wo?

§. 20. Die Citationen und Befehle sollen denjenigen, an welche sie gerichtet sind, in ihren gewöhnlichen Behausungen, und den Handelsleuten in ihren Kramläden oder Schreibstuben, insinuirt werden. Wird aber der Vorzuladende daselbst nicht angetroffen, so ist die Citation seinen Angehörigen oder seinem Gesinde zuzustellen, und wie dieses geschehen, mit Benennung der Person und ihres Verhältnisses gegen den Vorgeladenen, ingleichen des Tages und der Stunde, in ein über den Hergang der Insinuation zu haltendes Protokoll, oder in der von dem insinuirenden Boten auf seinen Amtseid zu machenden Anzeige genau zu vermerken.

an wen?

§. 21. Ist von vorbenannten Personen niemand, dem die Citation zugestellt werden kann, vorhanden, oder will sie keiner annehmen, so muss die Insinuation an den Hauswirth geschehen.

Ist auch dieser nicht gegenwärtig, oder wird die Annahme von ihm verweigert, so ist die Citation an die Stuben- oder Hausthür zu befestigen, keinesweges aber fremden und unbekannten Personen oder unerwachsenen Kindern anzuvertrauen. Wie in diesem Falle die Insinuation geschehen, ist auf eben die Art, wie in dem Falle des vorigen Paragraphen, bestimmt zu den Akten anzuzeigen.

§. 22. Die Miether eines Hauses sind nicht schuldig, Citationen an den Eigenthümer anzunehmen, wohl aber Verwalter und Administratoren, ingleichen Pächter ganzer Landgüter, welche den Befehl ihrem Brodherrn oder Verpächter, auf seine Kosten zuzuschicken verbunden sind. Die ihnen davon geschehene Bedeutung muss in dem Insinuationsprotokolle ausdrücklich vermerkt werden. Doch können auch solche Administratoren und Pächter die Annahme der Citation verweigern, wenn ihr Prinzipal oder Verpächter in derselben Provinz wohnhaft ist, und also die Insinuation unmittelbar an ihn füglich geschehen kann.

Reskript vom 11. Oktober 1817, betreffend die Vorladung abwesender Parteien zu Händen ihrer zurückgelassenen Bevollmächtigten.

Der Justiz-Minister kann der in dem Berichte des Königlichen Ober-Landesgerichts von Ostpreußen vom 24. September d. J., betreffend die Beschwerde des General-Landschafts-Rathes, Justiz-Kommissarius N., wegen Reposition des von ihm, Namens der Ehefrau der Kaufleute N. (und N. wider die Witwe N., zu Warschau angestellten Provokations-Prozesses, vorgetragene Meinung des Kollegii,

daß jede verklagte Partei zuerst unmittelbar vorgeladen werden müsse, auch wenn sie abwesend und ein Mandatar zur Stelle sei,

nicht beitreten. Die A. G. O. schreibt solches nicht vor, und es liegt in der Natur der Sache, daß wenn für eine Partei ein legitimirter Mandatar vorhanden ist, es nicht nöthig ist, solcher Gegenstände wegen, an die Partei zurück zu gehen, welche der Mandatar zu besorgen beauftragt ist. Das A. L. R. Thl. I. Tit. 13. §. 157. verordnet ausdrücklich, daß jeder Mandatar zu denjenigen Handlungen vom Richter angehalten werden kann, zu welchen ihn sein Auftrag berechtigt.

Hieraus folgt das Recht des Richters, von einem zum Prozesse bevollmächtigten Justiz-Kommissarius zu verlangen, daß er die Insinuation einer Klage annehme, zu deren Beantwortung er durch sein erhaltenes Mandat berechtigt und verpflichtet ist. Es würde auch in vielen Fällen, namentlich bei Personen, welche große Reisen ins Ausland unternehmen wollen. und deshalb einen General-Mandatarius zurücklassen, zu den größten Weitläuftigkeiten führen, wenn man es von einem zur Chikane geneigten Bevollmächtigten abhängig machen wollte, ob er es gut findet, eine Citation gegen seinen Mandanten anzunehmen oder nicht, und im letztern Falle den Kläger in die Nothwendigkeit zu setzen, entweder eine kostspielige Insinuation der Vorladung oder gar eine Ediktal-Citation zu bewirken. Dagegen aber versteht es sich von selbst, daß der Kläger, der die Insinuation der Vorladung an einen Mandatar begehrt, zugleich genügend nachweisen muß, daß Letzterer gehörig legitimirt ist, und daß auch das Gericht selbst bei dem fernern Verfahren sich davon gehörig überzeugen muß.

(v. K. Jhrb. Bd. 10. S. 240.)

Wenn sie geschehen sollen?

§. 23. Die Insinuationen müssen der Regel nach an Werk- und nicht an Sonn- und Festtagen geschehen. Doch entsteht aus der unterlassenen Befolgung dieser Vorschrift keine Nullität, in sofern nur der Vorgeladene die Citation angenommen hat.

Insinuation durch einen Kommissarius.

§. 24. Wenn einfältige und gemeine Leute, die keine Kenntniss und Erfahrung in Geschäften haben, vorzuladen sind, so kann die Verordnung einer an ihrem Wohnorte oder in der Nähe sich aufhaltenden Gerichtsperson zugeschickt werden, um die Insinuation zu besorgen; dem Vorgeladenen den Inhalt der Citation, und was er nach selbiger zu thun habe, näher zu erläutern; ihm allenfalls seine vorläufige Erklärung: ob er die Forderung des Klägers einräumen oder es auf den Prozess ankommen lassen wolle, abzufordern; das darüber aufgenommene Protokoll aber dem citirenden Gerichte einzusenden.

Ueberhaupt aber ist ein jedes Gericht in Königlichen Landen schuldig, wenn dergleichen Personen mit einer erhaltenen Vorladung bei ihm sich melden, und um deren Erläuterung bitten, ihnen damit und mit den etwanigen näheren Anweisungen an die Hand zu gehen, dem citirenden Gerichte aber davon Nachricht zu geben.

§. 25. Auch in andern Fällen steht den Gerichten frei, durch die Bürgermeister und Richter in den Städten, mittelst der unter selbigen stehenden Gerichtsdiener, auf dem Lande aber durch die Schulzen und Dorfgerichte, Insinuationen verrichten zu lassen; und diese müssen, wenn das citirende Gericht ihre vorgesetzte obere Instanz ist, die Insinuation bei willkührlicher Strafe besorgen. Soll hingegen die Insinuation in dem Jurisdiktionsbezirke eines fremden Gerichts erfolgen, so muss die Verfügung dazu allemal, der Vorschrift §. 4. gemäss; bei dem Obergerichte der Provinz nachgesucht werden; es wäre denn, dass Landesjustizkollegien angrenzender Departements, zur Ersparung von Zeit und Kosten, sich ein- für alle mal vereinigt hätten, dass die Untergerichte des einen Departements, die von dem andern wegen solcher Insinuationen ergehenden Aufträge ohne weitere Rücksprache gegenseitig befolgen sollen.

Bescheinigung der Insinuation.

§. 26. Ein blosser Postschein von dem Orte des Abgangs ist zur Bescheinigung der erfolgten Insinuation nicht hinreichend; es wäre denn, dass zugleich das Postamt des Ortes, wohin die Citation ergangen ist, die dem Vorgeladenen richtig erfolgte Behändigung auf seine Pflicht attestirte, und der Extrahent dergleichen Attest in beglaubter Form beibrächte. Wegen der dem Kläger durch die Post zuzuschickenden Verordnungen hat es bei der Vorschrift §. 7. sein Bewenden.

Instruction vom 24. Juli 1833, den Mandats-, summarischen- und Bagatellprozeß betreffend (§. 10. betreffend die Bescheinigung der Insinuation gerichtlicher Verfügungen, wenn davon ein Rechtsnachtheil abhängt.) s. zu I. 28. §. 1. seqq.

Anh. §. 56. *Die Postämter sind angewiesen, über die zur Post gegebenen Vorladungen, Resolutionen und Kontumacialbescheide eine Bescheinigung des Empfanges und des Abgangs auf den Grund der Postkarte gegen eine Belohnung von 3 Gr. zu ertheilen, und diese Bescheinigung auf die ihnen vorzulegende Abschrift der zu insinuirenden Vorladung u. s. w. zu setzen.*

1) **Rescript** vom 23. Januar 1797, betreffend die Insinuation gerichtlicher Verfügungen durch die Post.

Ihr werdet Euch erinnern, daß nach Vorschrift der A G. O. Thl. I. Tit. 8. §. 11. bei Zufertigung von Kontumazial-Bescheiden ein Attest von dem Postamte des Abgangs; und bei andern an einen Beklagten zu erlassenden Verordnungen, nach Tit. 7. §. 26 ein dergleichen Attest von dem Postamte des Orts, wohin die Citation gerichtet ist, als hinlängliche Documenta insinuationis angenommen werden. Um besonders diesen letztern modum insinuationis, der in sehr vielen Fällen zur Ersparung von Zeit, und Erleichterung der Kosten gereichen kann, vollkommen anwendbar zu machen, ist mit dem General-Postamte eine nähere Verabredung getroffen worden, nach welcher sämmtliche Postämter angewiesen sind:

1) über die zur Post gegebenen Kontumazial-Bescheide und Resolutionen, wovon ihnen Abschriften zur Attestation vorgelegt werden würden, darauf ein Attest der Aufgabe und des Abgangs auf den Grund der Postkarte gegen eine Belohnung von 3 Groschen zu ertheilen;

2) daß in denjenigen Fällen, wenn Landes-Justiz-Kollegia Insinuationen an Parteien durch die Posten bewirken wollen, und über deren Abgabe und richtige Bestellung Postscheine verlangen, sie der verschlossenen Original-Verordnung eine offene Kopie mit dem Ersuchen der Attestation beifügen, die distribuirenden Postämter aber gehalten sein sollen, das Attest über den Eingang und die richtige Bestellung der Original-Verordnung auf die offen beigehende Kopie gegen eine Belohnung von 3 Groschen für

jede solche Insinuations-Bescheinigung unweigerlich zu ertheilen; wobei sich jedoch von selbst versteht, daß die offene Kopie, wenn sie mit dem Attest versehen ist, bei der Retour-Einsendung gehörig austarirt werden muß.

Es wird Euch daher solches zu Eurer Nachricht und Achtung hierdurch bekannt gemacht, um von dem solchergestalt näher bestimmten modo insinuationis durch die Post in allen den Fällen, wo es zur Ersparung der Zeit und Erleichterung der Kosten für die Parteien gereichen kann, Gebrauch zu machen; wobei schließlich bemerkt wird, daß diese Einrichtung nur auf solche Insinuationen, die innerhalb Unserer Staaten geschehen können, sich erstreckt.

2) **Rescript** vom 14. Januar 1830 nebst Anlage, betreffend die Bescheinigung der Insinuation durch die Postämter.

A.

Zwischen dem Herrn General-Postmeister und dem Justizminister ist über die Art der Bescheinigung der Insinuationen gerichtlicher Verfügungen durch die Königlichen Postanstalten diejenige Vereinigung getroffen worden, welche in der nachfolgenden Anweisung an sämmtliche Postbehörden enthalten ist.

Die Gerichtsbehörden werden hiervon mit der Anweisung in Kenntniß gesetzt, sich hiernach bei Beurtheilung der Zulänglichkeit der Insinuations-Bescheinigungen zu achten.

Berlin, den 14. Januar 1830.

B.

Um jede Kontestation zwischen den Gerichten und den von ihnen, wegen Insinuationen und Vorladungen rc. requirirten Postanstalten zu vermeiden, und um ein gleichmäßiges, mit den gesetzlichen Verordnungen übereinstimmendes Verfahren zu bewirken, haben des Herrn Justizministers Excellenz, auf meinen Antrag, die bei diesen Insinuationen und den darüber auszustellenden Bescheinigungen zu beobachtenden Formen auf das Genaueste bestimmt.

Den Postanstalten wird zu diesem Ende Folgendes zur strengsten Beobachtung bekannt gemacht:

Der insinuirende Briefträger oder Postbote muß die ihm jedesmal mitzugebende Abschrift der Verfügung oder den Behändigungsschein demjenigen, an welchen die Vorladung gerichtet ist, vorlegen und von ihm durch seine Namensunterschrift den Empfang der Verfügung anerkennen lassen. Wird der Adressat von dem insinuirenden Boten nicht angetroffen, so muß die Verfügung einem seiner Angehörigen, entweder einem großjährigen Mitgliede seiner Familie, oder einem seiner Dienstboten zugestellt und diesem die richtige Abgabe empfohlen werden. In beiden Fällen hat der Bote unter dem Behändigungsschein durch die Worte:

„insinuirt den (Datum). N. N. Briefträger.“

und in letzterm Falle durch Benennung der Person, an welche die Insinuation geschehen, dieselbe zu bescheinigen und die Postanstalt durch Hinzufügung der Worte: „zur Beglaubigung“, und ihrer Unterschrift das Attest des Boten zu legalisiren. Weigert derjenige, an welchen die Verfügung gerichtet ist, die Annahme oder Bescheinigung des Empfanges, so ist dieses von dem Briefträger oder Boten gleichfalls auf den Behändigungsschein zu vermerken und die Verfügung mit diesem, oder resp. der erstern allein, mit dem vorerwähnten Attest versehen, dem Gericht zurück zu senden, welches Letztere dann beurtheilen wird, ob und in wiefern es einer Wiederholung bedarf und ob die Insinuation durch einen Exekutor, oder auf welche andere Weise, zu bewirken ist.

Es versteht sich übrigens von selbst, daß, wenn die Vorladung weder dem Adressaten, noch seinen Angehörigen eingehändigt werden kann, solches unter dem Insinuations-Dokumente von dem Boten ebenmäßig bescheinigt und dieses Attest von der Postanstalt beglaubt werden muß; so wie es auch in Hinsicht der, von der kolligirenden Postanstalt auszustellenden Bescheinigungen über die geschehene Aufgabe gerichtlicher Verfügungen zur Post, so wie in Hinsicht der zu berechnenden Gebühren, bei den bisherigen Bestimmungen sein Bewenden behält.

Berlin, den 2. Januar 1830. (v. K. Jhrb. Bd. 35. S. 128.)

3) **Rescript** vom 23. November 1830, betreffend die Insinuation gerichtlicher Verfügungen, insonderheit der Kontumazialbescheide durch die Postbehörden.

Was die Aeußerung des Königlichen Kammergerichts im Berichte vom 8. d. M., wegen der Insinuationen gerichtlicher Verfügungen durch die Postbehörden, betrifft, so ist diese Art der Insinuation allerdings in der Regel nur bei den Verfügungen, welche an Einwohner von Orten gerichtet sind, in denen sich Postanstalten befinden, und wo daher die Bestellung durch vereidete Briefträger erfolgt, zu wählen. Was aber den Antrag des Kollegii betrifft:

die in der Verfügung vom 10. Januar c. in Sachen N. wider v. R. ertheilte Anweisung cessiren zu lassen,

so beruht diese Anweisung auf der ausdrücklichen Vorschrift der A. G. O. Thl. I. Tit. 8. §. 11. und Anhang §. 56., und es muß um so mehr das Attest des kollegirenden Postamts über die Abgabe des Kontumazialbescheides zur Post, für genügend angesehen werden, als ja auch bei allen andern Erkenntnissen, die an Sachwalter auswärtiger Parteien publizirt werden, es hinlänglich ist, wenn die Sachwalter anzeigen, daß sie das Erkenntniß an die Partei abgesandt haben, ohne daß der Nachweis, daß die Partei es erhalten habe, verlangt wird. Allerdings könnte die Anzeige des Gerichtsboten, daß die Verfügung mit dem Kontumazialbescheide zur Post befördert sei, genügen; es ist aber einmal das Attest des Postamts gesetzlich vorgeschrieben, und muß es hierbei bis zur Revision der A. G. O. sein Bewenden behalten.

Berlin, den 23. November 1830.

(v. K. Jhrb. Bd. 36. S. 310.)

4) cfr. **Verordnung** vom 4 März 1834, über den Subhastations- und Kaufgelderlegungsprozeß (§. 4. u. 9. in Betreff der Vorladungen bei Subhastationen) s. zu I. §. 1 seqq.

Von Insinuationen: a) an hohe Standespersonen;

§. 27. Wenn an Fürsten, Grafen und andere hohe Standespersonen, die ihre eigenen Regierungen, Kanzeleien oder Justizkammern haben, Verordnungen erlassen sind; so muss deren Insinuation solchen Justizbeamten geschehen: es wäre denn, dass Letztere selbst als Kläger die Citation gegen ihren Prinzipal ausgebracht hätten.

b) an Aemter;

§. 28. Ist ein Königliches oder Prinzliches Amt citirt, so geschieht die Insinuation dem Oekonomiebeamten, welcher der Kammer davon in Zeiten Nachricht geben muss. Doch soll auch ausserdem der Kammer durch das citirende Gericht selbst eine Abschrift der Klage, welcher jedoch die Beilagen nicht nothwendig beizufügen sind, mitgetheilt werden.

Anh. §. 57. *Bei Klagen, welche ohne nähere Bestimmung der fiskalischen Station gegen den Fiskus oder gegen solchen mit anderen Verklagten gemeinschaftlich gerichtet sind, wird der Fiskus der Regierung überhaupt als Beklagter angesehen, und die Klage dem Präsidium der Regierung insinuirt.*

1) **Reskript** vom 23. Juni 1810, betreffend die Frage: gegen welche fiskalische Station eine Klage zu richten, und an wen dieselbe zu insinuiren sei?

Auf Veranlassung einiger darüber eingegangenen Anfragen: gegen welche fiskalische Station in den Fällen, wo Ansprüche an den Fiskus aus Lieferungs-Kontrakten mit den vormaligen Krieges- und Domainen-Kammern, oder aus andern Verträgen mit aufgelöseten Behörden gemacht werden, die Klagen zu richten sind, ist nach vorgängiger Kommunikation des Justizministeriums mit den Ministerien des Innern und der Finanzen festgesetzt worden, daß es die Sache des Klägers ist, sich zu bestimmen, gegen wen er seine Klage richten will, daß die Landesjustizkollegien zu beurtheilen haben, ob die Klage gehörig substantiiret sei, und daß, wenn die Klage gegen den Fiskus allein, oder gegen ihn mit andern Verklagten

gemeinschaftlich gerichtet wird, der Fiskus der Regierung überhaupt als Beklagter angesehen werden muß, und die Klage dem Präsidium der Regierung zu insinuiren ist. Hiernach habt Ihr Euch in vorkommenden Fällen zu achten.
(Mathis Bd. 9. S. 226. Abschn. I.)

2) **Rescript** vom 17. September 1835, daß in Prozessen gegen Kirchen und andere denselben gleichstehende Stiftungen und Institute der betreffenden Regierung Abschrift der Klage und des Erkenntnisses mitgetheilt werden muß; s. zu I. 6. § 8.

c) an andere moralische Personen;

§. 29. Befehle an Stadt- oder Dorfgemeinen, Magisträte, Kollegia, Stifter, Kapitel, Zünfte, Gewerke u. s. w. werden dem vorsitzenden Bürgermeister, Stadtverordneten, Altmeister, Schulzen und Gerichte, so wie bei Kollegien oder Stiftern dem Vorgesetzten, Vorsteher oder Syndikus insinuirt; und diesen liegt ob, der ganzen Gemeine oder den übrigen Interessenten davon Nachricht zu geben. Ist es aber der Bürgermeister, der Schulze oder Altmeister u. s. w. selbst, der die Citation als Kläger nachgesucht hat; so muss die Insinuation dem nächsten nach ihm geschehen.

Anh. **§. 58.** ***Wenn ein einzelnes Komtoir der Seehandlungs-Societät aus seinen Handlungen und Verträgen, besonders in kaufmännischen Angelegenheiten, belangt wird; so ist die Citation an das Komtoir zu richten und demselben zu insinuiren, zugleich aber der Seehandlungs-Direktion von der eingekommenen Klage Nachricht zu geben. Wenn aber ein Anspruch oder eine Klage nicht ein einzelnes Komtoir, sondern die Seehandlungs-Societät überhaupt betrifft; so wird die Vorladung an das officium fisci in Vertretung der Seehandlungs-Societät gerichtet, und die Insinuation geschieht an den von der Generaldirektion ernannten fiskalischen Bedienten, welcher ein- für allemal zu deren Vertretung autorisirt ist.***

Rescript vom 6. Oktober 1794, betreffend die an die Seehandlung zu erlassenden Vorladungen. v. R. II. S. 703; aufgenommen in §. 58. des Anh.

d) an Hüfner, Kossaten etc.;

§. 30. Hüfner, Kossaten, Handfröhner, Dreschgärtner, Inlieger und andere, die für eine Kommunität nicht zu achten sind, müssen durch eine Kurrende vorgeladen, und die Insinuation muss nach Vorschrift **§. 24.** besorgt werden.

e) an mehrere Beklagte;

§. 31. Wenn mehrere Interessenten zu citiren sind, so muss der, welchem der Originalbrief zuerst eingehändigt wird, sich gegen den Boten sofort erklären: ob er selbigen seinen Mitgenossen zustellen wolle. Alsdann ist ihm die Verordnung zu lassen, dieses Versprechens aber in der Insinuationsbescheinigung, oder dem dabei aufgenommenen Protokolle ausdrücklich zu erwähnen; da, wenn ein solcher Interessent die Insinuation an seine Mitbeklagten, wider Verhoffen, unterlassen sollte, und gegen diese kein Kontumacialverfahren statt fände, sondern die Vorladung wiederholt werden müsste, der säumige Mitbeklagte dem Kläger alle daraus entstehende Schäden und Kosten zu erstatten schuldig ist. Wollte hingegen der erste Empfänger die weitere Beförderung der Citation nicht übernehmen, so muss das Original allen Interessenten vorgezeigt und bei dem letzten gelassen werden. Es steht auch einem jeden frei, Abschriften davon zu nehmen; doch muss er dieserhalb das Original nicht über zwei bis drei Stunden, oder doch nicht über die, zu Nehmung der Abschrift, nach Beschaffenheit der Umstände unumgänglich erforderliche Zeit zurück behalten.

f) an mehrere Erben;

§. 32. Ist ein Befehl an mehrere Erben gerichtet, und die Erbschaft noch ungetheilt, so geschieht die Insinuation im Sterbehause. Ist die Theilung schon erfolgt, und der Extrahent weiss nicht genau, was und wie viel Erben jemand hinterlassen habe; so ist es genug, wenn nur Ein Erbe benannt, und diesem die Citation zugestellt wird. Ein solcher Erbe muss, wenn er Miterben hat, denselben von der ergangenen Citation Nachricht geben, oder ihre Personen und ihren Aufenthalt dem Richter, zur Besorgung der besondern Insinuation, in Zeiten anzeigen; widrigenfalls er dem Kläger gleichergestalt für alle aus der Unterlassung entstehenden Schäden und Kosten verhaftet bleibt. Diese ihm obliegende Verbindlichkeit, und die Folgen ihrer Unterlassung, müssen jedoch einem solchen Erben in der Verordnung ausdrücklich bekannt gemacht werden.

g) an unbekannte Erben;

§. 33a. Ist der Erbe oder dessen Aufenthalt noch nicht bekannt, so muss die Citation dem entweder schon ernannten, oder auf Ansuchen des Klägers, zu dieser Sache zu bestellenden Verlassenschaftskurator insinuirt werden.

h) an Vormünder;

§. 33b. Wenn ein Vormund citirt wird, und das Gericht, vor welchem der Prozess verhandelt werden soll, ein von dem vormundschaftlichen Gerichte verschiedenes Kollegium ausmacht; so muss, wie in dem Falle des **§. 28.**, dem vormundschaftlichen Gerichte eine Abschrift der Klage mitgetheilt werden.

Rescript vom 16. Juni 1834, daß wenn Behufs der Verwaltung eines Mündelguts eine besondere Kuratel angeordnet ist, eine gegen den Pupillen in foro rei sitae angestellte Klage nicht dem Hauptvormunde, sondern dem Kurator des Guts zu insinuiren ist; s. zu §. 3. h. t.

§. 34. Wenn gleich Citationen an mehrere Vormünder und Kuratoren zugleich gestellt sind, so ist es dennoch hinreichend, wenn dieselben auch nur Einem darunter insinuirt werden; und ist derselbe gehalten, seinem Nebenvormunde davon Nachricht zu geben. Ein Gleiches soll auch bei Vorstehern der Kirchen, Schulen und anderer milden Stiftungen statt finden.

i) an Erben, wenn der Prozess schon im Gange ist;

§. 35. Wenn jemand, der in Königlichen Landen zwar nicht wohnhaft, aber doch daselbst mit unbeweglichen Gütern angesessen ist, bei einem einländischen Gerichte sich auf den Prozess einmal eingelassen hat; so geschiehet nach seinem Absterben die Insinuation der darin etwa ferner ergehenden Befehle, nach wie vor, allein auf dessen hiesigen Gütern; und der Erbe, welcher sie in Besitz hat, es sei der Nachlass getheilt oder noch ungetheilt, muss seinen Mitinteressenten davon Nachricht geben, oder ihnen im Unterlassungsfalle gerecht, auch solches demselben in der Verordnung nach Vorschrift §. 32. bekannt gemacht werden.

k) an Parteien die während des Prozesses sich entfernen.

§. 36. Wenn in einem schon rechtshängigen Prozesse eine Partei am Orte des Gerichts bereits einen Bevollmächtigten oder Assistenten bestellt, oder dessen Zuordnung gesucht und erhalten hat; so werden alle nachherigen Verordnungen an diesen abgegeben. Wenn also hiernächst die Partei ihren Wohnort so verändert, oder sich dergestalt verbirgt, dass man sie nicht finden kann; noch mehr aber, wenn sie gar aus dem Lande geht, und ihr Aufenthalt unbekannt bleibt, mithin der Assistent oder Bevollmächtigte über einen oder andern zur Sache gehörigen Umstand die nöthige Nachricht nicht erlangen kann: so bedarf es alsdann keiner Ediktalcitation; sondern es ist genug, wenn der Assistent oder Bevollmächtigte die Abwesenheit der Partei, und dass ihr Aufenthalt unbekannt sei, auf seine Pflicht anzeigt, da alsdann in contumaciam nach dem Inhalte der ergangenen Verordnung weiter verfahren werden, und die Partei es sich selbst zurechnen muss, dass sie, da sie doch um den Prozess Wissenschaft gehabt, von ihrem Aufenthalte keine Nachricht gegeben hat. Wäre eine solche Partei, die sich einmal auf den Prozess eingelassen und nachher entfernt hat, der Vorchrift Tit. III. §. 20. ungeachtet, noch mit keinem Assistenten oder Bevollmächtigten versehen; so werden die an sie ergehenden ferneren Verordnungen in ihrer bisherigen gewöhnlichen Wohnung abgegeben; und wenn sie dort niemand annehmen will, so wird damit nach der Vorschrift des §. 21. verfahren.

Bescheinigung der Insinuation.

§. 37. Alle und jede, denen gerichtliche Befehle, oder auch Verordnungen, welche die von dem Richter bestellten Deputirte oder Kommissarien, Kraft ihres Auftrags erlassen, eingehändigt werden, müssen dieselben annehmen, und sich dessen unter dem Vorwande: als ob die Titulatur, oder sonst etwas in der Aufschrift nicht gehörig eingerichtet wäre, bei willkührlicher Strafe keinesweges weigern; vielmehr haben sie den etwanigen Verstoss nach erhaltener Citation anzuzeigen, damit selbiger in Zukunft vermieden werden könne.

§. 38. Wenn sie des Schreibens kundig, oder andere, die es verrichten können, zur Hand sind; so müssen sie den Empfang der Verordnung unter der Kanzleiabschrift, welche zu dem Ende dem Boten mitgegeben wird, schriftlich bescheinigen, oder, im Verweigerungsfalle, Einen bis Zehn Thaler Geld- oder andere willkührliche Strafe nach Beschaffenheit der Personen und Umstände, gewärtigen.

§. 39. Weigert sich jemand, den Empfang der Citation zu bescheinigen; so muss der Bote zum Protokolle niederschreiben, oder bei einer Gerichtsperson, auf seinen Amtseid, zum Protokolle anzeigen: zu welcher Zeit und wo die Insinuation geschehen; was darauf geantwortet worden, oder sonst vorgefallen sei; welches alsdann zum Ausweise der Insinuation hinreichend ist. Wenn auch einem solchen Widerspenstigen eine fernere Verordnung insinuirt werden soll, so muss dieses auf seine eigenen Kosten durch den Exekutor geschehen. Auch muss der, welcher dem Insinuanten mit Schimpfworten oder gar Thätlichkeiten begegnet, deshalb von dem Fisko zur Verantwortung und Strafe gezogen werden.

§. 40. Was ein Gerichtsbote, der von ihm geschehenen Insinuation halber, auf seinen Eid anzeigt, ist so lange für wahr und richtig anzunehmen, bis der Vorgeladene das Gegentheil, auf eine zur Ueberzeugung des Richters hinreichende Art, ausweiset.

§. 41. Findet sich alsdann, dass der Insinuant falsch berichtet hat, so soll derselbe kassirt, überdies aber wegen seines verletzten Amtseides, nach Vorschrift des A. L. R. Thl. II. Tit. XX. §. 333. 334. und 340. bestraft; auch die Partei, welche daran Schuld, oder den Boten zur falschen Aussage verleitet hat, dafür ebenfalls willkührlich, doch nachdrücklich, angesehen werden.

f. zu §. 26. h. t.

Bekanntmachung der Ediktalcitationen.

§. 42. Eine Ediktalcitation ist gewöhnlich nur einfach auszufertigen, und nur bei dem Gerichte, welches sie verordnet, anzuschlagen; es wäre denn, dass der Vorzuladende sich zuletzt an einem andern Orte, ausserhalb des Sitzes des Gerichts, doch innerhalb der Königlichen Lande, obschon nur kurze Zeit, bekanntlich aufgehalten hätte; in welchem Falle noch ein zweites Exemplar auszufertigen, und dessen Aushang an gedachtem letztern Aufenthaltsorte zugleich zu besorgen ist.

§. 43. Dagegen sollen dergleichen Citationen in den Intelligenzblättern und Zeitungen der Provinz, wo das Gericht sich befindet, oder auch, nach dem Ermessen des Gerichts, in den Intelligenz- und Zeitungsblättern anderer Königlichen oder fremden Provinzen, zu drei verschiedenen Malen eingerückt und bekannt gemacht werden; also, dass die dritte Bekanntmachung wenigstens 4 Wochen vor dem Termine geschehe, und alle drei Blätter, worin die Citation enthalten ist, zeitig zu den Akten gebracht werden können.

Anh. §. 59. *Der Aushängung der Ediktalcitationen und anderer Bekanntmachungen und Aufforderungen, ausserhalb der Gerichtsstelle, woselbst solche extrahirt und verfügt sind, bedarf es nicht.*

Die Einrückung der Ediktalcitationen in die einländischen Zeitungen ist zur Gültigkeit derselben nicht erforderlich, vielmehr ist es hinreichend, wenn die öffentliche Bekanntmachung der Ediktalcitation durch die Intelligenz-

blätter geschieht. Dem Richter bleibt jedoch unbenommen, in vorkommenden Fällen, wenn er es für zweckmässig hält, die Citation auch in den Zeitungen einrücken zu lassen. Uebrigens müssen die Gerichte bei Abfassung der durch die öffentlichen Blätter bekannt zu machenden Citationen und Anzeigen zur Ersparung der Kosten dahin sehen, dass solche, soviel als unbeschadet der Vollständigkeit geschehen kann, kurz eingerichtet und alle unnöthige Weitläufigkeiten dabei möglichst vermieden werden.

Anh. §. 60. *Unter einem Monat wird bei Ediktalcitationen der gewöhnliche Kalendermonat verstanden.*

1) **Verordnung** vom 3. Mai 1804, wegen näherer Bestimmung mehrerer Vorschriften der A. G. O. (Abschn. I. in Betreff der Ediktalcitationen.)

Da die Vereinfachung und Abkürzung des gerichtlichen Verfahrens der Gegenstand Unserer fortwährenden Landesväterlichen Aufmerksamkeit ist, so haben Wir nöthig erachtet, eine abermalige Revision der A. G. O. vornehmen zu lassen, bei welcher verschiedene Vorschriften gefunden worden, die einer Abänderung oder Ergänzung bedürfen. Wir haben diese Zusätze und Bestimmungen gegenwärtig zusammen fassen lassen, und wollen demgemäß hierdurch Folgendes gesetzlich verordnen und festsetzen.

Erster Abschnitt.

Von der öffentlichen Bekanntmachung gerichtlicher Verfügungen.

Zu Thl. I. Tit. 7. 37. 50. 51. ꝛc. der A. G. O.

§. 1. Da das Aushängen der ausgefertigten Ediktal-Citationen und Proklamatum an öffentlichen Gerichtsstellen keinen Nutzen gewährt, dadurch aber die Kosten beträchtlich vermehrt werden, so soll es der Ausfertigung und Aushängung der Ediktal-Citationen und Proklamatum außerhalb der Gerichtsstelle künftig, ohne Unterschied der Fälle, auch in Konkurs-, Liquidations- und Subhastations-Prozessen und bei öffentlichen Aufgeboten nicht weiter bedürfen. In Ansehung der Aushänge am Orte des Gerichts und an der Gerichtsstelle kann es dagegen bei den bisherigen Vorschriften verbleiben.

§. 2. Eben so soll es auch in Zukunft der Bekanntmachung der Ediktal-Citationen, Proklamatum und öffentlicher Aufgebote, so wie der von den Gerichten verhängten offenen Arreste und andern öffentlichen Anzeigen, z. B. der Auktionen, der bevorstehenden Theilung einer Erbschaft u. s. w. durch die einländischen Zeitungen nicht ferner bedürfen. Sie kann zwar nachgegeben werden, wenn die Extrahenten und in Konkursen der Kurator ausdrücklich und aus Gründen darauf antragen, es können aber Mängel und Unterlassungen, die bei diesen überflüssigen Insertionen vorfallen, niemals eine Nullität begründen, vielmehr soll es in allen Fällen, ohne Ausnahme, hinreichend sein, wenn die gerichtliche Bekanntmachung durch die Intelligenzblätter erfolgt ist. Wo in der A. G. O., z. B. Thl. I. Tit. 7. §. 11., Tit. 50. §. 109., Tit. 51. §. 127., allein die Insertion in den Zeitungen vorgeschrieben ist, fällt Letztere weg, und werden den Zeitungen die Intelligenz-Blätter substituirt.

§. 3. Die Gerichte haben auch zur Ersparung der Kosten, bei Abfassung der den Intelligenz-Blättern einzurückenden Ediktal-Citationen und öffentlichen Anzeigen, dahin zu sehen, daß solche, soviel als unbeschadet der Vollständigkeit geschehen kann, nur kurz eingerichtet, und alle unnöthige Weitläufigkeit dabei möglichst vermieden werde.

Zweiter Abschnitt.

Vom exekutivischen Verfahren gegen verschuldete Civil-Offizianten und Pensionisten.

Die Verfügungen der Cirkularien vom 30. Dezember 1798 und 19 Dezember 1799 werden dahin wiederholt, näher bestimmt und erweitert.

§. 1. Die im §. 23. ꝛc. Tit. 29. der A. G. O. bis zur Hälfte nachgelassene Arrest-Anlegung auf die Besoldung und Emolumente der Königlichen Civil-Bedienten soll nur in soweit statt finden, daß einem jeden jährlich 400 Rthlr. davon frei gelassen werden. Es soll daher bei denjenigen, welche nur 400 Rthlr. oder weniger Diensteinkünfte haben, kein Arrestschlag, auch bei den übrigen der Beschlag nur auf die Hälfte des nach Abrechnung der 400 Rthlr. verbleibenden Ueberschusses der Besoldung und Emolumente gestattet werden.

§. 2. Unter den hierher benannten Civil-Bedienten werden alle im A. L. R. Thl. II. Tit. 10. §. 68. und 69. gedachte Beamte, mithin auch die städtischen, geistlichen und landschaftlichen Diener verstanden.

§. 3. Vorstehende Verordnungen kommen auch denjenigen zu statten, welche aus einem unter öffentlicher Verwaltung stehenden Fond, eine ihnen vom Staate oder der vorgesetzten Behörde angewiesene Pension beziehen; jedoch mit der Einschränkung, daß ihnen nur 200 Rthlr. ganz und von dem Ueberschusse die Hälfte frei bleiben sollen.

§. 4 Wenn wider einen noch im Dienst oder auf Pension stehenden Civil-Beamten zur Auspfändung geschritten wird, sollen demselben die zur Verwaltung seines Dienstes erforderlichen Bücher, das unentbehrlichste Hausgeräthe, Betten, anständige Kleider und Wäsche nicht genommen, auch dessen Frau und unerzogenen Kindern nothdürftige Wäsche, Kleider und Betten gelassen werden

§. 5. Alles bisher gesagte gilt jedoch nur bei wirklichen Darlehnen und in solchen Fällen, wo ein Verdacht obwaltet, daß wucherliche Anleihen unter der Gestalt eines andern Geschäfts versteckt sind; dahingegen können wegen schuldiger Alimente, Gesindelohn, Entschädigungen, und in ähnlichen Fällen die Hälfte der Besoldung und Emolumente eines Civil-Offizianten oder Pensionisten in Beschlag und als ein Objekt der Exekution angenommen werden.

§. 6. Gegen persönliche Verhaftung kann ein Offiziant und Pensionist, gegen welchen die übrigen Stufen der Exekution vorschriftsmäßig durchgegangen sind, sich nur durch Abtretung seines Vermögens an den Gläubiger schützen. In solchem Falle ist er

§. 7. zwar verbunden, nach der A. G. O. Thl. I. Tit. 48. §. 8—15. das im §. 8. vorgeschriebene Verzeichniß des Aktiv- und Passiv-Vermögens zu übergeben, und sich zu dessen eidlichen Bestärkung zu erbieten, ferner seine erlittene Unglücksfälle überhaupt und summarisch anzuzeigen, auch einigermaaßen zu bescheinigen; sodann aber muß er sogleich zu gedachter Rechtswohlthat ohne vorherige Vernehmung der Gläubiger und weitläufiges prozessualisches Verfahren verstattet, auf diese Weise gegen persönliche Verhaftung gesichert und ihm dadurch die Fortsetzung seines Dienstes möglich gemacht werden.

§. 8. Sollte ein Offiziant oder Pensionist sich der Flucht verdächtig gemacht haben, oder sollten die Gläubiger bescheinigen können, daß er dieser Rechtswohlthat nach der Vorschrift der A. G. O. unwürdig sei, so ist die Verhaftung nachzugeben. Sollte sich auch gegen ihn ergeben, daß er sich eines Betruges gegen seine Gläubiger schuldig gemacht, so muß er noch überdem nach der Strenge der Gesetze deshalb zur Untersuchung und Bestrafung gezogen werden. Wie es denn endlich in Ansehung derjenigen, wechle kaufmännische Geschäfte treiben, bei der in der A. G. O. vorgeschriebenen Verfahrungsart, insbesondere wegen der Befugnisse der Wechsel-Gläubiger belassen wird.

§. 9. Eine Entsagung dieser den Civil-Beamten und Pensionisten ertheilten Vergünstigungen ist ohne rechtliche Wirkung, und eben so wenig sollen den Gläubigern Anweisungen, welche die Schuldner auf ihr Gehalt oder Pension zum Voraus ertheilen, zu statten kommen.

§. 10. Diese sämmtlichen Vorschriften sollen auch in Ansehung Aller schon kontrahirten, bereits eingeklagten, oder noch einzuklagenden Schuldforderungen Anwendung finden.

§. 11. Obgleich die von den Accise-, Zoll- und Post-Departements, auch der Seehandlung abhängenden Offizianten unter den in §. 2. gedachten Königlichen Bedienten mit begriffen sind, und daher gegenwärtige Verordnung auch auf sie Anwendung findet, so verstehet es sich doch von selbst, daß davon die Posthalter auszunehmen sind, weil deren Postfuhrlohn nicht ein eigentliches Gehalt, sondern ein stipulirtes Lohn für die Unterhaltung der Pferde und des Wagenzeuges ist, und durch dessen Beschlagnehmung die Fortschaffung der Posten einen Stillstand erleiden würde.

Dritter Abschnitt.

Von der Berechnung der Kosten in Konkursen.

Zu §. 106. und §. 108. Thl. I. Tit. 50. der A. G. O.

§. 1. Nach den in dem §. 108. Thl. I. Tit. 50. der A. G. O. vorgeschriebenen Grundsätzen ist die Masse auch zu berechnen, wenn es darauf ankommt, zu bestimmen, nach welchen Sportelsätzen die nach Vorschrift des §. 530. aus der Kommun-Masse zu entrichtenden Kosten angesetzt werden sollen.

§. 2. Bei Berechnung der nach §. 511. aus der Immobiliar-Masse zu berichtigenden Kosten, ist der Betrag dieser Masse, und bei den nach §. 527. und 528. den Gläubigern der ersten Klasse und den Pfandgläubigern abzuziehenden Kosten, der Werth der ihnen besonders angewiesenen Objekte zum Grunde zu legen. Ueberhaupt werden die Gerichte in Ansehung der Kosten hierdurch generaliter angewiesen, genau darauf zu sehen, daß diese bei den zu erlassenden Verfügungen jedesmal richtig und genau, mithin nicht ohne Unterschied nach dem Betrage der ganzen Masse, sondern hauptsächlich und zunächst nach dem Objekt, welches den Gegenstand der Verfügung ausmacht, angesetzt werden, welchem gemäß also z. B. für einen Annahme- oder Zahlungs-Befehl an das Depositum, die Gebühren nur nach Verhältniß der anzunehmenden oder auszuzahlenden Summe, ferner bei einer Verfügung an den Auktions-Kommissarius zum Verkauf gewisser Effekten, die Gebühren nur nach dem taxirten Werth dieser Effekten berechnet werden können.

§. 3. Gleichmäßig sind auch die schriftlichen Anfertigungen möglichst zu vermeiden und daher die im §. 106. vorgeschriebenen Vorladungen der einzelnen Gläubiger nicht durch Requisition der Gerichte zu insinuiren, sondern bloß auf die Post zu geben, ferner die im Lauf des Konkurses an die an dem Orte wohnenden Parteien geringern Standes, ingleichen an den Kurator Konkursus und die Mandatarien der Gläubiger zu richtenden Verfügungen bloß per copiam decreti zu erlassen, wofür nur Schreibgebühren anzusetzen, damit solchergestalt die Kosten der Konkurs-Prozesse, worüber von den Parteien öfters nicht ohne Grund Beschwerde geführt worden, möglichst vermindert werden.

Vierter Abschnitt.

Von dem Verfahren in Konkursen über das Vermögen eines Kaufmanns, Fabrikanten, oder eines in ausgebreitetem Verkehr stehenden Handwerkers.

Zu §. 197. 198. 238. 239. Thl. I. Tit. 50. der A. G. O.

§. 1. Wenn der Gemeinschuldner ein Kaufmann, Fabrikant, oder ein in ausgebreitetem Verkehr stehender Handwerker ist, so muß die Fortsetzung seines Gewerbes durch die Siegelung nicht sofort gänzlich gehemmt werden; mithin müssen zwar das Mobiliar-Vermögen des Gemeinschuldners, dessen Haupt-Handlungsbücher und Korrespondenz in Beschlag genommen, dagegen aber das Waarenlager, die zur Fabrike gehörigen Utensilien und die vorhandenen rohen Materialien außer Sperre gelassen, und einem sogleich zu bestellenden Administrator zur einstweiligen Fortsetzung des Betriebes der laufenden Geschäfte nach einem davon aufzunehmenden Verzeichniß übergeben werden.

§. 2. Zu einem solchen Administrator muß das Gericht ein zuverlässiges und sachkundiges Subjekt auswählen und verpflichten, dabei aber vorzüglich auf den bei der Handlung oder Fabrike etwa schon angestellten Disponenten oder einen Handlungsbedienten, so wie bei einem Handwerker auf den tüchtigsten Gesellen, Rücksicht nehmen.

§. 3. Der Zweck dieser Administration geht lediglich dahin, zu verhüten, daß durch den plötzlichen Stillstand der Geschäfte kein Nachtheil für die Masse entstehe, sondern solche so lange, bis nach Anleitung des §. 238. die Gläubiger in einem möglichst kurzen Termine zusammen berufen, und von denselben die weitern Beschlüsse genommen werden können, so viel wie möglich in dem gewöhnlichen Gange erhalten werden. Hierauf muß sich also auch der bestellte Administrator lediglich einschränken, mithin keine neuen Geschäfte anfangen, keine Wechsel ausstellen und acceptiren, noch weniger aber außer dem Arbeitslohn für die von den Arbeitern inzwischen etwa fertig abgelieferten Waaren, an die Gläubiger einige Zahlung leisten; sondern sich damit begnügen, die schon angefangenen Geschäfte gehörig zu Ende zu bringen, die in der Arbeit befindlichen Waaren fertig machen zu lassen, und den Verkauf der fertigen Waaren auf Messen, Jahrmärkten, oder sonst für baares Geld, keinesweges aber auf Kredit, fortzusetzen.

§. 4. Der Administrator soll befugt sein, die ausstehenden Schulden einzuziehen, und darüber Quittung zu leisten. Jedoch müssen die eingehenden Gelder, in sofern sie nicht zur Fortsetzung der Geschäfte erforderlich sind, zum gerichtlichen Depositorio unverzüglich abgeliefert werden.

§. 5. Zu Betriebe dieser Geschäfte muß dem Administrator aus den vorräthigen oder etwa eingehenden Geldern der nöthige Vorschuß gegeben werden, und wenn etwa nicht so viel baares Geld, als erfordert wird, vorhanden sein sollte, so muß das Gericht denselben autorisiren, mit Zuziehung des Kuratoris, die benöthigte Summe zinsbar aufzunehmen, welchem nächst ein solches Darlehn, nach Vorschrift des §. 269. aus der bereitesten Masse vor allen übrigen Gläubigern wieder abzutragen ist.

Auch stehet dem Administrator frei, so oft es die Geschäfte erfordern, die in Beschlag genommenen Hauptbücher und Korrespondenz, in Beisein des Kuratoris, oder des ihm nach den unten vorkommenden Bestimmungen zu bestellenden Aufsehers, oder auch eines Mitgliedes des Gerichts, einzusehen.

§. 6. Für diese Administration gebühret dem Administrator eine verhältnißmäßige Belohnung, deren Bestimmung der Vereinigung der Gläubiger in dem nach §. 238. anzusetzenden Termine und eventualiter dem Ermessen des Gerichts, überlassen bleibt. Einer besondern Kautionsleistung von Seiten des Administrators bedarf es in der Regel nicht, dagegen aber muß demselben von dem Gericht außer dem Kurator allemal ein besonderer Aufseher, und zwar vorzüglich aus der Zahl der am Orte wohnenden Gläubiger, oder, wenn sich unter diesen kein fähiges Subjekt findet, ein anderer Sachverständiger, beigeordnet werden. Diesem liegt es ob, die Verwaltung des Administratoris ununterbrochen zu kontrolliren, besonders aber, mit Zuziehung des Kuratoris, von Zeit zu Zeit, und wenigstens wöchentlich einmal dessen Kasse zu revidiren, für die Ablieferung der eingegangenen Gelder, welche nicht zum Betriebe der Geschäfte gebraucht werden, an das Depositum, zu sorgen, überhaupt aber in allen vorkommenden Fällen dem Administrator mit seinem Rathe und Gutachten an die Hand zu gehen.

Hiernach liegt dem Gerichte ob, dem Administrator, gleich bei seiner Anstellung, die nöthige Anweisung zu ertheilen.

§. 7. Wenn außer dem Falle eines Konkurses, im Wege der Exekution, das Waarenlager eines Kaufmanns, oder eine Fabrik, oder die Materialien- und Waaren-Vorräthe eines in ausgebreitetem Verkehr stehenden Handwerkers in Beschlag genommen werden sollen, so müssen die auf die Exekution andringenden Gläubiger jederzeit ihre bestimmte Erklärung über die bei der Beschlagnehmung zu treffenden näheren Maaßregeln abgeben, damit derselben gemäß sodann dem Befinden nach, allenfalls mit Zuziehung des Schuldners und eines Werkverständigen, die weitere Einleitung getroffen werden könne. Uebrigens hat es wegen der Exekution gegen Handwerker bei den Vorschriften der A. G. O. Thl. I. Tit. 24. §. 95. 96. sein Bewenden.

Fünfter Abschnitt.

Von dem Verfahren bei der Subhastation kleiner städtischer Grundstücke und Gerechtigkeiten.

Zu §. 30. 63. Thl. I. Tit. 52. der A. G. O.

Wenn kleine städtische Grundstücke, imgleichen Gerechtigkeiten, subhastirt werden sollen, sind die nämlichen Grundsätze, wie bei Veräußerungen der Kossäthen, Büdner und anderer kleinen Rustikal-Besitzungen anzuwenden.

Wir befehlen Jedermann, insonderheit aber sämmtlichen Gerichten, sich nach dieser Verordnung gebührend zu achten, und soll dieselbe durch den Druck öffentlich bekannt gemacht werden.

(NCC. T. XI. Nr. 16. de 1804.)

2) **Rescript** vom 8. Januar 1806, betreffend die Einrückung der Ediktalcitationen in die Zeitungen.

Auf die Anfrage vom 20. v. M., wegen Einrückung der Ediktalcitationen in die Zeitungen, ertheilen Wir Euch zur Resolution, daß, indem der §. 2. des ersten Abschnitt der Verordnung vom 3. Mai 1804 bestimmt, daß es in Zukunft der Bekanntmachung der Ediktalcitationen und öffentlichen Aufgebote durch die einländischen Zeitungen nicht ferner bedürfe, kein Unterschied unter den Zeitungen der verschiedenen Provinzen gemacht wird und solchemnach, zumalen in Hinsicht auf den im Eingang der gedachten Verordnung angegebenen gesetzlichen Grund der darin enthaltenen Vorschriften, nämlich das gerichtliche Verfahren zu vereinfachen und abzukürzen, es sich von selbst versteht, daß unter den genannten einländischen Zeitungen alle in Unsern Staaten herauskommende Zeitungen begriffen sind.

Hiernach bedarf es also der Einrückung der bei Gelegenheit des über das Vermögen des Kaufmanns N. N. eröffneten Konkurses erlassenen Ediktalcitation in die hiesigen Zeitungen keineswegs, wonach daher das dortige Stadtgericht zu bescheiden ist.

(NCC. T. XII. S. 31. Nr. 3. de 1806 und Neues Archiv Bd. 4. S. 299.)

3) **Rescript** vom 15. Oktober 1806, betreffend die noch fortdauernde Nothwendigkeit der Einrückung der Ediktalcitationen in ausländische Zeitungen.

Auf Eure Anfrage vom 7. Oktober c.,

ob nach dem Cirkulair vom 3. Mai 1804 die Insertion in die inländischen Zeitungen, in Fällen, wo die Gerichts-Ordnung sie erfordert, noch zu veranlassen,

lassen Wir Euch hierdurch bescheiden:

daß da das Cirkulair nur die einländischen Zeitungen betrifft, nirgends aber vorgeschrieben ist, daß wo die Insertion in eine ausländische Zeitung verordnet worden, solche wegfallen solle, es bei den gesetzlichen Vorschriften, so viel die Insertion in die ausländischen Zeitungen betrifft, sein Bewenden behalten müsse.

Wornach Ihr Euch zu achten habt.

(NCC. T. XII. S. 775. Nr. 137. de 1806.)

4) **Rescript** vom 6. Oktober 1810, betreffend die Einrückung der Ediktalcitationen in die Zeitungen.

Wir haben aus Eurem Berichte vom 27. v. M. ersehen, daß bei Eurem Kollegium eine Verschiedenheit der Meinungen darüber obwaltet:

ob Ediktalcitationen, außer der Bekanntmachung durch die Intelligenzblätter in den durch die A. G. O. Tit. 37. §. 86. Tit. 50. §. 109 und Tit. 51. §. 127. bestimmten Fällen, auch den Zeitungen einer fremden Provinz inserirt werden sollen, oder ob also diese Festsetzung, da sie durch die Verordnung wegen näherer Bestimmung verschiedener Vorschriften der A. G. O vom 3. Mai 1804 nicht ausdrücklich aufgehoben worden, noch jetzt zu befolgen sei?

Eure Ansicht der Sache ist darin ganz richtig, daß die einländischen Intelligenzblätter für das Ausland kein Interesse haben, und daß daher der Zweck der Ediktalcitationen, wenn sie bloß in den Intelligenzblättern bekannt gemacht werden, leicht verfehlt werden kann. Durch die oberwähnte Verordnung ist aber auch die öffentliche Bekanntmachung in den Zeitungen überhaupt nicht gänzlich aufgehoben, noch weniger verboten, sondern nur verordnet, daß die Unterlassung keine Nullität begründen soll.

Dem vernünftigen Ermessen des Richters bleibt daher die Freiheit, in vorkommenden Fällen sein Verfahren nach den Umständen einzurichten und die öffentliche Bekanntmachung in den Zeitungen zu verfügen.

Besonders ist in den Fällen, in welchen die A. G. O. die Insertion in die Zeitung einer fremden Provinz vorschreibt, dieser Vorschrift allerdings nachzugehen.

(Mathis Bd. 9. S. 539. 2. Abschn.)

5) **Rescript** vom 1. März 1817, betreffend die Bekanntmachung der Ediktalcitationen durch inländische Zeitungen; s. zum Publikations-Patent des Anhangs vom 4. Februar 1815.

6) **Verordnung** vom 28. März 1811, betreffend die Einrichtung der Amtsblätter in den Regierungs-Departements. (§. 3.)

Zur nähern Ausführung der Verordnung vom 27. Oktober v. J. setzen Wir hiermit über die Einrichtung der Amtsblätter in den einzelnen Regierungs-Departements und über die Kraft der G. S, Folgendes fest:

§. 1. Es soll in jedem Regierungs-Departement sogleich ein öffentliches Blatt unter dem Titel: „Amts-Blatt der (Churmärkschen) Regierung," nach jährlich fortlaufenden Nummern in dem Format der G. S., jedoch mit weniger kostspieligem Druck und Papier erscheinen und der Inhalt nach den Hauptzweigen der innern Verwaltung geordnet sein.

§. 2. Das Amts-Blatt erscheint an bestimmten Tagen und enthält:

a) Titel, Datum und Nummer der in der G. S. enthaltenen Gesetze.

b) Alle zur allgemeinen Bekanntmachung geeignete Verfügungen der verschiedenen Landesbehörden, also sowohl der Regierungen und der Ober-Landesgerichte als sonstigen Provinzialbehörden, welche ein gemeinsames Interesse für das ganze Departement, einzelne Kreise und Oerter desselben, oder auch nur für einzelne Klassen der Einwohner des Departements haben. Es fallen mithin alle schriftliche Cirkularien an die Unterbehörden, und soweit es irgend möglich ist, auch die Cirkularien der Letztern an einzelne Gemeinden hinweg.

c) Belehrungen über öffentliche Angelegenheiten.

§. 3. Auch öffentliche Verfügungen in speziellen Fällen, die eine allgemeine Bekanntmachung erfordern, z. B. Vorladungen können in eine, unter besondern Nummern, unter dem Namen des öffentlichen Anzeigers fortlaufende Beilage des Amtsblatts, gegen Entrichtung der Einrückungsgebühren, aufgenommen werden; doch bleibt die rechtliche Wirkung an die Insertion in die Intelligenz-Blätter der Provinz gebunden, und werden in dieser Hinsicht hierdurch die frühern Gesetze nicht abgeändert.

§. 4. Mit dem Anfange des achten Tages, nachdem die Verordnungen und Verfügungen zum erstenmale im Amts-Blatte abgedruckt worden, sind sie für gehörig bekannt gemacht anzunehmen. Die Tage werden hiebei vom Datum der Nummer des Amts-Blatts an, und dieses Datum mit eingezählt.

Mit dem Anfange des achten Tages, nachdem ein, in der G. S. erschienenes Gesetz in dem Amtsblatt der einzelnen Regierungen als vorhanden angezeigt ist, ist das Gesetz als gehörig bekannt gemacht, anzunehmen, und werden hiebei die Tage auf gleiche Weise gezählt. Nur dann leiden diese Bestimmungen eine Ausnahme, wenn in den Gesetzen oder Verordnungen ausdrücklich ein andrer Zeitpunkt ausgedrückt ist, von welchem ab, sie als gehörig bekannt gemacht, angenommen werden sollen.

§. 5. Ist der Inhalt einer Verfügung von der Art, daß sogleich etwas zur Ausführung gebracht werden soll, so versteht sich von selbst, daß jede Behörde und jeder Einzelne sogleich nach dem Empfange der Amts-Blätter das Nöthige einleiten muß, ohne den Ablauf jener Frist abzuwarten, die nur in Beziehung auf rechtskräftige Wirkungen festgestellt ist.

§. 6. Nur die in dieser Verordnung vorgeschriebenen oder bestätigten Arten der Publikationen von Gesetzen und Verordnungen, haben öffentliche Gültigkeit.

§. 7. Der Preis des Jahrgangs eines Amts-Blatts wird auf 12 Gr. festgesetzt und viertel- oder halbjährig vorausbezahlt. Die Redaktion und der Abdruck erfolgt unter Aufsicht und an dem Sitze der Regierungen, doch soll die Berechnung und Versendung, da wo bereits Intelligenz-Komtoirs bestehn, diesen übertragen, der etwanige Ausfall aber aus dem Ueberschuß vom Absatz der G. S. gedeckt werden, zu welchem Ende sich die Regierungen über Einnahme und Ausgabe mit der hiesigen Haupt-Debits-Direktion für die G. S. zu berechnen haben.

§. 8. Alle in dem §. 5. der Verordnung vom 27. Oktober über die G. S. benannten Behörden und Personen sind zur Haltung und Bezahlung des Amts-Blatts einer Regierung verpflichtet, und außerdem die einzelnen Krüger-, Gast- und Schenkwirthe auf dem platten Lande und in den Städten. Nur im Fall äußerster Armuth können die Regierungen diese von der Haltung des Amts-Blatts entbinden. Alle Unterbehörden in den Provinzen, die mit einer wirklichen Administration beauftragt sind, ihr Geschäft greife in das Polizei-, Justiz- oder Finanzfach, so wie alle Prediger, erhalten das Amts-Blatt der Regierung unentgeldlich, sind aber auch zur richtigen Ablieferung desselben an ihre Amts-Nachfolger verpflichtet.

§. 9. Die Obrigkeiten, Dorfschulzen und Prediger sind verpflichtet dafür zu sorgen, daß die Amtsblätter zur gehörigen Zeit aus dem nächsten Vertheilungsorte abgeholt und den Gemeinden sogleich bekannt werde, daß eine Nummer derselben angelangt sei, damit diese sich gleich die nöthige Kenntniß derselben verschaffen können. Insbesondere sind sie und die Prediger verpflichtet, die Gesetze da zu erklären und zu erläutern, wo die deutsche Sprache weniger bekannt ist. Unrichtige Aufbewahrung der Nummern der G. S. und des Amts-Blatts wird an den Schuldigen mit dem doppelten Preise des Jahrgangs bestraft.

§. 10. Die Intelligenz-Blätter erscheinen künftig ferner an den Orten, wo sie zur Bequemlichkeit des Publikums für nöthig gehalten werden, unter den frühern und den hier erneuerten oder bestätigten Vorschriften. Doch soll vom 1. Juli 1811 an, Niemand mehr verpflichtet sein, sie wider seinen Willen zu halten.

§ 11. Die Postbehörden sind für die richtige, schleunige und portofreie Beförderung der G. S. und der Amts-Blätter besonders verantwortlich.

(G. S. S. 165.)

7) cfr. **Verordnung** vom 4. März 1834, über den Subhastations- und Kaufgelder-Liquidations-Prozeß (§. 8. in Betreff der Nothwendigkeit der Einrückung der Subhastationspatente in den Anzeiger der Amtsblätter) so wie **C. O.** vom 12. August 1834 und 3. Oktober 1836, daß die Bekanntmachung der Subhastationspatente durch die Intelligenzblätter unterbleiben kann, wenn in dem betreffenden Regierungsbezirke kein Intelligenzblatt erscheint. s. zu I. 52. §. 1. seqq.

8) **Rescript** vom 18. März 1829, betreffend die Fassung der in die öffentlichen Blätter einzurückenden Bekanntmachungen.

Der Justiz-Minister hat mehrmals zu bemerken Gelegenheit gehabt, daß die zur Einrückung in die öffentlichen Blätter bestimmten Bekanntmachungen der Gerichte mit einer unnöthigen Weitläufigkeit abgefaßt worden sind. So beginnen z. B. diese Bekanntmachungen in der Regel mit dem Namen des Gerichts, welches sie erläßt, obwohl dieser Name aus der Unterschrift ersichtlich ist; die Interessenten werden aufgefordert, persönlich oder schriftlich, oder durch einen mit gehöriger Vollmacht und Information versehenen Mandatarius sich zu melden, während die Aufforderung, sich zu melden, genügt; bei Todes-Erklärungen wird nicht bloß die dem Vorgeladenen gestellte Verwarnung, sondern auch die Pflicht des Erben zur Herausgabe des noch vorhandenen Vermögens, wenn der für todt Erklärte sich künftig melden sollte, angegeben; bei Subhastationen wird der dieselbe extrahirende Gläubiger genannt, die Entfernung des Guts von benachbarten Städten angeführt; es wird gesagt, daß das Gut unter der Gerichtsbarkeit des subhastirenden Gerichts liege, nach welchen Grundsätzen der Taxe und daß sie gerichtlich aufgenommen, und es werden die besitzfähigen Kauflustigen zum Bieten aufgefordert. Diese und ähnliche, sich ganz von selbst verstehende Zusätze verlängern die Bekanntmachungen, und vermehren damit die Kosten.

Das Königliche Ober-Landesgericht wird daher hiermit aufgefordert, dahin zu wirken, daß sowohl die von ihm ausgehenden Bekanntmachungen, als diejenigen der Untergerichte, mit zweckmäßiger Kürze abgefaßt und dabei alle unnöthige Weitläufigkeiten vermieden werden.

Wenn endlich in einzelnen Fällen es angemessen befunden wird, gerichtliche Bekanntmachungen, außer der gesetzlich nothwendigen Einrückung in die betreffenden Intelligenzblätter, noch in eine hiesige Zeitung einrücken zu lassen, so ist hierzu, in sofern von den Interessenten nicht eine andere Zeitung ausdrücklich benannt wird, vorzugsweise die allgemeine Staatszeitung zu wählen, deren Redaktion sich dagegen auch bereit erklärt hat, Bekanntmachungen der Gerichte, für welche sonst die Kosten aus fiskalischen Fonds bezahlt werden müßten, unentgeldlich aufzunehmen.

(v. K. Jhrb. Bd. 33. S. 137.)

§. 44. Ob und in welchen fremden Zeitungen die Citation einzurücken sei, muss von dem Gerichte, nach Beschaffenheit der Umstände und den etwa vorhandenen Nachrichten, bestimmt werden.

1) **Rescript** vom 10. Dezember 1832, betreffend die Bekanntmachung gerichtlicher Erlasse durch die Wiener Zeitungen.

Es ist zur Kenntniß des Justizministers gelangt, daß von diesseitigen Behörden die Redaktion des Oesterreichischen Beobachters zu Wien um Insertion gerichtlicher Bekanntmachungen und Ediktalcitationen in diese Zeitung requirirt worden, daß aber nicht diese Zeitung, sondern nur das Amtsblatt der Wiener Zeitung zur Aufnahme solcher Vorladungen bestimmt sei.

Sämmtliche Königliche Gerichtsbehörden werden daher hierdurch angewiesen, sich künftig in solchen Fällen an die Redaktion der privilegirten Wiener Zeitung zu wenden.

(v. K. Jhrb. Bd. 40. S. 424.)

2) **Rescript** vom 1. Februar 1834, betreffend die Bekanntmachung öffentlicher Vorladungen durch die Hamburger Zeitungen.

Sämmtliche Königliche Gerichtsbehörden werden hierdurch angewiesen, wenn es bei einer öffentlichen Vorladung auf einer Einrückung diesseitiger Bekanntmachungen in Hamburger Zeitungen ankommt, dazu jederzeit den Hamburger unparteiischen Korrespondenten zu wählen.

(v. K. Jhrb. Bd. 43. S. 122.)

§. 45. Jedoch ist es nicht nöthig, dass die Citationen Königlicher Gerichte durch die Zeitungen oder öffentlichen Blätter solcher fremden Lande, aus welchen dergleichen Vorladungen in hiesige Lande nicht eingeschickt zu werden pflegen, z. B. England, Holland, Frankreich u. s. w., bekannt gemacht werden; sondern es ist genug, wenn dieses nur durch die Zeitungen derjenigen Königlichen Provinz geschieht, welche dem fremden Staat am nächsten liegt.

§. 46. Für die Einrückungen der Ediktalcitationen in die Zeitungen und Intelligenzblätter, und für die Herbeischaffung der zu den Akten zu bringenden Exemplare, muss in der Regel das Gericht selbst sorgen, und zu dem Ende die nöthigen Befehle, Anschreiben und Requisitionen erlassen. Wenn aber der Extrahent die Besorgung selbst übernehmen will, so kann ihm dieselbe nicht versagt werden, doch muss er es auch in einem solchen Falle lediglich sich selbst beimessen, wenn dabei ein Mangel sich findet, durch welchen eine Wiederholung der Ediktalcitation nothwendig gemacht wird.

§. 47 a. Wenn die Ediktalcitation solchergestalt bekannt gemacht worden, und die nöthigen drei Exemplare der Intelligenz- und Zeitungsblätter zu den Akten kommen; so behält die Ladung ihre Kraft und rechtliche Wirkung, wenn auch gleich das an der Gerichtsstätte ausgehängte Exemplar vor der Zeit abgenommen oder abgerissen worden, oder sonst durch einen Zufall verloren gegangen wäre. Ermangelt aber etwas an der Bekanntmachung durch die Zeitungen und Intelligenzblätter, so muss einem solchen Mangel, auf Kosten dessen, der daran Schuld hat, durch Wiederholung der Citation und Hinaussetzung des Termins auf so lange, als bei der ersten Bekanntmachung an der Zeit gefehlt worden, abgeholfen werden. Doch ist, wenn der Verstoss nicht in allen, sondern nur in Einem dieser öffentlichen Blätter vorgefallen wäre, die Einrückung des verlängerten Termins nur in derjenigen Zeitung oder Intelligenznachricht, bei welcher der Verstoss begangen worden, erforderlich.

§. 47 b. Es schadet der Legalität einer Ediktalcitation nicht, wenn auch in Ansehung der Zwischeneinrückungen die gesetzlichen Fristen nicht befolgt worden; sondern es ist hinreichend, wenn nur von der ersten Einrückung, bis zu dem bestimmten Termine, der volle gesetzmässige Zwischenraum eintritt. Doch soll, um alle Irrungen möglichst zu vermeiden, den Intelligenz- und Zeitungskomtoirs bestimmt angegeben werden: in welchen Wochen die jedesmalige Einrückung geschehen müsse.

Anh. §. 61. *Einer Wiederholung der Ediktalcitation bedarf es nur dann, wenn bei deren Bekanntmachung durch die öffentlichen Blätter um mehr als vierzehn Tage an der vorgeschriebenen Zeit gefehlt worden.*

1) **Rescript** vom 12. Juni 1797, betreffend die Gültigkeit der in den Gerichtsferien angesetzten Termine in Ediktalsachen.

Wir wollen Euch auf die in Eurem Berichte vom 29. v. M. enthaltenen Anfrage hierdurch zu Eurer Direktion nicht verhalten, wie es nicht im geringsten zweifelhaft sei, daß in dem Umstande, weil der Termin bei einem Konkurse oder sonstigen Ediktalcitation in den Erndteferien angesetzt worden, keine Nullität des Verfahrens liege, da kein Gesetz, welches dergleichen vorschreibt, vorhanden ist.

(N.C.C. T. X. S. 1307.)

2) **Rescript** vom 16. Juli 1798 nebst Beilage, betreffend die Legalität der Ediktalcitationen.

Auf Eure bei Gelegenheit einer abzufassenden Präklusiv-Sentenz auf das Aufgebot einer verloren gegangenen Obligation geschehene Anfrage vom 3. d. M. ertheilen Wir Euch zur gnädigsten Resolution, daß ihr ad 1.

Euch von selbst bescheiden können und sollen, daß, da bei Ediktalcitationen keine Ausnahme von der allgemeinen Rechnungsart gemacht werde, die bisherige Observanz nach Monaten, wie sie der Kalender bestimmt, zu rechnen beibehalten sei;

ad 2. hättet Ihr im §. 40. und 41. Tit. 3. Thl. I. des A. L. R. hinlängliche Beruhigung in Ansehung Eurer Zweifel finden können, indem nur dann Nullitäten statt finden, wenn dasjenige verabsäumet worden, was der Gesetzgeber ausdrücklich sub poena nullitatis befohlen hat.

Daß in dem angezeigten Falle der Mangel des zweiten Exemplars der Ediktalcitation keine Nullität begründe, ist ex analogia dessen zu benehmen, was bei den Subhastationen im A. L. R. Thl. I. Tit. 11. §. 348. Nr. 2. verordnet ist, indem hier die Art der Bekanntmachung durch Affixion der Ediktalcitation erfolgt ist, wenn gleich ein Exemplar statt zweier gewählt worden.

Die sonst vorgeblichen Beispiele erhalten auch durch die oben angeführten §§. 40. und 41. Tit. 3. Thl. I. ihre Erledigung. Ueberhaupt habt Ihr zu erwägen, zu welcher großen Anzahl die Verordnungen anwachsen würden, wenn dergleichen durch jedes irgendwo aufstoßende Bedenken veranlaßt werden sollten, dessen Erledigung bei genauer Erwägung der schon vorhandenen Gesetze sich sehr leicht bewirken lassen.

Berlin, den 16. Juli 1798.

Bericht der Regierungs-Deputation zu Cleve.

Bei Gelegenheit einer abzufassenden Präklusiv-Sentenz auf das Aufgebot einer verloren gegangenen Obligation sind zweierlei Bedenken in Absicht der Legalität der Ediktalcitation vorgekommen.

Erstlich ist die Frage entstanden:

was für ein Zeitumfang in den Gesetzen unter einem Monat verstanden werde?

In dem A. L. R. Thl. I. Tit. 3. §. 45—49. ist zwar die gesetzliche Zeitbestimmung eines Tages, und eines Jahr und Tges, festgesetzt, allein der Begriff eines Monats nicht erkläret worden. In der Lehre von Verjährung ist ein Monat zu 30 Tagen gerechnet; (A. L. R. Thl. I. Tit. 9. §. 550.) und solches auch dem bisherigen juristischen Begriffe eines Monats gemäß.

Da indessen jene Bestimmung des A. L. R. nur in einer besondern Materie vorkömmt, so bleibt es immer zweifelhaft, ob man solche für eine allgemeine Vorschrift annehmen dürfe.

Das Hauptbedenken äußert sich bei den Ediktalcitationen und Subhastationen, wo der legale Termin nach Monaten auszumessen ist. Aus der Vorschrift der Prozeß-Ordnung Tit. 50. §. 109. sollte man fast schließen, daß hier der Monat nur zu vier Wochen oder 28 Tagen gerechnet sei, wenn daselbst der Termin auf 3 Monate bestimmt ist, und es nun ferner heißt:

„In den Intelligenz-Blättern geschieht die Inserirung sechsmal, nämlich „in den ersten beiden Monaten monatlich einmal, und in den letzten vier Wochen wöchentlich einmal.

Da die Legalität der Ediktalcitation und einer Subhastation von der Beobachtung des vollen Zwischenraums von der ersten Insertion in die öffentlichen Blätter an bis zum Termin abhängt, und es also sehr darauf ankömmt, auf wie viel Tage der Monat abzumessen sei, wie denn in dem vor uns liegenden Falle die gesetzliche Frist, der Monat zu vier Wochen gerechnet, beobachtet ist, nicht aber, wenn der Monat zu 30 Tage gerechnet wird; so erlauben Ew. Königl. Majestät allergnädigst, daß wir uns darüber Allerhöchste Belehrung ausbitten dürfen:

was für ein Zeitumfang nach den Gesetzen überhaupt und insbesondere bei den Ediktalcitationen und Subhastationen unter einem Monat zu verstehen sey?

Zweitens ist die Frage entstanden:

welche Förmlichkeiten bei einer Ediktalcitation wesentlich nothwendig sind, dergestalt, daß eine ohne Beobachtung derselben ergangene Präklusiv-Sentenz an einer Nullität laborire?

In der Prozeß-Ordnung Tit. 16. sind zwar die Nullitäts- und Restitutionsgründe wider rechtskräftige Erkenntnisse angegeben; allein es ist daselbst nicht bestimmt, wenn ein Präklusiv-Erkenntniß wegen verabsäumter Form der Ediktal-Ladung nichtig sei.

Eben so wenig ist bei den vorgeschriebenen Formalien der Ediktal-Ladungen bestimmt genug bemerkt worden, welche wesentlich nothwendig sind.

So viel läßt sich zwar aus der Vorschrift der Prozeß-Ordnung Tit. 50. §. 113. und Tit. 7. §. 47. abnehmen:

1) daß eine Verabsäumung des gesetzlichen Zwischenraums von der ersten Insertion in die öffentlichen Blätter an gerechnet bis zum Termin eine Nullität begründet;
2) daß die übrigen Intervalla, wonach die Insertionen geschehen sollen, zu den außerwesentlichen Formalien gehören;
3) daß das zu frühe Abnehmen, oder das Abreißen, oder der zufällige Verlust eines affigirt gewesenen Exemplars der Ediktal-Ladung der Legalität derselben nicht schade.

Und — es ist nach diesen gesetzlichen Bestimmungen gewiß, daß das Gesetz zwischen wesentlichen und außerwesentlichen Formalien distinguirt habe, und also die Verabsäumung einer jeden Formalität keine Nullität begründe.

Es ist aber ohne gesetzliche Bestimmung zweifelhaft, zu welcher Klasse die übrigen Formalien, welche unter die oben sub Nr. 1. bis 3. erwähnten nicht gehören, zu rechnen sind.

So ist in dem vorliegenden Falle, welcher uns zur gegenwärtigen Anfrage Veranlassung gegeben hat, statt zwei vorschriftsmäßig zu affigirender Exemplare der Ediktal-Ladung, nur ein Exemplar ausgefertigt und affigirt worden.

Bei nothwendigen gerichtlichen Subhastationen hat das A. L. R. Thl. I. Tit. 11. §. 348. Nr. 2. es zu den wesentlichen Förmlichkeiten gerechnet, daß keine der in den Gesetzen vorgeschriebenen Arten der Bekanntmachung ganz unterbleibe.

Bei Ediktalcitationen dürfte wohl paritas rationis eintreten, allein ohne ausdrückliche gesetzliche Bestimmung aus der verabsäumten Form die Nullität zu folgern, verbietet uns das A. L. R. Thl. I. Tit. 3. §. 40. und 41. Es dürfte daher um so nothwendiger sein, daß eben so, wie es bei der Subhastation im A. L. R. Thl. I. Tit. 11. §. 348. geschehen ist, die wesentlichen Förmlichkeiten der Ediktal-Ladungen von den außerwesentlichen genau abgesondert werden, als davon die Rechtskraft des Präklusiv-Erkenntnisses abhängt, und noch mehrere Förmlichkeiten vorhanden sind, von denen es eben so zweifelhaft ist, zu welcher Klasse man sie nehmen soll. So ist es z. B. ungewiß: ob es eine Nullität involvire,

a) wenn das in der Prozeß-Ordnung Tit. 7. §. 16. Tit. 40. §. 61. Tit. 51. §. 114. und 118. vorgeschriebene Juramentum diligentiae et manifestationis nicht abgeleistet wird;
b) wenn der in der Prozeß-Ordnung Tit. 7. §. 16. verordnete vierwöchentliche Aushang des Kontumazial-Erkenntnisses entweder gar nicht, oder nicht gehörig bewerkstelligt wird;
c) wenn die Fassung der Citation und der Warnung wegen des Nichterscheinens nicht so geschiehet, wie es in den Gesetzen zum Theil vorgeschrieben ist.

Prozeß-Ordnung Tit. 50. §. 99. Tit. 51. §. 16. 85. 102. 112. 117. 150. und 152. 166. 174.

Ew. Königl. Majestät Höchstem Ermessen stellen wir es daher allerunterthänigst anheim:

ob nicht der daraus entstehenden Ungewißheit der durch eine Präklusiv-Sentenz zu sichernden Rechte durch eine bestimmte gesetzliche Vorschrift abzuhelfen sein dürfte.

Cleve, den 3. Juli 1798.

(NCC. T. X. S. 1659, Nr. 45. de 1798.)

3) **Rescript** vom 12. Januar 1801 nebst Gutachten der Gesetzkommission, betreffend die Folgen der Abreißung gerichtlicher Patente bei Subhastationen und andern Ediktalsachen; s. zu I. §. 31. Anh. §. 400.

4) **Rescript** vom 27. April 1801, betreffend die Wiederholung der Ediktalcitationen, wenn dabei ein Versehen begangen worden.

Es ist im A. L. R. Thl. I. Tit. 11. §. 348. Nr. 5. in der Lehre von Subhastationen verordnet worden, daß es nicht als eine Verabsäumung wesentlicher Förmlichkeiten erachtet werden soll, wenn bei den Einrückungen in die öffentlichen Blätter 14 Tage oder weniger an der ganzen Subhastationszeit fehlen. Es ereignet sich nun auch bei Konkursen sehr oft, daß bisweilen aus Versehen der die Einrückung besorgenden Behörden die Insertion in die öffentlichen Blätter etwas verspätet wird, und oft nur ein oder wenige Tage an der ganzen nach Verschiedenheit der Fälle in der A G. O. vorgeschriebenen Zeit fehlen. Die A. G. O. bestimmt Thl. I. Tit. 50. §. 113., daß die Gül igkeit und Legalität der beim Konkurse nöthigen Ediktalcitationen hauptsächlich von deren gehörigen Einrückung in die Intelligenz- und Zeitungs-Blätter abhängen, und hier die Vorschrift des Tit. 7. §. 47, a. und b. Anwendung finden soll, wo es heißt:

daß es zwar der Legalität einer Ediktalcitation nicht schaden soll, wenn auch in Ansehung der Zwischeneinrückungen die gesetzlichen Fristen nicht genau beobachtet sind, wenn nur von der ersten Einrückung bis zu den bestimmten Terminen der volle gesetzliche Zeitraum eintritt, und daß einem etwanigen Mangel hiervon, auf Kosten dessen, der daran Schuld hat, durch Wiederholung der Citation in demjenigen öffentlichen Blatte, wo der Verstoß begangen worden, und nur auf so lange, als bei der ersten Bekanntmachung an der Zeit gefehlt worden, abgeholfen werden soll.

Allein eine solche Wiederholung der Ediktalcitation ist fast immer mit einem großen Zeitverlust verbunden, und es scheint auch in Bezug auf die angezogene Stelle des A. L. R. nicht der Geist des Gesetzes zu sein, daß der Mangel eines oder weniger Tage an der ganzen Zeit der Ediktalcitation für eine Verabsäumung wesentlicher Förmlichkeiten erachtet werden soll; wir stellen daher unterthänigst anheim:

hierüber die allgemeine Verordnung der Gerichts-Ordnung allergnädigst näher zu bestimmen, und so wie es bei Subhastationen geschehen ist, auch bei Konkursen die Zahl der Tage festzusetzen, deren Mangel an dem ganzen Zeitraum der Ediktalcitation in einem der öffentlichen Blätter für einen wesentlichen Verstoß gegen die Förmlichkeiten zu achten ist.

Marienwerder, den 11. April 1801.

Rescript.

Wir finden Eure Bemerkungen in dem Berichte vom 11. April d. J. gegründet, indem es allerdings keinen wesentlichen Nutzen gewähret, und nur die oft schon ohnedies sehr beträchtlichen Kosten einer Ediktalcitation vermehrt, wenn dieselbe allemal wiederholt werden muß, sobald bei deren Bekanntmachung durch die Zeitungen und Intelligenz-Blätter auch nur um einen oder etliche Tage gefehlt worden: daher, wie schon im A. L. R. Thl. I. Tit. 11. §. 348. Nr. 5 in Ansehung der Subhastationen bestimmt ist, hierdurch in Ansehung aller Ediktal-Citationen allgemein festgesetzt wird: daß es in Zukunft nur dann einer Wiederholung derselben nach Anleitung der A. G. O. Thl. I. Tit. 7. §. 47 a bedürfe, wenn bei deren Bekanntmachung durch die öffentlichen Blätter um mehr als vierzehn Tage an der vorgeschriebenen Zeit gefehlt, wogegen ein Verstoß, der nur vierzehn Tage oder weniger beträgt, der Legalität der Ediktalcitation nicht schade.

Berlin, den 27. April 1801.

(Neues Archiv Bd. 2. S. 124. und Stengels Beitr. Bd. 14. S. 237.)

5) **Rescript** vom 8. Oktober 1801, betreffend die Folgen der unterbliebenen Einrückung einer Ediktalcitation in die Zeitungen.

Auf Euren Bericht vom 2. d. M. in der Kopkenschen Konkurssache bescheiden Wir Euch, daß die Abfassung des Präklusions-Erkenntnisses gegen die ausgebliebenen unbekannten Gläubiger keinem Bedenken unterworfen sein kann, obgleich der Liquidations-Termin aus Versehen nicht in den Zeitungen einer fremden Provinz bekannt gemacht worden, da durch die Einrückung der Ediktalcitation in die Intelligenzblätter den wesentlichen Erfordernissen Genüge geleistet worden ist, und die Gesetze nirgends verordnen, daß die unterbliebene Insertion in den Zeitungen, die nur eine untergeordnete Art der öffentlichen Bekanntmachung ausmacht, eine Nullität des ganzen Verfahrens begründe. Ihr habt daher hiernach das weiter Erforderliche zu verfügen.

(Stengels Beitr. Bd. 14. S. 203. und Paalzows Handbuch Bd. 3. S. 267.)

Wirkungen einer gehörig insinuirten Citation.

§. 48. Ausser den Folgen, welche eine gehörig erlassene und richtig insinuirte Vorladung, oder auch die öffentliche Bekanntmachung einer Ediktalcitation in den Intelligenzblättern der Provinz, bei erfolgendem Aussenbleiben des Vorgeladenen, vermöge der nach Unterschied der Fälle beigefügten gesetzmässigen Warnung, hervor bringt, hat dieselbe auch folgende Wirkungen:

a) Wird dadurch in Fällen, da die Klage bei mehr als Einem Gerichte angestellt werden kann, die Prävention begründet. (Tit. II. §. 166.)

b) Entsteht dadurch die Rechtshängigkeit (Litispendenz) der Sache, welche verursacht, dass eine nachher mit dem Vorgeladenen sich ereignende Veränderung auf den Gerichtsstand keinen Einfluss hat. Wenn daher jemand, nach insinuirter Vorladung, seinen Wohnsitz verändert, oder durch Standeserhöhung, erhaltene Aemter oder Würden, in die Klasse der Eximirten übergeht; so kann er nicht verlangen, dass um desswillen die Sache an das Gericht, welchem er nunmehr unterworfen ist, verwiesen werde. Aus gleichem Grunde müssen auch die Erben des Vorgeladenen die Sache bei dem Gerichte, von welchem der Erblasser citirt worden, bis zu Ende fortsetzen, wenn sie auch für ihre Person diesem Gerichte nicht unterworfen wären.

c) Wird die in Anspruch genommene Sache dadurch streitig (res litigiosa), und ihr Besitzer darf damit keine Veränderung vornehmen, wodurch dem Gegner, wenn er den angefangenen Prozess gewönne, ein Nachtheil erwachsen könnte. Hieraus folgt, dass eine solche streitige Sache nicht vernichtet, veräussert, abhanden gebracht, oder durch übermässigen Gebrauch, oder vernachlässigte Aufsicht verschlimmert werden dürfe; widrigenfalls derjenige, welcher sie zur Zeit der insinuirten Citation besass, den Gegner, wenn derselbe ein obsiegliches Urtel erhält, vollständig entschädigen, und den Werth der Sache, oder die entstandene Verschlimmerung, nach der Zeit der insinuirten Citation, vergüten muss.

d) Wird bei Verbindlichkeiten, zu deren Erfüllung keine gewisse Frist bestimmt war, der in Anspruch genommene in den Fall der Zögerung (in mora) versetzt, und muss sich die daraus fliessenden rechtlichen Folgen gefallen lassen. (A. L. R. Th. I. Tit. XVI. §. 16. u. f. §. 64. u. f.)

§. 49. Diese Wirkungen der Citationen fallen weg:

1) Wenn derjenige, welcher sie ausgewirkt hat, den Prozess nicht fortsetzt, sondern in dem anstehenden Instruktionstermine gänzlich ausbleibt, auch den Prozess innerhalb der bestimmten Frist nicht wieder aufnimmt (reassumirt).

2) Wenn der Vorgeladene die Inkompetenz des vorladenden Richters bei demselben, oder bei dessen vorgesetzter Instauz nachweiset, und die Aufhebung des Termins bewirkt. In beiden Fällen wird die Insinuation der Vorladung als nicht geschehen betrachtet.

§. 50. In wie fern zur Unterbrechung der Verjährung schon die Anmeldung der Klage hinreichend sei, oder auch die Insinuation einer darauf erlassenen Citation erfordert werde, ist im A. L. R. bestimmt. (Thl. I. Tit. IX. §. 551. u. f. §. 603. u. f.)

§. 51. In eben demselben ist verordnet, wie fern dazu, dass Klagen, welche sonst von einem Erben nicht angestellt, oder gegen einen Erben nicht geltend gemacht werden können, dennoch auf die Erben übergehen, die blosse Insinuation der Vorladung hinreichend; oder die mit dem Erblasser erfolgte Abschliessung der Instruktion erforderlich sei. (A. L. R. Thl. I. Tit. IX. §. 363—365. Thl. II. Tit. XX. §. 603—606.)

Achter Titel.

Von Anberaumung und Verlegung der Termine, und von rechtlichen Folgen des ungehorsamen Aussenbleibens.

Wer die Termine bestimmen soll.

§. 1. Die Bestimmung der Termine in Prozesssachen muss nicht den Sekretärs überlassen, sondern es müssen dieselben von demjenigen Mitgliede des Gerichts, welcher den Termin abhalten soll, selbst festgesetzt, und in das ihm vorzulegende Konzept der Verordnung eingerückt werden.

Worauf dabei Rücksicht zu nehmen.

§. 2. Bei dieser Bestimmung der Termine muss der Deputirte des Gerichts auf die vorwaltenden Umstände eines jeden einzelnen Falles vernünftige und wohl überlegte Rücksicht nehmen. Zu solchen Umständen gehört die weitere oder geringere Entfernung der Parteien von dem Sitze des Gerichts; die Weitläufigkeit und Wichtigkeit der Sache, und die darnach erforderliche längere oder kürzere Frist zur Vorbereitung auf dasjenige, was in dem

Termine geschehen soll; die schon im dritten Titel §. 4. erwähnten persönlichen Verhältnisse der Parteien, und andere dergleichen Rücksichten, die nicht alle hier angegeben werden können, sondern dem richterlichen Ermessen anheim gestellt bleiben müssen.

Was insonderheit den Termin zur Beantwortung der Klage und zur Instruktion betrifft, so ist derselbe, wenn nicht etwa eine besondere Prozessart, nach welcher die Sache eine vorzügliche Beschleunigung erfordert, vorwaltet, nicht leicht unter vier Wochen, und nicht leicht über acht Wochen von dem Dato der Verordnung an, zu bestimmen. Im Verfolge der Instruktion aber können und müssen in der Regel die etwa vorkommenden ferneren Termine kürzer anberaumt werden.

Uebrigens muss der Instruent bei Bestimmung des Termins auch auf die Zwischenzeit, welche von der Einrückung desselben ins Konzept, bis zur wirklichen Insinuation der Verordnung an die Partei, verstreichen kann, vernünftige Rücksicht nehmen.

§. 3. Wenn die Sache, welche instruirt werden soll, oder überhaupt der Gegenstand des abzuhaltenden Termins, so beschaffen ist, dass man voraussehen kann, es werde zu deren Verhandlung mehr als Ein Tag erforderlich sein; so muss der Deputirte des Gerichts sich bei der Anberaumung des Termins dergestalt einrichten, dass ihm nicht nur derselbe Nachmittag, sondern auch der nächstfolgende ganze Tag zur ununterbrochenen Fortsetzung der Verhandlungen frei bleiben.

Rücksprache mit den Justizkommissarien.

§. 4. Wenn Assistenten oder Justizkommissarien zu einem Prozesse mit zuzuziehen sind, so muss der Deputirte des Gerichts mit selbigen über den anzusetzenden Termin Rücksprache nehmen, und einen solchen Zeitpunkt auswählen, in welchem keiner von ihnen an der gehörigen Abwartung des Termins verhindert wird.

Von Terminen, die auf Sonn- und Festtage fallen.

§. 5. Wenn in einer Vorladung aus Versehen ein Termin auf einen Sonn- oder Festtag angesetzt worden, so ist darunter jederzeit der Montag oder der auf das Fest zunächst folgende Tag zu verstehen; ausser wenn der Vorgeladene sich vor versammletem Gerichte stellen soll; welchenfalls dieses an dem auf den genannten Sonn- oder Festtag zunächst folgenden Gerichtstage geschehen muss. Sind durch ein solches Versehen einer Partei vergebliche Reise- oder Zehrungskosten verursacht worden, so müssen dieselben von demjenigen, welcher den unrichtigen Termin bestimmt hat, erstattet werden.

Anh. §. 62. *Von dieser Vorschrift findet auch in Wechsel-, Alimenten- und Arrestsachen keine Ausnahme statt. Nur wenn von einem schleunigen und dringenden Arreste die Rede ist, dessen Anlegung und Rechtfertigung ohne die höchste Gefahr nicht ausgesetzt werden kann, ist es erlaubt, dass Geschäft auch an einem Sonn- und Festtage vorzunehmen. Jedoch muss alsdann aller öffentliche An-*

stoss und jede Störung des Gottesdienstes mit möglichster Vorsicht vermieden werden.

Rescript vom 5. März 1810, betreffend die Unstatthaftigkeit der Termine an Sonn- und Festtagen.

Unsere Section des Kultus im Ministerium des Innern hat sich über die, von mehreren Gerichtshaltern veranlaßte, Störung der Sonntagsfeier beschwert. Besonders haben mehrere Geistliche darüber Klage geführt, daß verschiedene Gerichtshalter die Gerichts- und Dingetage auf den Sonntag ansetzen. Dies ist aber der Vorschrift der A. G. O. Thl. 3. Tit. I. §. 51—54. und Thl. I. Tit. 8. §. 5. entgegen, und es ist an den Sonn-, Buß- und hohen Festtagen auch in Wechsel-, Alimenten- und Arrestsachen keine Ausnahme davon zu verstatten, wofern nicht eine schleunige und dringende Arrestsache durch die höchste Noth gerechtfertigt wird, in welchem Falle aber doch aller öffentliche Anstoß und jede Störung des Gottesdienstes mit möglichster Vorsicht vermieden werden muß, wie dies auch in Ansehung der Handlungen der freiwilligen Gerichtsbarkeit Thl. II. Tit. 2. §. 11. vorgeschrieben ist. Zu keinem Falle soll jedoch des Sonntags eine gerichtliche Auction gestattet werden.

Auch über die öffentliche Ausstellung der Verbrecher am Sonntage ist Beschwerde geführt worden. Ob nun gleich dieser Gebrauch, vermittelst der Kirchenbuße, von der Kirche selbst ausgegangen ist, so ist doch diese in Unsern Staaten längst abgeschafft, und es sind auch die öffentlichen Ausstellungen im spanischen Mantel, der Fiedel und ähnlichen Strafwerkzeugen verboten, und noch weniger wollen Wir gestatten, daß die der Gottesverehrung, Ruhe und anständigen Erholungen gewidmeten Tage zu Strafvollziehungen sollen angewendet werden. Daher ist auch der Strafarrest nicht auf die Sonn- und Festtage zu vertheilen, und überhaupt von Seiten der Gerichte nichts vorzunehmen, was einen Mangel der Achtung gegen die Religion, und die von ihr geheiligten Gebräuche zu erkennen geben könnte.

(Mathis Bd. 9. S. 30. Abschn. I.)

Auf einen Tag sind nicht mehrere Termine zu setzen.

§. 6. Kein Deputirter des Gerichts muss Termine in mehr als einer Sache auf eben denselben Tag ansetzen; es wäre denn, dass er ganz zuverlässig versichert sein könnte, was maassen er diese mehreren Termine gehörig abzuwarten im Stande sein werde. Hiernach kann also die Anberaumung mehrerer Termine auf Einen Tag nur in ganz geringen Bagatell- in wirklichen Wechselsachen, oder wenn bloss eine Erklärung von einer Partei aufzunehmen ist, statt finden.

Bemerkung der Termine.

§. 7. Jeder Deputirte, Assistent und Justizkommissarius muss sich die von ihm abzuwartenden Termine genau bemerken, damit er sich in Zeiten darauf vorbereiten könne, auch keiner derselben vergessen, und solchergestalt vereitelt werde. Wer zu letzterm durch seine Fahrlässigkeit Anlass giebt, muss ohne Unterschied oder Ansehen der Person die Terminskosten aus seinen eigenen Mitteln bezahlen, und die Parteien schadlos halten.

Stunde des abzuwartenden Termins.

§. 8. Die Parteien sowohl, als die bei der Instruktion mitwirkenden Personen sind schuldig, sich genau zu der in der Vorladung benannten Stunde an dem zur Abhaltung des Termins bestimmten Orte einzufinden. Wer länger als eine Stunde auf sich warten lässt, muss, wenn dadurch der Termin vereitelt wird, oder wegen des Zeitverlaufs die Verhandlung vor ihrer gänzlichen Beendigung abgebrochen werden muss, allemal die daraus entstehenden mehreren Kosten tragen. Dass aber eine Partei in einem unter einem bestimmten Präjudicio angestandenen Termine ungehorsam ausgeblieben sei, ist nur alsdann anzunehmen, wenn eine solche Partei zu dem auf den Vormittag anberaumten Termine nicht bis um 12 Uhr, und wenn derselbe auf den Nachmittag stand, nicht bis um 5 Uhr sich gemeldet hat.

Wie es zu halten: 1) wenn der Beklagte sich gar nicht meldet.

§. 9. Wenn der Beklagte in dem zur Beantwortung der Klage anstehenden Termine, es mag derselbe zu dieser allein, oder zugleich zur Instruktion der ganzen Sache anberaumt sein, sich gar nicht meldet, und auch vorher keine Verlegung des Termins aus den unten vorkommenden erheblichen Gründen nachgesucht und erhalten hat, so muss über dieses sein Aussenbleiben ein Protokoll aufgenommen, und in die Registratur zum Vortrage bei der nächsten Versammlung des Gerichts befördert werden.

§. 10 Findet das Gericht die Insinuation der ergangenen Vorladung gehörig nachgewiesen, so wird auf dieses Protokoll ein Erkenntniss abgefasst; darin der ungehorsame Beklagte der in der Klage enthaltenen Thatsachen in contumaciam für geständig und überwiesen erklärt; und deutlich und bestimmt festgesetzt, was er also nach Vorschrift der Gesetze dem Kläger zu leisten, oder an Kapital, Zinsen und Kosten zu bezahlen schuldig; oder wozu der Kläger nunmehr für berechtigt zu achten sei.

§. 11. Dieses Erkenntniss wird dem Kläger oder dessen Assistenten und Bevollmächtigten noch an eben demselben Gerichtstage publizirt, dem Beklagten aber eine Abschrift davon, statt der Publikation, über die Post zugefertigt; auch der wirklich geschehene Abgang an ihn durch einen Postschein zu den Akten nachgewiesen. Hält der Beklagte sich am Sitze des Gerichts, oder dergestalt in der Nähe auf, dass ihm die Insinuation durch einen Boten geschehen kann; so muss, dass letztere bewirkt sei, auf die im vorigen Titel §. 37. u. f. beschriebene gewöhnliche Art zu den Akten bescheinigt werden.

§. 12. Ein solches Kontumazialerkenntniss hat alle Kraft eines wirklichen Urtels, und es kann daraus, gleich wie aus diesem, die Exekution nachgesucht und verhängt werden. Was aber der Beklagte oder auch der Kläger zu thun haben, wenn sie sich bei dem Inhalte des Erkenntnisses nicht beruhigen wollen, ist im dritten Abschnitte des vierzehnten Titels vorgeschrieben. Es muss also dem Kläger, wenn derselbe mit keinem rechtsverständigen Assistenten oder Bevollmächtigten versehen ist, bei der Publikation, so wie dem Beklagten bei der schriftlichen Zufertigung des Kontumazialurtels, der wesentliche Inhalt dieser gesetzlichen Vorschrift bekannt gemacht werden.

cfr. **Verordnung** vom 1. Juni 1833 (§. 68. und 69., wegen des Kontumazialverfahrens in Bagatellsachen.) s. zu I. 28. §. 1. seqq.

2) Wenn der Beklagte sich meldet, und

§. 13. Wenn hingegen der Beklagte in dem anberaumten Termine zur Beantwortung der Klage oder zur Instruktion erscheint, so erklärt er sich entweder, den Kläger überall seinem Antrage gemäss klaglos stellen zu wollen, oder er widerspricht dem Anmuthen desselben entweder durchgehends, oder nur in einem oder dem andern Stücke.

a) die Klage einräumt, oder

§. 14. Erklärt er sich, die Forderung des Klägers durchgehends einzuräumen, so muss über diese seine Erklärung ein Protokoll aufgenommen, und dem Kollegio vorgelegt werden. Ist er in Person gegenwärtig, so muss das Protokoll von ihm selbst, oder, wenn er nicht schreiben kann, auf diejenige Art, welche für dergleichen Fälle in Ansehung solcher Personen in den Gesetzen überhaupt vorgeschrieben ist, unterzeichnet werden. Hat er aber die Erklärung durch einen Bevollmächtigten abgegeben, so muss dieser nicht nur überhaupt nach Vorschrift des dritten Titels mit Vollmacht legitimirt sein, sondern es muss auch sein Auftrag zu einer solchen Erklärung entweder aus der Vollmacht selbst, oder aus Briefen, Instruktionen etc., welche der Bevollmächtigte zu den Akten geben muss, hinlänglich erhellen.

§. 15. Auf das im vorigen Paragraphen beschriebene Protokoll wird sodann in der nächsten Versammlung des Kollegii eine Resolution abgefasst, und darin deutlich und bestimmt festgesetzt, was nunmehr der Beklagte nach dem Inhalte der Klage, und seiner darauf abgegebenen Erklärung, dem Kläger zu leisten oder zu bezahlen habe, oder wozu der Kläger für berechtigt zu achten sei.

§. 16. Diese Resolution wird beiden Theilen, oder deren Assistenten oder Bevollmächtigten, gleich einem Urtel publizirt, und es kann daraus, wenn der Beklagte seiner übernommenen Verbindlichkeit kein Genüge leistet, eben so wie aus einem Erkenntnisse, die Exekution nachgesucht werden.

Blosse schriftliche Privaterklärungen einer abwesenden Partei sind zur Abfassung einer solchen Resolution nicht hinreichend; sondern sie werden bloss dem Kläger mitgetheilt, und es wird demselben überlassen, in wiefern er sich dabei beruhigen und die Reposition der Akten nachsuchen; oder auf eine gerichtliche Wiederholung des Anerkenntnisses dringen wolle. Ob übrigens das Anerkenntniss vor demjenigen Gerichte, bei welchem geklagt worden, oder bei einem andern abgegeben, und vom letztern attestirt, solchergestalt aber dem erstern vorgelegt werde, macht in Beziehung auf die Wirksamkeit eines solchen Anerkenntnisses keinen Unterschied.

Anh. §. 63. *Wenn die schriftliche Privaterklärung vor einer öffentlichen Behörde abgegeben worden, so bedarf es keiner gerichtlichen Wiederholung des darin enthaltenen Anerkenntnisses; vielmehr kann, in so fern Letzteres ganz vollständig und unbedingt ist, die Agnitionsresolution abgefasst werden.*

1) **Reseript** vom 7. August 1810, betreffend die Abfassung der Agnitionsresolutionen auf Grund eines schriftlichen Anerkenntnisses der Schuld von Seiten einer öffentlichen Behörde.

Der hiesige Magistrat hat darüber Beschwerde geführt, daß auf die gegen denselben angestellten Klagen dennoch jederzeit terminus instructionis abgehalten worden, obgleich die gemachte Forderung ante terminum eingeräumt worden, und es daher nur der Abfassung einer Agnitionsresolution bedurft hätte. Obgleich der §. 16. Tit. 8. Thl. I. der A. G. O. vorschreibt, daß auf bloße schriftliche Privaterklärungen einer abwesenden Pärtei eine Agnitionsresolution nicht abgefaßt werden könne, vielmehr die gerichtliche Wiederholung des Anerkenntnisses erforderlich sei, so findet doch diese Vorschrift in dem Falle keine Anwendung, wenn die schriftliche Erklärung von einer öffentlichen Behörde abgegeben wird. Ein solches schriftliches Anerkenntniß bedarf keiner weitern gerichtlichen Wiederholung, und es kann darauf in sofern solches ganz vollständig und unbedingt ist, die Agnitionsresolution abgefaßt werden. Hiernach habt Ihr in künftigen Fällen zu verfahren, damit nicht durch unnöthige Termine und durch Abfassung von Kontumazialbescheiden die Kosten zum Nachtheil der hiesigen Kämmerei ohne Zweck und Nutzen vermehrt werden (Mathis Bd. 9. S. 330. Abschn. II.)

2) cfr. **Verordnung** vom 14. Dezember 1833, über das Rechtsmittel der Revision und Nichtigkeitsbeschwerde. (§. 7., daß gegen Agnitionsresolutionen die Nichtigkeitsbeschwerde statt findet) s. zu I. 16. §. 1. seqq.

b) Wenn die Klage nur zum Theil eingeräumt wird.

§. 17. Erklärt sich der Beklagte über den Anspruch des Klägers nicht deutlich und bestimmt genug; macht er sich dabei Bedingungen, oder Vorbehalte; oder nimmt er nur einen Theil der Forderung für bekannt an, z. B. nur das Kapital, aber nicht die Zinsen, oder zwar auch die Zinsen, aber nach einem spätern Termine oder niedrigern Satze; oder will er den Zahlungstermin weiter hinausgesetzt wissen; oder bezweifelt er die geforderte Münzsorte etc.: so wird in allen diesen Fällen angenommen, dass es der Beklagte auf den Prozess ankommen lassen wolle, und diesem gemäss ergeht die weitere Verfügung.

§. 18. Doch muss in Fällen, wo bloss Zinsen, Kosten und andere dergleichen Nebenforderungen, oder bloss der Zahlungstermin, oder andere dergleichen blosse Nebenumstände streitig bleiben, auf die gütliche Beilegung, oder doch möglichste Abkürzung der Sache, vorzüglich Bedacht genommen; zu dem Ende der Kläger, wenn er entweder, weil der Termin zugleich zur Instruktion anberaumt war, schon gegenwärtig, oder doch in der Nähe zu haben ist, sogleich herbeigerufen; die Sühne über die streitig gebliebenen Nebenpunkte alles Ernstes versucht; wenn aber diese nicht statt findet, mit der weitern Instruktion ohne Aufenthalt verfahren, und diese, so weit es irgend möglich ist, noch in demselben Termine abgeschlossen werden.

c) wenn der Klage widersprochen wird.

§. 19. Wenn endlich der Beklagte den Anspruch des Klägers durchgehends oder doch in solchen Theilen, die keine blossen Nebenpunkte sind, in Abrede stellt, und es auf den Prozess ankommen lassen will; so wird mit Aufnehmung seiner Antwort auf die Klage und der weitern Instruktion der Sache nach den Vorschriften des folgenden neunten und zehnten Titels verfahren.

3) Wenn Prorogation gesucht wird.

§. 20. Kann aber der Beklage in dem anstehenden Termine nicht erscheinen, oder in demselben sich auf die Klage noch nicht gehörig und vollständig einlassen; so muss er dem Gerichte noch vor dem Termine davon Anzeige machen, und um die Verlegung desselben bitten.

§. 21. Diese Anzeige muss dergestalt zeitig geschehen, dass, wenn etwa der Kläger, oder sonst ein Dritter zu eben diesem Termine bestellt wäre, denselben die erfolgte Aufhebung und Verlegung des Termins noch zu rechter Zeit bekannt gemacht werden könne. Ueberhaupt wird hierdurch allgemein festgesetzt: dass, sobald einer oder der andere Theil ein Prorogationsgesuch dergestalt angebracht hat, dass dem Gegentheile davon nicht zeitig genug hat Nachricht gegeben werden können, um die Kosten zu verhüten, welche demselben aus den solchergestalt fruchtlosen Anstalten zu diesem Termine erwachsen sind, derjenige, welcher die Prorogation gesucht hat, allemal die Kosten tragen müsse; selbst in Fällen, wo das Prorogationsgesuch an sich erheblich und zulässig ist; ja selbst alsdann, wenn er durch Zufälle, die sich in seiner Person oder in äusseren Umständen ereignet haben, aber zur Wissenschaft des Gegentheils nicht gelangt sind, an der frühern Anbringung des Prorogationsgesuchs wäre verhindert worden. Wenn daher der Zufall, welcher das Prorogationsgesuch nothwendig macht, sich so spät vor dem Termine ereignet, dass der Beklagte Ursache hat, zu besorgen, es werde die erfolgte Prorogation dem Kläger durch den Richter nicht zeitig genug bekannt gemacht werden können; so ist es seine Sache, den Kläger unmittelbar von dem Vorfalle und dem angebrachten Prorogationsgesuche so schleunig als möglich zu benachrichtigen. Hat er dieses gethan, und der Kläger hat dennoch, weil er entweder auch die Privatnachricht nicht erhalten, oder sich daran nicht gekehrt hatte, wegen des fruchtlos gewordenen Termins vergebliche Kosten gehabt; so bleibt der rechtlichen Beurtheilung überlassen, in wie fern er diese Kosten, als durch einen blossen ganz unvermeidlichen Zufall entstanden, selbst tragen müsse, oder deren Ersatz von dem Gegentheil fordern könne.

Ursachen zulässiger Prorogationsgesuche.

§. 22. Die Ursachen, welche den Beklagten an der gehörigen Abwartung des anberaumten Termins verhindern, betreffen entweder seine Person, oder sie liegen in der Sache, und darin, dass der Beklagte die zur Einlassung auf die Klage und zur weitern Instruktion erforderlichen Nachrichten noch nicht hat zusammen bringen können.

§. 23. Ist die Rede von der Prorogation des ersten Termins; so ist es hinreichend, wenn das obwaltende Hinderniss nur bestimmt angezeigt, und an sich von dem Richter nicht unerheblich befunden wird. Eine besondere Bescheinigung darüber ist in der Regel nicht erforderlich.

§. 24. Wird aber eine fernere Prorogation nachgesucht, und zum Grunde davon ein in der Person des Beklagten sich ereignendes Hinderniss angegeben; so muss die Richtigkeit desselben, wenn es nicht etwa notorisch ist, durch glaubwürdige Atteste bescheinigt werden. Wird die Bescheinigung nicht beigefügt, die Ursache aber an sich erheblich, auch nicht unwahrscheinlich befunden; so muss zwar das Erforderliche wegen der Prorogation nach Vorschrift des folgenden Paragraphen verfügt, zugleich aber der Partei, die Nachbringung der Bescheinigung anbefohlen, und wenn diese nicht von ihr bewirkt werden kann, die Unrichtigkeit ihrer Angabe mit einer Ordnungsstrafe von 5 bis 20 Thalern an ihr geahndet werden.

§. 25. Findet der Richter das angezeigte Hinderniss erheblich, so muss er zwar den Termin verlegen, zugleich aber in reifliche Erwägung ziehen: ob und was etwa zu verfügen sei, um den fernern Aufenthalt in der Sache zu verhüten und abzuschneiden. So muss z. B., wenn der Beklagte in Person erscheinen soll, und daran durch Krankheit verhindert wird, sorgfältig erwogen werden: ob, nach der aus dem Zeugnisse des Arztes hervorgehenden Beschaffenheit und muthmaasslichen Dauer der Krankheit, der neue Termin, so wie die vorigen, an dem Sitze des Gerichts, mit wahrscheinlicher Hoffnung, dass er daselbst werde vor sich gehen können, anzusetzen: oder ob die Vernehmung des Beklagten an dem Orte seines Aufenthalts einem auswärtigen Kommissarius aufzutragen: oder ob der Beklagte zur Bestellung eines Bevollmächtigten zuzulassen oder anzuweisen sei.

§. 26. Wird die Verlegung des Termins aus dem Grunde nachgesucht, weil der Beklagte die erforderlichen Nachrichten zur Beantwortung der Klage noch nicht habe zusammenbringen können; so muss derselbe ganz genau und bestimmt anzeigen: worin der Mangel eigentlich bestehe; ob und in wie fern die Ursache davon in der Natur und Weitläufigkeit der Sache, in der allzugrossen Entlegenheit des Beklagten von dem Orte, wo das Gericht seinen Sitz hat, oder wo die erforderlichen Nachrichten eingezogen werden müssen, oder in andern äusseren zufälligen und unvermeidlichen Umständen liege; und was er gethan habe, um diese Nachrichten herbei zu schaffen, und sich dadurch in den Stand zu setzen, dass die Beantwortung der Klage in dem zu verlegenden Termine ohne abermaligen Aufenthalt aufgenommen, sodann aber mit der fernern Instruktion verfahren werden könne.

§. 27. Diesen Antrag muss das Gericht genau prüfen, und pflichtmässig bestimmen: ob der angezeigte Mangel dergestalt erheblich sei, dass selbigem von der Partei annoch fördersamst, ehe die Instruktion der Sache ihren weitern Fortgang haben kann, abgeholfen werden müsse; und ob die Anstalten, welche zu dieser Abhelfung getroffen werden, für zweckmässig und hinreichend anzusehen sind. Hiernach muss festgesetzt werden: in wie fern dem Beklagten die gebetene Nachfrist gestattet; was etwa von Gerichts wegen, um die Hebung des Hindernisses zu erleichtern und zu beschleunigen, verfügt, oder dem Beklagten an die Hand gegeben werden könne; oder ob, weil der angezeigte Anstand unerheblich, oder nur zum Verschleif der Sache hervorgesucht ist, der Beklagte dessen zu bedeuten, und zu einem möglichst nahen Termine unter der Verwarnung vorzuladen sei: dass, wenn er auch in diesem nicht gehörig erscheinen und sich einlassen würde, alsdann ohne alle fernere Nachsicht in contumaciam wider ihn verfahren werden solle.

cfr. **Verordnung** vom 1. Juni 1833 (§. 11 19. u. 66.) und **Instruktion** vom 24. Juli 1833 (§ 27 u. 34.) in Betreff der Prorogationsgesuche in summarischen und Bagatellprozessen; s. zu I. 28. §. 1 seqq.

Von Prorogationsgesuchen der Justizkommissarien.

§. 28. Besonders ist in Sachen, worin der abwesende Beklagte durch einen Justizkommissarius, als seinen Bevollmächtigten vertreten wird, die genaueste Aufmerksamkeit von Seiten des Gerichts bei Prüfung und Beurtheilung der angebrachten Prorogationsgesuche erforderlich. Es müssen also dabei nicht nur die Vorschriften §. 22—27. sorgfältig beobachtet werden, sondern es muss auch der Bevollmächtigte jedem solchen Gesuche seine Manualakten beilegen. Nach diesen muss der Decernent die Richtigkeit und Erheblichkeit des angeführten Grundes aufmerksam prüfen; er muss beurtheilen: in wie fern, besonders wenn die Prorogation wegen Mangels an hinreichender Information gebeten wird, dieser Mangel so erheblich sei, dass er wirklich die Fortsetzung der Sache aufhalte; oder in wie fern, eines solchen Mangels ungeachtet, weil er etwa nur einen Nebenumstand betrifft, der im Fortgange der Instruktion noch nachgeholt werden kann, mit Aufnehmung der Antwort auf die Klage dennoch zu verfahren sei; ob der Justizkommissarius dadurch, dass er die Information nicht zeitig eingezogen; dass er seiner Partei die zur Sache gehörigen Nachrichten nicht deutlich und bestimmt genug abgefordert; dass er ihr die Mittel, sich diese Nachrichten zu verschaffen, in so fern ihm dieselben bekannt sein konnten, nicht gehörig an die Hand gegeben; und dass er überhaupt die Korrespondenz mit der Partei zu träge, saumselig, nachlässig oder flüchtig betrieben hat, an dem Verzuge schuld sei; oder ob die Schuld an der Partei selbst liege; ob bei dieser ein anscheinender Vorsatz zum Verschleif der Sache, oder Nachlässigkeit und Sorglosigkeit oder Mangel an Kenntniss und Uebung in Geschäften die Ursache des Aufenthalts ausmache; und was etwa geschehen könne, um den Fortgang der Sache zu befördern und fernerm Verzuge vorzubeugen.

§. 29. Nach dem, was aus dieser Prüfung sich ergiebt, muss das Erforderliche von dem Richter mit reifer Beurtheilung verfügt werden. Findet er, dass der Grund des Verzugs in der Sache selbst liege, ohne dass irgend jemandem dabei eine Schuld oder Nachlässigkeit beigemessen werden könne; so muss er dem Prorogationsgesuche unbedenklich willfahren. Liegt die Ursache des Aufenthalts an dem Justizkommissarius, so kann zwar der Partei daraus kein wesentlicher Nachtheil erwachsen, und die Prorogation muss ebenfalls bewilligt werden. Der Richter muss aber nicht nur den säumigen Justizkommissarius ernstlich zurecht weisen, und ihm nöthigenfalls bestimmt andeuten, was er zu thun habe, um sich die erforderliche Information zu verschaffen, und fernern Aufenthalt zu verhüten: sondern es muss auch ein solcher säumiger Justizkommissarius mit den unten im dritten Theil näher zu bestimmenden Strafen belegt werden. Liegt die Schuld an der

Partei, und äussert sich dabei ein Vorsatz zum Verschleif der Sache, so muss, mit Versagung der gebetenen Prorogation, wider sie in contumaciam verfahren werden.

Scheint es nicht sowohl Vorsatz, als Nachlässigkeit und Sorglosigkeit der Partei zu sein, wodurch sie abgehalten worden, ihren Bevollmächtigten mit der nöthigen Information zu versehen; so muss nach Bewandniss der Umstände, nach dem sich daraus zu Tage legenden Grade der Verschuldung, und je nachdem schon mehrere Prorogationen nachgesucht und bewilligt worden oder nicht, entweder ebenfalls in contumaciam verfahren, oder die Prorogation zwar noch zugestanden; zugleich aber die Partei von dem Richter unmittelbar und schriftlich bedeutet: zur unverzüglichen Ertheilung der Information an ihren Bevollmächtigten, nöthigenfalls mit bestimmter Bemerkung der Umstände, worauf es dabei hauptsächlich ankomme, ernstlich angewiesen; allenfalls auch, wegen bewiesener grober Saumseligkeit, mit einer Ordnungsstrafe von 5 bis 10 Thalern belegt; allemal aber derselben eröffnet werden: dass, wenn sie auch diese ihr noch gestattete Nachfrist, ohne ihrer Schuldigkeit hierunter ein Genüge zu leisten, würde verstreichen lassen, alsdann, ohne alle fernere Rücksicht auf ihre Entschuldigungen, in cotumaciam wider sie verfahren werden solle.

Ergiebt sich aus den Umständen, dass Einfalt und Unkunde in den Geschäften, oder Mangel an der Gabe, sich schriftlich mit gehöriger Deutlichkeit und Bestimmtheit auszudrücken, die Partei verhindert habe, ihren Bevollmächtigten mit der nöthigen Information zu versehen; so muss der Richter vernünftig beurtheilen: in wie fern diesem Hindernisse durch eine umständliche Bedeutung und Belehrung abgeholfen werden könne, oder es rathsamer sein werde, einem am Wohnorte der Partei, oder in ihrer Nähe befindlichen Rechtsverständigen den Auftrag zu machen, dass er die Information für den Bevollmächtigten von ihr aufnehmen, und ihr in Einziehung der dazu gehörigen Nachrichten an die Hand gehen solle.

§. 30. Wegen eines Hindernisses in der Person des Bevollmächtigten findet der Regel nach keine Prorogation statt, sondern es muss in einem solchen Falle der Substitut desselben, in so fern einer vorhanden ist, den Termin abwarten, oder in dessen Ermangelung, nach Vorschrift des dritten Titels **§. 58.** verfahren werden.

§. 31. Auch wegen eines Hindernisses in der Person des instruirenden Richters darf kein Termin prorogirt oder verschoben werden; vielmehr muss der Instruent ein solches bei ihm sich ereignendes Hinderniss dem Vorgesetzten des Gerichts zur Bestellung eines andern Deputirten in Zeiten anzeigen. Ist das Hinderniss nur von kurzer und vorüber gehender Dauer, so kann er, wenn die Instruktion sich schon im Gange befindet, den Termin mit Einwilligung der Parteien, aber auch alsdann höchstens nur auf zwei bis drei Tage verschieben. Sollte sich aber finden, dass ein Instruent aus Mangel an Nachdenken und Ueberlegung, oder um zu seinen Nebengeschäften und Zerstreuungen desto mehr Zeit zu gewinnen, der Vorschrift des **§. 6.** zuwider, zu viel Termine auf einen Tag angesetzt, und dadurch zu Prorogationen selbst Anlass gegeben habe; so soll er nicht nur den Parteien allen daraus und aus der Verlängerung des Prozesses entstehenden Schaden ersetzen, sondern auch wegen eines solchen pflichtwidrigen Verhaltens, wenn er besonders sich dasselbe zur Gewohnheit gemacht hätte, mit den in den Gesetzen auf fahrlässige Amtsverwaltung geordneten Strafen, ohne Nachsicht und Ansehen der Person, belegt werden. (A. L. R. Thl. II. Tit. XX. §. 334. 335.)

§. 32. Wie übrigens in Fällen, da der erste Termin bloss zur Beantwortung der Klage, und nicht zugleich mit zur Instruktion der Sache, anberaumt gewesen (Tit. VI. §. 11. 12. 13.), bei Bestimmung des eigentlichen Instruktionstermins zu verfahren; was in Fällen, da nach aufgenommener Antwort und angefangener Instruktion, letztere nicht in Einem Tage geschlossen werden kann, bei Anberaumung der Termine zu deren Fortsetzung zu beobachten sei; in wie fern, und aus was für Gründen in beiderlei Fällen Prorogationsgesuche zulässig; und was die rechtlichen Folgen des von einem oder dem andern Theile im Fortgange der Instruktion bewiesenen Ungehorsams sind, wird im neunten und zehnten Titel näher vorgeschrieben werden.

Allgemeine Vorschriften wegen Beschleunigung der Prozesse.

§. 33. Ueberhaupt aber, und im Allgemeinen, wird hier noch verordnet: dass, da nach dem Hauptgrundsatze der gegenwärtigen Prozessordnung, bei der Instruktion eines Rechtsstreites auf eine gründliche und vollständige, aber auch möglichst schleunige Ausmittelung der Wahrheit, und der bei dem Prozesse zum Grunde liegenden Thatsachen, Alles ankommt, die Bestimmung der in jedem Prozesse zulässigen Termine und Fristen, wie viel dergleichen zu gestatten und wie weit sie hinaus zu setzen, wegen der in jedem einzelnen Falle vorkommenden mannigfaltigen, und sowohl in Rücksicht der Person und des Aufenthalts der Parteien, als der Natur, Weitläufigkeit und Wichtigkeit der Sache, von einander sehr verschiedenen Umstände, dem pflichtmässigen und vernünftigen Ermessen der Gerichte hauptsächlich anheim gestellt bleiben müsse.

§. 34. Besagte Gerichte, denen es obliegt, für die gründliche und zugleich möglichst schleunige Instruktion der Rechtssachen von Amts wegen Sorge zu tragen, werden daher, weder in Ansehung der Zahl der im Laufe eines Prozesses vorkommenden Termine, noch in Ansehung des für jeden Termin auszumessenden Zeitraums, in irgend einige durchaus bestimmte Schranken eingeschlossen; also, dass sie weder die Parteien um blosser Formalitäten willen übereilen, noch die hinter solchem Deckmantel sich verbergende Chikane ungestraft dulden dürfen.

§. 35. Da es aber Sr. Königlichen Majestät ernster Wille ist, dass ein gewöhnlicher Prozess, in welchem nach Anleitung des sechsten Titels §. 11. 12. 13. auf die Klage sogleich ein Termin zur Instruktion anberaumt werden kann, binnen Jahresfrist vom Tage der aufgenommenen Beantwortung der Klage beendigt werden solle; und man sich hauptsächlich an die Gerichte halten wird, wenn aus den Beschwerden der Parteien, bei Justizvisitationen, oder bei Prüfung der einzusendenden Listen und Tabellen, oder auch bei anderer Gelegenheit sich finden sollte, dass ein Prozess über die bestimmte Zeit ohne Noth verzögert worden; so müssen die Gerichte nicht nur jeden solchen Verzug, der in ihnen selbst, in der Nachlässigkeit, Trägheit oder Zerstreuung ihrer Mitglieder seinen Grund hat, durchaus und mit der grössten Sorgfalt vermeiden; sondern sie müssen auch, sowohl bei der ersten Anberaumung der Termine, als bei jeder nachgesuchten Verlängerung derselben, mit aller Vorsicht, Aufmerksamkeit und Ueberlegung zu Werke gehen; den Prorogationsgesuchen nie anders, als aus wirklich erheblichen, in dem Dekrete jedesmal ausdrücklich anzuführenden Gründen Gehör geben; nachlässige Parteien mit Ernst und Nachdruck zu ihrer Schuldigkeit anhalten; gegen diejenigen aber, welche sich beharrlicher Saumseligkeit, oder gar eines vorsätzlichen Ungehorsams und einer zum Verschleif der Sache abzielenden Chikane schuldig machen, nach jedesmaliger Lage der Sache, und nach Anleitung der im gegenwärtigen Titel ertheilten, so wie der in der Folge, nach Verschiedenheit der Fälle, noch näher zu ertheilenden Anweisungen, ohne die geringste Nachsicht in contumaciam verfahren.

Obliegenheiten der Justizkommissarien dabei.

§. 36. Da insonderheit bei Prozessen, welche in Abwesenheit der Parteien durch die von ihnen mit Vollmacht versehenen Justizkommissarien betrieben werden müssen, von der Aufmerksamkeit, Sorgfalt und Thätigkeit der Letzteren, in Einziehung der Informationen und Nachrichten über die vorkommenden Thatsachen, die Beschleunigung und Abkürzung der Instruktion hauptsächlich abhängt; so werden nicht nur dergleichen Justizkommissarien an die gewissenhafte Beobachtung der ihnen im dritten Titel allgemein vorgeschriebenen, und in der Folge noch näher einzuschärfenden Obliegenheiten alles Ernstes hierdurch erinnert; sondern es wird auch den Gerichten selbst ausdrücklich zur Pflicht gemacht, auf die strenge Befolgung dieser Vorschriften, ohne die mindeste Nachsicht und persönliche Schonung, oder andere Nebenrücksichten, um so ernstlicher Acht zu haben, als man sich, wenn Prozesse, wegen vorgeblichen Mangels der Information bei den Bevollmächtigten, durch die Schuld derselben verzögert werden sollten, deshalb hauptsächlich an den Richter halten wird; da diesem die ganze Direktion des Prozesses und der Instruktion, so wie der unablässige Betrieb derselben, von Amts wegen obliegt, und ihm das nöthige Ansehen nebst den erforderlichen Mitteln verliehen sind, die Justizkommissarien zu ihrer Schuldigkeit anzuhalten, und allen etwanigen Umzügen derselben Schranken zu setzen; und daher, wenn von diesen Anweisungen und Befugnissen nicht gehörig Gebrauch gemacht worden, die Verantwortung des unerlaubten Verzugs die Gerichte, besonders aber die Decernenten und Dirigenten, billig treffen muss.

Von Anberaumung der Termine bei Kommissionen.

§. 37. Wenn nach Anleitung Tit. VI. §. 10. Nr. 2. nach aufgenommener Klage die weitere Instruktion der Sache sogleich einem auswärtigen Kommissarius übertragen wird, so hat dieser wegen Anberaumung und Bestimmung der Termine, wegen Prüfung der einkommenden Prorogationsgesuche, und wegen des Verfahrens gegen ungehorsam ausbleibende oder den Prozess ohne Noth verzögernde Parteien, eben die Pflichten zu beobachten, welche darüber den Gerichten in Fällen, da der Prozess unmittelbar von ihnen instruirt wird, vorgeschrieben sind; und er steht im Uebrigen gegen das den Prozess dirigirende Gericht in eben dem Verhältnisse, wie der zur Instruktion bestellte Deputirte desselben.

Damit aber dergleichen an auswärtige Kommissarien verwiesene Sachen nicht liegen bleiben, sondern von dem Gerichte unter beständiger Aufsicht gehalten werden mögen, so muss das Gericht, sogleich bei Erlassung des Auftrages, eine nach den Umständen abzumessende Frist bestimmen, und einen Tag festsetzen, bis zu welchem der Kommissarius die instruirten Akten einsenden solle. Kann derselbe die Instruktion in diesem Zeitraume nicht zu Ende bringen, so muss er sogleich nach dessen Ablaufe, unerfordert, und von Amts wegen anzeigen: wie weit er mit dem Geschäfte gekommen sei; wodurch die Beendigung desselben aufgehalten werde; was er gethan oder verfügt habe, um die obwaltenden Hindernisse aus dem Wege zu räumen; und wie viel Zeit er bis zum Abschlusse der Instruktion noch nöthig zu haben vermeine. Auf diese Anzeige muss das Gericht nicht nur das bisherige Verfahren des Kommissarius prüfen, und ihn, wenn etwa unnöthige Verzögerungen bemerkt werden, an seine Schuldigkeit mit Nachdruck erinnern, oder die begangene Nachlässigkeit mit den vorgeschriebenen Ordnungsstrafen gebührend ahnden; sondern es muss ihm auch mit den speziellen Anweisungen, wie die sich findenden Anstände gehoben, und die Instruktion mehr beschleunigt und abgekürzt werden könne, nach Bewandniss der Umstände an die Hand gehen; und ihm eine nochmalige gemessene Frist vorschreiben, binnen welcher er seinem Auftrage ein Genüge leisten, oder weitere Anzeige von der Lage der Sache unerfordert thun müsse. Kommt innerhalb acht Tagen nach Ablauf der gesetzten Fristen gar keine Anzeige von dem Kommissarius ein, so muss er daran von Amts wegen erinnert, in eine Ordnungsstrafe von 2 bis 5 Thalern verurtheilt, und wenn sich in der Folge eine im Betrieb der Sache selbst ihm zur Last fallende Saumseligkeit findet, noch ausserdem seiner Gebühren verlustig erklärt werden. Es muss also der Betrieb auch eines solchen einem auswärtigen Kommissarius zur Instruktion aufgetragenen Prozesses der Aufmerksamkeit des denselben dirigirenden Gerichts zu keiner Zeit entgehen, und das Gericht muss für die möglichste Beschleunigung der Sache eben sowohl, als bei Prozessen, die von ihm unmittelbar instruirt werden, sorgen.

Neunter Titel.

Von Aufnehmung der Antwort auf die Klage, und was darauf zu verfügen.

Einziehung der Information von dem Beklagten:

§. 1. Wenn der Beklagte in dem zur Beantwortung der Klage anstehenden Termine persönlich, oder in zulässigen Fällen durch seinen Bevollmächtigten, sich gehörig meldet und auf den Prozess einlässt; so muss der Deputirte des Gerichts von ihm über alle und jede zur Sache gehörige Fakta und Umstände die genaueste und gründlichste Information einzuziehen sich angelegen sein lassen.

1) über die vorläufigen Einwendungen;

§. 2. Bei der Aufnehmung dieser Information selbst muss hauptsächlich auf nachstehende Punkte Rücksicht genommen werden: Erstlich, ob dem Beklagten eine oder die andere von den Tit. V. §. 4. N. 1. 2. 6. 7. 8. 10. 11. 12. erwähnten vorläufigen Einwendungen zustehe: z. B. dass die Person oder Sache nicht vor das Gericht gehöre, oder der Prozess schon bei einem andern Richter anhängig sei; dass es dem Kläger an der gehörigen Legitimation ermangele; dass von seiner oder des Beklagten Seite mehrere Interessenten, welche bei der Untersuchung mit zugezogen werden müssten, vorhanden; dass die Klage zu früh angestellt; dass der Kläger erst an den Prinzipalschuldner zu verweisen sei; dass er der Kosten halber Kaution bestellen müsse u. s. w.; oder ob vielleicht der Beklagte gegen die Person des Richters rechtmässige Einwendungen habe.

2) über den Grund der Klage;

§. 3. Der Deputirte des Gerichts muss,

Zweitens, dem Beklagten eine getreue und ausführliche Erzählung von dem Fakto, dem Geschäfte oder der Verhandlung, woraus der Prozess und der Anspruch des Klägers entspringt, abfordern; dieselbe mit der vom Kläger vorgetragenen Species facti sorgfältig vergleichen; den Inhalt dieser letztern dem Beklagten Punkt für Punkt vorhalten, und bei jedem auf eine genaue, deutliche und bestimmte Erklärung dringen; solchergestalt aber, was an dem Klagegrunde zugestanden oder abgeläugnet werde, richtig auseinander setzen.

3) über die Beweismittel;

§. 4. Dabei muss,

Drittens, der Beklagte examinirt werden, was er über solche Umstände, wo sein Vortrag von der Erzählung des Klägers abweicht, für Mittel, die Wahrheit zu erforschen, an die Hand geben könne. Diese Beweismittel müssen von ihm eben so genau und bestimmt, wie in Ansehung des Klägers Tit. V. §. 5. vorgeschrieben ist, angegeben; in so fern Urkunden darunter befindlich, selbige sofort herbeigeschafft, oder wenigstens, wo die Originale derselben befindlich sind, und von wem also deren Edition zu fordern sei, gehörig angezeigt werden.

4) über die Ausstellungen gegen die Beweismittel des Klägers;

§. 5. Der Beklagte muss,

Viertens, über die Beweismittel des Klägers vernommen werden: ob und was er in Ansehung ihrer Richtigkeit, Gültigkeit und Beweiskraft zu erinnern habe.

Beruhen diese Erinnerungen auf Thatsachen, so muss der Instruent sich diese gleichergestalt gehörig auseinander setzen, und die Mittel, sie im Läugnungsfalle darzuthun, bestimmt anzeigen lassen.

5) über die peremtorischen Einwendungen;

§. 6. Er muss,

Fünftens, nachfragen: ob und was Beklagter für Einwendungen, wodurch der Anspruch des Klägers ganz oder zum Theil aufgehoben würde, anzubringen habe; z. B. ob die Schuld durch Zahlung, Vergleichung oder Erlassung getilgt; ob die Sache schon einmal rechtskräftig entschieden sey; ob dem Beklagten die Verjährung zu Statten komme u. s. w. Auch hierbei muss der Beklagte zu einem umständlichen Vortrage, und zu einer deutlichen Auseinandersetzung der Thatsachen, worauf jede dergleichen Einwendung beruhet; ingleichen zur richtigen und bestimmten Angabe der Beweismittel; auch wenn es Urkunden sind, zu deren ungesäumten Herbeischaffung angehalten werden.

6) über die vermuthlichen Erwiederungen des Klägers;

§. 7. Hiernächst muss,

Sechstens, der Instruent, besonders in weitläufigen und verwickelten Sachen, wo eben wegen dieser Beschaffenheit derselben ein besonderer Termin zur Beantwortung der Klage anberaumt worden ist, theils aus der Erzählung des Beklagten von dem, was vor Anstellung des Prozesses zwischen ihm und dem Kläger vorgefallen ist, oder aus der unter ihnen gewechselten Korrespondenz; theils aber auch aus vernünftiger Erwägung des Herganges und Geschäftes selbst, worauf ein solcher Einwand beruhet, der dabei obwaltenden Umstände, und desjenigen, was in dergleichen Fällen gewöhnlich vorzukommen pflegt, so viel wie möglich im Voraus zu entdecken bemüht sein, was etwa Kläger seines Orts zur Erledigung und Widerlegung solcher Einwendungen in facto anzuführen haben möchte; und den Beklagten vernehmen: wie er sich allenfalls über dergleichen Erwiederungen zu erklären und zu vertheidigen gedenke; bei welcher Gelegenheit, und wenn sich findet, dass der Beklagte darauf noch nicht hinlänglich gefasst sei, derselbe mit deutlicher und bestimmter Anweisung: was er zu solchem Ende thun, wornach er sich erkundigen, was er aufsuchen und herbei schaffen müsse, zu versehen ist.

7) wegen zu veranlassender Adcitationen;

§. 8. Gleichergestalt muss der Instruent,

Siebentens, untersuchen: ob etwa jemand da sei, welcher zur zuverlässigen Aufklärung der Sache bei der Untersuchung mit zugezogen, dem die Information über diesen oder jenen Punkt, wovon der Beklagte selbst nicht hinlängliche Auskunft geben kann, abgefordert, oder gegen welchen, wegen eines dem Beklagten wider ihn zustehenden Regresses, eine Litisdenunciation erfolgen müsse. Die dahin einschlagenden Thatsachen sind alsdann, sammt der Angabe der Beweismittel, gleich allen übrigen richtig aufzunehmen, und vollständig auseinander zu setzen.

8) wegen der Gegenforderungen;

§. 9. Ein Gleiches ist zu beobachten, wenn sich,

Achtens, finden sollte, dass dem Beklagten eine Gegenforderung zustehe. Wie alsdann weiter zu verfahren sei, wird unten in dem Titel von der Wiederklage besonders vorgeschrieben.

9) Vorhaltungen, welche dem Beklagten zu machen sind.

§. 10. Endlich muss der Instruent,

Neuntens, dem Beklagten eben so, wie in Ansehung des Klägers Tit. V. §. 7. verordnet ist, die Sache nochmals in ihrem ganzen Zusammenhange vorlegen; ihn an seine Pflicht, die Wahrheit zu sagen, auch an die Strafen der im Gerichte vorgetragenen Unwahrheiten und des trevelhaften Läugnens erinnern; ihm die Umstände, in Ansehung welcher seine Species facti nicht recht zusammen hängt, die dabei vorkommenden Unwahrscheinlickeiten, und die gegen seine Beweismittel sich äussernden Anstände, freimüthig vorhalten; auch ihm, wenn er besonders mit keinem rechtskundigen Beistande versehen ist, die zur Sache gehörenden Vorschriften der Gesetze bekannt machen.

Von Exceptionibus juris.

§. 11. Wenn aus dem Vortrage des Beklagten, und aus dessen Vergleichung mit der Geschichtserzählung des Klägers, Rechtsausflüchte (Exceptiones juris) oder Rechtswohlthaten sich ergeben, welche dem Beklagten zu Statten zu kommen scheinen; so muss der Instruent auf dergleichen Umstände von Amts wegen Rücksicht nehmen, und die Thatsachen, auf die es dabei ankommt, die vorhergehenden, begleitenden und nachfolgenden Umstände, wodurch eine solche Exception entweder begründet, oder gehoben werden, und überhaupt Alles, was dabei in facto auf die künftige richterliche Beurtheilung Einfluss haben kann, mit aller Treue und Sorgfalt auseinander zu setzen bemüht sein.

Bei Beobachtung dieser Vorschrift muss jedoch vorzügliche Vorsicht und Behutsamkeit angewendet werden, damit nicht der Instruent aus übertriebener Aengstlichkeit, oder übel angebrachter Begierde, mit seinen Kenntnissen in der Rechtsgelehrsamkeit zu glänzen, auf Abwege und bloss muthmassliche, aus der Luft gegriffene Exeptionen verfalle, zu denen in dem Hergange und Zusammenhange der vorgetragenen Thatsachen kein hinreichender

Grund noch Anlass liegt; solchergestalt aber, ganz wider den Zweck der Prozessordnung, die besonders in Person erscheinenden Parteien selbst auf Chikanen und Umzüge leite, auf welche sie vielleicht aus eigener Bewegung nicht gerathen sein würden.

Wenn übrigens der Richter nach geschlossener Instruktion, und indem die Sache zur Abfassung des Erkenntnisses vorgelegt werden soll, Exceptiones juris, die aus dem entwickelten Fakto zu folgen scheinen, und die gleichwohl bei der Instruktion nicht gerügt worden sind (worunter auch der Einwand der Verjährung gehört), zu bemerken glaubt; so muss er, vor Abfassung des Erkenntnisses, eine nähere Vernehmung der Parteien darüber von Amts wegen veranlassen.

Von Hebung vorläufiger Anstände bei der Informationseinziehung.

§. 12. Sollte sich bei der Einziehung der Information von dem Beklagten irgend ein Anstand ereignen, zu dessen Hebung eine richterliche Verfügung nöthig wäre: z. B. dass eine dritte Person mit vorgeladen; die Edition eines, auch nicht in Abschrift, hinter Beklagtem befindlichen Dokuments von dem Kläger oder einem Dritten gefordert; die Kompetenz des Gerichtsstandes, oder eine obwaltende Prävention, oder ein anderer dergleichen vorläufiger Einwand erörtert werden müsste: so muss der Instruent sofort, und noch während der Informationseinziehung, dem Gerichte davon Anzeige machen, und auf die erforderliche Verfügung deshalb antragen.

Wie nach eingezogener Information weiter zu verfahren.

§. 13. Wenn solchergestalt die Information von dem Beklagten vollständig eingezogen ist, und die etwa sich findenden vorläufigen Anstände gehoben worden sind; so kommt es wegen des weitern Verfahrens darauf an: ob nach Vorschrift Tit. VI. §. 11. 12. 13. der Termin bloss zur Beantwortung der Klage, oder zugleich zur Instruktion der Sache gestanden habe.

1) wenn der Termin zugleich zur Instruktion der ganzen Sache, oder

§. 14. Im letztern Falle wird, nach aufgenommener Beantwortung, der Kläger oder dessen Bevollmächtigter sofort herbei gerufen, demselben das Beantwortungsprotokoll vorgelegt, und mit der fernern Instruktion nach Vorschrift des folgenden Titels verfahren.

In diesem Falle aber müssen die dem Beklagten nach §. 7. und 10. zu machenden Vorhaltungen und Bedeutungen nicht in das Beantwortungsprotokoll mit aufgenommen, sondern entweder von dem Instruenten selbst, oder von dem gegenwärtigen Assistenten oder Bevollmächtigten des Beklagten besonders vermerkt, dieser Vermerk auch bei den Manualakten des Letztern zum künftigen Gebrauche aufbewahrt werden.

1) bloss zur Beantwortung angestanden hat.

§. 15. Hat aber wegen Wichtigkeit und Weitläufigkeit der Sache der Termin bloss zur Vernehmung des Beklagten über die

Klage angestanden; so wird aus dem Informationsprotokolle eine besondere Beantwortung gezogen; diese, nebst dem versiegelten Informationsprotokolle, in die Registratur des Kollegii abgegeben; nach gemachtem Gebrauche aber letzteres bei den Manualakten des Assistenten oder Bevollmächtigten des Beklagten aufbewahrt.

Das Beantwortungsprotokoll wird in der Regel von dem Instruenten aufgenommen: es steht aber auch hier dem Beklagten, so wie in einem ähnlichen Falle (Tit. V. §. 15.) dem Kläger, frei, zu verlangen, dass die Anfertigung der Antwort, auf den Grund des Informationsprotokolls, seinem Assistenten oder Bevollmächtigten überlassen werde.

Hingegen findet die Erlaubniss, welche nach Tit. V. §. 16. dem Bevollmächtigten des Klägers ertheilt ist, auf den Grund der von ihm selbst eingezogenen Information eine schriftliche Klage einzureichen, in Ansehung des Beklagten zwar nicht statt; sondern die Information zur Beantwortung der Klage muss allemal, der Beklagte erscheine in Person, oder er werde durch einen Bevollmächtigten vertreten, durch den Deputirten des Gerichts selbst aufgenommen werden.

Doch steht dem Beklagten oder dessen Rechtsbeistande frei, noch vor dem Beantwortungstermine ein schriftliches Promemoria dem Instruenten zuzustellen, in welchem die nach obiger Vorschrift geordneten Einwendungen auf die Klage enthalten sind. Findet der Instruent dieses Promemoria so beschaffen, dass darin eine hinreichend vollständige Beantwortung der Klage anzutreffen sei, so muss er dasselbe in der nächsten Versammlung des Kollegii zum Vortrage durch den ordentlichen Decernenten befördern. Ist auch das Kollegium damit einverstanden, dass das Promemoria, welchem die Manualakten jedesmal beizufügen sind, eine hinlänglich vollständige Beantwortung der Klage enthalte; so wird, mit Aufhebung des Beantwortungstermins, unter Kommunikation der schriftlichen Antwort an den Kläger, sofort ein Termin zur Instruktion der Hauptsache anberaumt. Findet aber der Decernent oder das Kollegium die schriftliche Antwort nicht hinreichend; so bleibt es bei dem einmal anberaumten Beantwortungstermine, und das Promemoria dient bloss zur vorläufigen Information des Instruenten, welcher dasselbe dem Beantwortungsprotokolle beilegt. Es kann also, unter dem Vorwande einer einzureichenden schriftlichen Antwort auf die Klage, eine Prorogation des einmal angesetzten Beantwortungstermins weder nachgesucht, noch bewilligt werden.

Was die Beantwortung der Klage enthalten muss.

§. 16. In jeder Beantwortung einer Klage muss

1) das Faktum, woraus geklagt worden ist, nach der Erzählung des Beklagten, deutlich und umständlich vorgetragen; selbiges mit der Species facti des Klägers Punkt für Punkt verglichen, und solchergestalt auseinander gesetzt werden: in welchen Stücken beide Theile einig sind, oder in ihren Erzählungen von einander abweichen. Ferner müssen

2) die Einwendungen des Beklagten, sowohl gegen die Forderungen des Klägers überhaupt, als gegen seine Beweismittel,

angeführt, und die Thatsachen, worauf selbige beruhen, eben so deutlich und vollständig vorgetragen werden. Sodann sind

3) die dem Beklagten etwa zu Statten kommenden Exceptiones juris, jedoch nur ganz kurz, und ohne weitere nicht hierher, sondern in die künftige Deduktion gehörende Ausführung zu bemerken. Diesem wird endlich

4) ein der Sache und der Intention des Beklagten gemässer Antrag beigefügt. Auch müssen in diesem Protokolle die vom Beklagten angegebenen Beweismittel über sämmtliche darin vorkommende Fakta genau und bestimmt angezeigt, und, wenn es Urkunden sind, dieselben sofort beigelegt, ingleichen wegen der etwa zu verfügenden Edition der Originalien von den hinter dem Beklagten nur in Abschrift befindlichen Urkunden, muss das Nöthige angetragen werden.

Was auf die Beantwortung zu verfügen:

§. 17. Das Beantwortungsprotokoll muss von dem bestellten Decernenten in der nächsten Versammlung des Gerichts ordentlich vorgetragen werden.

§. 18. Der Decernent muss das Beantwortungsprotokoll mit der Information, so wie diese mit den obigen Vorschriften, sorgfältig vergleichen, und dabei die Verordnung des vierten Titels **§. 2.** genau befolgen.

1) wenn sich noch Anstände dabei befinden.

§. 19. Finden sich Anstände, denen bloss durch den Instruenten oder Bevollmächtigten abgeholfen werden kann; so muss das Erforderliche deswegen sofort, und mit Bestimmung einer kurzen gemessenen Frist, binnen welcher die Abhelfung erfolgen müsse, verfügt werden.

§. 20. Sind aber die obwaltenden Anstände, sie mögen sich nun aus der nach **§. 12.** von den Instruenten gemachten vorläufigen Anzeige ergeben, oder aus dem Beantwortungs- und dessen Vergleichung mit dem Informationsprotokolle von dem Decernenten entnommen werden, so beschaffen, dass zu deren Abhelfung eine richterliche Verfügung entweder an eine der Parteien, oder auch an einen Dritten nöthig ist; so muss sorgfältig geprüft werden:

1) ob der Anstand eine vorläufige Einwendung des Beklagten betreffe, wodurch die Einlassung auf die Klage aufgehalten werden soll: z. B. dass nicht in dem gehörigen Gerichtsstande geklagt worden; dass die Sache schon anderswo rechtshängig sei; dass es dem Kläger an der erforderlichen Legitimation ermangele u. s. w.; oder

2) ob der Anstand in einem Mangel an der Vollständigkeit der Nachrichten über die in der Klage oder deren Beantwortung vorkommenden Thatsachen beruhe.

§. 21. Im erstern Falle muss der Richter, wenn ein solcher Anstand durch eine vorläufige Verfügung sofort gehoben werden kann, diese Verfügung unverzüglich erlassen, und dass derselben ohne Aufenthalt genügt werde, von Amts wegen betreiben. Findet sich aber, dass dergleichen Einwand durch eine solche vorläufige

Verfügung nicht sofort aufgeklärt und bei Seite geschafft werden kann, sondern zur Erörterung desselben eine förmliche Untersuchung, und wohl gar die Aufnehmung eines Beweises gehören würde; so muss dadurch die Sache nicht aufgehalten, sondern die nähere Erörterung des Einwandes mit zum Instruktionstermine verwiesen werden.

§. 22. Besteht der vorwaltende Anstand darin, dass an der Vollständigkeit der Nachrichten über die in der Klage oder deren Beantwortung vorkommenden Thatsachen noch etwas ermangelt; so muss abermals vernünftig beurtheilt werden: ob das Fehlende so beschaffen sei, dass, wenn selbiges nicht noch vor dem Instruktionstermine ergänzt würde, daraus im Fortgange der Instruktion Verwirrung und Dunkelheit, oder doch beträchtlicher Aufenthalt und Verzug zu besorgen wäre; oder ob es bloss Nebenumstände, z. B. den Namen und Aufenthalt eines Zeugen etc., betreffe; wovon mit Grunde zu hoffen ist, dass es noch vor dem Eintritte des Instruktionstermins zu ergänzen sein werde.

§. 23. Im erstern Falle, wenn z. B. noch ein Hauptdokument zur Aufklärung der bei der Klage oder einer Einwendung dagegen zum Grunde liegenden Thatsache, von welchem auch keine Abschrift hat beigebracht werden können, von dem Kläger oder einem Dritten, welcher von der Sache nähere Wissenschaft, als der Beklagte selbst hat, eine vollständige Species facti über den Grund der Klage oder einer Einwendung nicht zu Stande gebracht werden kann etc., muss der Richter, noch vor Anberaumung des Instruktionstermins, alles Erforderliche zur Hebung eines solchen Anstandes verfügen; und dass diesen Verfügungen ein Genüge geschehe, von Amts wegen sorgen.

2) **wenn keine die Sache aufhaltenden Anstände vorhanden sind.**

§. 24. Kommt es aber auf Ergänzung blosser Nebenumstände noch an; so muss zwar auch deshalb das Erforderliche sofort erlassen, zugleich aber mit Anberaumung des Instruktionstermins verfahren werden.

§. 25. Zu diesem Instruktionstermine wird der Kläger schriftlich vorgeladen, und demselben eine vollständige Abschrift des Beantwortungsprotokolls, so wie sämmtlicher Beilagen davon, mitgetheilt. Dem Beklagten wird in der Regel nur eine Abschrift dieser Verordnung zu seiner Nachricht von dem anberaumten Instruktionstermine zugestellt; es wäre denn, dass von ihm noch vor dem Termine irgend etwas nachzubringen oder zu befolgen wäre; in welchem Falle ihm dazu eine schriftliche Anweisung ertheilt, und darin zugleich der anberaumte Instruktionstermin bekannt gemacht wird.

§. 26. Der Termin selbst wird, der Regel nach, an ordentlicher Gerichtsstelle anberaumt, und die Abhaltung desselben, so wie die fernere Instruktion der Sache, dem Deputirten des Kollegii, welcher die Beantwortung aufgenommen hat, und welcher jedesmal eine von dem ordentlichen Decernenten verschiedene Person sein muss, mit Zuziehung des ihm ebenfalls schon zugeordneten Protokollführers, übertragen.

§. 27. Ergiebt sich aus der Vergleichung der Klage mit ihrer Beantwortung, dass die Parteien in den Thatsachen einig sind, und nur darüber: in wie fern daraus das behauptete Recht des Klägers folge? streiten; so wird der Termin nur ganz kurz zu Regulirung des Status causae et controversiae, zum Versuch der Sühne und zum Definitivverfahren anberaumt, und beiden Theilen aufgegeben, denselben persönlich abzuwarten, oder einen Bevollmächtigten mit hinlänglicher und gemessener Anweisung, wegen der vorzunehmenden Vergleichstraktate, zu versehen.

§. 28. Schlägt der Versuch der Sühne fehl, so wird alsbald das Verfahren abgehalten, und sodann werden die Akten zum Spruche vorgelegt.

§. 29. Sind hingegen die Parteien in den Thatsachen nicht einig, indem entweder der Beklagte der Geschichtserzählung des Klägers widerspricht, und die Sache anders vorträgt, oder derselben Einwendungen, die auf andern Thatsachen beruhen, entgegen setzt: so wird der Instruktionstermin zu dem Ende anberaumt, dass

1) die Parteien über die streitigen Umstände noch näher gegen einander vernommen;
2) der Status controversiae unter ihnen regulirt;
3) die gegenseitig angegebenen Beweismittel vorbereitet und aufgenommen werden sollen.

§. 30. Es müssen also beide Theile angewiesen werden, auf diese weitere Instruktion der Sache sich gefasst zu halten; die Originalien der von ihnen allegirten, und etwa nur in Abschrift übergebenen Dokumente mitzubringen; sich auf die Rekognition oder eidliche Diffension derselben vorzubereiten; auch über die Annahme oder Zurückschiebung der von dem Gegentheil etwa deferirten Eide ihren Entschluss zu fassen, damit sie ihre Erklärung darüber in dem Termine abgeben können.

§. 31. Sind nach Anleitung des §. 21. und 23. noch vorläufige Anstände zu heben, die aber nicht so beschaffen sind, dass um deswillen die Anberaumung des Instruktionstermins hätte ausgesetzt werden müssen; so muss in der Vorladung zu diesem Termine, oder nöthigenfalls in einer besondern Verordnung, das Erforderliche deshalb erlassen, und, in so fern es Anweisungen für den Beklagten zur Vervollständigung seiner Antwort sind, die Frist zu deren Befolgung so bestimmt werden, dass sie noch vor dem Eintritte des anberaumten Instruktionstermins zu Ende laufe, und also dem Kläger noch zeitig vor dem Termine davon Nachricht gegeben werden könne.

§. 32. Wenn der Beklagte entweder gegen den Klagegrund selbst, oder gegen die Beweismittel des Klägers Einwendungen beigebracht hat; so muss dem Letztern ausdrücklich anbefohlen werden, in so fern er zur Widerlegung und Entkräftung derselben etwas, das auf Thatsachen beruhe, für sich anzuführen hätte, dieses, nebst allen diesfälligen Beweismitteln, dergestalt zeitig vor dem Termine anzuzeigen, dass dem Beklagten davon noch früh genug Nachricht ertheilt werden, und dieser im Termine selbst hinlänglich darauf vorbereitet erscheinen könne.

§. 33. Eben dergleichen Vorschrift muss dem Kläger auch in dem Falle gegeben werden, wenn der Beklagte seines Orts Beweismittel, wodurch das Gegentheil der klägerischen Species facti dargethan werden soll, angeführt hätte, und Kläger gegen die Richtigkeit, Gültigkeit oder Zulässigkeit dieser Beweismittel Einwendungen, welche auf Thatsachen beruhen, anzubringen gemeint wäre.

§. 34. Hat der Beklagte die Abschrift eines Dokuments beigebracht, wovon das Original hinter dem Kläger oder einem Dritten befindlich sein soll; so wird hier zugleich das Erforderliche wegen dessen Herbeischaffung, nach Vorschrift des folgenden Titels, verordnet.

§. 35. Ist auch etwa noch wegen Vorladung eines Litis denunciati etwas zu verfügen, so muss dergleichen Verfügung mit obbeschriebener Hauptverordnung unter Einem erlassen werden.

Allgemeine Anweisungen wegen der Vorbereitungen zum Instruktionstermine.

§. 36. Ueberhaupt muss der Richter, indem er die Verordnung zur Anberaumung des Instruktionstermins erlässt, zugleich darauf Bedacht nehmen, dass zu diesem Termine Alles dergestalt vorbereitet sei, damit in selbigem die Sache ununterbrochen fortgesetzt, und ohne Entstehung neuer zögernder Zwischenfälle, zum Definitiverkenntniss befördert werden könne. Eine aufmerksame und sorgfältige Ueberlegung des Inhalts der Klage und Antwort; der Punkte und Umstände, in welchen hauptsächlich die Parteien von einander abgehen; der Beschaffenheit der von einem oder dem andern Theile angegebenen Beweismittel; dessen, was zu deren Herbeischaffung erforderlich sein werde; der aus der Vernehmung des Beklagten sich ergebenden vermuthlichen Erwiederungen des Klägers, der Spuren, welche sich etwa noch von sonst vorhandenen, obgleich von den Parteien nicht ausdrücklich angegebenen Mitteln zur Entdeckung der Wahrheit, aus den bisherigen Verhandlungen hervor thun, werden einen Richter, dem die Erfüllung seiner Pflichten am Herzen liegt, in den Stand setzen, zu einer solchen vollständigen Vorbereitung der Instruktion zweckmässige Anstalten zu treffen, und durch vorläufige Anweisungen, Belehrungen und Bedeutungen der Parteien, oder auch durch andere von Amts wegen zu treffende Verfügungen, allen im Laufe derselben sich etwa ergebenden Anständen möglichst vorzubeugen.

In wie fern Zeugen oder

§. 37. In wie fern zu dem Instruktionstermine auch die von beiden Seiten benannten Zeugen mit vorzuladen, bleibt zwar hauptsächlich dem vernünftigen Ermessen des Gerichts anheim gestellt; doch kann in wichtigen Sachen, als wovon hier eigentlich nur die Rede ist, diese Vorladung der Zeugen nicht leicht eher, als nach regulirtem Statu controversiae, verfügt werden.

Sachverständige zum Instruktionstermine mit vorzuladen.

§. 38. Wenn aus dem Vortrage der Parteien und den bis dahin verhandelten Akten sich ergiebt, dass bei Untersuchung und

Erörterung des Rechtsstreits solche Thatsachen vorkommen, deren zuverlässige Beurtheilung nähere Kenntniss und Uebung in einer gewissen Kunst oder Wissenschaft voraus setzt; so must das Gericht von Amts wegen die Verfügung treffen, dass seinem Deputirten im Instruktionstermine ein Sachverständiger beigegeben werde, mit dessen Zuziehung er dergleichen streitige Thatsachen instruiren, und nach dessen Rath und Gutachten sowohl bei der Auseinandersetzung der Sache und Regulirung des Status controversiae, als bei Aufnehmung der Beweismittel verfahren soll.

Anh. §. 64. *In Absicht der Vorladung der bei der Instruktion zuzuziehenden oder sonst zu vernehmenden Sachverständigen findet folgendes Verfahren statt.*

Zuvörderst hat es dabei sein Bewenden, dass die ein- für allemal als Sachverständige bei den Gerichten angestellten und vereidigten Personen zugezogen werden.

In deren Ermangelung und in so fern sich die Parteien über die Sachverstandigen nicht vereinigen können, ist deshalb mit demjenigen Kollegium, welchem Personen dieser Art in Amtssachen untergeordnet sind, Rücksprache zu nehmen. Diejenigen, welche die Amtsbehörde nennt, können sich nicht entziehen, das Geschäft des Sachverständigen bei dem Gericht zu übernehmen.

Tritt dagegen der Fall ein, dass sich die Parteien über solche Sachverständige vereinigen, welche nicht in dieser Eigenschaft bei dem Gerichte angestellt und ein- für allemal vereidet, auch nicht von denen ihnen vorgesetzten Behörden, sondern von den Parteien selbst vorgeschlagen sind; so muss der Vorgeschlagene; falls seine Kunst oder Wissenschaft ihn ernährt, z. B. wenn er Lehrer, Professor, Arzt, Künstler oder Handwerker ist, sich als Sachverständiger, der unmittelbaren Aufforderung seiner Obrigkeit gemäss, gestellen und eidlich vernehmen lassen.

Ist er dagegen in einem öffentlichen Amtsverhältnisse; so muss das Gericht vorläufig mit der ihm vorgesetzten Amtsbehörde Rücksprache halten, und nur nach deren Bewilligung mit seiner Vorladung verfahren.

Anh. §. 65. *Die Auswahl der Sachverständigen unter mehreren entweder dem Gerichte bekannten, oder von der Amtsbehörde genannten, gehört, in Ermangelung einer Vereinigung der Parteien, zur Kompetenz des den Prozess dirigirenden Gerichts.*

1) **Rescript** vom 12. Juli 1806, betreffend die Auswahl und Vorladung der Sach- und Kunst erständigen. v. R. VIII. S. 625; aufgen in §. 64. des Anh.

2) **Rescript** vom 12. September 1796 nebst Bericht, betreffend die Wahl der Sachverständigen in fiskalischen Civil-Prozessen.

Wegen der zu dem Amte Alt-Landsberg gehörigen sogenannten Niederheide haben seit mehreren Jahren verschiedene ihrer Natur nach verwickelte und weitläufige Prozesse zwischen dem Fiskus und theils den Erben des gewesenen Staatsministers von Marschall, theils dem unlängst verstorbenen geheimen Kommerzienrath Schütz modo dessen Erben, geschwebt. Diese sind unter andern für jetzt bis zum Judikat dahin gediehen:

daß den von Marschallschen Erben, deren Kurator der geheime Tribunalsrath von Grollmann ist, das von ihnen in Bäumen erstrittene Holz übergeben werde.

Zu diesem Ende trug das Kammergericht mittelst Commissorialis vom 13. Juli d. J. dem Justiz-Bürgermeister Perlitz zu Strausberg auf:

dem von Marschallschen Kurator, ꝛc. von Grollmann oder dessen Bevollmächtigten, mit Zuziehung des Forst-Amts Alt-Landsberg und zweier unparteiischer Forstverständigen, das ihm judikatmäßig zuerkannte Holz anzuweisen und zu übergeben, und wenn das nicht in natura geschehen könne, den Werth des nicht vorhandenen Holzes auszumitteln.

Der Kommissarius sucht die qu. Ausmittelung des Holzes und dessen Werths durch

a) den Gräflich von Kamkenschen Förster Ewald und

b) den Strausbergischen Stadtförster Höne

zu bewerkstelligen; Ew. Königliche Majestät Churmärkische Kammer aber protestirt gegen diese als Sachverständige ausgewählte Personen, und hat durch mich beim Kammergerichte vorstellen lassen:

aa) den Landjäger Gens und

bb) den Oberförster Schlesike

vielmehr statt jener beiden ersten zuzuziehen, weil

1) die beiden letztern schon vorhin eine im Jahr 1792 in causa vorgekommene Abschätzung vorgenommen hätten, mithin von dem Lokale schon unterrichtet seien;

2) sie als Königliche Forstbediente mehr als der Ewald und Höne zur Abgabe eines sachverständigen Gutachtens und vollkommenen Bewerkstelligung des vorhabenden Geschäfts qualificirt wären;

3) es in dieser Sache hauptsächlich auf die Auseinandersetzung des Fiskus mit den von Schützeschen Erben darüber: wie viel Holz nach Verhältniß aus dem von Schützeschen, und wie viel aus dem Königlichen Antheile der Niederheide zu nehmen sei, mit ankomme, also hierbei nichts besser als die Genésund Schlesikesche Taxe der Leitfaden sein könne, und

4) die bereits in causa mittelst eines Protokolls vom 6. Oktober 1795 von dem Ewald und Höne aufgenommene Taxation ungemein hoch und so ausgefallen sei, daß solche, zumal bei den gegenwärtigen geringen Holzpreisen, offenbar verwerflich sei, und selbige auch mit der revidirten Holztaxe vom 5. Juli 1792 in gar keinem Verhältnisse stände.

Das Kammergericht hat diese Protestation und Vorstellung gar nicht gelten lassen wollen, sondern darauf unterm 14. Dezember 1795 zur kurzen Resolution gegeben:

daß die Zuziehung ꝛc. Schlesike und Gené aus dem Grunde unstatthaft sei, weil diese als Königliche Bediente, und nicht als unparteiische Sachverständige angesehen werden könnten.

Alle weitere Gegenvorstellung und unmittelbare Korrespondenz der ꝛc Kammer mit dem Kammergerichte will gegen diese abschlägliche Resolution nichts verfangen. Ich bin daher mittelst der abschriftlichen sub A. angebogenen Verordnung der Churmärkischen Kammer, als meines Collegii committentis, vom 27. Juli und 19. August d. J. angewiesen worden:

dieserhalb bei Ew. Königlichen Majestät Justizministerio Vorstellung zu thun.

Ew. Königliche Majestät werden nun selbst schon bei dem ersten Anblick zu ermessen geruhen, daß das Benehmen des Kammergerichts hierin wohl nicht der Sache gehörig entspreche. Die Gründe davon leuchten gleichsam von selbst ein.

Fiskus kann sich bei dem Grundsatze:

daß Königliche Bedienten in Streitigkeiten des Fiskus mit Privatis nicht als unparteiische Sachverständige betrachtet werden könnten,

unmöglich beruhigen, weil nach demselben bei den Königlichen Kammerbedienten, so wie überhaupt bei allen Königlichen Bedienten, eine Parteilichkeit vorausgesetzt wird, welche sie zu Versehung der ihnen anvertrauten Aemter untauglich machen würde.

Sollte jener vom Kammergerichte adoptirte Satz statt finden, so würde selbst gegen alle Mitglieder der Landes-Kollegien, da selbige sämmtlich aus Königlichen Kassen Gehalt ziehen, von den Privatis die Einwendung gemacht werden können:

daß sie in Rücksicht ihres Verhältnisses immer in fiskalischen Sachen der Parteilichkeit verdächtig seien,

und sogar das Kammergericht würde in Sachen, wobei Ew. Königlichen Majestät Fiskus interessirt, nicht Richter sein dürfen, da dessen Glieder eben sowohl als die Königlichen Forstbedienten von Ew. Königlichen Majestät bestellt und besoldet werden. Fiskus selbst aber würde durch Annehmung des obigen Grundsatzes vorzüglich in denjenigen Fällen sehr übel fahren, wo sich, z. B. in Bau- und Forstsachen, eine praktische wissenschaftliche Kenntniß und Erfahrung bloß bei den aus Königlichen Kassen besoldeten Offizianten befindet, und er alsdann diese verworfen sehen, dagegen aber das Gutachten von Anfängern oder nicht so erfahrenen und in wichtigen Geschäften geübten Sachverständigen gegen sich gelten lassen müßte.

Eben dieses läßt sich auch im vorliegenden streitigen Falle befürchten, wo wenigstens die Erfahrung und die Kenntnisse der vom Kammergerichte als Sachverständige admittirten obigen Privat-Forstbedienten weder der rc. Kammer bekannt sind, noch auch bei ihnen als Privatis im gleichen Schritt mit öffentlichen Königlichen Forstbedienten zu vermuthen stehen. Dahingegen aber tritt dem rc. Gens und Schlesike das zur Seite, daß sie in einem ausgebreiteten Forstdienste alt geworden, und schon im Jahre 1796 bei der Abschätzung des Holzes von dem Kommissarius des Kammergerichts zugezogen worden sind, auch sich von ihnen als redlichen Männern erwarten läßt, daß sie ihr Gutachten mit einer keine Rücksicht auf ihre sonstigen Verhältnisse nehmenden Parteilosigkeit abgeben werden.

Das Kammergericht hat selbst schon, in Sachen des Amts Schönhausen wider die Hausbesitzer der letzten Straße, nachgegeben, daß Königliche Offizianten, wie es denn auch nicht anders sein kann, als unparteiische Sachverständige angenommen worden sind. Berlin, den 5. September 1796.

Rescript.

Se. Königl. Majestät von Preußen rc. Unser allergnädigster Herr, lassen dem Adjuncto Fisci, Kriegesrath Beseke, auf seine unterm 5. d. M., in Sachen des Forstamts Alt-Landsberg wider die von Marschallschen Erben, eingereichte Vorstellung hierdurch zum Bescheide ertheilen:

daß seinem darin angebrachten Gesuche nicht deferirt werden könne.

Die Auswahl der zuzuziehenden Sachverständigen gehört unstreitig zur Kompetenz des den Prozeß dirigirenden Gerichts, und da kein Gesetz vorhanden ist, welches Privat-Forstbediente für unfähig erklärt, als partis periti in Forstsachen adhibirt zu werden; so existirt kein hinreichender Grund, die Auswahl des Kammergerichts zu verwerfen, und auf Instanz einer Partei dem Gerichte und dem Gegentheile die von jener gewählten Subjekte aufzudringen.

Uebrigens hat Supplikant bei seiner Ausführung übersehen, daß hier die Forstkasse selbst in lite ist, und daß die Königl. Forstbedienten zur Beförderung des Interesse eben dieser fiskalischen Station in besondern Pflichten stehen.

Berlin, den 12. September 1796. (Stengels Beitr. Bd 4. S. 276.)

3) **Rescript** vom 6. März 1826, betreffend die Unzulässigkeit der Zuziehung der Mitglieder der Ober-Baudeputation als Sachverständige in Prozessen.

Der von dem Herrn Minister des Innern in dem abschriftlich anliegenden Schreiben vom 26. v. M. geäußerten Ansicht:

daß die Zuziehung des Direktors und der Mitglieder der Ober-Baudeputation, als Sachverständige in einem Prozesse zur Abgabe eines Gutachtens unzulässig sei rc.

muß der Justizminister beipflichten. Dem Königlichen Kammergerichte wird daher mit Bezugnahme auf das Rescript vom 12. Juli 1806,

betreffend das Verfahren bei Zuziehung und Vorladung der, zur Begründung der Entscheidungen in ökonomischen, technologischen rc. Angelegenheiten erforderlichen Sach- und Kunstverständigen

und mit Hinweisung auf den §. 64. des Anh. zur A. G. O. aufgegeben, nach der Ansicht des Königlichen Ministerium des Innern zu verfahren.

(Act. des Justizm. Gen. No. 15. Fol. 43.)

4) **Edict** zur Beförderung der Landkultur vom 17. September 1811. §. 38.

§. 38. Bei Streitsachen über landwirthschaftliche Gegenstände werden oft Sachverständige zu Gutachten vorgeschlagen, welche nicht hinlänglich qualificirt sind. Um die daraus für die Grundbesitzer entstehenden Verluste und Nachtheile zu verhüten, verordnen wir hiermit, daß in dergleichen Fällen nur solche Gutachten gültig sein sollen, welche von approbirten Oekonomiekommissarien oder Kreisverordneten abgegeben werden.

(G. S. S. 300.)

5) cfr. **Instruction** vom 16. Juni 1832, über das Verfahren bei Abschätzung der Inventarienstücke verpachteter Landgüter (in Betreff der hierbei zuzuziehenden Sachverständigen). f. zu I. 44. §. 48. seqq.

Von persönlicher Abwartung dieser Termine.

§. 39. Wegen der Pflicht der Parteien, die Instruktionstermine persönlich abzuwarten, und ihrer ausdrücklichen Aufforderung dazu, hat es bei den Vorschriften des dritten Titels sein Bewenden, und muss besonders in wichtigen und weitläufigen Sachen, wovon hier vornehmlich die Rede ist, ganz besonders darauf gesehen werden, dass, wenn auch die Klage oder deren Beantwortung nur durch Bevollmächtigte wären aufgenommen worden, dennoch wenigstens im Instruktionstermine die Parteien persönlich zusammen gebracht werden, damit sowohl durch ihre Vernehmung gegen einander die Ausmittelung der Wahrheit desto sicherer und schleuniger bewirkt, als der Versuch der Sühne, ohne Aufenthalt der Sache, desto zweckmässiger angestellt werden könne.

f. Einleitung §. 12. Anh. §. 1.

Wie weit der Termin hinaus zu setzen sei.

§. 40. Wie weit der Instruktionstermin hinaus zu setzen sei, muss von dem Gerichte nach Bewandniss der Umstände, der grössern oder geringern Entfernung der Parteien, und der vor dem Termine noch zu befolgenden Anweisungen, mit Rücksicht auf die Vorschrift des achten Titels, beurtheilt werden.

Vorladung des Klägers.

§. 41. Der Kläger wird zu dem Instruktionstermine unter der Tit. VI. §. 18. vorgeschriebenen Verwarnung vorgeladen; dem Beklagten aber wird bekannt gemacht, dass, wenn er in diesem Termine ungehorsam aussen bleiben würde, die Instruktion dennoch in contumaciam fortgesetzt werden solle.

Wie es zu halten, wenn derselbe, oder

§. 42. Wenn der Kläger in dem Instruktionstermine sich gar nicht meldet, und auch vorher nicht zu erkennen gegeben hat, dass er die Sache fortsetzen wolle: so wird, der ergangenen Verwarnung gemäss, angenommen, dass er sich der Fortsetzung des Prozesses begebe. Es wird also durch eine Resolution auf das über sein Aussenbleiben abgehaltene Protokoll festgesetzt, dass er dem Beklagten alle bisherige Kosten erstatten, und mit Reposition der Akten verfahren werden solle. Was der Beklagte zu thun hat, wenn ihm daran gelegen ist, dass die Sache fortgesetzt und rechtlich entschieden werde, ist unten Tit. XXXII. vorgeschrieben.

wenn der Beklagte nicht erscheint.

§. 43. Hat aber der im Termine ausbleibende Kläger vorher, es sei durch ein, obwohl unzulässig befundenes Prorogationsgesuch, oder sonst, zu erkennen gegeben, dass er den Prozess fortsetzen wolle; so wird mit der Instruktion in contumaciam fortgefahren: und ein Gleiches geschieht in allen Fällen, wenn der Beklagte sich eines ungehorsamen Aussenbleibens im Instruktionstermine schuldig macht.

Rechtliche Folgen des Ungehorsams nach erfolgter Einlassung auf die Klage.

§. 44. Die rechtliche Folge des Ungehorsams, der von einem Kläger, oder auch von dem Beklagten, nach erfolgter Einlassung, begangen wird, besteht darin:

dass jede streitige Thatsache, bei deren Erörterung ein solcher Ungehorsam sich äussert, für zugestanden, oder nicht angebracht, so wie es dem Ungehorsamen nachtheilig ist, angesehen werden muss.

Diese Folge ihres Ungehorsams kann eine Partei nur dadurch von sich abwenden, wenn sie noch vor dem gänzlichen Abschlusse der Instruktion, der richterlichen Auflage, von welcher die Rede ist, ein vollständiges Genüge leistet, und dem Gegentheile alle Schäden und Kosten, die demselben aus der bisherigen Zögèrung erwachsen sind, vollständig vergütet. Ueberdiess muss eine solche Partei, wenn sie ihr Verschulden bei der Nichtbefolgung der richterlichen Anweisung nicht vollkommen ablehnen kann, mit einer Ordnungsstrafe von 2 bis 10 Thalern belegt werden. In wie fern aber, wenn die Instruktion der Hauptsache schon abgeschlossen ist, der Partei gegen das darauf folgende Erkenntniss die Appellation oder ein anderes Rechtsmittel zustehe, wird unten (Tit. XIV.) festgesetzt werden.

Von Prorogationen der Instruktionstermine.

§. 45. Prorogationen der Instruktionstermine können in dem Falle, wovon hier die Rede ist, wenn nämlich die Beantwortung der Klage bereits aufgenommmen worden, in der Regel gar nicht statt finden; sondern sie sind nur alsdann zulässig,

1) wenn eine Partei, die den Termin in Person abwarten soll und will, durch persönliche Ehehaften und Abhaltungen, wider ihren Willen, und ohne ihr Verschulden, daran verhindert wird;
2) wenn der Klage Einwendungen aus Thatsachen entgegen gesetzt werden, die bei Aufnehmung der Klage, und der Information dazu, gar nicht vorgekommen sind, worauf sich also der Kläger nicht hat vorbereiten können. In diesem Falle kann dem Kläger, zur Herbeischaffung der erforderlichen Nachrichten und Vorbereitung seiner etwanigen ebenfalls auf Thatsachen beruhenden Erwiederungen, eine billige Nachfrist und die Verlegung des Instruktionstermins nicht versagt werden.

§. 46. Bei der Anbringung solcher Prorogationsgesuche, so wie bei deren Beurtheilung, müssen die Vorschriften des achten Titels §. 20. u. f. gehörig befolgt werden, und der Richter muss dabei mit desto mehrerer Genauigkeit und Strenge verfahren, als in dem vorausgesetzten Falle, da Klage und Antwort bereits vorschriftsmässig instruirt und aufgenommen sind, nur ungewöhnliche und ausserordentliche Umstände die weitere Fortsetzung der Sache aufhalten können; und daher ein vollständiger und überzeugender Nachweis solcher Umstände nothwendig ist, wenn, besonders von dem Beklagten, der Verdacht, dass die Prorogation nur zum Verschleif der Sache, nachgesucht werde, abgewendet werden soll.

§. 47. Wenn die Information zur Klage durch einen Justizkommissarius aufgenommen, und die Klage von demselben schriftlich eingereicht worden, in der Folge aber Prorogationen des Instruktionstermins von Seiten des Klägers nachgesucht werden; so begründet dieses den Verdacht, dass der Justizkommissarius bei Einziehung der Information die Vorschriften des fünften Titels §. 6., wegen der Vorbereitung auf die vermuthlichen Einwendungen des Beklagten, nicht sorgfältig genug beobachtet habe. Es müssen daher in einem solchen Falle die Manualakten des Justizkommissarius mit vorzüglicher Aufmerksamkeit geprüft, die dabei von ihm begangenen Versehen ernstlich gerügt, und er dafür, nach Beschaffenheit der Umstände, mit den vorgeschriebenen Ordnungsstrafen belegt werden.

§. 48. Wegen obschwebender Privat-Vergleichsunterhandlungen findet die Prorogation eines anstehenden Instruktionstermins nur alsdann statt, wenn beide Theile dieselbe entweder in Person, oder doch unter ihrer eigenen Hand und Unterschrift nachsuchen; oder wenn sonst zu den Akten glaubwürdig nachgewiesen wird, dass sie wirklich in solchen Unterhandlungen stehen, und besonders der Kläger sich aus diesem Grunde die Verlegung des Termins gefallen lasse.

Zehnter Titel.

Von der Instruktion der Sache zum Definitiverkenntnisse.

Bestimmung des Instruktionstermins.

§. 1. Die Bestimmung des Instruktionstermins ist:

1) dass in selbigem die Parteien über die bei dem Prozesse vorkommenden Thatsachen noch näher gegen einander vernommen, und, so weit es möglich ist, darüber vereinigt;
2) dass durch Aufnehmung der unstreitigen Thatsachen, nähere Bestimmung der streitig gebliebenen, und Absonderung der erheblichen von den unerheblichen, der Status causae et contraversiae regulirt;
3) dass die streitig gebliebenen erheblichen Thatsachen durch Aufnehmung der darüber vorhandenen Beweismittel möglichst ins Licht gesetzt;
4) dass nach erfolgter Aufnahme des Beweises, derselbe den Parteien vorgelegt, sie darüber, und was sie dabei noch zu erinnern und zu ergänzen finden, vernommen, die Sühne unter ihnen mit allem Fleisse versucht, und, wenn diese nicht Statt findet, die Instruktion geschlossen werden soll.

Allgemeine Obliegenheit des Instruenten.

§. 2. Bei dieser Instruktion der Sache muss besonders die Sorgfalt des Instruenten, die Wahrheit der bei der Klage, oder bei einem derselben entgegen gesetzten Einwande, zum Grunde liegenden Thatsachen gründlich und vollständig auszumitteln, sich thätig erweisen. Er muss alle Mühe anwenden, von diesen Thatsachen eine vollständige und zusammenhängende Geschichtserzählung, in Ansehung aller Haupt- und auf die Entscheidung Einfluss habenden Nebenumstände darzustellen; er muss zu dem Ende die Parteien mit unermüdeter Sorgfalt, Aufmerksamkeit und Geduld über ihre gegenseitigen Angaben vernehmen; sie auf die Unwahrscheinlichkeit, die Lücken und das Unzusammenhängende, was sich in diesen ihren Angaben etwa findet, aufmerksam machen; sie an ihre Pflicht, vor Gericht die Wahrheit zu sagen, und an die gesetzlichen Strafen wissentlich vorgetragener Unwahrheiten, so wie des frevelhaften Läugnens, bei jeder vorkommenden Gelegenheit ernstlich erinnern; in so fern sie über erhebliche Thatsachen nicht vereinigt werden können, die eigentliche Bewandniss derselben durch sorgfältige Aufsuchung und Aufnehmung der darüber vorhandenen Beweismittel ins Licht zu setzen bemüht sein; sich nicht bloss an diejenigen binden, die ihm von den Parteien an die Hand gegeben werden, sondern auch, wenn sich im Fortgange der Verhandlungen findet, dass ausser diesen von den Parteien vorgeschlagenen Beweismitteln, deren noch mehrere andere, wodurch ein helleres Licht über die streitigen Thatsachen verbreitet werden könnte, vorhanden sind, denselben auch ohne besondere Anregung der Parteien nachgehen, und davon den erforderlichen Gebrauch machen; überhaupt aber mit seiner Untersuchung nicht eher ablassen und ermüden, als bis alle vorkommende erhebliche Thatsachen vollständig aufgeklärt, oder doch alle dazu nur irgend vorhandene Mittel angewandt und erschöpft worden sind.

besonders in Ansehung der während der Instruktion, bis zum Schlusse der Sache, oder erst in den Deduktionen vorkommenden Thatsachen.

§. 3. Der Richter muss daher auf alle Umstände und Thatsachen, die zur Begründung der Klage, oder eines dagegen gemachten Einwandes gehören, und entweder zur genauern und vollständigern Aufklärung derselben geradezu beitragen, oder auf die Gültigkeit und Glaubwürdigkeit der angegebenen oder aufgenommenen Beweismittel Einfluss haben können, während des Laufs der Instruktion allerdings Rücksicht nehmen; ohne sich daran zu kehren, in welchem Zeitpunkte dieselben, und ob sie z. B. vor, bei, oder auch erst nach Regulirung des Status causae et controversiae, bei der Aufnehmung der Beweismittel, oder gar erst im Schlusstermine zum Vorscheine gekommen sind. Auf neue Umstände und Thatsachen, die nach schon völlig geschlossener Instruktion erst in den Deduktionen angebracht worden, ist zwar der Richter in der Regel sich einzulassen nicht schuldig; sondern die Partei, welche zu deren zeitigern Anbringung Raum und Gelegenheit genug gehabt hat, muss es sich beimessen, wenn sie davon erst in der zweiten Instanz Gebrauch machen kann.

Wenn inzwischen der Richter findet, dass der in der Deduction angeführte neue Umstand deutlich und bestimmt genug vorgetragen, auch an sich von so offenbarer Erheblichkeit sei, dass dadurch in der Lage der Sache eine wesentliche Veränderung hervorgebracht werden könnte; so steht ihm frei, die Instruktion desselben, noch vor Abfassung des Erkenntnisses, durch eine vorläufige Resolution zu verordnen.

§. 4. Damit inzwischen die Parteien diese Erlaubniss, die Instruktion der Thatsachen noch während des Laufes des ganzen Verfahrens erster Instanz zu ergänzen, aus Leichtsinn, oder gar durch vorsätzliche Zurückhaltungen nicht missbrauchen; so muss in Ansehung der aus der verspäteten Angabe erwachsenden Schäden und mehreren Kosten, die Vorschrift des Drei und Zwanzigsten Titels mit aller Strenge beobachtet werden.

Einschränkung der Befugnisse der Parteien in Anbringung neuer Thatsachen.

§. 5 a. Obige den Parteien gestattete Nachsicht zu Anbringung neuer Thatsachen während des ganzen Laufes der Instruktion, ist übrigens nur auf solche einzuschränken, welche dasselbe Hauptfaktum oder Geschäft, worauf die Klage gegründet worden, betreffen, oder damit in Beziehung stehen. Thatsachen hingegen, welche von denen, die in der Klage angegeben worden, ganz verschieden sind, und einen andern und neuen Klagegrund darstellen, können in diesem Prozesse nicht zur Erörterung gezogen werden, wenn auch in den Zeugenaussagen oder sonstigen Instruktionsverhandlungen etwas davon mit vorkommen sollte; sondern es bleibt dem Kläger überlassen, in wie fern er davon zur Anstellung einer neuen Klage Gebrauch machen wolle. Es hat also zwar bei der in dem Fünften Titel §. 21. dem Kläger gegebenen Erlaubniss, noch während des Laufes der Instruktion seinen Antrag (Petitum) zu ändern, sein Bewenden; aber auf eine Veränderung des Klagegrunds selbst (Fundamenti agendi) kann diese Befugniss nicht ausgedehnt werden.

ingleichen des Richters, bei den ex officio anzustellenden Nachforschungen.

§. 5 b. Eben so findet die dem Richter auferlegte Pflicht und eingeräumte Befugniss, den wahren Zusammenhang streitiger und erheblicher Thatsachen auch von Amts wegen aufzuklären, darin ihre Einschränkung, dass demselben nicht gestattet werden kann, Thatsachen, worauf weder die Angaben der Parteien, noch der Zusammenhang der Sache, noch der Inhalt der Urkunden oder Zeugenaussagen führen, sondern die bloss in seiner Privatwissenschaft beruhen, als Gegenstände der Instruktion aufzustellen.

Der Deputirte sorgt von Amts wegen für den ganzen Betrieb der Instruktion.

§. 6. Alles, was zur Instruktion der Sache erfordert wird, ist der Deputirte von Amts wegen zu verfügen berechtigt, und die Parteien müssen seinen Anweisungen unweigerlich Folge leisten.

§. 7. Sobald daher die eigentliche Instruktion der Sache einmal angefangen ist, muss der Deputirte für alles, was zu deren fernerm Betriebe gehört, sorgen, und von ihrer schleunigen Fortsetzung Rede und Antwort geben.

Ununterbrochene Fortsetzung derselben.

§. 8. Wenn die Instruktion im ersten Termine nicht geschlossen werden kann, so muss der Instruent damit denselben Nachmittag oder doch am nächstfolgenden Tage, ununterbrochen fortfahren. Wenn aber die Umstände eine solche unmittelbare Fortsetzung nicht erlauben, sondern wegen vorgekommener Zwischenfälle, weil z. B. noch eine Nachricht oder Urkunde herbeizuschaffen, noch ein Zeuge vorzuladen ist u. s. w. ein fernerer Termin zur Fortsetzung der Sache anberaumt werden muss; so ist der Instruent schuldig, denselben gleich am Schlusse des Protokolls, mit den Parteien, deren Rechtsbeiständen oder Bevollmächtigten, und zwar immer so nahe als möglich, zu verabreden; diesen verabredeten Termin in einer unter das Protokoll zu vermerkenden Resolution festzusetzen; die Umstände und Objekte, worauf es in demselben hauptsächlich noch ankommen werde, so bestimmt, als möglich, anzugeben; die nöthigen Anweisungen, was etwa noch vor dem Termine herbei zu schaffen, oder sonst zu besorgen sei, hinzu zu fügen, und zu veranstalten, dass den Parteien, oder deren Bevollmächtigten, Abschriften von dieser Resolution schleunigst zugestellt werden.

§. 9. Wenn ein dergestalt verabredeter Termin wegen eines von einer Partei, oder dem abzuhörenden Zeugen, oder dem vorgeladenen Dritten angebrachten, und von dem Gerichte zulässig befundenen Prorogationsgesuchs, oder aus einer andern Ursache nicht vor sich gehen kann; so muss der Decernent das Dekret, durch welches der neue Termin angesetzt wird, dem Instruenten sofort, und noch in derselben Session vorlegen. Letzterer muss den zur Sache gehörenden Assistenten oder Justizkommissarien davon ebenfalls sofort Nachricht geben, und den neuen im Dekret einzurückenden Termin mit ihnen verabreden.

Von Unterbrechungen oder Verzögerungen der Instruktionen, welche durch die Schuld der Parteien, oder

§. 10. Wenn durch die Schuld einer Partei, und dass dieselbe die zur Instruktion der Sache gehörigen Nachrichten und Beweismittel nicht zeitig genug herbeigeschafft, oder ihren Bevollmächtigten nicht mit hinreichender Information über die vorkommenden Thatsachen versehen hat u. s. w., eine Verlegung des Termins, oder sonst ein Aufenthalt in der Sache entsteht; so muss eine solche Partei nicht nur dem Gegentheil sämmtliche dadurch verursachte Kosten erstatten, sondern auch allen andern aus einem solchen Verzuge entstehenden Schaden und Nachtheil ersetzen; und dazu selbst alsdann, wenn sie am Ende ein obsiegendes Urtel in der Hauptsache davon trägt, in eben diesem Erkenntnisse für schuldig erklärt werden.

§. 11. Sollte auch das Gericht wahrnehmen, dass ein oder anderer Theil wissentlich und vorsätzlich, in der Absicht, die Sache zu verschleppen, die Wahrheit zu verdunkeln, etwas zu erschleichen, oder den Gegner zu übereilen und in Verlegenheit zu setzen, mit Anführung gewisser Umstände, oder mit der Angabe von Beweismitteln zurück gehalten hätte, und damit erst im Instruktionstermine selbst zum Vorschein käme; oder dass eine Partei auf irgend eine andere Art, aus Eigensinn oder Chikane, aller dagegen gemachten Remonstrationen ungeachtet, den Abschluss der Instruktion zur Ungebühr verzögert hätte; so soll eine solche Partei in dem erfolgenden Urtel, ausser dem Schaden und Kostenersatze an den Gegentheil, auch noch in 20, 50 bis 100 Rthlr. Geldbusse, oder bei ihrem Unvermögen, in verhältnissmässige Gefängnissstrafe, ohne Nachsicht oder Ansehn der Person, verurtheilt werden.

Rescript vom 21. August 1820 nebst Bericht, betr. das Verfahren bei Festsetzung einer Geldstrafe in Civilprozessen.

A.

Ew. Excellenz überreichen wir ehrfurchtsvoll die uns mittelst verehrten Rescripts vom 15. m. pr. zugefertigte Vorstellung des Apothekers R. vom 1. Mai c. nebst Beilagen in originali, nebst 1 Vol. unserer Akten und 1 Vol. Akten des hiesigen Stadtgerichts, und verfehlen nicht, zugleich über die Lage der Sache selbst Folgendes ganz gehorsamst zu berichten:

Der Apotheker S. und der Apotheker A. besitzen als Socii die hiesige Albrechts-Apotheke. Der S, welcher sich durch den A. in den ihm kontraktmäßig zustehenden Rechten beeinträchtigt glaubte, ward deshalb gegen ihn klagbar, und der A. trug in diesem Prozesse reconveniendo auf Annullirung des Societäts-Kontrakts an. Diese Sache, welche gegenwärtig zum Spruch in revisorio bei dem Geheimen Ober-Tribunal vorliegt, ward in den beiden ersten Instanzen zu Gunsten des Klägers gleichlautend dahin entschieden,

daß quoad conventionem Verklagter verurtheilt wurde, dem Kläger den Genuß aller ihm nach dem Kontrakte zustehenden Rechte einzuräumen; quoad reconventionem aber ward Verklagter und Wiederkläger mit seinem Antrage auf Annullirung des Societäts Kontrakts abgewiesen, ihm jedoch zugleich freigestellt, nach gehörig geschehener Kündigung auf Auseinandersetzung anzutragen.

Dessen ohnerachtet aber fuhr der A. fort, den S. von dem Geschäftsbetriebe im Wesentlichen nach wie vor auszuschließen, und das hiesige Stadtgericht befahl deshalb demselben auf Anrufen des S., denselben bei 100 Dukaten Strafe klaglos zu stellen, und binnen 14 Tagen die erforderlichen Vorkehrungen deshalb in Gemäßheit der §§. 6. und 7. Tit. 14. und §§. 48. und 51. Tit. 24. Th. I. der A. G. O., und des §. 206. Tit. 17. Th. I. des A. L. R. zu treffen.

Diese Verfügung hatte indeß keinen Erfolg, vielmehr beschwerten beide Theile das hiesige Stadtgericht mit unaufhörlichen Vor- und Gegenvorstellungen, welches die Sache endlich auf einen Termin und Regulirung eines Interimisticum richtete, welches nach mehreren fruchtlosen Terminen endlich in contumaciam gegen den A. durch das Resolut vom 21. Dezember pr. auf Grund des Societäts-Kontrakts festgesetzt, und darin dem A. bei 100 Dukaten Strafe anbefohlen wurde:

1. dem Kläger den Zutritt zur Apotheker-Kasse zu gestatten, Einnahme- und Ausgabe-Geschäfte mit ihm gemeinschaftlich vorzunehmen, auch dem Kläger zu gestatten, ein zweites Schloß an die Kasse zu legen und den Schlüssel davon zu führen;
2. dem Kläger die Einsicht der Rechnungsbücher zu gestatten;
3. die Waaren-Verschreibungen mit demselben gemeinschaftlich zu unternehmen;
4. dem Kläger zur gemeinschaftlichen Bearbeitung der Apotheker-Artikel die Schlüssel zu den Behältnissen zu verabreichen;
5. die Signaturen und Medicin-Rechnungen mit dem Kläger gemeinschaftlich zu unterzeichnen;
6. die zum Dienste der Apotheke erforderlichen Personen mit dem Kläger gemeinschaftlich anzunehmen und zu bestallen, und endlich
7. dem Kläger gleichfalls zu gestatten, seine Unterhaltungs- und Verpflegungskosten aus der Apotheker-Kasse zu beziehen.

Gegen dieses Resolut ergriff A. zuerst seinen Rekurs an uns, worauf er jedoch abschläglich beschieden und zur Genügung jenes Resoluts bei Vermeidung der ihm darin komminirten Strafe angewiesen wurde, da er vor geschehener Aufhebung des Kontrakts nicht für befugt erachtet werden könne, den S. von dem Genusse der ihm als Socius zustehenden Rechte auszuschließen, und nach den §§. 6. u. 7. Tit. 14., und §§. 48. und 51. Tit. 24. der A. G. O., so wie nach §. 206. Tit. 17. Th. I. des A. L. R. hier der Fall vorhanden sei, wo durante processu das einstweilige Verhältniß zwischen den streitenden Theilen durch ein Interimisticum festgesetzt werden müsse, gegen das ergangene Resolut aber um so weniger etwas zu erinnern sei, als dasselbe mit dem Inhalt des Societäts-Kontrakts in Uebereinstimmung stehe. Hierauf wandte sich der A. rekurrirend an Ew. Exc. selbst, und ward auf seine diesfällige, von Ew. Excellenz uns per Decretum vom 3. März c. originaliter zugefertigte Beschwerde unterm 24. ej., der früher schon an ihn erlassenen Verfügung gemäß, abschläglich beschieden, welche zweite Verfügung dem A. am 12. April insinuirt wurde.

Mittlerweile war jedoch der A. dem mehrgedachten Resolut im Geringsten nicht nachgekommen, ohneradtet auf Anrufen des S. diesfalls noch mehrere Aufforderungen in der Zwischenzeit an ihn ergangen waren, und die Betreibung der schon am 25. Januar c. wider ihn festgesetzten Strafe bis zum 29. März sistirt worden war, und deren Einziehung endlich erfolgte, und der A. einen Pfandbrief von 300 Rthlr. cautionis loco deponirte. — Nun erst erfolgte privatim eine Einigung der streitenden Theile, und es trug der S. in Folge dessen dahin an, die Exekution gegen den A. zurück zu nehmen, und submittirte, demselben die von ihm eingezogene Strafe zurück zu geben, worauf jedoch eine weitere Vorbescheidung des Supplicanten nicht erfolgt ist.

Dies ist der Hergang der Sache, welchem wir nunmehr die durch Ew. Excellenz von uns erforderte Aeußerung über den Antrag des Supplikanten, wegen Herausgabe des deponirten Pfandbriefes, ganz gehorsamst beifügen.

Für die Herausgabe jenes Pfandbriefes können wir uns um deshalb nicht bestimmen, weil derselbe nicht die Natur einer von dem Supplikanten erforderten Kaution hat, sondern eine wegen Nichtachtung richterlicher Befehle gegen ihn festgesetzte Strafe ist; und es scheint uns daher auf den Antrag des S., seinem Socio den qu. Pfandbrief zu retradiren, nicht ankommen zu können, da jener Antrag nur dann entscheidend sein würde, wenn von Rückgabe Einer zur Sicherheit des Erstern bestellten Kaution die Rede wäre, wogegen nach unserm unmaaßgeblichen Dafürhalten die früher erlassenen Strafverfügungen durch die, erst nach wirklicher Vollstreckung der Execution erfolgte gütliche Einigung der Parteien, als cessirend nicht angesehen werden können, vielmehr durch jene Vereinigung nur die fernerweitigen Strafbefehle ihre Erledigung erhalten. Die originaliter zurück erfolgende Vorstellung des A. enthält nach der vorstehenden, durch die Akten gerechtfertigten Geschichtserzählung eine offenbare Unrichtigkeit, indem er darin behauptet, daß, obschon er dem Interimistico Genüge geleistet, und er mit dem S. sich gerichtlich verglichen, das hiesige Stadtgericht dennoch die Exekution vollstreckt habe, da eine solche Einigung gerichtlich zwischen ihnen nicht zu Stande gekommen ist, sondern erst nach geschehener Einziehung der Strafe privatim erfolgte, ferner aber auch die Beitreibung der Strafe erst am 29. März c. wirklich Statt fand, als zu welcher Zeit der A. bereits die auf sein erstes Rekurs-Gesuch erlassene, in den Prozeß-Akten zweiter Instanz enthaltene Verfügung bekommen hatte, und auch schon von der letzten Verfügung vom 24. März in Kenntniß gesetzt war, und ihm folglich bis zum 29. ej. immer noch Zeit genug übrig blieb, moram zu purgiren. Denn obwohl die letztgedachte Verfügung erst am 12. April dem A. insinuirt worden, so war ihm der Inhalt derselben doch schon damals durch den Decernenten vorläufig bekannt geworden, welchen auszukundschaften ihm gelungen war.

Demnach ist es ferner eine ungegründete Behauptung des Supplikanten, wenn er in seiner Vorstellung vom 1. Mai sagt, daß die quaest. Strafe noch nicht verwirkt gewesen sei. Denn nach dem Resolut vom 31. Dezember, durch welches ihm jene Strafe komminirt wurde, hatte er dieselbe verwirkt, sobald er nach Empfang desselben einem oder dem andern Punkte sofort nachzukommen sich weigerte. Jenes Resolut ward ihm am 11 Januar c. behändigt, gleichwohl aber that er nichts von allem, was ihm aufgegeben war, und hatte somit die Strafe bereits verwirkt, als auf Anrufen des Gegentheils die Beschwerde des Letztern am 20. Januar c. per Commissarium untersucht, und durch das Zugeständniß des A. und seine Erklärungen, in allen Hauptpunkten seiner frühern Handlungsweise treu bleiben zu wollen, als begründet befunden wurde. Will man aber auch den Zeitpunkt der verwirkten Strafe erst von da an rechnen, wo Supplikant auf seine Rekurs-Gesuche beschieden worden war, so hatte er ebenfalls jene Strafe bereits verwirkt, da ihm am Tage der vollstreckten Exekution, nämlich am 29. März, die erste Vorbescheidung längst zugekommen, und auch die zweite vom 24. März, wie oben erwähnt, bereits bekannt worden war.

Hierzu kommt, daß die gegen den A. erlassene Strafverfügung den Zweck hatte, den S. vor den widerrechtlichen Störungen des Erstern im Genuß der ihm als Gesellschafter zustehenden Rechte zu schützen; sie war also eine executio ad omittendum, rücksichtlich deren die A. G. O. Th. I. Tit. 23. §. 54. vorschreibt:

> daß die Strafe alsdann beigetrieben werden soll, wenn der Bedrohte dem an ihn erlassenen unbedingten Strafbefehle entgegen handelt,

ohne dem Exequendo gegen dergleichen Strafbefehle eine Berufung auf die dem decernirenden Gerichte vorgesetzte Behörde nachzulassen, und von der Entscheidung dieser Behörde die Beitreibung oder Niederschlagung der einmal verwirkten Strafe abhängig zu machen.

Wenn aber nach Vorstehendem sowohl die Androhung der quaest. Strafe als deren nochmalige Festsetzung und Einziehung sich rechtfertigen dürfte, so scheint zu deren Wiederaufhebung ein rechtlicher Grund nicht vorhanden zu sein.

Ob und in wie weit endlich dem Supplicanten nachzulassen, auf förmliches Erkenntniß über seine Verbindlichkeit zur Bezahlung dieser Strafe zu provociren; darüber sind die Meinungen des Kollegii getheilt.

Diejenigen Mitglieder, welche sich für die affirmative Beantwortung jener Frage bestimmen, stützen ihre Ansicht auf das Verfahren, welches bei der Beitreibung einer durch unterlassene Berichtigung des Besitztitels von Grundstücken verwirkten Strafe beobachtet wird, und glauben, daß jenes Verfahren auch hier eine analoge Anwendung finden müsse. Ferner aber berufen sie sich auf das einem Jeden zustehende Recht, wegen einer festgesetzten Ordnungsstrafe auf Untersuchung zu provociren, so wie darauf, daß Strafen, welche Parteien im Prozesse zur Last fallen, nach §. 48. Tit. 23. Th. I. der A. G. O. in dem Erkenntniß berücksichtiget werden sollen.

Der Theil des Kollegii, welcher sich pro negativo entscheidet, bemerkt zuvörderst, daß das als Beispiel aufgestellte Verfahren, bei Einziehung der Strafe von einem in Berichtigung seines Besitztitels säumigen Grundbesitzer, für den vorliegenden Fall nicht ganz treffend sei, da dort nicht der Besitzer zur Klage verstattet, sondern Fiskus zur Klage gegen ihn excitirt werde, hier aber die Rede davon sei, ob Supplikant zur Klage admittirt werden solle, und glaubt, daß auch die hier in Rede stehende, in via executionis gegen den A. festgesetzte Strafe, von den sogenannten Ordnungs-Strafen unterschieden werden müsse. Nach der Meinung dieses Theils des Kollegii hängt die Beantwortung der oben aufgestellten Frage nur davon ab:

ob das hiesige Stadtgericht zur Androhung und Einziehung jener Strafe befugt war oder nicht?

Diese letztere Frage glaubt derselbe in Folge der A. G. O. Th. I. Tit. 23. §. 54, affirmative entscheiden zu müssen, und kann daher um so weniger der Meinung sein,

dem Supplikanten die Provokation auf rechtliches Erkenntniß in dieser Angelegenheit zu verstatten,

als durch eine dergleichen Exemplifikation das nothwendige Ansehen des Gerichts leiden, das Gericht und die Wirksamkeit seiner gesetzlichen Drohungen geschwächt, und der Zweck des Gesetzes, nämlich die Kraft des richterlichen Schutzes für den Imploranten, in vielen Fällen vereitelt werden würde, wenn der Ruhestörer sich dem schuldigen unbedingten Gehorsam gegen die richterliche Anordnung ungestraft entziehen zu können, hoffen dürfte.

Demnach stellen Ew. Excellenz erleuchteterem Ermessen wir die weitere Bescheidung des A. ehrfurchtsvoll anheim.

Breslau, den 30. Juni 1820.

Das Oberlandesgericht von Schlesien.

B.

Der Justizminister findet die in dem Berichte vom 30. Juni c. ausgesprochene Meinung desjenigen Theils des Königl. Oberlandesgerichts, der in den Fällen, zu welchen der des Apothekers A. gehört, eine weitere rechtliche Erörterung über die vom Gerichte festgesetzte Geldstrafe für unzulässig hält, nicht begründet. Wenn auch die Befugniß und der Grund zur Androhung einer beträchtlichen Geldstrafe in einem solchen Falle außer Zweifel sein sollte — was jedoch schon allein aus Rücksicht auf die Bestimmung der Gesetze über den Betrag willkürlicher Strafen, in den wenigsten Fällen wird angenommen werden können, — so folgt daraus noch nicht die Rechtmäßigkeit der Festsetzung einer solchen angedrohten Strafe. Diese kann nur durch eine vollständige Erörterung, ob der Fall, für welchen die Androhung erfolgt, auch wirklich eingetreten, festgestellt werden. Es würde überhaupt mit den allgemeinen Grundsätzen, von welchen bei der Rechtspflege ausgegangen wird, und mit mehreren speciellen gesetzlichen Bestimmungen nicht zu vereinigen sein, wenn in solchen Fällen, wie der vorliegende, der richterlichen Festsetzung per decretum die Wirkung einer rechtskräftigen Entscheidung sollte beigelegt werden. Dies kann ohne ausdrückliche gesetzliche Bestimmung nicht geschehen, vielmehr muß in solchen Fällen das zu beobachtende Verfahren den erwähnten allgemeinen Grundsätzen, und den für andere Fälle vorhandenen gesetzlichen Bestimmungen angepaßt werden.

Die Zulassung der Erörterung im förmlichen Rechtswege wird jedoch in einem solchen Falle in soweit überflüssig, als die Niederschlagung oder Minderung der festgesetzten Strafe im Wege der bloßen Beschwerde bewirkt werden kann; und Letzteres tritt hier ein.

Es ist nach dem Berichte des Kollegii, den der Inhalt der eingereichten, unter nochmaligem Anschluß der Vorstellung des A. vom 1. Mai c., hierbei wieder zurück erfolgenden Akten bestätigt, die Festsetzung der Strafe gegen den Supplikanten das Mittel einer Exekution gewesen, in Ansehung welcher, wenn von Seiten derer, die dabei interessirt sind, Beschwerde geführt wird, dem Justizministerio die nähere Prüfung des Verfahrens, und die Erledigung gegründeter Beschwerden unbedenklich obliegt und zukommt. In der vorliegenden Sache kommt es überdies auf die Exekution selbst nicht weiter an, da diese ihre Erledigung erhalten hat. Es tritt also bei der weitern Erörterung, in wie weit es bei Festsetzung der Strafe das Bewenden haben soll, oder dieselbe wegfallen kann, das Interesse der Gegenpartei nicht weiter ein, und es kann daher um so weniger die Verfügung des Justizministers einem Bedenken unterworfen sein.

Wenn nun nach dieser Rücksicht das Verfahren des dortigen Stadtgerichts einer nähern Prüfung unterworfen wird, so ergiebt sich, daß die Androhung einer Geldstrafe als Mittel, die Festsetzungen des Resoluts in Ausführung zu bringen, überhaupt nicht als durchaus nothwendig und zweckmäßig betrachtet werden kann, und wenigstens die Androhung einer so beträchtlichen Strafe nicht für zulässig anzunehmen ist, sondern höchstens 50 Rthlr., als der höchste Betrag einer willkürlichen Strafe, würde haben angedrohet werden können. Die Festsetzung der Strafe, die hier anwendbar gewesen, ist auch nach Lage wenigstens nicht ganz unbedenklich, da ein beharrliches Verweigern, alle Bestimmungen des Resoluts zu befolgen, nicht durchaus feststeht, und daher wohl nur eine theilweise Festsetzung der gedrohten Strafe zu rechtfertigen sein würde, überdies aber mit Rücksicht auf den vom A. ergriffenen Rekurs, unbedingt durch die darauf erfolgten Verhandlungen gegen die Zulässigkeit der Festsetzung Zweifel erregt werden können. Hiernach ist eine Ermäßigung der festgesetzten Strafe auf 25 Rthlr. der Lage der Sache angemessen. Bei dieser wird sich auch der Supplikant beruhigen, und die Beschwerde ohne weitere Erörterung ihre Erledigung erhalten. Es soll demnach diese Ermäßigung eintreten, und hat das Kollegium mit Beziehung auf diese Festsetzung nunmehr weiter zu verfügen. Berlin, den 21. August 1820.

(v. K. Jahrb. Bd. 16. S. 51.)

der Justizkommissarien entstehen.

§. 12. In Sachen, die durch Justizkommissarien als Bevollmächtigte der Parteien betrieben werden, müssen diese, ihrer allgemeinen im Dritten Titel **§. 71.** u. f. festgesetzten Verbindlichkeit gemäss, für die Herbeischaffung einer vollständigen Information dergestalt in Zeiten sorgen, dass durch den Mangel derselben die einmal angefangene Instruktion nicht unterbrochen, oder die Sache sonst aufgehalten werde.

§. 13. Wenn sich also im Instruktionstermine findet, dass es dem Justizkommissarius, durch seine schuldbare Vernachlässigung dieser Obliegenheit, an der erforderlichen Information über solche Thatsachen ermangele, die in der Klage oder in der besonders aufgenommenen Beantwortung schon vorgekommen sind; so muss der Instruent zwar einen neuen Termin zur Fortsetzung der Instruktion anberaumen, und den Justizkommissarius ernstlich bedeuten, dass er in selbigem schlechterdings mit der erforderlichen vollständigen Information versehen, erscheinen müsse. Der Justizkommissarius muss aber die sämmtlichen Kosten des vereitelten Termins aus eigenen Mitteln bezahlen; die Gerichtsgebühren müssen sofort festgesetzt und in das Strafbuch eingetragen; auch eben so die Kosten des Gegentheils von demselben gleichergestalt liquidirt, von dem Instrnenten festgesetzt, und entweder auf der Stelle berichtigt, oder durch Exekution beigetrieben werden.

§. 14. Erscheint hingegen ein Justizkommissarius im Instruktionstermine zwar mit hinlänglicher Vorbereitung auf die bisher schon in den Akten vorgekommenen Umstände; im Verfolge der Instruktion aber kommen neue Thatsachen zum Vorschein, über die er nicht zureichend unterrichtet ist; so muss der Instruent zwar ebenfalls einen neuen Termin zur Fortsetzung der Sache anberaumen, und in der Resolution, wodurch es geschieht, den Justizkommissarius zur Einziehung der noch abhängigen Information, so wie überhaupt, also auch besonders über diese neuen Thatsachen, so viel als möglich, bestimmt anweisen, damit er bei der Uebersendung der Resolution an die Partei die nöthigen Auskünfte mit desto mehrerem Nachdrucke einfordern könne. Zugleich aber muss der Instruent genau prüfen, und in der Resolution auf seine Pflicht bemerken: ob dergleichen neu zum Vorschein gekommener Umstand so beschaffen sei, dass nach Lage der Akten, und nach der Natur und Art des bei der Sache zum Grunde liegenden Geschäfts, der Justizkommissarius bei Anwendung pflichtmässiger Aufmerksamkeit und reifer Ueberlegung hätte voraussehen können und sollen, dass es bei der Instruktion auf die Entwickelung eines solchen Umstandes mit ankommen dürfte. Findet sich dieses; so muss in dem künftigen Erkenntnisse den Parteien nur die Hälfte der Kosten eines solchen Termins angesetzt, die andere Hälfte aber von dem Justizkommissarius, der die Vorbereitung auf einen solchen Umstand verabsäumt hat, getragen werden.

§. 15. Wie Justizkommissarien, welche sich einer solchen Verabsäumung ihrer Pflichten in zeitiger und sorgfältiger Einziehung der Information zu wiederholtenmalen schuldig machen, und dadurch zu Verzögerungen der Prozesse Anlass geben, dafür noch ausserdem bestraft werden sollen, wird im dritten Theile dieser Gerichtsordnung vorgeschrieben.

In welchen Fällen der Instruent Anzeigen und Rückfragen an das Kollegium thun müsse.

§. 16. Da nach Vorschrift §. 6. u. 7., sobald die Instruktion ihren Anfang genommen hat, die Fortsetzung und der Betrieb derselben dem Deputirten des Gerichts von Amts wegen zukommt und obliegt, und dieser die dazu erforderlichen Verfügungen durch die auf die abgehaltenen Protokolle zu fassenden Resolutionen, wovon den Parteien sofort Abschriften ertheilt werden, festsetzen muss; so kann und darf in der Regel der Lauf der Instruktion durch Vorträge im versammelten Kollegio, und durch Erlassung schriftlicher Verfügungen, nicht unterbrochen werden, sondern die Akten bleiben so lange in den Händen des Deputirten, bis er dieselben völlig instruirt vorlegen kann.

§. 17. Wenn während des Laufes der Instruktion Verfügungen vorkommen, welche der Instruent für sich allein nicht mit hinlänglichem Nachdrucke erlassen kann, z. B. wenn ein Zeuge oder sonst eine dritte Person zur Ertheilung einer Auskunft vorgeladen, Edition von einem Dritten gefordert, ein fremdes Gericht um Mittheilung von Akten, Einziehung von Nachrichten etc. ersucht werden soll u. s. w.; so muss der Instruent das Erforderliche dem Gerichte durch ein Promemoria anzeigen, ohne dass er deswegen jedesmal die Akten aus den Händen geben, und dadurch den Lauf des Instruktionsgeschäfts unterbrechen darf.

§. 18. Nur in Fällen, da wegen weiterer Einleitung und Behandlung der Sache selbst dem Instruenten ein wichtiges, auf Materialia sich beziehendes Bedenken aufstösst, und er deswegen eine Rückfrage an das Kollegium zu seiner eigenen Belehrung, oder Sicherstellung gegen besorgte Vorwürfe und Verantwortlichkeit nöthig findet; oder wenn er sich über einen solchen Gegenstand mit den Parteien, deren Assistenten oder Bevollmächtigten, nicht vereinigen kann, z. B. wenn die Frage davon ist: ob eine gewisse Thatsache näher ins Licht gesetzt werden solle, oder ob diese Erörterung unnütz sei, und etwa nur zum Verschleif der Sache verlangt werde; ob mit der Aufnehmung eines gewissen Beweismittels zu verfahren, oder ob dasselbe als unzulässig oder unnöthig zu übergehen sei? müssen in diesen und andern dergleichen in der Folge näher vorkommenden Fällen, der von dem Instruenten zu machenden Anzeige, die bis dahin verhandelten Akten vollständig beigefügt, und darauf bei dem Vortrage und der Abfassung des Conclusi jedesmal gehörige Rücksicht genommen werden. So bald aber der Vortrag geschehen, und das Dekret abgefasst ist, muss der Instruent die Akten wiederum an sich nehmen, und zur Fortsetzung der Instruktion das Weitere veranlassen.

§. 19. Bei Aufnehmung der Instruktionsprotokolle muss in der Regel allemal, ausser dem Instruenten, eine zweite zum Protokoll vereidete Gerichtsperson zugezogen werden. Die Ausnahmen von dieser Regel, und die Fälle, da es entweder eines besondern Protokollführers nicht bedarf, oder da andere Personen die Stelle desselben vertreten können, werden unten (Tit. XXV. §. 49. u. f.) bestimmt.

Anh. §. 66. ***Da die Zuziehung eines Protokollführers in der Regel nicht nöthig ist*** (§. 2. *des Anhangs, oder* §. 40. *der Einleitung*)***; so dürfen, wenn dennoch ein solcher ohne gesetzliche Nothwendigkeit zugezogen wird, den Parteien dafür keine besonderen Diäten oder Gebühren angesetzt werden.***

1) **Cirkularverordnung** vom 30. Dezember 1798, Abschn. 5. §. 1. und 7.; s. zur Einleitung §. 40. Anh. §. 2.

2) s. Anh. zur A. G. O. §. 421.

3) cfr. **Verordnung** vom 1. Juni 1833 und **Instruktion** vom 24. Juli 1833, in Betreff der Nothwendigkeit der Zuziehung eines Protokollführers in summarischen und Bagatellsachen; s. zu I. 28. §. 1. seqq.

4) cfr. **Verordnung** vom 30. Novbr. 1833, wegen Anstellung der Kreis-Justizräthe. (§. 6. in Betreff der Nothwendigkeit der Zuziehung eines zum Aktuariat qualificirten Protokollführers oder zweier Beisitzer zu den Verhandlungen der Kreis-Justizräthe.) s. zu I. 2. §. 130.

Anh. §. 67. ***Die Juden dürfen sich bei ihren Namensunterschriften keiner andern als deutscher und lateinischer Schriftzüge bedienen.***

Entnommen aus dem **Edikt** vom 11. März 1812, betr. die bürgerlichen Verhältnisse der Juden, §. 2.

Anh. §. 68. *Personen, die nicht schreiben und Geschriebenes lesen können, müssen einen glaubhaften Mann wählen, welcher in ihrem Namen die Unterschrift verrichtet. Diese Vorschrift hat der Richter solchen Personen, deren Stand oder Ansehen es zweifelhaft macht, ob sie lesen oder schreiben können, gleich vor dem Anfange der Verhandlung bekannt zu machen, und auf deren Befolgung zu dringen.*

Ist diese Vorschrift nicht befolgt; so ist die Verhandlung für die Partei, welche nicht schreiben oder Geschriebenes lesen kann, unverbindlich.

Anh. §. 69. *Der zur Verhandlung zugezogene glaubhafte Mann muss in der Regel der ganzen Verhandlung beiwohnen. Kann dieses aber nicht bewirkt werden; so ist die Gegenwart desselben bei der Vorlesung und Genehmigung des Protokolls hinreichend. Auch muss die des Schreibens unerfahrene Partei, wenn gleich in ihrem Namen die Unterschrift von einem Andern verrichtet worden, doch das Protokoll mit drei Kreuzen unterzeichnen.*

Anh. §. 70. *Falls die Partei unterlässt, einen glaubhaften Mann zum Zweck der zu verrichtenden Unterschrift mitzubringen, oder ihn auszuwählen sich weigert; so muss ihr der Richter einen solchen von Amts wegen zuordnen.*

Justizkommissarien, vereidete Protokollführer oder Aktuarien, auch der Ehemann, wenn er mit seiner Ehefrau vor Gericht erscheint und sein Interesse dem ihrigen nicht widerspricht, können das Geschäft vollziehen.

Anh. §. 71. *Wenn unter mehreren gemeinschaftliche Sache machenden Personen auch nur Eine schreiben und Geschriebenes lesen kann; so ist es hinreichend, wenn solche mittelst ihrer Namensunterschrift in Ansehung der Litiskonsorten, welchen diese Fähigkeit mangelt, die Richtigkeit der von ihnen durch Kreuze bewirkten Unterzeichnung bezeugt.*

Haben die Parteien ein entgegengesetztes Interesse, so sind auch verschiedene Beistände erforderlich; im umgekehrten Falle bedarf es nur der Zuziehung eines Beistandes.

Anh. §. 72. *Parteien, welche bloss ihren Namen schreiben, sonst aber weder schreiben, noch lesen können, werden den* §. 68. *des Anhangs gedachten Personen gleich geachtet.*

1) **Cirkularverordnung** vom 30. Dezmbr. 1798, Abschn. 5. §. 3. und 4., s. zur Einleitung §. 40 Anh. §. 2.

2) **Rescript** vom 21. Februar 1799, betr. den 5. und 10. Abschn. der Cirkularverordnung vom 30. Dezmbr. 1798.

Aus Euerm Berichte vom 15. Februar d. J. haben Wir mit Mehrerem die Gründe ersehen, weshalb Ihr auf eine nähere Bestimmung der Cirkular-Verordnung vom 30. Dezember v. J. angetragen habt. Es bedarf indessen in keinem der von Euch erwähnten Punkte einer solchen Deklaration. Denn

ad 1. den §. 3. des fünften Abschnitts betreffend, so versteht es sich von selbst, daß der gebrauchte Ausdruck:

„mit zur Stelle bringen,"

nicht so erklärt werden kann, daß die Partei die assistirende glaubhafte Person mit auf das Rathhaus gebracht haben müsse; es paßt vielmehr sothane Bezeichnung auch auf diejenige, welche die Partei sich unter den in demselben oder in einem andern Gerichtszimmer befindlichen oder sonst auf dem Rathhause anwesenden Personen wählen will. Nur diese Auswahl muß der Partei gelassen, und erst, wenn sie darum bittet, kann dem Deputirten nachgegeben werden, ein hierzu schickliches Subjekt herbeizurufen. Bei Abfassung des Cirkularis ist beabsichtiget worden, die vielen Distinktionen und den Mißbrauch abzuschaffen, wornach zeither am Schlusse der Verhandlung ein Auskultator oder Kanzellei-Verwandter herzugerufen ward, der in fidem Praelectionis das aufgenommene Protokoll unterschrieb, ohne weiter von der Sache Notiz zu nehmen. Gemeinen Leuten sind auch Prozesse unter 50 Thlrn. sehr wichtig, und sobald sie Schreibens unerfahren sind, muß dafür gesorgt werden, daß sie nicht durch einen nicht vorsichtig genug zu Werke gehenden Deputirten übereilt und unrecht verstanden werden. Dieses ist hier die Hauptsache, welche durch kleinere daraus entspringende Inkonvenienzen nicht alterirt werden darf. 2c.

Wir sind sehr geneigt, den Deputirten zulässige Erleichterung zu verschaffen, jedoch muß darunter das Wesentliche nicht leiden. Bei dem Geräusch und Gedränge in Euern Gerichtsstuben kann der Deputirte leicht die Partei, oder diese ihn unrecht verstehen, mithin muß dafür gesorgt werden, daß dergleichen Mißverständnisse in Zeiten redressirt werden, welches nur auf dem vorgezeichneten Wege bewirkt werden kann.

Ad 2. wird im §. 1. Sect. X. von den nach geschlossener Instruktion einzureichenden Deduktionen gehandelt, woraus einleuchtend erhellet, daß hierunter Appellations- und deren Beantwortungs-Berichte nicht zu verstehen sind. Ob in Ansehung dieser die Vorschriften der A. G. O. künftig geändert werden sollen, gehört nicht hieher, jedoch versteht sich von selbst, daß, bis eine solche Aenderung erfolgt, es bei diesen Vorschriften verbleiben muß. Gleiche Bewandniß hat es mit Euern sonst formirten, und nicht Anwendbarkeit des Cirkularis vom 30. Dezember 1798, sondern Verbesserungen der A. G. O. zum Gegenstande habenden Anträgen, welche nicht durch specielle Bescheidungen einzelner Kollegien bewirkt werden können, sondern künftigen allgemeinen Verordnungen vorbehalten bleiben müssen.

Was die von Euch geäußerte Besorgniß betrifft, daß die Justiz-Kommissarien die Sect. X § 3. des Cirkularis gestattete Befugniß zur Nachbringung der Deduktionen mißbrauchen dürften, würde es zweckwidrig sein, sie in jedem Falle, wo sie nicht Krankheit bescheinigen können, deshalb, daß sie von einer gesetzlichen Befugniß Gebrauch gemacht, mit 2 Rthlr. zu bestrafen. Solche Ahndungen verfehlen den Zweck, und es kommt vielmehr nur darauf an, ob ein Justiz-Kommissarius ein solches Nachbringen der Schriften zur Gewohnheit werden läßt; da denn derselbe von Euch zu warnen ist, daß sein Benehmen dem Großkanzler werde angezeigt werden. Bleibt diese Warnung fruchtlos, so habt Ihr darüber zu berichten, welchemnächst solche Maaßregeln getroffen werden sollen, die dergleichen säumige Subjekte von diesen und ähnlichen Nachlässigkeiten abhalten werden.

Uebrigens können Wir nicht absehen, warum es bei Parteien, welche mit keinem Mandatarius oder Assistenten versehen sind, bei Zufertigung einer nachgebrachten Deduktion der Anberaumung eines Termins bedürfe, und nicht die Vorschrift des §. 4. Sect. X. des Cirkularis befolgt werden könne, da es der Parteien Sache bleibt, sich eine Deduktion anfertigen zu lassen, und wenn sie die hierzu bestimmte Frist nicht inne halten, die Akten zum Spruch befördert werden müssen.

(Stengels Beitr. Bd 8. S. 167—178.)

3) **Rescript** vom 26. März 1799 nebst Bericht, den 5. Abschn. der Cirkular-Verordnung vom 30. Dezember 1798 betr.

Ueber die uns unterm 31. Januar d. J. zugefertigte Cirkular-Verordnung vom 30. Dezember v. J., und zwar über den 5. Abschnitt derselben, wegen der gerichtlichen Protokolle, müssen wir Ew. Königl. Majestät hierdurch um nähere Verhaltungsbefehle in Absicht folgender uns dabei aufstoßender Zweifel bitten:

1) Was ist ad §. 3. bei Verhandlungen auf Dörfern zu beobachten, wo oft kaum zwei Personen ihren Namen schreiben können, wo nicht ein einziger ein geschriebenes Protokoll zu lesen fähig ist, und wo es also demjenigen, der etwas vor Gericht zu verhandeln hat, unmöglich ist, einen glaubhaften Mann, der dergleichen zu lesen und für ihn die Unterschrift zu leisten im Stande ist, mit zur Stelle zu bringen? und ist es
2) hinreichend, wenn der nach §. 3. mit zur Stelle zu bringende Justiz-Kommissarius oder sonst glaubhafte Mann bloß die Unterschrift für die hier benannten Personen leistet, ohne von dem Inhalte der Protokolle unterrichtet zu sein?
3) Was ist zu beobachten, wenn Jemand, der nach dem §. 3. einen Justiz-Kommissarius oder sonst glaubhaften Mann mit zur Stelle zu bringen hat, dergleichen nicht sistiren will? und ist,
4) wenn auch diese Weigerung niedergeschrieben worden, dennoch das Protokoll für ihn unverbindlich?
5) Findet diese §. 3. enthaltene Vorschrift auch bei den Vernehmungen der Zeugen, die ihren Namen nicht schreiben, oder Geschriebenes nicht lesen können, statt?

Wir bemerken hierbei, daß diese Fälle, da wir fast mit lauter Personen zu thun haben, die ihren Namen nicht schreiben, und noch weniger ein Protokoll lesen können, beinahe bei allen unsern Verhandlungen vorkommen, und daß sich vorzüglich die Beklagten und die Zeugen immer weigern werden, dieser Verordnung zu genügen, und erwarten daher die schleunigste Resolution. 2c.

Lenzen, am 3. März 1799.

Das Justizamt Eldenburg und Lenzen.

Bericht des Kammergerichts.

Ew. Königl. Majestät überreichen wir in abschriftlicher Anlage 2c. den bei uns eingegangenen Bericht des combinirten Justizamts Eldenburg und Lenzen vom 3. d. M., in welchem dasselbe anfragt: wie es sich in Ansehung der Cirkular-Verordnung vom 30. Dezember 1798, wegen der gerichtlichen Protokolle, zu verhalten habe. Da es nun hier auf eine authentische Auslegung der gedachten Cirkular-Verordnung ankommt, so tragen wir bei Ew. Königl. Majestät 2c. auf die nähere Bestimmung an, und sind wir des Dafürhaltens, daß

ad 1. in solchen Fällen, die der Richter vorhersehen kann, er für die Zuziehung eines Protokollführers sorgen müsse;
ad 2. es sich von selbst verstehe, daß der Justiz-Kommissarius von dem Inhalte des Protokolls unterrichtet sein müsse, wenn er dasselbe unterschreibt;
ad 3. alsdann Fides judicialis hinlänglich,
ad 4. keinesweges das Protokoll unverbindlich sei, auch
ad 5. eben die Vorschriften der Cirkular-Verordnung vom 30. Dezember 1798 auch bei Zeugen anwendbar seien.

Berlin, am 11. März 1799.

Das Kammergericht.

Rescript.

Aus Eurem Berichte vom 11. d. M. und dessen Anlage haben Wir mit mehrerm ersehen, welche Bedenken das Justizamt Eldenburg bei Anwendung des fünften Abschnitts des Cirkulars vom 30. Dezember 1798 aufgestellt hat, und wie Ihr gedachtes Amt zu bescheiden gedenkt.

Was nun zuvörderst

ad 1. die Frage betrifft, wie es zu halten sei, wenn eine Partei, die weder schreiben noch Geschriebenes lesen kann, auf den Dörfern Niemand finden sollte, der in der §. 3. des angeführten Abschnittes des Cirkulars vorgeschriebenen Art die Unterschrift des Protokolls zu verrichten im Stande sei: so ist es offenbar eine falsche Vorspiegelung des Justizamts, als ob an den Orten, wo dasselbe Gerichtstag hält, Niemand auszumitteln sein sollte, der lesen und schreiben, und solchergestalt bei der Verhandlung zugezogen werden könnte. Es bedarf daher hierüber um so weniger einer anderweiten Modifikation, als bei der Anfrage des Amts sehr deutlich die Absicht hervorleuchtet, zu mehrerer Bequemlichkeit einen Vorwand zu haben, einen Protokollführer adhibiren, und für ihn Gebühren liquidiren zu können. Dagegen versteht es sich, wie Ihr
ad 2. der Anfrage ganz richtig bemerkt, von selbst, daß der bei dem Schluß der

Verhandlung die Unterschrift besorgende Justiz-Kommissarius von dem Inhalte des Protokolls, welches von ihm unterzeichnet werden soll, gehörig unterrichtet sein muß. Dahingegen können wir Euerm Gutachten
ad 3 und 4. nicht beitreten. Es würde der ganze Zweck des Gesetzes vereitelt werden, wenn es dem Richter frei stände, die Zuziehung eines glaubwürdigen Mannes dadurch zu vereiteln, daß er registrirte, die Partei habe dessen Gestellung verweigert. Ueberdem läßt sich dergleichen Weigerung nicht leicht denken, da die Disposition zum Vortheile der Interessenten gereicht. Sollte der Fall einer solchen Weigerung wirklich eintreten: so würde der Richter von Amtswegen auf Kosten einer solchen Partei dergleichen glaubwürdigen Mann zur Legalisirung der Verhandlung zuziehen müssen. Da übrigens
ad 5. die Gerichts-Ordnung in Fällen, wo Zeugen ihren Namen nicht schreiben können, zur Gültigkeit der Verhandlung das Attest des Protokollführers erfordert, welcher nun durch einen glaubhaften Mann ersetzt werden soll: so ist auch bei den Zeugenverhören das Cirkular vom 30. Dezember 1798 nach Euerm Antrage ebenmäßig zur Anwendung zu bringen, wornach Ihr das Justizamt Eldenburg überall zu bescheiden haben werdet.

Berlin, am 26. März 1799.

(Stengels Beitr. Bd. 8. S. 179—184.)

4) **Rescript** vom 27. Mai 1799 nebst Bericht, den 5. Abschnitt der Cirkular-Verordnung vom 30. Dezember 1798 betr.

Es sind uns bei der Anwendung des fünften Abschnittes der Cirkular-Verordnung, wegen genauerer Bestimmung verschiedener im A. L. R. und der A. G. O. enthaltenen Vorschriften, vom 30. Dezember 1798 folgende Zweifel und Bedenken aufgefallen:

1) Ob die Vorschrift des §. 3. auch in Bagatellsachen und solchen Fällen, die bisher keinen Protokollführer erfordert haben, befolgt werden solle?
2) Ob eine Person, die zwar ihren Namen, aber so wenig sonst etwas schreiben als Geschriebenes lesen kann, einen Justiz-Kommissarius oder sonst glaubhaften Mann mit zur Stelle bringen, und durch diesen ihren Namen unterschreiben, oder nur das Einverständniß mit dem Inhalt des Protokolls bezeugen lassen soll?
3) Ob eine Person, die Geschriebenes lesen, aber weiter nichts als ihren Namen schreiben kann, besonders in wichtigen Sachen, einen dergleichen Mann zur Bezeugung des Einverständnisses erfordern müsse?
4) Ob die im § 4. nachgelassene Unterzeichnung mit Kreuzen auch von einem mit zur Stelle gebrachten Justiz-Kommissarius oder sonst glaubhaften Manne bezeugt werden, oder ob die Unterzeichnung mit Kreuzen, außer jenem Falle, gar nicht mehr statt finden, und der Zeuge den Namen der im Schreiben und im Lesen des Geschriebenen unerfahrenen Person ohne Kreuze derselben unterschreiben solle?
5) Ob jede Person, jeder Kontrahent, jeder Theil oder Zeuge einen besondern, oder ob mehrere Personen, Kontrahenten, Theile oder Zeugen, ohne Rücksicht auf gemeinschaftliches oder gegenseitiges Interesse, nur einen Justiz-Kommissarius oder sonst glaubhaften Mann auswählen sollen?
6) Ob, wenn beide Parteien die Unterschrift des Protokolls verweigern, nach Vorschrift des §. 6. zwei Zeugen zugezogen werden müssen?
7) Ob die Beistände zur Verhandlung selbst, oder bloß zur Vollziehung derselben gezogen werden sollen?
8) Ob in allen Fällen der Mangel der Beistände durch Zuziehung eines vereideten Protokollführers auf Kosten des Richters ergänzt werde?

Wir bitten hierüber um baldige Belehrung und Verhaltungsbefehle.

Wusterhausen an der Dosse, am 12. April 1799.

Gutachten des Kammergerichts.

Ew. Königl. Majestät überreichen wir in der Anlage rc. eine Abschrift der Eingabe des Magistrats zu Wusterhausen an der Dosse vom 12. April d. J., worin derselbe bei Anwendung des 5 Abschnitts der Cirkular-Verordnung vom 30. Dezember 1798 verschiedene Zweifel und Bedenken geäußert hat; und da es auf eine Cirkulation dieses Cirkulares ankommt, so tragen wir auf die nähere Bestimmung desselben hiermit rc. an, wobei wir unser unvorgreifliches Gutachten dahin rc. abgeben, daß

ad 1. in Bagatellsachen, wo es sonst keines Protokollführers bedurfte, auch die Vorschrift des §. 3. nicht anzuwenden sei;
ad 2. ex Paritate Rationis ein glaubhafter Mann mit zur Stelle zu bringen;
ad 3. aber sobald als eine Person das Protokoll selbst durchlesen kann, dieses nicht nöthig sei;
ad 4. die Unterzeichnung mit Kreuzen, da sie keinen wesentlichen Nutzen hat, ganz wegfallen könne;
ad 5. bei gegenseitigem Interesse auch verschiedene Justiz-Kommissarien oder glaubhafte Beistände mit zur Stelle zu bringen;
ad 6. ex officio alsdann einer zuzuziehen;
ad 7. die Beistände zur ganzen Verhandlung zuzuziehen; wenn es ihre Zeit aber nicht erlaubt, es auch hinlänglich sei, wenn sie nur bei der Vollziehung gegenwärtig sind;
ad 8. es wohl hart sei, wenn auf Kosten des Richters ein Protokollführer zugezogen werden sollte, und daher, im Fall gar kein Beistand zu haben wäre, die Parteien die Kosten eines Protokollführers tragen müssen.

Berlin, am 27. April 1799.

Rescript.

Auf Euern Bericht vom 27. v. M., betreffend die von dem Magistrat zu Wusterhausen geäußerten Zweifel und Bedenken bei Anwendung der Cirkular-Verordnung vom 30. Dezember 1798, wollen Wir Euch zu Eurer Vorbescheidung und zur weitern Verfügung an den gedachten Magistrat hierdurch zu erkennen geben, wie

ad 1. sich von selbst versteht, daß, da der §. 3. Abschn. 5. des Cirkulars vom 30. Dezember 1798 wegen der Bagatellsachen keine Ausnahme macht, diese Vorschrift in jeder Sache, ohne Rücksicht auf den Betrag derselben, befolgt werden muß. Für gemeine Leute ist oft eine Sache unter 50 Rthlr. sehr wichtig; und wenn der heilsame Zweck, die Gesetze zu simplificiren, erreicht werden soll, müssen alle durch spezielle Anfragen zu bewirkende Ausnahmen wegfallen.

Ad 2 und 3. ist eine Person, die bloß ihren Namen schreiben, sonst aber weder lesen noch schreiben kann, nach der Natur der Sache derjenigen gleich zu achten, welche auch nicht einmal ihren Namen schreiben kann. Es muß daher auch in diesem Falle die Vorschrift des Gesetzes vollständig befolgt werden.

Ad 4. ist nicht abzusehen, wie der Magistrat auf den Einfall gerathen kann, hier, wo das Gesetz sagt, daß die Unterschrift eines Litis-Konsorten, der schreiben und Geschriebenes lesen kann, hinreichend ist, darüber anzufragen: ob nicht eben so zu verfahren sei, als wenn diese gesetzliche Ausnahme nicht gemacht worden wäre.

Ad 5. versteht es sich, da Zeugen keine Parteien genannt werden können, von selbst, daß es, um ihre Unterschrift zu suppliren, der Zuziehung eines Justiz-Kommissarius oder sonst glaubhaften Mannes nicht bedarf; und daß, sobald mehrere ein gemeinschaftliches Interesse haben, ein Beistand hinreichend ist, wogegen bei gegenseitigem Interesse verschiedene Beistände erfordert werden.

Ad 6. ist ein Zeuge hinreichend, um zu bescheinigen, daß die gesetzlichen Vorschriften in Ansehung beider Theile befolgt werden.

Ad 7. muß in der Regel der Beistand der ganzen Verhandlung beiwohnen. Kann dieses aber nicht bewirkt werden: so ist die Gegenwart desselben bei der Vorlesung und Genehmigung des Protokolls hinreichend.

Ad 8. kann der Fall nicht eintreten, wo auf Kosten des Richters ein Protokollführer zuzuziehen wäre. Diese und ähnliche Anfragen haben ihren Grund darin, daß die Gerichtspersonen zu ihrer Bequemlichkeit auf Kosten der Parteien Protokollführer ferner zuziehen wollen. Aus diesem Grunde, und um ihren Privatschreibern Verdienst zu verschaffen, suchen sie in der Zuziehung von glaubhaften Männern unbezwingliche Hindernisse zu finden. Es ist der Parteien Sache, diese Beistände zur Stelle zu bringen, und wenn es an solchen mangelt, die es unentgeldlich thun wollen, sie zu remuneriren.

Berlin, am 27. Mai 1799.

(Stengels Beitr. Bd. 8. S. 185—191.)

5) **Rescript** vom 1. Juli 1799 nebst Bericht, betr. den 5. Abschnitt der Cirkular-Verordnung vom 30. Dezember 1798.

Der hiesige Viktualienhändler H. und dessen Ehefrau, geborne B., haben vor mir als Justitiario zu P., mit Zuziehung des vereideten Protokollführers P., die

Vollmacht, welche ich in der urschriftlichen Anlage alleruntertänigst überreiche, am 6. April d. J. vollzogen.

Da die Aussteller des Schreibens unkundig sind, so habe ich, nach der ältern Verfassung, bei Aufnahme der Vollmacht einen vereideten Protokollführer zugezogen, und noch überdies die von ihnen statt der Unterschrift gemachten Kreuze attestirt, welchemnächst die Vollmacht von dem J. C. H. bei dem hiesigen Stadtgericht eingereicht worden ist.

Das Stadtgericht will aber solche nicht für legal anerkennen, sondern verlangt, daß annoch die Namen der Aussteller unter derselben von einem glaubhaften Manne statt ihrer unterschrieben werden sollen.

Es stützet sich hierbei auf den §. 3. Abschnitt V. der Cirkular-Verordnung vom 30. Dezember 1798, und da dasselbe, der wiederholten Vorstellungen des ꝛc. H. ungeachtet, auf die Einreichung einer andern Vollmacht bestehet, wie die abschriftlich beigefügten Dekrete vom 15 April und 8. Mai d. J. besagen: ich aber dies Verlangen für widerrechtlich und die aufgenommene Vollmacht für völlig rechtsgültig halte, so sehe ich mich genöthigt, Ew. Königl. Majestät diesen Fall zur Allerhöchsten Entscheidung vorzulegen.

Zwar verordnet die angezogene Gesetzstelle, daß, statt der sonst von den des Lesens und Schreibens Unkundigen Personen gemachten und von dem Richter attestirten Kreuze, die Namensunterschriften durch einen Justiz-Kommissarius oder einen sonst glaubhaften Mann verrichtet werden sollen; diese Verordnung setzt aber, meiner geringen Meinung nach, den Fall voraus, daß von dem Richter kein Protokollführer zugezogen worden, welches nach §. 1. a. a. O. in der Regel nicht mehr nöthig ist.

Das Gesetz vom 30. Dezember 1798 hat bloß die bisherigen Förmlichkeiten vermindern und die Aufnahme der gerichtlichen Verhandlungen erleichtern wollen; keinesweges aber ist dadurch die bisherige Art des Verfahrens aufgehoben oder für ungültig erklärt worden; vielmehr kann auch jetzt noch, wie der §. 7. a. a. O. ganz deutlich sagt, ein Protokollführer gebraucht, nur dürfen für denselben keine besonderen Diäten liquidirt werden, wie auch in dem vorliegenden Falle nicht geschehen ist.

Erfolgt nun die Zuziehung eines vereideten Protokollführers, so bedarf es gewiß nicht noch einer besondern dritten Person, welche die Unterschrift, Namens der Partei, verrichte, vielmehr ist in diesem Falle die Verhandlung ohne Zweifel für rechtsgültig zu achten, wenn, in Gemäßheit der ältern Gesetze, wie unter der anliegenden Vollmacht geschehen, die Handzeichen der Partei gehörig beglaubigt worden sind.

Dies folgt ex ratione legis, die klar zu Tage liegt. Unstreitig gehört ein geprüfter und vereideter Protokollführer zu denjenigen glaubhaften Personen, welche für eine des Lesens und Schreibens unkundige Partei die Namensunterschrift verrichten können.

Hätte ich nun den zum Protokollführer in Civil- und Kriminalsachen gehörig bestellten und verpflichteten P. bloß hierzu gebraucht, und hätte ich dabei ganz allein das Protokoll aufgenommen: so würde das hiesige Stadtgericht nichts haben erinnern können. Um so mehr fällt aber die Richtigkeit ihrer Erinnerung in die Augen, da die den ältern Gesetzen wegen der Vollmachtsaufnahme ganz gemäße Verhandlung eher dadurch an Glaubwürdigkeit gewinnen als verlieren muß; daß ich den P. in seiner eigentlichen Qualität als gerichtlichen Protokollführer gebraucht habe, indem das Protokoll nicht bloß fidem einer, sondern zweier Gerichtspersonen für sich hat.

Aus allen diesen Gründen halte ich mich für fest überzeugt, daß die aufgenommene Vollmacht für ganz legal zu erachten sei, und die Stadtgerichte die Cirkular-Verordnung vom 30. Dezember 1798 unrichtig auslegen und anwenden, wenn sie durch die Dekrete vom 15. April und 8. Mai d. J. verfügt haben:

daß die — mit Zuziehung eines vereideten Protokollführers aufgenommene — Vollmacht annoch nach der Vorschrift ebengedachter Verordnung zu legalisiren sei,

und

daß demnach die Unterschrift von einem von dem Aussteller zu gestellenden — glaubhaften Manne geschehen müsse.

Bei Ew. Königl. Majestät trage ich demnächst alleruntertänigst dahin an:

das Stadtgericht allergnädigst zu bescheiden, daß es, wenn bei gerichtlichen Vollmachtsaufnahmen ein vereideter Protokollführer adhibirt worden ist, der Zuziehung noch einer dritten Person, um die Unterschrift der des Lesens und Schreibens unkundigen Partei zu verrichten, nicht bedürfe.

Berlin, den 21. Juni 1799.

Rescript.

Friedrich Wilhelm, König ꝛc. ꝛc. Unsern ꝛc. Die von den H.schen Eheleuten vollzogene, in Urschrift hierneben liegende Vollmacht nebst der abschriftlichen Vorstellung des Justiz-Kommissarius N. vom 24. v. M., lassen Wir Euch mit dem Befehle zufertigen, gedachte Vollmacht als hinreichend legalisirt anzunehmen, da Ihr Euch von selbst hättet bescheiden sollen, daß ein vereideter Protokollführer die Stelle des im Cirkular vom 30. Dezember v. J. erforderten glaubhaften Mannes ersetzt, und es, sehr gleichgültig ist, ob dieser oder der Richter den Namen der Parteien den Kreuzen beigefügt hat.

Berlin, den 1. Juli 1799.

Auf Sr. Königl. Majestät allergnädigsten Specialbefehl.

(Amelangs Archiv Bd. 3. S. 316. und Stengels Beitr. Bd. 9. S. 92.)

6) **Rescript** vom 17. März 1800, die Anwendung des 5. Abschn. der Cirkular-Verordnung vom 30. Dezember 1798 betr.

Auf eine Anfrage vom 7. März 1800 wurde die Oberamtsregierung zu Breslau von dem Justizdepartement unterm 17. ejusd. dahin beschieden, daß

ad 1. bei der in der Deposital-Ordnung vom 15. September 1783 enthaltenen Vorschrift es sein Bewenden behalte, und daß bei dem Verfahren in Depositalsachen die Cirkular-Verordnung vom 30. Dezember 1798 nicht in Anwendung zu bringen sei. Dagegen müsse

ad 2. in Hypotheken-Angelegenheiten nach Vorschrift des allegirten Cirkulars verfahren werden; und wenn eine Ehefrau vor Gericht erscheint, so könne ihr Ehemann in jeder Sache, wobei nicht sein und seiner Frauen Interesse in Collision kömmt, die Stelle des glaubhaften Mannes ausfüllen, der statt der Ehefrau die Unterschrift verrichten kann.

Ad 3. verstehe es sich von selbst, daß auch bei fiskalischen Untersuchungs-Prozessen die oftermähnte Cirkular-Verordnung zu befolgen ist.

Ad 4. sei bei den Bagatellsachen, ohne Unterschied, ob die Parteien reich oder arm sind, nach der Cirkular-Verordnung vom 30. Dezember 1798 zu verfahren. Eben dieses müsse auch

ad 5. bei den Zeugenverhören geschehen. Wenn jedoch mehrere in einem Prozesse abzuhörende Zeugen nicht schreiben können so dürfe wegen sämmtlicher Zeugen nur ein glaubhafter Mann oder Justiz-Commissarius zu Verrichtung der Unterschriften adhibirt werden.

Ad 6. könne ohne Unterschied in jedem Falle, wenn die Partei keinen glaubhaften Mann mit zur Stelle bringt oder herbei zu schaffen vermag, ein von dem Gerichte mit Einstimmung der Parteien auszuwählendes Subjekt zu Verrichtung der Unterschrift adhibirt, und wie solches geschehen, im Protokoll vermerkt werden.

Ad 7. sei es unbedenklich, daß in jedem Falle die Aktuarien oder Protokollführer mit Einstimmung der Parteien die Stelle des zu Verrichtung der Unterschrift zu adhibirenden glaubhaften Mannes vertreten können.

Ad 8. seien daher die Aktuarien oder Protokollführer um so mehr, und besonders bei solchen Gerichten beizubehalten, wo sie zu Bearbeitung der Kanzlei- und Registraturgeschäfte nothwendig; und eben so wenig können dergleichen Aktuarien, welche mit Bestimmung eines ordentlichen Gehalts angesetzt worden, ihres Amts sofort entlassen werden. Endlich

ad 9. müssen, wie bisher, die Schreibens unerfahrnen Parteien drei Kreuze statt ihres Namens unterzeichnen.

(Stengels Beitr. Bd. 11. S. 215—230.)

7) **C. O.** vom 20. Juni 1816, betr. die Gültigkeit gerichtlicher Verhandlungen bei Personen, welche des Lesens und Schreibens unerfahren sind.

Ich ersehe aus Ihrem Berichte vom 22. Februar d. J., daß die Gerichte darüber zweifelhaft sind:

ob die Vorschrift des A. L. R. im Anhange §. 5. und der A. G. O. im Anh. §. 68. und §. 421., nach welcher diejenigen Personen, welche nicht schreiben und Geschriebenes lesen können, zu ihren gerichtlichen Verhandlungen einen glaubhaften Mann zur Stelle bringen müssen, welcher in ihrem Namen die Unterschrift verrichtet, auch dann anzu-

wenden sei, wenn die Verhandlung mit Zuziehung eines Aktuars, vereideten Protokollführers, oder zweier Schöppen aufgenommen wird;
und entscheide diesen Zweifel nach Ihrem Antrage, dahin:

daß es der Zuziehung eines glaubhaften Mannes zu gerichtlichen Verhandlungen mit solchen Personen, welche des Schreibens und Lesens unerfahren sind, nicht bedarf, sobald die Verhandlung von dem Richter unter Zuziehung eines Aktuars, vereideten Protokollführers, oder zweier Gerichts-Schöppen aufgenommen wird.

Ich trage Ihnen auf, für die vorschriftsmässige Publikation dieser Meiner Ordre zu sorgen.

(G. S. S. 203.)

Anh. §. 73. *Wegen der Tauben, Stummen, Taubstummen und Blinden verbleibt es zwar bei der Anweisung Th. II. Tit. III. §. 4—8, es bedarf jedoch auch bei diesen Personen keiner Zuziehung eines Protokollfuhrers.*

Cirkular-Verordnung vom 30. Dezember 1798. Abschn. 5. §. 5. s. zur Einl. §. 40. Anh. §. 2.

Anh. §. 74. *Wenn eine Partei das aufgenommene Protokoll nicht unterschreiben will, so muss der Richter eine zweite Gerichtsperson oder einen Justizkommissarius, oder in deren Ermangelung einen sonst glaubhaften Mann als Zeugen zuziehen und in dessen Gegenwart die weigernde Partei befragen:*

ob sie noch die Niederschreibung von Zusätzen oder sonstigen Erklärungen verlange, und, wenn solche erfolgt sei, die Unterschrift leisten wolle?

Nach dem Verlangen der Partei ist das Nöthige im Protokolle nachzutragen, und sodann mit der Unterschrift zu verfahren. Erklärt aber die Partei, dass sie keine Zusätze verlange, das Protokoll aber gleichwohl nicht unterschreiben wolle; so muss unter demselben vermerkt werden:

dass die Partei, nachdem sie vorher deshalb befragt worden, keine Gründe der Weigerung, das Protokoll zu unterschreiben, habe angeben können, — dass ihr zwar die Bedeutung geschehen, die Verhandlung werde, der verweigerten Unterschrift ungeachtet, wider sie beweisen, dass aber diese Bedeutung fruchtlos geblieben sei.

Wenn diese Vorschrift beobachtet worden, und die Verhandlung von dem obgedachtermaassen zugezogenen Zeugen mit unterzeichnet ist: so behalt sie die volle Glaubwürdigkeit eines gerichtlichen Protokolls.

Cirkular-Verordnung vom 30. Dezember 1798. Abschn. 5. §. 6. s. zur Einl. §. 40. Anh. §. 2.

Anh. §. 75. *In den Fällen, wo es keines besondern Protokollführers bedarf, ist auch bei Verhandlungen mit Parteien, die der deutschen Sprache nicht kundig sind, ein Dollmetscher hinreichend.*

Ist in solchen Fallen der Richter der fremden Sprache völlig mächtig, und lässt er die deutsch niedergeschriebene

Verhandlung durch einen Dollmetscher übersetzen, und alsdann von den Parteien vollziehen; so bedarf es bei der Verhandlung selbst gar keines Dollmetschers. Auch diese Uebersetzung und deren Vorlegung an die Partei ist nicht erforderlich, wenn letztere ausdrücklich erklärt, dass sie auf das Recht, die Uebersetzung zu verlangen, Verzicht leiste. Ist der Richter der fremden Sprache nicht mächtig, und also ein Dollmetscher zuzuziehen; so kann sich die Partei des von demselben zu führenden Nebenprotokolls begeben.

1) **Rescript** vom 18. November 1799, betr. die Zuziehung von Dollmetschern bei Verhandlungen mit solchen Personen, welche der deutschen Sprache nicht mächtig sind.

Auf die in dem Berichte vom 4. November d. J. bei Uns gethanen Anfragen lassen Wir Euch hiermit gnädigst dahin bescheiden, daß

1) in Fällen, wo die Gerichtspersonen der fremden Sprache völlig mächtig ist, die Verhandlung deutsch niederschreibt, solche durch einen Dollmetscher übersetzen läßt, und die Uebersetzung den Interessenten vor der Vollziehung vorliest, es keiner Adhibirung eines Protokollführers oder Dollmetschers bei der Verhandlung bedürfe. rc.

(Amelangs Archiv Bd. 3. S. 311. und Stengels Beitr. Bd. 10. S. 350.)

2) **Rescript** vom 13. Januar 1800, betr. die Nothwendigkeit der Zuziehung eines Dollmetschers.

Auf Eure Anfrage vom 12. Dezember v. J., wegen Zuziehung der Dollmetscher, geben Wir Euch hiermit gnädigst zu erkennen, daß nach Eurem Antrage in denjenigen Fällen, wo es nach dem Cirkulare vom 30. Dezember 1798 keines besondern Protokollführers bedarf, es nicht nöthig ist, einen zweiten Dollmetscher oder einen der fremden Sprache kundigen Zeugen zuzuziehen. rc.

(Neues Archiv Bd. 1. S. 14. und Stengels Beitr. Bd. 10. S. 356—359.)

Erster Abschnitt.

Von der nähern Vernehmung der Parteien, und Regulirung des Status causae et controversiae.

1. Vernehmung der Parteien.

§. 20. Wenn auf die Klage sogleich ein Termin zur Instruktion der Hauptsache bestimmt worden; so wird in diesem mit der Vernehmung des Beklagten nach Anleitung des vorigen Titels der Anfang gemacht.

Nähere Vernehmung des Klägers;

§. 21. Wenn diese geschehen ist, so wie auch in dem Falle, wenn die Beantwortung der Klage in einem besonderen Termine aufgenommen, und sodann erst der Instruktionstermin anberaumt worden, wird der Kläger vorgefordert, und ihm zuvörderst seine Klage vorgehalten; damit er sich erkläre, was er etwa dabei noch zu erinnern oder zu ergänzen habe. Dass und wie dieses geschehen sei, wird im Instruktionsprotokolle bemerkt.

Hiernächst wird der Kläger über die Beantwortung der Klage, und dasjenige, was der Beklagte gegen die in der Klage enthaltene Species facti, oder gegen die angegebenen Beweismittel erinnert, oder was derselbe sonst der Klage für Einwendungen entgegen gesetzt hat, umständlich vernommen. Was der Kläger hierauf erwiedert, oder zur Ablehnung und Widerlegung der Einwendungen des Beklagten anführt, wird vollständig niedergeschrieben, und wenn dabei Thatsachen vorkommen, wird der Kläger zur Angabe der Beweismittel darüber aufgefordert.

§. 22. Bei der Vernehmung des Beklagten über die Klage darf weder der Kläger, noch dessen Assistent oder Bevollmächtigter gegenwärtig sein. Bei der Vernehmung des Klägers über die Beantwortung und bei der Aufnahme seiner Erwiederungen darauf wird der Beklagte nicht zugelassen; wohl aber müssen bei diesen und allen folgenden Verhandlungen die Assistenten oder rechtskundige Bevollmächtigte beider Theile zugegen sein.

ingleichen des Beklagten.

§. 23. Nach geschlossener Vernehmung des Klägers über die Antwort nimmt derselbe seinen Abtritt, und der Beklagte wird wiederum vorgefordert; er wird vernommen: ob er seiner vor dem Instruktionstermine etwa besonders aufgenommenen Antwort noch etwas hinzu zu fügen habe; die Erwiederungen des Klägers werden ihm bekannt gemacht; es wird ihm darüber seine Erklärung und Antwort abgefordert; die wegen der Beweismittel noch etwa nöthige Erkundigung wird eingezogen; und wie dieses Alles geschehen, wird kurz, doch vollständig, im Instruktionsprotokolle bemerkt.

Zusammenstellung der Parteien.

§. 24. Wenn sich alsdann noch Zweifel oder Dunkelheiten über Thatsachen finden, welche durch die abgesonderte Vernehmung der Parteien nicht gehoben werden können; so muss der Instruent die Punkte, worüber die Parteien noch nicht einig sind, ausziehen, und nach Beschaffenheit der Umstände entweder beide Parteien zugleich vorlassen, um durch ihre Gegeneinanderstellung einen Versuch zur Aufklärung der Sache, und Hebung der obwaltenden Widersprüche zu machen; oder, wenn dieses wegen der unter ihnen herrschenden Animosität nicht rathsam ist, mit der abgesonderten Vernehmung derselben so lange, bis nach Vorschrift §. 2. dieses Mittel zur Erforschung der Wahrheit völlig erschöpft ist, fortfahren.

Allgemeine Bemerkung.

§. 25. Obige Vorschriften **§. 21. 23. 24.** enthalten jedoch eine blosse Anweisung für den Instruenten, nach welcher die Sache in den meisten Fällen, wenn die Parteien in Person erscheinen, am kürzesten und zwekmässigsten zusammen gefasst werden kann. Der Instruent ist aber daran keinesweges gebunden, sondern es steht ihm frei, nach Beschaffenheit der Umstände und des vorliegenden Falles, so bald die Antwort auf die Klage aufgenommen ist, sogleich beide Theile in Person, oder auch beide Bevollmächtigte der abwesenden Parteien zugleich vorzulassen; die etwa noch abgängigen Erklärungen derselben über die in der Klage oder Antwort vorgekommenen Thatsachen und angegebenen Beweismittel abzufordern; und alsdann unmittelbar zur Regulirung des Status causae et controversiae überzugehen. Jeder Instruent muss daher reiflich erwägen: welcher Weg, nach der eigenthümlichen Beschaffenheit des vorliegenden Falles, am kürzesten und sichersten zum Zwecke führen könne; und er muss die Instruktion nicht eher anfangen, als bis er sich zu deren Einleitung einen ordentlichen und wohl überlegten Plan gemacht hat.

Vorsichtsregeln.

§. 26. Die Vernehmung der Parteien und ihrer Bevollmächtigten muss, wie schon oben gedacht worden, so lange fortgesetzt werden, bis bei jeder vorgekommenen Thatsache vollkommen deutlich und bestimmt ausgemittelt ist, was die Parteien einander davon zugestehen oder abläugnen. Dabei müssen jedoch die Parteien nicht übereilt, noch zu Geständnissen verleitet, besonders aber muss bei gemeinen und in Geschäften unerfahrenen Personen mit pflichtmässiger Sorgfalt darauf gesehen werden: dass sie nicht etwa aus Einfalt, Missverstand oder Unbekanntschaft mit den rechtlichen Folgen eines gerichtlichen Zugeständnisses Thatsachen einräumen, von deren Richtigkeit sie nicht überzeugt sind; oder dass nicht in ihren Erklärungen aus Mangel an der Gabe, sich deutlich und bestimmt auszudrücken, Irrthümer und Zweideutigkeiten unterlaufen, die in der Folge, gegen ihre eigentliche Meinung als gerichtliche Geständnisse wider sie geltend gemacht werden könnten.

Vom Widerruf geschehener Angaben und Geständnisse.

§. 27 a. Wenn bei der Vernehmung der Parteien eine derselben ein in den bisherigen Protokollen enthaltenes Geständniss widerruft, oder sonst einen zur Sache gehörigen Umstand anders, als er dort vorgetragen ist, angiebt; so muss der Instruent sich dabei nicht schlechterdings beruhigen, sondern die Partei anhalten, wahrscheinliche Gründe, wodurch sie zu dem jetzt zurückgenommenen Geständnisse, oder zu der für irrig ausgegebenen Erklärung bewogen worden, anzuführen, auch nöthigen Falls zu bescheinigen; ingleichen Mittel an die Hand zu geben, wodurch die wahre Bewandniss einer solchen Thatsache ins Licht gesetzt werden könne. Sodann muss mit der weitern Instruktion verfahren werden; und es bleibt der künftigen Bestimmung des Haupterkenntnisses überlassen: in wie fern der Widerruf Statt habe, oder die Partei an ihr voriges Geständniss dennoch gebunden bleibe, nnd wegen des ungegründeten, oder gar aus Chikane versuchten Widerrufs zu bestrafen sei.

Ein Widerruf, der erst nach erfolgter Regulirung des Status causae et controversiae geschieht, verdient in der Regel für diese Instanz keine Rücksicht mehr; sondern der Widerrufende muss, wenn das Erkenntniss zu seinem Nachtheil ausfällt, den begangenen Irrthum und die wahre Bewandniss der Sache in der folgenden Instanz weiter ausführen. Wenn jedoch eine Partei, bei Anbringung des Widerrufs, die wahre Bewandniss der Sache deutlich und vollständig anzeigt, und sowohl diese Anzeige, als den Umstand, wodurch sie zu dem vorgefallenen Irrthume verleitet worden, sogleich bescheinigt; so soll ein so beschaffener Widerruf, wenn er auch erst im Termine zum Schlusse der Sache angebracht würde, noch aufgenommen, der Gegentheil zur Erklärung und Einlassung darüber angehalten, und es der Beurtheilung des erkennenden Richters überlassen werden: in wie fern der Widerruf für hinlänglich zu achten sei, und was daraus in Ansehung der Hauptsache folge.

§. 27 b. Doch muss in allen Fällen derjenige, welcher durch den Widerruf eines Geständnisses einen Aufenthalt in der Instruktion verursacht, nicht allein die daraus dem Gegentheile erwachsenen Schäden und entstandenen mehreren Kosten allein tragen; sondern er hat auch, wenn sich findet, dass die Thatsache sich dennoch so verhalte, wie er sie eingestanden hatte, und wenn er keinen vernünftigen Grund, wodurch er zu dem Widerrufe bewogen worden, nachzuweisen vermag, die Tit. XXIII. §. 52. geordneten Strafen zu gewärtigen.

§. 27 c. Wenn eine Thatsache nicht in ihrem ganzen Zusammenhange vollständig eingestanden worden; so müssen die streitig bleibenden Umstände, sie bestehen in Zusätzen oder Einschränkungen. bei der Regulirung des Status controversiae sorgfältig ausgezeichnet werden, damit die Aufnehmung des Beweises über eine solche Thatsache zweckmässig und bestimmt erfolgen könne.

Anh. §. 76. *In blossen Bagatell- und den damit auf gleiche Art zu instruirenden Injurien-Sachen, in Wechsel- und Exekutiv-Prozessen, in Prozessen über Störungen im Besitzstande und bei andern bloss summarischen Prozessarten ist die Niederschreibung eines förmlichen Status causae et controversiae nur dann erforderlich, wenn ungewöhnlich weitläufige oder verwickelte Thatsachen dabei zum Grunde liegen.*

Auch bei andern an sich im gewöhnlichen Prozess zu instruirenden Rechtsangelegenheiten bedarf es, in so fern es nur auf eine einfache Thatsache ankommt, der Abfassung einer Species facti nicht. Es ist vielmehr hinreichend, wenn der Instruent bloss die faktischen und rechtlichen Streitpunkte aufnimmt und niederschreibt.

Rescript vom 11 Oktober 1797, betr. die Regulirung des Status causae et controversiae.

Die A. G. O. hat im ersten Theile Tit. X. §. 28. seq. die Regulirung des status causae et controversiae bei den Instruktionen vorgeschrieben, nähere Anweisungen dazu gegeben, und die Nothwendigkeit dieser Operation in dem §. 83 a. nachdrücklich eingeschärft.

Aus den von Zeit zu Zeit Uns vorgekommenen Akten und den eingesendeten Instruktions-Listen ersehen Wir, daß diese Vorschriften hin und wieder mißverstanden, und von manchen Instruenten, entweder aus Mangel richtiger Beurtheilung, oder aus übertriebener Aengstlichkeit unrichtig angewendet worden, indem dieselben in vielen Fällen diese Operation mit einer Weitschweifigkeit und Umständlichkeit bewerkstelligt haben, wozu in der Natur des vorliegenden Facti kein vernünftiger Grund enthalten war, und wodurch der Fortgang der Instruktion unnöthigerweise aufgehalten und verzögert wurde; in andern Fällen aber durch ein solches nicht mit gehörigem Judicio practico angestelltes Benehmen gerade das Gegentheil des auf eine konzentrirte, deutliche und lichtvolle Darstellung von der Lage der Sache und den dabei noch zu erörternden Streitpunkten, abzielenden Zwecks der ganzen Operation bewirkt worden.

Durch diese Bemerkungen finden Wir Uns veranlaßt, Euch, und besonders Euren Untergerichten über dieses Geschäft folgende nähere Erläuterungen und Belehrungen zu ertheilen.

1) In bloßen Bagatell- und den damit auf gleiche Art zu instruirenden geringern Injurien-Sachen, in Wechsel-Sachen, im Exekutiv-Prozesse, im Possessorio summariissimo und bei andern bloß summarischen Prozeßarten, ist die Niederschreibung eines förmlichen status causae et controversiae nicht nothwendig. Bei solchen Prozessen liegt gewöhnlich ein sehr einfaches und wenig komplizirtes Factum zum Grunde. Ob daher gleich ein sorgfältiger und seiner Pflichten sich erinnernder Instruent auch in solchen Sachen stets darauf bedacht sein wird, nach geschlossener Vernehmung der Parteien sich eine klare und richtige Darstellung von der eigentlichen Lage der Sache und den dabei noch streitigen Punkten zu formiren, und sich bei dem fernern Verfahren, und besonders bei Aufnehmung des Beweises, darnach, als einem festen und sichern Leitfaden, zu richten; so würde es doch in den meisten Fällen eine bloße unnütze Formalität sein, durch umständliches Niederschreiben dieser Darstellung zum Protokoll die Zeit zu verlieren, und die Fortsetzung der Instruktion aufzuhalten. Hier ist also die schriftliche Abfassung des status causae et controversiae in der Regel nicht, sondern nur als Ausnahme erforderlich, wenn auch bei solchen kleinen oder summarischen Sachen hier oder da einmal ungewöhnlich weitläuftige oder verwickelte Facta vorkommen.

2) Auch bei andern an sich Processu ordinario zu instruirenden Rechtsangelegenheiten ist jedesmal auf die Natur und individuelle Beschaffenheit der dabei zum Grunde liegenden oder vorkommenden Thatsachen Rücksicht zu nehmen. Oft ist auch in solchen Fällen ein sehr einfaches gar nicht verwickeltes Factum in medio. Schon aus den Vernehmungs-Protokollen, die doch der Decernent und künftige Urtelsfasser ohnehin selbst lesen muß, ergiebt sich der Hergang und Zusammenhang der Sache so klar, daß es zu dessen Uebersicht einer besondern nochmaligen Aufnehmung und Zusammenstellung der gegenseitigen Anführungen und Geständnisse gar nicht bedarf, und diese daher in eine bloße leere Formalität ausarten würden. In dergleichen Fällen bedarf es also auch nicht erst der Niederschreibung einer umständlichen Species Facti, sondern es ist genug, wenn nur der Instruent, nach geschlossener Vernehmung, die eigentlichen Streitpunkte, sie betreffen nun Thatsachen oder Rechtsfragen, welche sich in dem vorausgesetzten Falle aus den vorhergehenden Verhandlungen ohne Mühe von selbst ergeben werden, aufnimmt, und in das Protokoll niederschreiben läßt.

Wir versehen Uns jedoch zu den Instruenten, daß sie diese zu ihrer Erleichterung und zur Verhütung unnützer Schreiberei bloß abzielende Modifikation nicht zum Deckmantel ihrer Bequemlichkeit mißbrauchen, und vielmehr die schriftliche Aufstellung der Species Facti bloß dann unterlassen werden, wenn sich dieselbe aus den Vernehmungs-Protokollen, ohne mühsames Aufsuchen und Zusammenstellen, jedem sachverständigen Leser gleichsam schon von selbst darbietet.

3) In allen andern Fällen bleibt es zwar lediglich und schlechterdings bei den Regeln der A. G. O.; aber diese Vorschriften müssen zweckmäßiger und mit mehr Beurtheilung, als bisher in vielen Fällen geschehen ist, angewendet werden.

Die Aufnehmung der Species Facti muß nicht in einem bloßen Ausschreiben der vorhergehenden Protokolle bestehen; wogegen die A. G. O. §. 30. ausdrücklich warnt. Es ist dabei um eine zwar klare und vollständige, aber auch möglich konzentrirte und kurze Darstellung des unstreitigen Facti zu thun, so wie selbige, nach dem Ausdrucke der A. G. O. §. 29. ein verständiger und getreuer Referent dem Kollegio oder Gericht zur Abfassung eines Erkenntnisses vorlegen würde. Unbedeutende Nebenumstände, welche auf die richterliche Beurtheilung und Entscheidung keinen Einfluß haben können, sind also auch hier schon zu übergehen. Gegen diese Regel haben sehr viele Instruenten bisher gefehlt, theils aus allzu großer Aengstlichkeit, theils weil sie sich nicht die Zeit und Mühe nehmen wollen, durch fleißiges und überlegtes Nachlesen der frühern Verhandlungen sich erst selbst eine solche klare und konzentrirte Darstellung in ihrem Geiste zu bilden, sondern die Feder in die Hand genommen, oder zu diktiren angefangen haben, ehe sie sich deutlich bewußt waren, worin die Species Facti eigentlich bestehe, und wie dieselbe dargestellet werden solle.

Noch häufiger ist aus gleichen Ursachen bei Auswerfung der Streitpunkte gefehlt worden. Manche Instruenten haben mit einer übertriebenen Weitschweifigkeit alle und jede, auch die unbedeutendsten und unerheblichsten Nebenumstände, wobei die Parteien von einander abgewichen, ohne Auswahl und Ordnung unter die Streitpunkte aufgenommen. Bei der Vernehmung der Parteien muß allerdings der Instruent dieselben mit der größten Geduld und der möglichsten Umständlichkeit hören; er darf sich nicht weigern, alle und jede Angaben derselben, wenn sie ihm auch noch so unerheblich zu sein scheinen, auf ihr Verlangen im Protokoll vermerken zu lassen. Aber wenn er zur Regulirung des status controversiae schreitet, muß er schon mehr als selbstständiges Wesen nach eigener Einsicht und Ueberzeugung zu Werke gehen. Er muß sich auch hier in den Gesichtspunkt eines Referenten stellen, welcher definitive über die Sache sprechen soll, und aus diesem Gesichtspunkte muß er prüfen: was für Umstände noch erst näher aufgeklärt und ins Licht gesetzt werden müssen, ehe ein solches definitives Erkenntniß nach den Gesetzen möglich ist. Er muß also in den statum controversiae nur solche streitige Umstände aufnehmen, die er selbst für erheblich hält, oder auf deren Erheblichkeit und daher auf ihrer nähern Ausmittelung von einer der Parteien in den frühern Verhandlungen ausdrücklich bestanden worden. Nur in den, doch immer nur seltenen Fällen, wo entweder nach der besonders verwickelten Natur des Geschäftes oder wegen Mangels eines deutlichen und bestimmten Gesetzes, die Möglichkeit eintritt, daß auch ein verständiger in der Rechtstheorie hinlänglich gewiegter Urtelsfasser, die Sache aus einem andern Gesichtspunkte, als demjenigen, welchen der Instruent gefaßt hat, ansehen könnte, würden solche streitige Punkte mit aufgenommen werden, welche nur dann, wenn dieser verschiedene Gesichtspunkt angenommen werden sollte, erheblich sein würden.

Durch eine vernünftige, mit gehöriger reifer Beurtheilungskraft begleitete Anwendung dieser Regeln, werden in den allermeisten Fällen die streitigen Punkte, die mancher Instruent bisher oft ins Unendliche vervielfältigt hat, sich auf sehr wenige reduziren lassen. Es ist auch nicht zu besorgen, daß bei einem solchen Verfahren die Gerechtsame der Parteien leiden, oder die Erörterung in der That erheblicher Umstände unterbleiben, und durch nachgeholte Instructiones die Entscheidungen verzögert werden möchten; da der entworfene status causae et controversiae doch allemal erst der Prüfung der Parteien und Justiz-Kommissarien, welche in weitläuftigen und wichtigen Sachen ohnehin jetzt zugezogen zu werden pflegen, so wie der Kontrolle des Decernenten unterworfen werden muß; und einer oder der andere derselben es schon rügen kann und wird, wenn etwa auch einmal der Instruent die Sache zu einseitig betrachtet, und wirklich relevante Umstände unter den Streitpunkten mit aufzustellen verabsäumt hätte. Auch ist es, ob gleich beides nach wie vor sorgfältig vermieden werden muß, doch noch eher zu dulden, wenn in einem oder dem andern außerordentlichen und seltenen Falle ein von dem ersten Deputato etwa übersehener Umstand durch eine nachträgliche Instruktion, es sei in erster Instanz oder in Appellatorio, noch supplirt werden muß, als wenn in hundert andern gewöhnlichen Fällen die Akten und Protokolle durch Anhäufung unnützer und irrelevanter Streitpunkte überladen, die Zeit dadurch versplittert, die Instruktion aufgehalten, und durch unnütze Beweisaufnehmungen, als die gewöhnliche Folge eines solchen unzweckmäßigen Verfahrens, den Parteien ein drückender Kostenaufwand verursacht wird.

Ihr habt Euch also nach diesen Anweisungen mit überlegter Sorgfalt zu achten, und auch Eure Untergerichte darnach zu instruiren.

(NCC. T. X. Nr. 84. de 1797.)

II. Regulirung des Status causae et controversiae.

§. 28. Zu einer zweckmässigen Regulirung des Status causae et controversiae, als dem zweiten Hauptgegenstande des Instruktionstermins, gehört:

1) die Aufnehmung einer richtigen und zusammenhängenden Species facti, so weit die Parteien darüber einig sind;

2) die Festsetzung derjenigen auf Thatsachen beruhenden Umstände, worüber sie nicht haben vereinigt werden können;

3) die Bestimmung derjenigen unter diesen Umständen, welche durch Beweis näher ins Licht gesetzt werden sollen.

1) Aufnehmung der Species facti.

§. 29. Wenn also der Instruent die Parteien hinlänglich vernommen hat; so muss er zuvörderst aus ihren dabei zum Vorschein gekommenen gegenseitigen Angaben und Zugeständnissen, auch beigebrachten und für richtig angenommenen Beweisstücken, eine vollständige und zusammenhängende Geschichtserzählung, so wie sie ein verständiger und getreuer Referent vortragen würde, heraus ziehen, und diese Erzählung vom Anfange des Geschäfts, bis auf den Zeitpunkt, da der Prozess entstanden ist, fortführen.

§. 30. Diese Geschichtserzählung muss kein blosser Extrakt der bisherigen Verhand'ungen sein, sondern der Instruent muss die in diesen zur Sache gekommenen Thatsachen, ohne Rücksicht auf die Stelle, wo ihrer zuerst erwähnt worden, in derjenigen natürlichen Ordnung, wie sie im Hergange des Geschäfts selbst wirklich aufeinander gefolgt sind, vortragen und zusammen stellen. Thatsachen und Umstände, die unter den Parteien noch streitig sind, muss er in diese Geschichtserzählung nicht aufnehmen; wenn aber dergleichen Umstände, des Zusammenhangs wegen, nicht ganz unberührt bleiben können; so müssen sie im Vorbeigehen nur ganz kurz, und als noch streitig, bemerkt werden.

§. 31. Gelehrte Erörterungen und rechtliche Ausführungen gehören gar nicht in diese Species facti.

§. 32. Bei jedem Prozesse liegt allemal ein gewisses Hauptfactum oder Geschäft zum Grunde, mit dessen Auseinandersetzung also der Anfang gemacht werden muss. Es können aber, ausser demselben, noch Nebenfacta vorkommen, die mit dem Hauptfakto in keiner nothwendigen Verbindung oder Beziehung stehen, sondern entweder Nebengründe zur Unterstützung der Klage, oder Einwendungen, die von dem Hauptfakto ganz unabhängig sind, oder artificielle Beweise des Grundes der Klage oder der Einwendung; oder endlich Gründe zur Beurthei'ung des Gewichts und der Glaubwürdigkeit dieses oder jenes Beweismittels enthalten sollen.

Dergleichen Nebenfakta, die in die Erzählung des Hauptgeschäftes nicht hinein gezogen werden können, ohne diese unzusammenhängend, dunkel oder verworren zu machen, muss der Instruent besonders aufnehmen, und bei jedem derselben das, worüber die Parteien einig sind, von dem, worüber sie noch streiten, eben so, wie bei dem Hauptfacto geschehen ist, absondern.

§. 33. Hinter der Species fakti bemerkt der Instruent die Punkte, über we'che die Parteien noch uneins sind; legt das Ganze den Parteien und deren Assistenten oder Bevollmächtigten vor; und vernimmt von ihnen: ob und was sie dabei noch zu erinnern haben.

§. 34. Finden sich dergleichen Erinnerungen, dass z. B. ein Umstand von dem Instruenten übersehen worden, oder dass derselbe einen Umstand für ausgemacht und unstreitig angenommen habe, den die Partei noch für streitig und zweifelhaft ausgiebt; so muss erstern Falls die Species facti, so weit es nöthig ist, ergänzt;

letztern Falls aber ein solcher Umstand weggelassen, und von dem Instruenten vor der Hand besonders bemerkt werden.

§. 35. Hat sich aber der Instruent mit den Parteien und deren Assistenten oder Bevollmächtigten über die Species facti durchgehends vereinigt; so wird selbige zum Protokoll niedergeschrieben.

Festsetzung der Streitpunkte.

§. 36. Hinter der Species facti werden alsdann diejenigen Umstände, welche der Instruent schon bei deren Aufnehmung als streitig ausgeworfen hat, oder die bei der Vorlegung von den Parteien als streitig angegeben, und nach Vorschrift §. 34. vorläufig bemerkt worden sind, in einer natürlichen Ordnung, nach Nummern, hinter einander verzeichnet.

Es versteht sich von selbst, dass, wenn nach Vorschrift §. 32. über mehrere von einander ganz unabhängige Thatsachen mehrere besondere Geschichtserzählungen haben aufgenommen werden müssen, einer jeden derselben die sie besonders betreffenden Streitpunkte auch besonders beizufügen sind, damit aller sonst zu besorgenden Verwirrung der verschiedenen streitigen Thatsachen möglichst vorgebeugt werde.

§. 37. Die solchergestalt berichtigte Species facti, und das derselben beigefügte Verzeichniss der streitigen Punkte, muss von den Parteien und deren Assistenten oder Bevollmächtigten unterschrieben werden.

Nothwendigkeit dieser Operation.

§. 38 a. Diese Operation ist unumgänglich nothwendig, damit der ganze Zusammenhang der Sache, wie er sich aus den bisherigen Verhandlungen entwickelt hat, von den Parteien vollständig übersehen, und sie in den Stand gesetzt werden, wenn irgend noch Irrthümer oder Missverständnisse dabei vorgefallen, oder zur Sache gehörige Umstände übersehen oder vergessen wären, das Nöthige zu berichtigen und zu ergänzen; über die wahre Lage der Sache und den wahrscheinlichen Ausgang derselben ein eigenes richtiges Urtheil zu fällen, und über die zu machenden Vergleichsvorschläge einen angemessenen vernünftigen Entschluss zu fassen; damit der Instruent sich gleichsam selbst kontrolliren, und, wenn er solchergestalt das Resultat aller bisherigen Verhandlungen vor sich hat, die darin etwa noch vorkommenden Lücken, Mängel im Zusammenhange, oder sonstige Fehler in Zeiten wahrnehmen und verbessern könne; damit er in Stand gesetzt werde, billige und der wahren Lage der Sache angemessene Vergleichsvorschläge zu machen; damit endlich die Fortsetzung der Instruktion eine feste und sichere Richtung erhalte, und die sonst unvermeidlichen Verwirrungen und Abwege in dem Gange derselben vermieden werden.

Es ist daher die Aufnehmung einer solchen Species facti, so wie die Festsetzung der Streitpunkte, in einem jeden Prozesse ein nothwendiges Erforderniss: also, dass der Instruent, welcher diese Operation verabsäumt, nicht nur für allen Nachtheil, welcher den Parteien durch die aus dieser Unterlassung entstehenden Verwirrungen, Zögerungen und Kosten erwächst, verantwortlich wird, sondern auch dafür nach näherer Bestimmung des Dritten Theils ernstlich bestraft werden soll.

§. 38 b. Ausser dieser in allen Fällen eintretenden Nothwendigkeit eines aufzunehmenden Status causae et controversiae, sind die im Vorstehenden ertheilten Vorschriften, wegen der dabei zu beobachtenden Methode, nur Anweisungen für den Instruenten, an welche derselbe keinesweges schlechterdings gebunden ist, sondern vielmehr mit vernünftiger Beurtheilung und reiflicher Ueberlegung diejenige Methode wählen kann und muss, die, nach der Natur und Beschaffenheit eines jeden vorliegenden Falles, ihn am kürzesten und sichersten zu den im vorigen Paragraphen angegebenen Zwecken dieser ganzen Operation führen kann.

Zu welcher Zeit dieselbe erfolgen müsse.

§. 39. Je nachdem bei einem Prozesse wenige, einfache und unverwickelte, oder viele, weitläufige und zusammen gesetzte Thatsachen vorkommen, muss die Aufnehmung der Species facti und Festsetzung der Streitpunkte entweder gleich im ersten Termine, unmittelbar nach geschlossener Vernehmung der Parteien, mit Zuziehung derselben erfolgen; oder der Deputirte muss einen neuen Termin zur Regulirung des Status causae et controversiae, der jedoch nicht leicht über Acht Tage hinausgesetzt werden darf, nach Vorschrift §. 8. anberaumen, und sich darauf zu Hause vorbereiten.

In letzterm Falle wird der neue Termin mit der oben §. 33. bemerkten Vorlegung der entworfenen Species facti eröffnet, sodann nach Vorschrift §. 34—37. weiter verfahren.

Nur in sehr wichtigen und weitläufigen Sachen ist dem Instruenten erlaubt, die von ihm entworfene Species facti den Parteien oder deren Bevollmächtigten schriftlich mitzutheilen, und den Termin zur Erklärung darüber so weit hinaus zu setzen, als es nöthig ist, damit dieselben sich zu dieser Erklärung genugsam vorbereiten können.

§. 40. Wenn aus der von den Parteien genehmigten Species facti sich ergiebt, dass keine Thatsachen, die einer nähern Aufklärung durch Beweis bedürfen, mehr vorhanden sind; so wird die Sühne nach Vorschrift des folgenden Titels versucht, und wenn dieselbe nicht Statt findet, die Instruktion nach Vorschrift des Zwölften Titels geschlossen.

3) Auszeichnung der erheblichen Streitpunkte von den unerheblichen.

§. 41. Sind aber noch streitige Thatsachen vorhanden, und die alsdann ebenfalls anzustellende Sühnehandlung bleibt fruchtlos; so wird mit Bestimmung derjenigen unter den streitigen Umständen, welche durch Beweis noch näher ins Licht gesetzt werden sollen, fortgefahren.

§. 42. Bei dieser Operation muss der Instruent mit reifer Beurtheilungskraft, gründlicher Aeusserung seiner theoretischen Rechtskenntnisse und vernünftiger Anwendung derselben auf die vorliegenden Thatsachen zu Werke gehen, damit weder Umstände, die zur vollständigen Aufklärung der Sache gehören, übergangen oder unerörtert gelassen, noch auch durch Aufnehmung unnützer und unerheblicher Beweise Zeit und Kosten verschwendet werden.

§. 43. Er muss dabei die Parteien und deren Assistenten überall zuziehen; denselben seine Meinung und etwanigen Bedenklichkeiten, ob die Thatsache erheblich, und also eine Beweisesaufnahme darüber von Nutzen sein möchte, eröffnen; die ihrigen gleichergestalt vernehmen, und sich mit ihnen über die Umstände, worüber noch Beweis aufgenommen werden soll, zu vereinigen suchen.

§. 44. Findet dergleichen Vereinigung Statt; so werden die darnach durch Beweis auszumittelnden Punkte im Protokolle bemerkt, und damit die Regulirung des Status causae et controversiae geschlossen; sodann aber ohne fernern Anstand mit Aufnehmung der Beweismittel nach Vorschrift der folgenden Abschnitte verfahren.

§. 45. Kann sich hingegen der Instruent mit den Parteien und deren Assistenten nicht vereinigen; es sei nun entweder, dass er die Ausmittelung eines Umstandes für nöthig hält, den ein oder der andere Theil für unnütz oder unerheblich ansieht, oder dass eine Partei auf die Untersuchung eines Umstandes, der ihm unnöthig oder nicht zur Sache gehörig scheint, besteht; so muss er die Gründe, welche die Partei und deren Rechtsbeistand zur Unterstützung ihrer Meinung anführt, kurz, doch bündig und vollständig, zum Protokoll nehmen, und die Akten, mit gleichmässiger Bemerkung seiner Gegengründe, dem Kollegio zur Beurtheilung vorlegen.

§. 46. Wenn wider Verhoffen ein Instruent sich weigern sollte, dergleichen seiner Meinung widersprechenden Antrag einer Partei zur Entscheidung des Kollegii zu befördern, oder die zu dessen Unterstützung angeführten Gründe vollständig aufzunehmen; so steht einer solchen Partei die unmittelbare schriftliche Anzeige an das Kollegium offen, welches darauf von dem Instruenten nähere Auskunft einziehen und zugleich die Akten abfordern muss.

§. 47. In beiden Fällen (§. 45. 46.) muss die Sache von dem ordentlichen Decernenten vorgetragen, und ein Schluss des Kollegii darüber abgefasst werden.

§. 48. Der Vortrag soll jedoch, besonders bei grossen Kollegiis, wo viele Sachen vorkommen, nicht in der ordinairen Session unter dem gewöhnlichen Memorialienvortrage geschehen, sondern er muss in der Regel, so bald die Sache nur einigermaassen wichtig ist, auf diejenigen Tage oder Stunden, welche zum Ablesen der schriftlichen Relationen bestimmt sind, verwiesen werden.

§. 49. Bei Kollegiis, die aus mehr als Einem Senate bestehen, geschieht der Vortrag bei demjenigen, welcher künftig in der Sache sprechen soll. Besteht aber das Kollegium nur aus Einem Senate, oder soll das künftige Erkenntniss bei einem andern Kollegio abgefasst werden; so muss der Vortrag in der Versammlung des ganzen Kollegii erfolgen. Der Vortrag selbst wird von dem ordentlichen Decernenten, und zwar nur mündlich, gethan. Bloss in sehr wichtigen und bedenklichen Fällen kann ein schriftlicher, jedoch niemals über vierzehn Tage hinaus zu setzender, Vortrag zugelassen werden.

§. 50. Bei Abfassung des Schlusses kommt es nicht auf ängstliche Bestimmung eines genau und künstlich abgemessenen Beweises, viel weniger auf entscheidende Festsetzung des eigentlichen Effekts, den die streitige Thatsache, je nachdem sie wahr oder falsch ist, auf die künftige Entscheidung des Prozesses haben wird, sondern überhaupt nur darauf an: ob das vorliegende Faktum zur Aufklärung der Hauptsache wahrscheinlicher Weise etwas beitragen könne; und ob aus demselben irgend etwas, das auf den Grund der Klage, oder der Einwendung rechtlichen Bezug hat, hergeleitet werden könne.

§. 51. Gründliche Rechtstheorie und reife Beurtheilungskraft müssen also dabei vorzüglich angewendet, zugleich aber auf alle Umstände des vorliegenden Falles und die Beschaffenheit der über eine solche streitige Thatsache vorhandenen Beweismittel vernünftige Rücksicht genommen werden; da z. B. die weitere Untersuchung eines Umstandes, dessen Erheblichkeit an sich noch zweifelhaft sein könnte, auf das Andringen einer Partei eher nachgegeben werden kann, wenn die Mittel zu dessen Aufklärung bei der Hand, und ohne sonderlichen Zeit- und Kostenverlust aufzunehmen sind, als wenn dergleichen Beweisesaufnahme mit grossen Weitläufigkeiten, langwierigem Aufenthalte und beträchtlichen Kosten verbunden wäre.

§. 52. Hängt die Entscheidung der Frage: ob eine Thatsache erheblich, und also Beweis darüber aufzunehmen sei, von dem Verstande und der Auslegung eines nicht deutlichen Gesetzes, und also von einer zweifelhaften Rechtsfrage ab; und kann auf den Fall, wenn diese Rechtsfrage auf eine gewisse Art entschieden würde, eine weitläufige und kostbare Beweisesaufnahme vermieden werden; so steht dem Richter frei, schon bei der Regulirung des Status causae et controversiae, ein Konklusum darüber auf eben die Art, wie im Dreizehnten Titel bei Abfassung des Erkenntnisses vorgeschrieben wird, bei der Gesetzkommission einzuholen.

Anh. §. 77. *Die Anfragen bei der Gesetzkommission fallen im Laufe des Prozesses weg.* (*Erster Anhang zum A. L. R.* §. 2.)

Rescript vom 21. März 1798 nebst **C. O.** vom 8. ejusd., betr. die Anfragen bei der Gesetz-Kommission, s. zu I. 13. §. 32—35.

§, 53. Wenn hingegen über ein Geschäft gestritten wird, welches nach fremden Landesgesetzen, die der Richter zu kennen nicht schuldig ist, beurtheilt werden muss; und es darauf ankommt, was die Gesetze für den vorliegenden Fall eigentlich verordnen; so muss darüber, so wie über eine andere Thatsache, Beweis aufgenommen werden.

1) **Rescript** vom 14. Dezember 1798, betr die Beweisführung über streitige Fälle des polnischen Rechts.

Wir haben Euren auf die Beschwerde des ehemaligen Kastellans v. M. daß er zu oft von litigirenden Parteien über streitige Fälle des polnischen Rechts als Zeuge aufgerufen und zu erscheinen gezwungen werde, unter dem 26. v. M. erstatteten allerunterthänigsten Bericht erhalten, und genehmigen darauf zuvörderst nach Eurem Antrage,

daß in der Regel, und ohne das Ermessen des Richters in einzelnen Fällen besonderer Art auszuschließen, die Produktion polnischer Rechtsgelehrten in Prozessen nur dann, wenn der behauptete Rechtssatz auf einem Facto beruhet, das aus geschriebenen Gesetzen nicht erkannt werden kann, und daher nur vorzüglich in den Fällen,

1) wenn ein geschriebenes Gesetz allegirt wird, welches sich in der Sammlung des Trembicki nicht befindet, und der Gegentheil bestreitet, daß es von den Gerichten angewandt worden, in welchem Falle dem Producenten der Beweis obliegt, desgleichen wenn von einem in der Sammlung des Trembicki aufgenommenen Gesetze excipiendo behauptet wird, daß solches interrecipirt gewesen,

2) wenn der behauptete Rechtssatz auf eine Observanz gegründet wird, die in den polnischen Gerichtshöfen statt gefunden haben soll, wohin auch größtentheils die Behauptungen von den Formen des polnischen Rechts gehören,

und auch dann nur unter folgenden Einschränkungen gestattet werden solle:

a) daß nur solche Personen producirt werden können, welche wirkliche Richterstellen bei Grund- oder Landgerichten, oder dem Tribunal zu Petrikau, bekleidet haben, und

b) daß jede Partei, und insonderheit deren Assistent bei der Produktion aus seinen Manualakten nachweisen müsse, wie er zur Behauptung einer Observanz dieser Art gekommen, und welche Thatsachen ihm bekannt geworden, um zu einer solchen Behauptung veranlaßt zu werden, und endlich, daß und welche Mittel er angewendet, und welche Mühe er sich gegeben, diese Thatsachen, welche vorzüglich nur in Erkenntnissen oder sonstigen in contradictorio ergangenen Verfügungen bestehen können, beizubringen, oder sonst vorläufig aufzuklären.

Hiernächst genehmigen Wir gleichfalls, daß der ehemalige Kastellan v. M., weil derselbe häufig von Posen abwesend ist, und der in ähnlichem Falle sich befindende v. R. ein für allemal zur Ertheilung schriftlicher gutachtlicher Zeugnisse in den bei Eurem Kollegio schwebenden Prozessen von Euch vereidet, und hiernächst denenselben in vorkommenden Fällen ein Status Causae ohne Benennung der Parteien zu Abgebung ihres schriftlichen Zeugnisses zugefertigt werden möge, wobei es übrigens dem Ermessen des Richters überlassen bleibt, die Abhörung der vorgeschlagenen Zeugen an gewöhnlicher Gerichtsstätte oder in aedibus zu veranlassen, in den Fällen, wo mit diesen schriftlichen Zeugnissen nicht auszureichen wäre. Schließlich bei der Vereidung ihnen zur Pflicht zu machen, in Fällen, wo ihnen der Name der Parteien dennoch bekannt werden sollte, und sie sich etwa in einem in der A. G. O. Tit. 10. §. 190. beschriebenen Verhältnisse befinden, solches auf ihren geleisteten Eid mit anzuzeigen.

(Stengels Beitr. Bd. 10. S. 189—191.)

2) **Rescript** vom 8. Dezember 1819, betr. die Beweisführung über die Existenz eines englischen Gesetzes.

Die Eigenthümlichkeit der englischen Gerichtsverfassung und der bei derselben in Anwendung kommenden Rechts-Principien, hat zwischen den Ministerien der Justiz und der auswärtigen Angelegenheiten über die Frage:

wie die Existenz eines englischen Gesetzes vor Preußischen Gerichtshöfen darzuthun sei?

eine Kommunikation veranlasset.

Da das geschriebene Gesetz in dem Königreich Großbritannien und Irland nur die allgemeinen Rechts-Verhältnisse aufgenommen hat, eine große Anzahl einzelner Bestimmungen dagegen erst aus der Entscheidung specieller Fälle hervorgegangen ist, und diesem zufolge der englische Gesetzesvorrath zum Theil in Präjudikaten bestehet; so sind beide Ministerien in Gefolge einer mit dem Königl. Großbritannischen Gesandten gepflogenen Korrespondenz dahin einverstanden:

daß der fragliche Nachweis am zweckmäßigsten durch Beibringung des Gutachtens zweier englischen Rechtsgelehrten zu führen sei.

Hierbei versteht es sich von selbst, daß diese Eigenschaft der Verfasser, als angesehene Rechtsgelehrten, in der Notorietät beruhen, oder gehörig beglaubiget, und daß das Gutachten mit den üblichen Legalisations-Attesten versehen sein muß. Dem andern Theile bleibt die Führung des Gegenbeweises durch Beibringung eines entgegengesetzten Gutachtens unbenommen, so wie überhaupt dieses Gutachten sich lediglich auf die Beantwortung der von den diesseitigen Gerichtshöfen zum Beweis gestellten Fragen beschränken, so bleiben die aus denselben für die Entscheidung des streitigen Rechtsfalls zu ziehenden Folgerungen immer ein Gegenstand der freien Beurtheilung des Richters.

Sämmtlichen Justiz-Behörden wird solches hierdurch nachrichtlich bekannt gemacht.

(v. K. Jahrb. Bd. 14. S. 171.)

§. 54. Gleiche Bewandniss hat es, wenn eine Partei sich auf ein Statut gründet, dessen Dasein dem Gerichte nicht bekannt ist. Doch findet diese Vorschrift nur so lange Statt, bis die Provinzial-Gesetzbücher gesammelt und publizirt sein werden; da in Ansehung der nachher sich ereignenden Fälle auf die in diese Gesetzbücher nicht eingerückten Statuten keine fernere Rücksicht genommen werden kann.

§. 55. In Fällen, da es nach den Vorschriften des A. L. R. auf Observanzen und Gewohnheiten wirklich ankommt, müssen dieselben, wenn die Parteien darüber nicht einig sind, gleich andern bestrittenen Thatsachen, durch Beweisesaufnehmung ins Licht gesetzt werden.

§. 56. Notorische, oder solche Thatsachen, welche dergestalt allgemein bekannt sind, dass kein vernünftiger Grund, dieselben in Zweifel zu ziehen, vorhanden ist, bedürfen keines Beweises. Ist die Sache nur in dem Distrikte, oder an dem Orte, wo die Instruktion geschieht, notorisch; so muss der Instruent diese Notorietät umständlich in den Akten verzeichnen und attestiren.

§. 57. Bei dem Schlusse des Kollegii über das, was durch Beweis auszumitteln sei, muss es für diese Instanz lediglich sein Bewenden haben, und es findet dagegen keine Appellation Statt. Inzwischen ist der Richter daran, bei Abfassung des Erkenntnisses, nicht schlechterdings gebunden; sondern es steht demselben auch dann noch frei, wenn bei der erfolgten nähern Entwickelung der Sache sich findet, dass ein bisher als unerheblich angesehener, und daher unerörtert gelassener Umstand gleichwohl in die richtige Entscheidung des Prozesses wirklichen Einfluss habe, die nähere Ausmittelung desselben zu verfügen. Auch bleibt in den ferneren Instanzen den Parteien, wegen der in dem vorigen Erkenntnisse als unerheblich verworfenen und übergangenen Umstände, die Beobachtung ihrer Nothdurft, nach den im Vierzehnten Titel erfolgenden näheren Verordnungen, vorbehalten.

§. 58. Wenn auch noch bei Regulirung des Status causae et controversiae sich findet, dass irgendwo ein Dokument vorhanden sei, ohne dessen Herbeischaffung die Sache nicht vollständig aufgeklärt werden kann; so muss der Instruent, wenn dergleichen Urkunde bei einer der streitenden Parteien sich befindet, dieselbe zu dessen Vorlegung anhalten; wenn es aber in den Händen eines Dritten wäre, die nöthige Verfügung deshalb bei dem Kollegio nachsuchen. Doch muss durch solche nach einmal angefangener Instruktion erst zum Vorschein kommende Beziehungen auf Dokumente, die noch erst herbei geschafft werden sollen, der Lauf der Instruktion nicht gehemmt, sondern damit ununterbrochen fortgefahren werden; und ist es die Sache desjenigen, der auf eine solche Urkunde sich bezieht, die Herbeischaffung derselben noch vor dem völligen Abschlusse der Instruktion zn bewirken.

Zuziehung der Sachverständigen bei der Instruktion.

§. 59. Bei denjenigen Punkten, wo es auf das Gutachten und den Befund eines zu dem Ende bei der Instruktion mit angezogenen Sachverständigen ankommt, muss derselbe von dem Instruenten genau und umständlich darüber vernommen; sein Gutachten einem darüber besonders abzuhaltenden Protokolle deutlich und bestimmt einverleibt; auch die Bemerkung der Gründe, womit er selbiges unterstüzt, jedesmal beigefügt werden.

Wenn aber der Sachverständige verlangt, dass ihm wegen Weitläufigkeit und Wichtigkeit der Sache, und wegen der dabei nöthigen genauen Ueberlegung die Abgebung eines schriftlichen Gutachtens gestattet werden möchte; so muss der Instruent ihn dazu mit einer so viel als möglich bestimmten Instruktion: worauf es bei der Sache eigentlich ankomme, und auf was für Umstände und Punkte das Gutachten zu richten sei, versehen, und ihm eine Frist bestimmen, binnen welcher er dassselbe einzureichen habe. Dieses Gutachten muss alsdann in einem anzuberaumenden neuen Termine den Parteien vorgelegt, ihre Erklärung darüber eingefordert, und nach Anleitung desselben mit Fortsetzung der Instruktion, so weit es nöthig, verfahren werden.

s. zu I. 9. §. 38. Anh. §. 64. und 65.

Von Exceptionibus litis finitae, und wie dabei zu verfahren,

§. 60. Wenn der Beklagte in seiner Antwort der Hauptforderung des Klägers einen solchen Einwand entgegen setzt, durch welchen diese Forderung, wenn sie auch jemals gegründet gewesen wäre, wieder aufgehoben würde: nämlich der Einwand der Zahlung oder Remission, der Verjährung, eines darüber geschlossenen Vergleichs, oder eines in der Sache bereits ergangenen rechtskräftigen Urtels; so kommt es darauf an: ob der Beklagte den Grund der Klage völlig einräume, und nur den Antrag des Klägers durch die Exceptionem litis finitae von sich ablehnen wolle; oder ob er den Grund der Klage läugne, und den Einwand bloss auf den Fall, wenn der Klagegrund richtig und erheblich sein sollte, entgegen setze.

§. 61. Wird der Grund der Klage eingeräumt, so macht allein der Einwand den Gegenstand der Instruktion aus, welche solchenfalls gewöhnlichermaassen fortgesetzt wird.

§. 62. Wird aber der Klagegrund in Abrede gestellt, und zugleich eventualiter eine Exceptio litis finitae entgegen gesetzt: so muss mit genauer und sorgfältiger Erwägung der Natur und Beschaffenheit der Thatsachen, worauf Klage und Einwand sich gründen, und der Qualität der darüber angegebenen Beweismittel, beurtheilt werden:

a) ob die Hauptsache eine weitläufige, mit vielem Aufenthalte und Kosten verbundene Instruktion erfordern würde; die

Exceptio litis finitae aber kürzer, und ohne sonderliche Weitläufigkeiten und Kosten erörtert werden könne; oder ob

b) die Instruktion der Hauptsache leicht und ohne grossen Zeit- und Kostenaufwand zu bewerkstelligen sei; die Exceptio litis finitae aber eine weitläufige und kostbare Untersuchung erfordere, oder endlich

c) ob die Hauptsache und Exception, in Rücksicht der Zeit und Kosten der bei beiden erforderlichen Instruktion, ungefähr in gleichem Verhältnisse stehen.

a. wenn Klagegrund und Einwand zugleich,

§. 63. Ist Letzteres der Fall, so bleibt es bei der Regel; Hauptsache und Exception werden zu gleicher Zeit instruirt und abgeurtelt.

b. wenn nur der Klagegrund mit Beiseitsetznng des Einwands,

§. 64. Ist die Hauptsache leicht auszumitteln, die Instruktion des Einwandes aber weit aussehend, z. B. wenn die Klage auf Urkunden beruhet, und bloss über deren Verstand und Beweiskraft unter den Parteien gestritten wird; der entgegen gesetzte Einwand der Verjährung hingegen durch weitläufige, aus entfernten Gegenden herbei zu schaffende Zeugenverhöre ausgemittelt werden soll; so wird, mit Beiseitsetzung der Exception, die Hauptsache geschlossen und zum Spruch vorgelegt.

§. 65. Findet der Richter, dass die Klage offenbar nicht begründet sei, so weiset er den Kläger ab, und erkennt: dass es solchergestalt der weitern Untersuchung der Exception nicht bedürfe.

§. 66. Appellirt der Kläger von diesem Erkenntnisse; so bleibt dennoch die Untersuchung des Einwandes ausgesetzt, so lange, bis etwa rechtskräftig feststeht, dass die Klage gegründet, und also nunmehr mit der Untersuchung der Exception zu verfahren sei.

§. 67. Findet hingegen der erste Richter die Klage nicht offenbar ungegründet; so erkennt er in der Hauptsache nicht, sondern verordnet bloss durch eine Resolution die Fortsetzung der Instruktion über den Einwand.

c. wenn der Einwand mit Beiseitesetzung des Klagegrundes instruirt wird.

§. 68. Waltet endlich der erste Fall des **§. 62.** vor: dass nämlich die Instruktion der Hauptsache weitläufig, verwickelt und kostbar, die Erörterung der Exception hingegen kurz und ohne sonderlichen Aufenthalt und Kosten zu bewirken ist; so wird, mit Beiseitesetzung der Hauptsache, die Exception völlig instruirt, und die Akten werden zum Spruche darüber vorgelegt.

§. 69. Findet alsdann der Richter den Einwand erheblich und hinlänglich ausgemittelt; so wird der Kläger abgewiesen, und die Instruktion der Hauptsache unterbleibt, wenn er auch von diesem Urtel appellirt hätte.

§. 70. Verwirft der Appellationsrichter die Exception, der Beklagte aber revidirt dagegen; so bleibt dennoch die Hauptsache noch immer ausgesetzt, so lange, bis in der dritten Instanz erkannt ist.

§. 71. Wenn also eine solche Exception einmal durch das erste Urtel für erheblich angenommen worden; so wird mit Instruktion der Hauptsache eher nicht verfahren, als bis die Verwerfung der Exception rechtskräftig feststeht.

§. 72. Wird hingegen die vorab instruirte Exceptio litis finitae in dem ersten Urtel verworfen; so muss die Instruktion der Hauptsache sofort vorgenommen werden, wenn auch der Beklagte gegen diess erste Urtel appellirt hätte.

§. 73. Wird in der zweiten Instanz die Exception für erheblich geachtet; so hindert solches gleichwohl noch nicht die ununterbrochene Fortsetzung der Hauptinstruktion; sondern diese fällt erst alsdann weg, wenn die Erheblichkeit der Exception, und die daraus folgende Abweisung des Klägers, rechtskräftig feststehen.

§. 74. Doch kann in einem solchen Falle über die Hauptsache niemals eher erkannt werden, als bis der Streit über die Exception rechtskräftig entschieden ist.

§. 75. In allen Fällen, da vorstehend die Aussetzung der Hauptsache verordnet ist, findet eine Ausnahme Statt, und es muss mit der Instruktion derselben während der Zeit, dass über die Exception in der ersten und den folgenden Instanzen verfahren wird, vorgegangen werden:

a) wenn beide Theile darüber einig sind;
b) wenn der Kläger solche Umstände anführen und bescheinigen kann, welche die Aufnehmung eines Beweises zum ewigen Gedächtniss begründen würden.

§. 76. In dem Falle, wenn wegen des in erster Instanz unerheblich befundenen Klagegrundes mit der Instruktion des Einwandes nach der Regel nicht verfahren werden darf, muss es geschehen, wenn der Beklagte selbst darauf anträgt.

§. 77. Da übrigens nach obstehenden Bestimmungen der Fall jedoch leicht vorkommen kann, dass die Hauptinstruktion fortgesetzt werden muss, während der Zeit, dass die Akten über die Exception vorliegen, oder auswärts verschickt sind; so muss von der Instruktion des Einwandes ein besonderes Aktenstück angelegt werden, welches erforderlichen Falls, vor erfolgender Vorlegung oder Verschickung an den Appellationsrichter, durch die nöthigen, aus den Hauptakten, unter Direktion des Instruenten, zu nehmenden Extrakte kompletirt werden muss.

§. 78 a. Wenn dergleichen Separathandlung über eine Exceptionem litis finitae hat Statt finden müssen, so muss sowohl die Instruktion, als das Erkenntniss darüber, durch alle Instanzen ganz vorzüglich beschleunigt werden. Die Präsidenten und Vorgesetzte der Kollegien müssen darauf ein besonderes Augenmerk richten: wenn Akten vorgelegt werden, muss der Registrator auf den Distributionszettel vermerken, dass über eine Exceptionem litis finitae zu erkennen sei; und wenn sie an ein auswärtiges Kollegium zum Spruche verschickt werden, muss eben dieses Umstandes in dem Transmissionsschreiben, oder Bericht, ausdrücklich Erwähnung geschehen.

In wie fern auf eine in dem vorläufigen Verfahren verworfene Exception in der Folge noch Rücksicht genommen werden könne.

§. 78 b. Uebrigens kann zwar auf eine solche Exceptionem litis finitae, wenn dieselbe in dem darüber veranlassten besondern Verfahren rechtskräftig verworfen worden, bei der demnächst erfolgenden Instruktion und Entscheidung der Hauptsache keine Rücksicht mehr genommen werden. Dem Richter aber, welcher über die Exception zu erkennen hat, steht frei, wenn er findet, dass die Thatsachen, auf welchen der Einwand beruhet, zwar noch nicht völlig ins Licht gesetzt sind, dass aber eine nähere Entwickelung derselben bei Gelegenheit der Erörterung des Hauptfakti vielleicht noch Statt finden könnte, einen solchen Einwand nur in so weit, als dadurch die Einlassung auf die Klage ganz abgelehnt werden soll, zu verwerfen, und dem Beklagten dessen fernern Gebrauch bei der Instruktion der Hauptsache vorzubehalten.

Exceptiones litis ingressum impedientes.

§. 79. Eben das vorstehend §. 60—78. für den Fall, wenn Exceptiones litis finitae entgegen gesetzt sind, vorgeschriebene Verfahren kann auch Statt finden, wenn der Beklagte Einwendungen macht, welche dahin abzielen, dass er nicht schuldig sei, sich mit dem Kläger einzulassen (Exceptiones litis ingressum impedientes); und diese Einwendungen so beschaffen sind, dass der Richter sie nicht durch vorläufige Verfügungen ins Licht setzen können, sondern die nähere Erörterung darüber zum Instruktionstermine hat verwiesen werden müssen. (Tit. IX. §. 21.)

§. 80. Es muss also in Fällen dieser Art eben so, wie bei den Exceptionibus litis finitae, reiflich erwogen werden, ob die Hauptsache eine weitläufige und kostbare Instruktion erfordere, der Einwand aber kürzer und ohne sonderliche Weitläufigkeiten und Kosten ins Licht gesetzt werden könne; oder ob die Sache sich umgekehrt verhalte; oder ob Klage und Einwand in Ansehung der zu ihrer Instruktion erforderlichen Weitläufigkeiten und Kosten ungefähr in gleichem Verhältnisse stehen. Je nachdem einer oder der andere dieser Fälle vorwaltet, muss nach der Vorschrift §. 63. 64. und 68. verfahren werden.

Exceptio deficientis legitimationis ad causam.

§. 81 a. Was insonderheit den Einwand der dem Kläger ermangelnden Legitimation betrifft; so ist bereits im Fünften Titel §. 4. u. 6. vorgeschrieben, dass und wie weit der Richter sogleich bei Aufnehmung der Information über die Klage, auf die Berichtigung derselben von Amts wegen Rücksicht nehmen müsse; und eben daselbst §. 11., so wie Tit. IX. §. 20. 21. ist verordnet, dass der Richter die dabei sich findenden Anstände durch vorläufige Verfügung so viel als möglich zu heben bedacht sein solle. Wenn aber der Legitimationspunkt einer förmlichen Untersuchung und Erörterung bedarf, und zu dem Ende der zuletzt allegirten Vorschrift gemäss, zum Instruktionstermine verwiesen werden muss; so ist in diesem Termine der Regel nach mit einem solchen Präjudicialpunkte der Anfang zu machen, und derselbe entweder nach Maassgabe §. 80. vorab zu erörtern, oder, wenn auch die Instruktion desselben mit der Hauptsache zugleich erfolgt, dennoch der Erörterung des Legitimationspunktes allemal ein besonderes Protokoll zu widmen.

Andere Präjudicialpunkte.

§. 81 b. Auch in andern hier nicht ausdrücklich angeführten Fällen bleibt es dem vernünftigen Ermessen des Richters anheim gestellt, wenn bei einem aus mehreren Punkten oder Forderungen bestehenden Prozesse ein Präjudicialpunkt vorkommt, von dessen Entscheidung das Stehen oder Fallen der einzelnen Punkte, oder doch eine wesentliche Verschiedenheit in der ihrer Instruktion zu gebenden Richtung abhängt, eine solche Präjudicialfrage auf eben die Art, wie vorstehend §. 60. u. f. verordnet ist, vorweg instruiren zu lassen, und bis zu deren Entscheidung die fernere Einleitung der speciellen Punkte auszusetzen. (Tit. XIII. §. 43.)

Zweiter Abschnitt.

Vom Beweise durch Zugeständniss.

§. 82. Wenn eine Thatsache in der Klage, oder deren Beantwortung, zugestanden worden, so bedarf es darüber keiner Beweisaufnahme; wenn aber die Partei ein solches Zugeständniss während des Laufes der Instruktion zurück nimmt, so hat es bei der Vorschrift des §. 27. sein Bewenden.

§. 83. Wenn hingegen eine Partei behauptet, dass ihr Gegner einen im Prozesse abgeläugneten Umstand entweder in einer andern Sache vor Gericht, oder aussergerichtlich eingestanden habe, und der Gegentheil dieser Behauptung widerspricht; so ist dieselbe eine Thatsache, die, gleich allen übrigen, durch Beweis ins Licht gesetzt werden muss.

§. 84. Der Instruent und das Gericht müssen alsdann vernünftig beurtheilen: ob es nach dem Zwecke der Abkürzung der Prozesse, und der möglichsten Kostensparung, rathsamer sei, die Aufnehmung des Beweises zuvörderst auf das streitige Hauptfaktum, oder auf die Thatsache des erfolgten Geständnisses, oder auf Beides zugleich zu richten.

§. 85. Wenn ein Geständniss, es sei in dem Prozesse oder vorher erfolgt, auf die Entscheidung des vorliegenden Prozesses rechtlichen Einfluss haben soll, so muss der Gestehende zur Verhandlung der Sache nach seinem alleinigen Ermessen befugt sein. Ermangelt es hieran, so müssen diejenigen zugezogen sein, ohne deren Genehmigung oder Einwilligung die Partei sich auf rechtsbeständige Art nicht verpflichten, noch über die streitige Sache gültig verfügen kann.

§. 86. Wenn von mehreren Mitberechtigten oder Verpflichteten bei einer untheilbaren Sache (Causa individua) einige eine gegenseitig behauptete Thatsache zugestehen, andere hingegen sie bestreiten, so muss mit Aufnehmung des Beweises darüber verfahren werden; wobei jedoch von dem Geständnisse einiger Konsorten zur Ausforschung der Wahrheit Gebrauch zu machen ist. Es kann daher, nach Beschaffenheit der Umstände und Unterschied der Fälle, ein solcher Litiskonsorte als Zeuge abgehört, oder auch, wenn es am Ende auf einen nothwendigen Eid ankommt, und bestimmt werden soll, welcher von beiden Theilen dazu zu lassen sei? darauf, dass die streitige Thatsache von einem der Litiskonsorten eingestanden worden, Rücksicht genommen werden.

Bei theilbaren Sachen und Rechten steht jedem Mitgenossen sein Geständniss in Ansehung seines bei der Sache habenden eigenen Interesse allemal entgegen.

§. 87. Das Geständniss eines Bevollmächtigten oder Stellvertreters ist eben so verbindlich, als wenn es von Seiten einer in Person erschienenen Partei erfolgt wäre. Sollte ein Bevollmächtigter der erhaltenen Instruktion zuwider gehandelt haben; so begründet dieses nur eine Regressklage wider ihn, und die auf den Grund des Geständnisses erfolgte Verhandlung kann um deswillen nicht angefochten werden. Doch findet auch hier, wegen des Widerrufs eines solchen Geständnisses, die Vorschrift §.27. Anwendung.

§. 88 a. Zur rechtlichen Wirksamkeit eines Geständnisses ist die Annahme des Gegentheils in keinem Falle nothwendig.

§. 88 b. Aussergerichtliche Geständnisse, wenn sie nach obigen Vorschriften an sich verbindlich und hinlänglich ausgemittelt sind, machen allemal einen Beweis wider den Gestehenden aus. Behauptet er, dass das Geständniss nur aus Irrthum geschehen sei; so muss er auf eben die Art, wie in dem §. 27. vorgeschrieben ist, die Veranlassung des Irrthums und die wahre Bewandniss der Sache nachweisen. Findet sich zwischen dem Geständnisse und den übrigen von der Bewandniss der Sache vorhandenen Nachrichten ein Widerspruch; so muss es der Beurtheilung des Richters nach Bewandniss der Umstände überlassen werden: welcher Grad von Beweiskraft dem Geständnisse beizulegen sei; und in wie fern der Gestehende den Umstand, dass das Geständniss bloss aus Irrthum geschehen, mehr oder weniger überzeugend nachgewiesen habe.

Geständnisse, die vor Gerichten, aber in einem andern, als dem gegenwärtigen Prozesse, abgegeben werden, haben zwar nur gleiche Wirkung mit aussergerichtlichen; doch steht ihnen die Vermuthung, wodurch der Irrthum ausgeschlossen wird, in einem höhern Grade, als dem blossen aussergerichtlichen Geständnisse, entgegen.

Dritter Abschnitt.

Von dem Beweise durch Urkunden.

Vom Beweise durch Urkunden überhaupt.

§. 89. Die prozessführenden Parteien sind schuldig, alle in ihren Händen befindlichen, zur Aufklärung der Sache dienenden Urkunden und schriftlichen Nachrichten dem Gerichte vorzulegen, und zugleich anzuzeigen, in wie fern sie deren Inhalt ganz oder zum Theil als richtig einräumen. Wenn dieses bei der Vorlegung des Dokuments, oder sonst bei der Instruktion der Sache geschehen ist; so soll ein solches Dokument wider den Producenten bloss um deswillen, weil es von ihm beigebracht worden, nichts beweisen; sondern es soll lediglich darauf ankommen: was dasselbe an und für sich, ohne Rücksicht, wer es producirt habe, für einen Beweis bewirken könne.

Wenn dieselben eingereicht werden müssen.

§. 90. Die zur Aufklärung einer Sache gehörenden Urkunden müssen zwar, wie schon oben verordnet ist, von den Parteien, der Regel nach, noch vor dem Instruktionstermine zu den Akten gebracht, und dem Gegentheile kommunicirt; oder, wenn sie hinter einem Dritten sich befinden, das Nöthige wegen Edition derselben von dem Richter verfügt sein. Wenn aber auch erst im Fortgange der Jnstruktion sich ergiebt, dass noch irgendwo ein Dokument, von welchem über die streitige Thatsache mehr Aufklärung zu erwarten ist, vorhanden sei; so muss auch alsdann noch zur Herbeischaffung desselben das Nöthige verfügt werden. (§. 58.)

Rescript vom 21. Dezember 1829, betr. die Aufbewahrung der Original-Dokumente bei den Akten.

Aus den gelegentlich erforderten Prozeß-Akten des Königl. Kammergerichts hat der Justizminister ersehen, daß bei demselben die von den Parteien in Prozessen vorgelegten Dokumente in der Regel abgesondert von den Akten aufbewahrt, und jederzeit beglaubte Abschriften derselben, ohne weiteren Antrag der Parteien, zu den Akten gebracht werden. Diese Einrichtung vermehrt die Schreiberei und die Kosten, und dieser Nachtheil stehet in keinem Verhältniß mit dem möglichen Vortheil, den dieselbe in dem Falle, daß die Akten verloren gehen, gewährt, ein Fall, der, da dieselben immer verpflichteten Händen anvertraut sind, doch zu den Seltenheiten gehört. Es sind daher künftig die Original-Dokumente in der Regel bei den Akten aufzubewahren und hiervon nur auf den ausdrücklichen Antrag der Parteien eine Ausnahme zu machen, dagegen aber, bei Reposition der Akten, ex officio dafür zu sorgen, daß die Zurückgabe der Dokumente verfügt werde, wobei es der Zurückbehaltung einer Abschrift derselben nicht bedarf.

(v. K. Jahrb. Bd. 34. S. 468)

Von der Edition.

§. 91. Auf die Edition eines hinter einer der Parteien, oder auch hinter einem Dritten befindlich sein sollenden Dokuments kann von dem Gegentheile angetragen, es kann aber auch dieselbe von dem Richter, welchem obliegt, für die Ausmittelung der Wahrheit zu sorgen, von Amts wegen verfügt werden. Einer solchen richterlichen Aufforderung ist jeder, ohne allen Unterschied und Ausnahme, der eine zur Aufklärung streitiger Thatsachen dienende Urkunde in Händen hat, er sei Kläger oder Beklagter, oder eine Dritte in den Prozess gar nicht verwickelte Person, Folge zu leisten verbunden.

Was edirt werden müsse.

§. 92 a. Unter den zu edirenden Urkunden ist auch die Privatkorrespondenz zu verstehen, welche die Parteien selbst über das streitige Geschäft unter einander geführt haben. Hingegen kann die Edition einer solchen Privatkorrespondenz, die über das Geschäft zwischen einer der Parteien und einem Dritten geführt worden, in der Regel weder von dieser Partei, noch von dem Dritten gefordert werden; es wäre denn, dass derselbe Dritte von beiden Theilen gemeinschaftlich, als Mäkler, oder sonst als Vermittler, zur Verhandlung oder Abschliessung des Geschäfts gebraucht worden.

In allen andern Fällen kann die Partei, welche weiss oder vermuthet, dass der Dritte aus der mit dem Gegner geführten Korrespondenz von erheblichen, zur Sache gehörigen Thatsachen Kenntniss erlangt habe, denselben zum Zeugen vorschlagen; und ist sodann: in wie fern er sich über diese seine Wissenschaft eidlich zu äussern verbunden sei, nach den unten **§. 180.** erfolgenden Vorschriften zu beurtheilen.

1) **Rescript** vom 4. März 1831, betr. die Frage, in wiefern Königl. Cabinets-Ordres als in Prozessen zu edirende Dokumente angesehen werden können.

Der Justizkommissarius N. zu N., hat als Anwalt des Fiskus in dem Prozesse desselben wider den Colon N. zu N. darüber Beschwerde geführt, daß bei der Instruktion dieses Prozesses die Regierung zu Düsseldorf auf den Antrag des Verklagten angehalten werden solle, die Königl. Cabinets-Ordre vom 27. Mai 1830 zu ediren, auf deren Inhalt der Verklagte provocirt, um die Befreiung von der Verbindlichkeit zur Entrichtung der geforderten Procentgelder pro consensu alienandi darzuthun. Es ist hierüber mit dem Königl. Finanz-Ministerium kommunizirt, von demselben aber die Mittheilung der in Frage stehenden Allerhöchsten Cabinets-Ordre abgelehnt, weil dieselbe keinesweges ein Dokument ist, wodurch in gegenwärtigem Fall ein Recht und eine Verbindlichkeit begründet werden kann, und, wenn vom Editionssucher etwa davon ausgegangen werden sollte, daß die Allerhöchste Ordre eine allgemeine gesetzliche Bestimmung enthalte, auch bei dieser Voraussetzung der Antrag auf Edition nicht begründet sein würde, indem, wenn jene richtig wäre, die Allerhöchste Cabinets-Ordre auch in vorschriftsmäßigem Wege bekannt gemacht sein würde. Das Justiz-Ministerium kann diese Ansicht nur um so mehr theilen, als die Allerhöchsten Cabinets-Ordres, insofern sie nicht publicirt worden, nur Anweisungen für die Verwaltungs-Chefs, und daher zur Mittheilung an Andere nicht geeignet sind, und noch weniger Gegenstände gerichtlicher Editionsgesuche sein können. Das Königl. Oberlandesgericht wird daher aus diesen Gründen hierdurch angewiesen, von dem Editionsverfahren zu abstrahiren, und hiernach das Weitere zu verfügen.

(v. K. Jahrb. Bd. 37. S. 83.)

2) **Rescript** vom 18. Februar 1831, betr. die Unzulässigkeit des Editionsgesuchs gegen eine Behörde rücksichtlich einer für dieselbe ergangenen Verordnung.

Die von dem Königl. Kammergerichte in dem Bericht vom 24. v. M.
betreffend die Prozeßsache der Z schen Amtsgemeinen C. S. und F. wider den Fiskus wegen Wildschäden,
versuchte Rechtfertigung des, in Hinsicht auf die von den Klägern in Bezug genommene Allerh. Cabinets-Ordre vom 30. September 1827 eingeleiteten Editionsverfahrens, kann nicht für genügend erachtet werden.

Es ist sehr richtig, wenn das Königl. Finanzministerium in dem Schreiben vom 7. Januar d. J. sich dahin äußert, daß die gedachte Cab.-Ordre nicht zu denjenigen Urkunden und schriftlichen Nachrichten gerechnet werden könne, welche zur Aufklärung der Sache dienen sollen, und deren Edition daher nach den Vorschriften des 3. Abschn, Tit. 10., Thl. I. der A. G. O. von dem Richter entweder auf den Antrag einer Partei oder von Amtswegen verfügt werden kann. Auf die bei der Instruktion des Prozesses zur Sprache gekommenen faktischen Verhältnisse bezieht sich die Allerh. Cab.-Ordre ihrem angegebenen Inhalte nach nicht, und wird sie als eine den Behörden ertheilte Instruktion oder Anweisung betrachtet, so sind die Behörden in keinem Gesetze zur Edition solcher, bloß ihr Verfahren betreffenden und eben deshalb nicht zur Kenntniß des Publikums gekommenen Anordnungen verpflichtet worden. Es ist auch einleuchtend, daß eine solche Verpflichtung nicht ohne die mannigfaltigsten Nachtheile für die Verwaltung stattfinden kann. Hiernach hat das Königl. Kammergericht die Verfügung wegen Edition der Allerh. Cab.-Ordre vom 30. September 1827 zurückzunehmen, und die Edition auf die aufgenommenen Taxen zu beschränken, zu welcher Fiskus nach der Erklärung des Herrn Finanzministers bereit ist.

(Gen. Act. des Justizm. L. R. *No.* 13. Vol. IV. fol. 52 c.)

Begründung des Editionsgesuchs.

§. 92 b. Zur Begründung einer jeden Editionsforderung ist nothwendig:

1) dass die Thatsache, oder der Umstand, welcher durch das Dokument erwiesen werden soll, deutlich und bestimmt angegeben sei;
2) dass wenigstens wahrscheinliche Gründe zu der Vermuthung vorhanden sind, dass ein solches Dokument hinter demjenigen, von welchem es gefordert wird, sich wirklich befinde;
3) dass das zu edirende Dokument dergestalt bestimmt bezeichnet werde, dass der, welcher es herausgeben soll, dadurch in den Stand gesetzt sei, dasselbe von seinen übrigen Schriften zu unterscheiden, und sich darüber, ob er ein solches Dokument besitze, zu erklären.

Auf allgemeine und unbestimmte Editionsgesuche soll also keine Rücksicht genommen; zur Erforschung blosser Meinungen und Gesinnungen soll ein Editionsgesuch nicht zugelassen; und ohne vorhandene, wenigstens wahrscheinliche Vermuthungen des wirklichen Besitzes, sollen besonders Personen, welche in den Prozess nicht verwickelt sind, damit nicht beunruhigt werden.

§. 93. Wenn jemand die Herausgabe eines Dokuments nicht bloss zur Ausmittelung einer in einem Prozesse streitigen Thatsache, sondern um deswillen fordert, weil ihm darauf als Eigenthümer, Mitgenossen, oder aus irgend einem andern rechtlichen Grunde ein besonderer Anspruch zustehe; so macht ein solches Gesuch den Gegenstand eines eigenen Prozesses aus, welcher gleich jedem andern ordentlich instruirt und darüber erkannt werden muss. Wenn also eine solche Editionsforderung in dem Laufe eines Prozesses vorkommt; so muss dadurch die Instruktion nicht aufgehalten, sondern der Provokant damit zur besondern Verhandlung verwiesen werden.

Edition die eine Partei leisten soll.

§. 94. Eine jede Partei, welcher der Richter ein zur Aufklärung streitiger Thatsachen beitragendes Dokument, es sei auf Anregung des Gegentheils, oder von Amts wegen abfordert, ist schuldig, selbiges entweder heraus zu geben, oder zu schwören: dass sie ein solches Dokument nicht in ihrer Gewahrsam habe, noch wisse, wo es sich befinde; auch dass sie es nicht gefährlicher Weise abhänden gebracht habe.

§. 95. Wird von einer Partei die Edition solcher Briefschaften gefordert, die erst aus den Händen eines Erblassers oder eines andern Dritten an sie gediehen sind; und schützt dieselbe vor, dass sie nicht wisse, ob das zu edirende Dokument darunter befindlich sei; nimmt auch daher Anstand, den Editionseid in vorgedachter

Art zu leisten; so muss sie sich erbieten, sothane von einem Dritten auf sie gelangte Skripturen einer von ihr zu wählenden Gerichtsperson zur Revision vorzulegen; und alsdann darf sie nur schwören: wie sie nicht wisse und glaube, dass das von ihr geforderte Dokument sich unter diesen Skripturen befinde; dass sie diese Briefschaften dem Kommissarius getreulich vorlegen wolle; dass sie nichts davon gefährlicher Weise abhänden gebracht habe, noch bringen wolle; und dass sie auch nicht wisse, wo das geforderte Dokument befindlich sei.

§. 96. Wird die Edition von einer unter Vormundschaft stehenden Partei gefordert; so kann die Ableistung des nach §. 94-95. zu bestimmenden Editionseides in der Regel von dem Vormunde verlangt werden. Die Abforderung von dem Pflegebefohlenen selbst kann dem Editionssucher nur dann gestattet werden, wenn er besondere Umstände anführen und bescheinigen kann, wodurch es wahrscheinlich gemacht wird, dass der Pflegebefohlene selbst von der Urkunde, welche heraus gegeben werden soll, Kenntniss habe.

§. 97. Wenn von einem Kollegio oder einer Korporation die Herausgabe eines Dokuments gefordert wird; so ist es genug, wenn nur diejenigen, welchen die Verwahrung der Briefschaften, der Registratur, oder des Archives einer solchen Partei vermöge ihres Amtes zukommt, den Editionseid ableisten. Von den Vorgesetzten, oder den Mitgliedern des Kollegii selbst, kann der Editionseid nur alsdann gefordert werden, wenn besondere Vermuthungen, dass die geforderten Urkunden oder Akten in ihrer Gewahrsam sich befinden, vorhanden sind.

§. 98. Wenn eine Partei, von welcher die Edition gefordert wird, zwar eingesteht, ein dergleichen Dokument bei sich zu haben; zugleich aber angiebt, dass darin gar nichts zur Sache Gehöriges enthalten sei, und also die Edition nur aus Irrthum oder gar aus Chikane oder strafbarer Neugier gefordert werde; so muss sie dennoch das Original dem Instruenten, und zugleich, wenn der Gegentheil es verlangt, dem ordentlichen Decernenten vorzeigen, welche, wenn sie die Angabe richtig befinden, eine Registratur darüber aufnehmen; das Original aber dem Inhaber sofort zurück geben, und über dessen Inhalt ein unverbrüchliches Stillschweigen, auf ihren geleisteten Amtseid, beobachten müssen.

§. 99. Wenn in einem heraus zu gebenden Dokumente zwar etwas zur gegenwärtigen Streitsache Gehöriges, ausserdem aber auch noch andere Stellen enthalten sind, wobei dem Inhaber des Dokuments daran gelegen ist, dass sie nicht allgemein bekannt werden sollen; so steht ihm frei, nur einen Extrakt in Ansehung der zur Sache gehörenden Stelle, jedoch mit Beifügung des Eingangs, des Schlusses, des Datum, und der Unterschrift, zu den Akten zu geben; das Original aber nur dem Instruenten, und auf Verlangen des Gegentheils, auch dem Decernenten vorzuzeigen, welche, wenn darin, ausser der extrahirten Stelle, weiter nichts zur Sache Gehöriges enthalten ist, dieses unter dem Extrakt attestiren; das Original aber, nachdem dasselbe in Ansehung der Unterschrift und der zur Sache gehörigen Stelle, der oder den Parteien vorgezeigt worden, dem Inhaber sofort zurückgegeben, und über den andern Inhalt desselben ein eben so gewissenhaftes Stillschweigen, auf ihren Amtseid, beobachten müssen.

§. 100. Wenn eine Partei sich der Edition sowohl, als der Ableistung des ihr nach vorstehenden Grundsätzen obliegenden Eides weigert; so muss das Dokument in contumaciam für edirt und rekognoscirt geachtet; solchemnach die Abschrift für richtig, oder die nach §. 92 b. bestimmt angegebene Thatsache, welche dadurch hat erwiesen werden sollen, für dargethan angenommen werden. Ist bei der angegebenen Thatsache selbst die Quantität oder Summe, oder irgend ein anderer Nebenumstand, auf den es mit ankommt, nicht sogleich mit angezeigt worden; so soll der Editionsforderer auch alsdann noch zu dieser Angabe gelassen, und darauf, bei obgedachter Bestimmung der rechtlichen Folgen des von dem Gegentheil begangenen Ungehorsams, Rücksicht genommen werden.

Edition, die ein Dritter leisten soll.

§. 101. Auch von einem Dritten, der in den Prozess nicht mit verwickelt ist, kann der Richter von Amts wegen Edition fordern. Weigert sich aber der Dritte, dieser Aufforderung nachzukommen; so kann der Richter darauf weiter nicht bestehen, sondern er muss es der Partei überlassen, ob sie ferner auf die Edition dringen wolle.

§. 102. Das Editionsgesuch, welches von einer Partei gegen einen Dritten angebracht wird, muss nach der Vorschrift §. 92 b. begründet sein. Doch muss in einem solchen Falle der Editionsforderer den Grund seiner Wissenschaft: dass die Urkunde hinter dem Dritten sich befinde, noch bestimmter angeben, und bis zu einem noch höhern Grade von Glaubwürdigkeit nachweisen, als wenn er die Edition von seinem Gegner fordert. Auch steht dem Dritten, welcher ediren soll, frei, die Ableistung des Eides für Gefährde (Juramentum calumniae) von dem Editionsforderer zu verlangen.

§. 103. Auf ein solchergestalt gehörig begründetes Gesuch muss auch ein Dritter die von einer Partei geforderte Edition leisten. Behauptet er jedoch, dass das in seinen Händen wirklich befindliche Dokument nichts, was zur gegenwärtigen Streitsache gehört, enthalte, und will er die Urkunde auch dem Instruenten und Decernenten nicht vorzeigen; so steht ihm frei, seine Angabe eidlich zu erhärten; wobei alsdann der Editionsforderer sich beruhigen muss. Hingegen hat es in dem Falle des §. 99. bei der darin enthaltenen Vorschrift auch in Ansehung eines Dritten sein Bewenden.

§. 104. Zweifelt der Dritte, von welchem die Edition gefordert wird, ob das Dokument sich in seiner Gewahrsam befinde; so ist er sich entweder bewusst, dass ihm ein solches Dokument unter seinen Schriften ehemals vorgekommen sei; oder er kann sich dessen nicht erinnern.

Ist ihm das geforderte Dokument ehemals schon vorgekommen; so kann er sich nicht entbrechen, seine Schriften und Papiere mit gehöriger Sorgfalt und Aufmerksamkeit nachzusehen, und wenn er dabei das Dokument nicht findet, den Editionseid nach Vorschrift §. 94. abzuleisten. Doch steht einem solchen Dritten allemal frei, darauf anzutragen: dass seine Schriften durch eine von ihm selbst zu ernennende Gerichtsperson, auf Kosten des Editionsforderers, revidirt werden; und alsdann ist er den Editionseid nur dahin:

> dass er alle seine Schriften, unter welchen das geforderte Dokument möglicher Weise sich befinden könnte, dem Kommissarius getreulich vorgelegt, und nichts davon gefährlicher Weise zurück behalten habe,

zu leisten verbunden.

Kann sich hingegen der Dritte nicht erinnern, dass ihm das geforderte Dokument unter seinen Papieren jemals vorgekommen sei; so ist er nur schuldig, diejenigen von seinen Schriften nachzusehen, unter welchen, nach einer ihm wahrscheinlichen Vermuthung, das Dokument sich vielleicht befinden könnte, und alsdann darf er nur schwören:

> wie er sich nicht erinnere, dass ihm das geforderte Dokument unter seinen Schriften jemals vorgekommen wäre; dass er selbiges auch bei der gegenwärtig angestellten Nachsuchung nicht gefunden habe; und er nach seiner besten Ueberzeugung nicht glaube, noch dafür halte, dass sich dasselbe unter seinen Skripturen befinde.

Uebrigens muss in allen Fällen der Editionsforderer dem Dritten die durch sein Gesuch verursachten Schäden und Kosten erstatten.

§. 105. Wenn eine dritte nicht in den Prozess verwickelte Person obigen Vorschriften nachzukommen beharrlich verweigert; so muss dieselbe durch Geld-, Gefängniss-, oder andere Strafen zu ihrer Schuldigkeit, und zum Gehorsam gegen den richterlichen Befehl, zum Behuf der Wahrheit, angehalten; allenfalls auch demjenigen, welcher durch dergleichen ungebührliche Weigerung Schaden leidet, der Regress wider sie verstattet werden; allermaassen durch die in den vorigen Paragraphen enthaltenen Grundsätze genugsam dafür gesorgt ist, dass keine Partei ihren Gegner, oder einen Dritten, mit unnöthigen oder unmöglichen, oder gar auf Hinterlist und Gefährde abzielenden Editionsgesuchen belästigen kann.

§. 106. Wenn eine Partei, welche behauptet, dass ein zur Sache gehöriges Dokument sich in den Händen eines Dritten befindet, den Aufenthalt dieses Besitzers nicht bestimmt genug anzeigen kann; so ist auf ihr Editionsgesuch keine Rücksicht zu nehmen.

§. 107. Wenn der Dritte, welcher ediren soll, unter einem fremden Gerichte ausserhalb der Königlichen Lande stehet; so muss das Kollegium bei Erlassung der Requisition an dieses Gericht, dem Provokanten zugleich eine nach der Entfernung des Orts abzumessende Frist von vier, sechs, acht, auch in ausserordentlichen Fällen, von noch mehreren Wochen bestimmen, innerhalb welcher das Dokument herbeigeschafft werden müsse. Während dieser Frist muss der Provokant die Sache bei dem fremden Gerichte gehörig betreiben und das Dokument herbei schaffen. Wenn aber dieses nicht geschieht; so muss er es sich selbst beimessen, wenn nach

Verfliessung des gesetzten Zeitraums, die inzwischen so viel als möglich fortzusetzende Instruktion der Sache, ohne auf dies Dokument weiter zu warten, abgeschlossen wird. Finden sich jedoch hinlängliche Anzeigen, dass ein Kläger, gegen welchen die Edition gesucht worden ist die Leistung derselben durch heimliche Kollusionen mit dem Inhaber der Urkunde, oder durch andere dergleichen unzulässige Mittel vereitelt habe; so soll einem solchen Kläger das fernere rechtliche Gehör nicht eher, als bis das Hinderniss gehoben ist, verstattet werden. Ist es der Beklagte, welcher sich solcher unerlaubter Handlungen schuldig oder verdächtig macht; so muss er, wenn ein blosser Verdacht wider ihn vorhanden ist, denselben eidlich ablehnen. Ist er aber der unerlaubten Begünstigung überführt; so wird dasjenige, was der Kläger durch das Dokument hat darthun wollen, zu dessen Vortheil für erwiesen angenommen.

Rescript vom 3. August 1821, betr. die Avocation der im Archiv des ehemaligen Reichs-Kammergerichts zu Wetzlar befindlichen Akten.

A.

Durch den abschriftlich angehängten Beschluß der hohen deutschen Bundes-Versammlung vom 25. Januar d. J. ist bestimmt worden, daß das Archiv des ehemaligen Kaiserl. und Reichs-Kammergerichts eine Reihe von wenigstens 20 Jahren unter der Direktion der Bundes-Versammlung, und in der von dieser angeordneten Verwahrung bleibt. Während jenes Zeitraums werden aus demselben einzelne Akten, jedoch nur auf besonderes Verlangen, nach festgesetzten Bestimmungen, ausgeliefert, bis die gänzliche Auseinandersetzung wegen dieses Archivs erfolgt sein wird.

Zur Verwahrung des Archivs, Auslieferung der Akten, und zur Vorbereitung der Auseinandersetzung ist eine eigene Kommission angeordnet, welche aus 2 sachkundigen, zu Wetzlar wohnenden Männern besteht. Das eine Mitglied dieser Kommission wird von Seiten der Bundesversammlung, das andere von der Preußischen Regierung ernannt.

Letzteres ist bereits geschehen, und der Stadtgerichts-Direktor Krauß zu Wetzlar zum Preuß. Kommissarius bestimmt worden

Derselbe hat nun auf Erfordern vollständige Verzeichnisse über die, bei dem vormaligen Reichs-Kammergerichte geführten, die Krone Preußens betreffenden Aktiv- und Passiv-Prozesse gefertigt und eingereicht, aus welchen nach dem Concluso des Königl. Staats-Ministerii, Auszüge für diejenigen Landes-Justiz-Behörden, zu deren Bereich die Prozesse gehören, angefertigt, und denselben zur Einsicht für die Interessenten, durch das Justiz Ministerium mitgetheilt, Seitens desselben auch die gedachten Gerichtsbehörden mit einer Instruktion für den Fall versehen werden sollen, daß bei ihnen von den Parteien auf Avocation der im Reichs-Kammergerichtlichen Archive befindlichen Acten angetragen würde.

Dem zufolge werden die genannten Gerichtsbehörden die für sie bestimmten Auszüge durch eine besondere Verfügung vom heutigen Tage mitgetheilt erhalten, für den obengedachten Fall aber, daß auf Avokation der Akten bei ihnen angetragen werden sollte, wird ihnen mit Beziehung und Verweisung auf den Beschluß der hohen deutschen Bundes-Versammlung vom 25. Januar d. J., folgende Instruktion ertheilt:

I.

Wenn eine Untergerichts-Behörde um Avocation der im vormaligen Reichs-Kammergerichtlichen Archive verwahrten Akten von einer hierzu berechtigten Partei angegangen wird, so hat sich dieselbe an das vorgesetzte Landes-Justiz-Kollegium, und in den Rheinprovinzen an den General-Prokurator des Rheinischen Appellations-Gerichtshofes zu wenden, von welchem alsdann, so wie für den Fall, wenn die Partei sich unmittelbar an das kompetente Landes-Justiz-Kollegium oder den gedachten General-Prokurator wendet, ein Avokations-Schreiben an die zur Verwahrung des vormaligen Reichs-Kammergerichtlichen Archivs zu Wetzlar bestellte Kommission, zur Zeit zu Händen des Stadtgerichts-Direktors Krauß, zu erlassen ist.

2.

In diesem Schreiben sind, nach Maaßgabe der den betreffenden Landes-Justiz Behörden mitgetheilten Auszüge aus den Akten-Verzeichnissen, die zu avocirenden Akten auf folgende Weise genau zu bezeichnen: durch Angabe

a. des Namens des Klägers und des Beklagten, und wenn mehrere Parteien als Kläger oder Beklagte aufgetreten, sämmtlicher Parteien.
b. des Streit-Objekts,
c. der Prozeß-Gattung,
d. des Jahres, in welchem der Prozeß am Reichs-Kammergerichte eingeführt worden.

3.

In dem Avocations-Schreiben ist zugleich die Art der Empfangnahme bemerklich zu machen.

4.

Bis zur endlichen Auseinandersetzung des Archivs sind als Aushändigungs-Gebühren für die, in einer einzelnen Sache verhandelten Akten überhaupt, und ohne Berücksichtigung deren Größe, fünf Gulden im 24 Fl. Münzfuße, für einzelne Stücke, als Testamente, Verträge rc., welche nicht einen Theil von Akten — als von welchen solche nie getrennt werden dürfen — ausmachen, Ein Fl. 30 Xr. zu entrichten. Die Ausantwortung übergebener Privilegien, Landes-, Prozeß-, Polizei-Ordnungen und Statuten, ist von der Gebühr befreit.

Rückständige Protokollar-Urtheils- und Foliirungs-Gebühren können nicht gefordert werden.

Dagegen treten zu den oben bemerkten Gebühren die nach Maaßgabe der Stärke der Akten bald mehr oder weniger betragenden Emballage-Kosten.

5.

Der Gesammtbetrag der Aushändigungs-Gebühren und Kosten wird von dem Kanzlei-Tax-Amte des Archivs in ein Verzeichniß gebracht und vom Postamte zu Wetzlar vorschußweise entnommen.

6.

Durch den oben angezogenen Beschluß der Bundes-Versammlung ist zwar bestimmt worden:

ad 8. daß, wenn ehemalige Reichslande, welche bei dem Kammergerichte mit einander in Streitigkeiten verwickelt waren, jetzt unter einem und demselben Souverain vereinigt sind, die desfallsigen Akten an das oberste Gericht des letztern auf dessen Verlangen sofort, und

ad 12. Testamente, wenn der Testator mit Tode abgegangen, an das oberste Gericht des Landes, wo derselbe gewohnt, oder die Erbschaft gelegen, auszuantworten.

Bei der eigenthümlichen Verfassung der diesseitigen Gerichte und deren Kompetenz ist für die Königl. Preuß Staaten die Einrichtung getroffen worden, daß in den vorangeführten Fällen die Abforderung der Akten und Testamente, unter den vorbeschriebenen Bedingungen, von den kompetenten Landes-Justiz-Behörden, und wenn in dem unter Nr. 8. angeführten Falle die ehemaligen, jetzt mit der Preußischen Monarchie vereinigten Reichslande in den Departements von verschiedenen Landes-Justiz-Behörden liegen, von diesen gemeinschaftlich erfolgen soll.

Nach den in der gegenwärtigen Instruktion enthaltenen Vorschriften haben die betreffenden Landes-Justiz-Behörden sich selbst zu achten, und ihre untergeordneten Gerichts-Behörden anzuweisen.

Berlin, den 3. August 1821.

B.

Dem Königl. Staats-Ministerio sind durch den Herrn Fürsten Staatskanzler in Folge der, bei der deutschen Bundesversammlung wegen des Reichs-Kammergerichts-Archivs zu Wetzlar Statt gehabten Verhandlungen, zwei von dem Stadtgerichts-Direktor Krauß gefertigte Verzeichnisse,

über die bei dem vormaligen Reichs-Kammergerichte zu Wetzlar geführten Aktiv- und Passiv-Prozesse der Krone Preußen,

zur weitern Veranlassung mitgetheilt worden.

Durch das darauf ergangene Conclusum des Königl. Staats-Ministerii ist bestimmt: daß aus beiden Verzeichnissen Auszüge für diejenigen Landes-Justiz-Behörden, zu deren Bereich die Prozesse gehören angefertigt, und solche zur Einsicht für die Interessenten, den gedachten Gerichtsbehörden mitgetheilt, auch letzteren zugleich eine angemessene Instruktion für den Fall ertheilt werden soll, daß bei ihnen von den Parteien auf Avocation der im Reichs-Kammergerichtlichen Archive befindlichen Akten angetragen werden sollte

In Folge dieser Bestimmungen werden daher dem Königl. Kammergerichte nicht nur die für dasselbe gefertigten Auszüge aus den obengedachten Verzeichnissen hierbei zugefertigt, sondern es wird demselben auch eine Abschrift der Seitens des Justiz-Ministerii entworfenen Instruktion, nebst dem ihr angehängten Beschlusse der deutschen Bundes-Versammlung vom 25. Januar d. J., mit der Anweisung mitgetheilt, sich darnach zu achten.

Berlin, den 3. August 1821.

(v. K. Jhrb. Bd. 18. S. 31.)

Verfügungen wegen der Edition.

§. 108. Alle den Editionspunkt betreffenden Verfügungen werden von dem Richter bloss durch ein Dekret oder eine Resolution veranlasst, ohne dass darüber ein eigenes Verfahren oder besonderes Erkenntniss Statt findet.

Vielmehr sind die Gerichte befugt, diesen ihren Verordnungen, auf die nach Unterschied der Fälle **§. 100.** und **105.** bestimmte Art, sofort den gehörigen Nachdruck zu geben.

Wo, und auf wessen Kosten die Edition geschehen muss.

§. 109. Die Edition geschieht nach der Regel an ordentlicher Gerichtsstelle.

Wenn jedoch ein oder anderer erheblicher Anstand, weshalb die zu edirende Urkunde nicht füglich dahin geschafft werden könnte, obwalten sollte; so muss das Gericht dieses Geschäft durch einen Kommissarius in der Behausung des Inhabers, oder allenfalls durch Auftrag oder Requisition an das Gericht des Ortes, wo die Urkunde sich befindet, vornehmen lassen. Die Kosten der Edition, wenn sie auf Anregung einer Partei verlangt worden ist, müssen von dieser, wenn sie aber der Richter von Amts wegen verordnet hat, von beiden gemeinschaftlich vorgeschossen werden.

Produktion der Dokumente.

§. 110. Alle briefliche Urkunden, sie mögen von den Parteien freiwillig beigebracht, oder durch richterliche Verfügung herzu geschafft sein, müssen in ihren Originalen, und zwar vollständig, producirt werden.

§. 111. Der Vorlegung der Originale bedarf es nicht, wenn der Gegentheil eine beigebrachte Abschrift, als mit deren Originale übereinstimmend, anerkennt; oder wenn er eine solche Abschrift in dieser oder einer andern Sache schon vorher gerichtlich anerkannt hat; oder wenn, mit Zuziehung sämmtlicher Interessenten, beglaubte, dem Originale gleich zu achtende Abschriften angefertigt, oder alte Dokumente, aus Besorgniss, dass sie unleserlich werden möchten, mit gleichmässiger Zuziehung der Interessenten gerichtlich erneuert worden sind.

§. 112. Wenn ein Dokument mehrere zur Sache nicht gehörige Stellen enthält, und der Producent dasselbe vollständig zu den Akten zu geben Bedenken trägt; oder wenn Umstände vorwalten, warum das Original nicht füglich an den Ort des Gerichts geschafft werden kann; so ist in beiden Fällen eben so zu verfahren, als oben **§. 99.** und **109.** wegen der Edition verordnet worden ist.

Von Dokumenten, die sich auf andere beziehen.

§. 113. Wenn das producirte Dokument sich auf ein anderes bezieht, so muss die Urkunde, auf welche Bezug genommen wird (Documentum relatum), in der Regel ebenfalls herbei geschafft werden. Doch findet diese Vorschrift nur bei einer eigentlichen Beziehung, nicht aber alsdann Statt, wenn in dem producirten Dokumente eines Andern bloss Erwähnung gethan wird. Sollte auch die Herbeischaffung der in Bezug genommenen Urkunde unmöglich, oder mit grossen Weitläufigkeiten und Kosten verknüpft sein; so kann dieselbe ohne Nachtheil für die Glaubwürdigkeit und Beweiskraft des beziehenden Dokuments unterbleiben:

a) wenn das in Bezug genommene Dokument durch das beziehende gänzlich aufgehoben worden;
b) wenn der Inhalt des in Bezug genommenen aus dem beziehenden vollständig zu ersehen ist;
c) wenn der Inhalt des in Bezug genommenen auf andere Art nachgewiesen werden kann;
d) wenn die vorgelegte beziehende Urkunde über die streitige Thatsache vollständig Auskunft giebt.

Von Dokumenten in fremden Sprachen.

§. 114. Ist ein Dokument in einer fremden, bei dem Gerichte unbekannten Sprache abgefasst; so muss der Richter von Amts wegen dafür sorgen, dass durch einen entweder zu solchem Geschäfte ein- für allemal in Pflicht genommenen, oder zu dieser Handlung besonders zu vereidenden Dollmetscher, eine richtige Uebersetzung davon gefertiget werde. Eben dieses muss geschehen, wenn eine der Parteien der Sprache, worin das Dokument abgefasst worden, nicht kundig ist, und dessen Uebersetzung verlangt.

Ingleichen alsdann, wenn die Akten in den ferneren Instanzen an ein Kollegium versendet werden, von welchem man nicht voraus setzen kann, dass demselben die Sprache der Urkunde hinlänglich bekannt sei, wenn auch dieselbe dem instruirenden Richter geläufig wäre.

Rescript vom 10 Mai 1814, betr. die Uebersetzung der in fremder Sprache abgefaßten Dokumente.

Dem Königl. Kammergerichte wird aus der sub lege remissionis originaliter anliegenden Vorstellung mit Mehrerem zu ersehen gegeben, was der N. in seiner Rechtssache wider die N. vorgetragen und gebeten hat.

Der ꝛc. N. gehet zwar zu weit, wenn er behauptet, durch die Beibringung des Russischen Dokuments das Beweismittel beschafft, und nun nichts weiter zu thun zu haben. Aber auch das Dekret vom 31. März d J. ist der Sache nicht angemessen, da die A. G. O. Th. I. Tit. 10. §. 114. für den Fall, wenn ein in einer fremden, dem Gerichte unbekannten Sprache abgefaßtes Dokument producirt wird, ausdrücklich vorschreibt, daß der Richter von Amtswegen für die Anfertigung einer richtigen Uebersetzung durch einen schon allgemein in Pflicht genommenen, oder noch besonders zu vereidenden, Dollmetscher zu sorgen habe. Sollte wider Vermuthen kein tüchtiger Dollmetscher von Amtswegen ausgemittelt werden können, so bleibt nichts übrig, als den von dem ꝛc. N. vorgeschlagenen Kaufmann N., Behufs der Uebersetzung des in Frage stehenden Russischen Dokuments, als Dollmetscher zu adhibiren, ihn in dieser Eigenschaft zu vereiden, und diese Vereidung besonders auch dahin richten zu lassen, daß er der russischen Sprache mächtig sei. Will alsdann der Gegner die Richtigkeit der Uebersetzung bestreiten, so ist es seine Sache, die Unrichtigkeit nachzuweisen und einen andern Dollmetscher herbeizuschaffen.

In dieser Art hat das Königl Kammergericht die Sache einzuleiten, den Erfolg anzuzeigen, und zugleich wegen künftiger Fälle, die bei dem jetzigen Handelsverkehr öfter vorkommen können, und der deshalb zu nehmenden Maaßregeln, gutachtlich zu berichten.

(v. K. Jhrb. Bd. 4. S. 3.)

Gültigkeit der Dokumente.

§. 115. Wenn über die Gültigkeit einer Urkunde in Ansehung der Form gestritten wird, und die Gesetze des Orts, wo dieselbe verbindliche Kraft erhalten hat, von den Gesetzen des Orts, wo der Prozess schwebt, abweichen; so entscheiden die erstern.

1) **Rescript** vom 2. Februar 1813, betr. die Beweiskraft der Urkunden, welche nach dem Code Napoléon ausgefertigt sind.

Dem Königl. Oberlandesgericht zu Breslau wird auf dessen Anfrage vom 11. Dezember v. J., in Betreff der Vorschrift wegen der Bedingungen der Glaubwürdigkeit der von fremden Behörden ausgefertigten Urkunden, hierdurch zur Resolution ertheilet:

daß das Rescript vom 26. November 1811 bloß bei Urkunden, die in Frankreich, Westphalen und Warschau aufgenommen sind, in Anwendung zu bringen, in Ansehung der in andern auswärtigen Staaten hingegen, wo der Code Napoléon gilt, ausgefertigten Urkunden, in vorkommenden Fällen, hiesigen Orts anzufragen ist.

(v. K. Jahrb. Bd. 2. S. 44.)

2) **Rescript** vom 21. Juli 1825, betr. die Beweiskraft russischer Urkunden.

Nach dem neu eingekommenen, von dem Königl. Ministerio der auswärtigen Angelegenheiten dem Justiz-Minister mitgetheilten Berichte der Königl Gesandtschaft zu St. Petersburg vom 29. (17.) und der mit eingereichten Note des Kaiserlich Russischen Ministeriums vom 25. (13.) Juni c., haben alle, von Kolonisten vor dem Komtoir der auswärtigen Ansiedler ausgestellten und einregistrirten Akte jedweder Art in Rußland, mit den vor Notarien und andern kompetenten Behörden aufgenommenen Urkunden, ganz gleiche Kraft und Gültigkeit.

Dies wird dem Königl. Oberlandesgerichte auf den desfalsigen Bericht vom 7. April d. J., und mit Bezug auf die Bescheidung vom 9. d. M. nachrichtlich bekannt gemacht.

(v. K. Jahrb. Bd. 26. S. 197.)

3) **Instruction** vom 22. März 1833, betr. die Legalisation der Urkunden, welche aus dem Auslande kommen oder nach dem Auslande gehen sollen s. zu II. 1. §. 7.

Mängel der äusseren Erfordernisse.

§. 116. Sind bei einer Art von Urkunden gewisse Erfordernisse, bei Strafe der Nichtigkeit, gesetzlich vorgeschrieben; so wirkt jeder dabei entdeckte Mangel, dass einer vorgelegten Urkunde die Eigenschaft nicht beigelegt werden kann, zu deren Begründung gedachte Erfordernisse gehören.

Widersprüche im Inhalte.

§. 117. Wenn in einem Dokumente in Ansehung der dadurch ins Licht zu setzenden Thatsache, oder im Eingange, oder am Schlusse, ein Widerspruch obwaltet; so kann dasselbe nichts beweisen. Doch kann, wenn der Widerspruch am Eingange und

Schlusse aus einem einleuchtenden oder nachzuweisenden Irrthume herrührt, der Urkunde bloss dadurch die Beweiskraft nicht benommen werden.

Unverständlichkeit.

Dagegen fällt diese Beweiskraft ganz hinweg, wenn ein Dokument in Stellen, die auf den Streitpunkt unmittelbare Beziehung haben, so undeutlich gefasst ist, dass sich dessen Sinn nicht entnehmen lässt; oder wenn solche Ausdrücke gebraucht worden sind, denen offenbar, und ohne Zwang, ein doppelter Sinn beigelegt werden kann.

Korrekturen, Rasuren u. s. w.

§. 118. Wird bei Vorlegung einer Urkunde bemerkt, dass darin etwas von einer verschiedenen Hand, oder mit anderer Tinte, oder zwischen den Zeilen, oder am Rande geschrieben; oder dass darin etwas durchstrichen, oder korrigirt; oder ausgekratzt, oder einzelne Blätter ganz oder zum Theil abgerissen; oder durch Schmutz oder auf andere Art unleserlich gemacht worden; so ist zuvörderst nachzuforschen, woher diese Veränderungen entstanden sind. Kann dieses ins Licht gesetzt werden; so ist nach den ausgemittelten Umständen zu bestimmen: ob und in wie fern die Beweiskraft des Dokuments dadurch vermindert werde. Bleibt hingegen die Veranlassung der bemerkten Veränderung ungewiss, und sie findet sich bei der eigentlichen Beweisstelle, oder im Eingange, oder am Schlusse des Dokuments; so wird dessen Glaubwürdigkeit dadurch geschwächt. Wird aber die Veränderung nur bei einer andern minder wichtigen Stelle bemerkt; so bleibt es der Beurtheilung des Richters überlassen: ob und in wie fern das Dokument dennoch für eine untadelhafte Urkunde gelten könne.

Zerrissene oder zerschnittene Dokumente.

§. 119. Zerrissene oder zerschnittene Dokumente verdienen keinen Glauben; es wäre denn, dass nachgewiesen werden könnte, dass sie durch einen blossen Zufall, oder von dem Gegner, oder einem Dritten, zur Verdunkelung der Wahrheit, in diesen Zustand versetzt worden. In beiden Fällen erweiset der Inhalt des zerrissenen oder zerschnittenen Dokuments, so weiter daraus entnommen werden kann. Ist von einer Urkunde nur ein anhängendes oder aufgedrucktes Siegel abgerissen oder abgesprungen; so kann, wenn sonst kein Verdacht einer Verfälschung obwaltet, dieser Umstand allein der Glaubwürdigkeit des Dokuments nichts benehmen.

§. 120. Wenn eine Partei die zur Aufklärung der Wahrheit erforderlichen Urkunden vorsätzlich abhänden bringt, zerreisst, oder auf andere Art unleserlich macht; so soll ihr Gegner jederzeit zur eidlichen Bestärkung des Inhalts der auf diese Art dem Auge des Richters entzogenen Urkunde gelassen werden.

Verfälschung der Urkunden.

§. 121. Uebrigens wird die Verfälschung einer Urkunde nie vermuthet, und muss daher ein jedes Dokument so lange für richtig genommen werden, bis dessen Verfälschung nachgewiesen ist. Ist hingegen ein Dokument in Ansehung eines Umstandes verfälscht befunden worden; so wird dadurch dessen Glaubwürdigkeit überhaupt geschwächt. Die Partei, welche ein Dokument, dessen Verfälschung ihr bekannt war, dem Gerichte als glaubwürdig vorlegt, soll dafür nach Vorschrift der Kriminalgesetze bestraft werden. (A. L. R. Th. II. Tit. XX. §. 1379.)

Verlorene Dokumente.

§. 122. Behauptet eine Partei, dass die zur Unterstützung oder zum Beweise ihrer Gerechtsame dienenden Urkunden, durch Feuer, Wasser, Plünderung, oder sonst durch einen Zufall verloren gegangen, oder unleserlich geworden seien; so ist auf ein solches Vorgeben nur alsdann Rücksicht zu nehmen, wenn die Partei nachweisen kann, dass dergleichen Dokumente wirklich existirt haben; und wenn sie zugleich den Inhalt auf andere Art darthun kann. (A. L. R. Th. I. Tit. V. §. 169. 170.)

Verschiedene Arten der Urkunden.

§. 123. Oeffentliche Urkunden heissen diejenigen, welchen eine vorzügliche Glaubwürdigkeit um desswillen beigelegt ist, weil die Aussteller derselben im Staate dazu bestellt worden sind, dergleichen Urkunden aufzunehmen oder zu bekräftigen. Ist diesen Personen der gerichtliche Glaube beigelegt, und die Urkunde vor ihnen mit den im Gesetze vorgeschriebenen Erfordernissen vollzogen worden; so heisst sie eine gerichtliche Urkunde.

Rescript vom 25. Septbr. 1795, betr. die Glaubwürdigkeit der von Domainenbeamten beglaubigten Urkunden.

Eure Anfrage vom 23. Januar d. J.
den gerichtlichen Glauben der Domainen-Beamten betreffend,
ist zu seiner Zeit hier eingegangen. Da die Domainen-Beamten in ihrem Amtseide zu gewissen Funktionen des richterlichen Amts, und insonderheit ausdrücklich zum Halten über prompte und unparteiische Justizpflege ausdrücklich verpflichtet worden; so ist die bisherige Observanz:

wornach denselben bei der bloßen Beglaubigung gerichtlicher Handlungen, welche keine eigentliche Rechtskenntniß erfordern, gerichtlicher Glaube beigelegt worden,

keinesweges von rechtlichem Grunde entblößt, und bedarf es daher keiner Wiederholung aller solcher vor Domainen-Beamten vollzogenen zahlreichen Handlungen, die ohnehin in manchen Fällen unmöglich, durchgehends aber mit unabsehbaren Weitläuftigkeiten und Kosten verbunden sein würde. Inzwischen ist, um für die Zukunft alle Zweifel und Bedenklichkeiten bei dieser Sache desto zuverlässiger aus dem Wege zu räumen, mit dem General-Direktorium verabredet worden:

daß dem Eide der Oekonomie-Beamten die in der A. G. O. Tit. 25. §. 55. enthaltene Clausel eingeschaltet, und dieses sowohl bei Schließung neuer Pacht-Kontrakte als bei den nächsten Prolongationen der bisherigen bewerkstelligt werden soll,

wodurch der Domainen-Beamte zur Aufsicht und Kontrolle über den Aktuarius bei den von diesem ohne Beisein des Justiz-Beamten vorzunehmenden Handlungen gerichtlicher Beglaubigung, noch mehr als bisher autorisirt und bevollmächtigt wird.

(NCC. T. IX. S. 2619. Nr. 54. de 1795.)

1) Gerichtlich aufgenommene oder

§. 124. Die Erfordernisse einer öffentlichen gerichtlichen Urkunde werden unten im zweiten Theile bestimmt. Sind diese Erfordernisse beobachtet; so kommt es übrigens nicht darauf an: ob das Dokument in Form eines Protokolls abgefasst, oder auf den Grund des abgehaltenen Protokolls in eine förmliche Ausfertigung gebracht worden ist. Die Konzepte solcher Ausfertigungen, welche sich in den Archiven und Registraturen der Gerichte befinden, von welchen die Ausfertigung verfügt worden ist, wirken, auch in Ermangelung des Originals, einen vollen Beweis, so bald an der Richtigkeit des Konzepts kein Zweifel ist, und aus den Akten zugleich erhellet, dass dasselbe wirklich ausgefertigt worden ist. Blosse, auch nicht beglaubigte Abschriften gerichtlicher Urkunden, wenn sie unverdächtige Spuren des Alters an sich tragen, oder gar in öffentlichen Archiven und Registraturen gefunden worden, begründen eine rechtliche Vermuthung.

2) Anerkannte Urkunden.

§. 125. Auch aussergerichtlich vollzogene Urkunden können die Eigenschaft einer gerichtlichen erlangen, wenn sie den Ort und das Datum der Aufnahme, die Benennung aller dabei gegenwärtig gewesenen Interessenten, nebst einer vollständigen und deutlichen Erzählung der vorgefallenen Verhandlung enthalten; demnächst aber sämmtliche Interessenten sich vor Gericht, oder vor zwei dazu deputirten Gerichtspersonen stellen, ihnen das Dokument von einer dieser Gerichtspersonen vorgelesen wird, sie dessen Inhalt genehmigen, die darunter befindlichen Unterschriften anerkennen, und wie dieses alles geschehen sei, unter der Urkunde selbst von den gegenwärtigen Gerichtspersonen gehörig attestirt wird.

Anh. §. 78. *Das gerichtliche Anerkenntniss kann auch von einem Gerichtsdeputirten aufgenommen werden.*

Cirkular-Verordnung vom 30. Dezember 1798, Abschn. 5., §. 1. f. zur Einleitung §. 40. Anh. §. 2.

§. 126. Alle solchergestalt gerichtlich aufgenommene oder anerkannte Dokumente bedürfen hiernächst keiner fernern Rekognition; sie müssen aber dem Gegentheile vorgelegt werden, um zu vernehmen: ob und was selbiger etwa dagegen einzuwenden habe. Diese Einwendungen können nur darin bestehen, dass entweder die Richtigkeit des Dokuments selbst angefochten, und behauptet wird, dass es demselben an den Erfordernissen und Eigenschaften einer gerichtlichen Urkunde ermangele; oder dass angegeben wird: es sei bei Aufnehmung desselben ein Irrthum vorgefallen. In beiden Fällen muss mit der Untersuchung der einer solchen Behauptung zum Grunde liegenden Thatsachen, und mit Aufnehmung der darüber angegebenen Beweismittel, verfahren werden. Ausser diesen Fällen aber kann einer Partei nicht gestattet werden, die Richtigkeit des Inhalts einer solchen gehörig vollzogenen gerichtlichen Urkunde anzufechten. Doch wird die Glaubwürdigkeit einer solchen Urkunde geschwächt, wenn dargethan werden kann, dass die Gerichtsperson, welche sie aufgenommen hat, verübter Fälschungen in ihrem Amte, wenn auch nur bei anderen von ihr verfertigten Urkunden, gerichtlich überwiesen worden sei.

3) Documenta publica extrajudicialia.

§. 127. Als öffentliche aussergerichtliche Urkunden sind zu betrachten: I. die Atteste, welche Landeskollegia, Magisträte und Gerichte über die zu ihrem Ressort gehörigen, vor ihnen erfolgten Verhandlungen, mit Bezug auf die deshalb aufgenommenen Protokolle oder geführten Register und Bücher, ausstellen. Ist ein solches Attest nur auf den allgemeinen Ruf, oder auf die den Mitgliedern des Kollegii beiwohnende Privatwissenschaft gegründet; so wird dasselbe nur als ein Privatdokument betrachtet. Wird in einem solchen Atteste auf Zeugenaussagen Bezug genommen, so hängt die Beweiskraft desselben von der daraus zu ersehenden Glaubwürdigkeit der Zeugen ab.

Anh. §. 79. *Dergleichen Atteste verlieren dadurch, dass darin der dabei zum Grunde liegenden Verhandlungen nicht ausdrücklich gedacht worden ist, ihre Glaubwürdigkeit nicht*

1) **Reseript** vom 13. Juli 1801, betr die Form und Glaubwürdigkeit gerichtlicher Atteste.

Es ist eingegangen, was Ihr in Verfolg des Rescripts vom 13. v. M. in der Derflingschen Fidei-Commiß Sache wegen der Form der gerichtlichen Atteste zu berichten Euch bewogen gefunden. Wir wollen Euch aber, wie solches bereits in dem erwähnten Rescript geschehen ist, nochmals darauf aufmerksam machen, daß Ihr den Th. I. Tit. 3. §. 40. 41 des A. L. R. gesetzlich bestätigten allgemeinen Grundsatz nie außer Acht laßt, daß, wenn von der Form einer Handlung die Rede ist, die Verabsäumung derselben in der Regel nicht die Nichtigkeit des ganzen Geschäfts nach sich ziehe wenn nicht die Gesetze dieses besonders und ausdrücklich verordnen. Hieraus werden sich die von Euch erregten Zweifel erledigen. Es ist zwar allerdings zweckmäßig und rathsam, daß der Richter, indem er etwas auf seine Amtspflicht bezeugt, zugleich den Grund seiner Wissenschaft anführe, und daher in Anziehung der von ihm vollzogenen Handlungen auf die darüber aufgenommenen Protokolle Bezug nehme. Wenn dies aber auch in einzelnen Fällen nicht geschehen ist, so folgt daraus keinesweges, daß um deswillen das gerichtliche Attest keinen Glauben verdiene. Man muß voraus setzen, daß ein jedes Gericht, welches eine Thatsache auf seine Amtspflicht bekundet, sich von deren Richtigkeit zuvor auf gesetzliche Weise überzeugt habe, zumal wenn aus dem Atteste schon hervorgehet, daß die Kenntniß des Gerichts von dem Hergange auf eigener, vermöge seines Amts gemachter, Erfahrung beruhe.

Die von Euch zur Widerlegung angeführte Stelle der A. G. O. Th. I. Tit. 10. §. 127. beweiset das nicht, was Ihr daraus herleitet. Es ist hier keinesweges festgesetzt, daß in den Attesten, wenn sie die Wirkung der gerichtlichen haben sollen, nothwendig auf die Verhandlungen, worauf sie sich gründen, ausdrücklich Bezug genommen werden müsse, sondern es sind hier nur die Atteste über die vor Gericht vollzogenen Handlungen, denen, welche auf den allgemeinen Ruf oder auf die Privatwissenschaft der Mitglieder des Gerichts beruhen, entgegengesetzt, und von dem letztern ist bestimmt worden, daß sie nicht zu den gerichtlichen Attesten gerechnet werden könnten. Den Attesten der erstern Art kann dagegen, wenn auch der bei denselben zum Grunde liegenden Verhandlung nicht besonders gedacht worden, Fides judicialis nicht versagt werden, und Ihr werdet diesem zu Folge nicht ferner Anstand nehmen, dieselben für völlig glaubwürdig zu achten.

(NCC. T. XI. S. 391. Nr. 42. de 1801)

2) **Reseript** vom 7 November 1834, betr. die Glaubwürdigkeit der von nicht gerichtlichen Behörden ausgestellten Urkunden.

Die von Ihnen unterm 13. v. M. in der Hypothekensache des Z.schen Grundstücks zu L. geführte Beschwerde ist nicht begründet. Das Rescript vom 9. August 1802 (Amelang Neues Archiv B. 2. S. 43.), auf welches Sie sich zur Rechtfertigung derselben beziehen, findet um deswillen auf den vorliegenden Fall keine Anwendung, weil es nur festsetzt, daß es der gerichtlichen Beglaubigung der Unterschrift einer öffentlichen Behörde, deren Beamten unstreitig öffentliche Glaubwürdigkeit, jedoch keine gerichtliche, gebührt, zum Behufe der Eintragung ihrer Erklärungen in das Hypothekenbuch nicht bedürfe.

Das Presbyterium der Predigerkirche zu Erfurt ist aber keine solche Behörde, deren Mitgliedern unbeschränkt, also in allen Angelegenheiten, öffentliche Glaubwürdigkeit gebührt; denn blos die aus gehörig geführten Kirchenbüchern über Taufen, Trauungen und Begräbnisse unter dem Kirchensiegel ertheilten Zeugnisse sind den gerichtlichen Attesten gleich zu achten (§. 128. Tit. 10. Th. I. A. G. O.), und gelten als öffentliche außergerichtliche Urkunden (§. 127. a. a. O.). Eben so wenig kann der von dem Magistrate zu Erfurt unter die Erklärung des Presbyteriums gesetzte Vermerk:

„gesehen und genehmigt"

die Privaturkunde in eine öffentliche verwandeln. Nur die Atteste, welche Magistrâte rc über die zu ihrem Ressort gehörigen, vor ihnen erfolgten Verhandlungen mit Bezug auf die deshalb aufgenommenen Protokolle rc. ausstellen, sind nach §. 127. a. a. O. als öffentliche außergerichtliche Urkunden anzusehen.

Der vorliegende Vermerk:

„gesehen und genehmigt"

enthält aber nur eine Genehmigung der bereits erfolgten Cession und bekundet nicht, daß dieselbe vor dem Magistrate geschehen sei.

Es muß daher überall bei der Ihnen unterm 20. Septbr. d. J. in Gefolge der Verfügung des Königl Oberlandesgerichts zu Naumburg vom 29. August d. J. durch das Gerichtsamt für den Stadtbezirk zu Langensalza ertheilten Bescheidung verbleiben.

(v.-K. Jahrb. Bd. 44. S. 403.)

§. 128. Den gerichtlichen Attesten sind diejenigen gleich zu achten, welche aus gehörig geführten Kirchenbüchern über Taufen, Trauungen und Begräbnisse unter dem Kirchensiegel ertheilt sind. Wenn die Eigenschaft des Ausstellers dem Gerichte, bei welchem das Zeugniss vorgelegt wird, nicht ohnehin schon bekannt ist; so muss darunter von den Gerichten des Orts attestirt sein; dass derselbe zur Ertheilung von Extrakten aus den Kirchenbüchern legitimirt sei.

§. 129. II. Die Protokolle, welche zwar nicht von Gerichtspersonen, aber von andern in Eid und Pflicht stehenden Officianten, vermöge eines von einem Landeskollegio erhaltenen Auftrages, in Angelegenheiten, welche ihr Amt unmittelbar betreffen, aufgenommen worden sind. Es muss jedoch

1) das Datum und der Ort der Aufnahme, die Benennung sämmtlicher anwesender Interessenten, nebst einer deutlichen und vollständigen Erzählung der Verhandlung selbst, daraus zu ersehen sein;
2) muss erhellen, dass das Protokoll den Interessenten vorgelesen, und von ihnen genehmigt worden ist;
3) muss dasselbe von den Parteien eigenhändig unterzeichnet, oder mit den in ähnlichen Fällen Statt der Unterschrift zugelassenen Zeichen bemerkt sein;
4) muss der, welcher es aufgenommen hat, bei seiner Unterschrift die Eigenschaft, in welcher er zur Aufnehmung dieses Protokolls authorisirt gewesen ist, beifügen.

Ermangelt es an einem dieser Erfordernisse; so ist ein solches Protokoll nur als ein Privatvermerk zu betrachten.

§. 130. III. Die von Justizkommissarien, als Notarien, nach gesetzlicher Vorschrift angefertigten Urkunden. Die von ihnen vorläufig aufgenommenen Protokolle können, vor der Vollziehung der Urkunde, nur als Privatdokumente, vermöge der Unterschrift der Parteien, etwas beweisen.

§. 131. Die **§. 127—130.** beschriebenen öffentlichen Urkunden bedürfen zwar ebenfalls keiner Rekognition; jedoch muss den Parteien gestattet werden, nicht nur darüber, dass es ihnen an den gesetzlichen Erfordernissen fehle, sondern auch darüber, dass der Inhalt unrichtig sei, Beweismittel beizubringen.

§. 132. Dadurch, dass eine Partei gegen die Glaubwürdigkeit einer öffentlichen Urkunde Zweifel erregt hat, welche bei näherer Erörterung gehoben worden sind, hat sie das Recht, sich dieser Urkunde in der Folge auch für sich zu bedienen, noch nicht verloren.

4) Privaturkunden.

§. 133. Alle Privaturkunden müssen dem Gegentheile zur Rekognition vorgelegt werden, selbst wenn sie mit Zuziehung von Zeugen ausgestellt sind. Nur alsdann bedarf es keiner Rekognition, wenn die Partei, oder eine solche Person, von welcher dieselbe in der streitigen Sache ihre Rechte herleitet, das Dokument bereits gerichtlich, oder vor zwei Justizkommissarien, oder vor einem Justizkommissarius und zwei Zeugen anerkannt hat. Doch sind auch gegen ein solches für rekognoscirt anzunehmendes Dokument alle Einwendungen zulässig, welche jeder andern Privaturkunde entgegen gesetzt werden können.

Von deren Rekognition und Diffession.

§. 134. Jeder, welchem Privaturkunden, die er selbst ausgestellt haben soll, vorgelegt werden, muss sich sofort erklären: ob er sie für seine Hand und Unterschrift erkenne, oder schwören:

dass er die Namensunterschrift unter dem ihm vorgelegten Instrumente nicht selbst geschrieben habe, und dass dieselbe auch nicht an seiner Statt von einem Andern, mit seinem Wissen und Willen, geschrieben worden sei.

Rescript vom 10 Febr. 1823, betr. die Rekognition und Diffession von Urkunden.

Das Königl. Oberlandesgericht empfängt die Eingabe des Justiz-Kommissarii N. zu N. vom 29. v. M. urschriftlich, mit dem Eröffnen, daß der Justiz-Minister die von dem Kollegio in der Verfügung vom 8. Nov. pr. geäußerte Meinung über die Beweisführung in dem N.schen Rechtsstreite nicht richtig finden kann. Der §. 134. Tit. 10. Th. I. der A. G. O. spricht von der Verbindlichkeit eines Jeden, dem eine Privat-Urkunde, die er selbst ausgestellt haben soll, vorgelegt wird, sich zu erklären: ob er sie agnosciren oder eidlich diffitiren will, und die §§. 149 a., 149 b., 150. l. c. handeln von demjenigen Falle der comparatio litterarum, zu welcher sich der Producent zur Abwendung der eidlichen Diffession erboten hat. In den allegirten §§. ist nun allerdings bloß von solchen Dokumenten die Rede, die mit Ausnahme der im §. 149 b. l. c. angegebenen Fälle vom Produkten geschrieben und jedenfalls von ihm unterschrieben sein sollen. Dies kommt daher, weil hier überall Dokumente vorausgesetzt werden,

welche bloß alsdann, wenn sie unterschrieben sind, eine Verbindlichkeit des Ausstellers begründen.

Ein vom Producten angeblich geschriebener, aber nicht von ihm selbst oder von einem Andern mit seinem Wissen und Willen unterschriebener Schuldschein kann, seinem ganzen Inhalte nach, vom Producten recognoscirt werden, und dennoch bringt er eben deshalb, weil die Unterschrift fehlt, keine Verbindlichkeit des Producten vor. Eine comparatio litterarum zu Feststellung des etwanigen Streitpunkts: ob der Inhalt vom Producten geschrieben sei? würde mithin ebenfalls unerheblich sein.

Auch ist es keinem Zweifel unterworfen, daß der Producent überhaupt nicht berechtigt ist, in Absicht eines vom Producten nicht unterschriebenen Dokuments zu verlangen, daß derselbe sich erkläre:

ob er es agnoscire oder eidlich diffitire.

Hier liegt dagegen ein ganz anderer Fall vor. Die Producentin behauptet nämlich, daß der Product einen bloß mit 2 Namens-Buchstaben unterschriebenen Liebesbrief geschrieben habe, dessen Inhalt auf einen sehr vertrauten Umgang mit der Producentin schließen lasse. Hier ist der Umstand, daß die Unterschrift fehlt, ganz gleichgültig; es kommt vielmehr auf Feststellung des streitigen Umstandes an, ob der Brief von dem Producten geschrieben sei? denn wenn dies feststeht, so würde, der fehlenden Unterschrift ungeachtet, das Beweismittel gerade die nämliche Kraft haben, als wenn der Brief unterschrieben wäre. Wenn nun auch die Producentin in diesem Falle nicht berechtigt war, von dem Gegentheil die sofortige Erklärung, ob er das Scriptum recognosciren oder eidlich diffitiren wolle, zu verlangen, und daher von einer comparatio litterarum zu Abwendung der eidlichen Diffession hier nicht die Rede sein kann, so war sie doch wohl befugt, von dem Gegentheil eine bestimmte Erklärung über das von ihr behauptete erhebliche Faktum, daß er den fraglichen Brief geschrieben, unter dem §. 44. Tit. 9. Th. I. der A. G. O. angegebenen Präjudiz zu verlangen; und aus dem nämlichen Grunde muß sie, nachdem der Verklagte ihre Behauptung bestritten hat, zum Beweise derselben durch das an sich zulässige Mittel der comparatio litterarum zugelassen werden.

Der Umstand, daß die früher mit keinem Rechtsbeistande versehene Klägerin bereits dem Gegentheil über Vollziehung des Beischlafs den Eid zugeschoben hat, kann nach dem Tit. 1. Th. I. §§. 1104. 1105. des Landrechts der Aufnahme anderer Beweismittel nicht entgegenstehen. Auf Ableistung des juramenti calumniae von Seiten der Producentin kann es hier auch nicht aufkommen, da hier nicht der Fall der comparatio litterarum eintritt, von dem der §. 150. Tit. 10. Th. I. der A. G. O. spricht.

Hiernach ist das Gerichtsamt N. anzuweisen, und der Beschwerdeführer unter Zurückgabe der Original-Anlage seiner Vorstellung zu bescheiden.

(v. K. Jahrb. Bd. 21. S. 268.)

§. 135. Wer sich eines oder das andere auf Erfordern des Richters zu thun weigert, gegen den ist dergleichen Urkunde in contumaciam für rekognoscirt anzunehmen, und soll darüber keine Vertretung des Gewissens mit Beweis Statt finden.

§. 136. Wer seine Unterschrift rekognosciren muss, kann zur eidlichen Diffession des Inhalts, wenn selbiger auch von einer andern Hand geschrieben wäre, nicht gestattet werden; sondern wenn er vorgiebt, dass das Produktum ein blosses Blankett sei, über welches das Instrument hinter seinem Rücken extendirt worden; so ist dieses eine Thatsache, welche, gleich den übrigen in dem Prozesse vorkommenden, besonders auseinander gesetzt und erörtert werden muss.

§. 137. Wenn Urkunden vorkommen, welche nicht von dem Produkten, sondern von einem Dritten ausgestellt sind; so müssen sie dem Erstern gleichergestalt vorgelegt, und seine Erklärung darüber gefordert werden.

§. 138. Ist das Dokument von einer solchen Person ausgestellt, die den Produkten durch ihre Handlungen hat verbinden können, z. B. ein Bevollmächtigter, ein Institor u. s. w.; so muss der Produkt dasselbe entweder rekognosciren, oder schwören:

wie er nicht wisse und glaube, dass das Dokument von dem vorgeblichen Aussteller selbst, oder mit seinem Wissen und Willen in seinem Namen unterschrieben worden sei.

§. 139. Will der Producent den Produkten zu dieser eidlichen Diffession nicht gestatten, und ist der Aussteller noch am Leben, auch sein Aufenthalt bekannt; so steht dem Produkten frei, den Aussteller vorladen, und denselben über die Rekognition oder Diffession vernehmen zu lassen. Wenn der Aussteller das Dokument rekognoscirt; so hat es dabei sein Bewenden, und die Diffession des Produkten de credulitate findet nicht Statt. Rekognoscirt aber der Aussteller das Dokument nicht; so kann der Producent entweder von ihm selbst die eidliche Diffession de veritate fordern, oder er kann verlangen, dass der Produkt den Diffessionseid de credulitate leiste, und sich übrigens seine Rechte gegen den Aussteller vorbehalten.

Auch der Produkt kann, wenn er über das ihm vorgelegte fremde Dokument sich nicht erklären will, verlangen, dass der Aussteller selbst zu obgedachtem Behufe vorgeladen werde; oder er kann den Producenten auffordern, dass derselbe die Richtigkeit der Hand- und Unterschrift, allenfalls de credulitate, eidlich erhärte.

§. 140. Ist das producirte fremde Dokument von einer solchen Person ausgestellt, die den Produkten durch ihre Handlungen nicht verbinden kann; so darf diesem Letztern dessen Rekognition oder Diffession wider seinen Willen nicht zugemuthet werden; sondern es ist genug, wenn er sich nur erklärt, wofür er dergleichen Dokumente halte.

§. 141. Vormünder und Kuratoren sind schuldig, die von dem Erblasser ihrer Pflegebefohlenen ausgestellten Dokumente zu rekognosciren, oder zu schwören:

dass sie nicht wissen, auch, aller angewandten Mühe ungeachtet, weder aus Briefschaften, noch sonst sich überzeugen können, dass das producirte Instrument von dem Erblasser ihrer Pflegebefohlenen ausgestellt worden sei.

§. 142. Nimmt der Kurator Anstand, diesen Eid zu schwören; so kann er verlangen, dass der Producent zur eidlichen Bestärkung der Richtigkeit des Instruments angehalten werde.

§. 143. Wie zu verfahren, wenn der Producent verlangt, dass der Minderjährige selbst den Diffessionseid abschwöre; oder wenn der Minorenne sich zu dessen Ableistung erbietet, wird unten verordnet.

§. 144. Wenn ein Instrument eidlich diffitirt worden; so kann dagegen in eben dem Prozesse kein Beweis von der Richtigkeit der Unterschrift weiter Statt finden; sondern der Producent muss allenfalls den Produkten wegen begangenen Meineids besonders belangen.

Beweis gegen die angebotene Diffession.

§. 145. Wenn aber der Producent den Produkten zu diesem Eide nicht verstatten will; so muss er die Mittel, wodurch er die Richtigkeit des Instruments darzuthun gedenkt, sofort anzeigen.

§. 146. Hat er sich zu dem Ende auf Zeugen berufen; so müssen selbige, nach Vorschrift des folgenden Abschnitts, ordnungsmässig vereidet, und darüber: ob das Produktum von dem angeblichen Aussteller selbst, oder mit seinem Wissen und Willen, von einem Andern in seinem Namen unterschrieben worden; was für Umstände dabei vorgefallen; und welches der Grund ihrer Wissenschaft sei, ausführlich vernommen werden.

§. 147. Ob durch die Aussage dieser Zeugen die Richtigkeit der Handschrift ganz oder zum Theil dargethan worden; ob also das Instrument für rekognoscirt zu achten, oder einem oder dem andern Theile darüber noch ein Eid abzufordern sei, wird dem richterlichen Befunde in dem künftigen Haupterkenntnisse überlassen, und daher von dem Instruenten auf beide Fälle, das Dokument mag nämlich darin künftig für richtig angenommen, oder verworfen werden, mit der Instruktion der Sache weiter verfahren; folglich auf den letztern Fall, wenn einer oder der andere Theil etwa noch ausserdem andere Mittel zur Aufklärung des Umstandes, welcher durch das Dokument hat erwiesen werden sollen, angegeben hätte, mit deren Aufnehmung fortgefahren.

§. 148. Wenn übrigens in dem Haupterkenntnisse befunden wird, dass die Richtigkeit des Instruments durch die Aussagen der Zeugen vollständig erwiesen worden; so muss zugleich, besonders wenn von einem eigenen Dokumente des Produkten die Rede ist, derselbe, wegen des versuchten Meineids, mit einer willkürlichen, doch nachdrücklichen Geldbusse, oder, im Unvermögensfalle, mit einer proportionirlichen Gefängniss- oder andern empfindlichen Leibesstrafe belegt, und ausserdem mit den unten im Drei und Zwanzigsten Titel bestimmten Strafen des muthwilligen Läugnens wider ihn verfahren werden.

Comparatio litterarum.

§. 149 a. Wenn die Richtigkeit des Instruments, zu dessen Diffession der Produkt sich erboten hat, durch Vergleichung der Handschriften dargethan werden soll; so muss in der Regel diess Instrument nach seinem ganzen Inhalte von dem angegebenen Aussteller ge- und unterschrieben sein.

§. 149 b. Ueber die blosse Unterschrift allein soll daher keine Vergleichung der Handschriften Statt finden. Hat der Aussteller ausser seinem Vor- und Geschlechtsnamen auch seinen Charakter oder Wohnort beigesetzt; so findet zwar die Vergleichung, jedoch nur wider dessen Erben, und nur zur Unterstützung anderer vorhandener Beweismittel Statt.

Hat aber der Aussteller mehrere Worte oder Zeilen zur Bekräftigung des Inhalts oder Unterschrift eigenhändig beigefügt; so kann aus diesen die Vergleichung der Handschrift wider den angegebenen Aussteller selbst, und mit voller gesetzmässiger Wirkung erfolgen.

§. 150. Wenn nun ein Producent den Produkten zur eidlichen Diffession eines solchen Dokuments nicht gestatten, sondern sich dieses Beweismittels dagegen bedienen will; so muss er zuvörderst das Juramentum calumniae mit dem Anhange schwören:

dass er von der Richtigkeit des Instruments überzeugt sei, und kein anderes Mittel, selbige darzuthun, zur Hand habe.

§. 151. Sodann müssen andere Schriften, die unstreitig von des Ausstellers Hand sind, nämlich die entweder schon einmal von ihm gerichtlich rekognoscirt worden, oder gegenwärtig dafür recognoscirt werden, oder die der Aussteller selbst, in Gegenwart des Instruenten und der Rechtsbeistände, zu schreiben angehalten wird, herbeigeschafft, und von den Parteien ein oder zwei erfahrene Schreibmeister, welche die Vergleichung anstellen sollen, vorgeschlagen werden. Können die Parteien sich darüber nicht einigen, so muss der Instruent zwei Sachverständige zu solchem Behufe von Amts wegen ernennen.

Anh. §. 80. *Wenn die Parteien nicht selbst Sachverständige in Vorschlag bringen; so können auch geübte Kanzleiverwandte zur Vergleichung der Handschriften gebraucht werden.*

Rescript vom 12. Januar 1801, betreffend die Qualifikation der zur Vergleichung der Handschriften zuzuziehenden Sachverständigen.

Aus Eurem Bericht vom 31. v. M. und J. haben Wir ersehen, wie in der Prozeßsache des N. wider den N. über die von Euch getroffene Einleitung wegen der zu veranstaltenden Vergleichung der Handschriften Beschwerde geführt worden. Wir finden indessen solche den Verhältnissen der Sache völlig angemessen, und genehmigen es sowohl in dem gegenwärtigen, als auch in künftigen ähnlichen Fällen, da es der Observanz anderer Landes-Justiz-Kollegien gemäß ist. Wenn die Parteien nicht selbst Sachverständige in Vorschlag bringen, so können geübte Kanzlei-Verwandte schicklicher als solche Leute adhibiret werden, welche die Jugend im Schreiben unterrichten, da erstere weit mehr Gelegenheit als letztere haben, sich die Kenntnisse zu verschaffen, welche zu der Vergleichung der Handschriften erforderlich sind; indem der gesetzliche Ausdruck: Schreibmeister, einen Sachverständigen, und nicht jemand andeutet, welcher im Schreiben informirt.

(Neues Archiv Bd. 2. S. 55. u. Stengels Beitr. Bd. 13. S. 344.)

§. 152. Diese Sachverständige sind dahin zu vereiden: dass sie die Vergleichung der ihnen vorzulegenden Handschriften nach ihrem besten Wissen und Gewissen, mit allem Fleisse und Genauigkeit anstellen, ihren Befund darüber der Wahrheit und ihrer Ueberzeugung gemäss; angeben; und dieses weder um Nutzen, Geschenk, Gaben oder Gunst, noch um Hass, Freundschaft, Feindschaft, oder irgend einer andern Ursache wegen, unterlassen wollen.

§. 153. Nach geschehener Vereidigung müssen sie, und zwar wenn ihrer mehrere sind, jeder besonders, ohne des Andern Beisein, und ohne mit demselben zu konferiren, das streitige Instrument mit den übrigen Handschriften genau und sorgfältig vergleichen; demnächst aber von dem Instruenten, in Gegenwart der Rechtsbeistände, doch ohne Beisein der Parteien, mit ihrer Aussage: ob sie das streitige Instrument für die Hand des angegebenen Ausstellers wirklich halten, zum Protokolle umständlich vernommen, und dabei die Gründe dieser Aussage deutlich und bestimmt von ihnen angegeben werden.

§. 154. Wenn die Sachverständigen in ihren Gutachten unter einander nicht einig sind; so steht dem Instruenten frei, falls ihm glaubwürdige Personen bekannt sind, welche mit dem Aussteller in genauer Verbindung oder Korrespondenz gestanden haben, diese mit ihrem Gutachten: ob sie das Produktum für die Hand des angegebenen Ausstellers halten oder nicht, und den Gründen desselben, eidlich zu vernehmen.

Kann auch auf diesem Wege zu mehrerer Gewissheit nicht gelangt werden; so muss der Richter einem dritten von Amts wegen zu ernennenden Sachverständigen ein Gutachten abfordern.

§. 155. Ob und in wie fern durch diese eidlichen Gutachten überhaupt die Richtigkeit der Handschrift ganz oder zum Theil ausgewiesen sei, muss, so wie in dem Falle des **§. 147.**, dem künftigen Erkenntnisse vorbehalten, übrigens aber mit der weitern Instruktion der Sache auf beide Fälle, wenn nämlich das Instrument für richtig und rekognoscirt angenommen, oder der Produkt zur Diffession desselben verstattet werden sollte, weiter verfahren werden.

§. 156. Die Instruktion solcher Incidentpunkte geschiehet, um Verwirrung bei den Akten zu vermeiden, in besondern Protokollen; auch müssen die dadurch verursachten Kosten besonders bemerkt werden, damit der Richter darüber in dem künftigen Haupturtel das Nöthige festsetzen könne.

§. 157. Nach erfolgter Rekognition oder Diffession müssen die Originale der Urkunden, wenn sie zuvor von dem Protokollführer mit den bei den Akten befindlichen Abschriften verglichen, und die Richtigkeit dieser letztern darunter attestirt worden ist, dem Producenten zurückgegeben werden; es wäre denn, dass der Instruent, aus einer oder der andern Ursache, selbige, bis nach erfolgter Entscheidung der Sache, bei den Akten zu behalten nöthig fände.

Ist aber eine Urkunde nicht rekognoscirt, und von dem Producenten auf deren Richtigkeit gleichwohl bestanden worden; so muss das angebliche Original derselben bis zum rechtskräftigen Endurtel bei den Akten bleiben.

Beweiskraft der Privaturkunden; a) überhaupt;

§. 158a. Eine Privaturkunde kann nur wider den, welcher sie ausgestellt hat, oder der in des Ausstellers Rechte getreten ist, oder den der Aussteller durch seine Handlungen hat verpflichten können, zum Beweise einer übernommenen Verbindlichkeit gebraucht werden. Steht der Aussteller gegen den Produkten in keinem solchen Verhältnisse; so gelten seine in der Urkunde enthaltenen Angaben nur so viel, als ein unbeeidetes Zeugniss. Ist jedoch der Aussteller als ein Mann von unbescholtenem Rufe gestorben; hat er von der bezeugten Thatsache hinlängliche Wissenschaft besitzen können; und ist seine Hand anerkannt oder sonst nachgewiesen; so kann dergleichen Urkunde eine Vermuthung wirken, und nach Beschaffenheit der Umstände den Richter zur Erkennung eines nothwendigen Eides veranlassen.

§. 158b. Soll durch dergleichen von einem Dritten ausgestellte Privaturkunde nicht eine übernommene Verbindlichkeit, sondern irgend eine andere erhebliche Thatsache dargethan werden; so findet eben das, was im vorigen Paragraphen verordnet, Anwendung. Besonders wird in diesem Falle die Vermuthung erhöht, wenn von einer eigenen Handlung des Ausstellers die Rede ist, und kein vernünftiger Grund sich angeben lässt, warum derselbe in der Urkunde eine Unwahrheit hätte niederschreiben sollen.

b) solcher, die aus Archiven etc. producirt werden.

§. 158 c. Wenn Privaturkunden in Archiven oder Registraturen der höheren oder niederen Landeskollegien, der Magisträte oder Aemter gefunden werden; so wirkt diese Art ihrer Aufbewahrung die rechtliche Vermuthung, dass sie wirklich von dem angegebenen Aussteller sind; und die Partei, welche das Gegentheil behaupten will, muss ihre Behauptung auf andere Art, als durch den blossen Diffessionseid, nachweisen. Auch unterstützt ein solcher Ort der Aufbewahrung die Glaubwürdigkeit der aus den Archiven producirten Privaturkunden dergestalt, dass daraus unter den §. 158 a. bemerkten Umständen, selbst ein voller Beweis der darin angegebenen Thatsachen entnommen werden kann.

c) der Urbarien, Zinsregister, Matrikeln u. s. w.

§. 159. Gleiche Bewandniss hat es mit den Urbarien, Zins- und Steuerregistern, Kirchenmatrikeln oder andern ähnlichen Verzeichnissen; in so fern dieselben nicht mit Zuziehung sämmtlicher Interessenten aufgenommen sind, und um deswillen einen vollen Beweis ausmachen.

d) der Quittungen und Belege;

§. 160. Sind bei einer Rechnung Quittungen und Belege producirt worden, gegen deren Richtigkeit keine besondere Ausstellung hat gemacht werden können; so sind selbige so lange für richtig und unverfälscht zu achten, bis das Gegentheil ausgemittelt wird.

§. 161. Für den Aussteller, oder diejenigen, welche mit ihm in der §. 158. bemerkten Verbindung stehen, können Privaturkunden nichts beweisen. Von dieser Regel finden jedoch in Ansehung der Handelsbücher der Kaufleute, Ausnahmen Statt.

e) der Hausbücher;

§. 162. Aus den Hausbüchern verstorbener Eltern kann, wenn auf andere Art die Wahrheit nicht auszumitteln ist, die Geburt, die Verheirathung, und das Absterben der Kinder bewiesen werden.

f) der Handelsbücher;

§. 163. Was wegen der Beweiskraft der Handlungsbücher, ingleichen der Journale der Mäkler, Rechtens sei, ist im A. L. R. bestimmt. (Th. II. Tit. VIII. §. 562. u. f. §. 1366. u. f.)

g) der Kerbstöcke;

§. 164. Gleiche Bewandniss, wie mit den daselbst §. 592. beschriebenen Lieferungsbüchern, hat es auch mit den auf dem Lande gewöhnlichen Kerbhölzern, wenn beide Stücke übereinstimmen. Kann eine Partei das ihrige nicht herbei schaffen; so muss der Gegner zur eidlichen Bestärkung des seinigen gelassen werden, in so fern er nicht überführt werden kann, dass das fehlende Kerbholz durch seine Schuld abhanden gekommen, oder vernichtet worden sei.

§. 165. Wenn eine Thatsache durch Produktion der Handlungsbücher nachgewiesen werden soll; so steht dem Produkten frei, einen Sachverständigen mit zur Stelle zu bringen, und durch diesen die auf einander sich beziehenden Bücher, ob sie in gehöriger Form und Ordnung, und mit den gesetzmässigen Eigenschaften versehen sind, prüfen zu lassen.

§. 166. Findet dieser dabei eine erhebliche, von ihm bestimmt anzugebende Ausstellung, und der Producent will die Richtigkeit derselben nicht einräumen; so muss der Instruent dem Gerichte davon Anzeige machen. Dieses muss alsdann den Aeltesten oder Gildemeistern der Kaufmannschaft die Bücher vorlegen lassen, und von denselben ein pflichtmässiges Gutachten über die gemachten Ausstellungen auf ihren Amtseid erfordern, welches bei dem künftigen Erkenntnisse über die Erheblichkeit dieser Ausstellungen zum Grunde zu legen ist.

§. 167. Findet sich gegen die Richtigkeit und Glaubwürdigkeit der Handlungsbücher bei der Instruktion kein Anstand; so kann die eidliche Bestärkung derselben, in Fällen, wo sie nach den Gesetzen erforderlich ist, von dem Producenten sofort abgenommen werden. Sind aber dagegen einige Bedenklichkeiten vorhanden, und giebt der Gegentheil Thatsachen an, wodurch der daraus geführte Beweis widerlegt werden soll; so müssen diese Thatsachen gehörig auseinander gesetzt, und die darüber vorhandenen Beweismittel aufgenommen; die eidliche Bestärkung aber muss ausgesetzt, und in wie fern der Producent dazu zu lassen sei oder nicht, auch was die Folge des Einen oder Andern sein würde, in dem Haupterkenntnisse zugleich festgesetzt werden.

§. 168. Wenn die Handlungsbücher überhaupt die erforderlichen Eigenschaften haben; so ist die eidliche Bestärkung nur auf diejenige Stelle der Bücher zu richten, aus welcher in dem vorliegenden Falle der Beweis geführt werden soll. Uebrigens versteht es sich von selbst, dass, wenn die Beweiskraft der Handlungsbücher gegen einen, der kein Kaufmann ist, durch die im Gesetze bestimmte Verjährung erloschen wäre, und also der Vermerk in den Büchern nur so viel wirkte, dass der Kaufmann, wegen Mangels eines förmlichen schriftlichen Kontrakts, nicht sogleich mit der angebrachten Klage durch ein blosses Dekret abgewiesen werden könnte, in einem solchen Falle der ganze Grund der Klage, und also auch, dass unter den Parteien ein Waarenkauf geschlossen worden, im Läugnungsfalle durch andere Beweismittel, ausser dem Handlungsbuche, dargethan werden müsse. (A. L. R. Thl. II. Tit. VIII. §. 572. 573. 597.)

Vierter Abschnitt.

Von Aufnehmung des Beweises durch Zeugen.

§. 169. Es ist bereits in den vorigen Titeln verordnet, dass die Parteien bei jeder Thatsache die davon Wissenschaft habenden Zeugen gleich bei der Instruktion der Klage, und bei deren Beantwortung, ihrem Namen, Stande und Aufenthalte nach, bestimmt anzeigen müssen.

Vorladung der Zeugen.

§. 170. Findet das Gericht, dass die Ausmittelung der Hauptsache lediglich, oder doch vorzüglich auf die Abhörung solcher Zeugen ankommen werde; so kann es dieselben sofort zum Instruktionstermine mit vorladen; in der Regel aber, und bei allen wichtigen Sachen, ist die Citation derselben alsdann erst zu verordnen, wenn durch den regulirten Status controversiae die Umstände, welche durch sie ins Licht zu setzen, näher bestimmt sind.

§. 171. In der Citation wird den Zeugen der Name der Parteien, und die Thatsache, worüber sie vernommen werden sollen, im Allgemeinen bekannt gemacht, und ihnen aufgegeben: dass sie alle ihre etwanige schriftliche Nachrichten und Anzeigen, welche auf diess Geschäft überhaupt Beziehung haben, mit zur Stelle bringen sollen. Nur in besonderen Fällen, vornehmlich wenn die Sache in entfernte Zeiten zurück geht, können den Zeugen auch die bestimmteren Umstände, worüber sie aussagen sollen, jedoch mit vorzüglicher Vorsicht und Behutsamkeit, eröffnet werden.

Wo die Abhörung erfolgen muss.

§. 172. In der Regel müssen die Zeugen zur Abhörung an ordentlicher Gerichtsstelle vorgeladen werden. Wie es zu halten sei, wenn sie durch einen auswärtigen Kommissarius, oder durch Requisition eines fremden Gerichts zu vernehmen sind? davon soll unten besonders gehandelt werden.

§. 173. Den Aufenthalt eines jeden Zeugen muss der, welcher ihn vorgeschlagen hat, anzeigen. Auf Zeugen, deren Aufenthalt unbekannt ist, kann nicht geachtet werden.

§. 174. Wenn eine Partei auswärtige, in entlegenen Orten befindliche Zeugen vorschlägt, und einiger Verdacht, dass dieses ohne Noth, zum Verschleif der Sache, geschehe, sich bevorthut; so kann derselben darüber zuvörderst das Juramentum calumniae abgefordert werden.

Wie die Vorladung geschiehet.

§. 175. Mehrere Zeugen werden durch eine Kurrende, diejenigen aber, welche unter einer andern Jurisdiktion stehen, durch Requisition ihrer Behörde vorgeladen.

1) conf. **Verordnung** vom 26. Dezember 1808, wegen verbesserter Einrichtung der Provinzialbehörden (§. 47., wonach, wenn ein Regierungsbedienter, als Zeuge, Sachverständiger, oder aus einem andern Grunde außerhalb seines Wohnorts vor Gericht erscheinen soll, die unmittelbar vorgesetzte Dienstbehörde desselben von der Vorladung benachrichtigt werden muß.) s. zur Einleitung §. 1.

2) **Rescript** vom 9. Mai 1821, betreffend das Verfahren, wenn Verwaltungsbeamte über Amtssachen ein Zeugniß ablegen sollen. s. zu §. 203. No. 2. h. t.

3) a. **Rescript** vom 21. August 1816, über das Lokal bei Vernehmungen von Staabsoffizieren.

Dem Königlichen Ober-Landesgerichte zu Stettin wird auf den Bericht vom 18. v. M., wegen der zwischen dem Obrist-Lieutenant N. zu N. und dem von ihm, wegen Vernehmung des Obrist-Lieutenants v. N. requirirten dasigen Stadtgerichte entstandenen Differenz, bei Zurücksendung der Anlagen, eröffnet, daß nach getroffener Uebereinkunft des Justiz-Ministers mit dem Königlichen Kriegs-Mini-

sterio, bei Requisitionen ähnlicher Art, wenn an dem Orte ein militairisches Verhörzimmer vorhanden ist, in diesem die Verhandlung aufgenommen werden muß, im entgegengesetzten Falle aber, wenn nämlich ein solches Zimmer nicht vorhanden ist, bei der Vernehmung eines Staabs-Offiziers, in der schriftlichen Requisition der Militair-Behörde an das Civilgericht, das Lokale, in welchem der gerichtliche Akt vorgenommen werden soll, zugleich mit angegeben werden kann.
(v. K. Jhrb. Bd. 8. S. 16.)

3) b. Wegen Vorladung der Militairpersonen s. zu I. 7. §. 19. Anh. §. 54. u. 55.

§. 176. Wenn ein solcher Zeuge an dem Orte, wo die Instruktion geführt wird, füglich und ohne sonderlich mehrere Kosten abgehört werden kann; so ist die Requisition an dessen vorgesetzten Richter dahin zu fassen: dass der Zeuge angewiesen werde, sich vor dem Deputirten des instruirenden Gerichts, es sei an ordentlicher Gerichtsstelle, oder, nach Bewandniss der Umstände, in seiner, des Zeugen, Behausung, zur Abhörung zu stellen.

§. 177. Sämmtliche Ober- und Untergerichte sind schuldig, auf dergleichen Requisitionen prompt und ohne Schwierigkeit zu willfahren; nöthigenfalls auch den Zeugen durch gesetzliche Zwangsmittel zur Gestellung vor dem instruirenden Richter anzuhalten.

§. 178. Sind die vorzuladenden Zeugen einfältige und gemeine Leute; so ist die Citation derselben der Obrigkeit des Orts, wo sie sich aufhalten, zuzuschicken; mit der Anweisung, oder dem Ersuchen: die Zeugen nach dem Inhalte derselben näher zu bedeuten, und ihnen die unfehlbare Gestellung in dem anberaumten Termine einzuschärfen.

Wer zum Zeugnisse schuldig ist.

§. 179. In der Regel ist ein jeder ohne Unterschied des Standes schuldig, in einer Sache, worin sein Zeugniss gefordert wird, selbiges nach seiner besten Wissenschaft abzugeben; und soll auch niemand unter dem Vorwande, dass ihm von der Sache nichts bekannt sei, oder dass die ihm vorgelegte Frage zur Entscheidung des Prozesses nichts beitrage, sich der eidlichen Abhörung oder Beantwortung solcher Fragen entziehen können.

§. 180. Nur in folgenden Fällen findet eine Ausnahme statt:

1) wenn ein Priester oder Prediger über Umstände, die ihm unter dem Siegel der Beichte, oder der geistlichen Amtsverschwiegenheit anvertraut worden sind, befragt wird, und keiner von den Fällen, wo er auch solche Thatsachen dem Richter anzeigen muss, vorhanden ist (A. L. R. Thl. II. Tit. 11. §. 80. 81. 82.);
2) wenn ein landesherrlicher Beamter abgehört wird, und die ihm vorgelegten Fragen solche Umstände betreffen, deren Bekanntwerdung dem Staate nachtheilig sein könnte;
3) wenn dem Zeugen angemuthet wird, seine eigene, oder seiner nahen Anverwandten oder seines Ehegatten Schande zu bekennen;
4) wenn wider Verhoffen, und der guten Ordnung entgegen, dem Zeugen eine solche Frage vorgelegt wird, deren Beantwortung, besonders bei Weibspersonen, die Ehrbarkeit beleidigen würde;

5) wenn die Entdeckung eines Geheimnisses gefordert wird, durch dessen Bekanntwerdung der Zeuge in seiner Kunst, oder in seinem Gewerbe, einen Schaden leiden dürfte;
6) wenn bei einer mit der streitigen Thatsache offenbar nicht in Verbindung stehenden Frage, der Zeuge nicht ohne scheinbaren Grund befürchtet, dass deren Beantwortung für seine Person nachtheilige Folgen haben möchte;
7) Ueberhaupt ist ein Zeuge nur Thatsachen, nicht aber seine eigene Meinungen, Gesinnungen, oder Muthmaassungen zu offenbaren verbunden.
8) Auch über die Meinungen, Gesinnungen, oder Urtheile einer Partei, oder eines Dritten, welche dem Zeugen nur durch eine solche Privatkorrespondenz, zu deren Edirung er nach §. 92 a. nicht verbunden sein würde, oder durch eine vertrauliche Privateröffnung bekannt worden sind, kann der Zeuge zur eidlichen Angabe wider seinen Willen nicht angehalten werden. Hiervon sind jedoch Kriminaluntersuchungen ausgenommen, bei welchen ein Zeuge verpflichtet ist, auch von solchen Privatäusserungen, oder Urtheilen, die entweder selbst ein Verbrechen sind, oder Vorbereitungen auf ein zu begehendes, oder Merkmale eines schon begangenen Verbrechens enthalten, seine Wissenschaft eidlich anzugeben.

In allen diesen Fällen muss der Zeuge den Grund seiner Weigerung geziemend anzeigen, und nöthigenfalls bescheinigen.

§. 181. Hält der Instruent dergleichen Weigerung für unerheblich; so muss er den Vorfall dem Kollegio anzeigen, welches sodann bestimmt: ob die Beantwortung der Frage dennoch erfolgen solle, und was etwa zur Abwendung des besorgten Nachtheils für Vorsicht zu gebrauchen sei. Schwebt aber der Prozess, bei welchem ein solcher Fall sich ereignet, vor einem Untergerichte; so ist der Zeuge mit der Beantwortung einer solchen Frage zu verschonen; ihm jedoch ausdrücklich anzudeuten, dass, wenn eine Appellation durch diese Weigerung veranlasst, und darin von dem Obergerichte die Beantwortung der Frage nöthig befunden werden sollte, ihm sodann der Ersatz aller durch diese seine Weigerung verursachten Kosten zur Last fallen werde. Gelangt hiernächst eine Sache von dieser Art zur Entscheidung des Obergerichts; so muss dieses, wenn es die Weigerung des Zeugen ungegründet, oder die Beantwortung der Frage nothwendig findet, die durch die Weigerung verursachten Kosten besonders festsetzen, und den Zeugen in deren Ersatz verurtheilen; sonst aber, wenn sich findet, dass der Unterrichter aus blosser Neugier, oder gar aus unerlaubten Absichten, in seinen Fragen zu weit gegangen sei, denselben darüber zur Verantwortung ziehen, und ihn nach Bewandniss der Umstände, mit einem ernstlichen Verweise, oder einer Geldstrafe von fünf bis zehn Thalern, belegen.

§. 182. Dem vernünftigen Ermessen der Gerichte wird es überlassen, in wie fern Personen, die zu Zeugen vorgeschlagen worden, wegen ihres hohen Ranges oder Alters, oder kränklicher Umstände, mit der Erscheinung an ordentlicher Gerichtsstelle zu verschonen, und durch den Instruenten in ihren Behausungen abzuhören sind.

§. 183. Wer ohne gesetzmässigen Grund zur Ablegung seines erforderten Zeugnisses vor Gericht zu erscheinen verweigert, soll, wenn er eine Person geringen Standes ist, durch den Exekutor abgeholt, sonst aber durch nachdrückliche Geldstrafen zum Gehorsam gegen die richterliche Befehle angehalten werden.

§. 184. Eben so ist ein Zeuge, welcher zwar erscheint, aber seine Wissenschaft anzuzeigen, und die ihm vorgelegten Fragen zu beantworten, aus blossem Eigensinn, oder sonst ohne gesetzmässigen Grund, beharrlich verweigert, nach Beschaffenheit der Personen und Umstände, durch Gefängniss- oder Geldstrafe zur Erfüllung dieser Bürgerpflicht anzuhalten.

§. 185. Ausserdem ist ein solcher widerspenstiger Zeuge den Parteien alle durch seine Renitenz verursachten Kosten, so wie den aus der Versäumniss entstehenden Nachtheil zu erstatten schuldig, und muss dazu durch Exekution angehalten werden.

§. 186. Sollte ein Zeuge Mittel finden, sich der Ablegung des Zeugnisses und den dahin abzielenden richterlichen Verfügungen gänzlich zu entziehen; so soll der dadurch in der Sache selbst Schaden leidenden Partei der Regress wider ihn und seine Erben verstattet, und es, zu dessen Begründung wider ihn und seine Erben, dafür angenommen werden: dass er dasjenige wirklich ausgesagt habe, worüber sein Zeugniss von der Partei verlangt worden ist.

§. 187. Damit auch die zu Zeugen vorgeschlagenen Personen desto weniger Ursache haben mögen, die Ablegung ihres Zeugnisses zu verweigern; so sollen ihnen die in der Sporteltaxe ausgemessenen Reise-, Zehrungs- und Versäumnisskosten von dem Producenten gleich nach erfolgter Abhörung bezahlt, allenfalls auch, wenn der Producent nicht gegenwärtig wäre, und seinen Bevollmächtigten mit keinem Vorschusse dazu versehen hätte, sothane Gebühren aus der Sportelkasse vorgeschossen werden.

Rescript vom 11. November 1831, betreffend die Zahlung der baaren Auslagen der Zeugen aus der Salarienkasse.

Dem Königlichen Ober-Appellations-Gericht wird auf den Bericht vom 3. September c., die Beschwerde des Bürgermeisters B. betreffend, Folgendes eröffnet.

Wenn die Ablegung eines Zeugnisses vor Gericht zu den allgemeinen Verpflichtungen gerechnet wird, deren sich Niemand entziehen kann, so kann doch diese Verpflichtung in Ermangelung gesetzlicher Bestimmungen nicht dahin ausgedehnt werden, daß die Zeugen in unvermögenden Sachen auch die dadurch aufgelaufenen baaren Ausgaben aus eigenen Mitteln tragen müssen. Der §. 36. No. 6. Tit. 23. Thl. I. der A. G. O. verstattet im Allgemeinen die Zahlung der unvermeidlichen baaren Auslagen aus den Salarienkassen und müssen zu diesen die baaren Verwendungen der Zeugen gerechnet werden. Wenn §. 187. Tit. 10. l. c. übrigens auch nicht eigentlich von dem Falle, wo die Parteien unvermögend sind, redet, so geht doch wenigstens daraus hervor, daß, wenn sich die Zahlungsunfähigkeit der Partei nachher ergiebt, die Verausgabung solcher Kosten aus den Salarienkassen nicht ausgeschlossen ist, und kann aus dem Gebrauch des Wortes „Allenfalls“ um so weniger geschlossen werden, daß dergleichen Vorschüsse nur von der Ueberzeugung des Gerichts, daß die Deckung erfolgen werde, abhängig gemacht sind, da auch Tit. 10 §. 36. No. 6 bei unvermeidlichen baaren Auslagen derselbe Ausdruck gebraucht ist.

Endlich stimmt das allegirte Rescript vom 1. Mai 1820 mit dieser Ansicht ganz überein, da es in fiskalischen Untersuchungen die subsidiarische Berichtigung der Zeugengebühren aus den Salarienkassen aus dem Grunde vorschreibt, weil es damit wie mit den Kosten im Civilprozesse gehalten werden muß, und in Ansehung dieser §. 36. No. 6. Tit. 23. eine solche Bestimmung enthält. Mithin erkennt dieses Rescript den aufgestellten Grundsatz an:

daß in Civil-Prozessen, wenn die betreffende Partei unvermögend ist, die Auslagen der Zeugen aus den Salarienkassen gezahlt werden müssen.

Dagegen kann die subsidiarische Verpflichtung der Salarienkassen nicht auf die Versäumnißkosten der Zeugen ausgedehnt werden, da diese nicht zu den baaren Auslagen derselben, sondern zu dem entgangenen Gewinn gehören und mithin bei der Zahlungsunfähigkeit des prinzipaliter Verpflichteten von den Zeugen als eine unvermeidliche Folge dieser allgemeinen Verpflichtung selbst übernommen werden müssen.

Das Königliche Ober-Appellations-Gericht hat daher auf die originaliter wieder beikommende Beschwerde des ꝛc. B. vom 6. Augst c. das Nöthige in Gemäßheit der Verfügung vom 16. ejd. zu veranlassen.

(Act. des Justizm. Gen. No. 15. Fol. 73.)

Wie bei Vernehmung der Zeugen zu verfahren.

§. 188. Wenn nun die Zeugen gehörig erschienen sind; so müssen sie vor allen Dingen ernstlich erinnert werden, auf Alles, worüber sie gefragt werden würden, die reine Wahrheit nach ihrer besten Wissenschaft anzugeben; mit dem Bedeuten: wie sie nach geschlossenem Verhöre die Richtigkeit ihrer Aussagen eidlich würden bestätigen müssen.

Anh. §. 81. ***Vor der Abhörung muss jedem Zeugen die am Ende des zehnten Titels angehängte „Vorhaltung bei Zeugeneiden" zum Durchlesen eingehändigt, oder, wenn derselbe nicht lesen kann, von einer Gerichtsperson vorgelesen, und nöthigenfalls, bei entstehendem Verdacht des Leichtsinns, der Zurückhaltung der Wahrheit oder der Parteilichkeit, deren Inhalt während der Vernehmung ernstlich in Erinnerung gebracht werden.***

1) **Verordnung** vom 26. Oktober 1799, wegen zweckmäßiger Einrichtung der Eidesleistungen nebst Vorhaltungen bei denselben (§. 14. aufgenommen in §. 81. des Anh.)

2) f zu §. 372. h. t. Anh. §. 92—96.

Anh. §. 82. ***Dem Richter bleibt jedoch vorbehalten, mit Rücksicht auf den Grad der Bildung des zu Vereidigenden, sein moralisches oder religiöses Gefühl, statt oder neben der gedruckten Vorhaltung, diejenigen Ermahnungen an den Zeugen zu richten, welche ihm zur Erreichung des Endzwecks, die Worttreue zu erhalten und zu befördern, geschickt zu sein scheinen.***

Rescript vom 2. Oktober 1810, betreffend das Verfahren bei Eidesabnahmen. f. zu §. 372, Anh. §. 92—96. h. t.

§. 189. Nach dieser Vermahnung wird mit Abhörung der Zeugen selbst, in Gegenwart der den Parteien zugeordneten, oder von ihnen gewählten Rechtsbeistände oder Bevollmächtigten verfahren.

§. 190. Diese Vernehmung wird zuvörderst auf die persönlichen Umstände der Zeugen gerichtet, in so fern dieselben auf die Beurtheilung der Glaubwürdigkeit ihres Zeugnisses Einfluss haben können. Nachdem sie also um ihren Vor- und Zunamen; ob sie das zur Ablegung eines vollgültigen Zeugnisses erforderliche Alter erreicht haben; ingleichen um ihren Stand, Amt oder Gewerbe, und um die Religionspartei, zu welcher sie sich bekennen, befragt worden; so werden sie alsdann weiter examinirt:

1) ob und wie nahe sie mit einem oder dem andern Theile verwandt oder verschwägert sind;
2) ob sie bei der im Prozess befangenen Sache einiges Interesse und Nutzen davon zu hoffen, oder Schaden zu befürchten haben;
3) ob sich jemand angemaasst habe, sie unterrichten zu wollen, was und wie sie aussagen sollen;
4) ob sie sich wegen des abzulegenden Zeugnisses mit ihren Nebenzeugen, (in so fern dergleichen vorhanden sind) besprochen haben;
5) ob sie dem einen oder dem andern Theile entweder in dem Geschäfte oder Handel, worüber jetzt ihr Zeugniss verlangt wird, oder auch in dem jetzt darüber schwebenden Prozesse selbst, Rath gegeben, auch
6) ob jemand durch Geschenke oder Versprechungen sie zu Ablegung eines günstigen Zeugnisses für einen oder den andern Theil habe vermögen wollen.

§. 191. Alsdann muss der Instruent dem Zeugen eine umständliche und zusammenhängende Erzählung der Thatsache, des Geschäfts oder Handels, worüber er aussagen soll, abfordern; die Speciem facti getreu und vollständig, auch so viel als möglich mit des Zeugen eigenen Worten in der ersten Person niederschreiben lassen; aus Gelegenheit derselben ihn über die Umstände, worauf es nach Maassgabe des feststehenden Status controversiae hauptsächlich ankommt, durch Vorlegung spezieller Fragen noch genauer examiniren; dabei, dass der Zeuge seine Wissenschaft so deutlich, bestimmt und ausführlich, als die Natur der Sache gestattet, angeben, und überall den Grund derselben beifügen müsse, sorgfältig Acht haben; und überhaupt dahin sehen, dass in den Aussagen der Zeugen nichts Dunkles, Unbestimmtes und Zweideutiges übrig bleibe, welches den Parteien zu Verdrehungen, dem Richter aber zu Zweifeln und zur Ungewissheit über den eigentlichen Sinn und Verstand der Bekundschaftung, Anlass geben könnte.

Es müssen also keinesweges, wie bisher von einigen Gerichten missbrauchweise geschehen ist, dem Zeugen sogleich nach seiner Vernehmung über die §. 190. bemerkten Umstände gewisse vorher entworfene Fragestücke zur Beantwortung vorgelegt, sondern es muss schlechterdings darauf gesehen werden, dass derselbe vor allen Dingen seine Wissenschaft von der Thatsache, worüber er zeugen soll, in einer so viel möglich ausführlichen und zusammenhängenden Geschichtserzählung angebe; da hieraus der Richter gleich wahrnehmen kann: ob dem Zeugen wirklich eine deutliche und richtige Kenntniss von dem Hergange der Sache beiwohne; auch bei Gelegenheit einer solchen Erzählung leicht Umstände zum Vorschein kommen können, welche näher zur Entwickelung der Wahrheit führen, deren in den bisherigen Verhandlungen nicht gedacht worden, und die auch der Zeuge jetzt anzugeben nicht Gelegenheit haben würde, wenn seine Aussagen bloss auf Beantwortung der ihm vorgelegten Fragen sich einschränken müssten. Die specielleren Fragestücke, welche der Instruent nach aufgenommener und niedergeschriebener Geschichtserzählung des Zeugen demselben ferner vorlegen muss, haben eigentlich nur zur Absicht, die in selbiger nicht deutlich, bestimmt und zusammenhängend genug vorgetragenen Umstände noch mehr zu entwickeln; denselben noch näher und genauer auf dasjenige zu führen, worauf es nach dem regulirten Statu controversiae hauptsächlich ankommt; und die in der Geschichtserzählung sich findenden unzusammenhängenden, unwahrscheinlichen, oder widersprechenden Angaben mit möglichster Zuverlässigkeit ins Licht zu setzen.

§. 192. Wenn daher die Antwort und Aussage eines Zeugen unverständlich, verworren und schwankend ausfällt, oder auf die Frage nicht passend ist; so muss der Instruent zuvörderst, und ehe er die Antwort niederschreiben lässt; den Zeugen näher bedeuten: worauf es bei der Sache eigentlich ankommt, und ihn anhalten, sich genauer und bestimmter darüber heraus zu lassen.

§. 193. Antwortet der Zeuge bei einem oder dem andern Umstande, worüber er befragt wird, dass er selbigen nicht wisse, oder ihn vergessen habe; so muss er, wenn nur irgend ein Verdacht, dass diese vorgeschützte Unwissenheit verstellt und affektirt sei, seines zu leistenden Eides alles Ernstes erinnert, ihm die etwa aus den Umständen sich ergebende Unwahrscheinlichkeit dieses Nichtwissens vorgehalten, und ihm zu Gemüthe geführt werden: dass er nicht bloss durch Verfälschung, sondern auch durch Verschweigung der Wahrheit sich des Meineides schuldig machen würde.

§. 194. Der Instruent muss auch besonders dahin sehen, dass der Zeuge nur über eigentliche Thatsachen, die er mit seinen Sinnen erkannt oder erfahren hat, aussage, und nicht etwa die daraus sich gebildeten Schlüsse und Folgerungen mit dem Fakto selbst verwechsele.

§. 195. Desgleichen muss der Instruent, wenn besonders die Zeugen ihrer persönlichen Qualität nach verdächtig sind, genau Acht geben, bei welchen Umständen oder Fragen der Zeuge stockt und anstösst, oder unbeständig, furchtsam und verwirrt antwortet, ihn darüber zur Rede stellen, und zum unverhohlenen Bekenntnisse der Wahrheit alles Ernstes anmahnen.

§. 196. Wenn sich in der Aussage des Zeugen über die ihm vorgelegten speciellen Fragen ein Widerspruch mit demjenigen, was er etwa schon zuvor in seiner summarischen Erzählung bekundschaftet hat, zu äussern scheint; so muss der Examinant ihm dieses vorhalten, und seine Erläuterung darüber in das Protokoll niederschreiben lassen.

§. 197. Der Instruent muss überhaupt dahin sehen, dass jede Thatsache, welche durch die Zeugenaussagen ermittelt werden soll, so deutlich, zuverlässig und umständlich auseinander gesetzt werde, als es nach Maassgabe der den Zeugen davon beiwohnenden Wissenschaft nur immer möglich ist.

Besonders ist, wenn Zeugen über die Verjährung abgehört werden, darauf zu sehen, dass sie den Zeitpunkt, von welchem ihre Wissenschaft anfängt, so bestimmt als möglich angeben. Beziehen sie sich dabei auf eine gewisse Begebenheit, z. B. auf den Anfang des siebenjährigen Krieges, auf eine vorgefallene Schlacht, Belagerung etc.; so muss der Instruent sogleich das Jahr berechnen, bis zu welchem hinauf, nach dieser Angabe, die Wissenschaft des Zeugen sich erstrecken würde; er muss dem Zeugen davon Eröffnung thun; und wenn dabei, z. B. in Vergleichung mit dem angegebenen Alter des Zeugen, oder anderen Geschichtsumständen, Bedenklichkeiten sich finden, ihm darüber die nöthigen Erläuterungen abfordern.

§. 198. Die Rechtsbeistände der Parteien müssen zwar, wie schon oben gedacht worden (§. 189.), dem Zeugenverhöre beiwohnen; die Vernehmung des Zeugen aber dem Instruenten allein überlassen; demselben nicht in die Rede fallen, noch den Zeugen durch verfängliche Fragen oder Suggestionen irre machen, oder zu unrichtigen Angaben verleiten; sondern nur auf das Verfahren des Instruenten, auf die Aussagen der Zeugen selbst, so wie auf die Richtigkeit und Vollständigkeit des Niederschreibens derselben, genau Acht geben. Wenn sie finden, dass der Instruent etwas dabei übersehen, oder auf irgend einen Umstand, durch dessen genauere Erforschung der Wahrheit näher zu kommen gewesen sein möchte, nicht Aufmerksamkeit genug gewendet; Fragen, welche auf diesen Endzweck führen können, unterlassen; oder die Aussagen undeutlich, unvollständig oder unrichtig niederschreiben lassen; so müssen sie ihm diese Bemerkung entweder nach dem Abtritte des Zeugen, oder zwar während der Abhörung selbst, jedoch den Zeugen unbemerklich, allemal aber noch vor der Vereidung des Zeugen, mit Bescheidenheit eröffnen, auf die nöthige Ergänzung oder Verbesserung dringen; wenn aber der Instruent auf dergleichen Erinnerungen nicht hinlänglich achtet, das Nöthige darüber, zur künftigen Information und Beurtheilung des Gerichts selbst, in das Protokoll einrücken lassen.

Auch steht den Assistenten oder Bevollmächtigten frei, dem Deputirten, noch vor der Abhörung, ein Promemoria zuzustellen, in welchem die Umstände bemerkt sind, auf welche bei der Vernehmung der Zeugen, ihrer Meinung nach, vorzüglich Acht zu geben, und die durch nähere schickliche Fragen besonders ins Licht zu setzen sein würden. Es müssen aber in dieses Promemoria keine Thatsachen, die im Statu controversiae nicht enthalten sind, eingemischt werden; und wenn es gleichwohl geschähe; so muss der Deputirte auf dergleichen Einmischungen durchaus keine Rücksicht nehmen.

§. 199. Sollte wider Verhoffen ein Instruent dergleichen Bemerkungen (§. 198.) in das Protokoll aufzunehmen sich weigern; so muss der Rechtsbeistand oder Bevollmächtigte der Partei dem Gerichte davon sofort schriftliche Anzeige machen; dieses aber muss darauf dem Instruenten die Akten abfordern, und die Sache durch den ordentlichen Decernenten umständlich zum Vortrage bringen lassen.

Vorlesung der Aussagen.

§. 200. Nach beendigtem Zeugenverhöre müssen dem Zeugen seine Aussagen langsam und deutlich wieder vorgelesen, und er muss bei jedem Punkte befragt werden, ob das, was niedergeschrieben ist, wirklich seine Aussage und Meinung sei; worauf die Rechtsbeistände besonders Acht geben, und mit dahin sehen müssen, dass der Inhalt des Protokolls mit den wirklichen Bekundschaftungen des Zeugen überall gleichstimmig sein möge.

§. 201. Sollte der Zeuge bei dem Vorlesen seine Aussage in einem oder dem andern Stücke ändern; so muss der Examinant dergleichen Abänderungen in dem Protokolle fleissig bemerken; auch dem Zeugen die Ursachen derselben, und warum er nicht gleich Anfangs die Sache solchergestalt angegeben habe, ernstlich abfragen. Es muss aber in keinem Falle in der einmal niedergeschriebenen Aussage des Zeugen etwas korrigirt, sondern dergleichen Widerruf, Ergänzung oder Berichtigung, durch eine besondere Registratur am Schlusse des Protokolls beigefügt werden. Ist das Zeugenverhör etwas weitläufig; so muss der Instruent durch eine kurze Bemerkung am Rande der Stelle, wo die in der Folge veränderte Aussage niedergeschrieben worden ist, auf die am Schlusse des Protokolls befindliche Abänderung aufmerksam machen.

§. 202. Nach erfolgter Vorlesung ist der Zeuge folgendermaassen zu vereiden:

> dass er von Allem, worüber er in dieser Sache befragt und vernommen worden ist, seine eigentliche Wissenschaft nach der reinen und unverfälschten Wahrheit gesagt, und dieselbe weder aus Freundschaft, Feindschaft, Furcht, Neid, Hass oder Gunst, oder um Geschenke oder Gabe willen, noch aus Hoffnung eines Gewinnes oder Vortheils, oder aus irgend einer andern Ursache verschwiegen, auch nichts dazu gesetzt, oder davon abgenommen habe.

In Fällen, da der Zeuge nur über einige Umstände sich herausgelassen hat, andere aber nach Maassgabe §. 180. zu verschweigen befugt gewesen ist, muss der Eid darnach eingerichtet, und nach den Worten, „nach der reinen und unverfälschten Wahrheit gesagt,“ so gefasst werden: „und dieselbe, ausser den im Protokoll bemerkten Umständen, zu deren Offenbarung er sich nach den Gesetzen nicht für schuldig halte, weder aus Freundschaft, Feindschaft u. s. w.

Sind es Künstler oder Handwerker, die von Sachen, welche zu ihrer Kunst oder ihrem Handwerke gehören, ihr Gutachten haben abgeben sollen; so müssen sie schwören:

> dass sie in der Sache die reine Wahrheit, nach der aus ihrer Kunst (Handwerk) erlangten Kenntniss und Erfahrung, treu, aufrichtig, nach ihrer besten Einsicht und Ueberzeugung, niemand zu Liebe oder zu Leide, ausgesagt, und dieses weder aus Feindschaft, Freundschaft, Furcht, Hass oder Neid, noch um Gunst, Geschenke, Lohn oder Gabe willen, noch aus Hoffnung irgend einigen Gewinnes oder Vortheils, oder aus irgend einer andern Ursache, unterlassen haben.

Oder, wenn es die Abschätzung einer Sache betrifft, dass sie von dem, was ihnen zu taxiren vorgelegt worden, den wahren eigentlichen Werth, so viel sie nach ihrem besten Wissen und Gewissen, auch reifer Ueberlegung, davon einsehen, verstehen, und glauben, angegeben, auch dieses weder aus Feindschaft u. s. w. unterlassen haben.

Welche Personen von der Ableistung des Zeugeneides frei sind.

§. 203. Die Ableistung dieses Zeugeneides muss von einem jeden Zeugen, und zwar mündlich, mit nachgesprochenen Worten, geschehen. Davon finden folgende Ausnahmen statt:

1) Wenn Personen fürstlichen Standes den Eid leisten sollen; so wird die im Vernehmungsprotokolle zu verzeichnende Eidesformel denenselben von dem Kommissarius vorgelesen, und zur eigenhändigen Unterschrift vorgelegt.

C. O. vom 15. September 1836, betreffend die Eidesleistung fürstlicher Personen in Prozessen.

Da das Staats-Ministerium nach dem Berichte vom 18. Juli d. J. kein Bedenken darüber hat, daß ein souverainer Bundesfürst vor den diesseitigen Gerichten einen Eid durch einen Bevollmächtigten ableisten lassen dürfe, ohne daß dazu die Einwilligung der Gegenpartei erforderlich ist, und Ich hiermit vollkommen einverstanden bin, so haben Sie, der Justiz-Minister Mühler, auf das wieder beigehende Gesuch des Fürsten Reuß-Ebersdorff die Ober-Landesgerichte zu Naumburg und Frankfurt, sowohl wegen des Fürsten selbst, als wegen seiner Schwestern, auf welche Ich jedenfalls die nachgesuchte Befugniß erstrecken will, mit der erforderlichen Anweisung zu versehen. (v. K. Jhrb. Bd. 48. S. 218.)

2) Wenn Personen, die in Eid und Pflicht stehen, in Sachen, welche ihr Amt unmittelbar betreffen, Zeugniss ablegen sollen; so ist die Verweisung auf ihren Amtseid hinreichend. Werden hingegen Personen dieser Art über Vorfälle abgehört, welche ihre Amtsgeschäfte nicht unmittelbar betreffen, wenn sie gleich bei Gelegenheit der Ausrichtung derselben Kenntniss davon erlangt haben; so findet diese Ausnahme nicht statt.

1) **Reseript** vom 9. Mai 1821, betreffend das Verfahren wenn Beamte über Amtssachen ein Zeugniß ablegen sollen.

Auf Veranlassung eines Antrages der Königlichen Regierung zu Aachen, auf Festsetzung der Entschädigung an Diäten und Reisekosten für Verwaltungsbeamte, welche gerichtlichen Vorladungen zu Aussagen über Dienst- oder Amts-Verhältnisse Folge leisten müssen,

sind die unterzeichneten Ministerien mit dem Herrn Justiz-Minister dahin überein gekommen, daß in der Regel kein Verwaltungsbeamter ohne Genehmigung seiner vorgesetzten Behörde zur Ablegung eines Zeugnisses über Gegenstände seines Amts, so wie über die dasselbe betreffende Verwaltung angehalten werden kann, und daß ein solcher, selbst in eintretenden speziellen Fällen, nur schuldig sein soll, eine schriftliche Aeußerung nach Pflicht und Gewissen, so wie unter Bezugnahme auf seinen geleisteten Diensteid, abzugeben.

Hiernach können also nur noch ausnahmsweise Fälle vorkommen, wo ein Beamter in dienstlicher Hinsicht vor einem auswärtigen (nicht in loco domicilii, oder außerhalb seines Wirkungskreises befindlichen) Gerichte persönlich zu erscheinen verpflichtet ist. Fälle dieser Art sind daher als eine kommissarische Diensthandlung, die derselbe, nach dem Vorstehenden, nur in Gefolge Auftrags seiner vorgesetzten Dienstbehörde verrichten darf, anzusehen; und es werden daher in diesem Falle auch diejenigen Diäten dem Beamten gewährt werden müssen, welche ihm die Gesetze für Dienstreisen und Handlungen solcher Art zubilligen.

Die vorgesetzten und resp. Auftrag ertheilenden Behörden sind aber dann auch eben so befugt als verpflichtet, nur diejenigen Kosten für die Staats-Kassen von jedem Dritten zu reklamiren, welche nach den bestehenden gesetzlichen Vorschriften zur Erstattung geeignet sind. Haben auf diese Weise die Staats-Kassen in einzelnen Fällen auch mehrere Ausgaben, so theilen sie hierin doch nur das Loos eines jeden andern Privati, der, Behufs des Erscheinens vor Gericht, einen größern Reiseaufwand macht, als er nach den bestehenden Vorschriften wieder zu fordern berechtigt ist.

Ganz nach diesen Grundsätzen muß auch jede in criminalibus vorkommende Amtsreise eines Beamten beurtheilt, und so der Uebelstand ausgeglichen werden, der in den dortigen Provinzen dadurch fühlbar geworden ist, daß mit den in gerichtlichen Angelegenheiten fest stehenden Diäten und resp. Vergütigungs-Sätzen nicht ausgereicht werden kann

Dabei kann zwischen den Justiz- und sonstigen Verwaltungs-Beamten nur in sofern ein Unterschied statt finden, als die schon bestehenden besondern Vorschriften einen solchen machen, und für gewisse Dienstgeschäfte besondere Vergütigungssätze fest gestellt haben.

Es bleibt in den speziellen Fällen, wo die Königliche Kasse derartige Kosten tragen muß, zu beurtheilen: ob die Bestimmung vom 28. Februar 1816? oder für Justiz-Beamte die Sportel-Taxe, oder eine sonstige Vorschrift über Dienstgeschäfte und Dienstreisen angewendet werden kann.

Nachdem von dem Herrn Justiz-Minister dem ersten General-Advokaten bei dem Rheinischen Appellations-Gerichtshofe aufgegeben ist, der vorstehenden Anordnung gemäß, die Staats-Prokuratoren zu instruiren, und in vorkommenden Fällen darnach zu verfahren, so wird auch die Königliche Regierung angewiesen, genau darauf zu halten, daß überall kein Verwaltungs-Beamter ohne Genehmigung seiner vorgesetzten Behörde über Gegenstände seines Amts, so wie über dessen Verwaltung, bei den Gerichten ein Zeugniß ablege, und daß, wenn dies nöthig, dasselbe nur schriftlich, und in Beziehung auf den geleisteten Diensteid abgegeben werde.

In den dann nur noch ausnahmsweise möglichen, mit Kosten verknüpften Reisen in gerichtlichen Angelegenheiten muß nach den obigen Bestimmungen verfahren werden, und bedarf es wohl der Bemerkung nicht noch: daß auf die Fälle, wo Beamte als Zeugen oder Sachverständige in Privat-Sachen vor Gericht aufzutreten verpflichtet, die für solche Fälle bestehenden besondern gesetzlichen Vorschriften zur Anwendung zu bringen sind, da diese Verrichtungen das amtliche Verhältniß nicht betreffen.

(v. K. Jhrb. Bd. 17. S. 302.)

2) **Rescript** vom 3. Januar 1825, betreffend die Glaubwürdigkeit der Aussagen der Gensd'armen.

In dem von dem Königlichen Ober-Landesgerichte abgefaßten, von dem Chef der Gensd'armerie dem Justiz-Minister mitgetheilten Erkenntnisse in der Untersuchungssache wider den Schlossermeister N. zu N. wird dem Denuncianten, Gensd'armen N., deshalb kein rechtlicher Glaube beigelegt, weil er nicht vereidiget ist. Dieser Entscheidungsgrund kann nicht für gültig angenommen werden. Der §. 14. des Edikts vom 30. Dezember 1820 bestimmt, daß die Gensd'armerie bei Ausübung ihres Dienstes überhaupt, und namentlich in Bezug auf den öffentlichen Glauben ihrer amtlichen Anzeigen und Berichte, die Rechte der übrigen öffentlichen Beamten haben solle. Eine besondere Vereidigung dieses militairisch organisirten Korps, deren einzelne Mitglieder bereits auf die Kriegsartikel verpflichtet sind, ist weder in dem gedachten Edikte, noch sonst irgendwo vorgeschrieben, und sie kann mithin nicht zur Bedingung der Glaubwürdigkeit der amtlichen Anzeigen und Berichte der Gensd'armerie gemacht werden.

(v. K. Jhrb. Bd. 25. S. 140.)

3) Wenn beide Theile einstimmig durch mündlich zum Protokoll abgegebene, oder eigenhändig unterzeichnete schriftliche Erklärungen, den Zeugen den Eid erlassen; so hat es dabei sein Bewenden.

Anh. §. 83. ***Ein zur Führung eines Prozesses bestellter Bevollmächtigter kann den in diesem Prozesse abgehörten Zeugen die Leistung des Zeugeneides nur alsdann erlassen, wenn er dazu mit einer Specialvollmacht versehen ist.***

Rescript vom 3. November 1800, betreffend die Nothwendigkeit einer Spezialvollmacht zur Erlassung eines Zeugeneides. Neues Archiv Bd. I. S. 415. v. R. VI. S. 341; aufgenommen in §. 83. des Anhangs.

4) Wenn Künstler, Handwerker, oder andere Sachverständige, zur Aufnahme von Taxen, oder zur Abgebung von Gutachten, in Sachen, welche ihre Kunst und Profession betreffen, bei dem Gerichte, vor welchem sie ihr Zeugniss ablegen sollen, ein- für allemal vereidet sind; so ist die Wiederholung des Eides in einzelnen Fällen dieser Art nicht nothwendig. Es muss aber alsdann die ein- für allemal erfolgte Vereidung von dem Instruenten im Protokolle ausdrücklich attestirt werden.

Anh. §. 84. ***Auch öffentliche Beamten, welche in Prozessen als Sachverständige vernommen werden, müssen, wenn sie nicht ein- für allemal als Sachverständige vereidet sind, die von ihnen abgegebenen Gutachten beschwören.***

1) **Rescript** vom 12. Juli 1806, betreffend die Vorladung und Vereidigung der Sach- und Kunstverständigen (ad 4.); aufgenommen in §. 84 des Anh.

2) **Rescript** vom 5. September 1823 nebst Bericht, betreffend die Vereidigung der Oekonomiekommissarien bei Abgabe sachverständiger Gutachten.

A.

Marienwerder, den 10. August 1823.

Die General-Kommission für Westpreußen berichtet ganz gehorsamst über besondere Vereidigung der Oekonomie-Kommissarien bei der Abgabe sachverständiger Gutachten

Es kommen Fälle vor, daß die geprüften und von uns beschäftigten Oekonomie-Kommissarien, da, wo es auf ein sachverständiges Gutachten ankommt, in Gemäßheit des §. 84. des Anhanges zur A. G. O. auf jeden besonderen Fall, nach Verfügung des Königlichen Revisions-Kollegii hier besonders beeidigt werden müssen.

Zwar werden wir hierunter dadurch eine Vorkehrung zu treffen suchen, daß wir die von uns künftig bestellten Oekonomie Kommissarien zugleich als Sachverständige vereidigen; wir halten aber dafür, daß das Königliche Revisions-Kollegium hier nicht ermächtigt ist, in Sachen unseres Ressorts von den von uns beschäftigten Oekonomie-Kommissarien die Beeidigung der von uns geforderten und abgegebenen Gutachten zu verlangen; am allerwenigsten, wenn solche auf allgemeine landwirthschaftliche Prinzipien gebaut, und den Parteien zu ihrer Erklärung darüber vorgelegt worden sind

Letzteres ist aber doch in einem Falle wirklich geschehen, wo uns der Oekonomie-Kommissarius N auf unsere Verfügung, darüber:

ob zur Bewirthschaftung gegebener ländlicher Besitzungen, Zugvieh gehalten werden muß, oder nicht?

und zwar auf den Grund vorhergegangener Vermessung und Bonitirung ein Gutachten abgegeben, und dies soll derselbe jetzt beeidigen.

Hierdurch werden wir zu der submissen Anfrage veranlaßt:

ob die in Eid und Pflicht stehenden geprüften Oekonomie-Kommissarien, wenn sie als Sachverständige nicht besonders vereidigt sind ihre in Sachen unseres Ressorts abgegebenen Erklärungen beschwören müssen?

wiewohl wir nicht einsehen können, warum Gerichts- und Medizinal-Personen hierüber etwas voraus haben sollen, von welchen die Beeidigung ihrer rechtlichen und ärztlichen Gutachten Niemand fordert.

Den Diensteid des Oekonomie-Kommissarius N. erlauben wir uns in beglaubter Abschrift mit der ganz gehorsamsten Bitte um Rückgabe, anliegend beizufügen.
Die General Kommission für Westpreußen.

B.

Ew. Excellenz remittire ich den, mit dem verehrlichen Voto vom 28. v. M. mir zur Aeußerung vorgelegten Bericht der General-Kommission zu Marienwerder vom 10. ejd.

wegen besonderer Vereidigung der Oekonomie-Kommissarien bei Abgabe sachverständiger Gutachten,

nebst Anlage, mit dem ganz gehorsamsten Bemerken: daß mir die Beschwerde der General-Kommission nicht begründet erscheint, da die Abstattung eines Gutachtens der in Rede stehenden Art, nicht die eigentliche Amtsbestimmung der Oekonomie-Kommissarien ausmacht, der von dem Oekonomie-Kommissarius N. geleistete Amtseid aber die Requisite des Sachverständigen-Eides, gemäß der §§. 202. und 288. der A. G. O. Thl. I. Tit. 10. nicht enthält, und nach §. 84. des Anhanges zur A. G. O., öffentliche Beamte von der Leistung des Eides der Sachverständigen in den einzelnen Fällen nur dann frei sind, wenn sie den Eid generaliter geleistet haben.
(v. K. Jhrb. Bd. 22. S. 80.)

5) Wenn Mennoniten, oder andere, nach deren Religionsgrundsätzen Eidesleistungen unzulässig sind, als Zeugen abgehört werden sollen; so müssen dieselben, wenn es nicht bei Gerichten schon notorisch ist, nachweisen, dass ihre Religionspartei, oder sie für ihre Personen, unter der ausdrücklichen Landesherrlichen Vergünstigung, keinen Eid ableisten zu dürfen, im Lande aufgenommen worden sind. Gründen sie sich in einem solchen ihrer Religionspartei bewilligten Vorrechte; so müssen sie durch beizubringende Zeugnisse der Aeltesten, Lehrer, oder Vorsteher ihrer Sekte bescheinigen, dass sie in derselben geboren worden sind, oder sich doch schon wenigstens seit einem Jahre vor dem Anfange des Prozesses zu derselben bekannt, und bisher einen untadelhaften Wandel geführt haben. In diesem Atteste muss zugleich die bei einer solchen Sekte eingeführte, mit dem Eide gleiche Kraft habende Formel bemerkt sein, damit dieselbe bei der Abhörung statt der gewöhnlichen Eidesformel gebraucht werden könne.

Wer nur unter Vorschützung seiner Gewissenszweifel die Ableistung des Zeugeneides beharrlich verweigert, ohne seine gesetzmässige Dispensation von Eidesleistungen auf vorstehende Art nachweisen zu können, der kann zwar zum Eide selbst nicht gezwungen werden, es findet aber die Vorschrift des §. 185. 186. wider ihn Anwendung. (A. L. R. Thl. II. Tit. XI. §. 30. 31.)

Wie bei Ableistung der Zeugeneide von Juden und andern der christlichen Religion nicht zugethanen Personen zu verfahren, wird im folgenden Abschnitte bestimmt.

Verordnung vom 11. März 1827, betreffend die von den Mennoniten statt des Eides abzugebenden Versicherungen.

Um sämmtliche, in Unsern Staaten wohnende, Mennoniten von der ihren Religionsgrundsätzen zuwiderlaufenden, förmlichen Eidesleistung zu entbinden und in dieser Beziehung überall dasjenige Verfahren statt finden zu lassen, welches in einem Theile Unserer Monarchie gesetzlich beobachtet wird; verordnen Wir, auf den Antrag Unsers Staats-Ministeriums hierdurch Folgendes:

§. 1. Wenn ein Mennonit als Partei einen Eid schwören, oder als Zeuge abgehört werden soll, oder zu einem Amte berufen wird, zu dessen Uebernahme die Eidesleistung erforderlich ist: so muß er durch ein Zeugniß der Aeltesten, Lehrer oder Vorsteher seiner Gemeine nachweisen, daß er in der mennonitischen Sekte geboren worden, oder sich doch schon wenigstens seit einem Jahre vor dem Anfange des Prozesses oder vor der Berufung zum Amte zu dieser Religionsgesellschaft bekannt und bisher einen untadelhaften Wandel geführt habe.

§. 2. In diesem Atteste muß zugleich die bei den Mennoniten übliche Bekräftigungsformel bemerkt sein.

§. 3. Die nach dieser Bekräftigungs-Formel, mittelst Handschlages, abzugebende Versicherung hat mit der wirklichen Eidesleistung gleiche Kraft.

§. 4. Wer solche zur Bestätigung einer Unwahrheit mißbraucht, den trifft die Strafe des falschen Eides.

(G. S. S. 28.)

6) Stumme, in so fern sie überhaupt als Zeugen abgehört werden können, müssen die ihnen vorzulegende Eidesformel in Gegenwart der instruirenden Gerichtsperson abschreiben und unterzeichnen.

Gegen diejenigen, welche in den nicht ausgenommenen Fällen die körperliche Leistung des Zeugeneides beharrlich verweigern, muss (ausser den vorstehend Nr. 5. benannten Personen) eben so verfahren werden, wie gegen diejenigen, welche sich der Ablegung des Zeugnisses gänzlich entziehen wollen. (§. 183—186.)

§. 204. Vor der Abnahme des Eides müssen die Zeugen an die Pflicht, ihr Gewissen zu bewahren, nochmals erinnert; auch ihnen, wenn es besonders einfältige und gemeine Leute sind, die Natur und Absicht eines Eidschwurs, die Verpflichtungen, welche der Schwörende dadurch über sich nimmt, und die Strafen des Meineides erklärt und ernstlich zu Gemüthe geführt werden.

f. zu §. 188. Anh. §. 81. und 82.

Anh. **§. 85.** ***Wohnen die Parteien der Ableistung des Zeugeneides nicht persönlich oder durch Bevollmächtigte bei; so muss ihnen von Amts wegen ein Bevollmächtigter bestellt werden. Jedoch zieht die Unterlassung dieser Vorschrift die Nichtigkeit des Zeugenverhörs nicht nach sich.***

Rescript vom 26. October 1813, betreffend die Bestellung eines Mandatarius ad jurare videndum.

Nach dem Berichte des Königlichen Kammergerichts vom 3. d. M., sind darüber Zweifel entstanden, ob den Parteien, welche bei der Vereidigung der, in ihren Civil-Prozessen vorgeschlagenen Zeugen, weder persönlich noch durch Bevollmächtigte erscheinen, dergleichen Bevollmächtigte von Amts wegen zu bestellen seien. Da aber die Bestellung solcher Bevollmächtigten nicht nur bei auswärtigen Zeugenverhören in der A. G. O. Thl. I. Tit. 10. §§. 219. 223. erfordert, sondern auch in den §§. 189. 198. 205. am angeführten Orte, ganz allgemein verordnet ist, daß die Abhörung der Zeugen in Gegenwart der den Parteien zugeordneten, oder von ihnen gewählten Rechtsbeistände oder Bevollmächtigten geschehen soll, eine gleichmäßige Vorschrift auch in dem §. 22. Thl. I. Tit. 33 in Absicht des Beweises zum ewigen Gedächtnisse, sich findet; so ist es dem Sinne der Gesetze allerdings ganz angemessen, daß der abhörende Richter denjenigen Parteien, welche der Vereidung der Zeugen in Civil-Prozessen nicht beiwohnen, von Amts wegen Bevollmächtigte bestelle, wenn gleich die unterlassene Beobachtung dieser Form an und für sich die Gültigkeit des Zeugenverhörs nicht zu entkräften vermag.

Dem Kollegio wird dies zur Nachachtung hiermit bekannt gemacht.

(v. K. Jhrb. Bd. 2. S. 45)

Einrichtung und Abschliessung des Vernehmungsprotokolls.

§. 205. Nach geschehener Ableistung des Eides muss das Protokoll, in welchem die Aussagen des Zeugen enthalten sind, sowohl von dem Instruenten und den Rechtsbeiständen, als von dem Zeugen selbst, wenn er des Schreibens kundig ist, eigenhändig unterschrieben, allenfalls von Letzterm, wenn er nicht schreiben kann, mit drei Kreuzen unterzeichnet, und dass der Zeuge diese Zeichen statt seiner Unterschrift selbst beigesetzt habe, von dem Protokollführer attestirt; demnächst aber, wenn sämmtliche Zeugen abgehört sind, die diessfälligen Protokolle den Parteien vorgelegt, oder ihnen Abschriften davon mitgetheilt werden.

Anh. §. 86. ***Die Attestirung der von dem Zeugen geschehenen Unterzeichnung mittelst dreier Kreuze kann in den Fällen, wo es keiner besondern Zuziehung eines Protokollführers bedarf, durch einen vom Instruenten auszuwählenden glaubhaften Mann für sämmtliche schreibensunerfahrne Zeugen geschehen.***

Rescript vom 27. Mai 1799. s. zu §. 98. Anh. §. 72. h. t.

§. 206. Wenn mehrere Zeugen über verschiedene Thatsachen, die mit einander in keiner Verbindung stehen, abzuhören sind; so müssen die Aussagen derselben in besondere, einem jeden dieser verschiedenen Gegenstände gewidmete Protokolle niedergeschrieben werden.

Konfrontirung der Zeugen unter sich, und

§. 207. Wenn mehrere über eine und eben dieselbe Thatsache abgehörte Zeugen einander, besonders in wesentlichen Umständen, widersprechen; so müssen sie zum Behufe einer nähern und bestimmten Erörterung gegen einander gestellt werden, um durch diese Mittel auf den wahren und eigentlichen Grund der Sache, wo möglich, zu gelangen. Diese Konfrontation erfolgt, wenn die Zeugen noch gegenwärtig sind, sogleich als der Widerspruch sich äussert, wenn auch der später abgehörte noch nicht vereidet wäre. Hat aber der eine Zeuge schon entlassen werden müssen; so muss auch der spätere vereidet, und zu ihrer Gegeneinanderstellung ein besonderer Termin anberaumt werden. Der Instruent muss daher die Zeugen, vornehmlich auswärtige, in der Regel nicht eher entlassen, als bis das ganze Zeugenverhör beendigt ist.

mit den Parteien.

§. 208. In besondern Fällen, da die Ausmittelung der Wahrheit es nothwendig erfordert, ist der Richter befugt, dergleichen Zeugen mit der Partei selbst gegen einander zu stellen, um wo möglich auf diese Art den wahren Zusammenhang der Sache ins Licht zu setzen.

§. 209. Wenn die Abhörung eines Zeugen mehrere Tage hindurch dauert; so muss derselbe zwar erst nach gänzlich beendigtem Zeugenverhöre mit dem Eide belegt, dennoch aber in jedem Termine, wenn das darin aufgenommene Protokoll geschlossen werden soll, ihm dasselbe nach §. 200. vorgelesen, nach §. 205. zur Unterzeichnung vorgelegt, und die §. 188. verordnete Erinnerung an den abzuleistenden Eid vor der Unterschrift wiederholt werden. Ist dieses geschehen, und der Zeuge stirbt vor der Beendigung des ganzen Verhörs, folglich auch vor geschehener Ableistung des Eides; so verlieren seine Aussagen dadurch nichts von ihrer Beweiskraft.

Wiederholung des Zeugenverhörs.

§. 210. Die Wiederholung des Zeugenverhörs kann gewöhnlicher Weise nicht statt finden; es wäre denn, dass nach geschlossener Instruktion der Decernent oder Referent bei dem Vortrage der Sache wider Verhoffen wahrnehme, dass die Zeugenaussage über einen oder den andern erheblichen Umstand so dunkel und zweifelhaft ausgefallen wären, dass ihr eigentlicher Sinn und Meinung daraus nicht mit Zuverläsigkeit zu entnehmen stünde. Alsdann sind die Zeugen über dergleichen Umstand nochmals, jedoch nur mit Verweisung auf den bereits geleisteten Eid, durch eine andere Gerichtsperson, auf Kosten des vorigen Instruenten, zu vernehmen.

§. 211. Ein Gleiches muss, wenn durch jemandes Unfleiss oder Unachtsamkeit das aufgenommene Protokoll verloren gegangen, oder sonst weggekommen wäre, auf Kosten desjenigen, welcher daran Schuld ist, geschehen.

§. 212. Wenn ein schon abgehörter und vereideter Zeuge unter der Anzeige, dass er seinen Aussagen noch etwas beizufügen, oder darin zu berichtigen habe, zur nochmaligen Abhörung aus eigener Bewegung sich meldet; so muss zwar damit unverzüglich verfahren werden; es ist aber nicht nur bei einer solchen nochmaligen Abhörung ganz vorzügliche Genauigkeit und Aufmerksamkeit anzuwenden, und der wahre Grund, warum dieser Zeuge bei seiner ersten Vernehmung seine Wissenschaft anders, als dermalen, angegeben habe, durch zweckmässige Fragen und Vorhaltungen so zuverlässig als möglich zu erforschen; sondern es muss auch ein solcher Zeuge, wenn er seine vorigen Aussagen ändert, oder mit erheblichen Thatsachen ergänzt, nicht sogleich wieder mit dem Zeugeneide belegt, vielmehr es dem künftigen Haupterkenntnisse vorbehalten werden, zu bestimmen: in wie fern es einer nochmaligen Vereidigung dieses Zeugen bedürfe, oder dieselbe zulässig sei.

Uebrigens muss der Instruent auf die §. 201. verordnete Art, an deren Stelle, wo die in der Folge zurück genommene oder berichtigte Zeugenaussage verzeichnet ist, durch eine Bemerkung am Rande auf die demnächst eingetretene Abänderung verweisen.

Wie bei Abhörung solcher Zeugen, welche der deutschen Sprache nicht mächtig sind, zu verfahren.

213. Wenn ein Zeuge, welcher der deutschen oder einer andern bei dem Gerichte bekannten Sprache nicht mächtig ist, ab-

gehört werden soll; so müssen durch einen, entweder zu dergleichen Amte überhaupt schon verpflichteten, oder auch zu der gegenwärtigen Handlung mit einem besondern Eide zu belegenden Dollmetscher, ihm sowohl der Zeugeneid vorgelesen, als auch die Fragen an ihn in seiner Muttersprache erlassen, und die Antwort solchergestalt von ihm eingezogen werden.

§. 214. Der Dollmetscher muss sowohl die summarische Erzählung des Zeugen, als die an ihn erlassenen Fragen und darauf ertheilten Antworten, in ein Nebenprotokoll in der Ursprache des Zeugen niederschreiben, und dieses als eine Beilage des deutsch abgefassten Hauptprotokolls zu den Akten geben.

Anh. **§.** 87. ***Es bedarf der Haltung des Nebenprotokolls überhaupt nicht, wenn die Gerichtsperson, welche das Zeugenverhör aufnimmt, oder der etwa zugezogene Protokollführer, oder beide bei dem Zeugenverhöre gegenwärtige Justizkommissarien die Sprache des Zeugen verstehen, sollten sie solche auch nicht so fertig sprechen, dass dadurch die Zuziehung eines Dollmetschers ganz entbehrlich würde. Ausser diesen Fällen bleibt es zwar bei der Vorschrift des*** **§. 213.** ***und*** **214.*****; jedoch können die Parteien und deren zum Prozess gehörig legitimirte Bevollmächtigte dem zu führenden Nebenprotokolle entsagen.***

Rescript vom 13. Januar 1800. s. zu § 69. Anh. §. 75. h. t.

§. 215. Der Eid eines Dollmetschers ist dahin zu fassen: dass er die an den Zeugen zu richtenden Fragen demselben in seiner Sprache genau so, wie sie von dem Richter in der deutschen Sprache abgefasst worden sind, vorlegen; die Antworten desselben genau und richtig in die deutsche Sprache übersetzen; sie wörtlich so, wie sie von dem Zeugen ertheilt worden, in dessen Sprache zum Nebenprotokolle niederschreiben; überall nichts davon oder dazu thun; und bei diesem ganzen Geschäfte treu und rechtschaffen, der Wahrheit gemäss verfahren, auch sich davon weder durch Geschenke, noch andere Vortheile, noch durch Feindschaft, Freundschaft, oder irgend einige andere Nebenrücksichten abhalten lassen wolle.

Von Abhörung auswärtiger Zeugen durch Kommissarien oder fremde Gerichte.

§. 216. So viel als möglich müssen die Gerichte nach Vorschrift **§. 175. 176. 177.** darauf halten, dass die in einer Sache vorgeschlagenen Zeugen sich vor dem Deputirten welcher die ganze Instruktion besorgt, persönlich stellen: weil von diesem, nach der über den ganzen Zusammenhang der Sache sich erworbenen Kenntniss, die vollständigste Ausmittelung des durch die Aussagen eines solchen Zeugen ins Licht zu setzenden Fakti am zuverlässigsten erwartet werden kann.

§. 217. Wenn jedoch ein auswärtiger Zeuge, wegen allzu weiter Entfernung oder persönlicher Ehehaften, sich vor dem instruirenden Gerichte zu stellen verhindert wäre; so muss die Abhörung desselben, auf vorgängige von dem Instruenten zu machende

Anzeige, durch eine andere in der Nähe befindliche Gerichtsperson, mit Zuziehung eines Aktuarii oder andern vereideten Protokollführers, mittelst Auftrags oder Requisitionsschreibens verfügt werden.

Rescript vom 11. September 1820, betreffend die Verpflichtung der Gerichte auf Requisitionen der Oekonomie-Kommissarien Zeugen zu vernehmen.

Die General-Kommission zur Regulirung der gutsherrlichen und bäuerlichen Verhältnisse in Ostpreußen und Litthauen hat sich über die Weigerung des Königl. Ober-Landesgerichts in der Regulirungssache von N. einen in N. befindlichen Zeugen durch das Erbhauptamt daselbst vernehmen zu lassen, bei dem Herrn Minister des Innern beschwert, von welchem die Beschwerde hierher gelangt ist. Der Justiz-Minister kann dem in dieser Angelegenheit gegen die General-Kommission geäußerten Sentiment des Königlichen Ober-Landesgerichts nicht beitreten. Denn die hier zur Entscheidung kommende Frage, ob den auf Regulirung antragenden Bauern ein Eigenthumsrecht an dem Hofe zustehet, gehört unstreitig zum Ressort der General-Kommission. Solche Prozesse zu instruiren, ist das Geschäft der Oekonomie-Kommissarien (§. 106. der Verordnung vom 20. Juni 1817), und sie sind zu dem Behufe zu Allem berechtigt, was den ordentlichen Gerichten zur Leitung der Instruktion eingeräumt ist. (§. 54.) Ihren Verhandlungen ist auch die Kraft gerichtlicher Protokolle beigelegt. (§. 55. ibid.) Unbedenklich können sie daher auch Requisitionen wegen Zeugenvernehmungen erlassen, und es dürfen solche nicht gerade von den Kreis-Justiz-Kommissarien ergehen, da es nach §. 61. Nr. 2. von den Oekonomie-Kommissarien abhängt, ob sie selbige deshalb requiriren wollen oder nicht.

Das Königliche Ober-Landesgericht hat daher für die Genügung der Requisition in diesem Falle, so wie auch in ähnlichen Fällen zu sorgen.

(v. K. Jhrb. Bd. 17. S. 260.)

§. 218. Der Deputirte, welcher bisher die Instruktion besorgt hat, muss mit Zuziehung der Rechtsbeistände über diejenige Thatsache, wovon der Zeuge bekundschaften soll, einen zusammenhängen Status causae aus den Akten entwerfen, und darin besonders diejenigen Umstände, welche durch die Zeugenaussagen ins Licht gesetzt werden sollen, deutlich, genau und bestimmt auseinander setzen. Auch sind, wenn besonders die Thatsachen etwas verwickelt wären, und es dabei auf Nebenumstände der Zeit, des Orts, der gebrauchten Ausdrücke u. s. w. ankäme, hinter dem Status causae noch einige Fragestücke, welche den auswärtigen Kommissarius auf die Punkte, welche besonders aufzuklären sind, noch bestimmter führen können, beizufügen. Der Kommissarius oder requirirte fremde Richter, muss aber jedesmal gewarnt werden, sich nicht etwa bloss an diese Fragestücke zu binden, sondern nach den Datis, welche die Erzählung des Zeugen auf den ihm zuerst vorzulegenden Status causae etwa an die Hand geben möchte, fernere Veranlassungen zur möglichst vollständigen Aufklärung des wahren Zusammenhangs der Sache zu entnehmen.

§. 219. Den Parteien, welchen von den wegen der auswärtigen Zeugenabhörung getroffenen Verfügungen Nachricht gegeben werden muss, steht frei, bei dem auswärtigen Kommissarius entweder persönlich, oder durch Bevollmächtigte zu erscheinen, und der Vereidung der Zeugen beizuwohnen. Melden sie sich aber daselbst nicht; so müssen ihnen von dem abhörenden Richter dergleichen Bevollmächtigte von Amts wegen bestellt werden.

Rescript vom 26. Oktober 1813. s. zu §. 204. Anh. §. 85. h. t.

§. 220. In Sachen von Wichtigkeit muss das Kollegium die Verfügung treffen, dass statt der Rechtsbeistände, welche dem Zeugenverhöre, wenn es an ordentlicher Gerichtsstelle vor sich geht, beiwohnen, der dazu bestellten auswärtigen Gerichtsperson ein zweiter Kommissarius, oder ein Notarius beigegeben werde.

Haben die Parteien an dem Orte, wo das Zeugenverhör erfolgen soll, besondere Rechtsbeistände, die an sich zu Prozessverhandlungen gesetzmässig qualificirt sind, bestellt; so muss der Kommissarius dieselben, wenn sie sich melden, bei dem Zeugenverhöre mit zulassen.

§. 221. Auch wird es richterlichem Ermessen anheim gestellt, in Fällen von besonderer Erheblichkeit, wo es auf verwickelte und zusammengesetzte Fakta ankommt, und die Entscheidung der Hauptsache von den Aussagen solcher auswärtigen Zeugen abhängt, den Instruenten mit den Rechtsbeiständen der Parteien an den Ort, wo das Zeugenverhör erfolgen soll zu schicken, und die Vernehmung des Zeugen durch ihn selbst besorgen zu lassen.

§. 222. Der auswärtige Kommissarius, dem ein Zeugenverhör aufgetragen wird, muss sich dabei nach eben den Vorschriften achten, welche in obstehenden Paragraphen dem Deputirten des Kollegii zur Richtschnur angewiesen sind.

Besonders ausländische Gerichte.

§. 223. Wenn Zeugen bei einem fremden und ausländischen Gerichte, dem die hiesigen Verfassungen nicht bekannt sind, abgehört werden sollen; so muss diesem Gericht ausser dem Status causae zugleich ein Extrakt aus dem gegenwärtigen Abschnitte ad **§§. 171. 174. 190. 197. 200. 201. 202. 204. 205. 207. 213 — 215.** und **219.** mit kommunicirt, und dasselbe ersucht werden, bei der Abhörung der Zeugen nach dieser Vorschrift zu verfahren. Doch verliert ein dergleichen auswärtiges Zeugenverhör bloss um desswillen, weil bei selbigem nicht nach diesen Vorschriften, sondern nur nach dem Gebrauche des abhörenden fremden Gerichts verfahren worden ist, nichts von seiner Gültigkeit.

§. 224a. Die Protokolle über die auswärtigen Zeugenverhöre müssen, wenn sie einkommen, zuerst dem ordentlichen Decernenten zum Vortrage in der nächsten Session zugestellt; sodann aber, wenn dieser nichts dabei zu erinnern findet, dem Instruenten vorgelegt werden. Findet auch der Instruent nichts Erhebliches dabei zu erinnern; so muss er das Erforderliche zur Fortsetzung der Instruktion, oder zum Schlusse der Sache, je nachdem die übrige Lage derselben es mit sich bringt, verfügen.

Wegen des Verfahrens bei Requisitionen an ausländische Gerichte, vergl. die Verordnungen zu I. 7. §. 4 — 11.

Mittheilung der Zeugenverhöre an die Parteien.

§. 224b. Wenn die Zeugenverhöre für diese Instanz bei einander sind; so werden die Abschriften derselben den Parteien, oder deren Assistenten und Bevollmächtigten, mitgetheilt; und es wird ein Termin zu deren Durchgehung, welcher in der Regel zugleich der Termin zum Schlusse der Sache sein muss, anberaumt. Finden nun die Assistenten oder Bevollmächtigten der Parteien bei den Zeugenverhören noch etwas zu erinnern; so müssen sie dergleichen Bedenken in diesem Termine anzeigen.

Wenn dergleichen Erinnerungen gegen die aufgenommenen Zeugenverhöre, sie mögen von dem Decernenten, dem Instruenten oder den Rechtsbeiständen der Parteien in Anregung gebracht sein, auf geschehenen Vortrag im Kollegio erheblich befunden worden sind; so muss von diesem das Erforderliche zu deren Abhelfung durch nochmalige Vernehmung des Zeugen, entweder durch den vorigen, oder auch, nach Bewandniss der Umstände, durch einen andern Kommissarius, mit ausdrücklicher Bemerkung des Mangels, unverzüglich erlassen; unterdessen aber die Instruktion so weit, als es, ohne nothwendig erst dergleichen Ergänzung abzuwarten, geschehen kann, fortgesetzt und geschlossen werden.

Von dem Betriebe und der Beschleunigung der Zeugenverhöre.

§. 225a. Auswärtige Gerichte und Kommissarien müssen an die gehörige Betreibung solcher ihnen aufgetragenen Zeugenverhöre von Zeit zu Zeit von Amts wegen erinnert, und allem ungebührlichem Verzuge derselben durch Strafbefehle, oder Anzeige an ihre unmittelbar vorgesetzten Instanzen, nachdrücklich gesteuert werden.

Wenn fremde und ausländische Gerichte der Abhörung eines Zeugen, auf wiederholte Requisition, sich dennoch nicht der Ordnung gemäss unterziehen wollen; so findet dessfalls eben das statt, was in dem zweiten Abschnitte (§. 107.), wenn ein von einem Dritten zu edirendes Dokument in der bestimmten Zeit nicht herbeigeschafft wird, verordnet worden ist.

§. 225b. Wenn auswärtige Gerichte ein inländisches um Abhörung von Zeugen ersuchen; so muss ihnen darunter alle Bereitwilligkeit erwiesen werden. Doch kommen nicht nur den hiesigen Unterthanen, auch wenn sie auf Verlangen fremder Gerichte als Zeugen vernommen werden sollen, die Vorschriften des §. 180. zu Statten; sondern es soll auch, wenn der Gegenstand der Vernehmung so beschaffen ist, dass daraus Kollisionen zwischen dem hiesigen und einem fremden Staate entstehen könnten, noch ehe die Abhörung veranlasst wird, über die Umstände der Sache nach Hofe berichtet werden.

1) In Betreff der Requisitionen ausländischer Behörden. s. zu I. 7. §. 4—11.

2) **Schreiben** des Justiz-Ministers vom 16. September 1835. betreffend die Verpflichtung Preußischer Unterthanen sich auf Vorladungen auswärtiger Behörden, namentlich zur Vernehmung als Zeugen, zu gestellen; s. zu I. 7. §. 11

§. 226a. Wenn ein Zeugenverhör durch die Krankheit des Zeugen aufgehalten wird; so muss der, welcher ihn vorgeschlagen hat, durch ein Attest des Arztes nachweisen: dass und binnen welcher Frist die Wiederherstellung des Zeugen so weit, dass er wirklich, wenn auch nur in seiner Behausung, abgehört werden könne, wahrscheinlicher Weise zu hoffen sei. Hiernach muss der Richter den Termin bestimmen, bis zu welchem der Zeuge zur

Abhörung gestellt, oder deswegen das Erforderliche nachgesucht werden müsse. Ist dieser Zeitraum verlaufen, ohne dass die Abhörung des Zeugen hat erfolgen können; so soll dadurch, wenn auch alsdann noch eine ganz nahe Hoffnung zu einer solchen Wiederherstellung des Zeugen nicht nachgewiesen werden kann, die Abschliessung der Instruktion für diese Instanz nicht länger aufgehalten werden.

§. 226b. Wenn der vorgeschlagene Zeuge sich auf Reisen befindet, und der Zeitpunkt seiner Zurückkunft mit Wahrscheinlichkeit angegeben werden kann; so ist der Termin seiner Vernehmung bis zu diesem Zeitpunkte hinaus zu setzen. Ist es aber ungewiss, wenn der Zeuge zurückkommen werde; so muss nicht nur derjenige Theil, welcher auf seine Abhörung besteht, den Eid für Gefährde nach Vorschrift **§. 174.** ableisten, sondern es muss auch von dem Richter, nach Beschaffenheit der Umstände, eine Frist von mehreren Wochen oder Monaten, (doch niemals über sechs Monate) bestimmt werden, während welcher mit dem Abschluss der Instruktion auf die Wiederkehr des Zeugen gewartet werden solle. Ist aber diese Frist fruchtlos verlaufen; so wird alsdann mit dem Abschlusse der Instruktion für diese Instanz ohne weitern Aufenthalt verfahren.

Gültigkeit und Zulässigkeit der Zeugen. 1) Welche Personen zum Zeugnisse gar nicht zugelassen werden können.

§. 227. Da oft Fälle vorkommen, dass die Zulässigkeit oder Glaubwürdigkeit eines Zeugen angefochten wird; so finden darüber folgende Vorschriften statt:

1) Rasende, Wahn- und Blödsinnige sind zur Ablegung eines Zeugnisses ganz unfähig. Personen, die nur schwach am Verstande sind, können über Gegenstände, die das Maas ihrer Verstandeskräfte nicht übersteigen, zugelassen werden. Ist jemand nur zuweilen des Gebrauchs seines Verstandes beraubt; so kann derselbe zwar in lichten Zwischenräumen über Umstände, welche sich in einem gleichen Zeitpunkte zugetragen haben, abgehört werden; jedoch ist bei dessen Vernehmung mit der grössten Vorsicht zu verfahren, und seine Aussagen haben niemals völlige Beweiskraft.
2) Blinde sind als Zeugen unzulässig, in Ansehung solcher Gegenstände, zu deren Kenntniss der Sinn des Gesichts erfordert wird; wenn sie nicht diese Kenntniss schon erlangt haben, bevor sie blind geworden sind.
3) Taube, in so fern sie nicht lesen können. Können sie lesen; so müssen ihnen die an sie gerichtete Fragen schriftlich vorgelegt, ihre darauf in das Protokoll verzeichneten Antworten aber ihnen zum Durchlesen gegeben, und von ihnen bei jedem Punkte mittelst Unterzeichnung genehmigt werden.
4) Taube und Stumme zugleich, in so fern dieselben nicht lesen und schreiben können. Können sie Beides; so werden ihnen die Fragen schriftlich vorgelegt, und ihre Antworten müssen sie selbst niederschreiben und unterzeichnen.

5) Diejenigen, welche geständlich oder erweislich von einer Partei Geld oder andere Vortheile angenommen haben, um ein derselben vortheilhaftes Zeugniss abzulegen. Hierunter sind jedoch die Reise- und Zehrungskosten nicht zu verstehen, welche der Producent einem Zeugen, der ohne solchen Vorschuss nicht zur Gerichtsstelle kommen kann, gereicht hat. Doch bleibt es richterlichem Ermessen vorbehalten, in wie fern die gereichte Summe, nach den Umständen für übermässig zu achten, und also hinter diesem Vorwande eine versuchte Bestechung des Zeugen verborgen sei.

6) Diejenigen, welche in dieser oder einer andern Sache eines falschen Zeugnisses oder andern Meineides überführt worden sind.

7) Diejenigen, welche begangener Verbrechen wegen für ehrlos erklärt worden sind. Die erfolgte Begnadigung macht dabei keinen Unterschied, wenn nicht erhellet, dass dieselbe wegen nachgewiesener Unschuld ertheilt worden ist. Andere Verbrechen, wenn auch Festungs- oder Zuchthausstrafe darauf, jedoch mit Vorbehalt des ehrlichen Namens, verhängt wäre, machen den Verbrecher zur Ablegung eines Zeugnisses nicht unfähig, sondern schwächen nur die seinen Aussagen beizulegende Beweiskraft. Doch ist dabei hauptsächlich auf die Beschaffenheit des Verbrechens, und darauf Rücksicht zu nehmen, in wie fern dabei solche moralische Grundsätze und Gesinnungen, welche auf Wahrheitsliebe und Zuverlässigkeit Einfluss haben, mehr oder weniger aus den Augen gesetzt worden sind.

Rescript vom 30. September 1799, betreffend den Unterschied zwischen der Ehrlosigkeit und dem Verlust der bürgerlichen Ehre.

Wir wollen Euch nicht verhalten, daß Wir das von Euch abgefaßte Urtel, in sofern dadurch die Franziska, verehelichte Sanderska, wegen des von ihr begangenen Meineides, aller bürgerlichen Ehre und Gewerbes für verlustig erklärt wird, nicht billigen können. Da die Ehrlosigkeit im juristischen Sinne von dem Verlust der bürgerlichen Ehre wesentlich verschieden ist, auch aus dem §. 227. ad No. 6. und 7. Tit. 10. Thl. I. der A. G. O. deutlich hervorgeht, daß der Gesetzgeber diesen Unterschied vor Augen gehabt hat, so versteht es sich von selbst, daß Niemand der bürgerlichen Ehre verlustig erklärt werden kann, der keine Vorzüge besitzt, wodurch er in der bürgerlichen Gesellschaft, wie z. B. durch Adel und Orden ehrenvoll ausgezeichnet wird. Auch in dem vorliegenden Falle kann also nicht auf Verlust der bürgerlichen Ehre erkannt werden, weil die Inquisitin gar keine dergleichen Vorzüge besitzt, mithin ein darauf gerichtetes Erkenntniß, wenn es nicht ganz zwecklos sein sollte, die Strafe der Infamie und Ehrlosigkeit zu begründen scheinen würde. Ihr habt daher das Erkenntniß mit Weglassung der Worte: „aller bürgerlichen Ehre und Gewerbes für immer für verlustig zu erklären“ zu publiziren.

(Stengels Beitr. Bd. 15. S. 218.)

2) Personen, die nicht als Beweiszeugen, sondern nur zur Information vernommen werden können.

§. 228. Andere Personen können zwar, in Rücksicht der Verbindung, in welcher sie mit einer der Parteien stehen, oder aus anderen Ursachen, als Beweiszeugen nicht aufgestellt, wohl aber, um von der Bewandniss der Sache nähere Erkundigung einzuziehen, von dem Richter vernommen werden. Dahin gehören:

1) Leibliche Eltern und andere Verwandte in aufsteigender Linie. Wenn jedoch entweder der Streit unter den Kindern obwaltet, oder es darauf ankommt, das Alter der Kinder, deren Verlobung, Verheirathung, oder Absterben zu erweisen, und die Wahrheit auf andere Art nicht ausgemittelt werden kann; so sind dergleichen Verwandte in aufsteigender Linie auch als Beweiszeugen zulässig.
2) Leibliche Kinder einer Partei, oder andere Verwandte derselben in absteigender Linie.
3) Stief- oder Schwiegerältern, ingleichen Stief- oder Schwiegerkinder.
4) Brüder und Schwestern, sie mögen von voller oder halber Geburt sein.
5) Schwäger oder Schwägerinnen.
6) Ehegatten oder öffentlich Verlobte.
7) Mitberechtigte oder Verpflichtete.
8) Litisdenuncianten, Denuncianten oder Intervenienten.
9) Ueberhaupt alle, die von dem Ausfalle der Sache Vortheil oder Schaden zu erwarten haben; mithin auch
10) Mitglieder eines Kollegii, einer Korporation oder Gemeine, die in den Prozess verwickelt ist. Betrifft der Prozess einen Gegenstand, bei welchem die einzelnen Mitglieder kein Interesse haben; so können dergleichen Mitglieder auch als Beweiszeugen aufgestellt werden, und der Grund ihrer Glaubwürdigkeit bleibt, nach Bewandniss der übrigen Umstände, richterlicher Beurtheilung vorbehalten. Betrifft der Prozess nur einzelne Mitglieder; so können andere Mitglieder, die für sich selbst kein Interesse dabei haben, gültige Beweiszeugen sein. Altsitzer, Inlieger und Hausleute sind nicht als Mitglieder der Gemeine anzusehen; jedoch ist ihren Aussagen für die Gemeine, in welcher sie sich aufhalten, vollständige Beweiskraft nicht beizulegen. Die unter Nummer 1—5. aufgeführten Verwandten eines oder mehrerer Mitglieder einer Korporation oder Kommune können zwar ebenfalls als Beweiszeugen aufgestellt werden; die Glaubwürdigkeit ihres Zeugnisses aber wird durch diese Verwandtschaft geschwächt. Von den Ehegatten der Mitglieder einer Gemeine hingegen gilt eben das, was vorstehend von diesen Mitgliedern selbst verordnet ist.

Rescript vom 19. Dezember 1796, betreffend die Glaubwürdigkeit naher Verwandten als Zeugen.

Der in Eurem allerunterthänigsten Berichte vom 12. d. M. enthaltenen Anfrage:

> ob in causis domesticis die Verordnung des §. 228. Thl. I. Tit. 10. der Allg. Gerichts-Ordnung dahin eine Ausnahme erleide, daß die daselbst aufgeführten nahen Verwandten als Beweiszeugen mit einem Eide belegt, und hierauf, nach Befinden der Sache und der Aussage, selbst ein nothwendiger Eid gegründet werden könne?

hätte es offenbar nicht bedurft. Der selbst von Euch angeführte §. 232. Tit. 10. Unserer Gerichts-Ordnung überläßt es dem richterlichen Gutbefinden, in wie fern solche Personen, die bloß zur nähern Erkundigung vernommen werden, mit dem Zeugeneide zu belegen seien, und also für Beweiszeugen angesehen werden können, ohne daß dabei in Ansehung der Ascendenten eine Ausnahme gemacht wird. Der §. 24. Tit. 13. verordnet ferner, daß, wenn es einem Beweismittel an der vollständigen Glaubwürdigkeit ermangelt, es dem Ermessen des Urtelsverfassers überlassen bleiben solle: ob auf einen Erfüllungs- oder auf einen Reinigungseid zu erkennen sei. Es steht Euch also kein Gesetz entgegen, wenn Ihr in vorkommenden Fällen, wo besonders das Zeugniß der Eltern durch die übrigen vorwaltenden Umstände unterstützt wird, auf den Erfüllungseid zu sprechen, Euch bewogen findet. Doch muß dies immer mit Vorsicht geschehen, da es bekannt genug ist, wie oft in Konkursen beträchtliche Illata der Ehefrau des Gemeinschuldners bloß fingirt und vorgeschoben werden, um nur den Gläubigern die etwa noch vorhandene Masse zu entziehen

(Stengels Beitr. Bd. 4. S. 268.)

§. 229. Die im vorstehenden Paragraphen beschriebenen Personen sind als gültige Beweiszeugen anzusehen, wenn sie der Gegentheil desjenigen, mit welchem sie in der daselbst bemerkten Verbindung stehen, selbst dazu vorgeschlagen hat. Diejenigen, welche unter Nr. 7—10. benannt worden sind, können sich des Zeugnisses, wozu sie solchergestalt aufgefordert werden, in keinem Falle entbrechen. Hingegen sollen die unter Nr. 1—6. benannten Personen zur Ablegung eines Zeugnisses wider ihre Verwandten und Angehörigen in der Regel nicht gezwungen werden; es wäre denn, dass nach der Natur des Geschäfts, über welches ihre Aussage verlangt wird, die Wahrheit auf andere Art nicht auszumitseln stünde. Doch sollen Eltern (Nr. 1.), Kinder (Nr. 2.) und Ehegatten (Nr. 6.) zur Ablegung eines Zeugnisses wider diejenigen, mit welchen sie in einer solchen nahen Verbindung stehen, niemals gezwungen werden.

Wenn hingegen die unter Nr. 1—6. benannten Personen, auf geschehene richterliche Aufforderung, ihr Zeugniss abzulegen erbötig sind; so ist diejenige Partei, mit welcher sie in Verbindung stehen, sie davon auszuschliessen nicht berechtigt.

§. 230. Zu denjenigen Personen, welche, ausser vorstehenden, zwar nicht als Beweiszeugen, wohl aber der Erkundigung wegen, abgehört werden können, gehören ferner:

11) Ein Bevollmächtigter in der Sache seines Machtgebers. Wird er von dem Gegentheile seines Machtgebers vorgeschlagen, so kann er sich der Abgebung eines eidlichen Zeugnisses über Thatsachen, welche vor dem Entstehen des gegenwärtigen Rechtsstreites vorgefallen sind, nicht entbrechen. Hingegen kann derselbe über solche Fakta, die erst während des Prozesses vorgefallen oder zu seiner Kenntniss gelangt sind, zum Zeugnisse weder angehalten, noch zugelassen werden.

12) Juden, wenn sie in einem Prozesse zwischen einem Christen und einem ihrer Glaubensgenossen von letzterm vorgeschlagen werden. Wenn jedoch der vorgeschlagene jüdische Zeuge ein einländischer Schutzjude ist, und durch ein Attest seiner Obrigkeit bescheinigt wird, dass er noch nie eines Verbrechens wegen in Untersuchung gewesen sei; übrigens aber aus den Umständen erhellet, dass derselbe von der Sache Wissenschaft hat erhalten können; so kann die eidliche Abhörung auch auf den Vorschlag der jüdischen Partei erfolgen. Doch können dergleichen jüdische Zeugen, selbst wenn ihrer

mehrere sind, niemals einen vollen Beweis zum Besten der jüdischen Partei gegen einen Christen bewirken; sondern ihre Aussagen verdienen nur in so weit Rücksicht, als sie mit den Angaben eines andern christlichen Zeugen übereinstimmen. Der christlichen Partei steht es frei, jüdische Zeugen in Vorschlag zu bringen, welche jedoch ebenfalls als vollgültige Zeugen nicht zu betrachten sind. Diese Qualität gebührt ihnen nur alsdann, wenn der Prozess, in welchem sie abgehört werden, bloss unter Parteien ihrer Nation geführt wird. Uebrigens macht es bei der Beurtheilung: ob ein jüdischer Zeuge gültig sei, und welches Gewicht seine Aussage habe, keinen Unterschied, wenn auch dem Zeugen oder der Partei die Rechte christlicher Kaufleute beigelegt wären. Wohl aber steht einem Juden, welchem die Rechte christlicher Bürger überhaupt nach ihrem ganzen Umfange beigelegt worden sind, seine Religion, in Rücksicht eines in bürgerlichen Rechtsangelegenheiten abzulegenden Zeugnisses, nicht entgegen.

Anh. §. 88. ***Juden, welche die Rechte der Preussischen Staatsbürger erlangt haben, können in Civilprozessen, auch wenn sie von einem ihrer Glaubensgenossen gegen einen Christen zu Zeugen vorgeschlagen worden sind, eben so wie andere Staatsbürger als Beweiszeugen abgehört werden.***

Rescript vom 30. Mai und 13. Oktober 1812, betreffend die Glaubwürdigkeit jüdischer Zeugen.

Aus dem von dem Königlichen Kammergerichte, unter dem 21. d. M. erstatteten Berichte ist ersehen worden, welche Verschiedenheit der Meinungen bei dem Kollegio über die Frage obwaltet:

ob seit Emanirung des Edikts der bürgerlichen Verhältnisse der Juden, vom 11. März 1812 ein Jude, welcher die in den §§. 1. und 2. dieses Edikts bestimmten Eigenschaften hat, ein gültiger Instrumentszeuge sey?

Es wird dem Kollegio darauf eröffnet, daß die Meinung derjenigen Mitglieder desselben, welche die aufgeworfene Frage bejahen, nach dem § 20. des angezogenen Edikts, woselbst die Regel festgesetzt ist, daß die privatrechtlichen Verhältnisse der Juden nach eben den Gesetzen zu beurtheilen seien, welche andern preußischen Staatsbürgern zur Richtschnur dienen, vollkommen gegründet, der dagegen aus dem §. 23. des angeführten Edikts hergenommene Zweifel aber ganz unerheblich ist, indem daselbst den Zeugnissen der Juden nur in Kriminal-Fällen die volle Glaubwürdigkeit, und zwar deswegen abgesprochen wird, weil anzunehmen ist, daß der Jude in den erwähnten Kriminal-Fällen nach den Grundsätzen seiner Religion zu einem eidlichen Zeugnisse nicht angehalten, eben darum aber seinen freiwilligen Aussagen kein völliger Glaube beigelegt werden könne; wogegen die Beweiskraft der jüdischen Zeugnisse in Civil-Fällen unbeschränkt, und eben darum die Vorschrift der A. G. O. Thl. I. Tit. 10. §. 230. Nr. 12. in das Edikt mit gutem Vorbedacht nicht aufgenommen, sondern nach der in dem Eingange enthaltenen allgemeinen Bestimmung für aufgehoben zu achten ist.

(v. K. Jhrb. Bd. 1. S. 60. und 269.)

13) Personen, welche das vierzehnte Jahr ihres Alters noch nicht zurückgelegt haben, ohne Unterschied des Geschlechts, weil dergleichen Unmündige noch mit keinem Eide belegt werden können. Minderjährige sind als Beweiszeugen zulässig: in wie fern aber solche, die das achtzehnte Jahr noch nicht zurückgelegt haben, vollen Glauben verdienen oder nicht, bleibt nach Beschaffenheit der Umstände, ihrer mehr oder weniger

entwickelten Geistesfähigkeiten, und des Gegenstandes, wovon sie zeugen sollen, richterlicher Beurtheilung vorbehalten.

14) Diejenigen, welche ein mit dem Verluste der bürgerlichen Ehre verbundenes Geschäft treiben.

15) Diejenigen, welche einer begangenen Untreue, oder eines vorsätzlichen oder muthwilligen Bankerutts gerichtlich überführt worden sind. (A. L. R. Thl. II. Tit. VIII. §. 609. Tit. XX. §. 1329—1376. §. 1452—1465.)

16) Diejenigen, welche für unfähig erklärt worden sind, in ihren eigenen Sachen einen nothwendigen Eid zu schwören.

§. 231. Wenn der Fall eintritt, dass die §. 228. 230. benannten Personen von der streitigen Sache Kenntniss haben; so muss der Instruent bei dem Kollegio anfragen: ob dieselben der Erkundigung wegen vernommen werden sollen? Findet das Kollegium diese Vernehmung nöthig, und es zeigen sich dabei Spuren solcher Beweismittel, welche noch nicht aufgenommen sind; so muss davon unverzüglich zur Erforschung der Wahrheit der gehörige Gebrauch gemacht werden.

§. 232. In wie fern hiernächst die Angaben solcher Personen, welche nur, um nähere Erkundigung einzuziehen, vernommen worden, zur Entscheidung der Sache etwas beitragen können, und sie also mit dem Zeugeneide zu belegen sind, bleibt dem Ermessen des Gerichts überlassen. Hat eine Partei auf die Vernehmung einer Person, welche mit ihr in den §. 228. 230. Nr. 1—12. bemerkten Verbindungen steht, selbst angetragen, und die Aussage derselben fällt zum Nachtheile dieser Partei aus; so soll darauf, auch ohne Eid, bei Entscheidung der Sache vorzüglich Rücksicht genommen werden können.

3) Personen, deren Zeugniss keinen vollen Glauben verdient.

§. 233. Zu den Personen, welche jederzeit als Beweiszeugen zuzulassen sind, deren Aussagen aber eine volle Glaubwürdigkeit nicht beigelegt werden kann, gehören

1) diejenigen, welche gerichtlich für Verschwender erklärt worden sind;

2) diejenigen, über deren Vermögen Konkurs eröffnet worden ist, in so fern sie nicht zur Rechtswohlthat der Cession zugelassen, oder doch bekanntlich durch Unglücksfälle in Vermögensverfall gerathen sind;

3) diejenigen, welche mit einer Partei in notorischer Feindschaft leben (A. L. R. Thl. II. Tit. XVIII. §. 145. 146.);

4) diejenigen, welche mit einer Partei einen verdächtigen vertrauten Umgang unterhalten;

5) Hausofficianten, Livreebediente, Gesinde und alle in beständigem Lohne und Brode stehende Personen, in Prozessen ihrer Herrschaft oder ihres Brodherrn. Hiervon finden jedoch folgende Ausnahmen statt:

a) wenn der Abzuhörende den Dienst der Partei verlassen hat, und nicht nachgewiesen werden kann, dass es bloss zum Schein, um den Aussagen mehr Glaubwürdigkeit zu verschaffen, geschehen sei;

b) wenn der Abzuhörende bei beiden Parteien zugleich in Diensten steht;
c) wenn der Prozess zwischen der Herrschaft und anderen Dienstboten geführt wird, welche noch in deren Diensten sind, oder mit dem Abzuhörenden zugleich in deren Diensten gestanden haben.

Rescript vom 3. August 1821 und 21. Oktober 1822, daß Privatschreiber nicht zu den Hausoffizianten gehören: s. zu III. 5. §. 4. seq. und III. 7 §. 63.

6) Unterthanen, in Sachen, bei welchen ihre Gutsherrschaft interessirt ist. Diesen muss zwar vor der Abhörung bekannt gemacht werden, dass die der Herrschaft geleistete Unterthänigkeitspflicht sie nicht abhalten könne, die Wahrheit getreulich anzuzeigen; ist jedoch diese Bekanntmachung aus Versehen unterblieben, oder im Protokolle nicht bemerkt worden; so folgt daraus noch keine Nichtigkeit des Zeugenverhörs.

Verfahren über die Exceptiones contra personas testium.

§. 234. Dass die Einwendungen gegen die Person der beiden Theilen, der Regel nach, schon vor dem Instruktionstermine bekannt gewordenen Zeugen, vor oder spätestens in dem Instruktionstermine selbst angezeigt; falls sie auf Thatsachen beruhen, die Mittel zu deren Bescheinigung angegeben; die Thatsachen selbst, nach erfolgter Vernehmung der Parteien in der Hauptsache, eben so, wie alle übrigen, auseinander gesetzt und der Status controversiae darüber regulirt werden müsse, ist im Vorigen bereits verordnet.

Eben so ist es zu halten, wenn auch erst im Instruktionstermine selbst, bei der nähern Examinirung der Parteien, dergleichen Personen, denen von einer streitigen Thatsache Wissenschaft beiwohnet, und die darüber vernommen werden müssen, ausgemittelt würden; maassen auch alsdann der Produkt entweder sofort, oder doch vor dem zur wirklichen Abhörung eines solchen Zeugen anberaumten Termine, seine gegen die Person und Glaubwürdigkeit desselben etwa habenden Erinnerungen, und, wenn sie auf Thatsachen beruhen, die Beweismittel darüber anzeigen muss; widrigenfalls er damit in derselben Instanz nicht weiter gehört werden kann.

Nach Maassgabe dieser Beweismittel muss sodann mit Untersuchung des Einwandes, und mit der Abhörung des Zeugen selbst, zu gleicher Zeit und mit Vorbehalt des Rechts der Parteien, verfahren werden. Ob übrigens ein solcher Zeuge sofort zu vereiden, oder dieses bis nach erfolgtem Haupterkenntnisse auszusetzen sei, bleibt, wenn die Parteien sich darüber nicht vereinigen können, nach Maassgabe dessen, was über den Einwand mehr oder weniger klar ausgemittelt worden ist, dem vernünftigen Ermessen des Gerichts anheim gestellt.

§. 235. Es finden also über die Einwendungen gegen die Person der Zeugen keine besondere Erkenntnisse oder Instanzen statt; sondern der Richter setzt, bei Abfassung des Haupt　urtels, zugleich in den Entscheidungsgründen mit fest, was die Aussagen eines jeden vorgeschlagenen und abgehörten Zeugen zur Entscheidung der

Sache beitragen; und welcher Grad von Glaubwürdigkeit einem Jeden derselben, nach Maassgabe ihrer durch die Untersuchung ausgemittelten persönlichen Umstände und Verhältnisse, beizulegen sei.

§. 236. Die Untersuchungen über solche Nebenpunkte müssen, um Verwirrung in den Akten zu vermeiden, in besonderen Protokollen verhandelt; auch die dabei aufgelaufenen Kosten, welche dem bei dem Gegenstande solcher Untersuchung unterliegenden Theile, selbst alsdann, wenn er in der Hauptsache ein obsiegliches Urtel erhielte, zur Last fallen, müssen besonders bemerkt werden.

§. 237. Die Partei, welche Personen, die nach den Rechten ganz verwerflich sind, als Zeugen wissentlich in Vorschlag bringt; oder die Umstände, welche sie zwar nicht ganz unzulässig, aber doch verdächtig machen, vorsätzlich verschweigt; oder sie, wenn der Gegentheil selbige gerügt hat, gegen besseres Wissen abläugnet; ingleichen diejenigen, welche den Personen der Zeugen Einwendungen entgegen setzen, deren Ungrund ihnen bekannt gewesen, oder doch bei einer ganz gewöhnlichen Erkundigung nicht verborgen bleiben können, sollen nicht nur dem Gegentheile alle Kosten und allen aus dem Verzuge etwa entstandenen Nachtheil ersetzen, sondern auch in 10, 20 bis 50 Rthlr. Geldstrafe verurtheilt werden.

Glaubwürdigkeit der Zeugen.

§. 238. Bei Bestimmung der Glaubwürdigkeit eines Beweiszeugen soll in der Regel, und wo nicht im Vorstehenden besondere Ausnahmen gemacht sind, darauf keine Rücksicht genommen werden: welche Partei die Veranlassung gegeben hat, dass derselbe abgehört worden ist. Eben so sollen die Aussagen eines Zeugen auch demjenigen zu statten kommen, welcher wider desselben Glaubwürdigkeit Zweifel erregt hat, die als unerheblich verworfen, oder bei näherer Nachforschung ungegründet befunden worden sind.

§. 239. Für einen vollkommen glaubwürdigen Zeugen ist nur derjenige zu achten, dem keine von den §. 227. 228. 230. und 233. bemerkten Einwendungen entgegen steht, der nicht bloss vom Hörensagen zeugt, und in dessen Angabe keine Widersprüche sich finden.

§. 240. Widersprüche in den Aussagen eines Zeugen schwächen desselben Glaubwürdigkeit, ohne Unterschied: ob sie die Hauptsache, oder Nebenumstände betreffen; in so fern nicht hinlänglich ausgemittelt werden kann, dass der Widerspruch durch einen blossen Missverstand veranlasst worden sei.

§. 241. Wenn ein Zeuge einen erheblichen Umstand nicht aus eigener Kenntniss, sondern vom Hörensagen (de auditu) bekundet; so dient dieses zur Anleitung, denjenigen, auf dessen Wissenschaft er sich bezieht, in so fern derselbe noch abgehört werden kann, ebenfalls zu vernehmen. Kann dieses nicht geschehen; so muss so viel als möglich durch genauere Befragung des vom Hörensagen sprechenden Zeugen ausgemittelt werden: in wie fern demjenigen, von welchem er seine Kenntniss herleitet, Glauben beizumessen gewesen; und unter welchen Umständen die Erzählung erfolgt sei, damit darnach die in dem künftigen Urtel darauf mehr oder weniger zu nehmende Rücksicht bestimmt werden könne. Haben mehrere Zeugen vom Hörensagen bekundet; so muss genau nachgeforscht werden: aus welcher Quelle ein jeder seine Wissenschaft herleite, um zu verhüten, dass nicht die an Mehrere geschehene Erzählung derselben Person als ein mehrfaches Beweismittel angesehen werde.

§. 242. Wenn ein Zeuge bekundet, dass ihm von dem Vorfalle oder Geschäfte, worüber er vernommen wird, gar nichts bekannt sei; so kann seine Aussage auf die Entscheidung der Sache nur in so fern Einfluss haben, als der Vorgang unter den angegebenen Umständen sich nicht hätte ereignen können, ohne dass der Zeuge Kenntniss davon erhalten müssen. Die Vernehmung ist also vorzüglich darauf zu richten: ob ein solcher Fall wirklich vorhanden gewesen sei.

§. 243. Wenn ein Zeuge die ihm vorgelegten Fragen nach seiner Wissenschaft und Ueberzeugung beantwortet; so soll niemand berechtigt sein, wider denselben, wegen des etwanigen seiner Ehre nachtheiligen Inhalts, eine Injurienklage anzustellen.

§. 244. Vermeint eine Partei, dass in einer Zeugenaussage etwas dergleichen ihrer Ehre Nachtheiliges enthalten sei; so soll das Protokoll darüber, in so fern es nach dem Befinden des Richters zur Entscheidung der Hauptsache nichts beiträgt, versiegelt zu den Akten genommen werden, damit dessen Inhalt zur Kränkung der Partei nicht allgemein bekannt werden möge.

Fünfter Abschnitt.

Von Aufnehmung des Beweises durch den Eid.

Vom Eide überhaupt.

§. 245. Der Eid ist eine feierliche Anrufung des Allwissenden zum Zeugen der Wahrheit dessen, was von dem Schwörenden angegeben wird.

§. 246. Er wird entweder zur mehrern Versicherung eines gethanen Versprechens, oder zur Bestärkung der Richtigkeit der über eine vorgegangene Thatsache geschehenen Angaben geleistet.

§. 247. Von gerichtlichen, ingleichen von andern Versprechungseiden, welche der Staat oder andere öffentliche Anstalten von den in ihre Dienste tretenden Personen abfordern, wird in der Folge gehandelt.

§. 248. Aussergerichtliche Versprechungseide sollen Privatpersonen einander nicht abfordern, und der damit getriebene Missbrauch soll nach Vorschrift der Gesetze bestraft werden. (A. L. R. Thl. II. Tit. XX. §. 1425. bis 1430.)

Eide in Prozessen.

§. 249. Bestärkungseide über vergangene Thatsachen werden in Prozessen entweder von einer der Parteien, oder von einer dritten an dem Prozesse nicht theilnehmenden Partei geleistet. Von letzteren, wohin besonders die Zeugeneide gehören, ist im vorigen Abschnitte gehandelt worden.

§. 250. Eide der Parteien, werden entweder von dem Gegentheile derselben, oder von dem Richter von Amts wegen erfordert.

Nothwendige Eide.

§. 251. Der Richter kann den Bestärkungseid einer Partei nur alsdann abfordern, wenn eine streitige Thatsache auf andere Art nicht in ein zur Entscheidung hinreichendes Licht hat gesetzt werden können. Von diesen nothwendigen Eiden, welche der Richter von einer Partei fordert, wird in der Folge gehandelt werden.

Deferirte Eide. In welchen Fällen die Eidesdelation zulässig sei.

§. 252. Den Parteien hingegen steht es frei, statt anderer Beweismittel über eine streitige Thatsache, sich der Zuschiebung des Eides an den Gegentheil zu bedienen. Die Fälle der Ausnahme, wenn nämlich über eine streitige Thatsache der Beweis durch den Eid nicht zulässig ist, sind durch besondere Gesetze bestimmt. (A. L. R. Thl. I. Tit. XVI. §. 107.)

§. 253. Wenn also, auch ausser diesen ausdrücklich ausgenommenen, in den gewöhnlichen Fällen andere Mittel zur Aufklärung einer streitigen Thatsache vorhanden sind; so steht es dennoch der Partei, welche, zur Abkürzung der Sache und Ersparung der Kosten, es auf die eidliche Bestärkung des Gegentheils ankommen lassen will, frei, statt der Aufnehmung dieser anderweitigen Beweismittel, ihrem Gegner den Eid zuzuschieben.

§. 254. Da jedoch der Eid nicht nur an sich ein sehr bedenkliches Mittel zur Entdeckung der Wahrheit ist, sondern auch die allzugrosse Vervielfältigung der Eide eine dem gemeinen Besten höchst nachtheilige Geringschätzung derselben zur Folge hat; so muss der Richter eine solche Partei, welche es auf den Eid ihres Gegners ankommen lassen will, an die Bedenklichkeiten und rechtlichen Folgen, welche damit verbunden sind, und an die anderweitig vorhandenen Beweismittel erinnern.

Wenn aber die Partei dennoch auf der gewählten Eideszuschiebung beharret; so wird nach Vorschrift des gegenwärtigen Abschnitts weiter verfahren.

§. 255. Wenn eine Partei zum Beweise einer streitigen Thatsache der Eidesdelation sich bedienen will; der andere Theil aber auf anderweitige Beweismittel, wodurch die Wahrheit sicherer und zuverlässiger an den Tag gebracht werden kann, sich beruft; so soll mit Aufnehmung dieser anderweitigen Beweismittel verfahren werden. Wenn jedoch der Eid über Umstände deferirt worden, von welchen derjenige, welcher ihn leisten soll, aus eigener Wissenschaft unterrichtet sein kann, und derselbe anstatt den zugeschobenen Eid, durch welchen er zum Richter in seiner eigenen Sache gesetzt wird, anzunehmen oder zurück zu schieben, die Aufnehmung anderer Beweismittel verlangt; so soll eine solche Partei allemal, ohne Rücksicht auf den Ausfall der Hauptsache, die Kosten dieser Beweisaufnehmung allein zu tragen schuldig sein. Auch soll dieselbe, wenn hiernächst durch die auf ihr Verlangen aufgenommenen anderweitigen Beweismittel die Sache nicht hinlänglich ins Licht gesetzt worden ist, fernerhin weder zur Annahme des deferirten und einmal abgelehnten, noch zur Ableistung eines Erfüllungseides gelassen werden.

2) Wer den Eid deferiren könne.

§. 256. Zur Eidesdelation sind alle diejenigen berechtigt, welche nach Vorschrift der Gesetze zur Sache gehörig legitimirt sind. Die Verbindungen, in welchen die streitigen Theile mit einander stehen, machen hierunter keine Ausnahme; und können daher auch Kinder ihren Eltern, Unterthanen und Dienstboten ihrer Herrschaft, den Eid zuschieben. Eine gleiche Befugniss steht auch den Ehegatten zu, wenn sie mit einander Prozess führen, und zwar ohne Unterschied: ob der Eidesantrag die Fortsetzung oder die Trennung der Ehe bewirken soll.

§. 257. Ein Bevollmächtigter, welcher eine Sache im Namen der abwesenden Partei vor Gericht verhandelt, ist, vermöge des erhaltenen Auftrages, auch Eide zu deferiren und zurück zu schieben berechtigt. Die Behauptung, dass ein solcher Bevollmächtigter hierunter die Grenzen seines Auftrags überschritten habe, kann zwar eine Regressklage wider ihn begründen; auf den Prozess aber, in welchem ein solcher Eid zugeschoben worden ist; kann dieselbe keinen Einfluss haben.

§. 258. Wenn Vormünder oder Vorsteher von Kirchen und milden Stiftungen von ihren vorgesetzten Behörden zur Verhandlung einer Sache überhaupt autorisirt sind; so bedarf es zu den Eidesdelationen derselben keiner besondern Genehmigung. Sie bleiben aber diesen ihren Vorgesetzten verantwortlich, wenn etwa aus der unterlassenen Anzeige ein Nachtheil entsteht.

§. 259. Fiskalische Bediente hingegen müssen, wenn sie zur Eidesdelation greifen, die ausdrückliche Genehmigung desjenigen Kollegii beibringen, von welchem sie den Auftrag erhalten haben.

3) Wem der Eid deferirt werden könne.

§. 260. Wenn eine Partei als wahn- oder blödsinnig, oder als taubstumm, unter Vormundschaft steht; so kann der Eidesantrag nur an deren Vormund gerichtet werden.

§. 261. Bei Minderjährigen und Verschwendern muss die Eidesdelation ebenfalls an deren Vormünder geschehen, sobald die Thatsache, worüber der Eid geleistet werden soll, so beschaffen ist, dass dem Vormunde der Grund oder Ungrund derselben aus eigener Wissenschaft bekannt sein kann.

§. 262, Auch ist die Eidesdelation nur an den Vormund eines solchen Minderjährigen zu richten, welcher das achtzehnte Jahr noch nicht zurückgelegt hat.

§. 263. Bei Minderjährigen aber, welche dieses Alter schon überschritten haben, steht dem Gegner die Wahl zu: ob er den Eid von dem Vormunde, oder von dem Pflegebefohlenen fordern wolle.

§. 264. Wenn der Pflegebefohlene zwar das achtzehnte Jahr noch nicht zurück gelegt hat, dennoch aber entweder dieser Zeitpunkt schon so nahe ist, dass aus dessen Abwartung kein merklicher Aufenthalt in der Sache erwächst; oder wenn, nach Bewandniss der Umstände, die streitige Thatsache dem Pflegebefohlenen besser als dem Vormunde bekannt sein kann; so ist der Gegentheil berechtigt, die Aussetzung des Eides bis nach zurück gelegtem achtzehnten Jahre des Pflegebefohlenen zu verlangen.

§. 265. Die nochmalige Leistung eines von dem Vormunde geschworenen Eides kann dem Pflegebefohlenen niemals abgefordert werden.

§. 266. Bei einem Prozesse mit einem Verschwender steht zwar ebenfalls, wenn nicht von einer eigenen Handlung des Vormundes die Rede ist, dem Gegentheile frei: ob er den Eidesantrag an den Vormund, oder an den Pflegebefohlenen selbst richten wolle. Wenn aber Letzteres geschieht, und der Vormund es auf den Eid des Pflegebefohlenen ankommen zu lassen Bedenken trägt; dagegen aber andere Beweismittel zur Aufklärung der streitigen Thatsache vorhanden sind; so steht dem Vormunde frei, die Aufnehmung der letztern zu verlangen, und finden in diesem Falle die §. 255. bestimmten nachtheiligen Folgen der Eidesablehnung nicht statt. Betrifft der Prozess, in welchem der Eid deferirt wird, Schulden des Verschwenders, die derselbe, es sei vor oder nach der Prodigalitätserklärung, aus Darlehnen oder gegebenem Kredit gemacht hat; so kann der Pflegebefohlene, wider den Willen des Vormundes, zum Eide nicht gelassen werden. Doch kann der Gegentheil verlangen, dass, ehe der Vormund schwört, der Pflegebefohlene über den Gegenstand des Eides vernommen, und die Aussagen desselben dem Vormunde, zu seiner Beherzigung, vorgehalten werden.

§. 267. Wenn Kirchen, Schulen, Hospitäler, oder andere milde Stiftungen in den Prozess verwickelt sind; so muss der Eidesantrag an die Vorsteher derselben gerichtet werden. Kann von mehreren Vorstehern nur einer den Eid aus eigener Wissenschaft ableisten; so ist es genug, wenn nur dieser schwört. Können hingegen mehrere, oder alle, aus eigener Wissenschaft (de veritate) schwören; oder können alle nur ihr Nichtwissen von der streitigen Thatsache (de ignorantia) eidlich erhärten; so muss der Gegentheil denjenigen auswählen, der seiner Meinung nach von der Sache am besten unterrichtet ist, und dieser kann die Ableistung des Eides unter dem Vorwande, dass ein Anderer bessere Kenntniss davon habe, nicht von sich ablehnen.

§. 268. Fiskalische Bediente sind den in einem Prozesse gegen den Fiskus ihnen zugeschobenen Eid, wenn er nicht etwa ihre eigenen Handlungen betrifft, allemal nur de ignorantia zu leisten verbunden.

§. 269. Wenn mehrere als Mitberechtigte oder Mitverpflichtete in den Prozess verwickelt sind; so muss der Eidesantrag an sämmtliche Theilnehmer gerichtet werden. Doch hängt es von dem Deferenten ab, den Eid auch nur von einem oder etlichen Theilnehmern im Namen der übrigen zu verlangen.

§. 270. Wenn von einer Stadt- oder Dorfgemeine, von einem Kollegio, oder einer andern Korporation, ein Eid zu leisten ist; so steht dem Gegner frei, drei bis vier Mitglieder, und unter diesen auch den Syndikus des Kollegii, oder den Stadtschreiber, wenn es einen Magistrat betrifft, zur Leistung des Eides aufzufordern.

§. 271. Benennt der Gegentheil keine Mitglieder; so müssen die ältesten den Jahren nach, oder diejenigen, die nach den Umständen die beste Wissenschaft von der Sache haben können, dazu abgeordnet werden; und wird angenommen, dass der Gegentheil, durch die unterlassene Benennung, die Auswahl dem Gewissen der Gemeine, oder des Kollegii etc. anheim gestellt habe.

§. 272. Sollte der Gegentheil solche Mitglieder, denen die wenigste Wissenschaft von der Sache beiwohnt, und die also den Eid abzuleisten Anstand nehmen, gewählt haben; so muss der Richter diejenigen, welche schwören sollen, nach vernünftigem Ermessen, selbst und von Amts wegen aussuchen.

§. 273. Wenn Hüfner, Kossäten, Handfröhner, Dreschgärtner, Inlieger, oder andere dergleichen Personen, die keine Gemeine ausmachen, einen Eid schwören sollen; und es ist von einer untheilbaren Sache die Rede; so muss die Ableistung des Eides durch drei oder vier aus ihrer Mitte, so wie bei Kommunen verordnet ist, geschehen. Betrifft aber der Streit eine theilbare Sache; so sind sie als Litiskonsorten zu betrachten, und der Eid muss allen angetragen, und, wenn er angenommen wird, von Allen geleistet werden.

§. 274. Eben das findet auch in dem Falle statt, wenn einer Gemeine der Eid über eine theilbare Sache zugeschoben wird, und der Gegner ausdrücklich verlangt, dass alle Mitglieder denselben leisten sollen.

§. 275. Wenn eine Kommune anfänglich nur durch Deputirte zum Eide gelassen worden ist, und einige derselben den Eid ableisten, andere hingegen, oder auch nur Einer von ihnen, die Ableistung verweigert, die Sache oder das Recht aber, worüber gestritten wird, sind theilbar; so müssen die sämmtlichen Mitglieder darüber: ob sie schwören wollen, oder nicht, vernommen und der Eid von Allen, welche dazu erbötig sind, geleistet werden. Diejenigen, welche nicht schwören wollen, müssen sich die rechtlichen Folgen davon für ihren Theil gefallen lassen.

§. 276. Ist der Gegenstand des Prozesses untheilbar; und einer oder einige der zur Leistung des Eides abgeordneten Mitglieder sind dazu bereit, andere aber nicht; so muss der Instruent die Letzteren über die Ursache ihrer Weigerung vernehmen. Besteht dieselbe in einem Religionsskrupel, oder darin, weil ihnen von der Thatsache, worüber geschworen werden soll, gar nichts bekannt ist; so müssen sie an Eidesstatt bekräftigen, dass dieses die einzige Ursache sei, welche sie von der Ableistung des Eides zurück halte; und alsdann müssen an ihrer Stelle eben so viel andere Mitglieder der Gemeine, oder des Kollegii, ernannt oder ausgesucht werden.

§. 277. Besteht aber die Ursache ihrer Weigerung darin, dass ihnen Umstände bekannt sind, wodurch die zu beschwörende Thatsache entweder zweifelhaft gemacht wird, oder woraus gar das Gegentheil derselben zu entnehmen wäre; so muss der Instruent sie darüber umständlich examiniren, und die andern Mitglieder, welche schwören wollen, darüber gleichfalls vernehmen.

Bestehen Letztere dennoch auf der Leistung des Eides; so müssen die Akten dem Kollegio vorgelegt werden, welches näher beurtheilen muss: in wie fern die Untersuchung, nach der gegenwärtigen Lage der Sache und den etwa angegebenen neuen Datis, ferner fortgesetzt, oder die Entscheidung: ob die Gemeine für sachfällig zu achten, oder noch durch andere Mitglieder zum Eide zu lassen sei, dem künftigen Haupterkenntnisse vorbehalten werden solle.

§. 278. Wenn der Richter bei Abfassung des Erkenntnisses keine überwiegenden Gründe, sich für eins oder das Andere zu bestimmen, findet: so steht ihm frei, zu verordnen, dass die sämmtlichen Mitglieder der Gemeine, Mann für Mann, darüber: ob sie den Eid leisten wollen, vernommen, und sodann, nach der Mehrheit der Stimmen, entweder der Eid von denjenigen, welche diese Mehrheit ausmachen und dazu erbötig sind, im Namen der ganzen Gemeine abgeleistet, oder weil die Mehrheit nicht schwören will, die ganze Gemeine dafür, dass sie den Eid nicht leisten könne, geachtet werden solle.

§. 279. Wenn über eine cedirte Forderung gestritten wird, oder sonst der vorige Eigenthümer der streitigen Sache zugezogen werden muss; so finden in Ansehung der Eideszuschiebungen und Leistungen die Vorschriften des siebzehnten Titels von der Litisdenunciation Anwendung.

§. 280. In Konkursen kann weder ein Schuldner, noch Gläubiger der Masse dem Gemeinschuldner, weder über die Wahrheit und den Betrag, noch über das Vorzugsrecht der streitigen Forderung den Eid zuschieben; wohl aber kann er denselben bloss als Zeugen über die streitigen Thatsachen abhören lassen.

§. 281. Auch kann weder ein Gläubiger dem andern, noch ein Schuldner der Masse einzelnen Gläubigern den Eid antragen; sondern alle Eidesdelationen finden nur zwischen dem Kurator der Masse und den Schuldnern derselben, oder denjenigen einzelnen Gläubigern, von deren Ansprüchen die Rede ist, wechselseitig statt.

§. 282. Glaubt ein Schuldner der Masse, oder ein einzelner Gläubiger, der über die Richtigkeit einer Thatsache mit dem Kurator streitet, dass einer oder der andere Mitgläubiger davon aus eigener Kenntniss unterrichtet sei: so steht es ihm, wie in dem Falle des §. 280., frei, denselben als Zeugen abhören zu lassen.

§. 283. Es versteht sich von selbst, dass der Kurator die im Konkurs ihm angetragenen Eide, in so fern sie nicht etwa seine eigenen Handlungen betreffen; nur de ignorantia zu leisten verbunden sei.

4) Wer deferirte Eide schwören könne.

§. 284. Zur Ableistung eines von dem Gegner angetragenen oder zurück geschobenen Eides ist eine jede Partei zu verstatten; selbst wenn sie wegen begangenen Meineides oder anderer Verbrechen für ehrlos, oder sonst für unfähig erklärt worden ist, einen nothwendigen Eid zu leisten; indem es bei solchen Eidesdelationen oder Zurückschiebungen lediglich auf den Willen des Gegners ankommt, in wie fern er sich dieses Beweismittels bedienen wolle.

5) Wer Eide erlassen kann.

§. 285. Einen angenommenen Eid zu erlassen, oder für geschworen anzunehmen, sind nur solche Parteien berechtigt, denen die freie Verfügung über den streitigen Gegenstand zukommt. Bevollmächtigte müssen dazu mit einer besondern ausdrücklichen Vollmacht; Vormünder, Vorsteher, Fiskäle etc. müssen mit der ausdrücklichen Genehmigung ihrer vorgesetzten Behörde versehen sein.

6) Wann die Eidesdelation geschehen müsse.

§. 286. Wenn sich jemand zum Beweise einer Thatsache der Eidesdelation bedienen will; so muss er dieses, wenn er Kläger ist, der Regel nach, gleich bei Aufnehmung der Klage, so wie der Beklagte gleich bei deren Beantwortung anzeigen.

§. 287. Doch ist den Parteien verstattet, über Umstände, welche erst bei ihrer Vernehmung im Instruktionstermine vorkommen, auch alsdann noch den Eid zu deferiren; ingleichen, wenn sie vorhin, zum Beweise einer streitigen Thatsache, Zeugen oder Urkunden in Vorschlag gebracht haben, davon vor der erfolgten Aufnehmung dieser Beweismittel, wenn sie besorgen, dass selbige zur Ausmittelung dieser Thatsache nicht hinreichend sein werden, wiederum abzugeben und es auf den Eid des Gegentheils ankommen zu lassen. Letzterer aber kann, wenn er den Eid anzunehmen oder zurück zu schieben bedenklich findet, die Aufnehmung der von dem Gegner selbst anfänglich vorgeschlagenen Beweismittel nach Vorschrift §. 255., jedoch nur unter den eben daselbst fest gesetzten Maassgaben, verlangen.

§. 288. Wenn hingegen dergleichen andere Beweismittel bereits aufgenommen sind; so kommt es darauf an: ob durch diese Beweismittel das Gegentheil der Thatsachen, die durch den geführten Beweis wahr gemacht werden sollen, dargethan sei, oder nicht. Ist das Gegentheil ausgemittelt; so findet ferner keine Eidesdelation über eben dieselben Thatsachen statt. Ist aber die streitige Thatsache durch die aufgenommenen Beweismittel weder auf diese noch auf jene Seite vollständig aufgeklärt worden, sondern dergestalt im Dunkeln geblieben, dass sie weder für zuverlässig wahr, noch für zuverlässig falsch angesehen werden kann; so steht demjenigen, welcher in einer solchen Thatsache sich gegründet hat, frei, sich darüber noch der Eidesdelation zu bedienen. Doch muss dieses spätestens in dem Termine zum Schlusse der Sache geschehen, und kann auf eine später angebrachte Eidesdelation, für diese Instanz, keine Rücksicht weiter genommen werden.

§. 289 a. Hingegen steht es demjenigen, welcher in einer Thatsache sich gegründet hat, frei, dem Gegentheil auch in der zweiten Instanz den Eid darüber zu deferiren, wenn diese Thatsache in dem Urtel erster Instanz bloss für unerwiesen, oder nicht vollständig erwiesen angenommen worden ist. Hat aber der erste Richter gefunden, dass das Gegentheil der allegirten Thatsache durch den angenommenen Beweis dargethan worden ist; so findet in der zweiten Instanz keine Eidesdelation darüber ferner statt, sondern es bleibt nur dem Appellations- und Revisionsrichter vorbehalten, in so fern er es zur vollständigen Aufklärung der Sache, oder auch zur Hebung der gegen einen oder den andern Theil obwaltenden Vermuthungen nöthig findet, demselben ohne Unterschied, ob er Kläger oder Beklagter sei, einen nothwendigen Eid darüber im Erkenntnisse abzuforden.

§. 289 b. Wird in erster Instanz eine Thatsache für völlig erwiesen angenommen; so kann demjenigen, welcher darin sich gegründet hat, in den folgenden Instanzen kein Eid darüber zugeschoben werden; sondern es hängt lediglich vom richterlichen Ermessen ab: in wie fern von ihm noch ein nothwendiger Eid zu fordern sei. (§. 289 a.)

§. 290. Wenn eine Thatsache aus mehreren Umständen zusammen gesetzt ist, z. B. wenn mehrere Actus possessorii, wodurch Jemand ein Recht mittelst der Verjährung erworben haben will, darzuthun sind; so kann über einige derselben der Beweis durch Urkunden oder Zeugen geführt, über andere aber der Eid deferirt werden.

7) Von der Annahme und Zurückschiebung der Eide.

§. 291. Ein deferirter Eid muss, ausser dem §. 255. bestimmten Falle, entweder angenommen und abgeleistet, oder dem Deferenten zurück geschoben werden.

§. 292. Die Zurückschiebung eines deferirten Eides findet

1) niemals statt, wenn der Fiskus seinem Gegner einen Eid angetragen hat.
2) Wenn einem fiskalischen Bedienten, ingleichen einem Vormunde, oder dem Vorsteher einer Kirche, Schule, oder andern milden Stiftung, ein Eid de ignorantia angetragen worden ist; so muss derselbe, wenn er ihn zurück schiebt, die ausdrückliche Genehmigung der vorgesetzten Behörde nachweisen.

Rescript vom 5. Mai 1828, betreffend die Zurückschiebung eines dem Konkurs-Kurator deferirten Eides.

Der Kurator des Pastor N.schen erbschaftlichen Liquidations-Prozesses, Justiz-Kommissions-Rath N., hat sich über den, von dem Königl. Ober-Landesgericht angenommenen Grundsatz beschwert:

> daß ohne Einwilligung und Autorisation der Konkurs-Behörde, Seitens des Kurators die Referirung eines Eides nicht statt finde,

und daß, dem zu Folge, von ihm bei Gelegenheit der Relation eines ihm von der Wittwe N. über die Illation eines Kapitals von 2000 Rthlr. deferirten Eides verlangt worden:

> zu der gedachten Relation die Einwilligung und Autorisation der Behörde beizubringen

Dem Königlichen Ober-Landesgerichte wird eröffnet: daß der Justiz-Minister die Beschwerde gegründet, und das von dem Kollegio angenommene Prinzip durch die Gesetze nicht gerechtfertiget findet; denn der §. 292. Tit. 10. der A. G. O. verlangt bloß von fiskalischen Bedienten, Vormündern, Vorstehern einer Kirche, Schule, oder andern milden Stiftungen, die Beibringung der ausdrücklichen Genehmigung der vorgesetzten Behörde zur Relation eines de ignorantia angetragenen Eides, erwähnt aber nicht der Konkurs-Kuratoren.

Das Königliche Ober-Landesgericht hat daher von seinem Verlangen abzusehen, und demgemäß das Weitere, in Beziehung auf die Beschwerde des N. zu veranlassen.

(v. K. Jhrb. Bd. 31. S. 274.)

§. 293. Wenn unter mehreren Litiskonsorten, oder unter mehreren Mitgliedern eines Kollegii, einer Korporation oder Gemeine, einige den zugeschobenen Eid annehmen, andere aber denselben zurück schieben wollen; so muss zuvörderst darauf gesehen werden: ob nur der deferirte, oder nur der zurückgeschobene Eid, de veritate geleistet werden könne. In diesem Falle wird derjenige Theil zum Eide gelassen, welcher denselben aus eigener Kenntniss und Wissenschaft leisten kann.

Können aber beide Theile de veritate, oder beide nur de ignorantia schwören; so muss mit der Eidesleistung Anstand genommen, und dem künftigen Haupterkenntnisse die Bestimmung: von welcher Partei, vorkommenden Umständen nach, der Eid geschworen werden solle? überlassen werden.

Damit der Richter hierüber einen zweckmässigen Schluss fassen könne; so müssen diejenigen Mitglieder, welche den Eid nicht annehmen, sondern zurück schieben wollen, nach Vorschrift des §. 276. näher vernommen, und sodann nach den §. 274—278. vorgeschriebenen Grundsätzen, wie in dem Falle, wenn von mehreren Litiskonsorten oder Deputirten einer Korporation oder Gemeine, einige den bereits angenommenen Eid ableisten wollen, andere aber sich dessen weigern, verfahren werden.

§. 294. Nach erfolgter Annahme eines zugeschobenen Eides ist die Zurückschiebung desselben nicht mehr erlaubt. Wenn jedoch in dem zur Ableistung desselben anstehenden Termine derjenige, welcher den Eid zugeschoben hat, dem andern, welcher ihn schwören soll, Beweismittel, woraus das Gegentheil dessen, was geschworen werden soll, hervor zu gehen scheint, z. B. Urkunden, oder von Zeugen an Eides Statt ausgestellte Atteste vorlegt, die den Acceptanten zweifelhaft machen: ob er auch den angenommenen Eid mit gutem Gewissen leisten könne; so soll demselben noch erlaubt sein, ihn entweder dem Gegentheile zurück zu schieben, oder die Aufnehmung der von dem Gegner selbst angezeigten Beweismittel zu verlangen, ohne dass deswegen die §. 255. bestimmten nachtheiligen Folgen der Eidesablehnung wider ihn Anwendung finden können.

8) Wann die Acceptation oder Relation geschehen müsse.

§. 295. Die Erklärung über die Annahme oder Zurückschiebung eines Eides ist im Termine selbst, wenn nach regulirtem Statu controversiae die vorhandenen Beweismittel mit den Parteien durchgegangen werden, abzugeben.

§. 296. Wenn der Eid referirt wird; so muss der, welchem die Zurückschiebung geschieht, sich über die Acceptation sofort erklären, und findet deshalb keine Bedenkzeit statt. Daher muss eine Partei, wenn sie nicht in Person gegenwärtig ist, den Bevollmächtigten jedesmal zugleich instruiren: wie er sich bei erfolgender Eidesrelation zu verhalten habe.

9) Wer pro jurare nolente zu achten sei.

§. 297. Wenn derjenige, welcher den Eid ableisten soll, entweder erklärt, dass er selbigen nicht schwören könne, oder seine Erklärung darüber abzugeben verweigert; so ist er für einen solchen, der nicht schwören kann oder will (pro jurare nolente) zu achten, und mit der Instruktion der Sache, so fern es nöthig ist, weiter zu verfahren.

Auch wenn die Ableistung eines Eides im Laufe der Instruktion noch nicht erfolgen, sondern die Frage: ob es dieses Eides bedürfe? noch erst in dem künftigen Haupterkenntnisse mit bestimmt werden soll, muss dennoch die Erklärung darüber noch vor dem Schlusse der Instruktion abgegeben werden; also, dass, wenn dieses nicht geschehen ist, und der Richter nicht im Haupterkenntnisse findet, dass es auf den Eid wirklich ankomme, derjenige, welcher sich darüber hätte erklären sollen, pro jurare nolente geachtet, und die rechtliche Wirkung davon in dem Urtel unter einem festgesetzt werden muss.

10) Vom Widerrufe deferirter Eide.

§. 298. Ein deferirter Eid kann, nach erfolgter Acceptation nicht mehr widerrufen werden. Wenn jedoch der Deferent, nach der Acceptation, vor oder in dem Schwörungstermine selbst, Beweismittel, woraus das Gegentheil dessen, was geschworen werden soll, hervorzugehen scheint, es seien nun Urkunden, oder von Zeugen an Eides statt ausgestellte Atteste, beibrächte; so müssen selbige dem Gegentheile vorgelegt, und wenn er nichts desto weniger auf Ableistung des Eides besteht, die Abnahme desselben ausgesetzt, die Lage der Sache dem Kollegio angezeigt, und von diesem festgesetzt werden: ob mit der Aufnehmung dieser Beweismittel oder mit Ableistung des Eides zu verfahren sei.

§. 299. Hat das Gericht die Aufnehmung der Beweismittel verfügt, und es ergiebt sich in der Folge, dass das Gegentheil von dem, was geschworen werden sollen, dadurch gar nicht ausgemittelt worden; so kann der Deferent auf die einmal zurück genommene Eideszuschiebung nicht wiederum antragen. Vielmehr muss er in dem künftigen Haupterkenntnisse, ausser dem Ersatze der Kosten, mit nachdrücklicher Geld-, oder, im Unvermögensfalle, mit verhältnissmässiger Gefängnissstrafe belegt werden.

Ist hingegen durch die nachgebrachten Beweismittel das Gegentheil von dem, was der Acceptant beschwören wollen, vollständig ausgemittelt; so muss der Richter nach Beschaffenheit der Umstände, und je nachdem der Acceptant von dem, was er beschwören wollte, aus eigener Wissenschaft unterrichtet sein konnte, oder nicht, beurtheilen: in wie fern das Erbieten zur Eidesleistung für die Anzeige eines versuchten Meineides zu achten, und also deswegen mit besonderer peinlicher Untersuchung zu verfahren sei.

Ist durch die nachgebrachten Beweismittel die Thatsache, über die geschworen werden sollte, nur zum Theil ausgemittelt; so hängt es von richterlicher Beurtheilung ab, welcher von beiden Parteien noch ein nothwendiger Eid aufzulegen sein werde.

§. 300. Obige Vorschriften (§. 298. 299.) betreffen jedoch nur den Fall, wenn ein angenommener Eid, während des Laufes der Instruktion, unter Vorschützung anderer vorhandener Beweismittel, widerrufen werden will. Ist hingegen über die Erheblichkeit des Eides gestritten, und daher die Ableistung desselben ausgesetzt, in der Folge aber auf den Eid wirklich erkannt worden; so muss zwar, wenn der Deferent alsdann erst anderweitige Beweismittel beibringt, die Vorlegung derselben an denjenigen, welcher schwören soll, auch in diesem Falle geschehen; und dieser kann, wenn ihm aus sothanen Beweismitteln Zweifel und Bedenklichkeiten entstehen, den Eid nach Vorschrift §. 294. noch zurück schieben. Wenn er aber auf der Ableistung des erkannten Eides besteht; so streitet die Vermuthung für ihn, dass, bei allem Anscheine der gegenseitigen Beweismittel, die Sache sich dennoch so, wie er dieselbe beschwören will, wirklich verhalte. Er muss also zur Ableistung des rechtskräftigen Eides gelassen, und es kann mit der Aufnehmung der anderweitigen Beweismittel nicht verfahren werden; sondern es bleibt nur, nach Maassgabe des Inhalts und der Glaubwürdigkeit dieser anderweitigen Beweismittel, die besondere Untersuchung gegen den Schwörenden, wegen begangenen Meineides, vorbehalten. Es muss daher, wenn die anderweitig beigebrachten Beweismittel nicht unerhebliche Anzeigen von der Wahrheit des Gegentheils dessen, was geschworen werden soll, an die Hand geben, dem, welcher schwören will, darüber besondere und nachdrückliche Vorhaltung geschehen; auch müssen ihm die in den Gesetzen auf den Meineid verordneten schweren Strafen bestimmt und ausdrücklich bekannt gemacht werden.

§. 301. Von obiger Regel, dass nämlich ein zugeschobener Eid nach erfolgter Annahme nicht widerrufen werden könne (§. 298.), finden folgende Ausnahmen statt:

1) wenn die den Eid zuschiebende Partei erst nachher in Erfahrung bringt, dass ihr Gegner für ehrlos, oder für unfähig, nothwendige Eide zu schwören, erklärt worden ist;
2) wenn der Gegner zu denjenigen Personen gehört, welche nach §. 203. Nr. 5. von der Eidesleistung, nach gewöhnlichem Gerichtsgebrauche, ihres Glaubensbekenntnisses wegen dispensirt sind, und der Deferent zur Zeit der Eideszuschiebung davon keine Wissenschaft gehabt hat;
3) wenn der Gegentheil vor der Annahme verstorben ist, und seine Erben den Eid acceptiren.

In diesen Fällen muss der Zuschiebende, so bald dergleichen Umstände zu seiner Kenntniss gelangen, dem Gerichte anzeigen: ob und was für andere Beweismittel er in Vorschlag bringen könne; welchenfalls ihm der Widerruf des Eides gestattet wird.

§. 302. Ist ein Eid einmal widerrufen, und sind andere Beweismittel zur Aufklärung des streitigen Facti angegeben worden; so findet nach deren Aufnahme die Wiederholung der Eidesdelation nicht weiter statt; sondern es kommt, wie in dem Falle des §. 289., lediglich darauf an: ob der Richter, zu mehrerer Aufklärung und Ueberzeugung, noch von dem einen oder dem andern Theile die Ableistung eines Eides zu erfordern nöthig finde.

§. 303. Ein zurück geschobener Eid kann zwar in den Fällen des **§. 301.** ebenfalls widerrufen werden; doch kann auch in diesen Fällen derjenige, welcher einen ihm angetragenen Eid einmal zurück geschoben hat, sich zur eigenen Ableistung desselben nicht mehr erbieten; sondern er ist bloss berechtigt, die Aufnehmung der etwa sonst vorhandenen Beweismittel, ohne Besorgniss des **§. 255.** bestimmten Nachtheils, zu verlangen.

11) Normirung des Eides.

§. 304. Die Formel des abzuleistenden Eides muss von dem Instruenten, mit Zuziehung der Rechtsbeistände, entworfen werden; und er muss sich dabei zwar im Wesentlichen nach der geschehenen Zuschiebung richten; auf unerhebliche, zur Sache nicht gehörige Nebenumstände aber, welche von dem Deferenten etwa mit eingemengt worden sind, keine Rücksicht nehmen.

Anh. **§. 89.** *Die Gerichte müssen zugleich dahin sehen, dass sowohl überhaupt, als insbesondere in Injuriensachen, Sponsalien und Ehescheidungssachen jeder unanständige, die Ehrbarkeit beleidigende oder zum Gespötte Anlass gebende Ausdruck sorgfältig vermieden werde. In Fällen, wo es auf dergleichen Aeusserungen ankommt, sind daher die Eidesformeln bezugsweise auf die vor der Ableistung dem Schwörenden bekannt gemachten Gegenstände zu richten.*

Entnommen aus der Verordnung vom 26. Oktober 1799. §. 11.

12) Abnahme und Ableistung des Eides.

§. 305. Nach obigen Vorschriften (**§. 286.** u. f.) muss also ein deferirter Eid während der Instruktion schlechterdings entweder angenommen oder zurück geschoben, und, wenn Letzteres geschieht, die Erklärung über dessen Annahme von dem Deferenten sofort abgegeben werden. Ist bei der Erheblichkeit der Thatsache, welche durch den Eid ausgemittelt werden soll, an sich kein Zweifel; sind die Parteien darüber einig, welcher von ihnen schwören soll, und ist auch die Formel, nach welcher der Eid zu leisten ist nicht streitig; so muss mit der wirklichen Abnahme desselben noch vor dem gänzlichen Schlusse der Instruktion verfahren werden.

§. 306. Sobald aber, es sei über die Erheblichkeit der Thatsache, welche beschworen werden soll; oder über die Person, welche den Eid zu leisten hat; oder über die Formel desselben Streit oder Bedenken obwaltet: so kommt es darauf an:

ob die Annahme des Eides füglich ausgesetzt bleiben könne, ohne dadurch in der Instruktion überhaupt einen Aufenthalt zu verursachen?

oder:

ob der Umstand, welcher durch den Eid ausgemittelt werden soll, so beschaffen sei, dass die weitere Fortsetzung der Instruktion von dessen Erörterung abhänge.

§. 307. Im ersten Falle muss der Instruent sich damit begnügen, die Erklärungen über den Eid und dessen Formel bestimmt und umständlich aufzunehmen. Der, welcher schwören soll und will, muss also, wenn über die Formel des Eides gestritten wird, bestimmt angeben, wie er den Eid ableisten, und welche von dem Deferenten in den Antrag mit aufgenommenen Umstände er in die Eidesformel mit hinein nehmen könne und wolle oder nicht. Eben so müssen die übrigen Gründe, welche die Parteien zur Unterstützung ihrer Behauptungen über den bei dem Eide streitigen Punkt anführen, in dem Protokolle verzeichnet werden; die wirkliche Ableistung des Eides aber bleibt bis nach dem Haupterkenntnisse ausgesetzt. In diesem muss der Richter sowohl den wegen des Eides selbst entstandenen Streit entscheiden, und zugleich festsetzen: ob und wie nun der Eid geschworen werden, und was es für rechtliche Wirkung haben solle, wenn derselbe solchergestalt abgeleistet wird, oder nicht. Wenn also z. B. der Beklagte die eingeklagte Forderung einräumt, derselben aber den Einwand eines stillschweigend geschehenen Erlasses entgegen setzt, und über die Thatsache, woraus dieser Erlass gefolgert werden soll, den Eid zuschiebt; der Kläger hingegen die Thatsache zwar läugnet, und den darüber zugeschobenen Eid annimmt, zugleich aber behauptet, dass aus dieser Thatsache, wenn sie auch richtig wäre, kein Erlass rechtlich gefolgert werden könne; so ist es genug, wenn der Instruent die bestimmte Erklärung des Klägers, dass und wie er den Eid allenfalls leisten wolle, zum Protokolle nimmt; womit alsdann die Instruktion geschlossen und die Ableistung des Eides ausgesetzt wird. Findet nun der Richter, dass die angegebene Thatsache, wenn sie auch wahr wäre, dennoch den Einwand der Remission nicht begründen würde; so erkennt er, mit Uebergehung des zugeschobenen Eides, sogleich auf die Bezahlung der eingeklagten Schuld. Findet er aber im Gegentheile, dass, wenn die wirklich angegebene Thatsache richtig wäre, ein wirklich geschehener Erlass daraus rechtlich folgen würde; so erkennt er auf die Ableistung des Eides, und setzt zugleich die Wirkung auf die beiden Fälle, wenn derselbe geschworen wird, oder nicht, fest.

§. 308. Wenn aber der Umstand, welcher durch den Eid ausgemittelt werden soll, so beschaffen ist, dass die weitere Einleitung und Fortsetzung der Instruktion von der Erörterung desselben abhängt, z. B. wenn in dem angegebenen Beispiele der Beklagte die zum Grunde der Klage angeführten Thatsachen läugnet, und nur auf den Fall, dass diese dargethan werden könnten, den Einwand der stillschweigenden Remission entgegen setzt; folglich davon: ob durch den deferirten Eid die Richtigkeit des Einwandes dargethan werde oder nicht? die Bestimmung abhängt: in wie fern die Thatsachen, auf welchen die Klage beruhet, zu instruiren sein werden, oder unerörtert gelassen werden können; so ist ein Unterschied zu machen: ob der Prozess, in welchem ein solcher Fall sich ereignet, bei einem Gerichte, welches ein ordentlich formirtes Kollegium ausmacht, oder nur bei einem kleinern Untergerichte schwebe. Schwebt der Prozess bei einem ordentlich formirten Gerichte; so muss der Instruent, wenn er die bestimmten Erklärungen der Parteien: ob und wie der Eid allenfalls geschworen werden könne, oder solle, aufgenommen hat, die Akten zum Vortrag bei dem Kollegio einreichen; welcher Vortrag alsdann durch den ordentlichen Decernenten nach Vorschrift §. 47. 48. 49. erfolgen, und ein Konklusum darüber abgefasst werden muss.

Das Kollegium muss dabei mit reiflicher Erwägung aller Umstände darauf Rücksicht nehmen:

ob die Instruktion, welche auf den Fall nöthig sein würde, wenn der durch den Eid auszumittelnde Umstand vor der Hand unerörtert bliebe, ohne besondern Zeit- und Kostenaufwand bewerkstelligt werden könne;

oder:

ob diese Instruktion mit einem solchen beträchtlichen Zeit- und Kostenaufwande verbunden sein, und es dessen nicht bedürfen würde, wenn durch den zugeschobenen Eid die streitige Thatsache als richtig ausgemittelt werden könnte.

Erstern Falls,

wenn nämlich die Instruktion, welche für den Fall nöthig ist, wenn der Punkt wegen des Eides vor der Hand unerörtert bleibt, nicht mit besondern Weitläufigkeiten und Kosten verbunden wäre; z. B. wenn in dem angegebenen Beispiele das zum Grunde der Klage liegende Factum durch Abhörung der an Ort und Stelle gegenwärtigen Zeugen sofort ins Licht gesetzt werden kann;

muss das Kollegium die Fortsetzung der Instruktion verfügen, und den Punkt wegen des Eides dem künftigen Erkenntnisse vorbehalten.

Im letztern Falle hingegen,

wenn die Aussetzung des Eides eine sehr weitläufige und kostbare Instruktion nöthig machen würde, welche ganz vermieden werden könnte, wenn das Factum, worüber der Eid deferirt worden ist, richtig wäre;

muss das Kollegium den unter den Parteien über den Eid entstandenen Streit durch sein Konklusum entscheiden, und bei diesem Schlusse muss es für die gegenwärtige Instanz schlechterdings sein Bewenden haben; obgleich übrigens in der Sache selbst, so wie durchgehends, also auch darüber: in wie fern die Thatsache und der darüber geleistete Eid erheblich sind, oder nicht, und was daraus rechtlich folge? dem Richter in diesen und den folgenden Instanzen sein pflichtmässiger Befund unverschränkt bleibt.

Ereignet sich hingegen der Fall, dass während der Instruktion ein wegen eines Eides entstandener Streit durch ein solches vorläufiges Konklusum entschieden werden muss, bei einem kleinern Untergerichte, welches kein formirtes Kollegium ausmacht; so muss der Unterrichter, wenn er sich mit den Parteien und deren Beiständen über den wegen des Eides streitigen Punkt nicht vereinigen kann, die Entscheidung bis zum Erkenntnisse aussetzen, und unterdessen mit der Aufnehmung der übrigen Instruktion verfahren.

§. 309. Dem Schwörenden ist keine eigenmächtige Abänderung der einmal feststehenden Eidesformel, noch auch eine willkührliche Auslegung derselben, erlaubt. Weit weniger aber kann ihm gestattet werden, durch heimliche Zusätze oder Auslassungen (reservationes mentales) den Sinn der Worte zu verdrehen. Eine eigenmächtige Erklärung des Eides, wodurch demselben ein Sinn beigelegt wird, welcher den vorhergegangenen Verhandlungen nicht gemäss ist, kann den Schwörenden von der Strafe des Meineids niemals befreien.

§. 310. Soll jemand eidlich erhärten, dass er ein gewisses Quantum zu fordern habe; so steht ihm frei, im Schwörungstermine selbst den Eid auf eine mindere Summe zu richten; auf ein höheres Quantum aber kann er denselben nicht erweitern.

§. 311 a. Soll hingegen jemand, ein gewisses Quantum schuldig zu sein, eidlich ablehnen; so muss er entweder schwören: dass er gar nichts schuldig sei; oder wenn er ein geringeres Quantum eingesteht; so muss der Eid dahin: dass er dem Gegentheil nicht mehr, als er nachgegeben hat, schuldig geworden sei, gerichtet werden.

§. 311 b. Wenn durch den Eid zwei oder mehrere Thatsachen abgelehnt werden sollen, die nur dann, wenn sie insgesammt richtig wären, die rechtliche Folge, auf die es ankommt, begründen würden; so muss der Schwörende, wenn er auch die eine oder die andere dieser Thatsachen einräumt, dennoch zur eidlichen Ablehnung der übrigen zugelassen werden.

13) Von dem Eide de ignorantia.

§. 312. Wenn jemandem über eine Thatsache, wovon er aus eigener Wissenschaft nicht unterrichtet sein kann, der Eid zugeschoben wird; so muss er, wie sich von selbst versteht, schon im Verfahren Alles, was ihm von diesem Facto bewusst ist, angegeben haben; und alsdann darf er den Eid nur de ignorantia ableisten.

Rescript vom 23. Mai 1820, betreffend die Ableistung eines Eides über **facta tertii**.

Auf Veranlassung des von Ihrem Mandatario, Justiz-Kommissarius Schrader, Namens Ihrer, unterm 1. v. M., eingereichten Gesuchs, um Deklaration des in Ihrer Rechtssache wider den Kaufmann N. ergangenen Erkenntnisses, sind die Akten des Königlichen Ober-Landesgerichts zu Magdeburg erfordert worden. Da sich aus denselben ergiebt, daß das Erkenntniß zweiter Instanz in dieser Sache den Eid wörtlich so, wie er mit Zuziehung beider Theile vom Deputato normirt ist, aufgenommen hat, und da der §. 312. Tit. 10. Thl. I der A. G. O. die Partei, welcher der Eides-Antrag geschehen, wohl berechtiget, keinesweges aber verpflichtet, den Eid über facta tertii nur de ignorantia zu leisten; da ferner das Ober-Landesgericht in seinem auf Erfordern in der Sache erstatteten Berichte das Dasein eines Irrthums bei der fraglichen Urtheilsbestimmung speziell ablehnt, so fehlt es hier allerdings an dem gesetzlichen Falle, wo Declaratio sententiae gesucht und verfügt werden kann, und es erscheint sonach der von Ihnen wider die abschlägliche Bescheidung des Ober-Landesgerichts angenommene Rekurs unbegründet.

In wie fern Sie jedoch glauben, das Verfahren Ihres Mandatars in dem Instruktions-Termin und wegen Genehmigung des vom Deputato normirten Eides durch denselben noch rechtlich anfechten, oder den Mandatar in unmittelbaren Anspruch nehmen zu können, gehört zu Ihrer eigenen Prüfung und Entschließung.

(v. K. Jhrb Bd. 15. S. 269.)

§. 313. Es muss daher in einem solchen Falle der Instruent demjenigen, welcher schwören soll, Alles, was über die streitige Thatsache in den Akten bisher schon vorgekommen ist, nochmals vorhalten; ihn befragen: ob er sich auch die erforderliche Mühe gegeben habe, von dem wahren Hergange oder der Beschaffenheit der Sache Nachricht einzuziehen: z. B. ob er die zu dem Gute gehörigen Urkunden und Rechnungen, die Briefschaften seines Erblassers u. s. w., darüber nachgesehen; bei Personen, die seines Dafürhaltens davon Wissenschaft haben können, deshalb Erkundigung eingezogen habe u. s. w.; und wenn er sodann noch bei der Ableistung des Eides beharret; so muss er selbigen, wenn dadurch die Unrichtigkeit einer Thatsache ausgemittelt werden soll, dahin schwören: dass er allen angewandten Fleisses ungeachtet, weiter nichts von der Sache habe in Erfahrung bringen können, und er also nicht wisse, dass u. s. w. Soll durch einen dergleichen Eid die Richtigkeit einer Thatsache ausgemittelt werden; so ist derselbe dahin zu richten: dass der Schwörende, ausser den zu den Akten von ihm angezeigten, oder in denselben ausgemittelten Umständen, von der Sache nichts wisse, auch aller angewendeten Nachforschungen ungeachtet, nichts erfahren habe, wodurch die Behauptung,

dass etc.

widerlegt würde.

14) Verfahren bei der Ableistung des Eides.

§. 314. Die Ableistung des Eides muss von der Partei in Person geschehen; die Vertretung durch einen Bevollmächtigten ist nicht anders, als mit ausdrücklicher Bewilligung des Gegentheils zulässig.

§. 315. Der Schwörende muss den Eid mit nachgesprochenen Worten, und in der nach dem Gerichtsbrauche üblichen Stellung ableisten. Nur allein bei fürstlichen Personen, bei Mennoniten und andern Religionsverwandten, welche unter der ausdrücklichen Erlaubniss, keinen körperlichen Eid leisten zu dürfen, im Staate aufgenommen sind, ingleichen wegen der Tauben und Stummen, finden die Vorschriften **§. 203. Nr. 1. 5.** und **6.** und **§. 227. Nr. 3.** auch bei solchen Eidesableistungen statt.

C. O. vom 15. September 1836, betreffend die Eidesleistung fürstlicher Personen; s. zu §. 203. No. 1. h. t.

§. 316. Der Eid wird mit den Worten:

Ich . . . . . schwöre bei Gott dem Allmächtigen und Allwissenden, dass etc.

eröffnet, und am Schlusse desselben wird die nach Unterschied der verschiedenen christlichen Religionsparteien übliche Bekrättigungsformel beigefügt.

1) **Rescript** vom 7. März 1796, betreffend die genaue Beobachtung der Vorschriften bei Eidesabnahmen.

Da die zeitherige Erfahrung gelehrt, daß bei Unsern Gerichtshöfen die Eidesleistungen noch öfters mit vielem Leichtsinn geschehen, und daß von den Schwörenden die Wichtigkeit eines Eidschwurs, und die großen Verpflichtungen, welche sie dadurch übernehmen, öfters nicht reiflich genug erwogen, noch ihnen solche gehörig zu Gemüthe geführt werden; so sehen Wir Uns dadurch veranlaßt, Euch die möglichste Wachsamkeit gegen den Mißbrauch der Eide selbst, gegen ein leichtsinniges, die Würde des Eides entehrendes Verfahren bei der Abnehmung und Ableistung, und überhaupt gegen die genaue Beobachtung der hierunter vorhandenen gesetzlichen Vorschriften auch in diesem Stücke hierdurch ernstlich einzuschärfen, und habt Ihr zu dem Ende

1) sowohl überhaupt als bei den Justiz-Visitationen darauf vorzüglich zu invigiliren, ob die in der A. G. O. Thl. I. Tit. 10. §§. 204. 309. 368. vornehmlich auch §. 372. in Absicht der Eideshandlung ertheilten Vorschriften aufs pünktlichste befolget werden.

2) Habt Ihr die Eidesabnahme, wo und so oft es nur irgend thunlich ist, nur solchen Personen anzuvertrauen, welche durch bewährte Rechtschaffenheit, und durch Ernst und Würde, selbst im Aeußern, den Schwörenden Achtung einflößen können. Insonderheit muß

3) zu den Admonitionen kein Prediger gewählt werden, der in Absicht seiner Amtstreue, seiner Gesinnung und seines Lebenswandels in notorisch schlechtem, oder doch zweideutigem Rufe stehet.

Endlich muß

4) in keinem Falle dem Eidesabnehmer gestattet werden, die bei protestantischen Glaubensgenossen eingeführte Betheurungs-Formel: So wahr mir Gott helfe, durch Jesum Christum zur Seligkeit, abzukürzen oder zu verändern.

Hiernach habt Ihr Euch nicht nur selbst gehorsamst zu achten, sondern auch die unter Euch stehenden Gerichte zu instruiren.

(Stengels Beitr. Bd. II. S. 172. und NCC. T. X. S. 91. No. 15. de 1796.)

2) **C. O.** vom 8 August 1835, betreffend die Bekräftigungs-Formel bei den Eiden der katholischen Konfessions-Verwandten.

Ich habe bereits im Landtags-Abschiede für die Provinz Westphalen vom 22. Juli 1832 auf den Antrag der dortigen Stände genehmigt, daß bei den Eiden der katholischen Konfessions-Verwandten die früher üblich gewesene Bekräftigungs-Formel: So wahr mir Gott helfe und sein heiliges Evangelium, wieder hergestellt werde, und da Ich aus Ihrem Berichte vom 16. v. M. ersehe, daß diese Formel, als den Grundsätzen der katholischen Kirche angemessen, auch für die katholischen Konfessions-Verwandten in den andern Provinzen anwendbar ist, so verordne Ich, auf Ihren Antrag und in Uebereinstimmung mit dem Gutachten der katholisch-geistlichen Behörden, für alle Provinzen der Monarchie in welchen die A. G. O. und die Cr. O. verbindliche Kraft haben, daß die Bekräftigungs-Formel bei allen Eiden der katholischen Konfessions-Verwandten, sowohl in Civil- als in Kriminalsachen und auch bei ihren Diensteiden dahin gefaßt werden soll: „So wahr mir Gott helfe und sein heiliges Evangelium." Die Formel, welche die Cr. O. im §. 334. bei Zeugeneiden katholischer Konfessions-Verwandten vorschreibt, ist hierdurch aufgehoben.

(G. S. S. 182.)

15) Eide der Juden.

§. 317. Alle Eide der Juden, die ihnen von dem Gegentheil zu- oder zurück geschoben, oder von dem Richter auferlegt worden sind, sollen in der Synagoge, oder Schule, abgeleistet werden.

1) conf. **Edikt** vom 11. März 1812, betreffend die bürgerlichen Verhältnisse der Juden, und **Verordnung** vom 1. Juni 1833 wegen des Judenwesens im Großherzogthum Posen (resp. § 22. und §. 20, wonach bei den Eidesleistungen der Juden die Vorschriften §. 317 — 351. dieses Titels noch ferner zu beobachten sind.)

2) **Gutachten** des Ober-Landrabbiners und der jüdischen Assessoren zu Berlin vom 15 August 1805, betreffend das Lokal zu Eidesleistungen der Juden.

Auf Ansuchen des hiesigen Herrn S. A. L. geben wir demselben das nach Allerhöchstem Decreto eines Königlichen Hochpreißl. Kammergerichts erforderliche Gutachten über das zu jüdischen Eiden erforderliche Lokale.

Bereits im Jahre 1802 haben wir auf Befehl Sr. Excellenz des Herrn Großkanzlers über diesen Gegenstand einen Bericht abgestattet, dessen wesentlichen Inhalt wir hier zuförderst wiederholen.

Die Ableistung des Juden-Eides in der Synagoge ist deswegen eingeführt, weil

1) die Thora dabei erforderlich, und man diese nur in höchst dringenden Fällen von einem Ort zum andern bringt, und weil

2) die Feierlichkeit der Handlung durch das Ehrwürdige des Orts vermehrt wird, und der Eindruck, welchen die Synagoge auf jeden Israeliten macht, ihn noch mehr von einem, in moralischer, religiöser und bürgerlicher Hinsicht gleich großen Verbrechen abschreckt. Daß

3) der Name Adonai in dem Verse 8. Kap. 16. der Psalmen, welcher sich auf einer Tafel vor dem Kantor befindet, ein unerläßliches Erforderniß ist, giebt keinen triftigen Grund in jener Rücksicht, weil denselben Dienst jedes gedruckte Buch, worin dieser Name mit seinen Mitlautern steht, verrichten kann.

Nicht also, wie Stengel in seinen Beiträgen Bd. 13. S. 345 sagt, dieser letzte Umstand, sondern jene erstere haben das in der A. G. R. Th. I. Tit. 10. §. 317. und 18. befindliche Gesetz veranlaßt, nach welchem

Juden-Eide in der Synagoge und in Ermangelung derselben, in einem zu gottesdienstlichen Handlungen angewiesenen Orte abgehalten werden müssen

Vollkommen einverstanden mit den Gründen dieses Gesetzes, können wir von der Eidesleistung in der Synagoge nur alsdann dispensiren, wenn ein Arzt gesetzlich attestirt:

daß der Schwörende sich nicht ohne Gefahr für seine Gesundheit dahin begeben könne.

Dieser allgemeinen Voraussetzung zufolge, erklären wir im vorliegenden Falle den Herrn S. A. L. allerdings für verbunden, den zu leistenden Eid in der hiesigen großen Synagoge abzulegen, wofern er nicht, wie oben erwähnt, ein Zeugniß des Arztes über die für ihn daraus entstehende Gefahr beibringen kann. Aber auch in diesem Falle müßte er die Eidesleistung in irgend einem nähern und gesündern Bethause verrichten, wenn er nicht durch Attest des Arztes erweislich macht, daß sein körperlicher Zustand auch diese Bewegung nicht ertrage.

Wenn diese Atteste beigebracht werden, und Hr. ꝛc. L. zur Eidesleistung in seinem Hause zugelassen wird, so ist hierbei erforderlich, daß

1) alle in der A. G. O. Th. I. Tit. 10. §. 317. seq. vorgeschriebene Formalitäten auf das genaueste beobachtet werden, die Thora, das Waschen der Hände und dergl. und auch der oberwähnte Vers 8. Kap. 16. der Psalmen in einem gedruckten Buche vorgezeigt werde, und daß

2) der hierzu requirirte jüdische Gelehrte dem Schwörenden bei Vorlesung der Verwarnungen den Umstand deutlich ans Herz lege, wie die Wichtigkeit des zu leistenden Eides und das Schändliche und Straffällige eines Meineides durch das Profane des Lokals nicht im geringsten geschwächt werde, und daß, wenn ihm wegen seiner Kränklichkeit und seines hohen Alters gestattet wird, diesen Eid außerhalb des gewöhnlichen Ortes zu leisten, eben dieser Umstand ihn auch an den furchtbaren Richter über Leben und Tod, den Rächer des Meineides um so lebhafter erinnern müsse.

(Mathis Bd. 2. S. 38. 2. Abschn.)

§. 318. An Orten, wo keine eigentliche Schule sich befindet, muss die Ableistung des Eides in demjenigen Zimmer, oder anderem Privatgelasse geschehen, wo die daselbst wohnenden Juden ihre gottesdienstlichen Zusammenkünfte zu halten pflegen.

§. 319. Den Fall dringender Nothwendigkeit ausgenommen, sollen die Juden an Sabbaths-, Fest- und Busstagen mit Eidesleistungen verschont werden.

§. 320. Zwei Neujahrstage, ein Versöhnungstag, der erste, zweite, achte und neunte Lauberhütten-, der erste, zweite, siebente und achte Ostertag, und zwei Pfingsttage, sind als dergleichen jüdische Festtage anzusehen.

Anh. **§. 90.** ***Dahin ist noch zu rechnen:***

der Tag vor dem jüdischen Neujahr,

der siebente Lauberhüttentag,
der Tag des Andenkens an die Stadt Jerusalem.

Gutachten des Ober-Landrabbiners vom 5. Mai 1801, betr. die jüdischen Festtage, an welchen keine Eidesleistungen vorzunehmen sind, und den Gebrauch des Wortes Jehovah bei den Eidesleistungen. s. zu §. 337 h. t.

§. 321. Die jüdischen Busstage nehmen mit dem ersten jüdischen Neujahrstage ihren Anfang, und endigen sich mit dem Versöhnungsfeste.

§. 322. Unter allen übrigen vorstehend nicht benannten Tagen, bleibt die Auswahl des Termins zur Eidesleistung dem Richter lediglich anheim gestellt.

§. 323. Doch kann es an Orten, wo es bisher üblich gewesen, die Judeneide an einem Montage oder Donnerstage abzunehmen, dabei ferner sein Bewenden haben.

§. 324. Zu jeder Eidesleistung muss der Sshwörende zwei Zeugen mitbringen; auch muss der Rabbiner des Orts, oder ein jüdischer Assessor,, oder Gelehrter, gegenwärtig sein.

1) **Rescript** vom 9. Juni 1812, betr. die Verpflichtung der jüdischen Gelehrten zur Assistenz bei Eidesleistungen.

Aus dem Berichte des Königl. Oberlandesgerichts zu Breslau vom 24. v. M. über die Beschwerde des Kommissarii G. ist zu ersehen, daß dasselbe der Meinung ist, daß die jüdischen Gelehrten im Fall ihrer ferneren Weigerung durch Zwangsmittel zur Assistenz bei dem von dem G. zu leistenden Eide anzuhalten sind. Da diese Meinung nach den Gesetzen für gegründet zu achten, indem die Beurtheilung der Fähigkeit eines Menschen zur Eidesleistung und die Wirkung eines geleisteten Eides keinesweges von der anmaaßlichen Entscheidung der Rabbiner und jüdischen Gelehrten abhängig, sondern lediglich dem Ermessen der Obrigkeit nach den Vorschriften des bürgerlichen Rechts zu überlassen, hiernach aber der rc. G. wegen seiner Verheirathung mit einer geschiedenen Frau und seiner supponirten Abstammung von Aron für unfähig zur Ableistung eines Eides nicht zu halten, am wenigsten aber den Rabbinern und jüdischen Gelehrten die Befugniß einzuräumen ist, in Civil-Streitigkeiten den Fortgang des rechtlichen Verfahrens durch Verweigerung der ihnen nach der A. G. O. Th. I. Tit. 10. §. 324 obliegenden Funktionen zu hemmen, und die Definitiv-Entscheidung durch Einwendungen, die nur das Gewissen des Schwörenden und das Interesse seines Gegners angehen, zu verzögern; so hat das Königl. Ober-Landesgericht die Rabbiner und die jüdischen Gelehrten nachdrücklich zurechtzuweisen und weiter in der Sache rechtlich zu verfahren.
(v. K. Jahrb. Bd. 1. S. 62.)

2) **Rescript** vom 13. Februar 1826 nebst **Schreiben** vom 11. März 1825, betr. die bei Eidesleistungen der Juden zuzuziehenden Religionsbeamten.

Dem Königl. Oberlandesgericht wird auf den Bericht vom 14. Oktober v. J., wegen der bei Eidesleistungen jüdischer Glaubensgenossen in den Provinzialstädten zuzuziehenden jüdischen Religionsbeamten, im Einverständniß mit dem Königl. Ministerio der geistlichen Angelegenheiten, unter abschriftlicher Mittheilung des darauf Bezug habenden Schreibens vom 11. März v. J. eröffnet, daß in Fällen der betreffenden Art Seitens der Gerichte von den Aeltesten oder Vorstehern der Juden-Gemeinde jedes Orts eine Erklärung darüber zu erfordern ist: welcher Person sie sich als eines Rabbiners, Assessors oder sogenannten jüdischen Gelehrten bediene.
Berlin, den 13. Februar 1826.

Ew. Excellenz beehren wir uns, auf den zur Aeußerung gefälligst mitgetheilten Bericht des Königl. Kammergerichts vom 27. Januar c. wegen der bei Eidesleistungen jüdischer Glaubensgenossen in den Provinzialstädten zuzuziehenden jüdischen Religionsbeamten, ganz ergebenst zu erwiedern, daß den Gerichten in den Fällen der betreffenden Art nur übrig bleiben wird, von den Aeltesten oder Vorstehern der

Juden-Gemeinde jedes Orts eine Erklärung darüber zu erfordern: welcher Person sie sich als eines Rabbiners, Assessors oder sogenannten jüdischen Gelehrten bedient. Denn da die jüdische Religion in unserem Staate bloß geduldet wird, so haben die Bekenner derselben keine kirchlichen Offizianten, welche als solche von der Obrigkeit anzuerkennen oder zu bestätigen wären. Die Wahl der Personen, deren die Juden-Gemeinden sich zu ihren kirchlichen Verrichtungen oder sonstigen religiösen Gebräuchen bedienen wollen, ist lediglich ihnen selbst überlassen, und es können daher auch nur die Gemeinde-Vorsteher oder Aeltesten Auskunft darüber geben, wer diese Personen sind. Berlin, den 11. März 1825.

v. Altenstein. v. Schuckmann.

(Act. des Justizm. Gen. J. No. 24. Vol. I. fol. 91 u. 103.)

3) **Rescript** vom 6. Mai 1833, betr. die Eidesabnahme-Gebühren der Rabbiner.

Dem Königl. Oberlandesgerichte wird auf den Bericht vom 23. v. M. zum Bescheide ertheilt: daß die Rabbiner und Juden-Beglaubte, welche nach den bestehenden Gesetzen bei Abnahme eines Juden-Eides zugezogen werden müssen, als Beamte einer bloß geduldeten Religionsgesellschaft,

§. 20. Tit. 11. Th. II. des A. L. R.,

nicht zu den Staatsbeamten gehören. Sie haben daher auch in dieser Beziehung keine Verpflichtung, den Aufforderungen der Gerichte zu genügen, wenn ihnen nicht die, in der Sporteltaxe ausgesetzte Entschädigung für die ihnen durch Abnahme eines Juden-Eides allemal entstehende Versäumniß gewährt wird.

Der Justizminister hat daher schon bei anderer Gelegenheit nachgegeben, daß diese Versäumnißkosten in unvermögenden Untersuchungssachen, gleich andern baaren Auslagen, aus dem Criminalfonds entnommen werden dürfen.

Auch in Armen-Prozeßsachen gehören die Gebühren des Rabbiners und des Juden-Beglaubten bei Abnahme eines Juden-Eides zu den baaren Auslagen, welche gleich der, den Zeugen zu gewährenden Entschädigung, aus der Salarienkasse des betreffenden Gerichts entnommen werden müssen.

Da jedoch in einem solchen Falle nur die niedrigsten Sätze der Allgemeinen Gebührentaxe bewilligt werden können, und es überhaupt nicht angemessen ist, dergleichen Gebühren, welche principaliter von den Parteien eingezogen werden müssen, aus der Salarienkasse vorzuschießen, so können solche überhaupt nur dann bezahlt werden,

a) wenn sie von den Parteien zur Salarienkasse eingezogen, oder durch Kostenvorschuß gedeckt werden, oder

b) wenn das Unvermögen der Parteien, solche zu zahlen, feststeht.

(v. K. Jahrb. Bd. 41. S. 426.)

§. 325. Dieser Rabbiner, Assessor, oder Gelehrte kann, im Nothfalle, zugleich die Stelle des zweiten Zeugen vertreten.

§. 326. Ist die Gegenpartei des Schwörenden ein im Orte sich aufhaltender Jude; so muss auch dieser bei der Eidesleistung in Person erscheinen.

§. 327. Diesem wird durch den Rabbiner, Assessor, oder Gelehrten die Strafe des Bannes angedroht, wenn er etwa ohne Grund auf der Eidesleistung bestünde.

§. 328. Diese Ankündigung muss derselbe mit Amen beantworten.

§. 329. Der Schwörende selbst muss sich zur Eidesleistung durch Abwaschung der Hände, und durch Anlegung des Gebetmantels und der Gebetschnur, vorbereiten.

Anh. **§. 91.** *Bei den Eidesleistungen der Jüdinnen bedarf es der Anlegung des Gebetmantels und der Gebetschnur nicht.*

1) **Rescript** vom 25. Novbr. 1799 und **Cirkular-Rescript** vom 19. Dezember 1799 (VI.), betr. die Förmlichkeiten bei Eidesleistungen der Jüdinnen. (N. C. C. T. X. S. 2687 und 2713) aufgenommen in §. 91. des Anh.

2) **Rescript** vom 20. Oktober 1804 nebst Gutachten, betr. die Förmlichkeiten bei den Eidesleistungen der Juden.

Auf Euren allerunterthänigsten Bericht vom 23. Juli c.
betreffend die bei Eidesleistungen der Juden aufgestoßenen Bedenklichkeiten, lassen Wir Euch das von dem hiesigen jüdischen Gericht unterm 3. d. M. deshalb erstattete Gutachten zufertigen, um Euch selbst danach zu achten und den Justiz-Kommissarius und Justitiarius ꝛc. ꝛc. danach zu bescheiden, wobei es sich übrigens von selbst versteht, daß es bei der Vorschrift der A. G. O. Th. I. Tit. 10. §. 347. lediglich sein Bewenden behält.
Berlin, den 20. Oktober 1804.

Gutachten der jüdischen Gerichte zu Berlin.

Auf die in Ew. Königlichen Majestät ꝛc. Befehl vom 6. m. pr. uns vorgelegten Fragen, als:
1) ob eine Frauensperson den Eid mit der Thora im Arm leisten könne?
2) in dem Fall, wenn der Rabbiner der deutschen Sprache unkundig ist, ob die vor Ablegung des Eides vorgeschriebene Ermahnung auch durch einen andern der deutschen Sprache kundigen Juden, oder in Ermangelung dessen von dem Richter geschehen könne, ohne dem Eide an Gültigkeit und Feierlichkeit nachtheilig zu sein?
3) ob der Schwörende von seinem Gegner angehalten werden könne, den Eid ohne Schuhe oder Stiefeln zu leisten und ob hierin eine besondere Feierlichkeit liege?

ermangeln wir nicht, folgende Beantwortung abzugeben:

ad 1) Einer jeden schwörenden Frauensperson wird, wie einer jeden schwörenden Mannsperson, die Thora aus dem Schranken überreicht; der Unterschied liegt nur darin, daß die Mannsperson sich auch mit dem Gebetmantel bekleiden muß, die Frauensperson aber davon befreiet ist, weil sie bei allen andern Ceremonien und Feierlichkeiten sich dessen nicht bedient. Wenn sie aber ihre Menses hat, dann darf sie die Thora nicht berühren, und muß, wenn der Gegner darauf besteht, daß sie die Thora im Arm nehmen soll, die Leistung des Eides aufgeschoben werden.

ad 2) Die vorgeschriebene Ermahnung vor Ablegung des Eides ist aus dem Choschen Mischpat Kap 87. extrahirt, und in dem Cirkular vom 1. Mai 1786 in deutscher Sprache übertragen, demnach kann der Rabbi, wenn er der deutschen Sprache nicht kundig ist, den Schwörenden in seiner gewöhnlichen Art, welche idioma einem jeden deutschen Juden verständlich ist, ermahnen. Es kann solches auch von einem jeden andern Juden, oder auch von dem Richter geschehen, welches ohne Unterschied den Eindruck machen muß, daß der Schwörende ganz sicher und ohne allen Zweifel den Eid leisten kann. Da aber vielleicht zu besorgen steht, daß bei einem aus der niedern Klasse die Ermahnung von einem seines Gleichen, oder die von dem Richter nicht solchen Eindruck machen möchte, als wenn sie von dem Rabbiner geschieht, so könnte der Richter dem Rabbi darin Beihülfe leisten, daß das Formular, welches mit deutschen Buchstaben gedruckt ist, mit jüdisch deutschen Buchstaben in deutscher Sprache gesetzt werde, woraus dann die Ermahnung von dem Rabbiner in Gegenwart des Richters geschehen könnte.

ad 3) Das Ausziehen der Schuhe oder Stiefeln bei Eidesleistungen ist nie im Gebrauch gewesen, und obgleich in dem Choschen Mischpat §. 87. gesagt wird, daß das Gericht nach Umständen den Eid mit mehreren Feierlichkeiten anordnen kann, so bestände dieses in andern Ceremonien, nicht aber durch Abziehen der Schuhe oder Stiefel.

Uns dünkt, daß jemand dadurch auf diesen Einfall gekommen sein mag, weil in dem ehemaligen Polen bei den christlichen Gerichten solches Observanz war, bei der jüdischen Nation aber ist es weder in Polen, noch in andern Landen Gebrauch gewesen.
Berlin, den 3. Oktober 1804.
(Neues Archiv Bd. 3. S. 375.)

§. 330. Vor wirklicher Ableistung des Eides muss der Rabbiner oder Gelehrte dem Schwörenden nachstehende Warnung vorhalten:

Ein jeder gläubiger Israelit ist schuldig, der Obrigkeit, sie sei jüdisch oder christlich, bei Rechtsstreitigkeiten die Wahrheit zu gestehen, und solche, auf ihr Begehren, mit einem Eide zu bekräftigen. Ein von der christlichen Obrigkeit geforderter Eid ist also, nach der Lehre der Rabbiner, für keinen unrechtmässiger Weise erzwungenen Eid zu achten. Wer daher die christliche Obrigkeit durch einen falschen Eid hintergeht, oder dabei etwas anders denkt, als er sagt, der entheiligt den Namen Gottes und begeht einen Meineid. Der Meineid ist das schrecklichste Verbrechen, dessen sich der Mensch schuldig machen kann. Die ganze sittliche Welt beruhet (wie die Rabbiner sagen) auf dreierlei: auf Recht, Wahrheit, und Frieden. Ungerechtigkeit und Lügen sind also schon an sich selbst höchst strafbare Verbrechen, indem sie die Zerrüttung der sittlichen Welt zur Folge haben. Bei einem Meineide kommt der Frevel dazu, dass der Meineidige den Gott der Wahrheit zum Zeugen der Unwahrheit, und den Gott der Gerechtigkeit selbst zur Bestrafung der Ungerechtigkeiten auffordert, und also den Namen des Allerhöchsten bei einer sehr schändlichen That missbraucht.

Daher auch die ganze Welt erschüttert worden, als der Gott unserer Väter auf dem Berge Sinai die Worte hat hören lassen:

Du sollst den Namen des Ewigen, deines Gottes, nicht bei einer Unwahrheit missbrauchen.

Wenn jeder andere Verbrecher durch Busse und Sinnesänderung von der Strafe Gottes sich befreien kann; so kann doch der Meineidige, durch die stärkste Busse, ohne hinlänglichen Ersatz, keine Vergebung hoffen; denn es heisst ausdrücklich:

Der Ewige, dein Gott, wird denjenigen nicht ungestraft lassen, der seinen Namen bei einer Unwahrheit missbraucht.

Bei einem jeden andern Verbrechen trifft die Strafe bloss den Sünder und die Mitschuldigen, oder die dem Uebel hätten steuern können; bei einem Meineide aber leidet die ganze Familie des Verbrechers; ja das ganze Land, in welchem er wohnt, empfindet die darauf folgende göttliche Strafe.

Bei einem jeden andern Verbrechen wird dem Verbrecher öfter, durch die Langmuth des barmherzigen Gottes, eine Zeitlang nachgesehen; auf einen Meineid aber folgt die Strafe unverzüglich, und alsofort; denn so heisst es in dem Propheten Zach. Kap. 5. V. 4.

Ich will den Fluch hervorbringen, spricht der Herr Zebaoth, dass er soll kommen über das Haus des Diebes, und über das Haus derer, die bei meinem Namen fälschlich schwören, und er soll bleiben in ihrem Hause, und soll es verzehren, sammt seinem Holz und Steinen.

§. 331. Dem Rabbiner oder Gelehrten steht es frei, dieser vorgeschriebenen Warnung noch andere schickliche, den Umständen angemessene Vermahnungen und Gründe beizufügen.

§. 332. Nach dieser Admonition muss die dabei gegenwärtige Gerichtsperson, mit Beihülfe der jüdischen Gelehrten, die Sühne nochmals versuchen.

§. 333. Läuft dieser Versuch fruchtlos ab, und besteht also der Gegentheil auf der Ableistung des Eides; so rufen die anwesenden Juden einander zu:

Weichet von dem Aufenthalte dieser frevelhaften Leute!

worauf sich alle übrigen Juden, bis auf den Rabbiner oder Assessor, und die Zeugen, entfernen.

§. 334. Der Rabbiner oder Assessor redet darauf den Schwörenden an:

Wisse, dass du nicht nach deinem Sinne und deiner Auslegung der Worte, sondern nach dem Verstande, den wir und die Richter mit den Worten verbinden, den Eid ablegest.

§. 335. Nach dieser zweiten Ermahnung tritt der Schwörende vor den Gesetzschrank; der Klopfer öffnet die Thür des Schrankes, nimmt eine bekleidete Thora heraus, und giebt sie dem Schwörenden in den Arm.

§. 336. Alsdann wird dem Schwörenden, wenn derselbe Geschriebenes lesen kann, die Formel des Eides, welchen er ableisten soll, in die Hand gegeben, und er eröffnet den Schwur mit den Worten:

Ich schwöre bei Adonai, dem Gott Israels etc.

Am Schlusse des Eides wird die Bekräftigungsformel beigefügt:

wenn ich falsch schwöre; so müssen mich alle die Strafen treffen, welche mir in der geschehenen Vermahnung angedeutet worden sind. Amen.

1) **Rescript** vom 20. Oktober 1804 nebst Gutachten, betr. die Förmlichkeiten bei den Eidesleistungen der Juden; s. zu §. 329. h. t.

2) **Rescript** vom 6. Febr. 1812, betr. die Form der Homagialeide der Juden.

Dem Königl. Oberlandesgerichte zu Breslau wird auf dessen Bericht vom 18. Dezember d. J., betreffend die Homagial-Eide der Juden, eröffnet, daß hierüber mit des Herrn Staatskanzlers Excellenz kommunicirt, und es der Natur der Sache ganz angemessen befunden ist, daß bei der Abnahme des von einem Juden zu leistenden Homagial-Eides eben die Formen und Feierlichkeiten, welche die A. G. O. Th. I. Tit. 10. §. 317. bis 342. vorschreibt, nur mit den, aus der Verschiedenheit des Zweckes und des Gegenstandes des Homagial-Eides sich ergebenden Modifikationen, zu beobachten sind.

So wie es sich daher von selbst versteht, daß die in den §§. 326—328. und 332. 333. a. a. O. gegebenen Vorschriften bei den Homagial-Eiden wegfallen, so ist auch die, nach §. 330. ebendaselbst dem Schwörenden vorzuhaltende Warnung dahin passender zu bestimmen:

Ein jeder gläubiger Israelit ist schuldig, vor der Obrigkeit, sie sei jüdisch oder christlich, seine Verpflichtung zur Wahrhaftigkeit mit vorzüglicher Aufmerksamkeit zu erwägen, und treu und aufrichtig zu erfüllen.

Ein, von der christlichen Obrigkeit zur Bekräftigung der Wahrheit geäußerter Gesinnungen und des festen Vorsatzes der unverbrüchlichen Beobachtung bürgerlicher Verpflichtungen und Zusagen geforderter Eid, ist also nach der Lehre der Rabbiner für keinen unrechtmäßigen erzwungenen Eid zu achten u. s. w.

Ferner können auch zum §. 334. a. a. O. statt der Formel:

„den wir und die Richter“

die Worte gesetzt werden:

„den wir und die Obrigkeit ꝛc.“;

und gleich wie zum §. 336. ebendaselbst nach den Worten:

„Ich schwöre bei Adonai, dem Gott Israels ꝛc.“

die Formel des Homagial-Eides eingerückt werden muß; so ergiebt es sich ohnehin, daß am Schlusse des Eides die in dem allegirten §. 336. bemerkte Bekräftigungs-formel beizufügen ist. Das Königl. Oberlandesgericht wird sich nach dieser Anleitung zu achten wissen.

(v. K. Jahrb. Bd. 2. S. 194.)

3) a. **C. O.** vom 30. Oktbr. 1829, betr. die Form des Soldateneides jüdischer Glaubensgenossen.

Ich genehmige hiermit den Mir von Ihnen vorgeschlagenen Soldaten-Eid für die jüdischen Glaubensgenossen, wonach der gewöhnliche christliche Soldateneid beizubehalten, und nur der Anfang desselben nach dem Vorschlage des Vice-Ober-Rabbiner Weyl in folgender Art abzuändern ist:

„Ich schwöre ohne die mindeste Hinterlist und Nebengedanken, auch
„nicht nach meinem etwanigen darin liegenden Sinn und Auslegung
„der Worte, sondern nach dem Sinne des Allmächtigen und dessen
„Gesalbten unseren theuren Königs, bei dem Namen des heiligen
„allmächtigen Gottes, daß ich treu u. s. w."

auch die Schlußworte: „durch Jesum Christum" wegzulassen sind. Ich trage Ihnen auf, dessen Anwendung zu verfügen, und durch das Ministerium für den Cultus eine zweckmäßige Vorbereitung zur Ableistung dieses Eides in einer gottesdienstlichen Versammlung zu veranlassen.

An
den Kriegsminister Generallieutenant v. Boyen.

(Act. des Justizm. Gen. J. No. 24. Vol. I. fol. 40.)

b. **Rescript** des Staatsministerii vom 2. Juli 1821, betreffend die promissorischen und Diensteide der Juden.

Die Regierung argumentirt in dem Bericht vom 23. Dezember v. J., worin Sie gegen die Art der von dem Königl. Ministerio des Handels angeordneten Vereidigung des Bauinspektors S. remonstrirt, und die Königl. Genehmigung zur Feststellung der Norm des Eides für erforderlich hält, nicht richtig, wenn Sie voraussetzt, daß, weil in den Gesetzen nur von Eiden der Juden vor dem Richter etwas vorkomme, alle Eide der Juden auch nur vor dem Richter gültigerweise geleistet werden könnten.

Die Königl. Regierung übersieht dabei, daß in den von ihr gemeinten Gesetzen nur von assertorischen Eiden die Rede ist, welche wesentlich und sofern von den promissorischen verschieden sind, daß auch selbst der Bruch eines promissorischen Eides als ein verschiedenes Verbrechen angesehen und bestraft wird.

Von promissorischen Eiden überhaupt, sowie von Diensteiden und den Diensteiden der Juden insbesondere, ist an keinem Orte vorgeschrieben, daß sie bloß gerichtlich geleistet werden sollten, folglich kann es nicht unerlaubt oder ungültig sein, wenn, wie bei dem Militair geschieht, die Dienstbehörde den von einem Juden abzuleistenden Diensteid abnimmt. Wie aber die Dienstbehörde bei Abnahme eines solchen Eides zu verfahren habe, hat zunächst lediglich das vorgesetzte Ministerium zu bestimmen, und die Königl. Regierung keinen Beruf, dessen Anweisung, wie in dem vorliegenden Falle, unbefolgt zu lassen. Was die Förmlichkeiten des Juden-Eides betrifft, so ist gar keine Veranlassung, dabei besonders ängstlich zu sein.

Eine Verletzung der Dienstpflichten wird nicht mit der Strafe des Meineides, sondern mit der speciellen, für dieselbe angeordnete Strafe belegt, und wenn auch der Inkulpat sein Gewissen mit einer Mental-Reservation zu beschwichtigen geneigt sein möchte, so wird doch kein Kriminalrichter, um einer solchen trügerischen Casuistik willen, die ordentliche Strafe ausschließen wollen. Die Furcht vor Strafe aber ist bei sonst gewissenlosen Beamten doch noch wirksamer, als der geleistete Diensteid.

Inzwischen dürfte es am gerathensten sein, in den Fällen, die doch nur ausnahmsweise eintreten möchten, daß Juden im Staatsdienste angestellt werden, diejenige Form der Vereidigung anzuwenden, welche bei Vereidigung der Mäkler bisher stattgefunden hat; und zwar deßhalb, weil die kirchliche bindende Kraft dieser Vereidigung keinem Bedenken unterliegt, und diese von der gesammten Judenschaft, denen an gehöriger Vereidigung jüdischer Mäkler selbst am meisten gelegen sein muß, anerkannt ist.

Die Königl. Regierung hat daher in dieser Art die Vereidigung des Bauinspektors S. zu veranlassen.

(Act. des Justizm. Gen. J. No. 24. Vol. I. fol. 54.)

c) **Schreiben** des Ministerii der geistlichen Angelegenheiten vom 10. November 1825, nebst Anlagen, betr. die Verwarnungs- und Bekräftigungsformel bei Vereidung jüdischer Aerzte.

Euer Excellenz beehre ich mich die mir mittelst Schreibens v. 24. Januar c. mitgetheilten Berichte und Verhandlungen, betreffend die Abfassung einer angemessenen Verwarnungs- und Bekräftigungs-Formel bei den Vereidigungen jüdischer Aerzte und Wundärzte, mit dem ganz ergebensten Bemerken zurückzusenden, daß ich die von dem Vice-Ober-Land-Rabbiner Weyl entworfene Verwarnungs-Formel in der Art, wie aus der Anlage hervorgeht, berichtigt für zweckmäßig erachtet und daher deren Gebrauch bei vorkommenden eidlichen Verpflichtungen jüdischer Medicinalpersonen angeordnet habe.

Verwarnungs-Formel

vor der Vereidigung der jüdischen Aerzte und Wundärzte.

Wisse! daß dieser Eid, welchen Du jetzt im Begriff stehest abzulegen, nach den Verordnungen unserer seeligen Weisen und Rabbiner vor der christlichen Obrigkeit und am gegenwärtigen Orte eben so heilig und bündig ist, als würde er Deinen Glaubensgenossen in der Synagoge und in Gegenwart der Thora abgelegt. Denn der Allmächtige, dessen Namen Du vor aller Welt heilig halten sollst, ist allgegenwärtig, und seine Herrlichkeit thronet überall, daher nichts der Strafe des Allwissenden Dich entziehen, und sie von Dir abwenden kann, wenn Du Deinen Eid je verletzen solltest. Aber auch ohne diesen Eid sind die Israeliten von Gott beschworen, ihrem Nächsten in jeder und besonders in Lebensgefahr nach Kräften beizustehen. Denn es heißt in der Thoa (Leviticus Kapitel 19. V. 16.)

„stehe nicht zurück bei der Gefahr deines Nächsten, spricht der Ewige!"

Heilig und erhaben ist Dein Beruf, denn des Ewigen, von dem es heißt:

„Ich der Ewige bin dein Arzt" (Exodus Kapitel 15. V. 26.)

und ferner:

„Ich kann tödten und beleben, kann verwunden und auch heilen"
(Deuteronomion Kapitel 32. V. 39.)

Abgesandter hienieden bist Du zum Heil der Menschen, daher bleibe den Worten Deines Herrn treu und lasse seine Lehren Dir zur Richtschnur Deines Wandels dienen. Auch nach den Lehren unserer seeligen Weisen und Rabbiner, und nach der ausdrücklichen Vorschrift des Joreh Deah (Kapitel 336.) ist es die heiligste und verbindlichste Pflicht eines Arztes oder Wundarztes, einem jeden kranken Menschen ohne die geringste Ausnahme, er sei arm oder reich und ohne die geringsten menschlichen Nebenabsichten nach seinem besten Wissen und Willen und Kräften Hülfe zu leisten, wenn er aber solche verweigert oder sich ihr zu entziehen sucht, so ist er einem Blutvergießer gleich.

Wenn nun schon hierdurch die geringste Verletzung der Dir vermöge Deines Standes und Berufs nach dem Willen Gottes obliegenden Pflichten dem Ewigen ein Greuel ist, um wie viel strafbarer würde es jetzt sein, da Du bei dem heiligen Namen Gottes schwörst, diese Pflichten getreu zu erfüllen und mithin, sobald Du diesem Schwur entgegen handeln solltest, Dich eines Meineides schuldig machen würdest, den der Gott der Gerechtigkeit nicht unbestraft läßt.

Eid eines jüdischen chirurgi.

Ich N. N. schwöre bei יְהֹוָה, dem Gott Israels einen leiblichen Eid, nicht nach meinem Sinn, sondern nach dem Sinn derjenigen, die mich schwören lassen, zu Gott dem Allmächtigen: daß, nachdem ich zum Wundarzt ꝛc.

Dies schwöre ich ohne alle etwanige andere Auslegung und Deutung dieses Eides, weder gegenwärtig noch in der Zukunft annehmen zu wollen, und soll mich nichts davon entbinden, vielmehr mögen auf den Uebertretungsfall die Strafen über mich kommen, welche mir aus der Allgemeinen Gerichts-Ordnung für die Uebertreter der Eide bekannt gemacht worden sind.

(Act. des Justizm. Gen. J. No. 24. Vol. I fol. 98. 99 und 47.)

§. 337. In der Eidesformel muss das Wort Adonai, mit den hebräischen Mitlautern des Wortes Jehovah, verzeichnet sein.

Gutachten des Ober-Land-Rabbiners vom 5. Mai 1801 (ad 2.), betr. den Gebrauch des Wortes Jehovah bei Eidesleistungen der Juden.

1.

Außer den im §. 320. Th. I. Tit. 10. der A. G. O. benannten jüdischen Festtagen würden noch drei Tage unter diejenigen zu rechnen sein, an welchen ohne dringende Noth keinem Juden eine Eidesleistung zugemuthet werden sollte, nämlich
a) der Tag vor dem jüdischen Neujahre, weil dieser Tag den nach den jüdischen Ceremonial-Gesetzen nothwendigen Vorbereitungen gewidmet ist;
b) der siebente Laubhüttentag, weil dieser ein halber Versöhnungstag ist;
c) der Tag des Andenkens an die Zerstörung Jerusalems, weil derselbe nach jüdischem Ritual der Trauer über das verlorne Ansehen des jüdischen Volks geweihet, auch an demselben das §. 329 l. c. als Vorbereitung zur Eidesleistung vorgeschriebene Händewaschen verboten ist.

2.

Die Verzeichnung des Wortes Adonai mit den hebräischen Mitlautern des Wortes Jehovah (§. 337. l. c.) ist sündhaft, indem zu besorgen ist, daß die Papiere, worauf dieses Wort geschrieben ist, mit der Zeit unter Makulatur kommen oder sonst gemißbraucht werden könnten.

Schulchen Aroch Jore Déa. Abschn. 276. §. 12.

Dieses kann auch leicht vermieden werden, wenn dem Schwörenden das Wort Adonai auf der in der Synagoge auf dem Standorte des Kantors befindlichen Tafel vorgezeigt wird. Hier steht dasselbe mit den Mitlautern des Wortes Jehovah mit ausgezeichneten großen Buchstaben.

(Stengels Beitr. Bd 13. S. 345.)

§. 338. Es versteht sich von selbst, dass, wenn der Schwörende der deutschen Sprache nicht kundig ist, die Eidesformel, mit Inbegriff vorgedachter Anfangsworte, in seine Sprache durch einen vereideten Dollmetscher übersetzt werden, und dieser Letztere der Eidesabnahme beiwohnen müssen.

§. 339. Kann der Schwörende gar nicht Geschriebenes lesen; so muss ihm der Eid von dem Rabbiner oder Assessor vorgesagt, und von ihm Wort für Wort nachgesprochen werden.

§. 340. Es muss aber derjenige, welcher den Eid abnimmt, das Wort Adonai nicht mit vorsagen, sondern nur gedachtes Wort auf der in der Schule befindlichen Tafel dem Schwörenden vorzeigen, damit er solches selbst ausspreche; weil die Wiederholung des Wortes Adonai bei einerlei Handlung nach jüdischen Religionsgrundsätzen für sündhaft angesehen wird.

§. 341. Um die Eideshandlung nicht zu unterbrechen, muss derjenige, welcher den Eid annimmt, den Schwörenden wegen dieses Umstandes vorläufig unterrichten.

§. 342. Die bei der Eidesleistung gegenwärtige christliche Gerichtsperson muss den ganzen Vorgang umständlich zum Protokolle verzeichnen, und darauf Acht geben, dass der Eid, dieser Vorschrift gemäss, abgenommen werde.

§. 343. In Sachen der Juden gegen Juden bedarf es bei jüdischen Zeugen keines Eides, sondern es werden dem Zeugen nur die zehn Gebote, und die im Mosaischen Gesetze ausdrücklich befohlene Pflicht, als Zeuge die Wahrheit zu sagen, von dem Rabbiner oder Gelehrten, ernstlich zu Gemüthe geführt.

§. 344. Wenn Christen bei einer Rechtssache ein Interesse haben; so können auch die jüdischen Zeugen der Ableistung des förmlichen Zeugeneides sich nicht entziehen.

§. 345. Die Abnahme des Eides geschieht alsdann ebenfalls mit Zuziehung eines Rabbiners oder jüdischen Assessors, und der Zeugen, auch mit den §. 329. u. f. bei andern Judeneiden vorgeschriebenen Feierlichkeiten.

§. 346. Dagegen aber darf

1) der Zeugeneid nicht nothwendig in der Schule, sondern er kann auch an gewöhnlicher Gerichtsstätte abgeleistet werden.
2) Es bedarf nicht des §. 332. 333. 334. vorgeschriebenen Sühneversuchs, Zurufs und der wiederholten Admonition.
3) Die §. 327. 328. vorgeschriebene Vermahnung findet nur in dem seltenen Falle Statt, wenn der Producent ein Jude, und bei der Abnehmung des Zeugeneides persönlich zugegen wäre.
4) Dem schwörenden Zeugen muss der Rabbiner oder Assessor, statt der Thora, die Tephillim in den Arm geben.
5) In dem Falle des §. 339. müssen dem des Lesens unkundigen Zeugen die Mitlauter des Wortes Jehovah, statt der in der Schule befindlichen Tafel, so wie sie in der Eidesformel selbst verzeichnet sind, zum Aussprechen vorgewiesen werden.

§. 347. Die Judenweiber können nur zu einer Zeit, wo sie von der monatlichen Reinigung frei sind, schwören.

Rescript vom 20. Oktober 1804; s. zu §. 329. h. t.

§. 348. Fällt daher der zur Eidesleistung angesetzte Termin in die Zeit ihrer monatlichen Reinigung; so liegt ihnen ob, dessen Verlegung zu suchen.

§. 349. Der Schwangerschaft wegen können jüdische Weibspersonen sich der Eidesleistung nicht entziehen.

§. 350. Wenn jedoch der Gegentheil, oder, bei Zeugeneiden, beide Parteien, die Aussetzung des Eides bis nach erfolgter Niederkunft sich gefallen lassen; so soll ihnen der Richter darin nachsehen. Kindbetterinnen können nicht eher, als nach erfolgter Reinigung, zur Ableistung eines Eides angehalten oder zugelassen werden.

Jüdische Weibspersonen, die ausser der Ehe geschwängert worden, können unter dem Vorwande, dass sie um deswillen von den gottesdienstlichen Versammlungen der Gemeine ausgeschlossen wären, von der Ableistung des Eides in der Synagoge, wenn der Gegentheil darauf besteht, nicht dispensirt werden.

§. 351. Die Glaubwürdigkeit und Beweiskraft des von einer Jüdin abgelegten Zeugnisses soll lediglich nach den Gesetzen des Staats, ohne Rücksicht auf den Unterschied des Geschlechts, beurtheilt werden.

s. zu §. 230. Nr. 12. Anh. §. 88. h. t.

§. 352. In Kriminalfällen, wo es auf harte Leibes- oder Lebensstrafe ankommt, soll kein Jude, männlichen oder weiblichen Geschlechts, zur Ablegung eines eidlichen Zeugnisses, gezwungen werden.

cfr. **Edikt** vom 11. März 1812, betr. die bürgerlichen Verhältnisse der Juden, aus Verordnung vom 1. Juni 1833, wegen des Judenwesens im Großherzogthum Posen (resp. §. 23.

und 20., betr. die fortdauernde Gültigkeit des vorstehenden §. in Verbindung mit §. 335. Nr. 7. und §. 357. der Kriminalordnung.)

§. 353. Auch freiwillige Aussagen jüdischer Zeugen können in dergleichen Fällen niemals einen vollen Beweis ausmachen.

§. 354. Bei geringen Verbrechen, die nach den Gesetzen nur mit Geld-, oder mit einer allenfalls in Geldbusse zu verwandelnden Gefängnissstrafe geahndet werden, ist das eidliche Zeugniss eines Juden zulässig und glaubwürdig.

§. 355. In wie fern bei Kriminalfällen Reinigungseide überhaupt, und insonderheit von jüdischen Angeklagten, statt finden, soll in der Kriminalprozessordnung näher bestimmt werden.

16) Eide der Griechen.

§. 356. Bei Eidesleistungen der unirten Griechen finden eben die Formeln und Feierlichkeiten statt, welche bei römisch-katholischen Glaubensgenossen vorgeschrieben und angenommen sind.

§. 357. Die Eide der nicht unirten Griechen sind, der Regel nach, in deren Kirchen, oder anderen gottesdienstlichen Versammlungsplätzen, an Orten, wo dergleichen befindlich sind, abzunehmen.

§. 358. Auch ist dabei ein Geistlicher von ihrer Religion, wo einer zu haben ist, zuzuziehen.

§. 359. Wenn aber an dem Orte, wo der Eid geleistet werden soll, kein solcher gottesdienstlicher Versammlungsplatz, oder auch kein griechischer Geistlicher sich befindet; so kann der Eid auch an ordentlicher Gerichtsstelle, und vor Gerichtspersonen allein, gültig abgeleistet werden.

§. 360. Die Eidesleistung muss am Vormittage vor zwölf Uhr geschehen.

§. 361. Vor der Eidesleistung muss der Geistliche, oder in dessen Ermangelung eine Gerichtsperson, dem Schwörenden nachdrücklich zureden:

> dass er zu dieser Handlung in der Furcht Gottes, und mit Erwägung seines gerechten Gerichts hinzu treten, und so das Kreuz in aller Wahrheit und ohne Schaden an seiner Seele, küssen, nicht aber nach irgend einem zeitlichen Gewinnste streben möge; damit er durch eine solche Bezeugung der Unwahrheit nicht seine Seele in das ewige Verderben stürze, und sich auch nicht die auf den Meineid verordnete zeitliche Leibes- und Lebensstrafe zuziehe.

§. 362. Die Ableistung des Eides geschieht vor dem Altare, oder vor einem Tische, auf welchem ein gemaltes Krucifix steht, und die Bibel mit dem aufgeschlagenen Evangelio Johannes liegt.

§. 363. Nach angehörter Admonition nähert sich der Schwörende dem Tische mit ehrerbietiger Beugung, legt die rechte Hand auf das Evangelium, und leistet so den Eid ab.

§. 364. Die Eidesleistung wird mit den Worten:

> Ich . . . . schwöre vor dem Allmächtigen Gott, und vor seinem heiligen Evangelio, dass etc.

eröffnet, und mit der Bekräftigungsformel:

zu dessen Betheuerung küsse ich das Wort und das Kreuz meines Erlösers. Amen.

geschlossen.

§. 365. Nach ausgesprochenem Eide küsst der Schwörende das ihm vorgehaltene Kreuz, und endigt damit die ganze Handlung.

§. 366. Kann der Schwörende Geschriebenes lesen; so liest er den abzuleistenden Eid selbst ab; sonst aber muss ihm derselbe von dem Priester oder der Gerichtsperson vorgesagt, und von ihm Wort für Wort nachgesprochen werden.

17) Eide der Mahometaner.

§. 367. Die Eide der Türken und anderer Mahometaner werden von ihnen durch den Alkoran mit der Formel:

Ich . . . . schwöre bei dem einigen Gott, und bei dem, was in der Religion das Allerheiligste ist, dass etc.

abgeleistet.

18) Von der Admonitio de vitando perjurio.

§. 368. Auch bei den von Christen abzuleistenden Eiden muss der Schwörende an die Wahrheit des Eides erinnert, besonders aber, wenn er zu den niedrigen Volksklassen gehört, dabei die Vorschrift des §. 204. beobachtet werden.

§. 369. In der Regel geschieht diese Vermahnung nur durch den Deputirten des Gerichts, welcher den Eid abnehmen soll. In wie fern dabei ein Geistlicher zuzuziehen sei, bleibt lediglich dem Befunde des Richters, nach Bewandniss der Umstände, der Wichtigkeit der Sache, oder der persönlichen Beschaffenheit desjenigen, welcher schwören soll, anheim gestellt.

19) Allgemeine Vorschriften wegen Abnehmung und Ableistung der Eide.

§. 370. Die Eide müssen, der Regel nach, an ordentlicher Gerichtsstelle abgeleistet werden; doch bleibt es richterlicher Beurtheilung überlassen, von denjenigen, welche Krankheits, hohen Alters, oder anderer persönlichen Ehehaften wegen daselbst nicht füglich erscheinen können, die Abnahme des Eides durch einen Kommissarius in ihren Behausungen, allenfalls auf ihre Kosten, zu verfügen.

1) **C. O.** vom 8. Oktober 1829, betr. die Modifikation der in den Fürstlich Neuwiedschen Aemtern geltenden Verordnung wegen der Eidesleistungen vom 26. März 1805.

Wir Friedrich Wilhelm, von Gottes Gnaden König von Preußen ꝛc. ꝛc. thun kund und fügen hiermit zu wissen, daß Wir auf den Antrag der betreffenden Behörden es für nöthig erachtet haben, die in den ursprünglich Wied-Neuwiedschen Aemtern Neuwied und Heddersdorf, wegen der Eidesleistungen noch bestehende Fürstlich Wiedsche Verordnung vom 26. März 1805, in einigen einer Abänderung vorzüglich bedürfenden Punkten zu modificiren. Wir verordnen daher wie folgt:

§. 1. Die darin No. VI. Litt. C. wegen vorgängiger kirchlicher Bekanntmachungen des zu leistenden Eides enthaltene Vorschrift soll gänzlich wegfallen.

§. 2. Auch die unbedingt vorgeschriebene Vorbereitung des Schwörenden durch den Seelsorger No. VI. A. — die Mittheilung eines Akten-Auszuges an denselben Litt. B. ibid. — und dessen Gegenwart bei der Eidesleistung ibid. Litt. D. 6. soll in der Regel ebenfalls unterbleiben; die Anwendung dieser Förmlichkeiten jedoch in einzelnen Fällen von dem Ermessen der Gerichte abhängen.

(v. K. Jahrb. Bd. 34. S. 130.)

2) **Rescript** vom 7. Febr. 1831, betr. die Abnahme der Eide bei dem mündlichen Verfahren im Großherzogthum Posen.

Dem Königl. Ober-Apellationsgerichte wird auf den Bericht des ersten Senats des Kollegii vom 28. Dezember pr.,

die Abnahme der Eide von Parteien in den zum mündlichen Verfahren geeigneten Prozessen betreffend,

eröffnet, daß auf die in der öffentlichen Audienz abzuleistenden Eide die Verfügung vom 26. Novbr. pr. keine Anwendung findet; vielmehr es hier bei der Vorschrift des §. 41. der Verordnung vom 9. Febr. 1817 lediglich verbleibt, indem jene Verfügung nur beabsichtigt hat, jede Störung der Eidesleistung durch andere Geschäfte zu vermeiden, diese aber bei den in öffentlicher Audienz zu leistenden Eiden nicht zu besorgen ist, diese Handlung dadurch vielmehr nur noch feierlicher wird. Es versteht sich jedoch von selbst, daß während derselben in der öffentlichen Audienz keine anderweitige Geschäfte vorgenommen, noch Störungen geduldet werden dürfen.

(v. K. Jahrb. Bd. 37. S. 81.)

§. 371. Der Eid selbst wird durch den Instruenten, oder den ernannten Kommissarius, in Gegenwart der Rechtsbeistände, und des andern Theils, wenn dieser sich dabei einfinden will, abgenommen.

§. 372. Die Eide sollen nicht ferner, wie bisher an vielen Orten missbrauchsweise geschehen ist, unter dem Lärmen und Geräusche der Parteien, und anderer, die an der Gerichtsstätte etwas zu suchen haben, geleistet; sondern sie sollen in einem besonderen Zimmer, bloss in Gegenwart der im vorigen Paragraphen benannten Personen, unter Beobachtung derjenigen Stille und Ehrfurcht, welche sich bei einer für die ganze menschliche Gesellschaft, und besonders für den Schwörenden, so wichtigen Religionshandlung geziemt, abgenommen werden.

Anh. §. 92. *Die Eidesabnahmen müssen nur solchen Personen anvertraut werden, welche nicht bloss durch bewährte Rechtschaffenheit, sondern auch durch Ernst und Würde im Aeussern auf besondere Achtung von Seiten des Schwörenden gegründeten Anspruch machen können; so dass Auskultatoren und Referendarien, welche noch nicht hinlänglich im Dienste geübt sind, Geschäfte dieser Art nicht aufgetragen werden dürfen.*

Anh. §. 93. *Bei den Eidesleistungen können nur die Gerichtspersonen, der Gegner und die Assistenten beider Theile anwesend sein. Alle Zuschauer müssen entfernt werden, damit derjenige, von welchem der Eid geleistet werden soll, nicht etwa durch Furcht übler Nachrede abgehalten werde, der Stimme seines Gewissens zu folgen, und eine Eidesleistung abzulehnen, wozu er sich vielleicht anfänglich auf eine leichtsinnige Art bereit erklärt hatte.*

1) **Cirkular-Verordnung** vom 26. Oktober 1799, wegen zweckmäßiger Einrichtung der Eidesleistungen. (§. 8. und 9. aufgenommen in §. 92. und 93. des Anh.)

2) **Rescript** vom 2. Oktbr. 1810, betr. die bei Eidesabnahmen zu beobachtende Sorgfalt.

Der Kriminalrath und Professor Doktor Meister in Frankfurt an der Oder hat in diesem Jahre bei Darnmann in Züllichau eine merkwürdige Abhandlung: Ueber den Eid, herausgegeben, für deren literarischen Werth, außer dem Namen des berühmten Verfassers, schon der Preis, welcher ihr von den Kuratoren des Stolpeschen Legats zu Leiden zuerkannt worden, eine günstige Meinung erweckt.

Diese Schrift verdient aber auch deswegen der Aufmerksamkeit und näheren Prüfung der Gerichte empfohlen zu werden, weil sie auf den in mehreren Verordnungen ausgedrückten Zweck, die allgemeine Achtung für die Würde und Wichtigkeit der Eidschwüre in der bürgerlichen Gesellschaft zu erregen und zu verstärken, hinarbeitet, und von dem eifrigen Bestreben des Verfassers, die Ausübung der heiligen Pflichten der Worttreue und Wahrhaftigkeit zu befördern, zeuget.

Ihr werdet daher hierdurch autorisirt, zwei Exemplare der Meisterschen Schrift zum Gebrauch Eures Kollegiums anzuschaffen, und zugleich aufgemuntert, zur Verbreitung der Kenntniß ihres Inhalts und zum weiteren Nachdenken darüber möglichst mitzuwirken. Bei dieser Gelegenheit können wir Euch nicht genug empfehlen, der Abnahme der Eide diejenige Würde, Stille und Ehrfurcht beizulegen, welche einer so feierlichen Handlung geziemet, bei deren Werthhaltung die menschliche Gesellschaft so innig interessirt ist, und welche so vielfach in den Gesetzen vorgeschrieben ist.

Besonders ist es nach pag 95. der Schrift der äußersten Beherzigung werth, die Vorhaltung der Pflichten des Schwörenden nicht auf einen und denselben Leisten zu legen, sondern sorgfältig zu erwägen, auf welchem Grade der Kultur der Schwörende stehe, welcher Vorhaltungen und Ermahnungen jedes Individuum bedürfe, welche Gründe in dieses Gemüth den besten Eingang finden können, um die Worttreue zu befördern und zu erhalten.

Erwägungen dieser Art gehören zu den ersten Pflichten Eures Richteramtes und hohen Berufes, und werden auch bei Euch darüber keinen Zweifel zurücklassen, wie nothwendig es sei, besonders bei wichtigen Eidesleistungen, diese Amtshandlung nur denjenigen anzuvertrauen, die bei ihrem Alter und Erfahrung die Erwartungen und Obliegenheiten des Gerichtshofes zu erfüllen im Stande sind.

(Mathis Bd. 9. S. 308.)

3) **Rescript** vom 26. Novbr. 1830, betr. das Verfahren bei Eidesabnahmen.

Bereits unterm 2. Oktober 1810 sind die Gerichte, bei Gelegenheit der Empfehlung der Meisterschen Schrift über den Eid, zur sorgfältigen Beobachtung der über die Eidesabnahmen bestehenden gesetzlichen Vorschriften angewiesen worden. Der Justizminister nimmt von der Wichtigkeit dieses Gegenstandes Veranlassung, die gedachten Vorschriften dem Königlichen Oberlandesgerichte in Erinnerung zu bringen. Bei Eiden, die vor versammeltem Gericht geschworen werden, muß jede Störung vermieden, und die Aufmerksamkeit aller Anwesenden lediglich auf die vorseiende feierliche Handlung gerichtet sein, und insonderheit während derselben jedes Aus- oder Eingehen aus dem Sessionszimmer oder in dasselbe unterbleiben. Eide, welche in Prozessen abgeleistet werden, müssen nur in Gegenwart der Gerichtspersonen, der betreffenden Parteien und ihrer Assistenten oder Anwalte abgeleistet werden; es sind daher, gemäß §. 93. des Anhangs zur A. G. O., alle sonst noch anwesenden Personen während der Eidesleistung aus dem Gerichtszimmer zu entfernen, oder es muß diese Handlung, wo es die Lokalität gestattet, in einem besondern Zimmer, und auch hier nur in Gegenwart der obgedachten Personen, vorgenommen werden. Endlich kann der Justizminister es nur mißbilligen, wenn hin und wieder Eide von Referendarien abgenommen werden, und setzt derselbe daher mit Beziehung auf §. 92. des Anhangs zur A G O. hierdurch fest, daß alle Eidesabnahmen, insofern sie, was allerdings die Regel sein muß und in erheblichen Fällen nie zu versäumen ist, nicht selbst einem Mitgliede des Gerichts aufgetragen werden, doch nur in Gegenwart eines solchen erfolgen sollen, und hiervon nur in besonders dringenden und bei Geschäften außerhalb der Gerichtsstelle eintretenden Fällen, in welchen aber auch nur Beamten, welche mit den Erfordernissen des §. 92. des Anhangs zur A. G O. versehen, der Auftrag zu ertheilen ist, eine Ausnahme gemacht werden darf. Das Königl. Oberlandesgericht hat sich hiernach nicht nur selbst zu achten, sondern auch die Gerichte seines Bezirks, unter Republikation der Verfügung vom 2. Oktbr. 1810, mit Anweisung zu versehen.

(v. K. Jahrb. Bd. 36. S. 312.)

4) **Reseript** vom 25. März 1831, betr. die Eidesabnahme durch die, die Stelle eines Richters vertretenden Referendarien.

Nach Ihrem Antrage in dem Berichte vom 12. d. M. kann der, bei dem dortigen Land- und Stadtgerichte als Mitglied desselben fungirende Referendarius N. von Abnahme der Eide nicht ausgeschlossen werden, da auf Referendarien, welche, wie der ꝛc. N., die Stelle eines Mitgliedes des Gerichts vertreten, das Rescript vom 26. Novbr. v. J. in Betreff der Eidesleistungen, nicht Anwendung findet.

(v. K. Jahrb. Bd. 37. S. 82.)

5) **Reseript** vom 29. März 1833. betr. die Abnahme der Eide durch Aktuarien.

Dem Königl. Oberlandesgericht wird der Bericht des Land- und Stadtgerichts zu H. vom 15. d. M., worin dasselbe anfrägt:

ob die Aktuarien in Westpreußen von Abnahme der Eide in Bagatellsachen ausgeschlossen sind?

originaliter zugefertigt.

Wenn es auch im Allgemeinen bei der in dem Rescript vom 26. Novbr. 1830 (Jahrb. Bd. 36. S. 312.) ausgesprochenen Bestimmung verbleiben muß, nach welcher alle Eidesabnahmen in der Regel einem Mitgliede des Gerichts aufzutragen, oder doch in Gegenwart eines solchen erfolgen sollen: — so findet dennoch der Justizminister kein Bedenken, denjenigen Untergerichts-Aktuarien, welche nach ihrer Qualifikation und Anstellung mit Führung der Instruktionen in Bagatellsachen beschäftigt werden, und welche bereits über 24 Jahre alt sind, die Abnahme der in den von ihnen instruirten Bagatellsachen von den Parteien abzuleistenden Eide zu gestatten, wenn nicht ihre Persönlichkeit eine Ausnahme hiervon nothwendig macht.

Dem Königl. Oberlandesgericht bleibt überlassen, hiernach das Land- und Stadtgericht zu H. anderweit zu bescheiden und die übrigen Untergerichte seines Departements mit Anweisungen zu versehen.

(v. K. Jahrb. Bd. 41. S. 224.)

Anh. §. 94. *Die nach Verschiedenheit des Glaubensbekenntnisses des Schwörenden gesetzlich eingeführten Betheuerungsformeln und sonst zu beobachtenden Ceremonien dürfen nicht abgekürzt oder verändert werden.*

Entnommen aus der **Cirkular-Verordnung** vom 26. Oktbr. 1799. §. 10.

Anh. §. 95. *Erkenntnisse, durch welche eine Eidesleistung veranlasst wird, sind dahin zu fassen:*

dass die Partei schuldig sei, ernstlich zu prüfen: ob sie ohne Verletzung ihres Gewissens, und ohne sich der Gefahr auszusetzen, als meineidig bestraft zu werden, einen Eid dahin,

dass etc.

leisten könne.

Entnommen aus der **Cirkular-Verordnung** vom 26. Oktbr. 1799. §. 12.

Anh. §. 96. *Vor jeder Eidesleistung muss demjenigen, welcher einen Eid schwören will, die Eidesformel nebst der am Ende des Zehnten Titels angehängten, dem beabsichtigten Zwecke gewidmeten „Vorhaltung bei gerichtlichen Eiden" zum eigenen Durchlesen eingehändigt, oder, wenn derselbe nicht lesen kann, von einer Gerichtsperson vorgelesen werden. In Absicht der dem Schwörenden von dem Richter sonst zu machenden Vorhaltungen tritt die Vorschrift des* §. 188. (*Anh.* §. 82.) *dieses Titels ein. Wenn die Vorhaltung geschehen ist, muss dem Gegner oder dem Bevollmäch-*

tigten frei gestellt werden, der zum Eide sich erbietenden Partei dasjenige in Erinnerung zu bringen, was etwa nach den erfolgten Verhandlungen die Eidesleistung bedenklich machen könnte. Hierbei muss der Richter selbst mitwirken, jede Uebereilung verhüten, zur Angabe der Erklärung, ob der Eid geleistet, oder, wenn es zulässig, dem Gegner zurück geschoben werden soll, die erforderliche Bedenkzeit gestatten, und nicht eher zur wirklichen Eidesabnahme schreiten, als bis eine bestimmte Erklärung erfolgt, dass die Partei, welche schwören will, nach reiflicher Erwägung der Wichtigkeit des Eides und der obwaltenden Bedenken überzeugt sei, dass der Eid mit gutem Gewissen abgeleistet werden könne.

Cirkular-Verordnung vom 26. Oktbr. 1799 (§. 13. aufgenommen in §. 96. des Anh.; die der Cirkular-Verordnung beigefügten Vorhaltungen bei gerichtlichen Eiden und bei Zeugeneiden sind nach §. 397. h. t. abgedruckt).

2) **Rescript** vom 2. Oktbr. 1810, s. zu §. 93. des Anh.

3) In Betreff des Verfahrens bei Abnahme der Diensteide, vergl. zu A. G. O. III. 2. § 43. Anh. §. 445.

§. 373. Wenn auswärts wohnende Parteien, welche bei der Instruktion nicht zugegen gewesen sind, einen Eid leisten sollen; so können sie bitten, dass die Abnehmung desselben einem benachbarten Kommissarius aufgetragen, oder das ordentliche Gericht, unter welchem sie stehen, deshalb requirirt werde.

§. 374. Von einer solchen Verfügung ist dem Gegentheile bei Zeiten Nachricht zu geben, damit derselbe bei der Abnahme des Eides in Person, oder durch einen Bevollmächtigten, erscheinen könne. Meldet er sich aber nicht; so muss der Kommissarius, oder der requirirte Richter, ihm einen Bevollmächtigten von Amtswegen bestellen, der in seinem Namen der Eidesleistung beiwohne, und das darüber aufgenommene Protokoll mit unterschreibe.

20) Folgen der unterlassenen Ableistung des Eides.

§. 375. Wenn eine Partei den ihr zu- oder zurück geschobenen Eid annimmt; demnächst aber in dem zur Ableistung anberaumten Termine sich nicht einfindet; auch vor demselben, aus erheblichen und bescheinigten Ursachen, dessen Verlegung nicht nachgesucht hat; so ist dieselbe eben so, wie in dem Falle des **§. 297.**, wenn sie über den Eid sich zu erklären verweigert hätte, in contumaciam dafür, dass sie denselben nicht leisten könne oder wolle, zu achten.

§. 376. Wenn eine Partei, zum Protokolle oder schriftlich, ausdrücklich erklärt hat, dass sie einen angetragenen oder zurück geschobenen Eid nicht schwören könne oder wolle; so kann sie mit einem Widerrufe sothaner Erklärung weder in dieser, noch den folgenden Instanzen gehört werden. Ist hingegen eine Partei bloss wegen Aussenbleibens im Termine zur Eidesleistung, oder wegen verweigerter bestimmter Erklärung über die Annahme oder Zurückschiebung des Eides, dafür, dass sie selbigen nicht schwören könne oder wolle, geachtet worden; so soll ihr bis zum Schlusse der Sache, und allenfalls noch in der Appellationsinstanz, das Versäumte nachzuholen gestattet sein. Doch versteht es sich von selbst, dass eine solche Partei nicht nur Gründe, womit sie die Versäumniss entschuldigen könne, angeben, und nöthigenfalls bescheinigen, sondern auch alle durch diese Versäumnisse entstandenen mehreren Kosten allein tragen müsse.

21) Wirkung des Eides.

§. 377. Die Wirkung des Eides, und was aus dem dadurch ausgemittelten Fakto den Rechten nach folgt, wird in dem Haupterkenntnisse festgesetzt. Wird aber erst in diesem noch auf einen solchen Eid gesprochen; so muss dessen Wirkung auf beide Fälle, wenn er geschworen, und wenn er nicht geschworen wird, zugleich mit bestimmt werden; damit nach vor sich gegangenem Schwörungstermine das Urtel, ohne weiteres Verfahren, durch eine blosse Resolution purificirt werden könne. Dergleichen Resolution wird in eben der Form abgefasst, wie bei den Agnitionsresolutionen vorgeschrieben ist. (Tit. VIII. §. 15. 16.)

§. 378. Wenn ein angetragener oder zurück geschobener Eid unbedingt und ohne Vorbehalt angenommen worden ist, und der Acceptant verstirbt vor der wirklichen Ableistung; so wird selbiger für geschworen geachtet. Ist hingegen die Annahme nur unter dem Vorbehalte eines eingewandten Rechtsmittels erfolgt; so müssen die Erben den Eid noch leisten; doch steht denselben, bei dergleichen ihrem Erblasser angetragenen und von diesem angenommenen Eiden, die Zurückschiebung noch allemal frei.

§. 379. Die Vorschrift des vorhergehenden Paragraphen, dass ein unbedingt angenommener Eid, wenn der, welcher ihn schwören soll, vor der wirklichen Ableistung stirbt, für geleistet zu achten sei, findet auch bei nothwendigen von dem Richter erkannten Eiden statt. Doch ist es nicht genug, wenn der, welcher schwören soll, das Urtel, in welchem auf den Eid erkannt worden ist, hat rechtskräftig werden lassen; sondern es muss auch noch eine ausdrückliche Erklärung desselben, dass er den Eid leisten wolle, hinzu kommen. Ermangelt es an dieser; so müssen seine Erben denselben, und zwar nach Beschaffenheit der Umstände, so wie in dem Falle des vorigen Paragraphen, de ignorantia leisten.

Sechster Abschnitt.

Von Aufnehmung des Beweises durch den Augenschein.

§. 380. Die Einnehmung des Augenscheins kann erforderlich sein, theils um den Richter von der streitigen Sache, und den Behauptungen der Parteien, oder den Angaben der Zeugen und Urkunden darüber, die ihm ohne dergleichen Lokalkenntnisse nicht deutlich genug sind, richtige Begriffe zu verschaffen; theils um dadurch die eigentliche Bewandniss gewisser in die Sinne fallender, unter den Parteien noch streitiger Umstände auszumitteln.

§. 381. Wenn dergleichen Besichtigungen in erst gedachter Absicht zu verfügen sei, muss richterlichem Ermessen, nach bewandten Umständen des vorkommenden Falles, anheim gestellt bleiben; zur Aufklärung einer streitigen Thatsache hingegen wird dieselbe gewöhnlich erst nach festgesetztem Statu controversiae veranlasst.

§. 382. Wenn die in Augenschein zu nehmende Sache an dem Orte des Gerichts befindlich ist, oder dahin leicht gebracht werden kann; so muss der Deputirte des Gerichts, welchem die Instruktion überhaupt aufgetragen ist, die Besichtigung selbst vornehmen. Kann aber dieses nicht geschehen; so muss dieselbe einer Gerichtsperson an dem Orte, wo die Sache sich befindet, oder in der Nähe, aufgetragen, und der Kommissarius zu dem Ende eben so, wie oben §. 217. und 218., wegen eines auswärts abzuhörenden Zeugen verordnet ist, instruirt werden.

§. 383. Ist dasjenige, zu dessen Aufklärung die Okularinspektion geschehen soll, so beschaffen, dass es nur allein von den sachverständigen Personen beurtheilt werden kann, z. B. wenn die Tauglichkeit eines geführten Baues, ein dem Nachbar dadurch verursachter Schade, die genaue Entfernung eines Ortes von dem andern, eine vorgegebene Holzdevastation, eine unwirthschaftliche Ackerbestellung u. s. w. zu untersuchen ist; so müssen dergleichen Sachverständige bei der Besichtigung mit zugezogen werden.

§. 384. Dazu sind entweder Personen zu benennen, die zu Verrichtungen solcher Art bereits allgemein legitimirt sind, z. B. Bauinspektoren, vereidete Feldmesser, königliche Forstbediente u. s. w.; oder wenn dergleichen dem Gerichte nicht bekannt wären, und auch die Parteien über solche Personen sich nicht vereinigen könnten, ist deshalb mit demjenigen Kollegio, welchem Personen dieser Art in Amtssachen untergeordnet sind, z. B. mit dem Polizeimagistrate der Stadt, der Kriegs- und Domainenkammer des Departements u. s. w. Rücksprache zu nehmen.

Anh. §. 97. *S. Tit. IX.* §. 38. (Anh. §. 64. 65.)

§. 385. Zu dem anberaumten Besichtigungstermine müssen beide streitende Parteien, und wenn etwa zugleich Zeugen an Ort und Stelle zu führen und abzuhören sind, auch diese mit vorgeladen werden. Im Termine selbst aber wird auch alsdann, wenn der eine oder der andere Theil nicht erscheint, dennoch mit der Besichtigung und Abhörung der Zeugen verfahren.

§. 386. Ist bei der streitigen Sache, ausser den im Prozesse stehenden Theilen, auch noch ein Dritter interessirt: z. B. wenn auf die streitige Grenze die Feldmark eines benachbarten Dorfes mit zustösst; so ist auch diesem der anstehende Termin bekannt zu machen, damit er allenfalls seine Gerechtsame dabei wahrnehmen könne.

§. 387. Der Instruent oder Kommissarius muss den Parteien an Ort und Stelle (in re praesenti) ihre zeitherigen Angaben nochmals vorhalten; sie vernehmen: ob sie zur Erläuterung derselben noch etwas anzuführen haben; und sodann die streitige Sache genau in Augenschein nehmen, den Befund richtig, getreu und umständlich zum Protokolle bringen; auch, wo es nöthig ist, eine ungefähre Zeichnung der Sache oder Gegend beifügen.

§. 388. Wenn Kunstverständige bei der Besichtigung zugezogen werden; so müssen selbige, wenn sie nicht schon vorhin in Pflichten stehen, nach Vorschrift §. 202. vereidet; demnächst ihnen das, worüber sie ihr Gutachten oder Urtheil abgeben sollen, gehörig angewiesen; nach vollendeter Besichtigung aber der Befund von ihnen umständlich, und unter Anführung der Gründe dafür, und zwar, wenn ihrer Mehrere sind, von jedem besonders und ohne Beisein des Andern, zum Protokolle angezeigt; auch wenn die Sache eine nähere Ausführung nach den Grundsätzen ihrer Kunst oder Wissenschaft forderte, noch ausserdem ein schriftliches Gutachten, oder, wenn es nöthig ist, eine akkurate Zeichnung der Sache oder Gegend, zu den Akten gegeben werden.

§. 389. Kann die Abhörung der Zeugen oder Sachverständigen, nach Beschaffenheit der Umstände, nicht sogleich auf dem streitigen Orte selbst erfolgen; so müssen dieselben von dem Instruenten oder Kommissarius erinnert werden, auf alle die Gegenstände, Verhältnisse und Umstände, worauf es bei der Sache irgend ankommen könnte, aufmerksam zu sein, und dieselben ihrem Gedächtnisse fest einzudrücken. Sodann aber muss, nach geendigter Besichtigung, mit der wirklichen Abhörung derselben ohne den geringsten unnöthigen Aufenthalt verfahren werden.

§. 390. Wie es insonderheit gehalten werden soll, wenn in einer streitigen Grenzsache Besichtigung anzustellen ist, davon wird unten in einem besondern Titel umständlich gehandelt.

Siebenter Abschnitt.

Von dem Verfahren des Instruenten bei vorkommenden einander widersprechenden Beweismitteln.

§. 391. Da oft Fälle vorkommen können, wo über eine und eben dieselbe Thatsache verschiedene Beweismittel beigebracht worden sind, und diese untereinander sich widersprechen; so ist es die Pflicht des Instruenten, dass er vor Abschliessung der Instruktion den Grund dieses Widerspruchs zu entdecken, und, so weit er auf Thatsachen beruhet, ins Licht zu setzen sich angelegen sein lasse; damit der künftige Urtelsfasser die nöthigen Data vorfinde, zu beurtheilen, welches dieser verschiedenen Beweismittel vorzüglich Glauben verdiene.

§. 392. Wenn mehrere Dokumente producirt worden sind, und zwischen denselben ein wirklicher Widerspruch vorhanden ist (Tit. XIII. §. 13.); so muss dessen Ursprung durch Vernehmung der Parteien, und Abhörung derjenigen, welche davon Wissenschaft haben können, so viel als möglich erforscht, und ausgemittelt werden: welches Dokument der wahren Willensmeinung der Interessenten, und der wahren Lage der Sache am gemässesten abgefasst worden ist.

§. 393. Wenn mehrere abgehörte Zeugen sich widersprechen; so muss nach Vorschrift §. 207. 208. versucht werden: ob durch Gegeneinanderstellung derselben auf den wahren Grund der Sache zu gelangen sei.

§. 394. Wird durch die Aussagen der Zeugen die Glaubwürdigkeit eines Dokuments angefochten; so müssen die bei der Vollziehung des letztern gegenwärtig gewesenen Personen auf das genaueste vernommen, und nöthigenfalls gegen einander gestellt werden, um die Wahrheit oder Falschheit der zur Entkräftung des Dokuments angeführten Thatsachen so vollständig als möglich ins Licht zu setzen.

§. 395. Folgt aus den Aussagen der Zeugen das Gegentheil desjenigen, was die Dokumente ergeben; so muss den Zeugen der Inhalt der Dokumente vorgehalten, und von ihnen über die Ursache der Verschiedenheit Erläuterung gefordert; wenn aber diese angegebenen Ursachen abermals auf Thatsachen beruhen, auch diese so viel als möglich ins Licht gesetzt werden.

§. 396. Wenn bei einer Okularinspektion ein Unterschied zwischen dem über den Befund aufgenommenen Protokolle und den Aussagen der Zeugen sich äussert: so müssen zuvörderst, wenn es nicht schon geschehen ist, die Zeugen so viel als möglich an Ort und Stelle (in rem praesentem) geführt werden, um solchergestalt den Widerspruch zu heben, oder die Ursache desselben auszumitteln.

§. 397. Was der Urtelsfasser zu thun habe, wenn der angewendeten pflichtmässigen Bemühungen des Instruenten ungeachtet, ein solcher unter den Beweismitteln obwaltender Widerspruch nicht hat gehoben werden können, ist im Dreizehnten Titel §. 12. u. f. verordnet.

Vorhaltung bei Zeugeneiden.

(Zu §. 188.) *Zum Zeugniss vor Gericht aufgefordert zu werden, ist ehrenvoll, weil man nur diejenigen dazu verstattet, welche sich bis dahin einen unbescholtenen Ruf erhalten haben. Eingedenk dieses Vorzuges muss ein jeder bei Ablegung seines Zeugnisses sich des in ihn gesetzten Vertrauens würdig betragen. Wer bei der Sache, worüber er befragt werden soll, ein eigenes, dem Gericht unbekannt gebliebenes Interesse hat; wer von deren Entscheidung Nutzen hoffen oder Schaden befürchten kann; wer mit einer der Parteien in solchem Verwandschafts- oder anderm Verhältnisse stehet, dass ihn der Gegner, wenn er davon unterrichtet gewesen wäre, nicht zum Zeugniss verstattet haben würde, darf dieses Alles dem Richter nicht verschweigen.*

Der Wahrheit muss jeder Zeuge auch in den ihm unbedeutend scheinenden Umständen überall treu bleiben, und sich davon durch Menschenfurcht, Freundschaft, Feindschaft, oder irgend einen zeitlichen Vortheil, nicht abhalten lassen.

Fälschlich Unwissenheit behaupten und dasjenige zu verschweigen, was man von Bewandniss der Sache mit Ueberzeugung anführen könnte, ist eben so strafbar, als wenn man wissentlich etwas Unrichtiges aussagt.

Kann man sich der Thatsachen, worüber man befragt wird, nicht mit Zuverlässigkeit erinnern; so ist es Pflicht, dem Richter genau anzuzeigen, was man als gewiss, oder was man nur als wahrscheinlich behaupten kann. Das, was man von Andern erfahren, darf man nie mit demjenigen verwechseln, was man selbst gehört, gesehen, gelesen hat. Man ist daher schuldig, dem Gericht darüber vollständige Auskunft zu geben, auf welche Art man von jedem bekundeten Umstande Wissenschaft erhalten hat. Der Richter handelt auf Befehl und im Namen des Landesherrn, und so wie jeder getreue Unterthan es nicht wagen würde, den Landesherrn mit Unwahrheit zu hintergehen; so kann auch der Richter eine freimüthige und getreue Aussage fordern. Diese muss mit einem Eide bekräftigt werden, wodurch sich der Zeuge der Strafe Gottes unterwirft, wenn er bei Ablegung seines Zeugeneides pflichtwidrig handelt. Gott ist allwissend, allgegenwärtig und gerecht: ihm ist nicht verborgen, ob der Zeuge der Wahrheit treu bleibt, und der Allerhöchste wird in dieser oder jener Welt denjenigen strafen, der ein falsches Zeugniss ablegt.

Das Bewusstsein, ein solches Verbrechen begangen zu haben, störet alles zeitliche Glück; die Vorwürfe des Gewissens sind schrecklich und verfolgen den Frevler lebenslang, wenn er auch der Ahndung der Obrigkeit entgeht. Wird aber der Meineid entdeckt; so ist nicht allein allgemeine Verachtung, Verlust der Ehre, Aemter und Würden, sondern auch verhältnissmässige strenge Bestrafung der wohlverdiente Lohn eines falschen Zeugen.

Vorhaltung bei gerichtlichen Eiden.

(Zu §. 368.) *Jeder Eid, durch welchen eine rechtshängige Sache entschieden wird, erfordert von Seiten des Schwörenden die reifliche Prüfung: ob er ohne Verletzung seines Gewissens sich zur Ableistung entschliessen könne. Nur die innere Ueberzeugung von der Wahrheit desjenigen, was beschworen werden soll, kann ein rechtschaffenes Gemüth zu dem Entschlusse bewegen, einen gerichtlichen Eid zu leisten. Vorsätzliche Lügen sind schändlich, und Lügen vor Gericht sind unverzeihlich. Wer wissentlich etwas Unrichtiges eidlich erhartet, ist ein ruchloser Bösewicht, der wegen eines solchen Frevels schon in dieser Welt durch die Marter seines ihn strafenden Gewissens unaufhörlich gezüchtigt wird. Ihn erwartet auf den Fall der Entdeckung die allgemeine Verachtung, der Verlust seiner Ehre, Aemter und Würden, und harte Strafe der Obrigkeit. Aber auch wenn in dieser Welt keine Entdeckung erfolgt, wird er den göttlichen Zorn empfinden und früh oder spät den verdienten Lohn empfangen, dass er es gewagt hat, Gott zum Zeugen einer Unrichtigkeit aufzurufen.*

Wer das von ihm zu Beschwörende für unrichtig hält, handelt rühmlich, wenn er die Eidesleistung ablehnt und zeitliche Vortheite fahren lässt, um ein unbeflecktes Gewissen zu bewahren.

Dahingegen ist es ein unrichtiges Vorurtheil, wenn manche auch dann einen Eid zu leisten Bedenken tragen, wenn sie von der Wahrheit desjenigen überzeugt sind, was durch den Eid bekräftigt werden soll. Kommt es auf Thatsachen an, von deren Bewandniss der Schwörende nicht aus eigener Kenntniss vollständig unterrichtet ist; so muss er sich bemühen, die Wahrheit so viel als möglich zu erforschen, und ohne sich durch Gewinnsucht oder andere Rücksichten leiten zu lassen, bloss der Ueberzeugung folgen, welche durch dasjenige begründet wird, was er glaubhaft in Erfahrung gebracht hat. Die lebhafte Erinnerung an den ungewissen und vielleicht sehr nahen Augenblick des Todes, und der Gedanke an die Allwissenheit, Allmacht und Gerechtigkeit Gottes, muss bei dem Entschlusse, ob man einen Eid leisten könne, jede Unterdrückung der Stimme des Gewissens verhüten. Wer nach einer solchen Prüfung seiner Ueberzeugung treu bleibt, hat auf die allgemeine Achtung gegründeten Anspruch, kann sich an die Stunde der Eidesleistung jederzeit mit ruhigem Gemüthe erinnern, und Gott wird ihn in dieser und jener Welt segnen.

Eilfter Titel.

Vom Versuch der Suhne, und wie dabei zu verfahren.

Ernstliche Empfehlung der Sühneversuche.

§. 1. Da es Sr. Königlichen Majestät Allerhöchste unabänderliche Willensmeinung ist, dass die entstehenden Rechtsstreite so viel als möglich in Güte beigelegt, und dadurch die Parteien vor dem bei Prozessen nie gänzlich zu vermeidenden Zeit- und Kostenverluste bewahret, auch die unter den Familien und Bürgern des Staats aus fortgesetzten Rechtsstreitigkeiten leicht entstehenden Animositäten und Verbitterungen abgewendet werden sollen; so müssen nicht nur die Gerichtspersonen, gleich bei der ersten Vernehmung der an sie gewiesenen Parteien sich alle Mühe geben, dieselben, wenn vornehmlich die Sache zweifelhaft und weit aussehend zu sein scheint, zu deren gütlicher Beilegung möglichst zu bewegen; sondern es muss auch von den Deputirten der Gerichte selbst, die Sühne, sowohl während der ganzen Instruktion, als hauptsächlich nach regulirtem Statu controversiae, oder, wenn sie auch alsdann fehlschlüge, nach aufgenommenen Beweismitteln, alles Ernstes versucht, auch bei dergleichen Sühnshandlungen, wenn der Prozess eine Ehescheidung betrifft, nach näherer Bestimmung des Vierzigsten Titels, ein Geistlicher mit zugezogen werden.

Wie dabei zu verfahren.

§. 2. Beiden Theilen ist bei Gelegenheit solcher Vergleichstraktaten die Lage der Sache, so wie sie alsdann entwickelt ist, nochmals umständlich vorzuhalten; es sind ihnen die gesetzlichen Vorschriften, nach welchen ihr Streit zu entscheiden sein möchte, bekannt zu machen; und allenfalls von Amts wegen Vorschläge zu thun, wie bei diesen Umständen die Sache durch ein billiges Abkommen in Güte beigelegt werden könnte.

§. 3. Der Deputirte des Gerichts muss also auf der einen Seite den Parteien, gegen ihre klaren durch die Untersuchung etwa schon ausgemittelten Rechte nichts anmuthen; sich alles ungestümen Andringens und ungebührlicher Persuasionen enthalten; am allerwenigsten aber durch falsche Vorstellungen von der Lage der Sache, oder durch unrichtige Erklärung der Gesetze, oder durch andere Missbräuche seines richterlichen Ansehens, die Parteien zum Vergleiche verleiten zu wollen, sich beigehen lassen.

§. 4. Auf der andern Seite muss er aber auch den etwa gegen einander animirten Parteien die aus der Sache selbst hergenommenen Bewegungsgründe zum Vergleiche nachdrücklich vorstellen; sie vor den schädlichen Folgen des fernern Prozessirens ernstlich warnen; und besonders, wenn er wahrnimmt, dass die Forderung des Klägers an und für sich ihre Richtigkeit habe, der Beklagte hingegen nur durch die Besorgniss, dass sein Gegner ihn unbillig drängen, und mit der Exekution übereilen möchte, von deren gütlichem Anerkenntnisse zurück gehalten werde, den Kläger zu Verstattung billiger Nachsicht, zur Annahme abschläglicher Zahlungen, oder Zugestehung anderer ihm unnachtheiligen, aber zur Erhaltung des Schuldners gereichenden Maasgaben zu vermögen, sich ernstlich angelegen sein lassen.

§. 5. Wenn auch ein solcher Schuldner bei dieser Gelegenheit die Schuld selbst eingesteht, wegen der Zahlung aber Nachsicht verlangt, und darüber eine nicht ganz verwerfliche Sicherheit zu bestellen erbötig ist; so muss der Instruent, wofern seine Bemühungen, den Gläubiger zu deren Annehmung in Güte zu bewegen, fruchtlos sein sollten, die Sache durch nähere Erörterung der Umstände, welche den Schuldner alsdann baare Bezahlung zu leisten ausser Stand setzen, und durch gehörige Untersuchung der angebotenen Sicherheit, nach den unten an die Hand zu gebenden Vorschriften, zum Erkenntnisse über ein dem Beklagten zu verstattendes Specialmoratorium sofort instruiren.

§. 6. Nach obigen Vorschriften müssen sich also sämmtliche richterliche Personen, denen Prozessinstruktionen obliegen, ganz genau achten, und ihren Vergleichsvorschlägen hauptsächlich durch eine treue, sorgfältige und geschickte Auseinandersetzung der Sache, wodurch die Parteien selbst ihre wahre Lage richtig zu übersehen, und den wahrscheinlichen Ausgang zu beurtheilen in Stand gesetzt werden, Eingang zu verschaffen bemüht sein. Werden auf diese Art streitende Parteien von dem Ungrund ihrer Forderungen oder Einwendungen überzeugt; oder werden Prozesse, deren Ausschlag, bei allem angewandten pflichtmässigen Bestreben zur Ausmittelung der Wahrheit, wegen besonderer Umstände des Falles, des Mangels, der Unzuverlässigkeit, oder der Entlegenheit der Beweismittel etc. dennoch ungewiss bleibt, und deren Fortsetzung die Parteien in noch grössere Weitläufigkeiten und Kosten stürzen würde, durch die Bemühungen des Richters verglichen; so wird alsdann erst der Willensmeinung Sr. Königl. Majestät, und dem eigentlichen

Sinne des Gesetzes ein Genüge geleistet. Uebrigens muss unter dem Vorwande der Vergleichsunterhandlungen, die einmal im Gange befindliche Instruktion niemals unterbrochen noch aufgehalten, noch weniger müssen die Kosten durch Ansetzung besonderer Termine dazu unnöthig vermehrt werden. Am allerwenigsten aber findet unter dem Prätexte obschwebender Privatvergleichstraktaten die Verlegung der Termine in einer schon schwebenden Instruktion statt; es wäre denn, dass dieselbe von beiden Theilen, entweder mündlich zum Protokolle, oder schriftlich, jedoch unter eigenhändiger Unterschrift, nachgesucht würde.

§. 7. Die bei den Vergleichsunterhandlungen mit gegenwärtigen Rechtsbeistände müssen darauf, dass die Parteien weder in Furcht gesetzt, noch zu unbilligen und ihnen offenbar nachtheiligen Vergleichen übereilt und verleitet werden, sorgfältig Acht geben; sonst aber den Deputirten des Gerichts in seinen Bemühungen möglichst unterstützen.

Wie bei Abschliessung und Aufnehmung eines zu Stande gebrachten Vergleichs zu verfahren.

§. 8. Kommt solchergestalt der Vergleich zu Stande; so muss derselbe umständlich zum Protokolle niedergeschrieben, alsdann den Parteien vorgelesen, und von ihnen, wenn sie des Schreibens kundig sind, so wie von beiden Rechtsbeiständen, mit unterzeichnet werden.

§. 9. Dabei muss der Instruent mit sorgfältiger Aufmerksamkeit dahin sehen, dass sowohl der Gegenstand, über welchen die Parteien sich vergleichen, als die Bedingungen des Vergleichs selbst, in dem Protokolle so deutlich und bestimmt vermerkt werden, dass über den Verstand und die Auslegung desselben kein neuer Streit entstehen möge.

§. 10. So viel als möglich muss der Instruent die ganze Sache dergestalt durch Vergleich abzuthun bemüht sein, dass die Parteien völlig auseinander gesetzt werden, und zu neuen Streitigkeiten keine Gelegenheit und Veranlassung übrig bleibe. Sollte aber auch eine dergleichen vollständige Auseinandersetzung nicht zu erreichen stehen; so muss er sich wenigstens die gütliche Abmachung einiger Punkte, und vornehmlich derjenigen, welche eine weitläufige und kostbare Erörterung voraussetzen, möglichst angelegen sein lassen; in welchem Falle sodann, wegen der nicht verglichenen Punkte, die Instruktion ihren weitern Fortgang behält.

§. 11. Diese Anweisung findet besonders auch alsdann statt, wenn es bei einem Prozesse auf irgend einen Präjudicialpunkt, z. B. auf eine streitige Rechtsfrage, auf die Auslegung eines Testaments, einer Urkunde u. dergl. ankommt. Wenn in einem solchen Falle über den Präjudicialpunkt selbst kein Vergleich zu Stande gebracht werden kann; so bleibt dem Deputirten des Gerichts noch immer der Versuch übrig, die Parteien wenigstens über die Folgen, wenn jener Punkt auf diese oder jene Art entschieden würde, in Güte zu vereinigen, und solchergestalt wenigstens diejenigen Weitläufigkeiten und Kosten, welche entstehen würden, wenn auch diese

Folgen durch fortgesetzte Untersuchungen rechtlich erörtert werden müssten, abzuschneiden.

§. 12. Sind die Parteien nicht in Person, sondern nur durch Bevollmächtigte erschienen; so muss auch mit diesen der Vergleich vorbeschriebenermaassen versucht, und es müssen zu dem Ende dergleichen Bevollmächtigte von ihren Machtgebern mit der erforderlichen Instruktion dazu versehen, auch denselben die erforderliche Specialvollmacht dazu von Anfang an ertheilt, oder doch von ihnen, wenn sie den Vergleich unter verhoffter Genehmigung des Machtgebers geschlossen haben, entweder diese Vollmacht, oder die Genehmigung selbst, in einer jedesmal nach den Umständen zu bestimmenden Frist nachgebracht werden.

§. 13. Aus einem solchen gerichtlich geschlossenen Vergleiche kann, wenn der eine oder der andere Theil mit dessen Erfüllung säumig wäre, eben so, wie aus einem rechtskräftigen Urtel, Exekution gesucht und verfügt werden.

1) **Rescript** vom 6. Juli 1831, daß nur aus einem vor dem Prozeßrichter geschlossenen Vergleiche die Exekution zulässig sei. (v. K. Jahrb. Bd. 37. S. 342.) erledigt durch:

2) **Verordnung** vom 4. März 1834, über die Exekution in Civilsachen (§. 1. wonach die Exekution aus gerichtlichen Vergleichen über rechtshängige Gegenstände auch dann statt findet, wenn diese Vergleiche vor einem anderen als dem Prozeßrichter, jedoch im Inlande, geschlossen worden; auch ist aus einem solchen Vergleiche über Wechselverpflichtungen die Wechsel-Exekution zulässig.) s. zu I. 24. §. 4.

Rechtliche Folgen eines ohne Grund ausgeschlagenen Vergleichs.

§. 14. Kommt aber auch der Vergleich nicht zu Stande; so sind dennoch die von dem Deputirten gemachten Vorschläge, und die Erklärung beider Theile darüber, in dem Protokolle aufzuführen; allermaassen derjenige, welcher ein ihm vorgeschlagenes gütliches Abkommen einzuschreiten beharrlich verweigert hat, wenn er in dem künftigen Erkenntnisse nur so viel, oder gar noch weniger, als ihm im Wege des Vergleichs angeboten worden ist, erhalten sollte, der Regel nach, jedesmal in den Ersatz derjenigen Kosten, welche durch die ferneren Verhandlungen nach dem Sühnsversuche entstehen, verurtheilt werden soll. Doch findet diese letztere Vorschrift nur alsdann statt, wenn der Vergleichsvorschlag zu einer Zeit geschehen ist, da die Sache schon so weit auseinander gesetzt war, dass die Partei über das Verhältniss desselben gegen das Objekt des Prozesses, und dessen wahrscheinlichen Erfolg, nach vernünftigen Gründen ein Urtheil fällen konnte. Betraf hingegen der Prozess bloss, oder doch hauptsächlich, eine zweifelhafte Rechtsfrage, oder die Auslegung einer dunkel oder zweifelhaft gefassten Urkunde, oder geschah der Vergleichsvorschlag zu einer Zeit, da die Sache noch in einer gänzlichen Dunkelheit beruhete; so kann der Umstand, dass dieser Vorschlag verworfen, und der Partei in der Folge weniger zuerkannt worden sei, für sich allein die Verurtheilung derselben in die Kosten noch nicht begründen.

Zwölfter Titel.

Vom Beschluss der Sache und der Vorlegung der Akten.

In welchen Fällen ein besonderer Termin zum Beschluss der Sache nöthig sei, oder nicht.

§. 1. Wenn bei einer Instruktion aus dem regulirten Status causae et controversiae sich ergiebt, dass keine streitigen Thatsachen, die noch durch Beweis näher ins Licht gesetzt werden müssten, vorhanden sind; so bedarf es keines besondern Termins zum Schlusse der Sache, sondern es erfolgt sogleich nach geendigter Instruktion der Versuch der Sühne nach Vorschrift des vorhergehenden Titels; und wenn dieser fruchtlos ist; so wird mit Aufnehmung der Deduktion, nach der unten **§. 13. 14. 15.** erfolgenden Vorschrift, verfahren.

§. 2. Ein Gleiches findet statt, wenn der Beweis der streitig gebliebenen Thatsachen bloss durch Urkunden, die vor oder in dem Instruktionstermine zu den Akten gebracht worden, und über deren Rekognition oder Diffession keine besonderen Verhandlungen nöthig gewesen sind; ingleichen, wenn derselbe bloss durch den Eid geführt wird, und in diesem letztern Falle entweder die Ableistung des Eides, oder doch die Abgabe der bestimmten Erklärung darüber, nach Vorschrift des Fünften Abschnitts im Zehnten Titel erfolgt ist.

§. 3. Wenn hingegen über die bei Regulirung des Status causae et controversiae streitig gebliebenen Thatsachen eine förmliche Beweisaufnahme, es sei durch Zeugenaussagen, oder durch Einnehmung des Augenscheins, oder auch durch Urkunden, die noch erst edirt oder sonst herbeigeschafft werden müssen, erforderlich gewesen ist; so muss, wenn nur diese Beweismittel wirklich aufgenommen sind, ein besonderer Termin zum Schlusse der Sache, mit Vorladung beider Theile, anberaumt werden.

§. 4. Es ist nicht nothwendig, dass die Parteien diesen Termin in Person abwarten, sondern hinreichend, wenn es auch nur durch ihre Bevollmächtigten oder Rechtsbeistände geschieht.

Verhandlungen im Schlusstermine.

§. 5. Die Absicht des Schlusstermins ist:

1) dass darin die Sühne unter den Parteien nochmals versucht;
2) mit der Inrotulation der Akten verfahren;
3) wegen der etwa beizubringenden Rechtsausführungen (Deduktionen) die erforderlichen Einleitungen gemacht werden sollen.

Besonders wenn Nova darin vorkommen.

§. 6. Wenn vor oder in diesem Schlusstermine eine Partei noch entweder neue Beweismittel über die in dem Status causae et controversiae zur nähern Erörterung ausgesetzten Thatsachen vorschlägt, oder auch neue Umstände, die zur Unterstützung und vollständigen Aufklärung des bei der Sache zum Grunde liegenden Hauptfakti beitragen können, anführt (in welchem letztern Falle jedoch die Beweismittel über solche neue Umstände allemal zugleich bestimmt angegeben, und, wenn sie in Urkunden bestehen, dieselben sofort beigelegt werden müssen); so soll zwar auch alsdann noch darauf Rücksicht genommen, und mit der Fortsetzung der Instruktion über die neuen Thatsachen, oder mit Aufnehmung der neuen Beweismittel, verfahren werden.

§. 7. Eine solche Partei muss aber nicht nur, zur Fortsetzung der Instruktion und Beweisesaufnahme, einen von dem Richter zu bestimmenden und allenfalls durch Exekution beizutreibenden Kostenvorschuss niederlegen; sondern sie soll auch, wenn sie gleich in der Folge ein obsiegliches Urtel erhält, dennoch alle aus dieser Fortsetzung erwachsenen Kosten allein tragen. Fällt ihr aber schon aus andern in der Sache selbst liegenden Gründen der Kostenersatz zur Last; so muss sie noch ausserdem, wegen der ungebührlichen Verzögerung der Instruktion durch verspätete Beibringung solcher neuen Umstände oder Beweismittel, in eine nach Verhältniss der entstandenen mehreren Kosten zu bestimmende Geldstrafe verurtheilt werden.

Ist die Partei, welche sich einer solchen Zögerung schuldig macht, unvermögend; so soll sie statt des Kostenersatzes und der Geldbusse, nach Befinden, mit verhältnissmässiger Gefängnissstrafe, je nachdem die neuen Anführungen an und für sich gegründet gewesen oder nicht, und ein stärkerer oder schwächerer Verdacht der vorsätzlichen Zurückhaltung gegen sie obwaltet, belegt werden.

Von diesen Vorschriften wegen der Kosten und Strafen, die denjenigen treffen sollen, welcher durch verspätete Anzeige von Umständen und Beweismitteln den Abschluss der Instruktion verzögert, findet nur alsdann eine Ausnahme statt, wenn klar erhellet, dass dem Gegentheile dergleichen Umstände wohl bekannt gewesen, und er dieselben geflissentlich verschwiegen, oder gegen besseres Wissen abgeläugnet habe.

§. 8. Damit auch die Nachsicht der Gesetze in Zulassung neuer Thatsachen oder Beweismittel vor oder in dem Schlusstermine, von trägen oder gar boshaften Parteien nicht gemissbraucht werden könne; so soll diese gesetzliche Zulassung nur einmal statt finden. Wenn also eine Instruktion schon einmal zur Ansetzung des Schlusstermins reif gewesen ist, und dieser wegen der neuen Anführungen einer Partei nicht hat anberaumt werden, oder vor sich gehen können; so soll, wenn nunmehr die fortgesetzte Instruktion wiederum bis zum Schlusse gediehen ist, auf nochmalige Anführungen eben derselben Partei, wodurch eine neue Verzögerung entstehen würde, für diese Instanz keine Rücksicht mehr genommen werden. In wie fern dergleichen Angaben noch in der folgenden Instanz aufgenommen werden können, und dass, wenn es geschehen ist, dem Alleganten dennoch allemal die Kosten der dadurch veranlassten neuen Instruktion zur Last fallen müssen, wird in der Folge näher vorgeschrieben.

Von der Inrotulation.

§. 9. Wenn in dem Schlusstermine der Versuch der Sühne nicht Statt findet; so wird mit der Inrotulation der Akten verfahren.

Diese besteht darin, dass die in der Registratur ordentlich gehefteten, und mit einem Verzeichnisse (Rotulo) von dem Protokollführer versehenen Akten den Parteien oder deren Bevollmächtigten und Rechtsbeiständen vorgelegt werden, um sich zu überzeugen, dass dieselben vollständig sind, und Alles, was dazu gehört, enthalten. Nach dessen richtigem Befunde wird der Rotulus von den Parteien oder deren Assistenten mit unterschrieben. Ein solcher Rotulus muss aber nicht bloss in einer allgemeinen, bloss nach dem Datum oder dem Namen des Exhibenten bestimmten Angabe der Aktenstücke bestehen; sondern es muss bei einem jeden derselben der wesentliche Inhalt, obwohl nur ganz kurz, bemerkt sein. Auch müssen wichtige Beilagen, ingleichen Vollmachten, in dem Rotulo besonders bemerkt werden.

§. 10. In Fällen, da nach **§. 1.** und **2.** kein besonderer Schlusstermin anberaumt wird, bedarf es in der Regel, und wenn nicht etwa bei der Instruktion selbst, besonders in Sachen, die mehrere Punkte betreffen, viele verschiedene Originalurkunden zu den Akten gekommen sind, keiner förmlichen Akteninrotulation; sondern es ist genug, wenn nur das von dem Protokollführer über den Inhalt der Akten angefertigte Verzeichniss von ihm allein unterschrieben wird.

Von Deduktionen.

§. 11. Nach geschlossener Instruktion steht es den Parteien frei, besondere Ausführungen ihrer aus den entwickelten Thatsachen folgenden Rechte zu den Akten zu bringen. Diese Deduktionen sind jedoch kein wesentliches Stück des Prozesses, und es kann daher, wenn auch die Akten ohne dergleichen Deduktionen zum Spruche vorgelegt worden sind, gegen das darauf erfolgende Urtel bloss aus dieser Ursache keine Ausstellung gemacht werden; allermaassen die in solchen Deduktionen auszuführenden Rechtsgründe dem Richter ohnehin nicht unbekannt sein können, und von ihm, wenn sie auch von den Parteien nicht ausdrücklich gerügt worden sind, dennoch in gehörige Erwägung gezogen werden müssen.

Anh. **§. 98.** *Die Zufertigung der Deduktion geschieht in allen Instanzen nur mittelst Abschrift des Dekrets.*

1) **Rescript** vom 29. Febr. 1796. v. R. III. S. 298. N. C. C. T. X. S. 83.; aufgenommen in §. 98. des Anh.

2) Vergl **Cirkular-Verordnung** vom 30. Dezember 1798, Abschn. 10. f. zur Einleitung §. 40. Anh. §. 2.

§. 12. Die Deduktionen werden in der Regel von den rechtserfahrenen Bevollmächtigten oder Beiständen, deren sich die Parteien bei der Instruktion bedient haben, angefertigt. Doch steht einer jeden Partei, besonders denjenigen, welche die Instruktion persönlich, ohne besondere Assistenten, abgewartet haben, frei, die

Anfertigung der Deduktion irgend einem andern selbst gewählten Rechtsgelehrten zu übertragen. Es ist aber die eigene Sache einer solchen Partei, dafür zu sorgen, dass die Deduktion zur bestimmten Zeit zu den Akten komme; indem, über diese Zeit hinaus, die Vorlegung der Akten unter dem Vorwande, dass die Deduktion einem noch nicht informirten, oder entfernten Rechtsgelehrten aufgetragen worden ist, niemals aufgehalten werden soll. Auch müssen dergleichen Deduktionen allemal von einem Justizkommissarius, welcher bei dem Obergerichte, in dessen Departement der Prozess geführt wird, aufgenommen ist, unterschrieben, oder legalisirt sein, welcher für die in einer solchen Schrift etwa vorkommenden unerlaubten Ausfälle gegen den Richter, den Gegentheil, oder einen Dritten, ingleichen für die darin etwa enthaltenen offenbaren Verdrehungen der bei der Instruktion ausgemittelten Thatsachen verantwortlich ist.

Uebrigens versteht sich diese Vorschrift, wegen der den Parteien unter den beigefügten Maasgaben verstatteten Freiheit, die Deduktionen durch jeden sich dazu gewählten Rechtsverständigen anfertigen zu lassen, nicht nur von der ersten, sondern auch von den folgenden Instanzen. Doch muss, besonders in der Appellationsinstanz, die Partei sogleich beim Schlusse der Sache denjenigen benennen, welchem sie die Anfertigung der Schrift übertragen habe, damit bei etwa vorfallenden Verzögerungen das Gericht an diesen sich halten könne.

Wenn die Partei einen bloss zur Anfertigung der Deduktion gewählten Konsulenten von den bisherigen Verhandlungen informiren könne und wolle, bleibt lediglich ihre Sache; und sie kann höchstens nur darauf antragen, dass die gerichtlichen Akten diesem Koncipienten in der Registratur des Gerichts selbst vorgelegt werden.

§. 13. In der Regel müssen also die rechtlichen Ausführungen in dem Schlusstermine durch die Assistenten, deren sich die Parteien bei der Instruktion bedient haben, mündlich zum Protokolle gegeben werden.

§. 14. Ist aber die Sache nach ihrer Weitläufigkeit und Wichtigkeit so beschaffen, dass die Parteien darauf antragen, ihnen die Beibringung schriftlicher Deduktionen zu gestatten; so muss eine Frist dazu von Acht Tagen, bis Vier oder höchstens Sechs Wochen, durch eine auf das Schlussprotokoll abzufassende Resolution bestimmt werden.

§. 15. Es findet aber dabei kein Schriftwechsel statt, sondern beide Theile müssen ihre Dokumente zugleich, und ohne dass einer auf den andern warten kann oder darf, einreichen. Auch findet eine Verlängerung der einmal bestimmten Frist unter keinerlei Vorwande statt; sondern es müssen, mit Ablauf derselben, es mögen nun eine oder beide, oder keine von den Deduktionen eingekommen sein, die Akten sofort zum Spruche vorgelegt werden.

Anh. §. 99. *Wenn eine Partei mit der Einreichung ihrer Deduktion einmal präkludirt worden; so ist solche nachher ohne Einwilligung des Gegners nicht zu den Akten zu verstatten, sondern der säumigen Partei zurückzugeben.*

1) **Rescript** vom 25. Septbr. 1797, betr. die nach der Präklusion in erster Instanz eingereichten Deduktionen.

Ungeachtet der Geist unserer Gerichtsordnung die Anhänglichkeit an bloße Formen nicht begünstigt, so ist doch anzunehmen, daß, wenn das Gesetz eine gewisse Form vorschreibt, der Richter davon wider den Willen des Gegentheils, besonders alsdann nicht abweichen könne, wenn demjenigen, welcher die Form vernachlässigt hat, ein wesentlicher Vortheil in materialibus daraus entsteht. Dies ist hier gänzlich der Fall. Das Gesetz will nicht, daß in erster Instanz Schriften gewechselt, sondern es will, daß die Deduktionen von beiden Theilen gleichzeitig eingereicht werden sollen. Diesem zuwider erhält derjenige, welcher sich mit der Deduktion präkludiren läßt, und hinterdrein, wenn ihm die Schrift des Gegners noch kommunicirt worden, dieselbe noch einreicht, den Vortheil, daß er die Darstellung des Gegners kennen lernt, und darnach seiner Deduktion eine ihm zuträgliche Wendung geben kann. Zu diesem Vortheile, er sei so groß oder geringe als er wolle, hat derselbe kein Recht; er kann ihm also auch wider den Willen des Gegners nicht eingeräumt werden. Ihr müßt daher in künftigen Fällen, wenn eine Partei in erster Instanz mit der Deduktion einmal präkludirt worden, die Schrift hinterdrein nicht ferner zu den Akten gestatten, sondern dieselbe zurückgeben.

(Stengels Beitr. V. S. 305. NCC, T. X. S. 1431. No. 77. de 1797.)

2) **Rescript** vom 16. Septbr. 1817, betr. die Präklusion mit der Deduktion.

Auf die Vorstellung vom 29. v. M. wird ihnen zur Resolution ertheilt, daß Ihre Beschwerde über Präklusion mit der Deduktion in Sachen der Gebrüder N. wider den Erben N nicht gegründet ist. Die Präklusion der Deduktionen mit Ablauf der bestimmten Frist, wird durch das Gesetz schon ausgesprochen, und es bedarf keines wiederholten Ausspruchs derselben durch ein Dekret, obgleich solches gewöhnlich geschiehet, weil es im Gesetz nicht ausdrücklich vorgeschrieben ist. Die Verfügung des dasigen Oberlandesgerichts, welches Sie mit Ihrer Beschwerde hätten einreichen sollen, ist daher der Sache und den Vorschriften der Prozeß-Ordnung völlig angemessen.

(v. K. Jahrb. Bd. 10. S. 242.)

3) Wegen der Deduktionen in zweiter Instanz, s. zu Tit. 14. §. 62. Anh. §. 118—121.

§. 16. In den Deductionen, besonders wenn sie schriftlich aufgesetzt werden, muss der Verfasser derselben einen kurzen, bündigen, doch vollständigen Status causae, so wie durch die jetzt geschlossene Instruktion die Sache in ihrem ganzen Zusammenhange, seiner Ueberzeugung nach, ausgemittelt ist, vorausschicken, und daraus die rechtlichen Folgerungen, nach den Gesetzen, und deren Analogie, mittelst gründlicher Anwendung derselben auf die entwickelten Thatsachen, herleiten.

§. 17. Die Verfasser der Deduktionen müssen sich also dabei lediglich an das Faktum, so wie dasselbe durch die Instruktion entwickelt worden ist, halten, und bei schwerer Ahndung sich nicht unterfangen, durch Verdrehung desselben den Richter irre machen, oder durch unrichtige Anführung und erzwungene sophistische Auslegung der Gesetze etwas zum Vortheil der Partei erschleichen zu wollen.

§. 18. Auch kann zwar der Verfasser der Deduktion die Fehler und Mängel, die er noch bei der Instruktion zu bemerken glaubt, besonders aber die Gründe, aus welchen er dafür hält, dass ein von seiner Partei angegebenes, von dem Richter aber als unerheblich verworfenes, und eben deswegen unerörtert gebliebenes Faktum dennoch erheblich sei, und also durch Beweis näher ins Licht gesetzt werden sollen, offenherzig und freimüthig, jedoch mit geziemender Bescheidenheit, anzeigen und ausführen; doch soll durch solche erst bei den Deduktionen vorkommende Ausführungen, die Vorlegung der Akten zum Spruche niemals aufgehalten werden.

Von Novis in den Deduktionen.

§. 19. Auf ganz neue Thatsachen, oder auf Anzeigen neuer Beweismittel, die in solchen Deduktionen etwa vorkommen, soll für diese Instanz in der Regel keine Rücksicht genommen werden, da den Parteien Zeit und Raum genug gelassen ist, Alles, was zur Aufklärung der Thatsachen irgend etwas beitragen kann, vor und in dem Instruktionstermine, ja allenfalls auch noch im Schlusstermine, vorzutragen und anzubringen; übrigens aber, wenn eine Partei dergleichen neuen Umstand für so erheblich achtet, dass sie auf den Grund desselben ein besseres Urtel zu erhalten sich getrauet, ihr frei bleibt, davon, jedoch unter dem gehörigen Orts festgesetzten Vorbehalte wegen der Kosten der neuen Instruktion, noch in der zweiten Instanz Gebrauch zu machen. Die Ausnahme hiervon ist Tit. X. §. 3. bestimmt.

Vorlegung der Akten.

§. 20. Nach eingekommenen Deduktionen, oder auch wenn die dazu bestimmte präklusivische Frist abgelaufen ist, werden die Akten zur Abfassung des Erkenntnisses vorgelegt.

Anh. §. 100. *In Sachen, wo es auf Auslegung des undeutlichen oder zweideutigen Inhalts einer Urkunde, oder auf blosse Rechtsfragen ankommt, und wo mithin die Verhandlung der zweiten und dritten Instanz nur Wiederholungen desjenigen enthalten, was schon in erster Instanz vorgekommen ist, nicht minder in Fällen, wo die Bewandniss der Sache in erster Instanz vollständig aufgeklärt worden, und beiden Theilen an der baldigen rechtskräftigen Entscheidung gelegen ist, soll den Parteien frei stehen, nach vorgängiger Vereinigung unter sich, darauf anzutragen, dass mit Uebergehung des Richters erster Instanz die spruchreifen Akten dem Appellationsrichter, oder, mit Uebergehung beider, dem Revisionsrichter zur Entscheidung vorgelegt werden.*

1) **Cirkular-Verordnung** vom 30. Dezember 1798, Abschn. 12, betr. die Befugniß zur Uebergehung der ersten Instanzen, s. zur Einl. §. 40. Anh. §. 2.

2) **Rescript** vom 21. August 1834, über die Zulässigkeit eines Kompromisses auf das Geheime Ober-Tribunal nach der Verordnung vom 14. Dezbr. 1833.

Dem Königl. Geheimen Ober-Tribunal wird auf den Bericht vom 21. Juli c. worin dasselbe über die fortdauernde Gültigkeit des §. 100. des Anhanges zur A. G. O. für die Revisionsinstanz anfrägt,

eröffnet, daß der Justizminister der im Berichte entwickelten Ansicht des Kollegiums, nach welcher der gedachte §. 100 nur noch in den, durch den §. 1. der Verordnung vom 14. Dezbr. v. J. über das Rechtsmittel der Revisionen und der Nichtigkeitsbeschwerde vorgesehenen Fällen zur Anwendung kommen kann, beitritt, daß eine richtige Zusammenstellung des §. 100. des Anhanges zur A. G. O. mit den §§. 1. und 2. der Verordnung vom 14. Dezbr. v. J. auf diese Interpretation nothwendig führt, und daß es daher einer authentischen Interpretation um so weniger bedarf, als in dem Anhangsparagraphen 100. ausdrücklich vorausgesetzt ist, daß das Geheime Ober-Tribunal in der Sache Revisionsinstanz sei, diese Vorschrift mithin auf Sachen, in welchen diese Voraussetzung nicht eintritt, nicht anwendbar ist.

(v. K. Jahrb. Bd. 44. S. 83.)

Anh. §. 101. *Wenn ein Regiment oder ein sonstiges Militairinstitut in den Fall kommt, als Kläger oder Beklagter einen Prozess führen zu müssen, in welchem es auf militairische Verfassung ankommt; so steht es demselben frei, über letztere ein schriftliches Gutachten zu den Akten zu geben, bevor solche zum Spruch vorgelegt werden.*

Instruktion wegen künftiger Einrichtung der Militairgerichtsbarkeit vom 15. September 1809, §. 13., aufgen. in §. 101. des Anh. (v. R. X. S. 163. Mathis Bd. 8. S. 331.)

§. 21. Den gerichtlichen müssen allemal die Manualakten der Rechtsbeistände beigefügt, und selbige daher, wenn sie nicht schon im Schlusstermine, oder mit den Deduktionen übergeben worden sind, durch die Registratur sofort abgefordert werden. Doch sind die Manualakten in die Registratur nur versiegelt abzugeben, damit ausser dem bestellten Referenten, und den votirenden Mitgliedern des Gerichts, niemand unbefugter Weise von deren Inhalt Kenntniss nehmen möge. Aus gleichem Grunde müssen auch die Manualakten, so bald davon bei dem Vortrage der Sache der erforderliche Gebrauch gemacht worden ist, wieder versiegelt, und solchergestalt den Assistenten zurück gegeben werden.

Dreizehnter Titel.

Von Abfassung und Publikation der Erkenntnisse

Bestellung der Referenten.

§. 1. Zur Abfassung des Erkenntnisses wird von dem Vorgesetzten des Gerichts ein Referent bestellt, auch in sehr wichtigen und weitläufigen Sachen demselben ein Korreferent beigegeben.

§. 2. Der Deputirte, welcher die Instruktion besorgt hat, kann niemals Re- oder Korreferent sein; auch muss bei stärker besetzten Kollegien der Decernent dazu nicht bestellt werden.

Pflichten des Referenten.

§. 3. Der Referent muss die Akten, sobald sie ihm zugestellt worden sind, aufmerksam durchlesen, und dabei prüfen, ob auch bei der Instruktion überall ordnungsmässig verfahren, und der ganze Prozess zum Definitiverkenntnisse hinlänglich eingeleitet worden ist.

§. 4. Findet sich dabei noch ein Mangel; so muss er selbigen dem Kollegio pflichtmässig und ohne Rücksicht anzeigen; dieses aber muss, wenn das Bedenken gegründet befunden wird, wegen Abhelfung desselben, und Ergänzung der Instruktion, das Erforderliche sofort durch eine vorläufige Resolution, wofür weder Urtels-, noch andere Gebühren angesetzt werden dürfen, verfügen.

§. 5. Findet sich hingegen bei der Instruktion nichts mehr zu erinnern; so muss der Referent die Hauptsache dem Kollegio gehörig vortragen.

§. 6. Dieser Vortrag geschieht in der Regel, und wenn nicht von einer blossen klaren Schuld- oder andern summarischen Sache die Rede ist, durch eine schriftlich abzufassende Relation.

Von der Methode zu referiren.

§. 7. Die Absicht einer solchen Relation ist, dem Kollegio die in den Akten enthaltene Behauptungen der Parteien, nebst den zur Unterstützung oder Widerlegung derselben angeführten Gründen, getreu, deutlich, vollständig, und in einer natürlichen Ordnung vorzutragen; zu zeigen, was davon an Thatsachen wahr oder falsch sei; und was aus diesen Thatsachen nach den Gesetzen folge, richtig herzuleiten; dadurch aber das Kollegium in den Stand zu setzen, dass es die ganze Sache gehörig übersehen, und jedes Mitglied sein Votum darin mit Gründlichkeit und Ueberzeugung abgeben könne.

Der Referent muss also, ehe er zur Aufsetzung der Relation schreitet, sich den ganzen Inhalt der Akten durch fleissiges Lesen derselben ganz genau und vollständig bekannt machen; das Verfahren des Instruenten sorgfältig prüfen; besonders den von demselben nach geschlossener Vernehmung der Parteien aufgenommenen Status causae, ob er richtig, vollständig, dem wahren aus den Akten sich ergebenden Zusammenhange der Sache gemäss sei, aufmerksam untersuchen; eben so den Status controversiae in gehörige Erwägung ziehen; und besonders nachsehen: ob etwa ein von einer Partei gerügtes, von dem Kollegio aber durch ein vorläufiges Konklusum als unerheblich verworfenes Faktum, im Fortgange der Instruktion, durch den näher entwickelten Zusammenhang der ganzen Sache, in eine solche Lage gekommen sei, dass es nunmehr wirklich in die Entscheidung des Prozesses einen erheblichen Einfluss habe; welchen Falls er einen solchen Umstand dem Kollegio sofort, und ohne allen Verzug, zur nochmaligen Beurtheilung und weitern Verfügung, nach Vorschrift §. 4. anzeigen muss.

Erst wenn der Referent diese vorläufige Prüfung gewissenhaft angestellt, und bei der Instruktion selbst nichts Wesentliches zu erinnern gefunden hat, wendet er sich zur Ausarbeitung der schriftlichen Relation.

In dieser muss die Species facti, so wie sie in den Akten wirklich liegt, und von den Parteien nicht widersprochen ist, voraus geschickt; es müssen aber in dieselbe keine von einer oder der andern Partei noch bestrittene Thatsachen aufgenommen, oder, wenn dieses des Zusammenhanges wegen nicht gänzlich zu vermeiden ist, allemal dabei, dass ein solcher Umstand noch streitig sei, sorgfältig bemerkt werden. Sodann muss der Referent dem Kollegio die streitig gebliebenen Thatsachen Punkt für Punkt vortragen; das Anführen der Parteien dabei, den Inhalt der Beweismittel, das, was gegen die Zulässigkeit und Beweiskraft derselben etwa erinnert worden ist, getreulich angeben; in so fern es bei der Sache auf Rechtsfragen ankommt, das Wesentliche, was die Parteien darüber aus den Gesetzen, oder deren Analogie zur Unterstützung ihrer Meinungen angeführt haben, bemerken; sodann sein Votum über die Entscheidung der Sache abgeben, und dasselbe mit Gründen gehörig unterstützen.

In diesen Gründen, welche auch dem künftigen Erkenntnisse beizufügen sind, muss allemal eine vollständige und zusammenhängende Erzählung des ganzen Facti nach allen seinen Haupt- und zur Sache gehörigen Nebenumständen; so wie selbiges nach dem Urtheil und der Ueberzeugung des Referenten durch die geführte Instruktion und den aufgenommenen Beweis fest steht, voraus geschickt werden. In gewöhnlichen Fällen wird sich aus dieser zusammenhängenden Erzählung des Fakti die Entscheidung des Prozesses von selbst ergeben, und es darf alsdann nur die Gesetzstelle, deren Anwendung auf das Faktum die Entscheidung begründet, angeführt werden. Wenn aber zur Herleitung der Decision aus dem voraus geschickten Fakto eine weitere rechtliche Ausführung aus den Gesetzen und deren Analogie erforderlich ist; so muss selbige dem Fakto kurz und bündig beigefügt werden. Die Einwendungen der Parteien gegen die Richtigkeit der von dem Urtelsfasser als erwiesen angenommenen Thatsachen; die Ausstellungen derselben gegen die Zulässigkeit und Beweiskraft der Beweismittel, auf welche der Urtelsfasser seine Geschichtserzählung gegründet hat; und was etwa sonst noch die unterliegende Partei zur Unterstützung ihrer Anträge aus den Rechten hat anführen wollen, machen die Zweifelsgründe aus, mit deren Aufnehmung und Widerlegung die Relation geschlossen wird. Bestimmtere Vorschriften über die Abfassung der Relationen, und die dabei zu beobachtende Methode und Ordnung, können nach der Natur der Sache hier nicht ertheilt werden, da die vernünftige Erwägung der eigenthümlichen Beschaffenheit einer jeden vorliegenden Sache, einem aufmerksamen Referenten diejenige Methode, wie bei dieser Sache der vorbestimmte Zweck einer jeden Relation am nächsten und sichersten erreicht werden könne, von selbst an die Hand geben wird.

Was bei Beurtheilung streitiger Thatsachen zu beobachten.

§. 8. Die Entscheidung des Prozesses selbst hängt entweder davon ab: wie sich die Thatsachen, aus welchen die Forderungen oder Einwendungen entspringen, der Wahrheit nach verhalten, oder welches Gesetz darauf anzuwenden, und wie dasselbe zu verstehen, oder zu erklären sei.

Anh. §. 102. *Wenn in Prozessen zwischen Privatpersonen Gegenstände und Rechtsfragen zur Sprache kommen, welche auf Prinzipien der Landesverfassung, Staatsverwaltung, Staatswirthschaft, Polizei und Gewerbkunde Einfluss haben: und durch klare Gesetze nicht bestimmt sind: so müssen die Gerichte über dergleichen Gegenstände oder Rechtsfragen vor Abfassung des Erkenntnisses ein Gutachten von der Regierung einholen, und sich darnach, als nach einem konsultativen Votum achten.*

1) **Verordnung** wegen verbesserter Einrichtung der Provinzialbehörden vom 26. Dezember 1808 (§. 44. aufgenommen in §. 102. des Anhangs) s. z. Einl. §. 1. S. 97. dieses Bandes.

2) a. **Verordnung** vom 25. Januar 1823, wegen Auslegung der Staatsverträge.

Es können Fälle vorkommen, daß bei Prozessen zwischen Privatpersonen und dem Fiskus, oder zwischen Privatpersonen unter sich, über die Auslegung von Staatsverträgen, welche auf die Entscheidung der Sache Einfluß haben, von den Parteien entgegengesetzte Behauptungen aufgestellt werden.

In Erwägung,

daß Staatsverträge nach den bei ihrer Schließung zum Grunde liegenden Motiven, nicht nach allgemeinen Auslegungsregeln interpretirt werden können,

daß die in speziellen Fällen darauf Bezug habenden Entscheidungen der Gerichtshöfe zu einseitigen Interpretationen führen möchten, welche in den Augen anderer betheiligten Gouvernements als Verletzung der Staatsverträge angesehen werden, solchergestalt aber in die öffentlichen Verhältnisse störend eingreifen dürften,

daß das Ministerium der auswärtigen Angelegenheiten, es mögen dergleichen Staatsverträge mit oder ohne Konkurrenz des Preußischen Gouvernements abgeschlossen sein, sich theils im Besitz der dahin einschlagenden Verhandlungen befindet, theils in den Stand gesetzt ist, eine nähere Kenntniß aller Verhältnisse zu erlangen,

welche auf die Entstehung und Abfassung derselben eingewirkt haben,

setzen Wir auf den Antrag Unseres Staatsministerii hiermit Folgendes fest:

Wenn im Laufe eines Prozesses über den Sinn einer in einem Staatsvertrage enthaltenen, zur Entscheidung der Sache beitragenden Bestimmung, oder über die Frage:

welcher von mehreren zugleich in Betracht kommenden Staatsverträgen und in wie weit dieser oder jener zum Grunde zu legen sei?

desgleichen über die Frage:

ob und in wie weit ein in Bezug genommener Staatsvertrag überhaupt an und für sich als völkerrechtlich gültig anzusehen sei?

unter den Parteien entgegengesetzte Behauptungen aufgestellt werden, so sollen die Gerichte, ohne Unterschied, ob der Preußische Staat bei der Abschließung solcher Verträge konkurrirt hat, oder nicht, verbunden sein, vor Abfassung des Erkenntnisses die Aeußerung des Ministeriums der auswärtigen Angelegenheiten einzuholen, und sich darnach bei der Entscheidung lediglich zu achten.

(G. S. S. 19)

b. **Cirkular** vom 22. November 1826. v. K. Jhrb. Bd. 28. S. 290. erledigt durch:

c. **Instruktion** vom 26. Dezember 1833, betreffend das Verfahren bei Auslegung von Staatsverträgen.

In der Allerhöchsten Verordnung vom 25. Januar 1823 (Gesetzsammlung de 1823 Nr. 777. S. 19.) ist festgesetzt:

„Wenn im Laufe eines Prozesses über den Sinn einer in einem Staatsvertrage enthaltenen, zur Entscheidung der Sache beitragenden Bestimmung, oder über die Frage:

welcher von mehreren zugleich in Betracht kommenden Staatsverträgen und in wie weit dieser oder jener zum Grunde zu legen sei?

desgleichen über die Frage:

ob und in wie weit ein in Bezug genommener Staatsvertrag überhaupt an und für sich als völkerrechtlich gültig anzusehen sei?

unter den Parteien entgegengesetzte Behauptungen aufgestellt werden: so sollen die Gerichte, ohne Unterschied, ob der Preußische Staat bei Abschließung solcher Verträge konkurrirt hat, oder nicht, verbunden sein.

vor Abfassung des Erkenntnisses die Aeußerung des Ministeriums der auswärtigen Angelegenheiten einzuholen und sich darnach bei der Entscheidung lediglich zu achten."

Wiewohl zur Beseitigung der Bedenken der Gerichte und einiger irrthümlichen Ansichten in Beziehung auf die Anwendung dieser Allerhöchsten Verordnung schon das Cirkular vom 22. November 1826 (Jhrb. Bd. 28. S. 290.) ergangen ist, so haben doch noch immer einige Gerichtshöfe

theils über die Fälle, in denen die Aeußerung des Ministeriums der auswärtigen Angelegenheiten einzuholen ist,

theils über die Einwirkung dieser Aeußerung auf die Entscheidung des vorliegenden speziellen Rechtsstreites,

theils endlich über das bei Einholung derselben zu beobachtende Verfahren,

verschiedene Meinungen geäußert.

In Uebereinstimmung mit dem Königlichen Ministerium der auswärtigen Angelegenheiten erachtet der Justizminister es daher für nöthig, sämmtlichen Gerichten nachstehende Anweisung zu ertheilen, in welche auch, damit die denselben zur Norm dienenden Bestimmungen über diesen Gegenstand in einer Verfügung enthalten seien, der wesentliche Inhalt des Cirkulars vom 22. November 1826 aufgenommen worden ist.

I. Die Fälle, in welchen es auf eine Erklärung des Ministeriums der auswärtigen Angelegenheiten ankommt, sind nach der Allerhöchsten Verordnung vom 25. Januar 1823 folgende: wenn

1) über den Sinn einer in einem Staatsvertrage enthaltenen, zur Entscheidung der Sache beitragenden Bestimmung, oder

2) über die Frage:
welcher von mehreren zugleich in Betracht kommenden Staatsverträgen und in wie weit dieser oder jener zum Grunde zu legen sei? desgleichen

3) über die Frage:
ob und in wie weit ein in Bezug genommener Staatsvertrag überhaupt an und für sich als völkerrechtlich gültig anzusehen sei?

entgegengesetzte Behauptungen aufgestellt werden.

Es ergiebt sich hieraus von selbst, daß Aeußerungen der Parteien, die sich nicht auf die streitige Auslegung von Staatsverträgen selbst, sondern auf andere, außerhalb des abgeschlossenen Staatsvertrages gelegene Momente beziehen, zur Einholung einer Aeußerung des Ministeriums der auswärtigen Angelegenheiten nicht angethan sind, indem das Letztere durch die Allerhöchste Verordnung vom 25. Januar 1823 auf eine dergleichen Prüfung und Beurtheilung einzugehen nicht befugt erklärt worden ist.

II. Die Bedeutung und Kraft der vom Ministerium der auswärtigen Angelegenheiten in den vorgenannten Fällen abzugebenden Erklärung anlangend, so ist dasselbe bei allen Anfragen, welche in Gemäßheit der mehrgedachten Verordnung bei ihm gemacht werden, wesentlich nur dazu berufen:

Zeugniß abzulegen, vorzüglich von den bei Schließung der Staatsverträge zu Grunde gelegenen Motiven,

und

aus der nähern Kenntniß dieser Motive und der Geschichte der dem Abschluß der Verträge vorausgegangenen Verhandlungen über den Sinn und die allgemeine Anwendbarkeit einer in einem Staatsvertrage enthaltenen, „zur Entscheidung der Sache beitragenden" Bestimmung sich zu äußern.

Indem dasselbe sich darauf beschränkt, entweder einfache Thatsachen oder das Resultat kombinirter Thatsachen zu bekunden, hat seine Erklärung die Natur eines Zeugnisses, oder einer sachverständigen Aussage. Denn es ertheilt in Sachen, die sein Amt und seine Stellung betreffen, beweisende Auskunft, und setzt solchergestalt durch die von ihm bekundeten Umstände und die darauf begründeten Erklärungen, Assertionen oder Versicherungen das Gericht in den Stand, nach diesen, indem sie als allgemeine Sätze ausgesprochen werden, die von den Parteien in besonderer Beziehung auf den gerade vorliegenden Streitfall aufgestellten konkreten Behauptungen zu beurtheilen, und dem gemäß die Entscheidung der Sache zu bemessen. Dagegen bleibt dem Gerichte überlassen, zu untersuchen und zu bestimmen: ob in dem gegebenen Falle die Voraussetzungen vorhanden sind, oder nicht, auf welche es bei Anwendung der ertheilten allgemeinen Auskunft ankommt.

Die Erklärungen des Ministeriums der auswärtigen Angelegenheiten sind hiernach in so fern für die Gerichte eine bindende Norm, nach welcher sie sich zu richten haben, als die ertheilte Aeußerung für die richtige erachtet werden muß, und als das von dem gedachten Ministerium Bekundete als wahr zum Grunde zu legen ist, ohne daß jedoch die Gerichte bei der Frage:

was nun unter der Voraussetzung, daß ein Staatsvertrag nach der vom Ministerium der auswärtigen Angelegenheiten ertheilten Auslegung zu erklären ist, hieraus für den vorliegenden Fall folgt?

im Geringsten beschränkt sind.

Des Königs Majestät haben bei Gelegenheit eines speziellen Falles, Allerhöchst selbst auszusprechen geruht: „daß nach der Verordnung vom 25. Januar 1823 das vorgenannte Ministerium das Vorhandensein einer Thatsache fest stelle, mithin von dem Richter eben so beachtet werden müsse, wie jede vollständig bewiesene Thatsache, wogegen die Folgerungen aus derselben seinem Urtheile überlassen seien; daß daher durch die Verordnung vom 25. Januar 1823 keinesweges in Privatverhältnisse eingewirkt, und dem richterlichen Urtheile mittelst Anwendung des Gesetzes auf eine Thatsache etwas entzogen werde, das auswärtige Ministerium vielmehr durch die auf amtliche Verhandlungen und auf vollständigere Kenntniß der faktischen Verhältnisse gegründete Angabe, was durch den vorliegenden Staatsvertrag fest gesetzt worden sei, dem Richter nur den Beweis der Thatsache liefere, auf welche er das Gesetz anzuwenden hat."

Darum kann denn auch das Ministerium der auswärtigen Angelegenheiten, welchem bei der Aeußerung, die von ihm eingeholt werden soll, eine ganz freie, von den Interessen der Parteien unabhängige Stellung gegeben ist, in keiner Art als Vertreterin einer Partei konkurriren, es mag nun der Prozeß bloß zwischen Privatpersonen schweben, oder auch Fiskus sich unter den Parteien befinden; denn es würde alsdann, wenn jenes Ministerium in Vertretung einer Partei seine Erklärung abgäbe, die Partei selbst es sein, welche den Ausspruch thäte und für sich ein Zeugniß oder Gutachten ablegte.

So wenig die Gerichte deshalb, weil sie Königliche Gerichte sind, in den Prozessen, welche der Fiskus vor ihnen betreibt, zugleich die Vertreter des Letzteren sind, eben so unangemessen ist es, die Funktion des Ministeriums der auswärtigen Angelegenheiten, vermöge deren es zur Auslegung der Staatsverträge, wenn darüber von dem Fiskus und einer andern Partei vor Gericht entgegengesetzte Behauptungen aufgestellt werden, verpflichtet ist, aus dem Gesichtspunkte einer Vertretung des Fiskus zu betrachten, weil demselben nicht minder die Eigenschaft einer Königlichen Behörde zukömmt.

III. Was das Verfahren bei Einholung der Aeußerung des Ministeriums der auswärtigen Angelegenheiten betrifft, so darf es zunächst nicht den Parteien überlassen werden, bei dem genannten Ministerium die Ertheilung der, der gerichtlichen Entscheidung zum Grunde zu legenden Erklärung in Antrag zu bringen, da die Allerhöchste Verordnung vom 25. Januar 1823 den Gerichten selbst diese Verpflichtung auflegt.

Es können daher auch vom Gerichte keine an das gedachte Ministerium gerichtete Eingaben von den Parteien angenommen werden, da jenes Ministerium in keiner Berührung mit den Parteien steht, und letztere mit ersterem wegen ihrer Sache nicht verhandeln können. Vielmehr steht die Prüfung und Untersuchung der besonderen Thatsachen und Verhältnisse des vorliegenden Falles lediglich den Gerichten zu. Wegen seiner auf den Sinn, die Natur und Gültigkeit der Staatsverträge, die bei Gelegenheit jenes Falles zweifelhaft, oder streitig geworden sind, sich beziehenden Erklärung kann das Ministerium der auswärtigen Angelegenheiten es allein mit der Gerichtsbehörde zu thun haben.

Es wird daher auch die frühere Anweisung wiederholt, daß die Anträge der Gerichte bei jenem Ministerium in Beziehung auf die Allerhöchste Verordnung vom 25. Januar 1823 an dasselbe durch das Justiz-Ministerium gelangen sollen. Die desfallsigen Anträge setzen jedoch voraus, daß von den Parteien bestimmte Behauptungen in Beziehung auf Staatsverträge aufgestellt, und die Gerichte dergestalt in den Stand gesetzt sind, mit näherer Angabe derjenigen Bestimmungen eines Staatsvertrages, wobei von jeder Partei ein verschiedener Sinn behauptet wird, die Aeußerung des mehrerwähnten Ministeriums einzuholen.

Unzulässig sind daher ganz allgemeine Fragen der Art:

ob in diesem oder jenem Vertrage dies oder jenes Recht, diese oder jene Verbindlichkeit stipulirt worden sei?

Es muß vielmehr das Nähere über den Zusammenhang und die Beziehung dieser Frage, wie diese bei Gelegenheit eines vorliegenden Prozesses zweifelhaft oder streitig geworden, und ob und in wie fern die Parteien darüber entgegengesetzte Behauptungen aufgestellt haben, hinzugefügt werden.

Sind die Auslassungen der Parteien unbestimmt, so ist es die Sache der Gerichte, durch die, den Umständen nach geeignete Verfügung eine genauere Erklärung herbei zu führen.

Die Verordnung vom 25. Januar 1823 spricht ausdrücklich davon:

wenn im Laufe des Prozesses von den Parteien entgegengesetzte Behauptungen über den Sinn einer in einem Staatsvertrage enthaltenen, zur Entscheidung der Sache beitragenden Bestimmung oder über die beiden schon oben näher berührten Fragen aufgestellt werden.

Es ist daher nothwendig, daß von den entgegengesetzten Behauptungen der Parteien das Ministerium der auswärtigen Angelegenheiten vollständige Kenntniß erhalte, um dasselbe in den Stand zu setzen, seine Aeußerung angemessen zu ertheilen.

Die Einholung der ministeriellen Erklärung erscheint nach demjenigen, was zu II. gesagt ist, nicht anders, als ein Gegenstand der Beweisaufnahme über ein als Norm geltendes Prinzip, wie in ähnlicher Art auch nach der Prozeß-Ordnung Tit. 10. §§. 53—55., über ein „dem Gerichte nicht bekanntes," streitiges, fremdes Landesgesetz, Statut, oder eine Observanz gewöhnlichermaaßen der Beweis, freilich in anderer Art und Form, aufzunehmen ist.

Mit Rücksicht hierauf werden sämmtliche Gerichte angewiesen, in jedem einzelnen Falle pflichtmäßig zu erwägen:

1) zu welchem Zeitpunkte, oder in welchem Stadio des Prozesses die Aeußerung des Ministeriums der auswärtigen Angelegenheiten einzuholen sei. In der Regel wird dies sogleich bei Verfügung der Beweisaufnahme angeordnet werden können. Es ist keinesweges nothwendig, wie einige Gerichte vermeinen, in zweifelhaften Fällen jedoch zulässig, daß die Akten erst zum Spruch vorgelegt werden, um einen Beschluß darüber zu fassen: ob eine Erklärung über den Sinn des Staatsvertrages erfolgen müsse und solche bei dem auswärtigen Ministerium einzuholen sei.

2) in welcher Form die Anfrage zu erlassen, insbesondere, ob zu dem Ende ein förmlicher status causae et controversiae specialis über die in Beziehung auf den Staatsvertrag von den Parteien vorgebrachten abweichenden Behauptungen aufzunehmen sei, wird dem pflichtmäßigen Ermessen der Gerichte überlassen; indessen erscheint es allerdings am zweckmäßigsten, einen status causae et controversiae specialis zu diesem Zwecke zu entwerfen.

3) Von der eingegangenen Aeußerung des Ministeriums der auswärtigen Angelegenheiten, welche den Gerichten durch das Justiz-Ministerium zugefertigt wird, ist den Parteien nur der Tenor des Schlußsatzes, womit das erstgedachte Ministerium seine Aeußerung zusammenfaßt, abschriftlich mitzutheilen.

4) Eine Kritik der vom auswärtigen Ministerium abgegebenen Erklärung, wie bei gewöhnlichen Zeugenaussagen oder Gutachten der Sachverständigen, ist unzulässig; dergleichen Auslassungen sind daher so wenig zu Protokoll zu nehmen, als auf schriftliche Anträge dieser Art einzugeben ist.

5) So wie die im § 10. Nr. 6., 7. Tit. 13. der Prozeß-Ordnung erwähnte beweisende Aussage eines Sachverständigen, oder des betreffenden Beamten, so wie die in Folge der §§. 53—55. Tit. 10. der Prozeß-Ordnung nachgewiesenen fremden Landesgesetze, Statuten oder Observanzen, an und für sich klar und nicht bestritten sein mögen, die Anwendung derselben auf den speziellen Fall, aber noch verschiedene Folgerungen, Behauptungen und Anträge der Parteien zuläßt, und in Folge derselben die Nothwendigkeit einer diesfälligen Erörterung herbei führen kann: so kann Aehnliches auch bei den vom Ministerium der auswärtigen Angelegenheiten ertheilten Responsis statt finden.

In so fern es daher, nach Abgabe der allgemeinen Erklärung dieses Ministeriums, zunächst noch um die spezielle Anwendung derselben sich handelt, wobei ganz füglich entgegengesetzte Ansichten denkbar sind, darf es den Parteien nicht versagt werden, in dieser Beziehung ihre Gerechtsame auszuführen, um den Richter darauf aufmerksam zu machen: ob und welche Folgen die Erklärung des Ministeriums der auswärtigen Angelegenheiten für den vorliegenden Streitfall hat; sei es, daß nur streitige materielle Sätze bei der Anwendung in Frage kommen, sei es, daß die nachträgliche Veranlassung einer früher ausgesetzten anderweitigen Instruktion oder Beweisaufnahme über andere Fragen nunmehr für erforderlich zu achten sei. (Prozeß-Ordnung Tit. 10. §. 62. u. f.)

Nach vorstehenden Bestimmungen haben sich sämmtliche Königliche Gerichte in vorkommenden Fällen gebührend zu achten.

(v. K. Jhrb. 42. S. 305—313.)

d. **Reseript** vom 6. Dezember 1833, (extraktsweise) betreffend das Verfahren bei Auslegung der deutschen Bundesakte.

Auf den unterm 17. Juni d. J. in der Rechtssache des fürstlichen Hauses von Lichtenstein wider den Fürsten v. K. wegen Auslegung der deutschen Bundesakte erstatteten Bericht wird dem Königlichen Geheimen Ober-Tribunal nach erfolgter Kommunikation mit dem Herrn Minister der auswärtigen Angelegenheiten Folgendes eröffnet:

Es kommt auf folgende Fragen an:

1) Ist wirklich das Königliche Geheime Ober-Tribunal berechtigt und verpflichtet, für einen ihm zur Entscheidung vorliegenden Rechtsfall, bei welchem es auf Bestimmungen der deutschen Bundesakte vom 8. Juni 1815, oder der Wiener Schlußakte vom 15 Mai 1820 ankommt, vor der Entscheidung und Behufs derselben, eine authentische Interpretation der deut-

schen Bundesversammlung nachzusuchen, und bis solche erfolgt ist, die Entscheidung auszusetzen?

Diese Frage muß ohne alles Bedenken verneint werden. Für die Bejahung derselben kann nicht auf die Königliche Verordnung vom 25. Januar 1823 (G. S. S. 19.) zurück gegangen werden; denn diese Verordnung enthält keine solche Anweisung.

Von dieser Verordnung wird daher bei Beantwortung obiger Frage ganz abzusehen sein. Auch hat das Königliche Geheime Ober-Tribunal zur Rechtfertigung seines Antrags sich nicht auf die allegirte Verordnung, vielmehr auf die Art. 17. und 63. der mittelst Patents vom 24. Juni 1820 publizirten Wiener Schlußakte und den Art. VI. der durch das Patent vom 15. Februar 1832 publizirten Beschlüsse der deutschen Bundesversammlung vom 18. Juni 1832 berufen.

Im Art. 17. der Schlußakte behält sich allerdings die Bundesversammlung vor, diejenigen Bestimmungen der Bundesakte, über deren wahren Sinn Zweifel entstehen sollten, zu erklären. Allein in Beziehung auf alle Gesetze ist der Gesetzgeber allein berechtigt, dieselben authentisch zu interpretiren. Nichts desto weniger ist hierdurch der Richter bei Anwendung der Gesetze nicht beschränkt. Er ist sogar, sowohl nach gemeinem, als nach dem Preußischen Rechte verpflichtet, wenn er den Sinn der Gesetze zweifelhaft findet, oder Lücken in den bestehenden Gesetzen wahrnimmt, nach den ihm zur Norm dienenden allgemeinen Grundsätzen und nach den wegen ähnlicher Fälle vorhandenen Verordnungen seiner besten Einsicht gemäß zu erkennen, ohne vorher eine authentische Interpretation nachzusuchen. (Einleit. zum A. L. R. §. 49. — Erster Anh. zum A. L. R. §. 2.)

Bei Ausübung dieser Pflicht hat er auch nicht zu fürchten, daß in der Folge sein Judikat durch eine etwa nachher ergehende authentische Erklärung der Bundesversammlung, falls solche ohne Veranlassung der Parteien, oder auf den Rekurs einer Partei erfolgen sollte, aufgehoben oder erschüttert werden möchte. Eine derartige Besorgniß steht im Widerspruche mit dem Wesen und Geiste der ganzen Bundesverfassung, und besonders mit dem Art. 63. der Wiener Schlußakte, worin ausdrücklich gesagt ist, daß Streitigkeiten, welche über die Anwendung der in Gemäßheit des Art. 14. der Bundesakte erlassenen Verordnungen ꝛc. entstehen, in einzelnen Fällen an die kompetenten Behörden des Bundesstaates, in welchem die Besitzungen der Betheiligten, mittelbar gewordenen Fürsten, Grafen und Herren gelegen sind, zur Entscheidung, also auch sofern diese Entscheidung dem Richter zusteht, zur definitiven Entscheidung gebracht werden müssen. Nicht im Falle dieser Entscheidung der einzelnen Streitfälle durch den zuständigen Richter, sondern nur im Falle der verweigerten gesetzlichen und verfassungsmäßigen Rechtshülfe, oder einer einseitigen, zum Nachtheil der betreffenden Standesherren erfolgten legislativen Erklärung der durch die Bundesakte ihnen zugesicherten Rechte soll der Rekurs an die Bundesversammlung eintreten können und von der letzteren eventuell die genügende Aushülfe bewirkt werden. Diese Aushülfe kann daher auch niemals in einer Aufhebung oder Abänderung der bereits erfolgten und rechtskräftig gewordenen richterlichen Entscheidung, sondern nur darin bestehen, daß die Bundesversammlung, je nachdem es die Beschaffenheit des gerade vorliegenden Falles erfordert, entweder die Gewährung der verweigerten gesetzlichen und verfassungsmäßigen Rechtshülfe, oder eine dem wahren Sinn des Art. 14. der Bundesakte entsprechende, jedoch nur auf künftige Fälle anwendbare Abänderung einer zum Nachtheile der betheiligten Standesherren erfolgten einseitigen legislativen Erklärung der ihnen durch die Bundesakte zugesicherten Rechte im verfassungsmäßigen Wege veranlaßt.

Der Art. VI. der Beschlüsse der deutschen Bundesversammlung vom 28. Juni 1832 enthält bloß eine Wiederholung des im Art 17. der Bundesakte ausgesprochenen Grundsatzes. Er wiederholt, was sich von selbst versteht, daß die Bundesversammlung die gesetzlichen Bestimmungen, welche von ihr als Gesetzgeber ausgehen, auch nur allein authentisch interpretiren kann, ohne den Richter zu verpflichten oder zu berechtigen, in jedem einzelnen Falle eine solche authentische Interpretation einzuholen.

Es entsteht hiernächst aber die Frage, ob das Königliche Geheime Ober-Tribunal

2. hierbei die Verordnung vom 25. Januar 1823 anzuwenden, und mithin sich nach der Erklärung des Ministeriums der auswärtigen Angelegenheiten vom 27. Juni 1827 über den Sinn der im Art. XIV. Nr. 3. litt. b. der deutschen Bundesakte enthaltenen Bestimmungen zu richten hat?

Diese Frage ist unzweifelhaft zu bejahen.

Jene Verordnung spricht von allen Staatsverträgen, ohne die Bundesakte oder die ebenfalls damals schon auf Befehl Sr. Majestät des Königs in Allerhöchst Ihren Staaten publizirte Wiener Zusatzakte auszunehmen. Da die Parteien den Art. XIV. Nr. 3. litt. b. der Bundesakte in einem verschiedenen Sinne auslegen, so war das Ober-Landesgericht zu Paderborn verpflichtet, hierüber die Erklärung des Ministeriums der auswärtigen Angelegenheiten einzuholen, und sich danach bei der Entscheidung zu achten, ohne daß jedoch sein Ermessen über die Anwendung der Erklärung auf den vorliegenden Fall im Geringsten beschränkt war. Ein Gleiches gilt für das Königliche Geheime Ober-Tribunal. Die Lage der Sache hat sich nicht geändert. Es liegen dem Kollegio keine anderen Gesetze vor, als dem genannten Ober-Landesgerichte vorgelegen, mit alleiniger Ausnahme des Patents vom 15. Oktober 1832 wegen Publikation der Bundesbeschlüsse vom 28. Juni desselben Jahres. Der Art. VI. dieser Beschlüsse enthält jedoch nichts Neues, am wenigsten konnte er bewirken, daß die Verordnung vom 25. Januar 1823, sofern sie bis dahin, und des Art. 17. der Zusatzakte ungeachtet, auch in Beziehung auf die deutsche Bundesakte zur Anwendung gekommen, für dieselbe unanwendbar geworden wäre. Mithin ist das Königl. Geheime Ober-Tribunal auch verpflichtet, sich in den Rechtsfällen, wobei es auf Bestimmungen der Bundesakte ankommt, nach den Vorschriften der Verordnung vom 25 Januar 1823 zu achten.

Die Erklärungen des Ministeriums der auswärtigen Angelegenheiten über die Interpretation der Staatsverträge sind indeß überhaupt bloß insofern für die Gerichte eine bindende Norm, nach welcher sie sich zu richten haben, als die ertheilte Auslegung für die richtige erachtet werden muß, und als das vom Ministerium der auswärtigen Angelegenheiten Bekundete als wahr zum Grunde zu legen ist, ohne daß jedoch die Gerichte bei der Frage,

> was nun unter Voraussetzung, daß ein Staatsvertrag nach der vom Ministerio der auswärtigen Angelegenheiten ertheilten Auslegung zu erklären ist, hieraus für den vorliegenden Fall folgt?

im Geringsten beschränkt sind. Dieser Unterschied ist es, auf welchen in der dem Ober-Landesgericht zu Paderborn durch das Rescript vom 2 Oktober 1828 eröffneten Allerhöchsten Kabinets-Ordre vom 14. Juli 1828 das gedachte Landes-Justiz-Kollegium hingewiesen worden. Um so weniger ist es zu bezweifeln, daß die Verordnung vom 25. Januar 1823 sich nach der Allerhöchsten Intention auch auf die deutsche Bundesakte bezieht.

(Act. des Justizm. Gen. No. 61. Vol. I. Fol. 308.)

e. **Rescript** vom 14 März 1834, betreffend das bei Auslegung von Staatsverträgen zu beobachtende Verfahren.

Dem Königlichen Ober-Landesgericht wird auf den Bericht vom 4. d. M. eröffnet, daß die darin aufgestellten Bedenken in Betreff der unterm 6. Dezember v. J. erlassenen Instruktion, über das bei Anwendung der Allerhöchsten Verordnung vom 25. Januar 1823 zu beobachtende Verfahren, nicht begründet sind.

Wenn auch der nach der Allerhöchsten Verordnung vom 25. Januar 1823 über die Auslegung einer in einem Staatsvertrage enthaltenen Bestimmung, über die Gültigkeit eines Staatsvertrags, oder über die Anwendbarkeit eines von mehreren Staatsverträgen, von dem Ministerio der auswärtigen Angelegenheiten einzuholenden Erklärung die Natur eines Zeugnisses, oder einer sachverständigen Aussage beigelegt worden ist, so unterscheidet sich dieselbe doch in mehrfacher Hinsicht von einem anderen Zeugniß und einer andern sachverständigen Aussage.

Die Gerichte sind zwar im Allgemeinen ebenfalls angewiesen, andere Zeugnisse und sachverständige Gutachten zu beachten; allein sie haben die Befugniß und Verbindlichkeit:

> die Glaubwürdigkeit der Zeugen und Sachverständigen
> 1. nach ihrer Persönlichkeit und ihren Verhältnissen,
> 2 nach dem Inhalte der Deposition selbst
> zu prüfen und zu würdigen.

Diese Befugniß steht den Gerichten in Absicht der Erklärungen des Ministeriums der auswärtigen Angelegenheiten nicht zu: Diese sind vielmehr in so fern für die Gerichte eine bindende Norm, nach welcher sie sich zu richten haben,

> als die ertheilte Aeußerung für die richtige erachtet werden muß, und als das von dem gedachten Ministerium Bekundete als wahr zum Grunde zu legen ist.

Schon aus dieser Rücksicht kann es nicht mehr darauf ankommen; den Parteien Gelegenheit zu geben, sich über die Glaubwürdigkeit, Wahrheit und

Richtigkeit jener Erklärungen des Ministeriums der auswärtigen Angelegenheiten zu äußern, sondern es kommt nur darauf an, daß sie in dem in der Instruktion vom 6. Dezember v. J. unter No. 3. ad 5 bezeichneten Falle noch Gelegenhtit erhalten,

sich über die Anwendbarkeit der allgemeinen Erklärungen des Ministeriums der auswärtigen Angelegenheiten auf den speziellen vorliegenden Fall, so wie über die rechtlichen Folgen des allgemein fest gestellten Grundsatzes zu äußern und ihre etwanigen Anträge in Beziehung auf die ferneren Erörterungen von Thatsachen oder Aufnahme von Beweismitteln beizubringen.

Hierzu bedürfen die Parteien aber bloß „des Tenors des Schlußsatzes", womit das Ministerium der auswärtigen Angelegenheiten seine Aeußerungen zusammen faßt.

Ueberdies ist das gedachte Ministerium durch die gedachte Verordnung vom 25. Januar 1823 nur verpflichtet,

seine Erklärungen über die dort bezeichneten Fragen abzugeben,

nicht aber

die Gründe seiner Entscheidungen beizufügen.

Wenn dasselbe sich hierzu bisher veranlaßt gefunden hat und wahrscheinlich ferner damit fortfahren wird; so thut es dies lediglich um einer sich selbst gestellten Aufgabe zu genügen und die Gerichte über die Gründe der Entscheidung zu belehren: die Parteien haben auf eine Mittheilung dieser Gründe kein Recht, und bedürfen ihrer auch nicht, da es eine ungegründete Voraussetzung des Königl. Ober-Landesgerichts ist

daß oft der Tenor des Schlußsatzes der Erklärung des Ministeriums der auswärtigen Angelegenheiten ohne die Ausführung, deren Resultat dasselbe ist, nicht einmal verständlich sein möchte.

Sollte wider Vermuthen ein solcher Fall vorkommen, so ist es Sache des Gerichts, alsdann eine bestimmtere Stellung des Schlußsatzes einzuholen, und zu diesem Zweck an den Justiz-Minister Behufs der weiteren Kommunikation mit dem Ministerio der auswärtigen Angelegenheiten zu berichten.

(Act. des Justizm. Gen. No. 61. Vol. II. Fol. 49.)

Anh. §. 103. *Wenn bei Einleitung und Entscheidung von Prozessen gegen Militairinstitute und Militairpersonen es einer Auskunft über Militairökonomie oder sonstige militairische Dienstverhältnisse bedarf; so sind die Gerichte verbunden, deshalb an den Chef der Justiz, zum Zweck der Rücksprache mit dem Kriegsminister, Bericht zu erstatten.*

Entnommen aus der Instruktion für die Militairgerichte vom 15. September 1809. §. 13. f. zu Anh. §. 101.

Anh. §. 104. *In Bergwerksprozessen, worin es auf Umstände ankommt, zu deren vollständiger Erläuterung und Beurtheilung, theoretische und praktische Kenntnisse der Bergwerkswissenschaft erforderlich sind, muss bei Abfassung der Erkenntnisse ein von dem Bergamte der Provinz auf Requisition des Gerichts zu ernennender Sachverständiger zugezogen werden.*

Rescript vom 19. Mai 1804, betreffend die Zuziehung eines Sachverständigen bei Abfassung des Erkenntnisses in Bergwerkssachen.

Wir haben Euch bereits durch die den 22. Juni 1784 erlassene Verordnung anweisen lassen, in jedem Falle, wo es bei Entscheidung eines Bergwerksprozesses auf Umstände ankommt, zu deren vollständigen Erläuterung und richtigen Beurtheilung theoretische und praktische Kenntnisse der Bergwerkswissenschaft erforderlich sind, das Bergamt der Provinz um die Abordnung eines solchen gehörig qualificirten Sachverständigen zu ersuchen, welcher dem Vortrage einer solchen Sache beiwohne, und dabei die etwa nöthigen Erläuterungen über die in seine Kunst und Wissenschaft einschlagenden Materien ertheile, und Ihr seid unterm 21. Dezember 1802 an die Befolgung dieser Vorschrift in vorkommenden Fällen erinnert. Da nun das Berg- werks- und Hütten-Departement des General-Direktorii in dem abschriftlich anliegenden Schreiben vom 10. Mai c. von dem jetzt bei Euch in zweiter Instanz schwebenden Prozeß des Ober-Bergamtes dortiger Provinz wider die rc. Veranlassung genommen, die Befolgung dieser Vorschrift abermals in Erinnerung zu bringen, so wollen Wir Euch hiermit nach dem Antrage desselben anbefehlen, bei Aburtelung des gedachten Prozesses in erster Instanz ein Mitglied des angeregten Ober-Bergamtes zuzuziehen, und wenn die Sache so weit gediehen, das Ober-Bergamt deshalb zu requiriren.

(Neues Archiv Bd. 3. S. 374)

§. 9. Kommt es darauf an, die Wahrheit einer streitigen Thatsache zu beurtheilen; so kann ein dreifacher Fall eintreten: dass entweder dieselbe nach ihrem wahren Zusammenhange, bis zur völligen Ueberzeugung ausgemittelt; oder dass sie nur bis zu einem stärkern oder schwächern Grade der Wahrscheinlichkeit ins Licht gesetzt worden; oder dass durch die Aufnehmung der Beweismittel keine nähere Aufklärung hat erreicht werden können, sondern die Sache in derjenigen Lage geblieben ist, in welcher sie sich vor dieser Aufnahme befunden hat.

1) Wenn eine Thatsache für völlig erwiesen zu achten.

§. 10. Bis zur völligen Ueberzeugung ist eine Thatsache ausgemittelt, wenn hinlängliche, glaubwürdige, und unter sich in keinem Widerspruche stehende Beweismittel vorhanden sind. Ohne das richterliche Ermessen in zu enge Schranken einzuschliessen, lassen sich nur folgende Fälle auszeichnen, in welchen eine Thatsache für völlig erwiesen anzunehmen ist.

1) Wenn der deutliche Inhalt eines öffentlichen, oder eines rekognoscirten Privatdokuments hinlängliche Auskunft giebt; und wider die Glaubwürdigkeit eines solchen Dokuments nichts eingewendet, oder die gemachten Einwendungen unerheblich oder ungegründet befunden worden.
2) Wenn durch die von beiden Theilen gehaltenen Kerbhölzer der Streit geschlichtet werden kann, und diese bei der Zusammenhaltung übereinstimmend gefunden werden.
3) Wenn zwei oder mehrere glaubwürdige Zeugen eine Thatsache aus eigener Wissenschaft mit völliger Zuverlässigkeit bekunden.
4) Wenn der streitig gewesene Umstand ein Objekt betrifft, welches 50 Rthlr. oder weniger am Werthe beträgt, oder solchergestalt nach den im Titel von Bagatellsachen vorgeschriebenen Grundsätzen zu schätzen ist; und die Thatsache auch nur von Einem untadelhaften Zeugen vollständig bekundet wird.
5) Wenn beide Theile sich ausdrücklich erklärt haben, dass die Aussagen eines gewissen Zeugen den Ausschlag geben solle, und der Zusammenhang der Sache durch dessen Aussage vollständig aufgeklärt ist.
6) Wenn ein in Eid und Pflicht stehender Offiziant, in Sachen, welche sein Amt unmittelbar betreffen, Auskunft giebt, und

wider dessen Glaubwürdigkeit keine Einwendungen erregt, oder erweislich gemacht worden sind.

7) Wenn ein vereideter Künstler oder Sachverständiger in Sachen, welche seine Kunst oder Gewerbe betreffen, sein Gutachten abgiebt, und die zu dessen Unterstützung angeführten Gründe nicht angefochten, oder die dagegen gemachten Erinnerungen ungegründet befunden worden sind.

8) Wenn die Parteien den Weg der Eidesdelation gewählt haben, und ein deferirter oder zurück geschobener Eid geschworen, oder erlassen, oder dessen Ableistung verweigert worden ist; da sodann, nach Verschiedenheit dieser Fälle, die streitig gewesene Thatsache für wahr oder falsch anzunehmen ist.

9) Wenn durch eingenommenen Augenschein die wahre Beschaffenheit der Sache ausgemittelt worden ist.

In allen vorstehenden Fällen wird das streitige Faktum in der Lage beurtheilt, in welcher es die vorhandenen Beweismittel darstellen, und in diesem Maasse werden die daraus fliessenden Rechte und Verbindlickeiten im Urtel fest gesetzt.

2) Wenn sie nur zum Theil erwiesen ist.

§. 11. Nur bis zu einem stärkern oder schwächern Grade der Wahrscheinlichkeit ist eine Thatsache ausgemittelt, wenn entweder mehrere darüber aufgenommene Beweismittel sich widersprechen; oder wenn es den vorhandenen und aufgenommenen Beweismitteln an vollkommener Glaubwürdigkeit ermangelt; oder wennn das streitige Faktum nicht vollständig in seinem ganzen Umfange hat ausgemittelt werden können.

Von der Kollision mehrerer Beweismittel.

§. 12. Widersprüche unter den Beweismitteln können sich ereignen;

1) wenn mehrere Dokumente abweichenden Inhalts sind;
2) wenn mehrere Zeugen sich widersprechen;
3) wenn eine Kollision zwischen den beigebrachten Dokumenten und den abgehörten Zeugen obwaltet;
4) wenn einige Mitberechtigte oder Verpflichtete die deferirten oder zurück geschobenen Eide schwören, andere hingegen dieselben abzuleisten verweigern, oder zurück schieben wollen;
5) wenn bei einer Okularinspektion das über den Befund aufgenommene Protokoll, und der Inhalt der beigebrachten Dokumente oder erfolgten Zeugenaussagen, sich nicht vereinigen lassen.

a) Zwischen Dokumenten.

§. 13. Wenn mehrere Dokumente beigebracht werden, deren Inhalt nicht übereinstimmt; so ist zuvörderst genau zu prüfen: ob ein wahrer Widerspruch vorhanden sei; oder ob nicht, nach dem Sinne der Interessenten, das eine Dokument durch das andere abgeändert werden sollen; welchenfalls das erstere dem letztern weichen muss. So wie denn auch, wenn mehrere Dokumente einer Art neben einander nicht bestehen können, und es auf eine einseitige widerrufliche Erklärung ankommt, das jüngere vor dem ältern den Vorzug behaupten muss.

§. 14. Ist hingegen ein wirklicher Widerspruch vorhanden, und hat dessen Ursprung nach der Vorschrift Tit. X. Abschnitt VII. §. 392. nicht ausgemittelt werden können; so muss, wenn eine öffentliche einer blossen Privaturkunde widerspricht, letztere der erstern weichen. Auf gleiche Weise muss, wenn ein öffentliches gerichtliches mit einem andern dergleichen aber nur aussergerichtlichen Dokumente im Widerspruche sich befindet, letzteres dem ersteren nachstehen.

§. 15. Wenn Dokumente gleicher Art einander widersprechen; so müssen die Urtelsfasser vernünftig ermessen: ob eines derselben mit einer vorzüglichen Deutlichkeit und Genauigkeit abgefasst worden, und der Widerspruch wahrscheinlich daher entstanden sein könne, dass man bei Anfertigung des andern Dokuments flüchtig zu Werke gegangen sei, etwas ausgelassen oder zweideutige Ausdrücke eingemischt habe; welchenfalls dem erstern eine vorzügliche Glaubwürdigkeit beizulegen ist.

b) Zwischen Zeugen.

§. 16. Wenn mehrere abgehörte Zeugen sich widersprechen, und der Widerspruch auf die Tit. X. §. 207. 208. vorgeschriebene Art nicht hat gehoben werden können; so muss geprüft werden: ob die einander widersprechenden Zeugen nach ihrer persönlichen Qualität, und den Verhältnissen, worin sie mit den Parteien stehen, von gleicher Glaubwürdigkeit sind. Waltet hierin ein Unterschied ob; so müssen die Aussagen der minder glaubwürdigen Zeugen, ohne Rücksicht auf deren Anzahl, den Aussagen der unverwerflichen Zeugen nachstehen. Ist hingegen eine solche Verschiedenheit nicht erfindlich; so ist, ohne auf die Zahl der Zeugen zu sehen, genau zu untersuchen: welche unter ihnen die beste Gelegenheit und Veranlassung gehabt haben, von dem streitigen Fakto Kenntniss zu erlangen; und welche derselben sich bei ihrer Vernehmung durch Genauigkeit und Zusammenhang in ihren Erzählungen vorzüglich auszeichnen.

§. 17. Kann auch auf solche Art kein Uebergewicht ausgemittelt werden; so ist erst alsdann auf die Anzahl der Zeugen Rücksicht zu nehmen, welche bestimmen muss, ob und von welcher Partei noch ein Eid gefordert werden solle.

c) Zwischen Dokumenten und Zeugen.

§. 18. Wenn ein Widerspruch zwischen den beigebrachten Urkunden und den abgehörten Zeugen obwaltet; so kommt es zuvörderst darauf an: ob die Zeugen die Glaubwürdigkeit des Dokuments anfechten, oder ob nur der Inhalt des Dokuments von der Aussage der Zeugen abweiche.

§. 19. Wird durch die Aussagen der Zeugen die Glaubwürdigkeit des Dokuments angefochten; so ist eigentlich kein Widerspruch vorhanden, und es ist nur darauf zu sehen: in wie weit die zur Entkräftung des Dokuments angeführten Thatsachen nach Tit. X. Abschnitt VII. §. 394. ausgemittelt sind. Wenn dieses geschehen ist; so kann, besonders wenn es auf ein öffentliches gerichtliches Dokument ankommt, dessen Entkräftung nur alsdann bewirkt werden, wenn mehrere, ganz unverwerfliche, in ihren Aussagen völlig übereinstimmende, und durch überzeugende Kennzeichen der Genauigkeit sich auszeichnende Zeugen, solche Thatsachen bekunden, welche dem Dokumente die Beweiskraft entziehen. Ermangelt es daran; so können die Zeugenaussagen nur so viel wirken, dass noch von dem einen oder dem andern Theile ein nothwendiger Eid geleistet werden muss.

§. 20. Kann aus den Aussagen der Zeugen das Gegentheil desjenigen gefolgert werden, was die Dokumente ergeben, und hat dieser Widerspruch auf die im zehnten Titel §. 395. vorgeschriebene Art nicht gehoben werden können; so behält, wenn die Urkunde ein öffentliches gerichtliches Dokument ist, dieselbe jederzeit den Vorzug vor den Aussagen der Zeugen. Wenn hingegen nur von öffentlichen aussergerichtlichen Urkunden, oder gar nur von Privatdokumenten die Frage ist; so muss in Sachen, welche sich vor sehr geraumer Zeit ereignet haben, oder wo es auf Namen, Zahlen, Maas oder Gewicht, und überhaupt auf Umstände ankommt, welche leicht dem Gedächtnisse entfallen können, den Dokumenten der Vorzug gegeben werden. Ausser diesem Falle kommt es darauf an: ob von den Zeugen ein wahrscheinlicher Grund des obwaltenden Widerspruchs angegeben worden ist. Ist dieses geschehen, und die Zeugenaussagen sind von solcher Beschaffenheit, dass sie an und für sich eine volle Ueberzeugung wirken; so müssen diese, sonst aber jederzeit die vorhandenen Dokumente, vorzüglich, wenn sie zur Klasse der öffentlichen, obwohl aussergerichtlichen Urkunden gehören, den Ausschlag geben.

d) Bei Eideszuschiebung.

§. 21. Wenn ein Widerspruch daher entsteht, dass einige Litiskonsorten sich zu Ableistung de- oder referirter Eide erbieten; andere hingegen die Eidesleistung verweigern, oder den Eid zurück schieben wollen; so finden die Vorschriften des zehnten Titels §. 293. und §. 275—278. Anwendung.

e) Bei Okularinspektionen.

§. 22. Wenn bei einer Okularinspektion ein Unterschied zwischen dem über den Befund aufgenommenen Protokolle, und dem Inhalte der beigebrachten Urkunden, oder den Aussagen der Zeugen obwaltet; und der Widerspruch hat durch Führung der Zeugen an Ort und Stelle nach Vorschrift Tit. X. §. 396. nicht erledigt werden können; oder es sind Dokumente widersprechenden Inhalts vorhanden; so ist ein Unterschied zu machen: ob es bei Entscheidung der Sache auf deren gegenwärtigen Zustand, oder darauf ankommt, wie derselbe zu einer bestimmten bereits verflossenen Zeit beschaffen gewesen ist. Erstern Falls hat jederzeit das Protokoll über die Besichtigung, letztern Falls aber das Beweismittel den Vorzug, welches sich dem bestimmten Zeitpunkte am meisten nähert; besonders wenn ausgemittelt werden kann, wodurch die nachherige Veränderung entstanden sei.

§. 23. Bei allen diesen solchergestalt auseinander gesetzten Kollisionen der Beweismittel bleibt es dem Ermessen der Urtelsfasser überlassen, in wie fern sie, mit Rücksicht auf die ertheilten Vorschriften, eine Thatsache für erwiesen annehmen; oder von einer der Parteien einen nothwendigen Eid fordern; oder die Sache in der Lage betrachten zu müssen glauben, als ob keine Beweismittel wären beigebracht worden.

Von Unzulänglichkeit der Beweismittel. Vom Suppletorio und Purgatorio.

§. 24. In dem zweiten **§. 11.** bemerkten Hauptfalle, wenn es den vorhandenen Beweismitteln an vollständiger Glaubwürdigkeit ermangelt, bleibt es dem Ermessen der Urtelsfasser überlassen, nach genauer Prüfung der vorhandenen Beweismittel festzusetzen: ob ein Erfüllungs- oder Reinigungseid geschworen werden solle; wobei vorzüglich auf die dem einen oder dem andern Theile zu Statten kommenden Präsamtionen, ingleichen darauf Rücksicht zu nehmen ist, welche Parteien bei der Instruktion, durch vollständige und genaue Anzeige des Zusammenhanges der Sache, sich eines vorzüglichen Zutrauens würdig gemacht, oder welche durch Zurückhaltung der Wahrheit, oder durch Widersprüche, oder dadurch der Glaubwürdigkeit ihrer Angaben geschadet haben, dass einige ihrer Behauptungen falsch befunden, oder sie eines frevelhaften Läugnens überführt worden sind.

Hierbei versteht es sich von selbst, dass, wenn eine Partei nach Anleitung des folgenden drei und zwanzigsten Titels **§. 52. Nr. 5.** für unfähig erklärt worden, einen nothwendigen Eid zu schwören, deren Gegner der Eid aufzulegen ist. Auf gleiche Art ist, wenn Juden mit Christen streiten, den Letzteren vorzüglich ein nothwendiger Eid abzufordern; in so fern nicht überwiegende Gründe vorhanden sind, dem Juden mehrere Glaubwürdigkeit als dem Christen beizulegen. Sollte es an andern Gründen ermangeln, wodurch die Urtelsfasser bestimmt werden könnten, welcher Partei die Eidesleistung zu verstatten sei; so muss darauf gesehen werden: ob eine derselben nur de veritate, die andere hingegen nur de ignorantia würde schwören können, welchenfalls die erstere vorzüglich zur Eidesleistung zuzulassen ist.

Anh. **§. 105.** *Der in diesem §. gemachte Unterschied zwischen Juden und Christen findet nicht ferner statt.* (*Siehe Tit.* X. **§.** 230. *Anh.* **§.** 88.

Entnommen aus dem Edikt vom 11. März 1812, betreffend die bürgerlichen Verhältnisse der Juden.

§. 25. Personen, die nach Tit. X. **§. 227.** als Zeugen nicht vereidet werden können, können auch zu einem Erfüllungs- oder Reinigungseide nicht zugelassen werden. Doch soll einen Deserteur, wenn er Pardon erhalten hat, die ehemalige Verletzung seiner Pflicht zur Ableistung eines nothwendigen Eides in seinen Privatrechtsangelegenheiten nicht unfähig machen.

In welchen Fällen übrigens ein nothwendiger Eid erfordert, und die Ergänzung desselben durch den Erfüllungseid nicht zugelassen werde, ist in den Gesetzen bestimmt. (A. L. R. Thl. I. Tit. IV. §. 50. Tit. XVI. §. 106. u. f.)

§. 26. Nach gleichen Grundsätzen, wie in dem Falle des §. 24. ist zu verfahren, wenn in dem dritten §. 11. bestimmten Hauptfalle, das streitige Faktum nicht vollständig oder in seinem ganzen Umfange ausgemittelt werden kann; besonders ist alsdann, wenn vielleicht nur in Ansehung einer zu bestimmenden Quantität oder Summe, oder eines andern Nebenumstandes, ein Zweifel obwaltet, von demjenigen noch ein nothwendiger Eid zu fordern, dessen Angaben in Ansehung der übrigen Haupt- oder Nebenumstände als wahr erwiesen worden sind.

3) Wenn durch den aufgenommenen Eid nichts ausgemittelt worden.

§. 27. Ergiebt es sich, dass die Instruktion der Beweismittel ganz fruchtlos gewesen, und die Sache in der Lage geblieben sei, worin sie vor Aufnehmung des Beweises war; so erhält diejenige Partei, welcher rechtliche Präsumtionen zu Statten kommen, ein obsiegliches Urtel.

Rescript vom 18. November 1823, daß es zulässig sei einen Anspruch durch Erkenntniß angebrachtermaaßen zurück zu weisen.

Auf Ihre Anfrage vom 8. September d. J. wird Ihnen nunmehr, nach Eingang der erforderten Erkenntnisse eröffnet, wie es keinem Bedenken unterliegt, daß der erkennende Richter eine Klage angebrachtermaaßen zurückzuweisen befugt sei. Die A. G. O. bindet ihm hierunter nicht die Hände, auch stehet solches mit dem Geiste derselben nicht in Widerspruch, da sich das Klage-Fundament sehr oft bei der Instruktion oder bei der Beweises-Aufnahme anders gestaltet, und überdem das Spruch-Kollegium durch die frühere abweichende Ansicht des instruirenden Gerichts nicht gebunden ist. Es läßt sich eben so wenig absehen, warum in dem tenor des Urtels der Antrag oder die Forderung, worauf sich die geschehene Abweisung bezieht, umständlich aufgenommen werden müßte, indem die beigefügten Entscheidungsgründe, — wie solches die von ihnen eingereichten Erkenntnisse darthun, — dem succumbirenden Theile jederzeit hierüber die erforderliche Belehrung geben.

(v. K. Jhrb. Bd. 22. S. 173.)

§. 28. Sind keine anderen rechtlichen Präsumtionen vorhanden; so giebt der Satz den Ausschlag: dass keine Thatsache und keine Veränderung vermuthet wird; und muss daher, wenn ein Klagepunkt oder Einwand bloss in einem bestrittenen Fakto beruht, weshalb weder Beweismittel beigebracht werden können, noch besondere rechtliche Präsumtionen obwalten, ein solcher Klagepunkt oder Einwand verworfen werden.

Anh. §. 106. *Es kann daher auch nicht vermuthet werden, dass jemand verheirathet gewesen sei und Kinder erzeugt habe; und der Richter ist, wofern keine besonderen Umstände eintreten, die eine solche Vermuthung begründen, weder befugt noch schuldig, weitere Nachforschungen darüber von Amts wegen anzustellen.*

Rescript vom 15. Februar 1796, betreffend die Vermuthung, daß jemand verheirathet gewesen und Kinder erzeugt habe (N. C. C. T. X. S. 81. v. R. III. S. 267) aufgenommen in §. 106. des Anh.

Fälle, wo eine Theilung des Objecti litis statt findet.

§. 29. Sollte sich endlich der nicht leicht zu erwartende Fall ereignen, dass ein nicht zu hebender Widerspruch in den Beweismitteln obwaltete, und aller deshalb ertheilten Vorschriften ungeachtet, kein Bewegungsgrund vorhanden wäre, weshalb einer Partei vorzüglich vor der andern die Ableistung eines nothwendigen Eides verstattet werden könnte; so soll es den Urtelsfassern erlaubt sein, den Gegenstand des Streits nach einem billigen Verhältnisse zu theilen, in so fern die in solchen Fällen auf das sorgfältigste zu versuchende Sühne nicht Platz greifen will. (A. L. R. Thl. I. Tit. XVII. §. 379—382.)

§. 30. Eine solche Theilung findet daher eigentlich nur alsdann statt, wenn die Sache nach rechtlichen Gründen in ihrem bisherigen Zustande nicht verbleiben kann, sondern es ausgemacht ist, dass damit eine Veränderung vorgenommen werden müsse; der Richter aber keine überwiegende Gründe hat, sie unter mehreren Personen, welche deshalb gleiche rechtliche Vermuthungen für sich haben, der einen oder der andern, mit Auschluss der übrigen, zuzuerkennen.

Was bei Anwendung der Gesetze oder

§. 31. In allen Fällen, da die Entscheidung des Prozesses von streitig gewordenen Thatsachen abhängt, wird dieselbe, auf den Grund der nach obigen Vorschriften zu prüfenden Beweismittel, nach der Mehrheit der Stimmen in dem Kollegio ertheilt. Ein Gleiches findet in dem zweiten §. 8. angenommenen Falle statt, wenn es darauf ankommt, nach welchem Gesetze der Streit entschieden, und wie dasselbe auf die vorliegenden Thatsachen angewendet werden solle.

Rescript vom 29. März 1819, betreffend die Stimmenzählung bei der Abfassung eines Conclusi.

Der Chef der Justiz trägt kein Bedenken, die von dem Präsidio des Königlichen Ober-Landesgerichts mittelst Berichts vom 12. d. M. zur Entscheidung vorgelegte Frage:

> ob zur Fassung eines Conclusi eine absolute Mehrheit der Stimmen erforderlich sei, und eine relative Mehrheit daher nicht statt finden dürfe?

bejahend zu beantworten

Der von mehreren Rechtslehrern angeführte Grund, daß bei einer relativen Majorität die wirkliche Mehrheit der Stimmen wider den gefaßten Beschluß sein könne, ist für diese Meinung sehr sprechend. Hieraus folgt, daß das Präsidium, zu dessen besonderen Obliegenheiten die Leitung der Deliberationen gehört, die Befugniß hat, spezielle, zur Sache gehörige Haupt- oder Vorfragen zur Diskussion zu stellen und mit der Wirkung darüber abstimmen zu lassen, daß von einzelnen Votanten — den Präsidenten mit eingerechnet — demnächst nicht wieder darauf zurück gegangen werden darf, sondern daß sie sich bei der ferneren Abstimmung für eine oder die andere Meinung erklären müssen.

So viel den von den Referenten erhobenen Zweifel bei Alimenten, oder sonstigen Entschädigungs-Prozessen anbetrifft, so löset sich solcher bei näherer Beleuchtung in concreto sehr leicht, und es ist kein Grund vorhanden, dabei von dem oben aufgestellten generellen Prinzip in der Art eine Abweichung zu gestatten, daß aus den verschiedenartigen Stimmen ein Mittelsatz herausgezogen werden dürfe. Ein Beispiel wird dies erläutern.

Wenn bei einem Kollegium aus 16 Mitgliedern mit Einschluß des Präsidenten

3) für 40 Rthlr.
4) für 50 Rthlr.
6) für 60 Rthlr.
3) für 70 Rthlr.
} Alimente u. s. w.

stimmen, so tritt die Majorität zu Gunsten der dritten Votanten für 60 Rthlr. ein, indem die ersteren beiden Klassen bereits durch die Mehrheit der letzteren beiden überstimmt, diejenigen aber, welche für 70 Rthlr. gestimmt haben, nunmehro der Mehrzahl für 60 Rthlr. resp. unterzuordnen und beizurechnen sind.

Umgekehrt verhält es sich da, wo

3) für 40 Rthlr.
6) für 50 Rthlr.
4) für 60 Rthlr.
3) für 70 Rthlr.

votirt haben, indem sodann die zweite Klasse der Votanten für 50 Rthlr. mit Einschluß der hinzutretenden ersten Klasse die Majorität bildet, und die beiden letzteren Klassen als abgestimmt anzusehen sind. — Die Stimme des Präsidenten kann nur dann den Ausschlag geben, wenn in den bezeichneten Fällen die Zahl derer, welche für die mindere Summe gestimmt haben mit der Zahl der Votanten für das höhere Quantum et vice versa gleich steht. Wenn z. B.

2) für 40 Rthlr.
6) für 50 Rthlr.
4) für 60 Rthlr.
4) für 70 Rthlr.
} Alimente

votirt haben, der Präsident sich aber unter der Zahl der Votanten für die niedere Summe befindet: so giebt seine Meinung mit der Wirkung den Ausschlag, daß die zweite Klasse der Votanten für 50 Rthlr., welcher nunmehro die Stimmen für die höhere Summe unterzuordnen sind, die Majorität bilden.

Diese Erläuterung wird hinlänglich sein, um die Bedenken des Kollegiums zu heben und demselben nach Verschiedenheit der vorkommenden Fälle zur Norm dienen zu können. (Gen. Act. des Justizm. L. R. No. 13. Vol. I. Fol. 257 a.)

bei deren Erklärung zu beobachten.

§. 32. Wenn es aber auf den Sinn eines wirklich vorhandenen und auf den vorliegenden Fall anwendbar scheinenden Gesetzes ankommt, und dieser Sinn, nach der Mehrheit der Stimmen im Kollegio, für dunkel und zweifelhaft angesehen wird; so muss darüber bei der Gesetzkommission angefragt werden. (A. L. R. Einl. §. 46—50.)

§. 33. Zu dem Ende wird, jedoch mit gänzlicher Verschweigung des Namens der Parteien, und mit Uebergehung aller Thatsachen, bloss das dunkel scheinende Gesetz angegeben; es werden die verschiedenen Erklärungsarten, über welche die Mitglieder des Gerichts sich nicht haben vereinigen können, vorgetragen, und die Gründe, welche jeder Theil für seine Erklärungsart anführt, kürzlich bemerkt. Zuletzt wird die Meinung der Pluralität des Kollegii über diese verschiedenen Erklärungsarten beigefügt.

§. 34. Diese Anfrage entwirft der Referent, und legt sie dem Kollegio zur Genehmigung vor, ohne dass es dabei einer Zuziehung der Parteien oder ihrer Rechtsbeistände bedarf. Doch soll nach publizirtem Erkenntnisse den Parteien die Abschrift der Anfrage nicht versagt werden, um allenfalls wider den Inhalt derselben in den ihnen offen stehenden ferneren Instanzen ihre rechtliche Nothdurft zu beobachten.

§. 35. Die Anfrage wird mittelst Berichts an die Gesetzkommission eingesendet, und das darauf erfolgende Konklusum bei Entscheidung der Sache für diese Instanz zum Grunde gelegt.

1) **Rescript** vom 21. März 1798 nebst **C. O.** vom 8. **ejusd.**, betreffend die Anfragen bei der Gesetzkommission.

Unsere Allerhöchste Person hat in einer über verschiedene Gegenstände der Justizverfassung an den Großkanzler erlassenen Cab. Ord. vom 8. d. M. auch über die Anfragen bei der Gesetzkommission, worin es auf Erklärung eines dunkeln Gesetzes ankommt, sich so geäußert, wie Ihr solches aus dem abschriftlich beiliegenden Extrakte besagter Cabinets-Ordre mit mehrern ersehen werdet.

Ihr werdet Euch also nach dieser Unserer allerhöchsten Willensmeinung, wodurch der Vorschrift des A. L. R. in der Einleitung §. 47. und 48. und der A. G. O. Thl. I. Tit. 13. §. 32—35. derogirt wird, von nun an gebührend zu achten haben. Damit aber auch ein Streit über den Sinn eines vermeintlich dunkeln Gesetzes höchstens nur einmal durch die Instanzen getrieben werden könne, und demselben für alle folgende Fälle durch authentische Deklarationen sogleich vorgebeugt werde; so muß in jedem Falle dieser Art, wo bei Aburtelung einer Sache über den Sinn eines Gesetzes Verschiedenheit der Meinungen im Kollegio eintritt, also, daß nach den bisherigen Vorschriften eine Anfrage darüber statt gefunden haben würde, zwar für diesen Fall nach der Mehrheit der Stimmen konkludirt, zugleich aber von dem Referenten, indem er das Urtel aufsetzt, auch der Bericht an den Chef der Justiz entworfen, und darin alles das, was die A. G. O. am angeführten Orte §. 33. bei der Anfrage vorschreibt, aufgenommen werden. Wir werden alle dergleichen Anzeigen hier sammeln lassen, und sobald ein solcher Fall durch die Instanzen entschieden ist, auf verfassungsmäßigem Wege eine autentische Deklaration des angeblich dunkeln oder zweifelhaften Gesetzes bewirken, auch diese Deklarationen entweder in der Edikten-Sammlung, oder, nach Befinden der Umstände, auch auf andere Art, wodurch sie noch allgemeiner zur Kenntniß des Publikums gelangen können, bekannt machen lassen. Berlin, den 21. März 1798.

Beilage.

Mein lieber Großkanzler von Goldbeck! In der festen Ueberzeugung rc. Außerdem habe ich bei Meiner von jeher auf den Gang der Rechtspflege verwendeten Aufmerksamkeit

1) darin einen Uebelstand gefunden, daß dunkle oder zweifelhafte Gesetze im Laufe eines Prozesses, von der Gesetzkommission erklärt, und diese Erklärungen auf vergangene Fälle angewendet werden. Durch solche Entscheidungen können manche Meiner Unterthanen, ohne das allergeringste Verschulden, indem sie im Grunde nach einem neuen Gesetze, das sie vorhin nicht kennen konnten, gerichtet werden, in großen Schaden und Nachtheil versetzt werden, und sie gewinnen dadurch nicht einmal an kürzerer Dauer oder mindern Kosten, indem die Erfahrung bewiesen hat, daß oft in der letzten Instanz bei der Gesetzkommission angefragt worden, oder wenn solches auch in den ersten Instanzen geschehen, dennoch von den Erkenntnissen, die sich auf solche Entscheidungen der Gesetzkommission gründen, Rechtsmittel, welche die Prozeß-Ordnung zuläßt, ergriffen worden. Die Gesetz-Kommission ist in Auslegung der Gesetze eben so gut dem Irrthum unterworfen, als es die Gerichtshöfe bei ihren Entscheidungen sind. Demungeachtet aber findet gegen die erstere gar kein Remedium statt, wenn der Irrthum auch noch so klar dargethan, und der daraus entstehende Schade auch noch so groß seyn sollte. Alle diese Gründe bewegen Mich um so mehr, die Anfragen der Gerichtshöfe bei der Gesetz-Kommission im Laufe der Prozesse gänzlich abzuschaffen, als Ich nicht einsehe, warum die Richter nicht eben so gut zweifelhafte Gesetze sollten erklären können, wie sie Fälle entscheiden müssen, worüber es an einem Gesetze ganz ermangelt. Dagegen ist es nothwendig, daß die Gerichtshöfe angewiesen und angehalten werden, die Dunkelheiten und Zweifel, welche ihnen bei Ausübung der Rechtspflege, in Ansehung des richtigen Verstandes der Gesetze, aufstoßen, nach rechtskräftig entschiedener Sache, eben so der Gesetz-Kommission zur Erklärung für künftige Fälle anzuzeigen, als ihnen solches in den Fällen obliegt, wo sie eine Lücke in dem Gesetzbuche angetroffen haben.

Endlich aber finde Ich es durchaus nothwendig, daß alle Decisa der Gesetz-Kommission nicht ferner, wie bisher, durch bloße Privat-Sammlungen, sondern vollständig durch die öffentlichen Edikten-Sammlungen, allenfalls in einem besondern Anhange derselben, bekannt gemacht werden, weil sie ohnedem entweder gar nicht, oder nicht zuverlässig dem Publiko bekannt werden. Berlin, den 8. März 1798.
(N.C.C. T. X. S. 1609. No. 23. de 1798, Stengels Beiträge Bd. 5. S. 405—407. und Auszug S. 333.)

2) **C. O.** vom 1. August 1836, betreffend die Erhaltung der Einheit der Rechtsgrundsätze in den richterlichen Entscheidungen; s. zu I. 15. §. 7.

§. 36. In dem Urtel selbst müssen zuvörderst die bei der Sache sich findenden vorläufigen und Präjudicialfragen, wohin auch die Incidentpunkte gehören, abgemacht, und bei jedem Punkte die Gründe der Entscheidung beigefügt: sodann zur Decision der Hauptsache übergegangen; wenn auch diese aus mehreren Punkten besteht, bei jedem derselben die Entscheidung besonders festgesetzt, und die Gründe dafür sofort angehängt werden.

Rescript vom 13. Juni 1834, betreffend die Unzulässigkeit einer im Urtel auszusprechenden Zahlungsfrist.

Auf die Anfrage vom 6. v. M. wird dem Königlichen Stadtgericht Nachstehendes hiermit eröffnet:

Wenn auch in dem §. 2. Tit. 24. der Prozeß-Ordnung der Urtheile Erwähnung geschieht, in welchen eine Frist zur Befolgung bestimmt worden, so liegt es doch keineswegs im Gesetz, daß in allen Erkenntnissen ohne Unterschied der Fälle willkührlich dem Verurtheilten ein solcher Aufschub gewährt werden soll. In Ermangelung eines besondern rechtlichen Grundes tritt vielmehr die Zulässigkeit der Exekution gesetzlich sofort nach beschrittener Rechtskraft des Erkenntnisses ein. Es ist daher die bisher vielfach stattgehabte allgemeine Festsetzung solcher Fristen als ein lediglich von der Praxis eingeführter Mißbrauch anzusehen, welcher um so weniger gebilligt werden kann, als die Besorgniß einer möglichen Uebereilung des Schuldners dadurch beseitigt wird, daß demselben jedenfalls die zur Anmeldung der Rechtsmittel offen stehende Frist und demnächst immer noch der Zeitraum zwischen der Ankündigung und der wirklichen Vollstreckung der Exekution zu statten kommt, so daß selbst da, wo die Appellation nur von Devolutiv Effekt ist, die Fristbewilligung im Urtel nicht nothwendig erscheint.

Da nun überdies nach den §§. 21. und 22. des Gesetzes vom 14. Dezbr. 1833. das Fatale der Appellation und der Revision von 10 Tagen auf 6 Wochen verlängert ist, zugleich aber nach dem §. 5. der Verordnung vom 4. März d. J., wegen der Exekution in Civilsachen, die im §. 31. Tit. 24. der Prozeß-Ordnung bestimmten Ankündigungs-Fristen von 8 Tagen bis 4 Wochen beibehalten worden sind, so ist gegenwärtig noch um so mehr Grund zur Abstellung jenes Mißbrauchs vorhanden, und es wird deshalb das Königliche Stadtgericht angewiesen, in seinen Erkenntnissen, sofern nicht ein besonderer Grund zur Ausnahme eintritt, eine Frist zur Befolgung nicht fest zu setzen.

(v. K. Jhrb. Bd. 43. S. 485.)

§. 37. Nicht nur in Pacht- und Rechnungsprozessen, sondern auch in anderen ähnlichen Fällen, besonders wenn mehrere Forderungen und Gegenforderungen bei Auseinandersetzung unter Erben, Gesellschaften etc. streitig gewesen sind, muss nach erfolgter Aburtelung aller einzelnen Posten, der Saldo, wie viel nämlich ein Theil dem andern heraus zu zahlen, oder gut zu schreiben hat, allenfalls mit Zuziehung eines Kalkulators, berechnet, und im Urtel fest gesetzt werden.

§. 38. Die Kollegia und Urtelsfasser müssen sorgfältig Acht geben, dass überall die wirkliche Entscheidung und deren Gründe deutlich von einander unterschieden, und nicht etwas, das zu der erstern gehört, in die letztern, noch auch umgekehrt, mit eingemischt werde, indem blosse Entscheidungsgründe niemals die Kraft eines Urtels haben sollen.

§. 39. Sind noch Eide zu schwören, oder sonst etwas worauf die Entscheidung mit ankommt, von einem oder dem andern Theile bloss einseitig zu leisten, und zu bewirken; so muss das Erkenntniss auf beide Fälle, wenn nämlich der Eid geschworen, oder die Auflage befolgt wird, oder wenn dieses nicht geschieht, gerichtet werden.

Vergl. wegen Fassung der auf eine Eidesleistung zu richtenden Erkenntnisse. Anh. §. 95. und I. 10 §. 377.

§. 40. Wenn sowohl der Grund, als der Betrag der Forderung bestritten, und über letztern die Sache mit instruirt worden; so muss, selbst wenn der Grund der Forderung verworfen, und also auf gänzliche Abweisung gesprochen wird, dennoch auch über den Betrag, welcher dem Kläger zukommen würde, wenn der Grund des Anspruchs in den folgenden Instanzen für richtig angenommen werden sollte, mit erkannt werden. Hätte jedoch der Instruent die Verhandlungen zur Ungebühr auf solche Punkte mit gerichtet, welche nach den Vorschriften der Prozessordnung nicht mit zur Instruktion gezogen werden söllen; so steht dem erkennenden Richter dennoch frei, solche Punkte zu übergehen, dergestalt, dass darüber, nach rechtskräftig entschiedener Präjudicialfrage, nöthigenfalls noch besonders erkannt werde.

§. 41. Auch in Ansehung der Kosten, ingleichen der Entschädigung und Strafen, welcher einer oder der andere Theil, wegen verursachten unnützen Aufenthalts und Verzugs der Sache, dem Gegner oder der Strafkasse zu entrichten hat, muss in dem Urtel das Erforderliche fest gesetzt werden.

§. 42. Bei Abfassung der Erkenntnisse und Entscheidungsgründe müssen die Kollegia und Referenten sich der möglichsten Deutlichkeit und Präcision, ingleichen einer natürlichen und allgemein verständlichen Schreibart befleissigen, damit über den Sinn des Urtels kein Streit entstehe; das Objekt eines jeden Punktes, und was dabei erkannt wird, vollständig, und nicht bloss beziehungsweise auf die Akten und die vorigen Urtel, darin ausgedrückt sei; auch die Parteien selbst einsehen und begreifen können, was eigentlich, und warum es einem von ihnen ab-, und dem andern zuerkannt worden sei.

Rescript vom 9. Oktober 1835, betreffend die Benennung der Parteien in den Erkenntnissen.

Der Landrath S. zu L. hat über die von dem Königl. Ober-Landesgerichte am 1. v. M. in der Prozeßsache des Amtmanns W. wider ihn erlassene Verfügung Beschwerde geführt, und zur Begründung derselben unter andern sich darauf berufen, daß in dem in jenem Prozeß ergangenen Erkenntniß des Fürstenthumsgerichts zu L. gar nicht er persönlich, sondern das Dominium B. verurtheilt, er mithin auch zur Erstattung der Kosten und Stempelgebühren gar nicht persönlich verpflichtet sei.

Der Bittsteller ist mit seiner Beschwerde zwar zurück gewiesen, indessen nimmt der Justiz-Minister aus dem vorerwähnten durch die miteingereichte Ausfertigung des Urtels bestätigten Umstande Veranlassung, das Königliche Ober-Landesgericht darauf aufmerksam zu machen, daß es nicht passend ist, wenn, wie hier das L. Fürstenthumsgericht gethan, zur Bezeichnung einer prozeßführenden Partei der Ausdruck „Dominium" gewählt wird. Dieser lateinische, Mißverständnisse veranlassende, Ausdruck wird schon jedenfalls besser durch den deutschen „Gutsherrschaft" ersetzt. Da indeß auch jedes Erkenntniß auf bestimmte Personen sich beziehen muß, so sind diese auch in demselben namentlich zu benennen. Soll dann, bei dinglichen Klagen die Eigenschaft, in welcher der Kläger oder Beklagte aufgetreten ist, näher bezeichnet werden, so muß man sich der Bezeichnung bedienen:

„der N. N. als Besitzer des Gutes rc."

Hiernach ist das Fürstenthumsgericht zurecht zu weisen, und auch das Königliche Ober-Landesgericht hat sich darnach zu achten.

(v. K. Jhrb. Bd. 46. S. 506.)

§. 43. Obgleich in der Regel durch das erfolgende Urtel der ganze Prozess nach allen seinen Gegenständen definitive entschieden werden muss; so hat es doch nicht nur bei der in der Folge wegen einiger besondern Prozessarten vorkommenden Ausnahmen, sondern auch bei der allgemeinen Vorschrift Tit. V. §. 28. und Tit. X. §. 60. u. f. dahin sein Bewenden, dass, wenn es bei einer Sache auf Präjudicialfragen ankommt, von deren Entscheidung die Hauptsache abhängt; ingleichen, wenn ein gewisser Theil der Forderung, oder ein dagegen gemachter Einwand, sich zur Erörterung nach den Vorschriften einer besondern Prozessart qualifizirt, welche mit dem Hauptprozesse, ohne Verwirrung und wahrscheinlich fruchtlosen Aufenthalt zu veranlassen, nicht füglich verbunden werden kann, es dem instruirenden Richter frei stehe, dergleichen Punkte von den übrigen abzusondern, und zur Erörterung in einem besondern Prozesse, in so fern es deren nach entschiedener Hauptsache noch bedürfen kann, zu verweisen; nach welcher bei der Instruktion gemachten Einleitung sich denn auch das darauf ergehende Urtel richten muss.

Wenn also z. B. über die Präjudicialfrage gestritten wird; ob jemand Rechnung zu legen schuldig sei? so muss nur darüber erkannt; die Rechnungslegung selbst aber, und deren Richtigkeit, muss zur Separatverhandlung verwiesen werden. Wenn jemand als Erbe die Ausantwortung eines Nachlasses fordert, und ihm sein Erbrecht bestritten wird; so muss nur über letzteres erkannt werden; und die Ausmittelung und Festsetzung des heraus zu gebenden Nachlasses gehört in einen besondern Prozess. Wenn einer eingeklagten Passivschuld von dem Erben des eigentlichen Schuldners, unter andern Einwendungen, auch die Rechtswohlthat des Inventarii entgegen gesetzt wird; so ist nur über die Richtigkeit der Schuldforderung selbst, und in wie fern der Beklagte sich jener Rechtswohlthat bedienen könne? zu sprechen; dagegen aber die Erörterung der Frage: ob der Nachlass zur Bezahlung der eingeklagten Summe zureichend sei oder nicht? zur besonderen Erörterung auszusetzen u. s. w.

Publikation der Urtel.

§. 44. Die vorstehendermaassen gehörig abgefassten Erkenntnisse werden von den anwesenden Mitgliedern des Kollegii unterschrieben, und sodann den Parteien oder deren Bevollmächtigten publizirt.

1) **Verordnung** vom 1. Juni 1833, über den Mandats-, summarischen- und Bagatell Prozeß (§. 73, betreffend die Zahl der Richter, welche an der Abfassung eines Erkenntnisses Theil nehmen müssen); s. zu I. 28. §. 15.

2) **C. O.** vom 10. November 1835, betreffend die Anwendung des §. 73. der Verordnung vom 1 Juni 1833. bei Abfassung der Erkenntnisse in nicht summarischen Prozessen, und das Verfahren bei Abfassung der Erkenntnisse bei solchen Gerichten, die nur aus drei Mitgliedern bestehen, wenn eins derselben behindert ist.

Einverstanden mit Ihrem Antrage in dem Berichte vom 10. v. M., daß die Vorschrift des §. 73. Meiner Verordnung vom 1. Juni 1833, über den Mandats-, den summarischen- und Bagatell-Prozeß auch bei Abfassung der Erkenntnisse erster Instanz in nicht summarischen Prozeßsachen zur Anwendung zu bringen, bestimme Ich hierdurch, daß bei Gerichten, welche nur mit drei Mitgliedern, besetzt sind, in Verhinderungsfällen, die Stelle des abwesenden Mitgliedes durch einen Referendarius, oder durch einen zum Richteramt verpflichteten Aktuarius vertreten, und falls ein Referendarius oder ein solcher Aktuarius bei dem Gerichte nicht angestellt ist, das Gericht als ein solches betrachtet werden soll, welches nicht als Kollegium zu erkennen hat. Es muß jedoch der Grund, warum dasselbe nicht als Kollegium erkannt, in dem Urtheil ausdrücklich angeführt werden. Geschieht dies nicht, so bleibt das Urtheil der Vorschrift des §. 5. Nr. 4. der Verordnung vom 14. Dezember 1833 über das Rechtsmittel der Revision und Nichtigkeitsbeschwerde unterworfen.
(G. S. S. 232.)

§. 45. Das Verfahren bei dieser Publikation hängt davon ab: in wie fern die Parteien mit rechtserfahrenen Beiständen oder Bevollmächtigten in der Instruktion versehen gewesen sind, oder nicht.

Rescript vom 17. Januar 1834, zur Erläuterung der §§. 21—29. der Verordnung vom 15. Dezember 1834 (ad 1. betreffend die Publikation der Erkenntnisse nach der Verordnung vom 1. Juni 1823 und nach der Verordnung vom 14. Dezember 1833.) s. zu I. 16. §. 11.

Verordnung vom 14. Dezember 1833. §. 21. und 22.

§. 46. Haben die Parteien die Instruktion mit Zuziehung von Justizkommissarien als Beiständen oder Bevollmächtigten abgewartet; so wird diesen Letzteren das Erkenntniss am nächsten Gerichtstage nach deren Abfassung publizirt, und dass es geschehen unter dem Originale verzeichnet.

1) **Rescript** vom 30. Mai 1831, betreffend die Vorladung auswärtiger Justizkommissarien zur Urtelspublikation.

Die bei vielen Gerichten bestehende Praxis, daß zu den Urtels-Publikationen auch die nicht am Orte des Gerichts wohnenden Mandatarien mit der Bedeutung vorgeladen werden, daß bei ihrem Ausbleiben das Urtel in vim publicationis ihnen zugefertigt werden solle, hat — wie dem Justiz-Ministerio bekannt geworden — hin und wieder die Veranlassung gegeben, daß Justizkommissarien lediglich zu solchen Publikationsterminen oft meilenweite Reisen unternommen haben, die im Interesse ihrer Klienten ganz überflüssig sind, und denselben nur unnöthigerweise Kosten verursachen, deren Erstattung vom Gegentheil unter allen Umständen nicht verlangt werden darf. Um diesem Mißbrauche zu begegnen, wird hierdurch fest gesetzt: daß dergleichen durch Abhaltung der Publikations-Termine erwachsenen Reisekosten niemals passiren dürfen, daß es überhaupt der Vorladung des auswärtigen Mandatars zum Publikations-Termine nicht bedarf, dem letztern vielmehr zum Akt der Publikation entweder einer der am Orte wohnenden Justizkommissa-

rien ex officio substituirt, oder, wenn es deren nicht giebt, das Urtel sofort, ohne vorgängige Vorladung, in vim publicationis zugefertigt werden muß.
(v. K. Jhrb. Bd. 37. S. 343.)

2) **Rescript** vom 30. Juni 1834, betreffend die Gebühren für die Publikation des Erkenntnisses.

Auf die Anfrage vom 17. d. M.
wegen der Publikation der Erkenntnisse in Folge der Verordnung vom 14ten Dezember 1833 und der dafür von den Gerichten und von den Justizkommissarien anzusetzenden Gebühren,
wird dem Königlichen Ober-Landesgericht Nachstehendes eröffnet:

1) Der Ansatz der Gebühren „für die Publikation eines Erkenntnisses" nach der Sporteltaxe für die Gerichte vom 23. August 1815, so wie der Gebühren „für die Publikation des Urtels bei Obergerichten" nach der Gebührentaxe für die Justizkommissarien, ist durch die Abhaltung eines besondern Publikations-Termins bedingt, und fällt daher weg, wenn ein Erkenntniß statt der Publikation nur insinuirt wird, insbesondere also auch in den Fällen des §. 25. der Verordnung vom 14. Dezember pr.
2) Die Frist zur Einlegung des Rechtsmittels der Appellation und Revision wird, nach §. 21. und 22. der Verordnung vom 14. Dezember pr., vom Tage der Zustellung des Erkenntnisses an die Partei oder deren Stellvertreter an gerechnet. Es ist daher nicht weiter erforderlich, daß die Gerichte sich von der Absendung eines einem Stellvertreter zugestellten Erkenntnisses an seinen Mandanten Ueberzeugung verschaffen und das fatale in jedem einzelnen Falle besonders festsetzen.

(v. K. Jhrb. Bd. 43. S. 575.)

§. 47. Es bedarf dazu keiner besondern Vorladung der Assistenten oder Bevollmächtigten, sondern die Justizkommissarien sind schuldig, an jedem Versammlungstage des Kollegii, zu einer gewissen ein- für allemal zu bestimmenden Stunde, an gewöhnlicher Gerichtsstelle sich zu versammeln, und abzuwarten: ob in den von ihnen besorgten Prozessen eine Urtelspublikation erfolgen werde.

§. 48. Die Kanzelei muss dafür sorgen, dass von jedem an einem Gerichtstage publizirten Urtel, den darunter benannten Assistenten oder Bevollmächtigten sogleich, und spätestens vor Ablauf des dritten Tages, eine Kanzeleiabschrift zur vorläufigen Ersehung und Rücksprache mit der Partei (für welche übrigens die §. 58. bemerkte Abschrift ebenfalls baldmöglichst ausgefertigt werden muss) zugestellt werde. Die Zeit, wann jeder Justizkommissarius die für ihn gehörenden Abschriften erhalten hat, muss der Kanzeleiinspektor auf dem Originale pflichtmässig bemerken.

§. 49. Die Assistenten und Bevollmächtigten sind schuldig, die ihnen zugestellte Abschrift der Partei ohne den geringsten Zeitverlust mitzutheilen, und ihr, wegen des etwa dagegen einzuwendenden Rechtsmittels, ihre Erklärung nach Vorschrift des folgenden Titels abzufordern.

Rescript vom 30. Juni 1834, daß es über die Absendung der Erkenntnisse Seitens der Sachwalter an ihre Mandanten, zufolge §. 21. und 22. der Verordnung vom 14. Dezember 1833 keines Nachweises bedarf; s. zu §. 46. h. t.

§. 50. Haben die Parteien sich zur Instruktion der Sache keiner bei dem Kollegio zur Prozesspraxis zugelassenen Justizkommissarien bedient, sondern dieselbe entweder in Person, oder durch andere zulässige Bevollmächtigte, ohne dergleichen Rechtsbeistände abgewartet; so kommt es darauf an, ob solche Parteien, oder deren Bevollmächtigte, an dem Orte, wo das Gericht seinen Sitz hat, sich aufhalten, oder nicht.

§. 51. Erstern Falls werden sie zur Publikation des Urtels, und zwar auf den nächsten Gerichtstag, nachdem selbiges abgefasst und vollzogen worden, durch ein nicht schriftlich zu expedirendes, sondern ihnen bloss vorzuzeigendes Dekret vorgeladen.

§. 52. In diesem Termine wird ihnen das Urtel durch den vorigen Instruenten publicirt; sie werden wegen der ihnen dagegen offen stehenden Rechtsmittel verständigt, und vernommen, ob sie Gebrauch davon zu machen gemeint sind.

§. 53. Nimmt eine Partei Anstand, sich hierüber sogleich zu erklären, und will sie die Sache noch erst näher überlegen; so muss der die Publikation verrichtende Deputirte ihr den nächsten Sessionstag nach dem Ablaufe der zehntägigen Appellationsfrist als denjenigen Termin bestimmen und bekannt machen, an welchem sie sich an ordentlicher Gerichtsstelle melden, und ihre Erklärung: ob sie appelliren wolle, oder nicht? abgeben müsse, mit dem ausdrücklichen Bedeuten, dass bei unterbleibender Meldung dafür geachtet werden solle, dass sie bei dem Urtel sich beruhige.

§. 54. Ueber den §. 52. und 53. beschriebenen Vorgang der Publikation muss von dem Deputirten des Gerichts ein ordentliches Protokoll aufgenommen werden. Doch bedarf es dabei keines besondern Protokollführers.

§. 55. Parteien, die sich an dem Orte, wo das Gericht seinen Sitz hat, nicht aufhalten, müssen, wenn sie auch die Instruktion ohne Zuziehung eines rechtskundigen Assistenten oder Bevollmächtigten abgewartet haben, am Schlusse derselben angehalten werden, unter den am Orte befindlichen Justizkommissarien einen Bevollmächtigten zu wählen und anzuzeigen, dem künftig die Publikation des Erkenntnisses geschehen, und welcher die weitere Mittheilung an eine solche abwesende Partei besorgen solle. Alsdann finden wegen Publikation der Erkenntnisse, und was dem anhängig, die Vorschriften §. 46—49. statt.

§. 56. Wäre aber auch in diesem Falle die vorgeschriebene Benennung eines solchen Bevollmächtigten aus einer oder der andern Ursache unterblieben; so muss dennoch einer solchen abwesenden Partei aus der Zahl der bei dem Kollegio angesetzten Justizkommissarien ein Bevollmächtigter von Amts wegen bestellt werden, welchem die Publikation geschieht, und welcher, in Ansehung der seiner Partei zu gebenden Nachricht, die Vorschrift des §. 49. beobachten muss.

§. 57. Uebrigens versteht es sich von selbst, dass in allen Fällen das Datum der erfolgten Publikation auf dem bei den Akten verbleibenden Exemplare des Urtels registrirt werden muss.

Ausfertigung der Urtel.

§. 58. Alle Erkenntnisse und Resolutionen, welche über die zum Prozesse gediehenen Rechte der Parteien etwas Entscheidendes festsetzen, sollen für jede derselben, ausser der §. 48. bemerkten vorläufigen Kanzeleiabschrift, in beglaubter Form, unter dem Siegel des Kollegii ausgefertigt werden.

1) **Verordnung** vom 1. Juni 1833 (§. 37.) und **Instruktion** vom 24. Juli 1833 (§. 42, in Betreff der Ausfertigung der Erkenntnisse in summarischen und Bagatell-Prozessen und deren Behändigung an die Parteien.) s. zu I. 28. §. 15.

2) **Verordnung** vom 14. Dezember 1833, über die Revision und Nichtigkeitsbeschwerde (§. 24., daß aus den Ausfertigungen der Erkenntnisse die Namen der Richter ersichtlich sein müssen.) s. zu I. 16. §. 11.

3) **Rescript** vom 9. Juni 1834, betreffend die Form der Urtels-Ausfertigungen hinsichtlich der Angabe der Richter, welche an der Abfassung der Erkenntnisse Theil genommen haben.

Der Justiz-Minister hat aus dem von dem Karl K. zu O. eingereichten, auf das von dem Supplikanten in seinem Injurien-Prozesse wider den Kreis-Steuer-Rendanten P. eingelegte Verschärfungsgesuch ergangenen Erkenntnisse vom 16ten Mai c. ersehen, daß das Königliche Ober-Landesgericht jetzt die Urtel in der Art ausfertigen läßt, daß am Rande die bei der Aburtelung gegenwärtig gewesenen Mitglieder bemerkt sind.

Diese Form kann der Justiz-Minister nicht billigen, weil die Bemerkung

In Gegenwart
des Ober-Landesgerichts-Präsidenten N.
und
der Ober-Landesgerichts-Räthe N.

ganz abgesondert und nicht im Zusammenhange mit dem Erkenntnisse stehet.

Der Justiz-Minister hat bereits an andere Kollegia verfügt, daß das Konklusum oder Urtel jedesmal von dem beim Vorlesen der Relation oder Vortrag des Urtels zugegen gewesenen Mitgliedern des Gerichts unterschrieben werden müsse, und im Eingange des Urtels nachstehende Fassung zu wählen sei:

In Sachen ꝛc.
hat der ꝛc. Senat des Königlichen Ober-Landesgerichts in seiner Sitzung vom ꝛc. und in Gegenwart der nachstehend benannten Richter:
ꝛc. Präsident
ꝛc. Ober-Landesgerichts-Räthe (und in Fällen des §. 23. der Verordnung vom 14. Dezember 1833 auf den Vortrag zweier Referenten).
den Akten gemäß erkannt.

Das Kollegium hat auch bei sich diese Form einzuführen, und deren analogische Anwendung bei den Untergerichten, welche ein Kollegium bilden, zu veranlassen.
(v. K. Jhrb. Bd. 43. S. 537.)

4) **Rescript** vom 30. März und 2. Mai 1834, daß bei Subhastationen jedem Interessenten, welcher durch den Zuschlag beeinträchtigt wird, eine Ausfertigung des Adjudikationsbescheides ertheilt werden muß, s. zu I. 52. §. 60.

Anh. §. 107. *Wenn wider einen Offizier in einer Schuldsache rechtskräftig erkannt worden ist; so soll von dem Ausfalle des Erkenntnisses, jedoch ohne Mittheilung einer Abschrift desselben, dem Kommandeur des Regiments, bei welchem der in Anspruch genommene Offizier angestellt ist, jedesmal Nachricht gegeben werden.*

1) **Rescript** vom 4. Juni 1811. (Mathis Bd. 10. S. 490., v. R. X. S. 343.) aufgenommen in §. 107 des Anh.

2) **Rescript** vom 17. September 1835, daß in Prozessen gegen Kirchen und andere denselben gleichstehende Stiftungen und Institute der betreffenden Regierung Abschrift der Klage und des Erkenntnisses mitgetheilt werden soll; s. zu I. 6. §. 8. vergl. auch die übrigen dort angeführten Verordnungen.

Berlin, gedruckt bei A. W. Hayn.

Kolibri 360 GmbH
Ferdinand-Jühlke-Straße 7
99095 Erfurt, Deutschland
produktsicherheit@kolibri360.de